叫全国的文明从江阴发起

—— 孙中山

1912年10月19日

2015

江阴年鉴

Jiang Yin Almanac

江阴市人民政府　主办

江阴市史志办公室　编

方志出版社
Publishing House of Local Records

图书在版编目（CIP）数据

江阴年鉴. 2015 / 江阴市史志办公室编. -- 北京：方志出版社，2015. 8

ISBN 978-7-5144-1685-5

Ⅰ. ①江… Ⅱ. ①江… Ⅲ. ①江阴市—2015—年鉴 Ⅳ. ①Z525.33

中国版本图书馆CIP数据核字（2015）第210040号

江阴年鉴（2015）

编　　者：江阴市史志办公室

责任编辑：齐　笑

出 版 人：冀祥德

出 版 者：方志出版社

地址　北京市朝阳区潘家园东里9号（国家方志馆4层）

邮编　100021

网址　http://www.fzph.org

发　　行：方志出版社发行中心

电话（010）67110500

经　　销：各地新华书店

印　　刷：南京凯德印刷有限公司

开　　本：889×1194　1/16

印　　张：31.25

字　　数：1205千字

版　　次：2015年9月第1版　2015年9月第1次印刷

印　　数：0001~3000册

ISBN 978-7-5144-1685-5　**定价：**180.00元

江阴市地方志编纂委员会

《江阴年鉴》编辑部

地址：江苏省江阴市澄江中路9号　电话：0510-86861613（传真）　邮编：214431

2014年
江阴市获得的全国性荣誉

2014年，江阴全市上下深入贯彻党的十八大，十八届三中、四中全会和习近平总书记视察江苏重要讲话精神，认真落实中央经济工作会议、江苏省委和无锡市委全会精神，牢牢把握稳中求进发展总基调，积极应对严峻复杂的宏观形势和相互叠加的矛盾困难，全力以赴稳增长、促转型，保持了经济社会稳健发展、各项事业协调并进的良好态势。

[全国获奖荣誉]

【蝉联全国县域经济基本竞争力排名“十二连冠”】

【蝉联中国全面小康十大示范县市“七连冠”】

【荣膺2014年中国中小城市综合实力百强县市第一名】

【获评全国地质灾害防治高标准“十有县”】

【被评定为国家知识产权示范城市】

【被命名为“全国游泳之乡”】

【连续三届获评“中国城市公益慈善七星城市”】

港口晨曦（苏南国际码头）

社区之夜
（澄江街道花园新村）

路边小品（文明广场天华琴韵景点）

[家园新景象]

公园一角（中山公园）

街头一瞥（澄江福地）

气派广场（天华文化中心）

（图片由严汉文提供）

2014年10月，江阴大道、海港大道建成通车　　　　（王　琰　摄）

2014年7月，船厂公园建成开放。该公园又名记忆公园，连接鹅鼻嘴公园，是形成滨江花园带的重要节点　　（严汉文　摄）

2014年10月28日，秦望山隧道建成通车。该隧道是海港大道的控制性工程，左通道全长700米，右通道全长665米，隧道断面跨度17.2米，南接月城，北至南闸。这是江苏省跨度最大的公路隧道，也是江阴交通史上工艺最复杂的工程　　（严汉文 摄）

2014年10月28日，凤凰山隧道建成通车。该隧道左右通道全长均为436米，最大净宽14.5米、净高7.8米，最大开挖断面达187立方米

（严汉文 摄）

2014年3月1日，澄江西路隧道试运行，主体隧道全长约1.3千米　　（陈宝金 摄）

澄江街道北大街社区爱心超市自建立以来，社区残疾人、困难家庭以及独居高龄老人每季度都会定期收到慈善爱心券，可以凭券购买生活用品。图为2014年7月6日，居民在超市挑选生活用品

（刘月云　沈思远 摄）

2014年7月8日，澄江街道城中社区银龄餐厅内，邻里互助义工正在为老人端菜

（徐燕琴　沈思远 摄）

2014年7月24日，周庄镇宗言村交通管理服务站工作人员为市民办理车辆违法违章处理事宜

（缪秋云　张　岚 摄）

2014年12月15日，澄江街道澄南社区乐澄义工服务社联合市中医院志愿者，免费为社区内老人进行身体健康状况检测，并现场提供诊疗咨询。图为护士为老人检测血糖血压　（周志克　张　岚 摄）

2014年12月12日，顾山镇红豆村科普馆内，孩子们试戴消防帽　（沈思远 摄）

2014年10月26日，澄江街道天鹤社区广场上，阳光女子乐坊等文艺表演团队上演丰富多彩的节目，让居民们在家门口享受一场视听盛宴 （姜宇华　沈思远 摄）

2014年8月8日，澄江街道君山社区举行邻里音乐会。图为孩子们演唱《红星歌》

（鲍丽雅　沈思远 摄）

2014年5月29日，临港开发区申港社区朱家湾花园的活动广场上，来自小区内的居民们聚在一起迎接端午节的到来　　　（市民记者付晔炯 摄）

2014年10月20日，临港开发区后梅村的一鱼塘迎来大丰收。图为鱼塘收网现场

（梅月红　张　岚 摄）

2014年11月28日，图书馆创立“三味书咖——城市阅读联盟”，在咖啡馆等休闲场所设立借阅点，提供书籍，让市民借阅图书更加便利。图为城区南街某咖啡馆内，一位市民正阅读刚借到的书籍　　　（陈　强 摄）

2014年7月2日，澄江街道老年柔力球表演在环城东路社区开展，来自全街道社区的14支队伍一一亮相，展示老年人的风采　　　（张华炜　沈思远 摄）

2014年6月27—29日，在澳门渔人码头会议展览中心举办的2014年澳门国际创新展览会上，江苏省南菁高级中学参赛选手们集思广益，荣获多个奖项

2014年8月26日，顾山实验小学教师吴艳玉入选“感动江苏教育人物——2014年最美乡村教师”

2014年9月，周庄实验小学教师夏德琴被教育部、人力资源和社会保障部评为全国模范教师，被教育部评为全国中小学优秀班主任

2014年10月19—24日，第八届全国高中英语教师教学基本功大赛暨教学观摩研讨会上，青阳高中英语教师顾梅燕（前排中）获一等奖和最佳课堂教学效果奖

（图片由市教育局提供）

2014年11月4—8日，第十一届江苏省“五星工程奖”表演艺术类作品现场决赛中，《书包里的秘密》《夏令营之歌》《水乡渔歌》《婚戒的故事》《渔家乐》《今天老师来家访》等作品获奖

男生小合唱《水乡渔歌》

校园情景剧《夏令营之歌》

小品《婚戒的故事》

广场舞《渔家乐》

小锡剧《今天老师来家访》

故事《书包里的秘密》

（图片由市文广新局提供）

2014年2月15日—3月10日，江阴少儿锡剧《欢乐戏园演唱会“美丽锡剧唱响江阴”》节目先后在中央电视台11套戏曲频道、上海电视台七彩戏剧频道播出 (市文广新局提供)

2014年9月，夏晓云创作的水彩画《致无尽岁月》入选第十二届全国美术作品展览

（市文联提供）

2014年7月28日—8月2日，江阴高级中学男足在全国第十二届学生运动会上夺得亚军

（市体育局提供）

2014年12月6日，新桥中心小学国际象棋队在江苏省第二届“连元杯”少儿国际象棋公开赛中获团体冠军

（市体育局提供）

2014年8月，要塞实验小学代表队在全国少儿网球（短网）大赛上获团体亚军

（市机关党工委提供）

2014年9月20—26日，华士击剑队在江苏省第十八届运动会击剑比赛中夺得男子花剑少年乙组团体冠军、儿童组团体亚军

（市体育局提供）

2014年11月，云亭街道毗山村广场舞蹈队在2014年“舞动中国——排舞联赛”总决赛中获二等奖

（市体育局提供）

2014年5月31日，江阴市第二中学澄星女子足球队在江苏省第十八届运动会女子足球（甲组）决赛中夺得冠军

（市体育局提供）

2014年7月12—17日，江阴市第二中学澄星女子足球队在江苏省“省长杯”青少年校园足球阳光联赛总决赛（高中女子组）中以四战全胜的成绩蝉联冠军

（市体育局提供）

2014年7月，江阴市芙蓉木兰队在中国木兰拳暨民族传统文化展示国际大赛中获团体金奖

（市体育局提供）

2014年5月29日—6月1日，2014年361°全国女排大奖赛在江阴体育馆举行。图为总决赛现场
（市体育局提供）

2014年7月19日，“名扬搏击杯”首届国际拳王争霸赛（江阴站）在江阴体育馆开赛。图为比赛现场
（张　岚 摄）

2014年7月5日，在江苏省第十八届运动会青少年部男子足球甲组决赛中，江阴市男子足球队力克常州队夺得冠军。图为江阴市男子足球队员合影
（市体育局提供）

2014年6月17—21日，2014年万达广场全国女子足球联赛第二站（江苏江阴赛区）在江阴体育中心举行
（市体育局提供）

【实事一】

建成开放鲥鱼港公园、芙蓉湖公园、应天河风光带一期。城区建成拆迁安置房50万平方米，提供安置房5000套以上；完成红卫三村等9个老小区改造

【实事二】

全年提供就业岗位5.5万个，促进本地劳动力就业2.2万人，其中扶持就业困难人员1000人，自主创业2000人以上，确保江阴籍高校毕业生就业率92%以上。推进工商注册制度便利化，放宽市场主体准入，拓宽全民创业就业渠道

【实事三】

居民养老保险基础养老金由每人每月180元提高到210元；被征地农民第四年龄段人员保养金由每人每月400元提高到500元；城乡居民最低生活保障由月人均530元提高至600元；完成城保扩面5万人

【实事四】

建成中小学生网络自主学习系统，提供各学科共500小时在线学习优质资源，供全市15万名小学生自主免费学习及家长查阅。组建25个学校发展共同体，扶持薄弱学校，促进城乡教育优质均衡发展

【实事五】

加快公立医院改革，全面实行药品零差价；建成使用市人民医院内科新大楼；江阴市医疗中心门急诊医技楼封顶，住院楼完成总工程量60%以上

（以上摘自2015年1月9日《江阴日报》）

【实事六】

整合资源，建立全市食品安全检测中心，统一检验标准，统一信息发布；完善提升1万亩城郊标准化蔬菜基地，建立地产农产品销售中心

【实事七】

江阴大道、海港大道建成通车

【实事八】

加大落后产能淘汰力度，关停“三高两低”工业企业80个；大力开展大气污染防治，2014年上半年完成热电企业脱硫、脱硝、除尘改造，并达到新的排放标准

【实事九】

建设智慧养老服务平台，建成覆盖市、镇（街道）、社区（村）三级居家养老服务体系，新建养老床位600张；为1000名以上白内障患者实施复明手术

【实事十】

继续开展读书节、“欢乐进万家”等文化惠民活动，全年组织公益性群众文化活动500场次以上，送电影下乡3000场次以上

（以上摘自2015年1月9日《江阴日报》）

2014年4月23日，江阴市举行首届“十佳江阴好人”颁奖典礼，表彰吴仁宝、任元林、袁梅芬、左国强、沈洁、戈建忠、费龙顺、吴正德、颜国庆、香山书屋义工团队等“江阴好人”中的10位典型代表

戈建忠，澄江街道蒲桥社区居民。他多年无偿献血，至2013年底累计献血67000毫升。2005年起捐献血小板，平均一年达10次。在他感召下，儿子和身边朋友纷纷加入无偿献血队伍

（市文明办提供）

左国强，恒佳物业公司派遣制驾驶员。他热心帮扶邻居瘫痪老人十余年

（市文明办提供）

任元林，江苏扬子江船业集团董事长。2012年6月16日，他捐赠并发起成立江苏元林慈善基金会，之后在江阴、靖江、泰兴市等地资助建成多所老年大学，个人在慈善事业上的付出已超5000万元 (陶龙华提供)

吴仁宝，华西村原党委书记。他率领华西人民自力更生、艰苦奋斗，走出了一条具有华西特色的发展之路，把华西村建成为“天下第一村”；持续为全国各地培训基层干部，在宁夏、黑龙江援建2个“省外华西村”；积极支持慈善事业，成立华仁助学基金，慷慨捐助汶川地震等灾区灾民。先后荣获全国劳动模范（2次）、全国农业劳动模范、全国十大扶贫状元等多个荣誉

(市文明办提供)

吴正德，澄江环卫所虹桥分所掏粪工。他每天清晨5点半到岗，风雨无阻，雷打不动，定时到岗，及时清运，确保工作责任区干净整洁。2011年11月，他在步行街拾到装有5000元现金的拎包，及时找到失主，完璧归赵。他先后获得“环卫标兵”、先进工作者、“十佳”职工、无锡市劳动模范等荣誉 (市文明办提供)

沈洁，徐霞客镇东宏村人，市城管局监督指挥中心员工。2007年开始，她先后加入“江阴爱心向前走”和“江阴澄之尘义工”，结对帮扶多名困难老人、残疾人和困难学生。倡导并组织多次公益活动，义务献血5000多毫升，被评为江阴市“三星级慈善义工”。2013年12月，因车祸不幸遇难

费龙顺，澄江街道离休干部。多年来省吃俭用，将个人积蓄用来捐资助学，累计捐款近40万元

[十佳江阴好人]

袁梅芬，华士镇居民。袁梅芬和丈夫先后在1984年和1990年抱养2个弃婴，1989年又收养当时69岁的孤老赵松林，5个没有血缘关系的人组成了一个家，用超越血缘的爱，续写了人间真情

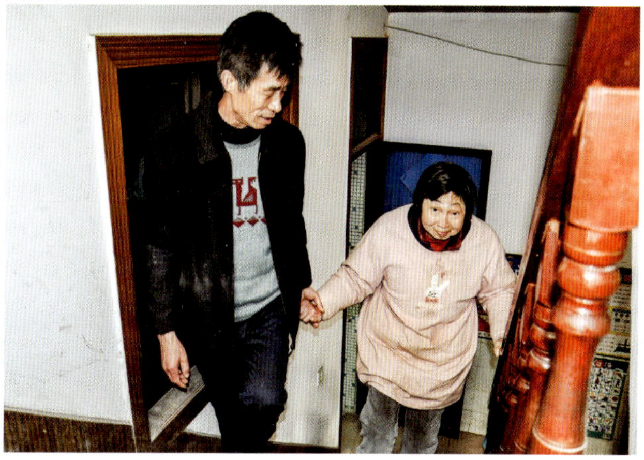

颜国庆，祝塘镇建南村居民。数十年如一日照顾因车祸而被撞成植物人的妻子，直至康复，不离不弃、坚守呵护创造爱的奇迹

香山书屋义工团队。2011年，季丰出资，建成纯公益全免费的“香山书屋”，并发起建成一支致力于倡导读书、传播文明的义工团队，已有注册义工80余人和大学生暑期义工26人

（以上图片由市文明办提供）

编辑说明

一、《江阴年鉴》是由中共江阴市委领导、江阴市人民政府主办、江阴市史志办公室负责逐年编辑的江阴地方年度资料性文献。

二、《江阴年鉴（2015）》是《江阴年鉴》于1993年创刊后的第23卷。它全面系统、准确翔实地记载2014年度江阴市自然、政治、经济、文化和社会生活等方面的基本情况，反映全市各行各业贯彻党的十八届三中、四中全会精神，在产业结构调整、城市建设、生态环境建设、保障和改善民生等方面的新思想、新举措、新亮点。该部年鉴的编辑，旨在为各级领导决策提供参考依据，为江阴经济社会发展服务，为中外人士了解和研究江阴提供可靠信息，也为编史修志积累资料。

三、《江阴年鉴(2015)》按分类记事体例，设43个类目。类目下共设260个分目、1410个条目。总篇幅120.5万字，彩色插页74页，随文图片128幅，表格133张。为便于检索，除卷首设详细目录外，卷尾还设主题分析索引。

四、为体现时代特色、年度特色、地方特色和与时俱进的要求，《江阴年鉴（2015）》与《江阴年鉴(2014)》相比，彩色插页新设《全国获奖荣誉》《家园新景象》《城市新建设》《社会新风尚》《居民新幸福》《教育新成就》《文化新篇章》《文艺新辉煌》《体育新成绩》《小城新赛事》《十件新实事》《十佳江阴好人》《江阴百景》等专栏。《民主党派·工商联·社会团体》类目拆分成《民主党派·工商联·知联会》《群众团体》两个类目。其他类目基本框架不变。

五、《江阴年鉴（2015）》人物类目收录2014年度江苏省级以上劳模和先进个人简介及江阴市级以上先进个人名录，逝世人物收录原江阴市级领导、旅外江阴籍地市级以上领导干部和正高级以上知名人士。

六、《江阴年鉴（2015）》部分机构用简称，部分条目涉及缩略语（注有“*”号），其注释按首字笔画顺序排列。机构的全称与简称对照表及缩略语注释列于目录前。书名由中国书协名誉主席、江阴籍著名书法家沈鹏题写。

七、《江阴年鉴（2015）》采用的稿件，由各单位提供，并由各单位领导审定。各类目编辑署名于该类目尾页，彩色插页编辑为吴海英。撰稿者署名条目之后（连续两个以上条目为同一撰稿者，不一一署名）。

八、《江阴年鉴（2015）》正文所用统计数据，因统计来源、口径、方式、方法和时间不同而有一定差异，使用时请以江阴市统计局提供的《经济社会发展统计资料》数据为准。

九、《江阴年鉴（2015）》有纸型版和光盘版两种版本。光盘版随纸型版年鉴同时发行。

十、因时间仓促、水平有限，《江阴年鉴（2015）》难免疏漏不当之处，敬请读者批评指正。《江阴年鉴（2015）》的编辑出版得到各单位领导和撰稿者的关心和支持，在此谨表谢意。

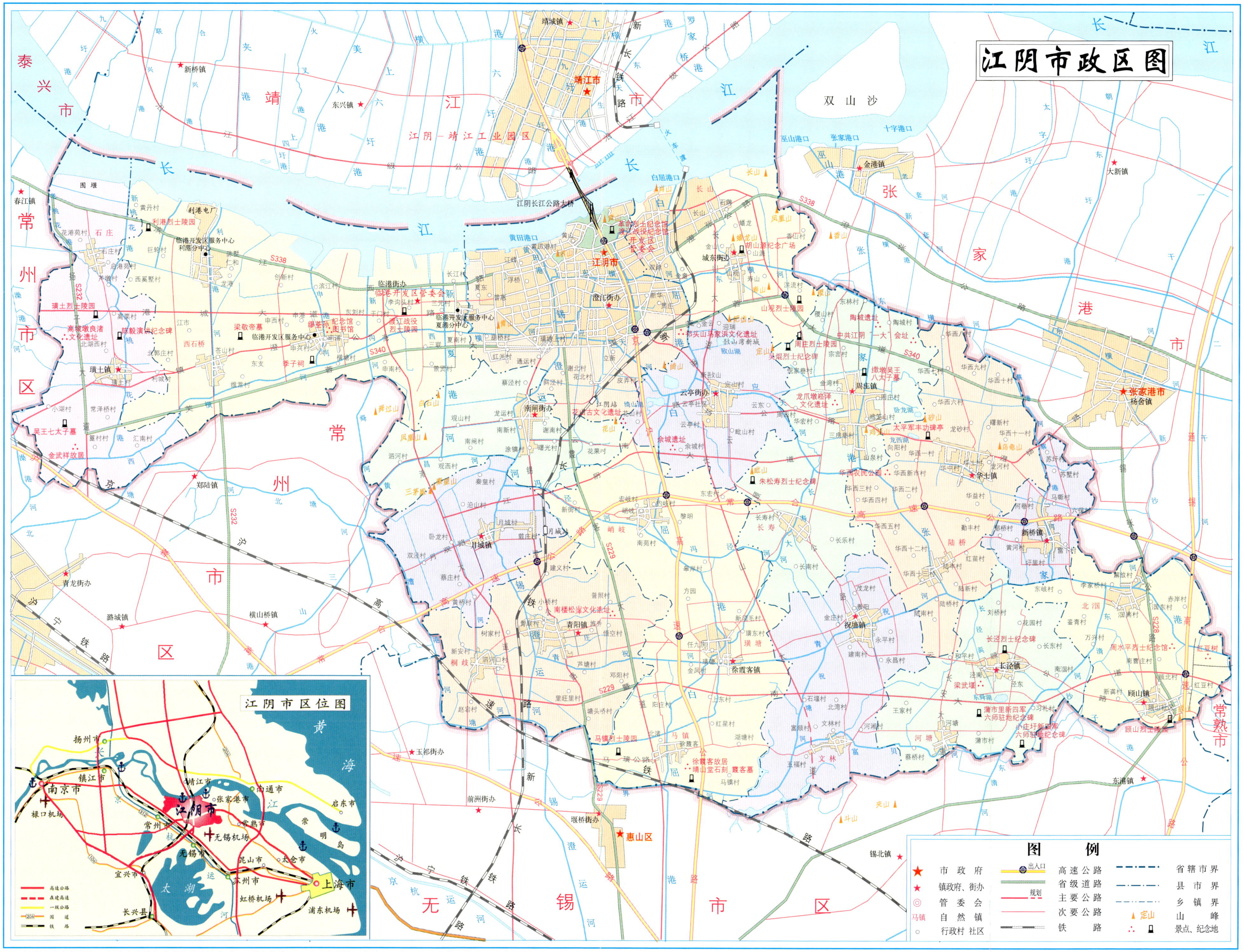

江阴市史志办公室　江苏全方测绘地理信息有限公司　联合编制　审图号：苏S(2013)089　编制日期：2015年4月

　注：图中境界不作实地划界依据

江阴市城区图

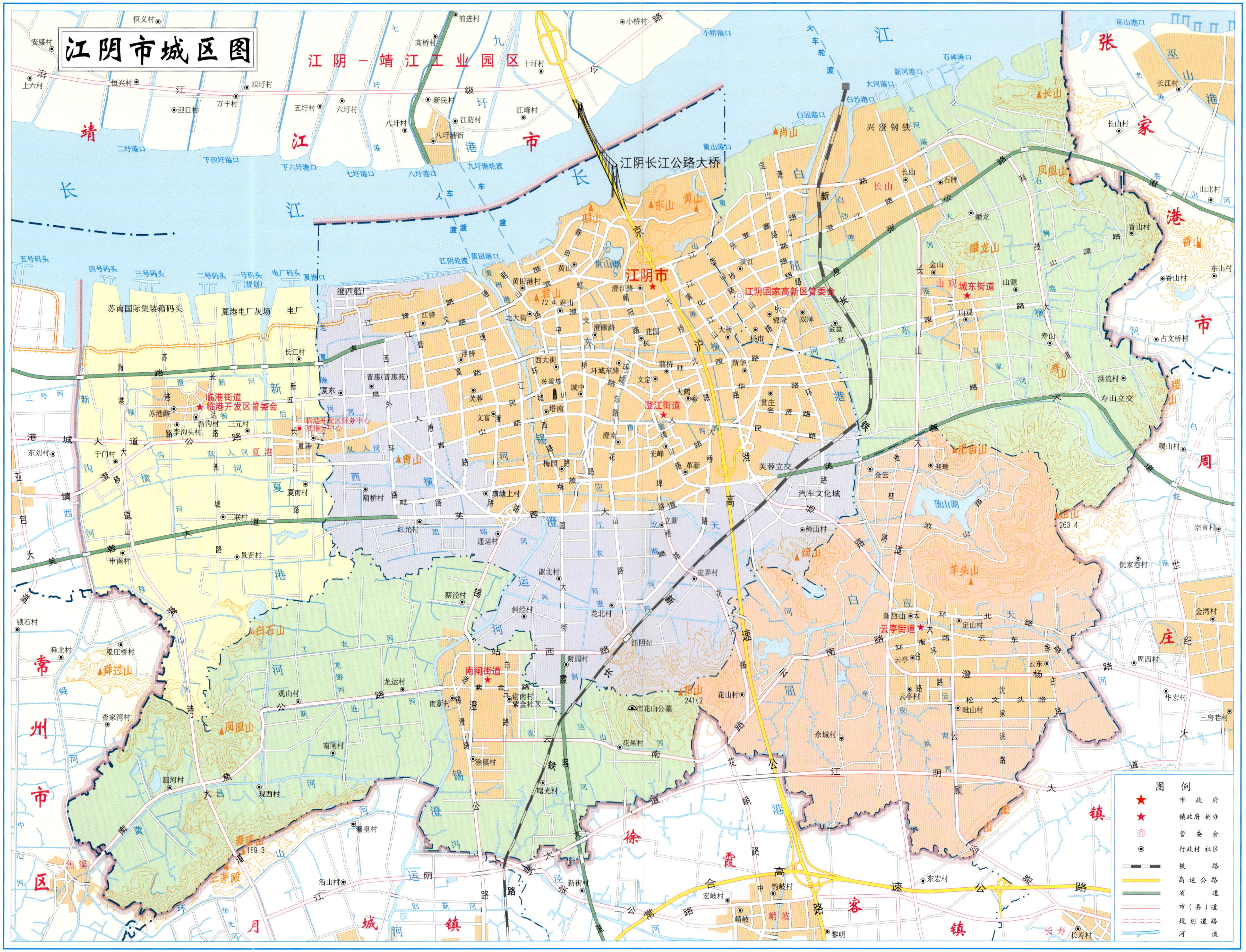
江阴市城区图
江阴－靖江工业园区
靖江市
张家港市
常州市
常州市区
江阴长江公路大桥
江阴市
江阴国家高新区管委会
澄江街道
城东街道
临港街道
临港开发区管委会
临港开发区服务中心
夏港分中心
南闸街道
云亭街道
长江
苏南国际集装箱码头
夏港电厂灰场
电厂
澄西船厂
兴澄钢铁
汽车文化城
芙蓉立交
寿山立交
江阴站
市花山公墓
敔山湖
徐霞客镇
月城镇
峭岐
长寿
黄山
东山
君山
肖山
长山
凤凰山
蟠龙山
香山
寿山
秦望山
定山
绮山
羊头山
花山
青山
白石山
舜过山
凤凰山
三茅殿
焦溪
新沟河
锡澄运河
白屈港
张家港河
应天河
京沪高速
沪蓉高速
新长铁路
图例
市政府
镇政府 街办
管委会
行政村 社区
铁路
高速公路
省道
市（县）道
规划道路
河流

各单位审稿领导名单

（以姓名首字笔画为序）

门开阳	万庆涛	王　冰	王　敏	王建新	卞　宏	六　扬	尹　平
卢建法	印国兴	叶雪琴	包锡龙	朱　勇	朱　勤	朱立新	朱富强
任东飚	任素惠	刘　锋	刘文红	刘永红	刘建国	江　城	汤龙生
许　青	许　晨	许忠新	阮蔚琳	孙明江	严会东	严军明	严建定
李　平	李茂林	李俊伟	李俊良	吴　钢	吴芸芸	吴建良	吴海平
吴海英	何忆芳	何建华	何晓明	邹　军	沈　军	沈会龙	沈伟旗
张　伟	张　忠	张士元	张少波	张冬梅	张光伟	张再兴	张建明
张英毅	张晓东	张韶峰	陆　军	陆成法	陆红娟	陈　泓	陈　虹
陈　峰	陈　晨	陈　鑫	陈兴初	陈国君	陈建龙	陈俊虎	陈海华
陈智敏	陈福良	陈耀仁	范本福	范晓君	郁李达	郁秋皓	季　震
季相云	金锡妹	周　琛	周晓虹	赵　炯	赵　强	赵巧新	赵志军
赵国明	胡　兵	胡品洪	胡莹洁	查建标	俞　良	俞　彪	俞伟人
俞烈彪	施迪庆	洪　伟	袁　兵	夏明丰	顾　平	顾　新	顾立新
顾志强	顾金辉	顾洪伟	顾培植	顾福平	钱　标	钱华光	钱丽英
倪颖伟	徐文侠	翁国琪	高文展	高晓东	郭向明	谈海平	曹乐平
黄亚伟	黄林法	黄建峰	梅海荣	龚国贤	龚振东	盛建锋	章见良
屠湘如	韩　英	董　伟	蒋　青	蒋和兴	喻伟力	程学仁	程建明
傅建荣	蔡　欣	蔡　高	缪　红	缪　敏	缪　辉	缪剑波	潘　勇
薛　炯	薛建国	薛晓星	戴云徽	戴振威	濮益民		

各单位分管领导名单

（以姓名首字笔画为序）

马建民	王　凯	王　寅	王玉龙	王维秧	王萍芳	卞丹娟	计慧红
孔玉兰	叶　敏	叶海舟	叶雪琴	包　煜	冯正兴	冯明刚	朱　勇
朱　健	朱立新	朱佳虎	朱新开	任龙平	刘　政	刘文红	刘永红
刘丽渊	江　涛	许　坚	许卫国	许立新	许崇标	许曹军	严　枫
严叶龙	严国琴	苏文海	李　伟	李　旭	李　蓉	李俊伟	杨仲秋
杨国洪	肖朱东	吴　彪	吴　灏	吴有成	吴自强	吴芸芸	吴群力
何　梦	何晓明	沙健新	沈　平	沈　军	沈小狮	沈会龙	沈卿芸
沈敏能	张　伟	张　海	张少波	张冬梅	张英毅	张建强	张晓新
张耀忠	陆　雁	陆卫力	陆永祥	陆建兴	陆桂兴	陆晓东	陈　开
陈　虹	陈　强	陈　曦	陈文蓉	陈亚蕾	陈国林	陈建华	陈海华
陈雪源	邵菊琴	范本福	郁　敏	季　志	季克军	金　莉	金锡妹
周　铁	周林海	周法祥	周美华	周章洪	赵　笛	赵国明	赵勇兵
赵晓敏	郝周光	胡振芳	俞　良	俞勤龙	施丽娟	洪　伟	宦雪忠
祝忠武	姚剑刚	耿晨新	袁春霞	夏天华	夏宏伟	顾　新	顾立新
顾行行	顾培植	顾敏明	顾福平	钱　晴	钱华光	倪继宏	徐　鸣
徐志华	徐建峰	徐剑锋	徐前锋	徐益民	徐智文	徐富康	徐霞红
殷天锡	殷文华	殷永华	翁国琪	郭向明	高晓东	席卫平	唐　微
唐建荣	浦　强	谈海燕	陶晓东	陶理江	黄亚伟	黄建祥	曹　琰
曹晓元	盛建锋	商修涛	韩　英	喻伟力	谢映军	蔡　高	颜　虎
薛　健	薛建国	薛晓星	戴振威	瞿江烨			

江阴市部分机构全称、简称对照表

全　称	简　称	全　称	简　称
中共江阴市委员会	市委	江阴市政府法制办公室	市政府法制办
江阴市人民代表大会常务委员会	市人大常委会	江阴市人民防空办公室	市人防办
江阴市人民政府	市政府	江阴市人民法院	市法院
政协江阴市委员会	市政协	江阴市人民检察院	市检察院
中共江阴市纪律检查委员会	市纪委	江阴市人民武装部	市人武部
中共江阴市委办公室	市委办	江阴市城市管理局 （江阴市城市管理行政执法局）	市城管局 （市城管执法局）
中共江阴市委农村工作办公室	市委农工办	江阴高新技术产业开发区管理委员会	高新区管委会
中共江阴市委统一战线工作部 （江阴市民族宗教事务局）	市委统战部 （市民宗局）	江苏江阴临港经济开发区管理委员会	临港经济开发区管委会
江阴市精神文明建设指导委员会办公室	市文明办	江苏江阴—靖江工业园区管理委员会	靖江园区管委会
中共江阴市委台湾工作办公室	市委台办	江阴市行政服务中心	市行政中心
中共江阴市委政法委员会 （江阴市社会管理综合治理委员会办公室）	市委政法委 （市综治办）	共青团江阴市委员会	团市委
中共江阴市委市级机关工作委员会	市级机关党工委	江阴市妇女联合会	市妇联
江阴市人大常委会办公室	市人大办	江阴市科学技术协会	市科协
江阴市政府办公室 （江阴市政府外事办公室）	市政府办 （市外办）	江阴市归侨侨眷联合会	市侨联
江阴市发展和改革委员会	市发改委	江阴市文学艺术界联合会	市文联
江阴市经济和信息化委员会 （江阴市信息化办公室）	市经信委 （市信息办）	江阴市工商业联合会	市工商联
江阴市科学技术局	市科技局	江阴市残疾人联合会	市残联
江阴市人力资源和社会保障局	市人社局	中国民主同盟江阴市委员会	民盟江阴市委
江阴市环境保护局	市环保局	中国民主建国会江阴市委员会	民建江阴市委
江阴市住房保障和房产管理局	市住保房管局	中国民主促进会江阴市委员会	民进江阴市委
江阴市园林旅游管理局	市园林旅游局	中国农工民主党江阴市委员会	农工党江阴市委
江阴市国土资源局	市国土局	九三学社江阴市委员会	九三学社江阴市委
江阴市交通运输局	市交通运输局	江阴市无党派知识分子联谊会	市知联会
江阴市文化广电新闻出版局	市文广新局	江阴市关心下一代工作委员会	市关工委
江阴市食品药品监督管理局	市食品药品监管局	江阴市退休职工管理委员会办公室	市退管办
江阴市市级机关事务管理局	市级机关管理局	江阴市国家税务局	市国税局
江阴市安全生产监督管理局	市安监局	江阴市地方税务局	市地税局
江阴市人口和计划生育委员会	市人口计生委	无锡市江阴工商行政管理局	江阴工商局
江阴市政府侨务办公室	市侨办	无锡市江阴质量技术监督局	江阴质监局

缩略语注释

“12345”公共服务平台 指按照“全市域覆盖、全天候服务、全过程监察、全方位互动”要求，对分散在100多个部门和单位的公共服务呼叫热线资源进行整合，建成全市统一的“听民声、采民智、办民事”公共服务呼叫中心，形成“12345，有事找政府”、快速响应市民需求的公共服务体系。

“330”计划 指用3年时间，重点引进30名创新型领军人才、重点扶持30个创新型领军团队、重点培育30个创新型领军企业（智慧企业）。

“445”专项行动 指党的群众路线教育实践活动中需要查找的4大类45个问题。

“530”计划 指无锡市政府为大力实施“科教兴市、人才强市”战略而制定的一项行动计划。该计划从2006年起实施，旨在5年内引进30名领军型海外留学归国创业人才。

“10分钟体育健身圈” 指在城乡居民居住区步行10分钟路程范围内（直线距离800～1000米），有一处可供开展健身活动的场馆（地）或设施，同时提供健身指导、健身知识、健身咨询等服务。

“一案四访”工作 指在查办违法违纪案件的同时，对违纪人员、违纪人员的身边人、发案单位、办案工作人员进行回访，通过有计划地开展跟踪走访、谈话教育、督查整改等工作，把查办案件的过程变成教育引导、整改规范、加强监督、促进发展的反腐倡廉建设过程，使各级党员领导干部引以为戒、警钟长鸣。

“一案五报告”工作 指在查办重大、典型案件结束，撰写案件调查报告、查案总结报告、整改建议报告、工作建议报告和典型案例报告，切实提高查办案件的综合效果。

“三公”消费 指政府部门人员在因公出国（境）经费、公务车购置及运行费、公务招待费产生的消费。

“三同时”项目 指新建项目的安全、环保等设施，必须与主体工程同时设计、同时施工、同时投产使用。

“三农” 指农业、农村和农民。

“三高两低”企业 指高能耗、高污染、高危险、低产出、低效益企业。

“三下乡” 指有关文化、科技、卫生方面的内容知识让农村知道，促进农村文化、科技、卫生的发展。

“三集中、三置换” 指农户向社区集中、承包耕地向规模经营集中、工业企业向园区集中；集体资产所有权、分配权置换社区股份合作社股权，土地承包权、经营权通过征地置换基本社会保障，或入股置换权，宅基地使用权置换城镇住房，或货币化置换，或置换第二、第三产业用房，或置换置业股份合作社股权。

“三资” 指农村集体经济中的资金、资产、资源。

“三资”投农 指利用工商资本、外商资本、社会资本投资开发现代农业。

“三解三促” 指了解民情民意、破解发展难题、化解社会矛盾；促进干群关系融洽、促进基层发展稳定、促进机关作风转变。

“三集中三到位” 指部门行政审批职能向一个科室集中、承担审批职能的科室向行政服务中心集中、行政审批事项向电子政务平台集中，审批事项进驻落实到位、授权到位、电子监察到位。

“三走进三服务” 指走进企业、走进社区、走进农村，服务发展、服务基层、服务群众。

“三严三实” 指严以修身、严以用权、严于律己，谋事要实、创业要实、做人要实。

“三审一评” 指联合审理直属单位案件、简易程序审理党纪案件、交叉审理申诉案件、案件质量检查考评。

“中央八项规定” 指中央政治局关于改进工作作风、密切联系群众的八项规定：一、要改进调查研究，切忌走过场、搞形式主义；要轻车简从、减少陪同、简化接待，不张贴悬挂标语横幅，不安排群众迎送，不铺设迎宾地毯，不摆放花草，不安排宴请；二、要精简会议活动，严格控制以中央名义召开的各类全国性会议和举行的重大活动，未经中央批准一律不出席各类剪彩、奠基活动和庆祝会、纪念会、表彰会、博览会、研讨会及各类论坛；提高会议实效，开短会、讲短话，力戒空话、套话；三、要精简文件简报，没有实质内容、可发可不发的文件、简报一律不发；四、要规范出访活动，出访活动严格控制出访随行人员，严格按照规定乘坐交通工具，一般不安排中资机构、华侨华人、留学生代表等到机场迎送；五、要改进警卫工作，减少交通管制，一般情况下不得封路、不清场闭馆；六、要改进新闻报道，中央政治局领导出席会议和活动应根据工作需要、新闻价值、社会效果决定是否报道，进一步压缩报道的数量、字数、时长；七、要严格文稿发表，除中央统一安排外，个人不公开出版著作、讲话单行本，不发贺信、贺电，不题词、题字；八、要厉行勤俭节约，严格遵守廉洁从政有关规定，严格执行住房、车辆配备等有关工作和生活待遇的规定。

“四项排查” 指排查突出信访问题、排查有风险预警项目、排查安全事故隐患、排查基层基础工作薄弱环节。

“四风” 指形式主义、官僚主义、享乐主义和奢靡之风。

“四查四治” 指一查宗旨意识牢不牢，治脱离实际、脱离群众之病，进一步密切党同人民群众的血肉联系；二查工作作风实不实，治急功近利、不负责任之病，大兴求真务实之风；三查精神状态振不振，治慵懒满散、贪图享乐之病，大力弘扬“三创三先”新时期江苏精神；四查廉洁自律严不严，治挥霍奢靡、铺张浪费之病，发扬艰苦奋斗优良传统。

“四个提升” 指提升领导干部推动发展的能力、提升选人用人公信度、提升基层党组织服务群众的能力、提升人才工作整体水平。

“四个一律” 指对非法生产经营建设和经停产整顿仍未达到要求的，一律关闭取缔；对非法违法生产经营建设的有关单位和责任人，一律按规定上限予以经济处罚；对存在违法生产经营建设行为的单位，一律责令停产整顿，并严格落实监管措施；对触犯法律的有关单位和人员，一律依法严格追究法律责任。

“五检查、五解决” 指一要检查思想解放够不够，解决对待发展上不愿争、不善抢、不敢闯的问题；二要检查精神干劲足不足，解决工作作风上少狠劲、少韧劲、少实劲的问题；三要检查使命意识强不强，解决履职尽责上效率不高、畏难情绪多、责任心不强的问题；四要检查廉洁自律严不严，解决勤廉从政上做选择、搞变通、打折扣的问题；五要检查宗旨意识牢不牢，解决服务百姓上不够真心、不够贴心、不够用心的问题。

“五小”企业 指小钢铁、小化工、小水泥、小电镀、小印染企业。

“五先五好”活动 指在全市基层党组织中开展的以“履职当先，争创好班子；素质领先，争创好队伍；发展率先，争创好业绩；效率优先，争创好机制；民本为先，争创好口碑”为主题的竞赛活动。

“五送”文化下乡 指送戏、送图书、送电影、送展览、送评弹下乡。

“六打六治” 指打击破坏损害油气管道行为，整治管道周边乱建乱挖乱钻问题；打击危化品非法运输和客车客船非法营运行为，整治无证经营、超范围经营、充装、运输、非法改装、认证，违法挂靠、外包，违规装载、超速、超员、疲劳驾驶和长途客车夜间违规行驶等问题；打击无资质施工行为，整治层层转包、违法分包问题；打击“三合一”、“多合一”场所违法生产经营行为，整治违规住人、消防设施缺失损坏、安全出口疏散通道堵塞封闭等问题；打击无证无照生产经营行为，整治安全条件差、事故隐患严重、安全管理混乱等问题；打击粉尘防爆危险企业违法违规建造厂房、布设生产线、除尘设施行为，整治不落实除尘、防爆措施，不落实培训、劳动防护规定的问题。

“六个不准” 指要求全市纪检监察干部模范遵纪守法，带头严格遵守政治纪律、组织纪律、工作纪律、群众纪律和廉政纪律，严格做到不准发表与党的路线方针政策和决定相违背的言论；不准丧失原则，随意表态，超越权限自行其是；不准办人情案、关系案；不准跑风漏气、泄漏工作中的秘密；不准玩忽职守，有令不行，有禁不止；不准作风拖拉，自由散漫，生冷蛮横。

无锡市非公有制企业文化建设“百千万工程” 指用3年左右时间在无锡市实施非公有制企业文化建设，组织万个以上非公有制企业参与企业文化建设，评选千个以上非公有制企业文化建设示范创建先进单位，培育300个非公有制企业文化建设示范单位。

“外专千人计划” 指国家“千人计划”中的高层次外国专家项目，面向非华裔外国专家，重点引进长期项目专家，即至少连续来华工作3年，每年不少于9个月。

“百千万”工程 指力争用5年时间，为新疆维吾尔自治区霍城县培养数百名党政干部、村干部、企业经营管理人才，2000多名专业技术人才，2万多名高素质劳动者，并帮助霍城引进和培养100名硕士、100名企业管理人才、500名专业技术人才，力争使霍城县2015年干部人才资源总量达1.03万人。

省“双创计划” 指江苏省高层次创新创业人才引进计划。

“省市十项规定” 指中共江苏省委关于改进工作作风、密切联系群众的十项规定：一、要切实改进调查研究，每年到基层调研时间不少于两个月；二、要着力解决民生难题，每年安排5—7天开展驻点调研；三、要大力精简会议活动，提倡开短会、讲短话，未经省委、省政府批准，不在省辖市任职的省领导一律不出席各地各部门主办的各类剪彩、奠基活动和庆祝会、纪念会、表彰会及各类论坛等；四、要大幅减少文件简报，没有实质内容、可发可不发的文件简报一律不发；五、要严格规范出访活动；六、要着力简化接待工作；七、要简化改进新闻报道，省领导出席会议和活动应根据工作需要、新闻价值、社会效果决定是否报道，进一步压缩报道的数量、字数、时长；八、要从严控制文稿发表，除省委统一安排外，省领导同志个人不公开出版著作，不发贺信、贺电，不题词、题字；九、要带头厉行节约，工作会议一律不摆放花草、不制作背景版，就餐不上高档菜肴，不安排宴请，住宿一律安排在定点接待宾馆；十、要始终坚持廉洁从政，从严要求配偶、子女、亲属和身边工作人员，自觉加强道德修养，培养健康的生活情趣。中共无锡市委依据省委上述规定也出台了关于改进工作作风、密切联系群众的十项规定。

省“博士计划”人才 指2014起，江苏省人才工作领导小组办公室、省科技厅、省人力资源社会保障厅、省教育厅、省卫生厅联合启动“博士计划”人才引进工作，主要分自主创业类、企业创新类、企业博士后类、境外世界名校类、科技副总类及产业教授指导博士类等人才，并在专项经费、科技项目、平台建设和科技金融等给予支持，简称省“博士计划人才”。

“两个责任” 指党委负主体责任，纪委负监督责任。

“两型社会” 指资源节约型、环境友好型社会。

“两路一河”工程 指海港大道、江阴大道及锡澄运河航道整治工程。

“两新” 指新经济组织、新社会组织。

“幸福一点通” 指借助现代化网络通讯及信息技术，依托社会服务资源，向社区老人家庭尤其是“空巢”、独居、病残老人家庭提供紧急呼叫救助和日常生活照顾的个性化、信息化的家庭养老服务体系。老人们可使用直接连接到家庭固定电话上的呼叫装置，足不出户享受到医疗卫生、心理咨询、家电维修、家政服务等十多项人性化服务。

国家“千人计划” 指中央人才工作协调小组关于实施（中央层面）“海外高层次人才引进计划”，简称“千人计划”，主要是围绕国家发展战略目标，从2008年开始，用5年到10年，在国家重点创新项目、重点学科和重点实验室、中央企业和国有商业金融机构、以高新技术产业开发区为主的各类园区等，引进2000名左右人才并有重点地支持一批能够突破关键技术、发展高新产业、带动新兴学科的战略科学家和领军人才回国（来华）创新创业。

党员教育“百千万”工程 指百场讲座送基层、千名书记讲党课、万名党员争先锋。

“新三板” 指中关村科技园区非上市股份有限公司股份报价转让系统，因进入该系统的挂牌企业多为高科技企业而不同于原转让系统内的退市企业及原STAQ、NET系统挂牌公司（俗称“老三板”），故称为“新三板”，是科技部、中国证监会、中国证券业协会、深圳证券交易所和中关村管委会落实党中央、国务院科技创新战略，以金融创新促进科学技术创新、助力成长性高新企业，完善中国多层次资本市场的重大举措。

类　目

目　录

特　载

重　要　文　献

大　事　记

江　阴　概　况

中共江阴市委

江阴市人大常委会

江阴市人民政府

政协江阴市委员会

纪检·监察

民主党派·工商联·知联会

群众团体

武装·法治

人力资源

农村工作与农业

水利建设

工　业

开放型经济

沿江开发

企业上市

建　筑　业

商贸流通业

住宿餐饮业·旅游业·居民服务业

金　融

港口口岸

城乡建设与管理

生态建设

信息化建设

交通·邮政·物流

财政·税务

经济综合管理

科学技术

教　育

文化建设

卫　生

体　育

社会工作

居　　民

改　革

街道·镇概况

组织机构和领导人名录

人　　物

附　　录

索　引

彩色插页

Content

Special Records

Important Literature

Chronicle of Events

Brief Introduction of Jiangyin

Jiangyin Municipal Committee of the Communist Party of China

The Standing Committee of Jiangyin Municipal People's Congress

Jiangyin Municipal People's Government

Jiangyin Municipal Committee of the Chinese People's Political Consultative Conference

Discipline Inspection & Supervision

Democratic Parties & Association of Industry and Commerce & Intellectual Fraternity

Mass Organization

Military Equipment & Rule of Law

Human Resource

Rural Work & Agriculture

Water Conservancy Construction

Industry

Open—Oriented Economy

Riverside Development

Enterprises Listing

Architecture

Business Circulation

Lodging and Catering & Tourism & Residents Service

Finance

Port & Harbor

Urban & Rural Construction and Administration

Ecological Construction

Informationization Construction

Traffic & Postal Services & Logistics

Finance & Taxation

Comprehensive Administration of Economy

Science Technology

Education

Culture Construction

Health

Sports

Social Work

Inhabitant

Reform

Survey of Block & Towns

Name List of the Organizations and the Leaders

Personages

Appendix

Index

Colored Inserts

2014年度感动中国人物张纪清

编者按：张纪清，一位普通的江阴市民，隐姓埋名献爱心27年，从1987年6月28日祝塘镇政府收到落款"炎黄"汇出的第一笔1000元资助款起，到2014年11月20日被意外发现，他就是大家寻找多年的江阴好人"炎黄"。27年间，他默默捐款捐物，却从未留下自己的真实姓名。他不求名利的慈行善举感动了无数人，激励了一代人在"炎黄"精神感召下助人行善。他因此被评为"中国好人""2014年度感动中国人物"。他的善举通过中央电视台、江苏卫视"江苏新时空"、人民网、中国广播网等媒体相继报道，传播到了千家万户，江阴的"炎黄"精神走出了江阴，走向了全国。

2014年度感动中国人物张纪清：捐款献爱心27年的"炎黄"

张纪清，74岁，江苏江阴市市民。

颁奖词

一个善良的背影，汇入茫茫人海。你用中国人熟悉的两个字，掩盖半生的秘密。你是红尘中的隐者，平凡的老人，朴素的心愿，清贫的生活，高贵的心灵。"炎黄"不是一个名字，是一脉香火，你为我们点燃。

感动事迹

2014年11月，在邮局突然晕倒的老人张纪清被送到医院。散落的汇款单暴露了他的秘密。人们发现，他就是江阴人寻找了27年的好心人"炎黄"。

1987年6月28日，祝塘镇政府收到一笔1000元的捐款用于敬老院的建设，捐款人署名是"炎黄"。当时这笔捐款相当于一个人两年的工资。从此以后的27年间，无论是希望小学还是敬老院，或是地震灾区都曾收到过署名"炎黄"的捐款。27年间，江阴人一直在寻找"炎黄"这位好心人，当地甚至还建设了一个"炎黄陈列馆"。

2014年11月，这位好心人"炎黄"终于现身了，他就是张纪清。张纪清出身贫苦，改革开放后成了镇上首个万元户。手里有了些钱他就开始捐款。之后，他又干回了老本行会计，拿的是死工资，可是捐款却没有中断。张纪清在家里明确表态，钱会用到别人最需要的地方，子女的钱自己去挣。现在张纪清每月只有500多元的收入，当教师的老伴还有些退休金，两口子一直生活俭朴，现在还住着过去的老房子，但是依旧捐款。

张纪清坦言署名"炎黄"是不想让被帮助的人有负担，他说"我们做一点点小事情，就不能以恩人自居"。张纪清就是"炎黄"，这个秘密只有他的妻子知道，并一直支持着他。这份坚持27年的凡人善举成就了大爱，在这个冬天带给很多人温暖。

（摘自2015年2月27日央视网）

“炎黄”,你在哪里

徐向东

1989年6月24日上午,江阴市祝塘镇政府接到一份来自“上海市虬江路160号”的汇款通知单。在附言栏中有这样几句话,“烦请镇领导将这500元人民币转交给镇敬老院,并以此庆祝党的‘七一’生日,聊表心意。1988年因病未能如愿,以后每年将履行这一义务。”落款是“非党职工‘炎黄’”。

人们不会忘记,早在1987年筹建祝塘镇敬老院之际,镇政府接到了一份寄自无锡的1000元人民币的汇款单,在汇款附言中说明了以此表示孝敬老人之心。落款是使用的化名“炎黄”。镇党委、政府根据邮政日戳,专门派人前往无锡地区查询,但是毫无线索。

现在,深受祝塘人民尊敬的“炎黄”再次寄赠人民币给镇敬老院,在祝塘镇党员干部中引起了不小反响。镇党委在“七一”党员大会上,用“炎黄”2次无偿捐款且不留名的事例,对照目前在部分党员干部中存在的贪污腐败现象,对全镇党员作一次自我反省教育。

“炎黄”,你究竟在哪里!

(原载1989年7月14日《新华日报》第三版)

令祝塘人民敬仰的“炎黄”

汪汉明　徐向东

《江阴日报》1989年8月21日第三版曾刊登了一篇题为《“炎黄”,你在哪里》的文章,说的是一位化名“炎黄”的同志2次捐款祝塘镇敬老院的动人事迹。

1990年“七一”前夕,祝塘镇党委又收到了这位不愿披露真实姓名的“炎黄”同志给祝塘镇敬老院的捐款,前后3次总共捐款2000元。第一次寄自无锡汉昌路,正值镇敬老院落成之际,第二次寄自“上海市虬江路160号”,第三次寄自“无锡市黄泥桥13号”。3次寄款,时间均在“七一”前夕,汇款人在附言栏里一再表示,寄上这点钱给老人,是“以此庆祝党的‘七一’生日,聊表心意”,“以后,每年将履行这一义务”。

“炎黄”捐款镇敬老院的事,在祝塘镇引起了极大反响,镇党委以此事为例教育党员干部发扬“炎黄”同志的奉献精神,为人民办实事。为寻找“炎黄”,镇领导先后3次去无锡、上海查询,但均无线索。

(原载1990年7月30日《江阴日报》第二版)

寻找“炎黄”

徐向东

在江阴市祝塘镇,“炎黄”这个名字知者其多,但谁也没有见到过他。6年来,他5次寄钱给镇政府,支援当地的公益事业,而每次的落款均是“炎黄”。那么,“炎黄”究竟是谁呢?

(一)

事情追溯到1987年。这一年,也正是祝塘镇幸福院筹建之际,全镇将有26名孤寡老人作为首批人员住进该院。6月28日上午8时30分,邮递员像往常一样把镇政府的邮件送到文书室。然而,这次邮递员首先拿出的是寄给镇党委书记何国石的一张1000元汇款单,它寄自“无锡市汉昌路1439号”,落款是“炎黄”,在汇款附言中说明以此来表示孝敬老人之心,请转交。一石激起千层浪,“炎黄”捐款赠老人的消息不胫而走,在全镇干部群众中引起了很大的反响。“炎黄”究竟是谁呢?人们的各种猜测对象都一一否定了。不知谁提醒了一声,根据汇款地址,到无锡去找!

于是,镇里两位同志带上介绍信,当天就赶往无锡。可是,整条汉昌路总共才70多户人家,哪有“1439号”呢?

(二)

1989年6月24日上午,镇党委书记何国石第二次接到一份寄自“上海市虬江路160号”的汇款通知单。在汇款人简短附言栏中有这样几句话:“烦请镇领导将这500元人民币转交给镇敬老院,并以此庆祝党的‘七一’生日,聊表心意。1988年因病未能如愿,以后每年将履行这一义务。”落款是“非党职工‘炎黄’”。

镇党委、政府对“炎黄”2次捐款不留名的事迹极为重视。镇党委副书记王才甫和宣传委员孙银龙共赴上海,查询“炎黄”。这次确有“160号”的地址,可没有这样的人。在附近有一对江阴籍的老年夫妇,据居委同志介绍,他们不可能寄款,政府每年还给他们补助呢。很显然,寄款人两次捐款使用的地址都是假的。到邮局去查询,由于业务量较大,时间已过去好几天,营业员无从回忆起那位寄款人的模样。

1990年“七一”前夕,镇党委第三次收到了“炎黄”的500元汇款,这次是寄自“无锡市黄泥桥13号”。地址显然是编造的,镇党委火速派人赶到寄出款的邮电支局,请营业员回忆寄款人的模样。青年营业员对这张汇款单似乎很熟悉,他说当时寄款人在收款人地址栏内没有写上“江阴”的字样,还请他补写过。经他努力回忆,寄款人45岁模样,1米65左右身高,穿白色衬衫,微胖。营业员后又补充说,记忆也许有错误,不一定确切。就这些线索,茫茫人海中,到哪里去寻找这位“炎黄”呢?

(三)

1991年6月27日,镇党委收到“炎黄”第四次捐款300元,这次的地址是“无锡市荷叶新村34号”。7日5日下午,镇党委副书记王才甫收到了“炎黄”的来信,内容如下:“我于6月24日建党节前汇款300元是请何书记代转于建造无锡革命历史陈列馆之用,以示心意,急忙之中汇款单上没有写清,以此说明。我寄上这点钱不足挂齿,我不是为了出名。我还在祝塘的企业里,请不必寻找。”今年党的生日前夕,他又一次寄来200元钱,落款是“无锡市广丰三村18号”。

“炎黄”5次捐款共2500元。祝塘镇的人们虽然还没有见到“炎黄”,但他们心中已找到了真正的“炎黄”——那一脉相承、绵延数千年的中华民族的优良品德。

(原载《无锡日报》1992年11月10日第二版)

“寻找‘炎黄’”周末特别报道之一:“炎黄”8年未露名　今朝又谱新篇章

《江阴日报》“寻找‘炎黄’”采访小组

1995年2月21日,我们“寻找‘炎黄’”采访小组一行4人来到江阴市祝塘镇党委,希望镇宣传科协助寻找这位使祝塘人、使江阴人萝萦心绕的无名英雄“炎黄”。

随着有关人员的介绍,我们在心里一点一滴描绘着“炎黄”的模样——

从1987年迄今,已近整整8年。几乎是每逢党的生日“七一”之前,他都会及时寄上一笔汇款,或捐给镇敬老院,或资助公益事业。

祝塘镇党委曾3次派人按照汇款地址探访,都查不出这累计汇款额近3000元的无名英雄。

早在1987年6月,祝塘镇党委收到寄自“无锡市汉昌路1439号”的1000元汇款单,署名“炎黄”,请镇党委转交该镇筹建中的幸福院。1989年6月底,镇党委又收到寄自“上海市虬江路160号”的500元汇款单。并在汇款人简短附言栏中写道:“烦请镇领导将这500元人民币转交给镇敬老院,并祝贺党的诞辰纪念日,1988年因病未能如愿,以后每年履行这一义务。”以后的岁月里,“炎黄”果然言出必行,只是汇款地址不断变更。镇里曾派人到上海、无锡等地明察暗访,均无此人。

“炎黄”得到镇里寻找他的消息后,在1991年7月上旬给镇党委的一封信中恳求:“寄上这点钱不足挂齿,我不是为了出名。我就在镇的一个企业里工作,请不必再费心花钱寻找了。”在此之前,他再次寄来200元。

祝塘镇宣传科有关工作人员为了便于寻找“炎黄”,分别投书省内报纸,“炎黄”读到报纸后,又写信给该工作人员婉言劝阻——

“希你今后不要只(这)样做,因为我不要名,我要的是中国人的心,又(由)于我不是个体户、厂长、经理,我和我的亲友不是很富裕,加上现实社会做人难,做好人更难,何况我能不能一辈子做好事?为此请你谅解。”

1994年6月底,祝塘镇镇长殷惠兴收到了“炎黄”寄自“江阴寿山路”的信,信中除了殷殷关心祝塘敬老事业,特别表示愿捐助300元给希望工程救助一个贫困儿童入学,以此庆祝中国共产党的诞辰。

1994年10月20日,中国青少年发展基金会开具出了收到捐款收据。

从1995年2月起,黑龙江黑河市爱辉区西峰山乡中心小学的一年级学生温海艳因这捐款正式被开始救助。

(原载1995年2月24日《江阴日报》周末版)

“寻找‘炎黄’”周末特别报道之二：当年寻找“炎黄”记

《江阴日报》“寻找‘炎黄’”采访小组

早春二月，一个风和日丽的日子。我们“寻找‘炎黄’”采访小组记者来到祝塘镇，找到宣传科的徐向东。作为昔日寻找者之一，他叙说了当初镇党委先后3次派人到处寻找“炎黄”的历程。

1987年，祝塘镇筹建幸福院，镇里将有26名孤寡老人首批进该院安居。

这年6月28日上午，邮递员将一张寄给镇党委书记何国石的1000元人民币汇款单送到镇政府，它寄自“无锡市汉昌路1439号”，落款“炎黄”，汇款附言说明了以此孝敬老人之心，请何书记代转。

“炎黄”义举不胫而走，全镇干群反响热烈。

“炎黄”究竟是谁？

有人提醒，根据汇款地址到无锡去寻找个水落石出！

于是，徐向东和姜松球两人带上介绍信，当天就风尘仆仆赶到无锡。

在汉昌路居委会办公室，接待他们的妇女也为“炎黄”的捐款事迹所感动。但她一看地址就说，整条汉昌路总共70多户人家，哪有“1439号”呢？

徐向东和姜松球根据邮政日戳，来到邮电支局，可事不凑巧，办理这份汇款单的营业员休息在家。他们几经周折，终于找到邮递员家。但邻居说，她早晨出去后一直没有回家。两人折腾了一整天，一无所获。

1989年6月24日上午，镇党委书记何国石第二次接到“炎黄”的汇款单，金额500元，附言说明赠给镇敬老院，以此庆祝党的“七一”生日，地址是“上海市虬江路160号”。

镇党委、政府对“炎黄”2次捐款不留名之举极重视，镇党委副书记王才甫和宣传委员孙银龙奔赴上海查询“炎黄”。上海虬江路确有“160号”，但没有这样的人。在附近有一对江阴籍的老年夫妇，据居委会同志介绍，他们不可能寄款，政府每年还给他们补助呢！

很显然，寄款人2次捐款使用的地址都是假的。

1990年“七一”前夕，镇党委第三次收到“炎黄”500元汇款，这次是寄自“无锡市黄泥桥13号”。镇党委火速派人赶到寄款的邮电支局，请营业员回忆寄款人的模样。经他努力回忆，寄款人45岁模样，1米65左右身高，穿白色衬衫，微胖。但即使有了这些线索，茫茫人海，到哪里去寻找这位“炎黄”呢？

几经辗转，“炎黄”终未“水落石出”。祝塘人还在寻找。人们也作出了种种猜测：这“炎黄”究竟是外地热血赤子？还是本地无名英雄？

（原载1995年3月3日《江阴日报》周末版）

“寻找‘炎黄’”周末特别报道之三：“炎黄”，是异乡客还是本地人？

《江阴日报》“寻找‘炎黄’”采访小组

这位隐姓埋名的“炎黄”，这位自始至终助人为乐的无名英雄，他究竟是异乡赤子？还是祝塘镇本地贤者？

有人说他是异乡赤子，其事实根据是他4次汇款的地址——

1987年6月下旬，寄自“无锡市汉昌路1439号”。

1989年6月下旬，寄自“上海市虬江路160号”。

1990年6月下旬，寄自“无锡市黄泥桥13号”。

1991年6月下旬，寄自“无锡市荷叶新村34号”。

持这种意见者甚至推测，“炎黄”准是从事经常出差的职业，要不他的汇款怎么经常变更？

更多的祝塘人则认为“炎黄”很大可能是祝塘本地人。

这种猜测的理由似乎更可信些。

祝塘镇党委宣传科的徐向东一直对“炎黄”事迹进行过跟踪报道。1989年7月14日、8月21日，《新华日报》《江阴日报》分别刊登了他撰写的有关“炎黄”事迹的文章。

岂料1990年春节刚过，徐向东就收到“炎黄”从祝塘镇邮局寄出的一封信，信中说：“向东同志，首先让我祝贺您蜜月幸福合家欢乐，上年我在《新华日报》看到你的文章，希你今后不要这样做，因为我不是要出名，我要的是中国人的心，由于我不是个体户、厂长、经理，我和我的亲友不是很富裕，加上现实社会做人难，做好人更难，何况我能不能一辈子做好事？为此请你谅解。”

寄信人地址栏内写有“本镇黄寄”，而且这“炎黄”对徐向东情况较为熟悉，知道他春节期间刚结婚。

1991年7月5日下午，“炎黄”向“希望工程”捐款帮助黑龙江失学小女孩于2月复学，亦是以“祝塘‘炎黄’”署名。

“炎黄”，究竟是异乡客还是本地人？这似乎是一个谜，人们期待着早日揭开谜底，读完本报“寻找‘炎黄’”采访小组提供给您的有关事实，相信聪明的读者自会去判断，解答这个问题。

（原载1995年3月10日《江阴日报》周末版）

“寻找‘炎黄’”周末特别报道之四：祝塘幸福院老人们心中的“炎黄”

《江阴日报》“寻找‘炎黄’”采访小组

都说老人健忘，老友几年不见，见面时竟张大着瘪瘪的嘴说不出对方的名字，只觉好面熟，要做事3件以上，需笔记于纸，可一转眼，备忘录又不知丢到哪儿去了。然而，在祝塘镇幸福院，不管是花甲刚过，还是面临期颐的老人，提起“炎黄”，竟都能思路清晰，甚至健谈。

3月7日正午，太阳格外慷慨地把光线投进幸福院每位老人房间的每一个角落，身上盖满阳光的老人们说起“炎黄”，兴致高涨，有的索性停下手中的碗筷。

“这个‘炎黄’呀，你们不要去找了。我认识。他学识渊博，周游列国，精通多国语言，是三国留学生，名叫黄明晖，草头黄，家住杭州黄灵洞……”71岁的老人浦仁华眉飞色舞，谈劲很足，麦芒般的浓眉下一双原本浑浊的眼变得十分有神。

“炎黄”的名字在老人们心中早已生了根，发了芽，开了花，他们把他（她）编成故事讲给孩子听。

“炎黄”呀，你可给幸福院孔院长出难题了，你让他将这表彰捐资幸福院的奖匾往哪送呀？

8年了，“炎黄”一直没露面，只是在每年的“七一”前夕如期汇款来。此事始于1987年幸福院刚成立，署名“炎黄”的1000元汇款由原来祝塘镇党委书记何国石转交到幸福院，8年来，“炎黄”到底是谁无人知晓，每次汇款单上的地址都不一样，幸福院已把这笔款子用于改善老人的生活条件。

“炎黄”已经成为老人们的谈资，茶余饭后，大家都在猜测、编译这神秘的“炎黄”，有人说是海外来客，有说是哪路人个体老板……采访时老人们告诉记者，社会上有“炎黄”关心我们，我们没有理由不把晚年过得好好的。

“炎黄”成了好心人的代名词。如今，在幸福院的慈善榜上，记载着许许多多的“炎黄”，有留名的，有不留名的；有留真名的，有留假名的；有托人捎来的，有留下身影头也不回就走的；有个体的，有集体的；有电话三言两语就说妥的，也有碰头会碰来的……厚厚的一本记载簿已记不下许多，溢出的佳话深藏在老人们的心中。1994年，祝塘镇个体户颜其忠在一次碰头会上与孔院长邂逅，二话没说就甩出3500元钱。孔院长感激之至，表示要请人拍电视，要送奖匾，颜其忠一听，大摇其头、大摆其手，一概不要！不止一个颜其忠，建院时，祝塘镇个体户捐资就达30000余元……

“人们关心、爱护、尊敬老人。今天的社会还是好心人多呀！”孔德宝吐露肺腑言。

（原载1995年3月17日《江阴日报》周末版）

“寻找‘炎黄’”周末特别报道之五：愿“炎黄”一生平安

宋旦华

每个星期，我们都随着“寻找‘炎黄’”的报道，希望能找到真名实姓的“炎黄”，然而“炎黄”你在哪里呢？

曾几何时，我们听说有人落水，但数百人围观而没有人救，也曾有过有人撞伤却拦不到车，甚至出现了危难之际通报围观，而外国友人伸出援助之手的怪事……于是我们曾一度嗟叹：“雷锋精神出国了。”然而今天，通过

《江阴日报》一期期寻找"炎黄"的报道,我们震撼了;"炎黄"没有找到,但这里或那里还有那么多的"炎黄",他们为人解难,不留姓名,唯有得到过他们恩惠的人们一遍又一遍地传颂着他们的事迹。

跟着"寻找'炎黄'"的报道,我们可以想象"炎黄"是一个普通的人,普通得如同每一个擦肩而过的行人。他不是位大款或名人,他是在自己有限的经济收入范围内力所能及地帮助着别人,8年来他隐姓埋名,不求名利,默默奉献,从他的身上我们又看到了20世纪50年代人们的精神风貌——朴实善良,乐于助人,这种精神才是"炎黄"子孙真正的根。我们在赞颂名人捐款义举的同时,更应该宣传这种"炎黄"式的普通人。

我们衷心祝愿"炎黄"好人一生平安。

(原载1995年3月24日《江阴日报》周末版)

"寻找'炎黄'"周末特别报道之六:向"炎黄"学习

封永生

几年前就看到《江阴日报》登出的寻找"炎黄"的消息。过去我国北方就出现过"党义"。

"留名"还是"隐名",我认为可以自便,因为两者都是一样,为社会做了好事。我们先从"炎""黄"二帝之后5000年繁衍生息,从几千人到12亿人,当然包括"炎黄"。其中正是历代不断出现伟人、名人,正是他们有着表率力、创造力,进而产生号召力,带领群众去创造未来。我们党所以有崇高的威信,正是有毛泽东、周恩来等一大批革命家,还有像好干部焦裕禄、好战士雷锋等,他们是我们党的具体形象。我常常想,如果我们不去单纯比富,而是去比为社会多贡献,该多好呀!至于建一座桥、一条路,修一条河都是为社会做贡献的途径。凡是捐献者,完全可以用金子,请名人、请书法家写写某某路、某某桥、某某园等等。给予子孙后代知道,流芳百世。

2000元,对挥金如土的人来说不屑一顾,但对于一个生活困难者来说该是一笔多大的数字呀!如果社会上人人做到艰苦朴素,不乱花钱,把钱用到建设上,用到治困治贫上,可以肯定,我们国家会更加富强。

"炎黄"同志,我已经70岁了。我的文章如果赐载的话,我希望你能给我一封信。因为我从小就喜欢英雄,喜欢正直的人。甚至是我做人的楷模,前进的动力。

(原载1995年3月31日《江阴日报》周末版)

"寻找'炎黄'"周末特别报道之七:8载化名行善为哪般?"炎黄"向本报电话吐真情

《江阴日报》"寻找'炎黄'"采访小组

4月3日上午8时30分左右,本报周末副刊部3名记者正准备外出采访,这时电话铃声响起来,该部副主任单旭随手拿起话筒,"请找一下周末副刊的负责人。""我有一个要求,请你转告周科(指祝塘宣传科科长周炳兴)不要找'炎黄'了。"

单旭感到有些惊讶:"请问,您是哪位?"

"我就是你们要找的那位同志。"

"请问您在哪里?"

"我在无锡北塘探亲,正在公用电话处给你们打电话,请你们不要费心去找我本人了。不过有什么问题,我可以回答你们。"

单旭感到意外而兴奋,"那请你谈谈这样做的动机是什么?"

这时副刊部来了位通讯员,部里一位记者忙着与他打招呼,影响了单旭的提问,通话出现了短暂的中断。

等到让周围环境安静下来,电话里传来:"……我有3个条件:一是不要再来找我本人了;二是我的讲话不要录音;三是我一般在公用电话打电话,请不要去麻烦邮电局的同志……"说到这里,电话突然中断,传来了遗憾的忙音。

4月4日上午8时30分左右,单旭家中电话铃声响起,因值夜班在家休息的单旭拿起话筒。"我就是祝塘'炎黄',如果你答应我昨天3个条件的话,我可以回答你的问题。"

在单旭的再三承诺下，“炎黄”接受了单旭的电话采访。向世人第一次披露了他8年化名行善的动机。

1987年以后，农村实行了改革开放，人们的思想观念发生了很大的变化，但配套设施没有跟上，在不少地方出现了只顾个人发财致富无人关心集体他人的局面，中华民族的许多优良传统遭到严重削弱，这不仅影响了现在一代人，而且影响到下一代，长此下去，我们这个有着上下五千年历史的民族又将陷入又一次灾难之中。

“炎黄”这名普通人不以位卑而忘忧，他想用化名行善的方式来向整个社会呼吁：一、我们都是“炎黄”子孙的后代，只有保持和发扬我们中华民族的优良传统才能在世界上占有一席之地；二是期望引起执政党的高度重视，对基层出现的混乱局面给予有力整顿。

至于1987年7月1日前夕，第一笔以“炎黄”名义捐献的资金为什么指定给祝塘敬老院？他告诉记者：这主要出于两点考虑，一是敬老院的老同志大多数为共产党摇旗呐喊过，至少也是跟共产党走过，对他们这些人，我们不应该忽视和忘记；二是实行计划生育政策后，老龄问题将越来越突出，希望全社会形成一个敬老风气。

谈到本报开展的讨论，他列举了市邮电局离休干部封永生、钢绳厂晓宇等诸多名字，对他们的关心表示十分感谢，看到这么多人关注社会问题，他感到欣慰，希望大家不要在找他本人上多费心，而要更多的关注如何寻找回“炎黄”子孙千百年来形成的优良传统，这些正逐步在丢失。这样我们的国家，我们民族才有希望。

从两次短暂而又十分珍贵的通话中，我们可以告诉读者：一是他是祝塘本地人；听口音是50岁左右的男子，平时对本报十分关心。当单旭第一次与他通话时，他特意问了一句：“你叫什么名字？”当听说单旭时，他接口就说：“噢，是旭日东升的旭。”二是对祝塘镇镇级机关干部情况比较熟悉，而且经常有仗义之举。

“炎黄”，也许我们能从祝塘镇有限的人口中排出您的真实名字，但还是尊重您个人的意愿，让您永远以“炎黄”这个名字铭记于人们的心中，也记载于我们这个时代的历史史册上。你用化名行善8载的方式，给了江阴整个社会一次心灵的洗礼，谱写了一曲位卑不敢忘忧国的新时代赞歌。

（原载1995年4月7日《江阴日报》周末版）

“寻找‘炎黄’”周末特别报道之八

《江阴日报》“寻找‘炎黄’”采访小组

1995年4月18日，本报收到来自黑龙江省黑河市爱辉区西峰山乡中心小学的来信。

该校一年级学生温海艳因江阴“炎黄”捐款300元而在今年2月被救助复学，本报“寻找‘炎黄’”小组由副刊部主任张再兴出面写信给该校，要求配合提供线索。

现将该校来信和该校收到的“炎黄”来信一起全文转载如下——

（一）西峰山中心小学周绍城老师给张再兴的信

张再兴同志：

3月23日寄来的信已由学生家长转交于学校。学校领导对此事极端重视，责成鄙人予以复信。

为了配合贵报社“寻找‘王炎黄’采访小组”，早日寻找到隐姓埋名的大好人，特提供下列情况：

一、3月14日学校收到了署名“王炎黄”寄给温海艳同学班主任的书信一封。（随之寄去供参考）。

二、同时收到“江阴市祝塘镇景阳路8号”署名黄一盛寄来的邮包一个。内有衣服15件，衣裤整洁。有夏季的裙子，秋季的毛衣，冬装羽绒服……皆为女孩服装。

三、人民币50元，捐赠者叮嘱“作为海艳购文具用品之用”。情况就是这样。

西峰山中心小学　周绍城

（二）“炎黄”给温海艳班主任的信

班主任老师：您好！

今悉助学对象是你校一年级叫温海艳的小姑娘，但不知目前她读书情况如何？其家中几人，父母做什么工作，贫困原因等，我想了解一些。

今寄给海艳人民币50元（放在寄来的棉衣口袋内）和旧衣服15件。请代为告知海艳，钱作为购文具用品之用。

希望她好好学习、天天向上，做一个合格的好学生。贫困不是永恒的。像我们江阴市，地处东南沿海长江边上，南近苏锡沪，北临常州、镇江、南京，交通发达，乡镇企业林立。但10多年前，我们也与海艳家一样非常贫困落后，就是靠党的政策和沿海人民共同的艰苦奋斗才取得了目前的初步繁荣。相信你们不久定能追上沿海，因为黑龙江是一块全国最富饶的土地，有的是勤劳的人民。

希望老师能代为复信，谢谢。

祝

合府健康

工作愉快

祝塘镇政府“炎黄”

1995年2月1日

（寄来的衣服是叫校长代转的，望代为去邮局查询）

记者注意到，“炎黄”这封信上有“江阴市祝塘镇稿纸”字样……

（原载1995年4月21日《江阴日报》周末版）

"寻找'炎黄'"周末特别报道之九:无名老人雪中送炭 常州"炎黄"情系祝塘

周炳兴 吕建伟 孔维金

1995年4月28日下午1时半许,祝塘镇党委宣传科突然闯进一位40多岁的中年男子,他抽噎着向正在办公的科长周炳兴询问着:"你们是宣传科的同志吗?""你们可要给我登报啊,我忘不了这个好人……"

听着听着,又一个"炎黄"式的人物在我们眼前浮现。

他叫朱国忠,家住祝塘镇漫水村,今年45岁。本来一家三口人日子还过得去。可是,自1994年10月15日以来,厄运频频降临这个家庭。他于年底住了一个半月医院,病因是患了阑尾炎因耽误诊机转为腹膜炎,前后共花掉1500元钱。天有不测风云,这时他妻子又突然感到全身疼痛,且月经紊乱,痛苦不堪。朱国忠在其妻住院后,问了一下主治医生,当他听说大约要花3000元至5000元钱时,他一下子呆住了。

朱国忠一家的境况,入不敷出,生活维艰,至今住在两间旧平房内。4月27日,院方在继续为朱妻诊治,朱国忠忙碌了一上午,揣着从亲朋好友处借来的1500元钱,急匆匆回医院结算拖欠3天的医疗费。一会儿,朱国忠捏着几块硬币神情恍惚地步出了结账处。

时针正指向上午11点,这时,门外走进来一位工人模样的老人,关切地问坐在长椅上发呆的朱国忠:"喂,你这是怎么啦,有什么心事吗?"朱国忠见这位老工人很关心他,就含泪将燃眉之急告诉他。老工人听完后,拍着他的肩膀安慰他说:"不要紧,你会慢慢挺过来的。"尔后,老工人叹息着走开了。

第二天早上,朱国忠守候在妻子的病床前,手里捏着出了汗的配药单。将近中午,走廊里好像有人在打听一个因输卵管开刀住院的妇女。听着熟悉的话音,他怔了一下,随即步出病房来,正巧与来者迎面而视,"哦,我是给你送钱来的。"来人掏出一叠百元大钞,塞在发愣的朱国忠手里。"这是1000元钱,一点小意思,你收下,留着急用。"此时的朱国忠,百思不得其解,只是紧紧握着老人的手摇个不停,一股暖流袭上心头,久久说不出一句感谢话,泪水哗哗地流淌。

老工人还捎去了一份礼品,并扶起几欲下跪的朱国忠,语重心长地对他说:"世界上好人多,帮助困难家庭人人有责,我不求图报,只要你以后像我一样去帮助更不幸的人。"朴实而又饱含深情的话语,使朱国忠失声痛哭。老工人走后,他又在医院的长椅上痛哭了好一阵子。

在朱国忠和那位老工人断断续续的交谈中得知,那人是常州人,还是个退休老工人。27日,他来祝塘赶集,到祝塘医院顺便走走。当时,他口袋中只有300元钱,购置货物后,所剩仅够路费。回家后,他想起白天遇见的事,辗转反侧,久久不能入睡。第二天,他忙揣了1000多元钱,坐出租车赶到祝塘,打听昨天那个不幸的人……

也许是太激动的缘故,朱国忠的记忆逐渐模糊起来,只隐约记得这位老工人约莫60余岁,头发微白,1.67米的个头,身材略胖,上身着中山装。"'炎黄'的事迹,我在报纸上读过,可我做梦也没想到他主动来找我了。"不知怎的,朱国忠扯到了"炎黄",并说这位老工人好像姓"王(黄)"。显然,从老工人的纯正的常州口音分析,他不是祝塘"炎黄"。望着泣不成声的朱国忠,我们被这位老工人的义举深深地感染了。

这发生在"炎黄"诞生地的一幕让人感到由衷的欣慰。在这里,本地"炎黄"、境外"炎黄"、异乡"炎黄"奏响了一支友爱之曲,他明示我们尽心去做一些"炎黄"式的人和事,用全部身心和爱心去营造一个纯美、和谐的社会生活空间,让许多不幸家庭沐浴阳光的温暖……

(原载1995年5月12日《江阴日报》周末版)

"寻找'炎黄'"周末特别报道之十:"炎黄"故里,活跃着一群"小'炎黄'"

——祝塘中心小学少先队"江阴'炎黄'大队"学"炎黄"活动纪实

费敏伟 张再兴

屈指算来,"炎黄"捐款不留姓名感人事迹在江阴市祝塘镇流传已8年了。那种不图名利,无私奉献的精神深深感动了祝塘中心小学的每位少先队员。

自1989年始,祝塘中心小学领导就抓住这一契机,默默地拉开了"学'炎黄'·献爱心"活动的序幕……

一、让老人永远微笑

近6年来,祝塘中心小学的少先队员代表、红领巾志愿者常利用节假日慰问敬老院中的孤寡老人,用积攒的零花钱买了牙膏、毛巾、牙刷、糖,送到老人们手中。他们送去了甜蜜的歌声、优美的舞蹈、亲切的话语。

少先队员们又与共青团员一起为敬老院的35名老人过生日,学童们用稚嫩的声音给老人们唱起了生日快乐歌。77岁的颜金富老人激动地说:"我活到77岁,今天第一次过生日,真亏了这帮娃娃想得周到。"

同样,退休教师也是少先队员献爱心的对象。他们3年如一日为退休教师陆爷爷做好事,扫地、擦窗、叠被子、倒马桶样样都干,陆晓静、陆晓梅姐妹俩更把陆爷爷视若自己的亲爷爷。陆爷爷去世时,许多少先队员亲手做了花圈,寄寓深切怀念之情。

在这里,少先队员敬老尊师蔚然成风。

二、至爱奉献残疾人

近6年来,这里的少先队员把助残活动搞得轰轰烈烈。

浦国安、王爱国、徐忠明等,是他们校外的服务对象。载歌载舞,赠送鲜花,鼓起他们身残志坚的勇气。

学校有个学生叫仲心,是个残疾孤儿,家境贫寒,由爷爷、奶奶抚养,而两老又常生病。学校为他免去了学杂费,许多少先队员把省下的零用钱给他用,给他文具、衣服,3年送钱物约价值400元。

浦雪锋同学家境窘迫,上学没有像样的书包,一年到头老穿双旧跑鞋,时近深秋也没有一双袜子,因营养不良而脸黄肌瘦。同学们常送给他钢笔、墨水、练习本、作文书等,孔寿红同学还送了乐口福、棉毛衫、字典、袜子等。

浦雪锋同学生日那天,少先队员们在辅导员老师带领下,为他过了一个愉快的生日,替他买了新书包、文具盒等学习用品。目睹此情此景,小浦同学激动得泣不成声……

三、手拉手学"炎黄"练硬翅膀

1994年,这个少先队员大队被团中央命名为全国雏鹰大队。雏鹰的翅膀又开始搏击风云。

1995年2月下旬,《江阴日报》"寻找'炎黄'"周末特别报道开始刊登后,学"炎黄"活动波及江阴城乡。该校少先队员在学校"雏鹰练硬翅膀,立志搏击长空"誓师大会后,掀起了又一个学"炎黄"高潮。

3月16日,学校大队部向全体学生发出了《手拉手,献爱心》倡议书。第二天,校园内掀起了"学'炎黄',献爱心"捐款热潮。学生们省下零用钱,掏出压岁钱以及拾破烂卖来的钱,个个争做小"炎黄"。不到3天,全校共收到捐款1262.93元。

在这基础上,学校建立了"启明助学基金会"(祝塘中心小学原名启明小学)这笔基金专门用于资助家庭特困学生,目前已有两位学生得到了资助。

校内,成立了"学雷锋,学'炎黄'"指导小组,以少先队中队为单位,有计划有组织地活动,全方位关心学生。校外,把敬老院、景阳路作为两个"学'炎黄'活动基地"。

自1994年10月起,该校与西藏阿里地区小学结成了手拉手联谊校,及时帮他们解决了一些困难。

1995年4月8日,少先队员从电视里、报纸上看到西藏阿里地区地委书记孔繁森同志的先进事迹后,纷纷表示要以学习孔爷爷进一步完善学"炎黄"活动。他们得知孔繁森生前曾抚养两个孤儿曲印、贡桑,同学们一直惦记在心里。他们连续给"知心姐姐信箱"、阿里地区小学校长索朗加措写信,希望知道两个孤儿的确切地点,以便援助这两个孤儿。

"炎黄"精神在祝塘中心小学已扎下根,"炎黄"之花也在该校遍地盛开,助老、助寡、助小、助残、助贫"五朵小金花"必将越发艳丽。5月31日,祝塘中心小学少先队员被团市委命名为"江阴'炎黄'大队"。雏鹰在一点一点练硬翅膀……

(原载1995年6月2日《江阴日报》周末版)

"寻找'炎黄'"周末特别报道之十一:履行去年诺言"七一"前夕献礼 "炎黄"再次向希望工程捐款

徐向东

1995年6月29日上午,江阴市祝塘镇政府收到中国青少年发展基金会希望工程寄来的400元人民币捐款收据,捐款人"王炎黄",捐赠号是119501006544。

还是在1994年"七一"前夕,"炎黄"在捐款希望工程的同时,又给祝塘镇镇长殷惠兴写了一封信,信中讲:"300元能救助一个贫困儿童入学,作为'炎黄'子孙来讲是有责任来关心的,我们不富有,但每年300元是能省得出来的。为此今年起本人将以微薄之力来庆祝中国共产党的诞辰日。"自1987年至今,这是"炎黄"第8次隐姓埋名义务捐款,资助社会公益事业,共计人民币已达3500元。

(原载1995年6月30日《江阴日报》周末版)

谁是“炎黄”

单　旭

2006年4月21日,江苏省江阴市,一则奇特的寻人启事出现在各大媒体上,寻找“炎黄”。寻人启事中,没有描述找寻对象“炎黄”的外貌特征,找寻者自己也不知道“炎黄”是什么样子。发布这个寻人启事的,是江阴市所有的市民,人们已经找了他整整20年。

这里是即将完工的江阴市祝塘镇世纪公园,其中的主体建筑,就是“炎黄”陈列馆。江阴人热切地希望在陈列馆的落成仪式上看到“炎黄”本人的身影,20年了,人们对他的牵挂从来没有停止过。

1987年6月,“炎黄”给正在筹建中的江阴市祝塘镇敬老院汇去了1000元钱,捐助敬老院的建设。当时,1000元相当于一个普通工作人员差不多两年的工资,这无疑是一笔巨款。汇款单的汇出地址是“无锡市汉昌路1439号”,当人们去向“炎黄”表示感谢的时候,却发现,这里根本没有1439号。地址是假的,名字显然也是假的,“炎黄”就这样在人们心中留下了一个大大的谜团。以后的几年中,每隔一两年,“炎黄”都会给敬老院汇去几百元钱,到2000年的最后一次汇款,“炎黄”一共给敬老院捐款6次,共计2700元。现在,敬老院仍旧保留着其中4次捐款的入账记录。

敬老院曾3次派人按照汇款地址去寻找“炎黄”,但每次都空手而归。“炎黄”在敬老院老人们的心中成为一个传奇人物,最早接受过他捐助的老人已经去世了,健在的老人们依然会不时地提起他。在人们的猜测中,时间走过了20年,“炎黄”始终蒙着厚厚的面纱,成为难解的谜团。这次全市的大规模寻找行动诉说着人们的思念,江阴人没有忘记“炎黄”,因为他的行为已经影响了一代人。

徐向东是这次寻找“炎黄”活动的策划者,可以说,他是和“炎黄”接触最多,最了解“炎黄”的人。从“炎黄”出现的那一天起,徐向东就一直在寻找他。“炎黄”第一次捐款给敬老院时,徐向东曾经写过几篇报道发表在报纸上,这些报道吸引了“炎黄”的目光。

图为2006年祝塘镇党委、政府移地新建的“炎黄”陈列馆　(祝塘镇宣传科提供)

1990年,徐向东收到一封信,署名为“炎黄”。虽然“炎黄”一再嘱托不要宣传他,不要寻找他,但是人们对他的关注却从来没有停止过。1995年,《江阴日报》周末版第一次发起了寻找“炎黄”的系列报道。从那时起,“炎黄”成为帮人助人的代名词,学习“炎黄”、扶危济贫的风气传遍江阴市。就在报社积极准备第七期报道的时候,编辑部接到一个神秘的电话。

《江阴日报》记者单旭把这个电话作为第七期内容发表在专刊上,为第一次寻找“炎黄”的活动画上了句号。为遵守对“炎黄”的承诺,在此后的十多年中,人们停止了对他的寻找,但“炎黄”精神却洒满了江阴大地。看着新建成的“炎黄”陈列馆,看着手中越积越厚的贫困学生救助卡和感谢信,徐向东决定再次寻找“炎黄”,并得到大家的赞同,于是,就有了这第二次大规模寻找“炎黄”的行动。

寻人启事已经发出去3天了,却没有收到任何信息。徐向东有些坐不住了,他知道,此时此刻“炎黄”也在关注着这次的寻找行动。想来想去,忽然,徐向东想起了一个被自己忽略了的线索。那是在1992年,敬老院再次收到汇款单后,工作人员立刻赶到汇款的邮局,询问办理这笔业务的职工,“炎黄”的模样被描述出来。

徐向东决定,去“炎黄”当年汇款的邮局寻找那个职工,请他再次描述一下“炎黄”的形象。此行能不能有收获,徐向东心中没有丝毫把握,毕竟邮局职工和“炎黄”也只有一面之缘,十多年过去了。在邮政所的帮助下,徐向东很快找到了早已退休的老职工。带着老职工对“炎黄”零碎的回忆,徐向东约上单旭,一起来到江阴市高级中学,请擅长人像素描的一级美术教师陈伟,根据这些点点滴滴的信息,为“炎黄”画一张像。

看着在心中勾画过千百遍的“炎黄”正一点一点地被勾勒出来,徐向东心中五味杂陈。当初,他认为“炎黄”就是一个人,就是这个被画在纸上的人。但是,多年的寻找过程,让他越来越不相信自己的判断,他对“炎黄”有了新的猜测。

徐洪强是江阴市被捐助的学生中学历最高的一个,他上高中的时候,哥哥患白血病去世,巨额的医疗费让整个家庭背上沉重的负担。当他考上重点大学后的第二个月,突然有一天,妈妈和镇政府里的两个人不远千里,来学校找他。帮助徐洪强交纳学费的是江阴市国家税务局第三税务分局,他们得知徐洪强的遭遇后,就主动以单位的名义,捐助他读完四年大学,职工们也因此与他成为朋友。

税务局的行动,提醒了徐向东。20年不间断的汇款,会不会是一个团体,或者一个家庭,在使用“炎黄”的名字进行捐助活动呢？这个邮局老职工见到的“炎黄”，是不是只是其中的一员？

1996年12月，祝塘镇政府专门成立了“炎黄”陈列室，展示“炎黄”的事迹和人们学习“炎黄”精神的各种活动，这里面有很多是徐向东追寻“炎黄”过程中接触到的人和事。

黄秋芳现在已经是一家工厂的团委书记，平时组织团员活动，她经常会把地点定在这里。她拿到的第一笔工资，只留下200元的生活费，其余的300元都交给了镇妇联，去帮助那些有着同样遭遇的孩子。殷忠平就是黄秋芳捐助的孤儿，摄制组在没有打扰他的情况下，拍下了这组他学习生活的镜头。老师说，这个孩子刚失去父母的时候，情绪非常低落，而现在，他已经渐渐走出阴影，性格也变得开朗，并且乐于助人。相信，他一定会如黄秋芳所愿，成长为有用的人才。

“炎黄”的画像完成了，这是一张普普通通的脸，是“炎黄”十多年前的模样，而现在，“炎黄”怎样了？十多年了，他的脸上增添了多少皱纹，头上多了几许白发？一个星期过去了，还是没有“炎黄”的任何消息，徐向东知道，这次的寻找十有八九会落空。“炎黄”也许永远不会出现了，他究竟是谁，人们也许永远不会知道。

从第一次汇款开始，“炎黄”就有意地隐瞒自己的真实姓名和地址，以后的每次汇款，他都到不同的邮局，缜密地改变自己的地址，将自己深深地隐藏起来。从“炎黄”历次的捐款数目分析，他可能只是一个普通人，收入也并不高，也许他现在也需要别人的帮助，江阴人盼望着“炎黄”能够自愿走到关注的目光中。他20年如一日，帮困济贫的精神已经被广为传颂，江阴市热心助人的社会风气已经深入人心。

在祝塘镇中心小学少先队新队员的入队仪式上，所有的孩子在加入少先队的同时，也加入了学校的“炎黄”大队，这种活动已经持续了12年。刚刚懂事的孩子们，已经深受“炎黄”精神的熏陶，知道了帮困济贫，热心助人。

世纪公园已经成为祝塘镇人们平时娱乐休闲的地方，它也是用人们的爱心支撑起来的，学习“炎黄”精神的人们在背后默默地付出。陆文昌是祝塘镇的一个企业家，他前前后后共出资300万元帮助世纪公园的建设。

徐向东听说江阴高级中学有个学生接受无名人士的捐款已经很长时间了，这是不是“炎黄”又在进行捐助呢？他又踏上了寻找的路途。

祝塘镇妇联一直都在做结对助学的工作，帮助捐助者联系贫困学生，每年都有几十名学生受到捐助，从而完成了学业，高江就是其中之一。

这样的答案，徐向东已经听到无数次了，爱心充满江阴的大街小巷，“炎黄”可能是这里的任何一个人，“炎黄”已经成为这座城市精神的魂魄。尽管没有找到“炎黄”，但他的精神在无数人身上闪烁着光芒，在人们心灵打下了深深的烙印。

（原载2006年7月13日《江阴日报》）

张纪清匿名做了27年好事，江阴人找了27年
点赞中国：“炎黄”找到了

原标题：“炎黄”找到了（点赞中国·爱国、敬业、诚信、友善）

王伟健采访整理

“27年来，你一直无私帮助别人，大家都要向你学习。”最近几天，不少人来到江苏省江阴市张纪清老人的家里，向他送上鲜花和祝福。张纪清老人为何受到如此关注？故事还要从前几天说起。

2014年11月20日傍晚6点多，江阴市祝塘镇敬老院院长吴军政突然接到张家港市警方的电话。电话里称，有一个叫“炎黄”的老人，晕倒在张家港市邮政局，目前正在医院医治。

“炎黄”，是让祝塘镇敬老院最为牵挂的人，也是最想知道的人。

1987年6月28日，祝塘镇政府收到“炎黄”最早一笔1000元的汇款，留言是用作镇里幸福院（即后来的敬老院）的建设，汇款地址是“无锡市汉昌路1439号”。“1000元在当时可不是小数目，相当于一个城镇职工两年的收入。”现任祝塘镇党委委员的徐向东，当时还是一名宣传干事。当看到这张汇款单时，徐向东凭着职业的敏感，决定要去找这个名叫“炎黄”的好心人。徐向东赶到无锡市汉昌路。“路名是对的，可路号错了，当时的汉昌路根本没有1439号。”

此后，祝塘镇几乎每年都会收到署名为“炎黄”或“黄炎民”的人的汇款，地址则是千变万化，有“无锡”，也有“张家港”“上海虬江路”等。27年间，祝塘镇敬老院多次尝试寻找，但名字是化名，地址也对不上。

徐向东说，就在20世纪90年代中期，感动于“炎黄”的善举，江阴人开始大规模寻找“炎黄”。其间，“炎黄”用公用电话联系过《江阴日报》，称他只是普通人，做了

应该做的事,大家的好意他知道,但希望大家不要再继续找寻他,他会继续这样做下去。“有一次,‘炎黄’还被评为江阴好人,但因为找不到他,我还代表祝塘镇上台领回了这个奖。”徐向东说。

因此,放下电话的吴军政立即和徐向东赶往张家港,他们想弄清楚好人“炎黄”到底是谁。

推开医院病房的门,眼前的人让徐向东很意外:“炎黄”真名叫张纪清,是徐向东岳母同事的丈夫。徐向东结婚时,他还打过电话表示祝贺。可转念一想,徐向东觉得一切都在情理之中,因为张纪清是出了名的乐善好施。

“唉,都怪我身体不好晕倒了,让你们给‘抓’住了。”张纪清说。当天,他在张家港市邮局向云南鲁甸灾区汇款。刚汇完款,他就因病晕倒,赶来的民警第一时间将老人送到医院抢救。民警发现,老人身上没有身份证和手机,只有随身携带的3张汇款单据,上面的汇款人写着“炎黄”和“黄炎民”。

由此,“炎黄”这个27年来让无数江阴人牵肠挂肚的好心人,水落石出了。

在江阴市花园新村的老旧公寓里,记者见到了“炎黄”。但“炎黄”张纪清认为,他做的这些事没什么值得报道的。

“我是放牛娃出身,是国家和社会让我过上了好日子,我想把这种感恩化作实实在在的行动。”张纪清表示,其实他很早就开始捐款捐物,只是到1987年才真正化名“炎黄”。

“1987年6月28日,我第一次化名‘炎黄’,用‘无锡汉昌路1439号’这个假地址向祝塘镇党委汇款1000元,请其转交给正在筹建中的祝塘幸福院。”之所以当时化名“炎黄”,张纪清解释说,中国人都是“炎黄”子孙,助人为乐、济贫帮困是传统美德。“用化名和假地址,就是怕人找到。帮助人只是自己的事,不想因此出名而让受助人留下感恩回报的心理负担。”

整整27年,为了不露“马脚”,张纪清每次去汇款,都会选择去无锡、张家港、上海等地的邮政储蓄银行。

张纪清的老伴黄琴芬告诉记者,张纪清喜欢独来独往,前几年身体好的时候经常去中西部贫困地区走动,说是去“旅游”,其实是为后面的捐款捐物“打前站”,确保自己捐出的钱物能送到真正需要的人手中。

(摘自2014年12月5日人民网)

江阴好心人“炎黄”27年后意外现身

苏　雁

江苏江阴花园新村,一幢始建于20世纪90年代初的老旧公寓里,住着一位化名“炎黄”的好心人。他默默捐款捐物27载,却从未留下自己的真实姓名,“炎黄”,是他每次捐款后留下的唯一落款。

2014年11月20日下午,一位老人在张家港市人民路中国邮政储蓄银行的营业大厅办理完汇款手续后,突然晕倒在地。银行的工作人员涌上前来,紧急将老人送往医院。医护人员几乎翻遍了他的全身,试图找到可以联系老人家属的信息,但是仅仅在他身上意外地发现了三张落款为“炎黄”的汇款单。

这位晕倒的老人就是张纪清,江阴祝塘人,一位74岁的退休老会计。

他,就是江阴人苦苦寻觅27年的“炎黄”!

门被推开的瞬间,屋里传来了无锡口音,“欢迎,欢迎!”。张纪清老人已从医院康复回到家中。这个下午,在记者再三追问下,这位老人讲起了他隐瞒了多年的“炎黄”故事。

辛苦耕耘,寄出第一笔善款

27年前,做供销员的他,正巧从江阴祝塘镇去无锡出差,路过市区的汉昌路邮局,他走了进去,取出1000元,在汇款单上写下了“无锡汉昌路1439号”,落款“炎黄”,并备注附言“以此来表孝敬老人之心,请转交敬老院”。

这是张纪清第一次以“炎黄”的名字汇款。1000元,在1987年相当于一个普通工作者两年的工资总额。

这笔钱来源于改革开放初期,张纪清自个儿鼓捣的副业——地鳖虫养殖。张纪清的儿子张虎回忆,从孵化幼虫、饲料喂养,到成熟后捞出烫死、晒干、交付,最终收获了近万元。由此,张纪清成了祝塘镇上少有的“万元户”。

虽是“万元户”,可是张纪清两口子依然过着清贫的日子。“在我记忆中,一年也吃不到十次肉,父母生活特别节俭。”张虎说。

自幼丧母的张纪清,在继母的哺育下长大。这位目不识丁的农村妇女视他如己出,从小一直教导张纪清:“长大以后,要做好人,做好事。”“继母总爱唠叨这几句,她交代的事情,现在我都做到了。”

1987年,化名“炎黄”的第一笔捐款,寄给了正在筹建的江阴祝塘镇敬老院。

换邮局,编地址,主动隐身

“一位身高1.65米左右、45岁模样,皮肤黝黑、身穿白色衬衫的中年男子。”这是无锡丁村邮政所退休职工张耀文对张纪清形象的描述。祝塘镇政府还专门找了画家根据张耀文的描述,将“炎黄”的画像画出来进行寻找、比对,可是依旧徒劳而返。

30年来,张纪清跑遍了无锡、苏州、上海周边的邮局，为的就是做个逍遥自在、默默无闻的“好人”。“我爸真像个‘游击队员’，打一枪，换一地。”张虎说。

邮局汇款规定一定要写清楚汇款人的名字和地址，而主动隐身的“地下工作者”张纪清总有自己的“妙招”。

“无锡市汉昌路1439号”“上海市虬江路160号”“无锡市黄泥桥13号”“无锡市荷叶新村34号”“无锡市广丰三村38号”……张纪清总能够捏造出各种汇款地址。说到这里，他也得意地抿着嘴笑了。

“他们(受助者)找不到我，也就没有思想负担了。”他总是为受助者考虑。“我觉得吧，捐助的人，不要以恩人自居，不然还是不要做了。”张老挥挥手，一脸懊悔地说道，“只是没想到，这一次‘晕倒’竟然把我隐藏了半辈子的秘密倒了出来。”

张虎告诉记者，由于不是正式编制员工，退休后的父亲收入并不高，每月只有78元退休金及500元被征地农民补贴。“他把我母亲的退休金和我们孝敬他的钱，除去必要的家用，都悄悄地拿出去做慈善了。我一直知道父亲乐于助人，没想到他竟然就是‘炎黄’。”20世纪90年代末成家后，张虎便与父母分开居住，对于父亲藏着掖着的“好事”，并不知晓。

“做好事，不留名，不图利，我做的小事都是举手之劳，帮助别人是每个‘炎黄’子孙该做的。”张老先生说，本来想瞒着全家人，老伴儿也是在帮他洗衣服时发现口袋里署名“炎黄”的汇款单才知道的。

古道热肠，做过的好事数不清

“我是放牛娃出身，吃过的苦我心里最清楚，是国家和社会让我过上了好日子，我想把这种感恩化作实实在在的行动。”平时节衣缩食的张纪清，帮助别人时却一点儿也不含糊。除了27年源源不断捐款捐物，张老更是个古道热肠的“路人”。

40年前的一天，在无锡火车站出站口附近，张纪清偶遇一位从内蒙古赤峰远道而来的小姑娘。“瘦小的模样，像个初中生，看上去很无奈。我便走上去询问她是否有困难。”张纪清开始讲述这个他从未向外人说过的事儿。

原本提前一天用电报通知舅舅在出站口接她，可当时通信不发达，小姑娘的舅舅并没有收到。当张纪清得知这位小姑娘的遭遇后，主动带她去电报局给家里回电报，帮助她找“南门冷宿街”上的外婆和舅舅。

趁小姑娘发电报之时，张纪清向路人询问“南门冷宿街”的具体方位。打听清楚公交线路后，他返回电报局，发现周围有3个小伙子围着这个小姑娘。“一看，不对。我感觉这些人并非善类，便走上前去，说‘走！’。”张纪清进去直接领着她离开了电报局。“我不能告诉她，刚才的风险很大，否则会影响她对社会的认知，变得胆小起来。”

最终，张纪清带着小姑娘找到了她的外婆和舅舅。“帮助别人很简单，有时就是搭把手的事。”张纪清说。

从半大小伙儿时起，他在祝塘镇上就是大宅浜河边上的“义务救生员”。一年到头，总能从河里救起三五个落水者。在浙江出差时，还偶遇瘸子“阿毛”，他不辞辛苦将这位风湿性关节炎患者带回祝塘老家治疗，患者返乡后还给他送去药酒治病和5000元盖房子的钱。

1974年、1975年，20世纪70年代下旬、80年代初……张纪清做过的好事，数也数不过来。“做好事也要做好心理准备，得经受得起伤害，这么多年我也被骗过，遇到过个别‘白眼狼’‘中山狼’。”“虽然几十年过去了，但很多事情我都记忆犹新，好像一刀一刀刻入了我的生命中。”老人挥了挥手，“只是，只有我知道。”

从找“炎黄”到学“炎黄”

“父亲喜欢独来独往，退休好多年了，前几年身体好的时候经常去中西部贫困地区走动，说是去‘旅游’，其实是为后面的捐款捐物‘打前站’。”张虎猜测，一旁的张老应声尴尬地笑了笑。

祝塘镇退休教师、今年64岁的丁道昌，近年来，受到江阴“炎黄”精神的感召，曾7次远赴宁夏希望小学支教。这位与张纪清相识了40多年的挚友，也不知道他便是“炎黄”，更没想到的是“炎黄”就在身边。

“炎黄”曝光了，但张纪清的爱心捐助还将继续下去。“东南沿海地区富裕起来了，家家衣橱里有好多闲置的衣物，而那些贫困地区的人一年到头都没有件像样的衣服，平时劳作时更不舍得穿新衣。”张纪清颇有感触。多年来，他一直有个想法，就是想牵头把周边地区人们不穿的衣服募集起来，送到他曾经考察过的那些贫困地区去。

这些年来，江阴人三寻“炎黄”无果。当他们读懂了“炎黄”不愿抛头露面的心思，尊重其意愿，不再刻意寻找后，纷纷把寻“炎黄”变成了学“炎黄”的自觉行动。“炎黄”的善行，掀起了这座城市慈善事业的一场“隐形”旋风，越来越多的普通市民成了“炎黄”的同行者。

祝塘镇“炎黄”陈列馆内，翔实的图文介绍和书信资料生动呈现了一个在“炎黄”精神影响下茁壮成长的群体：有人用“金盈”“欧阳”和“周睿”的化名，相继向祝塘敬老院汇款10000元、1000元、700元；江阴西郊敬老院连续11次收到一位新“炎黄”的资助，总计5200元；南通市“希望工程”收到江阴一位匿名捐助者的10万元捐款；江阴一对夫妻化名“党吴黄”寄给湖北省十堰市市长5000元，委托对方资助贫困孩子读书……

据不完全统计，从2008年至今，江阴市红十字会共收到匿名捐款80笔，总额约12.8万元。在市慈善总会的日常捐赠本上，仅今年的记录中就有15笔为“隐捐”。今年8月，由民政部发起的第三届“中国城市公益慈善指数”评比活动上，现场揭晓了“中国城市公益慈善百强榜”，江阴连续三届获评“慈善七星城市”，并在全国县级市中排名第一；中国城市公益“社会捐赠”指数排名在全国所有城市中位居第一。

“我也是为了抛砖引玉，想着能有更多的人关注做好事而不是我这人。”张纪清欣慰地说。

（原载2014年12月3日《光明日报》）

退休老人化名“炎黄”捐款献爱心 27年后被找到

中央台姚东明 江苏台华晓青 江阴电台王莉

据中国之声《新闻纵横》报道，早在20世纪80年代，江苏江阴祝塘镇的一些社会福利事业和希望工程就连年收到一位署名“炎黄”的捐款，可是27年来这位“炎黄”始终没有现身，但他的善举一直影响着江阴市民。“炎黄”这个名字更是几乎家喻户晓，他像是一位隐藏民间的大侠，隐姓埋名，捐献爱心。1995年，《江阴日报》周末版第一次发起了“寻找‘炎黄’”的系列报道。但是，此后长达将近20年里，一无所获。

2014年11月20日下午，在张家港邮政储蓄银行的营业大厅里，一位老人在向云南鲁甸灾区汇去1000元善款后突然晕倒，人们在他随身携带的汇款单据上居然看到了“炎黄”的署名，经过警方查证，这位隐姓埋名27年的“炎黄”正是江阴祝塘镇退休老人张纪清。

22日下午记者在张家港市中医院终于见到了“炎黄”——张纪清老人。老人是在张家港邮政储蓄银行的营业大厅汇出善款后突发脑梗送进医院的。经过抢救神志已经清醒，但还很虚弱。说起自己20多年的爱心长跑，他依然认为是小事情：

张纪清：尊老爱幼，互相帮助，济贫扶困，这些是大家应该做的，像我做的这些事情，是小事情。

面对身份的曝光，张纪清老人有些无奈：

张纪清：我们帮助人家首先不要以恩人自居，不要让人家有负担，我没有多大的水平，只能做这样的小事情，无非是年数做得长些吧。

就是为了继续低调做自己喜欢做的“小事情”，20日下午张纪清老人专门从江阴祝塘镇坐车到张家港市人民路邮政储蓄银行向云南鲁甸灾区汇去1000元善款，当他办完手续准备离开时却突然晕倒了。

银行工作人员金芬：跑出来没几步，看他好像没力气，像要倒下的样子，然后慢慢就倒下，我们当时慌忙得不得了。

银行工作人员当即拨打了110。张家港市城东派出所民警许栋超很快赶到现场。

许警官：医生介绍说是突发脑梗塞，我们在老人身上也没有发现有效的身份证件，但是在老人身上发现有三张汇款单。

许警官介绍，三张汇款单上其中有两张汇款人姓名写着“炎黄”，另外一张写着“黄炎民”，可这些名字和汇款地址在公安数据库中都查找不到：

许警官：后来我在网上搜索了一下，发现在江阴祝塘镇在很久以前，在20世纪80年代就有这么一个故事，有一个“炎黄”这样的人，一直在不停捐款，但是从来不留自己的真实姓名，他当时第一笔汇款是汇给祝塘镇敬老院，我就联系了敬老院吴院长。

接到电话，江阴祝塘敬老院老院长吴军政第一时间就赶到了张家港市中医院。让吴军政没想到的是，这个以“炎黄”为名的好心人竟然就是在祝塘镇影剧院和工业公司工作过的老熟人张会计、今年已经74岁的张纪清。

吴军政：我当时很激动，我们从1987年就开始找他，找了很多年。

自1987年6月28日“炎黄”首次从“无锡市汉昌路1439号”汇款1000元资助祝塘镇敬老院以来，27年来，每年“七一”前夕，他都会从不同的地方向敬老院汇款，同时也捐助其他地区，从江阴到全国，从未间断过，累计向社会捐款已有数万元。为了不张扬，几十年来他甚至把捐善款的事情都瞒过了家人。据了解，张纪清年轻时是江阴祝塘镇影剧院的会计，改革开放初期下海，赚得了人生的第一桶金，也成了当地第一批的万元户，为此他非常感激国家的好政策，也希望为社会发展贡献一份自己的力量，于是开始默默捐款。目前，张纪清已经退休，和老伴靠养老金度日。

市民王晨：大家一直也在猜测他到底是个什么样的人，现在知道了他真实的身份，其实他也是一个收入不高的非常普通的人，能够坚持20多年一直做好事我觉得特别不容易，值得我们大家去学习。

躺在病床上的张纪清老人见到来访的众人苦笑道：“辛辛苦苦‘潜伏’了多年，没想到还是被找了出来。”老人至此还是不愿意公开身份，挂点滴的病单上写的也还是“黄炎民”，他说，主要是不想以恩人自居，也不想让被捐助人有心理负担。我们认识了这位张纪清老人，更会记得“炎黄”，乐善好施，助人为乐，每一个人都可以成为“炎黄”。

(摘自2014年11月24日中国广播网)

“炎黄”在江阴系列报道之一
“潜伏”27载，“炎黄”演绎爱心传奇

李　春　夏新炯　朱贻军　郑　英　杨　婧

张纪清万万没想到的是，自己在向鲁甸灾区汇款时犯病“晕倒”，竟将他隐藏了27年的秘密给“倒”了个干干净净。随身带着的几张汇款单，上面虽然只写有“炎黄”和“黄炎民”的化名，但背后隐藏的秘密却在无所不能的网络时代下无所遁形。张纪清就是江阴“炎黄”，“炎黄”竟是祝塘人……这几天，这个轰动性的新闻通过媒体、网络向四面八方传递出去，一个持续了27年的历史谜团就此解开。

“炎黄”张纪清到底是一个怎样的人？他为什么要选择隐姓埋名做好事？从“传奇”走向“现实”，他又何去何从？带着种种疑问，连日来记者马不停蹄地采访了张纪清本人和他的亲朋好友，试图还原出一个真实的“炎黄”。

“帮人不复杂，有时就是搭把手的事”

“‘人’字只有简单两笔，但少一笔就倒了。做人和帮人也是如此。”放牛娃出身的张纪清从小由继母带大，这位目不识丁的农村妇女言传身教，用质朴和善良教会了张纪清一个道理：“做人很简单，帮人也不复杂。有时就是搭把手的事。”

从还是半大小伙儿那时起，张纪清就经常做“搭把手的事”。张家住在祝塘镇大宅浜河边上，从小深谙水性的张纪清是这条河上的“义务救生员”，一年到头，总能从河里救上三五个落水者。

20世纪80年代初，张纪清把村上的一位落水者救上了岸，结果送到镇卫生院时因条件简陋无法施救，只能送市医院抢救。然而，落水者家属不在，没人垫付50元车费，竟就这么僵持在那了。“老张一看情况不对，人还躺在门板上，再不送就没救了，他硬是自己凑了钱垫付，这才将人送走。”这一幕，张纪清的老伴黄琴芬至今记忆犹新。

这种出力又出钱的“傻事”，张纪清做得还真不少。有一年，他到上海出差，碰到了一个落魄的瘸子“阿毛”。两人一番攀谈，张纪清获知“阿毛”叫夏福根，浙江嵊山人，家里还有个双目失明的老父亲靠他供养，这次到上海是专程来看风湿病的。张纪清听了夏福根的遭遇后，又想“搭把手”帮一帮。“当时他说祝塘有位老中医陆建元，治风湿很厉害，让我如果相信他的话，就跟他去祝塘。”夏福根跟着张纪清来到祝塘，在他家里住了一个礼拜，病情好转后就回浙江了。“听说陆建元的药有疗效，等我回去后，张师傅又帮我抓了几帖药，泡了药酒专程送到我家里。”

除了送药之外，张纪清还给夏福根送去了1000元救济金，后来夏福根家里起新房，他又汇去了5000元。去年，夏福根带着女儿专程到祝塘来看望张纪清一家，这让他十分高兴。

“既然选择了帮助人，就别想着留名”

受益于改革开放的好政策，张纪清搞副业养殖地鳖虫，成了镇上最早的万元户。“我是放牛娃出身，吃过的苦我心里最清楚。是国家和社会让我过上了好日子，我想把这种感恩化作实实在在的行动。”张纪清表示，他其实从创业之初就开始捐款捐物，只是到1987年才真正化名“炎黄”。

“还记得当时是1987年6月28日，我第一次化名‘炎黄’，用‘无锡市汉昌路1439号’这个假地址向祝塘镇党委汇款1000元，请其转交给正在筹建中的祝塘幸福院。”之所以当时化名“炎黄”，张纪清告诉记者，中国人都是“炎黄”的子孙，助人为乐、济贫帮困是传统美德，起“炎黄”这个名字意在明志，希望自己能够坚持不懈，将这种美德传承下去。

“当时用的是化名和假地址，就是怕让人找到。既然选择了帮助人，就别想着留名，这样也就不会给被资助人留下心理负担了，没想到这一藏就是27年。”张纪清这样解释自己用化名和假地址的初衷。

整整27年，“炎黄”难道就没有露出过“马脚”，甚至于几次三番的大规模寻人都难觅其踪？张纪清告诉记者，每次他都会选择去无锡、张家港、上海等地的邮政储蓄银行汇款，再加上使用化名，被发现的概率很小。“只有一次，老伴在帮我洗衣服的时候发现了存单，上面有‘炎黄’的名字，这下暴露了。不过除了她，我的儿子和女儿都不知道这件事。”

采访过程中，黄琴芬拿出了厚厚的一叠汇款单据和包裹单，上面大多写着“炎黄”“黄炎民”等寄出人姓名，还有的则写着张纪清的真名。“写真名的是化名为‘炎黄’之前寄出的。”黄琴芬告诉记者，张纪清喜欢独来独往，前几年身体好的时候经常去中西部贫困地区走动，说是去“旅游”，其实是为后面的捐款捐物“打前站”，确保自己捐出的钱物能送到真正需要的人手中，“有一次他在外面病倒了，拎着氧气瓶回到了家，可把我吓死了。”虽然有些经历现在想来后怕，但依然没有改变张纪清坚持做好事的信念。

祝塘镇党委委员徐向东告诉记者，这些年来，光有文字记载的用“炎黄”及其相关化名的捐助记录就有30条，“他捐助的对象主要有祝塘敬老院、中国青少年发展基金会，还有贫困学生、受灾地区。”

“最让我欣慰的是后继有人了，孙子从四年级开始就跟我做慈善”

祝塘中心小学百年校庆时，黄琴芬作为退休教师应邀参加。当时，她带着刚上高一的孙子去参观“‘炎黄’

陈列馆”,孩子问她,这位“炎黄”到底是谁?黄琴芬笑着说:“以后你慢慢就会知道了。”

现在,“炎黄”的身份曝光了,让很多人感到意外。“老张平时烟不抽、酒不喝,是个很节俭的人,没想到这么舍得在做善事上花钱,让人敬佩!”原祝塘镇敬老院院长吴军政十分惊讶,“找了这么多年,原来他就在我身边啊!”

祝塘镇退休教师、今年64岁的丁道昌是张纪清的挚交好友,曾7次远赴宁夏希望小学支教。即便与张纪清认识了几十年,他也被蒙在了鼓里。“他喜欢看报、看电视,在聊天的时候经常和我说哪里困难啦,哪里又需要帮助啦,但我怎么也想不到他竟然就是‘炎黄’。”在丁道昌的记忆中,张纪清是个很“抠门”的人,家里来客人了,往往是家常菜“打发”了事,全家人的吃穿用也不是很讲究,“现在一切都能解释了,原来他把省下来的钱捐出去了。”

对于家人来说,张纪清是不是“炎黄”倒不是很重要。“父亲一直以来对我们的家教就是要助人为乐、行善积德”,张纪清的儿子张虎告诉记者,“早在1987年之前,父亲就经常做好事并资助一些生活困难的人,哪怕后来换了一个化名,也改变不了他做好事的初衷。”

27年来,家人也用实际行动支持着张纪清的爱心行动,老伴把自己的退休金拿了出来,女儿把空着的房子给父亲拿去出租。“最让我欣慰的是后继有人了,孙子从四年级开始就跟我做慈善,每年他都会把压岁钱和旧衣服捐出去。”张纪清说。

虽然“炎黄”曝光了,但张纪清的爱心捐助还将继续下去。张纪清以前一直有个想法,就是想牵头把周边地区人们不穿的衣服募集起来,送到他曾经考察过的那些贫困地区去。“那些地方甚至没人知道,但恰恰是真正需要帮助的。现在我不用再‘潜伏’下去了,也意味着我以后会光明正大地去做这些事了。”

(原载2014年11月26日《江阴日报》头版头条)

“炎黄”在江阴系列报道之二
凡人善举,暨阳处处有“炎黄”

李　春　夏新炯　朱贻军　郑　英　杨　婧

24日上午,一位不愿透露姓名的老人风尘仆仆来到江阴日报社,“‘炎黄’找到了!我能买50份刊登‘炎黄’报道的报纸吗?我要寄给那些一直关心‘炎黄’的人。”25日中午,一名在“炎黄”精神感召下成长起来的志愿者致电本报:“‘炎黄’一直传递着善与爱的力量,是我学习的榜样。请代我向‘炎黄’送上问候,祝他早日康复!”……

从1987年江阴“炎黄”第一次匿名捐款开始,祝塘乃至江阴全市都兴起了寻找“炎黄”、学习“炎黄”的热潮。27年的寻找、学习间,道德的情怀已春风化雨般在社会上倾泻开来。无数个“炎黄”式的公益身影活跃在街头巷尾,“炎黄”已经成了江阴的爱心标志,成了江阴成千上万爱心人士的代名词。

寻找“炎黄”,找出一群无名英雄

27年前,江阴“炎黄”走进无锡市汉昌路邮局,将1000元汇给了祝塘敬老院。此后每年,“炎黄”的捐款如约而至:爱心撒向革命老区、贫困地区的贫困儿童。

执着的“捐款情”一度引发了江阴城乡的“寻找热”。然而,当人们屡次根据邮戳上的地址寻找“炎黄”时,得到的结果都是“查无此人”。当江阴人读懂了“炎黄”不愿抛头露面的心思,尊重其意愿,不再刻意寻找后,纷纷把寻“炎黄”变成了学“炎黄”的自觉行动。“炎黄”的善行,掀起了这座城市慈善事业的一场“隐形”旋风,越来越多热心公益的普通市民成了“炎黄”的同行者。

在江阴,这些年,“炎黄”式的无名英雄不断“现身”:

1995年3月7日,原江阴市聋哑学校收到一张3月4日从南京市北京西路寄来的500元汇款单,汇款人署名“希望成”;

有人用“金盈”“欧阳”和“周睿”的化名,相继向祝塘敬老院汇款10000元、1000元、700元;

江阴西郊敬老院连续11次收到一位新“炎黄”的资助,总值5200元;

南通市“希望工程”收到江阴一位匿名捐助者的10万元捐款;

江阴一对夫妻化名“党吴黄”寄给湖北省十堰市市长5000元,委托对方资助贫困孩子读书;

2002年6月12日,《江阴日报》刊登了一篇题为《一位母亲的苦衷》的报道,报道了江阴女孩任彩燕身患突发性脊柱侧弯症7年,一直无钱医治、手术已进入倒计时的新闻。一时间,一场救助小彩燕的义捐活动在全市展开。同年7月24日,报社的电工师傅上完夜班后在门卫室等着交接班,一辆出租车开来,车上一位乘客将800元钱交给他,请他转交给小彩燕,却不愿说自己是谁。电工师傅迟疑地将钱收下,同时注意到,车上有一根拐杖——这是一位行动不便的老阿姨……

在江阴,这样的事件不胜枚举。据不完全统计,从2008年至今,市红十字会共收到匿名捐款80笔,总额约12.8万元。在市慈善总会的日常捐赠本上,仅2014年的记录中就有15笔为“隐捐”。

江阴好人,让爱的“暖流”传递

这是一种爱的传递。一个个可触、可感、可亲的江阴好人,就生活在我们身边,影响着我们、鼓舞着我们。

丁道昌和张纪清是40多年的挚友,年过花甲的他作为“超龄志愿者”，曾7次远赴宁夏希望小学支教，教大山里的孩子们打乒乓球、做运动，最终促使该希望小学成为了“乒乓球特色学校”，他也被评为2012年“江苏十大感动人物”。

在接受记者采访时，丁道昌表示：“作为祝塘中心小学的一名退休教师，我到宁夏支教也是受了‘炎黄’精神的影响，但没想到‘炎黄’竟是自己的老熟人。”他说，交往这么多年，虽然没有把好友与“炎黄”联系起来，但张纪清的古道热肠一直让他很佩服，“我也在潜移默化中传递了他的‘正能量’。”

费龙顺，在江阴人称“老炎黄”，曾入选“江苏好人榜”和“无锡好人榜”。1988年离休后，他便启动了自己的“爱心计划”，每年缴纳特殊党费、捐资助学、向慈善机构捐款都少不了他的身影。26年间，他总共捐了近40万元。如今，行动不便的老人把“慈善基金”交给了儿子打理，每隔一段时间就要打电话询问捐款情况。

华士镇个体工商户袁梅芬“情浓于血”的母爱故事也温暖了许多人。她与丈夫徐兴鹤先后领养了两名弃婴，其中一名男婴被领养时尚未满月，浑身是病，她先后花去5000多元为孩子治好了病。邻村有位单身老人赵松林没人照顾，袁梅芬让他来自己家吃住，并对他说：“如果你愿意留在我们家，将来年纪大了，我们为你养老送终。”2011年，袁梅芬荣获第三届全国道德模范提名奖，她的美德故事被全国人民传诵。

萍水相逢、真诚助人的故事每天都在江阴上演，我们身边的好人层出不穷：普通农民严国忠几十年来用爱心和真诚照料非亲非故的18位老人；患有先天性肌肉萎缩症的吕娟、吕营姐妹，身残志坚不断学习写作，还开通“姐妹爱心热线”帮助有困难的人；年近古稀之年的陈根清跳入结冰的池塘救起落水的女孩，又捐出见义勇为奖金……这些点点滴滴、未完待续的“正能量”，融化了无数颗心，在江阴汇聚成了无数股爱的“暖流”。

善举善念，植入新老市民心间

2001年12月10日下午2点左右，云亭镇松桥村村民施建洪跳入空油罐做清理工作，被强烈的汽油味呛倒，他的妻子连忙跑到屋外呼救。专门为采矿厂的卡车修补轮胎的安徽籍新市民董远发听到“救命”的喊声后，爬进油罐，用尽全力把昏迷的施建洪从直径仅41厘米的油罐口推出来，而自己却倒在了黑黑的油罐里……

事情发生后，江阴市见义勇为基金会给英雄的家人送上了2000元慰问金。许多村民主动找上门，有的要还赊下的补胎账，有的要还欠下的香烟钱；有人自告奋勇去翻制遗像，有人主动帮忙抬来花圈；全村人前来为他送行，给予他最高礼节……村民们纷纷表示：“他有这样的义举，我们怎么帮忙都不为过。”

这些年来，江阴通过设立见义勇为基金，让本地居民和外来人口享受同等待遇，营造真、善、美的社会风气；通过发动全社会寻找和发现身边的平民英雄，让好人会有好报、行善会得到全社会认可和尊重的意识植入新老市民心间。在这座城市，无论是本地居民还是外来人口，大家都在善的引导下“同频共振”，学习英雄、效仿英雄蔚然成风。

2013年夏天的一个晚上，来自宿迁的“80后”小蔡听到有人喊“抢劫”，她不顾自己5个多月的身孕，冲上去抓住劫匪。歹徒对她拳打脚踢，她始终没有松开手。最后，歹徒被抓住了，她却流产了。

半个多月前，在江阴务工的赵东启、赵东伟兄弟搭起人梯，合力救下悬挂在阳台上的3岁男童，被大家称为“最美路人”。而后，他们又把5万元见义勇为奖金捐给家乡的“留守儿童爱心之家”。

多年来，新市民吴勇敢的笔记本上一直记录着江阴100多位孤寡老人的联系方式。每隔一段时间，他就会带着生活必需品、骑着自己的“小毛驴”去看望他们，为他们做家务……

还有人把在江阴践行公益当成一种生活方式。来自盐城的季丰在江阴创办了香山书屋，每年自己出资60万元维护书屋，读者在这里可以免费读书，参加书法、国学等培训班和文化沙龙活动。而书屋仅有一名工作人员，平时由千余名义工轮流帮忙。

善举善念已植入江阴百姓心间。助人者挥洒热量，受助者受益并感恩。于是，在江阴城乡，接连不断演绎“炎黄”新故事已成为一种新常态。

（原载2014年11月27日《江阴日报》头版头条）

“炎黄”在江阴系列报道之三
小城大爱，爱心接力铸“炎黄”品牌

李　春　夏新炯　朱贻军　郑　英　杨　婧

善举可以仿效延续，爱心可以接力传递。

“炎黄”27年的默默坚持，衍变为一场没有休止符的爱心接力，带动了越来越多的“身边好人”。从祝塘到江阴，从“一个人”到“一群人”，持之以恒乐善好施的“炎黄”精神，正在生根发芽、逐步壮大。“炎黄”精神，成为江阴公益事业一张亮丽的名片。

学习“炎黄”，从娃娃开始传承

“爷爷好，原来您就是‘炎黄’啊！总算见到您了！”

“爷爷好,您的事迹一直激励着我们,我们也会像您一样坚持做好事的!”“爷爷,您为什么一直藏着做好事啊?”11月24日下午,一群少先队员来到了张纪清老人家中。火一样鲜艳的红领巾、天真无邪的笑脸、七嘴八舌的童音……这一幕,让卧床休养的老人笑逐颜开。这是“老‘炎黄’”和“江阴‘炎黄’大队”的“小‘炎黄’”们近20年来第一次面对面。

早在20世纪末,为了从娃娃开始传承“炎黄”精神,“炎黄”发现地祝塘就在校园里播撒下爱的种子。

1989年,《新华日报》刊登了祝塘“炎黄”隐姓埋名行善的事迹后,祝塘中心小学少先队大队部便拉开了“学‘炎黄’献爱心”活动的序幕,先后开展了“冬天里的一把火”“真情暖人心”“我为文明城镇做贡献”“手拉手献爱心”等主题活动;与西藏、内蒙古、新疆等地的15所小学构建“手拉手”工程,向贫困地区的小伙伴捐赠爱心包裹。1995年5月31日,祝塘中心小学少先队大队部被团市委命名为“江阴‘炎黄’大队”。

20多年来,随着“炎黄”精神在全市校园里生根发芽,助老、助寡、助残、助小、助贫“五朵小金花”也灿烂怒放——“小‘炎黄’”们时刻行动着。敬老院里,那悠扬的歌声、欢快的笛声、忙碌的身影,是少先队员们在节假日慰问孤寡老人;捐款仪式上,那一份份捐款单凝聚着同学们真诚的爱,捧出的是少先队员火热的心……江阴还先后开展了青少年文明风采大赛,“十佳小公民”“美德少年”评选等活动,激励全市青少年争当文明有礼、诚实守信、尊老爱亲、助人为乐的“炎黄”式好少年。

为了更好地弘扬“炎黄”精神,表彰那些默默奉献的好心人,市委宣传部和祝塘镇党委、政府于1996年12月初着手创建“炎黄”陈列馆,并总结概括了“尊老爱幼、热心公益、敬仰先烈、终生不渝、资教助学、爱心远播、爱我中华、无私奉献”的“炎黄”精神。1998年6月16日,“炎黄”陈列馆正式竣工对外开放,馆内陈列了“炎黄”多年来不计名利、无私捐助社会公益事业与希望工程的相关资料,也展示了众多新“炎黄”的动人事迹。开馆以来,成千上万学生、干部、群众及各界人士前来参观、学习,这里也被江阴市、无锡市授牌为爱国主义教育基地。祝塘镇每年还专门组织应征入伍的新兵到“炎黄”陈列馆接受一次爱国主义教育,让他们将“炎黄”精神带到军营去。

这几天,因为“炎黄”的现身,参观陈列馆的人更多了,有不少是慕名前来采访的外地“老记”。

媒体引领,“炎黄”现象引发大讨论

“‘炎黄’找到了,也了了我多年来的一个‘心结’。”《江阴日报》副总编辑单旭这几天也成了“大忙人”。作为当年亲身参与“炎黄”事件报道的记者,他从采访者成了被采访者,接连被陆续赶到江阴采访“炎黄”事迹的记者们“逮住”不放。至今,单旭都能清晰地回忆起“炎黄”当年首次与媒体主动联系的电话,“他在电话那头跟我说,我们都是‘炎黄’的后代,位卑未敢忘忧国,只有保持和发扬我们中华民族的优良传统,才能振兴中华。希望大家不要再费心去寻找他了。”

寻找“炎黄”,一度是江阴街头巷尾热议的话题。1995年初,响应市委宣传部“让‘炎黄’精神遍及全市城乡”的号召,作为地方媒体的《江阴日报》主动与祝塘镇党委联系,与该镇党委宣传科联合成立了“寻找‘炎黄’小组”。一场寻找“炎黄”、学习“炎黄”、争做“炎黄”的活动也拉开了帷幕……

从1995年2月24日到7月底的5个多月时间里,《江阴日报》周末版每期头版均推出一篇“寻找‘炎黄’,学习‘炎黄’”特别报道,并专门辟出“‘炎黄’现象评说”版面,推出“寻找‘炎黄’讨论”和“‘炎黄’式的人和事”两个专栏,呼吁广大市民踊跃参与,评说“炎黄”现象,传颂施恩不图报的高尚情操。此举在社会上引起强烈反响,市民们或提供寻找线索,或推荐“炎黄”式的人和事,短时间内收到200余封来信,接到200余个电话。

一位工人在信中说:“炎黄”就是一个无私奉献、不求回报的“活雷锋”。若天下的“炎黄”子孙都能如此,我们的社会将更加美好。

一位教师这样评说“炎黄”:他默默地用清醒的头脑、淡泊的心情,去做自己能做又愿意做的事情。这是一种人生的境界,一种真正的潇洒人生。

一位离休干部建议:在公共场所设立“‘炎黄’亭”,并将他的事迹刻在石碑上,以此宣扬“炎黄”美德、弘扬文明新风。

……

当时,江阴的“炎黄”现象也引起了国内各大新闻媒体的关注。从20世纪80年代末至90年代初,《新华日报》、《解放日报》、江苏人民广播电台、江苏电视台等纷纷来江阴采访报道;2006年4月,央视四套“走遍中国”栏目组也专程赶来拍摄了长达30分钟的专题片《谁是“炎黄”》,播出后在国内乃至海外华人中引起强烈反响。

从“一个人”到“13万人”,“炎黄”精神成公益品牌

在寻找“炎黄”、学习“炎黄”的过程中,江阴也涌现出越来越多的“炎黄”式人群,推动了这座城市的文明成果枝繁叶茂、历久弥新。市委宣传部副部长、市文明办主任刘锋告诉记者:“‘炎黄’是‘传统美德+时代精神’的新演绎。江阴坚持将目光聚焦基层,通过富有创新的机制建设,使单个的凡人善举凝聚升华为时时处处感召广大市民的时代榜样,让‘炎黄’精神真正成为叫得响的公益品牌。”

“时代先锋”“诚信榜样”“身边的江阴好人”……通过社会推荐、媒体公示、群众评议、表彰推广,从20世纪90年代起,江阴在实践中形成了完善的典型选树机制,一大批“炎黄”式的平民英雄广为传颂、家喻户晓。

1991年,江阴因势利导在同类城市中率先成立志愿者协会,1998年被团中央誉为“志愿者之乡”。多年来,在“炎黄”精神感召下,江阴志愿者行动从青年人拓展到全社会,志愿者服务组织从星星点点扩大到城乡全覆盖。主动申请加入志愿服务组织,积极参与志愿服务活动,已成为当下江阴人自觉的精神追求。

前赴后继开创全国“智力扶贫”先河的百余名热血青年教师志愿者团队,提供民办全公益市民免费阅读平台的“香山书屋”,参与文明交通引导的“江阴日报·城事义工”，开展公益外包服务的“传澄志愿者”，创办公益剧场的“海澜义工队”，热心公益的“雷锋车队”“阳光车队”……眼下，江阴已经成立市级学雷锋志愿服务总队，下设17支镇级学雷锋志愿服务队，300余支社区（村）学雷锋志愿服务队、600多支文明行业单位学雷锋志愿服务队，还有众多社会志愿服务团体，注册志愿者达13万余人。江阴还连续三届获评“慈善七星城市”，全市募集各类慈善基金总额超过12亿元。

100多年前，孙中山先生在江阴激情高呼“叫全国的文明从江阴发起”，犹如声声号角，提振着江阴人民孜孜不倦追求文明的激情；27年来，“炎黄”精神犹如一面旗帜，凝聚起凡人善举的小城大爱，汇成一座城市共建共享文明的“正能量”。

（原载2014年11月28日《江阴日报》头版头条）

“潜伏”的爱心

高　燕　张　荔

2014年11月20日下午，一位衣着普通的老人走进了位于张家港市人民东路的邮政储蓄银行大厅，将1000元善款汇往云南鲁甸县民政局后，正欲离开，却突然晕倒在地。城东派出所民警接到110报警之后迅速赶往现场，将老人送往医院救治。没想到，民警在对其进行身份确认的过程中，发现了一个深藏了27年的秘密。

把时间拨回到1987年6月，无锡市江阴祝塘幸福院（敬老院）收到了“炎黄”汇来的1000元爱心款。此后几乎每年，幸福院都会收到来自“炎黄”的汇款。不仅如此，“炎黄”的汇款单还出现在了革命老区、希望小学、地震灾区……“炎黄”是何许人也，谁也不知道。即便是在江阴全城搜索，也遍寻不着。20多年以来，“炎黄”已经成为江阴的一种精神，一个传奇，同时，也是一个谜。

没想到，谜底却在相邻的一座城市——张家港，被意外地揭开了。

“辛辛苦苦‘潜伏’多年，没想到还是被找出来了”

11月21日上午，在市中医医院7楼的一间病房里，这位化名为“炎黄”的老人半躺着，有些虚弱，眉头紧蹙，脸上还带着身份被暴露的不甘。

“辛辛苦苦‘潜伏’了这么多年，没想到还是被你们找出来了。”这是老人见到记者后说的第一句话。并不宽敞的病房里，已经挤满了闻讯赶来的媒体记者，面对镜头，老人显得有些激动。

老人名叫张纪清，今年74岁，土生土长的江阴祝塘人，这次到张家港是找老朋友叙旧的。在朋友家留宿一晚之后，他决定去银行给云南鲁甸灾区民政局汇1000元善款，这也是他第一次在张家港汇款。老人心思缜密，担心行踪被发现，汇款都是“打一枪换个地方”，无锡、上海、靖江，江阴的周边地区被他跑了个遍。

据银行工作人员夏女士回忆，老人在汇款人姓名一栏留下了“炎黄”二字，她觉得有点奇怪，特别留意了一下老人。“当时只听他嘴里说着‘不舒服’，没想到就晕倒在了地上，我们把他搀扶到了椅子上，马上报了警。”

很快，城东派出所的民警许栋超赶到了现场，立即拨打120将老人送往医院救治。许栋超在老人身上既没发现身份证，也没找到手机，只翻出了3张汇款单，分别是汇往江阴市祝塘中心小学、四川省芦山县民政局，以及云南鲁甸县民政局的善款，总计2500元，署名分别写着“炎黄”“黄炎民”。同时，细心的许栋超还发现，每张汇款单上留下的联系地址也都不同，唯一的线索只有“炎黄”“江阴”这些关键词。

“起初在寻找时还真有点发懵，谁会起‘炎黄’这个名字呢？在公安数据库里也找不到。”许栋超并没有放弃，在网上输入了“‘炎黄’‘江阴’这两个词。”跳出来的结果令他大吃一惊，“炎黄”在江阴居然是个家喻户晓“响当当的人物”。这个“炎黄”当了20多年的“活雷锋”，也隐姓埋名了20多年。这些年来，江阴市民敬他、爱他、学他，却从未找到过他。

老人并无大碍，但清醒之后却一直沉默不语，无论许栋超怎么询问，他都不愿透露自己的真实身份。直觉告诉许栋超，“炎黄”很可能就是眼前这位老人。根据网站上新闻报道的内容，许栋超拨通了江阴祝塘幸福院的电话，对方听说“炎黄”有可能被找到，激动不已。

得知祝塘镇民政工作人员以及江阴的媒体记者已经在赶来的路上，老人知道，再也瞒不下去了，不得不承认，他就是江阴市民苦苦寻找了27年的好人“炎黄”。

图为祝塘中学学生参观“炎黄”陈列馆

（祝塘镇宣传科提供）

“我是一名‘炎黄’子孙,扶贫济困是中华民族的优良传统”

“真的没什么好宣传的,我只是做了自己想做的事。”张纪清老人连连摆手,“我生于祝塘,长于祝塘,为它做点事是应该的。”对于自己汇出的第一笔善款,老人是这样解释的。

从1987年第一笔汇款开始,“炎黄”的故事便成为了一段佳话。每年寄善款给祝塘镇敬老院、资助困难学生、捐款无锡革命陈列馆、缴纳特殊党费,据老人回忆,最远的一笔甚至寄到了中国台湾,“那是我们的同胞啊”。

多年来,张纪清化名“炎黄”,热心于社会公益事业,却又选择了“隐身”。事实上,天生就是一副侠义心肠的他,做的好事又何止这些。

在他眼里,只要是遇到有困难的人,能帮一把是一把。有一次在火车站,他看到一名女子正在一旁哭泣,询问之后得知,对方的钱包被窃,家也回不了。张纪清二话没说,帮她买好车票,还备上食物。他还救过落水者,援助过车祸伤员,却从来不肯透露自己的姓名。

“因为我们都是‘炎黄’子孙,扶贫济困、乐善好施都是中华民族的优良传统,要代代相传。”说这话时,张纪清老人的表情严肃了起来。这也是老人化名“炎黄”的初衷。

“我不想以恩人自居,更不想让被捐助的人有思想包袱”

隐姓埋名做好事,化名为“炎黄”的张纪清,让江阴人民找得好辛苦。

自从陆续收到“炎黄”的汇款后,江阴祝塘幸福院曾3次派人到汇款寄出地明察暗访,但结果不是地址不存在,就是查无此人。其间,有关他捐款的报道屡屡见报。1990年,跟踪报道此事的记者收到了一封署名为“炎黄”的信件。在信中,张纪清一再嘱咐,不要宣传他,不要寻找他。但是,大家对他的关注却从来没有停过。

1995年,为了找到“炎黄”,《江阴日报》周末版在每期头版推出了“寻找‘炎黄’、学习‘炎黄’”的特别报道,可就在他们准备第七期报道的时候,编辑部接到了一个神秘的电话,打电话的人正是“炎黄”,他再次希望,大家不要再费心找他了。

1996年,江阴祝塘镇政府专门成立“炎黄”陈列室,展示“炎黄”的事迹和人们学习“炎黄”精神的各种活动;祝塘镇中心小学有一支“‘炎黄’大队”,所有加入少先队的孩子,同时也会加入学校的“‘炎黄’大队”,立誓帮困济贫,热心助人……然而越是如此,老人越是不肯露面。

“我不想告诉大家我是谁,是不想以恩人自居,也不想让被捐助的人有思想包袱。”这是张纪清一直“潜伏”的原因。多年前,张纪清曾经在自己的家乡救助过一个遭遇车祸的伤者。之后每次遇见,对方总是千恩万谢,这让张纪清浑身不自在。“帮助他人只是举手之劳,但对方一直记挂着恩情,该是多大的思想负担啊。”老人固执地认为,帮助别人是发自内心的,不图回报,更无须让人感念于心。

“我做的都是些小事,无非是坚持的时间长一点”

得知父亲出了点小意外,张纪清的儿子心急火燎地从江阴赶到了张家港市中医医院,没想到围拥上来了一群媒体记者。

摆在面前的一个事实令他震惊万分,一直以来被大家视为楷模、口口相传的“炎黄”居然就是自己的老父亲。

他在接受采访时依然无法置信,那么一个勤俭节约的人怎么会有如此的“大手笔”。“我爸瞒了我20多年。”情难自抑的他眼角泛起了泪光,“他一直都是位好父亲,从小教育我们要省吃俭用,要有一颗善心,但我真的没有想到,‘炎黄’就是我最亲近的人。”

的确,对于家人,张纪清半点口风也不肯透露。唯一的知情者——妻子,也是在为他洗衣服时翻出了汇款单,才发现了丈夫的“秘密”。妻子是党员,面对丈夫的“坦白”,自然是理解的。

“不告诉儿子是因为不想影响他的工作生活,他是政府工作人员,低调一点好。”躺在病床上的张纪清依旧觉得自己做的事是微不足道的,希望到此为止,不想声张。“我做的都是些小事,无非是坚持的时间长一点而已。”

(原载2014年11月24日《张家港日报》)

2014年11月其他媒体报道“炎黄”文章一览

表1

标题	原载(摘自)	作者
《做好事“潜伏”27年“炎黄”终于找到了》	2014年11月22日《无锡日报》第一版	胡　琦　朱贻军
《“炎黄”,究竟是怎样一个人?》	2014年11月24日《无锡日报》第一版	胡　琦
《27载善举闪现“家风”光辉——追寻“炎黄”公益之路的道德根源》	2014年11月25日《无锡日报》第一版	胡　琦
《用化名隐身27年　好人“炎黄”终于找到了》	2014年11月25日《现代快报》	薛　晟
《江阴祝塘“炎黄”精神感召公益群体力量》	2014年11月25日新华网	剑　江
《江阴老人27年坚持用化名捐款捐物感动世人》	2014年11月25日中国新闻网	洪晓红　孙　权

■类目编辑　纪晓华

科学统筹　奋起实干
全面建设经济强百姓富环境美社会文明程度高的新江阴

——2015年1月5日在市委十二届六次全体（扩大）会议上的讲话（摘要）

中共无锡市委常委、江阴市委书记　周铁根

（王　瑛摄）

这次市委全会，是在江阴改革发展进入新阶段、谋求新突破的关键时刻，召开的一次十分重要的会议。会议主要任务是：深入贯彻党的十八大和十八届三中、四中全会及习近平总书记视察江苏重要讲话精神，认真落实中央经济工作会议、省委和无锡市委全会精神，总结2014年工作，研判当前形势，部署2015年任务，动员全市各级党组织和党员干部，团结带领全市人民，科学统筹、提升发展，振奋精神、埋头实干，全面建设经济强、百姓富、环境美、社会文明程度高的新江阴，奋力再创江阴新一轮改革发展新辉煌。

一、历经严峻复杂考验，取得来之不易的发展成绩

（一）积极应对严峻挑战，经济运行平稳健康。面对经济下行压力较大、市场持续低迷的不利影响，坚持抓当前与谋长远相结合，果断采取引导企业转型、突破项目招商建设、强化协调服务、防控金融风险等一系列有效举措，全市经济保持了平稳健康的良好态势。2014年地区生产总值比上年增长7.8%，公共财政预算收入200.66亿元、全社会固定资产投资1046亿元，分别增长10.1%和10.2%。到位注册外资8.6亿美元，完成进出口总额223亿美元，其中自营出口130亿美元，分别增长11.5%、20.2%，均超历史最好水平，增速在全省及无锡领先。主要经济指标基本完成预期。转型升级步伐加快，产业结构进一步优化，高新技术产业产值占比39%，比上年提高3个百分点，江阴获批国家知识产权示范城市，高新区跻身苏南国家自主创新示范区建设行列，江阴软件园获批国家级科技企业孵化器。服务业增加值占比42.8%，比上年提高0.8个百分点。重特大项目招引实现突破，华泰汽车变速器、发动机、整车和中芯国际集成芯片、神通—常隆新能源客车等重大项目落户江阴。现代农业加快发展，全市完成“三资”投农10亿元，高效农业占比达63%,农业综合机械化水平提高到91%,粮食生产再获丰收。

(二)持续推进城市建设,城乡面貌不断提升。集中力量推进重点片区、重大工程、重要节点建设,城乡面貌实现新提升。突出规划导控、定标明向,编制完成新一轮城市建设五年行动计划。重点片区建设加快,滨江区域骨干路网加快改造,船厂公园实现优化提升,芙蓉湖公园、鲥鱼港公园一期基本建成;南门区域澄星广场等商业设施加快建设,华瑞、九方城等商业综合体即将启动建设。应天河风光带一期、中山路南延段工程基本完成。规划实施老小区改造三年计划,14个老小区81万平方米完成整治。征收安置工作平稳推进,全市完成拆迁142万平方米,建成安置房184万平方米,主城区完成安置房分房2835户,有效缓解被拆迁群众长期过渡难题。交通基础设施建设取得重大突破,江阴大道、海港大道竣工通车,新沟河延伸拓浚工程进展顺利,锡澄运河航道整治工程主体完工,新渡口完成长江南岸工程,沿江城际铁路江阴段列入2015年省开工项目。

(三)攻坚突破环保难题,生态环境持续改善。以解决水、气污染问题为重点,环境整治力度不断加大。在全省率先推进热源点整合整治,15个热电企业完成提标改造,通过苏龙城区"一拖四"(指由苏龙热电建设长输蒸汽管道,替代城区红柳、花山、滨江热电热源点,向南延伸替代峭岐凯育热电热源点,实现4个热电企业关停)、华西海澜"四合一"(指整合关停华西村老电厂、华强热电、海澜集团凯诺科技热电厂,由华西热电建设11.5千米主管网实施集中供热)等工程,华西老电厂等3个热电企业实现关停,大气污染防治取得重大突破。突出电镀、印染、铝型材等行业专项整治,全年关停"三高两低"企业*80个,淘汰燃煤型锅炉110台,万元地区生产总值能耗下降5%,主要污染物"十二五"减排目标提前完成。环保基础设施建设齐抓并行,供水、供热、供气、环卫、治污等工作取得新进展。科学划定市级生态红线保护区。新增造林绿化391公顷,全市建成区绿化覆盖率达42.5%。

(四)创新机制激发活力,深化改革稳步实施。市委出台《关于全面深化改革的意见》和《2014年深化改革重点工作》,成立全面深化改革领导小组和6个专项小组,全面推进经济体制、行政管理体制、城市建设管理体制、社会民生事业、社会治理体制等改革工作。科学调整镇街、园区和市级机关绩效考核办法,基层注意力更多聚焦在有效发展上。按照事权与支出责任相适应原则,实施财政管理体制改革,增强各板块财政增收积极性。成立高新区青阳工业园区管委会,调整临港开发区管理架构,开放园区体制机制进一步理顺。大力推进"三集中三到位"*,公布行政审批目录清单和涉审收费清单,政府行政审批效能继续提升。同时,事业单位分类改革、司法体制改革、农村土地承包经营权确权登记试点、工商质监食药监管理体制等改革工作有序推进。

(五)始终坚持民生优先,社会大局和谐稳定。在财政增速趋缓背景下,坚持民生投入力度不减、标准不降。全市就业形势稳定,居民收入稳步增加,城镇居民和农村居民人均可支配收入分别增长8.6%和10.2%。市委市政府十件民生实事全面完成。各项社会保障标准稳步提升。全市教育、文化、卫生、体育、广电、计生等各项事业蓬勃发展,江阴市(元林)老年大学、市120急救中心等一批民生工程建成投运。积极创新社会治理,扎实推进平安江阴、法治江阴建设,有效稳控经济金融领域不稳定因素,社会大局和谐稳定。

(六)转变作风创先争优,党的建设全面加强。以"学深学透、学以致用"为导向,持续开展党的十八届三中、四中全会和习近平总书记系列重要讲话精神学习活动,党员干部的"三个自信"(道路自信、理论自信、制度自信)不断增强。突出从严治党,严格执行党的政治纪律,严肃党内政治生活。扎实开展党的群众路线教育实践活动,突出"五检查五解决"*主抓手,深刻开展批评与自我批评,动真碰硬纠正"四风"*,扎实开展整改落实、建章立制"445"专项行动*,认真做好中央巡视组反馈意见整改落实工作,达到作风大改进、效能大提升、发展真受益、群众真欢迎预期目的。认真开展超职数配备、领导干部企业兼职、"裸官"等5项清理,实施干部选任全程纪实,选人用人更加科学规范。出台落实党风廉政建设"两个责任"*实施意见,严格"两个责任"检查考核,开展"3+1"("3"指制约合理、监督有效、执行规范3项一级指标,"1"为附加指标,即制度适配)制度廉洁性评价,探索源头防腐新机制。人大、政协围绕大局、积极履职,各民主党派、工商联、无党派知识分子联谊会职能作用充分发挥,统战、人武、法院、检察、群团、双拥、老干部、老龄、对口援建等各项工作也取得新成绩。

在肯定成绩的同时,也要清醒地看到工作中存在的问题与不足:一是经济结构性矛盾依然突出,市场主体信心总体不强,投资、消费增长乏力,稳增长和促转型任务还十分艰巨;二是社会稳定的基础还不够牢固,经济金融潜在风险依然存在,从源头上化解社会各类矛盾的能力亟待加强;三是少数基层党组织不适应形势发展的需要,少数党员干部在改进作风、服务发展、真抓实干上还有差距。对此,必须高度重视,切实加以解决。

二、全力抓好"五个统筹",全面建设经济强百姓富环境美社会文明程度高的新江阴

近期,习近平总书记在江苏视察指导工作时,发表重要讲话,提出"努力建设经济强、百姓富、环境美、社会文明程度高的新江苏"殷切希望,为江苏发展确立新坐标,明确新任务。多年来,江阴的发展一直走在苏南、全省前列,在建设新江苏的新征程中,也理应率先领先、作出示范。要把总书记对江苏的新要求新期望,与江阴改革发展实践紧密结合起来,全面建设经济强、百姓富、环境美、社会文明程度高的新江阴。经济强,就是经济发展质量、效益显著提升,转方式、调结构取得重大进展,先进制造业、现代服务业成为现代产业体系的主干,创新驱动成为经济发展的主引擎,江阴经济的综合实力、国际竞争力和抗风险能力始终位居县域发展前列。百姓富,就是要让城乡居民更多更公平地分享改革发展成果,有更好的教育、更稳定的工作、更满意的收入、更可靠的社会保障、更高水平的医疗卫生服务、更舒适的居住条件,物质生活富足安定、精神生活丰富多彩。环境美，就是要有更清新的空气、更清净的水质、更清洁的环境，努力实现城市与农村和谐统一，文化与自然相得益彰，传统与现代交相辉映，让江阴人民共同享受天蓝、地绿、水净、景美的宜居生活。社会文明程度高，就是要让社会主义核心价值观深入人心，市民素质高、社会风尚好、文化软实力强，公平正义得到保障，遵法守法成为习惯，诚信友善蔚为风气，社会大局和谐稳定。这四个方面构成一个有机整体，是新江阴美好蓝图具体呈现，是"中国梦"江阴篇章动人图景。

建设新江阴，首先要把握时代特征。审时度势，当前宏观形势最重大、最深刻的变化，就是中国经济进入新常态。所谓新常态，最为直观的是，经济继多年保持两位数高速增长之后步入中高速增长；最为深刻的是，经济结构从中低端向中高端转型优化升级；最为根本的是，增长动力从要素驱动、投资驱动转向创新驱动。新常态既是一次发展环境大调整，更是一种发展方式大变革，必将对当前和以后一个时期的发展产生重大而深远的影响。面对新常态，需要保持清醒、准确把握，主动适应、科学应对。新常态带来新挑战。经济新常态，表象上是发展速度调整，实质上是产业结构深刻转型、增长动力深层转换和发展方式深度转变。由此，新常态正在催生新一轮竞争升级，市场洗牌加速、企业分化加快、县域竞争加剧，新的挑战已经直接而现实地摆在面前。谁应对得当，就能抢得先机、赢得主动；谁应对不当，就将陷入被动、掉队落伍。对此，一定要见微知著、顺势而为，努力在转方式、调结构上走在前，在培育新增长点、新动力源上赶在先，确保江阴在新一轮区域竞争大潮中任凭风浪起、稳坐钓鱼台。新常态孕育着新机遇。变局面前，消极研判只会自乱阵脚，主动把握就能危中觅机。新常态带来的企业兼并、重组、联合大潮，渐成主流的个性化、多样化消费需求，大量涌现的新技术、新产品、新业态投资机会，为实施创新驱动、加快转型提升创造最佳时机，为做强做大企业、做优做特产业带来新利好；全面深化改革强势推进、上海自贸区功能辐射、长江经济带启动实施、苏南现代化示范区和苏南国家自主创新示范区加快建设，为创新体制机制、增添动力活力创造更好条件，为更深融入区域发展、更好推进"四个提升"提供了更大空间。只要超前谋划、主动策应、积极应对，就一定能迎来新一轮大提升、大发展。新常态需要有新思路。从中央经济工作会议释放信号看，新常态要求的发展，视野更加开阔，内涵更加丰富，内容更加全面。这就要求必须确立全面可持续发展理念，树立科学统筹工作方法，突出转型提升发展路径，加快推动经济发展由偏重总量速度向更加注重质量效益转型、城市建设由重城市轻农村向城乡一体化转型、生态文明建设由环境换取增长向环境优化增长转型、民生改善由培育亮点向均衡普惠转型，实现江阴各项事业全面发展和全面进步。新常态呼唤着新作为。新常态不是放任经济减速，而是强调"调速不减势、量增质更优"；新常态并不意味着可以少作为、不作为，而是强调新作为、多作为、作好为。这就要求始终高举发展大旗，充分发挥江阴综合实力雄厚、产业经济强大、规模企业众多的独特优势，充分发扬政企联手、干群同心、众志成城、共克时艰优良传统，扬长补短、埋头实干，以新状态引领新常态，以新作为赢得新发展。

2015年工作的指导思想是：全面贯彻党的十八大和十八届三中、四中全会及省委、无锡市委全会精神，深入贯彻习近平总书记系列重要讲话精神和对江苏工作的最新要求，紧紧围绕再创江阴新一轮改革发展新辉煌的总目标，坚持以全面建设经济强、百姓富、环境美、社会文明程度高的新江阴为工作主线，全力推进产业发展、城市品质、生态环境、民生福祉"四个提升"，推动经济社会统筹发展、各项事业全面进步，为实现"十二五"圆满收官、"十三五"良好开局奠定坚实基础。

2015年全市经济社会发展的主要目标是：地区生产总值增长8%左右，公共财政预算收入增长8%左右，全社会固定资产投资增长13%左右，社会消费品零售总额增长12%左右，居民消费价格涨幅控制在3%以内，完成到位注册外资8.5亿美元，进出口总额增长5%，其中出口增长8%，城乡居民收入与经济保持同步增长，万元地区生产总值能耗和主要污染物排放削减量完成无锡下达的目标任务。

围绕以上目标要求，2015年重点抓好"五个统筹"。

*（一）统筹传统产业和新兴产业发展，加快推动产业结构向高端迈进。*产业是区域发展根基。就现阶段江阴经济而言，传统产业是主力军、主税源，新兴产业是增长点、爆发点，两者同样重要、不能偏废。要坚持传统产业和新兴产业并重、优化存量与扩大增量并举，以增量扩大提升存量，以存量优化放大增量，全力打赢稳增长、促转型、调结构主动仗、攻坚战，努力构建起既有增量又有增速、既有销量又有效益、既有现生产又能可持续的产业发展新格局。

以产业升级稳增长、强经济。加快构建先进制造业、战略性新兴产业、现代服务业、现代农业为主体的现代产业体系，是江阴产业升级主攻方向。推动主导产业壮大提升。主导产业是区域经济发展核心和灵魂。要增强主导产业发展意识，重点打造以特钢、石化、高端金属制品为主体的新材料产业，以汽车、船舶、机械制造、节能环保为主体的装备制造产业，以高端面料、品牌连锁为主体的纺织服装产业，以风电、光伏、液化天然气物流集散为主体的新能源产业，以芯片设计、制造、封装为主体的微电子产业，以现代中药、新药研发、医疗器械为主体的生物医药产业，通过主导产业的壮大提升，推动江阴产业能级和综合竞争力跃上一个新台阶。推动传统产业改造升级。紧紧围绕"产品高端化、管理智能化"要求，依托技术改造、装备升级、战略合作、兼并重组等有效形式，加快冶金产业普转特、特转优，纺织产业高端化、差别化，化工产业精细化、高新化，助推传统产业迈向产业链、价值链高端，实现向"微笑曲线"两端的成功转型。2015年要继续实施装备贴息政策，完成工业投入400亿元。推动新兴产业做大做强。突出先导性、支柱性，大力发展新材料、新能源、电子信息、生物医药等战略性新兴产业，和基于网络的数字化制造、内容服务、平台经济等新业态，推进云计算、大数据、物联网等产业化开发，培育龙头企业，做大总量规模,占领市场高端,不断形成新兴产业集群,使新兴产业成为江阴产业发展强势增长极。推动服务经济量质提高。围绕服务业发展提速、比重提高、贡献提升目标,充分利用产业强、企业多、港口优优势,积极对接上海自贸区、长江经济带,大力实施工业企业主辅分离新三年行动计划,加快打造一批区域性物流配送、研发设计、电子商务、出口加工、结算中心等生产性服务业亮点。要主动引导、合理布局,招引集聚一批现代金融、文化创意、旅游休闲、餐饮购物、教育医疗、健康养老等高端生活性服务业项目,加快完善城市功能、提升城市品位、繁荣城市经济。推动现代农业提质增效。加快完善新型农业生产关系、转变农业发展方式,狠抓现代农业园区、农产品加工集聚区、农产品市场三大载体,增强农业物质装备和技术水平,年内确保“三资”投农10亿元,不断提升农业生产经营规模化、集约化、专业化、组织化水平,促进农业增效、农民增收。

以增量投入调结构、添后劲。牢牢抓住项目这个经济工作“牛鼻子”,以项目建设攻坚突破,为经济发展、转型升级注入强劲动力。更加突出项目导向。项目投入是推动发展根本,是转方式、调结构重要途径,更是衡量干部工作能力和水平重要标尺。全市上下要进一步突出项目中心,牢固确立“一切围绕项目、一切为了项目”工作理念,始终把项目放在心头、抓在手头,大力开展以“比招商引资、赛项目签约率,比项目建设、赛资金到位率,比投产达产、赛产出贡献率”为主题的“三比三赛”活动,努力在全市掀起项目招引建设新热潮。全力以赴强攻招商。各镇街园区要立足产业规划和产业特色,紧盯世界500强和大型国企央企、上市公司投资动向,开展务实高效的点对点、小分队、巡回式招商活动,力争在引进先进装备制造业、新兴产业龙头型基地型重特大项目上取得新突破。落地项目加快建设。签约不开工,到头一场空。要紧扣“合同履约、资金到位、项目开工、竣工投产”等关键环节,健全领导干部挂钩项目责任制,加大项目审批报送和土地、资金、劳动力等要素协调力度,全力推动包括华泰汽车自动变速器、发动机和整车、长电科技集成电路、中芯国际集成芯片、神通—常隆新能源客车、保利协鑫液化天然气、中建材薄膜太阳能基地等在内的一批重点重大项目早落地、早开工、早投产、早见效。

以创新驱动促转型、增动力。转型提升发展,着力点和关键点在于创新。要突出企业主体,整合创新资源,转变发展方式,为产业迈向高端注入强劲动力。强化科技人才创新。围绕创建全省首批创新型示范城市,深入实施品牌、标准、专利战略,加快对接科研院校、培养创新团队、搭建研发平台,加快实现规模以上工业企业专利、研发机构、产学研合作“三个全覆盖”,年内实施重点产学研合作项目60项,10项以上列入省重点“双新”(新技术、新产品)推广目录。继续推进人才强企“330”计划*和“高层次人才集聚计划”,加大各类人才培养引进力度,营造人才“引得进、育得出、用得好、出成果”的一流环境,以人才高地构筑创新高地、建设产业高地。强化商业模式创新。鼓励企业根据行业特性、自身特色,通过创新品牌营销模式、服务盈利模式、电子商务模式、总部经济模式等,重构营销网络、延伸增值服务、做大品牌影响、实施战略合作,拓展更广阔市场空间。强化治理能力创新。治理水平的高低是影响企业成长发展的基础性因素。要大力实施“百千万”培训工程*,切实提高企业家素质,引导企业加快建立现代企业制度,加快完善法人治理结构,优化企业股权结构,加快引进先进管理理念、管理方法,切实提高资源调配能力、市场开拓能力、成本控制能力、风险防范能力,推进信息化和工业化深度融合,真正以治理能力的提升增效益、促发展。强化融资方式创新。企业过度依赖银行、融资渠道单一,是造成金融风险重要原因。要引导广大企业抓住机遇,加大直接融资力度,通过上市融资、股权融资、发行私募债等途径,拓宽融资渠道。要支持上市企业兼并重组、再融资,推动后备企业快上市,年内力争2个企业主板上市、8个企业“新三板”*挂牌,进一步壮大“江阴板块”阵容。鼓励江阴优势企业兼并重组其他关联企业,实现生产要素和资源的优化整合。

以园区建设强支撑、争贡献。园区是加快产业转型、推动江阴发展的主阵地、主战场。三大开放园区要确立更高定位,在同类园区中攀高比强、争先进位,在全市板块中勇挑重担、争做贡献,不断提升对全市发展的引领、支撑和带动作用。高新区要立足“高”“新”特色要求,围绕建成全市转型升级示范区、科技创新引领区、对外开放窗口区目标定位,以苏南国家自主创新示范区建设为契机,高水平建设创新核心区、滨江科技城。紧盯特钢新材料、汽车、集成电路、生物医药、科技金融等特色产业,抓紧抓好重大产业项目和重大创新平台招引建设,加快形成创新产业集群和产城互动融合发展新优势。大力推进青阳园区建设,2015年要在规划优化完善、一期拆空腾净、基础设施全面启动基础上,全力出击招商引资,确保有一批重大项目落地开工。临港开发区要以深化体制改革为契机,咬定创成国家级综保区和国家级开发区目标,抢抓“一带一路”(丝绸之路经济带和21世纪海上丝绸之路)国家战略和上海自贸区扩容新机遇,激发港口新活力,加快做大做强金属新材料、机械装备、新能源、石化新材料、现代物流、创意和电商等特色产业园,确保在重特大项目上实现新突破,同时,做旺临港核心商务区,做优区内生态环境,全力打造全市城乡一体化发展先导区示范区、产业集群式发展主战场主力军。靖江园区要围绕建成全省联动开发先导区实验区示范区总目标,加快二次创业步伐,加快打造船舶制造、重钢结构、车船零部件、冶金新材料、机械装备等产业集群,扎实推进项目建设、招商引资、功能完善,全力建设千亿园区,努力打造临江产业集聚区和区域经济增长极。镇街工业集中区要按照集约化、特色化发展要求,通过引进增量、优化存量、完善配套、提升功能,加快实现提档升级,壮大镇街经济实力。

以优质服务鼓信心、提效能。越是形势严峻,越要以更加优质高效的政府服务,暖企业心、鼓企业劲,营造温暖如春发展“小气候”。强化要素保障。及时掌握重点行业运行态势、重点企业经营状况、重点产品营销变化,协调保障科技、人才、资本、劳动力、煤电气等要素,帮助企业开拓市场，确保企业平稳生产。围绕企业反映的突出问题，及时组织政银企对接，以最快速度响应企业呼声，尽最大努力满足企业需求。优化企业服务。服务上慢作为、不作为，都是渎职、失职。各级各部门要真心实意地开展“三走进三服务”*活动，为企业发展化忧解难。特别是对重点企业和重大项目，要实施“一企一策”，提高服务针对性和实效性。宣传部门和新闻媒体要加大对企业先进典型报道力度，为广大企业发展鼓劲加油、增添信心。严控金融风险。企业运行困难，客观上增加了经济金融风险。要牢固确立“稳金融就是稳增长”意识，建立健全防控体制机制，强化镇街园区属地预警责任，及早掌握、及时化解各类矛盾和问题。要引导企业用足用好中小企业互助资金和小额贷款保证保险两个平台，立足自身解决好资金问题，守住防范风险第一线。要从严从快打击非法金融活动和恶意逃废债务行为，确保不发生区域性、系统性经济金融风险。

（二）统筹经济发展和生态建设、民生改善，加快提升城乡宜居环境和居民幸福指数。民惟邦本，本固邦宁。经济发展最终目的是为让人民群众生活得更加美好。发展、生态、民生，是相互依存、相互促进的有机整体。保护生态环境、提高生态文明水平，是转方式、调结构、上台阶重要内容。因此，必须统筹考虑、协调推进经济发展、生态建设、民生改善，以经济发展夯实民生改善的物质基础，以生态建设提升广大群众的幸福指数，努力走出一条生产发展、生态良好、生活富裕的科学发展新路径。

以生态建设倒逼发展提质。生态环境建设是最大民生，是发展生命，是历史责任。要下决心解决群众反映强烈的环境问题，以优化产业结构、能源结构、治理结构倒逼企业发展更集约、更高效、更环保。大力优化产业结构。针对江阴产业结构偏重、层次偏低、减排压力较大现状，加大源头治理力度，严把准入门槛，对高能耗高污染项目严格限制落地，对超环境总量排放的镇街园区实施区域限批。要继续加大小化工、小印染、小电镀等专项整治力度，加快淘汰落后产能，年内确保关停“三高两低”企业50个。大力优化能源结构。更大力度推进热电整合，年内完成滨江、云亭等6个热电企业关停整合工作。加快实施余热回收、煤改气、水煤浆利用等节能改造项目，加强分布式光伏发电项目建设。年内再淘汰10蒸吨以下燃煤型锅炉200台，确保2016年全部淘汰到位，全力推动江阴能源消费向减量化、清洁化方向转型。大力优化生态治理结构。按照“抓投入、还欠账、补短板”要求，深入推进“五网共建”：安全供水网上，启动建设绮山应急备用水源地，推进小湾水厂深度处理，加快推进小水厂整合，加快农村供水管网改造，确保城乡居民饮用水安全；污水处理网上，改造畅通城区污水主次管网，消除管网建设和污水收集盲区，确保年内实现全市城区、镇区范围内污水主干管全覆盖。加快农村生活污水纳管进程，对不具备纳管条件的村庄，加快建设微动力、生物、生态污水处理设施，切实提高污水集中处理率、处理达标率；集中供热网上，基本完成主城区热网整合工程，加快推进全市域供热网连线成面；垃圾处理网上，加快源头减量、分类处理，启动建设秦望山静脉产业园，提升垃圾资源化利用水平和工业固废、危废处理能力；生态绿网上，以环城森林公园建设全面启动为龙头，突出沿路、沿河、沿山，掀起新一轮造林绿化热潮，确保全市林木覆盖率提高到23.6%。要以新《中华人民共和国环境保护法》实施为契机，建立健全生态补偿、排污权有偿使用交易、环境信用评价、治污设施第三方运行等制度。大力加强环保执法。建立最完备执法体系，实施最严厉执法手段，对各类环境违法行为形成强大威慑力，重点针对偷排偷放、建筑扬尘、秸秆焚烧、噪声扰民等突出问题，加强市场手段与行政司法联动，严肃追究责任，让环境违法行为在江阴无处藏身、无法立足。

让市民群众共享发展成果。准确把握促发展与惠民生结合点，将更多资源政策、资金项目、工作精力向民生倾斜。重点完善“三大机制”：完善群众增收长效机制。推广全员实名制就业管理，建立失业预警机制，重点抓好江阴籍高校毕业生、被征地农民、困难家庭等群体就业工作，确保“零就业家庭”动态清零、困难家庭大学生100%就业。积极推动中小企业发展，鼓励扶持创业带动就业，建好大学生创业园等载体平台，让百姓在创业就业中持续增收。完善社会基本保障机制。突出应保尽保、扩面提标，织好织密社会保障安全网。全面实施新的征地补偿和被征地农民保障办法，实现即征即保。完善居保与城保衔接制度，启动全民参保登记计划，推进职工和城乡居民全面持续参保。稳步提高被征地农民、居民基础养老金和低保标准。巩固新农合基本医保、大病救助、商业补充保险“三位一体”保障体系，稳步提高新农合筹资标准，切实缓解群众因病致贫、因病返贫问题。加快第四期保障房建设，优化以租为主的住房保障新体系，不断改善低收入群体居住条件。大力发展社会福利和慈善事业，不断探索精准扶贫工作机制，为各类弱势群体提供有效援助。完善民生事业发展机制。坚持均衡普惠，科学谋划民生事业。教育上，以建设省教育现代化示范区为抓手，有序实施新一轮学校布局规划和学校内涵发展三年行动计划，合力抓好农村小学办学点标准化建设，加快城区学校改造提升，大力发展民办教育。卫生上，坚持“保基本、强基层、优机制”，引进和培育高层次医务人才，推动新一轮社区卫生服务站达标建设，切实发挥市人民医院、中医院两大医联体作用，建立分级诊疗新体系，让群众享受优质便捷的医疗卫生服务。市场监管上，高效规范运行新组建的市食品安全检测中心，整合监管职能，优化资源配置，强化源头治理，严厉打假治劣，确保群众吃得安全、用得放心。体育上，完成城乡1000个健身点规范达标工程，提高学校体育设施向社会开放水平，创新全民健身活动，打造群众体育品牌。与此同时，统筹推进养老、人口计生等其他各项社会事业，确保社会和谐安定、群众安居乐业。

（三）统筹城市建设和农村发展，不失时机地推进城乡一体化。城乡一体化是区域发展水平象征，也是现代文明一个重要标志。特别是对于县域来说，城市和农村相互依托、互相影响，没有城市辐射带动，农村发展就缺乏动力；而离开农村空间支撑，城市建设也难以持续。要坚持“城市现代化、城乡一体化”发展理念，以全面实施新一轮城市建设五年行动计划为统领,突出重点关键,统筹城乡建设,促进城乡融合,形成城市与农村互动发展、相得益彰的和谐景象,真正把江阴打造成充满实力活力魅力的国际化现代化滨江名城。

加快完善全市区域性功能规划。规划是城乡建设龙头。全市域范围要以城市总体规划为依据,加快推进国民经济和社会发展规划、城市总体规划、土地利用总体规划"三规合一",同时按照特色彰显、要素整合、形象提升、功能完善原则,结合区位、产业、文化、生态等特点,加快完善城乡一体化功能布局规划,实现城乡科学、集约、高效发展。主城区要突出"沿江、沿河、沿山"区域,不断优化控制性详规,优化"一江一河"、南门、火车站、敔山湾等重点片区规划和设计,合理布局科技、金融、文化、商业、居住、生态功能,提升城市整体形态和功能品位。镇街园区要加快完成新一轮镇村布局规划,进一步明确特色功能定位和集镇、农村居民点布局,实现新城镇与新农村同步规划、同步建设。要保持规划连续性、权威性、严肃性,做到一张蓝图管到底,杜绝随意变更规划、不按规划建设等行为,确保规划刚性执行。

大力推进中心城区建设。中心城区最能体现城市形象、最能展现城市水平,要坚定不移按照既定规划推进,不断提升城市品质能级。加快提升城市形态。"一江一河"区域要加快启动中央景观大道二期、沿江江堤路二期、鲥鱼港公园二期、韭菜港公园等项目,加快建设滨江商务大厦,有节奏推进沿河景观绿化、精品住宅等建设,早日展现"江阴外滩"动人景象;南门区域要加快应天河风光带二期、南门历史风貌区等建设,推进虹桥南路两侧高端商业综合体建设,重现南门繁华胜景;敔山湾地区要加快完善商业配套,不断汇聚商气、提升人气,成为休憩休闲、创业安居宜居新城;万达周边要加快腾空拆净,完善城市功能布局,打造片区发展亮点。加快提升城市品质。要加强城市教育、医疗卫生、文化等设施配套,加快引进落户本科院校,引进培育高端医疗服务机构,打造高端文化平台载体;要加快建设快速交通体系,全面完成锡澄运河航道整治、渡口迁建、锡澄高速花山互通、世纪大道改造等工程,城区加快打通断头路、改善微循环,全力推进沿江城际铁路开工建设各项工作,加强泰锡宜城际铁路跟踪对接;要提升道路景观绿化水平,以集功能品位于一体、绿化美化亮化净化为目标,把城市道路建成清爽整洁的绿色廊道,让每个城市景观都更有品位、更具特色。有序推进城市开发。积极完善征收拆迁政策,集中力量推进重点区域、重点地块、重点项目民房拆迁和企业搬迁,年内完成拆迁150万平方米,其中主城区50万平方米;科学有序推进安置房建设,引导和鼓励货币安置、现房回购安置,精心做好已建成安置房分房工作。要本着"有序开发、持续经营"原则,科学配置全市经营性用地资源,加大重点地块推介力度,严格控制小城镇建设规模,适度控制主城区以外用地规模,促进城市经营更加科学、更加高效。

全力实施城乡环境综合整治。不管是与周边城市比,还是与市民群众期望要求比,城乡环境已经成为影响江阴城市形象、影响群众生活的现实问题。要以创建全国文明城市为总抓手,突出重点问题、加大整治力度,在江阴城乡掀起一场轰轰烈烈的"环境革命"。大力开展城区"三改一拆"专项整治行动。要下定决心,花三年左右时间,深入开展以老小区改造、旧厂区改造、城中村改造和违法建筑拆除为重点的"三改一拆"专项行动,加强组织领导,明确目标进度,理顺职责分工,健全体制机制,通过一个个节点破旧出新、一个个项目扎实推进,使城市环境有一个根本性改观。要加强联合执法,强化属地责任,动员群众力量,以创建"无违建小区"为抓手,深化违法建设综合整治,做到违法建筑第一时间发现、第一时间制止、第一时间拆除,确保新违建零增长、老违建负增长。大力开展市容市貌综合整治行动。市容环境上要突出治"脏",以街面整治、路面整治、铺面整治和墙面整治为突破口,彻底清除视觉污染、尘土污染、生活污染,年内城区混凝土搅拌站全部搬迁到位,使市容市貌实现大改观。公共秩序上要突出治"乱",以公共交通、公共卫生为重点,周密制定整治方案,切实加大整治力度,坚决遏制货车乱行、小车乱停、摊贩乱摆、油烟乱排等现象。年底实现城区过境货车全面禁行。小区物业管理上要突出治"差",大力强化物业行业管理,着力解决物业费收取难题,积极构建物业管理诚信体系,提高社区物业管理整体水平,努力让每一个小区、每一个业主都物有优管、住有安居。大力开展农村"三清一绿"综合整治行动。以清洁水源、清洁家园、清洁田园和村庄绿化为抓手,高标准推进"三清一绿"综合整治行动,大力实施工业污染、农业面源污染、生活污染"三污同治",建立健全长效管理机制,积极创建美丽乡村,展现农村的生态之美、文化之美、和谐之美。

有序推进新型城镇化和新农村建设。以推进"六个一体化"为重点,加快新型城镇化,促进城乡一体化,积极构建更合理的镇村体系、空间布局、功能配套。新型城镇化建设上,要注重典型引领,大力推进璜土、新桥、华士、周庄城乡一体化先导示范镇建设,通过项目示范、以点带面,引导和鼓励经济强村、重点企业、社会资本投身新型城镇化建设,加快打造一批功能齐全、特色鲜明的产业强镇、商贸重镇和旅游名镇。新农村建设上,要加快推进新型社区和美丽村庄规划建设,加强农村基础设施和服务网络建设,科学引导农村居民向城镇及重点村、特色村集中,促进农村土地节约集约利用,不断改善农村生产生活条件和村容村貌,保护和传承乡土文化,建设一批各具特色、独具魅力的美丽乡村。

(四)统筹深化改革和依法治市,加快推进治理体系和治理能力现代化。党的十八届三中全会深刻剖析中国改革发展稳定面临的重大理论和实践问题,提出全面深化改革指导思想、目标任务、重大原则,描绘全面深化改革新蓝图、新愿景、新目标。党的十八届四中全会着眼于完善和发展中国特色社会主义制度、推进国家治理体系和治理能力现代化,明确提出全面推进依法治国的指导思想、总目标、基本原则和重大任务。要将深化改革和法治建设"两个轮子"一起转、共同推,在深化改革中运用和体现法治思维,在依法治市中引领和保障改革进程,共同推进县域治理体系和治理能力现代化水平不断提升。

以深化改革激活发展动力。作为改革开放30年全国18个典型地区之一,改革始终是江阴发展之基、活力之源。面对进入转型提升阵痛期和深化改革攻坚期发展实际,必须坚持向改革要红利、增动力,突出重点,强攻难点,创造亮点,以有力有序的改革创新为经济社会发展注入强劲动力。深化政府管理体制改革。以转变政府职能为主线,按照大部门制改革要求,优化机构设置、理顺权责关系。深入推进事业单位分类改革,加快经营性事业单位改制转企工作。继续推进经济发达镇行政管理体制改革试点。完善政府购买服务目录化工作,稳妥推进政府向社会力量购买服务。深化行政服务体制改革。深入实施“三集中三到位”,推进行政审批事项标准化,年内完成政府权力清单和责任清单的编制并向全社会公开,减少权力“寻租”空间,做到法无授权不可为、法定职责必须为。建立中介机构不良行为记录和黑名单制,加大中介机构管理力度。加快权限下放,促进服务前移,构建起市镇村服务中心三位一体、上下联动运行机制。加快市级各类公共服务平台整合,优化公共服务网络。深化财税体制改革。按照保障市级统筹、增强基层活力、提高政策绩效原则,建立全口径预算管理体系,全面实施机关部门预决算公开和“三公”经费*公开。严格存量管理,规范举债程序,探索实施政府和社会资本合作模式,有效压降市镇两级政府债务比重,构建起符合江阴发展需要的现代财政管理制度。深化国资国企改革。以现代企业制度为目标、以市场化为导向,调整优化国资布局结构,加快国资公司整合重组,完善国资监管体制,切实提升市各国资公司治理能力、盈利能力和可持续发展能力。深化农村综合改革。围绕激发农村发展内生动力,加快农村土地确权登记工作,年内确保覆盖面达80%。扩大农村产权交易市场试点范围,新增华士、周庄两个分中心,完善市镇村三级运作机制。加快发展新型合作组织,继续推进村级股份制改革,探索构建新形势下村级增收长效机制,加大薄弱村帮扶力度,规范村级“三资”*管理,让改革真正促进农村更大发展、促进农民更多得利。

以法治建设保障发展有序。当前改革发展稳定任务之重和矛盾风险挑战之多前所未有。要不断提高党的执政能力和执政水平,就必须发挥法治引领、导向和规范作用,更好地统筹社会力量、平衡社会利益、调节社会关系、规范社会行为,形成用法治理念、法治思维推动发展、治理社会良好氛围。营造团结民主政治环境。坚持和完善人民代表大会制度,保证人民依法实行民主选举、民主决策、民主管理和民主监督。发挥人民政协作为协商民主重要渠道作用,充分发挥各民主党派、工商联、无党派知识分子代表及工青妇等人民团体桥梁纽带作用。完善基层群众自治机制,继续扩大基层民主,为推动改革发展汇聚最广泛的力量。营造公平正义法治环境。突出依法行政、公正司法、全民守法三大重点,建立完善政府法律顾问制、重大决策社会风险评估制、行政执法责任制,确保权力依法运行;深入推进司法体制改革试点工作,推行办案质量终身负责制和错案责任倒查问责制,让群众在每一个司法案件中都感受到公平正义;广泛开展“六五”普法宣传教育,不断增强全民守法自觉性。营造平安稳定社会环境。重点抓好“四个加强”:加强社会治安防控,紧盯流动人口、特殊人群、网络社会,常态化开展排查整治,加快推进城区老小区技防改造,严厉打击各类刑事犯罪,形成有效防范打击违法犯罪的“天罗地网”;加强矛盾纠纷化解,加大信访积案化解力度,发挥“大调解”机制作用,确保矛盾化解在基层、消除在萌芽;加强公共安全监管,突出校园、车间等重点场所安全防范,专项整治交通、消防等安全隐患,严防重大安全事故发生;加强社会治理创新,加快市级社会管理服务中心规范化建设和镇村两级政法综治组织实体化运行,全面实施社区网格化管理,提升社区建设管理水平,真正把江阴打造成全省社会治理创新引领区和平安法治建设示范区。

(五)统筹事业发展和人的发展,加快提升社会文明程度。事业发展,根本在人,发展核心是人的发展。要把提升社会文明程度作为事关全局、事关长远一项战略工程,以早日创成全国文明城市为统领,全面统筹事业发展和人的发展,以百万江阴人整体素质和文明程度的大提升,推动江阴各项事业大发展。

大力争创全国文明城市。全国文明城市是集中体现城市文明程度和科学发展水平最有价值城市品牌。要以江阴被中央文明委确定为新一轮创建全国文明城市提名城市为契机,切实把创建工作作为提高市民文明素质重要途径、提升城市文明程度龙头工程,围绕打造廉洁高效政务环境、民主公正法治环境、公平诚信市场环境、健康向上人文环境、有利于青少年健康成长社会文化环境、舒适便利生活环境、安全稳定社会环境、可持续发展生态环境等重点工作,制订出台三年行动计划和年度实施意见,明确创建工作路线图、时间表和任务书,切实做到“责任全覆盖、创建无死角”,确保创建工作扎实推进、如期实现。

大力培育核心价值观。培育和践行社会主义核心价值观,是凝魂聚气、强基固本的基础工程。要把坚守前进方向、坚守理想信念、坚守正义良知,作为核心价值观培育根本任务,广泛开展中国特色社会主义和“中国梦”宣传教育,把社会主义核心价值观作为基层学习教育、理论宣讲重点,融入学校教育、社区教育、市民教育、党员教育之中,筑牢培育和践行社会主义核心价值观的社会基础。

大力提升市民文明素养。大力弘扬“人心齐、民性刚、敢攀登、创一流”江阴精神,认真学习华西经验,激发全市上下励精图治、奋勇争先。深入开展文明单位、文明行业、文明社区、文明家庭创建活动,广泛开展“文明江阴·从我做起”系列活动,让文明成为全体江阴人的思想自觉和行动自觉。积极传递“炎黄”风尚,继续开展“寻找江阴好人”主题活动,宣传表彰“平民英雄”和凡人善举。大力弘扬江阴志愿者之乡优良传统,健全志愿服务长效机制,引导广大群众在积极参与社区家政、法律援助、关爱特殊群体等志愿服务中陶冶情操、提升境界。

大力推动文化发展惠民。坚持文化事业、文化产业“两手抓”,一手抓文化事业发展繁荣,以国家公共文化服务体系示范区创建为契机,以市、镇两级公益性文化单位为主阵地，持续开展“书香江阴”读书节、“文化走基层”等品牌活动，切实加大文化惠民力度，确保全市各级公共文化设施“全年无休·免费开放”覆盖率100%。一手抓文化产业提质升级，健全文化产业推进机制、人才保障机制和政策支撑体系，引导更多民间资本进入文化领域，培育壮大各类文化市场。要以“一基地两园区”为依托，不断做强做特平台载体，加快重大文化产业项目的招引、建设力度，推动文化产业与其他产业融合发展，实现文化产业的跨越提升。

大力建设社会诚信体系。加大信用基础数据库建设力度，统筹整合信用信息资源，加快政府诚信体系建设，推行企业信用等级分类管理制度，在医药卫生、教育科研、社会保障、中介服务等行业领域推广使用个人职业信用报告，构建起覆盖全社会的征信系统。要深化全市企业、窗口行业诚信主题创建活动，不断完善诚信“红黑名单”制，大力发掘和宣传各类诚信典型，努力营造褒扬诚信、惩戒失信的社会环境。

必须看到，“五个统筹”和“四个提升”在本质和内涵上是息息相通、一脉相承的。“四个提升”是建设新江阴、再创新辉煌的总要求，“五个统筹”是对“四个提升”在工作方法和发展路径上的具体化。要将两者有机地统一起来，在科学统筹中提升发展，在提升发展中促进统筹，努力走出一条符合时代特征、江阴特色的率先发展、科学发展、提升发展之路。

三、坚持从严治党，全面加强党的建设，为建设新江阴提供坚强保障

在开创改革发展新辉煌新征程中，江阴发展能否披荆斩棘、一路向前，党的建设是根本保证。全市各级党组织要牢固树立“抓好党建是最大政绩”理念，切实增强管党治党意识，全面落实从严治党责任，把全面从严治党贯穿于江阴改革发展全过程，贯穿于党的建设和党内生活各方面，切实增强党建工作针对性、有效性，为建设新江阴提供更加坚强保障。

思想政治建设重在党的先进性建设。以学习型党组织、学习型领导班子建设为抓手，以党的先进性纯洁性建设为重点，健全中心组学习、“江阴大学堂”、党校培训等平台载体，深化“百场讲座送基层、千名书记讲党课、万名党员争先锋”活动，深入学习习近平总书记系列重要讲话精神，广泛开展向吴仁宝、李良宝学习活动，引导广大党员干部进一步坚定理想信念、增强党性修养、强化宗旨意识，真正做到平常时刻看得出、关键时刻站得出、危急时刻豁得出。

干部队伍建设重在从严管理。紧紧围绕“管理全面、标准严格、环节衔接、措施配套、责任分明”要求，把从严管理干部作为从严治党重点紧抓不放。要严肃党内政治生活，严明党的纪律，完善制度规定，强化刚性执行，引导广大党员干部自觉践行“三严三实”*。要把“好干部”标准落实到选人用人全过程，注重优秀年轻干部、女干部和党外干部培养选拔，着力推进“墩苗培养计划”，为优化班子结构、培养后备人才提供源头活水。要深入推进干部能力素质提升“321”培训计划，强化“四个提升”等专题轮训，年内专题培训1000名市管领导干部、系统培训2000名专技干部、网络培训3000名优秀年轻干部、机关中层干部、大学生村官，切实提高党员干部在新常态下驾驭复杂局面、加快提升发展、做好群众工作能力。

基层组织建设重在战斗力提升。党的基层组织是党全部工作和战斗力的基础。要以建设服务型党组织为目标，全面落实“五服务”（服务改革、服务发展、服务民生、服务群众、服务党员）要求，加快基层组织工作重心转移、工作方式转变、治理方式转型，切实解决联系服务群众“最后一公里”问题。要以“三级联述联评联考”为抓手，加快推进基层党建工作规范化，创新“党建工作指导员”工作模式，试行专职党务书记派遣制度，选优配强基层组织带头人。要以“五先五好”*为标准，深入开展基层党建示范点建设，全面加快基层党建标准化，使基层组织真正成为凝心聚力、推动发展、维护稳定的坚强战斗堡垒。

作风效能建设重在工作落实。党员干部作风好不好、效能高不高，关键看落实。全市各级各部门务必强化落实之功，要始终坚持领导带头抓落实，牢固树立“责任比能力更重要”的理念，深入基层、深入一线，靠前指挥、实地指导，勇于担当、履职尽责；要创新克难抓落实，打破定势、突破常规，用改革办法探索新路，用创新举措化解制约；要埋头苦干抓落实，拿出抓铁有痕、踏石留印狠劲，滴水穿石、铁棒成针韧劲，一年接着一年干，一任接着一任做，在争抓实干中建功立业，在泽被后任中展示作为；要动真碰硬抓落实，强化压力传导、督查问责、跟踪问效，以细化量化考评机制、赏罚分明激励机制，形成上下齐心层层负责、一抓到底、竞相争先生动局面，共同推动江阴改革发展大业不断向前。

党风廉政建设重在落实责任。严格落实党风廉政建设主体责任，健全完善党风廉政建设责任体系。各级党组织主要负责人要切实履行“第一责任人”政治责任，真正做到“一岗双责”、守土有责、履职尽责。各级纪检组织要充分运用党风廉政建设“两个责任”信息化系统，加强监督检查，强化管理考核，确保“两个责任”落到实处。要继续严格执行中央八项规定*和省市委作风建设一系列部署要求，扎实做好各项整改工作，以正风肃纪常态化、制度化，防止“四风”问题反弹。要健全廉政风险防控机制，深入开展制度规范和制度廉洁性评价工作，强化权力运行的制约和监督。要继续深化党风廉政教育，抓住正反典型，教育引导党员干部切实做到廉洁自律、敬法畏纪、遵规守矩。要始终保持惩治腐败高压态势，以零容忍态度做到有案必查、有腐必惩，确保江阴干部清正、政府清廉、政治清明。

政府工作报告(摘要)

——2015年1月13日在江阴市第十六届人民代表大会第四次会议上

江阴市市长 沈 建

(王 琰摄)

2014年工作回顾

2014年,在中共江阴市委的正确领导下,全市上下以科学发展观为指导,深入贯彻党的十八大和十八届三中、四中全会及习近平总书记系列重要讲话精神,科学应对宏观形势新变化新挑战,攻坚克难,创新实干,全力以赴稳增长、促转型、抓改革、惠民生,较好地完成了市十六届人大三次会议确定的各项任务。

一、突出结构调整,经济运行稳中提质

面对错综复杂的宏观经济形势,千方百计稳定经济增长,调整经济结构,全市经济发展的质量效益得到提升。全年地区生产总值比2013年增长7.8%;完成公共财政预算收入200.66亿元,增长10.1%。工业经济平稳发展。大力发展实体经济,改造提升传统产业,加快培育新兴产业,完成工业总产值6522.5亿元,实现规模以上工业产值6021.3亿元;完成高新技术产业产值2423.2亿元,占规模以上工业产值比重提高2.1个百分点。加速信息化与工业化“两化融合”,新增省级以上企业技术中心8个,入选“中国企业500强”企业11个。扎实推进资本经营,新增“新三板”挂牌企业9个,上市公司实现再融资190亿元。积极防控经济金融风险,组织工业企业“健康体检”,推进企业债务重组、破产重整,设立中小企业互助资金平台3个,累计转贷17.1亿元。新设银行机构2个,新增各类贷款515.7亿元。现代服务业质量提升。服务业增加值占地区生产总值比重达42.8%,比2013年提高0.8个百分点;实现社会消费品零售总额643亿元。加快培育服务业龙头企业,主辅分离发展服务业企业20个,新增成交额超百亿元市场1个,建成全市首个电子商务产业园,入选“中国服务业企业500强”企业3个。主动融入上海国际航运中心,改造10万吨级码头2个,新增对外开放泊位2个,完成货物吞吐量1.4亿吨,江阴口岸被列入全国第一批进境粮食指定口岸。加快发展旅游业,成功举办第九届中国徐霞客国际旅游节。高效农业加快推进。扎实推动农业现代化,农业适度规模经营比例达85%,农业综合机械化率达91%,农业园区化率达43.9%。大力发展无公害农产品、绿色食品和有机食品,粮食生产连续11年实现丰收。推进城郊666.67公顷标准化蔬菜基地建设,建成地产农产品销售中心10个。加强职业农民培训,推进农业“三新”(新品种、新技术、新模式)工程,培育农业科技创新中心1个。新增无锡市级以上农民专业合作社示范社7个,全市累计入社农户11万户。

二、突出后劲培育,发展动力不断增强

紧紧抓住上海自贸区建设发展机遇,深化改革创新,加快开发开放,发展的动力活力持续提升。重点改革稳妥实施。市与镇街、园区财税管理体制调整顺利推进,专项资金绩效管理水平有效提升。加强政府性债务管理,部分镇街涉省涉市重点项目历史性债务得到妥善处理。归并部门审批职能,公布行政审批目录清单和收费清单,取消行政审批事项37项,承诺件办结比法定时间平均提速60%。调整完善工商、质量技术监督、食品药品监管等部门管理体制,组建市场监督管理局;整合招商资源,成立招商局。事业单位分类基本完成,生产经营类事业单位改革有序推进。深化徐霞客镇行政体制改革试点工作,编制完成第二批行政权限下放目录。启用预选承包商库,政府投资项目电子化招投标覆盖率达80%。有序推进农村土地承包经营权确权登记试点,农用地确权登记颁证4667公顷。认真落实各类扶持政策,切实减轻企业负担。项目建设有序推进。积极扩大有效投入,完成全社会固定资产投资1046.0亿元,增长10.2%;其中工业投资478.6亿元、增长3.5%,服务业投资556.7亿元、增长17.6%。着力改善投资结构,完成技改投入341.1

亿元、新兴产业投资236.7亿元,服务业投资占全市固定资产投资比重达53.2%。重特大项目建设成效明显,80项重大产业项目当年完成投资195.5亿元;华泰汽车自动变速器、中芯国际集成芯片、汉邦石化二期等一批超10亿元项目顺利推进。创新要素加快集聚。强化科技支撑,规模以上工业企业研发机构覆盖率超70%,全社会研发投入占地区生产总值达2.95%。组织实施国家、省科技计划项目288项、重点产学研合作项目60项。大力推进企业产品更新换代、技术提档升级,新增省新产品、新技术65个。获批省工程技术研究中心7个,新认定省高新技术企业103个。获批国家知识产权示范城市,万人有效发明专利拥有量11件。新增国际国内标准化工作组5个、省名牌产品7个,中国驰名商标3件、省著名商标14件。加大科技人才引进力度,新引进诺贝尔奖得主1人、国家"千人计划"*专家3人、院士11人,入选省"双创计划"*专家7人。开放合作更加深入。加快发展"三外"(外资、外贸、外经)经济,完成进出口总额223亿美元,增长11.5%,其中出口130亿美元,增长20.2%。新批外资项目40项,完成到位注册外资8.6亿美元,创历史新高。新批境外投资项目27项,完成境外投资5.2亿美元,中方协议投资规模列江苏同类城市第一。实现服务外包合同额12.2亿美元、离岸接包执行额5.8亿美元,分别增长20.4%和10.7%。着力提升开放园区发展水平,江阴高新区入列苏南国家自主创新示范区,获批全国示范型国际科技合作基地、国家现代服务业产业化基地,跻身全省国家级开发区前十强;临港开发区积极推进综合保税区、国家级开发区申报进程,江阴软件园获批国家级科技企业孵化器,经济总量实现省级开发区"三连冠";靖江园区加快建设造船、重钢结构两大产业基地,5个百亿级工业产业集群加快集聚。

三、突出功能提升,城乡建设持续推进

加快重大工程建设,完善城市功能配套,提升城市管理水平,积极推进城市现代化建设。重点工程实现突破。坚持规划引领,强化规划控制,突出"一江一河"等重点地区、重大项目规划设计,城市功能布局持续优化。江阴大道、海港大道、暨南大道西延伸段等建成通车,锡澄高速公路花山互通开工建设,世纪大道启动改造。中山路南延伸段、花北路、华侨路等竣工通车,虹桥路南延伸段、青果路南延伸段等加快推进,鲥鱼港路、公园路完成改造。锡澄运河航道整治扎实推进,滨江路桥、镇澄路桥按计划实施,申港河西新渡口南岸工程基本竣工。新沟河延伸拓浚工程有序推进,青祝河治理工程顺利竣工。芙蓉湖公园、鲥鱼港公园、应天河风光带一期基本建成,鹅鼻嘴公园等完成改造。全市完成拆迁142万平方米,其中主城区27万平方米。建成安置房184万平方米,其中主城区57万平方米;主城区2835户被拆迁户分到新房。配套设施逐步完善。文富公交首末站开工建设,敔山湾公交首末站顺利竣工,城市公交出行分担率28.5%。绮山应急备用水源地、小湾水厂深度处理、高层住宅二次加压供水改造等工程加快推进。完成城镇污水专项规划修编,新建污水主管网50千米、农村生活污水处理设施50个。新增天然气居民用户3.01万户。中小河道综合整治工程顺利推进,白屈港西港堤除险加固、长泾圩区防洪排涝等工程按期完工。无线城市、光网城市工程加快推进,4G信号基本实现全市域覆盖。综合管理不断深化。大力开展城市环境综合整治,实施市容秩序、工地扬尘、建筑垃圾、户外广告等专项治理行动,文定社区、大桥社区获评省级城市管理示范社区。红卫三村等14个老小区完成改造,小区物业管理新机制推向全市,镇街属地管理责任得到强化。加快多级违建管控体系建设,暨阳商城违建等遗留问题得到妥善处置,全市拆除违法建设7.7万平方米。加强道路交通组织,推进城区停车设施建设和管理,停车难问题得到缓解。推进城区环卫作业市场化改革,有机垃圾处理试点取得实效。严格落实土地执法共同责任制,实现卫片执法"零约谈、零问责"。

四、突出民生环保,环境质量有效改善

强化节能减排,推进生态修复,环境保护力度不断加大。减排降耗成效明显。严控污染物排放总量,万元地区生产总值能耗下降5%,提前完成主要污染物"十二五"减排任务。关停"三高两低"企业80个,其中化工企业20个;淘汰燃煤锅炉110台。完成热电企业脱硫脱硝除尘改造,推进苏龙城区"一拖四"、华西海澜"四合一"等热网整合,关停热电企业3个、提标改造15个。积极推进绿色低碳发展,完成清洁生产审核企业33个,创建省、市级节水型载体16个,实现年节能102万吨标煤。推进城市设施节能改造,公共照明节电率25.6%。环境治理措施扎实。完成秦望山静脉产业园规划论证,决策启动园区前期建设工作。开展水气声综合治理,推进印染、电镀企业专项整治,完成化工园区生产和仓储企业专项整治。淘汰老旧机动车3267辆,完成油改气1207辆。新建临港开发区大气自动监测站,建成化工园区数字化环境在线监控中心。加快推进太湖治理重点工程,完成重点河道整治21条,疏浚河道30条。着力整治夜间施工、娱乐场所等扰民问题,噪声污染得到控制。推进"美丽乡村"建设,健全长效管理机制,村庄面貌不断改善。生态修复得到加强。划定市级生态红线保护区,完成海港大道凤凰山隧道等5项地质环境治理项目。高新区、临港开发区列入无锡市循环化改造试点园区。完成造林绿化391公顷,创建省级村庄绿化示范村25个,全市林木覆盖率23.3%以上。芦花沟、西横河滨河绿地及一批城乡道路绿化工程全面完成,城市建成区绿化覆盖率达42.5%,人均公共绿地面积达15.93平方米。建成省级生态村5个、"两型社会"*示范乡镇1个。

五、突出以人为本,社会事业协调发展

坚持为民办好事、做实事,切实加大民生投入,加快社会事业建设,城乡群众生活持续改善。民生保障不断增强。完善就业创业服务机制,再就业扶持政策实现城乡并轨,解决本地劳动力就业2.5万人。实施工商登记制度改革,扶持自主创业2175人,建成首个大学生创业园。健全社会保障体系,城保扩面新增参保5.4万人。加强征地补偿和被征地农民生活保障工作,居民养老保险基础养老金、被征地农民第四年龄段人员保养金分别提高至每人每月210元和500元,城乡居民最低生活保障标准提高至月人均600元。全年城镇和农村居民人均可支配收入分别增长8.6%和10.2%。新开工保障房12万平方米,完成公租房建设10万平方米。新增养老床位1186张、“幸福一点通”*用户1191户,建成老年人日间照料中心12个,由元林基金会捐资建设的江阴市老年大学投入使用。残疾人护理补贴标准大幅提升。培育发展公益慈善类社会组织,连续三年获评“慈善七星城市”。公共服务持续优化。优先发展教育事业,实验小学北校区、江阴中专等建设项目稳步推进,第一初中异地新建和二中改造工程顺利启动,建成中小学生网络自主学习系统,组建53个优质学校发展共同体。高标准通过国家公共文化服务体系示范区创建中期评估,创新“香山书屋”等公共文化社会化管理模式,累计举办文化“五送”*下乡活动3300多场、公益性文化演出500场。实施公立医院综合改革,药品零差率销售全面推行。市120急救中心、人民医院内科新大楼、第四人民医院等建成投用,市医疗中心、第二人民医院等加快建设,市人民医院、中医院两大医联体组建完成,中医院异地新建选址论证确定。“单独二孩”政策稳妥实施。第18届省运会获金牌17.25枚,创历史最好成绩;获评“全国游泳之乡”。社会治理扎实推进。组织“社会治理创新实践年”活动,建立健全矛盾排查调处、公共法律服务、特殊人群管控、普法宣传教育等工作机制。开展“政社互动”试点,促进社区减负增效,推进社工队伍建设,基层治理水平得到提升。推进法治文化示范点建设,居民法治建设满意度稳步提高。加强信息预警网络建设,社会稳定风险评估全覆盖扎实推进。落实信访工作责任,联动调处社会矛盾纠纷,信访总量稳中趋降。公共安全基础稳固。依法严厉打击涉黑、涉暴、涉恐等严重刑事犯罪,深入推进“两盗一扒一骗”(指入室盗窃、盗窃电动车、扒窃、电信网络诈骗等多发性侵财犯罪)等专项治理行动,全市治安形势保持平稳,刑事案件发案数逐年下降。加强劳资矛盾协调,民生权益得到有效维护。推进药品零售集约化、连锁化经营,食品安全检测中心组建成立。扎实推进“六打六治”*打非治违专项行动,严格落实道路交通、消防、危险化学品等安全监管措施,深入开展隐患排查治理,安全生产事故起数和死亡人数实现“双下降”。

一年来,政府自身建设取得新的成绩。扎实开展党的群众路线教育实践活动,深入推进“三走进三服务”、领导干部挂钩服务企业等活动,政府服务效能得到提升。畅通联系服务群众渠道,发挥“12345”民生热线、市长信箱等积极作用,累计协调解决民生问题8.8万余件。坚决执行中央八项规定和省市十项规定*,实施部门财政预决算和“三公”经费预决算公开试点,严格控制各类会议、活动规模数量,切实规范全市党政机关办公用房、公务用车管理。自觉接受人大法律监督、工作监督和政协民主监督,163件人大代表建议、278件政协委员提案全部按期办结,满意和基本满意率分别达96.9%和96.5%。受理行政复议案件73件,审理办结率达95.9%。顺利完成第三次全国经济普查工作。地方志、档案、接待、外事、审计、统计、物价、人武、民防、民族、宗教等工作取得新进展,对台、拥军优属、侨务、妇女、儿童、青少年、红十字、对口援建等各项事业实现新进步。

发展中存在的矛盾和问题:经济结构性矛盾较为突出,部分企业生产经营困难,经济增长动力不足,转型升级任务艰巨;水气声环境治理、垃圾处理、交通组织等事关群众生产生活的问题仍然突出,城市管理水平有待提升;政府机关工作人员的担当意识、履职能力仍需提高,法治政府建设还需进一步加强。

2015年主要任务

2015年是全面深化改革的关键之年,是全面推进依法治国的开局之年,也是“十二五”规划的全面完成之年。2015年政府工作的总体要求是:全面贯彻党的十八大和十八届三中、四中全会精神,深入贯彻习近平总书记系列重要讲话精神和对江苏工作的最新要求,认真落实市委十二届六次全体(扩大)会议决策部署,紧紧围绕再创江阴新一轮改革发展新辉煌的总目标,坚持稳中求进工作总基调,把转方式调结构放到更加重要位置,着力提高经济发展质量和效益,统筹推进城市建设和管理,不断优化生态环境,持续改善民生福祉,全面建设经济强、百姓富、环境美、社会文明程度高的新江阴!

2015年,全市经济社会发展的主要预期目标是:地区生产总值增长8%左右。公共财政预算收入增长8%左右。全社会固定资产投资增长13%左右。社会消费品零售总额增长12%左右。城乡居民收入与经济保持同步增长。城镇登记失业率控制在3%以内。万元地区生产总值能耗和主要污染物排放削减量完成无锡下达的目标任务。

一、加快转型升级,着力增强区域综合实力

积极适应经济发展新常态,以提高经济发展质量和效益为中心,保持经济稳步增长,加快产业结构调整,推动经济发展方式转变,强化区域性金融风险防控,促进经济平稳健康发展。

提升产业质态。突出先进制造业提档升级和现代服务业扩容增效,加快构建现代产业体系,实现规模以上工业产值同比增长5%,确保服务业增加值占比达到43.6%。改造传统产业。落实装备技改贴息政策,推进工业化和信息化“两化融合”“机器换人”,加快纺织、冶金、化纤等传统产业信息化、智能化发展步伐。鼓励金属材料及制品、机械制造、造船等生产制造企业加快向自主研发、品牌营销等环节延伸,努力提高产品附加值和市场占有率。加快淘汰落后产能、落后工艺、落后设备,切实推进产能过剩化解工作。培育新兴产业。发挥创新型产业集群、产业技术联盟等作用,促进高端装备制造、新材料、新能源等战略性新兴产业做大做强。落实科技成果加速转化措施,促进生物医药、节能环保等新兴产业加速集聚。推广“科技+人才+资本”合作模式,鼓励民营企业进军新兴产业。提升现代服务业。重点发展研发设计、第三方物流、融资租赁、节能环保服务等生产性服务业,推动制造业服务化。大力引进数据中心、云计算中心等公共服务平台,做大产业金融、总部经济、科技型服务业、电子商务等新型业态,加快提升改造商贸流通业,优化服务业结构。主动融入上海自贸区,推进申夏港区3号、5号、6号码头二期、丽天石化码头改扩建及石庄围堰工程建设,努力把江阴港打造成上海国际航运中心重要的组合港。充分挖掘和整合自然空间、历史文化等旅游资源,着力推进旅游项目招引和建设。发展高效农业。加快农业设施化、规模化和科技化建设,力争农业园区化面积达到1.5万公顷、高标准农田比重提高到62.7%。积极发展家庭农场等农村新型合作经济,提高集约经营、规模经营服务水平。推广生物农业、智慧农业,推进农机装备、农产品质量检测、农业科技等公共服务体系建设。

加大有效投入。坚持把重大产业项目作为重中之重,狠抓招商引资、项目建设、投产达产。聚焦产业链延伸和价值链高端环节,创新招商方式,优化招商机制,努力在超50亿元、超100亿元重大产业项目引进上取得突破,确保利用外资8.5亿美元。引导上市公司兼并重组、增发股份、发行债券,壮大"江阴板块"。支持本土企业主动对接世界500强企业、大型央企、知名民企,努力实现强强联合、裂变扩张。鼓励在江阴的外资企业增资扩股,吸引更多跨国公司、大企业集团在江阴设立功能性总部及地区总部。落实服务保障措施,加快推进重大产业项目建设,确保华泰汽车自动变速器一期、中芯国际3D凸块、远景能源二期、普洛斯工业物流等在建项目按期竣工。

培育优势企业。集聚政策资源,强化激励导向,支持企业专注主业、做大做强。引导本地企业"稳心留根",鼓励大企业集团通过战略合作、跨国经营等方式,提高规模化、品牌化、网络化水平。深入推进"专精特新"科技"小巨人"培育计划,重点扶持拥有自主知识产权、自主品牌的科技型成长型企业发展壮大,培育一批行业"单打冠军"。创新资本经营激励机制,力争新增上市企业2个、"新三板"挂牌企业8个。推进"百千万"企业人才培训计划,加快培育具有创新理念、质量意识、战略眼光的现代企业家和现代企业管理人才队伍。

加强服务保障。推动本地企业产销对接、协作配套,帮助企业抢抓市场、稳步发展。推进工商注册便利化,落实各项减负政策,支持中小微企业发展。积极对上争取、对内挖潜,用足用好土地点供等政策,保障项目建设。探索政银企合作方式,完善中小企业转贷资金、互助平台机制,新增银行各类贷款500亿元。加强金融机构对企业的支持服务,继续推进工业企业"健康体检",规范整顿金融市场秩序,加强风险隐患排查,积极防范和化解区域性经济金融风险。

二、强化改革创新,不断提升经济发展活力

狠抓改革攻坚,集聚创新要素,增强科技创新驱动力,增创开放型经济新优势,积极发现和培育新的增长点,推动经济更有效率、更可持续发展。

深化各项改革举措。发挥市场在资源配置中的决定性作用,大力推进经济社会各个领域和环节的改革。加快建立规范合理的政府性债务管理及风险预警机制,强化政府性债务源头管理,努力控制和压降负债规模。继续深化财政体制改革,完善市级公共财政体系,增强镇街、园区发展活力。规范各类税收优惠政策和非税等收入管理,严格财政支出管理。鼓励企业通过股权多元、改制上市、员工持股等多种形式,积极发展混合所有制经济。加快科技金融合作创新示范区建设,引进和扶持各类创投基金、私募股权投资,探索推广商业保理、股权众筹等方式,支持实体经济加快发展。扎实推进农村土地承包经营权确权登记,确权覆盖面达到80%以上。加快农村土地承包经营权向经营主体流转,力争土地流转率提升到78%以上。深化供销社综合改革,提升为农服务水平。推动信用基础数据建设和运用,健全守信激励和失信惩戒机制,加快"诚信江阴"建设。

增强自主创新能力。积极运用市场和社会力量,支持企业加快技术创新、模式创新、管理创新、产品创新。加快苏南国家自主创新示范区建设,推进规模以上工业企业研发机构、产学研合作、专利"三个全覆盖",新认定省高新技术企业40个,新建省级以上研发机构15个,确保全社会研发投入占地区生产总值比重达到3%。推动科技成果就地转化,实施重点产学研合作项目60项。加强知识产权的创造、运用和保护,万人有效发明专利拥有量达到11.5件,新增中国驰名商标2件、省著名商标10件、省名牌5个。大力推进省创新型示范城市建设,力争培育创新型乡镇2个、创新型社区3个。深入实施人才强企战略,加强人才外引内育,继续引进培育省"千人计划""双创计划"等各类高层次创新创业人才。坚持职业教育发展和产业需求相结合,培养3000名高技能人才,推动产业工人队伍发展壮大。

提高对外开放水平。坚持高水平引进来、大规模走出去,创新对外开放工作举措,切实提高对外开放比较优势。抓住"一带一路"和长江经济带建设机遇,发挥长江岸线资源优势,推动沿江产业加快发展。支持企业拓展新兴市场,促进传统贸易与现代服务贸易协调发展,确保进出口总额增长5%,其中出口增长8%。鼓励企业到境外建立生产基地、并购国外品牌、收购技术研发中心,努力培育本土跨国公司。统筹高新区产业、生态、城市建设,规划建设创新核心区、滨江科技城,积极推进青阳园区开发建设,大力发展特钢新材料、汽车整车及关键零部件、微电子集成电路等特色新兴产业,推动创新产业集群和产城融合发展。加快临港开发区创建国家级开发区和综合保税区进程,做大做强金属新材料、新能源、机械装备、石化新材料、现代物流、创意和电商等特色产业园,打造产业集群式发展的主战场、主力军。大力推进靖江园区"千亿园区"建设,发展造船、重钢结构等特色产业,努力创建全省联动开发先导区、实验区、示范区。

三、突出城市品质,持续改善宜居生活环境

坚持"城市现代化、城乡一体化"发展理念,以新一轮城市建设五年行动计划为统领,集中力量,突出重点,着力优化城市功能形象,改善城市人居环境,打造国际化现代化滨江名城。

优化市域规划布局。坚持规划引领,科学管控土地空间、公共服务等资源,促进城乡集约高效发展。完善城市重点区域规划,深化"一江一河"、南门、火车站、环城森林公园等地区城市设计,着力提升城市开发建设水平。优化城市基础设施规划，完善污水管网、快速路网等设施布局，加强对城市基础设施的规划控制。完成新一轮镇村布局规划，引导镇村集约节约使用土地，控制开发强度，提高产出效益，促进新型城镇化和新农村建设。推进数字江阴地理信息应用，加快智慧城市建设。

提升主城区建设水平。突出开发重点，创新投入机制，着力提升城市功能品位和整体形象。加快南门地区开发建设，打通虹桥路南延伸段、青果路南延伸段，推进应天河风光带二期、南门历史风貌街等重点工程，推动虹桥南路、花山路两侧、长江饭店周边等商业项目开发。完善沿江生活岸线基础配套，推动中央景观大道、沿江江堤路、滨江公园等向西延伸。保护和开发沿河滨水空间，推进沿河地区企业搬迁，改造提升重点开发地块，启动老锡澄运河改造、跨河桥梁建设等工程。推进城西、敔山湾等地区公共服务设施建设，加快建设青山路等道路延伸工程。围绕项目开发、基础建设、旧城改造等重点，完善拆迁政策，健全拆迁机制，年内完成拆迁150万平方米，其中主城区50万平方米。创新安置办法，年内建成安置房150万平方米，其中主城区42万平方米。

推进城乡一体发展。围绕新型城镇化、城乡一体化，着力改善城镇建设和公共服务，构建城乡统筹发展新格局。加快城市外环交通体系建设，推进锡澄高速公路花山互通、申港河西新渡口工程，优化江阴大道、海港大道交通组织，完成世纪大道改造工程。推进紫金路等道路工程，力争沿江城际铁路启动建设，继续实施新沟河延伸拓浚工程，完成锡澄运河航道整治。提升城乡公共服务，启动建设外滩公交首末站，新建公交候车亭50座、电子站牌40个，自然村公交通达率达到93%。完善城区公共自行车运行系统，新建、改造网点120个以上。继续推进绮山应急备用水源地、小湾水厂深度处理、高层住宅二次加压供水改造、农村供水老管网改造等工程。深化城乡发展一体化先导示范镇创建，加快新型社区和“美丽乡村”建设，推进薄弱村脱贫转化，建成无锡市幸福镇3个、幸福村21个。

推动城市管理升级。以创建全国文明城市为契机，扎实推进城市环境综合整治“931”行动，重点解决群众关注的热点难点问题，提高城市精细管理水平。加大市容环境秩序综合整治力度，健全户外广告、建筑垃圾等管理机制，依法处置私搭乱建、违章停车、流动摊贩、占道经营等违规违法行为。推进旧住宅区、旧厂区、城中村等环境治理，实施五星花苑等14个老小区改造，城区混凝土搅拌站基本搬迁到位，切实改善群众居住环境。深化物业属地管理机制，强化物业管控责任，提升小区物业标准化管理水平。完善城乡生活垃圾收运、处置体系，加快秦望山静脉产业园启动区建设，提升垃圾源头减量、资源化利用水平。深入推进交通畅通工程，整合优化公共停车资源，实施人民东路等局部改造，努力实现城区过境货车禁行，改善市民出行条件。

四、加强环境治理，扎实推进生态文明建设

牢固树立生态优先理念和生态底线思维，强化突出环境问题整治，统筹推进环境建设管理和保护，着力加强生态文明建设。

推进节能减排。强化源头控制，完善排污权有偿使用和交易制度，提高生态环境保护水平。加快推进热电企业整合，关停6个热电企业，确保完成第一轮热电企业整合。加快淘汰落后产能，年内关停“三高两低”企业50个。积极推广清洁生产技术和清洁能源，组织实施30项重点节能改造项目，力争光伏发电项目新增100兆瓦以上。加快建设资源综合利用、再生资源回收等示范工程，构建覆盖全社会的资源循环利用体系。

强化综合整治。加快推进污水处理设施建设，新建污水主管网30千米、村庄生活污水处理设施50个，实施农村分散式污水处理设施一体化管理。扎实开展主要河道断面和城乡重点河道综合整治，确保张家港河、锡澄运河重点断面水质达标。推进新一轮“蓝天工程”，推动工业废气治理、机动车污染防治和秸秆禁烧等工作，淘汰燃煤锅炉200台以上，确保主要大气污染物细颗粒物浓度下降5%。规范建筑工地、娱乐场所等管理，确保噪声环境功能区达标全覆盖。严控畜禽养殖总量，推进农业废弃物综合利用，着力整治农业面源污染。继续推进农村环境综合整治，健全村庄长效管理机制，持续改善农村人居环境。落实重点企业环境监管措施，严肃查处环境违法行为，推动环境执法监管网格化全覆盖。

加快生态建设。坚持生态红线区域保护与产业发展、城乡建设等同步规划、同步推进，探索绿色发展评价制度，着力优化生态空间布局。落实生态补偿机制，强化重要生态功能区保护。积极推进造林绿化，新增成片造林200公顷，全市林木覆盖率达到23.6%以上。完成江阴大道、海港大道等一批道路绿化工程，人均公园绿地面积达到15.94平方米。开展城乡绿化专项整治，加强绿化管理和养护。推进农业湿地保护和开发，加快月城双泾湿地公园建设。

五、注重民生改善，切实维护社会和谐稳定

积极回应群众期盼，找准民生改善与经济发展的结合点，提高改善民生的普惠性和针对性，增强人民群众的安全感、幸福感。

完善社会保障。围绕城乡居民充分就业、稳定就业，实施城乡居民就业实名制管理，重点帮扶困难人群就业，全年提供就业岗位5.5万个，解决本地劳动力就业2.2万人，新增自主创业2000人以上。推进全民参保登记，新增城保参保4万人。居民养老保险基础养老金、被征地农民第四年龄段人员保养金分别提高至每人每月250元和600元，城乡居民最低生活保障标准提高至月人均670元。提高新农合筹资与保障水平，优化参保人员异地就医费用结算服务，减轻群众医疗负担。鼓励社会资本参与投资养老服务业，推进居家养老服务站建设，新增养老床位500张，为1万户困难老人提供养老援助服务。住房公积金扩面新增缴存职工2.5万人，完成第四期保障房主体工程，切实加强群众住房保障。积极倡导“炎黄”风尚，推动慈善项目化救助，促进慈善事业蓬勃发展。

办好社会事业。加快教育现代化建设,提升教育质量和发展水平,抓好农村小学办学点标准化建设,推进第一初中异地新建和二中改扩建等项目,大力发展学前教育、职业教育和社会教育,支持发展民办教育,促进教育优质均衡发展。加快市医疗中心、第二人民医院、西石桥社区卫生服务中心等工程建设,推进市中医院异地新建。深化公立医院改革,继续推进医联体建设,促进基层医疗卫生机构可持续发展。稳定适度低生育水平,推动人口长期均衡发展。深化新一轮文化惠民工程建设,开展"文化走基层、服务进万家"活动,提高公共文化设施免费开放服务效能。创新科普载体,提升全民科学素养。加强公共体育设施建设与管理,提档升级"10 分钟体育健身圈"*,维修整治 1000 个全民健身站点,提高学校体育设施向社会开放水平。

创新社会治理。优化社会治理结构,加快推动社区、社会组织、社会工作人员"三社联动",促进政府行政管理与基层群众自治良性互动。深化社区网格化管理,构建社区民生服务站,打通为民服务"最后一公里"。加强社会组织培育,促进社会组织发展壮大。深化社会稳定风险评估工作,健全"大调解"机制,落实涉法涉诉信访依法处理和终结机制,及时依法解决群众合理诉求。严厉打击各类刑事犯罪,坚决维护社会治安稳定。加大劳资矛盾纠纷处理力度,切实维护企业和职工合法权益。完善食品药品监管体系,确保群众饮食用药安全。全面落实安全生产主体责任、部门监管和属地管理责任,加强安全生产基层基础建设,强化隐患排查治理,深入开展危化、冶金等高危行业专项整治,确保不发生重大安全生产事故。

六、建设法治高效廉洁政府,努力提高履职尽责水平

按照推进国家治理体系和治理能力现代化的要求,着力优化政府运行机制,切实加强依法行政、高效施政、廉洁从政,建设人民满意的服务型政府。

转变政府职能。积极履行社会治理和公共管理职能,推动管理重心下移,更好地服务企业、服务发展。正确处理政府与市场的关系,注重规划、引导和监管,为各类市场主体创造公平的发展环境。推进政府机构改革,落实简政放权,编制公布全市行政权力清单和责任清单。加强政务服务体系建设,深化行政审批制度改革,落实"三集中三到位"工作,提高审批服务效率。继续推动事业单位分类改革,突出管理体制机制创新,提高事业单位服务能力。创新公共服务方式,推行政府购买服务制度。发挥各类中介组织及社会主体作用,提升公共服务水平。深化拓展经济发达镇行政管理体制改革试点,增强基层发展活力。

推进依法行政。规范优化行政权力运行机制,严格按法定权限和程序行使权力。完善政府法律顾问制度,促进依法办事,防范法律风险。强化公众参与、风险评估、集体讨论决定等重大行政决策法定程序,不断提高依法决策水平。加强规范性文件合法性审查,落实规范性文件后评估和定期清理机制。健全政务信息发布制度,深化政务公开,规范行政行为。加强行政复议规范化建设,维护群众合法权益。健全跨部门综合执法和多部门联合执法机制,提高执法效率。认真办理人大代表议案、建议和政协委员提案,自觉接受人大的法律监督、工作监督和政协的民主监督。充分听取各民主党派、人民团体和无党派人士的意见和建议,切实保障群众的监督权、知情权。

改进工作作风。严格执行中央八项规定和省、市十项规定,深化"四风"整治,巩固和提升党的群众路线教育实践活动成果。积极改进文风会风,压减各类会议,精简文件简报,提升政府工作效能。扎实开展"三走进三服务"等活动,坚持深入一线调查研究,提高服务群众、推动发展能力。聚焦行政公权力和服务窗口单位,坚决克服等待、观望和畏难情绪,纠正庸、懒、散、怠和不作为现象。继续开展"面对面"民主评议政风行风等活动,发挥政府网站、"12345"民生热线等平台作用,畅通与群众互动渠道,增进与群众互信关系。完善政府工作目标责任体系,加大效能监察、工作督查力度,提高政府执行力。

抓好廉政建设。加强反腐倡廉教育和廉政文化建设,严格落实党风廉政建设主体责任和"一岗双责",健全制度廉洁性评价、廉政风险防控预警制度机制,从源头上预防和减少腐败现象发生。加大对财政资金使用、重点工程建设、公共资源交易、村级集体资产管理等监管力度,强化行政监察和审计监督,严肃查办发生在重点领域、关键环节和群众身边的腐败案件。完善国有资产管理体制,实现财政专项资金绩效管理全覆盖。深化公务用车制度改革,进一步规范公务用车管理。严格控制机构编制和财政供养人员总量,从严从紧安排行政开支,市级部门预决算及"三公"经费预决算向社会公开,把有限的财力更多地用在保障和改善民生上。

■类目编辑 谢 诚

大事记

1月

1日 江阴市居民养老保险基础养老金标准由原先的月人均180元提高至210元，同时符合相关规定的历次被征地农民和被征地农民第四年龄段人员享受的原月人均400元提高至500元。

△ 江阴市工商部门实行注册资本认缴登记制核发营业执照。

△ 江阴市女性市民居民养老保险转接企业职工基本养老保险年龄限制放宽至55周岁。

2日 江阴市委召开全市领导干部会议，无锡市委常委、组织部部长朱劲松在会上宣读中共江苏省委、中共无锡市委关于江阴市委书记、江阴高新技术产业开发区党工委书记领导职务调整的决定，免去蒋洪亮中共江阴市委书记、常委、委员、江阴高新技术产业开发区党工委书记职务；任命周铁根为中共江阴市委委员、常委、书记、江阴高新技术产业开发区党工委书记。

△ 工信部公布第二批115个符合钢铁行业规范条件企业名单，江苏西城三联控股集团有限公司、江阴华西钢铁有限公司和江苏新长江实业集团有限公司3个企业入选。

7日 省经信委公布第四批全省中小企业公共服务平台星级认定名单，江阴市蓝天节能技术服务有限公司被认定为省中小企业四星级公共服务平台，江阴市新暨阳能源科技服务有限公司和江阴市长江税务师事务所有限公司被认定为省中小企业三星级公共服务平台。

8日 由中国社科院城市发展与环境研究所、武汉大学互联网科学研究中心等机构共同举办的“中国县域网络形象排行榜（2013）暨县（区、市）级政府网络履职绩效排行榜”发布会在北京举行，江阴市获“十佳县市奖”第二名、“网络履职绩效全国十佳”第七名。

10日 世茂集团在江阴市总投资80亿元的世茂滨江摩天城项目签约。

12日 由省苏商发展促进会主办的“榜样苏商”年度盛典暨2014第八届苏商领袖年会在南京举行，江阴市利安达集团董事长黄丽泰获“苏商十大财智女性”称号。

15日 江阴市120急救中心挂牌成立。

△ 省内首个居民屋顶大规模集中建设分布式光伏电站——周庄镇山泉村新农村光伏产业应用示范项目并网发电。

21—23日 政协江阴市十四届三次会议在江阴大剧院召开，379名政协委员出席会议，选举大会通过《选举办法》，补选郁李达、黄汉进为江阴市第十四届政协常务委员会委员。

22—24日 江阴市十六届人民代表大会三次会议在江阴大剧院召开，381名人大代表出席会议，大会听取财政预算审查委员会主任委员黄耀清所作的财政预算审查报告；听取并通过议案审查委员会主任委员朱敏所作的议案审查报告；通过关于政府工作报告的决议；通过关于江阴市2013年国民经济和社会发展计划执行情况及2014年国民经济和社会发展计划的决议；通过关于江阴市2013年财政预算执行情况和2014年财政预算的决议；通过关于市十六届人大常委会工作报告的决议；通过关于市人民法院工作报告的决议；通过关于市人民检察院工作报告的决议。

31日—2月3日 中央电视台一套每天17:45播出在海澜集团有限公司录制的《2014吉尼斯中国之夜》。海澜集团除以旗下品牌“海澜之家”独家冠名该节目外，其国际马术俱乐部在该节目中创造4项新的吉尼斯世界纪录，分别为：以收藏超过30个国家的47种马种成为“世界上收藏马匹品种最多的俱乐部”；以60名骑手和60匹马共同表演盛装舞步超过5分钟继续保持“世界上最大规模的盛装舞步”；“世界上30秒内上下马次数最多”；“世界上1人驾驭4匹马1分钟内连续跨越障碍次数最多”的纪录。

是月 江阴工商行政管理局周庄分局通过国家工商总局认定，获“全国工商行政管理系统先进工商所”称号。

△ 在中央综治办、共青团中央和中国法学会联合举办的“未成年人健康成长法治保障”制度创新事例征集评选活动中，江阴市人民检察院“涉罪外来未成年人管护教育基地”项目获最佳事例奖。

△　省科学技术厅、江苏证监局公布2014年江苏省科技企业上市培育计划入库企业名单,江阴新光镭射包装材料有限公司、江苏孚尔姆焊业科技有限公司、江苏泓源光电科技有限公司、瑰宝新材料股份有限公司、江苏斯菲尔电气股份有限公司、江阴钟舟电气股份有限公司6个科技型企业入选。

△　江阴市通过国家档案局、民政部、农业部认定,获“全国社会主义新农村建设档案工作示范市”称号。

2月

7日　工信部公布第一批符合国家《铸造行业准入条件》企业名单,江阴市江苏吉鑫风能科技股份有限公司入选。

15日—3月10日　江阴少儿锡剧《欢乐戏园演唱会“美丽锡剧唱响江阴”》节目先后在中央电视台11套戏曲频道、上海电视台七彩戏剧频道播出。其中,央视11套播出时间为:15日播出第一集,22日播出第二集;上海电视台播出时间为:2日播出第一集,次日重播,9日播出第二集,次日重播。

18—19日　江苏省直单位及驻苏解放军部分全国人大代表集中考察江阴市推进新一轮教育现代化建设情况。

19日　江阴市第十六届人大常委会第十六次会议通过,程政任江阴市副市长。

24日　在北京举行的全国中小企业股份转让系统首批企业集体挂牌仪式上,江阴钟舟电气股份有限公司挂牌,代码为430415。

26—28日　党的群众路线教育实践活动省委第二督导组组长、省人大常委会原副主任、党组成员丁解民到江阴市检查指导党的群众路线教育实践活动开展情况。

27日　省长李学勇到江阴市调研经济转型升级。

28日　国家统计局总统计师鲜祖德一行到江阴市调研第三次全国经济普查工作情况。

是月　省统计局公布2013年城乡一体化住户调查资料,江阴市农民人均纯收入连续十四年领跑全省各县(市)。

△　江阴市中医院皮肤科获批国家中医药管理局重点专科建设单位。

△　江阴市天华艺术学校通过省侨联认定,获“江苏省华侨华人文化交流基地”称号。

△　由江阴市公安局与江阴广播电视集团、江阴日报社和江阴网联合举办的江阴市“十大为民服务标兵民警、辅警”评选活动公布结果,10位获奖民警是:指挥中心接处警调度中队民警王超,信访室副主任邓国平,南闸派出所民警刘文达,滨江派出所民警朱劲冬,城中派出所民警陈建伟,西郊派出所社区警务中队副中队长张文武,祝塘派出所民警张骏,夏港派出所民警严冬,新桥派出所民警洪汝荣,交巡警大队徐霞客中队中队长徐澄。10位获奖辅警是:祝塘派出所辅警丁松林,璜土派出所辅警吕涛,治安卡口大队小湖中队辅警张亚卓,南闸派出所辅警金丽静,城中派出所辅警钱建军,华士派出所辅警徐永庆,新桥派出所辅警陶健,夏港派出所辅警蔡国兴,交通巡逻警察大队市区二中队辅警蔡海锋,君山派出所辅警蔡崇振。

3月

2—4日　中国特色社会主义理论研修班在江阴市委党校举办首次活动,来自长三角地区的17个市(县)党校共74名骨干教师参加为期3天的培训。

10日　由亚洲国际音乐联盟、世界华人音乐家协会和中国国际华人艺术家协会等单位共同主办,中国青少年艺术教育促进会协办的亚洲国际音乐节在香港举行,江阴市普惠苑社区党委书记蔡国明作词、国家一级作曲罗成创作的男女声四重唱声乐作品《飞向中国梦》获亚洲国际音乐节歌曲创作金奖。

13日　由中央电视台“走遍中国”栏目组在江阴市周庄镇山泉村拍摄的反映江阴新型城镇化建设的专题片《村里? 城里?》,晚8点在央视四套播出。

15日　由农业部组织的2014年全国休闲农业创意精品推介活动在北京举行,江阴市南洄花木专业合作社送评的创意盆景“三人行必有我师”获产品创意优秀奖。

18日　由扬子江船业联合中国船舶与海洋工程设计研究院、DNV船级社联合研发设计的首制10000标准箱集装箱船“韩进布达”在上海长兴码头命名交船,船宽近50米,长330多米,排水量达12万吨。

△　江苏中超太阳能科技有限公司2.088兆瓦屋顶光伏电站接入国家电网并网发电。

19日　省委副书记石泰峰到江阴市调研党的群众路线教育实践活动。

△　中国侨联副主席康晓萍到江阴市考察侨联文化宣传工作。

23—27日　2014年万达广场全国女子足球联赛第一站(江苏江阴赛区)在江阴体育中心举行,江苏女足主场迎战广西、河南、四川3支球队。江苏队以两胜一平积7分名列第一。

29日　由香港艾力彼医院管理研究中心和香港《医院观察》杂志联合主办的2013年“中国县级医院·竞争力100强”评选活动在广州公布结果,江阴市人民医院规模、技术、资源指标综合排名连续3年名列百强第一。

是月　中国信息化研究与促进网联合工业和信息化部电子科学技术情报研究所、中国信息化研究与促进网(北京)网络发展研究中心等支持单位公布“2013年中国优秀政务平台推荐及综合影响力评估”结果,江阴市“中国江阴”党政网站集群获2013年度中国政务网站领先奖。

△　江阴市住房公积金中心与市住保房管局实现联网,办理公积金支取业务时,可以直接通过业务内网登录到江阴市商品房合同网上备案系统,查询商品房和存量房的交易信息。

△　江阴出入境检验检疫局在一批进境大豆中首次截获柱果苍耳、刺萼龙葵、菜豆荚斑驳病毒。

△ 江阴市新桥镇绿园社区通过国侨办认定，被评为全国社区侨务工作明星社区。

△ 江阴市人社局构建涵盖全市城乡各劳动年龄段的人力资源数据库，入库人数超65万人，全省领先。

△ 国家工商总局公布一批中国驰名商标名单，江苏阳光集团有限公司的“阳光”商标和江阴市美纶纱业有限公司的“庆和”商标入选。

4月

1日 江阴市取消生育开通手续，女职工可直接凭生育证和市民卡到医院办理生育住院手续，不再需要到社保中心办理生育开通手续；非江阴户籍人口需到暂住乡镇计生办办理《江阴市流动人员生育证明》。

2日 省新闻出版局公布2012—2013年度江苏省五星级示范“农家书屋”名单，江阴市绿园社区“农家书屋”入选。

8日 江苏国光重型机械有限公司自主制造的19500吨自由锻油压机投入使用，锻压能力全球第一。

10日 江苏阳光集团有限公司总投资1.5亿元的鑫辉10.02兆瓦分布式光伏电站并网发电。

19日 由江阴市文学艺术界联合会主办、江阴市国际标准舞协会承办的2014年“三一杯”第十届长三角国际标准舞全国城市公开赛在体育馆举行。

△ 由国家新闻出版广电总局举办的2014年书香中国暨北京阅读季启动仪式在北京举行，江阴市香山书屋凭借超3万册的藏书量和公益免费的服务平台，被评为首届全国“书香之家”。

21日 由中国仪器仪表行业协会电工仪器仪表分会、江阴长仪集团有限公司联合主办的2014年第二十八届中国电工仪器仪表产业发展技术研讨暨展会在江阴开幕，大会设立技术交流、专题论坛、信息发布等交流与研讨平台。

22日 省县级市首支民间公益救援队——江阴红十字蓝天救援队授旗成立，并被纳入政府应急反应体系。

23日 江阴市举行首届“十佳江阴好人”颁奖典礼，表彰了吴仁宝、任元林、袁梅芬、左国强、沈洁、戈建忠、费龙顺、吴正德、颜国庆、香山书屋义工团队等“江阴好人”中的10位典型代表。

27日 在北京举行的2014年中国石油和化工民营企业发展大会上，江阴澄星实业集团有限公司获评中国民营化工转型升级示范企业，企业董事局主席兼总裁李兴获中国石油和化工优秀民营企业家杰出贡献奖。

28日 由全国地方金融论坛办公室联合金融时报社、金融界网站、中国地方金融研究院等机构联合举办的全国地方金融第十八次论坛在山东临沂举行，江苏江阴农村商业银行获评中国地方金融2013年十佳竞争力银行。

是月 由省住建厅推荐、专家考查评审和社会公示，并报中国人居环境奖工作领导小组批准，江阴市新桥镇新型社区建设项目获2013年中国人居环境范例奖。

△ 新桥镇完成省级综合减灾示范镇创建，被省民政厅表彰为省级综合减灾示范街道（镇），辖区内的黄河社区、康定社区获评省级综合减灾示范社区。

△ 海澜集团有限公司制版师居红宇获2014年全国五一劳动奖章。

△ 江苏华西集团公司的黎红河（越南）等10位工程师的工作室，被命名为江阴市首批“海外工程师工作室”。

△ 中国质量协会第八届“海洋王杯”QC成果发布会在海南举行，江阴市供电公司《一次成型电缆切剥倒角器的研制》项目获一等奖。

5月

2日 江苏隆天文化产业有限公司投资拍摄的电影故事片《大女侠与小郎中》在中央电视台电影频道黄金时段首播。

5—9日 2014年首届江阴市“芙蓉花奖”群众文艺会在江阴天华文化中心下沉式广场举行。

12日 省委书记罗志军到江阴市调研，并主持召开座谈会。

19日 第九届中国徐霞客国际旅游节暨江阴市第三届导游大赛在华西新市村开幕启动。

△ 2014年海峡两岸纪念徐霞客公祭典礼在徐霞客故居仰圣园内举行，来自海峡两岸徐霞客研究会的代表共同缅怀中国杰出的地理学家、旅行探险家和游记文学家徐霞客。

22日 总投资超70亿元的华泰汽车集团自动变速箱项目签约落户江阴高新区。

29日 由全国人大常委会副委员长陈昌智带队的全国人大常委会大气污染防治法执法检查组到江阴市开展执法检查。

29日—6月1日 由国家体育总局排球管理中心、省体育局主办，省体育竞赛管理中心和江阴市政府承办，江阴市体育局和江阴暨阳体育产业发展有限公司协办的2014年361°全国女排大奖赛总决赛在江阴体育馆举行，天津队夺得冠军，上海队获得亚军，江苏队和山东队分列三四名。

31日 江苏省第十八届运动会女子足球（甲组）决赛在徐州市睢宁体育中心举行，代表无锡参赛的江阴二中澄星女子足球队以2:0力克南京队夺得冠军。

是月 江阴市地税局第八分局与10个上市公司及部分江阴市“百强”“百佳”企业签订纳税服务OTO（线上到线下）服务承诺书，推出国内首个OTO模式纳税服务体系。

△ 江阴市首个镇（街道）公共法律服务中心在云亭街道挂牌成立。

△ 江阴市法院在全省率先启用委托鉴定机构电子信息平台。

△ 由中国工业经济联合会联合12个全国性行业协会共同组织实施的工业领域最高奖项——第三届中国工业大奖公布结果，江苏阳光集团有限公司获中国工业大奖提名奖。

△ 省经信委公布2013年度江苏省科技“小巨人”企业名单，江

阴天江药业有限公司和远景能源(江苏)有限公司入围。

6 月

5 日 2014 年江阴现代服务业(深圳)合作恳谈会在深圳举行,签约 16 项服务业项目,项目金额超 200 亿元。

10 日 由市工商联合会、青商会和中欧国际工商学院校友会无锡分会共同举办的中欧国际工商学院管理论坛在江阴举行。

△ 省经信委、省统计局联合公布 2013 年度江苏省营业收入超百亿元工业企业(集团)名单,江苏华西集团公司、江阴兴澄特种钢铁有限公司、海澜集团有限公司、江阴市西城三联控股集团有限公司、江阴澄星实业集团有限公司、江苏阳光集团有限公司、江苏三房巷集团有限公司、江苏新长江实业集团有限公司、江苏扬子江船业集团有限公司、江苏法尔胜泓昇集团有限公司、江苏新华发集团有限公司、江苏双良集团有限公司、江苏利电能源集团、中石油江苏燃料沥青有限责任公司、江苏华宏实业集团有限公司 15 个企业入选。

11 日 中共江阴高新区青阳工业园区委员会、江阴高新区青阳工业园区管理委员会成立。

17—21 日 2014 年"万达广场"全国女子足球联赛第二站(江苏江阴赛区)在体育中心开赛,17 日四川对阵河北,江苏对阵山东;19 日山东对阵四川,江苏对阵河北;21 日河北对阵山东,江苏对阵四川。

18 日 省长李学勇到江阴市调研,要求城市与产业同步转型。

18—19 日 中共中央政治局委员、国务院副总理马凯到江苏,深入江阴、泰州、南通等地造船、海洋工程装备、相关配套及航运企业调研了解情况。

20 日 副省长许津荣到江阴市调研环境保护工作。

△ 团中央书记处书记汪鸿雁到江阴市调研团建工作。

22 日 江阴法院通过淘宝司法拍卖平台,拍出江阴双达钢业有限公司及诸某在江阴某商业银行的 25648519 股股权,成交价达 1.3338 亿元,这是江苏省在淘宝司法拍卖平台上成功拍出的首例亿元以上资产,创全省最高成交价。

24 日 江阴市晶鑫资产管理有限公司挂牌上海股权托管交易中心中小企业股权报价系统,企业代码 200947。

25 日 由江苏元林慈善基金会出资 1 亿元捐建的江阴元林老年大学建成揭牌。

26 日 中央电视台《新闻联播》栏目聚焦江阴市民营经济转型提升新经验,在《江苏:"转"出来的民营经济新活力》专题报道中,报道江阴市通过金融对接科技,助推民营经济发展的新经验、新做法。

27—29 日 在澳门渔人码头会议展览中心举办的 2014 年澳门国际创新展览会上,江苏省南菁高级中学周雨钒发明的快速气囊释放装置获金奖;胡琦发明的环保水龙头、李杨发明的多功能偏振手机套、王亮宇发明的手摇式甩干机、张澄钰发明的可拆卸的滤茶杯、武翰青发明的新型撞击式红外捕鼠器、张峰发明的实用好玩的饮料瓶、陆娟芳发明的新型足球鞋垫获银奖;凌一洲发明的火箭滑翔机、万家晨发明的变后掠翼喷射机、吴亭仪发明的自带隐藏式袖套冬衣获铜奖。此外,胡琦发明的环保水龙头荣获世界发明智慧财产联盟总会特别奖,凌一洲发明的火箭滑翔机荣获国际知识产权交流会特别奖。

是月 工信部公布 2014 年信息化和工业化融合管理体系贯标试点企业名单,江阴市兴澄特钢有限公司、远景能源(江苏)有限公司、江阴中达软塑新材料有限公司 3 个企业入围。

△ 工信部公布 2013 年全国工业品牌培育示范企业名单,江阴苏利化学股份有限公司入围。

△ 江阴市双泾水利风景区通过省水利厅、省河道管理局验收,成为江阴市首个省级水利风景区。

△ 省经信委公布 2014 年船舶、光伏行业省认定企业技术中心名单,江苏华西村海洋工程服务有限公司技术中心入选。

7 月

1 日 是日起,江阴市调整工伤保险、生育保险有关待遇,伤残等级被鉴定为一级至四级的工伤人员,在原享受伤残津贴(伤残抚恤金)标准基础上,月人均增加 10%,其中增加额不足下列金额的按下列标准调整:一级 305 元、二级 295 元、三级 275 元、四级 260 元。伤残等级被鉴定为五级至六级并领取伤残津贴(伤残抚恤金)的工伤人员,在原享受标准基础上月人均增加 10%,其中增加额不足下列金额的按下列标准调整:五级 225 元、六级 210 元。享受生活护理费的工伤人员在原享受护理费标准基础上每人每月增加 10%,增加后未达到下列享受标准的调整至下列标准:完全护理依赖 2000 元、大部分护理依赖 1700 元、部分护理依赖 1300 元。供养亲属抚恤金在原标准基础上月人均增加 10%,增加额不足 105 元的按 105 元调整。

△ 是日起,江阴市提高对生活自理困难残疾人的护理补贴标准,集中托养残疾人按全护理、半护理、无完全行为能力,月人均补贴由现在的 600 元、450 元和 300 元,分别提高至 1200 元、900 元和 600 元;居家安养和日间照料残疾人补贴标准由月人均 100 元提高至 200 元,服务机构运行补贴经费标准由月人均 100 元提高至 300 元。

△ 江阴市召开纪念中国共产党成立 93 周年大会。

2 日 省文化厅公布第二批江苏省公共文化服务体系示范区名单,江阴市华士镇、月城镇入选。

2—3 日 第二届无锡市"群芳奖"戏剧(小戏、小品)专场决赛在江阴市天华文化中心大剧院举行,江阴选送的男声小合唱《水乡渔歌》、小锡剧《今天老师来家访》等作品获得 15 个金奖、20 个银奖、19 个铜奖。

2—7 日 中共无锡市委常委、江阴市委书记周铁根率江阴市经贸代表团赴中国台湾地区开展经贸合作、推进台资重点重大项目。

4 日 省委常委、副省长徐鸣到

江阴市调研村级集体经济发展创新情况。

5日 省第十八届运动会青少年部男子足球甲组决赛在徐州市睢宁体育中心举行，代表无锡市参赛的江阴市男子足球队，力克常州队夺得冠军，创造县级市男女足球队在同一届省运会上双获冠军的纪录。

8日 江阴市政府印发《江阴市征地补偿和被征地农民社会保障办法》，将全市所有16周岁以上被征地农民纳入相应的城乡社会保障体系，提升征地补偿标准，16周岁以下被征地农民一次性生活补助费由6000元提升至3万元，16周岁以上被征地农民土地补偿费由9000元提升至2.1万元，同时将年龄分段调整为：第一年龄段为16周岁以下，第二年龄段为女性16周岁以上至55周岁、男性16周岁以上至60周岁，第三年龄段女性55周岁以上、男性60周岁以上。

9日 2014年“英创杯”海外人才江阴国际创新创业大赛在江阴开幕。

△ 汇丰银行（中国）有限公司江阴支行正式开业并举办金融论坛。

△ 省经信委公布2013年江苏营业收入百强民营企业（集团）名单，海澜集团有限公司、江苏西城三联控股集团有限公司，江阴澄星实业集团有限公司、江苏阳光集团有限公司、江苏三房巷集团有限公司、江苏新长江实业集团有限公司、江苏法尔胜泓昇集团有限公司、江苏新华发集团有限公司、江苏双良集团有限公司、江苏华宏实业集团有限公司10个企业入选。

12日 江阴市长江村原党委书记、江苏新长江实业集团有限公司董事局主席李良宝因病逝世，享年75岁。

12—17日 由省教育厅、省体育局主办的2014年度江苏省“省长杯”青少年校园足球阳光联赛总决赛（高中女子组）在江阴市第二中学举行，江阴市第二中学澄星女足以四战全胜的成绩蝉联冠军。

14日 江阴中德国际技术转移中心成立，中德双方技术合作协议、投资项目、技术转移合作等7项项目同时签约。

18日 2014年第七届中国江阴璜土葡萄节新闻发布暨农商恳谈会在江阴举行，大会以“美丽新璜土、醉美甜葡萄”为主题，以七大主题活动全面展示城乡发展一体化先导示范区的特色和优势。

19日 由江阴日报社和江阴市体育总会联合主办的“名扬搏击杯”首届国际拳王争霸赛（江阴站）在市体育馆开赛，中国拳手以全胜的战绩夺得冠军。

24日 省信用办公布2013年度江苏省信用管理示范企业名单，江苏阳光集团有限公司入选。

27日 全球最大的公益慈善组织“狮子会”落户江阴。

27—30日 由国家体育总局射击射箭运动管理中心和上海市体育局主办的2014年“体彩杯”全国重点学校射箭锦标赛在上海市青浦区第一中学举行，江阴市祝塘中学代表队获得甲组男子双轮团体第二名；祝塘中心小学代表队获得乙组女子双轮团体第四名，并获赛会“体育道德风尚奖”。

28日 由世界500强企业普洛斯集团投资1.5亿美元的普洛斯（江阴）工业物流园项目在临港经济开发区开工建设。

28—31日 由省体育局、省教育厅、团省委、省科学技术协会、省妇联主办的2014年江苏省“千灯杯”青少年航空模型锦标赛在昆山市举行，江阴市新桥中心小学取得2银、2铜的好成绩。

28日—8月2日 由教育部、国家体育总局、团中央主办的全国第十二届学生运动会在上海举行，江阴高中男足在运动会上夺得亚军。

29日 中共江阴市委十二届五次全体（扩大）会议在江阴大剧院举行，会议的主要任务是：深入贯彻落实党的十八大、十八届三中全会和省委、无锡市委十二届七次全会精神，科学审视江阴的发展定位，回顾总结上半年工作，全面部署下半年目标任务，动员全市广大干部群众进一步统一思想、理清思路，咬定目标、克难奋进，确保全面完成年度各项目标任务，奋力再创江阴新一轮改革发展的新辉煌。

是月 在海南省三亚市举行的中国木兰拳暨民族传统文化展示国际大赛上，江阴市芙蓉木兰队获木兰拳项目最高奖项——团体大金奖。

△ 省经信委公布2013年度全省企业管理创新示范企业和优秀企业名单，江苏扬子江船厂有限公司、江苏双良集团有限公司、江阴澄星实业集团有限公司被评为江苏省管理创新示范企业，远景能源（江苏）有限公司被评为江苏省管理创新优秀企业。

△ 工信部召开2014年全国电子信息行业座谈会暨第28届中国电子信息百强发布会，江苏新潮科技集团有限公司位列2014年中国电子信息百强企业第65位。

△ 省商务厅公布2014—2016年度江苏省重点培育和发展的国际知名品牌评选结果，江阴市有32个品牌上榜，品牌数量蝉联全省县级市第一。

△ 由江阴市委党校（江阴市行政学校）和国家行政学院联合编著的《县域社会现代化的新探索——江阴率先发展之路研究》经国家行政学院出版社出版发行。

△ 省财政厅、省质监局、省知识产权局联合发布《2014年度江苏省企业知识产权管理标准化示范先进单位》名单，江阴市凯诺科技股份有限公司、江苏常隆客车有限公司、浚鑫科技股份有限公司、江阴东辰机械制造有限公司、江阴延利汽车饰件有限公司、江阴芗菲服饰有限公司等6个企业入选。

△ 工信部公布符合《光伏制造行业规范条件》第二批企业名单，江阴市海润光伏科技股份有限公司、浚鑫科技股份有限公司、江阴海润太阳能电力有限公司、江阴市常新配件工业有限公司、江苏东鋆光伏科技有限公司5个企业入选。

8月

7日 由江阴“爱心向前走公益社”民间公益组织筹集的首批救

灾物资,启程运往云南昭通市鲁甸县地震灾区。

△ 省安全生产检查整改专项行动综合督查组到江阴,督查南京第二届夏季青年奥林匹克运动会期间和汛期高温期间安全检查整改专项行动。

9日 由韩国大学创造发明协会主办的2014韩国IYIC国际青少年发明大赛在韩国首尔国际展览中心落下帷幕,江苏省南菁高级中学在大赛中斩获一金一银,并同时获得由IYIC颁发的特别奖。

11日 江阴普顿塑胶有限公司调拨100套生活污水处理设备支援云南鲁甸灾区。

16日 2014年南京第二届夏季青年奥林匹克运动会在南京举行,江阴籍主教练陆亿良率领U15女足国少队参赛夺冠。

△ "江苏农业特色产业产学研对接系列活动——葡萄科技成果对接暨品鉴活动"在南京举办,江阴市璜土镇葡萄专业合作联社选送的"巨玫瑰"葡萄品种获"市民最喜爱的葡萄"一等奖。

△ 由民政部举办的第三届"中国城市公益慈善指数"在北京发布,现场揭晓"中国城市公益慈善百强榜",江阴市连续三届获评"慈善七星城市",并在全国县级市中排名第一;公益慈善社会捐赠指数排名在全国所有城市中位居第一。

△ 2014年全国少儿网球(短网)大赛在江西省抚州市举行,江阴市要塞实验小学代表队获团体亚军。

18日 全国工商业联合会发布2014中国民营企业500强榜单,江苏西城三联控股集团有限公司、江苏新长江实业集团有限公司、海澜集团有限公司、江阴澄星实业集团有限公司、江苏阳光集团有限公司、江苏扬子江船业集团公司、江苏双良集团有限公司、江苏法尔胜泓昇集团有限公司、江苏新华发集团有限公司、江苏三房巷集团有限公司、江苏华宏实业集团有限公司11个企业上榜。

21日 中央电视台七套"乡土"栏目以《新城旧俗话江阴》为题,播出了一期反映江阴市"非遗"民俗的专题片,内容包括长江三鲜、致和堂膏滋药、马蹄酥、月城小戏、茶馆文化等。

22日 副省长史和平一行到江阴市,就"沿江港口岸线资源利用"开展专题调研。

26日 由省教育基金会、教育报刊总社联合发起的"感动江苏教育人物——2014年最美乡村教师"评选活动在省教育厅举行,顾山实验小学教师吴艳玉入选。

28日 江阴市调整2014年度职工住房公积金及新职工住房补贴的缴存基数,最高缴存基数从14220元调整为15100元,最低缴存基数从1320元调整为1480元。

29日 江阴市联诚网络工程有限公司、江阴市正邦制管有限公司、江阴科瓦家具有限公司、江苏思迈斯电子商务有限公司在上海股权托管交易中心挂牌。

是月 江苏省内首台套"超低排放"环保改造机组在国电江阴苏龙热电有限公司投运。

△ 江阴市企业家协会会长、江苏法尔胜泓昇集团有限公司董事局主席周建松书写的万米书法长卷载入"大世界基尼斯纪录"。

△ 省科学技术协会公布2014年度"江苏省科普示范社区"名单,江阴市新桥镇绿园社区入选。

△ 江阴国动文化传媒有限公司、江苏广电总台优漫卡通联合全国10家电视少儿频道,共同打造的国产动画精品电影《神秘世界历险记2》上映,首周票房破5000万元。

9月

1日 江苏常隆客车有限公司和神通电动车能源管理有限责任公司签订2万台纯电动客车合作协议。

△ 是日起,江阴市调整在职职工医疗互助保障结报比例,决定对参保职工在医保统筹段外个人承担的丙类自费项目费用结报比例进行调整:单张发票1000元以内(含1000元)费用结报比例由60%提高至90%,超过1000元部分结报比例由10%提高至20%,一个保障年度给予住院起付线费用一次性38元补助。

2日 中国企业联合会、中国企业家协会在重庆发布2014中国企业500强榜单,江苏西城三联控股集团有限公司、江苏华西集团公司、江苏新长江实业集团有限公司、海澜集团有限公司、江苏三房巷集团有限公司、江阴澄星实业集团有限公司、江苏阳光集团有限公司、江苏扬子江船业集团公司、江苏双良集团有限公司、江苏法尔胜泓昇集团有限公司、江苏新华发集团有限公司11个企业上榜。

△ 由国家图书馆主办,南京图书馆和江阴图书馆协办的缪荃孙诞辰170周年纪念会暨学术研讨会,在北京国家图书馆举行。

12日 2014年中国石油和化工民营企业百强发布暨民营企业国际化发展研讨会在天津举行,江阴澄星实业集团有限公司获"2014中国石油和化工民营百强企业"称号。

14日 第十六届江苏国际服装节暨博览会在南京国际博览中心闭幕,省经信委、省纺织工业协会在博览会期间联合发布江苏纺织服装行业"千亿"榜单,江阴市被认定为"千亿级"产业基地。

19日 中民慈善捐助信息中心在深圳第三届慈展会上发布《2014年度中国慈善透明报告》,江阴市慈善总会获"慈善透明榜样"奖。

19—21日 由中国汽车报社百强巡展系列活动组委会、江阴日报社联合主办的2014年(第十一届)全国百强县市汽车巡展(江阴站)暨江阴首届汽车文化节在天华文化中心广场举行。

20日 国家档案局工作人员按照国家一级档案馆标准,对江阴市档案馆条件保障、基础业务、开发利用、信息化建设4大项的15个小项进行复查。在听取情况汇报并实地查验后,国家档案局工作人员一致同意,江阴市档案馆通过国家一级档案馆复查。

20—26日 江苏省第十八届运动会击剑比赛在徐州举行,江阴市华士击剑队代表无锡参加比赛,夺得男子花剑少年乙组团体冠军、儿童组团体亚军。

22日 第五届全国杰出专业技术人才表彰大会在北京举行,江阴市推荐的法尔胜国家金属线材制品工程技术研究中心获“专业技术人才先进集体”称号。

23日 由中华慈善总会主办的第二届中华慈善突出贡献奖评选活动公布结果，江阴市慈善总会获第二届中华慈善突出贡献（组织）奖。

28日 省诚信建设制度化工作座谈会在南京举行，江苏利安达集团董事长黄丽泰获第二届江苏省“十大诚信标兵”称号。

是月 由团省委、省文明办、省通信管理局、省青年联合会等单位主办的2014年江苏省海选“我们身边的好青年”活动公布评选结果，江阴市南华中等专业学校教师吴长海入选。

△ 文化部办公厅公布全国开展第一次乡镇（街道）综合文化站评估定级工作结果，江阴市华士镇、长泾镇、澄江街道、璜土镇文化服务中心获评国家一级文化站。

△ 江阴市10万吨级码头——港申夏港区件杂货码头结构加固改造工程，通过省级竣工验收会并投入运营。

△ 省文化厅公布第六届公共图书馆优秀服务成果获奖名单，由江阴市委宣传部、市文广新局主办的“暨阳大讲坛”获评省级优秀文化服务成果三等奖。

△ 江苏省南菁高级中学老师马莉被教育部评为全国优秀教师。

△ 江阴市书画院院长夏晓云创作的水彩作品《致无尽岁月》入选第十二届全国美术作品展览。

△ 福布斯中文版首次发布2014年“中美创新人物”专题，远景能源（江苏）有限公司总经理张雷入选。

△ 中国企业联合会、中国企业家协会公布中国制造业企业500强名单，江苏华西集团公司、江苏新长江实业集团有限公司、海澜集团有限公司、江苏三房巷集团有限公司、江阴澄星实业集团有限公司、江苏阳光集团有限公司、江苏扬子江船业集团有限公司、江苏双良集团有限公司、江苏法尔胜泓昇集团有限公司、江苏新华发集团有限公司、江苏华宏实业集团有限公司、江苏海达科技集团有限公司等13个企业入围。

△ 江阴市周庄实验小学老师夏德琴被教育部、人社部评为全国模范教师，被教育部评为全国中小学优秀班主任。

10月

1日 是日起，江阴市调整住房公积金贷款政策：在住房公积金贷款额度方面，借款人本人正常缴存住房公积金的，最高贷款额度为30万元；借款人及配偶均正常缴存住房公积金的，最高贷款额度为60万元。

△ 是日起，无锡、江阴两地异地安置人员异地就医“一卡通”结算上线运行。

7日 中央电视台“朝闻天下”栏目播出系列报道《外国专家眼中的变化中国》，以3分多钟时长讲述江阴远景能源科技有限公司的丹麦籍专家彼得，如何帮助中国转起自己的“大风车”。

11日 全国首个“足球·啦啦操进校园”实验区在江阴市揭牌成立。

12日 2014年无锡青年公益节暨“幸福无锡·千团结对千社区（村）”启动仪式在无锡举行，江阴市“爱在临港”志愿者协会和传澄志愿者协会获无锡市五星级青年社会组织奖。

15日 中央电视台体育频道“体育新闻”栏目以《江阴中小学生争当足球球王》为题，报道江阴市校园足球开展情况。

17日 《2014年中国中小城市绿皮书》发布会暨第十届中国中小城市科学发展高峰论坛在北京举行，江阴市获“2014年中国中小城市综合实力百强县市”第一名。

△ 2014年版江阴市级行政审批“权力清单”首次集中公布，包括市级行政审批事项487项（含省级及以上垂直管理部门行政审批事项163项），市级行政服务事项205项（含省级及以上垂直管理部门行政服务事项7项），市级行政审批事项涉及的行政事业性收费事项49项，以及取消的行政审批事项37项。

18日 2014年中国江阴经贸合作洽谈会在江阴大剧院开幕，现场签约48项重点重大项目，项目总投资817.9亿元。

18—21日 由文化部主办的文华艺术院校奖——第五届全国青少年民族乐器演奏比赛在广西艺术学院举行，江阴籍选手林陈颉颃获二胡独奏少年组铜奖。

19日 江阴市召开党的群众路线教育实践活动总结大会，认真学习贯彻习近平总书记系列重要讲话精神，按照省市委的部署要求，全面回顾总结全市群众路线教育实践活动，对巩固和拓展活动成果、加强作风建设、全面推进从严治党进行部署。

19—24日 第八届全国高中英语教师教学基本功大赛暨教学观摩研讨会在海南省三亚市举办，江阴市青阳高中英语教师顾梅燕获一等奖和最佳课堂教学效果奖。

21日 平安银行江阴支行开业。这是平安银行南京分行开设的第三个县域支行。

22日 中国纺织工业联合会发布2013—2014年度中国纺织服装企业竞争力500强名单，江苏阳光集团有限公司、海澜集团有限公司、江苏红柳床单有限公司、江苏华西村股份有限公司、江苏霞客环保色纺股份有限公司、江苏天华纱业集团、江阴福斯特纺织有限公司、江阴美纶纱业有限公司等15个企业榜上有名。

△ 由中国图书馆学会主办、《图书馆报》承办的全国优秀绘本馆评选活动公布结果，江阴市图书馆儿童绘本馆获“全国十佳绘本馆”称号。

23日 双色球2014123期福利彩票，江阴一彩民获中6注一等奖，奖金总额3300万元。这是江阴福彩史26年以来诞生的最高奖。

26日 中国民营企业联合会等3个机构联合组织的2014年中国民营500强企业调研排序榜单发布，江苏新长江实业集团有限公司、江苏西城三联控股集团有限公司、海澜集团有限公司、江阴澄星实业集团有限公司、江苏扬子江船业集团公司、双良集团有限公司、江苏法尔胜泓昇集团有限公司、江苏新华发集团有限公司、江苏三房巷集团有限公司、江苏华宏实业集团有限公司10个企业入选。

28日 江阴市交通重点工程——江阴大道、海港大道竣工通车。

△ 江阴市调整公积金贷款政策:是日起,停止收取住房公积金贷款担保费用。

△ 胡润研究院发布2014年胡润慈善榜名单,扬子江船业(控股)有限公司董事长任元林以2.5亿元捐赠总额位列第八。

是月 江阴市监测站开展的2项省自然科学基金项目——《利用指示物种群对江阴市河流进行快速生态评价》《江阴小城镇污染河道治理的生物监测与健康评价》通过省中科院南京地理所、省环境监测中心专家组成的评审组验收。

△ 江阴兴吴呢绒科技有限公司注册的“兴吴呢绒”商标,被认定为“中国驰名商标”。

△ 第24届科技节暨科技创新大会在江阴市召开,全市卫生系统首个院士工作站——市人民医院院士工作站成立。

△ 江阴临港经济开发区团工委制作的专题片《“三图三式”工作法构筑区域团建新格局》,登陆团中央“区域化团建大讲堂”,代表江苏成为第一周“区域化团建大讲堂”的第二课在全国进行发布。

△ 中国服装协会公布“中国职业装领军企业”名单,江苏阳光集团有限公司和圣凯诺服饰有限公司入选。

△ 江阴市进一步提高孤儿养育标准:机构供养的孤儿,最低养育标准提高到月人均1600元;社会散居孤儿、事实上无人抚养的未成年人、受艾滋病影响的未成年人,最低养育标准提高到月人均1100元。

△ 江阴市经普办根据第三次全国经济普查初步汇总结果,编印出版《江阴市第三次全国经济普查简编资料(2013)》。

△ 国家质检总局公布全国第一批进境粮食指定口岸名单,中粮(江阴)粮油仓储有限公司查验点、江阴苏南国际集装箱码头有限公司查验点入选。

△ 江苏三房巷实业股份有限公司开发的粘胶金属纤维、无氟防水整理高档休闲面料、苎麻棉条特种整理高档休闲面料3种产品通过省级新产品、市科技成果鉴定。其中,粘胶金属纤维产品填补国内空白。

△ 由中国棉纺织行业协会组织开展评选的2014年全国棉纺织行业“最具影响力产品品牌”名单揭晓,天华纱业有限公司的“天华之星”纯棉色纺纱入选。

11月

1日 江阴市调整公积金贷款政策,取消第二次公积金贷款的限制条件,还清首次公积金贷款的职工家庭,可以申请办理第二次公积金贷款。第二次公积金贷款首付款比例不得低于房屋总价的30%,贷款利率为同期首次公积金贷款利率的1.1倍。

△ 由北京大学老教授协会基础教育研究与发展中心会同江阴市教育局共同举办的“国家考试招生制度改革对高中教育的影响”论坛在江苏省南菁高级中学举行。

△ 是日起,江阴市调整最低工资标准:执行省月最低工资一类标准,由原月人均1480元上调至1630元;非全日制用工小时最低工资标准由每小时13元上调至14.5元。

5日 丹麦驻上海总领事普励志一行到江阴考察投资环境。

7—11日 2014年万达广场全国女子足球联赛第十站(江苏江阴赛区)比赛在江阴体育中心主体育场举行,比赛具体赛程为:7日大连队对阵天津队,江苏队对阵解放军队;9日解放军队对阵大连队,江苏队对阵天津队;11日天津队对阵解放军队,江苏队对阵大连队。

8日 江阴市山西商会成立,选举产生江阴市山西商会第一届理事会,江阴市东盛湖房地产有限公司董事长王光当选为第一届会长。

10日 中国文联、中国曲协牡丹奖艺术团“送欢乐·下基层”曲艺名家惠民演出在江阴大剧院举行。

11日 首届“中国书法院奖暨青年书法家提名展”在江阴市展览馆开幕。

14日 全国钢标准化技术委员会金属和合金的腐蚀分技术委员会海洋环境腐蚀性能试验方法工作组在江阴成立,并召开第一届全体委员会议。

△ 上海浦东发展银行江阴周庄小微支行落户周庄,这是江阴首个小微银行。

15日 海澜集团有限公司投资近40亿元打造的城市商业综合体——曼巴特购物广场在张家港市区开业。

18日 江苏普莱医药生物技术有限公司牵手诺奖得主米歇尔教授成立哈特穆特·米歇尔生物医药(江阴)研究院。

20日 省私营个体经济协会第二届“诚信标兵”和“诚信之星”推选活动总结表彰会在江阴召开,江苏利安达集团有限公司董事长黄丽泰获评“十大诚信标兵”。

21日 江阴市远景能源科技有限公司与新西兰最大的基础设施投资开发和运营公司Infratil以及新西兰最大的投资基金Morrison,签署新西兰第二大城市基督城的“智慧城市”战略合作框架协议。

25日 第四届全国非公有制经济人士优秀中国特色社会主义事业建设者表彰大会在北京召开,中共中央政治局常委、全国政协主席俞正声出席大会讲话并接见参会代表,江阴市企业家协会会长、江苏法尔胜泓昇集团有限公司董事局主席周建松获“优秀中国特色社会主义事业建设者”称号。

27日 坦桑尼亚政府高级代表团在总理府秘书弗洛伦斯·图卢卡的率领下到江阴市访问考察工业园区发展情况。

30日 中央电视台第七频道“乡约”栏目组在华西龙希广场举行现场节目录制活动。

△ 由中国作家协会会员王荣方著的长篇散文《我们坐在高高的谷堆旁边》获无锡市第七届精神文明建设“五个一工程”奖。这是自

2000年以来，江阴首部获该奖的文学作品。

是月 江阴港10万吨级码头——无锡(江阴)港长山港区兴澄特种钢铁有限公司码头结构加固改造工程通过省交通运输厅组织验收并投入使用。

△ 由长三角16个地级市政府商务主管部门合作成立的长江三角洲城市市场信息协作网公布评选结果，江阴市第七次蝉联长三角县域商业十强县市第一名。

△ 江阴市住房公积金管理中心下调住房公积金的贷款利率:5年期以上个人住房公积金贷款利率下调0.25个百分点，由4.5%下调至4.25%;5年期以下(含5年)个人住房公积金贷款利率下调0.25个百分点，由4.0%下调至3.75%。

△ 江阴市国控重点气污染源企业——江苏苏龙发电有限公司通过国家环境监测总站组织的专项抽检，其监测数据为环保部制定颁布《烟尘超低排放监测技术规范》提供支持。

△ 工信部公布首批符合国家《船舶行业规范条件》企业名单，江苏新扬子江造船有限公司入选。

△ 北京中郡县域经济研究所发布2014年县域经济发展报告，揭晓第十四届全国百强县(市)名单，江阴市连续12年名列县域经济与县域基本竞争力百强县(市)第一。

12月

2日 国务院参事室参事，前农业部副部长、国务院扶贫办主任刘坚率领国务院参事室调研组，到江阴市调研改善农民生产生活条件、释放农村内需潜力方面的情况。

6日 由江苏省棋类运动协会主办的江苏省第二届“连元杯”少儿国际象棋公开赛在无锡市连元街小学保利校区举行，江阴市新桥中心小学国际象棋队获团体冠军。

9日 中国艺术研究院中国画院常务副院长满维起做客天华艺校，为江阴市书画爱好者代表和天华艺校师生带来了一场《书画欣赏》讲座。

12日 中国品牌建设促进会和中央电视台在北京联合发布2014年中国品牌价值榜单，江苏阳光集团有限公司以品牌强度856.33、品牌价值100.13亿元入选。

△ 由国家体育总局体操运动管理中心、教育部学生体育协会主办的2014年全国啦啦操冠军赛在无锡举行，江阴市要塞中学表演的《天使在飞舞》啦啦操获全国“中学甲组街舞课间啦啦操示范动作”第二名。

13日 由中国教育学会“十二五”规划课题《文化作文与文化教学研究》课题组与重庆市江津区联合举办的“第十届中小学教师文化作文与文化教学优质课大赛暨千年古镇背景下的文化教学慕课论坛”闭幕，云亭实验小学教师薛贤执教的《滴水穿石的启示》获小学组一等奖第一名。

20日 2014年第九届中国全面小康论坛在北京举行，江阴市连续7次获“中国全面小康十大示范县市”第一名。

26—28日 由省文联、省美术家协会、江阴市委宣传部、现代快报社联合主办，省美术家协会水彩画粉画艺委会、江阴市文联、江阴市文广新局、云亭街道共同承办的水色无边——夏晓云水彩画作品展，在江苏省现代美术馆举办。

28日 江苏阳光集团有限公司举行2014年省级新产品暨科技成果鉴定会，由该集团研发的水洗仿羊绒柔软花呢、铁纶多功能花呢、磨绒毛织花呢、防水覆膜大衣呢4种新产品通过省级新产品暨科技成果鉴定。

是月 由诺贝尔奖得主塞缪尔森教授领衔的江阴贝瑞森生化技术有限公司研制的“优贝瑞康”牌“贻贝粘蛋白创面修复敷料”，获省食品药品监管局审批颁发的医疗器械产品注册证。这是全球首张贻贝粘蛋白医疗器械产品注册证，贝瑞森公司也成为国际上首个将贻贝粘蛋白用于医疗领域的公司。

△ 远景能源科技有限公司作为江阴市首批省科技创新团队承担的“远景能源兆瓦级风力发电设备创新基地建设”项目通过省科技厅组织的专家组验收。

△ 国家工商总局公布一批中国驰名商标名单，江阴市企业的“江特”“圣凯诺”和“虎跑”3件商标榜上有名。

△ 花园实验小学创作的校园剧《夏令营之歌》获江苏省“五星工程奖”金奖第一名。

△ 第六届全国数控技能大赛在北京举行，中船澄西高级技工学校选手徐宁、罗自利、陈王东分别获得数控车比赛教师组第三名、数控铣比赛教师组第六名、数控车比赛职工组第九名。

△ 第六届国际华语电影节颁奖典礼在澳大利亚墨尔本皇冠钯金宴会厅(Crown Palladium)举办，江阴籍影星陈廷嘉斩获“组委会推荐最佳女演员奖”，成为继巩俐、章子怡、余男之后海外电影节上的又一位中国影后。

△ 工信部发布第三批符合光伏制造行业规范条件企业名单，江阴市江苏爱多光伏科技有限公司(组件)、江阴鑫辉太阳能有限公司(组件)入选。

△ 省商务厅和省知识产权局联合批复江阴临港经济开发区为江苏省知识产权试点园区。

△ 《健康报》在第二届中国健康服务业论坛上发布“2014中国健康服务业品牌榜”，江阴市中医院获“中国医疗机构公信力示范单位”称号。

△ 江阴高新区中欧示范型国际科技合作基地通过科技部认定，被授予“国际科技合作基地”称号。

△ 由省依法治省领导小组办公室、省委宣传部、省法制宣传教育工作领导小组办公室联合举办的江苏省第二届“十大法治人物”评选活动公布结果，江阴市东发管件制造有限公司副董事长李惠珍入选。

■类目编辑 杨佳杰

江阴概况

市情简介

【建置沿革】 江阴古称暨阳，位于长江三角洲，有7000年人类生息史、5000年文明史、2500年文字记载史。西晋太康二年(281年)置暨阳县，属毗陵郡，治所在今江阴市东南。南梁绍泰元年(555年)废县置郡，建治君山之麓，因地处长江之南，遂称江阴郡，下辖江阴、利城、梁丰3县，为"江阴"名称之开始。此后江阴分别为郡、国、军、路、州治，建置几经变化。元至正二十七年(1367年)，恢复县建置。1949年4月23日江阴解放后，属苏南行署常州专区。1953年改属苏州地区。1983年3月实行市管县体制，改属无锡市。1987年4月经国务院批准撤县建市。

【地理位置】 江阴市位于北纬31°40′34″至31°57′36″、东经119°59′至120°34′30″。北枕长江，南近太湖，东接常熟、张家港，西连常州，地处苏锡常"金三角"几何中心，交通便捷，历来为大江南北的重要交通枢纽和江海联运、江河换装的天然良港。

【区域面积】 江阴市总面积986.97平方千米，陆地面积811.7平方千米，水域面积175.8平方千米，其中长江水面56.7平方千米。沿江深水岸线长达35千米。城市建成区面积122平方千米(从2014年起，建成区面积将南闸街道、云亭街道纳入统计范围)。

【行政区划】 2014年，全市有10个镇、5个街道，243个行政村、98个社区(其中村居合一42个)。市政府设在澄江中路9号。

【人口】 2014年，全市常住人口163.5万人，户籍人口123.2万人，人口出生率11.1‰，人口死亡率6.8‰，人口自然增长率4.3‰。人均预期寿命81.47岁。 (史 志)

【气候】 2014年，江阴市气候总特点：气温正常，降水偏多，日照正常。降水时空分布不均，1月、10月、12月明显偏少，7—9月明显偏多，2月和4月异常偏多。梅雨期28天(6月20日至7月17日)，梅雨量261.2毫米，梅雨期内出现暴雨3天，大雨1天，中雨3天，入梅正常略偏晚，出梅偏迟，梅雨期比常年长4天，梅雨量正常。是年出现≥35℃的高温日数11天，雾日13天，雨日122天，无霜期221天，霜初终间日数140天，雪初终间日数15天。全年出现寒潮、暴雨、高温、台风等灾害性天气。暴雨：全年有1次大暴雨、5次暴雨，分别是7月27日105.2毫米、6月1日50.8毫米、6月26日50.2毫米、7月2日54.7毫米、7月12日51.9毫米和8月29日59.7毫米。其中7月27日受强对流天气影响，江阴市出现短时强降雨过程，城区日雨量105.2毫米，多处道路、多个小区出现积水、部分民居进水，据澄江街道统计：辖区内有超过500户民居及车库进水。寒潮：全年有4次寒潮，分别是1月9日、2月4日、3月14日和12月2日。台风：受第10号台风"麦德姆"的外围影响，7月24—25日

船厂公园一角 (纪晓华 摄)

全市出现6～8级大风，并出现中到大雨；受第16号台风“凤凰”的外围影响，9月23—24日全市出现6～7级大风，并出现中雨，均无明显灾情。7—8月多低温阴雨寡照天气，对水稻等农作物带来不利影响，经调查，璜土镇葡萄产量受损，采用露天种植的葡萄损失约80%，采用大棚种植的葡萄损失约30%。

2014年江阴市气象资料一览

表2

项目			1月	2月	3月	4月	5月	6月	7月	8月	9月	10月	11月	12月	全年
平均气温(℃)	2014年		6.0	5.4	11.4	16.1	22.3	24.2	27.4	25.9	23.7	19.4	13.6	4.9	16.7
	1957—2013年	平均值	2.9	4.6	8.8	14.7	20.0	24.2	28.2	27.7	23.2	17.7	11.7	5.4	15.8
		最高值	6.1	9.0	12.5	17.9	23.2	27.2	32.0	31.5	25.6	21.1	15.7	7.9	17.6
		年份	2002	2007	2002	2005	2007	2005	2013	2013	1999	2006	2011	1968/1994	2007
		最低值	-0.2	0.7	5.5	12.1	17.7	22.1	25.4	24.3	20.6	15.1	7.7	0.5	14.5
		年份	1977	1964	1970	1965	1977	1983	1976	1980	1957	1981	1976	1967	1957/1980
最高气温(℃)	2014年		20.8	23.3	24.8	27.7	36.1	34.5	37.0	36.8	31.0	30.2	22.8	16.0	37.0
	日期		31	1	17	10	30	14	22	5	2	20	23	30	7月22日
	1957—2013年	最高值	20.7	26.8	30.4	34.3	36.3	38.2	39.6	41.3	37.8	33.3	28.8	23.2	41.3
		日期	14	12	9	21/28	20	21	26	6	7	4	1/2	10	8月6日
		年份	2002	2009	2013	2004/2005	2011	2006	2013	2013	1995	2002	1979/2003	2008	2013
最低气温(℃)	2014年		-4.8	-3.9	-0.2	3.9	8.7	19.0	20.6	19.4	17.9	8.1	3.7	-4.2	-4.8
	日期		22	10	7	6	5	11	5	17	20/25	15	14	22	1月22日
	1957—2013年	最低值	-14.2	-11.4	-7.5	-1.0	3.8	11.7	15.5	17.1	9.3	1.3	-4.6	-10.0	-14.2
		日期	31	6	3	4	5	6	5	30	29	30	30	29	1月31日
		年份	1977	1969	1958	1962	1961	1969	1976	1968	1972	1986	1971	1991	1977
降水量(毫米)	2014年		16.8	147.6	55.9	138.5	56.5	132.8	335.7	249.5	117.7	14.1	75.9	7.9	1348.9
	1957—2013年	平均值	43.5	51.6	74.0	82.2	99.1	160.5	184.9	148.5	94.1	58.6	51.0	33.5	1079.4
		最多值	136.8	119.4	206.7	180.9	249.5	391.6	481.7	552.0	281.2	223.1	162.3	110.0	1914.4
		年份	2006	1990	1991	1958	2002	1999	1991	2011	1990	1994	1967	1959	1991
		最少值		5.2	13.3	21.0	22.6	19.2	8.8	9.5	1.4	0.4	0.0		581.8
		年份	1963	1968	1962	2011	2003	2010	1971	1978	1997	1979	1995	1973/1987	1978
日照时数(小时)	2014年		185.3	89.2	194.7	160.2	218.9	123.4	147.4	103.0	103.7	230.0	136.3	201.4	1893.5
	1957—2013年平均值		139.7	129.7	151.1	168.5	185.8	164.7	212.9	224.4	172.4	179.3	155.2	154.2	2036.0

（李　珠　沈　浩）

经济发展

【综合实力】 2014年，全市实现地区生产总值2754亿元，比上年增长7.8%，其中第一产业增加值54.4亿元，增长3.4%；第二产业增加值1520.9亿元，增长6.4%；第三产业增加值1178.7亿元，增长9.9%。全市常住人口人均生产总值16.9万元，按现行汇率折算达2.8万美元。第一、第二、第三产业增加值在地区生产总值中的构成比例为2.0:55.2:42.8，第三产业比重提高0.8个百分点。全年全口径财政收入569.2亿元，增长16.9%；公共财政预算收入200.7亿元，增长10.1%；基金收入198.4亿元，增长41.7%；上划中央四税收入170.1亿元，增长3.3%。财政支出结构继续调整，公共财政预算支出187.3亿元，增长9.4%；基金支出196.1亿元，增长40.9%。

【沿江开发】 2014年，江阴市强化沿江开发功能，整合各开发园区产业链和产业集群，实施两端延伸促

江阴临港经济开发区俯瞰图 (江阴临港经济开发区提供)

进产业集聚。江阴高新技术产业开发区发挥国家级高新区载体功能，重点发展高端金属制品、特种钢、精密机械等产业；江阴临港经济开发区加快申报国家级经济技术开发区和综合保税区，重点发展机械装备、新能源、新材料、港口物流、软件和文化创意等产业；江阴—靖江工业园区重点发展船舶制造、钢结构和海工等产业，全市沿江开发向纵深领域拓展。全年沿江开发完成营业总收入5819.01亿元，其中工业产品销售收入2811.53亿元；地区生产总值1103.13亿元，比上年增长3.29%，其中工业增加值671.52亿元，增长2.27%；工业总产值(现价)3272.99亿元，比上年下降4.37%；实现利税总额306.87亿元，其中工业利税总额246.22亿元。全社会固定资产投资501.47亿元，比上年增长10.24%，其中基础设施投入108.95亿元，增长30.55%；工业投入296.08亿元，增长9.06%。完成园区财政收入129.91亿元，增长0.2%；自营进出口总额134.8亿元，增长20.79%，其中自营出口66.01亿元，增长38.18%；协议注册外资9.66亿元，到位注册外资5.85亿元。全年进区企业1343个，其中外商投资企业42个；建成投产开工企业1065个。用电总量达93.04亿千瓦时。全年拆迁1398户44.89亿平方米，年末从业人数310123人。

【企业上市】 2014年，全市总计有35个上市公司，36只股票，其中境外上市12个，创业板2个，中小板11个，沪、深主板10个。地方股权交易中心挂牌18个。首发融资186亿元，合计融资(包括再融资)484亿元。

【农林牧渔业】 2014年，全市完成农林牧渔业总产值88.61亿元。粮食总产量19.8万吨，比上年下降0.9%；油料总产量2876吨，增长38.1%，其中油菜籽总产量2025吨，增长5.3%；茶叶总产量11吨，增长10%；水果总产量7.9万吨，增长9.3%。全年粮食种植面积2.78万公顷；油料种植面积1200公顷；蔬菜种植面积1.46万公顷，增加100公顷；水果种植面积3500公顷，增加400公顷。主要畜产品中，肉类总产量4.2万吨，下降4.7%，其中猪牛羊肉2.7万吨，下降3.6%；禽蛋总产量1万吨，下降5.7%。奶牛存栏0.6万头，下降1.8%。全年水产品产量2.7万吨，增长3.1%。全年农业机械作业总面积13.98万公顷，农业生产综合机械化水平为91.83%。

【工业】 2014年，全市工业用电量212.1亿千瓦时，比上年增长0.2%。全市工业总产值6522.5亿元，下降1.7%；其中规模以上工业企业实现产值6021.3亿元，下降2.7%。规模以上工业中，轻工业实现产值1802.9亿元，增长0.9%；重工业实现产值4218.4亿元，下降4.1%。全市规模以上工业实现主营业务收入5763.8亿元，下降3.6%；产品销售率97.4%，下降0.2个百分点；实现利税527.6亿元，增长2.3%；利润353.7亿元，增长4.3%。全市百强企业中，江苏三房巷集团有限公司、江苏华西集团公司、海澜集团有限公司、江苏阳光集团有限公司、江阴兴澄特种钢铁有限公司、江苏新长江实业集团公司6个企业集团主营业务收入超200亿元，江苏法尔胜泓昇集团有限公司、江苏双良集团有限公司、江苏西城三联控股集团有限公司、江阴澄星实业集团有限公司、远景能源科技有限公司、江苏华宏实业集团有限公司6个企业集团主营业务收入超100亿元，10个企业超50亿元，8个企业超30亿元，16个企业超20亿元，28个企业超10亿元。47个工业百强企业利税总额超亿元，其中超10亿元12个。全市工业百强企业全年完成产品销售收入4049.2亿元，实现利税392.4亿元，分别占全市规上工业总量的70.3%和74.4%。

【建筑业】 2014年，全市建筑业完成营业收入130.8亿元，比上年增长10.5%；实现增加值67.3亿元，增长9.3%。全年获无锡市工程质量小组成果一等奖3项、二等奖6项、三等奖9项，无锡市“太湖杯”优质工程奖9项，无锡市建筑装饰优质工程6个，3个施工企业和2个监理企业被评为无锡市建筑业优秀企业。

【水利建设】 2014年，全市完成水利工程建设总投资4.75亿元，完成各类土石方455万立方米，疏浚整治河道11条22.5千米，新建护岸15.6千米，新建、改建灌排泵站61座，桥梁60座，建设防渗沟渠52.2千米，小型配套建筑物1873座。

【房地产业】 2014年，全市完成房地产开发投资328.9亿元，比上年增长40.6%；商品房施工面积1673.4万平方米，增长25.6%，房屋新开工面积543.8万平方米，增长27.3%；房屋建筑竣工面积168.3万平方米，下降44.6%。商品房销售面积190.5万平方米，增长2.7%，其中商品房现房销售面积58.2万平方米，增长3.0%，住宅49.6万平方米，增长9.1%；商品房期房销售面积132.2万平方米，增长2.6%，住宅114.9万平方米，增长2.7%。商品房销售成交总额126.2亿元，下降3.1%；其中住宅销售额101.3亿元，下降3.8%。

【金融业】 2014年，全市年末金融机构各项本外币存款余额达2942.2亿元，比上年增长7.9%；城乡居民储蓄存款余额943.3亿元，增长7.6%。各项本外币贷款余额2357.4亿元，增长9.3%。人民币贷款中，短期贷款1292.4亿元，比年初增加11亿元；中长期贷款723.1亿元，比年初增加103.8亿元。全年实现保费收入44.4亿元,增长5.1%。其中财产险收入17.7亿元,增长13.3%;人寿险收入26.6亿元,增长0.3%。保险赔款支出10.7亿元,增长7.9%。全市证券交易开户总数18.6万户,下降14.5%。证券机构交易金额3959.7亿元,增长82.8%。

【国内贸易业】 2014年,全市实现社会消费品零售总额643.1亿元,比上年增长11.3%。其中,城镇零售额465.4亿元,增长12.1%;乡村零售额177.7亿元,增长9.1%;批发和零售业零售额606.9亿元,增长11.5%;住宿和餐饮业零售额36.1亿元,增长8.3%。在限额以上批发和零售业零售额中,家具类增长13.5%,食品饮料、烟酒类增长11.7%,建筑及装潢材料类增长10.5%,中西药类增长9.3%。

【邮电通信业】 2014年,全市邮电业务总收入24.8亿元,比上年下降1.8%;发送函件1407万件,下降27.1%。城乡本地固定电话用户45万户。移动电话用户达到221万户,计算机互联网用户达到45.31万户。

【交通运输业】 2014年,全市完成客运量7490万人次,比上年下降36.6%;完成货运量3874万吨,下降19.1%。全市港口货物吞吐量14006万吨,增长3.7%。全社会拥有车辆41.9万辆,其中汽车32万辆,增长11.6%。私人汽车快速发展,年末达27万辆,比上年增加3.5万辆,增长14.9%。

【民营经济】 2014年,全市民营经济注册资金1876.1亿元,比上年增长18.3%。其中私营企业1562.5亿元,增长20.7%;个体工商户36.9亿元,增长28.6%。民营经济实现增加值1805.3亿元,增长8.0%,占经济总量的比重为65.6%。上缴税金181.7亿元,增长8.6%。民营经济固定资产投入806.9亿元,增长1.5%。

【固定资产投资】 2014年,全市固定资产投资完成1046亿元,比上年增长10.2%。分产业投向看:第一产业投资10.7亿元,下降17.2%;第二产业投资478.6亿元,增长3.5%;第三产业投资556.7亿元,增长17.6%。分注册类型看:国有经济投资124.7亿元,增长44%;三资经济投资114.4亿元,增长47.8%;其他经济投资806.9亿元,增长2.8%。全年固定资产投资建成投产项目690项,项目建成投产率为66.7%;新增固定资产653.7亿元,固定资产交付使用率为62.5%。

【外向型经济】 2014年,全市完成进出口总额223亿美元,比上年增长11.5%,其中出口130.2亿美元,增长20.2%;进口92.8亿美元,增长1.3%。全市32个出口企业品牌列入2014—2016年度江苏省重点培育和发展的国际知名品牌,数量继续保持全省县级市及无锡各板块领先地位。全市新批外资项目49项,其中协议外资超3000万美元项目17项;完成到位注册外资8.6亿美元,增长5.6%,完成比例位居无锡各板块首位。全年完成服务外包业务合同金额12.2亿美元,增长35.2%;完成业务执行金额10.1亿美元,增长36.1%;完成离岸业务合同金额7.3亿美元,增长36.9%;离岸业务执行金额6.1亿美元,增长41.8%。全年新批境外投资项目28项,中方协议投资额超5亿美元,投资规模列全省同类城市第一,江阴市被认定为无锡市“走出去”改革试点地区。

【旅游业】 2014年,全市接待旅游、参观、访问及从事各项活动的入境游客5.8万人次,比上年下降7.3%;接待国内游客1465.2万人次,增长6.5%。旅游总收入218.6亿元,增长8.9%。全市拥有A级景区8个,其中国家AAAA级景区2个,国家AAA级景区2个,国家AA级景区4个,农业旅游点35个。年末全市星级宾馆达12个,其中五星级宾馆3个,四星级宾馆4个。全市拥有旅行社40个,其中出境游组团社3个。

社会事业

【科技】 2014年,全市新获无锡市级以上各类科技计划项目345项,争取到上级各类科技扶持资金2.4亿元。实施重点产学研项目60项。全市新申请专利15790件,其中申请发明专利5579件,增长21.0%,授权专利6607件,全市万人发明专利拥有量达11.1件,比上年增加1.5件,全市大中型工业企业实现专利全覆盖。江阴市跻身国家知识产权示范城市行列,高新区跻身苏南国家自主创新示范区行列。全年新获认定国家“火炬”计划重点高新技术企业3个,累计22个,获认定省级高新技术企业103个,累计393个。新增国家级重点新产品4种,省级高新技术产品234种,全市高新技术产业产值占规模以上工业产值的比重达40.2%,比上年提高3.7个百分点。江阴高新区获批国家示范型国际科技合作基地、江苏省生物医药科技产业园等5个省级以上创新载体;临港经济开发区获批国家级科技企业孵化器、江苏省知识产权试点园区2个省级以上创新载体。全市新获批江苏省工程技术研究中心7个,无锡市工程技术研究中心12个。至年末,全市拥有国家级工程技术研究中心2个,江苏省工程技术研究中心119个,无锡市工程技术研究中心223个。

【教育】 2014年,全市年末拥有各类学校教职员工数16827人,其中专任教师14320人;各级各类学校在校学生166394人,其中小学91002人,普通中学54751人,职业学校20482人(其中大专6145人),特殊教育159人。幼儿园在园幼儿39891人。90%以上的幼儿在省、市优质园就读。小学和初中普及率均达100%。初中毕业生升学率达98.2%,全市三星级以上普通高中和省级以上重点职校就读新生达到高中阶段招生总数的95.7%。是年,江阴市荣获省首批“学前教育改革发展示范区”称号。

【文化】 2014年,全市新增公共文化设施面积6000平方米,万人拥有公共文化设施面积1781平方米,全市公益性文化设施达标率100%。周少梅国乐社(江南丝竹)、江阴市锡剧团(江阴锡剧)、江阴市利港实验小学(九狮舞)被命名为首批无锡市级非物质文化遗产传承示范基地。江苏大众医药连锁有限公司(致和堂膏滋药制作方法)、江阴市滨江酿酒有限公司(黑杜酒酿造技艺)、江阴市华西食品酿造厂(华士酱油酿造技艺)被命名为无锡市首批生产性保护示范基地。金一文化首次公开募股(IPO),江阴后朴文化、星化文化传媒2个企业在Q板挂牌融资。

【卫生】 2014年,全市拥有各类医疗卫生机构538个,其中医院、卫生院43家,社区卫生服务中心7个,三级乙等医院2家,开放床位7605张,年末共有卫生技术人员8435人。全市基本形成以市三级医院为龙头、片区二级医院为骨干、社区卫生服务机构为基础、民营医疗机构为补充的医疗卫生服务新体系。是年,新农合人均筹资标准660元,参合群众56万人,参合率100%,近193.9余万人次得到结报补偿,受益面100%。

【体育】 2014年,全市人均公共体育设施面积2.7平方米,提档升级"10分钟体育健身圈",全市体育设施向社会开放学校总数82所,体育场地面积超397万平方米。全市单项体育协会增至28个,社会体育指导员总计4510人。江阴市成功创建"全国游泳之乡",校园足球联赛经验在全国试点推广,被教育部和国家体育总局树为全国首个"足球·啦啦操进校园"示范区。江阴籍主教练陆亿良率队夺南京青奥会女足冠军。第18届省运会江阴市获17.25枚金牌,创历届之最。体育彩票年销售超6亿元,继续保持全国县级市领先。

人民生活

【就业】 2014年,全市提供就业岗位5.8万个,本地劳动力实现就业2.5万人,城镇新增就业1.22万人,城镇困难人员再就业1182人,全市城镇登记失业率为2.38%,农村调查失业率为2.83%,江阴籍返澄高校毕业生就业率达92.5%,困难家庭高校毕业生就业率达100%。全年扶持自主创业2175人,带动就业12993人,发放各类创业补贴202万元,发放小额担保贷款3250万元。2014年,江阴市被省人力资源和社会保障厅认定为首批"省级创业型示范城市"。

【社会保障】 2014年,全市实现企业职工基本养老保险扩面新增5.4万人,净增2万人;企业职工社会保险征缴实行"五险合一",全市企业职工基本养老、医疗、失业、工伤、生育保险参保人数分别达53.5万人、67.4万人、42万人、42万人、39.2万人;实施居民养老保险转接企业职工基本养老保险,完成居保转接城保0.5万人,全市居民养老保险领取人数达21.1万人,居民养老保险基础养老金、被征地农民第四年龄段人员保养金标准分别提高至210元/月、500元/月;全市连续第十次调整企业退休人员基本养老金待遇,人均养老金标准1779元/月,平均增资214元/月,全市城镇企业退休人员达139080人,当年城镇企业职工养老保险总支出28.5亿元。全市各类福利机构拥有床位9340张。城乡居民最低生活保障对象12006人,其中市区3381人;全年共发放低保金5191.7万元,其中城镇低保1580.3万元。实施城乡医疗救助17901人次,支付救助金1200.2万元;实施临时救助5297人次,发放救助金417.6万元。全市重点优抚对象5985人。全年全市慈善组织累计募集善款(含冠名基金)6313万元。

【城乡居民生活】 2014年,全市全体居民人均可支配收入39506元,增长8.9%。其中,城镇居民人均可支配收入46880元,增长8.6%;农村居民人均可支配收入23965元,增长10.2%,农民收入连续第十五年蝉联全省同类城市第一。城镇居民家庭恩格尔系数29.3%,农村居民家庭恩格尔系数30.3%。城镇居民人均消费性支出24976元,增长7.2%。农村居民人均消费性支出15304元,增长9.7%。居民住房条件继续改善,据抽样调查资料显示,城镇居民人均住房面积59.3平方米,农村居民人均住房面积70.3平方米。

城市建设

【基础设施建设】 2014年,江阴城市建成区面积122平方千米。江阴大道、海港大道、暨南大道西延伸段等建成通车,锡澄高速公路花山互通开工建设,世纪大道启动改造。中山路南延伸段、花北路、华侨路等竣工通车,虹桥路南延伸段、青果路南延伸段等加快推进,鲥鱼港路、公园路完成改造。锡澄运河航道整治扎实推进,滨江路桥、镇澄路桥按计划实施,申港河西新渡口南岸工程基本竣工。新沟河延伸拓浚工程有序推进,青祝河治理工程顺利竣工。芙蓉湖公园、鲥鱼港公园、应天河风光带一期基本建成,鹅鼻嘴公园等完成改造。全市完成拆迁142万平

芙蓉湖一景 (纪晓华 摄)

方米，其中主城区27万平方米。建成安置房184万平方米，其中主城区57万平方米；主城区2835户被拆迁户分到新房。配套设施逐步完善。文富公交首末站开工建设，敔山湾公交首末站顺利竣工，城市公交出行分担率达28.5%。绮山应急备用水源地、小湾水厂深度处理、高层住宅二次加压供水改造等工程加快推进。完成鲥鱼港路、澄南桥翻建等工程，城区全年修补路面35935平方米，人行道板修复10306平方米，侧平石修复9015米，沥青灌缝23677米。累计完成雨水管网清疏547.2千米。

【公用事业】 2014年，全市拥有35千伏至110千伏变电所75座，主变容量590.5万千伏安。全社会用电量、供电量和售电量分别达237.87亿千瓦时、215.23亿千瓦时和211.28亿千瓦时，分别比上年下降0.67%、增长0.40%和2.20%。全年供水量达25100万立方米，日均供水量67.7万立方米，全市日供水能力达106万立方米，用水普及率100%。全年投资8432万元，新建燃气管网210.8千米，完成3.1万户天然气居民用户入户工作，建成区天然气主管网覆盖率100%。全年供应天然气57856万立方米，液化石油气34980吨。全年推进城区热网整合工程15.8千米。全年无害化处理生活垃圾50.5万吨，日均处理1383吨，无害化处理率和全量焚烧率均达100%。新建污水主管网50余千米，建成农村生活污水处理设施50个，处理生活污水13300万吨；城区和集镇建成区生活污水集中处理率分别为96.45%和86.18%。新增照明建设管理道路55千米、光源5379个，实施完成295个背街小巷照明设施节能改造，全市600余千米照明设施的亮灯率和设施完好率分别为99%和98%。

【环境保护与治理】 2014年，全市城区空气质量优良天数比例为58.9%，城市集中式饮用水源地水质达标率100%，环境噪声达到功能区要求；主要污染物排放总量提前完成"十二五"减排任务，排放强度进一步下降，单位地区生产总值化学需氧量、二氧化硫、氨氮、氮氧化物排放强度分别下降到0.43千克/万元、1.15千克/万元、0.034千克/万元、1.47千克/万元。

【造林绿化】 2014年，全市城市建成区绿化覆盖面积5188.7公顷，绿地面积4764.1公顷，公园绿地面积534.0公顷。全市林木覆盖率达23.3%，建成区绿化覆盖率42.5%，人均公共绿地面积达到15.9平方米。 （金海峰）

2014年江阴市全国性荣誉

【概况】 1978—2013年，江阴市先后获得全国性荣誉155项。2014年，江阴全市上下深入贯彻党的十八大和十八届三中、四中全会以及习近平总书记视察江苏重要讲话精神，认真落实中央经济工作会议、江苏省委和无锡市委全会精神，牢牢把握稳中求进发展总基调，积极应对严峻复杂的宏观形势和相互叠加的矛盾困难，全力以赴稳增长、促转型，保持了经济社会稳健发展、各项事业协调并进的良好态势。是年，江阴市蝉联全国县域经济基本竞争力排名"十二连冠"、中国全面小康十大示范县市"七连冠"，荣膺2014年中国中小城市综合实力百强县市第一名，连续三届获评"慈善七星城市"，被评定为国家知识产权示范城市、全国地质灾害防治高标准"十有县"，被命名为"全国游泳之乡"，总计获全国性荣誉7项。至年末累计获全国性荣誉162项。

【蝉联全国县域经济基本竞争力排名"十二连冠"】 2014年11月1日，北京中郡县域经济研究所发布《2014县域经济发展报告》并揭晓第十四届县域经济基本竞争力与县域科学发展评价结果，江阴市再次获评中国县域经济与县域基本竞争力百强县(市)第一名，实现"十二连冠"。第十四届县域经济基本竞争力和县域科学发展评价的主题是"增强县域经济内生动力"，评价过程中坚持"一壮大三提高(壮大县域经济，提高富裕程度、绿色指数、居民满意度)，科学评价助推科学发展，建设富裕绿色幸福县城"指导思想，突出居民收入、节能减排、绿色发展和科技进步等县域经济质量，强化社会安定、安全生产、环境保护和县域领导等县域科学发展评价的约束。是年，江阴市发挥区位优势，把握转型契机，优化政府服务，切实增强经济内生动力，持续推进城乡建设，不断加强民生保障，有效改善环境质量，这些都助推江阴连续十二次位列百强县(市)榜首。

【蝉联中国全面小康十大示范县市"七连冠"】 2014年，江阴市积极应对中国经济发展新常态，加快推进全面小康建设总目标，围绕新一轮改革发展战略，重点实施大力提升产业发展水平、城市品质能级、生态环境质量、百姓民生福祉"四个提升"总任务，在改革创新中赢得发展先机，使产业质态更加优化、城市形态更加现代、生活环境更加优美、百姓生活更加幸福，打造充满实力活力魅力的国际化、现代化滨江名城。是年12月20日，由求是杂志社编委会批准、小康杂志社主办的主题为"全面小康与县域发展"的2014第九届中国全面小康论坛在北京举行，江阴在新常态下推进全面小康建设，在高平台上实现新提升，在高起点上谋求新跨越的探索实践得到与会领导、专家、媒体的高度关注。在此次论坛上，江阴市荣获"2014中国全面小康十大示范县市"第一名，蝉联"七连冠"。

【荣膺2014年中国中小城市综合实力百强县市第一名】 2014年10月17日，在《2014中国中小城市绿皮书》发布会暨第十届中国中小城市科学发展高峰论坛上，江阴市荣膺2014年中国中小城市综合实力百强县市第一名。该次发布会暨高峰论坛在北京中国社会科学院举行，由中国中小城市科学发展高峰论坛组委会、社会科学文献出版社、东北亚开发研究院主办，中国城市经济学会中小城市经济发展委员会、东北亚开发研究院城市发展研究所、中国中小城市网承办。同时，中国城市经济学会中小城市经济发展委员会、中小城市发展战略研究院携手全国综合实力百强县市成立中国第一个中小城市领域经济协作组织——中国中小城市合作发展联盟

(CSMCCA),发展联盟系全国中小城市最大的资源合作平台,旨在推动百强城市的产城融合、园区升级、生态治理、资本对接。2014 年中国中小城市综合实力评价,主要从经济发展、社会进步、环境友好、政府效率四个方面进行,充分反映中小城市科学发展总体水平。江阴凭借产业质态更加优化、城市形态更加现代、生态环境更加优美、百姓生活更加幸福、经济社会统筹协调的新业绩,在全国中小城市综合实力评价中一举夺魁。 (史　志)

【获评全国地质灾害防治高标准“十有县”】 2014 年,江阴市按照国土资源部 2013 年 9 月启动的地质灾害防治高标准“十有县”(有组织、有经费、有规划、有预案、有制度、有宣传、有预报、有监测、有手段、有警示)建设要求,进一步加强地质灾害防治工作,全面开展地质灾害防治高标准“十有县”创建活动。是年,完成《江阴市 2014 年度地质灾害防治方案》编制工作,组织对全市地质灾害隐患点进行全面普查,确定 19 个地质灾害隐患点、危险点,发放地质灾害防灾工作和防灾避险“明白卡”38 份,设立警示牌和张贴宣传画 20 处;完成《江阴市地质灾害应急预案》修编工作,完成地质灾害危险性评估备案 151 份,其中三级评估备案 54 份,暂免评估备案 97 份;努力改善生态环境,完成海港大道凤凰山隧道南北出口、秦望山南出口 3 项地质环境治理项目,复绿面积 8 公顷;建立完善群测群防工作制度和责任体系,有效避免和减少地质灾害造成人民群众生命财产损失。10 月,江阴市地质灾害防治高标准“十有县”建设通过国土资源部验收,12 月,江阴市被国土资源部表彰为全国地质灾害防治高标准“十有县”。 (卫志友)

【被评定为国家知识产权示范城市】 2013 年 4 月,江阴市通过国家知识产权试点城市验收,进入国家知识产权示范城市创建阶段。市委、市政府高度重视国家知识产权示范城市创建工作,深入实施知识产权强市、强企战略,着力推进知识产权与经济科技深度融合,切实加强知识产权保护和运用,知识产权事业发展取得显著进步。2014 年 7 月,江阴市申请参加国家知识产权示范城市评定工作。11 月,根据《国家知识产权试点、示范城市(城区)评定和管理办法》规定,经过国家知识产权局综合评定,江阴市获“国家知识产权示范城市”称号。同时,江阴市知识产权局被国家知识产权局评为国家知识产权试点城市建设工作先进单位。 (周红芬)

2014 年 12 月,江阴市被命名为全国游泳之乡 (纪晓华 摄)

【被命名为“全国游泳之乡”】 2009 年,江阴市在全国首提“镇镇游泳池”建设计划,并作为市委、市政府为民办实事工程加以推进。按照“两年建设施,三年打基础,争创全国游泳之乡”的整体规划,政府主导建设好群众身边的游泳池馆设施,多元引导利用好保持可持续发展的社会资源,组织丰富多彩的全民游泳健身活动,创新培育拓展游泳项目业余训练,依法规范管理好游泳池馆经营开放。全市每年参加游泳锻炼人群超过 200 万人次,培训游泳学员 15000 人次以上。2014 年 12 月 12 日,由中国游泳协会、中国救生协会开展的 2009—2013 年度“全国游泳之乡”和“全国群众游泳健身活动模范池馆”评审活动揭晓,评审命名“全国游泳之乡”10 个单位、“全国群众游泳健身活动模范池馆”132 个单位,江阴市被命名为“全国游泳之乡”,江阴市体育中心游泳馆获“全国群众游泳健身活动模范池馆”称号。 (周　玲)

【连续三届获评“中国城市公益慈善七星城市”】 “中国城市公益慈善指数”测评活动由民政部发起,每两年测评一次,其指标体系由民政部中民慈善捐助信息中心组织国内外专家共同研发编制,用于监测衡量城市公益慈善事业发展水平。通过对全国城市社会捐赠、志愿服务、慈善组织、慈善经济贡献、政府支持慈善事业发展和城市慈善文化 6 个方面 29 个指标进行综合计算,评出“中国城市慈善百强榜”。江阴市多年来广泛传播慈善文化,社会捐赠热情高涨,慈善基金盘子不断做大。至 2014 年 7 月末,全市募集各类慈善基金总额超 12 亿元,自愿认捐冠名基金的企业超 400 个,其中认捐金额 800 万元以上的有 30 个;认捐万元以上的市民个人和家庭冠名基金 31 个,其中最多的认捐达 50 万元,初步形成人人奉献爱心、人人参与慈善的良好氛围。是年 8 月 16 日,第三届“中国城市公益慈善指数”测评结果在北京发布,现场揭晓“中国城市公益慈善百强榜”,江阴市城市公益慈善综合指数在全国县级市中排名第一,其中社会捐赠指数在全国所有城市中位居第一,第三次蝉联最高奖项“中国城市公益慈善七星城市”。 (史　志)

■类目编辑　邢　盈

中共江阴市委

重要会议

【市委十二届五次全体(扩大)会议】 2014年7月29日,中共江阴市委常委会主持召开十二届五次全体(扩大)会议。市委书记周铁根代表市委常委会作题为《着眼长远,狠抓当前,再创江阴新一轮改革发展新辉煌》的工作报告。市委副书记、市长沈建部署当前工作。大会通过《中国共产党江阴市第十二届委员会第五次全体会议决议》。市委委员、候补委员出席会议。全体市领导,市纪委委员,部分老领导,副处级以上领导,各镇街、园区、机关、直属单位、驻澄单位、各民主党派主要负责人及各党委村(社区)、市百强企业主要负责人列席会议。周铁根指出,江阴已经进入现代化建设的关键期、转型升级的阵痛期、改革创新的攻坚期,全市上下要紧紧围绕“在高起点上谋求新跨越,在高平台上实现新提升,再创江阴新一轮改革发展新辉煌”的目标定位,努力使江阴的产业质态更加优化、城市形态更加现代、生态环境更加优美、百姓生活更加幸福,确保各项工作继续走在全省全国前列、城市综合竞争力始终处于全国领先地位,把江阴真正打造成为一座充满实力活力魅力的国际化现代化滨江名城。要实现这一目标定位,在发展路径上,要始终致力“四大提升”,即提升产业发展水平,壮大提升主导产业,做大做强企业集团,激活放大民营经济,做到以项目为载体强攻增量投入,以创新为驱动增强发展动力,以企业为主体加快转型升级,以效能为重点优化政府服务;提升城市品质能级,提升城市形态,提升城市教育文化医疗服务水平,建设快速交通体系,提升城乡道路、景观绿化水平,加快改造城中村、脏乱差地区;提升生态环境质量,下决心优化产业结构、能源结构和生态治理结构;提升百姓民生福祉,切实加大民生投入,优化民生服务,完善民生机制。在发展理念上,要牢牢把握“四个坚持”,即坚持以解放思想来振奋精神、激励斗志,坚持以改革创新来激发动力、增强活力,坚持以凝心聚力来共谋发展、共创伟业,坚持以务实苦干来争先进位、实现跨越。上半年,面对十分复杂严峻的宏观形势,全市上下紧紧围绕产业、城市、生态、民生“四大提升”的总要求,千方百计保增长、抢抓时机促转型、全力以赴抓改革、一着不让惠民生,全市经济运行稳中有进,城市建设有力推进,生态建设持续推进,改革创新稳步实施,社会大局和谐稳定,党的建设全面加强,全市保持经济社会稳健发展、各项事业协调并进的良好态势,取得来之不易的发展成绩。下半年,全市上下要紧紧围绕市委、市政府的总体部署,狠抓当前,实干苦干,奋力确保全年各项目标任务不折不扣完成。一要全力以赴抓经济,强攻项目投入,建强园区载体,狠抓发展转型,严控金融风险,牢牢把握稳增长、促转型的主动权。二要建管并举快推进,加快重点片区开发建设和重点交通工程建设,推进城乡一体化发展,提升城市经营管理水平,不断开创城乡建设管理的新局面。三要义无反顾优生态,大力推进节能减排工程、环境整治工程和环境保障工程,努力打造宜人宜居的良好环境。四要以人为本促和谐,不断健全民生保障,积极发展社会事业,切实创新社会治理,增强市民群众的幸福感和满意度。五要抢抓机遇推改革,重点抓好政府行政效能改革、财税管理体制改革、开发开放体制改革、生态管理体制改革和现代金融服务改革,全面增强发展的动力活力。全市各级党组织和党员干部要齐心协力,真抓实干,为全面完成全年各项目标任务提供坚强保障。要强化党的建设,固本强基抓落实;强化领导带头,明确责任抓落实;强化过程控制,督查问效抓落实,以各项工作的高效推进决战下半年、决胜全年度。沈建就抓好当前工作提出要求,要着力推进经济稳定增长,着力加强城市建设管理,着力提高生态环境质量,着力改善群众生产生活,着力深化当前各项改革,以更加扎实的措施、更加务实的作风,坚定信心、抢抓机遇,积极作为、创新突破,确保完成全年各项目标任务。

【党政领导干部会议】 2014年1月2日,市委召开全市领导干部会议,无锡市委常委、组织部部长朱劲松在会上宣读中共江苏省委、中共无锡市委关于江阴市委书记、江阴高新技术产业开发区党工委书记领导职务调整的决定,免去蒋洪亮中共江阴市委书记、常委、委员、江阴高新技术产业开发区党工委书记职务;任命周铁根为中共江阴市委委员、常委、书记、江阴高新技术产业开发区党工委书记。省委常委、无锡市委书记黄莉新出席会议并作重要讲话。无锡市委副书记蒋洪亮,无锡市委常委、江阴市委书记、江阴高新技术产业开发区党工委书记周铁根,江阴市委副书记、市长沈建先后讲话。

【全市党的群众路线教育实践活动动员大会】 2014年2月19日,市委召开全市党的群众路线教育实践活动动员大会,贯彻落实中央、省委、无锡市委有关会议精神,对全市群众路线教育实践活动进行动员部署。市委书记、市委党的群众路线教育实践活动领导小组组长周铁根作动员部署。省委督导组联络员郜成平,无锡市委第一督导组组长、无锡市人大常委会副主任滕兰英,全体市领导出席大会。市委书记周铁根指出,全市各级党组织、广大党员要站在战略和全局的高度,深刻认识开展教育实践活动的重要性、现实性和紧迫性,切实增强开展活动的思想自觉和行动自觉,以高度的政治责任感积极投身到教育实践活动中来。对"四风"*之害、作风之弊进行一次大排查、大检修、大扫除,是开展教育实践活动最重要的任务。全市党员干部要重点抓好"五检查、五解决"*。全市各级党组织和广大党员要严格对照检查、认真分析病因、切实加以整改,使教育实践活动达到作风大改进、效能大提升、发展真受益、群众真欢迎的预期成效。要严格方法步骤,切实抓好教育实践活动各环节的工作。全市开展教育实践活动的总体要求是,认真贯彻党的十八大、十八届三中全会和习近平总书记系列重要讲话精神,按照"照镜子、正衣冠、洗洗澡、治治病"的总要求,对照理论理想、党章党纪、民心民声、先辈先进"四面镜子",以"为民务实清廉"为主题,以省委"四查四治"*和市委"五检查、五解决"*为主线,着力解决"四风"*方面存在的突出问题,着力解决关系群众切身利益的问题,推动党员干部思想认识进一步提高,作风进一步转变,党群干群关系进一步密切,为民务实清廉形象进一步树立,基层基础进一步夯实。开展教育实践活动必须牢牢把握坚持领导带头、坚持问题导向、坚持群众参与、坚持分类指导、坚持严格要求五个基本原则。强调全市各级党组织要准确把握教育实践活动每个环节的主要任务和工作要求,统一部署、梯次推进,坚持做到"四个贯穿始终":把学习教育贯穿始终,帮助广大党员干部补好思想之课、补足精神之钙,增强信仰信念,夯实转变作风的思想基础;把查摆问题贯穿始终,通过"四个摆进去",即班子查摆的问题把个人摆进去、下级查摆的问题把上级摆进去、业务部门查摆的问题把分管领导摆进去、社会面上的问题把自己摆进去,真正把自身存在的"四风"*病症找准找实找全;把整风精神贯穿始终,切实拿起批评和自我批评这个"利器",开展积极健康的思想斗争,真正实现红脸出汗、加油鼓劲、洗澡治病的良好效果;把整改落实贯穿始终,针对查摆出的"四风"*问题,坚持边学边改、边查边改、即知即改,以"钉钉子"精神抓好整改落实。按照统一部署,全市教育实践活动自2014年2月开始,9月基本结束。在方法步骤上明确"学习教育、听取意见,查摆问题、开展批评,整改落实、建章立制"三个重要环节。

【全市千企创新发展动员大会】 2014年4月22日,市委、市政府召开全市千企创新发展动员大会,市委书记周铁根强调,企业是创新发展的主体,全市广大企业要牢固树立创新理念,牢牢抓住推动企业转型发展的"三大关键",加快商业模式的转变,加快经营模式、营销模式、盈利模式的创新,通过上市融资、电子商务、总部经济等多元化的途径实现商业模式的再造;实现治理能力的提升,积极引入现代企业的管理理念和方法,加快打造现代企业的治理结构,适应新的时代要求;强化科技和人才支撑,在引进培养人才、开展科技研发、提升装备水平和技术改造等方面舍得投入,推动企业转型升级。周铁根同时希望广大企业家要积极提升自身素质,以永不懈怠的创业激情和勇气,坚持不懈追求高远目标,打造"百年老店";要严守诚信、依法经营、善待员工、关爱社会,勇担回报社会的责任和使命。全市各级各部门要准确认识企业和企业家在推动经济社会发展中的重要作用和突出地位,切实担负起营造环境、服务发展的主体责任,全力打造更加适宜企业创新发展的"小气候"。要转变思想理念,树立"企业家是经济发展功臣"的观念,积极营造有利于发展的社会风尚,形成推动发展的社会文化思想舆论导向,打造良好的社会环境;要积极研究出台各类政策措施,支持企业技术改造、转型升级、做强做大,形成促进发展的政策环境;要切实转变工作作风,提高行政服务效能,加大要素协调力度,帮助企业上项目、引技术、育人才、拓市场,营造推动发展的服务环境。市委副书记、市长沈建主持会议。

【全市生态文明建设暨环境保护大会】 2014年4月28日,市委、市政府召开全市生态文明建设暨环境保护工作大会。市委书记周铁根指出,2013年,全市节能减排有力推进,环境整治初见成效,环保基础设施不断完善,环保工作机制不断夯实,全市生态文明建设取得较好成效。江阴经济社会发展到现阶段,生态文明建设和环境保护工作显得尤为重要。要明确具体要求,加强源头治理,突出大气污染源头治理、水污染源头治理、低效用源头治理;夯实基础支撑,健全环保基础设施,优化环保监测手段,完善环保监管网络;加强生态修复,提升绿化水平、美化水平和净化水平;加强制度管控,健全责任追究制度,完善利益导向,强化法律制裁制度机制,整体推进求突破、求实效。要加强组织领导,强化领导责任、部门责任、企业责任和社会责任。各镇(街)、开放园区"一把手"要切实承担起第一责任人的职责;企业家要承担环境责任,以关心生态、善待环境的实际行动赢得尊重、赢得发展;要加强宣传教育,畅通群众参与渠道,提升全社会环保意识、现代文明意识。周铁根寄语环保部门,要不断提升环保工作能力、质量和水平,对于突发环境问题，要体现专业担当，科学回应；对于群众和社会关注的突出环保问题，要关口前移，充分发挥好综合管理职能；对于违法犯罪行为，要铁面无私，敢于碰硬，公正执法、廉洁执法，争当让政府放心、让群众信赖的环保“钢铁卫士”。

【全市城市建设管理大会】 2014年5月9日，市委、市政府召开全市城市建设管理大会。市委书记周铁根指出，做好年度城市建设管理工作，要高度统一思想，把城市建设管理作为全局的重中之重来强势推进。全市上下要充分认识到，城市的形象是最大的形象，城市的发展是最大的发展，城市的建设是最大的民生，要高点定位、高位提升，积极回应百姓期待，通过做精心规划、建精品工程、抓精细管理、搞精明经营，来不断提升城市的宜居宜业品质。要狠抓重点关键，奋力实现城市建设管理水平大提升。要坚持以高起点规划为引领、以高水平建设求突破、以高标准管理惠民生、以高效化运营增后劲，制订出一个江阴城市建设的五年计划，优化片区功能布局规划、综合交通规划、城乡绿化规划、民生基础设施规划，突出重点腾空间，确保质量快建设，片区开发出形象，来持续推进滨江花园城市建设。要强化组织领导，强化队伍管理，调动各方力量，为城市建设管理工作提供坚强保障。市委副书记、市长沈建主持会议并提出要求，全市上下要以当仁不让的使命感落实工作，要以只争朝夕的紧迫感推进工作，要以积极进取的责任感创新工作，把江阴打造成幸福和谐的宜居家园。

【全市党的群众路线教育实践活动总结大会】 2014年10月19日，市委召开党的群众路线教育实践活动总结大会，认真学习贯彻习近平总书记系列重要讲话精神，按照省、无锡市委的部署要求，全面回顾总结江阴市群众路线教育实践活动，对巩固和拓展活动成果、加强作风建设、全面推进从严治党进行部署。市委书记、市委党的群众路线教育实践活动领导小组组长周铁根指出，全市各级党组织和广大党员干部，要按照中央、省委、无锡市委的最新要求，把学习贯彻习近平总书记系列重要讲话精神作为首要政治任务，准确理解、全面把握讲话的思想内涵和精神实质。把讲话精神以及教育实践活动形成的认识成果、实践成果、制度成果，转化为贯彻群众路线的自觉行动、推动发展的实际本领；要以讲话精神指导作风建设，立足于中央抓作风建设的新常态来看待问题、从严执行规定、推进作风建设；要以讲话精神推动从严治党，突出“一把手”抓好党建作为最重要的本职工作，抓严、抓实、抓深入，靠制度管权管事管人，不断提升江阴党建工作的科学化水平。教育实践活动开展以来，全市坚决贯彻中央、省委部署和习近平总书记系列重要讲话精神，围绕“为民务实清廉”主题，坚持领导带头、以上率下、层层推进；坚持聚焦“四风”*，突出“五检查、五解决”*主抓手；坚持问题导向，从具体事情抓起，从小事细节改起；坚持群众参与，开门搞活动，打造群众满意工程；坚持严督实导，确保活动不虚不空不偏、不走过场，全市教育实践活动有力有序推进，取得实实在在成效。主要体现在五个方面，广大党员干部受到一次及时深刻的精神洗礼，理想信念、宗旨意识和党性观念明显增强；“四风”*问题得到一次集中深入的检查整改，党风政风持续好转；整风精神得到一次严肃认真的大力弘扬，党内政治生活更加严格规范；民生热点难点问题得到一次全面有序的排查化解，党群干群关系更加密切；制约发展的问题得到切实有效的排查整治，有力促进经济社会科学发展。教育实践活动落地有声、扎实推进，达到作风大改进、效能大提升、发展真受益、群众真欢迎的预期成效。必须坚定信念、锤炼党性。加强作风建设必须抓源头、抓根本，党员干部只有增强政治定力、坚守核心价值观、加强党性锻炼，才能站稳政治立场、明辨大是大非，以实际行动为党工作、为民造福。必须领导带头、以身作则。只有领导干部在改进作风上抓得实、过得硬，才能让党员群众信得过、跟着干。必须严字当头、动真碰硬。管党治党，务必从严，只有真管真严、长管长严，才能打开局面、收到实效。必须问题导向、典型引领。抓突出问题整改和先进典型引领，正反两面同时发力，作风建设才能取得最大成效。必须敞开大门、群众参与。加强作风建设，必须打开大门，让群众来监督和评价；必须深入群众，为群众排忧解难，才能做到不虚不空不偏。要以教育实践活动为新的起点，全面落实从严治党新要求，聚精会神抓好党的建设，为再创江阴改革发展新辉煌提供坚强的政治保证。要从严落实管党治党责任，做到组织要尽责、书记要负责、班子成员要担责、考核要问责，真正把抓好党建作为最大的政绩，承担好落实好从严治党责任。要从严强化干部教育管理，用理想信念武装党员干部，用制度管好干部，领导必须接受监督，权力必须受到制约，领导就是服务，权力就是责任。要从严规范党内政治生活，提高党内政治生活的政治性、原则性、严肃性，让每个党员干部都能通过党内政治生活锻造政治品格、坚定做人准则、激发信念精神。要从严加强作风建设，严格落实各项规定，定期检查作风建设情况，持续改进党风政风，把作风建设不断引向深入。要从严夯实基层基础，加强基层班子建设，着力服务民生需求，全力支持基层工作。要从严执行党的纪律，强化党纪教育，履行执纪职责，严惩违纪行为，巩固和发展全市风清气正的从政环境。

【市委工作务虚会】 2014年12月15—16日，市委召开工作务虚会，认真总结交流2014年工作，分析研判当前形势，全面谋划构思2015年思路。全体市领导和各镇街、部门主要负责人出席会议。市委书记周铁根要求全市各级领导干部准确把握宏观形势，以更加积极主动的姿态适应经济发展的新常态，提振干事创业的精气神，科学谋划好2015年改革发展各项工作，为再创江阴新一轮改革发展新辉煌奠定坚实基础。周铁根指出，2014年是外部环境严峻复杂、困难挑战集中显现、运行风险显著加大的一年。在这样的特殊年景下，全市上下紧紧围绕产业、城市、生态、民生“四个提升”的总要求，积极应对、奋力攻坚，扎实做好稳增长、促转型、抓改革、惠民生的各项工作，实现五个“很不容易”，保持全市经济社会稳健发展、各项事业协调并进的良好局面：在宏观环境十分困难的年景下，经济实现平稳健康发展，很不容易；在财政增收特别紧张的情况下，城市建设取得新的进步，很不容易；在困难矛盾交织的背景下，激发改革创新的持久动力，很不容易；在制约因素多种叠加的影响下，民生改善取得明显成效，很不容易；在群众路线教育实践活动的扎实推进中，作风建设呈现出全新面貌，很不容易。2015年是全面深化改革的关键之年，是全面推进依法治国的开局之年，也是全面完成“十二五”规划的收官之年。各级领导干部要准确把握宏观形势，切实把思想和行动统一到中央对新常态的认识和判断上来，正确认识新常态、主动适应新常态、积极引领新常态，科学统筹、全力以赴抓好各项建设，确保江阴在新一轮发展中抓在前、走在先。强调要主动适应发展新要求，科学谋划好2015年各项改革发展工作。关于经济工作，要一手抓传统产业的提升，一手抓新兴产业的壮大，全力以赴优化工业经济、服务经济和现代农业结构，集中精力强攻项目招引和建设，更大力度集聚创新要素和人力资源，坚定不移建强开放园区载体。关于城建工作，要坚持“城乡统筹、城乡一体”的发展理念，以全面实施《新一轮城市建设五年行动计划》为统领，大力提高城乡规划一体化、建设一体化、基础设施一体化、管理一体化水平，特别是针对环境脏乱差的问题，全面开展城乡环境综合整治行动。关于生态工作，要大力优化排放结构、能源结构和治理结构，用生态建设倒逼发展提质。关于民生工作，要准确把握促发展与惠民生的结合点，健全群众增收长效机制，完善社会基本保障机制，提升民生事业发展机制，让市民群众共享发展成果。市委副书记、市长沈建总结2014年工作时指出，要着力保持经济稳增长，把转方式调结构摆上重要位置；要培育新的增长点，突破招商引资，加大技改投入，鼓励传统产业改造提升，抓住国家发展混合所有制经济的机遇，推动本地企业与央企、国企、大企业集团的对接合作，加大科技创新工作力度，发挥江阴上市公司多的特点，支持上市公司做大做强；要防控区域性金融风险，保障全市经济社会平稳健康发展；要坚定推进生态环境建设，加强城市管理，强化民生环保工作，改善百姓生活环境，加大食品安全监管力度，更加关心弱势群体，提升百姓的幸福感和满意度。

【全市党员干部警示教育大会】 2014年12月18日，市委召开全市党员干部警示教育大会，与会人员观看市纪委制作的警示教育专题片《迷航》。全体市领导出席会议。市委书记周铁根指出，前车之覆、后车之鉴，每一位党员干部都要始终以案为鉴，筑牢思想防线，坚守理想信念，增强党性，守住底线，倍加珍惜组织对自己的信任，倍加珍惜为人民干事业的机会，倍加珍惜自己的家庭和前程。周铁根要求，要不断改进作风，持续纠正“四风”*。要从严务实地抓，坚持严的标准，采取严的举措，使中央“八项规定”*和省市委“十项规定”*等一系列规章制度真正内化于心、外化于行；要持之以恒地抓，建立健全常态化、长效化的工作措施，健全完善及时发现和解决“四风”*问题的长效机制，为作风建设提供可靠的制度保证；要率先垂范地抓，各级领导班子成员特别是“一把手”，要以向我看齐的姿态，带头遵纪守法、廉洁从政，带头坚守正道、弘扬正气，形成以上率下、上行下效的正能量。要坚持审慎用权，规范从政行为。要正确认识权力，把职务看成是干事创业的舞台、服务群众的平台，忠实地运用自己手中的权力来建设江阴、造福百姓、回报社会；要正确行使权力，始终以如履薄冰、如临深渊的态度，规范用权、谨慎用权，真正做到干净做事、廉洁为官；要自觉接受监督，以敢于接受的气度、乐于接受的胸襟，以“有则改之，无则加勉”的鲜明态度，赢得组织的信任、群众的支持。强调全市各级党政组织特别是纪检监察机关，要认真学习好、贯彻好习总书记系列重要讲话精神，坚定不移地将党风廉政建设和反腐败斗争引向深入，坚持从严治党，形成反腐新常态。要严格落实“两个责任”*。严格执行市委关于落实党风廉政建设党委主体责任、纪委监督责任的相关要求，承担好党风廉政建设领导者、执行者、推动者的角色。要切实完善各项制度。加快建立健全各项工作制度，切实增强制度的科学性、针对性和前瞻性，强化制度的刚性执行，使制度成为党员干部远离腐败的防火墙。要始终保持高压态势。严肃查办发生在党政机关、党员干部上，重点领域、关键环节上的腐败案件，着力解决发生在群众身边的腐败问题，使风清气正成为江阴最重要的发展环境，使清正廉洁成为江阴党员干部最鲜明的群体特征。

重要活动

【党的群众路线教育实践活动】 2014年2月18日，市委书记周铁根主持召开市委常委（扩大）会议，传达学习中央和全省党的群众路线教育实践活动第一批总结暨第二批部署会议精神以及无锡市党的群众路线教育实践活动动员大会精神，研究部署江阴市深入开展党的群众路线教育实践活动工作。

是日，市委党的群众路线教育实践活动领导小组召开第一次会议，审议全市开展教育实践活动有关方案，对需要抓紧推进的有关工作作出安排。市委书记、市委党的群众路线教育实践活动领导小组组长周铁根强调，领导小组要带头学习领会习近平总书记系列重要讲话精神，带头认真落实中央、省委、无锡市委的部署要求，以强烈的责任感和使命感，科学谋划、精心组织，确保全市教育实践活动各项工作取得实实在在的效果。市领导孙英、钱文琴、袁秋中、陈兴初参加会议。根据市委统一安排，每位市委常委、党员副市长都建立党的群众路线教育实践活动联系点。

2月27日，市委书记周铁根来到联系点澄江街道，参加党的群众路线教育实践活动动员大会，要求澄江街道各级党组织和广大党员干部以开展教育实践活动为契机，进一步聚集“四风”*转作风、促实效、创特色，以活动开展的突出成效、改革发展的显著成绩、人民满意的真正受益，在全市教育实践活动中作出示范、走在前列。

3月4日，市委书记周铁根以一名普通党员的身份参加市委办党的群众路线教育实践活动动员大会。周铁根要求市委办全体党员干部以高度的政治责任感，积极主动投身教育实践活动，以富有创新、富有特色、富有成效的活动，成为全市教育实践活动的示范单位。市委副书记蔡叶明参加动员大会。17日，市委党的群众路线教育实践活动领导小组召开第二次会议，听取教育实践活动开展情况的汇报，安排部署教育实践活动工作。市委书记、领导小组组长周铁根强调，要进一步深化学习教育、听取意见各项工作，在目标上更聚集、行动上更自觉、认识上更深化，确保教育实践活动取得群众满意的实际成效。市委副书记蔡叶明参加动员大会。市领导蔡叶明、孙英、钱文琴、袁秋中、陈兴初参加会议。27日，市委召开党的群众路线教育实践活动“一把手”专项述职会，市委书记周铁根强调，各级各部门“一所手”要增强“第一责任人”意识，做到科学谋划布好局、统筹协调掌好舵、以身作则放好样，确保教育实践活动扎实开展。市委副书记、政法委书记蔡叶明主持会议，市领导徐冬青、冯爱东、袁秋中出席会议。市委教育实践活动领导小组与各级各部门党(工)委书记签订教育实践活动责任书。28日，市委书记周铁根主持召开党的群众路线教育实践活动老领导征求意见座谈会。征求老领导对市级领导班子、党员领导干部整治“四风”*突出问题和开展党的群众路线教育实践活动的意见和建议市委副书记、政法委书记蔡叶明参加会议。31日，市委书记周铁根主持召开党的群众路线教育实践活动征求意见座谈会，听取镇(街道)党政负责人对市委开展党的群众路线教育实践活动的意见，以及对市级领导班子践行党的群众路线、反对“四风”*方面的建议。市委常委、组织部部长钱文琴参加座谈会。

4月8日，市委书记周铁根主持召开党的群众路线教育实践活动征求意见座谈会，听取部分党代表、人大代表和政协委员对于开展党的群众路线教育实践活动的意见建议，对市级领导班子及党员领导干部在“四风”*方面存在的突出问题的意见建议，为下一步查摆问题、整改落实打好基础。市委常委、市纪委书记孙英出席会议。同日，市委书记周铁根赴澄江街道江锋村作《坚定理想信念、做合格的共产党员》专题党课报告。其他市领导先后深入各自联系点讲党课。15日，市委召开党的群众路线教育实践活动民主党派、工商联和无党派代表人士征求意见座谈会。市委书记周铁根强调，市各民主党派、工商联、无党派代表人士要充分发挥自身优势，积极建言献策，促进中共江阴市委把教育实践活动各个环节工作做得更扎实、有效。市领导蔡叶明、倪颖伟、龚振东、黄丽泰、张英毅、喻伟力参加会议。18日，市委党的群众路线教育实践活动领导小组召开第三次会议，讨论在全市各行各业广泛开展教育实践活动的指导意见，安排部署教育实践活动工作。市委书记、领导小组组长周铁根强调，要根据中央、省委、无锡市委的组织部署，按照“高起点开局、高标准开展、高质量推进”的要求，深入推进教育实践活动，着力解决群众反映强烈的突出问题，确保教育实践活动取得群众满意的实效。市领导蔡叶明、孙英、钱文琴、袁秋中、郑元、陈兴初参加会议。同日，市委书记周铁根主持召开市委教育实践活动即知即改专项督查会，就教育实践活动开展以来反映的突出问题进行专项研究，部署整改落实。会议就无锡市委督查组反馈的突出问题逐一研究即知即改方案，明确牵头领导、责任单位和责任人。29日，全市党的群众路线教育实践活动专题培训班在华西村开班，全市800多名村(社区)主任、新进村(社区)“两委”班子成员、市级机关党务干部、“两新”*党组织书记参加为期两天的培训。市委书记周铁根在开班式上强调，要进一步增强全市基层党员干部参加活动、组织活动的政治觉悟和能力水平，确保全市广大基层党组织的教育实践活动开展得更加扎实、更有成效。市委常委、组织部部长钱文琴主持开班式。市委决定在全市各级党组织开展“学习吴仁宝，践行群众观”主题教育活动。

5月7日，市委书记周铁根调研联系点群众路线教育实践活动，周铁根一行先后赴南闸街道、澄江街道，深入部分村、社区、窗口服务单位等，详细了解教育实践活动开展情况。强调要进一步提高认识、突出重点，切实抓好教育实践活动每个环节、每项工作，确保活动取得更大成效。无锡市委第一督导组组长滕兰英，市委常委、组织部部长钱文琴参加调研。29日，市委党的群众路线教育实践活动领导小组召开第四次会议，回顾分析全市教育实践活动第一环节工作情况，研究审议第二环节各项工作。市委书记、领导小组组长周铁根强调，要贯彻落实中央、省委、无锡市委教育实践活动最新精神，组织好第一环节“回头看”，启动部署第二环节工作，持续推动教育实践活动向纵深发展。市领导蔡叶明、孙英、钱文琴、袁秋中、郑元、陈兴初参加会议。30日，市委召开全市党的群众路线教育实践活动推进会，深入学习贯彻习近平总书记赴河南省兰考县调研指导教育实践活动重要讲话精神，按照中央、省委、无锡市委的部署要求，总结交流全市教育实践活动第一环节工作，研究部署第二环节任务。市委书记周铁根强调，全市各级党组织、广大党员干部要深入学习领会、认真贯彻落实学习习近平总书记系列重要指示精神，推动思想意识再深化再提高，以更高标准、更严要求、更实举措推进教育实践活动深入开展。无锡市委第一督导组组长、无锡市人大常委会副主任滕兰英到会讲话。全体党员市领导参加会议。

7月15日，市委常委会召开党的群众路线教育实践活动专题民主生活会，围绕保持党的先进性和纯洁性，严格按照“照镜子、正衣冠、洗洗澡、治治病”的总要求，以为民务实清廉为主题，以反对“四风”*、服务群众为重点，突出省委“四查四治”*、市委“五检查五解决”*,以整风精神开展批评和自我批评,切实改进工作作风,提高群众工作本领。22 日,市委书记周铁根在群众路线教育实践活动联系点澄江街道,全程参加并指导澄江街道领导班子专题民主生活会。周铁根强调,要以专题民主生活会为新的开端,进一步扎实开展教育实践活动,全面抓好各项工作,推动经济社会全面发展。无锡市委第一督导组副组长陆东参加民主生活会。其他市委常委、党员副市长参加并指导各自联系点专题民主生活会。

7 月 23 日,召开市委、市政府专题民主生活会情况通报会,对市委、市政府领导班子及其成员对照检查、开展批评与自我批评情况进行民主评议。市委书记周铁根,无锡市委第一督导组组长、无锡市人大常委会副主任滕兰英,市长沈建出席会议。周铁根介绍市委常委召开专题民主生活会的基本情况,沈建介绍市政府领导班子专题民主生活会基本情况。24 日,市委书记周铁根参加江阴高新区党工委领导班子专题民主生活会。周铁根强调,要以专题民主生活会为契机,继续坚持高标准、严要求,推动教育实践活动不断深入、作风建设不断深化,推动高新区经济社会各项事业继续走在全市前列,为江阴发展树立榜样、多做贡献。

8 月 20 日,省委第二督导组组长、省人大常委会原副主任丁解民,市领导周铁根、钱文琴参加华西村党委班子召开的党的群众路线教育实践活动专题组织生活会。

9 月 3 日,省委第二督导组组长、省人大常委会原副主任丁解民,市领导周铁根、钱文琴参加江苏法尔胜泓昇集团有限公司党委班子召开的党的群众路线教育实践活动专题组织生活会。5 日,市委召开全市党的群众路线教育实践活动推进会,会议学习贯彻中共中央总书记习近平在中央政治局第 16 次集体学习时和听取河南省兰考县委、河南省委党的群众路线教育实践活动情况时的重要讲话精神,回顾总结江阴前阶段活动情况,研究部署下阶段各项工作。市委书记周铁根要求,全市各级党组织要牢固树立“作风建设永远在路上”的意识,发扬“钉钉子”精神,保持锲而不舍的劲头,坚持以严的标准、严的措施、严的纪律扣好“最后一道扣子”,走好“最后一公里”,不断将教育实践活动推向深入,确保取得群众满意的成效。无锡市委第一督导组组长、无锡市人大常委会副主任滕兰英对江阴第三环节工作提出明确要求。市领导赵国权、蔡叶明、孙小虎、徐冬青、计军、孙英、钱文琴、冯爱东、袁秋中等出席会议。22 日,市委书记周铁根主持召开市委常委(扩大)会议,专题研究、讨论并原则通过市委常委会党的群众路线教育实践活动“445”*专项行动相关文件,要求全市各级党组织加强统筹协调,强化责任落实,以真整改的鲜明态度和实际成效取信于民、惠及于民。

11 月 14 日,市委书记周铁根主持召开市委常委(扩大)会议,传达学习省委十二届八次全会精神,讨论研究中央巡视组反馈意见整改落实工作。会议强调,各级各部门要充分认识中央以巡视工作推进“党要管党、从严治党”的鲜明态度和坚定决心,按照省委、无锡市委的部署要求,认真做好巡视组反馈意见整改工作,确保各项整改措施落实到位,以整改落实的实际成效推动各项工作开展。

【领导干部学习活动】 2014 年 2 月 28 日,市委组织市委常委会和市四套班子党员领导举行为期两天的集中学习活动。市委书记周铁根在学习动员时要求,领导干部要充分发挥示范引领作用,带头加强学习,影响和带动全市广大党员干部切实把理论学习和思想教育摆在突出位置抓紧抓好,确保全市教育实践活动实现良好开局。学习采取集中学习与“江阴大学堂”相结合,由江西干部学院红军后代授课团作“弘扬党的优良传统,践行党的群众路线”专题报告;观看《苏联亡党亡国 20 年祭》专题片。

3 月 19 日,市委、市政府举行“学习吴仁宝,践行群众观”先进事迹报告会,激励全市党员干部以吴仁宝老书记为榜样,进一步坚定信念、振奋精神,埋头苦干、清廉工作,以更高的境界、更优的作风、更实的情怀积极践行党的群众路线,努力以作风建设的新成效,推动江阴现代化事业实现新跨越。周铁根、沈建、赵国权、薛良、蔡叶明、孙小虎、孙英、钱文琴、吴芳、戴旭东等市四套班子领导及千余名党员干部聆听报告会。市委书记周铁根讲话。与会人员观看纪念吴仁宝老书记逝世一周年专题片《永远飘扬的旗帜》。

4 月 3 日,市委常委会党的群众路线教育实践活动学习交流会在华西新市村举行,与会人员围绕“我是谁、依靠谁、为了谁”展开交流与讨论。市委书记周铁根主持交流会并作发言。强调要时刻不忘“我是谁、依靠谁、为了谁”,始终站稳群众立场,扎实改进工作作风,把教育实践活动各项工作做实做细,努力以作风转变的新成效推动江阴现代化建设取得新突破。无锡市委第一督导组副组长陆东,市领导沈建、赵国权、蔡叶明、孙小虎、徐冬青、计军、孙英、钱文琴、冯爱东、吴芳、戴旭东参加交流会。会上,大家结合思想和工作实际,畅谈学习体会,交流思想心得。其间,市委常委、党员副市长采取集中学习与分散学习相结合、个人自学与专家辅导相结合的方式,认真学习党的十八大、十八届三中全会和习近平总书记系列重要讲话精神。21 日,市委书记周铁根主持召开市委中心组(扩大)专题学习会,认真学习贯彻习近平总书记在河南省兰考县调研指导教育实践活动时的重要讲话精神,并观看影片《焦裕禄》。市领导沈建、赵国权、薛良、蔡叶明、孙小虎、徐冬青、计军、钱文琴、冯爱东、吴芳、袁秋中、戴旭东等参加学习会。23 日,召开市委中心组(扩大)专题交流会,学习传达中共中央总书记习近平在省部级主要领导干部学习贯彻十八届三中全会精神全面深化改革专题研讨班上的重要讲话精神,交流学习焦裕禄精神心得体会。无锡市委常委、江阴市委书记周铁根要求,全市广大党员干部要深入学习焦裕禄精神,以焦裕禄精神为镜,践行焦裕禄精神,争做焦裕禄式的好党员、好干部。

6月26日，市委举行吴仁宝先进事迹实境课堂教育活动，引导教育全市广大党员干部以吴仁宝为榜样，坚定信念、践行宗旨、扎实工作，以教育实践活动的新成效再创改革发展的新业绩、现代化建设的新辉煌。市委书记周铁根，市委副书记、市长沈建共同为吴仁宝先进事迹展揭牌，与会代表观看电视专题片《永远的怀念》，并参观吴仁宝先进事迹展。

7月25日，大型音乐舞蹈剧《老书记》在华西新市村民族宫举行首演。人民日报社江苏分社社长贺广华，无锡市和江阴市领导周铁根、王国中、沈建、赵国权、薛良、孙小虎、计军、孙英、钱文琴、冯爱东、袁秋中等市四套班子领导观看演出。

9月1日，全市市管领导干部"四个提升"*专题轮训第一期培训班开班，97名市管领导干部接受为期半个月的专题培训。市委书记周铁根作开班动员，要求全市市管领导干部树立正确的价值观，提升工作能力和领导水平，为再创江阴新一轮改革发展的新辉煌做出新的更大贡献。市委常委、组织部部长钱文琴主持开班式。21日，江阴大学堂举办落实党风廉政"两个责任"*报告会，邀请中国社会科学院中国廉政研究中心副秘书长高波解读十八大后新形势下如何推进党风廉政建设。全体市领导听取讲座。

10月28日，市委书记周铁根主持召开市委常委（扩大）会议，认真学习党的十八届四中全会公报。会议强调，全市各级党组织要把学习贯彻四中全会精神作为重大政治任务，迅速掀起学习热潮，深刻领会核心内容和精神实质，切实以四中全会精神推动江阴法治建设。

12月1日，"江阴大学堂"举办党的十八届四中全会精神专题讲座，扬州大学党委书记、法学教授、省人大常委会立法专家咨询组组长夏锦文作题为《依法治国的重要里程碑》的专题辅导报告。全体市领导听取讲座。

【重要工作推进活动】 2014年2月25日，市委、市政府召开全市产业项目建设推进会，市委书记周铁根要求，各级各部门要把项目建设作为推动转型发展的最重要抓手，紧抓不放。抓项目源建设。要积极发挥企业投资主体作用，鼓励企业加大技改投入和新上项目建设力度，特别是要推动重点企业、上市公司扩大投资规模，努力形成企业竞相扩大投资的良好局面；要把招商放在突出位置，领导带头走向招商一线，积极引进世界500强企业和国内外大企业大集团，积极引进龙头型、基地型项目；要注重科技成果转化，为企业搭建与高校、科研院所的对接平台，推动一批科技成果的产业化，提升企业的竞争力。抓重点区域载体建设。三大开放园区、重点乡镇要进一步加大配套基础设施建设，提升服务水平，优化发展环境。抓重点项目。要把推进重点项目建设放到全局和长远的战略位置，切实把招引集聚重点项目、扎实推进重点项目作为项目建设的重中之重，积极引进国内国际领先、科技含量高的项目和经济效益好、税收贡献大的项目。要注重协调保障，确保项目建设顺利推进。要认真做好土地、资金等要素保障，加强项目建设服务，提高审批效率，完善项目推进机制、重点项目建设情况交流机制等，通过定期举办集中开工、现场观摩等活动，营造你追我赶的发展氛围，促进全市经济发展。市委常委、常务副市长孙小虎主持会议。市领导徐冬青、计军、冯爱东、费平、唐仲贤参加会议。

3月17日，市委书记周铁根主持召开全市重点工作推进会，分析形势，研究对策，推进工作。周铁根要求全市上下要全面正确认清形势，坚定信心，振奋精神，迎难而上，努力作为，营造最利于经济发展的温暖"小气候"，特别是广大领导干部要树立起责任意识、使命意识和担当意识，在服务企业、推动发展中展现领导干部的能力水平，为全市经济发展做出自己的贡献。市领导沈建、赵国权、薛良、蔡叶明、孙小虎、徐冬青、计军、孙英、钱文琴、冯爱东、吴芳、袁秋中、戴旭东等参加会议。24日，市委召开全市党建工作会议，市委书记周铁根要求全市各级党组织和广大党员深入贯彻党的十八届三中全会和习近平总书记系列重要讲话精神，深入开展党的群众路线教育实践活动，大力推进党的思想建设、组织建设、作风建设、反腐倡廉和制度建设，不断提高党建工作科学化水平，为推进江阴现代化建设提供坚强的思想、政治和组织保障。市委副书记、政法委书记蔡叶明主持会议。市委常委、市纪委书记孙英参加会议。市委常委、组织部部长钱文琴总结部署全市组织工作。市委常委、宣传部部长袁秋中总结部署全市宣传工作。同日，市委召开全市党（工）委书记基层党建工作专项述职会，会上，围绕抓基层党建工作，4位党（工）委书记进行述职，12位镇街党（工）委书记作书面述职。市委书记周铁根强调，一要以身作则抓落实，切实履行基层党建"第一责任"。二要固本强基抓创新，大力夯实党的建设"第一工程"。三要与时俱进抓作风，不断强化基层党建"第一保障"。党（工）委书记要切实担负起基层党建工作的职责，进一步强化大局意识、责任意识和使命意识，务实进取，开拓创新，不断开创基层党建工作新局面，为推动江阴更好更快发展提供坚实的组织保障。市领导蔡叶明、徐冬青、孙英、钱文琴、冯爱东、袁秋中出席会议。28日，市委书记周铁根、副市长费平出席江阴—无锡金融工作恳谈会，周铁根表示，政银企要坚定信心、同舟共济、通力合作，共同推动江阴经济平稳较快发展。31日，市委、市政府举行全市开放型经济工作会议，市委书记周铁根要求，认清形势、统一思想，切实增强抓好开放型经济工作的责任感和紧迫感；突出重点、狠抓关键，奋力开创开放型经济发展的新局面；科学组织、狠抓落实，努力形成开放型经济发展的强大合力。市委常委、常务副市长孙小虎主持会议。市委常委、副市长计军作工作报告。市领导徐冬青、冯爱东、程政参加会议。

4月14日，市委书记周铁根主持召开全市一季度经济运行分析会，要求全市上下进一步扩空间、挖潜力、强措施、抓落实、增信心，全力促进经济平稳较快发展。沈建、赵国权、蔡叶明、孙小虎、徐冬青、计军、孙英、钱文琴、冯爱东、吴芳、袁秋中等市领导参加会议。15日,市委、市政府专题召开全市人才强企工作会议,市委书记周铁根动员全市上下特别是广大企业,进一步树立人才是第一资源的理念,坚定不移走人才强企之路,做好"引才、育才、留才"文章,加快构筑最具竞争力的人才高地,为江阴新一轮改革发展提供坚强有力的人才保障和智力支持。无锡市委常委、组织部部长朱劲松到会讲话。市领导沈建、赵国权、薛良、钱文琴、费平、张继文参加会议。21日,2014—2016年江阴与霍城人才结对培养计划启动暨春季班开班仪式举行,市委书记周铁根表示,江阴将积极拓宽江阴、霍城两地合作渠道,把人才援疆放到更加突出的位置,通过开展干部交流、挂职锻炼,提升干部队伍素质,推动援疆工作由"输血"向"造血"转变,促进霍城经济持续发展。江苏省对口支援新疆伊犁哈萨克自治州前方指挥部党委副书记、副总指挥、伊犁哈萨克自治州纪委副书记霍宝柱,江阴对口支援霍城前方工作组组长、霍城县委副书记崔荣国,霍城县委常委、组织部部长苗全贵,江阴市领导钱文琴、吴芳、陈兴初出席活动。

5月13日,市委书记周铁根主持召开全市经济运行分析会,要求全市上下坚定信心、积极作为、争取主动,全力以赴抓项目攻投入、转作风抓落实,确保实现"双过半"(时间过半、任务过半)。沈建、赵国权、薛良、蔡叶明、孙小虎、计军、孙英、钱文琴、冯爱东、袁秋中等市领导参加会议。28日,江苏法尔胜泓昇集团有限公司举行第十六届科技创新大会,市委书记周铁根出席会议并为国家"千人计划"*专家张丽娟教授新材料研究室授牌。要求法尔胜在下一步发展过程中定位更高、科技更强、转型更好、发展更快,奋力打造"千亿级百年常青企业"。市委常委、组织部部长钱文琴出席会议。

6月12日,举行产业项目建设现场观摩活动并召开座谈会,市委书记周铁根强调,全市上下要充分认识项目投入对加快经济发展的重要意义,持续推进项目建设,着力扩大有效投入,加快产业转型升级,促进全市经济持续健康发展。沈建、赵国权、薛良、蔡叶明、孙小虎、徐冬青、计军、孙英、钱文琴、冯爱东、吴芳、袁秋中等市四套班子领导及各镇园、街道、有关部门负责人参加观摩活动。14日,市委书记周铁根主持召开全市经济运行分析会,要求全市上下认清形势、增强信心、乘势而上,全力冲刺"双过半"各项目标任务。市领导沈建、赵国权、薛良、蔡叶明、孙小虎、徐冬青、计军、钱文琴、冯爱东、吴芳、袁秋中等参加会议。20日,热电企业整合现场推进会在华西新市村举行,副省长许津荣,无锡市及江阴市领导周铁根、朱爱勋、沈建、孙小虎出席会议。市委书记周铁根强调,要从三个方面抓好环境保护和建设。要优化产业结构。要继续加大关停小化工、小印染以及高耗能、高污染企业的力度,从源头上提升环境质量;继续加大招商引资的力度,通过一批重大项目的增量投入来带动产业结构调整。要优化能源结构。江阴将着力推进"煤改气"工程、加速水煤浆产业化利用、加大节能减排力度,通过多种举措,在保障经济和民生发展能源需求的同时,持续改善环境质量。要优化生态结构。通过调优产业结构、调优布局结构,在不增加建设强度的前提下保持经济可持续发展;在空气、水体、绿化等生态环境修复方面不断加大投入,进一步改善生态结构。市委副书记、市长沈建主持会议。市委常委、常务副市长孙小虎通报全市热电整合情况。24日,举行节约集约用地工作推进会,部署下阶段节约集约用地工作举措。市委书记周铁根要求全市各级各部门切实增强节约集约利用土地的责任感和紧迫感,进一步完善机制、落实责任、扎实工作,加大力度保护土地资源,不断提升科学用地水平,全力保障全市经济社会可持续发展。市领导沈建、徐冬青、冯爱东、吴芳、封晓春参加会议。市委副书记、市长沈建主持会议并提出要求。25日,预防职务犯罪警示教育大会在新落成的基层干部预防职务犯罪警示教育基地举行,以观看警示专题片和参观专题展览的形式,警示党员干部增强拒腐倡廉意识。市委书记周铁根,无锡市人民检察院党组书记、检察长蒋永良为教育基地揭牌。市领导蔡叶明、孙英参加会议。就进一步做好全市预防职务犯罪工作,周铁根要求,要提高思想认识,切实把预防职务犯罪放在更加突出的位置。要狠抓关键环节,构建预防职务犯罪的有效体系。要强化党性修养,有效提升拒腐防变的能力。

8月5日,召开行政审批服务提速提质提效工作推进会,市委书记周铁根强调,要通过落实"三集中三到位"*,建立高效完善规范的行政审批服务机制,进一步提高行政审批效能,优化提升江阴的服务环境。市委副书记蔡叶明主持会议。市委常委、常务副市长孙小虎部署全市行政审批服务提速提质提效工作。市领导孙英、封晓春参加会议。6日,举行培育和打造千亿级企业集团座谈会,市委书记周铁根勉励广大企业集团,要提升心气,拓宽眼界,夯牢基础,政企同心,全力打造千亿级企业集团,为经济持续健康发展注入强劲动力。市领导沈建、计军、费平参加会议。7日,召开安全生产检查整改专项行动推进会,贯彻落实中央、省市委要求,分析当前安全生产形势,部署下阶段安全生产检查整改专项行动各项工作。市委书记周铁根要求,重点抓好五项工作,一要迅速开展安全生产大排查,消除物的不安全状态、人的不安全行为、管理的不安全盲区,及时、坚决、彻底地排查隐患,把防范措施落实到每个节点、每个细节。二要推进重点专项整治,强化项目安全核准,执行安全许可制度和产业政策,严格技术和安全质量标准。三要抓好安全生产教育培训,加强企业负责人、安全管理员和普通工人的安全培训力度。四要加大依法查处力度,安全教育关口前移,对发生安全事故的要从严教育、从严处理。五要加强应急管理机制建设,建立完善各类应急预案,加强应急值班和信息报送,第一时间做好应急处置。市委副书记、市长沈建部署安全生产检查整改专项行动。市领导沈建、计军、吴芳、封晓春、唐仲贤、虞卫才、韩民参加会议。市长沈建作专项行动部署，副市长唐仲贤主持会议。会后，市领导分组检查部分企业的安全生产工作。同日，市委、市政府召开全市金融工作座谈会，总结上半年金融工作，分析当前经济金融形势，研究下阶段工作措施。市委书记周铁根要求，要加强政府、银行、企业之间的协调和沟通，形成合力，共克时艰，创造良好的金融生态环境，共同促进江阴经济发展。市领导沈建、费平参加座谈会。13日，市委书记周铁根主持召开全市经济运行分析会，要求全市上下集中精力谋发展，坚定不移抓项目，深入分析找不足，以项目建设的新成效推动全市各项经济发展目标任务的完成。市领导沈建、赵国权、薛良、孙小虎、徐冬青、计军、孙英、钱文琴、冯爱东、吴芳、袁秋中等参加会议。20日，市委、市政府召开城市河道环境综合整治现场督查推进会，市委书记周铁根要求，各级各部门要统一认识，提升思想境界，把城市河道作为当前环境综合整治的重中之重，以责无旁贷的责任意识和主动作为的实干精神，扎实推进环境综合整治，促进城市河道环境持续好转。要综合治理、强势推进，下决心花三五年时间，使江阴水体质量有根本性改变。要围绕“河道断面监测数据达标率90%以上”和“水质出现逐年好转”阶段性目标，科学施策、系统安排、整体推进，从根本上解决问题。要从企业污染源头进行治理，加大对小化工、小企业的关停力度；加大环保执法力度，确保企业污水集中收集不留空白；加快村庄生活污水处理改造，高质量、高标准整合建设污水管网，推进污水管网一体化运行；沟通完善水系，形成河道微循环，完善河道保洁机制，不断改善水环境质量。市领导沈建、孙小虎、封晓春参加推进会并实地督查秦泾河、黄山港、澄塞河、绮山中心河、西横河水环境状况。21日，召开张家港河综合整治现场督查推进会，市委书记周铁根强调，要坚定不移、强力推进张家港河综合整治工作，确保河道水质实现持续根本改善。市委常委、副市长吴芳参加推进会。21日，召开培育和打造专精特新科技“小巨人”企业座谈会，市委书记周铁根鼓励广大科技型中小企业明确目标、高点定位，增强发展动力，早日成长为专精特新科技“小巨人”企业，为提升江阴产业发展水平做出积极贡献。副市长费平主持座谈会。

9月15日，市委书记周铁根主持召开全市经济运行分析会，要求全市上下统一思想认识，进一步坚定信心、瞄准目标，确保完成全市各项经济发展目标任务。市领导沈建、赵国权、薛良、蔡叶明、孙小虎、徐冬青、计军、孙英、钱文琴、冯爱东、袁秋中等参加会议。

10月11日，市委书记周铁根主持召开全市经济运行分析会，要求全市上下加强监测分析、狠抓项目投入、提升发展环境，全力冲刺全年各项目标任务。市领导沈建、赵国权、薛良、徐冬青、计军、钱文琴、冯爱东、袁秋中、戴旭东等参加会议。

11月14日，市委书记周铁根主持召开全市经济运行分析会，要求全市上下抓当前、谋长远，全力冲刺全年各项目标任务，为明年经济发展积蓄强劲动力。市领导沈建、赵国权、薛良、孙小虎、计军、孙英、冯爱东、袁秋中等参加会议。22日，举行项目建设现场观摩活动并召开座谈会，市委书记周铁根强调，全市上下要切实增强项目建设的危机感和紧迫感，高度聚焦项目投入，埋头苦干推进项目建设，真正推动江阴在高平台上新跨越、在高起点上新提升。沈建、赵国权、薛良、蔡叶明、孙小虎、徐冬青、计军、孙英、钱文琴、冯爱东、吴芳、袁秋中等市四套班子领导及各镇（街道）、园区和有关部门负责人参加观摩活动。

12月2日，市委书记周铁根主持召开镇（街道）、园区调研座谈会，听取园区和部分镇（街道）的意见建议，科学谋划2015年全市各项工作。周铁根强调，各级各部门要进一步统一思想、理清思路，始终坚持发展、生态、民生统筹互动的理念，推动全市经济社会全面进步。市领导徐冬青、冯爱东、程政参加会议并发言。10日，市委书记周铁根主持召开经济工作调研座谈会，分析工作、总结经验，研究当前面临的新情况新问题，科学谋划2015年经济工作思路。周铁根提出，要政企同心、共克时艰，科学统筹、埋头实干，推动江阴经济社会全面可持续转型升级发展。副市长费平参加座谈会。会上，江苏扬子江船业集团公司、江苏新长江实业集团有限公司、江苏双良集团有限公司、江苏富仁集团有限公司、云蝠投资控股有限公司等企业负责人分析行业发展走势，介绍企业下一步发展的思路举措，并对市委、市政府工作提出意见建议。市发改委、经信委、财政局、商务局主要负责人汇报2014年工作情况及2015年工作思路，并结合自身实际，就做好2015年经济工作建言献策。19日，按照市委统一部署，组成17个检查考核组，对14个镇街、3个开放园区、9个机关部门落实党风廉政建设“两个责任”*情况进行检查考核。市委书记周铁根来到高新区（城东街道）检查考核，要求深刻认识新形势下加强党风廉政建设和反腐败工作的重要性、紧迫性，严格执行党风廉政建设责任制，贯彻落实党风廉政建设“两个责任”*，以实际行动推动党风廉政建设和反腐败工作取得新成效。市委常委、高新区党工委副书记、管委会副主任冯爱东汇报高新区（城东街道）落实党风廉政建设“两个责任”*情况。

【走访调研活动】 2014年1月5日，市委书记周铁根深入华士镇、新桥镇部分村、企业，就经济社会发展情况进行调研，并听取两镇经济社会发展情况介绍。市委副书记蔡叶明陪同调研。6日，市委书记周铁根赴临港经济开发区调研，并听取临港经济开发区发展情况汇报。市领导蔡叶明、徐冬青陪同调研。7日，市委书记周铁根赴顾山、长泾、祝塘、周庄等镇深入调研。市委副书记蔡叶明陪同调研。8日，市委书记周铁根赴徐霞客镇、青阳镇、月城镇、南闸街道、云亭街道、澄江街道调研。市委副书记蔡叶明陪同调研。同日，市委书记周铁根赴高新区调研，市领导蔡叶明、冯爱东陪同调研。9日，市委书记周铁根、副市长虞卫才检查2014年春季城乡联动大型招聘会现场。11日，市领导周铁根、沈建、赵国权、薛良、蔡叶明、钱文琴、朱敏、虞卫才、张英毅等分组走访慰问市老领导。24日,市委书记周铁根、无锡市副市长朱爱勋走访慰问驻江阴市部队官兵、敬老院老人及困难群众。26日,市委、市政府举行老干部春节慰问大会,市委书记周铁根通报2013年全市经济社会发展情况和2014年的工作打算。市委副书记、市长沈建主持会议,市领导赵国权、薛良、钱文琴出席大会。27日,举行2014年春节军政座谈会,市领导周铁根、沈建、赵国权、薛良、戴旭东、虞卫才和驻江阴市部队首长出席座谈会。27日,市委书记周铁根,市委副书记、市长沈建分别带领相关部门负责人,检查春节前安全生产情况。市领导计军、冯爱东、费平、韩民参加检查。28日,市委书记周铁根走访慰问澄江街道部队困难家庭和夕阳红老年康乐中心的老人;市委书记周铁根和市委副书记、市长沈建分别带队走访全市部分保供部门、加班单位和新闻单位,慰问一线干部职工。市领导计军、吴芳、袁秋中、费平、龚振东、封晓春、韩民随同检查和看望慰问。

2月8日,市领导分组开展"走访企业、服务发展"活动,深入全市企业,了解企业开工复产情况,倾听企业意见建议,帮助企业解决实际困难,为企业发展排忧解难。12日,市领导周铁根、沈建、赵国权、薛良、封晓春会同相关部门负责人调研城市建设管理工作,现场察看城市建设项目,并召开座谈会研究城建工作。

4月1日,市委书记周铁根赴青阳镇树家村开展驻点调研,并结合群众路线教育实践活动广泛听取基层群众的意见建议。向群众问需、问计、问民生。18日,按照市委开展领导干部下基层"三走进三服务"*活动的总体部署,市委书记周铁根带领相关部门负责人,走访神宇通信科技股份公司、江苏华西集团公司、江阴万事兴集团、江苏阳光集团有限公司、海澜集团有限公司部分联系挂钩重点企业。其他市领导也先后走访各自联系挂钩企业。

5月8日,市委副书记、市长沈建、副市长虞卫才一行走访周庄镇华宏残疾人就业扶持基地、周庄镇残疾人托养所和部分残疾人。16日,市领导周铁根、赵国权,副市长虞卫才走访市残疾人服务中心、市精神卫生中心和部分残疾人家庭。30日,市领导周铁根、沈建、赵国权、薛良、钱文琴、龚振东、唐仲贤、陈兴初分组走访慰问部分小学和幼儿园。

7月28日,市委、市政府组织开展全市重大开工产业项目现场督查活动,周铁根、沈建、赵国权、薛良等市四套班子领导分6组深入各地,现场督查各重大开工产业项目的推进、运行情况。同日,市委副书记、市长沈建,市委常委、市人武部部长戴旭东一行先后走访慰问市人武部、江阴预备役高炮营、武警江阴消防大队、驻江阴市73055部队官兵。30日,市委书记周铁根,市人大常委会主任赵国权,副市长虞卫才一行先后走访武警江阴市中队、驻江阴市63680部队和江阴边防检查站官兵。

8月8日,市委书记周铁根调研全市文化建设工作,市委常委、宣传部部长袁秋中,副市长龚振东陪同调研。

9月9日,市领导周铁根、沈建、赵国权、薛良、徐冬青、孙英、龚振东、陈兴初等分组走访部分学校,亲切慰问教师员工。29日,市领导周铁根、沈建、赵国权、薛良、袁秋中、虞卫才等分组走访慰问部分敬老院、社区居家养老服务站和高龄老人、五保老人、优抚对象、劳动模范、时代先锋。

12月11日,市领导周铁根、沈建、封晓春,带领相关部门调研城市建设管理工作,赴滨江花园城市标志区、沿河区域等地实地调研,并召开座谈会研究城建管理工作。

【表彰活动】 2014年1月24日,市委、市政府举行2013年度市重点骨干企业座谈会,市委书记周铁根为江苏利电能源集团、海澜集团有限公司、江苏双良集团有限公司、瀚宇博德科技(江阴)有限公司4个2013年度入库税金净增亿元以上企业授奖。

2月7日,市委、市政府举行2013年度先进表彰大会,全市47个经济社会发展考核先进单位、311个先进集体和563名先进个人受到表彰。

3月7日,市委、市政府发文表彰2013年度全市农村工作先进集体和先进个人。31日,市委、市政府召开全市开放型经济工作会议,表彰全市开放型经济先进单位。

4月15日,市委、市政府召开全市人才强企工作会议,表彰6个江苏省"双创计划"*(江苏省高层次创新创业人才引进计划)团队、10名中央"千人计划"*人才、省"双创计划"*人才。22日,市委、市政府召开全市千企创新发展动员大会,表彰2013年度工业经济发展先进单位。23日,举行首届"十佳江阴好人"颁奖典礼。28日,市委、市政府召开全市生态文明建设暨环境保护大会,表彰生态文明建设和环境保护工作先进单位和先进个人。

5月9日,市委、市政府召开全市城市建设管理大会,表彰2013年度江阴市城市建设管理服务先进单位。

6月25日,市委、市政府发文表彰2013年度禁毒工作先进集体和先进个人。30日,市委发文表彰江阴市"五先五好"*服务型党组织和江阴市优秀共产党员等先进个人。

7月1日,市委召开纪念中国共产党成立93周年大会,会议表彰江阴市"五先五好"服务型党组织、江阴市群众身边的好书记、江阴市群众身边的好干部、江阴市群众身边的好党员、2011—2013年度江阴市优秀共产党员。

9月3日,市委书记周铁根主持召开市委常委(扩大)会议,讨论通过《中共江阴市委关于向李良宝同志学习的决定》,决定在全市广泛开展向李良宝学习活动。5日,江阴市委、市政府发文表彰2014年度江阴市教书育人标兵。

10月17日,市委、市政府召开第24届科技节暨科技创新大会,表彰一批科技创新创业先进代表。27日,市委、市政府举行江阴籍运动员、教练员庆功座谈会,表彰奖励一批在国内外赛事中获得佳绩的57名运动员和7名教练员。

12月3日,市委书记周铁根看望"炎黄"张纪清,号召全市广泛开展宣传学习"炎黄"活动,进一步弘扬正气,传递"正能量",推动社会和谐稳定。市委常委、宣传部部长袁秋中陪同看望。

【考察活动】 2014年6月5日,2014年江阴现代服务业(深圳)合作恳谈会在深圳举行。130多位来自香港、深圳等地的企业代表参加恳谈交流,16项服务业项目成功签约,签约金额超200亿元。市委书记周铁根致辞。市委副书记、市长沈建推介江阴服务业发展情况。市领导徐冬青、计军、冯爱东、程政出席会议。市委常委、副市长计军主持会议。会前,周铁根、沈建等市领导会见部分嘉宾和企业代表。有16项项目在会上成功签约,其中内资项目12项,总投资115.8亿元;外资项目4项,总投资13.8亿美元。项目涵盖现代金融、总部经济、工业地产、文化创意、医疗机构、物流基地等多个领域。在深圳期间,周铁根还拜访中国南山开发(集团)股份有限公司、中建钢构有限公司、世茂集团等企业集团高层。

7月2—7日,市委书记周铁根率市经贸代表团赴台开展经贸合作、推进台资重点重大项目。市领导计军、冯爱东参加活动。代表团一行先后拜访中国国民党荣誉主席连战、台湾前"行政院长"唐飞、台湾前"外交部长"丁懋时、澎湖县"议会议长"刘陈昭玲等一批台湾政商界知名人士,就两岸关系和平发展的新形势下如何深化澄台经贸合作和交流交往,开展高层互动和交流,增进双方互信与合作,取得良好成效。在台期间,代表团一行拜会一批台湾知名企业家,推介江阴投资环境,招引台资重点重大项目。还拜访台湾一批台湾金融界知名人士,积极推动江阴优势成长型企业赴台上市,大力引进台资银行、私募股权基金、融资租赁等金融产业业态来澄发展,推动企业和台湾优势产业在并购重组、产业协作配套、先进技术引进等方面深化合作。

11月26—29日,市委书记周铁根,市委副书记、市长沈建率市党政代表团赴广东佛山市南海区、顺德区,广州市南沙区、增城区、黄埔区学习考察,感受珠三角深化改革、转型升级的浓郁发展氛围,为促进全市优化发展和转型提升寻求转变观念和开阔思路的现实路径。市领导赵国权、薛良、徐冬青、计军、孙英、冯爱东、袁秋中、费平、龚振东、唐仲贤、虞卫才、张继文,及各镇园、街道和相关部门主要负责人参加学习考察活动。其间,还举行学习考察交流会,各镇园街道、部门代表交流学习考察体会。

【项目签约、奠基、竣工活动】 2014年,江阴市主要领导参加的全市项目签约、奠基、竣工仪式有20次。其中:项目签约10次,项目竣工5次,项目奠基、开工5次。主要有:1月10日,总投资80亿元的世茂滨江摩天城项目签约;3月21日,总投资3500万美元的佳施爱能吉(江阴)塑料有限公司在临港开发区新材料产业园竣工投产;4月21日,中交投资有限公司投资100亿元建设的璜土镇特色城镇化项目签约;5月19日,台湾南开科技大学分别与江阴职业技术学院、江阴中等专业学校签订学术交流合作协议;22日,总投资超70亿元的华泰汽车集团自动变速箱项目签约落户江阴高新区;28日,远景能源自主研发的4兆瓦海上智能风机批量下线;6月19日,江阴天力燃气有限公司投资23亿元在临港开发区建设液化天然气(简称LNG)集散中心项目;25日,由江苏元林慈善基金会出资1亿元捐建的江阴元林老年大学建成揭牌;7月14日,江阴中德国际技术转移中心揭牌成立,中德双方技术合作协议、投资项目、技术转移合作等7项项目签约;28日,由世界500强企业普洛斯集团投资1.5亿美元的普洛斯(江阴)工业物流园项目在临港开发区开工建设;8月8日,中芯国际与长电科技合作成立的具有12英寸凸块加工及配套晶圆芯片测试能力的合资公司落户江阴高新区;9月1日,常隆客车和央企神华集团所属的神通电动车能源管理有限责任公司签订2万台纯电动客车合作协议;10月18日,盛智电池项目、中国油气项目、安防产业园项目、金融街中心项目等48项重点重大项目在'2014中国江阴经贸合作洽谈会现场签约,项目总投资817.9亿元。其中,制造业项目32项,总投资593亿元,涉及汽车、新能源等领域;服务业项目16项,总投资224.9亿元,涉及金融服务、现代物流、品牌连锁、城市综合体等领域;28日,江阴大道、海港大道竣工通车;11月18日,江苏普莱医药生物技术有限公司牵手诺奖得主米歇尔教授,成立哈特穆特·米歇尔生物医药(江阴)研究院。 (徐建平)

组织工作

【概况】 2014年,江阴市委组织部以党的群众路线教育实践活动为抓手,着力贯彻干部选拔任用条例,大力实施人才强企战略,全力加强服务型党组织建设,努力提升组织工作科学化水平,为全面建设经济强百姓富环境美社会文明程度高的新江阴提供坚强的组织保证。全市共任免干部392人次,其中提拔任用87人(提拔正科职级干部22人),同职级任免干部213人次(其中交流轮岗160人次),到龄退二线47人,提前退二线8人,提前退休6人,自愿辞职5人,安置军转团职干部26人。提拔任用的87名领导干部中,具有镇、街等基层一线工作经历的63人,占72.4%;直接从镇、街、园区提拔的有32人,占36.8%;女干部17人,35周岁以下干部9人,大学以上学历的77人。市委常委会票决干部149人,对16名新提拔正科职干部征求市委委员、市委候补委员意见。全面开展党的群众路线教育实践活动,全市各级党组织和广大党员把教育实践活动作为党建工作的中心任务、作为各项工作的重中之重来抓,以市委提出的"五检查、五解决"*为主题,以反对"四风"*问题为导向,以"学习吴仁宝、践行群众观"为载体,以"三走进三服务"*为抓手,牢牢把握活动的三个环节,党员领导干部率先垂范,在学习中积极向上,在查摆中开展批评,在整改中奋发努力,重点解决事关人民群众反映强烈的重要问题,事关江阴长远发展的重大问题,事关机关部门作风方面存在的突出问题,取得明显的实效,达到预期目的。以《干部选拔任用工作条例》为要求,从严规范干部选拔任用工作,严格实行新提任干部选拔任用全程纪实,扎实开展超职数配备、领导干部企业兼职、裸官、社会化培训、离退休人员社团兼职等五项清理规范,以及领导干部报告个人有关事项工作。制定出台镇街干部队伍建设和优秀年轻干部培养两个意见,坚持把选人用人的目光投向基层,把培养锻炼干部的阵地放在基层。组织市管领导干部参加党的十八届三中全会和习近平总书记系列重要讲话精神集中轮训,启动市管领导干部"四个提升"* 专题轮训三年计划,完成第一期干部培训。坚持人才引领创新驱动,强化企业主体招才引才,制定出台《关于实施"高层人才集聚计划"的意见》《江阴市诺贝尔奖得主研究院管理办法(试行)》等相关文件意见,引进诺奖得主、院士、海外工程师等高层次人才到江阴创新创业,提升高层次人才集聚效应和全市科技发展水平。编写《人才强企的江阴实践》一书,总结提炼全市人才强企工作做法经验,寻找人才强企成功的普遍规律,宣传人才强企典型案例,全书21万字。制定出台《江阴市人才公寓租赁准入条件和实施办法》和《高层次人才服务卡(一卡通)服务指南》,从出入境、居留服务、户籍便利、驾照申领、子女入学入园、健康医疗、配偶安置、人才公寓以及其他待遇8个方面给予"一站式"服务。在《江苏区域人才竞争力报告(2014)》中,江阴获县综合竞争力第二名。以"暨阳党建先锋行"为主题,继续深化基层服务型党组织建设,制定下发《关于加强基层服务型党组织建设的实施意见》,广泛开展"五先五好"* 服务型党组织创建活动,扎实推进村(社区)"一室一区一站一员一账"(党代表工作室、党员责任区、党群工作站服务站、村级服务项目代办员、民情工作账)建设,全面深化"党群公共服务中心"建设,全市开设"一站式"便民服务窗口286个,301个村(社区)建立村级代办员制度。以开展党的群众路线教育实践活动为总纲,制定出台《非公有制企业和社会组织开展党的群众路线教育实践活动指导意见》,深化开展"先锋公益伙伴"活动,扎实开展省委非公党建培训工程,年内共举办市级培训班2期,突出抓好非公企业党建示范点建设,在示范点中显亮点、树形象。

【党的群众路线教育实践活动开展】 2014年,根据市委统一部署,在全市4846个党组织、81105名党员中,扎实开展党的群众路线教育实践活动。坚持"一把手抓、抓一把手",19位市委常委、党员副市长建立19个联系点,召开4次领导小组会议专题研究部署,组织3次"一把手"述职会,与90多个"一把手"签订责任书,召开22次推进、汇报、座谈、经验交流等会议。全市各级"一把手"与1200个企业、17个镇街园区、60个薄弱村、4400户贫困家庭建立挂钩联系。先后组织开展江西干部学院红军后代报告会、"学习吴仁宝、践行群众观"事迹报告会等活动113项,组织村(社区)"两委"班子成员、市级机关党务干部、"两新"* 党组织书记等开展专题培训1013人次。先后召开座谈会、意见征求会367场,收集意见建议2200余条,整理排查出236条即知即改意见建议。全市各级党组织高标准严要求召开专题民主生活会95场,专题组织生活会4740场。省委督导组先后参加璜土镇专题民主生活会和华西新市村、江苏法尔胜泓昇集团有限公司、海澜集团有限公司专题组织生活会,无锡督导组全程参加17个镇园街道的专题民主生活会。省委督导组对江阴市民主生活会和专题组织生活会召开情况给予"认真准备撰写好、自我批评态度好、敢于交锋氛围好、特色鲜明效果好"的充分肯定。针对"改革发展、专项整治、民生服务、长效机制"4大类45个问题,制订"445"专项整改计划,出台制度性文件68个。对教育实践活动整改落实情况进行回头看,建立月报制度,对中央21项、省委18项专项整治任务和市委"445"整改方案确定的任务,逐项督查,巩固和拓展教育实践活动成果。江阴教育实践活动的开展情况得到各级媒体的深度关注,中央和省委简报各1次、新华社3次、中新社1次、《新华日报》3次、《科技日报》3次、人民网2次报道江阴做法,中央电视台、省电视台、省电台等主流媒体也多次播报江阴经验。8月28日,省委常委、无锡市委书记黄莉新在中央《党的群众路线教育实践活动简报》刊登的关于江阴《强化问题意识扭住关键环节》做法上批示:"很好,再接再厉,扎扎实实做好整改工作,确保取得群众满意成效。"

【干部人事制度改革】 2014年,市委组织部深入开展"1+4"全程纪实流程化管理,即绘制1张《全程纪实流程图》,抓住档案审核、个人有关事项报告查核、三级廉政鉴定、五方联合政审4项重要举措,严格做到职数未经预审一律不动议,档案未经审核一律不考察,个人事项报告未经核实一律不上会,来信来访问题未经查清一律不研究。绘制《全程纪实流程图》,对动议、民主推荐、考察、讨论决定、任职5个环节共21个具体操作程序都责任明确到人。严格审核干部个人档案,核定干部"三龄两历一身份"(年龄、党龄、工龄、学历、学位、干部身份)、年度考核情况、家庭成员情况,对干部档案信息无法认定、涉嫌涂改造假的,一律不列入或暂缓列入考察对象。全年审核干部人事档案619本,补充档案缺失材料4300多份,其中1名干部因档案材料涉嫌涂改造假、3名干部因审档发现资格条件不符合未列入考察对象。严格填报《领导干部个人有关事项报告表》,重点分析甄别考察对象是否存在"裸官"(配偶已移居国(境)外,或者没有配偶、子女均已移居国(境)外的国家工作人员)现象,以及了解掌握干部在房产购买出售、购买股票基金、投资经商办企业、出国(境)等方面的情况,并由省委组织部在省级平台上进行信息查询核对,凡发现未如实填报的,一律要求干部本人作出说明;少报未报的,一律不得提拔任用,不列入后备干部名单。年内对97名拟任用人选进行查核,其中有3名干部因个人有关事项未报少报达到规定数量未提交常委会讨论。严格进行三级廉政鉴定,即由市纪委(监察局)和所在单位、所属党组织对考察对象出具廉政鉴定，对存在信访举报的，委托市纪委（监察局）、有关责任单位查核，对情况属实的不列入考察对象，对事实暂未查清的暂缓列入考察对象。对126名拟任用人选进行“三级廉政鉴定”，其中3名干部因廉政鉴定、信访举报方面的原因未列入考察对象。严格实行《五部门联合政审报告》，由市公安局、检察院、法院、信访局、计生委五部门出具对考察对象的政审意见，重点查核考察对象是否存在案件、信访件及违反计划生育政策情形。对109名拟任用人选进行任前五方政审，其中2名干部因存在影响任用情形未提交市委常委会讨论。

【干部专项清理工作】 2014年，市委组织部全面核清领导职数总体情况，全市有18个部门结构性超职数配备副科领导职位43个。通过免去领导干部兼任职务、对超配部门干部有序交流、到龄干部退职退岗等方式，全年消化13个部门超配的35名干部，完成整改任务的81.4%。非领导职数方面，根据无锡市委的政策口径，江阴市委常委会讨论《关于消化超职数干部几个具体问题的原则口径》。在个人自愿和组织把关的基础上，对11个国资一级公司中有兼职情况的57人完成清理工作，并按干部管理权限，对全市各镇（街道）、开发园区、机关部门党政领导干部在企业兼职（任职）情况清理进行指导和督查，共清理企业兼职182人。开展两批次“裸官”情况排查，全面梳理排查所有市管干部（含非领导职务）的配偶子女移居国（境）外情况。开展离退休干部在社会团体兼职清理，共清理70名离退休老干部的社团任职90人次。

【启动市管领导干部“四个提升”*专题轮训】 2014年，市委组织部围绕市委“在高起点上谋求新跨越，在高平台上实现新提升，再创江阴新一轮改革发展新辉煌”的目标定位，以市委十二届五次全会提出的“四个提升”*发展路径为培训主题，启动市管领导干部“四个提升”*专题轮训。该次轮训从是年开始，到2017年结束，计划用3年时间完成对全体市管领导干部的培训，每年开设2期培训班，每期两周时间，着力强化全市市管领导干部党性教育、领导能力和必备素质培训，提升全市市管领导干部应对复杂局面和解决难点问题的决策能力和领导水平。9月1日至15日，开设第一期培训班，来自全市83个单位部门的97名市管副科职领导干部分别围绕“提升产业发展水平”和“提升百姓民生福祉”两个专题进行学习研讨，其间分别赴复旦大学、浙江大学开展异地培训和现场教学。

【推进人才强企战略】 2014年，江阴市继续坚持“人才引领、创新驱动”的基本策略，不断深化人才强企“330”计划*。4月15日，召开全市人才强企工作会议，无锡市委常委、组织部部长朱劲松带领无锡9个板块的常委部长、政府分管领导和人才办主任到会观摩，增强做好人才工作的合力，激发企业招才引智的主动性积极性。7月9日，举办“英创杯”海外人才江阴国际创新创业大赛，吸引欧洲、美洲等地的百余名专家人才报名参赛，26支团队到江阴比赛，8项项目与有关园区、企业签订合作意向协议。12月2日，“英创杯”国际创新创业大赛决赛及闭幕式在英国伦敦大学举行，8个创业团队获得优秀等级。9月，举办海创汇·“千人计划”*创业培训第二期特训班，30余位专家参加培训，促进“千人计划”*人才与江阴在产业升级等方面的深度合作。组织企业赴武汉、西安、合肥等地参加“无锡市百企千才高校行活动”和“江阴名企名校行活动”。制定出台《“走进企业促转型、走近人才促创新”活动实施意见》，开展“双走双促”服务企业活动。深化党政领导与人才挂钩联系制度，进一步畅通人才与政府沟通渠道。新引育“千人计划”*4人，新培育省“双创计划”*人才7人、“双创计划”博士6人，成功引进诺贝尔化学奖得主哈特穆特·米歇尔在江苏普莱医药生物技术有限公司成立生物医药研究院。

【服务型党组织建设】 2014年，市委组织部以建设“五先五好”*服务型党组织为抓手，持续推进农村“双强双带”（强班子、强素质，创建带领致富党组织、争当创业致富带头）、社区“双强双创”（基层组织强、服务管理强，创和谐社区、创美丽家园）、企业“双强双好”（党建强、经济强、班子好、发展好）活动，组织全市200多名村（社区）主任、300多名新进村（社区）“两委”*班子成员、80名市级机关党务干部和150名“两新”党组织书记在华西新市村举办专题培训班。不断完善基层党建示范点建设，推出新一批行政村、社区、企业、机关部门、窗口单位5种类型基层党建工作示范点。着力开展“基层组织建设深化年”活动，深化基层组织服务先锋行动、基层组织管理先锋行动、基层干部示范先锋行动、基层民主创新先锋行动、党建机制保障先锋行动“五大先锋行动”。建党93周年期间，评选2011—2013年度江阴市优秀共产党员220人，江阴市群众身边的好书记10人，江阴市群众身边的好干部10人，江阴市群众身边的好党员10人，江阴市“五先五好”服务型党组织20个。

【开展“先锋公益伙伴”活动】 2014年，江阴市积极开展“先锋公益伙伴”活动，广泛开展宣传发动，面向所辖社会组织或公益团队征集公益服务项目，积极发动有意愿、有能力的非公企业党组织参与结对活动，并提供资助，使“两新”*党组织“服务群众、奉献社会、提升自己”。在第一批的非公企业与社区公益组织的结对活动中，全市24个非公企业大力支持24项社会公益事业，累计涉及捐赠公益资金近100万元，通过第三方评估机构的审核，有8项项目列入无锡市亮点项目，各项指标在无锡市各版块中领先。新增5个非公企业结对公益项目，新增公益资金50余万元。9月，新潮仁爱基金会项目获评无锡市“2013年优秀公益项目”。

2014 年江阴市党的基层组织设置情况一览

表 3　　单位:个

党（工）委						党总支部					党支部					党组
总数	其中					总数	其中				总数	其中				
	党工委	企业	事业单位	机关	其他		机关	事业	企业	其他		机关	事业	企业	其他	
121	8	24	16	41	32	354	39	20	81	214	3994	386	476	3026	106	28

说明:行政村党委 31 个,党总支部 175 个,党支部 1557 个

2014 年江阴市党员队伍结构情况一览

表 4　　单位:人

总数	性别		年龄					学历					
	男	女	35岁及以下	36岁至45岁	46岁至54岁	55岁至59岁	60岁及以上	研究生	大学本科	大学专科	中专	高中	初中及以下
84069	62027	22042	21479	15722	13560	6773	26535	1784	20943	17120	2930	13438	27854

2014 年江阴市发展新党员情况一览

表 5　　单位:人

总数	性别		年龄			学历					
	男	女	35岁及以下	36岁至59岁	60岁及以上	研究生	大学本科	大学专科	中专	高中	初中及以下
1069	688	381	627	441	1	22	439	290	73	169	76

（盛　达）

宣传工作

【概况】 2014 年,江阴市宣传思想工作围绕中心,服务大局,主动作为,求实创新,全面推进理论武装工程、舆论导控工程、文明创建工程、文化强市工程、队伍建设工程,努力为开创江阴现代化建设新局面提供强大思想保证、精神动力、舆论支持和文化条件。推动理论大众化。深化党员教育"百千万"工程(百场讲座送基层、千名书记讲党课、万名党员争先锋)活动,组织送讲座到基层 300 多场次,每月刊印《党员之友》8 万余册,全年共编印 12 期 96 万册,宣传十八届三中全会和习近平总书记系列重要讲话精神。造浓改革发展氛围。组织群众路线教育实践活动、经洽会等重大宣传活动,刊播主题报道 3000 余篇;弘扬社会正能量,开通"江阴发布"微博、微信及"无线江阴"移动平台。践行核心价值观。筹建吴仁宝同志先进事迹"五个一"实境教育课堂(吴仁宝先进事迹展、《永远的怀念——华西人眼中的老书记》电视专题片、音乐舞蹈剧《老书记》、"华西之路"图片展、吴仁宝先进事迹宣讲报告),宣传首届"十佳江阴好人",开展"文明江阴、从我做起"系列活动,通过省文明城市测评,获得全国县级文明城市提名,注册志愿者的人数占城镇人口的 12%。推进文化建设。深化体制机制创新,常年送文化下乡,举办书画名家艺术展、"江阴百景"征集评选和文艺创作活动、"书香江阴"读书活动。在无锡市第七届精神文明建设"五个一工程"奖活动中,江阴市推荐的广播剧《快乐的天使》和纪实散文《我们站在高高的谷堆旁边》获评入选作品奖;歌曲《民工小调》获评荣誉奖,并获评江苏省第九届精神文明建设"五个一工程"入选作品奖。

【党员教育工程】 2014 年,江阴市继续深入开展"百场讲座送基层、千名书记讲党课、万名党员争先锋"活动,巩固活动成效,挖掘基层亮点,撰写总结材料,制作课件视频,把"百千万"工程*打造成为理论武装品牌化工作,受到上级部门好评。精心培育工作典型和创新亮点,月城镇、华西新市村马克思主义大众化工作经验分别通过会议交流、图文展板在无锡市进行展示交流。"百千万"工程*、《党员之友》和月城镇、华西新市村、北大街社区党员教育典型做法 5 个案例申报无锡市马克思主义大众化创新案例。

【策划新闻主题宣传】 2014 年,市委宣传部紧扣中心工作和全市重大项目建设,突出"提升产业发展水

平、提升城市品质能级、提升生态环境质量和提升百姓民生福祉”四个重点，开设《立足新起点　谋求新跨越　奋力开创江阴现代化建设新局面》等主题专栏，精心组织策划重点报道，以典型引路，深入报道园区镇街狠抓项目投入、全市产业结构的延伸拓展的举措，积极报道华西新市村、江阴兴澄特种钢铁有限公司、江苏扬子江船业集团公司等一大批重点骨干企业加快优化提升的具体做法，为加快全市企业转型提振信心；充分报道各级各部门积极创新思路，在促进城乡居民增收、构建高位均衡、惠及全民的社会公共服务体系方面的具体举措。

【对外宣传】 2014年，市委宣传部广泛开展“网络媒体江阴行”等城市形象宣传活动，组织向无锡市级以上主流媒体发稿2000余篇次，其中中央人民广播电台16篇、中央电视台31篇，江苏人民广播电台243篇、江苏卫视46篇，新华社手机政务通39篇，《人民日报》11篇、《新华日报》56篇，继续保持全省同类城市对外发稿数量的领先地位。其中是5月12日《新华日报》头版头条刊登的《江阴之问：高位发展怎样再拉大阳线》，6月18日江苏卫视“江苏新时空”栏目在头条位置刊播“江阴：政府搭台　民营资本‘生财有道’”，6月26日中央电视台“新闻联播”在第四条位置播出《江苏：“转”出来的民营经济新活力》，9月23日凤凰卫视“寻味”栏目播出专题片《走进江阴》，12月《小康》杂志刊登的《江阴转型启示录》，多角度宣传报道江阴市转型发展的成功经验。

【吴仁宝先进事迹实境教育课堂】 2014年，根据江阴市委要求，由市委宣传部牵头，市委党校、市文广新局、江阴广电集团和华士镇华西新市村党委等单位，共同筹划建设原江阴县委书记、华西村党委书记吴仁宝先进事迹“五个一”实境教育课堂，有吴仁宝先进事迹展、《永远的怀念——华西人眼中的老书记》电视专题片、音乐舞蹈剧《老书记》、“华西之路”图片展、吴仁宝先进事迹宣讲报告五个组成部分，具有很强的现实说服力和艺术感染力。其中，先进事迹展通过图片与文字、图片与实物、平面展示与立体呈现的有机结合及声光电技术的巧妙应用，全面、生动、形象地展示吴仁宝的光辉一生、先进事迹和崇高品格。电视专题片通过对20多名在吴仁宝身边工作过的华西新市村干部群众的采访回忆，结合珍贵的图片影像资料，再现吴仁宝一生的精彩瞬间、人格魅力、超凡智慧。音乐舞蹈剧通过真实的故事、感人的情节、生动的语言、绚丽的歌舞，细致刻画吴仁宝“生命不息，工作不止”的光辉形象。6月26日，市委在华西新市村开展吴仁宝先进事迹实境课堂教育活动，并举行吴仁宝先进事迹展揭幕仪式，对全市领导干部开展教育。市委宣传部在全市组织开展“走进华西再学习”和音乐舞蹈剧《老书记》巡演活动，引导党员干部自觉接受实境课堂教育。

【音乐舞蹈剧《老书记》献演无锡大剧院】 2014年，音乐舞蹈剧《老书记》由江阴市作家组成创作组专门深入华西村蹲点，通过近距离采访原江阴县委书记、华西村原党委书记吴仁宝的家人、生前的同事以及新老村民，积累大量生动的细节，并进行凝练和再加工，着重突出吴仁宝“生命不息，工作不止”的崇高精神。音乐舞蹈剧以吴仁宝的生平事迹为原型，从华西村“战天斗地”开始，经由“亲情割舍”“潮头初弄”“勇闯市场”“希望田野”“风帆正扬”直至“深切的惦记”，选取吴仁宝人生闪亮节点、人情温暖之事，通过真实的故事、感人的情节，集中展现吴仁宝带领华西人从贫穷走向富裕的历程，生动演绎吴仁宝生命不息、工作不止的光辉形象，是一台集思想性、艺术性、观赏性、教育性为一体的艺术佳作。9月10日，该剧在无锡大剧院上演，无锡市四套班子领导与市级机关部门、各市（区）近千名党员干部观看演出。

【开展“江阴百景”征集评选活动】 2014年，围绕“江阴记忆——我心中的美丽家园”这个主题，以江阴丰厚的历史文化底蕴和现代文明成果为主线，对全市具有标志性、历史性、文化性的景点进行征集评选和文艺创作，市委宣传部和市文广新局、园林旅游局、文联、江阴广播电视集团、江阴日报社联合在全市范围内开展“江阴百景”征集评选和文艺创作活动。活动于8月30日启动，按照“江阴百景”征集评选、文艺作品创作征集、文艺作品展示3个阶段。12月3日，《江阴日报》专版发布“江阴百景”景点名单。祁头山遗址、江阴文庙、黄山古炮台、兴国宝塔、烟雨万安桥、悟空佛光、长泾古镇、徐霞客故居、中共江阴一大会址、周水平烈士纪念馆、天下第一村——华西村、千年红豆、中山公园、黄山湖公园、天华文化中心、万达广场等100个景点入选。

【“炎黄”事迹引发媒体关注】 2014年11月20日，“炎黄”身份曝光后，其凡人善举的感人事迹及背后所蕴含的“炎黄”精神，引发中央、地方媒体积极报道和全社会广泛关注，其低调慈善的“炎黄”精神引来一片网络点赞声和强烈的舆论共鸣。11月22日，《江阴日报》头版刊登《化名27载献爱心，“炎黄”原是身边人——74岁的他晕倒在向鲁甸灾区汇款时》。11月26—28日，《江阴日报》又连续刊登《“炎黄”在江阴系列报道》，并配发言论。11月26日，中宣部新闻局第339期《新闻阅评》刊发《央广报道“炎黄”隐名27年献爱心新闻故事》。12月3日，《光明日报》在5版刊发报道《江阴好心人“炎黄”27年后意外现身》，中央电视台“新闻联播”播出时长4分23秒的《凡人善举：寻找“炎黄”》的新闻。12月4日，新华社通稿《寻找“炎黄”——慈善志愿者隐姓埋名27年终露真容》。12月5日，《人民日报》在04版要闻、05版评论上分别刊发《张纪清匿名做了27年好事江阴人找了27年，“炎黄”找到了》《二十七年寻找“炎黄”传递着什么》两篇报道。中央主流媒体共刊发江阴好人“炎黄”相关稿件13篇，其中，专栏或专题报道1篇，头版或头条报道2篇；地方媒体共刊发稿件50条；在网络上生成相关新闻网页330余个，影响广泛。

（黄永平　余益平）

统战工作

【概况】 2014年，江阴市委统战部有序开展“政治共识、凝心聚力助推发展、党外代表人士队伍建设、两个'百千万工程'"、民宗事务管理规范化建设"五大"深化年"活动。组织统一战线深入学习贯彻党的十八届三中、四中全会精神。采取领导带头学、专家辅导学、征文交流学等多种形式进行学习传达,组织统战系统专场宣讲、专题辅导、培训学习等各类辅导培训8场,参训面达近千人次。开展"同心共筑中国梦"征文活动,共收到征文90余篇。开展坚持和发展中国特色社会主义学习实践活动。下发《关于开展坚持和发展中国特色社会主义学习实践活动指导意见》,协助市各民主党派、无党派知识分子联谊会制订各自活动方案,开展形式各样、内容扎实的学习实践活动。加强党外代表人士教育培训。制订党外代表人士教育培训计划,开展分层培训。分别对97名近2年入会的党外新成员开展为期2天的专题培训,首次组织33名党外领导干部到重庆市社会主义学院进行培训,组织65名非公经济人士赴复旦大学开展为期一周的"创新与发展"高级研修班培训,组织21名青年企业家开展重走"玄奘之路"砺志拓展培训。组织市各民主党派基层支部负责人代表20人赴周边学习调研,开展党派基层支部(小组)特色观摩活动,涌现出书香支部创建、阳光教育论坛、支部建设联合体、周末读书沙龙等新颖活动形式。同时,还积极推荐15名党外代表人士参加上级部门组织的培训班学习。"虚拟机关"引领民主党派自身建设。江阴民进"虚拟机关"的做法得到民进中央、民进省委的高度肯定,民主党派《团结报》作头版头条报道。协助民盟做好班子届中调整和支部集中换届工作,协助九三学社支社调整和新建职大支社,成立首个无党派企业组织——法尔胜小组。进一步强化组织发展规范,采取入会前培训和综合评价两个前置,全年共考察发展党外成员62人,其中非公经济人士6人。"同心"基地承载民主党派实践锻炼平台。通过达标授牌、观摩推动、资金补助等举措,把"同心"实践基地打造成为江阴统一战线服务科学发展的新平台。全年开展帮教助学、扶贫慰问、名师结对、名医坐诊、科普宣传、法律咨询、赠送器材、村官讲课、交流座谈等多种形式的结对活动,累计资助物资近30万元。市委"三个一线"(发展一线、民生一线、稳定一线)助推党外干部培养,共有11名党外优秀青年干部参加"三个一线"挂职锻炼,120名参加"同心"实践锻炼,进一步优化民主党派人才干部培养机制。全年党外干部实职安排,2人担任部门正职、2人担任镇(街道)班子副职,2名干部在部门得到提拔任用。江阴在党外干部的培养机制上的创新做法,得到省委常委、无锡市委书记黄莉新的批示。"专题调研"优化党外人士参政议政。大力开展专题调研活动,重点围绕江阴旅游发展、医保基金建设、中小企业"融资难"、人口增长水平、电子商务发展、新兴产业,以及城镇化建设等7个专题,组织各民主党派、工商联和无党派知识分子联谊会深入开展调查研究,并在市政协专题座谈会上发言。全年还协助市政协开展5次政情交流活动,收集调研文章84篇,社情民意390余条,转化为提案157条。民宗事务管理进一步扎实有效。积极推进民族宗教行政审批事项清理工作,编制权力清单,进一步规范权力运行,提升行政管理水平。在君山寺首设反邪教示范基地,开展全市宗教场所反邪教工作。宗教文化建设进一步扩大影响。在君山寺举行"十个一"文化工程(制作一批反映本场所历史内涵及现状前景等内容的宣传折页或宣传册;开展一系列有影响的讲经论道活动及制作一批讲经说法宣传读本;制作一部场所宣传短片;建成一个场所文化展示室;开发一系列有特色的文化纪念品;制定一套规范的场所参观线路和讲解词;建成一个规范档案室;建成一个数字化管理平台;建立一个宗教学院实习基地或宗教文化研究中心;培育一个慈善公益活动品牌等)。建设现场推进会,首批4处场所接受无锡市"十个一"文化工程创建考评,其中江南弥陀村、君山寺获得高分。大力开展宗教界慈善公益活动,共计捐款捐物147.9万元。海澜集团有限公司被国务院表彰为"全国民族团结进步模范集体",被江苏省民族事务委员会表彰为首批"江苏省民族工作示范企业"。平台载体进一步提质扩容。加强对"香港江阴商会"工作的指导和协调,2014年3月27日至29日,以香港新闻联主席、香港江阴商会名誉会长张国良为名誉团长,会长周哲为团长的香港江阴商会访苏团一行11人,访问江苏,并签署战略合作协议。完成"华侨中心"的基础建设,并扩充完善其服务功能。引智引资工作进一步展现成效。协助办好全球锡商联盟、"创业中华"——侨界人才聚无锡、第七届友城大会暨企业全球化论坛等活动,成功引进新西兰中新贸促会注册成立中外合资企业"中侨珍品国际贸易有限公司"、力促香港上市企业"光大国际"增资1.5亿美元启动江阴秦望山工业园建设项目。对外合作交流进一步拓展提升。市天华艺术学校被列为江苏省华文教育基地,峭岐实验小学连续10年与美国ACE团队开展文化教育交流活动。社区侨务工作进一步优化完善。成立社区侨务工作示范单位创建联盟,规范指导全市社区侨务创建工作,这种新型创建形式与显著成果,得到省、市侨办的肯定,并召开现场会推广。华士社区荣获全国社区侨务工作示范单位,文定社区、旌秀社区荣获全省社区侨务工作示范单位。另外,编印《情洒故乡中国心——江阴侨界风采录》一书,介绍江阴侨界人士风采,扩大侨务工作影响力。深入开展非公经济人士"四信"(中国特色社会主义的信念、对党和政府的信任、对企业发展的信心和对社会的信誉)教育实践活动。建立联席会议机制,大力开展争创"守信用、讲信誉、重信义"企业和非公企业文化建设"百千万工程"示范单位等评比活动,双良集团有限公司等32个企业并评为"守信用、讲信誉、重信义"先进单位、江南模塑科技等20个企业被评为无锡市非公企业文化建设"百千万工程"示范单位江苏富仁集团有限公司等60个企业被表彰为示范创建先进单位,60个会员企业被推荐为第四批示范或创建先进参选单位，法尔胜泓昇集团有限公司董事局主席周建松被授予“第四届全国非公有制经济人士——优秀中国特色社会主义事业建设者”荣誉称号。加大商会建设力度，成功组建江阴首个驻外商会——北京江阴企业商会和第4个异地商会——江阴市山西商会。建立企业互助基金平台，以江阴市农村商业银行为试点银行，由江苏华西集团公司、江苏法尔胜泓昇集团有限公司、江苏双良集团有限公司等企业提供自有资金，定向用于会员在该行贷款到期还款续贷业务，年末已形成5000万元～2亿元的转贷资金规模，解决200余个企业的转贷资金需求。是年，江阴市委统战部获2014年度市(县)区统战工作重点目标任务考核第一名，被江苏省委统战部、无锡市委统战部评为信息工作先进单位。

【江阴民主党派开展学习实践活动】 2014年，江阴市委统战部根据上级文件精神，结合实际，通过讨论协商，下发《关于开展坚持和发展中国特色社会主义学习实践活动的指导意见》，进一步帮助和支持江阴市各民主党派和无党派知识分子联谊会切实开展好为期4年的坚持和发展中国特色社会主义学习实践活动。针对学习实践活动，江阴市委统战部专门提出“八个一”的具体要求。即：确立一个活动主题、形成一套活动方案、召开一个动员会议、开展一次自我分析提升活动、开展一系列主题学习教育活动、完善规范一批工作制度、树立宣传一批先进典型、形成一批阶段性成果。以改进思想作风为重点，协助市各民主党派、无党派知识分子联谊会制定各自活动方案，开展了形式各样、内容扎实的学习实践活动，做到了与继承党派的优良传统结合起来，与履行参政党职能结合起来，与加强自身建设有机结合起来，进一步加强了自身建设，提升了社会形象。

【天华艺术学校获评江苏省华文教育基地】 2014年5月，江苏省侨办、江苏省教育厅联合发文，增设江阴市天华艺术学校等4所学校为江苏省华文教育基地。该校是继无锡市第一中学之后，无锡市第2家“江苏省华文教育基地”。自1985年创办以来，江阴市天华艺术学校致力于民族音乐和中华文化向国内外的普及和推广，积极开展国内外文化教育交流，曾9次进京演出，12次亮相中央电视台，先后成功出访新加坡、法国、德国、奥地利、日本5个国家，以及中国香港、澳门、台湾地区，并接待来自日本、韩国、以色列、德国、澳大利亚、美国等国家和中国香港、澳门、台湾地区的文化教育考察团。2013年成功承办“回家过节·华裔青少年江苏文化行”活动，促进中外文化交流。是年，市委统战部申报该校成为国侨办华文教育基地。

【戚维骏(桂寿)奖学基金成立25周年】 戚维骏(桂寿)奖学基金设立于1988年，由旅港同胞戚浩明、戚浩渊以其父戚维骏之名设立，奖励对象为江阴市每年参加全国高考，文科前5名和理科前5名学生升入大学本科、品学兼优的学生。1989年9月首次颁发，激励广大学生刻苦学习、努力钻研，至2013年有167名优秀学子获取奖学金。2014年8月13日，在庆祝戚维骏(桂寿)奖学基金成立25周年暨奖学金颁发仪式上，来自南菁高中和江阴高中的10名优秀学子每人获得5000元奖学金、一部苹果iPad Mini平板电脑和荣誉证书。戚浩明每年都会回到家乡，为家乡的学生们发放奖学金。他表示还要竭尽全力把奖学金办下去，为家乡持续做贡献，并希望自己的子女们也能加入奖学金发放行列。 (李　奕)

涉台工作

【概况】 2014年，江阴市委台办紧紧围绕市委、市政府中心工作，在推进澄台经贸合作、交流交往等方面取得良好成绩。在台湾电机电子工业同业公会发布的“2014年大陆地区投资环境与风险调查”结果中，江阴位居城市综合实力榜第9名。全年新批台资企业3个，完成工商登记协议注册资本1.15亿美元。全年邀请接待重要台商12批130多人次。3月24日，台湾世新大学执行长文念萱到江阴参观考察。5月19日，台湾世新大学、南开科技大学董事长成嘉玲一行到江阴参访。6月12日至15日，台湾金融参访团一行到江阴考察。6月29日，台湾中华侨联总会理事长简汉生一行到江阴参访江苏扬子江船业集团公司和华西新市村。7月16日，全国人大常委会原副委员长、海峡两岸企业家峰会副理事长盛华仁调研江苏长电科技有限公司。7月24日至26日，清华大学台湾研究所13位咨询委员到江阴参访。8月29日至30日，台东县副县长张基义率县政府代表团到江阴参访，“两岸携手、合作共赢”台东农特产品江阴展销会在步行街成功举办。9月14日，台湾寺庙金兰会会长王增荣率参访团一行202人到江阴参访。10月23日，台北江阴同乡会一行23人回江阴参访。11月10日，台湾银行、保险、证券等金融界高层一行40余人到江阴参访。全年有7个经贸团组赴台招商。7月2日至7日，中共无锡市委常委、江阴市委书记周铁根率江阴市经贸代表团赴台开展经贸合作、推进台资重点重大项目取得丰硕成果。全年审批公职人员赴台团组11批次35人，非公职人员赴台团组58批次130人。4月22日，江阴市委召开全市对台工作会议。市委副书记、政法委书记蔡叶明作专题报告，市委常委、副市长计军主持会议，会议邀请苏州市委台办主任韩卫作题为《加强对台招商引资打造“四个新高地”》的专题讲座。100多名镇(园区、街道)分管领导、统战委员以及市台湾同胞投资权益保障协调委员会成员单位的分管领导参加会议。全年，市台办分组走访70多次，组织现场办公10次，深入了解企业生产经营状况，帮助协调解决具体困难和问题120多个。市台湾同胞投资企业协会举办业务交流、爱心捐助、联谊活动12次。全年向上级台办和各级各类媒体报送各类文章、信息66篇，被国台办中国台湾网、省台办《台湾工作动态》《海峡广角》、无锡《对台工作通讯》、《江阴日报》等媒体录用83篇次。台湾大朝电视台等岛内新闻媒体专程到江阴拍摄江阴文化、美食等方面的宣传片，提升江阴在岛内的影响力和知名度。

【市经贸代表团赴台交流合作】 2014年7月2日至7日，中共无锡市委常委、江阴市委书记周铁根率江阴市经贸代表团赴台开展经贸合作。代表团一行先后拜访中国国民党荣誉主席连战、台湾前“行政院长”唐飞、台湾前“外交部长”丁懋时、澎湖县“议会议长”刘陈昭玲、台湾证券交易所董事长、台湾金融总会理事长李述德、“国票金控”董事长魏启林、“中华开发金控”常务副总裁吴春台、群益金鼎证券董事长王浚智、华新丽华集团荣誉董事长焦廷标、永丰余集团董事长何寿川、太平洋建设集团董事长章启光、微风广场集团董事长廖伟志、见龙机构董事长廖振铎、信邦电子董事长王绍兴、南港轮胎股份公司总裁陈进诚和远见文化事业群创办人高希均等一批台湾政商界知名人士。通过交流合作华新丽华城市综合体二期项目、永丰余城市综合体项目、见龙机构25万吨EPS项目等一批总投资超亿美元的重大项目基本锁定落地，西门车站地块项目、彰沅不锈钢深加工项目等一批意向项目得到推进。

【盛华仁到江阴调研】 2014年7月16日，第十届全国人大常委会原副委员长、两岸企业家峰会副理事长盛华仁到江阴调研，参观考察江苏长电科技股份有限公司并与企业负责人交流座谈。盛华仁参观该企业陈列室和生产车间，详细了解经济运行情况和未来产业发展思路。在随后举行的座谈会上，盛华仁又与企业负责人围绕封测行业发展趋势和企业发展进行深入交流，对企业在封测行业取得的成绩给予充分肯定。

【台湾南开科技大学与江阴学校开展交流】 创办于1971年的南开科技是位于台湾南投县的一所私立大学，设有工程、电资、管理、民生进修五所学院，数十个系所，有学生7500余人。2014年5月19日，该董事长成嘉玲一行到江阴参观访问。期间，台湾南开科技大学分别与江阴职业技术学院、江阴中等专业学校签订学术交流合作协议。双方开展学生互换、学术交流、教学成果分享等合作，进一步提高办学成效。台湾南开科技大学校长孙台平还与江阴职业技术学院举行合作交流洽谈会。双方交流各自的办学模式以及教学成果，并就合作理念与合作方向进行深入探讨。

【台湾台东县农特产品展销会举行】 台湾台东县是农业大县，以生产优质农产品而闻名，当地生产的水果释迦、红乌龙茶叶、特等米、咖啡、蜜饯、干贝酱等农产品，以优质味美而受到消费者的青睐。2014年3月29日至30日“两岸携手·合作共赢”台湾台东县农特产品展销会在江阴市步行街举行。台东县工策会、成盟食品、允芳茶园、特亨贸易、宝珍香食品等设立11个展位，凤梨、释迦、猪肉纸、乌龙茶、洛神蜜饯、香米、牛轧糖、薄饼等10多种农特产品深受江阴市民青睐和喜爱。

【台湾高雄市国乐团到江阴巡演】 2014年11月7日晚，2014高雄市国乐团两岸巡演音乐会在江阴大剧院举办，在江阴台商和江阴市民观看演出。音乐会上，该乐团在保留民乐精华的同时，融入台湾流行音乐、电影主题曲等元素，将传统与现代兼容并蓄，展现高雄当地的人文风情，也呈现出生动的民乐现代感。首次来澄的乐团还与江阴民乐演奏者一道，联袂演奏《二泉映月》《光明行》等曲目。 （刘晗波）

机构编制管理工作

【概况】 2014年，江阴市机构编制工作全面贯彻落实党的十八届三中全会精神和《中共中央关于全面深化改革若干重大问题的决定》，围绕江阴市经济社会发展大局和市委、市政府中心工作，坚持稳中求进、改革创新的总要求，推进行政体制改革，加强机构编制管理，加强机构编制部门自身建设，各项工作任务得到有效落实。年内，稳妥推进事业单位分类改革；积极筹划政府机构改革；认真开展行政审批制度改革，清理公布市级部门全部权力事项和审批事项；完善政务服务体系建设；推动我市工商质监食品药品管理体制改革，整合监管职责和检测机构；扩大经济发达镇行政管理权限；完成组建高新区青阳工业园区机构编制工作；取消事业单位年度检验；试点开展事业单位年度年度报告公开；推动政务和公益中文域名注册管理工作；完成社会保障卡管理体制调整；协助推进部分初高中、成职教分设工作；出台规章制度严控机构编制；开展机构编制彻底核查；牵头开展全市机关事业单位超编进人、超职数配备、在编不在岗和党政机关借用人员专项清理；严格机构编制审批，实现机构和编制总量“零增长”。

【机构编制综合管理】 2014年，市机构编制部门贯彻中央关于地方政府职能转变和机构改革的文件精神，围绕政府职能转变积极开展调研工作，认真梳理各部门职能，扎实做好政府职能转变和机构改革的基础工作。对全市乡镇统计队伍的情况、统计管理模式等进行调研，并会同市统计局、商务局等部门研究提出加强三产服务业统计协调机制的建议。为推进市机关事业单位机构编制管理的科学化规范化，出台《关于进一步严控机构编制和财政供养人员增长的意见》和《江阴市机关事业单位超编、在编不在岗人员和借用人员清理规范实施意见》。配合完成市管领导干部职数的梳理工作，开展机构编制全面核查，牵头开展全市机关事业单位超编进人、在编不在岗和党政机关借用人员专项清理工作，共清理规范长病假、企业兼任职、停薪留职、离岗学习等“四类”人员共180人，其他在编不在岗和借用人员1486人，并制订清理工作计划，责令相关单位在年底整改到位。部署全市政务及公益中文域名注册管理工作，建立健全市政务和公益中文域名体系，提高社会管理和公共服务水平。

【事业单位管理】 2014年，市机构编制部门逐步取消事业单位年检，建立事业单位年度报告制度和信息公开制度，推进事业单位年度报告公开试点工作。在江阴市机构编制网站开设“年度报告公开”专栏，对全市各类学校和医疗机构试点实行年度报告公开，加强对事业单位运行效能的监管，突现事业单位公益服务属性。为适应市财政管理体制调整的需要，推进部分初高中、成职教分设工作。配合全省统一的社会保障卡管理体系建设需要，完成市社会保障卡管理体制调整工作，将市国信市民卡公司整体划转市人力资源和社会保障局管理。协调做好江阴市机动车检测中心与公安机关脱钩工作。参与江阴长江饭店改制工作。完成教育、卫生系统事业单位的人员招录计划审核，批准2014年招录教师人数145名，卫生系统事业单位确定招录医技人员420名。 （赵蓓蓓）

机关党工委工作

【概况】 2014年，市级机关党工委学习贯彻党的十八大，十八届三中、四中全会和市委十二届五次全体（扩大）会议精神，围绕“服务中心，建设队伍”总目标，紧紧抓住党的执政能力建设、先进性和纯洁性建设这条主线，深入开展党的群众路线教育实践活动，以推进基层组织建设和作风建设深化年活动为抓手，拓宽思路，创新手段，用好资源，培育品牌，不断提升机关党建科学化水平，为再创江阴新一轮改革发展新辉煌，建设现代化滨江花园城市提供强有力的思想和组织保证。年内，完成33个党组织换届选举，调整各级党务干部154人次，接转党员组织关系419人，机关党组织设置更加科学合理；严把入党质量关，培训入党积极分子197人，发展党员31人，转正党员58人；召开机关党建工作碰头会2次，机关党工委委员会议4次，共收缴党费959032.5元；有13个基层工会换届选举和调整补选，及时建立调整机关团组织2个、妇委会1个。注重对机关干部职工的人文关怀和心理调节，充分发挥机关职能部门优势，整合利用各方资源，探索建立机关文化建设联席会议制度，丰富和活跃机关业余文化生活。先后举办市级机关文体培训班，开设声乐、中国画等4个专业9个班，近300人次参加；开展“浦发杯”羽毛球赛、“中恒杯”足球赛、机关三人制篮球赛、“迎元旦”网球赛等活动；并组织23个机关部门736人参加一年一度的健康体检。机关团工委与驻江阴远程火箭炮旅团委联合举办“军地团书记共话‘中国梦·强军梦’”主题团日活动，机关工会组织开展“一局一品”冠杯赛事文体活动，机关妇工委赴儿童福利院组织开展助学帮困活动，受到普遍欢迎。落实好机关离退休老干部政治待遇和生活待遇，加强对青少年的教育帮助，大力开展党员志愿服务、结对帮扶、“慈善一日捐”等活动。

【学习型党组织建设】 2014年，市级机关党工委结合开展教育实践活动，坚持把争创学习型党组织作为机关党员干部加强党性锻炼和党性修养、提高能力素质的基础工程。突出学习贯彻党的十八届三中全会精神这条主线，编印和下发指导丛书，有32名机关部门主要负责人参加市委宣讲团。特别是党的群众路线教育实践活动开展以来，机关各党组织自觉把学习作为第一需要，组织党员干部认真学习习近平总书记系列重要讲话以及中央、省市委的文件精神，举办市级机关党的群众路线教育实践活动专题培训班。通过组织观看《苏联亡党亡国20年祭》等警示教育片，走进华西新市村、中共江阴县第一次党员代表大会会址和周庄宗言村、山泉村等实地参观，感受新农村建设的成果，教育引导机关党员干部坚定对共产主义的信仰、对中国特色社会主义的信念、对江阴率先基本实现现代化的信心。组织机关党员干部学习党的光辉历史和优良传统，广泛开展“以先辈为镜、与先进同行”读书荐书活动，党员干部和团员青年热情参与、踊跃投稿、积极参赛，共收到征文153篇，27名选手参加演讲比赛。深入开展“我是谁、为了谁、依靠谁”大讨论，机关党员干部人人撰写心得体会，各级党组织召开心得交流会。市检察院机关党委举办“践行群众观·演绎青春美”青年干警成长论坛，进一步激发青年干警为民服务的正能量；市政府办党总支部建立学习QQ群，组织观看《永远飘扬的旗帜》专题片，把《吴仁宝箴言》作为党员干部的必读书目；市商务局机关党支部通过开辟一个主阵地、回顾一段革命史等活动，在完成规定“必读篇目”的同时，组织编印特色的“商务篇目”。

【创先争优活动】 2014年，市级机关党工委认真贯彻中央《党和国家机关基层组织工作条例》和《关于在基层组织和党员中深入开展创先争优活动的意见》，围绕“再创新一轮改革发展新辉煌”主题，以“基层组织建设深化年”活动为抓手，坚持抓基层、打基础，抓制度、管长远，深入开展市级机关创先争优活动，机关学先进、争先进蔚然成风。国土局开展“身边人说身边事、以身边的故事教育身边人”主题活动，宣传系统内的6位身边人感人事迹。市公用事业局组织学习无锡劳模、江阴首届“十佳好人”吴正德的先进事迹。“七一”前夕，召开市级机关纪念建党93周年暨党建工作推进会，表彰一批市级机关先进集体和个人，陆明洪等30名机关干部被评为市级机关优秀共产党员标兵，徐春艳等13名机关干部被表彰为江阴市优秀共产党员，市级机关管理局副局长陆桂兴被表彰为无锡市优秀共产党员，信访局党支部被表彰为全市“服务型”党组织。

【“三服务”工作】 2014年，市级机关党工委坚持把群众需求作为第一信号，把群众满意作为第一标准，不断深化“三走进三服务”*活动。市四套班子领导干部率先垂范，积极开展下基层“三解三促”（了解民情民意、破解发展难题、化解社会矛盾，促进干群关系融洽、促进基层发展稳定、促进机关作风转变）和“一帮一、献爱心”等活动，进村入户驻点调研，结对帮扶困难群众，下访接访解决问题。各机关部门纷纷邀请服务对象和基层代表对领导班子和领导干部进行评议，征求“四风”*方面存在的问题，通过“走基层、听民声、求良策”，广泛听取基层群众的意见。市作风建设领导小组办公室通过《江阴日报》等媒体，组织122个“万人评议机关”活动参评单位就反对“四风”*、改进作风作出公开承诺，修订完善《2014年度“万人评议机关”活动实施办法》。会同市纪委、文明办、广电集团等职能部门，举办“空中热线”23场，组织环保局等6个单位参加“面对面”民主评议政风媒体直播活动，直接面对群众提问，回答群众诉求，接受群众监督。同时,继续推出创新举措,促使服务流程再提速、再优化,服务效率不断提高。市法院成立金融案件审判合议庭,着力解决金融案件急剧增长的问题;市总工会启动的“3N·身边的关爱工程”活动,真正使工会成为职工群众的贴心人、娘家人、暖心人;市民政局与广电集团、江阴嘉鑫贸易有限公司开展合作,建立社区民生服务站,构建服务网络平台,下大力解决民生服务“最后一公里”的问题。

【“万人评议机关”活动】 2014年,评议机关活动在保持传统做法基础上,作出新调整:将三大园区纳入评议范围,评议范围更加广泛;围绕“依法行政、服务基层、勤政廉政、工作实绩”4个方面公示实绩,评议内容更加全面;采取集中测评、邮寄测评和社调队抽样测评3种方式相结合,评议表设置识别码,高速扫描自动阅读统计,评议方式更为科学。活动于10月24日全面启动,历时两个多月,全市设17个集中测评点,共组织25场集中测评,经过宣传发动、公示实绩、组织测评、统计分析、汇总意见建议5个阶段,全程得到各成员单位的密切配合和社会各界人士的热情参与。活动中,共发放各类评议表13078份,回收8191份,回收率62.63%;收到基层群众意见建议728条,其中表扬126条、批评和建议602条、具体事项转办件25份。列入评议的122个部门(单位)中,排名上升的单位有53个、持平的单位有10个、下降的单位有56个。市总工会、民政局、国税局,江阴农村商业银行、周庄镇等33个单位被评为“优胜部门”;市残联、法院、华士镇等11个单位获“升位奖”。获得“优胜奖”和“升位奖”的44个部门(单位)列入市委、市政府年度表彰。为感谢广大群众的参与和支持,对880张注明身份证号码的有效评议票进行抽奖,有135人获得奖励。

【“廉政文化进机关”活动】 2014年,市级机关党工委贴近机关党员干部思想和工作实际,强化党章、党史、党风、党纪方面内容,扎实开展典型示范、反面警示、廉政谈话等反腐倡廉宣传教育。组织开展“5·10”思廉日系列教育活动,通过举办党员干部道德大讲堂、参观教育示范基地和党纪条规知识竞赛,进一步深化“廉政文化进机关”活动,增强机关干部党性修养和廉洁从政意识。认真学习习近平总书记系列重要讲话精神,严格落实中共中央八项规定*以及省市十项规定*等有关要求,切实从改进调研、解决问题、精简会议、转变文风、规范出访、简化接待、厉行节约等具体方面,带头弘扬党的优良传统和作风。贯彻落实《建立健全惩治和预防腐败体系2013—2017年工作规划》,根据全市党风廉政建设目标任务和“3+1”的廉评标准,加强市级机关惩防体系建设。认真执行党风廉政建设责任制,深入开展制度梳理、廉政风险排查防控,推进机关“制度廉评”工作。认真落实党内监督条例,严格执行述职述廉、诫勉谈话、重大事项报告等制度,不断提高信访工作水平,加大案件查处力度。全年查处机关干部违纪案件11件11人,并对上年受到党纪政纪处理的党员、单位进行跟踪教育、定期回访。

【结对共建】 2014年,市级机关党工委围绕“共建和谐社区,同创美好家园”目标,继续在党员教育联搞、贫困对象联帮、和谐社区联建、堡垒支部联创上下功夫,机关与社区、规模以上非公企业“双结对”活动成效显著。其间,会同澄江街道召开社区党组织书记座谈会,就机关党组织在结对共建社区设立工作室、派驻党建工作指导员进行调研,探索结对共建新途径,推动机关党员干部到居住地社区报到、认领志愿服务岗位,形成长效机制。经不完全统计,报到党员约3000人,登记社区服务志愿者约2000人次,入户联系2000多人次,认领服务岗位1000多个。 (陈 健)

保密工作

【概况】 2014年,江阴市保密工作继续发挥“保安全、保发展”的保障作用,主动作为,开展保密工作规范化建设,全面夯实基础。结合《中华人民共和国保守国家秘密实施条例》,加强保密宣传教育培训,增强保密意识。突出重点,继续加大涉密载体回收销毁工作力度,进行涉密网络分类核查统计,部署保密技术专用系统,开展涉密中央文件保密管理、非涉密网络保密管理等专项检查。充分利用政务外网违规文档监控、互联网信息检查等技术手段,强化监管。

【保密工作规范化建设】 2014年,市委机要保密局以规范化、标准化建设为目标,编发《保密工作规范》《规范化管理台账》光盘等,制定组织领导、宣传教育、日常管理、重点管理、监督检查等5方面30项考核指标;5月,组织专题培训,对照标准,开展检查整改;9月,组织对20余个重点部门进行重点督查。年末进行年度自查、自评打分。通过保密工作规范化建设,全市保密工作基础管理得到全面提高。

【涉密载体回收销毁】 2014年,市委机要保密局把涉密载体回收销毁作为保密的“最后一关”,通过严格销毁目类、电话上门回收、每月跟踪统计,定期向送销数量偏少单位领导发送短信提醒、在全市通报数量排名等,加大工作力度,全市“分级负责、统一回收,严格管理、严密销毁”的管控格局基本形成,全年总计回收各类存储介质近千份,销毁纸质涉密载体58.5吨,为上年的6.5倍。

【保密宣传教育】 2014年,市委机要保密局继续加强保密宣传教育工作,市委副书记蔡叶明讲保密专题党课,邀请省局、无锡市局领导到江阴授课,并将保密教育纳入市委党校主体班次教学,首次在市管领导干部轮训班上开展保密教育。结合《中华人民共和国保守国家秘密实施条例》组织普法宣传活动,发放保密宣传教育读本近千册,举办宣传挂图展览、电子展示屏播放、保密警示教育片观映、保密知识辅导讲座20余场,2000余人次参加。

【保密技术监管】 2014年,市委机要保密局继续加强政务外网违规文档监控,全年监控文档信息115万余条,发现并处置违规信息8条,有关经验被国家保密局《保密工作》杂志刊载。加强互联网信息检查,建立互联网出口监控系统，坚持每月对全市100余个党政机关网站进行巡查，发现并处置敏感信息6条。

（李朝阳）

老干部工作

【概况】 2014年，江阴市以改革创新精神和求真务实作风，进一步加强离退休干部思想政治建设、党支部建设“两项建设”，进一步做好服务管理工作，进一步重视发挥老同志作用，继续深入实施红色强基工程、绿色活力工程、银色人才工程“三色工程”，积极构建“360”（包含两层意思：这种服务的特点是360度全方位、全覆盖、全天候；通过汇聚六方面力量，提供六大类服务，创新六项保障机制的“三个六”举措，实现对老干部的“零”距离服务）老干部居家养老服务模式，统筹推进各项工作任务，全面提升老干部工作水平。至年末，市委老干部局管理服务离退休干部1356人，其中离休干部223人，市管退休干部1133人。

【老干部“两项建设”】 2014年，江阴市持续加强思想政治建设、党支部建设“两项建设”，充分发挥老同志作用。全年召开2次情况通报会、2次形势报告会；组织离退休干部党支部书记集中学习活动4次、碰头会2次。为全市老干部订阅《江阴日报》1163份、《银潮》杂志1362份、《共产党员》1246份、《中国老年报》1282份；维护更新老干部网站，编发《学习通讯》4期、《七彩人生》6期。开展“同心共筑中国梦，晚霞出彩夕阳红”征文活动。组织老干部上“党的群众路线教育实践活动”专题党课，听“凝聚老同志力量，同心共筑中国梦”专题讲座等。围绕吴仁宝老书记去世一周年开展系列缅怀学习活动。有12名离退休干部被评为无锡市十佳“五好”（政治学习好、教育后代好、保持本色好、科学养生好、发挥作用好）离退休干部和无锡市“五好”离退休干部。为加强离退休干部党支部建设，开展老干部工作人员结对离退休干部党支部，积极为离退休干部党支部提供服务保障。

【老干部服务工作】 2014年，江阴市扎实推进作风建设，努力提高服务水平。年初对全市离休干部遗属、企业老厂长、市级老领导遗属、困难离退休干部等进行上门慰问，335人次，发放慰问金56.4万元。并对有特殊困难的离退休干部及遗属进行登记建档，开展有针对性的帮扶工作。组织老干部工作人员与离休干部全面结对，全面上门走访，全年走访慰问离休干部227人，及时处理答复8件事项。坚持每周一次上医院看望慰问住院病人制度，探望128人次。组织全市老干部体检，参检人员1206人次，并开展两次健康咨询活动。积极帮助做好异地安置在外省市离休干部的医药费报销问题。为全市71名80岁、90岁老干部进行祝寿活动。主动做好老干部后事协调服务工作，全年协助处理42名老干部（离休干部26人，退休干部16人）后事。为全市离休干部发放求助服务卡240本。创新工作机制，探索打造“360”老干部居家养老服务模式，通过全面结对联系、分组走访慰问、发放服务联系卡、建立老干部信息库、配备社区联络员等方式推进，以期构建起高龄离退休干部居家养老服务新体系，让老干部居家安度晚年。对澄江街道12个社区与老干部结对情况和“四就近”（就近学习、就近活动、就近得到关心照顾、就近发挥作用）工作情况进行摸底调查和督促指导。会同相关部门、街道（镇）就加强退休干部管理进行座谈讨论，在此基础上，形成调研文章3篇，出台《关于进一步加强和改进退休干部的管理服务工作的意见》。

【老干部文体活动】 2014年，江阴市不断丰富老干部精神文化生活。全年组织开展大型活动6次，包括：老干部马年闹元宵、镇区老干部棋牌交流活动和2014年“相约虹园”系列老干部文化娱乐活动。市干部活动中心全年开放300多天，组织协调各类活动近300次，参加活动的老干部5万多人次。参加由无锡市委老干部局主办的“桑榆晚晴别样红——庆祝建国65周年暨市第27个敬老日全市老干部文化活动巡礼”活动，市老干部协会8个分会入选特色团队，10名老干部入选特色个人。市老干部协会与周边县市广泛交流，与乡镇、社区、企事业单位充分互动。老干部的书画、篆刻、摄影等作品有31幅在全国、江苏省级比赛中获奖或入展。 （贺东海）

信访工作

【概况】 2014年，江阴市信访局坚持围绕中心，服务大局，认真履职，创新工作，围绕畅通信访渠道、服务信访群众、化解信访积案、加强法制宣传等重点工作落实有效举措，特别是深入开展信访积案化解和以解决信访突出问题为重点的矛盾纠纷排查化解两个专项行动，全力确保社会大局和谐稳定。全年，市信访局受理群众来信来访9582余件次，比上年增长24.9%，其中处理群众来信1276件，比上年增长26%，接待并协调处理到市集访276批5726人次，批次和人次分别比上年增长24.3%和5%。受理群众通过电话信访、网上信访等途径反映的诉求件8.8万余件，比上年增长4.7%，群众满意率97.2%。全市未发生有影响的去省进京上访，未发生个人极端事件和有影响的群体性事件。

【完善信访责任体系】 2014年，江阴市继续完善信访责任体系。在完善信访通报制度上，对群众集体上访、交办件办结、矛盾纠纷排查化解等内容实行每月通报。在完善重点督导机制上，坚持全面督查和重点督查、常规督查和突击督查相结合。市成立由维稳办主任、信访局长、政法委分管副书记分别任组长的3个专项督查组，从市委政法委和市法院、检察院、公安局、司法局、信访局、维稳办等部门选聘50名中层以上干部为督导专员，不定期对重点镇（街道）、重点信访案件进行重点督导，确保各项工作取得实效。在完善信访考核制度上，及时调整完善信访绩效考核办法，考核结果作为评先评优的依据，并在全市通报，充分发挥考核的导向和激励作用。

【畅通群众表达诉求渠道】 2014年,江阴市完善民生热线、网上信访、网上直播室等做法,构建“信、访、网、电”高度融合、高效有序的信访新渠道,保障群众更加方便地提出诉求。加强涉访部门联合接访工作。市接访中心全面推行联合接访,提供“一条龙”服务、“一单式”办理,提高接访工作质量,群众诉求当场解决率达40%以上。深化12345民生热线建设。综合运用电话语音、传真应答、电子邮件、短信服务、“掌上12345”等方式受理群众诉求。探索建立“人民陪访员”工作机制。制定下发《人民陪访员管理办法》,明确人民陪访员工作职责,规范具体工作流程。全市从“两委员一代表”、机关干部、村(社区)干部等有影响的人员中产生人民陪访员250余人,为群众提供法律法规和政策咨询、陪同或代替群众反映诉求等便民服务,形成“群众动嘴、干部跑腿”的信访新型通道。

【化解重点信访案件】 2014年,江阴市高度重视初信初访办理,落实首问首办责任制,初信初访100%交办、100%督办、100%反馈、100%回访,初信初访一次性办结率75%以上。全力攻坚化解信访积案,在全市开展以去省进京上访、群体性问题为重点的信访积案化解专项行动,采取领导包案、综合协调、督查指导等方式,推动各地各部门综合运用舆论疏导法、终结倒逼法、解困感化法、关系人劝导法等办法化解积案。市委书记周铁根、市长沈建2次召开市领导包案工作推进会,对涉及层面性、群体性的32件信访积案进行专题研究,在全市形成良好的示范带动作用。在积案化解专项行动中,全市共化解、终结信访积案160余件。推动层面问题批量解决,对群众反映的普遍性、倾向性问题,特别是因政策问题、层面性管理等引发的群体性问题,进行综合分析,形成工作建议报市委、市政府领导作决策参考,推动信访问题的批量解决。全年市信访局形成各类专报、建议90余件。

【信访法制宣传】 2014年,市信访局通过局门户网站、《江阴日报》、深入镇(街道)巡回宣传等途径,广泛宣传依法逐级走访和诉访分离等相关规定,引导群众依法逐级走访、依法有序维权。在巡回宣传活动中,共发放宣传小册子2万余份,图版展览20余场次,现场受理群众咨询投诉300余人次。 (李宏斌)

史志工作

【概况】 2014年,江阴市史志办在服务全市经济社会发展、宣传江阴现代化建设等方面取得新成绩。完成《中共江阴历史》第二卷(1949—1978)出版工作;编纂出版2014版《江阴年鉴》,并采取免费赠阅形式向基层发放;继续开展《江阴市消失自然村图志》征编工作;完成数万字的上级部门党史征编和年鉴供稿任务;配合中央新闻纪录电影制片厂(集团)拍摄江阴要塞系列电视片并提供相关资料,为江苏省新建军史馆、市政府修建颜家桥战斗纪念碑、江阴电视台录制系列节目、市图书馆制作江阴籍院士专栏等提供相应资料;继续为市委宣传部主办的《党员之友》供稿;每月编发《中共江阴市委大事记》。年内,结合群众路线教育,创新史志文化宣教活动。开展江阴地方历史宣讲服务党员干部、服务社区群众、服务暑期学生“三服务”活动,共为12个单位授课15场,受众1200余人;先后向各单位送书6000余册;联合市委组织部、宣传部制作《不朽的丰碑》党史宣传片;制作《峥嵘岁月 伟大贡献》党史宣传展板。全年开展业务培训300余人次,审读5部镇村志、2部部门志计500余万字,提出修改意见5000余条,出版6部。为社会各界人士90余人次提供资料查询服务。是年,市史志办被评为2014年江苏省党史宣传工作先进集体一等奖。

【《中共江阴历史》第二卷(1949—1978)出版发行】 2014年,江阴市史志办继续推进《中共江阴历史》第二卷(1949—1978)征编工作,5月初形成征求意见稿。7月,根据反馈意见对书稿进行资料充实、史实核对、注释规范、文字推敲等工作。9月,完成编撰说明、结束语和后记,并经再次审校后形成送审稿。11月起,先后通过无锡市史志办验收和中共党史出版社审阅。12月,由中共党史出版社出版发行。该书记叙上起1949年4月江阴解放,下至1978年12月党的十一届三中全会召开,分4编21章57节,总计34万字,全面系统地记述江阴党组织领导人民从新民主主义革命到社会主义革命和建设的艰辛探索历程,翔实反映这一时期江阴政治、经济、社会事业的巨大变化和取得的伟大成就,客观总结党在实践中积累的宝贵经验和深刻教训,在存史、资政、育人等方面具有重要价值。

【制作党史宣传片和系列展板】 2014年,江阴市史志办在纪念江阴解放65周年之际,精心制作《不朽的丰碑》宣传片,影片时长25分钟,分上下两集,翔实反映中共江阴“一大”会址、黄山炮台、国民党江阴要塞司令部、澄西革命烈士事迹展示馆等江阴重要的党史遗址情况及现状,介绍周水平、孙选、奚佐尧、钱振标、陈叔璇、蒋云、朱杏南、茅学勤、张大烈等江阴籍重要党史人物的生平及革命斗争事迹。该宣传片作为党员学习资料及党的群众路线教育资料片,由组织部下发至全市各党组织学习播放。同时,市史志办从年初开始筹备和组织策划,认真挖掘和整理新民主主义革命时期的资料和珍贵老照片,制作完成《峥嵘岁月 伟大贡献》系列展板(共17块),以党领导江阴人民开展革命斗争为主线,对应大革命、土地革命、抗日战争和解放战争4个历史时期,分“五四运动”对江阴的影响、江阴县委建立和领导农民武装斗争、抗日烽火席卷江阴大地、江阴人民迎来胜利曙光4个部分,以图为主(有老照片100多幅),辅以简要文字说明,反映新民主主义革命时期江阴境内发生的重要历史事件。该系列展板于4月21日至22日(江阴县城解放日)在市机关大楼首次展出。年内,配合“六进”(进机关、进农村、进社区、进学校、进企业、进军营)活动分别在市军队离休退休干部休养所、市委老干部局、澄江街道蒲桥社区等单位展出,受到社会各界好评。

【党史宣教利用】 2014年,江阴市史志办继续开展为基层送史书、送党课“双送”和史志文化“六进”活动，先后为澄江街道蒲桥社区、澄江路社区、天鹤社区和徐霞客镇等镇(街道)及有关单位的党员干部、入党积极分子、学生、群众等讲课13场次，听众1200余人，向社区、村、学校等单位赠送党史、地情书籍6000余册。全年编发12期《中共江阴市委大事记》。每月配合宣传部做好《党员之友》刊物党史专版系列资料征编工作。年内为江阴电视台录制党史宣传纪念节目提供相关资料，为市政府修建祝塘镇颜家桥战斗纪念碑提供相关资料，为到江阴拍摄《要塞起义》影片做好相关协助工作。

【2014版《江阴年鉴》出版】 2014年8月，江阴市地方综合系列年鉴第22卷《江阴年鉴(2014)》(纸质版和光盘版)由方志出版社出版。该年鉴全面系统、准确翔实地记载2013年度江阴市自然、政治、经济、文化和社会生活等方面的基本情况，反映全市各行各业紧紧围绕市委、市政府年度目标，全面深入贯彻落实党的十八大精神，在产业升级、现代化滨江花园城市建设、生态环境建设、民生改善等方面的新思想、新举措、新亮点。有彩色插页85页，按《领导关怀》《名人相约》《年度获奖人物》《年度获奖作品》《十大杰出青年》《活动风采》《十件实事》《全国重点文物保护单位》《文明品牌》《文化新事》《喜悦民生》《江阴板块》等专栏展示。正文按分类记事体例，分41个类目，下设263个分目、1438个条目，计92.4余万字。随文图片133幅，表格148张。增设《特载》类目。

【《江阴市消失自然村图志》完成初稿上报工作】 《江阴市消失自然村图志》征编工作于2013年年末启动。2014年1月起，全市15个镇、街道迅速成立领导小组，建立专门工作办公室，总计聘请50余名征编工作人员，指定调查联络员数百人，构建成全市消失自然村图志征编网络。2月下旬和5月上旬，市史志办开展两轮指导调研工作，深入基层累计进行专题辅导30次。8月29日，市史志办在市委党校召开图志采编工作推进会，各镇、街道50余名采编人员参加会议。会上，市史志办就各镇、街道前一阶段图志征编情况进行总结，部署推进下一阶段工作，并邀请采编工作完成较好、较快的徐霞客镇、云亭街道、临港街道三位采编人员代表进行发言，分享采编过程中的优秀经验。至12月，全市各镇、街道全部完成初稿上报工作，包括近1200个消失自然村的文字稿、平面示意图、原貌和现状照片等材料，交由市史志办工作人员进行编辑和审阅。

【基层修志指导】 2014年，全市编修的部门志有《江阴电信志》《江阴体育志》《江阴法院志》，镇志有《顾山镇志》《祝塘镇志》《璜土镇志》《青阳镇志》等，村志有《观山村志》《余城村志》等。市史志办加强与基层沟通，对基层史志书籍编纂、业务工作开展进行有效指导，进一步协调机关、镇(街道)各部门史志业务工作。《祝塘镇志》2月由方志出版社出版，总计96.86万字；《璜土镇志》4月由方志出版社出版，总计94.8万字；《江阴电信志》由方志出版社出版，总计49.5万字；《观山村志》由南京出版社出版，总计29万字。《申港志》《江阴法院志》《余城村志》《新桥镇住宅图志》内部发行。市史志办全年组织300余人次参加志书、年鉴业务培训，接待上门业务咨询60余人次，解答电话咨询100余次；审阅《顾山镇志》《观山村志》等7部镇村志、部门志总计500余万字，提出具体修改意见5000余条。是年，申报《祝塘镇志》参加《中国名镇志丛书》编纂工程，选送13部基层志参评江苏省地方志优秀成果奖。 (市史志办)

档案工作

【概况】 2014年，江阴市档案局各项工作取得新的进步。全年共接收档案26207卷15675件，征集到一批原乡镇企业档案资料、家谱、照片、实物等。编辑出版《东林英烈李应昇》《胡山源》《黄毓祺》等名人传记。举办6期档案业务培训，参训500余人次。根据《江苏省机关团体企业事业单位档案工作规范》，完成对58个单位的档案星级测评、复查验收工作。接待社会各界查档近1.4万人次，调阅案卷1.5万份，提供证明材料4万余份。顺利通过国家一级档案馆的复查。巩固“全国社会主义新农村建设档案工作示范市”创建成果，加快推进299个村、社区档案信息平台的应用服务。

【通过国家一级档案馆复查】 2014年9月21日，江苏省档案局受国家档案局委托，组成以江苏省档案局副局长项瑞荃为组长的国家一级馆复查测评组，通过听取汇报、查阅印证材料和实地检查等方式，对江阴市国家一级档案馆进行复查。复查测评组认为：江阴市档案馆自2008年6月通过国家一级馆测评成为全国县(市)级首家国家一级档案馆后，认真进行整改，进一步改善档案馆基础设施、夯实档案基础业务，馆藏档案资料总量从2008年的186475份增加到目前的71万份，年查档人次超过1万人次；采用多种形式开发档案信息资源，编研成果丰富、展览形式多样，充分发挥档案馆爱国主义教育基地功能；继续推进档案信息化建设，建成覆盖全市市镇机关的数字档案馆、室系统，档案信息化建设上新水平，同意通过国家一级档案馆的复查。

【基层档案管理】 2014年，江阴市档案局继续做好基层档案工作指导，提高全市立卷归档、软件运行、数字化建设等档案管理整体水平。深入基层单位指导290人次。对82个进馆单位进行年度评估，其中优胜单位46个，合格单位35个，整改单位2个。分别与市财政局、水利农机局、建设局、人社局、宗教局等主管部门联系合作，对其下属单位档案管理加强监督指导。做好全市各村历史数据采集、数据格式修改、数据项信息补充、次序调整等数据核对、修改工作，完成299个村(含合并前村社区)，并做好相关村(社区)平台应用指导工作及系统功能完善的对接工作。

【档案业务工作培训】 2014年，江阴市档案局继续做好档案业务工作培训，分别为机关事业单位、村(社区)及企业新上岗档案人员集中举办培训班3期，参训人数283人；组织镇街道档案人员专业培训、华士镇、海润光伏科技股份有限公司业务培训讲座共 3 次,参加人数 80 余人;以“做智慧型家长、建孩子成长档案”为主题,为新桥镇、南闸街道部分幼儿园、学校师生、家长进行家庭档案专题讲座,参加人数 600 余人,收到很好的效果。

【档案保管利用】 2014 年,江阴市档案局重视窗口服务工作,全年接待查档人员 1.4 万人次,调阅案卷近 1.5 万份,提供证明材料 4 万余份,真正为老百姓解决实际问题。接收文书、科技、会计、照片、公证、退伍等各类档案 26207 份 15675 件。完成 61 个单位档案事业统计年报工作。做好家谱档案的装盒移库工作,对馆库的 3539 份家谱档案进行统一装盒,搬入家谱专用库房。接收、整理政府公开信息、现行文件 50 个单位 2473 件。

【档案信息化建设】 2014 年,江阴市档案局加强数字档案馆系统、区域性档案资源管理平台日常维护,加大村、社区档案管理平台的推广应用,完成 317 个网卡地址绑定和系统初始化,做好江阴档案信息网的管理维护,信息发布和网上查档,信息公开等数据的导入导出工作。建立和完善档案信息安全的有关预案,切实保障局馆档案信息的安全。

【档案接收】 2014 年,江阴市档案局接收档案 26207 卷 15675 件。乡镇企业档案史料征集成果明显,原西郊振冲器厂、申达针织厂、第四织布厂等一批企业档案资料征集进馆。新增过氏、郑氏、亭子港张氏家谱共 31 部 357 册,至此,馆藏家谱 314 部,95 个姓氏,3318 册。征集到原江阴籍少将吴湘庆书法作品 4 幅,证书 1 件;江阴璜土人金武祥光绪年间所著《粟香随笔》书籍全套,同治和民国年间地契 6 张,200 余万字的《江阴东兴缪氏家集》一套,华西村 20 世纪 50 年代以来的发展档案史料 60 余份(含 160 多张珍贵老照片),这些征集物品内容丰富,颇具史料价值。

【档案编研】 2014 年,江阴市档案局与顾山镇政府联合主编出版《东林英烈李应昇》,该书填补国内研究李应昇的空白,同时被收录于文汇出版社策划出版的《华夏文史博览书系珍藏版第二辑》。名人传记《胡山源》《黄毓祺》出版。举办《江阴市档案馆馆藏精品档案图片展》《大美江阴——严汉文摄影图片展》《市委十二届五次全体(扩大)会议的专题展》等 3 期展览。 (陈 忠)

党校工作

【概况】 2014 年,江阴市委党校按照《中国共产党党校工作条例》要求,弘扬“忠诚、求是、和谐、创新”的办校精神,秉承“立校为党,执教为民”的使命责任,遵循“干部培训、理论武装、思想引领、决策咨询”的职能定位,围绕市委、市政府的中心工作开展党员干部培训、科研咨政,切实打造“党员干部的大学堂、市委政府的思想库、学习型组织的示范点”,努力建设“在长三角有较大影响,在全国有一定知名度”的一流县(市)级党校。年内,完成市管领导干部学习贯彻习近平总书记系列重要讲话和党的十八届三中全会精神轮训、市管领导干部“四个提升”专题轮训、江阴市参照公务员法管理事业单位人员培训、2014 年度新进机关事业单位工作人员初任培训等。继续多措并举加强师资队伍建设,举办中国特色社会主义理论研修班,开展基层调研活动,选派教师 30 余人次先后赴中央党校、北京大学、国家行政学院等院校学习进修,选送 2 名青年教师到江阴市行政服务中心和澄江街道蒲桥社区挂职锻炼,推荐 1 名教师参加江阴市妇女中青年干部培训。鼓励教师在职学历进修,1 名青年骨干教师被南京大学社会学系录取,成为首名自主培养的博士生。在中央党校《学习时报 · 党校教育专刊》(2014 年 8 月 25 日第 494 期)发表《基层党校师资培育的探索实践》一文,介绍江阴市委党校师资队伍建设的情况和经验。持续深化校园文化建设,营造“红色理念,绿色校园”的文化氛围,开展“书香党校”分类读书活动和“我爱我校”护绿行动等,不断丰富党校发展内涵。是年,甘肃行政学院、荆州市委党校先后在江阴市委党校挂牌甘肃行政学院教学科研基地和荆州市委党校干部教育培训基地。

【中国特色社会主义理论研修班启动】 2014 年,由江阴市委党校倡导发起的中国特色社会主义理论研修班(2014—2016 年)正式启动。研修班以提高基层党校教师马克思主义理论素养为宗旨,坚持“文本为基础、中国特色社会主义理论为重点、转化为目的”的原则,采用请进来与走出去、集中学习与分散自学、理论学习与实践学习相结合的方式,通过专家辅导、自身研读、学习交流等形式,围绕马克思主义、毛泽东思想和中国特色社会主义理论体系基本问题,以及党性锻炼和党性修养等现实问题开展一系列学习研究活动。2 月 28 日—3 月 2 日、7 月 1—5 日、11 月 7—9 日先后在江阴市委党校、中央党校、武进区委党校举办 3 次集中研修活动。来自江浙沪闽粤 5 省(市)17 家市(区、县)党校教师共 200 余人次参加学习培训。

【“大学堂”建设】 2014 年,江阴市委党校贯彻《2014—2018 年全国党员教育培训工作规划》和《关于在干部教育培训中加强理想信念和道德品行教育的通知》精神,围绕加强中国特色社会主义理论体系教育,突出对党员干部的理论武装和党性党风党纪教育,努力建设好“校园 45 亩地、江阴 988 平方千米、全国 960 万平方千米”三大课堂。全年完成各类主体班 8 期,培训干部 1344 人次;完成各基层单位委托办班 12 期,培训学员 1474 人次。继续做好在职研究生学历教育收尾工作,江苏省委党校 2011 级在职研究生班 76 名学员全部通过论文答辩,获得研究生学历。主动发挥基层宣讲理论载体功效,深入基层调研,开发出十八届四中全会和习近平总书记系列重要讲话精神、党的群众路线、市委十二届六次全会精神等 20 个系列专题,形成培训菜单印发全市机关、镇(街道)、村(社区)和企事业单位,为基层党员干部送教上门。全年基层宣讲 250 余场,受众超 2 万人次。继续面向全国服务外省市干部培训,对外宣传介绍江阴经济社会发展的成就和亮点,让江阴经验更好地在全国散发。年内,完成培训专题和教材的第九轮整理、修订,形成 7 大板块 71 个专题;新开发 5

个现场教学点，在华士镇传澄袜子博物馆、璜土镇小湖村建立2个现场教学基地；特聘21名客座教授；修订《外联班班主任工作流程与要求》和《组织外联班学员现场教学要求》，规范、细化工作流程。全年共培训（接待）外省市党员干部102期5032人次。

【“思想库”建设】 2014年，江阴市委党校围绕市委、市政府的中心工作和重大部署，聚焦发展需要和社会需求，开展课题研究，增强咨政效用。与国家行政学院合作编撰《县域社会现代化的新探索——江阴率先发展之路研究》一书，5月由国家行政学院出版社正式出版；与南京大学政府管理学院合作立项江苏省社科基金专项课题《苏南推进治理体系和治理能力现代化的区域实践研究》。与市委组织部合作编撰《人才强企的江阴实践》一书，完成15万字的书稿写作；与市纪委合作编写《江阴市制度廉洁性评价》工作指南；与市政法委合作江阴市“十三五”规划前期课题《江阴社会治理现代化研究》，形成中期成果。与新桥镇合作，结项江苏省委党校重点课题《苏南新型城镇化的实践与启示——以江阴市新桥镇为例》；与市科技局、周庄镇山泉村合作，完成无锡市腾飞奖项目申请报告《民意为舵、民心为浆，让山泉村幸福流淌的现代村官——李全兴》。结项江苏省委党校课题2项、无锡市委党校课题11项，立项江苏省委党校课题2项、无锡市委党校课题11项，公开发表论文28篇。提交无锡党校系统学习党的十八届四中全会精神研讨会暨“党校论坛”2014年年会论文11篇，获优秀论文奖7篇。

（许一鸣）

接待工作

【概况】 2014年，江阴市接待各类宾客405批13017人次，其中党和国家领导人及老领导7人次，部、省级领导84人次，军队少将及以上军衔将领4人次。到江阴百人以上团队有10批，团队人数最多的是浙江省桐庐县党政代表团136人。各级领导视察指导和外地宾客参观活动的内容继续向多领域、深层次拓展，涉及江阴经济社会发展各个方面。

【到江阴的国家领导人】 2014年，国家现任领导及原领导到江阴视察指导工作的有7人。其中，现任领导2人，先后为全国人大常委会副委员长陈昌智，中共中央政治局委员、国务院副总理马凯；原领导5人，先后为全国人大常委会原副委员长蒋正华，全国人大常委会原副委员长路甬祥，全国人大常委会原副委员长顾秀莲，全国政协原副主席张怀西，全国人大常委会原副委员长盛华仁等。

【到江阴的江苏省级领导】 2014年，到江阴考察指导工作的江苏省委、省政府领导有罗志军、李学勇、石泰峰、黄莉新、樊金龙、徐鸣、史和平、许津荣等；江苏省人大常委会领导有张艳、公丕祥、刘永忠等。到江阴视察指导工作的江苏省老领导先后有：省人大常委会原副主任丁解民、凌启鸿、俞兴德、王霞林、洪锦炘等，省政协原副主席顾浩、胡福明、陆军等。

【到江阴的国家各部委及外省的省级领导】 2014年，据不完全统计，到江阴考察指导工作的国家各部委及各省省级领导和原领导有36人。其中在职领导20人，先后为国家发改委副主任、国家能源局局长吴新雄，中国民用航空局副局长夏兴华，国家统计局总统计师鲜祖德，中华全国归国华侨联合会副主席康晓萍，全国人大常委会委员、全国人大环境与资源保护委员会副主任委员白恩培、黄献中，环保部副部长吴晓青，工信部部长苗圩，国务院副秘书长肖亚庆，国家发改委副主任胡祖才，国家国防科技工业局党组成员张炜，共青团中央书记处书记汪鸿雁，国务院参事、中国可再生能源总会会长石定环，全国人大常委会委员、全国人大环境与资源保护委员会主任委员陆浩，国家质检总局副局长、党组成员孙大伟，中纪委驻文化部纪检组组长、党组成员王铁，中国文学艺术界联合会副主席、中国曲艺家协会主席姜昆，交通运输部党组成员、运输司司长刘小明，国务院参事、农业部原副部长、国务院扶贫开发领导小组办公室原主任刘坚，新疆维吾尔自治区伊犁哈萨克自治州党委书记黄三平等；老领导16人，先后为国务院国有资产监督管理委员会原主任、党委书记李荣融，全国政协原常委、民族和宗教委员会主任钮茂生，农业部原部长陈耀邦，安徽省委原书记黄璜，中央党校原常务副校长杨春贵，中央组织部原部长张全景，全国人大常委会财政经济委员会原副主任委员、江苏省委原书记梁保华，国务院原副秘书长刘济民，国家工商总局原副局长李东生，外经贸部原副部长、中国外经贸企业协会会长周可仁，外经贸部原副部长、中国华润集团原董事长谷永江，两岸企业家峰会秘书长、商务部原副部长魏建国，中央第三巡回督导组副组长、江西省政协原副主席刘上洋，国家电子工业部原副部长、中芯国际集成电路制造有限公司董事长张文文，国家行政学院原副院长周文彰，国务院原副秘书长闫颖等。

【到江阴的军队少将及以上军衔首长】 2014年，据不完全统计，到江阴参观考察的军队少将及以上军衔将领有4人，先后为江苏省军区司令员李克让少将、副司令员鞠华少将，山东省委原常委、省军区原政委何法祥少将，南京军区原司令员朱文泉上将等。

【到江阴的其他重要人士】 2014年，据不完全统计，到江阴的其他重要人士有17人，先后为中国工程院院士蒋士成、周翔、孙晋良、郁铭芳、姚穆、俞建勇、刘永才、张齐生、张秀梵，中国科学院院士王立鼎，中央纪律检查委员会委员、中国船舶工业集团公司党组书记、董事长胡问鸣，神舟十号航天员乘组聂海胜、张晓光、王亚平，韩国国会议员金台镐，丹麦驻上海总领事普励志，坦桑尼亚总理府秘书长弗洛伦斯·图卢卡等。

（陈　悦）

■类目编辑　党　辉

江阴市人大常委会

重要会议

【概况】 2014年，举行江阴市第十六届人民代表大会第三次会议，召开市人大常委会会议6次、主任会议20次，听取和审议“一府两院”（市政府、法院、检察院）工作报告和专项报告20项。市人大常委会依法作出决议、决定9项。

【市十六届人大三次会议】 2014年1月22—24日，江阴市第十六届人民代表大会第三次会议在江阴大剧院举行。出席会议的代表应到393名，实到381名。会议列席人员有：市委、市政府、市政协有关领导；市委、市政府各部门，群众团体及有关单位主要负责人；驻江阴有关单位主要负责人；在江阴的全国人大代表、省人大代表；无锡市人大代表小组正副组长；省级以上经济开发区党工委、管委会有关领导；有关基层人大负责人；市人大常委会有关工作机构主任科员；往届市人大常委会领导和市政协主席；出席市政协会议的委员和列席人员。会议期间，代表听取和审议《政府工作报告》，审查并批准《关于江阴市2013年国民经济和社会发展计划执行情况及2014年国民经济和社会发展计划的草案的报告》《关于江阴市2013年财政预算执行情况和2014年财政预算草案的报告》，听取和审议《江阴市人大常委会工作报告》《江阴市人民法院工作报告》《江阴市人民检察院工作报告》，书面审议市政府《关于加快城区企业退城搬迁决议和江阴市城区过境货运车辆禁行决议执行情况的报告》《关于市十六届人大二次会议代表建议办理情况的报告》。大会表决通过相关报告决议。会议期间，收到代表建议、批评和意见163件。

【全市人大工作会议】 2014年12月24日，市委召开全市人大工作会议，贯彻落实中共十八大和十八届三中、四中全会精神和省、无锡市人大工作会议精神，加强和改进人大工作。市委、市人大、市政府、市政协主要领导，市委、市政府分管领导和市人大常委会全体领导，市人大常委会全体组成人员，各镇（街道）、市级机关各部门、有关驻江阴的单位主要负责人，各镇人大专职主席、副主席，各街道（园区）人大工委主任（副主任）和部分人大代表等参加会议。会议由市委副书记蔡叶明主持。无锡市委常委、江阴市委书记周铁根发表重要讲话。市人大常委会、市政府、市法院、市检察院和澄江街道党工委负责人先后在会上作了交流发言。

会议充分肯定了近年来全市人大工作取得的显著成效，分析了人大工作面临的新形势新任务，明确了与时俱进推进人大工作的具体任务和要求，要求各级党委要加强和改善党对人大工作的领导，全力保障人大依法履行职权，更加重视人大自身建设，着力创设良好的人大工作环境，努力开创江阴人大工作新局面。会上，江阴市委下发《坚持和完善人民代表大会制度 推动人大工作与时俱进》文件。

【市人大常委会会议】 2014年，召开江阴市第十六届人大常委会会议6次。

市十六届人大常委会第十五次会议于1月10日召开。会议听取并审议市政府《关于2013年财政预算执行情况和2014年财政预算草案》《2013年政府投资重点项目资金计划执行情况和2014年政府投资重点项目资金安排情况的报告》，听取关于代表变动情况以及补选代表资格审查情况的报告；表决通过市十六届人大三次会议有关文件及建议名单，表决通过市人大常委会工作报告，书面审议“一府两院”工作报告。

市十六届人大常委会第十六次会议于2月19日召开。会议审议通过2014年江阴市人大常委会工作要点，表决通过有关人事任命事项。

市十六届人大常委会第十七次会议于4月28日召开。会议听取和审议市检察院《关于江阴市反贪污贿赂工作情况的汇报》，表决通过有关人事任免事项。

市十六届人大常委会第十八次会议于6月27日召开。会议听取并审议市政府《关于2013年度财政决算情况、江阴市2013年度财政预算执行情况和其他财政收支情况的审议工作报告》《现代化滨江花园城市标志区建设情况的报告》；审议市检察院关于市十六届人大常委会第十七次会议审议意见办理情况的书面答复；表决通过有关人事任免事项和有关决议。

市十六届人大常委会第十九次会议于8月29日召开。会议听取并审议市政府《关于2014年上半年国民经济和社会发展计划执行情况、政府投资重点项目建设进展情况、财政预算执行情况和政府投资重点项目资金管理情况的报告》;听取并审议市政府《关于江阴市医药卫生体制改革情况的报告》;听取并审议市人大常委会执法检查组《关于检查江阴市〈安全生产法〉实施情况的报告》;审议市政府关于市十六届人大常委会第十八次会议审议意见办理情况的书面答复;表决通过《江阴市人大代表建议、批评和意见办理办法》;表决通过有关人事任免事项。

市十六届人大常委会第二十次会议于10月31日召开。会议听取并审议市政府《关于江阴市道路交通畅通工作情况的报告》,并对市政府道路畅通工作进行民主测评;听取并审议市政府《关于市十六届人大三次会议代表建议办理情况的报告》;审议市政府关于市十六届人大常委会第十九次会议审议意见办理情况的书面答复;表决通过《江阴市人大常委会关于进一步提高常委会会议审议质量的意见》《江阴市人大常委会关于述职评议工作的办法》《关于召开市十六届人大四次会议的决定》;表决通过有关辞去代表职务的事项;对5名无锡市人大代表履职情况进行民主测评。

【市人大常委会主任会议】 2014年,召开江阴市第十六届人大常委会主任会议20次。主要议题有:讨论通过《关于2014年基层人大工作的指导意见》《关于2014年调查研究工作的意见》《关于评议道路交通畅通工作情况的实施意见》《关于实施全口径预算决算审查监督的意见》《关于提高人大常委会会议审议效果的调研与思考》《江阴市人大代表建议、批评和意见办理办法》《关于开展无锡市人大代表向江阴市人大常委会报告履职情况试点工作的实施意见》《关于对江阴主城区停车管理的调查与思考》《关于财政同级审查出问题整改情况的报告》《关于加强环城森林公园规划管控和建设的调研报告》《关于社会保险基金管理情况的调研报告》《关于城区过境货运车辆禁行议案决议执行情况的调查报告》《关于企业退城搬迁议案决议执行情况的调查报告》;听取市人大人事代表联络工委《关于"市人大代表活动周"汇总情况的报告》;讨论通过年度先进表彰名单和代表优秀建议名单,通报无锡市有关先进表彰名单事宜;讨论确定重点督办的市十六届人大三次会议代表建议,讨论通过市人大常委会各办事机构专题调研课题;讨论通过深入开展"两联系"(市人大常委会组成人员联系代表、人大代表联系选民)活动和组织"人大代表在行动"主题实践活动图文展活动等有关文件;讨论通过市人大常委会机关党的群众路线教育实践活动有关文件;讨论通过市人大常委会评议道路交通畅通工作情况专题询问有关事宜;讨论通过关于全口径财政预决算审查工作相关事宜;听取和审议市政府《关于全市生活垃圾处理工作情况的报告》《关于学前教育发展情况的报告》《关于2013年度财政决算情况和财政同级审情况的报告》《关于重点督办的代表建议办理情况的报告》《关于食品监管技术支撑体系建设情况的报告》《关于土地节约集约利用工作情况的报告》《江阴市长泾镇总体规划(2014—2030)》(《长泾镇历史文化名镇保护规划》)《江阴市工商质监食品药品管理体制调整方案》《关于2014年财政预算执行情况和2015年财政预算草案》《2014年政府投资重点项目资金计划执行情况和2015年政府投资重点项目资金安排情况的报告》,市法院《关于审判权运行机制改革情况的报告》;集中学习中共十八届三中、四中全会精神和中共中央总书记习近平在庆祝全国人民代表大会成立60周年大会上的重要讲话精神、全国两会精神、省市人大工作会议精神以及中央、省、市委开展党的群众路线教育实践活动的有关精神,传达省市委全会精神。

【"一府两院"联席会议】 2014年2月11日,市人大常委会召开"一府两院"联席会议,征求市政府、市法院和市检察院对《2014年江阴市人大常委会工作要点》的意见,促进市委决策部署和市十六届人大三次会议各项决议的贯彻落实。

【庆祝人民代表大会制度建立60周年座谈会】 2014年9月23日,江阴市召开庆祝人民代表大会制度建立60周年座谈会,学习贯彻习近平总书记在庆祝全国人民代表大会成立60周年大会上的重要讲话精神,回顾总结人大制度建立60年来在江阴的发展变化,展望江阴民主法治建设的美好前景。市领导周铁根、赵国权、孙小虎、郑元、朱敏、黄耀清以及市法院院长、市检察院检察长,往届市人大常委会主任,市人大常委会各办事机构负责人,各基层人大负责人及部分市人大代表参加会议。会议由市人大常委会主任赵国权主持。会议强调,面对江阴经济社会发展的新目标新定位,人大要不断加强人大工作的理论创新、实践创新,推动江阴市人大工作迈上新台阶、开创新局面。座谈会上,市人大常委会往届领导,以及部分市镇人大代表,围绕对人民代表大会制度的认识、感悟以及对江阴市今后人大工作的期待作了交流发言。

监督工作

【概况】 2014年,江阴市人大常委会坚持监督与支持并举、形式与效果并重,先后召开常委会会议6次、主任会议20次,听取和审议"一府两院"专项工作报告20项,开展执法检查、专题询问和专项工作评议各1次,组织考察活动6次。

【跟踪监督决议决定贯彻落实】 2014年,市人大常委会围绕三次会议以来作出的有关计划执行、财政预决算、历史文化名镇保护、代表工作等方面的9项决议决定,完善机制,落实常态监督和重点监督要求,切实加大跟踪督促力度,确保决而有行、行而必果。围绕市委重大决策部署和工作重点,就环城森林公园规划与建设、水资源保护、农村环境整治等工作开展专题调研,提出意见建议,为市委决策部署提供有效参考。围绕事关地方发展的重大事项进行专题审议,先后听取和审议工商、质监、食品药品行政管理体制调整和长泾镇国家历史文化名镇保护规划等情况,积极参与重大事项民主决策。

【跟踪监督“两个议案”决议贯彻落实】 2014年,市人大常委会继续跟踪督办市十六届人大一次会议作出的《关于江阴市城区过境货运车辆禁行议案的决议》和《关于加快城区企业退城搬迁议案的决议》的贯彻落实,对城区过境货运车辆禁行议案决议的执行,多次听取事关“禁行”重大基础设施建设情况汇报,深入海港大道、江阴大道、锡澄运河航道整治等工程建设现场,并赴靖江市人大对接申港—靖江上五圩渡口建设监督工作,加大明察暗访工作力度,调研分析有关“禁行”交通秩序组织管理情况,督促政府完善交通畅通组织方案,强化常态管理。针对城区企业退城搬迁议案决议的执行,专题调研企业搬迁、房屋征收、安置房建设等情况,协调有关企业迁建,督促政府结合政策调整,优化企业退城搬迁实施计划,突出重点,加大推进力度。

【促进经济结构转型】 2014年,市人大常委会密切关注经济运行发展,定期听取和审议计划执行情况,对事关稳增长、调结构、促转型的重要课题进行调研视察,督促政府科学应对形势变化。重视实体经济发展,关注和支持产业项目建设,针对土地等要素保障问题,专题听取和审议土地节约集约利用情况,督促政府健全长效管理机制,科学运用政策引导和市场配置两种手段,全力保障重大产业项目建设。关注金融生态安全,专题调研小额贷款公司经营发展、重大涉企债务纠纷处理等情况,要求强化政策扶持和财政引导,健全社会信用体系,提升地方金融服务经济发展能力,构建良性金融生态体系。关心民营经济稳健发展,对中小微企业发展情况进行调研审议,以“走访企业、服务发展”活动为载体,走访调研部分民营企业。常委会还就开放园区发展、现代农业示范园区建设等情况组织调研视察,要求更好地统筹区域发展,实现三次产业协调发展、经济结构优化提升。

【力推城市建设与管理】 2014年,市人大常委会坚持问题导向,综合运用工作评议、考察调研、明察暗访和组织代表活动等方式,积极助推城市建设管理。关注城市重大基础设施项目建设,调研和审议“一江一河”标志区基础设施建设情况,督促政府进一步加强规划引领和组织领导,提高工程项目建设品质与内涵。针对市民普遍关注的交通出行畅通问题,组织开展为期3个月的道路交通畅通工程专项工作评议活动,首次启动专题询问程序,就影响交通出行的乱停车、乱设摊、“五小”(低速货车、三轮汽车、三轮摩托车、两轮摩托车、拖拉机)车辆管理、公共交通等问题进行工作问询,要求政府强化“民生交通”理念,进一步优化城乡道路交通规划,加快推进滨江路、芙蓉大道等重点道路拥堵节点改造,加大公交优先实施力度,强化道路交通组织管理,不断为市民构筑一个安全、文明、有序的交通环境。

2014年5月,市人大领导赵国权(右二)、黄耀清(右四)考察室内花卉培育

(赵勇兵 摄)

【推进生态文明建设】 2014年,市人大常委会持续关注和加强对生态环境保护、民生环保工作的监督。9月,组织全体代表对全市水环境整治项目进行集中视察,督促政府强化水资源保护意识,加大对水环境整治投入力度,切实改善全市水环境生态质量。对热网整合工程建设情况组织“回头看”,督促政府加快工程建设进度,实施热电企业关停和提标改造。专题调研生活垃圾、餐厨垃圾处理和建设循环产业园等事项,督促政府统筹研究和推进生活垃圾综合处理。常委会还就应急水源地建设、水煤浆技术推广应用等课题进行调查研究。

【促进民生福祉持续改善】 2014年,市人大常委会围绕政府年度实事工程和市民普遍关注的热点开展监督,努力促进民生改善提升。专题调研城区公共停车管理情况,要求政府及相关部门统筹研究,不断优化和加强城区停车设施建设和管理。听取和审议江阴市医改推进情况,督促政府从制度设计、政策配套、机构建设、人才培养、活跃市场等方面加大力度,稳步推动医改工作科学有序。关注教育资源优化配置情况,对学前教育开展督查,专题听取学前教育发展情况的汇报,督促政府推动优质资源普惠化、城乡发展均衡化、幼教质量优质化。持续关注食品安全工作,考察调研食品安全监管技术支撑体系建设情况,督促推动食品安全法执法中发现问题的整改落实,并就食品安全检测中心组建、完善配套体制机制和人才队伍建设等方面提出意见建议。常委会还专题调研视察农民增收、广电事业发展、政府十件实事完成和重点建议办

2014年3月，市领导赵国权（前排左四）、孙小虎（前排左三）等，在检查安全生产 （缪宇强 摄）

理等事项，支持和推动政府统筹各项社会事业发展，努力使改革发展成果更多更公平地普惠于民。

【推进法治江阴建设】 2014年，市人大常委会积极推进江阴法治建设，以学习贯彻中共十八届四中全会精神为契机，积极担当法治建设职责，带头学习遵守宪法和法律，积极推动社会治理现代化建设，努力促进"一府两院"依法行政、公正司法。切实加强对法律实施情况的监督，采取视察抽查和听取汇报等方式，组织开展安全生产法执法检查，督促政府严格执法，全面落实安全生产责任，强化监管队伍建设，完善预防控制体系，夯实安全生产工作基础。配合上级人大开展大气污染防治、全民阅读、公共文化服务等方面的立法调研、立法后评估和执法检查。督促推动社会治理能力建设，听取和审议市检察院反贪污贿赂工作情况、市法院审判权运行机制改革情况的报告，鼓励支持法院审判组合模式改革、检察院办案机制创新，积极构建新常态下的司法工作新机制。有序开展规范性文件备案审查工作，切实维护法制统一和规范公平。认真做好人大信访工作，全年共接待来访群众116人次，办理来信68件。

【开展安全生产法执法检查工作】 2014年6—8月，市人大常委会对全市贯彻实施《中华人民共和国安全生产法》情况开展执法检查。成立执法检查组，制定市人大常委会《关于开展安全生产法执法检查方案》，召开全体会议进行工作部署，组织安全生产法学法专题辅导讲座，专题听取市政府及安监局关于贯彻执行安全生产法情况的汇报，召开3次安全生产座谈会，听取市安全生产委员会部分成员单位及部分乡镇、街道、开发园区分管负责人和部分生产经营单位负责人、部分市人大代表、基层群众代表对安全生产的建议意见，实地检查部分生产经营单位安全生产管理情况。执法检查组针对执法检查过程中了解掌握的情况和各方面提出的建议意见，进行梳理汇总和分析研究，建议市政府加强宣传教育，提高全社会安全生产法制意识；强化监督管理，切实落实安全生产监督管理责任制；狠抓依法治理，继续加大事故隐患的排查和专项整治力度。

【专项评议交通畅通工作】 2014年7—10月，市人大常委会制定《关于评议道路交通畅通工作情况的实施意见》，成立专项评议工作组，听取专题工作报告，赴省内张家港市、常熟市和四川省成都市考察调研，对市区交通早高峰时段进行查看、组织部分人大常委会委员在晚高峰时段对市区有关交通节点进行踏勘。先后召集公安、城管、发改、规划、建设、交通等10多个相关部门负责人和社会各界人士，召开道路交通管理、建设，以及社会公众座谈会广泛征求意见，通过网络、报刊等新闻媒体公示评议工作组联系电话和电子信箱，共收到市、镇两级人大代表问卷调查表283份，涉及130余个城乡交通问题，归纳形成11大类共38个询问问题，并于10月24日开展道路交通畅通工作询问会。10月31日，按照《江阴市人民代表大会常务委员会开展专项工作评议的暂行办法》有关规定，市十六届人大常委会第二十次会议对市政府道路交通畅通工作进行民主测评，投票结果为满意票11票，基本满意票13票，不满意票2票。

【首次启动专题询问程序】 2014年，根据江阴市人大常委会《关于在常委会评议专项工作时增加专题询问程序的试行办法》，市人大常委会首次在评议监督"道路交通畅通工作"中增加专题询问环节。10月24日上午，市人大常委会召开询问会，市人大常委会领导赵国权、郑元、朱敏、黄耀清以及沈文华和市政府领导沈建、孙小虎、封晓春、韩民，市政府组成部门主要负责人、法院院长、检察院检察长及有关部门负责人、各基层人大负责人和部分人大代表等参加询问会。受市人大常委会主任赵国权委托，副主任郑元主持询问会。10名市人大常委会组成人员和人大代表采用"一问一答、一事一问"形式，围绕城乡路网建设、解决重点路段拥堵、发展公交优先、加强停车管理等内容向市政府领导及有关部门负责人进行询问，市政府相关职能部门主要负责人分别进行应询。常务副市长孙小虎作应询协调。会上，市长沈建、市人大常委会主任赵国权先后讲话。

【全口径预算决算审查监督】 2014年，根据《中华人民共和国预算法》规定以及中共十八届三中全会关于加强人大预决算审查监督的要求，市人大常委会加强全口径预算决算审查监督，开展财政预决算专家审查工作。出台《关于实施全口径预算决算审查监督的意见》《关于财政预决算专家审查操作办法（暂行）》，成立由来自全市财政、审计、中介机构等领域的28名专业人士组成的市人大常委会财政预决算审查专家库。受市人大常委会财经工委委托,专家库成员分4个审查小组于11月24日—12月5日,对市公安局、安监局、残联、经信委、农林局、商务局、建设局、水利农机局、环保局、教育局、科技局、卫生局等12个部门及下属单位的2015年部门预算和政府专项资金预算进行抽样审查,共涉及75个单位、55个政府专项。对审查出来的问题,要求市政府认真整改落实,不断提高财政预算管理水平。

【开展党的群众路线教育实践活动】 2014年3—10月,市人大常委会机关认真开展党的群众路线教育实践活动。常委会机关及时成立领导小组和办公室,精心制定实施方案,召开教育实践活动动员大会,对机关深入开展教育实践活动进行动员部署。认真组织开展主题教育,通过党组中心组学习会、专题学习会、听取江阴大学堂讲座、自学等方式,组织学习中共十八大,十八届三中、四中全会和习近平总书记系列重要讲话精神。班子成员带头参加集中学习,党组中心组集中学习12次,机关及以支部为单位举行各类专题学习会近10次。对照先进先辈开展"为了谁、依靠谁、我是谁"问题大讨论,联系学习吴仁宝等身边的重大典型,组织机关党员赴华西村吴仁宝老书记先进事迹实境课堂等参观学习,与吴协恩等先进典型面对面交流。认真组织开展"四听四问四征求"(听取普通干部群众、服务对象、离退休老同志、党外人士等各方面的意见,问效、问怨、问症、问策,个别征求、座谈征求、上门征求、书面征求)活动,通过召开座谈会、发放征求意见函、开通专线电话和网络平台等征求基层人大代表和人民群众各类意见建议86条。按照"四个必谈"(党委、党组主要负责人与班子每个成员必谈,班子成员相互之间必谈,班子成员与分管部门主要负责人之间必谈,督导组与班子成员必谈)要求,党组各成员谈心谈话人数普遍达到10至15人次。在撰写对照检查材料,数易其稿、不断完善,查摆出"四风"上存在的13个方面的主要问题。在专题民主生活会上,班子成员之间相互批评的意见建议数量达到22条。在即知即改的基础上,领导班子制定整改方案和制度建设计划,明确5个方面15项具体的整改措施,并在《江阴日报》上进行公示。通过立学立行、边查边改和深化整改,常委会机关理想信念更加坚定,党性修养明显提升,作风之弊有效遏制,自身建设不断强化。

人事任免

【概况】 2014年,江阴市人大常委会依法规范做好人事任免工作,健全法律知识考试、任前承诺、考察考核等制度,认真审议各项人事任免议案。全年共任免国家机关工作人员37人次,任命人民陪审员52人次。

2014年江阴市人大常委会任免国家机关工作人员一览

表6

时间	会议名称	任免名单
1月10日	市十六届人大常委会第十五次会议	任命吴志裕为市人大常委会南闸街道工作委员会副主任
2月19日	市十六届人大常委会第十六次会议	任命程政为江阴市政府副市长
4月28日	市十六届人大常委会第十七次会议	任命张建明为市物价局局长、张晓东为市政府法制办公室主任,免去卢忠市物价局局长职务、蔡澄市政府法制办公室主任职务 任命唐微为市人大常委会办公室副主任,免去张晓东市人民检察院副检察长、检察委员会委员、检查员职务,免去沈建荣市人民检察院监察员职务
6月27日	市十六届人大常委会第十八次会议	任命赵勇兵为市人大常委会人事代表联络工作委员会副主任,免去其市人大常委会研究室副主任职务 任命钱华光为市民政局局长,免去陆钢市民政局局长职务 任命朱彩娟为市人民检察院副检察长、李柯为市法院刑事审判庭副庭长、徐芝若为市法院知识产权庭副庭长、丁蔚为任市法院周庄法庭副庭长、陈教智为市法院华士法庭副庭长、康晓光为市法院徐霞客法庭副庭长;任命沈金锋为市法院滨江法庭副庭长,免去其市法院周庄法庭副庭长职务;任命潘亚伟为市法院民事审判第一庭副庭长、市法院审判员;任命闵永刚为市法院审判员、成志昀为市法院审判员、吴玉凤为市法院审判员、李峰为市法院审判员、孙妍为市法院审判员、张峥莉为市法院审判员;免去钱忠瑞市法院审判委员会委员、审判员职务,免去徐竹君市法院审判员职务,免去章伟斌市法院审判员职务
6月27日	市十六届人大常委会第十八次会议	任命赵华东、凌建华、李昌林、李哲、瞿建华、柳惠田、姜琴秀、徐菊新、胡翰刚、王海珠、刘永刚、陆荷琴、陆亚瑛、施文革、田琦、陈国清、朱文虎、王心旋、赵永生、薛建平、戴祥华、夏正华、李士度、蒋梦绮、张平、李林鑫、夏建峰、刘亚芳、吴靓、肖乃芳、潘英、宋亚娟、许佳平、陈義、陈建军、蔡瑾、李建红、龚明玉、谢劼、张雨青、王靖、吴宇杭、何晓军、徐玉蓉、李锦、陈培东、章才华、李瑾、曹国海、袁春萍、丁双洁、张军为人民陪审员,免去李载文、刘生贤、陆炜钢、蒋钧钰人民陪审员职务

续表6

时间	会议名称	任免名单
8月29日	市十六届人大常委会第十九次会议	任命白洋龙为市检察院检察员、李晓雯为市检察院检察员、苏文海为市检察院检察员、周峰为市检察院检察员、武月龙为市检察院检察员、费春霞为市检察院检察员、盛艳为市检察院检察员、免去丁国兴市检察院检察员职务
10月31日	市十六届人大常委会第二十次会议	同意接受高霞红辞去无锡市第十五届人民代表大会代表职务的请求

代表工作

【概况】 2014年，江阴市人大常委会始终突出代表的主体地位，拓展履职内涵，完善工作机制，创新活动形式，积极推进代表活动主题化、履职工作常态化、建言成果实效化，使代表主体作用得到更好发挥。

【代表建议意见督办】 2014年，市人大常委会加强和改进代表建议督办工作，出台《关于市人大代表建议、批评和意见办理办法》，推动督办工作制度化、规范化。对重点建议的办理，坚持常委会领导领衔督办、专题研究，推动相关问题的解决。市十六届人大三次会议期间代表提出的163件建议全部得到答复与办理，代表对建议一次办理满意率达96.9%，8件重点建议基本得到落实推进；闭会期间代表提出的建议都得到及时有效办理。如对《关于全市老小区综合治理改造及安防设施建设投入的建议》，市政府进一步加大对老小区综合改造力度，对天鹤五村等8个老小区加装技防监控设施，同时澄江街道老小区61个监控装置已完成加装计划申报和位置定点，相关镇（街道）同步积极推进；对《关于加快出台江阴市消火栓管理办法的建议》，市政府专题组织调研，起草管理办法并在全市征求社会各界意见，经市政府常务会议讨论通过后已正式出台。

【"人大代表在行动"主题实践活动】 2014年，市人大常委会继续把开展"人大代表在行动"主题实践活动作为联系代表、发挥代表作用的有效载体。在活动形式上统筹"代表活动周"、"联系选民月"、代表述职评议等代表活动，更好地与代表岗位尽职、服务群众相联系；在活动内容上围绕市委决策部署、政府重点工作，从经济转型提升、花园城市建设、城乡一体发展、生态文明建设、民生改善优化、民主政治建设等方面，积极拓展代表履职空间和内涵，展示新时期代表的风采，在"两联系""代表活动周"活动期间，市镇两级人大提出建议意见263件，一批实际问题得到推动解决，主题实践活动呈现出新的活力和亮点。

【开展"回选区、见选民"活动】 2014年6—7月，市人大常委会结合党的群众路线教育实践活动，组织全体代表"回选区、见选民"，集中开展常委会组成人员联系代表、代表联系选民"两联系"活动。在各基层人大的全力配合下，各市人大代表小组认真组织代表深入基层，回选区见选民，广泛听取意见建议。市镇两级人大代表参与率达到95%。市人大常委会组成人员100%参加联系代表活动，听取和征求代表意见。部分在江阴的省和无锡市人大代表应邀参加活动。来自基层各行各业2000多名选民代表参加座谈会和见面接待活动。围绕确定的活动主题，结合区域实际，在听取政府专题汇报和现场视察后，代表们针对经济转型、城乡一体、生态文明、民生改善、社会管理等内容，积极建言献策。经整理汇总，代表们共提出建议意见181件。

【"市人大代表活动周"活动】 2014年9月中下旬，市人大常委会组织全体市人大代表开展以"生态文明建设·水环境"为主题的"市人大代表活动周"活动。全体市人大代表以小组为单位，普遍采取"一看二听三议四提"相结合的方式，利用半天到一天的时间，共考察涉及水环境项目68项，听取政府及有关部门的专题情况介绍，并对全市水环境整治工作进行审议和评议。此次活动共有336名市人大代表参加，部分镇街人大还邀请无锡市人大代表和镇人大代表参加，代表参与率达84.8%，代表提出意见建议82件，提交市政府及有关部门办理的意见建议16件。

【试点启动无锡市人大代表述职活动】 2014年10月31日，在江阴市十六届人大常委会第二十次会议上，正式启动无锡市人大代表向原选举单位报告履职情况并接受述职测评活动。根据《关于开展无锡市人大代表向江阴市人大常委会报告履职情况试点工作的实施意见》要求，5个无锡市人大代表江阴小组各推荐1名代表向市人大常委会汇报履职情况。倪海英、刘红华等5名无锡市人大代表以口头和书面形式围绕出席无锡市人代会、参加闭会期间活动、联系原选举单位和群众、贯彻法律法规和人大决议、履职中的不足和改进措施等五个方面的情况向常委会作履职报告，常委会组成人员在分组讨论后对其履职情况及总体情况进行测评，5名无锡市人大代表的测评结果均为优秀。

（何思施）

■类目编辑　王荣方

市政府领导成员分工

沈　建　主持市政府全面工作，负责财税、人事、城乡规划建设方面工作，分管财政局、编办，联系国税局、地税局。

孙小虎　负责市政府常务工作，负责生态建设、发展计划、改革、人力资源、环保、监察、审计、统计、物价、行政服务、应急管理、国有资产管理、机关后勤工作，分管政府办、发改委、人社局、环保局、监察局、审计局、统计局、物价局、行政服务中心、政府应急办、国资办、机关管理局、市政府驻外办事机构，协助市长分管财政局，协助市长联系国税局、地税局。

计　军　负责开放型经济、商贸服务、沿江开发、港口建设、开放园区、政府政策研究、外事、侨务工作，分管商务局、口岸办（港口局）、政府研究室、侨办、外办、服务业办、供销合作总社，联系台办、侨联、出入境检验检疫局、海关、海事局、边检站、长江引航中心、中国船级社江阴办事处。

吴　芳　负责农村、农林、水利农机、国土、粮食工作，分管农林局、水利农机局、国土局、粮食局，联系气象局。

费　平　负责工业、能源、科技、技术改造、技术监督、安全生产、信息化、资本经营、金融保险工作，分管经信委、科技局、安监局、信息化办、上市办、政府金融办，联系工商联、科协、质监局、供电局、人民银行江阴市支行、银监办、各金融保险机构。

龚振东　负责教育、文化、卫生、食品药品监管、体育、人口和计划生育、广播电视、地方志、档案工作，分管教育局、文广新局、卫生局、食品药品监管局、体育局、人口计生委、史志办、档案局，联系文联、红十字会、烟草局、盐务局。

封晓春　负责规划、建设、交通运输、城市管理、住房保障、民防、邮电通信工作，分管规划局、建设局、交通运输局、城管局、住保房管局、民防局、土地储备中心、公共资源交易管理办，联系邮政局、电信局、中国移动通信江阴分公司、中国联通江阴分公司、住房公积金中心。

唐仲贤　主持江苏江阴—靖江工业园区工作，负责与人大、政协的联络工作，负责民族宗教、政府接待、对口支援工作，负责与群团的联络工作，分管民族宗教局、接待办，协助市长分管重大项目对上争取工作，联系工商局、总工会、团市委、妇联。

虞卫才　负责社会保障、民政、司法、政府法制、园林旅游、人民武装、双拥、老龄、退管工作，分管人社局、民政局、司法局、政府法制办、园林旅游局，联系法院、检察院、残联、慈善总会、驻江阴部队。

韩　民　负责稳定、公安、消防、信访工作，主持市公安局工作，分管消防大队、信访局、综治办。

张继文　协助副市长费平分管科技工作。

3月18日起

沈　建　主持市政府全面工作，负责财税、人事、城乡规划建设方面工作，分管财政局、编办，联系国税局、地税局。

孙小虎　负责市政府常务工作，负责生态建设、发展计划、改革、人力资源、环保、监察、审计、统计、行政服务、应急管理、国有资产管理、机关后勤工作，负责与人大、政协的联络工作，分管政府办、发改委、人社局、环保局、监察局、审计局、统计局、行政服务中心、政府应急办、国资办、机关管理局、市政府驻外办事机构，协助市长分管财政局，协助市长联系国税局、地税局。

计　军　负责开放型经济、商贸服务、沿江开发、港口建设、开放园区、政府政策研究、外事、侨务工作，分管商务局、口岸办（港口局）、政府研究室、侨办、外办、服务业办、供销合作总社，联系台办、侨联、出入境检验检疫局、海关、海事局、边检站、长江引航中心、中国船级社江阴办事处。

吴　芳　负责农村、农林、水利农机、国土、粮食工作，分管农林局、水利农机局、国土局、粮食局，联系气象局。

费　平　负责工业、能源、科技、技术改造、技术监督、信息化、资本经营、金融保险工作，分管经信委、科技局、信息化办、上市办、政府金融办，联系工商联、科协、质监局、供电局、人民银行江阴市支行、银监办、各金融保险机构。

龚振东　负责教育、文化、卫生、食品药品监管、体育、人口和计划生育、广播电视、地方志、档案工作，分管教育局、文广新局、卫生局、食品药品监管局、体育局、人口计生委、史志办、档案局，联系文联、红十字会、烟草局、盐务局。

封晓春 负责规划、建设、交通运输、城市管理、住房保障、民防、公用事业管理、邮电通信工作，分管规划局、建设局、交通运输局、城管局、住保房管局、民防局、市公用事业管理局、土地储备中心、公共资源交易管理办，联系邮政局、电信局、中国移动通信江阴分公司、中国联通江阴分公司、住房公积金中心。

唐仲贤 负责安全生产、物价、园林旅游、民族宗教、政府接待、对口支援工作，负责与群团的联络工作，分管安监局、物价局、市园林旅游局、民族宗教局、接待办，协助市长分管重大项目对上争取工作，联系工商局、总工会、团市委、妇联。

程　政 主持江苏江阴—靖江工业园区工作。

虞卫才 负责社会保障、民政、司法、政府法制、人民武装、双拥、老龄、退管工作，分管人社局、民政局、司法局、政府法制办，联系法院、检察院、残联、慈善总会、驻江阴部队。

韩　民 负责稳定、公安、消防、信访工作，主持市公安局工作，分管消防大队、信访局、综治办。

张继文 协助副市长费平分管科技工作。

年度重点工作

一、加快转型升级，着力增强区域综合实力。提升产业质态，加大有效投入，培育优势企业，加强服务保障。

二、强化改革创新，不断提升经济发展活力。深化各项改革举措，增强自主创新能力，提高对外开放水平。

三、突出城市品质，持续改善宜居生活环境。优化市域规划布局，提升主城区建设水平，推进城乡一体发展，推动城市管理升级。

四、加强环境治理，扎实推进生态文明建设。推进节能减排，强化综合整治，加快生态建设。

五、注重民生改善，切实维护社会和谐稳定。完善社会保障，办好社会事业，创新社会治理。

六、建设法治高效廉洁政府，努力提高履职尽责水平。转变政府职能，推进依法行政，改进工作作风，抓好廉政建设。

政府重要会议

【政府常务会议】 2014年1月7日，江阴市政府召开十六届政府第22次常务会议。会上讨论并原则通过《政府工作报告（讨论稿）》《关于2013年财政预算执行情况和2014年财政预算草案的报告（讨论稿）》《关于2013年列入市人大资金监管的政府投资重点项目执行情况和2014年项目初步安排情况的报告（讨论稿）》《关于市十六届人民代表大会第二次会议代表所提建议办理情况的书面报告（讨论稿）》《关于政协江阴市十四届二次会议提案办理情况的通报（书面）（讨论稿）》《关于加快城区过境货运车辆禁行决议和城区企业退城搬迁决议执行情况的报告（书面）（讨论稿）》。

2014年2月21日，市政府召开第23次常务会议。会上讨论并原则通过《江阴市城建税收征收范围和适用税率调整方案（讨论稿）》《江阴市商业网点规划（2013—2030）（讨论稿）》《江阴市城市环境综合整治三年整治规划（讨论稿）》《江阴市冰雪灾害应急预案（讨论稿）》《江阴市突发重大动物疫情应急预案（讨论稿）》《江阴市粮食应急预案（讨论稿）》《江阴市地震灾害应急预案（讨论稿）》《江阴市突发供水事故应急预案（讨论稿）》，会议还讨论通过《江阴市质量强市领导小组调整方案》《江阴市打击制售假冒伪劣商品违法行为工作领导小组调整方案》。

2014年3月20日，市政府召开第24次常务会议。会上讨论并原则通过《关于贯彻落实〈苏南现代化建设示范区规划〉的实施意见暨三年行动计划（2013—2015）》《江阴市苏南现代化建设示范区统计监测实施办法（讨论稿）》《关于推进“八项工程”扎实开展统计监测的意见（讨论稿）》《关于2014年继续深入开展淘汰落后产能工作的意见（讨论稿）》《江阴市2014年推进社会信用体系建设工作意见（讨论稿）》《关于实行市领导与“双百企业”挂钩服务的方案（讨论稿）》《关于调整全市“工业百强企业”和“创新型百佳中小企业”名单的方案（讨论稿）》《江阴市教育信息化三年行动计划（2013—2015）（讨论稿）》《关于全面推进学校体育设施向社会开放工作的实施意见（讨论稿）》《江阴市2014年生态文明建设实施意见（讨论稿）》《江阴市大气污染防治行动计划实施意见（讨论稿）》《关于对全市建设用地预留区（红区）指标统一管理统筹使用的实施意见（讨论稿）》。会议还讨论通过有关人事任免事宜。

2014年4月8日，市政府召开第25次常务会议。会上讨论并原则通过《关于加强企业技术改造工作的意见（讨论稿）》《江阴市2014年节能工作实施意见（讨论稿）》《关于进一步促进中小微企业发展的实施意见（讨论稿）》《2013年度（第六届）江阴市市长质量奖奖励方案（讨论稿）》《江阴市2014年国民经济和社会发展重点工作目标责任分解方案（讨论稿）》《关于调整一批市（县）级治安保卫重点单位的方案（讨论稿）》《关于公共财政购买公交服务的实施办法（讨论稿）》。

2014年4月28日，市政府召开第26次常务会议。会上讨论并原则通过《关于2014年政府投资项目计划（讨论稿）》《关于加快发展现代服务业工作的实施意见（讨论稿）》《关于加快推进全市工业企业分离服务业三年行动计划的工作意见（讨论稿）》《关于2014年城市建设管理工作要点（讨论稿）》《关于表彰2013年度江阴市城市建设管理服务先进单位的方案（讨论稿）》《关于促进房地产市场健康稳定发展的若干意见（讨论稿）》《关于调整江阴市2013年住房保障标准的方案（讨论稿）》《江阴市定山东北组团修建性详细规划方案（讨论稿）》。

2014年6月23日，市政府召开

第27次常务会议。会上讨论并原则通过《关于深化行政审批制度改革推进项目审批提速提质提效实施意见(讨论稿)》《关于进一步深化行政审批“三集中、三到位”工作的实施意见(讨论稿)》《关于清理行政审批事项编制权力清单的实施意见(讨论稿)》《江阴市征地补偿和被征地农民社会保障办法(讨论稿)》《江阴市2014年深化医药卫生体制改革工作要点(讨论稿)》《江阴市医疗联合体建设指导意见(试行)(讨论稿)》《关于继续对来澄优秀大学生实施租房补贴的意见(讨论稿)》《江阴市突发危险化学品安全生产事故应急救援预案(讨论稿)》《江阴市突发工矿企业安全生产事故应急预案(讨论稿)》《江阴市突发地质灾害应急预案(讨论稿)》。会上还讨论通过有关人事任免事宜。

2014年7月31日,市政府召开第28次常务会议。会上讨论并原则通过《关于进一步加强经济金融风险防范和处置工作的意见(试行)(讨论稿)》《江阴市企业转贷应急资金管理办法(试行)(讨论稿)》《关于开展工业企业健康体检工作的意见(试行)(讨论稿)》《江阴市政府投资项目储备实施办法(讨论稿)》《江阴市居民住宅二次供水实施改造工作意见(讨论稿)》《关于江阴市重污染天气应急预案(讨论稿)》《关于进一步加强公共文化服务体系建设的实施意见(讨论稿)》。会上还讨论并原则同意增补果蔬类有机垃圾处理试点项目为2014年政府投资计划项目,建设沿江危险化学品应急救援基地。会议还对下阶段安全生产工作进行部署,并部署迎接审计署审计事宜。

2014年8月29日,市政府召开第29次常务会议。会上讨论并原则通过《关于加快推进教育现代化建设的实施意见(讨论稿)》《江阴市水资源综合规划(2011—2030)(讨论稿)》《江阴市水系规划(2011—2030)(讨论稿)》《关于加快推进大学生创业园建设 更大力度促进大学生创业的意见(讨论稿)》《关于进一步做好2014年高校毕业生就业创业工作的实施意见(讨论稿)》《关于提高我市城乡居民最低生活保障标准的方案(讨论稿)》《江阴市突发大面积停电事件应急预案(讨论稿)》。讨论并原则同意《2013年度公务员考核奖励工作方案(讨论稿)》。

2014年9月15日,市政府召开第30次常务会议。会上讨论并原则通过《市政府领导班子教育实践活动整改方案(讨论稿)》《关于加快服务型政府建设的实施意见(讨论稿)》《关于加快推进新型城镇化和城乡发展一体化的意见(讨论稿)》《关于加强镇(街道)、园区财政收支管理的意见(暂行)(讨论稿)》《关于深化财税体制改革加快建立现代财政制度的实施意见(讨论稿)》《江阴市交通影响评价管理办法(讨论稿)》《关于进一步促进红十字事业发展的意见(讨论稿)》。

2014年10月10日,市政府召开第31次常务会议。会上书面学习《江苏省水土保持条例》。讨论并原则通过《关于表彰全市科技创新创业先进集体和先进个人的决定(讨论稿)》《关于表彰2014年江阴市专利奖的决定(讨论稿)》《关于表彰2014年江阴市科学技术进步奖的决定(讨论稿)》《江阴市第一初中易地新建和江阴市二中改扩建同步实施方案(讨论稿)》《关于进一步加强建筑垃圾管理的实施意见(讨论稿)》《江阴市突发内河(长江除外)交通事故应急预案(讨论稿)》《关于70周岁以上老人及癌症康复患者免费乘坐城镇公交车的实施意见(讨论稿)》。讨论并原则通过各镇(街道)市级政府项目产生投资差额给予贷款担保支持和镇(街道)基本公共服务支出转移支付政策。讨论并原则同意行政审批事项清理审核意见,原则通过《江阴市行政审批和行政服务事项目录》《市级行政事业性收费清单》。会上还讨论通过2014年经洽会经济顾问建议名单等事宜。

2014年11月24日,市政府召开第32次常务会议。会上讨论并原则通过《关于进一步简政放权加快转变政府职能的实施意见(讨论稿)》《江阴市第二批下放徐霞客镇行政权限目录(讨论稿)》《江阴市城镇污水专项规划(2013—2030)(讨论稿)》《江阴国家高新区技术产业开发区青阳园区一期防洪排涝规划(讨论稿)》《江阴市支持外贸稳定增长实施意见(讨论稿)》《关于加强供销社体系建设的意见(讨论稿)》《江阴市国家知识产权示范城市建设工作方案(讨论稿)》《关于表彰全市国家知识产权示范城市创建工作先进集体和先进个人的决定(讨论稿)》《江阴市安全生产“党政同责、一岗双责”暂行规定(讨论稿)》《关于我市非居民用天然气价格调整方案(讨论稿)》。会上讨论并原则同意将新建农村污水管网50千米和农村污水处理设施50项列入2014年市政府太湖治理项目。

【市长办公会议】 2014年1月24日,市政府召开第14次市长办公会议。会上讨论并原则通过《光大环保能源(江阴)有限公司垃圾服务费调价实施方案(讨论稿)》《关于长晟温德姆酒店权证办理的方案(讨论稿)》。讨论并原则同意报送《致和堂膏滋药制作技艺(2014—2023)保护规划》作为江阴市国家级非物质文化遗产代表性项目。会议还布置节前工作有关事宜,讨论通过有关人事任免。

2014年3月10日,市政府召开第15次市长办公会议。会上明确市政府领导分管工作调整事宜。讨论并原则通过《江阴市财政收入考核管理办法(讨论稿)》《江阴市2014年度重点重大项目安排计划(讨论稿)》《中国长江国际人才研究院筹建方案(讨论稿)》《2013年度江阴市财政收入增长先进单位、征收先进部门和非税收入征收先进部门表彰方案(讨论稿)》《2013年度人力资源和社会保障工作先进镇(街道)表彰方案(讨论稿)》《2013年度全市开放型经济工作先进单位表彰方案(讨论稿)》《2013年度全市服务业工作先进企业表彰方案(讨论稿)》《2013年度服务业竞赛活动优胜单位表彰方案(讨论稿)》。会议讨论《2014年度江阴市利用外资工作考核奖励意见(讨论稿)》,明确2014年有关考核奖励政策措施参照无锡市政府相关政策措施,待无锡市文件明确后再印发。会上还讨论通过全市犬类管理领导小组成员调整方案。

2014 年 4 月 8 日，市政府召开第 16 次市长办公会议。会上讨论并原则通过《2014 年度江阴市质量工作目标任务责任分解方案（讨论稿）》《2014 年度政府专项资金预算编制（讨论稿）》。会上还讨论通过有关人事任免等事宜。

2014 年 6 月 10 日，市政府召开第 17 次市长办公会议。会上书面学习《中华人民共和国环境保护法》。讨论并原则通过《2014 年江阴市安全生产目标管理考核办法（讨论稿）》《关于肖山水厂地块规划指标调整方案（讨论稿）》《江阴市 2014 年有序用电预案（讨论稿）》《关于交通运输企业（水运业务）实行“一企一策”的方案（讨论稿）》。会上还听取各分管条线工作汇报，对下阶段工作提出要求。

2014 年 8 月 6 日，市政府召开第 18 次市长办公会议。会上讨论并原则通过《关于在江阴建设 12 英寸集成芯片生产基地协议（讨论稿）》。

2014 年 8 月 8 日，市政府召开第 19 次市长办公会议。会上讨论并原则通过《关于江阴市社会保障卡（市民卡）管理体制调整的方案（讨论稿）》《新长铁路道口“平改立”框架协议（讨论稿）》。讨论并原则同意出让土地开竣工履约保证金退款结息、统筹使用全市建设用地预留区（红区）指标并实行补偿的意见、对补充耕地指标调剂使用实行资源补偿等事宜。

2014 年 8 月 29 日，市政府召开第 20 次市长办公会议。会上讨论并原则通过《关于限售股退出政策的方案（讨论稿）》。讨论并原则同意追加预算 320 万元，用于采购全自动流动注射分析仪和高分辨率连续光源原子吸收光谱仪。会议还讨论通过有关人事任免事宜。

2014 年 10 月 27 日，市政府召开第 21 次市长办公会议。会上讨论并原则通过《关于江阴市机动车检测中心划转调整隶属关系的方案（讨论稿）》《关于长江饭店有关事业人员安置的建议方案》《江阴市食品安全检测中心整合方案（讨论稿）》《江阴秦望山工业园启动区建设运营建议方案》《关于暨阳商城整治改造方案（讨论稿）》。会议讨论并原则同意《江阴市参加青奥会、亚运会、全运会、省运会优秀运动员、教练员奖励方案（讨论稿）》。会上还讨论通过有关人事事宜。

（曹静丽）

行政审批

【概况】 2014 年，江阴市行政审批部门不断拓宽丰富行政审批制度改革内涵，完善审批服务机制，推进项目审批提速提质提效，优化提升依法行政和为民服务水平。年内，有 24 个政府部门、7 个条线部门、4 个服务部门总计 35 个单位进驻市行政中心，承担审批事项 232 项、服务事项 100 项、行政确认等其他项目 45 项。政府部门进驻率 66.67%，政府部门审批事项进驻率 69.14%（不含分中心）。全年办理各类审批服务项目 41 万项，综合当场办结率 64.6%，综合提前办结率 82.9%。是年，市行政中心获江阴市“万人评议机关”优胜部门奖等 9 项荣誉。

【向社会公开“权力清单”和“收费清单”】 2014 年 7 月，江阴市组织开展清理行政审批事项、编制权力清单工作。是年，经清理审核，保留市级行政审批事项 487 项、市级行政服务事项 205 项、市级行政审批事项涉及的行政事业性收费 49 项，取消行政审批事项 37 项；编制行政审批事项目录，向社会公开“权力清单”和“收费清单”，未列入目录的事项不再审批，未列入收费目录的审批事项不再收费；实行行政审批事项动态化管理，未经批准，各行政职能部门一律不得擅自设立审批事项及相应收费项目。

【行政审批职能归并】 2014 年，江阴市深入推进“三集中、三到位”（部门行政审批职能向一个科室集中、承担审批职能的科室向行政服务中心集中、行政审批事项向电子政务平台集中，切实做到审批事项进驻落实到位、授权到位、电子监察到位）工作。年内，启动扩容改造工程，建成建设项目审批服务大厅，将 10 个涉及基本建设项目审批的部门集聚办公；全市 33 个部门通过撤一建一和增挂牌子形式，设立行政许可服务科，进行审批职能归并；环保、商务、规划、人社、建设等 10 余个部门的 50 余个审批服务事项，30 余名工作人员新进驻市行政中心；各进驻部门对进驻窗口签发充分授权书，明确授权的审批服务事项和职责权限，授权率从 2013 年的 35% 提高至 69%。

【规范中介服务】 2014 年，江阴市采取有力措施规范中介服务，取得明显成效。年内，各有关主管部门按照“谁审批、谁主管”原则，加强对中介机构的指导和管理，引进守法诚信、社会信誉度高的各类中介机构，淘汰清退群众意见较大、反响强烈的中介机构；市行政中心编制完成中介机构基本信息和服务指南，公布各行业中介机构服务项目目录清单，实行中介服务项目目录管理；各有关主管部门结合各行业中介服务实际，出台相应管理办法，管理办法内容包括中介机构不良行为记录、黑名单制度和“一事一评”评价机制等；建立网上中介超市，使企业及时了解江阴中介机构信息，自行择优选择中介服务，逐步形成充分的市场竞争机制，促进诚信经营。至年末，在江阴市各有关主管部门备案登记并进入信息库管理的五类中介机构有 46 个，其中能源评价 14 个，环境影响评价 12 个，交通影响评价 5 个，安全评价、职业病危害因素检测与评价 15 个。

【三级联动政务服务体系建设】 2014 年，江阴市继续推进市镇村三级联动政务服务体系建设。年内，市行政中心充分履行对镇（街道）便民服务中心业务指导服务职能，强化镇（街道）便民服务中心规范化、标准化建设；各镇（街道）便民服务中心因地制宜调优进驻部门，集聚便民资源，拓展便民内容，积极创建“无锡市群众满意镇街行政服务中心”；各村（社区）便民服务中心深入开展“互看互学”观摩活动，学典型，创先进，建设标准化、多功能便民服务大厅。至年末，全市村（社区）便民服务大厅建成率 62%。是年，全市 15 个镇（街道）便民服务中心全部对接江阴市行政权力网上运行系统,实现全方位实时监控;项目代办服务由镇(街道)延伸至村(社区),实现代办服务全覆盖,380名代办员、企业联络员提供代办服务5000余件次;徐霞客镇、临港经济开发区便民服务中心进一步承接市下放审批服务项目;市行政中心开展年度创新项目评比工作,依托行政权力网上运行平台进行镇(街道)便民服务满意度调查,组织效能监督员对镇村两级便民服务中心开展现场暗访和电话暗访活动,促进镇村便民服务效能全面提升。 (袁 骏)

政府法制

【概况】 2014年,江阴市政府法制工作以率先建设法治政府为主线,提升制度建设质量,强化行政执法监督,全力推进依法行政各项工作。年内,市政府法制办审查制定各类文件177件,出具各类法律意见书30份,组织相关部门对3个市政府规范性文件开展后评估工作;受理行政复议案件67件,承办市领导交办的涉法事项30项;组织开展新申领执法证件人员培训考核工作,参训180人。

【规范性文件审查制定】 2014年,市政府法制办加强规范性文件监督管理工作,严格文件审核制度,推进依法行政。年内,组织起草、审核各类文件177件,其中市委、市政府文件139件,上级征求意见文件29件,其他文件9件;向无锡市政府、江阴市人大常委会备案规范性文件2件;备案审查部门规范性文件2件;对起草部门异议比较大的文件,及时出具书面法律审核意见,累计出具各类法律意见书30份;严格按照《江苏省规范性文件制定和备案规定》要求开展规范性文件监督管理,督促指导相关部门继续做好规范性文件清理后续工作;组织相关部门对《江阴市深化户籍制度改革实施办法》《江阴市节约用水管理办法》《江阴市城市市容和环境卫生管理办法》3个市政府规范性文件开展后评估工作。是年,制订《2014年江阴市政府规范性文件立项计划》;出台《2014年继续深入开展淘汰落后产能工作的意见》《关于加快推进新型城镇化和城乡发展一体化的意见》《江阴市2014年推进社会信用体系建设工作意见》《江阴市重污染天气应急预案》《江阴市大气污染防治行动计划实施细则》《江阴市征地补偿和被征地农民社会保障办法》等文件。

【行政执法监督】 2014年,市政府法制办继续加强行政执法和政府法制监督工作,严格规范行政执法行为。年内,市依法行政领导小组牵头相关部门,并邀请市人大代表、政协委员组成检查组,对环境保护和食品药品行政执法开展专项执法检查;严格规范行政许可案卷,对部门格式化的许可文书进行规范;开展案卷评查工作,对33个行政执法主体110份执法案卷进行统一评查,评查结果及时通报、反馈;推进行政执法与刑事司法衔接工作,明确“两法衔接”工作职责、程序、机制等内容;着力解决权责交叉、多头执法问题,探索推进跨部门、跨行业综合执法工作;针对“12345”民生热线专报反映的食品安全、油烟扰民、环境污染、破墙开店、违法建设等11类突出问题,组织相关部门进行专题研究和协调会商,对问题的查处明确法律意见,并对违法建设查处问题形成违法建设执法职能梳理表。

【行政复议应诉】 2014年,市政府法制办全力推进行政复议委员会试点工作,创新现行行政复议体制、机制。年内,修订《江阴市人民政府行政复议委员会试点工作实施方案》,创新行政复议委员会审理方式;充分发挥法律专家咨询委员会作用,对重大疑难案件实行统一审理,凸显行政复议委员会的权威性、专业性,确保行政复议委员会试点工作稳步推进;在行政复议案件审理过程中,做到合法性审查与合理性审查并重,实体性审查与程序性审查并举,综合运用书面审理、实地调查、当面核实、听证等多种形式,保障行政复议工作质量。是年,收到行政复议申请71件,立案受理67件,审理办结63件,其中作出维持决定50件,因申请人撤回申请而终止复议11件。至年末,江阴市行政复议案件数连续多年超过行政诉讼案件数,行政复议成为化解行政争议和纠纷的主要渠道。

【法制宣传培训】 2014年,江阴市加强化法制宣传培训工作,提高依法行政水平,服务社会经济发展。4月,市政府法制办组织对新申领执法证件人员培训考核,参训180人。年内,制定印发《2014年度市政府常务会议学法计划》,落实政府常务会议学法制度;组织2次市政府常务会议集中学法活动;开展形式多样的普法宣传活动,加强公民法治意识培育,在江阴电视台开播法治栏目“法治全澄”,开通“江阴普法”官方微博,举办法治微电影和法治公益广告大赛,开展百场法制公益电影村社行活动,营造学法、懂法、守法、用法浓厚氛围。

【履行法律顾问职责】 2014年,市政府法制办认真履行职责,充分发挥市政府参谋、助手和法律顾问作用。年内,围绕市委、市政府中心工作,增强做好法律服务工作的主动性、预见性,为市领导科学决策提出法律意见,全面参与市政府各项重大决策和法律问题的研究工作。为圆满完成市领导交办事项,法制办全体人员特事特办,深入进行实地调查,广泛查阅相关资料,组织严密论证和综合协调,及时提出切实可行的法律建议。是年,承办市领导交办事项30项,审核重大合同4份,审核生产安全事故调查报告60份并出具审查意见3件,办理信访复查复核事项32项,代表市政府参加应诉案件6件。 (顾 培)

应急管理

【概况】 2014年,江阴市围绕率先基本实现现代化和建设国际化现代化滨江名城总体目标,按照常态管理和非常态应对有机结合基本思路,着力构建“大应急”体制机制,着力加强应急防范预警预测,着力夯实应急保障工作基础,着力确保应急处置高效有序,着力营造公共安全和谐氛围,进一步健全网络、加强管理、协调联动、防处并重,应急管理工作总体情况平稳向好,为推进全市经济社会又好又快发展发挥积极作用。

【构建“大应急”体制机制】 2014年,江阴市全面构建“大应急”体制机制,增强应对突发事件能力。年内,进一步健全组织架构,增加应急管理委员会成员单位,成员单位总数接近100个;继续调整和优化有关部门职责分工,加强对全市政府系统及有关部门、单位应急值守工作管理、检查和督导,实现全市应急值守资源优化组合,形成“综合管理、协调一致、整体推进”良好格局;进一步落实责任主体,建立市、镇(街道)、村(社区)三级应急管理体系,履行应急值守、综合协调、应对保障职能,强化属地管理,严格落实责任,健全和完善信息通报、应急处置等联动协调制度;结合编印应急管理通讯录,进一步细化各镇(园区、街道)和各部门分管领导与办事员分工职责,建立覆盖全市的突发公共事件应对网络,形成“统一指挥、反应灵敏、功能齐全、协调有序、运转高效”应急管理工作格局;突发事件主要联动部门公安、水利、安监、环保、海事、气象等均实行24小时双人双岗应急值守,确保做到“无急可应,有急能应”;进一步牢固根植理念,将政府值班工作与应急管理中涉及紧急与非紧急进行通盘考虑、统筹融合,进一步充实和丰富政府值班内涵,确立“大值守、大应急、大保障、大联动”应急值守理念;以“综合协调、优质服务、整合功能、保障有力”为目标,将应急值守纳入政府日常运转大框架下,充分发挥“上传下达、沟通内外、联系左右”职能作用,全力构建全天候、全方位、全覆盖应急值守新体系。

【应急防范预警预测】 2014年,江阴市切实加强应急防范预警预测工作,增强应急预案的针对性和可操作性,确保应急处置快速、有效。年内,组织有关部门制定《江阴市重污染天气应急预案》等市级专项应急预案2个;组织对《江阴市突发危险化学品安全生产事故应急救援预案》等9个原有市级专项预案进行修订,累计完成修订预案23个;强化应急演练,开展各类应急演练1500余次,参演人员超过22万人次,其中各类专项应急演练近100次,各类学校组织应急演练1400余次;11月20日,沿江8市长江集中式饮用水源地突发环境事件应急演练在江阴成功举行,进一步提升江阴市应对流域性突发水污染事件的应急能力;强化监测预警,由被动应对向主动防范转变,依托公安、城管、安监、公用事业、气象等部门监测预警网络,深化风险隐患集中排查,突出治理重大隐患,一旦发现苗头性问题,及时分析研判突发事件隐患和趋势,提出防范和应对对策;对上级涉及有关安全生产、消防安全、生态环保、信访维稳等方面批示件做到迅速落实、及时部署、准确回复。至年末,全市有市级总体应急预案1个,市级专项预案30个,镇(街道)应急预案17个,村(社区)应急预案342个,学校应急预案149个,部门、企业应急预案604个,应急预案体系基本覆盖全市各区域、各领域。

【应急保障】 2014年,江阴市进一步夯实应急保障工作基础,全面提升应急保障水平。年内,继续完善平台功能,在110、119、122“三台合一”基础上,进一步整合城管、卫生、环保、城建、供电、供水等多个部门应急指挥系统,建立全市应急指挥和社会联动服务平台,并列入年度国民经济和社会发展50项重点目标,至年末,应急联动服务平台建设基本完成,相关部门在调试并试运行中;狠抓应急队伍建设,充实建强专业处置突发事件力量,壮大市公安局、公安分局、派出所三级特勤队伍,市公安局特警升格为大队建制,配有特勤106人,每个分局特勤为50人,平时用于巡逻防控和大型活动保卫,战时用于应急处置突发事件;成立省内县级市中首支民间志愿者公益救援队——江阴红十字蓝天救援队,并远赴海南省执行首次跨省救援任务;建立市级综合应急队伍2支1200人、市级专业应急队伍27支350人,建立由8支队伍92人组成的市级应急救援专家库,建立镇(街道)综合应急队伍17支180人、专业应急队伍24支670人,建立各级志愿者应急队伍367支5660人,初步形成以综合应急队伍为龙头、专业队伍为主体、社会志愿者应急队伍为支撑的应急救援队伍;充实应急物资储备,在对各镇(街道)、各专项应急指挥部应急物资储备情况进行分类整理、核查建档基础上,建立市级应急救援物资数据库,鼓励和指导镇(街道)建立应急物资库,通过镇(街道)自筹自建和依托辖区重点企业共同建设物资库的形式,完善镇(街道)应急物资储备工作;督促各应急物资责任单位对应急物资进行经常性维护、保养和补充,保证各类装备、物资处于良好状态,力争做到应急物资储备数据准确,质量可靠,数量充足,高效实用;实施民生保险,组织召开全市民生保险推进会,继2013年由市政府出资为全体江阴户籍市民以及在自然灾害抢险救灾中受到伤害群众购买保险基础上,推广城乡居民住房财产保险制度,由市政府出资为全市户籍居民的住房(不含违章建筑部分)及其合同约定的室内附属设备、室内装潢、室内财产购买保险,进一步增强广大居民抵御灾害的能力,有效提高全市居民生活保障水平。

【应急处置】 2014年,江阴市坚持以人为本,把保障人民群众生命财产安全作为防灾减灾首要任务,确保应急处置高效有序。坚持党政领导靠前指挥,遇有突发事件,党政领导都担任现场处置指挥官,统筹协调现场处置工作。8月25日,青阳镇桐岐社区有村民反映自来水出现异味,接报后市政府主要领导立即率相关部门负责人赶往现场指挥协调,组织对辖区内所有企业停止供水逐一排查,重点企业重点监管,相关企业全部安装止回阀,严防企业生产用水倒灌回流。及时安排消防车不间断向停水区域供水,保障群众正常生活用水。同时采取措施,利用消防栓等设施清洗自来水管道。经多方全力配合,在最短时间内查明原因,第二天全部恢复正常供水。坚持信息报送准确及时,召开全市突发事件信息报送工作专题会议,部署做好突发事件信息报送工作;下发《关于进一步加强突发事件信息报送工作的通知》,对突发事件信息的报送范围、核报要求、报送方式、督查反馈等工作作明确规定,强化信息报告责任，突发事件信息报告机制得到进一步规范和完善。是年，接听突发事件、群众咨询等电话约2300个，办理传真电报294余份、值班专报28份，处理突发事件20余件，上报应急管理工作信息143条次。坚持部门联动反应快速，按照“属地管理、协调配合”的原则，依法、快速、规范地处置各类突发事件。依靠责任部门高效的先期处置和各应急成员单位协同联动，先后成功处置“2·13”硫磺槽罐车翻车泄漏、“7·15”采麟彩砂制品有限公司盐酸泄露、“11·11”异丙醇槽罐车翻车泄露等事故。由于应急响应及时，处置得当，相关事故未造成对环境及社会影响。

【营造公共安全和谐氛围】 2014年，江阴市进一步完善多元化应急防灾宣传教育培训体系，全面提升市民应急防灾意识。宣教活动形式多样。结合全国“防灾减灾日”“消防宣传日”和安全生产月，组织各级有关部门开展应急避险、应急救护、意外逃生等避险救护技能进社区、进农村、进企业、进学校现场传授和咨询活动百余次，在各类媒体及电子宣传栏播放防灾减灾和安全生产公益广告近千余次，受到广大群众普遍欢迎。组织对机关、企事业单位、学校、社区等开展各类应急管理专题讲座近百次，提高公众参与程度。年内邀请中科院科技政策与管理科学研究所研究员、教授陈安作《现代应急管理案例分析》专题讲座，进一步增强全市应急条线干部危机意识，提高处理突发事件能力。组织公安、环保、卫生、气象等部门编写集科普性、公益性于一体的知识读本《江阴市民应急手册》，计划通过3～5年时间，编印30万册，做到全市户籍市民家庭全覆盖。首批8万册全部免费发放完毕，主要覆盖市级机关、城区中小学及三星级以上酒店，受到机关各部门和社会各界好评，收到预期效果。综合减灾示范创建成绩显著。临港街道获“国际安全社区”称号，新桥镇通过国家“安全社区”验收，澄江街道天鹤社区等11个社区(村)通过国家“综合减灾示范社区”验收，新桥镇通过省级综合减灾示范街道(镇)验收，被省民政厅表彰为省级综合减灾示范街道(镇)。舆论引导客观全面。通过文字报送、传真、网上发布等方式及时准确向上级部门报送、向社会发布有关突发事件应急信息，做到布置处理掌握信息、应急响应分析信息、应急处置运用信息、应急全程公开信息。注重加强与宣传部门和有关媒体沟通合作，客观全面引导舆论。5月9日，在接报靖江发生水污染事件后，江阴市政府立即启动应急响应，联合相关部门迅速介入，并通过政府门户网站江阴网、江阴官方微博“江阴发布”和新闻媒体向广大市民发布“公告”，并通过“12345”民生热线、110平台等渠道第一时间发布舆情，加强引导，讲明江阴水源未受影响，提醒广大市民不用恐慌，可继续放心饮用水，处置措施得当有力，得到社会和群众普遍认可。 (赵 钧)

外 事

【概况】 2014年，江阴市外事工作认真贯彻中央对外方针政策，坚持以服务全市经济社会发展为中心，认真做好外事接待，切实搞好外事管理，积极拓展与国外的友好交流渠道，圆满完成全年工作目标任务。是年，江阴市外办接待来自20余个国家和地区的客人45批370人次；协助举办和参与’2014中国江阴经贸合作洽谈会、无锡市’2014太湖国际樱花节赏樱周暨中日韩物产美食节、第七届无锡市国际友城交流会、无锡市’2014灵山公益慈善促进大会等活动；协助日本富士电视台在华西新市村就“中国最富裕村庄”主题进行为期4天的拍摄活动；办理批准因公出国(境)执行公务团组84批177人次，其中，江阴市组团38批118人次，参加无锡团组15批17人次、省团组28批36人次、其他团组3批6人次，出访国家和地区25个；多措并举，保障和推进APEC(亚太经合组织)商旅卡申报工作，受理80人次申办APEC商务旅行卡，办结颁卡53人次，重新办理制卡5人次。

【外宾接待】 2014年，江阴市外办接待来自20余个国家和地区的客人45批370人次。

5月7—8日，日本南城市市长古谢景春一行7人访问江阴，参观青阳悟空寺、嘉茂花鸟园。市长沈建、副市长计军会见客人。

5月30日，比利时驻上海总领事林佳夕女士一行3人访问江阴，参观江阴贝卡尔特研发中心。江阴市委书记周铁根、副市长计军、高新区管委会主任冯爱东会见客人。

6月6日，新西兰驻上海总领事戴迈雄一行10人访问江阴，考察周庄镇山泉村和华士镇华西新市村新农村建设，参观海澜集团有限公司、中山公园和步行街。市长沈建、副市长计军会见客人。

7月12日，德国劳恩堡市市长提德率德国医疗养老机构代表团访问江阴，考察并评审在江阴设立合资合作医院和养老项目可能性，探讨与江阴合作机会。市长沈建、副市长计军会见客人。

11月5日，丹麦驻上海总领事普励志一行11人访问江阴，考察江阴高级中学、临港经济开发区规划馆以及拟建大学地块。市委常委、临港经济开发区管委会主任徐冬青，副市长龚振东会见客人。

【国际友城代表团到江阴访问】 2014年10月20—22日，江阴市以第七届无锡市国际友城交流会召开为契机，邀请国际友好城市和友好交流城市日本南城市、十日町市、藤冈市，美国阿拉米达市，德国博霍尔特市，法属波利尼西亚法阿市和韩国群山市7个代表团一行35人出席无锡国际友城交流盛会。其后，7个友城代表团到访江阴共叙友情。22日下午，友城代表团客人考察江阴市规划馆、博物馆、文化馆，并在文化馆参与中国书法、绘画、民乐、太极拳等文化互动活动。随后参加江阴旅游推介活动。23日，友城代表团客人考察海澜集团有限公司和华西新市村，先后参观海澜欧陆工业园、马术俱乐部，游览“空中新农村”328米华西龙希国际大酒店，感受社会主义新农村建设成果。同日，江阴市和美国阿拉米达市“友谊长存”纪念碑揭碑仪式在徐霞客中学举行，副市长计军和美国阿拉米达市—江阴姐妹城市委员会主席李翠

2014年10月22日,友城代表团客人在市文化馆参与太极拳文化互动活动
（市外事办提供）

英女士为纪念碑揭幕。同日,阿拉米达市友城会在徐霞客中学成立奖学基金会并举行奖学金发放仪式,徐霞客中学15名品学兼优的贫困家庭学生获得资助。

【江阴企业在利比亚员工安全撤离】 2014年7月末8月初,利比亚局势持续紧张,在外交部和中国驻利比亚大使馆帮助下,在利比亚中企人员有序撤离。江阴市有两个企业计256人在利比亚工作,江苏省政府高度重视,7月31日上午发指示,要求全力协助在利比亚人员平安回国。同日,市长沈建、副市长计军召集相关部门和企业负责人,了解在利比亚企业情况和撤离安排,部署任务,建立快速反应工作班子,畅通联络渠道,明确专人沟通,24小时跟踪,协助在利比亚人员以最快速度回国。通过外交部、驻外使领馆,省政府、省外办、省商务厅,无锡市领导、江阴市领导及各相关单位的高度重视、密切配合、快速沟通,经过3个星期的奋战,顺利接回江阴在利比亚所有企业员工。 （钟 娟）

侨务和港澳同胞事务

【概况】 2014年,江阴市侨务和港澳同胞事务工作按照“主动谋划、主动参与、主动接触、主动服务”工作要求,以人为本、为侨服务、凝聚侨心,努力探索引资引智、载体创新、文化交流、社区侨务新途径,不断取得新成绩。年内,促成中国香港江阴商会访问团访问江苏;牵线新西兰新中国国际贸易促进会在江阴注册成立中外合资中侨珍品国际贸易有限公司;邀请中国香港江阴商会组团参加’2014江阴现代服务业(深圳)合作恳谈会;举行第十届中美友谊桥英语夏令营,美国ACE(全称America-China Exchange,中国、美国学校间跨文化语言和教育交换项目)团队师生一行14人与江阴市峭岐实验小学师生开展为期近一个月的文化教育交流活动;编印发行《情洒故乡中国心——江阴侨界风采录》一书;推进侨务工作进社区活动,华士社区、文定社区等8个社区(村)自发组建社区侨务工作示范单位创建联盟;开展“侨法宣传月”活动,编印下发《侨务政策法律法规选编及问答》600册,组织各镇(街道)、园区举行各种形式侨法宣传活动;帮助美籍华人高帆实现回江阴寻根之行。是年,江阴市天华艺术学校被江苏省侨办、省教育厅批准为“江苏省华文教育基地”;市侨办结交、接待海外华侨华人和港澳同胞152人次,走访慰问重点归侨侨眷85人,发放慰问品或慰问金5.3万元,接受华侨华人、港澳同胞捐赠各类款物折合人民币136.95万元。

【促成香港江阴商会访问团访问江苏】 2014年3月27—31日,经江阴市侨办牵线,香港江阴商会访问团名誉团长张国良(香港新闻联会主席、香港江阴商会名誉会长)、团长周哲(中国绿能国际集团有限公司主席、香港江阴商会会长)一行11人访问江苏。3月28日下午,江苏省委书记罗志军会见香港江阴商会访问团,希望香港江阴商会及在港江阴人充分发挥桥梁和纽带作用,为促进苏港合作继续做出积极贡献。其间,江苏省委常委、常务副省长李云峰,副省长傅自应等领导也分别会见访问团成员;省侨办与香港江阴商会签订《江苏省侨办、香港江阴商会战略合作协议书》。3月29—31日,省侨办主任王华、副主任季俊秋陪同香港江阴商会一行访问江阴。其间,江阴市委书记周铁根、市长沈建会见访问团,希望香港江阴商会继续发挥优势,把先进理念和科技引入江阴,促进江阴经济优化发展。

【天华艺术学校被批准为“江苏省华文教育基地”】 市天华艺术学校长期致力于民族音乐和中华文化普及推广工作,积极开展国内外文化教育交流,曾9次晋京演出,12次亮相中央电视台,先后组团出访新加坡、法国、德国、奥地利、日本等国家和地区,并先后接待日本、韩国、以色列、德国、澳大利亚、美国、法国等国家和地区文化教育考察团到访,2013年承办“回家过节·华裔青少年江苏文化行”等活动。2014年5月23日,江苏省侨办、省教育厅联合发文,决定增设江阴市天华艺术学校为“江苏省华文教育基地”,南京大学、江苏省前黄高级中学、南京市夫子庙小学也同时入选。7月23—29日,该校承办“亲情中华·汉语桥”2014江苏夏令营等活动,为促进中外文化交流做出重要贡献。

【社区侨务工作示范单位创建】 2014年,江阴市侨办进一步推进社区侨务工作,确定华士镇华士社区,澄江街道文定社区、城中社区,青阳镇旌秀社区,长泾镇泾南社区,周庄镇北新社区,顾山镇东村7个社区(村)为创建社区侨务工作示范单位重点社区(村)。年内,组织重点社区到苏州市吴中区木渎镇、南京市鼓楼区江东街道长阳花园社区、无锡市新区江溪街道前进花园社区等示范社区参观学习,听取社区侨务工作经验介绍,考察社区侨务工作软硬件设施,了解社区侨务工作组织、制度、宣传、场所建设、活动开展等先进做法,并进行沟通交流;华士社区、文定社区、城中社区、旌秀社区、泾南社区、北新社区、澗东村与绿园社区8个社区(村)自发组建社区侨务工作示范单位创建联盟,相互学习、交流,取长补短,创新工作。11月13日,省侨办、无锡市侨办领导到江阴市检查指导社区侨务工作,与无锡各县(市、区)侨办主任一起观摩江阴市社区侨务工作示范单位创建联盟工作交流现场会。是年,华士社区被国务院侨务办公室授予"全国社区侨务工作示范单位"称号,文定社区、旌秀社区被江苏省侨办授予"全省社区侨务工作示范单位"称号,泾南社区获无锡市海外交流协会、无锡市侨商会颁发的"尚善·暖侨贡献奖"。

【市华侨中心新址投入使用】 2013年11月,市侨办决定将位于澄江西路155号3楼的市华侨中心迁址至澄康路108－118号,并对新址进行维修改造。2014年末,市华侨中心新址维修改造完成,并投入全面使用。总建筑面积770平方米,设有侨塾学习室、侨艺活动室、侨康健身室、侨荟俱乐部、侨馨阅览室、侨宾接待室、侨爱乐龄室、侨社联络室、侨情资料室、侨信服务厅、侨誉展示厅等,为归侨侨眷、海外华侨华人、海外社团及江阴市民提供培训、交流、经贸洽谈、留学、移民等服务,同时兼具健身、休闲、咨询等功能。市华侨中心功能设置完善、服务内容丰富,在全省县市级华侨活动场所中独树一帜。市华侨中心是全市侨务工作的阵地和平台,是政府部门联系侨界群众的桥梁和纽带,是江阴市对外文化、科技、经济交流的窗口,是江阴侨界人士的活动场所,是归侨侨眷、华侨华人展示成就、业绩的基地。

【第十届中美友谊桥英语夏令营】 2014年6月28日至7月23日,第十届中美友谊桥英语夏令营在江阴市峭岐实验小学举行,来自美国的ACE团队师生一行14人与该校师生开展为期近一个月的夏令营活动。中美友谊桥英语夏令营是该校传统文化教育交流项目,由江阴籍美籍华人吴南燕促成,自2005年起连续举行十届,每年都有美国ACE团队师生到该校开展夏令营活动。每周一至周五,ACE团队师生与该校师生一起学习英语,该校老师向美国朋友介绍和传授中国传统特色文化,教学中文、国画、剪纸、乒乓球、中国象棋等;周末假日,组织ACE团队师生参观、游览江阴及周边地区,体验江阴人周末生活。6月30日,市侨办安排美国师生参观游览鹅鼻嘴公园、黄山湖公园、中山公园、国民党江阴要塞司令部旧址、步行街和天华艺术学校。7月23日,两国师生在夏令营闭幕式上展示丰富多彩的课堂活动和学习成果。

(徐贵斌)

对口支援与帮扶

【概况】 2014年是新一轮援疆的开局之年,也是新疆伊犁哈萨克自治州霍城县由援疆试点县改为常规县的第一年。江阴市深入贯彻落实江苏省关于对口援疆工作的决策部署,坚持科学援疆、务实援疆、真情援疆的工作理念,切实加强组织领导,创新援疆工作举措,推动对口援建各项工作高效有序开展。全年累计援助霍城县7126万元(含物资折款)。是年,江阴市进一步加大对江苏省徐州市睢宁县的帮扶力度,全年完成帮扶项目6项,投入帮扶资金135万元,达成帮扶意向4项。

【对口援疆】 2014年,江阴市按照江苏省援伊前方指挥部关于对口援伊"六大人才(管理人才、经济人才、教育人才、医务人才、实用人才和后备人才)工程"工作要求,制定完成《2014—2016年人才援霍三年规划》,并于4月21日在江阴市委党校举办江阴—霍城新一轮人才结对培养计划启动暨2014年春季班开班仪式。年内,江阴市部署安排2014—2015年度援建新疆伊犁哈萨克自治州霍城县项目16项,其中民生改善项目10项,安排资金20333万元。2014年度项目按计划全部开工,实际完成投资超100%,其中就业工场项目可直接增加就业岗位1000个以上,带动长期稳定就业3000人以上,每年可增加收入5000余万元。5月25日,中央电视台1套"新闻联播"节目以《民生建设福泽天山南北》为主题进行专门报道。全年实施人才培养项目24项,培训各类人才近1万人次。是年,江阴援疆教师和医生分别传帮带45名教师、9名医生。援疆教师开展讲座10场次,送教下乡15次。援疆医生接诊病人2万人次,下基层义诊18批次,指导开展新技术22个,填补霍城县医疗服务空白22个。

【南北合作】 2014年,江阴市与徐州市睢宁县在对口交流、产业合作、园区共建等方面开展广泛合作,取得一定成效。5月26日,江阴—睢宁南北产业转移招商恳谈会在江阴市举行,江苏华宏实业集团有限公司、金桥国际贸易公司、江苏雪豹日化有限公司等30多个江阴知名大型企业的负责人参加会议。会上,江阴市奇凯纺织有限公司与睢宁县宏峰纺织有限公司、南京苏卓进出口贸易有限公司与睢宁县宁江工业园(睢宁与江阴南北共建园区)进行合作项目签约。是年,江阴市顾山镇新龚村、长泾镇花园村等9个示范村与挂钩帮扶的睢宁县9个经济薄弱村,互相深入走访10余次,建立稳定的联系机制。各示范村充分利用自身特点和优势,积极通过各种形式开展帮扶活动。江阴市9个示范村为睢宁县结对村投入帮扶资金135万元,完成帮扶项目6项,达成帮扶意向4项。

(李开章)

市级机关事务管理

【概况】 2014年,江阴市市级机关事务管理局以党的群众路线教育实践活动为动力,确立"规范管理、人本服务"工作理念,不断提升后勤综合保障效能。年内,完成第七届无锡市国际友城交流会等14项重大活动后勤保障任务;保障机关部门日常公务用车45万千米,保障机关大楼、行政事业中心工作用餐36.82

万人次；保障全市及部门会议3187场次；规范管理24个独立核算部门财务经费，执行预算指标2.19亿元，比2013年下降7%；规范行政事业单位物业服务集中管理，完成13个物业单位运行经费审核1202.79万元，节约220.01万元；实施机关大楼配电间高压线路及低压设备改造、节能改造和消防改造等项目；完成两幢大楼和文明广场设备设施日常维修3820项次；保障离退休老领导生活服务；保障机关住宅房水电维修470处；实施市公用事业局、老干部局、土地储备中心、华侨中心、农林局、药监局办公用房改造1.5万平方米；配合做好江阴市政府驻南京办事处关闭资产清理登记工作；优化大院安全秩序管理，更新出入证4800张，调整停车区域，加强设施维护，完善交通标识，配强指挥疏导，组织安全检查180次，保障信访疏导189次；合理调整文（胶）印、医务、阅览、邮政（收发）等服务布局；实施机关快餐厅南扩和供应窗扩容；组织机关蔬菜基地直供30余个品种8.37万公斤，比2013年增长8%；引进淘江阴网生鲜直投点；更新银行存取款柜员机；东西门岗开辟待访区域，设置快递中转；更新机关网球场；增加电瓶车充电点；落实物业服务质量监管办法，组织对31个物业单位监管检查463次，发现问题78个，发放整改通知书56份；评选“服务明星”116人。是年，市级机关管理局被评为无锡市宣传和信息工作先进单位、无锡市内部治安保卫工作先进集体、江阴市安全生产工作先进单位。

【党政机关办公用房管理】 2014年，江阴市继续贯彻中央和省、无锡市清理党政机关办公用房文件精神，认真开展排查、整改活动，全面落实党政机关办公用房规范使用工作。4月，接受住建部、江苏省建设厅对无锡地区有关党政机关办公用房问题的专题调研论证；6月，根据无锡市清房办关于办公用房清理整改的通知要求，对江阴党政机关办公用房清理工作开展“回头看”行动，再次全面梳理、排查和整改；7月，完成全市党政机关租赁办公用房调查汇总和上报工作；11月，根据中央巡视组反馈意见，进一步从严规范行政事业单位办公用房使用，健全“一把手”负责制，签署规范使用承诺书，市级机关管理局协同市纪委开展专项督查工作，确保全市党政机关办公用房规范使用。

【公共机构节能管理】 2014年，江阴市继续推进“两型”（资源节约型、环境友好型）示范机关创建工作，机关工作人员资源节约意识和环境保护意识进一步增强，文明办公素质显著提升。年内，市级机关管理局制定印发《江阴市2014年公共机构节能工作要点》，明确能耗下降指标，推进目标任务分解；结合“环境月”“节能宣传周”开展“携手节能低碳，共建碧水蓝天”主题宣传活动，倡导节能低碳消费模式和生活习惯，推进资源节约、环境保护和生态建设；组织开展“全国低碳日”节能体验活动；组织参加无锡市公共机构“厉行节约反对浪费”主题征文活动；落实能耗统计上报制，483个公共机构能耗数据统计上报及时准确，经省考核组验收确认，上报率、准确率均为100%；加强机关、学校、医院重点领域督查工作，走访指导公共机构30余个；组织节能改造，更新机关大楼发光二极管（LED）照明灯管8000余支，可每年节电50万千瓦时。是年，江阴市被评为无锡市创建“两型”示范机关先进地区，机关大楼（行政中心）被评为全国第一批节约型公共机构示范单位，市人民医院等6个单位被评为省级和无锡市级“两型”示范先进单位；市级机关管理局获无锡市公共机构“厉行节约反对浪费”主题征文活动“优秀组织奖”。

【公务用车管理】 2014年，江阴市严格规范公务用车管理，落实公车管理联席会议制度，贯彻《江阴市公务用车配备使用管理办法》，推进节约型机关建设和党风廉政建设。年内，审核更新执法执勤用车63辆、特种专业技术用车55辆，审核配备非新增公务用车9辆，一般公务用车更新实现零审批；完善公务用车车载定位监管平台，加强日常监察维护，优化信息输入、条件检索和数据交换模式，强化违规查询和行驶预警功能；市级机关管理局配合市纪委定期开展公务用车专项检查，落实情况通报制和责任追究制，严肃处理违规用车行为2件；按照江苏省公务用车改革工作部署，完成143个涉改单位车辆基础信息统计和运行经费审核等工作。

【机关综合楼全面启用】 江阴市级机关停车及人防配套设施建设项目（机关综合楼）于2012年11月立项，2013年3月24日开工建设，同年11月28日主体结构封顶，由上海思纳建筑设计有限公司、江阴市建筑设计研究院有限公司设计，江苏外建建设咨询监理有限公司监理，江苏省建筑工程集团有限公司施工。2014年5月29日完工，7月29日投入使用，8月底完成室外道路改造、配套绿化工作，10月底建成室外生态停车位100个（含11个大客车停车位）。机关综合楼地下一层至地面层为停车区域，设停车位427个；二层至三层为会务区域，设会议室8个，可满足600人、400人、200人、150人及以下不同人数的会务需要；地下人防工程人防等级为常6级核6级。是年，机关综合楼保障全市及部门会议288场次。

（钱晓瑜）

■类目编辑 邢 盈

政协江阴市委员会

重要会议

【市政协十四届三次会议】 2014年1月21—23日举行。379名江阴市政协委员出席会议。在江阴的全国、江苏省、无锡市政协委员，十三届江阴市政协常委代表，政协机关、市委统战部和台办副科长以上干部，各镇（街道）党委统战委员和民主党派秘书长，驻江阴市的有关单位代表等80人列席会议。市委、市人大、市政府、市纪委有关领导，担任过市政协领导和市委统战部主要领导职务的老同志应邀出席开幕会和闭幕会。各镇（街道）的20名市民代表列席开幕会和是日的分组讨论。市各民主党派、工商联、无党派知识分子联谊会的100名代表列席开幕会和闭幕会。会议由市政协常务委员会主持，执行主席由薛良、须振宇、黄丽泰、张英毅、喻伟力、陈兴初担任。

根据会议议程，委员们听取中共江阴市委书记周铁根讲话；审议并通过市政协主席薛良代表政协江阴市第十四届委员会常务委员会所作的工作报告和副主席张英毅所作的政协江阴市第十四届委员会第二次会议以来提案工作情况报告；列席市十六届人大三次会议；听取和讨论江阴市市长沈建所作的《政府工作报告》和其他报告；以举手表决方式补选郁李达、黄汉进为政协江阴市第十四届委员会常务委员；听取关于市政协十四届三次会议期间提案审查情况报告；通过大会决议；薛良在会议闭幕时讲话。

会议期间，召开专题座谈会；收到提案333件，其中集体提案80件。

【市政协十四届常委会十次至十六次会议】 江阴市政协十四届第十次常委会议于2014年1月3日召开。会议听取中共江阴市委统战部副部长高文展关于市十四届政协委员届中调整情况说明，同意撤销1人常委职务、委员资格，同意撤销1人委员资格，同意2人辞去常委、委员职务，同意5人辞去委员职务，同意增补9名市十四届政协委员；协商讨论市政协十四届三次会议议程和日程安排，决定于2014年1月21—23日召开市政协十四届三次会议；协商通过市政协常委会工作报告和提案工作情况报告，并委托报告人；协商讨论《江阴市政府工作报告（征求意见稿）》，听取副市长唐仲贤关于政府工作报告有关情况说明。市政协主席薛良总结2013年市政协常委会工作，就做好市政协十四届三次会议准备工作作讲话。

第十一次常委会议于1月22日召开。会议协商提出《政协江阴市第十四届委员会第三次会议补选常务委员办法（草案）》，提出补选市十四届政协常务委员候选人建议名单。

第十二次常委会议于1月23日召开。会议听取市政协十四届三次会议各组讨论情况和讨论《政协江阴市第十四届委员会第三次会议补选常务委员办法（草案）》、酝酿候选人建议名单情况汇报；确定补选市十四届政协常务委员正式候选人名单；审议《政协江阴市十四届三次会议决议（草案）》和《政协江阴市十四届三次会议期间提案审查情况报告（草案）》。

第十三次常委会议于3月10日召开。会议听取中共江阴市委组织部副部长张志浩关于市委有关人事安排的提名和说明，同意免去费锦菊顾山镇政协工作委员会副主任职务；协商通过《政协江阴市委员会2014年工作要点》《2014年政协委员学习意见》。市政协主席薛良就开展好全年政协工作提出要求。

第十四次常委会议于7月9日召开。会议听取中共江阴市委常委、常务副市长孙小虎关于江阴市2014年上半年经济社会发展情况通报；听取中共江阴市委组织部副部长王建新关于市委有关人事安排的提名和说明，同意免去陈亚蕾市政协经济科技委员会副主任、卞宏市政协教文卫体委员会副主任、季峰长泾镇政协工作委员会主任、江国虔华士镇政协工作委员会副主任、黄伟新桥镇政协工作委员会副主任、许铁军市政协南闸街道工作委员会副主任职务，同意严伟荣任周庄镇政协工作委员会副主任，李伟任顾山镇政协工作委员会副主任，孙健任华士镇政协工作委员会主任，陈剑雄任新桥镇政协工作委员会副主任，陶郁峻任长泾镇政协工作委员会副主任。会议民主评议市安监局工作，听取市安监局局长严建定关于全市安全监督管理工作情况汇报，市政协经济科技委员会主任孔菊伟作调研情况中心发言，常委会组成人员进行现场评议投票。副市长唐仲贤到会听取意见和建议。市政协主席薛良就做好下半年政协工作讲话。

第十五次常委会议于9月23日召开。会议学习中共中央总书记习近平在庆祝中国人民政治协商会议成立65周年大会上的讲话精神;听取中共江阴市委常委、常务副市长孙小虎关于市政协十四届三次会议以来提案办理情况通报;民主评议市体育局工作,听取市体育局局长顾洪伟关于全市体育工作情况汇报,市政协教文卫体委员会主任张建平作调研情况中心发言,常委会组成人员进行现场评议投票。副市长龚振东到会听取意见和建议。市政协主席薛良就开展好第四季度政协工作作讲话。

第十六次常委会议于12月30日召开。会议听取中共江阴市委组织部副部长王建新关于市委有关人事安排的提名和说明,同意免去赵惠千徐霞客镇政协工作委员会主任、陈晓东顾山镇政协工作委员会主任、朱佳虎市政协云亭街道工作委员会主任、金星市政协临港经济开发区工作委员会和市政协临港街道工作委员会主任、高晟市政协社会法制与海外联络委员会主任、沈正兴璜土镇政协工作委员会副主任、陈中华徐霞客镇政协工作委员会副主任、费学兵华士镇政协工作委员会副主任、潘丹新桥镇政协工作委员会副主任职务,同意刘国兴任市政协社会法制与海外联络委员会主任;听取中共江阴市委统战部部长缪红关于市十四届政协委员届中调整情况说明,同意1人辞去常委、委员职务,同意8人辞去委员职务,同意增补9名市十四届政协委员;协商讨论市政协十四届四次会议议程和日程安排,决定于2015年1月12—15日召开市政协十四届四次会议;协商通过市政协常委会工作报告和提案工作情况报告,并委托报告人;协商讨论《江阴市政府工作报告(征求意见稿)》,听取市政府办公室主任张忠关于政府工作报告有关情况说明,中共江阴市委常委、常务副市长孙小虎到会听取意见。市政协主席薛良总结2014年市政协常委会工作,就做好市政协十四届四次会议准备工作作讲话。

【全面深化改革专题讲座】 2014年4月3日,江阴市政协举办全面深化改革专题讲座。市政协主席薛良,副主席张英毅、喻伟力,协理员曹恩华、费晓忠和全体市政协委员、镇(街道)特邀委员听取讲座。薛良主持讲座。上海市委党校教授陈勇鸣围绕"以经济体制改革为重点全面深化改革"主题,就学习贯彻中共十八届三中全会精神进行了辅导。

【"履行委员职责,发挥委员作用"委员论坛】 2014年5月27日,江阴市政协举办"履行委员职责,发挥委员作用"委员论坛。市政协主席薛良,副主席须振宇、黄丽泰、喻伟力、陈兴初,协理员曹恩华、孙志红、费晓忠和全体市政协委员、各镇(街道)政协工作委员会副主任出席论坛。论坛由须振宇主持。8位政协委员作交流发言。薛良希望对照先进找差距,实事求是总结履职情况;对照责任有担当,以实际的履职行动无愧委员称号;对照需求强机制,通过实在的管理服务凝聚委员合力。

【"推进长效管理,建设美丽村镇"委员论坛】 2014年8月27日,江阴市政协举办"推进长效管理,建设美丽村镇"委员论坛。市政协主席薛良,副主席须振宇、张英毅、陈兴初,协理员孙志红、费晓忠出席论坛。邀请市委农工办、市财政局等单位负责人到会听取意见和建议。论坛由张英毅主持。8位政协委员作交流发言。薛良希望政府部门坚持建管并举,继续提升村镇环境基础设施建设力度;坚持条块结合,使长效管理制度化、规范化、常态化;坚持创新思路,保证村庄环境管理有一定资金保障;坚持内外兼修,引导村民群众参与村庄整治管理。

【庆祝人民政协成立65周年座谈会】 2014年9月25日,江阴市召开庆祝人民政协成立65周年座谈会。中共江阴市委书记周铁根,市长沈建,市政协主席薛良,副主席须振宇、黄丽泰、张英毅、喻伟力、陈兴初,协理员孙志红、费晓忠,原市四套班子主要领导出席会议。历届市政协副主席、协理员,在江阴的江苏省、无锡市政协委员代表,历届市政协委员代表,各界人士代表参加座谈会。周铁根在会上就做好新形势下政协工作发表讲话。薛良在会上回顾总结人民政协65年发展史和江阴市政协成立58年发展历程,提出要认真总结经验,勇于探索实践,努力开创政协工作新局面。市第十届、十一届政协主席吴振法,民盟江阴市委主委龚振东,中共江阴市委统战部部长缪红作交流发言。是日,《江阴日报》刊登《江阴市政协庆祝人民政协65周年华诞书画专刊》。

【培训动员】 2014年6月19日、11月2日,江阴市政协举行参加全国政协干部培训中心第60、第64期地方政协干部(委员)委托培训班动员会。这是江阴市政协相关人员首次参加全国政协的培训。市政协主席薛良作培训动员讲话。副主席须振宇、张英毅、喻伟力、陈兴初,政协常委、各镇(街道)政协工作委员会主任(副主任)、委员活动小组组长和副组长参加培训。

协商议政

【概况】 2014年,江阴市政协紧紧围绕全市改革发展大局和人民群众关注的热点问题,开展多种形式的政治协商和参政议政活动。全年举行全体会议1次,常委会议7次,主席会议12次,开展对口协商活动5次,形成调研报告26篇。市政协领导就"菜篮子"工程、小区物业管理等开展考察活动7次。市政协举行公用事业改革情况等政情交流会5次。编辑出版《江阴历史文化精华录》,完成《新四军在江阴》史料征集、整理、撰写及初稿审定工作。

【对口协商】 2014年5月15日,市政协提案委员会与团市委就市少年宫建设情况进行对口协商。政协委员听取关于市少年宫发展状况介绍,并对进一步加强青少年校外活动场所建设提出意见和建议。建议要为青少年健康成长营造更好社会氛围,打造更舒适学习活动场所。

5月28日,市政协教文卫体委员会与市卫生局、南闸医院等单位就转制医院发展进行对口协商。政协委员听取关于转制医院工作情况介绍,并对进一步做好医疗服务工作提出意见和建议。建议转制医院坚定发展信心,加强内涵建设,增强互动交流和区域合作,为群众提供更优质服务。

6月10日,市政协经济科技委员会与市农林局就全市农产品质量安全监管工作进行对口协商。政协委员考察江阴市农产品质量检测中心、江苏华伯食品发展有限公司、江阴市周南奶牛养殖专业合作社、江阴市鹏程农业科技发展有限公司,听取关于农产品质量安全监管情况介绍,并对进一步加大源头控制,维护江阴农产品生产良好环境提出意见和建议。

8月15日,市政协城镇建设与环境保护委员会与市住保房管局就全市小区物业管理工作进行对口协商。政协委员听取关于全市小区物业管理现状问题的情况介绍,并对进一步重视小区物业管理工作提出意见和建议。

【专题调研】 2014年,市政协组织市各民主党派、工商联、市知联会和专门委员会、镇(街道)政协工作委员会就缓解中小企业"融资难"、创新医保管理模式等课题开展调查研究,全年形成调研报告26篇,评选优秀调研报告17篇。题为《关于加快静脉产业园建设的建议》的调研报告,以主席会议建议案形式报送市委、市政府决策参考。

【重要考察】 2014年3月25日,市政协领导考察先锋平价菜场、徐霞客镇阳庄蔬菜基地、长泾镇食用菌园区、华士镇海陆蔬菜基地建设管理情况,听取市农林局、江阴工商局、市商务局、市物价局关于全市"菜篮子"工程建设、菜市场建设管理和蔬菜平价商店建设情况汇报。市政协领导建议市政府和有关部门要严格落实规划,做到增强蔬菜综合生产能力和加快发展现代高效农业有效结合;创新经营模式,做到推进蔬菜产业升级和拓宽群众致富途径有效结合;完善流通体系,做到加快市场建设和保持菜价稳定有效结合;切实履行职责,做到加强"菜篮子"工程管理和开展群众路线教育实践活动有效结合。

2014年3月25日,市政协领导考察市"菜篮子"工程建设(市政协办提供)

4月24日,市政协领导考察圣廷苑、兴澄锦苑、飞虹苑等小区和澄江街道物管中心,听取市住保房管局局长何建华、澄江街道办事处副主任沈彦锋关于全市物业管理工作情况汇报。市政协领导建议市政府和有关部门、属地镇(街道)要坚定信心,注重规范,优化公开公正的市场环境,扎实开展物业企业信用考评,加强行业自律,加强物业管理宣传培训;强化责任,加强对物业管理工作的领导,发挥职能部门工作合力,加快建立物业矛盾纠纷处置机制,全面提升全市小区物业管理水平。

6月17日,市政协领导就养老事业建设情况考察立新社区居家养老服务站、城东街道养老服务中心、顾山敬老院,听取市民政局党委书记钱华光关于全市养老事业建设情况汇报。市政协领导建议市政府和有关部门要深化认识,广泛宣传,营造全社会共同关心养老事业良好氛围;解放思想,丰富内涵,全面提高养老事业发展水平;加强培训,注重合作,提高养老服务队伍专业化水平;强化领导,加大扶持,切实保障养老事业建设。

8月14日,市政协领导视察远望神州软件有限公司、兴澄特钢研究院、千人计划江阴物联网研究院,听取市经信委主任沈伟旗关于全市"两化融合"(两化为信息化和工业化,指电子信息技术广泛应用到工业生产的各个环节,信息化成为工业企业经营管理的常规手段)工作情况汇报。市政协领导建议市政府和有关部门要高度重视政策机遇,加强领导,主动对接,加快促进"两化融合";点线面有力结合,依托重点企业,发挥行业引领作用,支持示范区建设,全面带动"两化融合";强化各项保障措施,加快基础工程建设,积极实施人才队伍培训,引导合理市场竞争,大力推动"两化融合"。

9月16日,市政协领导考察涉罪未成年人观护帮教工作站、青少年法制教育实践基地,听取市检察院检察长胡洪平关于涉罪未成年人观护帮教工作站工作情况汇报。市政协领导建议市政府和有关部门要充分认识涉罪未成年人观护帮教工作站建设的重要性和必要性,继续坚持探索实践;切实落实观护帮教工作的体系化建设,不断获取广泛支持;有效挖掘观护帮教工作站的社会功能,真正做到防微杜渐。

11月21日,市政协领导考察通惠花苑、世新家园安置小区,听取市建设局局长蔡欣、澄江街道办事处主任谢洪兴关于拆迁安置房建设、安置分房情况汇报。市政协领导建议市政府和有关部门要全力以赴加快建设进度,确保安置计划努力实现;公开公正赢得群众信任,维护改革发展稳定环境;总结经验创新工作方法,合作共赢办好为民实事;立足长远完善后续管理,提升安置小区生活品质。

12月26日,市政协领导考察奥德菲尔嘉盛码头挥发性有机化合物治理工程、石庄大气自动检测站、老桃花港河整治工程、光大环保能源(江阴)有限公司,听取中共江阴市委常委、常务副市长孙小虎关于重点提案办理情况汇报。市政协领导建议市政府和有关部门要围绕江阴改革发展稳定、和谐社会建设等重

2014 年 6 月 17 日，市政协领导考察市养老事业建设　（市政协办提供）

大问题，进一步深化认识，真抓实干，提高提案质量、提案办理质量、提案服务质量，助推全市各项工作顺利开展。

【政情交流】 2014 年 4 月 11 日，市政协举行公用事业改革情况政情交流会。出席会议的市政协领导和部分政协常委、委员听取市公用事业管理局局长陈国君关于全市公用事业情况介绍，并就饮用水应急水源地建设、生活垃圾分类处理、自来水管网改造、农村污水处理、天然气经营管理、建立公用事业服务投诉平台等提出建议。市政协主席薛良指出，要注重统一规划布局，坚持政府主体、民生至上，在整合市政资源、推进区域合作市场运营、长效管理上努力取得新突破。

7 月 22 日，市政协举行公共资源交易工作政情交流会。出席会议的市政协领导和部分政协常委、委员听取市公共资源交易管理办公室主任魏锋关于推进公共资源交易规范化建设情况介绍，并就项目审查制度管理、招标采购运行规则以及公共资源交易服务队伍建设等提出建议。市政协主席薛良指出，要统一思想形成共识，学习先进理念，加强交易制度规范化、交易队伍职业化、交易手段科技化建设，大力提升公共资源交易工作水平；严格交易监管，把握关键环节，推行公开透明，塑造良好形象。

8 月 22 日，市政协举行全面深化改革工作政情交流会。出席会议的市政协领导和部分政协常委、委员听取市发改委主任陆礼平关于全市国民经济和社会发展及全面深化改革工作情况介绍，并就财税体制改革、地区生产总值比重、资源配置等提出建议。

10 月 28 日，市政协举行社会保障体系建设政情交流会。出席会议的市政协领导和部分政协常委、委员听取市人社局局长季相云关于推进城乡一体社会保障体系建设情况介绍，并就完善生育保险、外来民工投保机制以及城乡一体化社会保障资金落实、政策法规完善等提出建议。市政协主席薛良指出，要因地制宜，贯彻实施好社会保障各项政策制度；紧扣江阴经济社会转型重点，依托社会各方力量，完善社会保障网络体系建设；精细管理，做好社会保障基础工作，推动江阴社会保障服务水平再上新台阶。

11 月 26 日，市政协举行食品药品安全机制建立情况政情交流会。出席会议的市政协领导和部分政协常委、委员听取市食品药品监管局局长薛炯关于全市食品药品安全机制建立情况介绍，并就餐厨废弃物管理、食品小作坊卫生情况、构建基层食品药品安全监管和食品药品生产企业诚信体系、重视政府采购以及建立第三方监测机构等提出建议。市政协主席薛良指出，要认清形势，建立长效机制；齐抓共管，逐步形成食品药品安全监管合力，让全市人民用上放心药、吃上放心食品。

民主监督

【概况】 2014 年，江阴市政协通过提交提案和民主监督建议书、反映社情民意、开展民主评议等民主监督活动，服务科学发展。全年收到委员提案 352 件，审查立案 278 件，确定重点提案 12 件。所有提案在规定日期前全部答复完毕，提案人对提案办理的满意率为 85.3%，基本满意率为 11.2%，对办理结果表示谅解的提案有 8 件，不满意的有 2 件，所提问题已经解决或基本解决的提案约占 56.8%。年内，向市委、市政府报送《社情民意》6 期，上报信息 28 条。市委、市政府主要领导高度重视，批示要求相关部门认真研究、积极办理。是年，全市民主监督员共提交建议书 28 份。

【重点提案】 2014 年 3 月 12 日，市十四届政协第二十四次主席会议协商确定 12 件提案为 2014 年重点提案，分别是：《关于加强全市垃圾无害化处理的建议》《关于我市加快对接上海自贸区的几点建议》《关于进一步深化品牌战略促进江阴经济实现新跨越的建议》《关于加强政策引导，激发社会活力，加快推进多层次养老服务体系建设的建议》《关于切实提升我市现代农业发展水平的建议》《关于抢救性建设一批重要爱国主义教育基地的建议》《关于农民专业合作社发展方向的建议》《关于促进我市企业转型发展的建议及对策》《关于我市物业管理的建议》《关于注重水安全，改善水环境，全力提升城市内在品质的建议》《关于加快经济社会转型升级是大气污染治本之策的建议》《关于进一步提升知识产权服务机构管理和服务水平的建议》。12 件重点提案由市政府主办，相关部门协办，市政府、市政协联合督办，至 6 月 28 日全部办复。

【民主监督员】 2014 年 3 月 6 日，市政协举行民主监督员工作座谈会，交流总结过去一年工作情况，明确新一年工作目标任务和工作要求。是年，充实民主监督员队伍，民主监督员达到 61 人；定期邀请民主监督员参加考察、政情交流活动，拓展知情渠道;指导月城镇、长泾镇等政协工委陆续开展民主监督员工作,关注基层民生;建立副主席和专委会对口联系民主监督小组制度,加强工作指导。16个民主监督员小组提交民主监督建议书28份,就加强政府性投资管理、农村环境长效管理等工作提出真知灼见。

【社情民意】 2014年4月10日,市政协召开社情民意工作座谈会,交流工作情况,部署新一年工作。8月25日,市政协召开社情民意专题协商会,部分政协委员和市委农工办、市教育局等相关部门分管负责人就农村旧房改造、特殊人群免费乘坐城镇公交、规范校外艺术培训、化解垃圾处置困境、非法改装汽车、农村垃圾房管理等方面进行协商沟通、达成共识。是年,报送《社情民意》6期,上报信息28条,10名政协委员获"市政协反映社情民意信息积极分子"称号。

【民主评议】 2014年4月,市政协成立民主评议市安监局工作调研小组,确定《关于民主评议市安监局工作的方案》,组织召开8次座谈会,发放580份测评表。7月9日,召开市政协十四届十四次常委会议,对市安监局工作进行评议。会议建议市安监局要进一步落实企业安全生产主体责任,强化监督管理工作,切实消除安全隐患,为江阴改革发展大局营造良好环境。

8月,市政协成立民主评议市体育局工作调研小组,确定《关于民主评议市体育局工作的方案》,组织召开8次座谈会,发放650份民主测评表。9月23日,召开市政协十四届十五次常委会议,对市体育局工作进行评议。会议建议市体育局坚持建管并重,鼓励社会力量兴建体育设施,盘活、用好现有体育设施;调动协会积极性,引导更多的社会力量成为体育活动的主体;优化市场环境,推动体育健身与医疗、文化等融合发展,大力发展体育服务业,不断开创体育工作新局面。

附:政协江阴市第十四届委员会2014年度优秀提案

1.《关于加强全市垃圾无害化处理的建议》 (民盟江阴市委员会)

2.《关于我市加快对接上海自贸区的几点建议》 (民进江阴市委员会)

3.《关于进一步深化品牌战略,促进江阴经济实现新跨越的建议》 (市工商业联合会)

4.《关于加强政策引导,激发社会活力,加快推进多层次养老服务体系建设的建议》 (民建江阴市委员会)

5.《关于切实提升我市现代农业发展水平的建议》 (经济科技委员会)

6.《关于抢救性建设一批重要爱国主义教育基地的建议》 (学习文史委员会)

7.《关于大力推进全市电子商务服务业的建议》 (那叶青)

8.《关于加强我市建设施工扬尘污染防治的建议》 (承　皓)

9.《关于建立健全我市政府法律服务采购制度的建议》 (林　红)

10.《关于治理外来务工人员房屋"群租"的建议》 (梅玉珍)

11.《关于通过培训加快"人才强市"的建议》 (章　希)

12.《关于设置餐厨垃圾处理站,推进垃圾减量源头处置的建议》 (施丽娟)

13.《关于进一步加强校车安全管理工作的建议》 (陈亚蕾)

14.《关于对全市污水处理厂加强管理的建议》 (段学花)

15.《关于绿色节能光伏建筑走入寻常百姓家的建议》 (黄宇昕)

16.《关于我市社会特殊群体免费乘坐城镇公交车的建议》 (孙敏霞)

17.《关于加快智慧城市建设的建议》 (叶卫春)

18.《关于农民专业合作社发展方向的建议》 (高　阳)

19.《关于促进我市企业转型发展的建议及对策》 (楚健健)

20.《关于深化空间信息资源共享应用的建议》 (刘建军)

21.《关于我市物业管理的建议》 (邓　峰)

22.《关于注重水安全,改善水环境,全力提升城市内在品质的建议》 (九三学社江阴市委员会)

23.《关于我市建筑垃圾处置的几点建议》 (朱　杰)

24.《关于充分利用高科技手段进行城市综合管理的建议》 (朱　健)

25.《关于加快经济社会转型升级是大气污染治本之策的建议》 (农工党江阴市委员会)

26.《关于建立"养老＋医疗"式老年病房的建议》 (周美华)

27.《关于加强我市混凝土预制构件产品质量监管的建议》 (王新达)

28.《关于加强政府主导,建立健全养老服务体系的建议》 (缪　勤)

29.《关于实施西横河水环境综合整治的建议》 (政协临港经济开发区工作委员会)

30.《关于进一步加强建筑消防设施维护管理的建议》 (曹炳才)

31.《关于进一步提升知识产权服务机构管理和服务水平的建议》 (市无党派知识分子联谊会)

32.《关于24小时监测高污染高排放企业,改善空气环境的建议》 (李飞雨)

33.《关于在我市加快推进生活垃圾分类处置的建议》 (顾韵秋)

34.《关于完善社区管理服务体系,建设美丽滨江花园城市的建议》 (林　军)

35.《关于提升企业培训质量,促进经济转型升级的建议》 (青阳镇政协工作委员会)

36.《关于将江阴敔山湾国际会展中心改建成"三中心"的建议》 (何香娟)

37.《关于提升江苏江阴现代农业产业园区发展水平的建议》 (徐霞客镇政协工作委员会)

38.《关于通过市场化运作,推进江阴居家养老发展的建议》 (宋立人)

39.《关于加快规划建设静脉产业园的建议》 (城镇建设与环境保护委员会)

40.《关于进一步为我市康复事业提供政策扶持的建议》 (教文卫体委员会)

41.《关于关注"失独"家庭,构建社会支持体系的建议》 (王培英)

■类目编辑　俞也平

党风廉政建设

【概况】 2014年,江阴市纪委按照无锡市纪委和江阴市委的部署要求,聚焦中心任务,突出主业主责,立足监督执纪问责,全面履行监督责任,推动党风廉政建设党委主体责任、纪委监督责任"两个责任"落到实处,促进全市党风廉政建设和反腐败工作深入开展,为再创江阴新一轮改革发展新辉煌提供坚强保证。全市落实党风廉政建设"两个责任"的经验做法被《中国纪检监察报》、江苏《廉政时空》专题报道,江苏省纪委以专刊形式介绍推广。

【责任清单】 2014年,结合江阴经济社会发展和党员干部思想实际,江阴市纪委协助市委在省内县级率先出台《关于落实党风廉政建设党委主体责任、纪委监督责任的实施意见》《中共江阴市委党风廉政建设责任清单》,明确市委主体责任清单24项、班子主要负责人及班子成员责任清单各10项、市纪委监督责任清单20项,建立党委负责人全委会述责述廉、接受评议、廉政谈话等6项制度。针对党风廉政建设存在的薄弱环节和突出问题,全面排查问题清单,有效落实整改清单。督促各级党组织在结合实际制定完善本级责任清单的同时,督导下属单位建立个性化责任清单,确保各责任主体知责、明责、尽责,实现确责有标准、履责有规范、问责有依据。

【党风廉政建设监督检查系统】 2014年,江阴市纪委认真落实党风廉政建设"两个责任",积极探索反腐败新常态下落实"两个责任"的有效路径和方法,突出监督检查,注重压力传导,按照"实时管理、动态监督、科学考评"理念,建设落实党风廉政建设"两个责任"信息化管理考核(监督检查)系统。该系统自3月启动建设,至9月完成系统架构开发,具有市级平台、镇街园平台和委办局平台3个内部平台,覆盖全市各级党组织。平台管理设置责任分工、责任落实、责任考核、责任追究、惩防体系、规章制度等6个主要应用模块,具备预警提醒、统计分析、线索收集等功能。按照试点先行、逐步纳入的原则,系统在云亭街道、周庄镇和江阴市财政局等单位试点上线运行。

【落实"两个责任"监督检查】 2014年,江阴市纪委协助市委出台《关于落实党风廉政建设党委主体责任、纪委监督责任的管理考核(监督检查)办法》,明确管理考核(监督检查)的方法、内容及问责追究、结果运用。全面开展落实"两个责任"情况监督检查,重点对澄江街道、市卫生局、市民政局进行党风廉政巡查,对基层纪检组织履行监督责任开展巡查。由市委常委和党员副市长带队,重点检查考核14个镇街、3个开放园区和9个机关部门党风廉政建设责任制落实情况,指出问题43个,提出整改建议68条。制定《关于党委(党组)主要负责人向市纪委全会述责述廉的实施意见》,率先在全省开展述廉、述职"双述"工作。在市纪委五次全会上,组织澄江街道、市建设局、市卫生局等单位党(工)委主要负责人述责述廉,接受现场质询和民主评议,促进各党组织主要负责人以高度政治自觉落实党风廉政建设主体责任和"第一责任人"责任。

(诸宇星)

正风肃纪

【概况】 2014年,江阴市纪委、监察局结合党的群众路线教育实践活动,聚焦主业主责,加强监督执纪问责,认真履行监督的再监督、检查的再检查职能。督促有关部门认真落实公共资源交易管理、行政审批提速提质提效、政府投资工程建设各项政策措施,着力加强对房屋建筑、交通道路、园林绿化、水利等建设工程的质量再监督,切实强化对安全生产、拆迁安置、廉租房分配、禁止秸秆焚烧的再检查,对失责部门进行责任追究。严格依纪依法安全文明办案,做好市反腐败协调小组日常工作。6月,召开反腐败协调小组成员单位会议,讨论通过并印发《江阴市反腐败协调小组成员单位工作职责》,明确成员单位工作职责,完善反腐败协调小组职能,健全腐败案件揭露、查处机制和查办案件组织协调机制,强化案件线索管理,集中排查案件线索。印发《案情通报》12期,认真做好党员和案件信息系统查询工作。全年开展各类监督检查 37 次，发出监察建议书、整改通知书 29 份，问责追究 13 人次，约谈主要领导 5 人。

【“作风建设深化年”活动】 2014 年，江阴市纪委、监察局开展“作风建设深化年”活动，进一步聚焦“四风”*问题，把落实中央八项规定*和省市十项规定*精神作为改进党风政风的一项常态性工作来抓。健全完善联动督查机制，一个节点一个节点抓，由浅入深，加强明察暗访，严肃查纠问题，不断释放执纪必严的信号。继续实施反浪费反奢侈专项活动，认真落实厉行节约反对浪费各项规定，严肃整治公款送礼、公款大吃大喝等问题，党政机关因公出国（境）、公车购置及运行、公务接待费用比上年分别下降 6.6%、7.4%、33.6%。年内，市级层面制定出台作风建设制度规定 19 项，镇街园区制定完善作风建设制度 351 项，实现作风建设的规范化、常态化和制度化。

【政风行风监督】 2014 年，江阴市纪委、监察局组织 62 个部门（单位）参加电台“空中热线”直播节目 50 期，接受群众举报等电话 387 个，办理各类咨询诉求 371 件，为民办实事 103 件。举办“向人民承诺、请人民监督”“面对面”民主评议政风行风媒体直播活动 3 期，组织市城管局、环保局、住保房管局、工商局、卫生局等 17 个部门（单位）参加评议活动，收集意见和建议 62 件，办理市民群众各类诉求 107 件。

【治理“中梗阻”专项行动】 2014 年，江阴市纪委、监察局牵头开展“转作风、提效能、促发展”治理“中梗阻”专项行动，着力解决机关部门中存在的制约改革发展、基层群众反响强烈的“庸懒散”“中梗阻”等突出问题。进一步畅通渠道，多方收集群众意见，共收集到反映机关“中梗阻”问题的各类意见建议 56 件，涉及 27 个单位，跟踪督办 5 个问题。对影响机关作风效能的典型性问题进行重点督查，深入开展审批职能归并“三集中三到位”*落实情况、项目审批提速提质提效情况、权力清单制定情况专项督查和明察暗访，对 66 个机关单位、基层站所的作风效能情况进行 9 次暗访。先后发出整改通知书 4 份，问责追究 13 人。

【信访查办】 2014 年，江阴市纪委、监察局加强信访基层基础工作，畅通信访渠道，开展“接访、走访、巡访”活动，认真办理中央巡视组转办信访件，共受理群众初次来信来访 471 件次，其中来信 315 件，来访 28 次，电话举报 59 件，网络举报及其他方式 69 件次。从信访反映内容看，检举控告类 385 件次，申诉类 1 件次，批评建议类 6 件次，业务范围外 79 件次。坚持抓早抓小，全年对 19 人进行诫勉谈话，对 90 人进行函询和谈话，通过调查核实，为 58 人澄清问题。

2014 年 8 月 21 日，江阴市举办“政风面对面”党的群众路线教育实践活动（诸宇星 摄）

【案件查处】 2014 年，全市纪检监察组织立案 218 件，共处分 214 人。通过案件查办，挽回经济损失 2032 万余元。从查处职级看，乡科级干部 10 人，一般干部 41 人，其他人员 163 人。严格依纪依法审理案件，从市公安、检察、法院、司法等单位和园区、街道、乡镇择优选取业务骨干 20 人，组建江阴市党政纪案件审理人才库，推进“三审一评”*工作，市纪委、监察局自审案件 10 件 10 人，基层报批案件 103 件 103 人，协助基层审理案件 105 件 105 人，基层党纪案件协审率 100%，实施审理助辩10 件。

【制度规范】 2014 年，江阴市纪委、监察局认真落实中央《建立健全惩防体系 2013—2017 年工作规划》和市委《关于贯彻落实中共中央〈建立健全惩治和预防腐败体系 2013—2017 年工作规划〉的实施办法》，实施标准化建设和项目化管理，分解落实惩防体系建设 58 项重点工作目标任务，不断完善惩治和预防腐败基本制度。扎实开展制度规范暨制度廉洁性评价工作，编发《江阴市制度廉洁性评价工作指南》，对城市管理相对集中行政处罚权、互助医疗保障等 70 余项制度进行廉洁性评价。推进行政审批事项目录清单公开、公共资源交易电子化招投标及公正度评价。开展“一案四访”工作*、“一案五报告”工作*，针对倾向性问题、典型性问题，出台规范公职人员参与各类项目评估论证兼职取酬、旧房拆除残值回收等规定，促进惩戒成果向预防机制转化。

廉政宣传教育

【概况】 2014 年，江阴市纪委、监察局扎实推进反腐倡廉教育标准化建设，发挥市党风廉政宣传教育联席成员单位作用，下发《2014 年全市党风廉政建设和反腐败宣传教育工作要点》，分解落实年度工作任务，落实“党员干部廉政谈心谈话”“示范教育、警示教育、主题教育”等七项制度，开展专题民主生活会、党政

2014年7月22日,江阴市党员干部和社会各界代表在荷园廉政教育馆参观 (曾 一 摄)

主要负责人上廉政党课等八项活动。深化党员干部警示教育,召开全市党员干部警示教育大会,组织观看警示电教片《迷航》,组织编写领导干部警示教育读本,通报查处公务人员和市管干部违法违纪案件47件。建成开放荷园廉政教育馆、全市基层干部预防职务犯罪警示教育基地,依托市看守所建设全市党员干部警示教育基地,8600多名党员干部走进各类警示教育场所参加学习教育。开通"江上清风微悦读"手机廉政短信,面向全市1900余名副科级以上领导干部和村(社区)书记、主任编发微悦读25期。以"读廉书、知廉事、重廉行"为主题,在全市副科级以上领导干部中开展"我说廉政"读书征文活动,共征集各类廉政体会文章3600多篇。印发《江上清风报》、手机报各6期,开通"江上清风"廉政微博,编发微博155条,倡导"江上清风"廉洁文化,营造廉荣贪耻的良好氛围。坚持教育和管理并重,定期更新完善科级干部廉政档案,结合党风廉政巡查开展抽查核实,强化领导干部纪律和规矩意识。年内,党员干部主动上交礼金、礼券、购物卡128.8万元。

【"5·10"思廉日主题教育活动】 2014年,江阴市纪委、监察局以"践行群众路线,争当勤廉表率"为主题,开展"5·10"思廉日系列活动。加强党纪教育,印发《党的十八大以来中央关于加强作风建设规定的文件汇编》2000余册,组织广大党员干部学习中央出台的《党政机关厉行节约反对浪费》等20个文件规定。加强岗位廉政教育,督促各单位从权力运行、管理和自身素质三个方面排查廉政风险点,提高风险防范意识。开展工程建设领域专题教育,组织学习无锡市纪委《关于严禁领导干部违反纪律插手干预工程建设领域的规定》,720名市管干部上交"严禁违规插手干预工程建设领域行为知晓承诺表",作出廉政承诺。

队伍建设

【概况】 2014年,江阴市纪委、监察局积极推进转职能转方式转作风,创新工作理念,改进方式方法,提升监督成效,确保监督执纪各项工作落到实处,为推动各级党组织落实主体责任创造更好条件。制定年度重点工作分解,分解落实重点工作任务38项。完善市纪委监察局内部绩效考核制度,严格量化考核,考核结果与评优评先和职务晋升挂钩,落实市级机关绩效考核制度,完成年度个性目标一级指标7个、二级指标9个。

【清理议事协调机构】 2014年,江阴市纪委、监察局按照中央、省市纪委关于转职能转方式转作风(以下简称"三转")的统一部署,推动纪律检查工作双重领导体制具体化、程序化和制度化。在内设机构、行政编制、领导职数总量不变情况下,调整市纪委监察局机构,增设纪检监察室,组建行政监察室、党风监督室、纪检监察干部监督室,执纪监督部门占内设机构总数的77%,从事执纪监督人员占总编制的61%。市纪委监察局退出120个议事协调机构。开展基层纪检组织"三转"情况调研检查,清理规范纪检组织主要负责人兼职分工,确保将职能聚焦到主业主责上来。

【纪检干部履职能力建设】 2014年,江阴市纪委、监察局深入开展党的群众路线教育活动,以整风精神开展批评与自我批评,一丝不苟抓好整改落实。带头执行关于改进作风各项规定。建立完善《信访举报件管理办法》《重要案件线索管理办法》《办案安全管理责任制度暂行规定》等工作制度,建立常委联系点制度,深入调研及时解决问题。加强日常教育管理,健全纪检监察干部个人有关事项报告、"六个不准"等规定,举办社会各界代表参加的纪检监察工作开放日活动。突出能力素质培养,组织全市200多名纪检监察干部参加"三转"培训,在全系统开展谈话笔录制作竞赛,抽调30余名基层纪检干部直接参与市纪委查信办案,选派3人到省纪委协助工作,多途径锻炼执纪办案人员。

■类目编辑 李银花

民主党派·工商联·知联会

中国民主同盟江阴市委员会

【概况】 2014年,民盟江阴市委深入学习和全面贯彻中共十八大,十八届三中、四中全会精神和习近平总书记系列重要讲话精神,紧紧围绕江阴市现代化滨江名城建设中心工作,全面加强自身建设,积极履行参政党职能,各项工作取得新的进展。29名新盟员和5名骨干盟员分别参加江阴市委统战部组织的党外新成员培训班和党外领导干部培训班,1人参加无锡市第25期党外中青年培训班,1名支部主委参加省盟基层组织负责人培训班。年内,发展新盟员15人,调出1人,盟员总数290人,平均年龄53.6岁,其中,省政协委员1人,无锡市人大代表3人,无锡市政协委员1人,江阴市人大代表7人,江阴市政协委员34人(常委6人)。盟员分布:教科文界231人(其中教育界180人、文化界29人、科技界22人),占79.7%;其他界别59人,占20.3%。学历情况:本科以上学历212人(其中博士研究生4人、硕士研究生38人),占73.1%。职称情况:高级职称172人,占59.3%;中级职称74人,占25.5%。任副科以上干部10余人,有17名盟员分别担任政府各部门的特约员。11月23日,江阴民盟15个支部(不含3个新成立的支部)集中进行五年一度的换届,换届后的支部支委平均年龄42.7岁;本科以上学历占88%,比上届提高5.5个百分点;中级以上职称占89.7%,其中高级职称占79%,分别比上届提高2个和12.3个百分点。是年,单红霞担任江阴市教育局副局长。盟市委机关公开招录1名公务员。

【参政议政】 2014年1月,民盟江阴市委在政协十四届三次会议上作《加大招商引资力度,提升经济发展后劲》专题发言,提交集体提案9件,其中《关于加强全市垃圾无害化处理的建议》被市政协列为2014年度1号重点提案。盟员人大代表、政协委员在市人大、政协两会期间提交建议、提案37件(条)。6月,在公用事业改革情况政情交流会上,民盟江阴市委作相关发言。是年,民盟江阴市委完成《整合资源,创新机制,在提升发展中打造江阴旅游升级版》重点调研报告,获市政协2014年优秀调研报告二等奖;组织各支部完成调研报告18篇,社情民意100条;集体提案《关于加强全市垃圾无害化处理的建议》和黄宇昕个人提案《关于绿色节能光伏建筑走入寻常百姓家的建议》、何香娟个人提案《关于将江阴敌山湾国际会展中心改建成"三中心"的建议》被市政协评为2014年度优秀提案,刘艳、许建铭、孙晓萍、何梦、周忠良被市政协评为2014年度优秀政协委员,周忠良、高永铭被评为优秀民主监督员,薛国平被评为提案积极分子,许建铭、黄宇昕被评为反映社情民意积极分子。

【社会服务】 2014年,民盟江阴市委与民盟敦煌总支缔结友好盟组织关系,广大盟员为敦煌定西小学捐赠950本图书和3万元善款。响应

2014年9月26日,民盟江阴市委为敦煌定西小学捐赠3万元

(民盟江阴市委提供)

民盟无锡市委“美丽家园”大型捐助活动，在“我为张澜家乡种棵树”活动中捐树款1万元，“捐衣现真情”和“共沐书香”活动中，广大盟员捐衣1300件、捐书近千册。建立江阴民盟奖学基金，在盟员中广泛筹款，为天华艺校5名品学兼优的孤儿每年每人定向捐助5000元。文艺支部全体成员利用自身优势，开展送戏下乡巡演和进社区慰问演出总计10场次。澄江支部为奖学基金捐款13余万元，并连续8年坚持定向帮扶市长山中学贫困学生。南华支部盟员主动为甘肃灾区学生捐赠物资。一中支部盟员利用暑假在江阴“香山书屋”义务教学。法尔胜支部、临港支部、澄江支部盟员走进敬老院、社会福利院送温暖献爱心。民盟市委老盟办扎实做好关爱老盟员工作，妇工委组织女盟员连续三年到市特殊教育中心奉献爱心。是年，盟员的各类爱心捐助74.82万元。

【盟员成果和荣誉】 2014年，民盟江阴市委被民盟无锡市委评为宣传工作先进集体、社情民意信息工作先进集体、社会服务工作先进集体。蔡晓英获文化部“2014中国文化馆榜样人物”称号，马莉获“全国优秀教师”称号，沈彬被评为江苏省特级教师，俞静娟被评为江苏省中小学正高级教师。李惠兴编著的教材《心理健康》被江苏省教育厅列为中职学校推荐教材。杭建伟撰写的调研报告《苏南县（市）域高职人才培养定位与培养模式探析》获民盟无锡市委2014年度优秀调研成果奖。薛迅、蔡晓英、邓喜荣、杨祖良获第十一届江苏省“五星工程奖”金奖；许国生、许建铭获“五星工程奖”银奖。陶建荣创作的油画《大山深处》获庆祝中华人民共和国成立65周年江苏省美术作品展览最高奖。徐惠君作品参加“澄怀味象——中国艺术研究院中国画院第三届院展”在中国美术馆、黑龙江哈尔滨禹舜美术馆、山东博物馆、江苏南京金陵美术馆等地巡回展出。老盟员陈锡良历时一年多，绘制150幅“江阴名人肖像画”，在江阴文庙展出。李惠珍获江苏省第二届“十大法治人物”称号。薛花娟获3项发明专利，其主笔的交通运输行业技术标准《环氧涂层钢丝拉索》在2015年颁布实施。周明宝获1项发明专利、4项实用新型专利。是年，盟员在各级刊物发表论文70篇。（黄宇昕）

中国民主建国会江阴市委员会

【概况】 2014年，民建江阴市委紧紧围绕“思想上同心同德，目标上同心同向，行动上同心同行”的主基调，把坚持和发展中国特色社会主义学习实践活动贯穿到各项工作始终，认真学习贯彻中共十八届三中、四中全会精神和习近平总书记系列重要讲话精神以及中共江阴市委十二届五次、六次全体（扩大）会议精神，充分发挥自身优势，努力提升履职能力，各项工作取得良好成绩。是年，组织会员参加市政协和统战部组织的各项学习活动；组织支部主任及骨干会员先后参加民建无锡市委组织的赴江苏省社会主义学院学习，中共江阴市委统战部组织的赴重庆市社会主义学校、常熟市、太仓市、苏州大学等地的交流学习活动；组织2011—2013年入会会员参加市委统战部举办的新会员培训班学习。编辑刊出《江阴民讯》4期，开辟《同心共筑中国梦》征文专栏，刊出征文15篇；向上级民讯和有关刊物投稿共45篇，被录用40篇。会员季燕林的《用阅读点亮梦想——记民建会员、香山书屋创办人季丰和他的义工团队》被《团结报》录用，梅玉珍的《一位老科技工作者与时光的对话》被民建中央网站录用，承嗣荣、强士坤、梅玉珍撰写的系列会员风采（吴雯玉、陆志超、吴彩英、曹士洪、韩家熹、吴文晨、王小立等）分别被中国政协网、民建江苏省委网站、《无锡政协》《无锡民讯》录用；特邀民建无锡市委宣传处处长朱桂兰、江阴日报社要闻部副主任郑英为宣传骨干会员授课；组织会员前往江阴电台交流取经。全年，发展会员12人（本科以上学历11人），平均年龄38岁，其中经济界人士8人，至年末会员总数194人。

【参政议政】 2014年1月，会员堵希代表民建江阴市委在市政协十二届三次会议上作《加强政策引导，激发社会活力，加快推进多层次养老服务体系建设》专题发言，此报告转化的提案被评为年度重点提案。民建江阴市委在市人大、政协两会期间提交集体提案5件，会员人大代表、政协委员提交建议及个人提案31件。其中，集体提案《关于完善我市食品安全监管体系的建议》和陈亚蕾个人提案《关于增加老年财产性收入的建议》、梅玉珍个人提案《关于城市管理进社区的建议》、叶卫春个人提案《关于改善中小企业污染治理模式的思考和建议》、宋立人个人提案《关于利用好国资平台、创新融资方式、拓宽城市建设资金来源渠道的建议》5件提案被评为优秀提案。季燕林委托提交的社情民意《我市社会特殊群体免费乘坐公交车的建议》得到采纳实施，老会员陈恩寿、俞连方、陈俊元、杨瑞春联合撰写社情民意《建议适园应对外开放》及承皓撰写《建议交警部门开展非法改装车辆整治》、梅玉珍撰写《关于将应急救护培训纳入市为民办实事项目的建议》得到政协主要领导重视，并上报中共江阴市委。是年民建江阴市委完成《创新医保管理模式，提高基金运行效率——关于我市医疗保障基金运行情况的调研和思考》专题调研报告，并获江阴市政协优秀调研报告评选一等奖；编辑刊出第二十四期《参政议政调研材料专辑》，收录调研报告19篇。向上级民建组织提交调研报告与社情民意39篇。六颖康、叶卫春、张建兴、张益、陈亚蕾、金锡妹、堵希、章希8位会员被评为年度优秀政协委员；黄丽泰、陈亚蕾、梅玉珍3位会员被评为提案积极分子；梅玉珍被评为反映社情民意积极分子。

【社会服务】 2014年，民建江阴市委组织会员积极参与“同心基地”活动，企业家协会筹备设立帮扶基金；会员承皓结合自身工作实际，会同市民政局、南闸街道民政科等部门，开展为南闸街道泗河村两户特困家庭申请危旧房改造专项补贴，累计补助金额6万元；姚刚为泗河村村民提供法律咨询服务。年内，民建江阴市委组织会员积极参加扶贫帮困各类慈善活动。会员吴雯玉为上

2014 年 3 月 18 日,民建江阴市委“同心实践基地”在南闸泗河村挂牌成立

(民建江阴市委提供)

海惠迪吉公益人心理关爱中心捐资 68 万元;会员季丰为江阴市教育局新教师培训及校长论坛活动、江阴市第三实验幼儿园鹦鹉绘本馆、江阴中专等捐助 39 万多元;会员黄丽泰为市慈善总会、甘肃天水文泰华小学、黄敏之奖学金、徐州丰县、沛县贫困大学生捐款 34 万元;会员胡鹏飞为单位困难职工捐助 20 万元;会员叶卫春作为江阴市暨阳司法救助基金的发起人,义务协助协会筹资 500 万元,捐助南菁中学贫困学生 7.8 万元;会员陆正洪为城东街道贫困大学生捐助 5 万元;会员王小立为湖南困难学生捐助 3 万元;会员李杰为江阴职业技术学院及其他贫困学生捐款 4 万多元;会员修红斌为泗洪龙集中学贫困学生捐助 2 万元;会员陈雷为成化高级中学捐助 2 万元;会员朱俐为市低保家庭捐助 2 万元;会员陈奇峰为香山书屋捐书 516 册,为市儿童福利院捐赠价值 2 万元的进口奶粉;退休会员发挥余热,为支持“全民阅读”社会公益活动,向香山书屋捐赠图书 500 多册;会员罗莹带领的慈善义工艺术团协助市公安局举办“公益进社区,安全进万家”宣传活动 30 多场,与市人民医院志愿者协会联合开展志愿者服务,慈善义工艺术团长年结对助学贫困学生近百人;会员姚刚发挥法律专业优势,多次参加市司法局组织的法律咨询活动,为群众提供法律服务,10 月底在青阳敬老院为老年人及老龄事业工作者开展《中华人民共和国老年人权益保障法》普法知识讲座。是年,据不完全统计,会员捐款、捐物价值近 200 万元。

【会员成果及荣誉】 2014 年,会员黄丽泰被省文明委和宣传部评为 2013 年度江苏“十大”诚信标兵,被江苏苏商促进会评为 2013 年度苏商“十大”财智女性;季丰被江苏全民阅读办评为江苏“十佳”全民阅读推广使者,被江苏新闻出版局评为江苏省新闻出版业感动人物,他创办的“香山书屋”被国家新闻出版总局评为全国书香江苏省新闻出版业感动人物之家;张建兴研发的“风光储”分布发电微网系统被江苏省经信委认定为“专精特”新产品,并获市科技进步一等奖;章希经营的金信咨询管理公司被江苏省中小企业局评为三星级公共服务平台,获得“中国培训品牌联盟机构”“江苏省中小企业培训基地”及“全国百佳培训机构”称号;顾文英经营企业研发的智能复合水箱拉丝机项目获无锡市科技进步三等奖;吴雯玉被中国企业家协会评为中国烹饪协会企业家协会优秀职业经理人;李玉龙被省注册税务师协会评为江苏省优秀注册税务师;李杰、倪红英及顾星卫经营的企业被无锡市工商局评为重合同守信用单位,李杰的“无锡南国之风装饰装潢公司”被中国室内装饰协会评为全国优秀室内装饰企业;李平获江苏省餐饮行业协会颁发的烹饪金奖,他创办的宏达大酒店被中国餐饮协会评为中国餐饮名店。 (孙敏霞)

中国民主促进会
江阴市委员会

【概况】 2014 年,民进江阴市委深入学习贯彻中共十八大,十八届三中、四中全会和民进中央十三届二中全会精神,开展坚持和发展中国特色社会主义学习实践活动,不断深化全体会员对中国特色社会主义参政党的认识,巩固全会对中国特色社会主义道路的认同、对全面建成小康社会目标的认同和对社会主义核心价值的认同。以思想建设为前提,以“基层组织建设年”为契机,以能力建设为抓手,激发各支部、各部门和全体会员的活力,围绕全面深化改革和新江阴建设,认真履职,各项工作取得优异成绩。10 月,5 名骨干会员赴重庆社会主义学院参与市委统战部组织的江阴市党外干部培训班。6 月 4 日,民进江苏省委会内人才培养锻炼机制建设座谈会在江阴召开。年内,举行两期新会员入会前学习活动,2012 年后加入民进的 26 名会员全程参与市委统战部主办的党外新成员培训班。在无锡市以上民进网站和刊物上发表信息 50 余篇,编辑《江阴民进》2 期。发展新会员 9 人,至年末会员总数 123 人。是年,民进江阴市委被评为民进江苏省委组织建设先进地方组织、民进江苏省委组织管理系统建设先进单位、民进江苏省委会务工作贡献突出单位、《民主》杂志 2013 年度发行优秀集体,小学教育支部被评为民进全国组织建设先进基层组织,李尧亮被评为民进全国组织建设先进个人,陈富满被评为《民主》杂志 2013 年度发行优秀个人,佟磊被评为民进江苏省委组织管理系统优秀管理员。

【“虚拟机关”建设】 为解决党派机关人手紧缺的实际问题,也为会员锻炼成长、培养后备干部提供平台,使更多会员有机会参与机关事务,打造会员成长的内部孵化器,民进江阴市委积极创新工作机制,于 2012 年 3 月在“1 人机关”(机关专职干部由于编制等原因只有 1 人)的组织架构上创新工作模式——建立“虚拟机关”,组建 8 个部门,包括“三委”:会员工作委员会、参政议政工作委员会、社会服务工作委员会；“三处一办一中心”：组织处、调研处、宣传处、办公室和社会服务中心，共设18个岗位，聘任41名会员参与“虚拟机关”工作。此举对江阴民进各方面的工作产生积极的影响，取得良好实效。2014年6月3日，民进江阴市委“虚拟机关”举行换届大会，省政协副主席、民进江苏省委主委朱晓进参加换届大会，江苏省委民进及各省辖市委分管领导及部分县级市（区）委领导、省委机关部门负责人现场观摩换届工作。第二届增加《江阴民进》编辑部，岗位调整为28个，聘任参与“虚拟机关”工作的会员50人，占会员总数的43%。是月5日，民进江苏省委许昆峰出席“中国特色社会主义参政党的时代使命”理论研讨会会议，作题为《中国特色社会主义参政党建设与民主党派人才培养、选拔机制探索——民进江阴市委虚拟机关的启示》的大会发言。是月13日，《团结报》记者到江阴采访。21日该报在头版头条以《“虚拟机关”虚不虚》为题报道江阴民进“虚拟机关”的举措。民进全国组织工作会议、县（区）主委培训班都隆重介绍江阴的“虚拟机关”。

【参政议政】 2014年，民进江阴市委集体提案《关于我市加快对接上海自贸区的建议》被市政协定为重点提案，调研报告《关于进一步加大力度缓解中小企业“融资难”的建议》被市政协评为一等奖，《关于完善社区管理服务体系，建设美丽滨江花园城市的建议》被评为优秀提案。是年，会员共提交26份调研报告，156件社情民意、建议、提案。纪兆东、李克雨、张钧、黄中曦、潘开英被评为2014年度优秀政协委员，张杰、杨凌、祝剑飞、徐锦梅被评为提案积极分子，纪兆东被评为反映社情民意积极分子，祝剑飞、徐锦梅在市政协举行的“履行委员职责，发挥委员作用”主题委员论坛上作经验介绍。

【社会服务】 2014年，民进江阴市委积极参加市委统战部组织的“三下乡”活动。年内，开展赴花山村慰问、送教下乡、“抗癌宣传周”常规工作活动，组织教师义工进社区、开展“吴研因精神在行动”系列活动；与传澄志愿者协会联合组织开展“暖冬行动”，帮助新市民孩子免费观看《新大头儿子和小头爸爸》儿童舞台剧；组织会员积极参与“书香彩虹”公益活动，为对口帮扶的贵州省金沙县沙土镇中小学校捐赠图书。联合市民政局、慈善总会，与江阴电视台合作“慈善帮基金”专栏；与江阴职业技术学院艺术设计系义工团一起开展“爱心牵夕阳、踏春迎新颜”公益活动；联合市科技局开展“科技服务进基层”活动，先后辅导新桥镇成功创建江苏省创新型乡镇，帮助杨市社区成功申报科技型社区，辅导华士、顾山、祝塘高质量创建江苏省创新型乡镇；与杨市社区共同打造“一区一品”居家养老服务平台；联合长山医院、金蟾数字文化公司、大唐物业公司等单位，为老年人开设“送健康、送护理、送文化、送维修”等公益服务；与江阴长庚医院联合开展大型义诊活动，请耳鼻喉科专家为患病老人提供免费专项服务；办好开明学校。

【会员成果及荣誉】 2014年，教育界会员潘开英被评为江苏省特级教师，吴长海被评为江苏省好青年，刘梦晓、孙丽华等4人被评为江阴市教科研能手，吴维芸、何健、谭杰、李现宝等7人被评为市级教学能手、新秀，鲍成中出版专著一部，发表学术论文24篇；潘开英、陈富满、祝剑飞、李蕾芳等会员当选为新一届江阴教育学会各学科专委会理事长（或副理事长）；李蕾芳、陆秀梅等会员指导学生参加全国比赛获一等奖，王心一、夏吉洁等会员在省市业务比赛中获奖。文化界会员徐秀芬创作并编排的小品《非小事》获江苏省行业比赛一等奖，胡美凤获“当代中国优秀散文奖”“当代中国小说创作奖”，江阴籍著名画家徐惠君在北京、香港等地多次举办个人画展。挂职会员梅士强帮助杨市社区争取改造经费40万元，被市委组织部考评为优秀；孙丁峰完成在市信访局挂职的工作；承敏钢的城市危机应急管理决策支援兵棋推演系统软件V1.0获江苏省优秀软件“金慧奖”，受聘为合肥工业大学兼职硕士生导师；胡飞的《关于高层住宅考虑规划建设医疗急救便民设施的建议》被民进江苏省委采用；孙军卫多次参加国家级学术会议；陈红玉升任临港开发区招商局投资服务科副科长；杨凌升任江阴市教育局教育工会副主席。 （李　之）

农工民主党
江阴市委员会

【概况】 2014年，农工党江阴市委坚持以十八届三中、四中全会和习近平总书记系列重要讲话精神为指导，紧紧围绕江阴市委、市政府的中心工作，发挥优势，科学研判新常态，认真履行参政党职能，各项工作稳步推进，取得明显成效。年内，组织全体党员开展坚持和发展中国特色社会主义学习实践活动，组织党员参加农工党无锡市委组织的“中国梦、农工情”征文比赛，顾敏、李洁分别获一等奖、二等奖，王蔚参加农工党江苏省委“中国梦、农工情”演讲比赛获优胜奖。6月13日，市委组织54名党员在周庄镇山泉村开展“走进山泉村，共筑中国梦”社会主义学习实践主题教育活动，参观村容村貌、老年活动中心及同心实践基地，并聆听“全国最美村官”李全兴的报告。各基层组织还利用组织生活会观看《农工党与福建事变》专题纪录片，提高党员对党史的认识。是年，发展10名新党员，至年末党员总数133人，党员平均年龄51.5岁，其中无锡市人大代表2人，无锡市政协委员2人，江阴市人大代表5人（含常委3人），江阴市政协委员12人（含常委4人）。党员分布：医药卫生界103人，占77.4%；其他界别30人，占22.6%。学历情况：博士1人，硕士研究生14人，大学本科91人，大专19人，中专8人。职称情况为：高级职称62人，占47%；中级职称59人，占44.4%。实职安排正科级以上2人，副科职4人。

【参政议政】 2014年，农工党江阴市委以围绕中心、服务发展为原则，做到调研课题精心选题，认真调研，在拓展调研深度和广度上下功夫；“一支部一调研，一党员一建议”活动全面推进，群策群力，在参与度和质量上有较大提升。参政议政工作成效明显，主要领导应邀参加市委、市政协、市委统战部和有关单位召开的群众路线教育实践活动意见征求会10余次,就中共群众路线教育活动发表意见建议。市委调研报告《关于加快经济社会转型升级是大气污染治本之策的建议》在年初政协会议上作交流发言,并被评为一等奖。年内,党员人大代表和政协委员向市人大、政协和农工党无锡市委提交建议案、提案22件,报送社情民意信息30余条。其中徐志伟提交的《关于加强环城森林公园管控和建设的建议》被列为2014年市人大一号重点建议,《新愿景:打造长江下游最大最美的森林公园》被评为年度优秀调研报告,《水煤浆技术在江阴大有用武之地》得到市委书记的重要批示;黄立新《关于进一步加强政府专项资金管理的建议》被评为市人大代表优秀建议;集体提案《关于加快经济社会转型升级是大气污染治本之策的建议》和周美华个人提案《关于建立"养老+医疗"式老年病房的建议》被市政协评为优秀提案。奚海明参与提案《关于加快规划建设静脉产业园的建议》的撰写,该园区的建设已经被列入2015年江阴十大实事工程。朱国龙撰写的调研文章《全面推进绩效管理促进税务机关作风转变之思考》被《无锡税务》录用,《关于将起征点改为免征额的建议》上报到国税总局;药业支部撰写《食品药品监管机构改革的有关情况报告及建议》。沈敏敏、舒建华、崔俊友被评为2014年度优秀政协委员,沈敏敏、奚海明被评为优秀民主监督员,朱国龙被评为提案积极分子,周美华、奚海明被评为反映社情民意积极分子。年内组织党员代表参加市政协主办的政情交流会5次,参与人数40人次。副主委徐志伟代表农工党江阴市委在食品药品安全机制建立情况通报会上作发言;许晨、周美华、沈敏敏3名政协委员参加市政协组织的民主评议体育局工作,副主委周美华在评议会上作发言,均获良好反响。

【组织建设】 2014年,农工党江阴市委进一步健全领导班子工作制度、内部监督考核机制,遵照"集体领导、民主集中、个别酝酿、会议决定"的原则,坚持重要事项集体讨论决定,不断推进决策的科学化和民主化水平。制定基层组织工作手册,为各基层组织开展活动提供指导和帮助。4月中旬,在无锡市民中心举办宣传调研培训班。以农工党无锡市委会成立60周年为契机,在全体党员中积极开展农工党党史教育和爱国主义传统教育,为农工党无锡市委"农工同心林"捐款1万元。7月16日,组织党员代表20余人赴无锡,参加农工党无锡市委成立60周年暨环保公益活动。10月下旬,主委许晨率5名党员参加中共江阴市委统战部在重庆市社会主义学院主办的党外领导干部培训班,学习社会主义协商民主的理论与实践,与农工党重庆渝中区区委结对进行交流;组织2名支部主任参加市委统战部组织的基层组织负责人培训学习;党员政协常委参加市政协组织的培训学习活动;组织新党员参加农工党无锡市委和江阴市委统战部的培训学习,统战知识、统战理论得到全面加强。是年,市人民医院总支获农工党无锡市委"十佳支部"称号,综合一支部被评为创建"十佳支部"先进集体。

【社会服务】 2014年3月8日,农工党江阴市委在山泉村设立的"大爱同心"服务站授牌并启动服务,9名医卫界的党员在服务站内开展义诊和义务咨询活动,党员崔俊友在山泉村老年活动中心的报告大厅举行一场"关于高血压防治"的健康讲座。6月10日,与市卫生局联合开展的江阴首档大型健康类网络直播互动节目——《健康直通车》走进山泉村,组织10多名医疗专家,为300多名村民提供义诊咨询和健康讲座,每月派专家到山泉村开展专家门诊,为村民提供"零距离"优质医疗服务。10月,为响应农工党中央提出的"大方不脱贫,农工不脱钩,脱贫也不断线"的工作口号,承办"同心实践西部行——农工党江阴市委援助贵州省大方县黄泥塘镇鸡场乡卫生院"活动,向当地卫生院捐款2万元、捐药价值七万余元,副主委高恒为当地200多名医务工作者开设"脑血管疾病防治"专题讲座。党员黄国强继续向农工党无锡市委"春雨助学金"及江阴"关爱扶贫基金"资助,对江阴非物质文化遗产"传承锡剧小戏班发展基金"捐赠50万元冠名基金。党员盛龙才向小锡班基金会捐款20万元。继续搞好"农工励志奖学金"的颁奖工作,是年继续增资3000元为特教中心的学生颁奖。继续开展好与市政协等部门联合主办的"五送一助"(指送医、送教、送文化、送健康、送器械和助残)活动。继续办好前进诊所这一社会服务的窗口,全年诊所共为5796名病人提供质优、价廉的医疗服务(其中出诊58人次)。

【党员成果及荣誉】 2014年,党员李松被无锡市政府评为的"无锡市有突出贡献中青年专家"。副主委高恒研究的《可调双套管柔性吸引器》获得国家专利,并完成江苏省自然基金项目的结题工作,主导的《动脉内灌注维拉帕米治疗脑血管痉挛的临床研究》、与那汉荣合作的《PbtO2联合多参数监测技术在急性重型颅脑损伤合并多发伤中的临床研究》,分别获得江阴市科技进步一、三等奖。吴疆参与国家中医药管理局关于"健脾化积方对胃癌化疗耐药增敏效应的临床研究"课题组。党员黄文龙主动请缨援疆两年。卢明霞在为期半年的对口支援陕西工作中,将妇产专业的先进理论和技术带进洋县医院,被评为"优秀带教"。李国庆在省"兰陵杯"武术传统套路大赛中分别获得心意混合太极拳及陈式太极拳一等奖。党员中有18篇医学论文在省级以上刊物发表,多名党员被评为卫生局或单位先进个人。 (周美华)

九三学社江阴市委员会

【概况】 2014年,九三学社江阴市委深入学习贯彻中共十八大,十八届三中、四中全会精神和习近平总书记系列重要讲话精神,以开展坚持和发展中国特色社会主义学习实践活动为主线,扎实推进思想建设、组织建设和宣传工作。开展"中国梦·九三梦"征文活动,收到11篇质量较高的文章;参加九三学社无锡市委"中国梦·九三梦——纪念九三学社成立69周年演讲会",2名社员登台演讲;参加九三学社无锡市委开展的庆祝建国65周年摄影比赛,3名社员的作品获一等奖;“三八节”组织女社员参观临港新城规划馆、船厂公园等城市建设亮点工程;“敬老节”组织老年社员参观世茂城市综合体项目;组织社员参加清明扫墓和公祭活动。年内,发展6名新社员,其中3名硕士研究生,1名省“333”人才(指培养30名左右研究成果具有国际先进、国内领先水平的国家级科学家、工程技术专家和理论家;培养300名左右具有省内领先水平的省级优秀人才;培养3000名左右成绩显著的市级优秀人才),新社员平均年龄37.1岁。至年末有社员105人,社员平均年龄49.9岁。年内有1名社员从副科职提拔为正科职,1名社员提拔为副科职。教卫支社被评为九三学社江苏省委2014年度先进集体,电子电力支社被评为九三学社无锡市委2014年度先进集体。社员荣朝晖、时平被评为九三学社江苏省委2014年度先进个人;冯军、梁丹、吴艳宇、范恩卓、强静霞、邵淑艳、陈寅达、蒋云燕8人被评为九三学社无锡市委2014年度先进个人;丁仁宝等10人被九三学社江阴市委评为2014年度先进个人,李倩等9人被九三学社江阴市委评为2014年度宣传工作积极分子。

【首个单位支社成立】 2014年,九三学社江阴市委完成教卫支社调整工作,将原教卫支社拆分成立江阴职业技术学院支社(简称江阴学院支社)和综合支社,原教卫支社中11名江阴职业技术学院的教师社员组成江阴学院支社,余下的16名社员组成综合支社。12月24日,江阴学院支社和综合支社成立大会在江阴职业技术学院召开,经过大会选举分别产生三名支社委员,并分别召开一届一次支社委员会议,各产生1名支社主委和2名副主委,江阴九三学社历史上第一个单位支社——江阴学院支社诞生。

【参政议政】 2014年,九三学社江阴市委把提升参政议政能力和质量作为2014年参政议政工作的切入点。1月,社员赵忠民代表九三学社江阴市委在市政协十四届三次会议上作《注重水安全,改善水环境,全力提升城市内在品质》专题发言。社员人大代表、政协委员在市人大、政协两会期间提交集体提案5件,个人提案14件。集体提案《注重水安全,改善水环境,全力提升城市内在品质的建议》、顾韵秋个人提案《关于在我市加快推进生活垃圾分类处置的建议》被市政协评为2014年度优秀提案。4月,在公用事业改革情况政情交流会上,九三学社江阴市委就应急水源地建设和垃圾分类处理提出意见、建议。5月,邀请中央统战部舆情评议员、信息写作专家龚震为全体社员作信息写作培训。10月,组织社员聆听九三学社中央讲师团成员、2014年度九三楷模张卫明的“参政议政报告会”,提升社员参政议政能力。年内,成立“电子商务”专题调研课题组,吸收社内具有专业知识和一定参政议政能力的社员为课题组成员,收集先进地区和周边县市的先进做法和成功经验与江阴的现状进行对比分析;以到政府相关部门进行调研,邀请有关企业进行座谈,向骨干企业发放调查问卷的方式广泛听取基层的意见、建议,完成《大力发展电子商务,加快推进转型升级》调研报告,并获市政协2014年优秀调研报告二等奖。全年参加市政协政情交流会5次。社员赵忠民、顾韵秋、曹亚明、蒋云燕被评为2014年度优秀政协委员;社员王忠琼被评为优秀民主监督员;社员蒋云燕被评为提案积极分子;殷琴被评为反映社情民意积极分子。

【社会服务】 2014年,九三学社江阴市委依托顾山镇红豆村“江苏省九三学社专家工作站”,在红豆村开展“同心”实践基地建设工作,制作12块展板宣传“九三学社专家工作站”的活动成果。5月24日,市委统战部将“江阴市爱国统一战线同心实践基地”的牌子授予九三学社江阴市委和江阴市顾山镇红豆村。是日,九三学社江阴市委在红豆村游客中心广场进行科普宣传,为当地村民和游客进行食品安全宣传,发放安全用药、环境与健康、防病治病等健康科普书籍300多份,发放羽毛球拍、柔力球拍、握力器、跳绳等健身器材400多件。11月,九三学社江阴市委3名医生与无锡市人民医院12名专家医生在红豆村开展义诊,为200多名村民进行诊断和咨询,并向村民赠送近千元药品。

【社员成果及荣誉】 2014年,社员龚珊获中国纺织工业联合会科技进步三等奖,职称晋升为研究员级高工;社员荣朝晖获“江苏省优秀工程师”称号,一项设计获中国建筑学会建筑创造奖银奖,一项设计获江苏省优秀设计一等奖;社员邵淑艳负责的“超深井钻铤用AISI4145H(M)钢”项目,获全国冶金产品实物质量金杯奖及江阴市科技进步一等奖;社员陶峰在新疆挂职援疆,获最美援疆医生和伊犁州优秀援疆医生称号;曹亚明的油画作品入选南京国际美术大展,作品《城市系列之二》获“中国梦·我的梦”江阴市青年美术作品展一等奖;陈寅达负责的江阴水文水资源监测中心被江苏省总工会评为“工人先锋号”。社员有近20篇论文在各类刊物发表,多人被评为单位先进。 (韩琴敏)

江阴市工商业联合会

【概况】 2014年,江阴市工商联面对复杂严峻的经济形势,积极履行自身职责,全力搭建服务平台,促进江阴民营中小企业的健康发展和优化提升。年内,发展新会员207人(个),至年末有各类会员3318人(个),镇(街道)商会14个,自建行业商(协)会有市级12个、镇级14个,异地商会4个。是年,市工商联被评为2014年江苏省“五好”县(市、区)工商联;市云亭商会、月城商会、安徽商会被评为无锡市工商联系统先进集体;市装饰装修行业协会被评为无锡市工商联系统先进行业商(协)会。

【参政议政】 2014年1月,江阴市江顺模具有限公司董事长张理罡代表市工商联在市政协十四届三次会议上作《进一步深化品牌战略,促进江阴经济实现新跨越》专题发言,向大会提交《关于进一步促进我市中小企业提质增效的建议》《关于进一步加快中小微企业与我市职业院校产学研合作,实现技术创新的建议》《关于有效发挥我市社区卫生服务机构作用的建议》3件集体提案。年内,围绕市情民生,开展民主议政活动，撰写《关于加快推进我市应急备用水源地建设的建议》《关于全面改善我市水环境的建议》，为建设环境优美的新江阴努力建言。是年，提案《进一步深化品牌战略，促进江阴经济实现新跨越》被评为2014年度江阴市政协优秀提案。

【非公经济人士“四信”教育实践活动】 2014年，市工商联根据中央统战部开展非公经济人士理想信念教育实践活动的要求，在2013年开展的以“增强非公有制经济人士对中国特色社会主义的信念、对党和政府的信任、对企业发展的信心”为主要内容的理想信念教育实践活动基础上，增加“对社会的信誉”内容。4月，市工商联与市委统战部共同下发全市非公经济人士“四信”教育实践活动实施方案，引导会员讲诚信有担当。全市非公企业倡导诚信风尚，热忱参与社会公益事业。浙江商会、璜土、青阳、云亭商会及祝塘青商会积极开展结对助学活动，福建商会组织在江阴闽籍妇女免费体检，交通运输协会开展“爱心冬衣关爱孤寡老人”活动，青年商会组织会员到金钥匙启智中心陪伴智障儿童，赴江苏宿迁探望“新潮仁爱春蕾班”学生，充分展现非公经济人士健康向上的良好风貌。是年，江苏双良集团有限公司等9个企业被评为2013—2014年度无锡市“守信用、讲信誉、重信义”先进单位，江苏苏派服装集团有限公司等29个企业被评为争创“守信用、讲信誉、重信义”先进单位。江苏利安达集团有限公司董事长黄丽泰被评为第二届江苏省“十大诚信标兵”。

【会员培训】 2014年，市工商联采取“走出去”与“请进来”相结合、理论学习与励志拓展相结合的方式开展培训，不断提升会员综合素质。是年，组织65名企业家赴上海复旦大学开展为期一周的“创新与发展”高级研修班培训，听取中国宏观经济走势、传统文化与管理智慧、领导科学与沟通艺术等课程，参观上海通用汽车有限公司；举办“经济形势、企业挑战与资本市场”“江阴企业转型与市值管理高峰论坛”“政府和企业形象”3场大型演讲会；组织21名青年企业家开展“重走玄奘之路”励志之旅，激发他们的坚强意志、内在潜能和团队协作的精神；继续组团参加无锡市青年企业家培育工程第五、第六期研修班，无锡宝界工商讲坛等各类培训，全年参加培训及各类讲座的会员达数千人次。

【服务会员发展】 2014年，市工商联坚持全心全意服务的理念，凝聚整合各方力量，与非公人士同舟共济、为企业发展雪中送炭。是年，举办政银企座谈会，分析探讨当前形势下的应对之策，引导企业树立现金为王、诚信为先的理念，切实防控金融风险；在澄东、澄西两个片区分别举办“看会员发展，谋优化提升”执委学习活动，听取江苏华宏集团、阿尔法(江阴)沥青有限公司、江阴市东亚包装有限公司和江苏嘉盛新材料有限公司等企业负责人在经营管理、品牌建设、转型道路上的心得体会，并进行现场参观；组织女企业家赴宜兴新雪竹国际服饰有限公司参观，学习借鉴传统产业紧跟市场变化、实现优化转型的先进经验；组织会员赴上海金山区朱泾镇、泰兴黄桥等近邻考察，就产业对接、转型提升、财税扶持等内容进行探讨交流；组团参加江阴对口支援霍城产业援疆对接会、陕西延川经济合作洽谈会、山西晋城招商引资说明会，帮助江阴中小企业了解外地良好的资源与市场信息，实现跨区域发展。

【组建北京江阴企业商会】 2014年，市工商联整合北京、江阴两地优质资源，筹组北京江阴企业商会。是年，通过走访摸底、发展会员等前期筹备工作，北京江阴企业商会于8月10日在北京成立。该商会通过选举产生第一届理事会，中宝国际煤业有限公司董事长严才宝当选为会长，光华鼎业投资集团有限公司董事长许华、爱康国宾健康管理集团董事长张黎刚、中铁物资集团有限公司董事长金跃良、新东方教育科技(集团)有限公司董事长俞敏洪当选为常务会长。第十届全国政协副主席张怀西、济南军区原副政委陈章元受聘担任名誉会长。至年末，商会有会员90人。该商会的成立为两地企业之间、政企之间的沟通合作提供更为广阔的空间。

【镇(街道)商会工作】 2014年，市工商联加强与镇街道商会的上下联动，努力助推地方经济发展。是年，云亭、月城、祝塘等商会开展中共十八届三中、四中全会精神解读、企业团队建设、融资上市等培训，解析宏观政策，传递经营之道；澄江、新桥商会围绕优秀企业文化建设，举办专家讲座、开展交流观摩，提升会员文化意识；顾山、云亭商会组织企业家赴浙江、安徽等地拓展，磨炼会员攻坚克难的毅力；周庄商会加强对全镇中小企业互助资金平台的调研，提出扩展平台、用好资金的建议；华士商会关注行业发展动态，指导塑料建材行业协会与质监部门联手，督导会员重

2014年8月10日，济南军区原副政委陈章元和江阴市委常委徐冬青为北京江阴企业商会揭牌 (市工商业联合会提供)

质求实;城东商会贴近会员,举办"送法律、送政策"进企业活动,发放法律法规宣传资料;南闸、霞客、璜土商会举办座谈会问需解难,并结合企业管理攻略、创新优化等话题研讨,智慧碰撞、共通互融;长泾商会分行业、年龄层次、产业链举办企业家沙龙,展示创业创新案例;顾山、澄江、祝塘等商会坚持开展会员间学习交流,分享经验、加强互动。

【行业组织和异地商会工作】 2014年,市工商联加强对行业商(协)会和异地商会的定期指导,规范其基础建设,逐步树立服务品牌。是年,组建江阴市山西商会,江阴市东盛湖房地产有限公司董事长王光当选为第一届理事会会长;指导江阴市福建商会和江阴市传媒业商会换届,江苏大经集团有限公司董事长黄奇评和江阴市开天广告有限公司总经理孙伟分别当选为会长。定期召开行业组织工作例会,指导行业商(协)会培育特色亮点,提升行业影响力。装饰装修行业协会推行"质量保证金"制度,由会员缴纳质量保证金,委托协会对住宅装饰装修工程质量监督,保证金在家装出现问题时启用,以维护消费者的合法权益,建立家装行业诚信机制;餐饮业商会举办"舌尖上的江阴"美食活动,在各大社区现场传授螃蜞螯、过桥鳝、拖炉饼、刀鱼馄饨等传统名肴、名点的制作方法,面向大众传播江阴传统美食文化;美容美发业商会举办第六届发型化妆大赛,为有创意、技术过硬的发型师和化妆师提供展示自我平台,提升全市美容美发行业的整体水平;顾山内衣行业协会拓展网络销售,引导会员重视电子商务,通过网络促销增加销售,助力会员在经济低潮中求生存谋发展。 (张 燕)

江阴市无党派知识分子联谊会

【概况】 2014年,江阴市知联会深入开展坚持和发展中国特色社会主义学习实践活动,扎实做好思想引领,夯实自身建设,积极履行各项职能,推动知联会各项工作取得新进展。全年共召开会长会议5次,理事会议3次,会员大会1次。启动坚持和发展中国特色社会主义学习实践活动,制订活动方案,动员和号召广大会员积极参与。组织会员赴土地山革命烈士墓开展清明祭扫活动、"烈士纪念日"公祭活动。推荐1名会员到基层挂职锻炼。组织担任市政协常委、骨干会员、新会员分别参加市政协、市委统战部举办的各类培训班27人次。定期召开生日座谈会。举办游泳、舞蹈等培训班。开展以"我与知联会""书香知联"为主题的征文活动,共收到会员文稿32篇。开展"书香知联"活动,每位会员推荐一本好书。举办周末读书沙龙活动6期。举办"大美江阴"摄影比赛。与市检察院、周边地区知联会开展学习交流活动。创刊《江阴知联》,编印3期。完善知联会网站。成立法尔胜小组。年内,共发展5名新会员,至年末,会员总数83人,平均年龄43岁。

【参政议政】 2014年1月,会员邓峰代表江阴市知联会在市政协十四届三次会议上作《关于挖掘和整合江阴旅游资源,打造"魅力江阴,印象江南"旅游品牌的建议》专题发言。市知联会共向市政协十四届三次会议提交集体提案7件。会员中人大代表、政协委员在市人大、政协两会期间提交提案、建议27件。提交的提案《关于我市物业管理的建议》《关于进一步提升知识产权服务机构管理和服务水平的建议》被市政协列为2014年重点提案。7人被市政协评为优秀政协委员,3人获提案积极分子,3人被评为反映社情民意积极分子。组织会员参加市政协召开的政情交流会5次。各小组自选调研课题分别完成《构建以互联网为载体的政府信息公开制度》《关于提高我市公共自行车使用率的建议》《关于倡导推行家族合葬,减少墓穴占地的建议》《关于加强政府对民间公益组织引导支持的建议》《关于建立完善我市青少年科技创新体系的建议》《关于非物质文化遗产江南丝竹保护的建议》《关于解决与规范酒店业高峰时段兼职服务员市场的建议》等调研报告。担任各级特约监察员、民主监督员、特约评审员、行风监督员等的会员也认真履行职责,提出有价值的意见和建议,较好地发挥了民主监督的作用。

【社会服务】 2014年,广大会员踊跃参加市"慈善一日捐"活动。江阴市知联会以"同心"基地城中社区为平台,大力开展各项服务活动。参与结对活动的会员联合城中社区深入开展"散居孤儿、困境儿童"关爱活动;在"学雷锋日"、社区"邻居节"、暑期等组织会员们到社区开展法律咨询、心理健康咨询、医疗服务、科普宣传、就业指导等活动;过年前夕,市知联会领导班子成员对社区内贫困户、残疾人家庭进行慰问,送上慰问金、生活用品等。义工会员利用假期开展"关爱残疾人"活动。会员李振中的"振中教育奖励基金"第4年在要塞实验小学发放,奖励优秀学生、优秀教师。会员殷风华开展"红尘有爱"10周年感恩助学会,为贫困学校和孩子募集善款23万余元,其中知联会多名会员参与当场拍卖书画作品,筹得善款2万余元捐给藏区孩子,并有会员参与现场结对、募捐。会员们参与扶贫帮困、捐资助学累计捐款11万余元。

【会员成果和荣誉】 2014年,会员夏坚勇的长篇文化散文《绍兴十二年》(24万字)发表在大型文学丛刊《钟山》第三期,并由江苏文艺出版社出版,另有报告文学、散文共8篇(近3万字)发表于《人民日报》《新民晚报》《现代快报》《江南晚报》;陈凌云设计的《多功能四合一安装软件》在省职业教育创新大赛中获一等奖、《家校实时短信校园网系统》在省青少年科技创新大赛中获三等奖;殷风华获"最美江苏教育人"称号提名奖;薛艳芳的小说联播《彪悍南北朝》获无锡广播文艺节目一等奖、广播剧《快乐的天使》获无锡市政府"五个一"工程奖。 (沈海燕)

■类目编辑 杨佳杰

群众团体

江阴市总工会

【**概况**】 2014 年，江阴市各级工会紧紧围绕全面深化改革、推进转型升级、实现稳中求进发展大局，切实加强基层基础、加强维权服务、加强作风建设，推动工会工作创新发展。9 月 1 日，江苏省委组织部领导对“江阴市总工会紧贴职工需求，分类突破，激‘活’基层工会”的《江苏工人报》内参报道作重要批示，充分肯定江阴工会工作创新举措。年内，新建各类工会组织 1391 个，其中独立工会 139 个；发展会员 5.51 万人，其中农民工会员 3.62 万人；工会组建率 97.8%，职工入会率 97.5%。是年，市总工会获全国“安康杯”竞赛优秀组织单位、江苏省工会新闻宣传工作优秀单位、无锡市工会工作项目化管理特优奖等市级以上荣誉 18 项。

【**立功竞赛活动**】 2014 年，江阴市总工会组织开展“百万工人大竞赛，建功立业促发展”立功竞赛活动，掀起“学技能、比贡献、争一流”劳动竞赛热潮。是年，举办数控编程、教师、导游、银行会计、服装缝纫等全市性十大行业技能比赛；基层各级工会组织开展 40 场主题劳动竞赛、386 场工种操作比赛；全市 1647 个企事业单位 32 万名职工踊跃参加各种形式岗位练兵和“五小”（小发明、小创造、小革新、小设计、小建议）创新活动，提出合理化建议 1.3 万余条，实现工艺改革、成果创新 7000 余项；组织开展职工科技创新成果、合理化建议评选活动。

【**职工帮扶服务**】 2014 年，江阴市总工会整合市镇企三级工会帮扶资源，组织实施以工会维权、帮扶、服务为主要内容的“3N・身边的关爱工程”（“3”指维权、帮扶、服务，“N”为不确定的若干项关爱工程项目），形成全面覆盖、分级负责、上下联动、区域协作之工会大关爱格局，推动工会帮扶由“单一制”困难职工帮扶向“普惠制”全体职工服务转变。年内，市总工会推出 14 项关爱服务项目，涵盖困难职工救助、职工医疗互助、就业创业援助等方面；各直属基层工会因地制宜实施 300 余项各自的关爱项目。是年，全市职工医疗互助在保职工达 16.3 万人，发放职工医疗互助保障金、大病救助金 515 万元；走访慰问困难职工家庭 5598 户，发放慰问金 1094 万元；累计提供 18592 个工作岗位，帮助 4678 名下岗失业人员实现就业再就业；结对助学 2532 人，资助 430 万元；向各级劳模发放春节慰问金、低收入困难补助金和特殊困难帮扶金“三金”137 万元。

【**构建和谐劳动关系**】 2014 年，江阴市总工会深入推进职代会、厂务公开和职工董监事“三位一体”企业民主管理体系建设，全面构建和谐稳定劳动关系。年内，全面深化菜单式、精细化工资集体协商工作，巩固提升工资集体协商成效，全市签订工资专项集体合同企业 7350 个，建制率 99.5%；建立完善以工资发放为主要内容的劳动关系分色预警机制，完善日常排查机制、重要节点排查机制、专项问题排查机制，定期对各企业职工工资按月足额发放情况进行专项预警发布，化解劳动争议隐患；推进劳动争议调解工作，完善工会主持和参与的诉调、裁调、访调、联调、援调对接机制，创新诉前调解、联动调解、社会调解方式，提高调解结案率；加强工会劳动法律监督，组织开展以“合法用工、体面劳动，化解矛盾、促进和谐”为主题的工会劳动法律监督活动，引导企业规范劳动用工。全年接待职工来信来电来访 1915 人次，调解劳动争议纠纷案件 1246 件；市镇两级工会组织劳动用工督查，督查企业 842 个，对存在严重违反劳动法律法规行为企业发出整改意见书 145 份。至年末，全市单独建立职代会制度企业 4070 个，区域行业职代会建制 249 个、覆盖企业 3280 个，建制率 98%。

【**“职工之家”建设**】 2014 年，江阴市总工会继续推进“职工之家”建设，按照“会、站、家”（工会、职工帮扶中心站、“职工之家”）一体化思路，以“五位一体”（思想教育课堂、维护权益阵地、帮扶服务平台、技能提升基地、文体活动中心）“职工之家”建设活动为龙头，充分整合企业工会在维护职工权益、帮扶服务职工、提升职工素质、推进职工文化、构建和谐企业等方面职能，不断激发企业工会活力，提升企业工会建设水平。是年，全市投入 6852 万元（其中工会投入 312 万元）新建总面积达6万余平方米的“职工之家”60个。至年末，累计建成“职工之家”189个。“职工之家”建设活动受到企业主的支持和广大职工的欢迎，成为直接为职工提供服务的基地和体现工会作用的窗口。

（夏伟刚）

共青团江阴市委

2014年5月4日，江阴市举行纪念五四运动95周年暨创业青年先进典型表彰大会
（团市委提供）

【概况】 2014年，江阴市各级团组织紧紧围绕党政工作中心，发挥共青团“组织、引导、服务、维权”四大职能作用，推进“活力共青团、发展生力军”建设，各项工作全面提升。6月20日，团中央书记处书记汪鸿雁到江阴调研区域化团建和非公企业团建工作，高度肯定江阴共青团工作。年内，共青团江阴市委深入开展党的群众路线教育实践活动，组织实施“正风肃纪”“服务青年”“强基固本”三大专项行动，引导团干部和广大青少年坚定理想信念，为谱写中国梦江阴篇章贡献青春力量；选树“江苏好少年”183人，评选无锡、江阴市“追梦好少年”389人；开展“寻找乡村好青年”活动，推选“乡村好青年”218人；评选江阴市青年创业先锋10人、创业新秀10人。是年，全市新增无锡市级青年文明号集体3个；团市委获江苏希望工程“圆梦行动”10周年最佳组织奖、江苏新疆少年儿童“手拉手”互助活动优秀组织奖，被评为无锡市区域化团建先进集体；团市委组织开展的“领巾飘扬，快乐追梦”少先队主题微队会评比活动被评为江苏省少先队工作优秀项目；郑霞被评为江苏省最美新型青年农民，钱建新被评为江苏省农村青年致富带头人，赵霞被评为江苏省十大青年科技之星。

【基层团组织建设】 2014年，共青团江阴市委积极推进“强基工程”全覆盖和基层团组织星级评定工作，开展“活力共青团”系列评比活动，全面加强基层基础建设。年内，新建新经济组织和新社会组织“两新”领域团组织200个；全力推进农村合作组织共青团工作，与市各涉农部门密切配合，成立江阴市农村专业合作社团工委，统筹20余个方面和领域的涉农资源，为培养青年社员骨干、推动行业规范化建设、促进同行业间交流合作发挥积极作用；启动区域化团建“一镇（街）一模式”工作，建立区域青年工作共建委17个、共建阵地21个，凝聚成员单位253个；组织实施“开发区区域化团建”“乡镇共青团新媒体运用”“农业合作社团建”等课题试点探索，打造“一镇（街）一品牌”工作格局；临港开发区团工委通过“网络图”穿线、“分布图”搭桥、“作战图”倒逼，实现团内区域组织“一站式”互联、各类资源“菜单式”共享、品牌工作“伙伴式”多赢，为辖区青年工作注入合力的“三图三式”工作法被团中央选树为典型，向全国推广；新桥镇被共青团江苏省委确定为省农村共青团微信体系建设试点乡镇；实行农村信息平台动态化管理，强化青年人才库和项目库建设；积极推荐各类青年人才，助推优秀人才成长。是年，评定三星级团组织192个、四星级团组织37个、五星级团组织19个；建立乡镇级团员青年微信群11个（包括1个公众账号），村级青年微信群135个；长泾镇团委、江阴中专团委被评为江苏省五四红旗团委；开设共青团、少先队工作骨干培训班，分层分类组织轮训200余人次；评选“活力团支部”56个、“魅力团支书”57名；收集申报创新创优项目55项；建立基层团建示范点57个；挖掘培养江阴市级农村青年人才447人，收集申报创业项目510项。

【新媒体和文化载体引导】 2014年，共青团江阴市委顺应青年爱好网络沟通、交流、联络、聚集特点，着力推进新媒体和文化载体引导，积极运用新媒体和文化载体做好青少年工作。年内，以“全媒体”为路径，搭建全市共青团新媒体工作体系和网络宣传员队伍，构建“123”全媒体工作网络（1个官网、2个微平台、3类即时交流通信群），打造“指尖上的共青团”。是年，“江阴青年汇”微平台发布微博2500余条，发行微刊360余期，粉丝总量达2万余人；“青春剧场”深入镇（街道）、村（社区）和青年集聚地，放映红色电影100场；拍摄、发布青春励志微电影《奋斗的青春最美丽》。

【服务青年民生】 2014年，共青团江阴市委不断提升服务意识，创新服务手段，全面做好服务青年民生工作。年内，实施第九届大学生暑期勤工助学“阳光行动”，组织221个单位提供各类助学带薪岗位和公益实践岗位767个；新增青年就业创业见习基地10个、团中央级青年就业创业见习基地1个，累计提供见习岗位965个，完成见习317人，实现就业238人；与江阴农商银行联合开发授信1亿元的“青年创业融资宝”金融扶持业务,实现授信430万元,用信150万元;评定第六批农村青年信用示范户143户,累计评定“示范户”746户,累计发放贷款13.35亿元,其中信用贷款0.95亿元;累计推荐自主创业小额贷款209户,发放贷款2998万元;举办“农行杯”江阴市大学生村官创业大赛、“江阴农商行杯”江阴市青年创业大赛和江阴市第二届大学生创意创业大赛3场创业比赛活动,发放创业奖金13万元;以“一季度一专场”形式组织各类青年参加“青澄有I”网络实名交友活动,青年交友平台新增会员300余人。

【青春公益行动】 2014年,共青团江阴市委进一步推进青春公益行动,营造“让江阴的文明从青年发起”的良好社会氛围。年内,发布“公益江阴 · 青年先行”十大青少年公益实践项目,涵盖民生、民情、生态、环保、志愿者培育五个方面,包括关爱新市民子女活动、美丽江阴环保公益活动、青春助老活动等;发起“情传甘肃”“爱心暖包”捐赠行动,捐赠“爱心暖包”1128个,价值6.5万元;开展“江阴—霍城少年儿童手拉手”援疆互助活动,向新疆霍城捐赠鼓号队器材1套、希望图书室2个、爱心包裹300余个、希望工程款2万元,总价计7万元;实施“美丽江阴 · 青年先行”——青少年植树护绿行动,新增“共青林”“红领巾林”等特色林地约35公顷,志愿认养绿地约55公顷。

【青少年维权和希望工程】 2014年,共青团江阴市委认真履行职责,强化青少年维权工作,着力推进预防青少年违法犯罪工作和未成年人保护工作;关注青少年民生,加大对弱势青少年群体帮扶力度,开展一系列扶贫助学活动。年内,积极推进“青春正航向之关爱重点青少年”项目,切实做好关爱重点青少年工作;成立“江阴市青少年权益保护协会”,致力于未成年人维权和犯罪预防,培育打造专业化的青少年工作社工队伍;继续开展“共青团与人大代表、政协委员面对面”活动,邀请人大代表和政协委员30人次视察少年宫等青少年思想道德教育阵地载体;开展“我要上大学”希望工程圆梦行动,资助贫困家庭大学新生79人,发放助学金29.4万元;建设“希望来吧”——共青团关爱农民工子女志愿服务阵地。是年,建成运营省、无锡市级“希望来吧”4个,在建“希望来吧”11个。

【少先队工作】 2014年,共青团江阴市委以思想引领为统揽,切实加强少先队工作,服务少年儿童全面发展。年内,召开中国少年先锋队江阴市第一次代表大会,选举产生市第一届少工委,聘任市少先队总辅导员和荣誉总辅导员,团市委副书记居琳、市教育局副局长单红霞当选少工委主任;组织开展“红领巾相约中国梦”“红领巾寻访美丽江阴”和“我心中的核心价值观”等少先队主题队日系列活动,在正面灌输、文化熏陶、实践体验、分析对比中培养少年儿童对党和社会主义祖国的朴素感情;举行“为梦想领跑”主题队会观摩展示活动;开展“领巾飘扬,快乐追梦”少先队主题微队会评比活动,评选出少先队主题优秀微队会作品(方案或视频)240余件;举办“红领巾寻访美丽江阴第二季之自护自理公益夏令营”;开展少先队“魅力中队”评选活动,评选出无锡市“魅力中队”14个、江阴市“魅力中队”51个;开办暑期全市骨干辅导员培训班,培训中队辅导员120余人次;加强少先队基层组织和基础阵地建设,开展少先队星级队室评定、少先队电子媒体阵地及文化产品创作运用评比等活动。 (李啸天)

【“三图三式”工作法被团中央树为典型】 2014年,江阴临港经济开发区团工委通过“网络图”穿线、“分布图”搭桥、“作战图”倒逼,实现团内区域组织“一站式”互联、各类资源“菜单式”共享、品牌工作“伙伴式”多赢,以“三图三式”工作法构筑区域化团建新格局,努力凝聚一切工作力量、工作资源、工作内容、工作对象,为辖区青年工作注入最强合力。8月,团中央城市青年工作部启动“区域化团建大讲堂”工作。10月10日起,该讲堂每期选择两部视频推送,中国共青团微博和微信公众平台同时择优同步发布。临港经济开发区团工委制作的专题片《“三图三式”工作法构筑区域团建新格局》在无锡团市委、江苏团省委的初审中脱颖而出,成为代表江苏经验的两部专题片之一报送团中央。专题片详细介绍江阴临港经济开发区团工委在统筹工作资源、推进共建委员会建设、开展特色项目、完善工作机制等区域化团建关键环节方面的有效做法、特色工作和工作体会。10月16日,作为75部视频中第二部率先亮相的专题片,《“三图三式”工作法构筑区域团建新格局》登录团中央“区域化团建大讲堂”,向全国发布、推广。 (华柳霞)

江阴市妇女联合会

【概况】 2014年,江阴市妇联以群众路线教育实践活动为契机,聚力“争创全省妇女事业发展的先行区、妇女权益保障的示范区、妇联工作创新发展的实践区”工作目标,切实转作风、拓思路、夯基础,开创服务型妇联组织建设新局面。是年,市妇联被评为全国妇女宣传舆论阵地建设先进单位;市婚姻家庭指导中心被命名为江苏省维护妇女权益示范岗;江阴市和谐婚姻家庭指导项目被评为江苏省巾帼志愿服务优秀项目。

【基层妇女组织建设】 2014年,江阴市妇联继续加强基层妇女组织建设,巩固发展传统领域妇联基层组织,拓展“两新”领域妇女组织,夯实城乡妇女工作基础。年内,新发展各类妇女组织36个;成立市公用事业局妇委会;组建江阴女性社会公益组织“红娘协会”;开设以“亲民化”为导向的“江阴LADY(女士)”公共微信;与市委组织部联合举办2014年度中青年女干部培训班,55名女干部参加培训;大力提升市镇村三级妇女儿童活动阵地规范化建设水平,市妇女儿童活动中心引入乐学家教、驴宝宝青少年培训基地等新机构新项目,镇(村)妇儿阵地因地制宜牢树品牌意识,涌现新桥镇阳光心灵家园、璜土镇巧媳妇工作坊、周庄村蓝丝带儿童关爱中心等一大批特色品牌项目。是年,周庄镇妇女儿童活动中心被评为江苏省示范妇女儿童活动中心；市女性社会组织指导中心对首批签约合作的8项公益项目进行考核验收，新签约13项公益项目，涵盖巾帼维权、“两癌”（宫颈癌和乳腺癌）妇女康复指导等10个公益门类；江阴“爱心树家庭成长中心”入围江苏省最优女性社会组织。

【妇女就业创业服务】 2014年，江阴市妇联继续深化妇女就业创业服务举措，全力推进妇女就业创业。年内，市镇两级举办专场招聘会21场，推荐妇女就业3469人次；组织3283名妇女参加各类技能培训班；组织467名妇女参加SYB（创办你的企业）创业培训班；与市残联联合开展“巾帼助残”活动，发放扶持款35000元，扶持11名残疾创业妇女；鼓励妇女传承编织技能，实现居家灵活就业，举办“恒源祥杯”编织大赛，255名妇女参赛；组织开展农村妇女富余劳动力转移培训工作；与市委组织部联合实施“巾帼英才”创新联盟行动，出台“巾帼英才”创新联盟行动工作意见，组建以科技镇长团为主的专家服务团队，举办女企业家、科技人才对接交流会，促进女性科技人才创新立项、成果转化和产学研合作；召开全市“双学双比”（学文化、学技术，比成绩、比贡献）现场会；建成华士鹏程农业等6个女农民田间学校，聘请市农林局专技人员担任辅导员。

【依法维权】 2014年，江阴市妇联依法维护妇女儿童合法权益，促进社会和谐稳定。年内，与市人大内司委、市法制办联合出台《关于成立江阴市政策文件性别平等咨询评估委员会的通知》，以此进一步推动在地方政策法规制定中体现男女平等原则，在决策、管理和服务中增强性别平等理念，对地方性政策文件从两性平等角度进行论证和评估；会同市公安局大力推进家庭暴力告诫制度，发出27份反家暴告诫书；关注农村土地确权登记中的妇女权益，与市委农工办联合转发江苏省和无锡市维护妇女土地权益相关制度规定；通过江阴电台“空中热线”栏目、“三八”广场咨询服务等活动加强“六五”普法宣传工作；深入社区开展“不让毒品进我家”活动；与市公共服务呼叫中心联合举办“巾帼共筑中国梦、和谐平等促发展”网上视频直播活动。是年，市镇两级妇联接处来信来访来电716件，走访安置帮教对象84人；市婚姻家庭指导中心接待离婚意向夫妇2028对，劝返760对，跟踪服务25对，离婚劝和率37.48%，比2013年增长3.62%；指导中心实施的“百合缘·一起走入幸福婚姻殿堂”公益创投项目深入社区，为197名服务对象提供婚恋咨询及婚姻危机干预服务。

【扶贫帮困】 2014年，江阴市妇联继续组织开展扶贫帮困工作，积极引入社会资源和力量帮助扶持弱势群体。年内，市女企业家协会“两癌”（宫颈癌和乳腺癌）特困妇女救助项目发放救助金18万元和价值9万元的药品保健品；联合市慈善总会向百名单身贫困母亲送上慰问金20万元；发动妇联系统捐助210个“母亲邮包”，通过“一对一”捐助模式送达10余个地区的贫困母亲；邢氏清寒助学金、上润助学金、江阴爱心妈妈联盟吕梁助学金等项目发放资金24.4万元；发挥江阴助学网集聚社会零散助学金作用，累计接受个人捐资69800元资助困难学生，并定期组织开展互动走访活动；“爱心一公斤”微公益项目收集市民捐赠的闲置秋冬衣物1182件，图书近2000本，运往四川甘孜地区等贫困家庭。是年，市妇联发起的“江阴爱心妈妈联盟”被评为无锡市志愿服务活动十大杰出先进集体。

【家庭教育】 2014年，江阴市妇联深化家庭教育工作，加强未成年人思想道德建设，促进未成年人健康成长。年内，继续实施以打造一批富有特色的家教工作室、开展各类主题实践活动、帮助和引导弱势家庭为主要内容的家庭教育“新蕾”计划，帮助未成年人了解社会，推动他们达成梦想，构建和谐社会；各级妇联组织家教“三进”（进学校、进社区、进企业）巡讲77场，受众26318人次；开展首届“江阴小市长”评选活动，举办“六一”国际儿童节庆祝大会暨首届“江阴小市长”总决赛，策划“小市长对话大市长”主题活动、江阴电台“家长也来晚自修”栏目之“小市长是怎样炼成的”特别访谈活动。是年，1000余名中小学生参加“江阴小市长”评选比赛，通过特长展示、社会调查、知识问答等形式，引导广大未成年人关注时事、热爱家乡、投身公益，指导家长提升科学教子理念；“儿童安全守护”系列活动通过编演儿童情景剧、安全书箱漂流等形式进社区、进校园，寓教于乐，让低龄儿童学会交通安全等各种安全自护知识；江阴市家长学校中心校被评为无锡市优秀家长学校。

2014年3月8日，江阴市举行纪念三八国际劳动妇女节104周年活动暨“巾帼创新业·共筑中国梦”女性诗会 （市妇联提供）

【文明创建】 2014年,江阴市妇联继续深化文明创建活动,营造文明和谐氛围,弘扬尊老爱幼、勤俭持家、自立自强等家庭文明新风尚。年内,通过《教我如何不想她》女性诗歌征文大赛向全市征集原创诗歌150余篇,举办纪念"三八"妇女节暨"巾帼创新业·共筑中国梦"女性诗会,歌咏城乡各领域女性风采;启动五好文明家庭"五十佳"寻访系列活动,经组织推荐、个人自荐、群众互荐,寻找挖掘出"和谐好夫妻""孝敬好儿女""教子好父母""和睦好婆媳""友爱好邻居"等各类家庭典型166户,在《江阴日报》开辟《妇联·家》专栏滚动报道宣传,其中3户家庭被评选为江苏省五好文明家庭;"守护幸福婚姻"项目8次走进社区开展活动;邀请专家开办"爱情学校系列讲座";在香山书屋等场馆举办"爱家"讲坛,为广大妇女普及环保酵素等知识;在市第十八届读书节上评选表彰十佳书香家庭。

(薛　暄)

江阴市科学技术协会

【概况】 2014年,江阴市科协以开展党的群众路线教育实践活动为统领,围绕中心,服务大局,全面提升"三服务一加强"(为经济社会发展服务、为提高全民科学素质服务、为科技工作者服务,加强科协自身建设)工作能力和水平,各项工作取得新进展。年内,大力组织实施江苏省科协"县级科协创新发展能力提升计划",确立思想、作风、能力、业务、形象"五提升"工作目标,制订科协干部"三员"计划(每名科协干部要上好一堂科普宣传课,当好科普宣传员;要了解和掌握科技人才政策,当好科技政策咨询员;要做科技工作者的知心人、贴心人,当好科技人才服务员);加强基层科协组织建设,成立江阴中专校科协,新建企业科协19个,指导南闸街道科协、江阴职业技术学院科协、市老科技工作者协会等换届;加强学(协)会建设,组织实施"江苏省科协提升学会服务科技创新能力计划",引导学(协)会主动承接政府转移职能,在参与项目评估、科技评价和资格评审等方面发挥更大作用。至年末,有学(协)会33个、企业科协88个、镇(街道)科协12个、院校科协2个、开发区科协2个、农村专业技术研究会66个。是年,市科协被江苏省科协评为江苏省"创新发展综合示范县级科协"。

【科普宣传】 2014年,江阴市科协完善科普工作网络体系,扎实推进各项科普宣传工作,扩大科普品牌活动影响,深化科普示范创建活动,全面提升公众科学素质。年内,市全民科学素质工作领导小组成员单位由21个扩充到27个,新增药监、城管、公用事业、质检、交巡警、消防等部门;组建200人的科普讲师团;科普志愿者注册人数由5000余人发展至1万余人;举办村(社区)科普员培训班;组织开展科普志愿者服务月、科普宣传周、科普日等大型主题科普活动;投入50万元向全市中小学赠送第六版《十万个为什么》1000套;与市教育局联合开展中小学生科技小论文、小故事征集活动,征集到全市61所学校的小论文、小故事作品511件;邀请远望基地少将刘仁生、中科院国家天文台研究员王益萍等为学生作科普知识讲座,掀起校园科普热潮;新建顾山镇红豆村、市老年大学2个科普馆,城区新增高品位科普画廊2处;整合全市50余个基层科普场馆,形成田园风光、人文励志、传统工艺、科技体验、安全教育、健康养生、军事科普、工业创新等8条科普旅游线路,推进科普与旅游融合发展;加强全民科学素养网上学习调查系统建设,以有奖问答形式吸引1万余人通过网络平台学习科普知识,开通"江阴科普"新浪官方微博、"江阴科普"微信平台,发展科普微信、微博关注人数1000余人;加强科普设施载体建设,形成基层科普馆、科普画廊、科普网站、科普报刊、科普微博、科普微信"六位一体"科普宣传平台。是年,举办各类科普讲座230场次,开展各类科普宣传活动580余项;制作低碳生活、传染病预防、防灾减灾、健康与卫生等科普图板400余块;发放科普宣传资料、科普挂图15万份,参与互动人数80万余人次;向基层赠送《江苏科技报》1000份,办好《江阴日报》每月一期《科普探索》专版;市科协全民科学素养网上学习调查系统被中国江阴门户网站列为推荐品牌,被省科协评为创新案例;澄江街道、新桥镇被命名为江苏省科普示范乡镇(街道),华士镇向阳村、云亭街道花山村、顾山镇红豆村、新桥镇绿园社区、月城镇月城社区被命名为江苏省科普示范村(社区),新桥镇绿园社区被评为江苏省社区科普益民计划先进单位,临港实验学校、璜土中学被评为江苏省科技教育特色学校;创建无锡市级科普教育基地3个、科普示范镇(街道)3个、科普示范村(社区)8个、科技特色学校4个、科普示范家庭15户;市科协被评为省科普宣传周优秀组织单位、无锡市全国科普日优秀组织单位。

【科技人才服务】 2014年,江阴市科协加强科技人才服务工作,营造学术交流氛围,推进建家交友活动,打造科协创新品牌,举荐表彰科技人才,增强科协组织凝聚力和科协会员归属感。年内,举行"江阴科协大讲堂"进企业、进社区、进农村、进学校、进机关、进学会、进军营活动,邀请市内外科技专家学者开设专题科普讲座,进行学术授课,开展科技咨询和健康体检等科技服务活动;开展优秀科技论文评选表彰工作,394篇论文入围全市评审,评出优秀论文204篇,参评论文数量、质量和层次较往届均有很大提升;组织科技专家广泛开展软课题研究和研讨论证活动,3项项目被列为无锡市重点软科学研究课题项目;认真履行省级科技工作者状况调查站点工作职责,全面做好调查工作;开展走访慰问科技工作者活动,组织召开科技工作者座谈交流会15次,走访基层科协、学(协)会80余个,发放科技工作者需求和意见征求表500余份,及时了解科技工作者在工作、生活和思想等方面的实际需求,在争取科研经费、申报科研项目、职称评聘、子女入学、公寓房保障等方面给予关心帮助,为科技工作者办实事、解难题;举办"讲理想、比贡献,奋力实现中国梦"演讲比赛,大力宣传江阴科技工作者脚踏实地、默默奉献、不懈奋斗的感人事迹和丰硕成果，引导激励科技工作者坚定“创新超越、科技报国”远大理想，为实现中华民族伟大复兴中国梦贡献智慧和力量；开展“科协会员日”系列活动，专题讲座、参观考察、文体健身等活动形式多样、内容丰富，吸引全市近2000名科协会员的积极参与；制定出台《江阴市科技“三创”人才奖评选表彰办法》，完善科协系统奖励评选体系建设，加大对优秀科技创新人才和创新团队的举荐、表彰和宣传力度。是年，法尔胜泓昇集团有限公司、江苏长电科技股份有限公司和中船澄西船舶修造有限公司任强、市科协吴彪分别被评为全国“讲理想、比贡献、奋力实现中国梦”活动先进集体和先进个人；华士实验中学常建强被评为全国优秀科技工作者，法尔胜泓昇集团有限公司赵霞被评为江苏省十大青年科技之星，江阴万事兴技术有限公司黄跃龙被评为“无锡市十佳青年科技之星”，10人被评为无锡市优秀科技工作者，55人获江阴市科技“三创”人才奖；全市科技创新大会以市委、市政府名义表彰十佳基层科协组织。

【企业科协工作】 2014年，江阴市科协加大企业科协组建力度，指导企业科协规范化运作，宣传推广典型示范，不断推动企业科协探索创新。年内，市委、市政府召开上市公司企业科协组建工作推进会，加快推进上市公司企业科协全覆盖；强化企业科协指导工作，实施企业科协“12345”工作计划，即一个目标（提升企业核心竞争力和企业经济效益），两大任务（推进科技创新、激发人才活力）、三项保障（从组织网络、经费投入、阵地设施等方面保障企业科协正常运作），四项制度（建立健全企业科协学习培训、技术创新、薪金待遇、争先创优等方面章程制度，提升制度化、规范化建设水平），“五个三”（开好年初任务布置会、平时工作推进会和年末总结表彰会“三个会议”，构建“讲理想、比贡献”活动、协同创新、海智工作“三个平台”，搭好金桥工程、厂会协作、政产学研合作“三座桥梁”，办好科普宣传、考察培训、文体娱乐“三项活动”，做好关心科技工作者工作、学习、生活“三个关心”），为企业科技工作者施展才华搭建舞台、创造条件；鼓励和推动企业科协创新工作，组织企业科协相互观摩、学习，形成“比学赶超、竞相争先”氛围；法尔胜泓昇集团有限公司科协由集团总裁亲自担任科协主席，连续18年每年召开公司科技创新大会，花巨资奖励科技创新，为打造百年长兴企业夯实科技实力；海澜集团有限公司科协实施人才培育“凤凰”计划，激励各类人才提升能力，为三至五年后建成千亿级企业积蓄人才实力；双良集团有限公司科协实施“失败不追究、成功给重奖”，科研经费不受限制、需要多少给多少等科技政策，依靠科技抢占新兴产业市场份额。是年，新增企业科协19个，累计88个，基本实现上市公司企业科协全覆盖。是年，江阴市企业科协工作被评为全省“三服务一加强”单项工作创新案例；《发挥企业科协作用，助推经济转型升级》调研报告受到省科协领导重视和肯定，并在中国科协《学会》杂志和《江苏科协》（内刊）全文刊发。

【服务经济社会发展】 2014年，江阴市科协发挥桥梁纽带作用，积极服务经济社会发展大局。年内，举办“院士专家企业行”活动，邀请中国科学院原党组副书记、中国科技大学原党委书记郭传杰，中国工程院院士、清华大学教授金涌，中国工程院院士周守为，香港理工大学博士胡军岩等专家学者到江阴讲学考察，对接企业指导工作，促进一流科技资源向企业集聚；推进政产学研合作，探索构建小微企业服务平台，协助小微企业解决政策、融资、人才、技术等发展瓶颈问题；邀请东南、同济、南航等大学教授专家为企业开展科技咨询论证工作，助推企业科技创新；积极落实“海智计划”（海外智力为国服务行动计划），建成海智洽谈视频系统，在网上发布海智项目260余项；向各企业广泛征集并向上级科协上报企业科技创新与人才工作需求43项；推动13项海智项目在江阴落地生根，其中3项项目被评为无锡市海智示范项目；依托上级科协海外技术平台，向30余个企业推广和提供有关科技信息转化应用服务；加大对科技创新工作服务、指导和扶持力度，对各基层科协和学（协）会申报的16项“讲理想、比贡献”活动项目、10项厂会协作项目、17项金桥工程项目、6项软科学研究课题项目予以立项资助；向上级科协推荐申报科技服务项目60余项，其中获奖项目20余项；实施科技兴农富民工程和科普惠农兴村计划，出资30余万元对23项兴农富民项目予以立项资助。是年，江阴市城南新兴农业示范区专业合作社（月城镇）和江阴市金顾山水蜜桃科普惠农服务站（顾山镇）建成江苏省级科普惠农服务站；江阴市华峰葡萄专业合作社（月城镇）建成江苏省科普惠农示范基地，江阴市南湄花木专业合作社叶飞被评为江苏省农村科普带头人；至年末，有80个企业科协与100余所高校、科研院所建立合作关系。 （焦亚平）

江阴市归侨侨眷联合会

【概况】 2014年，江阴市侨联认真贯彻落实中共中央办公厅《关于加强和改进新形势下侨联工作的意见》和第九次全国归侨侨眷代表大会精神，依托海内海外两个平台，深化老侨新侨两个并重，努力拓展海外联谊和新侨工作，建好侨胞之家，广聚侨界智慧力量，服务经济发展大局，各方面工作取得新进展。年内，继续加强镇（街道）侨联建设，成立侨联华士分会，完成侨联青阳、顾山分会主席改选，推进高新区、临港经济开发区侨联筹建工作；围绕加强和改进侨联组织建设与宣传文化工作，与苏州、扬州、宜兴等地侨联开展相互学习交流活动；3月，中国侨联副主席康晓萍、文化交流部部长陈迈一行在江苏省侨联副主席宫琳、文化联络部部长蓝晓霜陪同下，到江阴考察调研侨联文化宣传工作，江阴市委副书记蔡叶明陪同考察。是年，市天华艺术学校被省侨联命名为“江苏省华侨华人文化交流基地”。至年末，有镇（街道）侨联分会9个、侨商商会1个。

【服务侨企发展】 2014年，江阴市侨联充分履行职能，服务侨企发展，助力国际化现代化滨江名城建设。年内，开展走访侨资企业活动，深入了解侨企生产经营状况和困难需求，认真听取侨企对侨联工作的意见建议，帮助侨企适应、把握经济发展新常态，推进侨企不断开拓发展；年内，促成侨企江阴塞特精密工具有限公司移建厂房，用地32468平方米，促成股权投资500万元，风险贷款200万元；4月，江苏省人大立法调研组到江阴开展涉侨立法调研活动，市侨联领导向调研组介绍全市华侨投资基本情况，汇报江阴引资引智、为侨服务、协调解决涉侨企业困难及为侨服务的经验做法，有关侨企负责人就侨资企业财产纳税、涉侨人员签证、投资待遇公平等问题与调研组进行交流研讨；10月，市侨联组织12个新侨企业和“530”企业（引进领军型海外留学归国创业人才创办的企业）参加“创业中华——2014侨界人才聚无锡”系列活动，开幕式上，江阴中翎高科农业技术有限公司与江阴高新技术创业园新传感网产业发展办公室、江苏苏青智能材料有限公司与江阴高新技术创业园生物医药产业发展办公室进行现场签约。是年，走访侨资企业14个。

【参政议政】 2014年，江阴市侨联认真履行职责，积极发挥参政议政作用。是年，组织发动侨界人大代表和政协委员围绕市委、市政府中心工作和人民群众关心的热点、难点问题，开展调查研究，撰写议案、提案，反映社情民意，表达侨界心声，为江阴经济社会发展建言献策；市人大、政协两会期间，侨界人大代表和政协委员提交议案、建议、提案和社情民意14件，2件提案被列入办理。

【为侨服务】 2014年，江阴市侨联以亲情、乡情、友情为纽带，全力做好为侨服务工作。是年，深入开展党的群众路线教育实践活动，组织召开教育实践活动座谈会、侨联社区工作座谈会，听取侨界人士意见和建议；组织党员和机关干部赴华西新市村开展“学习吴仁宝、践行群众观”专题实践教育活动，增强为侨服务责任感和自觉性；落实侨界空巢家庭联系制度，将侨界空巢老人作为关爱重点，定期对70岁以上侨界空巢老人看望慰问；在春节、端午、中秋、重阳等节日和高温期间，组织走访归侨侨眷、侨界空巢老人、困难家庭、留联会相关人员和基层侨联组织，走访慰问160余人次；节日期间，通过电话、电子贺信和贺卡等方式，向海内外侨界人士表达问候，发送电子贺卡800余份、邮件500余封、短信300余条，传递节日祝愿；组织镇（街道）侨联分会发掘侨务资源，全面掌握侨情，推进基层社区“侨之家”建设，华士镇华士社区被评为全国社区侨务工作示范单位。

【海外联谊】 2014年，江阴市侨联加强与海外侨界联络联谊，搭建海内外友好交流平台。是年，先后接待新加坡中华总商会研究与出版委员会副主席、新加坡新浦化学有限公司总经理曾宪相，美国大华府地区华人社团负责人、美京会馆前主席王震华，美国千禧控股集团董事长、千禧国际教育文化交流协会会长梁勇，美国北加州苏浙同乡会会长刘振祥、北加州上海联谊会前理事长章志尧，美国阿拉米达市—中国江阴市姐妹城市委员会主席李翠英，美国芝加哥TAKTA制药研究开发公司主任、博士曹国良等海外客人10余批。8月，以中国侨联海外委员、中国侨联青年委员、加拿大中华时报社社长、爱谊国际文教发展中心理事长庞燕为团长，SDC全球蓝丝带助残基金会会长王钦为副团长的SDC全球蓝丝带助残基金会访问团一行26人到江阴访问，他们分别来自加拿大、美国、法国、日本等国，大部分是华裔青少年。访问团此行目的是开展助残活动，学习考察中国少年儿童福利机构的模式和经营，研究与国内慈善组织机构进行合作的可行性。访问团在江阴期间，先后参观华西新市村、海澜集团有限公司等，市侨联领导向访问团介绍江阴市现代化建设发展情况。

【“亲情中华·汉语桥”2014江苏夏令营】 2014年7月23—29日，“亲情中华·汉语桥”2014江苏夏令营在江阴市天华艺校举行，来自美国、加拿大、日本、韩国、德国、新加坡等10个国家和地区的28名华裔青少年营员参加夏令营活动。该次夏令营由江苏省侨联主办，无锡市侨联、江阴市侨联协办，江阴市天华艺术学校承办，省侨联副巡视员、文化联络部部长蓝晓霜和无锡市侨联主席冯雷等出席开营仪式。夏令营活动期间，营员们在天华艺校学习民乐、书法、国画、民族舞、武术、民间手工等传统文化课程，并在课余时间到艺校学生家作客，体验江阴人的家庭生活。其间，夏令营还组织营员们前往无锡、苏州参观，增进海外华裔青少年对中国传统文化的认知、对祖国现代化成就的感受。 （刘 政 张永振）

江阴市文学艺术界联合会

【概况】 2014年，江阴市文联紧扣

2014年7月23—29日，“亲情中华·汉语桥”2014江苏夏令营在江阴市天华艺校举行 （市侨联提供）

“文艺为人民服务、为社会主义服务”方向和“百花齐放、百家争鸣”方针，团结动员全市广大文艺工作者，围绕中心、服务大局，面向基层、服务群众，为江阴物质文明、政治文明、精神文明建设提供良好文化支撑。是年，与市委宣传部、市文广新局等单位联合开展“江阴百景”征集评选和文艺创作活动；先后承办或主办李啸、谢骏、孟二虎、黄有维等省内外书画名家作品进江阴系列展览；举办2014年度文艺家读书班，文联机关、书画院成员，各文艺协会负责人及创作骨干，各镇（街道）文联负责人及城东街道、临港街道文艺骨干近80人参加；市作家协会出版传记文学《五四新文化运动先驱——刘半农》、长篇小说《情殇》等11部著作，夏坚勇长篇散文《绍兴十二年》在《钟山》杂志发表，庞培诗集《数行诗》获省第五届紫金山文学奖诗歌奖，王荣方散文《在徐霞客墓前》获第二届中国徐霞客游记文学奖二等奖，吴志云、王荣方成为中国作协会员；市民间文艺家协会完成《手上功夫——江阴市非物质文化遗产民间工艺类项目揽萃》纪录片拍摄，承办江阴市第十四届少儿故事大赛，两名会员获“全国讲故事能手”称号，故事《书包里的秘密》获省“五星工程奖”金奖；市戏剧曲艺家协会举办第二届“澄星杯”锡剧票友大奖赛，完成80集《锡剧大家唱》教学片拍摄，小锡剧《今天老师来家访》获省“五星工程奖”金奖，小品《婚戒》获省“五星工程奖”银奖，评话《华容道路》获第八届中国牡丹奖全国曲艺大赛表演奖入围奖，评话《三国》获大运河流域地方曲艺学术邀请赛银奖，小品《距离》获第八届“江苏戏剧奖·小戏小品奖”优秀剧目一等奖、优秀编剧奖、优秀导演奖、两个优秀演员奖等5个奖项，琵琶独奏曲《评弹印象》获选入编中央音乐学院琵琶教材；市音乐舞蹈家协会举办赵丽娜钢琴独奏音乐会和杨元旦琵琶独奏音乐会，歌曲《民工小调》获省“五个一工程”奖，男声小合唱《水乡渔歌》获省“五星工程奖”金奖，舞蹈《放花灯》获省社会舞蹈大赛少儿专场创作金奖、表演银奖；市美术家协会夏晓云水彩画《至无尽岁月》入选全国美术作品展览，协会会员创作的国画《平安年年》入选2014全国中国画展，油画《心语》获省“江南如画”油画展优秀奖，油画《大山深处》《汉柏》获省美术作品展优秀奖，水彩画《亲爱的远方》获省“五星工程奖”铜奖；市书法家协会许达书法作品获第五届中国书法兰亭奖佳作奖、首届江苏书法奖，入围首届中国书法院奖30强，获省“五星工程奖”金奖，实现个人历史性突破；市摄影家协会有24幅作品获国家级奖项、30余幅作品入选国家级展览或获省级奖项。是年，举办美术、书法、摄影展览19次，文艺惠民演出近200场次。（参见《文化》类目）

【许达书法作品展在省美术馆展出】 2014年3月19日，许达书法作品展在江苏省美术馆开幕，江苏省老领导陈焕友、顾浩，南京军区老领导方祖岐、丁炳盛，省委宣传部副部长、省文联党组书记、常务副主席章剑华，省文联副主席、省书法家协会主席孙晓云，无锡市文联党组书记刘基平和江阴市领导袁秋中、龚振东出席开幕式，江阴市文联及市有关部门、有关文艺协会负责人、各地书法爱好者近200人参加开幕式和观展活动。该次展览由江苏省中华文化促进会、江苏省书法家协会、现代快报社主办，江阴市文联、南闸街道党工委和市书法家协会承办，展出许达多年精心创作的90余幅书法作品。许达，江阴市青年书法家、中国书法家协会会员、《书法导报》特聘书法家，曾获“乾元杯”全国书法篆刻展最高奖，全国职工书法展最高奖，中国（芮城）永乐宫第二届、第三届国际书画艺术节百佳奖等多项中国书协主办的书法比赛大奖。他的作品独辟蹊径、特色鲜明，小字行草以魏晋书风为主，笔法细腻、精致有度；丈八巨制的大字草书作品则厚实旷达，神采飞扬。展览作品得到省内专家一致好评。

【夏晓云水彩画作品展在省现代美术馆展出】 2014年12月26日，“水色无边”——夏晓云水彩画作品展在江苏省现代美术馆开幕，省委宣传部副部长、省文联党组书记、常务副主席章剑华，省美术家协会主席宋玉麟，江阴市领导袁秋中、龚振东，美术界专家高冬、赵绪成、周刚、高柏年、平龙、陆庆龙等出席开幕式。开幕式上，夏晓云向省现代美术馆捐赠《梦园》《赶集》两幅水彩画作品作为馆藏。该次展览由省文联、省美术家协会、江阴市委宣传部、现代快报社主办，省美术家协会水彩画粉画艺委会、江阴市文联、市文广新局、云亭街道党工委联合承办，展出夏晓云近期创作的100幅水彩画作品。夏晓云，江阴市书画院院长、市美术家协会副主席，无锡市美术家协会常务理事，绘画风格飘逸清丽、朴实灵动，将写实和写意相结合，既有油画色彩艳丽之厚重，又将中国画的水墨情怀融入其中，形成独具个性的中国式水彩画。其作品多次参加国内外美术展览并获奖，2006年《“水色无边”——夏晓云水彩画作品集》、2014年《江阴市书画院夏晓云水彩画作品集》由江苏美术出版社出版。展览期间还举办夏晓云水彩画作品学术研讨会。

【“江阴百景”美术摄影作品征集活动】 2014年8月30日，江阴市委宣传部、市文广新局、市园林旅游局、市文联、江阴广电集团、江阴日报社联合发布《关于开展“江阴百景”征集评选和文艺创作活动的通知》，在全市范围内征集评选“江阴百景”，举行“江阴百景”美术作品和摄影作品征集评比活动。旨在通过“江阴百景”活动，弘扬江阴文化，传承江阴历史，宣传江阴形象，进一步激励广大市民爱祖国爱家乡热情，全面展示江阴丰厚的历史文化底蕴和现代文明成果。是年，市文联在市园林旅游局正式公布“江阴百景”基础上，组织美术家协会、摄影家协会会员深入全市各大景点采风创作，征集原创美术、摄影作品5000余幅，经各协会初评和省级专家评审，105幅美术作品、100幅摄影作品分获相关奖项。

【“澄怀观道”李啸书法作品展】 2014年8月30日，“澄怀观道”——李啸书法作品展在江阴市展览馆开幕，现代快报社总编辑赵磊、江苏省公安厅技侦总队政委孙春、无锡市文联主席刘基平和江阴市领导袁秋中、唐仲贤等出席开幕式，来自省内外的著名书法家、江阴市及周边地区书法爱好者、专业媒体记者等200余人参加开幕式并观看展览。开幕式上，李啸向江阴市文联捐赠书法作品《石涛题诗画菊》1幅。李啸，江苏省书法家协会副主席、中国书法家协会理事、国家一级美术师、享受国务院特殊津贴专家，书法作品获中国书法“兰亭奖·艺术奖”“林散之奖”和“翁同龢书法奖”等。该次展览为期两周，是李啸书法作品巡回展首站，展出李啸近期创作的书法精品104幅，内容多为前贤论书心得和历代咏江阴诗词，展览作品尽显笔情墨性，凸现李啸书法创作的多元性与创造力。是日，李啸在江阴市政府综合楼第三会议室作《明道、正则、写心》书法讲座。

【“江海名家”谢骏书法邀请展】 2014年5月26日，“江海名家”——谢骏书法邀请展在江阴市展览馆开幕，南通市文联常务副主席、美术家协会主席王法，南通市文广新局副局长、书法家协会主席丘石，如东县领导杨中坚、姜晓静和江阴市领导袁秋中等出席开幕式。谢骏，南通市书法家协会副主席，如东县文联主席、书法家协会主席，中国书法家协会会员，擅长隶、楷、行、草等书体，其作品先后入展江苏省“建国50周年书法大展”、江苏省“书法名家精品晋京展”、“‘江海艺境’——南通百年墨迹晋京展”等。该次展览为期一周，展出谢骏近期创作的88幅书法作品，包含组合条幅、中堂、扇面、横幅、册页、手卷等形式，不仅作品尺幅大，而且展示形式与陈列样态丰富，是其书法造诣和艺术理念的一次全面展示。

【“走进江阴”新疆风景画家孟二虎油画展】 2014年6月10日，“走进江阴”新疆风景画家孟二虎油画作品展在江阴市展览馆开幕，市领导袁秋中和市委宣传部、市文广新局、市文联负责人出席开幕式。开幕式上，孟二虎向江阴市文联捐赠油画作品。展览为期11天，展出孟二虎近5年间创作的60幅作品，其中部分参展作品被选登于《伊犁日报》《新疆报》《中国当代绘画艺术》等，这些描绘新疆壮丽山川的风景画，为江阴带来一股天山清凉的风。孟二虎，新疆美术家协会会员、伊犁哈萨克自治州美术家协会副主席、伊犁师范学院客座教授，他的油画风景画既得印象派技法之好，又融入中国传统山水画的神韵，呈现出新疆伊犁与绿洲相邻、火州与冰山相依、雪山与湖泊相映、瓜果与歌舞相伴的奇妙境地，让江阴市民充分感受伊犁和天山的美丽风光。

【黄有维水彩画巡展江阴展】 2014年6月23日，黄有维水彩画巡展——江阴展在江阴市展览馆开幕，市领导袁秋中和市委宣传部、市文广新局、市文联负责人出席开幕式。开幕式上，黄有维向江阴市文联捐赠其特别创作的水彩画作品《阳光适园》1幅。展览为期8天，是黄有维继2012年后在江阴第二次办展，展出其新创作的《故宫》《奔马图》《贝壳》《开满鲜花》《哈萨克女孩》等38幅极具特色的水彩画作品。黄有维，中国美术家协会会员、香港云峰画苑签约画家、清华大学美术学院水彩画高研班导师，其作品在表现北京胡同、山花野草、溪谷泉流等题材上显示出独特的黄氏风格。

【举办文艺家读书班】 2014年12月22—24日，市文联在省委党校支持下成功举办2014年度文艺家读书班。市文联机关、书画院全体人员，市文联直属文艺家协会的负责人和创作骨干，各镇(街道)文联以及城东街道、临港街道的文艺骨干近80人参加读书班。该期读书班以习近平总书记文艺座谈会讲话精神解读为重点，紧紧围绕在新形势下文艺家如何提高自身素质和能力，共安排7个专题的讲座，其中省委党校文化学与文化建设教研部教授张舒屏作《习近平总书记文艺座谈会讲话精神解读》讲座，省委党校哲学教研部梁作民、米寿江分别作《创新思维与创新方法》和《宗教问题与社会和谐》讲座，南京艺术学院图书馆馆长沈义贞作《艺术创作与审美》讲座，《钟山》杂志社主编贾梦玮作《作家的精神质量及其现实处境》讲座，南京大学教授马俊山作《中外比较话“戏改”》和《戏剧创作与创新》讲座，内容丰富、氛围浓厚，取得了显著成效。

【中国牡丹奖艺术团到江阴惠民演出】 2014年11月10日晚上，由中国曲艺家协会主席姜昆和曲协分党组书记董耀鹏率领，中国文联、中国曲协牡丹奖艺术团“送欢乐·下基层”走进江阴曲艺名家惠民演出在江阴大剧院举行，牛群、大兵、王汝刚、盛小云、李金斗、郭达等国内曲艺界名家大腕云集江阴，通过相声、小品、评弹、东北二人转、滑稽戏、京韵大鼓、数来宝等艺术形式，为江阴市民奉献一场精彩的文化盛宴。大剧院座无虚席，密集的“笑点”令现场千余观众不时捧腹。江苏省文联

2014年11月10日晚，中国文联、中国曲协牡丹奖艺术团“送欢乐·下基层”走进江阴曲艺名家惠民演出在江阴大剧院举行 (市文联提供)

党组成员、书记处书记叶飚荣和市领导周铁根、袁秋中、郑元、龚振东、喻伟力观看演出。该次惠民演出活动由中国曲艺家协会、江苏省文联主办，江苏省曲艺家协会、江阴市委宣传部、市文联、市文广新局联合承办。

【“书画澄江·艺术青春”青年书画家培养工程】 2014 年，江阴市文联启动“书画澄江·艺术青春”青年书画家培养工程，在全市范围内遴选 13 名青年书画家，为他们成长发展提供广阔空间，采取“上荧屏”展示、“走出去”交流等多种形式，以培养激励优秀人才，鼓励多出精品力作。年内，与江阴电视台联合策划，在新闻频道“非常道”栏目开设大型访谈系列节目，13 名青年书画家相继登上荧屏，展现他们的艺术成就和艺术风采；9 月 25 日起，市文联组织 13 名青年书画家的 78 幅优秀书画作品在江阴市展览馆、张家港博物馆、武进恽南田美术馆、常熟文联文艺交流中心四地巡回展出，与张家港、武进、常熟的同道、同行开展学术交流研讨活动。展出的江阴青年书画家优秀书画作品，内容涵盖现实生活、都市景观、情感表现、人文关怀等不同的题材和主题，彰显江阴青年书画家敢于创新、思维敏捷、形式丰富、风格迥异的艺术意境。

【文艺志愿者演出小分队惠民演出】 2014 年 9 月下旬至 11 月末，江阴市戏剧曲艺家协会组织艺术骨干成立文艺志愿者演出小分队，开展文化惠民演出活动，走近群众，深入生活，服务大众。9 月 24 日下午，演出小分队文化惠民首场演出在澄江街道福澄颐养院一楼大厅举行，演员们为颐养院的近百名老年观众奉上一台“欢乐小舞台，大家一起来”文艺演出。其后，演出小分队先后到花园社区、澄江环卫所、贯庄小学、璜土镇、月城镇等开展文化惠民演出活动。惠民演出力求简朴，不搭设舞台，不追求舞美灯光，基本不依靠道具，但演员全部是江阴名家，演出节目都是精品。演出小分队的艺术家们以自己深厚的艺术功底，通过大家喜爱的戏曲、小品、评书、故事等艺术形式，为市民送去欢笑、送上祝福。全年演出小分队累计惠民演出 10 场次。

【各文艺协会换届选举】 2014 年 11 月 23 日起至年末，江阴市文联所属摄影家协会、音乐舞蹈家协会、戏剧曲艺家协会、民间文艺家协会、书法家协会、美术家协会、作家协会，相继召开第六届换届大会，听取第五届理事会工作报告，修改协会章程，选举产生新一届协会领导班子。市摄影家协会第六届理事会，黄丰当选主席，孔维贤、顾强、金晓峰、朱伟当选副主席，顾强当选秘书长；市音乐舞蹈家协会第六届理事会，王立当选主席，王捷、刘冰、朱华琴当选副主席，朱冬妮当选秘书长；市戏剧曲艺家协会第六届理事会，徐惠当选主席，徐秀芬、陈炎平、杜文广当选副主席，蔡飞当选秘书长；市民间文艺家协会第六届理事会，蔡晓英当选主席，肖卫琴当选副主席，蔡红霞当选秘书长；市书法家协会第六届理事会，许建铭当选主席，李春泉、武传国、郁志刚、耿明霞当选副主席，蒋君慧当选秘书长；市美术家协会第六届理事会，王俭当选主席，夏晓云、陈亮当选副主席，陈亮当选秘书长；市作家协会第六届理事会，邬丽雅当选主席，王方、杨建忠当选副主席，陆文勤当选秘书长。

【陈锡良“江阴名人”水墨肖像画展】 2014 年 9 月 21 日，陈锡良“江阴名人”水墨肖像画展在江阴文庙开幕，江阴市老领导孙福康、市文联主席王敏出席开幕仪式。该次展览由市文联主办，市民政局承办，展出陈锡良自 2013 年下半年起创作的 150 幅“江阴名人”水墨肖像画，每幅肖像画还配有百字人物小传，作品神形兼备、主题突出。画展分烈士、军政界、文化界、农工商界四个部分，突出描绘革命烈士和反侵略英雄人物。陈锡良，退休前系江阴市文联副主席，长期从事从新闻写作，后向文艺创作发展，先后创作出版《喋血孤城》《千古奇人徐霞客》《中国机器人之父蒋新松》《青鸟》《吴歌春雷》《江上抗倭》等连环画和《铁面仁心杨名时》《破解周璇身世之谜》《黄毓祺传》等传记文学著作，其创作“江阴名人”肖像画的初衷，是想通过这种方式来宣传江阴优秀的人文历史，倡导人们增强历史的记忆，增进爱国爱家乡的情怀。

【第十届长三角国际标准舞大赛在江阴举行】 2014 年 4 月 19 日，由江阴市文联主办、市国际标准舞协会承办、三一重工冠名的 2014 年“三一杯”第十届长三角国际标准舞全国城市公开赛在江阴体育馆举行，来自北京、上海、广东、深圳、香港、浙江、江苏等地区的 63 支代表队 2638 名选手参加 62 项项目组别的比赛，为江阴观众奉献一场高水平的国标舞表演。江阴有 18 支代表队参加该届比赛，并取得总积分第一的好成绩。 （龚　翼）

江阴市红十字会

【概况】 2014 年，江阴市红十字会大力弘扬人道主义精神，充分发挥好党和政府在人道领域的助手作用，各项工作取得较好成绩。年内，继续开展红十字人道万人捐活动，募集社会捐款 111.85 万元；实施红十字人道救助，发放各类救助款 96.61 万余元；加强红十字社会宣传，各级各类媒体报道江阴红十字会活动 126 条次；强化应急救护培训，完成初级救护员培训 959 人、普及性培训 9813 人；做好遗体器官捐献工作，12 人进行自愿捐献遗体器官登记。是年，市红十字会获 2014 年度《江苏红十字》报刊发行先进单位县（市、区）级一等奖、无锡市红十字应急救护技能大赛三等奖。

【出台红十字事业发展政策性文件】 2014 年 9 月 26 日，江阴市委、市政府印发《关于进一步促进红十字事业发展的意见》，这是江阴首次以市委、市政府名义出台的关于促进红十字事业发展政策性文件，充分体现了市委、市政府对红十字事业的高度重视和大力支持。该意见贯彻国务院、江苏省委省政府、无锡市委市政府关于促进红十字事业发展文件精神，立足江阴实际，对着力推进红十字事业改革创新、积极支持和促进红十字会依法履行职责、加强红十字会组织和队伍建设、营造事业发展环境提出了要求和保障措施，明确了各方面工作的责任部门和具体分工职责。该意见的出台，进一步促进江阴红十字事业持续健康发展。

【江阴红十字蓝天救援队成立】 2013年6月，江阴红十字蓝天救援队申请筹建队伍。2014年4月22日，江阴市举行红十字蓝天救援队成立授旗仪式，中国红十字蓝天救援队总队长远山向江阴红十字蓝天救援队队长宋功文授旗。作为江苏省县级市中首支民间公益救援队，该救援队拥有正式队员25人，考察队员15人，志愿者40余人。其中拥有应急救护员证书25人、中国红十字会救护师资证1人，通过无线电考试取得呼号25人。7月26日，6名江阴蓝天救援队员携带江苏大众医药公司价值5000余元捐赠药品驰援海南灾区，执行首次跨省救援任务。该救援队每周安排训练计划，加强理论和技术培训，年内开展培训训练75次。是年，江阴蓝天救援队参与2次全国一线救援，参与11次全国救援后方救援平台工作，为2次江阴市重大活动提供保障，开展9次社区应急救援培训和学生暑期安全培训。

【红十字宣传】 2014年，江阴市红十字会加强社会宣传引导，普及红十字知识，传播红十字文化，弘扬红十字精神，着力打造群众信任、社会公认红十字会形象。年内，紧密结合重大活动开展红十字宣传工作，纪念“5·8”世界红十字日期间，举行世界红十字日广场宣传、“急救知识进社区”示范培训等活动；“5·12”防灾减灾日，与有关部门联合开展学院场“全国防灾减灾日”宣传活动，普及防灾避险知识；世界急救日期间，围绕急救日主题“急救与日常及灾难中的危险”，宣传普及应急救护知识，并组队参加无锡市红十字应急救护技能大赛，展示江阴红十字应急救护培训成果；市红十字会与江阴日报社联合成立的“肖帮红会救助基金”依托《江阴日报》“肖帮”栏目，积极宣传红十字人道救助活动典型事例，凝聚社会爱心，救助弱势群体，社会反响强烈。是年，各级各类媒体报道江阴红十字会活动126条(次)，取得较好宣传效果。

【备灾救灾】 2014年，江阴市红十字会积极做好备灾救灾工作，不断提升救灾救助水平。年内，继续与市委宣传部、市级机关党工委、市文明办联合开展红十字人道万人捐活动，募集善款111.85万元。8月3日，云南鲁甸发生地震，市红十字会即时启动应急救灾工作，安排工作人员值班，开通捐赠热线电话，保障通讯和联络通畅，接受社会捐赠2.64万元，及时通过有关方面转送灾区，向地震灾区人民传递爱心。

【博爱系列救助活动】 2014年，江阴市红十字会继续做好博爱系列救助工作，切实改善受损害群众境况。是年，发放各类救助款96.61万余元，其中发放新春救助款50.1万元、救助物资1.8万元，为501户困难家庭送上新春温暖；发放造血干细胞移植专项救助金25万元，救助8名血液病患者；发放红十字人道应急救助金3万元，应急救助12户困难家庭；发放“肖帮红会救助基金”救助金7.9万余元，救助10户困难家庭。同时，一些生活困难群众境况经“肖帮红会救助基金”依托《江阴日报》“肖帮”栏目报道后，得到爱心人士关注关爱，社会公益团队和爱心人士向尿毒症患者刘某捐款18万余元，立新社区居民向车祸丧妻、身患重病的杨某捐款近5万元等，红十字博爱情怀广为播扬。

【造血干细胞和遗体器官捐献】 2014年，江阴市红十字会以保护人的生命和健康为宗旨，全力推进造血干细胞捐献和遗体器官捐献工作。年内，健全完善造血干细胞宣传、登记、采集、捐献等环节操作规程，进一步扩大中华骨髓库库容；加强遗体器官捐献工作宣传，开展遗体器官捐献者清明纪念活动，提高社会认知率。是年，12名志愿者进行自愿捐献遗体器官登记。

【救护培训】 2014年，江阴市红十字会加强应急救护宣传培训工作，增强广大群众防灾避险意识，提高自救互救能力。是年，培训初级救护员959人，普及性培训9813人，占全年目标任务的119.88%和122.66%；重视救护培训师资队伍建设，选送2名人员参加省应急救护师资初训班学习；组织人员参加文化科技卫生“三下乡”活动，向群众发放应急救护宣传资料，普及应急救护知识；举行职业技术学院大学生应急救护技能比赛，全院组建8支队伍参赛，并选拔8名优秀队员组成竞赛队代表江阴参加无锡市红十字应急救护技能大赛，获三等奖；开展企业单位救护培训工作，为市供电公司、瀚宇博德科技公司、黄嘉喜来登酒店、贝尔卡特科技公司等单位培训1744人；开展驾驶人员救护培训工作，完成培训1.3万人。

【志愿服务】 2014年，江阴红十字志愿者广泛开展志愿服务活动。是年，市红十字会组织志愿者开展衣物书籍爱心捐赠活动，为边远贫困山区学校募集衣物27678件，鞋子1081双、课外书籍2705本；各镇(街道)红十字会组织开展各种形式红十字志愿服务活动；红十字无偿献血志愿者服务队组织开展“骑行敔山湾，环保与健身，相约五一八”无偿献血宣传、“献一份热血，添一份美丽——帮女郎与你相约”、第三届献血捐干细胞宣传月等活动；红十字心理援助志愿者服务队常年坚持周日接听电话咨询、接待来访群众，为之进行心理疏导，解除心理压力；红十字蓝天救援队举行公园模拟营救被困伤员、社区应急救护培训等活动，向市民宣传应急避险知识。

(韩　斌)

江阴市残疾人联合会

【概况】 2014年，江阴市残联紧密围绕江阴发展大局，以残疾人实际需求为立足点，夯基础、拓思路、抓重点、实举措，各项工作取得新佳绩。年内，深入开展党的群众路线教育实践活动，增强为人民服务宗旨意识；出台《关于义务教育阶段视力残学生外地就学补贴的通知》《关于提高生活自理困难残疾人护理补贴及服务机构运行补贴标准的通知》《江阴市用人单位按比例安排残疾人就业补贴和超比例奖励办法的实施细则(试行)》《江阴市推进残疾预防工作实施方案》，制定《厉行节约和公务接待管理规定》；优化10项康复项目和就业保障工作6个方面的审批流程;落实市委、市政府为民办十件实事中的涉残年度任务;完成国家残疾儿童基本福利服务需求抽样调查、江苏省就业年龄段持证残疾人就失业状况调查两项专项调查工作;从市民政局移接特殊困难残疾人生活救助工作;首次采用第三方机构评估、专家组现场评审科学模式,完成2013年江阴市残疾人救助补贴经费专项资金绩效评估审计工作;在无锡地区率先试点开展江阴市第五人民医院与祝塘镇残疾人康复站点的“远程康复”项目,让残疾人就近享受康复中心网上服务;引入“元林基金”参与白内障患者救助项目,发掘冠名助残新模式,全市白内障患者手术费用实现全免费;通过政府购买服务,委托江阴伟邦职业培训学校承担残疾人培训项目,开启残疾人培训社会化发展模式;首次与江阴新闻综合频道“第一现场”合作推出“同在阳光下”专题栏目,每月1~2期;超额完成无锡市“无障碍设施进家庭”年度目标任务。是年,接处各类来电、来信、来访248件次;发表各类残疾人信息报道139余篇;市残联被评为江苏省2013年度按比例安排残疾人就业工作优秀单位。

【残疾人康复救助与康复服务】 2014年,江阴市残联继续做好残疾人康复救助与康复服务工作,保障残疾人康复需求。年内,全面启动残疾预防工作,开展残疾预防系列宣传活动。是年,实施白内障免费复明手术2451例;精神残疾人服药救助830例、住院救助319例;免费康复救助0~6岁贫困家庭残疾儿童186人,补贴康复救助7~14岁贫困家庭残疾儿童81人;免费帮助5名聋儿植入安装人工耳蜗;为残疾人免费适配各类辅助器具954余件(套);完成国家“七彩梦行动计划”贫困肢体残疾儿童矫治手术救助项目任务;为18名就业年龄段中风偏瘫患者提供3个月免费康复服务;开展盲人定向行走免费训练工作,指导训练50余名盲人学会定向行走;指导3个市级残疾人定点康复机构通过无锡医师协会考评;帮助对口援疆城市新疆霍城县培训康复专业技术人员,3名霍城残疾人工作者完成在江阴为期3个月的康复专业进修学习任务;评定发放残疾人证1396份。

【残疾人生活保障】 2014年,江阴市残联全面做好残疾人生活保障工作,出台残疾人救助政策提标扩面实施方案,切实提升残疾人生活质量,改善残疾人生活状况。年内,为1202名低保重度残疾人发放重残补贴金275万元;为615名一户多残家庭残疾人、33名依老养残家庭残疾人和6047名无固定收入重残人员提供生活救助;为符合政策的自主创业、个体、灵活就业残疾人及时办理灵活就业社保补贴,发放补贴金101.57万元;出资11.88万元为全市“幸福家园”机构内514名残疾人购买意外伤害险,机构内残疾人意外伤害险实现全覆盖;调整护理机构的运行补贴,由原来的每服务一人补贴100元提高至300元,1901名残疾人得到实惠。

【残疾人就业】 2014年,江阴市残联全力做好残疾人就业工作,开展残疾人就业技能培训,促进残疾人实现就业和再就业。年内,出台《江阴市用人单位按比例安排残疾人就业补贴和超比例奖励办法的实施细则(试行)》;在市体育场举办“就业帮扶,真情相助”残疾人专场招聘会;落实江苏省残联“千企万岗”助残就业计划,在青阳镇举行“千企万岗”(江阴分会场)助残招聘活动;超额完成残疾人就业保障金年度征缴任务,推进落实全市残疾人按比例就业制度。是年,帮助305名残疾人实现就业和再就业;开办残疾人免费技能培训班,参训365人次;向23名自主创业残疾人发放创业扶持金8万余元。

【教育帮扶】 2014年,江阴市残联致力残疾人教育事业,深化残疾人教育帮扶资助奖励措施,全面落实残疾人义务教育制度。年内,出台盲童入学补助文件,启动盲童入学救助,资助5名盲童赴扬州盲校就读,全市盲童入学率100%;推动市特教中心校与市残疾人康复中心交流合作,推广“推进医教结合,提高特殊教育水平”项目研究成果,形成“医教结合、按需施教、开发潜能、人人有所发展”的江阴特殊教育特色。是年,资助残疾学生和贫困残疾人家庭子女161人,发放助学金51万余元。

【残疾人文体活动】 2014年,江阴市残联继续组织开展残疾人文化体育活动,丰富残疾人精神生活。年内,选送残疾人运动员龚彬进入国家队赴韩国参加仁川2014年亚洲残疾人运动会,参加的女子坐式排球项目获金牌;组织残疾人运动员参加江苏省第九届残疾人运动会比赛,获16金9银4铜;新建无锡市残疾人数字图书馆江阴阅览点183个;组队参加无锡市首届残疾人小品节目表演比赛,选送的2个小品节目分获第一名、第三名;组织开展全市残疾人读书征文活动;举办全市残疾人游泳比赛;市残疾人业余艺术团排练新舞蹈《生命密码》,深入基层演出4场次。

【助残活动】 2014年,江阴市残联全面开展助残帮扶系列活动,为残疾人提供经常的、切实有效的帮助。5月,组织开展主题为“关心帮助残疾人,实现美好中国梦”的第二十四次全国助残日(5月18日)助残活动,其间,市四套班子领导走访慰问困难残疾人家庭和创业残疾人,送上关爱和温暖。是月,全市各级领导走访慰问残疾人近2000人,发送慰问金(品)价值50万余元。是年,市残联配合市政协开展的“五送一助”(送医、送教、送文化、送健康、送器械和助残帮扶)活动,做好助残帮扶工作,向月城镇沿山村发送助残金8万元;各镇(街道)残联广泛开展助残爱心圆梦活动,为残疾人提供各种帮助、帮扶;市残疾人各专门协会开展形式多样的人助自助活动,为残疾人排忧解难。 (陈 芬)

关心下一代工作

【概况】 2014年,江阴市关心下一代工作委员会充分发挥老干部、老专家、老军人、老教师、老模范“五老”主体作用,以创新精神做好关心下一代工作,扎实开展社会主义核心价值观教育,各项工作取得明显成效。年内,“未成年人零犯罪社区(村)”创建工作稳步推进,校外教育辅导站建设取得新进展，民营企业关工委工作继续深化，基层关工委组织建设全面提升。是年，中国关工委向全国推广江阴市全面深化民营企业关工委工作之“江阴经验”。

【青少年思想道德主题教育活动】 2014年，江阴市关工委在全市青少年中广泛开展“爱学习、爱劳动、爱祖国，践行中国梦”主题教育活动。是年，全市聘请“三爱一践行”（爱学习、爱劳动、爱祖国，践行中国梦）主题活动宣讲员和“五老”宣讲员611人，开展“三爱一践行”宣讲报告386场次，参加听讲青少年学生19.42万人次；组织中小学生参加江苏省中小学生“三爱”书签制作大赛和无锡市关工委“三爱一践行”主题教育征文活动；在中小学生中开展“读好励志书，践行中国梦”主题征文活动；募集45万元资金购置励志书籍，举行两次赠书仪式，分送100个优秀校外辅导站，充实辅导站书籍；建立以青少年为服务对象的公益性网站——澄露网；在企业青年职工中深入开展“岗位学雷锋，争当好员工”主题教育活动，推动企业青年职工学雷锋活动持续开展。

【未成年人犯罪预防工作】 2014年，江阴市关工委积极配合协助有关部门做好未成年人犯罪预防工作，加强引导，落实结对帮教，促进未成年人健康成长。年内，选请“五老”志愿者担任调研摸底信息员、法制教育宣传员、结对帮教辅导员、良好“三风”（村风、民风、家风）传导员、网吧义务监督员，重点关注“三困”生（学困生、贫困生、德困生），突出对“四失”（失学、失业、失管、失足）未成年人开展帮教、帮扶工作，预防和减少青少年违法犯罪；配合检察等政法部门办好3个“帮教观护基地”；全市各级关工委、民营企业关工委动员企业安置好刑释解教青年和需要帮扶帮教的青年。是年，各关爱教育基地接收帮教外来涉罪青少年91人，其中外来涉罪未成年人17人；全市建立结对帮教失足青少年的帮教小组265个，参加帮教活动“五老”志愿者912人，帮教对象307人，转化267人，转化率86%；市关工委“五老”志愿者协会继续配合市民政局结对关爱全市149名“困境儿童”，各镇（街道）关工委组织“五老”志愿者与“困境儿童”结对帮扶；全市各级关工委扶贫助学2993人，帮助孤残弃青少年儿童284人，筹集助学助困资金532万元。

【校外教育辅导站建设】 2014年，江阴市关工委稳步推进校外教育辅导总站建设，辅导站活动呈常态化趋势。年内，各镇（街道）关工委和教育关工委积极推动校外教育辅导总站建设，构建“镇（街道）校外教育辅导总站—村（社区）校外教育辅导站—校外教育家庭辅导站”办站模式；各校外教育辅导站加强与学校、社区和家庭的密切配合，组织开展各类特色活动，增强辅导站吸引力；暑假期间，各校外教育辅导站有计划地开展7天至15天的夏令营活动，内容丰富多彩，效果良好；周庄镇周庄村校外辅导站把“蓝丝带儿童关爱中心”办成特殊孩子茁壮成长的港湾，免费组织孤儿、单亲家庭学生、贫困家庭学生、父母有重大疾病的学生在放学后及节假日活动、学习，受到家长和社会的欢迎好评。是年，市教育系统关工委组织开展中小学生首届校外教育辅导站象棋比赛，123名选手参加比赛。

【民营企业关工委工作】 2014年，江阴市关工委全面深化民营企业关工委工作，取得新的成绩。年内，组织对119个已评上示范企业关工委的单位组织开展“回头看”自查检查工作，进一步提升和完善示范企业关工委组织建设；市民营企业关工委举办2期民企关工委工作培训班，对镇（街道）和工商分局负责企业关工委的人员进行培训；市民企关工委组织开展对贫困职工子女的帮困助学活动，98名学生得到资助，资助金额20万余元；市关工委以“岗位学雷锋，争当好员工”主题教育活动为切入口，聘请市委党校原常务副校长黄国强深入企业作爱岗敬业专题讲座15场次，青工听课人数逾2000人；举行纪念民企关工委成立10周年活动，深化推进民企关工委工作研讨会；10月，在步行街学院场举行江阴十佳企业关工委工作图片展；11月14日，市关工委在江苏新潮科技集团有限公司召开大集团企业关爱青工健康成长工作信息交流会，推进民企关工委工作。是年，有102个企业达到镇级重点企业关工委要求；长泾镇青年创业者叶飞被江苏省关工委、省农林厅评为省级青年农民“创业之星”。

【基层组织建设】 2014年，江阴市关工委继续加强基层关工委组织建设，全面提升基层关工委工作质量和水平。年内，以“关工委工作是什么？干什么？怎么干？”为主题，围绕关工委的各项重点工作开展基层关工委工作人员培训工作，参训人数500余人次；开展江阴关工委组织建设情况调研工作，形成调查报告，供市委领导决策参考。2011—2013年，市关工委开展基层关工委组织“五五”争创活动，即在全市创建100个先进村（社区）关工委、100个示范企业关工委、100个优秀校外教育辅导站、100个未成年人“零犯罪”先进村（社区）、100个关心下一代工作“五老”积极分子，在此基础上评选出五个“十佳”标兵。是年，组织编写《标兵风采》，将基层关工委先进典型收录结集。

（周　红）

■类目编辑　邢　盈

武装·法治

人民武装

【概况】 2014年，市人武部以谋打赢求发展为主题，抓好军事斗争准备，推进全面建设，较好完成各项任务。围绕“净化灵魂、解决问题”两大根本任务，有序开展党的群众路线教育实践活动，南京军区督导组对活动开展情况给予肯定评价。是年，市人武部被江苏省军区评为先进旅团单位、安全管理先进单位和新闻宣传先进单位，被无锡军分区评为全面建设先进团级单位、政工研究先进单位、对台宣传先进单位；市民兵应急连在全省民兵应急分队“打得准”比武竞赛中获团体第一名。

战备工作　修订完善防护重要目标、维护社会稳定、抢险救灾等各类战备预案10余项。专门制订营区反恐防暴预案和办公楼消防预案，配备防刺背心、破胎器、电警棍等防暴器材，实战演练2次。加强战备值班网络建设，改造值班室视频会议系统，保障各级视频呼点抽查随调随通。会同市公安、海事、港口办等部门整合完善交通战备网络指挥系统，将各类交通数据引接至市国防动员委员会指挥中心，提高战时交通战备应急指挥能力。2月21日，开展战备执勤行动，通过应急指挥车视频系统，组织澄江、南闸、城东、云亭、周庄5个镇(街道)森林防火应急分队队员110人，参加无锡军分区拉动灭火演练，按时到点率100%。清明节前后，组织澄江、南闸、云亭、城东、周庄等镇(街道)民兵760余人次在绮山、花山、定山等地域设置森林防火执勤点16个，进行24小时巡逻。10月中旬，与市交通战备办公室联合完成“夏季行动—2014”集结点验暨车辆抢修演练，提高民兵应急分队装备维修能力。是年，市合成化民兵应急分队队员3500余人次参加武装巡逻，参与处置群体性事件90余件；出动警力3300余人次，参与完成第二届夏季青年奥林匹克运动会、各级“两会”和陈奕迅演唱会等重要时节安保任务。

军事训练　按照“健全组织、满员训练、突出精兵、成建制形成作战(保障)能力”思路，抓好民兵骨干、连排长和森林防火、防化救援等应急分队队员训练。3月，组织15名专职人武干部参加无锡市集训，获考核第二名。10月12日至11月14日，组织参加江苏省民兵“打得准”比武竞赛集训，通过精心准备，精细实施，确保训练时间、内容、人员的有效落实，提高了训练水平。是年，共组织民兵训练6期，有788名民兵完成军事训练任务，成绩总评均为优秀。

民兵整组　按照“专业对口、就地就近”原则，通过整合、调整和规范，各类民兵应急组织布局合理，人员按编定职定位。调整后全市有基干民兵5800人，退伍兵占67%，党、团员占95%，专业对口率超90%。6月4日，全市民兵应急分队队员222人接受无锡军分区点验，到点率100%。11月中旬，海军东海舰队电话抽检点验全市预编预备役士兵75人，全部“联得上、岗位清”。

征兵工作　以确保新兵质量为核心，开展摸清适龄青年底数、高学历青年底数、应征青年思想底数和优抚安置底数工作。发动网上兵役登记，有16321人(其中有大学学历5058人)应征青年登记。在全市18所学校发放调查表，了解学校及学生对征兵工作心态，回收调查表600余份。发动基层人武部开展走访调研，摸清兵员底数。严把登记预征、体检政审、走访调查、审批定兵和部队退兵“五个环节”关，圆满完成夏秋新兵征集任务，所征新兵具有大学学历的占41%，党、团员占100%，未出现责任退兵和非责任退兵情况。8月20日，南京军区联合工作组检查调研江阴市征兵工作，召集相关部门、基层人武部和应征青年及家长，开展专题座谈，了解体格检查、政治考核、廉洁征兵等情况，肯定江阴征兵工作。是年，完成直招士官3人，征集女兵4人。

【民兵应急连获省比武竞赛第一名】 2014年10月12日起，市民兵应急连参加省军区“打得准”比武竞赛集训。至11月14日，先后有90余人参加历时33天集训。11月15日，选拔23人赴泰州，代表无锡市参加省军区组织的射击、武装越野、穿戴防毒面具、匍匐前进、扛圆木、投掷手榴弹等10项项目的比武竞赛，获团体总分第一名，同时有6人获个人名次，其中1人获第2名、2人获第5名、2人获第7名、1人获第10名。是年,市人武部抓民兵应急训练经验文章《江海要塞:向能打胜仗聚焦发力》刊载于《中国国防报》头版头条。

【市人武部部史馆开馆】 2013年8月,市人武部为征集挖掘部史史料,发挥其"资政、教化、存史"作用,决定建设部史馆。是年9月至2014年3月,进行广泛搜集资料和部史馆设计,4月1日动工建设,8月1日建成开馆。部史馆在营区办公楼二楼,馆名由中共中央原政治局委员、中央军委原副主席、原国务委员兼国防部部长迟浩田上将题写,布展面积119平方米,采用动静、平面与立体相结合,通过图文展示、视频播放、电子翻书、形象雕塑等形式,较为完整、真实地展现市人武部自成立以来60余年的历程。其中图文展示为馆内陈展的主要内容,分为首长关怀、组织沿革、历任领导、光辉历程、军功闪耀等部分,展出图片312幅,文字介绍4.5万余字。

(符银芬)

人民防空

【概况】 2014年,市民防局(市人防办)围绕人防建设年度目标任务,进一步提升人防应急指挥能力,加强防空警报建设与管理,规范依法行政审批服务,保持人防工程建设快速发展。不断推进基层与社区民防工作,开展民防法律法规宣传教育,民防建设事业继续保持全省领先地位。年内,市民防局被省民防局评为先进集体,获无锡市民防工作年度目标任务考核第一名。

【人防应急指挥能力提升】 2014年,市民防局加强人防应急组织指挥建设,调整战时防空指挥机构,实行组织机构和人员"实名制"。加强基层指挥所建设,完成新桥、月城2镇基层人防指挥所建设,升级改造5个镇(街道)基层人防指挥要素,实现高清视频系统。落实重要目标单位防护方案,开展防护、抢救、抢修演练。3月,组织整顿全市人防专业队,在澄江街道和市卫生系统新建心理防护专业队。修订人口疏散接收方案,城区28个社区均制定人口应急疏散方案。6月,全市35个社区231名工作人员与人口疏散接收地行政村进行对接,确定人数和户数。7月,人防志愿者参加全省第三届"民防杯"无线电通信比武,获三等奖。

【人防工程建设与管理】 2014年,市民防局进一步规范人防工程行政审批服务流程,根据《江阴市建设工程施工图规划审查技术服务工作流程》和《江阴市建设工程施工图联合会审操作流程》要求,先后出台《江阴市建设项目设计文件民防政策性审查操作办法(试行)》《江阴市人防工程建设审批服务及使用管理行政指导实施办法》《建设项目联审操作办法》等文件,简化民防建设审批流程。重新印制《人防工程审批服务行政指导书》,实行人防工程施工图集中联审和一票制收费,完善许可案卷资料归档工作。全面推行人防工程社区化管理模式,将人防工程管理工作纳入民防工作社区化管理,在各镇(街道)建立市人防主管部门、镇(街道)、社区、人防工程建设及使用管理单位的"五位一体"管理体制。贯彻落实《无锡市人防工程防护(化)设备监督管理办法》,加大行业监管力度,集中约谈防化设备销售安装单位。协同市规划部门完成《江阴市地下空间开发利用规划》编制。对南门地区八字桥公园项目提出建设人防主题公园设想。监管市级机关地下停车场、市实验小学北校区2项自建人防工程建设项目施工。启动人防工程建设管理综合信息平台建设,规范人防工程档案管理。是年,市人防工程建设立项、开工、竣工面积均完成年度目标任务;乡镇人防工程建设立项、开工、竣工量分别占全市的45%、61%、24%,超额完成年度目标任务。

【防空警报】 2014年,市民防局加强防空警报建设,新增固定警报器2台、多媒体警报器1台,改造固定警报器、电动警报器控制端各6台,新建市民防局大院多媒体警报,移位夏港、长山等地警报器,整修移位江阴高新区、中船澄西船舶修造有限公司警报器天线。加强防空警报体系维护与管理,组织全市防空警报系统巡检3次,9月18日防空警报试成功率连续第四年100%。是年,全市建成的固定音响警报器、多媒体警报器、移动警报器位居无锡市第一。

【民防指挥所维护】 2014年,市民防局加强民防指挥所日常监控和维护,及时处置各类突发故障,完成指挥所升级改造。维护黄山某坑道前沿指挥所,整修部分设施设备。完善大桥前沿指挥所与市基本指挥所之间有线、无线信号通联等功能,确保指挥所始终处于良好战备状态。改造地下指挥所显示系统,安装显示融合设备,实现信息显示一体化。更换液晶显示屏12台,安装调试投影仪加固支架2台,不间断电源机房加装独立制冷设备等。是年,每周与无锡市民防局联调联试,完成省、市、县三级联调和市、县、乡(镇)三级联调,市内各基层指挥所之间联调联试以及上级视察视频会议保障等任务。

【基层与社区民防建设】 2014年,市民防局按照"城乡一体、上下联动、加强建设、全面发展"原则,不断推进基层民防工作,完善各镇(街道)民防领导小组,培训基层民防干部和工作人员,讲解人民防空组织指挥、人防工程建设管理等业务知识,参观无锡市民人防指挥所、无锡市石塘湾小学民防教育基地等。不断加强基层指挥通信建设,确保"人武人防"一体化指挥通信系统、防空警报设施设备等良好运行。年内,建成高清基层指挥所5个,完成人口疏散预案拟订,基层人防工程建设覆盖率100%。全面推广民防进社区工作,在4个社区开展民防进社区,整合城区24个社区、1个行政村因区划调整后的资源,维护集镇区的17社区(行政村)各种民防设备设施。是年,35个社区(行政村)开展防空防灾演练,基本做到指挥程序清楚、协调保障到位、组织有序,民众防灾减灾技能进一步提高。

【数据容灾备份中心建设】 2014年,市民防局加强灾备中心日常监控维护,推进灾备数据有效性验证平台技术研究,梳理分析灾备接入系统类型,制订技术研究框架方案。

联合灾备服务平台技术服务商制作数据验证技术设计方案，搭建测试平台，进行数据库恢复测试。在市国信市民卡有限公司数据库恢复测试成功基础上，制订灾备数据有效性验证平台建设方案，该方案通过专家评审。年内，完成市山观卫生院等2个单位灾备数据接入，市政府房屋(征收)动迁管理办公室等单位灾备数据有效性验证工作。是年，灾备中心建设管理做法和经验，被解放军国防信息学院纳入全国人防办主任集训班课程内容，经验论文获得江苏省城市应急协会论文交流一等奖。

【民防知识宣传教育】 2014年，市民防局继续推进民防知识进学校，组织参加无锡市“民防进小学”培训班，全市38所中学、1所高校和全市小学均开设民防知识课程，开课率100%。全面推进全社会民防法制宣传工作，加大社区居民和企业职工普法宣传力度，组织社区广场文艺演出。开展形式多样宣传活动，拓展宣传教育阵地，中国民防网和江阴民防网成为宣教主阵地，依托报纸、杂志、电台、电视台、网络等，开辟专栏、专版、专题节目，宣传民防法律法规和民防建设成果。完善黄山军事公园民防教育基地，全面向社会开放，全年参观人数7000多人。是年，共发放《江阴市民防应急手册》《江阴市民防教育手册》和《中华人民共和国人民防空法》等8万册。民防稿件被各种新闻媒体录用20余篇，展出图板620余块、横幅标语50余条。重点企业和重要目标单位开展民防教育28次，受教育2300余人次。镇(街道)、社区(行政村)开展民防教育28次，受教育8000余人次。 (朱 兴)

武 警

【概况】 2014年，武警江阴市消防大队(亦称“江阴市公安消防大队”，以下简称“市消防大队”)优化队伍管理，夯实基层基础，规范执法行为，创新消防管理。年内，全市消防队接警出动3883次，出动车辆6991辆次、人员37817人次，其中扑救火警2689次，参加抢险救援688次、社会救助334次，解救被困群众170人，抢救财产价值1.95亿元。全年未发生较大以上火灾事故。是年，市消防大队被省消防总队评为宣传工作先进基层单位、信息调研先进基层单位；被无锡市公安局评为第二届无锡十大人民满意公安队所，并记集体三等功；被无锡市消防支队评为消防执法工作先进单位。

武警江阴市中队全年看守犯罪嫌疑人8912人，担负押解勤务93次，押解犯人961人，出动兵力281人次，行程3万千米。完成第二届夏季青年奥林匹克运动会、市看守所搬迁安全保卫任务，参与城市武装编队巡逻及各级大型文艺演出活动安保任务。

【消防安全教育】 2014年，市消防大队新建江阴消防宣传公众微信平台，更新维护江阴消防官网、微博和江阴暨阳论坛“消防在线”专栏，在各个网络媒体每日发送1条消防资讯和提示内容。与中国移动通信集团江苏有限公司江阴分公司合作，每月发送消防公益短信5000条，每月编发《消防手机报》2期。创办《澄色青春》内部刊物，每月一期，宣传报道重点消防工作和部队建设情况。结合法律法规宣传和开展专项行动，在江阴农村商业银行等单位开展消防教育培训215次，指导红星·美凯龙江阴店等单位开展灭火疏散逃生演练162次。分5批组织302名消防控制中心人员参加岗位资格培训。联合市安监局，分6批对全市村(社区)消防安全管理人员进行消防安全知识培训。是年，消防教育馆接待参观人员1.8万人次。

【消防监管】 2014年，市消防大队与市教育局、文广新局、建设局、安监局、港口管理局等部门开展消防联合检查15次。与市旅游部门建立星级宾馆(饭店)消防联席会议制度，召开工作例会12次。与市质监、工商部门和教育、民政部门分别开展深入推进消防产品质量专项整治和“清除火患、远离火灾”暑期学校消防安全教育、“九九”消防安全平安等行动。创新消防监管服务模式，继续完善沿江石化、星级宾馆饭店、商场市场、纺织服装等行业重点单位和片区骨干企业例会制度，每月召开一次沿江石化储存单位、星级酒店单位联席会议，每季度召开一次商场市场、纺织服装等重点行业单位例会。落实公安部消防总局《消防受理窗口建设标准》，推行服务承诺、首问负责和限时办结3项制度，建立重大重点项目“绿色通道”，将审批期限缩短至9个工作日。扎实推进安全监管智能化建设，在部分重点单位试用“消防管理通”软件系统，提高消防工作水平。优化消防审批、备案抽查工作，全年办理项目审核95项、验收73项，备案抽查412项，公众聚集场所营业前安全检查159项。加大火灾隐患查处力度，全年检查单位2277个次，组织调查火灾事故47件，提请江阴市政府挂牌督办9个重大火灾隐患单位，其中有2个提请无锡市挂牌督办。

附:2014年火灾事故情况

2014年，全市共发生火灾事故2689次，亡4人，伤7人，直接财产损失302.9万元，分别比上年增长75.29%、100%、75%和下降48.05%。继2002年以来连续第12年未发生重大人员伤亡火灾事故。

从起火场所情况看，全年共发生宿舍火灾36次，亡2人，直接财产损失3万元；居民住宅火灾384次，占火灾事故总数的14.28%，亡2人，伤2人，直接财产损失42万元；物资仓储场所火灾21次，伤1人，直接财产损失8.4万元；厂房火灾232次，亡1人，伤2人，直接财产损失157.6万元，占直接财产损失总数的52.03%；农副业场所发生火灾175次，直接财产损失2.2万元；交通工具火灾190次，直接财产损失60.6万元；垃圾及废弃物火灾979次，占火灾事故总数的36.41%，伤2人，直接财产损失4.4万元；市内高速公路汽车等交通工具发生火灾153次，比上年增加50次。

从火灾原因情况看，全年共发生遗留火种火灾1772次，占火灾事故的65.9%，亡1人，伤2人，直接财产损失36.5万元；电气火灾517次，亡1人，直接财产损失47万元；

生活不慎火灾146次,直接财产损失7.5万元;生产作业类火灾77次,直接财产损失20.7万元。

从24小时火灾分布情况看,0时至2时发生火灾71次,直接财产损失26.55万元;2时至4时发生56次,亡2人,损失13.5万元;4时至6时发生67次,伤2人,损失12.2万元;6时至8时发生112次,损失47.42万元;8时至10时发生238次,亡1人,伤2人,损失77.96万元;10时至12时发生244次,损失34.75万元;12时至14时发生288次,亡1人,伤1人,损失13.86万元;14时至16时发生344次,损失14.3万元;16时至18时发生427次,损失27.96万元;18时至20时发生437次,损失8.9万元;20时至22时发生282次,损失10.9万元;22时至24时发生123次,伤2人,损失14.55万元。

(商修涛　胡　娟)

社会治安综合治理

【概况】 2014年,江阴市政法综治工作深入贯彻落实中央、省、无锡市政法工作会议精神,紧紧围绕建设"全省社会治理创新引领区和平安法治建设示范区"目标要求,以服务改革发展为中心任务,着力推进平安江阴、法治江阴、过硬队伍"三大建设",全市社会大局实现持续和谐稳定。年内,有力有序做好社会稳定工作,建立健全经济金融风险维稳处置机制,扎实推进47项社会治理创新项目和12项法治惠民实事项目,组织开展防范和处置"两欠一逃"(拖欠工资、拖欠工程款,业主弃逃债)、集中整治执法突出问题等专项行动。是年,江阴市获全省平安县(市)11连冠,被再次确认为全省法治建设示范县(市)。

【政法机关服务改革发展】 2014年,全市政法机关以服务改革发展为中心任务,成立全市经济金融风险维稳处置工作领导小组,建立健全"控、查、追、打"四项机制,妥善审理企业破产、清算案件和重大涉企债务纠纷,有效处置一些企业因经济金融风险引发的涉稳事件。组织开展防范和处置"两欠一逃"专项行动,大力开展"送法进企"等活动,维护经济金融稳定。全面排查化解涉拆、涉建矛盾,成功处置房地产项目因无法按期交房及工程建设质量问题引发的群访集访事件。加大对涉黑涉恶、食品安全、环保、金融等领域危害民生案件的打击力度,着力办理生产、销售"毒豆芽""毒鸭血""假肥牛卷"等危害食品安全案件,审结市首件破坏土地资源刑事案件,依法严惩非法吸收公众存款、非法传销等涉众型经济犯罪,促进民生权益得到依法保障。

【维护社会稳定】 2014年,全市政法机关切实有效做好各级两会、第二届夏季青年奥林匹克运动会、中央巡视组在江苏期间、十八届四中全会以及北京APEC会议(工商咨询理事会亚太中小企业峰会)等各类重大敏感节点社会稳定工作。加强维稳情报预警,落实社会稳定评估工作全覆盖,促进各类矛盾早发现、早处置。组织开展矛盾纠纷排查化解、信访积案化解等专项行动,健全源头预防、矛盾排查、调解处置、人员稳控、心理疏导等工作机制,推行信访重点地区管理制度,有效化解信访中"骨头案""钉子案"。疏导越战老兵等群体利益诉求问题,稳妥处置少数行政村因资产管理引发的村民群访集访问题,有效调处商业地产因包租返租问题引发的涉众型矛盾。是年,建成江阴国家安全情报搜集网络,实现市国安办实体化、实效化运作;成立全市反恐工作领导小组,组建维稳处突专业队伍;通过江苏省无邪教示范区创建活动考核验收。全市没有发生有影响的敏感性事件。

【社会治理创新】 2014年,江阴市进一步提高社会管理水平,组织开展"社会治理创新实践年"活动,以项目化运作为有效路径,确定并实施安全生产智能全程监控系统、劳资矛盾分色预警动态监控系统、婚姻家庭指导中心等社会治理创新项目47项。加强社会治安防控,加大治安防范宣传力度,落实社会面大巡防机制,始终保持对抢劫、强奸等严重暴力犯罪和盗窃、诈骗等多发性侵财犯罪的严打高压态势,运用市场化手段对技防系统进行升级改造。年内,7件现行命案全部快侦快破,全市24个治安重点地区治安形势获根本性好转,公众安全感98.7%。加强对社区服刑人员、刑释解教人员、涉罪外来人员、吸毒人员等特殊人群的服务管理,未发生脱管漏管事件。加强网络安全软硬件建设,建立舆情监测平台,实施24小时舆情应对机制。激发社会组织活力,重点培育和优先发展公益慈善类社会组织,投入200万元启动公益创投项目。

【法治江阴建设】 2014年,江阴市深入推进司法体制改革试点工作,市法院审判权运行机制试点改革工作获最高人民法院充分肯定,启动实施检察院主任检察官办案责任制,市法院与检察院共同构建轻微刑事案件巡回审判机制取得明显成效,市公安局法制工作专职化机制实现刑事执法精细化,市司法局司法行政体制改革试点工作稳步进行。合法性审查各类规范性文件170余件,受理行政复议48件、审结42件,受理行政诉讼案件67件、审结63件,行政机关负责人出庭应诉率保持100%。探索建立跨部门、跨行业综合执法机制,解决权责交叉、多头执法问题。开展集中整治执法突出问题专项行动,营造公平正义执法环境。实施法治惠民实事项目12项。选聘法治建设巡视员12人,选拔54名法学优秀人员,组建法治人才库。推进青少年法治教育实践基地等法治文化示范点建设,在江阴电视台每周推出三期"法治全澄"普法专栏,组织开展交通韵律操、法治动漫、法治微电影和法治公益广告大赛,全市居民对法治江阴建设满意度96.35%。

【基层基础建设】 2014年,江阴市继续加强政法基层基础建设,结合学习"枫桥经验",探索建立村(社区)网格化管理机制。在江阴高新区、临港经济开发区设立政法委、综治委和综治办。推进全省综治信息平台建设,建成市综治电子台账系统,镇级政法综治中心、村级综治办,基本实现规范化、实体化运作。市法院滨江法庭易地重建、长泾法庭原地改建工程顺利竣工并交付使用，市检察院为民服务中心、综合办案工作区建成投运，市公安局24个驻派出所调解室全部落实到位，市司法局矛盾排查调处、公共法律服务、特殊人群管控、普法宣传教育“四大体系全覆盖”工作扎实推进。加大“民主法治村（社区）”创建力度，落实基层民主决策、管理、监督制度，村民、居民自治率分别为99.2%、98.2%，全市的30%村（社区）建成省级“民主法治村（社区）”。加强政法队伍建设，组织开展“找定位、找差距、找办法”专题讨论，严格贯彻落实各项禁令铁规，加强思想政治教育，提升群众工作水平，政法机关作风建设取得新成效。

（刘永刚）

公　安

【概况】　2014年，市公安局以服务保障全市新一轮改革发展大局为己任，深入实施品牌化发展战略，围绕率先打造平安建设示范区和公安铁军品牌目标，推进立体化、现代化治安防控体系建设，社会治安大局持续平稳，整体工作绩效继续保持无锡市领先，队伍建设水平整体提升。是年，市公安局第四次蝉联全国公安机关执法示范单位，被省委、省政府评为2011—2014年度全省社会治安综合治理先进集体，被无锡市公安局评为年度绩效优胜单位，在江阴市“万人评议机关”活动中列市政府部门单位和“两院”第2名，被市委、市政府评为“十大人民满意机关”；有66个次集体、293人次个人受到无锡市公安局以上表彰和奖励。

维护社会稳定　完善落实反恐维稳一体化长效工作机制，加强矛盾跟踪处理，对敏感性及重点领域涉稳信息列清类型、分清归属、理清思路，主动跟踪后续情况，完善重大矛盾事件建档立册和跟踪化解机制，全年重大矛盾事件建档397件，化解不稳定事件89件。推动落实矛盾联动调解机制，强化软硬件建设，规范调解流程，重点完善“警务室与村委、派出所与司法所、市公安局与相关职能部门”三级联合调解工作机制，8月，全市24个驻派出所调解室挂牌运行，公开招聘专职调解员53人，经过统一集中培训和随岗实习后持证上岗，提升化解社会矛盾特别是重大复杂矛盾能力，年内成功调处各类矛盾纠纷事件55695件，其中调处治安纠纷事件12829件、民事纠纷事件42866件，社会矛盾就地化解率80%以上。严密社会巡逻防控，按照“135”（1分钟反应、3分钟出击、5分钟解决战斗）标准，实行常态化武装巡逻守卡机制，完善由专业特警（勤）、派出所巡防和机关合成行动三级力量梯次组成的应急处突体系，狠抓扁平指挥、督导检查、实战演练，提高快速反应和临场实战能力，加强对全市要害部位、敏感区域防控，全年妥善处置各类群体性事件461件。年内先后完成第四届上海亚信峰会、第二届夏季青年奥林匹克运动会、十八届四中全会、国家公祭日等重大安全保卫工作。

维护治安安定　深入开展打击治理“两盗一扒一骗”（入室盗窃、盗窃电动自行车，扒窃，电信网络诈骗犯罪）、扫黄扫赌“无声风暴”行动、“除毒害”、禁毒会战和“打击食品药品环境犯罪深化年”等专项行动，公安内部形成横向协作、纵向联动合成化打击模式，与市检察院、法院及工商、环保、卫生、技监等部门建立联席会议、快检快诉、联合执法等常态协作机制。运用市场化手段，升级改造和补盲补缺社会面监控系统，监控系统新增签约5681个，建用5535个，路面“两抢”（抢夺、抢劫）警情比上年下降20.4%。加强重点单位安防建设，787台自助设备加装实体防护舱，安装率65.1%。建立全方位、多层次、立体式、常态化治安防范宣传机制，筑牢全民防范意识，网络电信诈骗犯罪发案率低于无锡市乃至全省水平。加强社会面安全监管，完成208个机动车维修业单位系统升级改造和103个新增单位系统安装工作。开展“缉枪治爆”、危险化学品安全生产攻坚和安全生产检查整改等专项行动，收缴各类危险物品5000余件、剧毒化学品2.6万公斤，整改各类安全隐患150余个，查处涉危案件176件179人，其中刑事案件10件。开展社会治安重点地区排查整治工作，排查出租房屋、中小旅店、娱乐服务场所、车站码头等重点部位1万余个，排查外来流动人口10万余人，查处非法出租屋和违法经营场所460余个，整改治安隐患1200余个，破获各类案件150余件，抓获犯罪嫌疑人85人。是年，破获各类刑事案件3690件，其中7件现行命案全部侦破，1件沉积15年侵财命案。故意杀人、故意伤害致人重伤或者死亡、强奸、抢劫、贩卖毒品、放火、爆炸、投毒罪“八大类”案件破案率94.8%，高出无锡市平均破案率10.6个百分点。会同张家港市公安局查处李某、王某等人开设赌场案，捣毁长期盘踞在江阴、张家港两地交界处跨区设赌的赌博团伙。立案侦查各类经济犯罪案件272件，抓获各类经济犯罪嫌疑人255人，挽回经济损失3.58亿元。破获毒品刑事案件1163件，抓获涉毒犯罪嫌疑人1351人，缴获各类毒品4117.65克。破获各类电信网络诈骗案件84件，抓获犯罪嫌疑人96人，追赃挽回经济损失600余万元。全年抓获刑事作案人员提起公诉3440人，其中侵财嫌疑人1233人；治安行政处罚6444人。

公安行政管理　市出入境管理大队推出为海外高层次人才申请“绿卡”提供咨询、缩短中国公民出入境证件办理时限、缩短外国人出入境证件办理时限、简化中国公民出入境证件申请手续，增设中国公民出入境证件受理服务点、推行网上预约办理出入境证件服务、一年内可重复使用出入境证件照片信息、新增赴台湾个人旅游签注受理、提供出入境证件办结到期提醒服务、设立出入境证件办理“绿色通道”10项承诺，配合人口管理部门落实“优化国（境）外出生人员国内户口申报手续”承诺。年内，市居民申请赴港澳再次签注办理时限由10个工作日减至5个工作日，临时过境外籍船员申请停留证件，办理时限由7个工作日减至3个工作日。全年受理审核公民因私出境申请117825人次，比上年增长14.64%，审核境外人员申办各类签证、签注2028份，比上年下降21.6%。市局车辆管理服务中心关注社会群众热点难点,加强重点车辆和驾驶人安全源头监管措施,规范工作流程,6月,第四次被评为全国优秀县级车辆管理所。年内新增汽车44651辆,比上年增长4.39%,保有量323580辆;新增摩托车3937辆,保有量95269辆;新增汽车驾驶人46379人,保有量443448人;新增摩托车驾驶人2981人,保有量180238人。市交警大队面对机动车高速增长、道路里程逐年增加、交通管理任务压力不断增大实际情况,做强做大智能化交通指挥中心。年内,13个勤务中队均建成二级分控中心,实施中心线控、域控协调、双绿波和红波控制等智能交通组织措施,实现网络、无线通信、全球定位系统联网运行,构成市公安局指挥中心、交警大队交通指挥中心、中队分控中心三级指挥平台。同时,全面实行路段承包责任制,运用人管与技管、定点与巡逻、管控与疏导、宣传与处罚相结合的办法,开展“六打六治”“酒驾”等集中整治行动,严管严处城区朝阳路等11条重点路段占道停车违法行为。全年共查处各类交通违法行为129.8万余件,其中无证驾驶3179件、酒驾2358件、醉驾584件,行政拘留743人;受理交通事故94087次,致亡277人、伤1134人,直接经济损失1094万元,分别比上年增长22.2%、下降0.36%、下降11.4%,下降5.83%。未发生死亡3人以上重大恶性事故。

【十大警务品牌】 2014年,市公安局坚持固本强基、率先发展思路,以品牌战略引领提升整体工作质态,计划用3年,实施“矛盾联调一体化、报警求助联动化、治安防控网格化、技防监控全域化、防范宣传常态化、破案打击合成化、社区警务民本化、安全监管智能化、执法服务规范化、队伍建设正规化”十大品牌工程。1月25日,专门召开任务分解会议,明确各个品牌建设责任领导和部门。按照分工要求,各部门围绕“十大品牌”总体思路,逐项制订详细规划,明确具体工作目标、任务、措施和要求,逐一突破,齐头并进,确保每个品牌工程人无我有、人有我优。是年,品牌效应初显,全市24个驻派出所调解室规范运作,发挥多层次、全覆盖矛盾调处网络和责任体系,社会矛盾就地化解率80%以上;稳步推进报警求助联动系统研发、运作规范、试点计划等工作;在升级改造12个固定卡口同时,着力发展机动化、智能型流动卡口,扎紧城市外围防线;社会面技防监控新增签约5681个,建用5535个,动态治安驾驭能力显著增强;防范宣传延伸至社会每个角落,网络电信诈骗犯罪发案率低于无锡乃至全省水平;破案打击能力明显提升,7件现行命案全部快侦快破,1件沉积15年侵财命案成功破获,“八大类”破案率94.8%,高出无锡平均破案率10.6个百分点;全市社区警务室177个、民警298人发挥自主权,进一步做亮老百姓“家门口的派出所”;强化安全监管,未发生重大安全事故,交通事故亡人数在连年下降基础上,比上年减少1人;深化新一轮执法规范化建设,全面排查整治执法安全等问题,执法质量稳步提升;坚持以零容忍态度查处各种违反警纪警规行为,全年通报并经济问责民警400余人次。

【沉积15年命案侦破】 1999年11月,犯罪嫌疑人董某乘轮船从江西瑞昌老家到江阴城区打工,上岸后发现房租较贵,遂至对岸靖江市租房落脚,并萌生在江阴盗窃“捞一把”的念头。12月1日下午,在返回江阴“踩点”后,翻围墙进入君山巷一私房行窃,被女主人朱某(时年49岁)发现,董某用刀将她砍死在家中卫生间内后逃离。案发后,市公安局成立专案组开展侦查,通过现场勘查,除提取到嫌疑人作案后留下的血衣外,并未找到更多线索,也无人目击案件发生。此后,专案组开展大量侦查工作,均未取得实质性进展。近年来随着刑事检验鉴定技术不断发展进步,市公安部门牢牢抓住嫌疑人遗留衣物,先后多次提取相关检材前往全国各地进行专门比对,寻找破案线索。2013年11月7日,市公安局DNA(脱氧核糖核酸)实验室工作人员将“1999·12·1”案件嫌疑人衣物送公安部物证鉴定中心进行技术处理比对。12月2日,公安部物证鉴定中心比对确定,现场遗留物证与全国DNA信息库中嫌疑人董某(男,53岁)为同一人。根据此结果,市公安局迅速组织专门力量开展专线查证。2014年2月底,在查悉董某落脚浙江温州地区线索后,立即派专案组奔赴温州开展工作。3月4日,在温州一暂住地将董某抓获归案。经审查,董某交代了15年前在江阴抢劫杀人的犯罪事实。

【“两盗一扒一骗”专项行动】 2014年,市公安局针对侵财犯罪特别是入室盗窃、盗窃电动自行车、扒窃、电信网络诈骗犯罪呈高发频发态势,严重影响治安稳定,人民群众反映强烈实际情况,决定从3月起在全市范围内开展为期10个月的打击治理“两盗一扒一骗”犯罪专项行动。市公安局制定实施方案,成立专项行动领导小组,并在刑警大队设立办公室,负责整个行动统筹协调和组织推进。5月起,出台《全市打击治理“两盗一扒一骗”犯罪专项行动见义勇为人员奖励办法》,每周通报发、破案同期对比和现行案件破案率情况,每月通报专项行动绩效排名情况,营造各地争先创优竞赛氛围。同时,对各级公安机关行动开展情况进行动态跟踪和强力督导检查,加强实地检查、数据跟踪、案后倒查。并结合“十大品牌”战略实施,把破案打击与源头治理、传统手段与现代科技、破案攻坚与防范宣传紧密结合,进一步创新打防管控工作机制和模式,扎实有力推进专项行动深入开展。“8·1”城东某超市百万元黄金盗窃案、要塞系列盗窃高档汽车案和江阴、惠山等地盗窃保险箱串案、“11·30”城中入室抢劫案等重特大案件均快速侦破,并先后破获江苏省、无锡市级挂牌案件30余件。至12月,全市共破获入室盗窃、扒窃、盗窃电动自行车、电信网络诈骗案件3954件,抓获刑事作案人员4273人,提起公诉2889人。其中,抓获扒窃人员比上年同期增加一倍,接连破获重大系列盗窃串案115串522件。是年,入户盗窃、盗窃电动车和扒窃发生警情分别比上年下降8.0%、21.8%和28.7%,公众安全感和群众满意度稳步提升。

【公安局群众满意度提升工程】 2014年,市公安局将提升群众满意度作为核心任务,转变理念,正确处理“金杯与口碑、机关与基层、上级与群众、爱警与爱民”关系,把全体干警思想统一到民意主导一切警务活动轨道上来。5月,出台《江阴市公安局群众满意度考评奖惩办法》,建立责任层级传递机制,实行每季度警务评议排名,严格实施评议结果对责任领导奖惩措施。在执法办案、巡防接处警、纠纷调解等方面深入查摆管理体制、机制和工作制度中不足,并加以完善,加强督导,确保制度规范刚性执行。建立常态化领导干部挂钩联系机关企事业单位、村(社区)制度,全体公安民警每人挂钩1~2个企业,定期上门服务,征求意见和建议。完善警民恳谈会制度,局领导、分局长、所领导每月到包片地区召开一次警民恳谈会。加强和规范公安服务窗口和110接处警工作,切实提高“12345”公共服务平台*相关诉求办理质量,解决好服务群众“最后一公里”问题,切实提升群众安全感和满意度。是年,市公安局在江阴市“万人评议机关”活动中,排名从上年市政府部门单位和“两院”的第20名上升至第2名,被市委、市政府评为“十大人民满意机关”。同时,群众对社会治安满意度保持在95%以上。

(商修涛 胡 娟)

检 察

【概况】 2014年,市检察院围绕江阴经济社会发展大局,顺应人民群众对公共安全、司法公正、权益保障、反腐倡廉的新期待,忠实履行宪法和法律赋予的职责,切实推动检察工作科学发展,为全市经济社会发展提供良好司法保障。是年,市检察院再次被最高人民检察院评为全国检察宣传先进单位,未成年人观护帮教工作站被中央综治办、共青团中央、中国法学会评为未成年人健康成长法制保障制度创新最佳事例,并被最高人民检察院评为未成年人刑事检察工作创新事例。全院有25个次集体、75名干警受各级表彰和奖励,其中有3人分别被评为全省检察机关先进工作者、全省优秀民事行政检察干警、全省“十佳”反渎侦查员,2人分获全省“十佳”公诉人业务竞赛“最佳专业知识奖”和无锡市刑事申诉检察“十佳”办案能手。

刑事检察 全年共受理提请批准逮捕案件816件1091人,分别比上年减少301件463人;经审查批准逮捕624件801人,分别比上年减少314件474人。受理审查起诉案件2744件3754人,分别比上年增加165件206人;经审查向法院提起公诉2597件3515人,分别比上年增加187件149人。严厉打击黑恶势力犯罪、严重暴力犯罪、多发性侵财犯罪等,加大对食品安全、环境保护、金融领域等危害民生民利案件打击力度,办理陈某等人组织、领导、参加黑社会性质组织案,沈某等人生产销售“假肥牛”135万元重特大案件。严把审查逮捕和审查起诉关,依法对282名犯罪嫌疑人作出不批准逮捕决定,对40名犯罪嫌疑人作出不起诉决定,促成20件轻微刑事案件当事人和解。完善落实刑事被害人特困救助机制,向10名救助对象发放救助金17.5万元。

查处和预防职务犯罪 深入开展查办发生在群众身边、损害群众利益职务犯罪专项工作,全年依法查办贪污、贿赂犯罪案件21件25人,渎职侵权犯罪案件6件8人,通过办案挽回经济损失1380余万元。重点查办有影响、有震动窝串案和重特大案件,立案查处科级干部10人,依法查办市住保房管局原副局长陈某等4人受贿窝案、青阳镇原副镇长周某受贿案和原申港街道人武部部长俞某受贿、玩忽职守案,依法查办无锡市人民检察院交办的惠山区住保房管局原局长吴某(副处级)受贿案。加大惩治行贿犯罪力度,对5名行贿人依法追究刑事责任。加强分析重点行业、重点领域职务犯罪发案特点、发展趋势,完善落实惩治与预防职务犯罪年度报告制度。加强重大工程建设项目专项预防,对总投资20亿元的新沟河拓浚工程进行预防,以“面对面”访谈等形式开展案例剖析会,提出预防对策。编发“莲动澄江”微信38期,提供行贿犯罪档案查询1664次,促进社会诚信体系建设。深入开展预防职务犯罪警示教育,江阴市基层干部预防职务犯罪警示教育基地投入运行。

诉讼监督 认真执行修改后的《中华人民共和国刑事诉讼法》和《中华人民共和国民事诉讼法》,依法追捕1人、追诉17人。依法办理左某等人聚众斗殴案,该案被评为全省检察机关“十大精品侦查监督案件”。提出违法情况纠正意见13次,依法提出抗诉4件,发出刑事再审建议书4份。开展羁押必要性审查工作,建议审查机关对30件案件30名当事人提出变更强制措施建议,该经验做法在全国检察机关羁押必要性审查工作研讨会上进行交流。加强刑罚执行和监管活动监督,依法监督收监罪犯3人。针对判决后收押难突出问题,与市公安局、法院等部门联合开展专项行动,及时消除社会治理隐患。加强民事与行政诉讼监督,构建多元化监督模式,对认为确有错误的民事行政裁判提请及建议提请上级检察院抗诉案件5件,发出再审检察建议案件2件,督促履职检察建议案件3件,促成和解案件12件,息诉案件23件。

【检察工作创新】 2014年,市检察院推进检察工作各项改革。开展主任检察官办案责任制试点工作,制订出台《江阴市检察院主任检察官办案责任制试行方案》,按照检察官权、责、利相统一原则,选任主任检察官9人,依法科学划分办案权限,实行“谁办案、谁决定、谁负责”措施,确保办案质量,提升办案效率,年内,主任检察官办案383件543人。推进案件信息公开,在人民检察院案件信息公开网建成案件程序性信息查询、法律文书公开、重要案件信息发布、辩护与代理预约申请4个平台,全年公开案件程序性信息1028条、法律文书163份、重要案件信息14条。深入推进涉法涉诉信访改革,完善审查甄别程序和诉访分离工作机制。推进行政执法与刑事司法衔接工作,建立信息共享平台和联席会议制度,健全完善信息共享、情况通报、联动执法等工作机制,督促行政执法部门向公安机关移送涉嫌犯罪案件31件。探索检察机关提起公益诉讼制度,年内督促起诉公益诉讼案件3件,为国家和集体挽回经济损失200余万元。

【被国家检察官学院确定为教学实践示范基地】 2013年以来,市检察院坚持把检察思想文化建设放在首位,强化理论武装,探索并实施实训实战检察教育模式。先后组织开展"合格检察官标准大讨论""汇聚正能量·提振精气神"主题教育,开设"青春激扬澄检梦"青年干警成长论坛,举办"放飞青春、激扬检察"辩论对抗赛等,深化检校共建,成立江苏省首批人文社科研究生工作站,不断创新教育模式,激发干警潜力动能,有效提升干警综合素能。2014年4月,市检察院首次被国家检察官学院确定为"教学实践示范基地(2014—2019)"。该基地是为深入推进检察教育培训改革,使检察教育培训贴近基层、贴近实践的一个载体。市检察院与国家检察官学院在教学培训、信息共享等方面以各种形式进行合作,实现双方资源的良性互动和互补优势,推动检察理论研究、检察业务建设和队伍建设等工作。

【推进行政执法与刑事司法衔接】 2014年,市检察院扎实推进行政执法与刑事司法"两法衔接"工作,先后出台《关于加强与行政执法机关工作联系的规定》《关于加强执法联系的实施意见》等文件,成立"两法衔接"工作领导小组。依托江阴市行政权力网上公开透明运行平台,建立无锡市基层检察院首个"两法衔接"信息共享平台,常态化开展信息查询、沟通与联络。建立联席会议制度,先后与江阴工商行政管理局、市食品药品监督管理局、市环保局、市国土资源局等行政执法机关召开联席会议6次,签订协作共建协议书等5份;建立备案登记制度,制作统一涉嫌犯罪案件移送书和提请检察院开展立案监督函等文书,要求行政机关在依法查处、依法移送涉嫌犯罪案件同时,同步制作移送书,报检察机关备案;建立案件会商制度,与行政执法机关、公安机关对适用法律不明确的案件加强研究,取得共识,年内对非法占用农用地案件中关于农用地的土地性质认定、"大量毁坏"的理解及鉴定等问题进行会商,有力打击违法犯罪行为;建立定期检查制度,定期组织对全市行政执法机关的专项检查或抽查活动,年内集中检查市安监局、质监局、盐务局、国税局、文广新局、卫生局、农林局、烟草局、检验检疫局9个行政执法单位,查询行政处罚案件2350件2372人,建议移送案件10件14人;建立线索移送制度,在办理审查批捕、审查起诉案件过程中,对发现的应当进行行政处罚案件线索及时移送相关行政执法部门。是年,督促行政执法机关移送涉嫌犯罪案件29件,监督公安机关立案14件。

【基层干部预防职务犯罪警示教育基地建成】 2014年,市检察院深入开展预防职务犯罪警示教育,以青阳检察室新建办公大楼为契机,配套建立基层干部预防职务犯罪警示教育基地。6月25日,融政治性、警示性、教育性于一体的基层干部预防职务犯罪警示教育基地正式启用。该基地展厅面积500多平方米,整体风格采用白墙灰瓦、小桥流水等江南元素,注重挖掘本地廉政文化资源,充分体现江阴地方文化和地域特色,设置决策篇、惩治篇、忏悔篇、犯罪心理篇、算账篇、廉吏篇和预防篇7大板块。运用声光电等多媒体互动形式,配有江阴和全国其他城市职务犯罪典型案例的图文资料、场景塑造等,通过互动体验式场景让参观者产生心灵上的震撼,将警示教育与文化熏陶有机整合起来。至年末,先后有党政机关、企事业单位、学校、医院、银行、镇村(社区)等122个单位167批5981人接受教育,实现警示教育常态化、规范化和专业化。

【派驻检察室实践与理论专题研讨会召开】 2014年10月24日,为更加扎实有效地推动检察机关派驻检察室工作实现科学发展,由最高人民检察院检察理论研究所与《人民检察》杂志社联合主办,无锡市、江阴市检察院共同举办的派驻检察室实践与理论专题研讨会在江阴召开。最高人民检察院检察理论研究所所长王守安、副所长单民,《人民检察》杂志社主编徐建波,江苏省人民检察院副检察长方晓林,以及17个省、市、自治区检察院有关领导、专家、学者和律师近60名代表参加研讨会。与会者围绕检察机关派驻检察室法律依据、职能定位、工作模式和工作重点等存在问题开展讨论,就如何加强派驻检察室办理案件、协助查办和预防职务犯罪、化解社会矛盾、开展法治宣传等方面工作进行广泛交流;观看江阴市检察院开展派驻检察室办理轻微刑事案件专题片,听取江阴市检察院检察长胡洪平介绍开展派驻检察室办理轻微刑事案件工作中所做的积极探索及取得的良好成效,实地考察调研青阳检察室工作。与会者对江阴市开展派驻检察室工作中,坚持"把群众身边的案件放在群众身边开庭,用群众身边的案件教育身边的群众,在群众的身边开庭主动接受群众监督"做法给予充分肯定。 (薛 白)

审 判

【概况】 2014年,市法院紧紧围绕"努力让人民群众在每一个司法案件中感受到公平正义"目标,依法履行审判执行职能,深入推进审判权运行机制改革,努力为促进全市经济社会平稳健康发展提供司法保障和服务。全年共受理各类案件27148件,审执结22962件,分别比上年增长16.2%和11.4%,涉案标的142.9亿元。是年,市法院被江苏省高级人民法院记集体一等功;少年庭被评为全国法院少年法庭工作先进集体,临港经济开发区人民法庭被评为全省优秀人民法庭;有24名个人受到无锡市级以上表彰。

刑事审判 全年审结刑事案件2450件,判处罪犯3273人。依法严惩故意杀人、故意伤害致人死亡或重伤、绑架、抢劫、强奸等严重暴力犯罪和盗窃、抢夺、诈骗等多发性侵财犯罪,审结此类案件1100件,判处罪犯1445人。依法打击非法吸收公众存款和组织、领导传销活动等涉众型经济犯罪,审结此类案件9件,涉案金额2.9亿元。实行职务犯罪案件专业化审理,审结此类案件19件,判处罪犯24人。规范刑事自由裁量权,依法决定逮捕1112人,判处10年以上有期徒刑30人,对956名罪行较轻的被告人适用非监禁刑。建立轻微刑事案件速裁机制,审结危险驾驶等各类轻微刑事案件625件。探索适合未成年人身心特点的审判执行方式,落实审前社会调查、轻罪记录封存、适合成年人参与诉讼等制度,参与青少年关爱教育基地共建,编写预防青少年犯罪读本,预防未成年人犯罪。

民商事审判　全年受理民商事案件15629件,涉案标的85亿元。努力通过诉讼调解达到定分止争效果,全年民事案件调解撤诉结案8837件,调撤率74.2%。通过快立、快审、快执方式,审结涉及农民工欠薪等劳动争议案件1383件,保护劳动者和用人单位的合法权益。充分发挥商事审判对规范市场秩序、促进科技创新的作用,审结买卖、加工承揽、金融借款等合同纠纷案件3871件,妥善审理企业破产、清算案件21件,其中江苏中金再生资源有限公司破产重整案,涉及资产10亿元、债务30亿元。审结商标、著作权等知识产权案件146件,主动延伸司法服务,完善知识产权司法保护联系网络,支持和引导企业实施品牌战略,营造鼓励自主创新和保护知识产权法律环境。

行政审判和环保审判　全年受理行政诉讼案件110件,审结81件,分别比上年增长155.8%和113.2%;审查非诉行政案件123件,比上年增长41.4%。针对案件数量大幅攀升、新类型案件不断涌现、涉诉行政机关持续增多情况,继续做好行政诉讼协调工作,强化对被诉具体行政行为的合法性审查,促进行政机关依法行政。开展资源环境案件"三审合一"集中审判(将涉及资源环境的刑事、民事、行政案件集中到环保合议庭统一审理),依法审理和审查噪音污染、水污染等案件34件;审结江苏省首件由检察机关提起附带民事诉讼的破坏土地资源刑事案件,被告人被判处刑罚,同时承担限期修复毁损土壤的民事责任,中央电视台、《人民日报》等中央主流媒体报道了该案。

执行工作　全年受理执行案件8570件,执结6304件,标的55.9亿元。推进执行指挥中心建设,通过"点对点"执行查询系统,实现与市公安、金融、国土等部门信息联动查询。为执行人员配备执法记录仪,通过远程视频实时指挥,实现资源整合和快速反应。加大对恶意逃避执行的制裁力度,通过网络、电视媒体和公共场所电子显示屏公布失信被执行人信息1133人次,司法拘留414人次。开通淘宝网司法拍卖平台,充分发挥网络拍卖"零佣金"、范围广、效率高优势,实现拍卖标的物交易价格最大化,全年成功拍卖涉案资产93宗,成交价4.9亿元,成交率75%,平均溢价率3.9%,其中某企业2500万股股权成交价1.3亿元。

【推进审判权运行机制改革】　2014年,市法院围绕"让审理者裁判,由裁判者负责"要求,扎实有序推进各项改革举措,逐步建立权责明晰、权责一致、监督有序、配套齐全的审判权力运行机制。探索人员分类管理,配置优质资源组建审判团队,择优选任26名政治素质高、业务能力强、审判经验丰富的审判组合主审法官,建立以法官为核心的人员分类管理体系。实行审判辅助人员单独序列管理,法官助理分为初、中、高三级,明确各自职责定位。聘用书记员实行市场化运作、职业化保障和专业化管理,根据专业技能、工作业绩确定职务等级。落实人民陪审员"倍增计划",充实合议庭审判力量,全年人民陪审员从48人增至100人。优化审判组合工作效能,以"1+N+N(法官+法官助理+书记员)"审判组合为平台,改进审判工作方式,实现类案审理专业化,每个组合审理案件类型相对固定。繁简分流效率化,做到"简案快审、难案精审"。工作统筹集约化,组合内成员各司其职、又不为职责所限,在主审法官带领下全面参与审判工作。推行婚姻家事案件"要素式"审理,节省法官庭审时间。采用案件流程"表格式"记录,实现审判信息全程留痕。落实主审法官办案责任制,建立"权力清单"和"负面清单"管理模式,"权力清单"规定院庭长的审判管理职权,"负面清单"明确院庭长不得作为事项,厘清院庭长、主审法官和合议庭成员的职权,有效去除审判权运行中的行政化问题。落实院庭长办案制,将院庭长、审委会委员编入相对固定合议庭担任审判长,侧重审理疑难复杂案件,并明确办案任务。改革审委会工作方式,落实委员回避制度,限缩审委会讨论案件范围。在立案行政、刑事、民商事、人民法庭4个业务条线分别成立专业法官会议,成为法官审判案件"智囊团"。全年院庭长、审委会委员审理案件709件,审委会召开会议30次、讨论案件68件,分别比上年下降30.2%、52.8%,专业法官会议讨论案件375件,主审法官或合议庭直接定案率为96.8%。强化审判权力监督制约,优化配置法院内部各主体的审判职责与管理职责,制定《审判执行活动监督办法》,建立以事前监督为辅,事中、事后监督为主的案件全程监督机制。制定《办案过错责任追究办法》,按照"谁审理、谁裁判、谁负责"原则,实行办案过错责任追究制度。完善法官考核评价机制,法官考评委员会综合考评法官思想品德、工作实绩、业务能力,引入第三方评价机制,作为评价法官重要依据。是年,市法院司法改革试点工作在全省乃至全国打响江阴品牌,最高人民法院院长周强作出批示"江阴法院改革经验值得总结和推广"。

【依法服务发展大局】　2014年,市法院围绕市委中心工作,制定《关于为我市实现新跨越、再创新辉煌提供司法保障的实施意见》,将党委、政府重要决策部署落实到履行司法职能之中。密切关注全市经济社会发展形势,成立经济领域突发事件应对领导小组,针对因企业主弃企逃债、资金链断裂等引发金融借款、劳动争议等系列性、群体性突发事件,提出维护经济金融秩序、确保社会和谐稳定的应对措施6项。与市政协经济社会理事会联合开展调研全市企业涉诉纠纷情况,形成客观、翔实调研报告,提出依法化解涉企债务纠纷、盘活企业资产意见和建议,为市委、市政府科学决策提供参考。针对工作中发现的事关地方稳定发展重大情况和问题,向市委、市政府报送《法院专报》19期,其中5期得到市委、市政府主要领导批示。

【完善涉诉便民机制】 2014年,市法院深化诉讼服务中心建设,落实首问负责制,推行审委会委员导诉值班制,不断提升诉讼服务质量。发挥微博、微信等新媒体便捷、互动性强特点,为当事人提供个性化诉讼指引和服务。继续推行巡回审判、"假日法庭"等便民审判方式,方便当事人诉讼。加大司法救助力度,举办"践行司法为民、救助弱势群体"为主题的司法救助工作座谈会,完善社会民间资金参与司法救助工作机制,拓宽救助渠道和来源。积极推进涉诉信访机制改革,网上信访、视频接访两大平台上线运行,进一步畅通涉诉信访渠道。完善"诉访分离"和信访案件终结退出机制,做好息诉罢访教育工作。是年,为93名困难当事人缓减免诉讼费54.8万元,向63名特困刑事被害人、申请执行人发放救助59.4万元。全年提供各类诉讼服务9200余次。 (戴 琳)

司法行政

【概况】 2014年,市司法局以"强基础,促规范,优服务,促改革"为目标,全面推进矛盾纠纷排查调处、特殊人群教育管理、公共法律服务体系、法制宣传教育"四个全覆盖"工作,为法治江阴建设做出贡献。是年,江阴市被省法制宣传教育领导小组评为"六五"普法中期先进县(市);市司法局被省法制宣传教育领导小组、省综治委特殊人群服务管理工作领导小组分别评为"六五"普法中期先进单位和全省刑释解教人员安置帮教工作先进集体;市法律援助中心被省司法厅认定为第三批"江苏省法律援助机构合格窗口";有4名个人受到省级表彰。

人民调解 加强矛盾纠纷化解组织建设,在市调处中心规范化建设基础上,全面推进镇(街道)调处中心建设,试点建设村(社区)司法行政服务站。出台完善矛盾纠纷排查分析、分级预警、信息共享、工作保障和责任追究5项制度,建立排查片格278个,组格3214个,网格单元54155个,实现网格化排查全覆盖。加大企业人民调解组织建设力度,全市500人以上企业人民调解组织组建率近90%,100~500人企业建立联络员制度的有670余个。检查指导全市24个驻公安派出所人民调解组织的组建、运行情况。组织全市350余名基层人民调解员开展"学枫桥、学模范、学身边典型"活动,提升一线人民调解员实战能力。是年,全市各级各类人民调解组织开展社会矛盾纠纷排查7328次,排查矛盾纠纷14597件;受理与调处矛盾纠纷19428件,调解成功率100%;化解和劝阻群体性上访179批次1798人次。市社会矛盾纠纷调处中心直接调处矛盾纠纷245件,其中重大疑难纠纷60件,挽回经济损失980余万元。

法律服务 整合"12348"指挥协调中心,设立市、镇、村三级公共法律服务平台,组建面向基层群众的法律服务团队和站点。成立市"三农"法律服务团,建立律师公益服务站17个,组织律师参与市领导接访接待来访群众99批661人次,聘请23名骨干律师担任市社会矛盾纠纷调处中心兼职人民调解员。开展"法润暨阳春风行动",全市律师受聘568个企业担任法律顾问,为企业避免和挽回经济损失3.4亿元,受聘110个村、社区担任法律顾问,为法律服务对象减免费用4.5万元。是年,全市164名执业律师代理案件4217件,涉及财产标的20.35亿元,索回赔欠6.33亿元;市公证处办理各类公证7701件;司法鉴定所收案918件;全市155名基层法律服务工作者受聘963个企业、村(社区)担任法律顾问,代理案件4012件,避免和挽回经济损失1.83亿元,提供法律咨询983场次8971人次。

法律援助 在构建市、镇(街道)法律援助网点基础上,延伸建成村(社区)法律援助联系点46个;新建青阳交通事故纠纷处理法律援助联系点;在祝塘、周庄、夏港等地建立法律援助站与劳动保障所突发群体性劳资纠纷联动对接援助机制。先后组织市法律援助中心工作人员、部分法律援助骨干律师及基层法律服务工作者,参加"便民服务进社区""'3·8'妇女维权日、'3·15'消费者权益保护日、'9·28'关爱老年人""法律援助进军营"等主题活动,宣传法律援助政策知识,发放宣传资料,现场解答各类法律问题。与江阴电视台"第一现场""帮女郎"等栏目共同制作涉法专题节目30余期。以"2014江阴法律援助质量规范抓手年"活动为契机,加强法律援助质量管理,组织业务培训,严格受理审查,开展质量督查,提高办案质量和服务水平。是年,全市各法律援助机构共受理各类法律援助案件1758件,接待来访来电群众咨询8619人次,接听"12348"专线电话咨询863人次,"曹法东交通事故损害赔偿案"被评为2013年度江苏省十大好案例。

社区矫正 开展排查摸底工作,重新清查2012年以来社区服刑人员,确定2013年刑释解教人员重点管控对象146人。加大监控管理力度,对重点人员落实"日报告、周见面"制度,确保"日悉"情况、"日记"动态。落实第二届夏季青年奥林匹克运动会稳定工作,开展刑满释放和解除劳动教养回归社会人员专项排查管控行动,为期3个月。推进全市社区矫正工作信息化建设,建立市社区矫正管理教育服务中心工作人员挂钩镇(街道)司法所定向指导帮带制度。落实帮教扶困,走访全市250户家庭困难的两类(社区矫正和刑释解教)对象,先后赴江苏省丁山等5个监狱延伸帮教,联合市关工委、江阴金信TA12教练团队举办"心连心——成长路上,与法相伴,与爱同行"大型联合帮教活动。是年,全市接收社区服刑人员634人,按期解矫765人,在册822人;新增刑释解教人员1274人,在册安置帮教人员3534人;组织调查评估案例1073件,采信率98%;有51名社区服刑人员受到处分处罚。

法治宣传 召开全市普法工作会议,明确公务员网上学法考法内容和要求。举办青少年法制电影展

播、模拟法庭等，出版法制故事续集《青春的歧途》。开展“农民工学法周”活动，建立邻里“学法之家”，组建法律义工小分队“送法进工地（大棚）”。开展“走基层送法进百企、走村社送法进千家”、法制夜校“送法进企业”等活动。开办由3000余人参加的企业经营管理人员讲座，编发《企业如何规避风险》普法读物。在老年大学开课《举案说法》，举行全市交通韵律操大赛，筹建江阴普法骑行队。与市环保局、人社局等14个单位联合开展“法润暨阳春风行动”广场法律咨询活动。在江阴电视台开播“法治全澄”节目，探索“两微一网”（法治微电影、微博、网站）普法新路。召开法治动漫创作会，举办法治微电影和法治公益广告大赛。开展“法润暨阳、普法惠民”活动，举办法治文艺村社行活动14场次、观众约8000余人，百场法制公益电影村社行活动100场、观众2万余人次。

【首个“12·4”国家宪法日宣传】 2014年12月4日是中国首个国家宪法日。江阴市按照统一部署，开展“千人宣誓、万人学宪”系列主题宣传活动。《江阴日报》开设专版，江阴电视台、市人民广播电台连续一周报道宣传，江阴普法网开设“12·4”宪法宣传专栏，有公共微博、微信的专业法部门开通宪法学习微话。在学院场举行千人向宪法宣誓活动，有市部委办局领导和公检法代表队、机关代表队、工人代表队、学生代表方队、部队代表方队、市民代表队400余人参加，面向国徽庄严宣誓，崇尚宪法，尊重宪法精神，认真履行法律赋予权力，服务好人民。开展百场“宪法宣讲”活动，宣讲团赴各镇（街道）巡回宣讲，各学校、社区、企业等相继组织法制讲座、宪法知识竞赛等活动。组织60余个法治创建成员单位在学院场开展现场法治宣传咨询服务活动，发放资料，解答问题，举行宪法知识有奖问答，演出法治文艺节目等。展播法治微电影，将全市法治微电影大赛评选的十佳微电影在江阴电视台“法治全澄”专栏、公交视频、广场电子显示屏等展播，提升了全民法律意识。整个系列主题宣传活动为期一个月。

【镇（街道）公共法律服务中心建设】 2014年，市司法局为整合基层司法行政资源，加快城乡法律服务中心建设。4月，走访调研各镇（街道）司法所，制订《关于江阴市镇（街道）公共法律服务中心建设的实施方案》。各镇（街道）根据实际情况，依托镇（街道）司法所和法律服务所资源，在镇（街道）社会矛盾纠纷调处服务中心或便民服务中心的基础上建成公共法律服务中心。各中心做到统一标示、统一窗口、统一上墙内容、统一制度“四个统一”。6月，全市镇（街道）公共法律服务中心全部投入运行，按照“窗口对口接待、业务对接分流、服务跟踪回访”要求，落实窗口值班、接待登记和工作对接分流、预警排查、工作情况上报以及激励机制等，规范运行。至12月底，全市15个镇（街道）公共法律服务中心完成软硬件基础建设。

【法律援助服务网络全覆盖】 2014年，市司法局构建法律援助服务网络全覆盖工作被列为市2014年度法治建设实事工程项目和社会治理创新项目之一。年内，该局推进法律援助网络体系“纵向到底”建设，打通法律援助服务群众“最后一公里”，构建“城区一刻钟、农村半小时”法律援助服务圈，做到“应援尽援”，及时解决困难群众请律师难、打官司难问题。在现有法律援助工作站（点）基础上，新增村（社区）法律援助联系点46个，实现基层村（社区）法律援助联系点100%覆盖，形成法律援助工作“全覆盖”、法律援助便民服务“零距离”的法律援助服务网。年末，全市已建立镇（街道）法律援助工作站15个，市总工会、团市委、妇联、残联、民政、消协、人武部、驻江阴部队等部门工作站9个，村（社区）法律援助联系点253个。

【未成年社区服刑人员帮教活动】 2014年2月，市司法局为提升未成年社区服刑人员帮教活动针对性和有效性，问卷调查社区服刑人员，改变“你讲我听”传统教育模式，与江阴金信TA12教练团队开设一堂别开生面法治宣传教育课。通过游戏、感召、练习、对话和分享等体验活动，让社区服刑人员与家长增进理解、信任和尊重，建立和谐亲子关系。22日，与市关工委、江阴金信TA12教练团队及广大热心公益事业义工，在市第一中学体育馆组织开展“心连心——成长路上，与法相伴，与爱同行”大型联合帮教活动，有25岁以下社区矫正对象105人参加。其间，赠送案例解读《以案释法》和法治故事集《风雪凤凰山》两本普法读本，让社区服刑人员感受社会关爱。（包丹凤）

■类目编辑　成甦萍

人力资源

综　述

【概况】　2014年，市人社局突出"民生为本、人才优先"工作主线，各项工作有序推进，为实现江阴新一轮改革发展新辉煌提供坚实的民生保障和才智支撑。年内，新增各类人才11255人，新增就业岗位5.8万个，组织招录各类人员533人（含编外用工人员）；接待劳动监察举报投诉案件3804件，受理工伤申请4480份，立案受理劳动争议案件2690件；启动第二轮全市50人以上企业人力资源经理和小微企业法人人社政策法规培训。是年，市人社局获得江苏省人社系统先进集体、江苏省人社系统优质服务示范窗口、江苏省社保系统业务档案管理优秀单位等20余项荣誉。

【市民卡公司划归市人社局管理】2014年，江阴市根据江苏省政府和无锡市政府要求，对社会保障卡管理体制进行调整，明确自8月18日起，市国信市民卡公司整体移交市人社局管理，性质为国资公司，由人社局负责人员、设备及信息资源等日常管理和社会保障相关业务管理。年内，市人社局出台《江阴市人力资源和社会保障（市民）卡网点建设及人员管理暂行办法》，为新市民卡、社保卡"双卡"发放奠定基础。

【镇（街道）人社所标准化建设工作启动】　2014年，市人社局结合江阴实际，出台《关于进一步加强我市基层人社平台公共服务标准化工作的实施方案》，全面实施江阴市基层人社站所标准化工作规范，改进和完善各项制度，进一步转变工作作风，全面提升人社公共服务质量水平及群众满意度。年内，制定《江阴市镇（街道）人力资源和社会保障所公共服务标准化实务手册》及《村（社区）协理员工作手册》，从共性、个性两个方面对人社基层站所和村（社区）协理员服务工作标准进行统一。

（辛　磊）

人才开发

【概况】　2014年，市人社局围绕人才强企"330"计划*，不断加大高层次人才和高技能人才"外引内育"力度，提升各类人才创新创造活力。年内，新增各类人才11255人，其中新引进高层次人才450人、外国专家58人；新增诺贝尔奖得主哈特穆特·米歇尔研究院1个、国家"外专千人计划"*人才1人、江苏"百人计划"人才1人、无锡"东方硅谷"社会事业领军人才2人、中介服务领军人才2人；新增高技能人才6088人，入选江苏省高技能人才1人；新增5个博士后创新实践基地；创建无锡市技能大师工作室3个，3人被评为无锡市首席技师，3名选手在第六届全国数控大赛中分获专项前十名；组织各类职业技能培训4.99万人，创业培训2305人，为420名大学生发放租房补贴200万元。是年，在国家外专局组织评比的2014年"魅力中国——外籍人才眼中最具吸引力的中国城市"评选活动中，江阴成为"外籍人才最关注的五强县"，得票数排名第一。

【人才招引】　2014年，市人社局与江阴科技镇长团联合组织55个企业参加江苏省高校毕业生就业促进月南京主会场招聘会；组织6个企业参加无锡"530"计划*企业专场人才招聘会；参加无锡"东方硅谷"人才项目、融资项目北京推介会；组织8个单位参加"百名海外博士江苏行"无锡站活动，洽谈项目14项；组织江苏阳光集团有限公司、江阴兴澄特种钢铁有限公司等4个企业参加在北京、上海举行的外籍人才招聘会；组织文教单位参加国家外专局海外信息中心在上海举办的外国文教专家项目推介会；加强与德国SES、法国ECTI等外国专家组织、意大利退休专家组织联系，为江苏阳光集团有限公司、江阴迈康升华医药科技有限公司、江苏华宏实业集团有限公司等企业成功引进7名优秀外国专家。

【引才平台建设】　2014年，江阴市加强与多个国内外知名猎头公司和中外人才机构沟通合作，从国家外专局外国专家信息库中筛选出符合江阴产业发展需要的百名海外人才信息，向江阴重点企业进行推介。新建百名日本专家信息库，在江阴国际人才网进行公开发布与推荐。与电子科技大学、西安理工大学、成都理工大学、扬州大学等6所高校就业部门签订人才合作协议，设立引才联系点，聘请13名引才顾问。

创新实施综合性区域博士后工作站建设，建立临港开发区区域性工作站，全市新增5个博士后创新实践基地，至年末，江阴共有国家级博士后工作站15个、省级博士后创新实践基地9个。

【海外工程师集聚计划】 2014年，市人社局为集聚一批具有丰富实践经验、较强创新能力、一流应用技术的海外工程师，利用海外工程师在核心技术研发、关键工艺提升等方面的优势，不断提升江阴企业自主创新能力和综合竞争力，根据《关于实施"高层次人才集聚计划"的意见》，出台《江阴市海外工程师工作室管理暂行办法》相关文件，力争用3年时间，引进100名海外工程师并建立工作室，并对设立海外工程师工作室应具备的条件及认定程序做出了具体规定。同时，正式启动江阴市海外工程师工作室申报和评选工作，对引进海外工程师设立工作室的企业还将给予一定经费资助。年内，共表彰命名10个海外工程师工作室。

【"外籍专家团智慧江阴"活动】 2014年，市人社局积极探索引智新模式，开展"外籍专家团智慧江阴"活动，改变以往引进单个专家模式，尝试引进外国专家团队。邀请日本专家团先后考察江阴倪家巷纺织有限公司等7个企业，通过对企业进行现场问诊、初诊反馈、专家会诊、诊断报告及改进建议、实施治疗方案等一系列"企业医院式"操作方法，提高服务企业效率，具有较强针对性，进一步促进企业整体水平提升，有助企业真正实现转型升级。

2014年10—11月，市人社局组织骨干企业赴高校揽才。图为东北大学招聘现场 （市人社局提供）

【"才聚江阴"系列校园招聘活动】 2014年10—11月，市人社局为更好地服务企业，提高引才成功率，在全国高校开展"才聚江阴"系列校园招聘活动，搭建企—校—才高效对接平台。向企业发放校园招聘需求征集表，根据企业意向，量身设计招聘活动行程，并广泛征求企业岗位需求，摸清企业对人才需求状况。巡回招聘分为东北线、西北线、华中线和省内线4条线路，组织31个骨干企业在全国7个省份8个城市14所高校进行揽才，共接收简历2520份，确定初步招聘意向毕业生860人，为江阴经济发展集聚高素质人才。 （辛 磊）

2014年4月22日，日本专家团在江阴倪家巷新材料有限公司现场考察 （市人社局提供）

人事管理

【概况】 2014年，市人社局以规范阳光为原则，稳步推进各项人事制度改革。开展机关事业单位在编不在岗等4类人员清理工作；正式运行机关事业单位人事信息管理系统；完成事业人员聘用岗位调整421个，变更事业单位岗位设置71个，涉及人员2.3万余人；梳理和完善各项业务办理流程，组织开展医疗卫生、教师等事业单位人员公开招录7批次295人，招聘编外用工3批次238人；安置军转干部66人；组织"江阴大学堂"授课培训3期，培训机关中层干部1120人。

【机关事业单位4类人员清理】 2014年9月，江阴市出台《关于机关事业单位超编、超职数配备、在编不在岗和党政机关借用人员清理规范实施意见》,转发无锡市《关于立即清理在编不在岗人员的通知》,建立联席会议制度。召开全市机关事业单位超编进人和在编不在岗人员清理规范工作会议,明确清理规范工作任务和重点,将全市667个机关事业单位28571名在编人员纳入清理整治范围,共清理4类人员170人,至年末已处理168人,完成率98.82%。

【事业单位招录流程和试用期制度规范】 2014年,市人社局制定《江阴市事业单位公开招聘工作业务流程汇编》,对各项业务办理流程进行梳理和完善。年内,组织开展医疗卫生、教师等事业单位人员公开招录7批次295人,招聘编外用工3批次238人。出台《事业单位新聘用人员试用期考核暂行办法》,废止卫生系统本科生3年占编不进编等相关规定,统一按照新条例试用期最长为6个月(初次就业人员聘用合同3年以上的最长为12个月)的规定施行。按照《中华人民共和国劳动法》有关规定,市级机关事业单位编外用工试用期根据合同期限确定,合同期3年以上的试用期为6个月,1年以上3年以下的试用期为2个月,1年以下的试用期为1个月。

【军转干部安置管理】 2014年,江阴市共接收安置军队转业干部66人,其中团职干部26人,营职及以下(含专业技术)干部40人。推进企业军转干部社会化管理,按照"属地管理"和"谁主管谁负责"原则,将782名企业军转干部全部移交至其居住地所在镇(街道),由村(社区)进行属地管理。春节期间和"八一"建军节前后,走访慰问企业军转干部2164人次,发放节日慰问费290余万元。年内,为全市不在岗企业军转干部发放体检卡859张,为736名企业军转干部发放报刊费18.4万元。

【工资福利管理】 2014年,市人社局编纂《工资福利工作实用手册》,着重收集2006—2014年期间国家机关、事业单位工作人员工资福利待遇、离退休待遇和保险保障等方面的有关文件规定,全面规范和提高全市工资业务经办水平。是年,完成机关公务员工资滚动升级1269人次、滚动调档4363人次;完成机关工人晋升岗位工资87人次,人均增资47.43元;完成事业单位在职人员(不含教育、卫生系统)薪级工资正常晋升审批5051人,人均增资24.24元;审批办理机关、事业单位489名工作人员因职务(岗位)变动调整工资事务,为129人办理工资转移手续,为156名因工作调动人员重新确定工资,为97名调入(招录)机关、事业单位工作人员确定工资;审核办理121人次丧葬抚恤费,为44人次办理遗属补助。

【专业技术人员管理】 2014年,市人社局以提高全市专业技术人员能力素质为目标,积极贯彻落实江苏省、无锡市专业技术人员各项政策,抓好各级各类职称申报、审核及评审,对职称申报政策进行改进、优化、创新,建立毕业学历查询验证、破格申报资格审批、申报推荐"双承诺"、申报评审责任追究、职称评审申报指导等制度,并严格职称评审纪律。年内,评出建筑工程初中级职称171人、综合工程初中级职称173人、中小学(幼儿园)教师初中级职称201人;开展大中专院校1303名毕业生职称初定工作,其中中级57人、初级1246人;开展教育系统241人专业技术初定工作,其中中级15人,初级226人;组织全市9387名专业技术人员参加第六期公共必修课考试。是年,法尔胜国家金属线材制品工程技术研究中心荣膺国家"专业技术人才先进集体"称号,5人获评无锡市有突出贡献中青年专家,建筑行业分别有264人、46人通过助理工程师、技术员专业技术资格评审。

公务员队伍建设

【概况】 2014年,江阴市认真贯彻落实江苏省、无锡市对公务员管理的新要求,坚持量质并举,加强统筹协调,规范管理过程,公务员管理规范化水平不断提升。认真做好公务员招录工作,对1300余名报考江阴市公务员职位的考生进行网上资格审查,对81名面试考生进行现场资格复审,对27名拟录用考生进行政审。组织开展公务员知识更新、岗前初任、参公登记等培训。严格公务员考核奖惩,全市4259名公务员(含参公)参加年度考核,评定优秀675人,评定称职3454人,评定基本称职3人,评定不称职1人,另118人参加考核不定等次。是年,10人因违反党纪政纪受到处分,其中开除4人,撤职1人,记过2人,警告处分3人。

【公务员招录任用】 2014年,江阴市共招录各级党政机关公务员73人,其中政府系统66人、党群系统7人,政府系统中公安队伍39人、市级机关及各镇(街道)27人。组织对124名2013年度新招录公务员进行试用期考核和任职定级。规范全市机关中层干部职务任免审批程序,任免中层干部130人,代拟政府任免文件31份。为64名干部办理调动手续,其中市外调进9人、调出本市5人、市内调动50人。

【公务员教育培训】 2014年,市人社局以公务员队伍的初任培训、在职培训、法治理念教育培训为重点,不断提高培训质量和效果。将2014年度新招录公务员、调任市管干部、省委选调生和2014年度军转干部为重点,以填空、补缺、拓新为目的,科学制订培训计划,围绕党的十八届四中全会、职业道德修养、政府危机管理、防腐倡廉等20余个专题进行培训,增强新进机关工作人员岗位适应能力。组织"江阴大学堂"授课培训3期,培训机关中层干部1120人次。开展全市公务员在职培训5212人次。组织市委党校及市国土资源局、环保局、地震办、城管执法局等单位210名工作人员进行参公登记培训和考试。

【公务员健康休养】 2014年,江阴市为调动公务员队伍工作积极性,营造努力向上、崇尚先进的工作氛围,提高优秀公务员健康水平,出台《关于建立优秀公务员健康休养制度的通知》,对按照公务员法管理和经批准参照公务员法管理的单位中年度考核连续3年获优秀等次、并经市政府发文表彰为三等功的人员开展健康休养。年内,组织全市2012及2013年荣获三等功奖励的

公务员共220人分两批赴外地健康休养。（辛　磊）

教师队伍建设

【概况】 2014年，江阴市教育系统公办学校在职人员14487人，其中公办教职工13281人，合同民办教师331人，市统招幼教教学岗位编外用工875人。公办学校专任教师13132人，其中大学教师468人、普通高中教师2088人、职业高中教师1047人、初中教师3803人、小学教师4747人、幼儿教师832人、成教教师90人、特殊教育教师57人。全市在编幼儿教师大专以上学历占98%，小学、初中、普通高中、中等职业学校教师本科以上学历分别占70.7%、92.7%、98.9%和97.6%。2014年新招录公办教师109人，其中中小学教师95人、职教教师14人；面向合同民办教师、幼教教学岗位编外用工定向招录30人；面向全市公开招考幼教编外教师99人。年内，首次评选江阴市名教师30人、名校长8人。新增江苏省特级教师5人、江苏省教授级中学高级教师2人、江阴市学科带头人122人，新增首批江阴市教育名师工作室28个。至年末，全市有江苏省人民教育家培养工程培养对象1人、无锡市中小学教育名家培养工程培养对象6人，江苏省特级教师21人，无锡市名校长4人，无锡市级骨干教师1014人，江阴市级骨干教师2236人，教授级高级职称教师13人，副高级职称2454人，中级职称8221人，中高级职称及以上教师占专业技术人员总数的81.3%。

【教师培训】 2014年，市教育局出台《关于加强我市中小学校本培训的管理意见》。全年完成各级各类培训171项、参训教师14999人次，其中江苏省级以上培训77项、参训教师1948人次，无锡市级培训23项、参训教师1841人次，江阴市级培训71项、参训教师11210人次。举办江阴教育大讲堂19期，其中教育系统10期、受训2860人次，家庭教育公益讲座9期、受训5800人次。年内，有107名教师取得硕士研究生学历，51名教师被录取为教育硕士研究生，另有在读硕士研究生212人。至年末，全市教师队伍中拥有研究生学历的教师达725人。

【教育援疆工作】 2014年2月20日，江阴实验中学副校长史建青等4名优秀骨干教师赴新疆霍城县江苏中学开展第三轮教育援疆工作。4月21日，在江阴市委党校举办2014—2016年江阴—霍城人才结对培养计划启动暨2014年春季班开班仪式，江苏省南菁高级中学与霍城县江苏中学等代表结对培养单位进行现场签约，无锡市委常委、江阴市委书记周铁根作重要讲话，市政协副主席、市教育局局长陈兴初等领导出席启动活动。10月8—25日，霍城县江苏中学校长陈华带领10名教师到江阴与江苏省江阴高级中学、江阴市青阳中学等5所学校开展对口交流活动。10月15日，霍城县教育系统业务骨干江阴秋季培训班在市委党校举行开班仪式，霍城县教育系统40名教师参加为期一个月的培训。

2014年9月10日，江苏省南菁高级中学召开庆祝第30个教师节大会

（市教育局提供）

【实施教师素养提升工程】 2014年，江阴市实施以师德、师能、身心健康为内容的教师素养提升工程，促进广大教师进一步立德树人，不断提升专业素养和身心健康水平。年内，健全师德师风建设工作长效机制，出台《关于进一步加强师德师风制度建设的意见》。强化活动推进，组织开展“中国梦·教育梦·我的梦”摄影活动、诗歌朗诵比赛、“教师读书工程”系列活动，积极推进教师义工进社区活动，全市共注册教师义工6421人。深入开展“彩虹课堂”活动，教师服务学生、服务家长、服务企业意识进一步增强，《江苏工人报》《现代快报》等媒体对此进行报道。开展十三届教师技能大赛，10名获得一等奖的教师受到市总工会、人社局联合表彰。开展“百堂讲座进校园”活动，全年举办各类健康讲座250多场。年内，市委、市政府表彰教育系统60名教书育人标兵，周庄实验小学夏德琴被评为全国模范教师，江苏省南菁高级中学马莉被评为全国优秀教师，顾山实验小学吴艳玉被授予“感动江苏教育人物——2014最美乡村教师”称号，祝塘中心小学徐美娟、江阴高级中学陈敏凤、云亭中学张海霞、江阴中等专业学校王丽娟4名教师被评为2014年江苏省优秀教育工作者。

【教师交流】 2014年，市教育局在总结“一人一校一学科”城乡结对交流活动经验上，开展“三人一校三学科”结对交流活动，组织20所初中学校结成对子，每一所优质学校、受援学校分别选拔语数外学科3名骨干教师作为指导教师和挂职锻炼教师，推动农村学校学科建设步伐，全市义务教育学校交流教师

568 人,其中骨干教师 140 人。继续探索普通义务教育“双师型”教师培养机制,全市小学体育教师 38 人、初中语文教师 22 人经过短期培训后上岗任教,有效优化教师学科结构、学段结构。开展与新疆霍城县、山西吕梁市离石区等教育结对支援活动,派出业务精干教师 26 人支教。

【校医派驻】 2014 年,市教育局根据市政府有关精神,会同市卫生局、编办、人社局、财政局等部门联合出台《江阴市学校校医派驻工作实施意见》,制定《江阴市学校派驻校医工作制度》,落实校医派驻工作保障措施,全市 19 所寄宿制学校与有关医疗卫生机构签订协议,采用“医校共建、资源共享”办法配备学校校医。 (金中南)

2014 年 9 月 5 日,市卫生局在市第三人民医院举办全市医疗机构管理干部培训班 (市卫生局提供)

卫生队伍建设

【概况】 2014 年,江阴市卫生局按照市委、市政府“人才强市战略”要求,抓住人才引进、培养、使用和激励 4 个环节,以高层次人才和基层人才队伍建设为重点,健全卫生人才补充机制,增大卫生人才总量,提升卫生人才质量,满足群众日益增长的健康需求。年内,市卫生局建立人才培养专项基金 500 万元,通过选送优秀拔尖人才赴国内外培训、开展中医药适宜技术培训、举办后备干部培训班、启动住院医师规范化培训等措施,全面提升名医、实用型人才、管理团队等各级各类人才的能力与素质;组织 98 名基层定向培养毕业生在市级医院完成为期 3 个月岗前培训并安排至社区医生岗位。是年,卫生系统新增社会领军人才 1 人,申报成功博士集聚计划 1 人;共有博士研究生 16 人、硕士研究生 337 人,高级职称 482 人、中级职称 2102 人。获国家自然基金青年项目 1 项、省级科研立项 2 项、无锡市级科研立项 7 项,江阴市级科研立项 37 项;获省级新技术引进奖 2 项,入选无锡市卫生局基层适宜卫生技术推广项目 4 项。

【卫生人才招录】 2014 年,市卫生局科学合理制订人员补充计划,建立完善符合实际需求的人员补充机制,不断充实卫生系统人才力量,提高医疗卫生机构服务能力。创新高层次人才招录方式方法,依托南京人才交流中心这一平台,以大型人才交流会为契机,抢抓机遇、抢占先机,采取现场报名、现场审核、现场面试程序,招录一批专业素质高、综合能力强的研究生及以上学历卫生人才。是年,共招录博士研究生 1 人,硕士研究生 51 人。同时,加大基层卫生人才招录力度,充实基层医疗卫生服务队伍,共招录本科及以上学历工作人员 103 人、大专及以上合同制工作人员 128 人。

【卫生人才培养】 2014 年,全面推进“人才强卫”战略,新增无锡市级“三名战略”(创名院、建名科、育名医)重点学科带头人 3 人、优秀青年人才 1 人,6 人通过无锡市名中医初评,4 名基层中医人员入选第二批省农村优秀中医临床人才培养工程。全年举办学习班、培训班等学术活动 59 期次,其中国家级继续教育项目 3 项、省级 7 项、无锡市级 19 项,参训医务人员 7000 余人;选派 10 名基层医务人员参加江苏省乡镇卫生“务实进修”项目。通过系列教育培训,进一步提高全市医疗水平和服务能力。 (缪伊莎)

■类目编辑 谢 诚

农村工作与农业

综　述

【概况】　2014年，江阴市紧紧围绕农业现代化和城乡一体化的主题，积极构建城乡统筹的科学体制和运行机制，不断深化农村改革，努力加强农村经营管理，实现农业现代化水平稳步提升，农民收入继续较快增长，农村社会和谐稳定，全市农业农村发展保持持续向好的势头。全年完成农业总产值90.2亿元，实现农业增加值54.4亿元，完成“三资”投农*10亿元，农业适度规模经营比重为83%，高效农业比重为63%，新增高效设施农业（渔业）733.33公顷，设施农业比重为18.38%；新增高标准农田666.67公顷，高标准农田比重为60.98%。全市蔬菜、畜（水）产品等主要农产品监测合格率保持在98%以上。广泛开展劳动者职业技能免费培训，完成新型职业农民培训914人，培训持证农民6560人；深入实施就业援助计划，组织各类职业技能培训4.79万人，其中创业培训2160人，城乡劳动力充分就业率95%以上。完成城保扩面，新增参保5.3万人，适龄居民养老保险参保覆盖率99.7%，居民养老保险基础养老金和被征地农民养老年龄人员月保养金标准分别调高到210元和500元。完善农村住院医疗保险和新型农村合作医疗保障体系，100%的农村社区卫生服务中心完成规范化建设，“小病进社区、大病进医院”格局基本形成，居民基本医疗保险实现全覆盖，新农合人均筹资标准提高到660元，农村残疾人村级康复室覆盖率99%以上。城乡教育高位均衡发展，农村幼儿园建成无锡市优质幼儿园覆盖率90%以上。加速公交基础设施建设，实现行政村村村通公交，完成新建改建农路桥梁10座，新建改建农村公路15千米。大力实施文化惠民工程，积极引导城乡居民文化消费，所有镇（街道）文化站实行“全年无休”开放服务，形成15分钟群众文化活动圈。大力推进体育设施城乡共享，全面完成“村村体育健身工程”，基层公共体育设施95%以上免费向社会开放。强化农村基层民主法治建设，无锡市级民主法治村（社区）建设全覆盖，85%以上的村和95%的镇达到无锡市级以上文明镇村创建标准。全面部署落实争创无锡市现代化新农村“幸福镇村”工作，建成“幸福村”31个、“幸福镇”4个。是年，在继续推进璜土镇、新桥镇先导示范镇建设的基础上，扩大创建范围，新增周庄镇、华士镇作为无锡市城乡发展一体化先导示范区后备镇，进一步放大示范效应。

（刘晓宇　吴　双）

【农民人均可支配收入全省十五连冠】　2014年，江阴市大力推行稳增长、调结构、促改革、惠民生，不断拓宽就业、创业、投资、社保和帮扶“五大增收渠道”，多管齐下促进居民增收。年内实现农村居民人均可支配收入23965元，比上年增长10.2%，连续15年名列全省县级（市）第一。其中农民人均工资性收入14834元，比上年增长8.4%；农民人均家庭经营性收入2660元，比上年增长11.7%；农民人均财产性收入4050元，比上年增长16.7%；农民人均转移性收入2421元，比上年增长9.7%。实现工资性收入、家庭经营收入、财产性收入和转移性收入4项收入同步增长。是年，全市进一步完善群众增收长效机制，推广全员实名制就业管理，建立失业预警机制，确保农村居民年可支配收入持续增长。

【农村生态文明建设】　2014年，江阴市牢固树立生态优先理念和生态底线思维，抓牢有效保护、综合治理、长效管理三大环节，以农村综合环境整治为重点，扎实推进绿化造林、污染治理、控源截污等工作，强化村庄长效管理，全面提升农村生态环境水平。年内，以建设环城森林公园5年行动计划为引领，做好冬春造林绿化工作，划定市级生态红线保护区，加强全市生态修复；大力开展农村“三清一绿”综合整治行动，以清洁水源、清洁家园、清洁田园和村庄绿化为抓手，实施工业污染、农业面源污染、生活污染“三污同治”，实现秸秆综合利用98%，测土配方施肥100%；推进“美丽乡村”建设，健全“五位一体”的村庄环境整治长效管护机制，持续改善农村人居环境。至年底，完成农村造林绿化面积391公顷，林木覆盖率23.3%，建成省级村庄绿化示范村25个，省级生态村5个，“两型社会”*示范乡镇1个。

农村管理

【**概况**】 2014年,江阴市按照全面深化改革的总体部署,以创新农村经营体制机制、保障农民集体合法权益、促进农村经济发展、维护农村和谐稳定为主线,不断健全基本管理制度,加强农村综合管理。加强村账镇(街道)代理运作,完善“三务”(党务、政务、村务)公开信息“直通车”监管平台,严格“三资三化”(资金、资产、资源的制度化、民主化和规范化)制度执行。实行民主决策和管理,落实民主理财和评议,深化“三务”公开和民主监督,切实提升村级民主治理水平,统揽农村经济全局,有效维护农民群众切身利益,为农村经济社会持续健康发展打下坚实基础。

【**被认定为全国农村集体“三资”管理示范县**】 2013年以来,江阴市以“三务”公开信息“直通车”建设为抓手,全面推行村账镇(街道)代理,不断健全农村集体“三资”管理制度,积极开展农村会计培训,切实履行审计监督职责,加强村级规范化管理。2014年4月,市委农工办先后出台《关于进一步加强全市村级管理的指导意见》、《关于进一步规范村级资金管理的指导意见》,建立健全村级集体财务预决算制度、收支管理制度、开支审批制度、债权债务管理制度、资产资源清查登记制度、资产资源经营协商和招投标等管理制度,重点明确村集体出借资金、专项资金管理、个人借资宕款、村级管理费用开支、村级举债、村集体经营性资产和资源性资产出租和处置、工程项目招投标等方面的标准和要求。农村集体“三资”管理措施的逐步完善,保障了农村集体“三资”安全完整、合理利用和稳定增值,规范了村干部行政行为,促进了农村和谐稳定。是年12月25日,江阴市被农业部认定为第二批全国农村集体“三资”管理示范县,成为无锡市唯一入选的县(市)。

【**“三务”公开信息“直通车”监管平台**】 2014年,江阴市建立完善以“三资”监管为核心的“三务”公开信息“直通车”平台,加强村级“三资”运行实时监管。在村民主理财小组、村务监督小组参与下,市委农工办组织指导各镇(街道)、村进行集体“三资”清产核资,重点核对资金的账实相符情况、债权债务情况,核实镇(街道)、村级所有固定资产和资源性资产(特别是经营性建设用地)的存量和占用状况,建立健全经营性资产、资源性资产、非经营性资产台账,明晰集体资产资源的数量、结构以及变动等情况,统一进行登记造册,并将村级资产、资源合同等信息全部录入“三务”公开信息“直通车”,实行联网运作、动态管理。该平台的建立、完善及定期数据汇总分析,方便上级部门随时监管,形成权责明确、经营高效、管理民主、监督到位的集体资产管理体制和长效机制。

村级集体经济

【**概况**】 2014年,江阴市按照深化农村改革、拓宽发展思路、创新经营理念、加大激励扶持、加强规范管理的总体要求,积极探索村级集体经济发展路径,有力推动农业农村经济转型升级。是年,全市村级集体收入总额32.2亿元,村均1245万元,其中村级收入超千万元的村50个,村级净资产总额211亿元。全市村级经济实力保持着良好的发展态势。

【**深化薄弱村脱贫转化机制**】 2014年是江阴市第八轮薄弱村扶持工作的第二年,全市因村施策,分类指导,从60个集体经济薄弱村中选定20个作为年度重点帮扶对象,组织全市97个部门、驻江阴单位、银行和百强企业采取3个市级机关部门加1个银行、1个骨干企业“3+1+1”的帮扶模式开展集中抱团帮扶。年内,组织结对部门、企业、银行等单位对2014年新确定的20个重点扶持薄弱村开展全面走访,现场把脉经济发展思路,面对面交流脱贫致富的现实路径,深入分析薄弱村面临的困难和潜在的优势,因地制宜寻找脱贫转化的突破口;号召各结对单位积极发挥自身优势,通过给物资、给技术、给项目、给政策等多种形式开展帮扶工作,逐渐由救助式扶贫转向开发式扶贫,多渠道帮助薄弱村不断增强“造血”功能。是年,针对列入本轮扶持的60个集体经济薄弱村,全市各级各类财政转移支付2.15亿元,村均84万元;市财政专门设立3000万元专项奖补资金,村均50万元;加上结对单位帮扶和村庄整治奖补,各类财政转移支付收入村均超160万元。全年全市60个薄弱村实现村级收入2.62亿元,村均收入436万元,比上年增长16%,其中33个村达脱贫标准,占第八轮薄弱村总数的55%;资产总额8.97亿元,村均1495万元,增长13%;净资产总额6.5亿元,村均1083万元,增长17%;入库税金9.55亿元,村均1592万元,增长10%;开票销售259.9亿元,村均4.33亿元,增长14.7%;薄弱村农民人均纯收入24069元,增长11.2%。

【**农村公益性事业一事一议财政奖补**】 2014年,江阴市委农工办严格按照江苏省财政厅、综改办、农委《关于下达2014年村级公益事业建设一事一议省财政奖补资金的通知》精神,迅速启动农村公益性事业财政奖补工作,按照统筹兼顾的原则建立项目库,保证各镇(街道)项目的均衡协调。为确保项目质量和成效,市委农工办对100多项申报入库项目进行实地逐一审核查看,并会同市财政局科学筛选,注重奖补项目和奖补资金尽量向薄弱村倾斜,先后商讨确定88项拟奖项目,经过现场检验最终通过86项。86项项目中,新建和维修村内道路项目56项,小型水利设施项目8项,自然村环境整治项目3项,村内文体场所项目12项,村庄道路亮化项目7项,预计总投资7653.9万元,其中争取省级财政资金1126万元,江阴配套资金216万元。该财政奖补的推行是加强农业基础建设、统筹城乡发展、促进城乡公共服务均等化的重要举措,在调动农民参与公益事业建设主动性的同时,有利于加强农村基层民主政治建设和形成村级公益事业建设多渠道投入的新机制。 (陈光普　吴　双)

农业产业化

【概况】 2014年，江阴市紧紧围绕"加快率先基本实现农业现代化"的总体目标，以现代农业园区建设为载体，以项目建设为引领，规模化发展农业，产业化经营农业，科技化提升农业，确保农业经济发展保持稳中向好的良好态势。全年发放惠农政策性补贴3236.02万元，全市粮食生产、蔬菜生产等良种覆盖率均为100%。是年，全市新开设施附加、露地葡萄、梨、桃、露地旱生蔬菜5个险种，政策性农业险种总数达13个，水稻、小麦、油菜、奶牛、能繁母猪五大品种的农业政策性保险覆盖面100%；全年农业保费收入1492.79万元，其中高效农业保费收入901.69万元，占比达60.4%；理赔金额690.86万元，比上年增长33.8%。全年落实各类农业项目138项，其中省级以上项目70项，无锡市级8项，江阴60项，并注重项目整合和监管、自查自纠力度，确保项目有效落实，发挥最大效益。全市投入5000万元用于高标准农田建设项目，主要集中在10个万亩园区，重点建设省级农业园区和城郊蔬菜基地、城南蔬菜基地、有机水稻园区、高效渔业园区。全市园区面积14000多公顷，园区化率42.7%，各园区累计投入25亿元，省级农业园区设施农业面积比重85%以上。大力实施农业重大技术推广、病虫害统防统治、合作社科技示范、现代农业信息进农家等一系列科技行动，培育农业科技创新中心1个、农业科技示范户4500户，带动农户3万户。实施农业品种更新、技术更新和知识更新"三新"工程项目3项，引进农业新品种25种、新技术30项、新模式10项。完善提升有先进服务手段、有优良专业人员、有规模示范基地、有严格责任制度、有稳定时政保障的"五有"乡镇农业服务中心建设，加强畜牧条线队伍建设，基本建立村级动物卫生防疫队伍。加强农业信息化基础设施和服务平台建设，建成江苏江阴现代农业产业园区公共服务平台及40个益农信息服务社，提高农业信息化服务水平。新建无锡市级以上农民专业合作社示范社7个，全市农民合作社累计659个，入社农户14.7万户；新增无锡市级农业龙头企业3个，24个无锡市级以上农业龙头企业实现销售收入121亿元，比上年增长10.3%；全市有家庭农场480个，其中工商登记79个，经营土地面积1313.33公顷，全市72个休闲农业观光园，吸引游客30万人次以上。是年，江阴市周庄长南现代农业园区、江阴市联业现代农业园区被评为无锡市级园区。 （刘晓宇）

【首次承担省级农产品例行监测任务】 2014年，江阴市农产品质量检测中心按照《关于开展2014年省级农产品质量安全例行监测工作的通知》精神，首次承担镇江市及所辖句容、扬中、丹徒、丹阳等区、县（市）蔬菜质量安全例行监测任务。在监测中，市农检中心严格遵守《农产品质量安全监测管理办法》有关规定，选取在当地有代表性、具有一定规模能反映当地生产情况、销售状况和管理水平的被监测单位或基地进行取样，实行异地抽检、抽检分开，并根据GB 2763－2012及茄果类蔬菜等55类无公害农产品检测目录判定产品是否合格。是年，省目标任务规定抽检各类样品任务数840份，检测甲胺磷等农残参数40个，市农检中心实际抽检样品880份，超额完成省目标任务的4.8%。

【农残检测数据采集及监控系统技术升级】 2014年，江阴市委、市政府高度重视农产品质量安全工作，高标准推动农产品质量安全信息化建设，逐步推进农产品质量安全全程控制和可追溯试点工作。是年，江阴市农产品质量检测中心将其建立的"农残检测数据采集及监控系统"进行了有效升级。系统通过提供标准数据接口的方式，在人工输入检测数据的基础上进行技术升级，对各类农药残留检测仪器及其检测数据，以程序导入等形式输入本系统，并自动对数据实现标准化或个性化的完善，从而能最大限度地利用各种检测仪器和检测资源，形成信息完整、实时、有效的网络监控体系，为政府决策部门提供真实、可靠、及时的统计分析支持。到年末，全市有28个基层检测站点利用该系统实行检测数据的实时上传。据统计，全年上传各类检测数据74264个，迈出了农残检测数据实行数字化管理的重要一步。

（金国良）

种植业

【概况】 2014年，江阴市围绕建设现代农业，以市场为导向、科技创新为手段、质量效益为目标，加快实施农产品区域布局规划，把区域资源优势转化为产品优势、产业优势和经济优势，增强农产品有效供给和市场竞争力，提高种植业整体素质和效益。全市实现种植业（农业和林业）总产值47.74亿元（其中农业产值40.1亿元、林业产值7.64亿元），占农林牧渔业总产值的53.8%。全市水稻种植面积1.42万公顷，小麦种植面积1.15万公顷；粮食总产量19.78万吨，其中夏粮5.98万吨，秋粮13.8万吨；小麦每公顷平均产量5022公斤，水稻每公顷平均产量9263公斤；稻、麦每公顷平均总效益达16240.95元，其中小麦每公顷平均效益3270.75元，水稻每公顷平均效益12970.2元。经济作物种植成效明显，全市油料作物种植面积1150公顷，总产量0.29万吨。组织开展粮食高产创建，建成8个水稻高产增效万亩片，3个小麦高产增效万亩片。全市蔬菜保护地设施栽培总面积2110公顷，其中温室（连栋大棚）124公顷，钢架大棚929公顷，普通大棚771公顷，小拱棚及地膜覆盖面积284公顷；年末蔬菜基地总面积7314公顷，其中常年菜地6371公顷，季节性菜地943公顷，全年蔬菜总产量61.6万吨；茶园面积28公顷，茶叶总产量11吨；食用菌总产量6204吨；果园面积3506公顷，水果总产量7.9万吨。年内，全市各蔬菜农药残留检测点蔬菜检测平均合格率99%，市农产品质量检测中心监测各类蔬菜样品平均合格率98%，接受江苏省、无锡市例行监测各类蔬菜样品340份，蔬菜合格率名列省内前茅；完善农产品质量安全监管公共机构职能，与种养大户(企业、基地)签订农产品质量安全承诺书3500余份；完成绿化成片造林总面积373.37公顷，其中生态林214.81公顷，经济林158.56公顷，全市林木覆盖率23.3%，完成芦花河、西横河、芙蓉湖公园、东华路、锡澄高速道口与长山大道连接线等重点绿化工程；创建省级村庄绿化示范村22个、省级森林生态村3个；全市林业火灾保险投保面积1800公顷，投保面积100%；全年未发生森林火灾，完成森林火灾控制率在1.2公顷/次以下、受害率在0.3‰以下的年度目标任务。是年，江阴市被授予省绿化造林成效显著县(市)称号；市农林局被评为省农业项目绩效管理先进单位、省植保创新先进集体。　(刘晓宇)

【稻麦病虫草害防控】 2014年，江阴市农林局植保部门贯彻落实“预防为主、综合防治”的植保方针，践行“公共植保、绿色植保”理念，强化病虫监测预警，加强防治技术研究和应用集成，坚持科学防治策略，广泛组织宣传发动，扎实开展病虫防控指导，顺利打赢“虫口夺粮”保卫战，在取得全市粮食“十一连丰”的同时，化学农药减量使用效果显著。是年，全市稻麦主要病虫草害发生面积332.07万亩次，防治面积339.72万亩次，通过防治，挽回损失58075吨，尚有损失1731吨；据测算，全市化学农药用量为878.1吨，比上年下降4.5%。

【稻麦田杂草普查】 2014年，江阴市农林局根据江苏省植物保护站的部署和要求，分别于5月和10月完成对全市稻麦田杂草的普查工作。通过对璜土、顾山、南闸3个镇(街道)90块稻麦田的典型调查，初步摸清稻麦田杂草发生种类和分布规律。全市稻田杂草有26种，分属12个科21个属，其中：单子叶杂草以无芒稗、稗、千金子、李氏禾为主要优势种，部分田块马唐、牛毛毡、杂草稻发生普遍；阔叶杂草以鸭舌草、水苋菜、节节菜、陌上菜、矮慈姑为主要优势种，部分田块稻槎菜、耳叶水苋、通泉草等发生普遍。全市麦田杂草有34种，分属13个科28个属，其中：单子叶杂草以茵草、日本看麦娘、看麦娘为主要优势种，部分田块李氏禾、黑麦草、早熟禾等发生较重；阔叶杂草以猪殃殃、大巢菜、稻槎菜、野老鹳草为主要优势种，部分田块细茎斑种草、通泉草、小飞蓬、酸模叶蓼、荠菜、碎米荠等发生普遍。市农林局通过调查，掌握了全市稻麦田草种发生较为全面、准确的数据，为切实做好稻麦田杂草防控工作，获得粮食丰收打下良好基础。　(邵益栋)

【农业试验站试验基地功能区分】 2014年，江阴市农业试验站以功能拓展、促进服务转型升级、建成特色基地为调整目标，进行试验基地功能区分，分为稻麦种植区和蔬果种植区。将祝塘镇联业农场的2.2公顷农田划定为市农试站的稻麦种植区，进行稻麦新品种引进繁育、试验、示范和展示；引进扬粳806、淮香粳15号、南粳5055和南粳46等水稻新品种，进行品比试验和示范、展示，并如期进行“澄糯218”提纯复壮生产原种。在稻麦种植区，市农试站积极开展“一对一”帮扶活动，承担联业农场37.47公顷稻麦生产的农技指导工作，确保良种繁育。将位于南闸街道原泾西村的市农试站基地5.33公顷试验田全部种植设施蔬果，划定为蔬果种植区，进行蔬果新品种引繁、试验、示范和展示；种植番茄、黄瓜、西瓜和黄秋葵等设施高效精细蔬菜，引进章姬和红颜等设施高产优质草莓果品，建成58座草莓大棚，形成一个设施完善、技术先进的蔬果园艺特色基地。市农业试验站试验基地功能区分后，其试验、示范和展示功能得到提升，成为综合性农业试验站(“大农试站”)。　(王志明)

【蔬菜生产基地建设】 2014年，按照《江阴市“菜篮子”工程蔬菜生产基地规划》要求，由江阴市鹏程农业科技发展有限公司总投资近8000万元建设的华士陆南、贡北庄和徐霞客阳庄3个板块蔬菜生产基地全部完成，建设面积166.67公顷，上半年全部投入运作。其中，位于陆南基地的江阴市中翎高科农业技术有限公司是一个和日资企业合资的植物工厂，占地面积0.1公顷，日产蔬菜300公斤。该公司采用完全封闭式工厂生产、智能式管理，具有国内领先水平，标志着江阴蔬菜设施装备水平跨上了新台阶。此外，澄南蔬菜基地邓阳片区33.33公顷新建基地已相继完工，并初见成效。全市蔬菜初步形成了布局合理、功能完善、设施配套的基地生产新格局，大大提升了蔬菜产业发展水平和市场保供能力。是年，全市蔬菜自给率60%以上，其中叶菜自给率80%。　(王东海)

【贯彻农业植物检疫宣传月活动】 2014年9月，江阴市全面贯彻江苏省农业植物检疫宣传月活动，在9月1日至30日活动期间，全市各镇(街道)利用媒体、宣传横幅、宣传标语等多种形式，广泛进行植物检疫宣传。9月22日，市农林局举办江阴市植物检疫宣传月暨植物检疫知识培训班，全市林木种子和农作物种子生产经营企业负责人及执法人员，种子管理站、植保站、农林审批窗口相关人员参加了此次培训。江苏省植物保护站科长龚伟荣应邀出席培训会，并就植物检疫知识、病情防控知识、植物检疫法律法规、行政执法等方面进行讲解。市农林行政执法大队副大队长吴飞就植物检疫相关工作作了具体部署和要求。宣传月期间，累计发放植物检疫宣传横幅16条，宣传标语1200条，宣传折页500份，植物检疫法规规章100份。通过宣传月活动，社会各界认识到植物检疫工作的重要性和必要性，提升了全社会共同做好植物检疫工作的共识。　(刘晓宇)

养殖业

【概况】 2014年，江阴市紧紧围绕“生态养殖、绿色发展”的总目标，坚持“生态化养殖、标准化生产、资源化利用”的总方针，科学指导养殖生产，严格动物疫病防控，强化质量安全监管，积极推进产业转型升级，有力保障了养殖业经济的平稳运行。全市实现养殖业(畜牧业和渔业)总产值28.83亿元(其中畜牧业产值18.26亿元、渔业产值10.57亿元)，占农林牧渔业总产值的32.5%。全市规模养殖比重为84.4%。畜禽养殖规模化、良种化、生态化发展，全年生猪出栏31万头、年末存栏29万头，羊出栏0.86万只、年末存栏0.67万只，家禽出棚868万羽，奶牛年末存栏5563头，牛奶产量2.7万吨，肉类总产量4.2万吨，禽蛋总产量0.5万吨；生猪大中型规模养殖比重为62.2%、肉禽规模养殖比重为91.2%、奶牛规模养殖比重为99.5%，与上年持平。全市共产地检疫生猪12.7万头，禽类782万羽，养殖环节无害化处理死猪1.2万头，定点屠宰检疫生猪47万头，“瘦肉精”抽样检测37050头次，抽样送检样品601份，结果均为合格，确保畜产品质量安全。水产养殖特色化、产业化、持续化发展，年末水产养殖面积3688公顷，其中鲢、草、青、鲤、鲫、鳊鱼等常规鱼养殖面积1956公顷，河蟹、虾、鮰鱼、河豚、珍珠等特种水产养殖1732公顷；水产品总产量26811吨，渔业总产值125953万元。年内，完成健康生态养殖示范创建2个；继续推进强制免疫、疫情监测、流通监管和人畜共患病防治等工作，防疫密度、消毒密度均为100%。全市养殖规模50头以上的生猪养殖场共投保生猪13.1万头，投保比例为50%。是年，江阴市被评为全省渔业行政执法工作先进单位、江苏省水产品药物残留快检工作优秀等次；江阴市水产指导站被评为省水产技术推广工作先进单位。（刘晓宇）

【池塘工程化养殖系统项目规划实施】 2014年3月，江苏省水产三项工程之一的江阴池塘工程化养殖系统项目开始规划实施。该项目主要是通过池塘工程化养殖系统的试验与示范，探索池塘水产资源节约型可持续养殖途径。该项目在江阴分4个点进行建设，其中在江阴市申港三鲜养殖有限公司南基地2公顷养殖池中建设水槽5条，建筑面积420平方米；在江阴野田里家庭农场基地5.33公顷养殖池中建水槽4条，建筑面积640平方米；在江阴联业生物科技有限公司基地1.2公顷面积中建水槽3条，建筑面积255平方米；在江阴市海量水产养殖专业合作社0.67公顷养殖池中建水槽4条，建筑面积272平方米。至年底，累计有养殖面积9.2公顷，完成集约化流水槽建设16条，建筑面积1587平方米。上述除江阴联业生物科技有限公司外，其余3个点都开展养殖试验与生产，养殖品种包括草鱼、黄颡鱼、暗纹东方鲀、蓝鳃太阳鱼4种。养殖过程中体现了集约化、工业化管理优势，养殖方式保证了养殖用水水源清洁，同时实现养殖尾水的达标排放，养殖结果体现了较好的生长优势，是推动全市环境友好型及可持续渔业发展的有效途径。（张呈祥）

【重大动物疫病防控】 2014年，江阴市农林局完善提升有先进服务手段、有优良专业人员、有规模示范基地、有严格责任制度、有稳定财政保障的“五有”乡镇农业服务中心建设，畜牧条线队伍建设得到加强，村级动物卫生防疫队伍基本建立。是年，全市共使用猪瘟疫苗160万头份，防疫猪72.91万头次；使用猪口蹄疫疫苗205万毫升，防疫猪74.85万头次；使用牛羊O型－亚Ⅰ型口蹄疫苗1.6万毫升、牛三价口蹄疫疫苗5.5万毫升，防疫牛1.76万头次、羊1.2万头次；使用高致病性猪蓝耳病弱毒苗68.8万头份，防疫猪50.9万头次；使用小反刍兽疫疫苗0.9万头份，共防疫羊0.77万头；使用禽流感H5N1二价疫苗160.5万毫升、H5N1单苗267.7万毫升，共防疫家禽631.93万羽；使用新城疫－禽流感二联苗996.7万羽份，共防疫鹌鹑、鸽子等特禽673万羽；使用新城疫疫苗290万羽份，防疫鸡179.3万羽；其他疫苗的使用也得到积极的推广。年内，常规防疫与集中防疫相结合，先后组织开展春季动物防疫、夏季高温消毒灭源、秋冬季动物防疫三大动物防疫集中行动，防疫密度、消毒密度均为100%，确保实现“力争不发生、确保不流行”的防控目标，切实做到“横向到边、纵向到底、镇不漏村、村不漏户、户不漏畜（禽）、畜（禽）不漏针”，有效保证动物疾病防控。（陆春兵）

农业机械化

【概况】 2014年，江阴市农机化工作加大资金投入力度、完善扶持政策、规范合作社建设，确保全市农机化事业继续保持快速、健康发展的良好势头。全市农机装备总投入2130.15万元，其中中央和省级财政补贴652.29万元、江阴市级财政更新补贴393万元、农民个人投入1084.86万元。是年，全市新增和报废更新各类农业机械842台（套），其中购置大中型拖拉机88台、秸秆还田机械163台、联合收割机15台、高速插秧机37台、粮食烘干机24台、植保机械67台（其中静电喷雾机35台）、施肥机8台、增氧机268台（其中曝气增氧机181台）、投饲机40台、低温保鲜设备6套、微喷设备19套。年末，全市农业机械原值2.51亿元、农业机械净值1.65亿元；农业机械作业总面积139819公顷，农业生产综合机械化水平91.22%。

【基本实现农业机械化】 2014年7月，江阴市农业机械化发展水平接受农业部农机化司及省内相关领域的领导专家学者评审。专家组认为，江阴市认真贯彻落实省委、省政府关于实施农业现代化工程的决策部署，强化组织领导，完善扶持政策，推动科技创新，提升服务水平，农业机械化实现了快速健康发展。根据《江苏省农业基本现代化指标体系（试行）》和《江苏省农业机械化水平评价指标体系（试行）》，江阴全市农业机械化水平达90%以上，其中主要农作物生产机械化水平94%左右，高效设施农业生产主要环节机械化水平70%左右，进入基本实现农业机械化发展的新阶段。

【农机购置补贴管理制度】 2014年，江阴市水利农机局首次启动了秸秆机械化还田作业面积、作业质量第三方核查机制，核查结果作为秸秆机械化还田作业补助资金发放的主要依据。7月底至8月初，市水利农机局农机科对2013年、2014年新增和报废更新机具在位情况、使用情况以及销售商售后服务情况等进行核查，对存在的问题及时进行处理。10月，市专项治理小组对农机具购置补贴资金开展重点检查，主要检查2013年度在建章立制、规范管理、政策落实、资金保障等方面情况。11月，根据《党的群众路线教育实践活动制度建设计划》文件精神，制定《江阴市农机购置补贴相关工作责任管理制度》，并印发给各镇水利农机管理服务站。该管理制度的出台明确农机科和各镇水利农机站在农机购置补贴工作中各个环节的工作责任，规范农机购置补贴政策的操作程序，建立健全农机政策落实的长效机制。

【秸秆机械化还田】 2014 年，江阴市水利农机局与市财政部门联合制定《江阴市秸秆机械化还田实施方案》《江阴市秸秆机械化还田实施办法》及《江阴市秸秆机械化还田作业标准》。根据标准，市水利农机局加大 75 马力以上大中型拖拉机报废更新和秸秆还田财政补贴力度，加强机具配备，并层层开展技术培训和指导，规范联合收割机下田必须配备和启用秸秆粉碎匀抛装置的作业要求，督促农机手严格按作业标准实施作业。同时，规范操作程序，强化管理，及时上报信息。全市夏季秸秆机械化还田面积 8580 公顷，还田率 75%；秋季秸秆机械化还田面积 4533.33 公顷，还田率 32%，超额完成省下达的任务。

【农机安全生产监管】 2014 年，江阴市农机监理所先后开展两期农机驾驶员培训班、一期全市农机监理员和四星级以上农机专业合作社安全员培训班。年内，在全市开展农机、公安联合执法检查 46 天次，出动执法人员 388 人次，检查上道路拖拉机 366 台，查处各类违法违章 88 件，并接受公安交通管理部门的委托，对道路内发生交通事故的农机进行技术鉴定，共出具拖拉机技术检验报告 15 份，各类协查回复函 45 份，作为公安机关认定、调解农机道路事故责任和处理违章的依据之一；开展安全生产检查 498 人次，监督检查单位和场所 145 个，查出安全隐患 73 处，整改 73 处，整改率 100%；全年检验拖拉机 1843 台、联合收割机 260 台、核发新号牌 115 副，核换发各类农机证件 279 本、免费发放跨区作业证 253 张。是年，全市政策性保险参保率 100%、参加检验的使用中国移动农机驾驶员都加入"平安农机通"，全市农机上牌率、持证率、年检率分别为 100%、100%、91.3%。全市农田作业未发生农机责任事故。

【农机后勤服务保障】 2014 年，江阴市农机化技术推广服务中心多次开展送技、送教、送货"三送"下乡活动，向社会公布为农服务热线电话，发放为农服务联系卡，公开承诺服务范围、服务内容、服务措施，公布服务投诉电话。农忙作业期间，市级农机服务人员分成 4 个服务小组，其中应急小组 1 个，分片分组，责任到人，技术服务人员 24 小时全天候提供免费服务，深入镇村、合作社、田间场园进行零距离对接。据统计，全市举办各类农机技术培训班 56 期，培训人员 1750 人次；服务人员共抢修各类农业机械 858 台次，现场技术指导 600 多人次；经沟通、协商，中石化在全市共设立农机供油绿色通道 24 个，确保农机用油供应。

2014 年江阴市农机动力及主要机具保有量一览

表 7

农机动力、主要机具名称	计量单位	数量	农机动力、主要机具名称	计量单位	数量
一、农机动力			四、农用运输车	台	310
柴油机	万千瓦	10.86	五、其他机械		
汽油机	万千瓦	2.05	高速插秧机	台	294
电动机	万千瓦	12.22	机械育秧设备	套	74
二、农用拖拉机			机动植保机械	台	3453
大中型	台	668	农用水泵	台	2854
小型	台	1240	六、大中型农具		
三、联合收割机			旋耕机	台	736
半喂入式	台	132	开沟机	台	403
全喂入式	台	146	秸秆还田机	台	755

2014 年江阴市主要农业机械项目作业面积一览

表 8　　单位：万公顷

项目	机耕面积	机种面积		机收面积		机械植保面积	机械秸秆还田面积
		小麦	水稻	小麦	水稻		
数值	3.5	1.13	1.42	1.15	1.42	3.87	1.36

（陆　恺）

■类目编辑　李银花

水利建设

综　述

【概况】 2014年，江阴市水利农机系统继续推进水利现代化和农业机械化建设，启动水生态文明城市创建，圆满完成年度各项建设任务。年内，全市各项重点水利工程建设进展顺利。全面推进太湖流域综合治理的重点工程新沟河延伸拓浚工程，完成投资7.8亿元（其中征地拆迁7.15亿元）；青祝河综合整治工程主体工程完工，完成质量核定及完工验收工作，区域水环境指标进一步优化；第五批中央财政小型农田水利重点县一期工程基本竣工，农田水利基本设施得到完善；中小河流治理重点县综合整治及水系连通试点一期工程全面启动建设；地下应急备用水源地工程竣工，并完成自控、绿化、道路等配套工程建设；白屈港西港堤除险加固工程等防洪工程建设基本完工，服务民生能力增强；水资源管理现代化建设、节水型社会创建以及江河水事治理等工作得到全面加强，水利行业社会管理和公共服务水平得到提升。积极抵御台风“麦德姆”“凤凰”影响，汛期沿江各闸站充分利用潮位差及动力引水3.07亿立方米，排水8.95亿立方米，保障工农业生产用水及航运、防洪排涝的需要。根据《无锡市推进水利现代化建设目标任务考核办法》的要求，以水生态保护体系、防洪减灾工程体系、水资源保障体系、农田水利工程体系、水管理服务体系、政策支撑体系六大体系建设为目标定位，水利现代化建设进程良好。是年，城东、徐霞客、新桥、顾山4个水利农机管理服务站通过无锡市水利现代化标准站验收。 （薛丁辉）

【农村河道综合整治示范镇创建】 2014年，江阴市申报临港街道为无锡市农村河道综合整治示范镇。年内，围绕示范镇创建要求，通过清淤、截污、岸坡绿化、生态修复等方式快速推进各项创建工作；建立河道长效管理考核制度，给予保洁队伍、保洁经费等方面的保障。是年，共投入资金213.87万元。其中，整治疏浚镇村级河道2条（景贤中心河、向阳河），长度3.68千米，土方4.73万立方米，投资42.57万元；整治村庄池塘3个，土方6600立方米，投资6.6万元。经过河道整治、畅流工程、土地复垦、植物绿化与长效管理相结合，临港街道生态人居环境得以改善。11月，该街道通过无锡市的整体验收，成为2014年度农村河道综合整治示范镇。（周金棋）

【节水型社会建设】 2014年，江阴市以水利科普宣传为契机大力推进节水型社会建设，广泛开展水法宣传、水法知识竞赛，以及专题讲座进企业、进单位、进乡村、进学校、进工地、进社区“水法六进”活动，增强全社会珍惜水、节约水、保护水的意识，营造良好的水利现代化和水生态文明发展环境。年内，江阴市继续实行最严格的水资源管理制度，严格用水总量控制和用水效率控制，鼓励发展循环经济和节水减排，深入推进工业、农业和居民用水等各领域节水载体创建，提升用水效率；对于工业企业，加强取水许可水量管理，优先保障低消耗、低排放项目发展，鼓励企业通过内部调整、水量置换、节水技改等方式解决发展新增用水，尤其是重点推进火电、钢铁、石化、纺织、造纸等高耗水行业企业节水技术改造，发展循环用水、串联用水、系统用水，推广节水工艺和节水型产品；推进节水型示范园区建设，创建江阴申利纺织工业园节水型工业园；强化宣传力度，积极开展节水型企业、机关、学校、社区等载体创建活动，提高公众参与创建节水型社会的积极性。至年底，江阴市万元地区生产总值取水量为46.6立方米，万元工业增加值取水量降至11.7立方米，工业用水重复利用率提高到79.1%，全市节水型社会建设成效明显。 （刁秀娟）

水利工程

【概况】 2014年，江阴市围绕县域水利现代化建设总目标，严格执行基本建设程序，强化水环境综合治理，加快农村水利建设，推进重点水利工程建设。是年，全市共完成水利工程建设投资4.75亿元，完成各类土石方455万立方米，疏浚整治河道11条22.5千米，新建护岸15.6千米，新建、改建灌排泵站61座，桥梁60座，建设防渗沟渠52.2千米，小型配套建筑物1873座。年内，按照“职能明确、布局合理、队伍精干、服务到位”的总体要求，大力推进水利现代化标准站创建。11月，无锡市财政局、水利局对城东、徐霞客、新桥、顾山4个水利农机管理服务站的工作职能、人员配置、基础设施、技术装备等四大方面进行评分，4个基层站均以高分通过无锡市水利现代化标准站验收。

【青祝河整治二期、三期工程竣工】 青祝河整治二期工程东起祝塘镇人民桥，西至徐霞客镇公益桥，总长5.74千米。主要工程量：河道疏浚5.74千米，底宽12米×16米，边坡1:2；新建护岸6.47千米，其中生态网箱5.66千米，浆砌块石挡墙0.35千米，钢筋砼悬臂式挡墙0.46千米；加固老挡墙0.47米，拆建灌溉站3座，农桥1座，总投资2833万元。三期工程东起徐霞客镇公益桥，西至徐霞客大道，总长6.26千米。主要工程量：河道疏浚6.26千米，底宽12米×16米，边坡1:2；新建护岸6.14千米，其中生态网箱4.72千米，浆砌块石挡墙1.24千米，钢筋砼悬臂式挡墙0.18千米；加固老挡墙0.50米，拆建灌溉站5座，农桥2座，总投资2970万元。二期、三期工程于2013年12月起实施，至2014年4月底完工。工程建成后，沿线乡镇百姓及农田的防洪安全得到保护，河道沿线的自然环境与社会环境也得到改善。

【长江沿线除险工程竣工】 该项工程总投资约959.98万元，2014年8月6日开工，9月6日完工。主要工程量：芦埠港闸加固、江港堤闸维修加固、白屈港抽水站除险加固、白屈港枢纽水闸除险加固、白屈港徐霞客镇峭岐社区段驳岸修复五项工程。其中，芦埠港闸除险加固工程，投资373.91万元，包括节制闸闸室及闸墩改造，工作桥、启闭机及控制房改造等；江港堤闸维修加固项目，投资262.25万元，包括沿江闸站堤防水土保持及环境治理、沿江堤防闸站宣传牌等维修改造、沿江堤防零星维修、沿江闸站房屋及零星维修等；白屈港抽水站除险加固工程，投资204.91万元，包括改造9台低压配电柜及通信设备安装，4块液晶显示器拼接单元安装及调试，液压启闭机大修，工作桥、启闭机室及长江侧护坡维修等；白屈港枢纽水闸除险加固工程，投资89.96万元，包括闸门防腐处理1730平方米，挡浪墙拆除重建166米，驳岸维修加固混凝土125.4立方米等；白屈港徐霞客镇峭岐社区段驳岸修复工程，投资28.95万元，包括新建C25钢筋混凝土压顶488米、仿木栏杆488米。该工程的竣工消除了芦埠港、白屈港等地段的防汛隐患，提高了长江沿线各港在防洪、排涝、灌溉、供水、航运及水环境保护等方面的综合功能。

【祝塘镇西旸桥西侧圩区工程竣工】 该项工程位于祝塘镇锡华河以西，原为不设防地区，主要包括马家圩、百丈里、水产新村3个圩区建设。主要工程量：新建堤防总长度1305米，其中土工模袋砼685米；新建排涝站3座，分别为郑家村排涝站、马家村排涝站和百丈里村排涝站；新建引水节制闸3座，分别为马家村引水闸和百丈里村引水闸和与排涝站结合的郑家村引水闸；铺设直径1000毫米钢筋砼预制涵管150米。工程于2012年12月5日开工建设，2014年4月5日完成，总投资1544万元。工程的竣工，有效提高了河道的调蓄能力及区域内的防洪能力。

【白屈港西港堤除险加固工程竣工】 该项工程除险加固总长514米，主要工程量：拆除重建西港堤第二、第三节完全倒塌的30米挡墙，加固滨江路桥福汇码头的454米有变形和滑移的挡墙；抛石加固东岸30米驳岸。工程于2014年3月1日开工，2014年7月8日工程完工。共完成土方开挖780立方米，土方回填780立方米，水中抛石273立方米，混凝土及钢筋混凝土6098立方米，小型钢结构31.2吨。工程总投资1165.17万元。

【白屈港灌区续建配套与节水改造项目增列工程竣工】 该项工程位于江阴市白屈港灌区长泾镇和平村、王家村，主要工程量：新建250HWG－8灌溉站3座，新建直径315毫米聚乙烯塑料管1930米、直径600毫米砼管400米、直径450毫米砼管3620米，新建小型配套建筑物(渠系配套建筑物)75座。工程于2013年12月28日开工，2014年5月19日完工。工程总投资280万元。

【月城西部水系沟通工程竣工】 该项工程在2010年月城镇将黄港河改造成生态旅游河道的基础上，主要实施月城西部从黄港河北端开始向北延伸至老三塘河，向西延伸至马圩河，沿马圩河向南至格流河，沿格流河向西661米后向南延伸至汤家村的水系沟通。主要工程量：疏浚、拓浚河道6372米，新建桥梁10座，重建节制闸1座。工程于2012年11月开工，部分河道和8座桥梁、1座节制闸于2013年6月完工，其他工程于2014年11月完工。工程总投资1700万元。

图为2014年拍摄的月城西部水系沟通工程 (郁兴东 摄)

【华士河整治工程二期项目竣工】 华士河西起张家港河，东至大河头，全长7.4千米。该项工程在镇区段华士河改造完成的基础上，对西起张家港河东至华士镇环西路区段进行整治，全长3.5千米。主要工程量：河道疏浚3450米，新建浆砌石挡墙护岸4493.9米，新建杉木桩护岸1552米，新建混凝土挡墙护岸370米，新建景观亭一座、桥梁一座。工程于2013年5月13日开工建设，2014年1月10日水下工程结束（开坝放水），5月25日整体完工。工程总投资2103.46万元。（周金祺）

防汛防旱

【概况】 2014年5月1日至9月30日汛期，江阴市总降雨量为892.2毫米，比常年同期偏多25.9%，属偏多年。梅雨期为6月20日至7月17日共28天，梅雨量261.2毫米。7月27日出现汛期最大日降雨量105.2毫米。汛期内河水位（青阳）出现20天超警戒的水位，最高内河水位出现在7月27日为4.41米，超警戒水位0.41米。汛期长江潮位出现20天超警戒的潮位，最高长江潮位出现在7月14日为5.79米，超警戒水位0.29米。5—9月气温比常年同期偏低0.3℃，其中，5月气温偏高，8月气温偏低；35℃以上高温日仅11天（5月2天，7月6天，8月3天），为2001年以来最少的一年。是年，汛期共引水30707万立方米，排水89473万立方米，全市平稳度汛。

【抵御短时间强降雨】 2014年汛期，江阴市降雨呈现集中性、区域性及雨势强的特点，出现大暴雨1天，暴雨5天，最大降雨出现在7月27日，江阴市区雨量达到105.2毫米，全市最大雨量出现在云亭街道，为138毫米。由于降雨过程短，雨势强，导致城区多处道路、多个小区出现积水，据澄江街道统计：辖区内有超过500户民居及车库进水。针对汛情，市水利农机局利用沿江水利设施全力向长江动力排水；市建设局出动抢险人员98人，车辆21辆，排水泵25台，发电机14台，采取打开检查井排水，架设泵车抽水等方式消除积水；市交通运输局出动应急人员50余人，动用车辆、防汛设备和安全标志40余台套，及时疏通排涝。至27日晚7点，全市城区路段积水基本消除、公路基本恢复正常通车。从是日8时至28日8时，沿江各闸站共向长江排水2506.82万立方米。

【防御台风】 2014年汛期对江阴市有影响的台风主要有2个：10号台风"麦德姆"和16号台风"凤凰"。受其外围影响，全市出现中到大雨，最大风力8级。全市各级防汛部门抓紧落实各项防御措施，采用多项预警预报措施。市水利农机局根据天气情况提前开启沿江闸站预降内部排涝河道水位，降雨发生后加强值班、应对有序，全面开启强降雨区的排涝泵站，并利用潮位差和动力排水的方式及时抢排涝水，使全市内河水位得到有效控制。通过全方位的防御台风工作，台风"麦德姆""凤凰"均未对江阴造成大的危害。

2014年江阴市汛期降雨量统计一览

表9

站名	汛期总雨量（毫米）	雨日（天）	汛期最大日雨量（毫米）
肖山	768.6	65	83.0
青阳	763.2	65	57.5
定波	875.0	70	87.0
气象台	892.2	70	105.2

2014年江阴市汛期水位特征值统计一览

表10

江河名	站名	最高水位（米）	日期	最低水位（米）	日期
长江（江阴段）	肖山	5.79	7月14日	2.17米	5月11日
锡澄运河	青阳	4.41	7月27日	3.27米	5月9日

（倪效欣）

水政监察

【概况】 2014年，江阴市水政监察队伍以实现业务上求精、执法上求严、管理上求新为目标，积极推进依法治水，不断强化水政监察管理职能，进一步深化队伍规范化建设，广泛宣传水法律、法规，加大水事违法案件查处力度，严厉打击长江非法采砂活动。年内，坚持开展日常巡查，出动巡查执法人员9237人次，查处各类水事违章违法行为89件。

【水法宣传】 2014年，江阴市水利农机局在第二十二届"世界水日"、第二十七届"中国水周"期间，开展多项政策宣讲、法律解读、舆论引导等活动。3月17日，走进江阴电台"空中热线"栏目，通过电波进行水法宣传；3月22日，在学院场开展主题宣传活动，发放宣传册3500余份；3月22—28日，开展水法宣传进企业、社区、学校活动，在江阴港六号码头、青阳、新桥、周庄等地分别设水法立宣点；联合江阴市第三实验小学组建节水教育基地；组织开展"河道保护志愿者"系列活动，在"中国青年志愿者服务日""学习雷锋日"期间组织河道保护志愿服务队，开展城区河道垃圾清理活动。年内，联合江阴电视台制作长江非法采砂普法节目和水法宣传微电影《网》，两档节目在江阴电视台法制频道滚动播出，取得良好的宣传效果。其中，微电影《网》荣获2014年江阴市法制微电影、法治公益广告大赛"法制微电影创作二等奖"。通过水法宣传，进一步强化了广大群众的水忧患意识，增强了水法制观念，为节约保护涉水资源、可持续发展水利发挥了重要的舆论作用。

【水事违章违法案件查处】 2014年,江阴市水政执法部门加大执法力度,严格执法监督,努力实现水行政执法工作由事后查处向教育、预防、查处并重转变。年内,积极开展“河湖专项执法检查”“加强入河排污口整治,落实最严格水资源管理制度”“青奥会环境质量保障临时管控”等专项执法、检查活动,重点对河道管理范围内非法建设、违法占用等水事违法行为进行依法查处和治理。全年各级水政监察队伍查处各类水事违章违法行为为89件(包括信访、举报53余件),处理答复率100%,拆除违章搭建162平方米,清理违章占用、堆放96平方米,铲除违章种植0.26公顷,拆除渔网鱼簖696处,毛竹3万余根,打捞废弃沉船5艘,有效维护了全市正常的水事秩序。

【长江非法采砂整治】 2014年,江阴市水政监察队伍深入开展“护江—2014”等专项行动,严厉打击长江河道非法采砂活动。年内,认真贯彻落实采砂船只集中停泊制度,对集中停泊点实行24小时不间断监控;全程规范监管江阴市桃花港段长江岸线综合整治工程吹填采砂项目,确保工程顺利实施;严格落实《水利部关于加强长江河道采砂现场监管和日常巡查工作的通知》,加大监督检查力度,对沿江各地采砂管理责任制落实情况、法规、制度执行情况和现场监管、日常巡查情况等进行检查;加强舆论监督,为加强采砂管理和打击非法采砂营造有利的社会舆论环境,鼓励对非法采砂行为进行举报,完善举报处置机制。全年组织水上巡查43艘次,出动执法车辆167辆次,执法人员746人次,开展大规模拉网式集中打击行动8次,发放《关于长江江阴水域严禁非法采砂的通告》28份,共驱离非法停泊在江阴市长江水域内的外地采砂船54艘,非法采砂行为得到遏制,实现江阴长江水域采砂管理工作有序可控。

【水政监察工作长效管理】 2014年12月4日,江阴市水利农机局制定下发《关于落实水政监察工作长效管理的意见》。该意见涵盖队伍建设、职责任务、预防管控、依法查处、工作要求、考核奖惩6个方面的内容,就水政监察工作的主要职责任务、水政监察队伍的规范化建设等做出详细规定。是月30日,江阴市举办2014年度全市水政监察工作业务培训班,邀请省水政监察总队执法科科长董万华做培训讲解,对意见相关内容进行解读。市水利农机局水政科、大队及所属中队、各水利农机管理服务站60余名水政监察人员参加此次培训。该意见的下发为各级水政监察队伍提供具有普遍指导意义和可操作性的工作指南,为建立江阴市水政监察工作长效管理机制和水行政违法案件预防控制查处体系奠定了坚实的基础。 (承 皓)

水资源管理

【概况】 2014年,江阴市水资源管理工作以构建人水和谐的水资源环境为着力点,大力推进水资源管理现代化建设和水生态文明城市试点建设,提升全市水资源保护和水资源管理能力。年内,不断推进节水型社会建设,完成包括企业、学校、社区共18项节水载体创建任务;严格执行地下水水位与水量双控制制度,开展青阳、祝塘、长泾、徐霞客四镇地下水开采专项整治,严厉打击非法取用地下水,对浅层地下水全面实施智能压采预付费系统管理。全年征收南水北调基金1008.4万元,水资源费4087.8万元。

【水资源管理现代化建设】 2014年,江阴市水利农机局根据省水资源管理现代化建设指标体系,自评估2014年江阴市水资源管理现代化建设得分为94.89分,已达到省水资源管理现代化标准。年内,市水利农机局全面开展水资源管理现代化建设,完成顾山、周庄、璜土3个水资源管理现代化示范镇创建,并通过无锡市水利局组织的验收;开展申港、东横河、应天河、冯泾河健康评估,完成报告编制工作;启动江阴高新区青阳园区规划水资源论证,开展光大环保能源(江阴)有限公司用水审计,实施江阴市鹏程农业节水智能监控工作。是年,顾山、周庄、璜土3个镇创建成为无锡市首批水资源管理现代化示范镇。

【饮用水安全保障】 2014年,江阴市高度重视饮用水水源地保护和建设,进一步加快饮水安全长效机制建设。年内,对62个水功能区实施全监测,编发水质监测通报,水功能区水质达标率43.3%,重点水功能区水质达标率66.7%,与上年持平;对地下水水位坚持每月两次监测,编发地下水监测通报;启动沿江窑港、西石桥、小湾、肖山集中式饮用水水源地达标整治工程,完成饮用水水源地达标建设方案编制工作;逐月编发集中式饮用水源地水文情报,长江肖山、小湾、窑港水源地全年水量、水质达标率100%。是年,江阴市地下水应急备用水源地工程全面建成并正式投入运行,提高了应对各类突发水源危急的能力,保障了城乡居民用水安全。

【水资源管理信息系统】 2014年,江阴市水资源管理部门进一步优化水资源管理信息系统功能,按期开展水资源管理信息系统维护。年内,完成用水大户取水信息、重点区域地下水水位、重要饮用水源地监测等水资源管理信息系统管理基础资料录入,完善取水设施软硬件故障及用水超计划预警功能,优化衔接省水资源管理信息系统和局水利信息系统;建立水资源基础管理板块,逐步提升水资源综合管理决策系统,实现水资源管理智能化及现代化。该信息系统的建立及完善,实现了水资源基础信息管理、实时服务、取水许可、地下水控制、水务管理、综合统计、水资源预警等业务功能,为严格水资源管理和加强考核提供辅助决策支持。是年,94.8%取水量纳入远程监控范畴,有效实现了用水超计划预警功能,提升了用水总量控制水平。

(刁秀娟)

■类目编辑 李银花

工　业

综　述

【概况】 2014年，江阴市工业条线面对严峻复杂的宏观形势和相互叠加的矛盾困难，坚持稳中求进的工作导向，以新常态思维应对新常态经济形势，积极应对、克难奋进，实现了工业运行稳中提质、行业结构渐趋优化、重大项目取得突破、节能降耗成效明显、信用体系基础框架基本完成、“智慧江阴”有序推进的良好发展态势。是年，全市完成工业现价总产值6522.5亿元，比上年下降1.7%，其中规模以上企业完成现价总产值6021.3亿元，比上年下降2.7%。全年完成工业开票销售6325.7亿元，比上年下降1.7%；完成工业固定资产投资478.6亿元，比上年增长3.5%；实现工业用电212.1亿千瓦时，比上年增长0.2%。全社会综合能耗1932万吨标准煤（等价法），其中全社会电力消费量237.87亿千瓦时，天然气消费量5.79亿立方米。全市单位地区生产总值能耗预计下降超5%，全市工业增加值能耗（当量法）下降至1.29吨标准煤/万元，全市规模工业产值能耗（当量法）下降至0.25吨标准煤/万元。　（庞远超）

【企业技术中心建设】 2014年，江阴市以企业技术中心建设为抓手，不断提升企业创新能力，引导全市“百强”“百佳”企业创建企业技术中心，逐步形成以企业为主体、市场为导向、产学研相结合的技术创新支撑体系。年内，全市新增中船澄西船舶修造有限公司国家认定企业技术中心1个，新增江苏华西村海洋工程服务有限公司等7个省级企业技术中心，新增江阴新顺微电子有限公司等19个无锡市级企业技术中心。至年末，全市共有国家级企业技术中心6个，省级企业技术中心60个，无锡市级企业技术中心68个，江阴市级企业技术中心41个。66个省级以上企业技术中心工作成绩显著，全年企业产品销售收入总额1756.1亿元，其中新产品销售收入596.8亿元；企业科技活动经费支出44.9亿元，其中研究与试验发展人员支出41.85亿元；从事研发人员8647人，其中高级技术职称1023人；完成科研项目844项，其中省部级以上政府科技项目91项；申请专利1129件，其中发明专利311件。

【66种新产品新技术通过省级鉴定】 2014年，江阴市有48种新产品新技术列入省重点新产品新技术开发计划，92种新产品新技术列入无锡市重点开发计划。是年，全市有66种新产品新技术通过省级新产品新技术鉴定，有9种新技术新产品列入江苏省重点新技术新产品推广应用目录，累计列入目录29种。全市新产品产值占规模工业产值比重超过37%，有力地推动了工业经济的较好发展。

【节能改造】 2014年，江阴市实施58项节能与循环经济项目，项目总投资近5亿元，年节标煤量超过15万吨，其中江苏阳光股份有限公司空压站房系统优化节能改造项目等11项项目列入江苏省节能与工业循环经济项目奖励补助名单。全年共获得国家级、省级节能专项补助资金超1000万元。江阴市成为实施国家级节能项目最多的县级市之一。

【清洁生产审核】 2014年，江阴市组织35个企业开展清洁生产审核，其中20个企业为自愿性开展清洁生产审核，共制定各类清洁生产改造方案及措施175项。所有方案及措施全部实施后，每年可节电2389.485万千瓦时、节煤50926吨、节天然气42.78万标准立方米、节蒸汽3万吨、节水15万吨等，减排二氧化硫361.58吨、减排氮氧化物175吨、减排废水14.5万吨、削减烟尘排放200吨。同时，每年可为企业创造经济效益1亿元。是年，江阴市对78个入选“万家企业节能低碳行动”企业（由国家发改委等部门研究确定）部署开展能源管理体系建设等一系列工作，并促成了一批节能项目，“十二五”期间78个入选企业累计节约标准煤150万吨。

【综合利用】 2014年，江阴市完成8个综合利用企业和1个综合利用电厂（机组）的换证和新认领申报认定工作。全市综合利用认定企业（电厂）数量累计达到27个，年综合利用固废总量超过500万吨，为实现全市固体废物无害化、减量化和资源化奠定了基础。

【“三高两低”企业专项整治】 2014年，江阴市结合自身产业结构实际，遵循整体与局部相结合、集中与长效相结合、突出行业和重点企业相结合的原则,继续深入开展淘汰落后产能、关停“三高两低”*企业工作,努力推进工业经济转型升级,取得显著成效。年内,关停“三高两低”企业89个,其中化工企业25个,铸造(冶炼)企业27个,全面完成市政府下达的目标任务。

(吴勇翔　吴　明　吴　鹏)

工业性投资

【概况】 2014年,江阴市在建及竣工项目489项,项目总投资636.45亿元,年内完成投资478.55亿元,比上年增长3.5%,其中技改项目438项,技改投资373.27亿元,增长4.2%,占全年完成投资的78%。按投入内容分:设备投资315.84亿元,占完成投资总量的66%;土建投资162.71亿元,占完成投资总量的34%。按行业结构分:机械行业完成投资125.14亿元,占完成投资总量的26.15%;电子信息行业完成65.72亿元,占完成投资总量的13.73%;轻工行业完成53.87亿元,占完成投资总量的11.26%;纺织行业完成38.85亿元,占完成投资总量的8.12%;新材料、新能源行业完成34.6亿元,占完成投资总量的7.23%;冶金行业完成32.77亿元,占完成投资总量的6.85%;金属制品行业完成31.95亿元,占完成投资总量的6.68%;化工医药行业完成27.87亿元,占完成投资总量的5.82%。

【重点项目】 2014年,江阴市工业重点项目有50项,固定资产总投资405.12亿元,年计划投资105亿元。其中47项项目开工建设,完成投资103.2亿元,完成年度计划的98.3%。已开工项目中,32项为新开工项目,年内完成投资52.9亿元,15项为上年结转项目,年内完成投资50.3亿元。全市50项重点项目中,江阴中昌节能科技有限公司空冷器成套设备项目、江阴中新传动技术有限公司汽车精密部件加工项目、江阴全华丰精锻有限公司汽车差速器项目、江苏恒创包装材料有限公司年产60000吨BOPP(双向拉伸聚丙烯)薄膜技改扩能项目、江苏启良停车设备有限公司搬迁扩能改造项目、江阴和创服饰有限公司年产200万件高档羽绒服项目、江苏采纳医疗科技有限公司医疗器械耗材项目、江阴华东机械有限公司重型机械智能化装备项目、江苏海伦石化有限公司EPTA(中纯度精对苯二甲酸)扩建项目、江苏高通矿山工程新材料有限公司隧道矿山支护新材料项目、远景能源国际有限公司新建大型智能风电机组项目、江苏大明重工有限公司高端金属制品深加工项目(一期)、常州丽宝第帝彩新材料有限公司青阳分公司新颖高端运动商务地板项目、江阴市中凯热模锻有限公司年产6万吨热模锻机械零部件项目、江苏新达科技有限公司混炼挤出机设备生产项目、江阴市创新气门嘴有限公司TPMS通信技术及高性能终端设备项目、江阴东鋆光伏科技有限公司太阳能光伏电池片及组件扩能项目、江苏兴业聚化有限公司功能性薄膜项目等18项项目基本竣工或投产,全年完成投资44.3亿元。江苏瑞德新能源科技有限公司高效光伏电池用电子导电浆料研发与产业化项目列入工信部2014年工业转型升级强基工程实施方案,获得中央专项扶持资金1346万元。

(吕　英)

新兴产业

【概况】 2014年,江阴市新能源、新材料、车船及机械装备、生物医药、电子信息等新兴产业完成规模产值2509亿元,比上年增长2.47%,增速较传统产业提升8.48个百分点,占全市规模产值的比重达41.7%。是年,全市新兴产业完成投资231.8亿元,占全市工业投资总量的48.4%。

【新能源产业】 2014年,江阴市新能源行业完成规模产值458.1亿元,比上年增长13.06%,占全市规模工业的比重达7.61%。全市新能源产业以光伏产业和风电装备制造业为发展重点。光伏产业涵盖硅料生产、单晶硅拉棒(多晶硅铸锭)、硅片切割、电池片生产、组件封装和专用生产设备制造等多个环节,并在分布式电站建设上取得突破,逐步跻身终端应用领域,形成较为完整的产业链条。全市风电产业基本形成包括风电特钢、轮毂、塔座、主轴、塔筒、法兰、齿轴、轴承座、机舱罩、特种涂料等关键零部件相互配套发展的格局。是年,受国家新能源发展战略扶持,行业回暖等多重利好因素的拉动,江阴新能源行业发展态势良好。江阴企业积极把握利好政策出台和市场回暖契机,加大科研攻关、模式创新,取得优异成绩。远景能源(江苏)有限公司借“智”发力,通过掌握智能风机的核心控制智能技术,大幅提升现有风机的发电效率,开辟企业独有的发展空间,正式签署新西兰“智慧城市”战略合作框架,当年度企业首次实现“产值、开票销售”双超百亿元,领跑全市新能源行业;江阴浚鑫科技股份有限公司对接央企,与中国建筑材料集团有限公司深度合作,谋求企业发展新台阶,并取得突出成效,正式更名为中建材浚鑫科技股份有限公司;海润光伏科技股份有限公司资本市场有作为,顺利完成非公开发行49250万股新股,募集资金总额380210万元,创江阴上市公司再融资最大规模纪录。分布式电站上显作为,江苏爱康科技股份有限公司等企业瞄准终端市场,加快建设自有和合资并网电站,探索分布式盈利模式,成效显著。

【石化新材料产业】 2014年,国际原油价格一路走低,年末均价与年初均价相比跌幅近50%,其下游石化产品价格随之下滑,给石化行业带来巨大压力。江阴市石化行业积极应对,保持住了稳健态势,未出现大的滑落。江阴市石化新材料产业主要产品包括:精对苯二甲酸(PTA)、苯乙烯、可发性聚苯乙烯(EPS)、聚酯切片(PET)、聚酰胺(PA)、乙酸丁酯、沥青、不饱和聚酯树脂及聚苯乙烯上游原料苯乙烯、特种涂料上游偏酐,下游特种薄膜、工程塑料等,产品种类较为齐全。9月,江苏海伦石化有限公司的二期PTA项目正式投产,全市石化产能再次扩大,已具有年产PTA240万吨、磷酸42万吨、苯乙烯42万吨、沥青220万吨等的生产能力。是年,江阴市石化新材料产业完成规模产值837.3亿元,比上年下降2.11%,占全市规模工业的比重为13.91%。

【车船及机械装备产业】 2014年,江阴市车船及机械装备产业内部发展态势各异,船舶生产企业手握大笔订单,生产势头红火;汽车制造领域招商有亮点,项目引进取得历史性突破;机械行业受下游市场需求减弱影响,总体运行态势低迷。江苏扬子江船业集团公司和中船澄西船舶修造有限公司作为江阴市船舶制造的两大龙头,向上态势不减,在手订单充足,生产任务已排至2016年年底,在全国乃至全球造船行业表现亮眼。2014年5月22日,总投资超70亿元的华泰汽车集团自动变速箱项目成功签约落户江阴,从根本上改变了江阴一直以来的“有船无车”局面,为全市车船及机械装备产业的未来进一步做大做强添上“车翼”。是年,江阴市车船及机械装备产业全年完成规模产值986.4亿元,比上年增长3.1%,占全市规模工业比重为16.38%。

【电子信息产业】 2014年,国家从长远战略角度出发,正式成立集成电路产业投资基金,力推国内半导体企业做大做强,赢得核心技术话语权。江阴企业江苏长电科技股份有限公司抓住机会,在国家产业基金的帮助下,一举收购全球第四大封装厂——新加坡上市公司星科金朋有限公司,成功完成全球封测业最大并购案,奠定公司国际封测巨头地位。同时,长电科技积极牵手中芯国际集成电路制造有限公司,正式签约建设具有12英寸凸块加工(Bumping)及配套晶圆芯片测试(CP Testing)能力的合资公司,为全市电子信息行业再添利好。在江苏长电科技股份有限公司的有力带动下,全市电子信息产业已形成包含集成电路芯片设计及生产、新型电子元器件、光通讯、数码视听、计算机及网络、射频识别(RFID)和特种光缆等在内的产品结构,并逐步建成业内领先的集成电路产业基地。是年,江阴市电子信息产业完成规模产值181.3亿元,比上年下降6.09%,占全市规模工业的比重为3.01%。

【生物医药产业】 2014年,在国内市场需求不断扩大的拉动下,江阴生物医药产业新老企业齐发力,整体发展势头强劲。全市生物医药产业已涉足中、西医药,医药设备,生物疫苗等多种产品的生产,并在中药配方颗粒、畜牧兽用疫苗领域取得一定市场地位。生物医药产业作为全市工业经济的后起之秀,正逐步展现其生机和活力。年内,江阴天江药业有限公司总投资6亿元的新厂区项目生产设备于年内安装调试完毕,并在6月通过生产质量管理规范(GMP)认证,企业产能将增至原来的3倍,极大缓解企业产品供不应求的情况,企业前景继续看涨;江苏南农高科技股份有限公司获评中国畜牧饲料行业诚信标杆企业,企业研发的猪圆环病毒2型灭活疫苗(SH株)销售状况良好;扬子江生物医药加速器孵化工作见成效,先后有3位诺贝尔奖得主在园区创建研究院,44个企业(孵化器)入驻,入驻率超过80%,其中江阴力博医药生物技术有限公司有红细胞处理试剂盒(洗脱放散法)等数项一类医疗器械产品获得注册证,企业销售收入年增长率超30%,发展前景光明。是年,江阴市生物医药产业完成规模产值45.8亿元,比上年增长20.48%,占全市规模工业的比重为0.76%。

规模经济

【概况】 2014年,江阴市有规模以上工业企业1459个,比上年末增加34个。规模企业共计完成现价总产值6021.3亿元,比上年下降2.7%;完成工业增加值1186.6亿元,比上年增长2.8%(可比价);实现利税527.6亿元,比上年增长2.3%,其中规模利润353.7亿元,比上年增长4.3%。全市规模工业资产总计6072.4亿元,比上年增长6.2%;所有者权益合计2541.9亿元,比上年增长15.2%。全市规模工业产品销售率为97.41%,比上年下降0.2个百分点;销售利税率9.15%,成本费用利润率6.47%,工业增加值率19.71%。年内,全市有11个企业入围2014年中国企业500强。至年末,全市有营业收入超百亿元企业(江阴范围)12个,有纳税超亿元企业31个。

【“百强”工业企业】 2014年,江阴市“百强”工业企业完成工业总产值4191.9亿元,比上年增长0.16%,占全市规模工业的69.6%;完成产品销售收入4049.2亿元,比上年下降0.07%,占全市规模工业的70.25%;实现利税392.41亿元,比上年增长4.22%,占全市规模工业的74.38%,其中利润284.7亿元,比上年增长7.59%,占全市规模工业的80.49%。

2014年江阴市“百强”工业企业一览

表11　　　　单位:万元

企业名称	产品销售收入	利税总额	工业总产值	合计入库税金
江苏华西集团公司	2612607	211857	2839459	58628
江苏扬子江船业集团公司	939383	446663	1209086	100668
海澜集团有限公司	3066860	496829	2208353	165001
江苏利电能源集团	734772	284489	697998	115353
江阴兴澄特种钢铁有限公司	2773806	200416	3445631	108105

续表 11

企业名称	产品销售收入	利税总额	工业总产值	合计入库税金
双良集团有限公司	1608067	140024	1895459	62294
江苏法尔胜泓昇集团有限公司	1803588	131904	1793861	63819
江苏阳光集团有限公司	2370266	210454	2434590	79983
江阴苏龙热电有限公司	234074	100674	232526	45812
瀚宇博德科技(江阴)有限公司	500884	39512	500884	20445
江苏新长江实业集团有限公司	2679144	157720	2500376	43449
江苏三房巷集团有限公司	3089430	55993	3095269	20504
江苏西城三联控股集团有限公司	1262011	-16412	1825633	8681
江阴江东集团公司	815153	73236	825078	23099
江苏利安达集团有限公司	293118	52086	458258	31462
江苏富仁集团有限公司	167082	29450	152059	15034
江阴新和桥化工有限公司	399149	4239	313248	10627
江苏海达科技集团有限公司	786562	52666	771967	18490
江阴天江药业有限公司	143574	58781	144545	21536
江阴澄星实业集团有限公司	1259613	162483	1228311	13292
江苏新潮科技集团有限公司	691167	66078	695183	15574
云蝠投资控股有限公司	93545	18325	94878	9836
中石油江苏燃料沥青有限责任公司	356981	43392	368295	15537
中船澄西船舶修造有限公司	536121	-29186	535605	12956
江苏华宏实业集团有限公司	1034826	40357	1118732	14113
江苏倪家巷集团有限公司	583587	40159	537558	9769
阿法拉伐(江阴)设备制造有限公司	109378	32496	103837	18088
远景能源(江苏)有限公司	1041168	163428	1067475	21665
江阴热电有限公司	87018	29948	89166	11996
江阴福汇纺织有限公司	219915	2571	227541	14676
阿尔法(江阴)沥青有限公司	496737	35540	527766	7598
江苏中印印务集团有限公司	68597	20127	70431	9263
江阴市申澄集团有限公司	192800	12616	200833	6352
江阴模塑集团有限公司	526880	60480	531560	11217
江苏红柳床单有限公司	293725	4982	173332	8821
江阴德玛斯特钻具有限公司	54590	4347	76861	3679
江阴协统汽车附件有限公司	58265	4801	58556	6011
中联重科股份有限公司江阴分公司	144375	20094	150110	3977
帝斯曼工程塑料(江苏)有限公司	311115	22309	309084	13948
江阴中南重工集团有限公司	75696	7858	63472	4562
江阴联通实业有限公司	173476	17416	171000	7163

续表 11

企业名称	产品销售收入	利税总额	工业总产值	合计入库税金
江苏吉鑫风能科技股份有限公司	164999	10000	150660	14965
江苏苏利精细化工股份有限公司	51489	8376	53261	1872
建滔电子材料(江阴)有限公司	236533	10298	242608	6413
江阴市茂达棉纺厂有限公司	32671	2120	32199	3404
江阴宝柏包装有限公司	91344	9344	106828	7734
江苏焱鑫科技集团有限公司	144464	16751	152559	7495
江阴海达橡塑股份有限公司	89340	13962	95022	5734
江阴绮星水泥有限公司	121080	8216	117413	4873
江阴信邦电子有限公司	76408	7155	75939	9814
江苏澄阳投资有限公司	76290	4773	76865	3149
江阴派克吉英包装有限公司	14635	3223	17606	2467
申达集团有限公司	85615	5610	85724	3315
江阴凯澄起重机械有限公司	43029	8053	42788	4842
江苏向阳集团有限公司	238520	16169	239519	5204
江阴市天华纱业有限公司	139917	14189	170800	7676
江苏嘉盛新材料有限公司	280130	835	350012	3198
联合铁钢(中国)有限公司	143854	－3986	133077	3147
江苏宝利沥青股份有限公司	163086	5916	185730	3460
江苏新华发集团有限公司	64071	8700	68513	7544
江苏省宏晟重工集团有限公司	62814	2171	68738	3431
江阴加华新材料资源有限公司	24515	－1715	31613	3859
江阴南泰家纺用品有限公司	122432	7441	149538	6483
江苏省振新实业有限公司	60652	4027	63450	4739
威茨曼金属制品(江阴)有限公司	34165	11627	33610	5005
江苏佼燕船舶设备有限公司	24492	3528	24682	1717
江苏标榜装饰新材料股份有限公司	65431	4586	64994	2970
江阴市华澄实业有限公司	55373	－3050	70132	2007
江苏海陆科技股份有限公司	51569	5922	51203	2775
江阴市电工合金有限公司	159138	10651	153682	5592
江阴市华方新技术科研有限公司	51395	6809	53519	3614
海润光伏科技股份有限公司	779396	5533	844816	8070
江苏华兰药用新材料股份有限公司	37875	3269	38653	2793
江阴市长龄机械制造有限公司	20270	5579	33336	2633
江苏升辉投资集团有限公司	54006	6623	51774	2865
江阴市华骏机械有限公司	24502	4774	25000	2847
江阴新仁科技有限公司	66895	22614	48422	5383

续表 11

企业名称	产品销售收入	利税总额	工业总产值	合计入库税金
江阴振宏重型锻造有限公司	60333	5451	68934	2879
江苏广信感光新材料股份有限公司	23905	6094	22193	2956
江苏新锦澄钢铁集团	147344	1744	185264	1038
江阴杜奥尔科技有限公司	44449	6542	44660	3599
江苏精亚集团有限公司	60051	7504	60031	4883
江苏康妮集团公司	81582	4119	85987	3612
无锡百川化工股份有限公司	97531	-1142	119692	1667
江阴美纶纱业有限公司	88590	9138	86400	2921
江阴黄山船舶配件有限公司	18510	3690	19450	1986
江阴市创新气门嘴有限公司	77747	7340	84426	2922
中粮麦芽(江阴)有限公司	91675	14006	96033	4356
江苏蝙蝠塑料集团有限公司	309472	22470	295138	3256
江苏苏青水处理工程集团有限公司	57833	6034	60067	2999
江阴启新纺织有限公司	120571	-2618	125527	2566
无锡圣马科技有限公司	50307	3220	51666	2616
江阴江化微电子材料股份有限公司	35311	10439	34807	5087
江阴康丽服装有限公司	30526	2143	30877	1645
江阴市华盛印刷有限公司	42283	2033	42129	1988
江阴朗博特钻杆制造有限公司	10224	-1791	9280	1991
江阴市长乐新科技电源有限公司	124345	13768	130970	1750
江阴福斯特纺织有限公司	217844	40306	255686	2625
江阴东辰机械制造股份有限公司	34433	-168	34780	1701
江苏大娘食品有限公司	25243	2521	27187	1924

【11个企业入围中国500强】 “2014中国500强企业高峰论坛”于9月1—3日在重庆市举行。会上,2014年中国企业500强名单揭晓。江阴市有11个企业上榜,数量较上年增加1个。具体入围企业分别是:江苏西城三联控股集团有限公司,完成营业收入530.89亿元,列第223位;江苏华西集团公司,完成营业收入472.24亿元,列第255位;江苏新长江实业集团有限公司,完成营业收入472.06亿元,列第256位;海澜集团有限公司,完成营业收入430.06亿元,列第277位;江苏三房巷集团有限公司,完成营业收入415.34亿元,列第283位;江阴澄星实业集团有限公司,完成营业收入408.42亿元,列第286位;江苏阳光集团有限公司,完成营业收入337.24亿元,列第345位;江苏扬子江船业集团公司,完成营业收入300.93亿元,列第387位;江苏双良集团有限公司,完成营业收入287.75亿元,列第400位;江苏法尔胜泓昇集团有限公司,完成营业收入249.61亿元,列第469位;江苏新华发集团有限公司,完成营业收入238.69亿元,列第491位。会上,2014年中国制造业企业500强名单同步揭晓,江阴市共有13个企业上榜,除上述11个企业外,还有江苏华宏实业集团有限公司、江苏海达科技集团有限公司2个企业入围。

【营业收入超百亿元企业】 2014年,江阴市有12个企业(江阴范围)营业收入超百亿元。分别是江苏华西集团公司、江阴兴澄特种钢铁有限公司、江苏三房巷集团有限公司、海澜集团有限公司、江苏法尔胜泓昇集团有限公司、江苏新长江实业集团有限公司、江苏阳光集团有限公司、江阴澄星实业集团有限公司、双良集团有限公司、江苏西城三联控股集团有限公司、江苏华宏实业集团有限公司和远景能源(江苏)有限公司。

【纳税超亿元企业】 2014年,江阴市工业企业入库税金超亿元的共有31个,其中税金超10亿元企业有4个,分别是:海澜集团有限公司,实现入库税金16.5亿元;江苏利电能源集团,实现入库税金11.54亿元;江阴兴澄特种钢铁有限公司,实现入库税金10.81亿元;江苏扬子江船业集团公司,实现入库税金10.07亿元。税金5亿元~10亿元的企业有4个,分别是:江苏阳光集团有限公司,实现入库税金8亿元;江苏法尔胜泓昇集团有限公司，实现入库税金6.38亿元；双良集团有限公司，实现入库税金6.23亿元；江苏华西集团公司，实现入库税金5.86亿元。税金1亿元～5亿元的企业有23个。 （庞远超）

民营工业经济

【概况】 2014年，江阴市民营经济完成注册资金1876.07亿元，比上年增长18.3%，其中私营企业完成注册资金1562.47亿元，比上年增长20.7%；个体工商户完成注册资金36.86亿元，比上年增长28.6%。全市民营经济实现增加值1805.26亿元，比上年增长8.0%，占全市经济增加值的65.6%，其中第一产业实现增加值38.17亿元、第二产业实现增加值1109.46亿元、第三产业实现增加值657.63亿元。实现税收收入181.66亿元，比上年增长8.6%，占全市上缴税金的53.0%。其中私营企业上缴税金99.16亿元，比上年增长9.4%；个体工商户上缴税金7.61亿元，比上年下降24.3%。完成固定资产投资806.87亿元，比上年增长1.5%，占全社会投资的77.1%。实现消费品零售总额193.86亿元，比上年增长6.4%，占全市消费品零售总额的77.1%。

【"百佳"民营中小企业】 2014年，江阴市创新型、拟上市"百佳"民营中小企业（以下简称"百佳"企业）实现开票销售收入360.11亿元，比上年增长8.51%；实现工业总产值369.12亿元，比上年增长10.61%；实现利税25.82亿元，比上年增长27.6%；入库税金10.5亿元，比上年增长7.87%。

2014年江阴市"百佳"民营中小企业一览

表12　　　　单位：万元

企　业　名　称	产品销售收入	利税总额	工业增加值	合计入库税金
江苏博大数控成套设备有限公司	6818	877	1528	422
江阴市东杰纺机专件有限公司	6154	1371	2124	684
江阴市蓝天机械制造有限公司	7068	1001	2635	620
江阴市恒阳石油机械有限公司	9115	526	1527	695
江阴苏派服装集团有限公司	13032	4218	7466	941
江阴市盛凯环保设备有限公司	6656	506	1524	269
江苏大江石油科技有限公司	22332	-5696	7568	142
江苏双友重型机械有限公司	1884	-397	213	76
江阴市液压油管有限公司	22588	1925	4518	1607
江阴市三杰实业有限公司	20661	1392	4042	931
江苏国光重型机械有限公司	38355	1328	5569	518
江阴市润信电器配件有限公司	24241	520	5664	778
江阴市鸿萌橡塑制品有限公司	15247	633	1884	662
江苏申港电磁线有限公司	21942	665	5159	336
浚鑫科技股份有限公司	219975	9549	74518	2319
江苏中煤矿山设备有限公司	10752	-401	1605	493
无锡联信离合器有限公司	4476	296	956	225
江阴市振江钢结构有限公司	16754	20452	6282	1620
江阴市虹桥机械制造有限公司	8095	1028	3425	847
江阴市宏泽氯碱设备制造有限公司	12910	2428	3091	832
江阴市海华橡塑有限公司	9686	708	1302	669
江阴众和电力仪表有限公司	9274	2338	2196	1236
江苏方程电力科技有限公司	7120	1510	2185	547
江阴长仪集团有限公司	17193	3880	5414	445

续表 12

企业名称	产品销售收入	利税总额	工业增加值	合计入库税金
江阴市惠尔信机械有限公司	11647	2940	1686	964
江阴市镍网厂有限公司	21444	314	3811	549
神宇通信科技股份公司	38285	5990	5242	1036
江苏常隆客车有限公司	17307	-4321	404	373
江阴三知工控机械有限公司	6089	1579	480	1014
江苏界达特异新材料股份有限公司	72703	1750	19403	790
江苏秋林重工股份有限公司	37164	5113	7753	2192
江阴市北海救生设备有限公司	16675	1178	2494	1251
江阴泰富沥青有限公司	81774	5876	5786	1178
江苏裕华汽车零部件有限公司	15376	-2063	1708	619
江阴市南方不锈钢管有限公司	18613	53	3413	522
江阴市洪腾机械有限公司	16211	1193	2811	1111
江阴海江塑胶制品有限公司	15031	1389	2725	73
江苏星源航天材料股份有限公司	48718	-51	4204	1030
江苏新达科技有限公司	21821	2113	3821	900
江苏泓源光电科技有限公司	17006	1217	3875	1066
江阴尔福莱容器制造有限公司	22153	1627	4948	1043
江阴市澳星电气有限公司	8891	590	1030	314
江苏大阳光辅股份有限公司	32706	5802	6203	2381
江阴圆方机械制造有限公司	10315	741	2816	440
江苏南农高科技股份有限公司	9599	4102	6600	1190
江阴市三鑫精密钢管有限公司	33949	1246	7015	823
江苏安科瑞电器制造有限公司	11307	1023	1314	492
江阴康瑞不锈钢制品有限公司	52279	7924	9991	335
江苏和时利新材料股份有限公司	29657	3740	14816	1226
江阴海陆冶金设备制造有限公司	17575	3033	2171	1770
江苏爱康太阳能科技股份有限公司	146070	5994	27504	2894
江阴博尔汽配工业有限公司	13372	1141	4520	611
江苏龙华集团有限公司	32982	1152	5942	565
江阴华东装饰材料有限公司	69531	4834	17989	987
江阴金凤特种纺织品有限公司	10620	643	2548	487
江阴市华诺新型材料有限公司	230520	428	19656	344
江阴方圆环锻法兰有限公司	60096	2985	7443	2217
江苏海豹集团	91901	530	9520	3943
江阴市江顺模具有限公司	22961	2404	5120	1171
江阴市润玛电子材料有限公司	17164	5620	4877	1739
江阴延利汽车饰件有限公司	6531	1143	2576	587
江阴龙盛塑胶有限公司	30806	2181	8853	1398

续表 12

企业名称	产品销售收入	利税总额	工业增加值	合计入库税金
江阴奥派交通装备有限公司	11013	1611	3388	654
江阴市恒润重工股份有限公司	70280	9376	12975	3525
江苏龙鼎集团有限公司	73592	680	9791	350
江阴市万事兴汽车科技集团	32242	2821	10094	1604
江苏宝力重工科技有限公司	35906	2898	5912	3035
江阴市强力化纤有限公司	241553	3018	26264	880
江阴市凯华机械制造有限公司	6826	698	726	583
江阴鑫联金属制品有限公司	29773	6247	2891	2973
江阴市比图特种纸板有限公司	23100	1514	6306	1067
无锡共成交通器材有限公司	19368	2242	7143	1688
江阴通利光电科技有限公司	20715	6953	7695	180
江阴市恒大纱业有限公司	10121	1600	3927	419
江阴市明康电子科技有限公司	39272	1401	8561	294
江阴兴吴呢绒科技有限公司	41427	3903	9798	1525
江阴市京澄玻璃有限公司	27391	137	11449	466
无锡鸿昌精密机械有限公司	5313	537	1848	206
江阴市汇通印刷包装机械有限公司	15530	847	3181	692
江苏亿金环保科技股份有限公司	22241	4199	4288	1707
江阴华新电器有限公司	31388	2856	7573	1294
江阴市百舸有色金属材料有限公司	303178	15124	72653	1412
江阴市林盛机械有限公司	20109	2303	4279	2527
江苏贝德时装有限公司	56815	6004	17690	1671
无锡鹰贝机械有限公司	21422	2040	5566	1468
江阴市友佳珠光云母有限公司	12876	5800	4991	792
江苏恒泽复合材料科技有限公司	45929	8390	18856	2259
江苏瑰宝集团有限公司	24190	3144	9053	925
江苏鼎力重工集团	11821	829	3491	958
江苏一同环保工程技术有限公司	17870	2211	2692	812
江阴三林机械管件有限公司	12249	553	1539	94
江阴市第三铸造机械有限公司	18391	1437	4186	1557
江阴市恒丰钢绳制品有限公司	28902	295	7063	370
江阴市东发管件制造有限公司	23203	412	3770	801
江阴齿轮箱制造有限公司	28343	2484	5118	1712
江阴大地装备股份有限公司	24296	286	5845	1610
中建钢构江苏有限公司	132472	4384	30467	1775
江苏格尔顿传动有限公司	14750	9691	3394	929
江苏中泰桥梁钢构股份有限公司	41077	3480	15398	348
中铁建电气化局集团康远新材料有限公司	56994	2025	13748	385

【“百佳”企业调整】 2014年,为充分体现“百佳”企业发展潜力大、成长性突出、产品科技含量高等特点,对“百佳”企业阵容进行适当调整。江阴市茂达棉纺厂有限公司、江苏佼燕船舶设备有限公司、江苏标榜装饰新材料股份有限公司、江阴市电工合金有限公司、江阴市华方新技术科研有限公司、江苏华兰药用新材料股份有限公司、江阴新仁科技有限公司、江阴市黄山船舶配件有限公司、江阴江化微电子材料股份有限公司9个“百佳”企业晋升“百强”企业;无锡市厚德自动化仪表有限公司、江阴市双烽板式换热器有限公司、江苏阿波罗复合肥有限公司、江阴市华源科技有限公司、江阴东方港晟金属制品有限公司、江阴开益特种压缩机有限公司6个企业退出“百佳”企业行列;新增江苏大阳光辅股份有限公司、江苏贝德时装有限公司、江阴市大地机械制造有限公司、江苏爱康太阳能有限公司、江阴浚鑫科技有限公司、江苏康远新材料有限公司、江阴兴吴呢绒科技有限公司、江苏恒泽复合材料科技有限公司、江阴市振江钢结构有限公司、江苏一同环保工程技术有限公司、江苏大江石油科技有限公司、江阴市宏泽氯碱设备制造有限公司、江苏泓源光电科技有限公司、江阴鸿萌橡塑制品有限公司、江苏安科瑞电器制造有限公司15个企业为“百佳”企业。

【11个企业上榜中国民营企业500强】 2014年度中国民营企业500强名单中,江苏省有96个企业上榜,其中江阴市上榜企业11个,分别是:江苏西城三联控股集团有限公司列第35位、江苏新长江实业集团有限公司列第50位、海澜集团有限公司列第59位、江阴澄星实业集团有限公司列第64位、江苏阳光集团有限公司列第91位、江苏扬子江船业集团公司列第115位、江苏双良集团有限公司列第120位、江苏法尔胜泓昇集团有限公司列第154位、江苏新华发集团有限公司列第165位、江苏三房巷集团有限公司列第181位、江苏华宏实业集团有限公司列第294位。 (施柏林)

纺织工业

【概况】 2014年,江阴市纺织工业完成工业总产值1519.8亿元,占全市工业总产值的23.3%;完成自营出口31.27亿美元,占全市出口总额的24.01%,比上年增长6.27%,其中服装出口11.95亿美元,占全市出口的9.17%,比上年增长5.54%。据不完全统计,销售收入在2000万元以上的规模企业共有450个,完成工业总产值1400.5亿元,产品销售收入完成1436.9亿元,利税总额132.7亿元,其中利润完成88.8亿元。全市开票销售收入前50名工业企业中纺织行业有15个,分别是:江苏三房巷集团有限公司、江苏华西集团公司、海澜集团有限公司、江苏阳光集团有限公司、江苏华宏实业集团有限公司、江苏倪家巷集团有限公司、江苏红柳床单有限公司、江苏利安达集团有限公司、江阴市强力化纤有限公司、江苏向阳集团有限公司、江阴市天达针纺织有限公司、江阴市宏茂纺织有限公司、江阴市申澄集团有限公司、江阴福汇纺织有限公司、云蝠投资控股有限公司;全市入库税金总额前50名工业企业中纺织行业有13个,分别是:海澜集团有限公司、江苏阳光集团有限公司、江苏华西集团公司、江苏利安达集团有限公司、江苏三房巷集团有限公司、江阴福汇纺织有限公司、江苏华宏实业集团有限公司、云蝠投资控股有限公司、江苏倪家巷集团有限公司、江苏红柳床单有限公司、江阴市天华纱业有限公司、江阴南泰家纺用品有限公司、江阴市申澄集团有限公司。全年纺织行业主要产品产量为:化纤289.32万吨,其中粘胶纤维21212.29吨,涤纶纤维274.56万吨,锦纶88860.94吨,氨纶29016.63吨;棉纺织行业生产纱50.70万吨,其中棉纱13.77万吨,棉混纺纱19.44万吨,纯化纤纱17.49万吨;布65242.29万米,其中棉布11591.04万米,棉混纺布17929.15万米,纯化纤布35722.1万米,色织布15759.81万米;印染布46580.14万米;呢绒11362.78万米;绒线4781吨;非织造布36538吨;服装38008.49万件,其中梭织服装12272.87万件,其中羽绒服装102万件,西服及西服套装3939.93万件,衬衫5636.5万件,针织服装25735.62万件。纺织行业中主要行业的占比情况如下:化纤行业占28.74%、服装行业占26.90%、毛纺织行业占23.20%、棉纺织印染行业占18.47%、纺织制成品业及其他占2.69%。是年,江苏阳光集团有限公司、海澜集团有限公司等14个企业跻身2012—1013年度中国纺织服装企业竞争力500强。

【技术改造】 2014年,江阴市纺织工业完成工业投资项目80项,完成工业投入38.85亿元,比上年下降36.67%,占全市工业投入的8.12%。其中设备投资25.64亿元,土建投资13.21亿元,有19项总投资超5000万元的重点项目开工建设,计划总投资52.24亿元,当年完成投资20.21亿元。列入全市工业重点重大项目的有3项,均已开工建设,分别是:江阴市强力化纤有限公司的锦纶66新材料项目二期——年产25000吨帘子布项目,总投资15000万元;江阴和创服饰有限公司的年产200万件高档羽绒服项目,总投资12000万元;江苏恒泽复合材料科技有限公司的年产品5万吨功能性复合型特种纤维二期扩能项目,总投资58000万元。

【技术创新】 2014年,江阴市纺织行业通过省级鉴定的新产品有江苏阳光集团有限公司、凯诺科技股份有限公司、江苏三房巷实业股份有限公司、江苏华西村精毛纺织有限公司、江阴市茂达棉纺厂有限公司、云蝠控股集团有限公司(包括江阴芗菲服饰有限公司)、江苏倪家巷集团有限公司、江苏圣华盾服饰有限公司、江苏申利实业股份有限公司、江阴协和针织有限公司10个企业的35种产品。年内,江阴福斯特纺织有限公司的系列功能性色织面料加工关键技术及产业化和圣华盾服饰有限公司的特种功能性防护面料及防护服项目分别获江阴市科技进步一等奖;江苏阳光控股集团有限公司的芳纶阻燃花呢、江苏华西村精毛纺织有限公司的羊毛/羊绒/莫代尔/桑蚕丝/抗菌丙纶混纺面料、江苏三房巷集团有限公司的YPR涤纶短纤维的开发与应用研究、江苏倪家巷集团精毛纺织有限公司的超强抗皱印花精纺面料、江阴芗菲服饰有限公司的牛绒/玉米纤维混纺针织面料项目分别获江阴市科技进步二等奖;江苏三房巷实业股份有限公司的亚麻棉印花特种整理高档休闲面料的研究与开发、江苏申利实业股份有限公司的防水抗静电摇粒绒面料等6个企业的12项项目分别获江阴市科技进步三等奖。

【自营出口】 2014年,江阴市纺织企业共完成自营出口31.27亿美元,比上年增长6.27%,占全市自营出口的24.01%。其中,纺织品出口19.32亿美元,比上年增长6.73%;服装出口11.95亿美元,比上年增长5.54%。全市自营出口前30名企业中纺织行业有8个,分别是:江苏三房巷集团有限公司完成115453万美元,江苏红柳床单有限公司完成22248万美元,江苏华宏实业集团有限公司完成21168万美元,江苏阳光集团有限公司完成20862万美元,江阴福汇纺织有限公司完成20853万美元,云蝠投资控股有限公司完成15966万美元,江苏华西集团完成13240万美元,江苏申利实业股份有限公司完成10820万美元,江阴南泰家纺用品有限公司8490万美元。 (王桂珍)

机电冶金工业

【概况】 2014年,江阴市机电冶金工业完成总产值3538.99亿元,比上年下降6.78%,占全市的58.77%。其中,冶金工业完成1995.42亿元,占全市的33.14%;机械工业完成1241.88亿元,占全市的20.62%;电子工业完成301.68亿元,占全市的5.01%。是年,有机电冶金工业在建重点项目32项,占全市重点项目数的64%,完成投资总计56.45亿元,占全市工业重点重大项目已完成投资的54.7%。有27个机电冶金企业进入全市开票销售收入前50名,完成开票销售收入3347.28亿元;有25个机电冶金企业进入全市入库税金前50名,完成税金总额81.16亿元;有38个机电冶金企业进入全市企业投资前50名,完成工业投入247.83亿元。有4个企业的4项项目荣获江阴市科技进步一等奖,分别为江阴兴澄特种钢铁有限公司的Q345R(HIC)压力容器用钢板的研制、柳工无锡路面机械有限公司的CLG6120机械驱动单钢轮振动压路机、江苏方程电力科技有限公司的风光储分布式发电微电网系统、江阴新仁科技有限公司的用铝废料生产的PCB铝基箔材。

2014年江阴市机电冶金工业重大项目一览

表13　　　　单位:万元

序号	企业名称	项目内容	所属区域	计划总投资	2014年完成投资
1	中芯国际长电科技合资公司	12英寸3D芯片生产基地项目	高新区	720000	45000
2	华欧德变速器有限公司	乘用车用六速AT自动变速器及控制系统项目	高新区	700000	53000
3	中南地锚智能科技有限公司	新型地锚集成智能系统项目	高新区	91500	32000
4	江苏宏晶微电子科技有限公司	高清智能摄像头项目	高新区	38000	10000
5	江阴中昌节能科技有限公司	空冷器成套设备项目	高新区	30500	16500
6	江阴中新传动技术有限公司	汽车精密部件加工项目	高新区	27450	13000
7	江阴全华丰精锻有限公司	汽车差速器项目	高新区	26000	13000
8	达门船用设备(江阴)有限公司	高端船用设备项目	高新区	18300	12000
9	江阴神创电子科技有限公司	射频同轴电缆、金属线材、无线组件项目	高新区	18000	12000
10	江苏常隆客车有限公司	城市及新能源客车项目	临港开发区	179100	—
11	江阴叶茂燃气具设备有限公司	高效环保全预混燃气燃烧器及燃气压缩泵建设项目	临港开发区	10000	5000
12	江苏方程电力科技有限公司	变流器及微电网控制系统项目	临港开发区	63000	15000
13	江阴市东南重工科技有限公司	盾构机及金属管件生产项目	临港开发区	18600	12000
14	江阴久八机械有限公司	高铁用合金材料、金属制品项目	临港开发区	40000	10000
15	江苏中矿立兴能源科技有限公司	锚杆动力无损检测仪项目	临港开发区	21000	5000

续表 13

序号	企业名称	项目内容	所属区域	计划总投资	2014 年完成投资
16	江苏大江石油科技有限公司	石油勘探开发设备项目	璜土镇	18300	13000
17	中船澄西(江苏)重工有限公司	海工装备及大型钢结构件项目	靖江园区	110000	11000
18	江苏启良停车设备有限公司	搬迁扩能改造项目	南闸街道	15000	12000
19	江阴塞特精密工具厂	机械数控刀具搬迁改造项目	南闸街道	12000	3000
20	江阴市同发机械有限公司	海洋工程起重装备及配套件项目	徐霞客镇	16000	8000
21	江阴市恒润环锻有限公司	年产 2.5 万吨精加工大型环锻,1.2 万吨精加工自由锻件项目	祝塘镇	39950	10000
22	江苏长电科技股份有限公司	高密度集成电路封装和 MIS 材料等生产项目	高新区	750000	55000
23	普天法尔胜光通信有限公司	光棒、光缆扩能项目	高新区	150000	25500
24	江阴华东机械有限公司	重型机械智能化装备项目	高新区	25000	12500
25	江苏高通矿山工程新材料有限公司	隧道、矿山支护新材料项目	临港开发区	100000	40000
26	远景能源国际有限公司	新建大型智能风电机组项目	临港开发区	26440	19000
27	江苏大明重工有限公司	高端金属制品深加工项目(一期)	靖江园区	75000	35000
28	江阴市中凯热模锻有限公司	年产 6 万吨热模锻机械零部件项目	青阳镇	21000	12000
29	江苏新达科技有限公司	混炼挤出机设备生产项目	徐霞客镇	15000	12000
30	江阴市创新气门嘴有限公司	TPMS 通信技术及高性能终端设备项目	华士镇	20000	17000
31	江阴东鋆光伏科技有限公司	太阳能光伏电池片及组件扩能项目	华士镇	12000	13000
32	江苏华宏科技股份有限公司	大型金属破碎线设备产业化项目	周庄镇	15000	13000
合计				3422140	564500

【28 种产品通过省经信委新产品(新技术)鉴定】 2014 年,江阴市机电冶金行业有 11 个企业 28 种产品通过江苏省经信委新产品(新技术)鉴定。分别为:江苏华西村海洋工程服务有限公司的大功率潜水射流前后喷冲气举海底管线挖沟机;江阴法尔胜住电新材料有限公司的 2000 兆帕级填充型环氧涂层钢绞线及其拉索体系和涂(镀)层钢绞线挤压锚固拉索;双良节能系统服务有限公司的 J 系列高效蒸汽双效型溴化锂吸收式冷水机组、电厂乏汽冷凝热直接回收大型第一类溴化锂吸收式热泵机组、溴化锂换热机组、二级高温型第二类溴化锂吸收式热泵机组和单面铝钢复合带;中船澄西船舶修造有限公司的 53000DWT 散货船(运营船)节能技术优化、满足 AMSA 新法规要求的大型牲畜运输船改装技术研究与应用、海上风力发电塔制造技术研究和自卸船关键技术研究;江苏泓源光电科技股份有限公司的晶体硅太阳能电池正面银浆;江阴兴澄特种钢铁有限公司的抗硫化氢腐蚀油井钻铤用 4130M7 退火及调质圆钢、汽车变速箱用 SCM722H2 - V 齿轮钢、高端滚动体用轴承钢盘条、低温压力容器用 09MnNiDR 钢板、高强度结构用 Q690D 钢板和高强度高韧性海洋工程用钢板 E36;江苏华电电气有限公司的高速电气化铁道铜合金绞线和高速电气化钢道铜合金接触线;江阴市星联建筑机械厂的 SGX1:1 型起升高度限制器,江苏双良锅炉有限公司的 SZS58 - 1.6/139/70 - Y.Q 全自动燃油、气模块组装水管热水锅炉, SZS20 - 1.25/350 - Y.Q 全自动燃油、气过装水管蒸汽锅炉,WNS10.5 - 1.25/95/70 - Y.Q、WNS14 - 1.25/115/70 - Y.Q、WNS17.5 - 1.25/95/65 - Y.Q 全自动卧式燃油、气高效热水锅炉和 WNS20 - 1.25/224 - Y.Q 全自动卧式燃油、气冷凝过热蒸汽锅炉;江苏亿金环保科技有限公司的石灰/石灰石石膏湿法脱硫装置;江苏旌凯中科超导高技术有限公司的 JF - 4 - 600 非金属矿用超导磁选机。

化工、医药工业

【概况】 2014 年,江阴市规模以上化工、医药企业完成工业总产值 1070.39 亿元,占全市规模以上企业工业总产值的 17.78%。有 5 个化

2014年江阴市化工工业主要产品产量一览

表14

产品名称	年产量(吨)	比上年增减(%)
原油加工量	1883986	4.13
化学农药原药	22121	50.57
涂料(油漆)	40066	-2.82
石油沥青	1267433	7.9
初级形态的塑料	1049415	-1.52
化学药品原药	432	27.81
合成纤维聚合物	2897560	11.16
化学试剂	47981	-6.02
合成橡胶	14717	12
合成洗涤剂	7954	17.92

工、医药企业进入全市开票销售收入前50名，完成开票销售收入750.82亿元；有5个化工、医药企业进入全市入库税金前50名，完成税金总额6.86亿元；有1个化工、医药企业进入全市工业投入前50名，完成工业投入4.48亿元；有2个化工、医药企业进入全市自营出口前30名，完成实绩26421万美元；有4个化工、医药企业税金超亿元。年内，全市化工、医药工业完成投资21.52亿元，其中，设备投资14.2亿元，土建投入7.32亿元。汉邦(江阴)石化有限公司、江苏广豫感光材料股份有限公司、江阴市江化微电子材料有限公司、江苏海伦石化有限公司等化工、医药企业的4项项目列入市重点技改项目，当年完成20.8亿元。是年，8项化工、医药项目获得江阴市科学技术进步奖。江阴澄星实业集团有限公司被中国石油和化学工业联合会评为中国民营化工转型升级示范企业，集团公司总裁李兴荣膺中国石油和化工优秀民营企业家杰出贡献奖；江阴澄星实业集团有限公司名列中国石化民营企业百强第4位，在全国工商联发布的2014年中国民营企业500强中列第64名，并名列中国企业联合会、中国企业家协会发布的2014年中国企业500强第286位，连续第十三次跻身500强。江苏怡达化工有限公司被中国石油和化学工业联合会评为中国工业清洗行业发展创新企业。

轻工工业

【概况】 2014年，江阴市规模以上轻工企业完成工业总产值182.52亿元，占全市规模以上企业工业总产值的3.03%。有3个轻工企业进入全市开票销售收入前50名，完成开票销售收入103.59亿元；有6个轻工企业进入全市入库税金前50名，完成税金总额5.51亿元；有4个轻工企业进入全市工业投入前50名，完成工业投入11.44亿元；有2个轻工企业进入全市自营出口前30名，完成实绩24533万美元；有2个轻工企业税金超亿元。全市轻工工业完成投资53.87亿元，其中，设备投资35.55亿元，土建投资18.32亿元。江苏恒创包装材料有限公司、江阴嘉鸿橡塑科技有限公司、江阴申达集团有限公司、江苏采纳医疗科技有限公司、江阴市创新气门嘴有限公司、常州丽宝第帝新材料有限公司青阳分公司、江苏兴业聚化有限公司等轻工企业的7项项目列入市重点技改项目，年内完成14.4亿元。无锡圣马科技有限公司被国家人力资源与社会保障部、中国轻工业联合会联合授予“中国轻工行业先进集体”称号。

建材工业

【概况】 2014年，江阴市建材工业在经济降速，基本建设缩减、流动资金偏紧等不利的市场形势面前，坚持不懈抓质量、促技改、节能降本找市场，生产运行保持平稳发展。是年，新增新墙材生产企业、预拌混凝土公司各1个，新增预拌砂浆生产企业2个。至年末，传统建材行业有水泥粉磨生产企业4个，年产水泥486万吨，其中散装水泥470万吨；砖瓦企业3个，年产黏土八五多孔砖4400万块。新型墙材行业有混凝土砖生产企业23个，年产量2.73亿块标砖；加气混凝土砌块生产企业4个，年产量80.33万立方米；纸面石膏板企业1个，年产量5826.12万平方米；蒸压灰砂砖生产企业1个，年产量0.26亿标砖。全市有预拌砂浆生产企业3个，年产预拌砂浆2.4万吨，预拌混凝土公司19个，年产量为504万立方米。新墙材行业综合利用粉煤灰90万吨，采矿尾屑59.01万吨，脱硫石膏49.61万吨，节约能源16.8万吨标准煤、节约土地298.07公顷、减排废气0.42万吨。

【传统建材行业】 2014年，江阴市

2014年江阴市轻工工业主要产品产量一览

表15

产品名称	单位	年产量	比上年增减(%)
家具	件	323824	17.58
皮革服装	件	136700	-3.8
机制纸及纸板	吨	272779	-7.27
纸制品	吨	101597	-6.61
塑料制品	吨	864939	2.73
多色印刷品	对开色令	1760771	3.67

有砖瓦企业3个,分别为云亭松桥实业公司新型建材厂、桐岐砖瓦厂及长寿老住基砖瓦厂。3个砖瓦企业生产经营逐年萎缩,企业经济效益不及上年。水泥行业生产经营略低于上年。其中,金峰月城水泥有限公司年产量201.3万吨,比上年增长6.28%;江阴绮星水泥有限公司年产量166.1万吨,与上年基本持平。全年水泥总产量为486万吨,比上年下降3%,水泥散装率为96.68%。全年散装水泥开票价格比上年大幅下降,降幅达25%~28%。

【新型墙材行业】 2014年,江阴市新型墙材行业在稳中求进中谋发展。全市各新墙材企业继续不断加大技术改造力度,积极开展技术创新和生产设备升级,江阴市弘通新型墙体建材厂拆除26门轮窑,淘汰年产3000万标砖黏土生产线,新建一条QWFT10-15A砌块生产线,并配备人工养护窑,实现产品自动进窑养护,形成年产砼空心砖10万立方米生产能力;金辰新型建材有限公司淘汰落后盘转式压砖机,投资300多万元新上全自动双向液压制砖机,同时配备自动码砖机器人代替手工码砖,提高了制砖自动化水平,降低人工成本,生产效率大幅提高;华而特新型建材有限公司淘汰三条高能耗、低效率生产线,新建一条TS8-15砌块生产线,生产能耗大幅下降;万恒、双达新型建材有限公司对蒸压加气混凝土砌块生产线实施后道砖码分离及运输装卸工序技术改造,降低劳动强度,提高了成品合格率。至年末,全行业有新墙材企业29个,年生产能力37亿块标砖,年产量27.10亿块标砖,比上年下降7.15%,产量占全市年墙材产量的98.4%。是年,全市新墙材行业纸面石膏板产量比上年下降5.2%,蒸压加气混凝土砌块产量比上年下降8.3%,混凝土砖产量比上年减少5100万块标砖。全市建筑申报项目328项,建筑申报面积680.45万平方米,竣工统计面积793.53万平方米,新墙材应用占项目竣工面积93.95%。应收款问题为制约新墙材行业发展的最大因素。

【预拌混凝土和预拌砂浆行业】 2014年,江阴市共有预拌混凝土公司19个,混凝土搅拌站24个,年生产能力1110万立方米,年产量为504万立方米;预拌砂浆生产企业3个,分别为江阴市龙宇预拌砂浆有限公司、江苏东尚新型建材有限公司、江阴市晨辉建筑节能科技有限公司,年生产能力90万吨,实际产量仅为2.4万吨。是年,为积极推广绿色建筑材料,改善城市环境、提高建筑施工现代化水平、实现资源综合利用、促进文明施工,市经信委联合六部门出台《江阴市发展预拌砂浆实施办法》,分四阶段分步实施禁止现场搅拌砂浆、推广使用预拌砂浆,助推预拌砂浆行业的健康发展。

电力工业

【概况】 2014年,江阴市共有电力生产企业28个,其中公用热电厂15个,自备热电厂13个,装机总容量588万千瓦,年发电量293.35亿千瓦时,比上年下降10.69%,年供汽量1934.44万吨,比上年下降1.2%。全年全市供用电总体基本平衡。全社会用电量237.87亿千瓦时,比上年下降0.67%,其中工业用电量212.09亿千瓦时,比上年增长0.22%。至年底,全市有江阴华强特钢热电有限公司、江苏阳光云亭热电有限公司、江阴市华西热电有限公司(老电厂)、凯诺科技股份有限公司热电厂4个列入市热电整合计划的电力生产企业正式关停。

【用户端用电安全】 2014年,江阴市大力推进争创五星级电力用户活动,至年末,全市有12个企业被评为五星级,14个企业被评为四星级,24个企业被评为三星级,被评定的星级电力用户占到108个首批争创单位的近50%。通过构建用户端电力安全分级评价体系和用电安全标准化建设,丰富完善了安全用电理念,形成了"政府主导、供电服务、企业执行"的"三位一体"电力管理新格局。是年,全市发生10千伏及以上电力设施外力破坏事件14件,比上年减少2件,下降16.7%;由于电力用户侧引起的电网事故31件,比上年下降45%,切实提升了全市电网和用户安全管理水平。

【电力平衡管理】 2014年,根据江苏省、无锡市经信委统一部署,江阴市按38万千瓦时电力缺口编制有序用电错避峰方案(其中有序用电方案27万千瓦时,电力供应应急预案11万千瓦时)。方案按照省、无锡市确定的分级预警原则和各地区网供最高负荷、用电量占比情况,分解到各地区。由于2014年夏天雨水偏多,气温比往年低,8月平均最高气温只有29.2℃,比上年低5.6℃,35℃及以上高温天气只有3天(上年有22天),最大日用电负荷358.1万千瓦(出现在8月5日),持续的低温导致2014年有序用电方案没有启动。 (陈 佳)

■类目编辑 李孜渊

开放型经济

综　述

【概况】 2014年，江阴市主动适应经济新常态，坚持政策引导和市场竞争相结合，鼓励和支持家纺服装、特种冶金、化纤化工、光伏能源等重点企业扩大出口规模，围绕新兴产业、特色优势产业，以项目为平台，以资金为纽带，通过兼并重组、增资扩股、产业嫁接、海外上市等形式，以优质增量不断提升外资层次。全年完成进出口总额223.04亿美元，比上年增长11.52%；自营出口总额130.23亿美元，比上年增长20.21%，增幅高于全省、无锡市平均水平。完成工商登记协议注册外资22.44亿美元，增长86.87%；到位注册外资8.55亿美元，增长5.85%。是年，积极稳妥地发展境外投资，支持企业到境外设立分公司和贸易机构。全年完成外经合作中方协议投资额5.33亿美元，占无锡市外经合作中方协议投资总额的40%，投资规模列全省同类县市第一。新增服务外包企业14个，完成服务外包业务合同额14.19亿美元，增长40.63%；离岸业务合同额7.25亿美元，增长16.55%。

【2014年中国江阴金秋经贸合作洽谈会】 2014年10月18日，中国江阴金秋经贸合作洽谈会在江阴大剧院召开，来自跨国公司、央企、实力民企的高层和重要商会、学界的560多名客商参加洽谈会。洽谈会共签约项目48项（内资项目24项，外资项目24项），总投资817.9亿元（内资项目640.9亿元，外资项目28.8亿美元），项目涉及金融服务、现代物流、品牌连锁、城市综合体等领域，其中制造业项目32项，总投资593亿元；服务业项目16项，总投资224.9亿元。洽谈会期间，先后举办融资租赁与江阴经济转型座谈会、江阴城市服务业投资恳谈会等专场发展推介会，市委、市政府还聘请华泰控股集团董事长张秀根、中植企业集团有限公司董事局主席解直锟等10位企业家和经济领域专家为首批江阴市经济顾问。

2014年江阴市各镇（街道）、开发区开放型经济主要指标一览

表16　　　　　　　　　　　　　　　　　　　　单位：万美元

项目 名称	工商登记协议注册外资		到位注册外资		自营出口	
	总额	比上年增减（%）	总额	比上年增减（%）	总额	比上年增减（%）
高新区	36345	30.72	26068	0.26	371403	51.83
临港经济开发区	55861	-6.59	31884	-21.27	287342	25.67
靖江工业园区	3100	-80.01	500	-85.99	1305	-82.15
澄江街道	2355	1710.31	2107	1217.02	100237	10.72
南闸街道	234	588.94	251	-10.91	4200	70.36
云亭街道	1327	—	402	—	33259	-4.82
临港街道	45315	-14.09	27128	-21.76	236160	28.04
璜土镇	10547	49.46	4756	-39.38	51182	15.77
月城镇	1681	3824.81	779	-61.59	12161	10.41
青阳镇	320	-51.08	59	-93.50	16111	12.79

续表 16

名称＼项目	工商登记协议注册外资		到位注册外资		自营出口	
	总额	比上年增减(%)	总额	比上年增减(%)	总额	比上年增减(%)
徐霞客镇	1348	-6.60	4065	82.37	46888	-7.51
华士镇	—	-100.00	2000	—	93473	3.60
周庄镇	8302	966.80	3103	310.96	198295	11.87
新桥镇	8687	104.21	10000	92.49	35008	-4.05
长泾镇	80	-97.17	1264	1.86	18748	1.64
顾山镇	—	-100.00	142	-59.20	42066	5.80
祝塘镇	718	-68.79	1736	45.16	41808	13.96

说明：江阴高新区含城东街道数据，临港经济开发区与临港街道数据有重叠交叉

对外贸易

【概况】 2014年，面对复杂多变的国内外环境压力，江阴市坚持在更大范围、更广领域和更高层次上推进外贸企业与国际发展要求全面接轨，通过与境外集团合作、发展电子商务形式，积极抢占国际市场份额，鼓励竞争实力强的企业开展境外商标注册和质量认证，争创国际品牌。全年完成进出口总额223.04亿美元，比上年增长11.52%，其中出口130.23亿美元，增长20.2%；进口92.8亿美元，增长1.26%。进出口增幅分别超出全国、江苏省和无锡市8.1、9.1和6.1个百分点，出口增幅分别超14.1、16.2和12.7个百分点。是年，全市对外贸易方式持续优化，一般贸易进出口136.3亿美元，比上年增长5.73%，其中一般贸易出口76.95亿美元、进口59.34亿美元，分别增长9.51%和1.21%；加工贸易进出口75.91亿美元，比上年增长25.17%，其中加工贸易出口52.25亿美元、进口23.66亿美元，分别增长40.94%和0.37%。保税仓库进出境货物进出口10.53亿美元，比上年增长4.2%，其中出口1.01亿美元，增长2.09%；进口9.52亿美元，增长4.43%。全年各类企业遭遇国际贸易摩擦案件10件，涉案企业34个次。江阴市化纤行业公平贸易预警点被认定为2014年江苏省进出口公平贸易预警点。

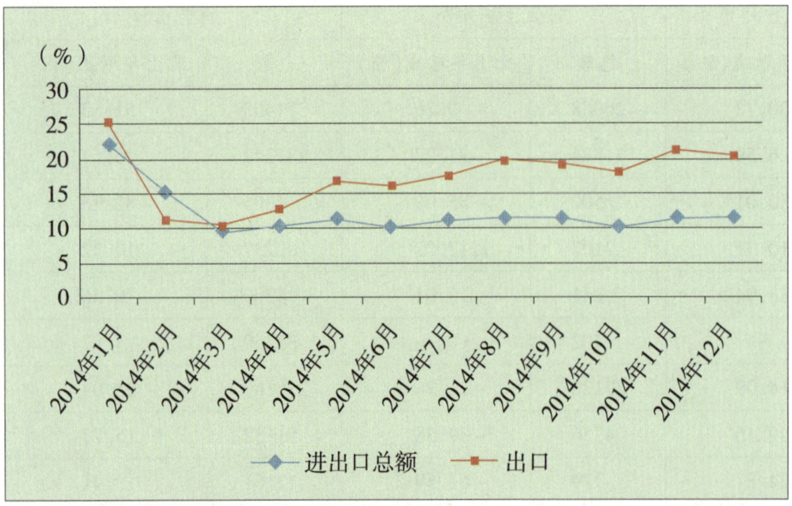

2014年江阴市进出口累计增速走势图　　（市商务局提供）

【外贸出口结构】 2014年，江阴市继续巩固欧美、日本等传统市场，深度发展东南亚、东欧、非洲市场，全市机电产品出口比重逐步提升，外贸发展结构持续向好。全年机电产品出口49亿美元，比上年增长52.52%，增幅高出全市出口平均增幅的32.31个百分点；高新技术产品出口13.72亿美元，增长14.5%；新兴产业（新材料、低碳、机械装备）出口36.75亿美元，增长13.5%；纺织品服装出口31.27亿美元，增长6.3%。是年，加快纺织企业转型升级步伐，纺织机械进口增长1121%。

【外贸经营主体】 2014年，江阴市积极引导企业开拓国际市场，外贸经营主体快速增长，进出口企业队伍不断发展壮大。全市新增外贸经营资格备案企业501个，比上年增加5个，累计达4557个。有进出口实绩企业1997个，其中出口实绩企业1813个，增长74个。全市有进出口超亿美元企业30个，其中出口超亿美元企业24个；进出口超千万美元企业255个，其中出口超千万美元企业190个。全市外商投资企业完成进出口额93.72亿美元，占全市进出口总额的42.02%，其中出口额61.18亿美元，占全市出口总额的46.98%。内资企业完成进出口额129.31亿美元，占全市进出口总额的57.98%，其中出口额69.05亿美元，占全市出口总额的53.02%。民营企业成为全市开放型经济活力强、增长快的经济成分。全年民营企业完成进出口额110.34亿美元，占全市进出口总额的49.47%，其中出口额57.19亿美元，占全市出口总额的43.91%，进出口额、出口额

比上年分别提高4.41个、3.17个百分点。江苏扬子江船业集团有限公司、江苏三房巷集团有限公司等“江阴市自营出口30强企业”完成进出口134.12亿美元,比上年增长16.53%,其中出口81.53亿美元,增长30.97%,进出口、出口增幅分别高于全市平均增幅5.01和10.76个百分点。年内,实施品牌兴贸、以质取胜战略,全市有32个出口企业品牌列入2014—2016年度江苏省重点培育和发展的国际知名品牌,分别占江苏省、无锡市总量的10%和46.37%,品牌数量继续位列全省县级市及无锡各板块第一。全年品牌企业完成出口46.75亿美元,占全市出口总额的35.9%。江苏阳光集团有限公司西服产品再次获出口免验资格,法尔胜泓昇集团有限公司成为全国线材制品行业首个出口免验企业。是年,江苏省江阴服装基地(国家外贸转型升级专业型示范基地)、江苏江阴合金合成新材料基地(江苏省科技兴贸出口创新基地)、江苏省面料出口基地完成出口36.4亿美元,占全市出口总额的27.95%,其中江苏省江阴服装基地出口达11.95亿美元,比上年增长5.5%,高于全省服装出口平均增幅的2.1个百分点。江苏三房巷集团有限公司、江苏省华贸进出口有限公司、江苏海伦石化有限公司、江阴兴澄特种钢铁有限公司、江苏长电科技股份有限公司跻身2013年中国进出口额500强企业,分列第171位、第206位、第394位、第453位和第477位。在2013年中国民营进出口500强企业中,江阴有8个企业入选,其中江苏省华贸进出口有限公司、江苏海伦石化有限公司分列第16位和第55位。

2014年江阴市出口超亿美元镇(街道)一览

表17　　单位:万美元

名称	出口额	比上年增减(%)
临港街道	236160	28.04
周庄镇	198295	11.87
澄江街道	100237	10.72
华士镇	93473	3.60
璜土镇	51182	15.77
徐霞客镇	46888	-7.51
顾山镇	42066	5.80
祝塘镇	41808	13.96
新桥镇	35008	-4.05
云亭街道	33259	-4.82
长泾镇	18748	1.64
青阳镇	16111	12.79
月城镇	12161	10.41

【国际市场开拓】 2014年,江阴市积极引导企业大力度拓展国际市场,鼓励外贸企业积极参加境外各类展会,先后组织198个次企业329个展位参加境内外展会27场次,参展面积2955平方米。全市进出口市场拓展至193个国家和地区,新增出口实绩市场7个,其中出口超千万美元市场76个(有31个国家和地区出口超亿美元),出口增长市场99个。是年,全市对东盟市场出口20.43亿美元,比上年增长12.44%;对美国市场出口18.28亿美元,增长14.17%;对欧盟市场出口17.74亿美元,下降13.2%;对日本市场出口7.24亿美元,增长6.88%。

【贸易促进】 2014年,针对全球经济复苏缓慢、地缘政治风险增多、外贸风险增大等形势,江阴市出台《支持外贸稳定增长的实施意见》,帮助企业用足用好各级外贸政策,争取各级外经贸扶持资金1.14亿元。年内,江阴市与中国出口信用保险公司无锡办事处加强信保平台合作,扩大出口信保覆盖面,帮助企业提升防范风险能力,全市出口信保承保规模达39.7亿美元,比上年增长28.1%;有469个企业投保,出口信保覆盖率27.8%。是年,着力改善中小外贸企业融资环境,不断提高外贸融资宝平台覆盖面,全市有131个中小外贸企业获授信3.52亿元,其中115个企业获发放贷款3.04亿元。全年外贸融资宝平台小微企业出口3.26亿美元,比上年增长20.1%。

2014年江阴市技术进出口一览

表18　　单位:万美元

单位名称	技术进出口项目	技术进出口外方公司名称	技术进出口合同支付金额	技术进出口合同期限	技术进出口	
					方式	行业
中船澄西船舶修造有限公司	CNCo B. delta37散货船设计修改合同	德他马林海事工程有限公司(芬兰)	248.55	10年	引进	制造业
江阴法尔胜佩尔新材料科技有限公司	镍钛合金加工及其电解抛光效率提升技术引进合同	鲁美纳斯技术设备有限公司(美国)	45	永久	引进	制造业

续表 18

单位名称	技术进出口项目	技术进出口外方公司名称	技术进出口合同支付金额	技术进出口合同期限	技术进出口	
					方式	行业
江阴安秀工业有限公司	钣金、涂装产品生产技术引进合同	株式会社安秀工业(日本)	11.2	10年	引进	制造业
江阴迈康升华医药科技有限公司	新药及医药中间体研究开发技术出口合同	Sunovion 制药有限公司(美国)	300	2年	出口	医药制造业
江阴市富仁精工科技有限公司	油气回收油枪技术进口合同	株式会社富永制作所(日本)	1.54	10年	引进	制造业

利用外资和对外经济合作

【概况】 2014年,针对外部市场需求疲软、出口形势严峻等形势,江阴市加大政策落实、市场开拓和利用外资力度,鼓励企业以并购、参股、股权转换、技术和品牌投资等形式开展跨国经营。全年完成工商登记协议注册外资22.44亿美元,比上年增长86.87%;到位注册外资8.5亿美元,增长5.85%。新批境外投资项目28项,中方协议投资额5.33亿美元,增长11.74%,全市对外投资额占无锡市对外投资份额的36.7%。是年,江苏华西村海洋工程服务有限公司获对外承包工程资格,全市累计获对外承包工程资格企业5个。新增对外劳务输出人数135人,累计达691人。江阴市被无锡市认定为“走出去”改革试点地区。

【引资结构优化】 2014年,江阴市围绕新兴产业、特色优势产业,以项目为平台,以资金为纽带,通过兼并重组、增资扩股、产业嫁接等形式,进一步拓宽利用外资产业领域,先后成立江苏华中融资租赁有限公司、江苏三海融资租赁有限公司和江苏兴业商业保理有限公司等融资租赁、商业保理公司,其中江苏华中融资租赁有限公司利用外资1.6亿美元,江苏兴业商业保理有限公司成为无锡地区首个商业保理公司。是年,通过兼并重组、股权并购,新设江阴市华方新能源高科设备有限公司、江阴中立工业技术有限公司等5个外资企业。各镇(街道)利用外资实现新突破,完成到位注册外资3.06亿美元(不含临港街道),比上年增长604%,其中新桥镇、璜土镇和徐霞客镇分别以1亿美元、4756万美元和4065万美元的实绩位列各镇(街道)到位注册外资排行前3位。

2014年江阴市新批境外投资企业一览

表19　　单位:万美元

境外投资企业名称	江阴举办单位	江阴企业协议投资额	项目所在地	项目性质
新扬子国际贸易有限公司	江苏新扬子造船有限公司	3289	新加坡	独资
江阴鑫宝利真空铸件(印度)有限公司	江阴鑫宝利真空铸件有限公司	200	印度	增资
丹麦温格润门窗有限公司	江阴市绿胜节能门窗有限公司	130	丹麦	增资
联泰资源有限公司	江苏西创国际贸易有限公司	5000	英属维尔京群岛	独资
中南资源控股(新加坡)有限公司	江阴中南重工集团有限公司	410	新加坡	合资
华方美国有限公司	江阴华方新能源高科设备有限公司	20	美国	独资
和林矿业有限公司	江阴市华西和林矿业有限公司	850	莫桑比克	独资
度耳其服饰(柬埔寨)有限公司	江阴康聚国际贸易有限公司	400	柬埔寨	合资
缅甸汉德实业有限公司	江苏贝德时装有限公司	500	缅甸	独资
海特国际贸易有限公司	江阴市金桥化工有限公司	10	新加坡	独资
嘉辉贸易公司	无锡嘉纺纺织服装有限公司	55	美国	合资
东西服装贸易有限公司	江阴彬娜丽服饰有限公司	16	美国	独资
中建材浚鑫(泰国)有限公司	中建材浚鑫科技股份有限公司	1320	泰国	合资
三海国际发展有限公司	江苏三房巷集团有限公司	1260	英属维尔京群岛	独资

对外经济贸易亮点

【概况】 2014年，江阴市实施“走出去”战略，不断推进对外贸易企业转型升级，引导企业加大对“丝绸之路经济带”“21世纪海上丝绸之路”（简称“一带一路”）周边国家的投资合作，全市对“一带一路”周边国家投资项目达7项，占全市境外投资项目的25%；协议投资额2994万美元，占全市境外投资额的5.62%。是年，江阴市十佳外商投资企业、十大新批外商投资项目、十大新批服务业利用外资项目、十大外贸出口企业、十大民营出口企业、十大机电出口企业成为全市创新驱动发展的新亮点。

【十佳外商投资企业】 2014年，江阴市外商投资企业适应国内外市场形势变化，创新贸易方式，完成进出口额93.72亿美元，占全市进出口总额的42.02%，其中出口额61.18亿美元，占全市出口总额的46.98%。是年，江阴市委、市政府向为全市经济社会发展做出重要贡献的10个外商投资企业授予“十佳外商投资企业”称号。

2014年江阴市十佳外商投资企业一览

表20 单位：万美元

企业名称	投资总额	注册资本	外资比例(%)
江阴兴澄特种钢铁有限公司	60000	56608	49.47
江苏扬子江船厂有限公司	9559.52	8352.179	100
江苏远景能源有限公司	8600	3500	28.58
江苏双良节能系统股份有限公司	11864.47	11864.47	4.52
江阴利港发电股份有限公司	22395.67	22395.67	36.44
阿法拉伐(江阴)设备制造有限公司	2950	2128	100
帝斯曼工程塑料(江苏)有限公司	25700	12040	100
见龙国际贸易有限公司	5490	2000	100
中国贝卡尔特钢帘线有限公司	14180	7918	90
江阴苏龙热电有限公司	46114	14432	25

【十大新批外商投资项目】 2014年，江阴市坚持把招引重特大项目作为做大外资总量的主要途径，瞄准世界500强企业和实力央企，加快优势产业集群和产业链集聚，新批外资项目49项，增资项目34项。工商登记协议注册外资22.44亿美元，到位注册外资8.55亿美元。全市投资额排名前10位的新批外商投资项目总投资8亿美元，协议注册外资4.87亿美元。

2014年江阴市十大新批外商投资项目一览

表21 单位：万美元

项目名称	投资总额	注册资本	协议注册外资
见龙投资项目	10000	10000	10000
江阴长强钢管物流项目	9980	9980	9980
江阴宝湾国际物流项目	9980	6000	6000
江阴世茂置业项目	9996	4998	4998
江阴达顺国际物流项目	4998	4998	4998
中芯长电半导体(江阴)项目	9400	4950	4950
大明金属科技项目	15000	6500	3100
江阴挪赛夫救生设备项目	5000	1800	1800
江阴港月国际贸易项目	3200	1600	1600
江阴市科源建材项目	2431	1362	1297

【十大新批服务业利用外资项目】 2014年,江阴市围绕项目促转型,加快发展生产性服务业,促进总部型、旗舰型服务企业集聚发展。全年新批服务业外资项目26项,协议注册外资8.02亿美元,服务业利用外资占全市到位注册外资的30.07%。其中,排名前10位的服务业利用外资项目总投资4.75亿美元,协议注册外资3.44亿美元。

2014年江阴市十大新批服务业利用外资项目一览

表22　　单位:万美元

项目名称	总投资	注册资本	协议注册外资
江阴长强钢管物流项目	9980	9980	9980
江阴宝湾国际物流项目	9980	6000	6000
江阴达顺国际物流项目	4998	4998	4998
江阴兴澄储运项目	9980	4000	4000
江苏双良国际贸易项目	5688	4876	3251
江阴港月国际贸易项目	3200	1600	1600
江阴三陆物流项目	1700	1290	1290
江苏三海融资租赁项目	—	4900	1225
江阴港威商贸项目	2000	1200	1200
江苏兴业商业保理项目	—	3250	812.5

【十大外贸出口企业】 2014年,江阴市各外贸企业面对复杂多变的国际国内形势,优化产品出口结构,扩大出口规模,多元化开拓国际市场,全年完成外贸出口总额130.23亿美元。全市有出口超千万美元企业190个,超亿美元企业30个,其中排名前10位的外贸出口企业完成外贸出口55.77亿美元,占全市外贸出口总额的42.82%。

2014年江阴市十大外贸出口企业一览

表23　　单位:万美元

企业名称	出口实绩	比上年增减(%)
江苏扬子江船业集团有限公司	128902	326.58
江苏三房巷集团有限公司	115453	7.62
江阴兴澄特种钢铁有限公司	64911	33.80
江苏新潮科技集团有限公司	62696	12.40
中船澄西船舶修造有限公司	43433	174.38
江苏西城三联控股集团有限公司	34936	12.86
法尔胜泓昇集团有限公司	31563	8.24
江阴宗承钢铁有限公司	27590	40.62
江苏海达科技集团有限公司	25956	-0.61
江苏红柳床单有限公司	22248	11.14

【十大民营出口企业】 2014年,江阴市新增备案登记民营企业501个,占新增备案登记企业总数的100%。全年有出口实绩民营企业1437个,完成外贸出口57.19亿美元,比上年增长29.55%,占全市外贸出口总额的43.92%,比上年高出3.17个百分点。其中排名前10位的民营出口企业完成外贸出口24.95亿美元,占全市民营企业出口的43.62%。

2014 年江阴市十大民营出口企业一览

表 24　　单位:万美元

企业名称	出口实绩	比上年增减(%)
江苏天晨船舶进出口有限公司	102076	2158.16
江苏长电科技股份有限公司	42717	2.36
江苏西创国际贸易有限公司	30377	25.39
江阴市华宏化纤有限公司	19137	20.71
江阴澄星国际贸易有限公司	17398	8.98
江阴海润太阳能电力有限公司	11066	-33.91
江苏吉鑫风能科技股份有限公司	8214	-14.40
江阴市申澄国际贸易有限公司	6603	3.25
江阴荣骏进出口有限公司	6033	48.67
江阴新晟电子有限公司	5867	71.77

【十大机电出口企业】 2014 年,江阴市加快外贸增长方式转变和外贸结构转型升级,完成机电产品出口49.02 亿美元,比上年增长 52.52%,其中全市排名前 10 位的机电产品出口企业完成机电产品外贸出口31.77 亿美元,占全市机电产品出口总额的 64.8%。

2014 年江阴市十大机电出口企业一览

表 25　　单位:万美元

企业名称	出口实绩	比上年增减(%)
江苏扬子江船业集团有限公司	128902	326.58
江苏新潮科技集团有限公司	62692	12.39
中船澄西船舶修造有限公司	43433	174.40
法尔胜泓昇集团有限公司	22562	5.95
江苏爱康科技股份有限公司	14189	19.39
海润光伏科技股份有限公司	11065	-33.69
瀚宇博德科技(江阴)有限公司	10238	12.01
阿法拉伐(江阴)设备制造有限公司	8955	15.43
中建材浚鑫科技股份有限公司	8224	258.85
江阴江东集团公司	7410	3.19

(瞿立人)

■类目编辑　延克俭

沿江开发

综　述

【概况】 2014年，江阴市强化沿江开发功能，整合各开发园区产业链和产业集群，实施两端延伸促进产业集聚。江阴高新技术产业开发区发挥国家级高新区载体功能，重点发展高端金属制品、特种钢、精密机械等产业；江阴临港经济开发区加快申报国家级经济技术开发区和综合保税区，重点发展金属新材料、新能源、机械装备、石化新材料、现代物流、文化创意和电商等产业；江阴—靖江工业园区重点发展船舶制造、钢结构和海工等产业，全市沿江开发向纵深领域拓展。全年沿江开发完成营业总收入5819.01亿元，其中工业产品销售收入2811.53亿元；地区生产总值1103.13亿元，比上年增长3.29%，其中工业增加值671.52亿元，增长2.27%；工业总产值(现价)3272.99亿元，比上年下降4.37%；实现利税总额306.87亿元，其中工业利税总额246.22亿元。全社会固定资产投资501.47亿元，比上年增长10.24%，其中基础设施投入108.95亿元，增长30.55%；工业投入296.08亿元，增长9.06%；财政收入129.91亿元，增长0.2%；自营进出口总额134.8亿元，增长20.79%，其中自营出口66.01亿元，增长38.18%；协议注册外资9.66亿元，到位注册外资5.85亿元。全年进区企业1343个，其中外商投资企业42个；建成投产开工企业1065个，沿江开发用电总量达93.04亿千瓦时。全年拆迁农户1398户44.89万平方米，年末从业人数310123人。

（朱亚丽　华柳霞　毛　壁）

2014年江阴市乡镇工业园区主要经济指标一览

表26

名称＼项目	建造安置房面积(平方米)	进区企业个数(个)	建成投产开工企业个数(个)	自营进出口总额(万美元)	营业总收入(万元)	工业总产值(现价)(万元)	利税总额(万元)	全社会固定资产投资额(万元)	协议注册外资(万美元)	到位注册外资(万美元)	园区地区生产总值(万元)	园区财政收入(万元)	用电总量(万千瓦时)	期末从业人数(人)	拆迁户数(户)	拆迁面积(平方米)	工业用地面积(平方千米)
璜土镇工业园区	—	293	206	128867	6563158	3294960	171465	777790	10547	4756	849150	120370	59322	44916	169	56700	10.24
南闸街道工业园区	—	8	7	2778	894994	956598	62419	137476	20	251	211207	43251	31615	10824	—	—	2
云亭街道工业园区	12500	22	11	44756	1720053	1740133	176351	122650	—	402	469520	85670	71250	26583	145	34800	5.01
月城镇工业园区	320000	1	1	16025	1347167	1241959	80784	266731	—	29	526680	53975	74605	9186	750	165000	5.5
青阳镇工业园区	—	8	6	21286	1118100	1129500	62986	157630	100	59	598600	28486	48300	12550	—	—	3.8
徐霞客镇工业园区	35000	12	10	65880	1996251	2171650	139120	163679	1348	4114	6984380	68970	97703	27910	16	4450	—
华士镇工业园区	—	—	—	88000	5367474	5221970	439173	268000	—	—	705950	49416	201999	49859	—	—	25
周庄镇工业园区	88500	14	9	298682	9182002	8709105	787369	535976	8289	3103	2090185	175987	305784	72866	232	65400	11.85
新桥镇工业园区	—	—	—	—	6040510	5229387	713577	352049	8687	10000	783282	248066	62725	—	—	—	—
长泾镇工业园区	—	8	8	24200	813246	868227	76505	112424	80	1264	213816	22462	39211	11155	—	—	12.98
顾山镇工业园区	—	9	8	50076	1744758	1093184	64802	187804		142	468972	66643	47224	28007	—	—	4
祝塘镇工业园区	—	48	43	43634	1727220	1763420	135275	176708	709.7	1736	562989	62613	60554	34759	—	—	6.08
华西工业园区	—	—	—	29367	4804974	2877359	211857	—	—	—	—	—	89512	20510	—	—	—

【江阴高新区获批建设苏南国家自主创新示范区】 2014年10月20日，国务院批复同意江阴高新区等8个国家高新区和苏州工业园区共同建设苏南国家自主创新示范区，标志着江阴高新区建设被纳入国家经济发展战略。按照标准要求，江阴高新区全面实施创新驱动发展战略，充分发挥科教人才优势和开发开放优势，积极开展激励创新政策先行先试，激发各类创新主体活力，加快科技成果转移转化，提升区域创新体系整体效能，努力建设成为创新驱动发展引领区、深化科技体制改革试验区、区域创新一体化先行区和具有国际竞争力的创新型经济发展高地。年内，江阴高新区根据江苏省工作部署，编制完成《江阴高新区苏南国家自主创新示范区实施方案》，规划布局“一城三区五园”载体(即建设江阴滨江科技城，扬子江科技金融总部园区、御龙湾科技创业社区、城南大学科教园区和特钢新材料及金属制品科技产业园、传感网集成电路科技产业园、汽车整车及关键零部件科技产业园、江阴现代中药及生物医药科技产业园、青阳高端智能装备科技产业园)发展格局，并明确把建设江阴滨江科技城作为创新核心区，推进一批重大创新载体与重点平台建设，促进园区提档升级，进一步增强对区域创新发展的辐射带动力。

(朱亚丽)

【临港经济开发区创建为省知识产权试点园区】 2014年，江阴临港经济开发区围绕建设成为创新驱动的引领区、自主创新的集聚区、知识产权战略实施示范区，全面提升知识产权创造、运用、保护和管理能力，拥有省级以上高新技术企业76个，累计申报各类专利18273件、授权7964件，有效发明专利333件，万人发明专利拥有量达16.6件；有中国驰名商标9个，省级以上名牌产品21件，全国标准化技术委员会工作组5个，自主知识产权或核心专利技术企业占规模以上企业的70%以上。11月13日，经江苏省商务厅和江苏省知识产权局联合考核验收，江阴临港经济开发区被批准为江苏省知识产权试点园区。

【江阴软件园创建为国家级科技企业孵化器】 江阴软件园成立于2007年9月，主要依托院士工作站、江阴软件测试验证中心等平台，逐步建立以企业为主体、市场为导向、政产学研融合的创新体系，先后荣获“江苏省留学人员创业园”“江苏省中小企业创业基地”“江苏物联网产业示范基地”等称号。2014年，江阴软件园有各类科技型中小企业420个，在孵企业141个，拥有各种知识产权370件，有9个企业获集成能力成熟度模型(CMMI)认证、5个企业获高新技术企业认证。9月，江阴软件园启动申报国家级科技企业孵化器工作，11月在科技部“火炬”中心顺利通过国家级科技企业孵化器专家评审。12月5日，江阴软件园被批准为国家级科技企业孵化器，为江阴临港经济开发区创建的第9个国家级平台，标志着辖区科技企业创新创业向新的发展空间拓展。

(华柳霞)

【南北共建黄桥工业园区】 2014年4月，江苏省政府正式批准建立江阴高新技术产业开发区黄桥工业园，为江阴市与泰兴市南北合作共建的开发园区。年内，按照省级经济开发区建设要求和共建园区设立标准，黄桥工业园区进一步完善园区总体规划、控制性详细规划、产业发展规划及排水、供电、供热、环保、污水等专项规划，明确园区重点发展以精密制造、节能制冷、汽车零部件等为主的现代装备制造业和以新型建筑墙体材料、纳米材料、隐形材料、光电材料等为主的新材料产业，完成拆迁1154户，新征土地86.67公顷。是年，按照“优先安排土地计划、优先落实税收政策、优先各类基础配套”原则，以最短时限、最低收费、最优服务做好项目立项、审批、建设等工作。开工建设六路二桥、2个安置区和四期标房等工程，竣工安置房面积10万平方米，完成道路建设7.8千米，道路两侧雨污水、供水、弱电、路灯等配套工程基本竣工。至年末，有14个江阴籍企业落户园区，总投资30亿元，主要承接江阴及苏南地区产业转移项目，项目涉及现代装备制造和新材料等产业。

【青阳工业园区建设】 2014年6月11日，中共江阴高新区青阳工业园区委员会、江阴高新区青阳工业园区管理委员会挂牌成立。根据市委、市政府关于“区镇融合、产城融合、一体管理、捆绑考核、加快发展”的要求和“完善规划布局、完善管理体制、完善开发机制、提高开发成效”的总体原则，江阴高新区进一步深化完善总体规划、产业发展规划、防洪排涝规划，制订出台《江阴高新区青阳工业园区三年行动计划》，加快一期11.8平方千米启动区建设。至年末，拆迁工作进入收尾攻坚阶段，安置房建设有序推进。海港大道、暨南大道等园区主干道路建成通车，区内第二过江通道、工业大道、青霞路3条骨干道路全面开工建设，水、电、气等基础配套设施和河道、水利闸(站)等加快建设。超群金属材料、航太金属叶片、彭浦机械装备、德森汽车配件4项超亿元项目启动办理入驻手续，平谦国际产业园、石墨烯产业园项目正在跟踪洽谈中。

(朱亚丽)

江阴高新技术产业开发区

【概况】 2014年，江阴高新技术产业开发区(简称江阴高新区)按照稳中求进、改革创新总体要求，加强科技创新，增强城市功能，提升民生福祉，创新体制机制，促进产业转型，加快建设转型升级的示范区、科技创新的引领区、对外开放的窗口区。全年完成地区生产总值428.5亿元，比上年增长10.5%；规模以上工业产值960.1亿元，增长3.2%；公共财政预算收入26.9亿元，增长9.01%；全社会固定资产投入156.8亿元，增长21.4%，其中工业投入86.2亿元、服务业投入70.6亿元，分别增长23.01%和19.5%；协议注册外资3.65亿元，到位注册外资2.6亿美元；自营出口37.8亿美元，增长54.7%。是年，江阴高新区获批建设苏南国家自主创新示范区和省级上市公司总部集聚园、孵化链条建设示范园区、现代中药及生物医药科技产业园，成为全国示范型国际科技合作基地、国家"火炬"计划特色产业基地、国家创新型产业集群(试点)和国家现代服务业产业化基地。在2013年度全省136个省级以上开发区科学发展综合考评中名列第10位,并跻身全省国家级开发区10强行列。

【招商引项】 2014年,江阴高新区围绕汽车制造、集成电路及金属新材料等主导产业,瞄准产业链高端、整机和终端、前沿技术及自主知识产权方向,加大产业链招商力度,全年完成工商登记协议注册外资3.65亿美元,到位注册外资2.6亿美元,新批超千万美元外资项目12项,其中见龙投资项目注册外资1亿美元、帝斯曼工程塑料增资项目注册外资6000万美元、华中融资租赁项目(二期)注册外资4998万美元、中芯长电半导体项目注册外资4950万美元、兴澄储运增资项目注册外资4000万美元。年内,江阴高新区创新招商方式,实施"以大引大、以优引优"战略,相继赴北京、上海、深圳等国内各大城市及境外重点地区开展系列招商活动。6月,组团参加无锡(北京)重大项目合作恳谈会和2014年江阴现代服务业(深圳)合作恳谈会,签约华泰6档位变速箱(总投资70亿元)、法国通航中心(总投资10亿美元)、普仁外资医院和普仁文化创意中心等6项项目,总投资达160亿元。10月,举办高新区主导产业转型升级集群发展恳谈会,签约华泰发动机和整车(总投资104亿元)、中铁凯仑新能源汽车(总投资37亿元)、东生新能源电池(总投资15亿元)和金融街商务中心一期(总投资80亿元)等重点重大项目12项,项目涉及汽车新能源、高端智能装备、高端商务地产领域,总投资285亿元。是年,先后接待美国铝业公司、日本伊藤忠商事株式会社、戴德梁行(DTZ)公司和中飞通用航空公司、上海启德通用航空有限责任公司、香港招商局集团、中芯国际集成电路制造有限公司、华泰集团有限公司、中植企业集团有限公司、深圳赤湾石油基地股份有限公司、红星美凯龙家居集团股份有限公司、海南恒翔游艇产业集团有限公司、碧桂园集团等知名企业(机构)高层来访考察,促成在批、在谈项目50多项。

【主导产业发展】 2014年,江阴高新区坚持先进制造业和现代服务业"双轮驱动"战略,依托龙头骨干企业带动重大项目建设,加快形成"4+1"产业集群(即千亿级特钢新材料及金属制品产业、千亿级汽车整车及关键零部件产业、500亿级集成电路产业、百亿级现代中药与生物新药产业和集总部经济、现代金融、高科技创新研发等为一体的高端服务业产业)发展新格局。全年先进制造业拥有工业企业893个,完成工业投入86.2亿元,实现工业产值1218.3亿元、工业开票销售收入1052.24亿元,其中规模以上企业112个,实现工业产值960.1亿元。以江阴兴澄特种钢铁有限公司、法尔胜泓昇集团有限公司、江阴贝卡尔特合金材料有限公司等知名企业为主体的特钢新材料及金属制品产业集聚产业链企业及服务机构132个(其中高端企业42个,上市企业3个,超百亿企业3个),完成销售收入908.23亿元,比上年增长12%,其中江阴兴澄特种钢铁有限公司完成开票销售收入448.57亿元,实现利税超20亿元。以华泰汽车集团、中铁凯仑新能源汽车有限公司为龙头的汽车整车及关键零部件产业加快建设千亿级产业链,总投资超70亿元的华泰汽车自动变速箱项目开工建设,主要建设年产100万台6AT自动变速器、400万台变速器控制器(TCU)生产工厂及华泰汽车变速器研究院;华泰30万台发动机及30万台整车项目、中铁凯仑新能源汽车项目、东生能源科技新型锂电池项目等一批汽车产业项目启动建设,以研发、制造等方式形成"链式"产业集群。以江阴中芯国际集成电路制造有限公司、江苏长电科技股份有限公司为核心的集成电路产业加快建设世界一流的集成电路生产基地,江苏长电科技股份有限公司总投资超100亿元的高脚位集成电路项目主体工程竣工,与江阴中芯国际集成电路制造有限公司合作建设的12英寸3D集成芯片生产基地项目开工建设(总投资12亿美元),全年完成开票销售收入73.81亿元,并位列全球集成电路封测行业第6位。以百桥生物医药公共技术服务中心、扬子江生物医药产业加速器和江阴天江药业有限公司为依托的现代中药与生物新药产业加速产学研联合,江阴天江药业有限公司总投资5亿元的年产3000吨中药配方颗粒产业化项目竣工投产,新培育江阴斯泰姆生物医药有限公司销售超亿元企业1个、江阴力博医药生物技术有限公司销售超5000万元企业1个,全年完成开票销售收入14.07亿元,入库税金2.15亿元。是年,江阴高新区完成服务业投入70.61亿元,比上年增长19.5%,其中纯三产投入24.8亿元,增长5.28%;完成商业开票销售收入735.28亿元,增长11.64%;完成服务业增加值136.9亿元,增长11.8%,服务业增加值占地区生产总值的31.81%,其中高端服务业产业成功引进见龙投资有限公司和江苏华中融资租赁有限公司、北京恒天财富投资管理有限公司、国信证券股份有限公司、中科招商投资基金等一批知名金融企业。江阴高新区被江苏省商务厅认定为省级跨国公司投资性地区总部,累计拥有15个海内外上市公司设立的地区总部和功能性机构、5个上市公司及35个市级重点上市后备企业,获批建设省级上市公司总部集聚园,成为全省率先创建上市公司总部集聚特色的国家级开发区。

【科技创新创业】 2014年,江阴高新区突出科技企业创新主体,加快高新技术研发和产业化步伐,不断提升区域自主创新能力,实现产业链和创新链双向融合。全年完成科技研发投入26.5亿元,占地区生产总值的6.2%;实现高新技术产业产值725亿元,占全区规模以上工业产值比重达70%以上。年内,大力实施科技产业"高、端、链"计划(即突破高端核心技术,培育高附加值终端产品,打造上下游高新产业链),认定高新技术企业36个,累计拥有高新技术企业125个;新增江苏省民营科技企业30个、江苏省高新技术产品42项;培育江苏紫米电子技术有限公司等销售超亿元科技创业企业8个、销售超5000万元企业10多个;成立诺贝尔奖得主哈特穆特·米歇尔生物医药(江阴)研究院,累计建成诺贝尔奖得主研究院3个;新增各类科技人才1225人,其中国家“千人计划”*人才3人、院士3人,省“双创计划”*人才5人、省“博士计划”人才*3人、省“六大人才高峰计划”人才*1人;中介服务领军人才1人、海外留学人才15人,引进外国专家、海外工程师25人,申报引进国外技术管理、人才项目28项。全年申报专利2798件,专利授权量716件,其中发明专利授权63件,有效发明专利总量达428件,每万人拥有有效发明专利28件。是年,加快实施新合作、新技术、新产业“三新战略”,不断深化政产学研合作,组织实施产业技术研发项目60多项,获各类科技项目经费2.02亿元。先后组织人员赴德国、俄罗斯、以色列、美国等国家进行科技合作交流,与德国于利希国家研究中心、瑞典乌普萨拉大学等签订科技合作和技术转移合作协议,江阴中德国际技术转移中心建成投运。与中科院合作建立中科院生态环境研究中心江阴事业部,天江药业有限公司与南京中医药大学合作成立南京中医药大学江阴天江中药配方颗粒产业技术研究院。无锡凯博易机电科技有限公司参与完成的“微通道管材与换热器制造技术及其应用”研发成果,获国家科技进步二等奖。全区引进物联网、生物医药、服务外包、文化创意等各类科技创业项目108项,其中投资2000万元以上的项目17项,推动民营资本参与投资科技项目20多项。江阴高新技术创业园获批承担2014年度国家“火炬”计划产业化环境建设项目。

【重点重大项目建设】 2014年为江阴高新区重特大项目决战决胜年。按照“项目招商服务终身制、项目开工限期跟踪制、项目审批协调报告制、项目每周协调推进制”要求,江阴高新区积极推动重点重大项目快审批、快落地、快建设、快产出。全年实施重点重大建设项目35项(先进制造业项目15项、现代服务业项目14项、社会事业项目6项),总投资531.8亿元,其中超100亿元项目1项,超20亿元项目6项,超10亿元项目6项,超5亿元项目7项;竣工重点重大建设项目10项,总投资74.3亿元,其中先进制造业项目3项,现代服务业项目4项,社会事业项目3项;在建重点重大项目25项。是年,加快推进城市商业商务、企业总部楼宇、金融产业大厦、创新创业等服务业载体建设,世茂御龙湾综合体一期开盘,海澜财富中心、东方恒天广场、新高置业云巢广场、索尼影视基地等项目顺利推进,总投资142亿元的华泰国际金融科技街和总投资4.5亿元的兴澄总部大厦进入项目前期准备阶段。

2014年11月18日,哈特穆特·米歇尔生物医药(江阴)研究院成立并举行揭牌仪式

(江阴高新区党政办提供)

【社会事业】 2014年,江阴高新区统筹经济发展、生态建设与民生改善,推动群众生活持续改善、幸福指数不断提高。全年拆迁农户1113户、企业42个,拆迁面积37万平方米,形成成片净地2平方千米;竣工交付安置房100多万平方米,安置农户1313户、2190套,安置面积21.4万平方米。长江路至澄张公路延伸段、科技大道延伸段、环山路一期、科创路东段等重点道路工程相继建成通车。年内,开展园区环境专项整治行动,推进建设循环化改造重大工程11项,工业用水重复利用率93%,工业固体废弃物综合利用率95%,废水达标率97.3%以上;关停“三高两低”企业*3个,削减化学需氧量155.7吨、氨氮12.4吨;完成绿化造林13.33公顷。是年,组织大型招聘会4场,提供就业岗位5732个,解决本地劳动力就业3275人。新增城保扩面2300人、企业职工基本养老保险4787人,居民养老保险续保率达100%。山观实验小学金童校区、长山中心小学校舍改造工程竣工投用,山观高中创建为江苏省“四星级”高中,外来务工人员子女入学纳入规范管理范畴。城东街道养老服务中心、文化服务中心、老干部活动中心正式投入使用,土地山墓区景观、双牌社区景观河疏浚、社区天然气管道工程有序推进,新增改造社区停车位1425个、垃圾收集房106座。辖区内石牌社区被评为江苏省和谐社区,长山社区、锦隆社区、山观社区被评为江苏省民主法治示范村(社区)。

(朱亚丽)

江阴临港经济开发区

【概况】 2014年,江阴临港经济开发区围绕“临港产业强区、生态宜居新城”工作目标,实施产业开发、城市建设、生态环境、产城融合和民生福祉“五位一体”工程,开展重点项目、重点工程建设“双推进”活动,经济运行在提质增效、稳中求快上求发展,项目投入在实体为主、龙头引领上求实效,港口发展在效益优先、提升能级上求效率,城市建设在腾拓空间、产城融合上求拓展,生态文明在铁腕执法、美化环境上求提升,辖区经济社会继续保持良好发展态势。全年完成地区生产总值(含临港街道、璜土镇数据,下同)577.26亿元,比上年增长6.9%;工商开票销售收入3464.46亿元;公共财政预算收入40.98亿元,增长11.31%;全社会固定资产投入320.75亿元,增长10.6%,其中工业投入194.92亿元,服务业投入121.17亿元,分别比上年增长8.8%和13.1%。协议注册外资5.59亿美元,到位注册外资3.19亿美元。辖区规模以上企业完成工业产值1469.52亿元,自营进出口77.13亿美元。是年,开通80665555企业服务热线,建立无锡地区首个协税护税微信公众平台,加快发展临港金属新材料、新能源、机械装备、石化新材料、现代物流、文化创意和电商等支柱产业,开工建设重点项目55项,竣工重点项目47项,高新技术产业产值达460.61亿元。全市首个电子商务产业园落户开发区,临港(节能环保)装备产业园被省商务厅评为全省特色产业园第3名。全年申请各类专利4935件,实施产学研合作项目20项。完成公共基础设施投入30亿元,新增城市建成区面积超100万平方米。拆迁农户1180户、企业13个,腾出净地超666.67公顷。在江苏省商务厅2014年公布的江苏省开发区科学发展综合评价中,江阴临港经济开发区综合排名上升2位,开放水平上升13位,社会贡献上升24位,经济实力在省级开发区中实现"三连冠",被批准成为国家级科技企业孵化器、江苏省知识产权试点园区。

【新港区建设】 2014年,江阴临港经济开发区围绕"做大港口经济、做优港口服务、做美港口环境"总目标,强化港口功能,全面提升港口效益、港口服务和港口环境,新增江阴至汕头、江阴至厦门集装箱航线2条,加密航班4班,累计航线达51条,航班密度每周109班。是年,加快口岸通关、船舶及代理服务、码头装卸等物流产业链建设,先后引进美国总统轮船公司(APL)、中外运江阴综合物流基地、丽天石化品交易市场等项目;加快建设江阴海运煤炭市场、中煤华东总部、郑州商品交易所动力煤交割库等交易平台,百威啤酒华东分拨中心、平煤神马总部市场等特色基地正在加快建设,5号码头(二期)、6号码头、长博汽渡、港口集团通用码头、石庄围堰工程项目基本建成。长江港口综合物流园与软件园实行合署办公,完成开票销售收入845亿元,上缴税金5.9亿元,分别比上年增长23.37%和27.37%。临港国际物流园引进商贸流通、运输等各类企业52个,完成开票销售收入45.9亿元,上缴税金4800万元。

【新城建设】 2014年,江阴临港经济开发区加快腾拓空间、产城融合步伐,不断提升城市品质,完成基础设施投入191.64亿元,累计拆迁农户5.67万户22.29万平方米。国际生态智慧健康城、法国迪卡侬、黄冈博学世纪城等一批高端城市功能配套项目入驻中央商务区,世茂滨江摩天城、深圳海岸城、五洲国际广场等重点城市功能性项目加快推进。建成夏东苑三期、湖滨佳苑一期等安置房44.8万平方米,交付安置房3220套。在建拟建龙港花园二期、小湖七期等安置房147万平方米。完成珠江路等11条结转道路和镇东路等6条新建道路施工建设,开通创新南路、红旗北路、人民北路3条断头路,被无锡市评为农村道路示范街道。

【保税物流中心建设】 2014年,江阴临港经济开发区保税物流中心充分发挥功能平台作用,加快提升物流集聚效应,推行"一点报关、多点验放",各涉外单位一次提交、多方共享,实现海关、检验检疫报关"一单两报",支持保税延展货物、跨境电子商务、保税展示交易等新型业态发展。全年完成报关单量26194票,比上年增长20%;监管货值24.58亿美元,增长6.7%;货运量129万吨,增长13%。完成开票销售收入107亿元,增长35%;入库税金2750万元,增长13%。年内,探索区港联动,逐步实现保税物流中心与港区无缝对接,建立海关对中心企业和货物实施虚拟监控的账册管理。对企业实行"一企一策",为企业退税2.47亿元,缓税1.81亿元,上缴关税2.04亿元。是年,借鉴上海自贸区经验,利用江阴船舶制造业集聚优势和物流中心保税仓储功能,培育和鼓励融资租赁,探索开展期货保税交割业务试点。全年引进宇盛出口厨卫、百威啤酒分拨、保税棉仓储分拨、中化华东地区分拨中心、美的集团仓储等项目,协议注册外资3951万美元,到位注册外资1755万美元。

【招商引项】 2014年,江阴临港经济开发区根据产业定位,重点招引

2014年5月28日,临港经济开发区远景能源全球首批海上智能4.0兆瓦风机成功下线。图为远景能源举行下线仪式 (临港经济开发区党群工作部提供)

资源节约型、科技创新型、产业带动型、龙头基地型及税收贡献型的产业龙头企业和配套协作项目,加快引进以中国油气江阴天然气(LNG)利用工程、新加坡金鹰太平洋油气为代表的液化天然气项目,以电动汽车核心系统(ATIEVA)、国能电动汽车(NEVS)为代表的新能源汽车项目,以中建材薄膜太阳能电池为代表的光伏产业项目,以国光1.95万吨大型锻造油压机为代表的核设备产业项目,以海洋工程及传播电子设备系统研发中心、保安城为代表的产业研究中心项目。全年创新推进前期介入、审批并联、联席会办、一线解决等举措,先后赴韩国、日本等国家和地区进行驻点招商,组织开展各类大型专题招商活动4场次,签约项目44项,总投资454.8亿元。新增超千万美元项目10项,其中注册资金超3000万美元项目6项,招引世界500强企业和基地型项目4项,完成工商登记协议注册外资5.59亿美元,到位注册外资3.19亿美元。

【科技创新创业】 2014年,江阴临港经济开发区修订完善《关于促进经济优化发展、产业转型升级的若干奖励政策》,明确对企业技改投入、申报专利、新产品研发、品牌建设、行业标准研制给予政策扶持。全年完成高新技术产业产值461亿元,兑现科技扶持引导资金1645万元。年内,积极推动冶金、纺织、船舶、机械制造等传统支柱产业向两端延伸,完成技改投入45亿元,新增国家"火炬"计划项目1项、国家小企业发展专项资金项目1项、国家重点新产品项目2项和江苏省重大科技成果转化项目1项、省科技企业技术创新资金项目1项;新增省级以上"两化融合"试点企业6个,累计申报各类科技项目126项。新增高新技术企业22个,开展高新产品申报及新产品鉴定65种,入库江阴市专精特新"科技小巨人"培育企业16个;新增中船澄西国家级企业技术中心1个、江苏省工程技术研究中心(企业技术中心)2个,推进规模以上企业新建研发机构59个。全年申报各项专利4935件,授权1977件,其中发明专利1294件,累计有效发明专利333件。是年,开展核新太阳能与中国矿业大学合作太阳能发电系统技术中心、德玛斯特钻具与高校合作研发超高强度高疲劳性能深海钻杆等产学研项目21项,修订国家级标准1项、行业标准6项,江苏利士德化工有限公司生产的苯胺、苯乙烯产品被评为江苏省名牌产品,明大化工"金明及图"等5个商标被评为江苏省著名商标。全年引进院士2人、外国专家和海外工程师11人、国家"千人计划"*专家1人,新增各类高层次人才96人、江苏省"双创"人才*1人,培养高技能人才590人。申报国外技术管理和人才项目8项,新增国光重机、泰阳成索业等省级博士后创新实践基地4个,江阴临港经济开发区被批准为江苏省知识产权试点园区,成为全市首个省级博士后创新实践基地总站。

【重点重大项目建设】 2014年,江阴临港经济开发区开展重点项目、重点工程"双推进"活动,加强开工在建项目和拟建项目跟踪服务,总投资1.5亿美元的普洛斯工业物流园项目、总投资3500万美元的江阴嘉鸿橡塑科技新建医用塑料制品项目、总投资2998万美元的江阴东南重工有色金属管道制品制造加工项目、总投资2.1亿元的江苏中矿立兴能源科技(二期)项目等开工建设;总投资29.7亿元的三房巷二期EPTA(精对苯二甲酸)项目、总投资19.8亿元的国光1.95万吨大型锻造油压机等项目竣工投产。是年,加快现有企业增资扩能、产业更新,重点推动总投资60亿元的澄星磷(二期)220万吨精对苯二甲酸项目、总投资13亿元的三房巷40万吨精对苯二甲酸扩能项目、总投资2亿美元的双良苯乙烯(二期)等项目加快建设。全年开工在建项目55项,总投资279.06亿元;竣工投产项目47项,总投资108.24亿元;在批拟建项目54项,总投资266.28亿元。

【社会事业】 2014年,江阴临港经济开发区完成民生投入17.95亿元,实现本地劳动力就业9515人,劳动力就业率达96%,新型农村合作医疗保险、被征地农民基本生活保障覆盖率均达100%。全年新增城保扩面人数7519人,完成目标任务的121%。年内,启动市第二人民医院、西石桥社区卫生服务中心建设,开展送演出、送评弹、送展览等"五送"活动500场次,新增新能源公交车22辆,增设及优化公交线路15条。实施环境综合整治和道路绿化、村庄绿化等绿化工程,创建无锡市村庄环境长效管理示范村9个;对利港、石庄化工园区进行专项整治,投资400余万元建成园区监控中心、大气自动化监测站,关停"五小"企业*9个。是年,全面推进"法制临港、平安临港"建设,编制完成辖区安全应急预案,化解各类矛盾纠纷881件,为辖区民众提供法律援助90件次,创建江苏省和谐示范社区2个、无锡市和谐示范社区4个,滨江村、横塘村等5个村创建成为"幸福村",长江村成为江苏省唯一入选的"中国十佳小康村",维常村、黄丹村、后梅社区实现脱贫转化。全年便民服务中心设立服务项目68项、子项目125项,受理各类事项73473件,办结率100%,群众满意率达95%以上;"12345"公共服务呼叫平台受理诉求件2554件,答复满意率达99%。 (华柳霞)

江苏江阴—靖江工业园区

【概况】 2014年,江苏江阴—靖江工业园区围绕"建设全省联动开发的先导区、实验区、示范区"总体目标,坚持在继承中求发展、在发展中求创新、在创新中求突破,加快建设和形成船舶制造、重钢结构、车船零部件、冶金新材料、机械装备5个百亿级工业产业集群,推进特色产业高端化、新兴产业高新化、商贸物流电商化,园区经济呈健康发展的良好态势。全年完成地区生产总值102.83亿元,规模工业总产值187.4亿元;工商开票销售收入328亿元,其中工业开票销售收入152亿元,商业开票销售收入176亿元;公共财政预算收入5.19亿元;全社会固定资产投入29.03亿元,其中工业投入完成18.21亿元,服务业及基础设施投入10.82亿元。

2014年扬子江船业集团实现业务收入154亿元,手持订单量排名世界第9位。图为扬子江船业集团建设新貌 (靖江园区党政办提供)

【招商引项】 2014年,江阴—靖江工业园区发挥和利用自身平台优势及客商优势,整合园区产业,理顺产业链条,开展以商引商、产业链招商、企业合作入股招商,不断提高招商引资层次和成效。年内,锁定船舶及海工、钢构加工、车船零部件、冶金新材料、机械装备和现代服务业等产业,积极开展产业链招商、敲门式招商、规划招商,先后赴北京、深圳等地开展招商活动,洽谈推进中船重工、中建钢构三期及检测中心等一批重点项目;赴欧美进行经贸考察活动,推进东方能源防冻液项目、海鹏特种车辆有限公司与比利时 Faymonville 公司合作生产特种车项目;举办园区经贸洽谈会,签约项目7项,总投资超42亿元。是年,发展壮大车船产业、特色冶金、重钢结构和临江物流等特色产业,加快培育新材料、海洋工程等新兴产业,全年有续建项目7项,拟建项目8项,重点推进项目20项,重点意向项目19项。

【主导产业发展】 2014年,江阴—靖江工业园区充分发挥园区船舶、重钢结构企业的资本、品牌和市场优势,引导企业适应性调整市场结构、产品结构、投资结构,加快技术创新、品牌创新、模式创新,推动产业向研发、设计、标准制定和配套、安装、销售等产业链两端延伸,形成造船、海洋工程多元化经营和建筑钢构、桥梁钢构、海工装备多轨式裂变。年内,船舶特色产业园(国家级重钢结构产业基地)加快转型升级步伐,集聚重钢结构企业10个,年生产能力达80万吨,高端钢结构和桥梁钢结构分别占全国市场份额的15%和40%。其中江苏新扬子造船有限公司适应海运业最新动态,及时调整市场策略,将码头装卸仓储业务进行主辅分离,围绕"运量最大、能耗最小、污染最少"目标实施产品升级,全年业务量超20亿美元;江苏长强钢铁有限公司、中建钢构江苏有限公司、大明重工有限公司、江苏中泰桥梁钢构股份有限公司、江苏东方能源有限公司等重点企业增资扩股,全面提升自主设计与试验检测能力,园区造船能力占全国市场份额的13%。是年,靖江工业园区通过引进新人才、嫁接新技术、投入新项目,催生一批科技含量高、产品附加值高、盈利能力强的成长型企业。江苏格尔顿传动有限公司引进汽车零部件领域节能概念,研发并批量生产智能节能电磁风扇离合器;江苏奥海船舶配件有限公司建立计算机管理体系,采用先进闪光焊接技术,研发生产的船用锚链、系泊链等各类链条达国际先进水平;江苏海鹏特种车辆有限公司与比利时 Faymonville 公司签订合资协议,专业从事半挂车和特种运输车生产和销售;靖江三鹏模具科技股份有限公司专业从事设计、制造各种汽车冲压件模具及汽车零部件,8月在上海证券交易所挂牌上市,为园区中小企业借助资本市场获取发展动力提供典型示范;中铁建康远公司研发的时速300千米以上高速铁路接触线和承力索,打破国外技术和价格垄断,400千米时速以上接触线研制工作业已完成,获国际电工欧盟安全标志(CE)认证。全年园区内汽车零部件制造业总产值比上年增长20%,能源行业开票销售收入比上年增长120%。

【重点重大项目建设】 2014年,江阴—靖江工业园区以"快建设、快投产、快产出"为目标,加快项目审批机制创新,统筹项目申报、环评、土地等环节,缩短审批流程,提升审批效能,加快项目推进速度。总投资1.5亿元的中泰研发中心项目、总投资1.2亿元的长强高炉技改项目、总投资2980万美元的三鹏汽配项目、总投资1亿元的九易科技项目等竣工投产;总投资1.5亿美元的大明重工项目、总投资1亿元的东方能源润滑油仓储项目等正在建设中;总投资10.8亿元的长强铬铁项目、总投资5亿元的中建钢构(三期)项目、总投资5亿元的兴业综合建材市场项目、总投资8亿元的永益华元项目、总投资3000万美元的中力机械项目等拟建项目进入开工准备阶段。

【基础设施建设】 2014年,江阴—靖江工业园区按照"竞争力强、集约度高、配套性好"要求,完善园区基础设施,提升园区功能配套能力,先后完善和提升园区总体规划,修订港口、路网、电力、通讯等专项规划,加大对园区及周边居民生活区、社区服务中心和文化、体育、教育、卫生等民生设施建设力度,完成中心河北段驳砌和河道疏浚工程,推进雨污管线铺设,完善莲沁苑、溢馨苑等安置小区公共设施及基础设施配套服务功能。全年完成各类基础设施投入3亿元,推进重点地块拆迁120户,在建安置房20万平方米,续建安置房10万平方米,有936户1005套安置房交付使用。 (毛 璧)

■类目编辑 延克俭

企业上市

阵容变化

【概况】 2014年，江阴市企业上市工作积极适应国内宏观经济"调结构、转方式"、企业债务规模居高不下以及证监会推进股票发行注册制改革、A股首次公开发行股票(IPO)"排队上会"等多重影响的形势，坚定信心、攻坚克难、扎实举措，取得良好成效。年内，海澜之家股份有限公司完成对"凯诺科技"重组上市，3个企业的首次公开发行股票(IPO)申报材料被中国证监会正式受理；江阴钟舟电气股份有限公司等10个企业正式在全国中小企业股份转让系统成功挂牌；江阴康爱特包装股份有限公司等6个"新三板"*后备企业的挂牌申报材料被全国中小企业股份转让系统正式受理。完成江阴市中迪空冷设备有限公司等20个"新三板"后备企业同券商签订财务顾问协议。至年末，全市有35个上市公司，36只股票，其中境外上市12个，创业板2个，中小板11个，沪、深主板10个。地方股权交易中心挂牌18个。

【"海澜之家"】 2014年4月11日，海澜之家股份有限公司完成对"凯诺科技"的借壳重组上市，股票名称正式变更为"海澜之家"，股票代码600398。海澜之家股份有限公司主营业务为"海澜之家""爱居兔""百衣百顺"等系列品牌服饰的经营，包括品牌管理、供应链管理和营销网络管理等业务。"海澜之家"品牌通过系列产品的塑造与推广、供应链的整合以及营销网络的管理，在全国建立零售网络终端，向广大消费者提供高品质，中价位的男士全系列及其他系列服装和配饰；"爱居兔"品牌以年龄在18～30岁人群为目标客户群，以时尚、休闲为品牌特征；"百衣百顺"品牌定位于向中低收入人群推出高性价比的男装，提供超市型的自助购物体验，进一步拓展和完善海澜之家的目标客户群体。至年底，"海澜之家"旗下共有品牌门店、加盟店3700个。

【"钟舟电气"】 江阴钟舟电气股份有限公司主营业务为用户端智能电力系列仪表的研发、生产与销售；在电力监控、电能管理、电气安全等方面为终端用户提供系统解决方案。公司主要产品为网络电力仪表、智能测控仪表、后台监控系统和电量传感器。2014年1月24日，公司在全国中小企业股份转让系统正式挂牌，成为江阴市第一个"新三板"挂牌公司，股票代码430415。5月17日，公司召开2013年度股东大会，审议通过《2013年度董事会报告》《2013年度报告及摘要》《2013年度利润分配方案》:2013年度公司不分配利润，未分配利润结转至下一年度，也不进行公积金转增股本。9月11日，公司召开2014年第二次临时股东大会，审议通过《关于提请股东大会审议〈江阴钟舟电气股份有限公司股票发行方案〉的议案》:公司此次定向发行普通股150万股，发行价格为5.5元/股，融资额为825万元。其中，150万元计入股本，剩余675万元计入资本公积。

【"泓源光电"】 江苏泓源光电科技股份有限公司主营业务为光伏太阳能电池电子浆料的开发、生产与销售。2014年4月24日，公司在全国中小企业股份转让系统正式挂牌，为江阴市第二个"新三板"挂牌公司，股票代码430711。5月20日，公司召开2013年年度股东大会，审议通过《公司2013年度报告及摘要》《公司董事会2013年度工作报告》《公司2013年度利润分配方案》。12月4日，公司召开2014年第二次临时股东大会，审议通过《关于公司股票发行方案的议案》:此次发行股票2150万股(含2150万股)，发行价格为2.17元/股，募集资金总额4665.5万元，发行对象为自然人投资者任向东；此次发行后，任向东将持有"泓源光电"股票2150万股，占发行后总股本的44.79%，成为"泓源光电"第一大股东、实际控制人。

【"浩博新材"】 江苏浩博新材料股份有限公司主营业务为碳化硅微粉的生产和销售以及硅片切割废砂浆的回收利用。2014年6月26日，公司在全国中小企业股份转让系统正式挂牌，为江阴市第三个"新三板"挂牌公司，股票代码830814。年内，公司成为国内太阳能光伏硅片切割刃料——碳化硅微粉主要供应商和硅片切割废砂浆回收利用的主要服务商之一。

【"新昶虹"】 江阴市新昶虹电力科技股份有限公司主营业务为低压成套开关柜、屏产品、低压电器元件产品及其他配套产品的研发、生产、销售。2014年7月7日,公司在全国中小企业股份转让系统正式挂牌,股票代码830830。8月2日,公司召开2014年第二次临时股东大会,审议通过《关于江阴市新昶虹电力科技股份有限公司2014年股票发行方案的议案》:此次定向发行股份数量不超过10000000股(含10000000股),募集资金总额不超过8000万元(含8000万元);不低于3000000股(含3000000股),募集资金总额不超过2400万元(含2400万元);此次定向发行的价格为8元/股。10月15日,公司发布《股票发行情况报告书》:公司2014年第二次临时股东大会通过的股票发行方案,该方案发行价格为8元/股,发行普通股2227000股,募集资金1781.6万元。11月3日,公司召开第一届董事会第八次会议,审议通过《关于江阴市新昶虹电力科技股份有限公司利润分配方案的议案》:以总股本52227000股为基数,向全体股东每10股转9股送1股,此次转增股本使用公司资本公积金转增,以公司至2014年9月30日未分配利润实施送股,此次合计以资本公积转股47004300股,送股5222700股,利润分配完成后,公司总股本将由52227000股增至104454000股,与此次利润分配转股送股有关的税费由股东自行承担。11月7日,公司发布公告:公司获得由中国核工业集团公司委托的合格供应商评价机构兴原认证中心有限公司颁发的合格供应商证书编号为CNNC-140067200,证书的有效期最长为3年,至2017年10月29日。

【"标榜新材"】 江苏标榜装饰新材料股份有限公司主营业务为铝塑复合板、铝单板等金属及金属复合绿色环保建筑及装饰材料的研发、生产与销售。2014年8月8日,公司在全国中小企业股份转让系统正式挂牌,股票代码830911。（赵 喆）

【"怡达化学"】 江苏怡达化学股份有限公司是国家"火炬"计划重点高新技术企业,是全国醇醚生产的龙头企业。其主导的"怡达牌"丙二醇醚和乙二醇醚及醋酸酯系列产品,广泛应用于印刷、油墨、清洗剂、油漆、覆铜板、印染及农药等行业。公司被全国标准化委员会批准为"丙二醇醚和乙二醇醚工作组"召集单位,负责醇醚类产品国家标准的起草。2014年8月22日,公司在全国中小企业股份转让系统正式挂牌,股票代码831103。10月24日,公司发布公告:公司原股东刘杏元因病于2014年9月16日下午去世,其配偶沈桂秀等5名继承人于2014年10月15日签署《遗产分割协议》及补充协议,继承刘杏元原持有的江苏怡达化学股份有限公司15244400股股份。（赵 喆 华柳霞）

【"海特股份"】 江苏海特服饰股份有限公司主营业务为各种规格的花式纱线的生产与销售。2014年11月13日,公司在全国中小企业股份转让系统正式挂牌,股票代码831345。

【"华宏医药"】 江苏华宏医药股份有限公司主营业务为药品、医疗器械的批发及配送。2014年12月16日,公司在全国中小企业股份转让系统正式挂牌,股票代码831488。同日,公司召开2014年度第三次临时股东大会,审议通过《关于江苏华宏医药股份有限公司股票发行方案的议案》:向江阴元隆投资有限公司定向发行股票128万股,每股价格4.28元,此次股票发行募集资金总额约547.84万元,扣除发行费用后全部用于补充公司流动资金。

【"苏达汇诚"】 江阴苏达汇诚医疗科技股份有限公司主营业务为医用输液瓶口贴等医疗器械的研发、生产和销售。2014年12月30日,公司在全国中小企业股份转让系统正式挂牌,股票代码831580。

【"万事兴"】 江阴万事兴医疗器械股份有限公司主营业务为救护车用担架、救护车用医疗配件、病员转移担架及医用推车的研发、生产和销售。2014年12月31日,公司在全国中小企业股份转让系统正式挂牌,股票代码831587。

国内上市公司动态

【概况】 2014年,江阴市23个国内上市公司严格按照中国证监会、省证监局等监管部门的相关文件要求,积极规范上市公司治理、加强与投资者联系、扩大分红比例,树立了良好的上市公司形象。"江阴板块"作为江阴经济的升级版,承载着引领江阴企业转型发展的重要使命,但同时"江阴板块"的上市公司也面临着诸如行业老化、产业风险加剧、公司规模偏小、盈利能力不强、管理不规范等现实问题。针对部分上市公司发展动力不足,部分上市公司经营状况不善等问题,江阴市联合上海证券交易所组织举行利用资本市场做大做强企业及提高企业管理能力培训班,并完成《利用资本市场做强做大加快转型升级的路径探索》调研课题,借力资本市场推动并购重组,提高上市公司再融资能力,帮助其在辖区内寻找关联产业,引导大企业集团在境内外实施收购兼并,实现企业做大做强,促成产业转型升级。

【"中达股份"】 2014年1月26日,江苏中达新材料集团股份有限公司召开第六届董事会第十三次会议,审议通过《关于公司业绩预告的议案》《关于确认控股子公司申鹏、美达、亚包公司股权资产出售的议案》。2月22日,公司发布公告:无锡市中级人民法院裁定中达股份重整计划执行完毕。5月26日,公司召开2013年度股东大会,审议通过《2013年度董事会工作报告》《公司2013年度报告》《2013年度利润分配方案》:由于公司2013年度主营业务经营亏损,根据公司章程关于利润分配和现金分红的规定,公司决定2013年度不进行股利分配和公积金转增股本。11月14日,公司召开2014年第二次临时股东大会,审议通过《关于公司重大资产出售及发行股份购买资产暨关联交易具体方案的议案》:公司拟向第一大股东申达集团出售公司截至该次交易基准日(即2014年3月31日)的全部资产、负债与业务,并向深圳市保千里电子有限公司的全体股东非公开发行1359971698股股份购买其持有的"保千里电子"100%股权。

【"澄星股份"】 2014年4月11日,江苏澄星磷化工股份有限公司召开2013年年度股东大会,审议通过《2013 年度董事会工作报告》《2013 年度报告全文及摘要》《关于修改〈公司章程〉的议案》《关于 2013 年度利润分配的预案》：以 2013 年 12 月 31 日公司总股本为基数，每 10 股派发 0.15 元现金红利（含税），资本公积金不转增股本。

【"江苏阳光"】 2014 年 5 月 8 日，江苏阳光股份有限公司召开 2013 年年度股东大会，审议通过《关于公司 2013 年度董事会工作报告》《关于公司 2013 年度报告全文及摘要》《关于公司 2013 年度利润分配及资本公积金转增股本的预案》：2013 年度母公司共实现净利润 125349647.47 元，加上以前年度未分配利润 -456602048.93 元，2013 年度末实际可供股东分配的利润为 -331252401.46 元，鉴于 2013 年度母公司可供股东分配的利润为负数，因此公司 2013 年度不进行利润分配，也不进行资本公积金转增股本。6 月 10 日，公司召开第六届董事会第二次会议，审议通过《关于公司向江阴德源毛纺织有限公司（以下简称"德源毛纺"）收购所持江苏阳光璜塘热电有限公司（以下简称"璜塘热电"）24% 股权的议案》：2014 年 4 月 30 日"璜塘热电"经评估净资产为 30831.12 万元，经与"德源毛纺"协商，江苏阳光股份有限公司收购"德源毛纺"所持有的"璜塘热电"24% 的股权，按评估值确定转让价款为 7399.47 万元，股权收购完成后，江苏阳光股份有限公司将持有"璜塘热电"75% 股权。

【"三房巷"】 2014 年 3 月 29 日，江苏三房巷实业股份有限公司召开 2013 年度股东大会，审议通过《2013 年度董事会工作报告》《2013 年度报告全文及摘要》《2013 年度利润分配方案》：2013 年度归属母公司所有者的净利润为 24844035.46 元，以 2013 年 12 月 31 日的总股本 318897692 股为基数，向全体股东每 10 股派现金股利 0.5 元（含税），共计派发现金 15944884.6 元。2013 年度不进行资本公积金转增股本。

【"海澜之家"】 2014 年 1 月 18 日，凯诺科技股份有限公司（"凯诺科技"）发布公告：公司于 2014 年 1 月 17 日收到中国证券监督管理委员会《关于核准凯诺科技股份有限公司向海澜集团有限公司等发行股份购买资产的批复》：核准公司向海澜集团有限公司发行 1615384615 股股份、向荣基国际（香港）有限公司发行 1346153846 股股份、向国星集团有限公司发行 346153846 股股份、向万成亚太投资有限公司发行 192307692 股股份、向海澜国际贸易有限公司发行 192307692 股股份，向江阴市晟汇国际贸易有限公司发行 115384616 股股份、向上海挚东投资管理有限公司发行 38461539 股股份购买相关资产。3 月 31 日，"凯诺科技"召开 2014 年第一次临时股东大会，审议通过《关于变更公司经营范围的议案》《关于变更公司名称的议案》：公司名称拟变更为海澜之家股份有限公司。4 月 4 日，"凯诺科技"发布公告：经公司申请，并经上海证券交易所核准，自 2014 年 4 月 11 日起，公司证券简称由"凯诺科技"变更为"海澜之家"，证券代码"600398"保持不变。4 月 16 日，海澜之家股份有限公司召开 2013 年度股东大会，审议通过《公司 2013 年度报告及其摘要》《公司 2013 年度董事会工作报告》《公司 2013 年度利润分配及资本公积金转增股本的预案》：以公司重大资产重组完成后的总股本 4492757924 股为基数，向全体股东每 10 股派发现金红利 1.9 元（含税），合计派发 853624005.56 元，剩余未分配利润结转以后年度分配，2013 年度不进行资本公积金转增股本。7 月 21 日，公司召开 2014 年第二次临时股东大会，审议通过《关于公司变更募集资金投资项目暨使用募集资金对子公司增资的议案》：此次公司变更募集资金用途，用于对全资子公司海澜之家服饰股份有限公司增资 15000 万元，由其实施海澜之家智能仓储配送中心项目，项目投资总额 12802.79 万元；此次增资涉及变更投向的募集资金 9328.05 万元，剩余 5671.95 万元由公司自有资金补足。

【"海润光伏"】 2014 年 3 月 26 日，海润光伏科技股份有限公司召开第五届董事会第二十一次（临时）会议，审议通过《关于拟在上海自由贸易区投资设立子公司的议案》：公司计划在上海自由贸易区投资设立海润太阳能（上海）有限公司（公司名称以工商登记机关核准为准），注册资本为 2 亿元，海润光伏科技股份有限公司出资 12000 万元，占注册资本 60%；合肥海润光伏科技有限公司出资 2000 万元，占注册资本 10%；奥特斯维能源（太仓）有限公司出资 2000 万元，占注册资本 10%；太仓海润太阳能有限公司出资 2000 万元，占注册资本 10%；海润光伏（上海）有限公司出资 2000 万元，占注册资本 10%。海润太阳能（上海）有限公司主要从事光伏科技、太阳能科技领域内的技术服务、技术咨询、技术开发、技术转让；太阳能发电设备及软件的设计、开发、批发；多晶硅太阳能电池及组件、单晶硅太阳能电池及组件、太阳能系统集成的研发及批发；太阳能电站的投资、运营；节能产品及系统集成的投资、咨询、技术服务、批发、运营；从事货物进出口及技术进出口业务。5 月 20 日，海润光伏科技股份有限公司召开 2013 年度股东大会，审议通过《关于公司 2013 年度董事会工作报告的议案》《关于修改 2013 年度江苏阳光集团有限公司对本公司利润补偿方案的议案》《关于公司 2013 年度报告全文及其摘要的议案》《关于公司 2013 年度利润分配及资本公积金转增股本的预案》：拟以公司第五届董事会第二十二次会议决议公告日除原海润光伏股东以外股东总股本 287877283 为基数，以资本公积金向其他股东每 10 股转增 1.6 股，转增后公司总股本变更为 1082478384 股，注册资本变更为 1082478384 元，资本公积金余额为 129440.79 万元。6 月 30 日，公司召开第五届董事会第二十六次（临时）会议，审议通过《关于公司与 Renewable Energy Trade Board Corporation 签订意大利 Cassano 光伏电站项目附条件收购协议的议案》：公司拟出让其位于意大利南部卡拉布里亚省卡萨诺地区的农业大棚电站项目，收购总价暂定为 3533 万欧元，待受让方完成尽职调查后再根据调查情况和出让方协商确定最终收购价格，并签订正式《股权转让协议》。7 月 26 日，公司发布公告：2014 年 7 月 25 日，海润光伏科技股份有限公司收到中国证券监督管理委员会出具的《关于核准海润光伏科技股份有限公司非公开发行股票的批复》,核准公司非公开发行不超过492768000股新股。9月15日,公司发布非公开发行A股股票发行情况报告书:此次非公开发行股票的发行底价为7.72元/股,发行数量上限由不超过472000000股调整为不超过492768000股;根据验资报告,至2014年9月4日止,发行人募集资金总额为3802100000元,扣除发行费用85355900元后,募集资金净额为3716744100元,其中注册资本为492500000元,资本公积金为3224244100元。10月14日,公司召开第五届董事会第三十六次(临时)会议,审议通过《关于选举杨怀进为公司第五届董事会董事长的议案》《关于聘任李红波先生为公司首席技术官(CTO)的议案》《关于聘任曹敏为公司副总裁的议案》。

【"双良节能"】 2014年3月27日,江苏双良节能系统股份有限公司召开2013度股东大会,审议通过《2013年度董事会工作报告》《2013年度报告和年度报告摘要》《2013年度利润分配预案》:经天衡会计师事务所审计,公司2013年度母公司实现净利润526351962.74元,按10%提取法定盈余公积金52635196.27元,加年初未分配利润330953787.49元,减公司于2013年6月向全体股东分配现金股利202525890.75元,可供股东分配的利润为602144663.21元,决定向全体股东按每10股派发现金股利6.5元(含税),剩余未分配利润滚存到以后年度;2013年度不进行资本公积转增股本。8月1日、6日,公司发布公告:公司接到持股5%以上股东STAR BOARD LIMITED的通知,STAR BOARD LIMITED通过上海证券交易所大宗交易的方式,分别于7月30日、8月4日减持公司股份共27200000股(占公司总股本3.36%)。10月27日,公司召开2014年第二次临时股东会,审议通过《关于控股子公司股份制改制及申请"新三板"挂牌的议案》:拟对利士德进行股份制改制并进而申请其股票在全国中小企业股份转让系统挂牌并公开转让。11月21日,公司召开第五届董事会2014年第五次临时会议,审议通过《公司子公司与江苏双良新能源装备有限公司签署设备买卖合同》的议案。

【"长电科技"】 2014年1月4日,江苏长电科技股份有限公司发布公告:2013年7—12月,母公司及控股子公司陆续收到各类政府补贴合计4085.094万元。2月19日,公司召开第五届第十三次董事会,审议通过《关于与中芯国际集成电路制造有限公司组建合资公司的议案》《关于公司拟设立先进后段倒装封装测试全资子公司的议案》:公司拟在与中芯国际集成电路制造有限公司合资建立的合资公司附近配套设立后段倒装封装测试全资子公司,与中芯国际集成电路制造有限公司一起为国际国内一流的客户提供从芯片制造、中段封装,到后段倒装封装测试的产业链全流程一站式服务;全资子公司注册资本拟定为2亿元,由江苏长电科技股份有限公司以现金出资并按实施进度分期到位。5月15日,公司召开2013年年度股东大会,审议通过《董事会工作报告》《长电科技2013年年度报告及摘要》《关于公司2014年度投资计划的议案》《关于公司2013年度利润分配的预案》:以2013年度末总股本853133610股为基数,每10股派发现金红利0.15元(含税),共计分配12797004.15元,分配后公司未分配利润结余转入下一年度。2013年度公司不进行资本公积金转增股本,不送红股。8月26日,公司发布公告:2014年8月25日,江苏长电科技股份有限公司收到中国证券监督管理委员会出具的《关于核准江苏长电科技股份有限公司非公开发行股票的批复》,核准公司非公开发行不超过235404896股新股。9月30日,公司发布《非公开发行A股股票发行情况报告书》:根据验资报告,至2014年9月23日,公司非公开发行普通股131436390股,募集资金总额为1249960068.9元,扣除发行费用63627443.28元后,实际募集资金净额为1186332625.62元,其中计入股本131436390元,计入资本公积金1054896235.62元。12月26日,公司召开第五届第二十三次临时董事会,审议通过《关于公司收购STATS ChipPAC Ltd.暨实施重大资产重组的议案》。

【"江南水务"】 2014年4月18日,江苏江南水务股份有限公司召开2013年年度股东大会,审议通过《2013年度董事会报告》《2013年度报告全文及其摘要》《关于公司2013年度利润分配的预案》:以2013年12月31日总股本23380万股为基数,向全体股东每股派发现金红利0.19元(含税),共派发现金红利44422000元,尚余未分配利润300976920.96元转入下一年度,2013年度不进行资本公积金转增股本方案。同日,公司召开第四届董事会第八次会议,审议通过《关于江阴小湾水厂深度处理改建工程的议案》《关于江阴澄西水厂供水工程(二期)的议案》。12月29日,审议通过《关于公司公开发行A股可转换公司债券发行方案的议案》《关于公司公开发行A股可转换公司债券募集资金投资项目可行性分析报告的议案》《关于公司前次募集资金使用情况报告的议案》。

【"吉鑫科技"】 2014年5月16日,江苏吉鑫风能科技股份有限公司召开2013年度股东大会,审议通过《江苏吉鑫风能科技股份有限公司2013年度董事会工作报告》《江苏吉鑫风能科技股份有限公司关于审议并披露2013年度报告及其摘要的议案》《江苏吉鑫风能科技股份有限公司2013年度募集资金存放与实际使用情况的专项报告》《江苏吉鑫风能科技股份有限公司关于终止部分募集资金投资项目并将剩余募集资金永久补充流动资金的议案》《江苏吉鑫风能科技股份有限公司2013年度利润分配及资本公积金转增股本预案》:2013年度拟不进行利润分配,也不进行资本公积金转增股本。8月20日,公司发布公告:持有公司5%以上股份的王秋芬,2014年6月13日至8月18日,通过上海证券交易所公开竞价系统和大宗交易系统累计减持公司股份15307881股,占公司总股本的1.54%。8月23日,公司发布公告:持有公司5%以上股份的曹万清,

2014年6月11日至8月21日，通过上海证券交易所公开竞价系统和大宗交易系统累计减持公司股份61094120股，占公司总股本的6.16%。9月19日，公司发布公告：公司控股股东、实际控制人、公司董事长包士金，2014年9月15—18日，通过上海证券交易所大宗交易系统累计减持公司股份5000万股，占公司总股本的5.04%。10月29日，公司召开2014年第三次临时股东大会，审议通过《江苏吉鑫风能科技股份有限公司关于投资设立风电场项目运营公司暨关联交易的议案》：公司与包士金共同出资7亿元设立子公司，从事风电场项目的投资、建设及运营业务。公司出资6亿元、持有85.71%股权，包士金出资1亿元、持有14.29%股权。12月20日，公司发布公告：持有公司5%以上股份的曹万清，自2014年8月27日至12月19日，通过上海证券交易所公开竞价和大宗交易系统累计减持公司股份83655640股，占公司总股本的8.44%；此次减持后，曹万清持有公司股份49380000股，占公司总股本的4.98%，不再是持有公司5%以上股份的股东。12月22日，公司召开第三届董事会第四次会议，审议通过《江苏吉鑫风能科技股份有限公司关于收购江阴绮星科技有限公司股权的议案》。

【"四环生物"】 2014年3月24日，江苏四环生物股份有限公司召开2014年第二次临时股东大会，审议通过《关于公司全资子公司北京四环生物制药有限公司拟通过银行向江阴金瑞织染有限公司提供贷款11000万元的议案》。5月23日，公司召开2013年度股东大会，审议通过《2013年度报告全文及摘要》《2013年度董事会工作报告》《2013年度利润分配预案》：公司2013年度不进行利润分配也不进行资本公积金转增。

【"友利控股"】 2014年3月28日，四川友利投资控股股份有限公司召开2013年度股东大会，审议通过《公司2013年度报告全文和摘要》《2013年度公司董事会工作报告》《公司2013年度利润分配预案》：以至2013年12月31日公司股份总数408882893股为基数，向全体股东按每10股派发现金股利8元（含税），同时，以资本公积金向全体股东每10股转增5股。此次公司利润分配，将向全体股东派发现金股利327106314.4元（含税）。10月17日，公司召开2014年第二次临时股东大会，审议通过《公司名称及注册地址变更的议案》《关于〈公司章程〉修改的议案》。12月19日，公司召开第九届董事会第五次会议，审议通过《关于转让成都蜀都投资管理有限责任公司股权的议案》。

【"模塑科技"】 2014年4月3日，江南模塑科技股份有限公司召开2014年第一次临时股东大会，审议通过《关于收购控股子公司无锡鸿意49%股权的议案》。6月9日，公司召开2013年度股东大会，审议通过《2013年度董事会工作报告》《2013年度报告正文及摘要》《2013年度利润分配预案》：以2013年12月31日公司总股本309043600股为基数，向全体股东每10股派送现金股利0.3元（含税），2013年度不进行资本公积金转增股本。利润分配后，剩余未分配利润转入下一年度。6月12日，公司召开2014年第三次临时股东大会，审议通过《关于公司2014年度非公开发行股票方案的议案》《关于〈江南模塑科技股份有限公司2014年度非公开发行股票预案〉的议案》。12月19日，公司发布公告：2014年12月18日，江南模塑科技股份有限公司收到中国证券监督管理委员会出具的《关于核准江南模塑科技股份有限公司非公开发行股票的批复》，核准公司非公开发行不超过57567316股新股。

【"法尔胜"】 2014年4月23日，江苏法尔胜股份有限公司召开2013年度股东大会，审议通过《2013年度报告正文及摘要》《2013年度董事会工作报告》《2013年度利润分配预案》：以截至2013年12月31日总股本37964.16万股为基数，以公司可供股东分配的利润向全体股东按每10股派发现金股利0.2元（含税），合计派发现金股利7592832元，剩余未分配利润11931385.73元结转以后年度分配。11月18日，公司召开2014年第一次临时股东大会，审议通过《关于转让参股公司江苏阜宁农村商业银行股份有限公司5%股权的议案》。

【"华西股份"】 2014年4月3日，江苏华西集团公司召开2013年度股东大会，审议通过《2013年度董事会工作报告》《2013年度报告全文及摘要》《2013年度利润分配预案》：以公司总股本748012887股为基数，向全体股东每10股派发现金红利0.4元（含税），派发现金红利总额为29920515.48元，剩余利润406892326.35元结转至下年度，此次分配公司不送红股也不进行资本公积金转增股本。11月13日，公司召开2014年第二次临时股东大会，审议通过《关于公司2014年度非公开发行A股股票方案的议案》。12月30日，公司发布公告：公司于2014年12月29日收到中国证券监督管理委员会出具的《中国证监会行政许可申请受理通知书》。

【"霞客环保"】 2014年3月4日，江苏霞客环保色纺股份有限公司召开第五届董事会第六次会议，审议通过《关于选举董事长的议案》《关于公司财务危机及经营风险情况的报告》。5月20日，公司召开2013年度股东大会，审议通过《公司2013年度董事会工作报告》《公司2013年度报告及摘要》《公司2013年度利润分配预案》：2013年度不向股东分配股利，也不进行资本公积金转增股本。6月5日，公司召开第五届董事会第八次会议，审议通过《公司经营层关于维护企业生产经营稳定减少运营亏损的报告》。7月25日，公司召开第五届董事会第九次会议，审议通过《公司经营层关于下半年应对当前危机，减少运营亏损的报告》。8月2日，公司发布公告：公司完成法定代表人的工商变更登记，公司法定代表人为汪瑞敏。12月2日，公司召开2014年第二次临时股东大会，审议通过《关于全资子公司滁州霞客环保色纺有限公司向法院申请重整的议案》《关于控股子公司滁州安兴环保彩纤有限公司向法院申请重整的议案》。

【"中南重工"】 2014年1月2日，江阴中南重工股份有限公司召开第二届董事会第二十一次会议，审议通过《关于公司筹划重大资产重组事项的议案》。4月24日,公司召开2014年第一次临时股东大会,审议通过《关于对外投资暨关联交易投资设立中南文化传媒基金管理有限公司并认购其发行并购基金的议案》:公司拟出资300万元与中植资本管理有限公司设立中南文化传媒基金管理有限公司,注册资本1000万元,公司占比30%;在中南文化传媒基金管理有限公司设立之后,出资14000万元,与其他股东共同发起设立中南文化传媒产业并购基金,总规模不超过30亿元,首期发起的并购基金规模不超过10亿元。4月28日,公司召开2013年度股东大会,审议通过《关于公司2013年度董事会工作报告的议案》《公司关于2013年度募集资金存放与使用情况的专项报告的议案》《公司2013年度报告》《关于公司2013年度利润分配的预案》:以2013年12月31日深圳证券交易所收市后的总股本252150000股为基数,向全体股东每10股派发现金红利0.3元(含税),共计派发现金红利7564500元(含税),剩余未分配利润结转下年度,除上述现金分红外,此次分配公司不送红股,不以资本公积金转增股本。6月20日,公司召开2014年第二次临时股东大会,审议通过《关于公司发行股份及支付现金购买资产的议案》《关于公司发行股份募集配套资金方案的议案》。9月17日,公司召开2014年第三次临时股东大会,审议通过《关于增加公司经营范围的议案》《关于修订〈公司章程〉的议案》。10月27日,公司召开2014年第四次临时股东大会,审议通过《关于公司对外投资的议案》:中南重工拟出资1亿元,与芒果传媒有限公司、海通开元投资有限公司、厦门建发集团有限公司4个公司拟共同发起设立"芒果海通创意文化投资基金(有限合伙)",并同意签署《芒果海通创意文化投资基金(有限合伙)之发起人协议》。文化投资基金总投资额为5亿元,中南重工出资1亿元,占总出资额的20%。12月8日,公司召开第二届董事会第三十二次会议,审议通过《关于公司投资设立子公司江阴中南教育投资有限公司的议案》:公司拟以自有资金出资5000万元设立江阴中南教育投资有限公司(名称以工商核准为准)。公司占出资额的100%,注册地址江阴国家高新区,主要经营范围为投资教育事业、教育咨询等。

【"百川化工"】 2014年5月16日,江阴百川化工股份有限公司召开2013年年度股东大会,审议通过《关于公司〈2013年度报告及摘要〉的议案》《关于公司〈2013年度董事会工作报告〉的议案》《关于公司2013年度利润分配方案》:公司拟以2013年末总股本13170万股为基数,向全体股东每10股派发现金红利2元(含税),不送红股,以资本公积金向全体股东每10股转增8股。8月20日,公司发布公告:公司控股股东、实际控制人之一王亚娟,于2014年8月18日通过深圳证券交易所大宗交易方式减持公司无限售条件流通股股份11660000股,占公司总股本的4.92%,一致行动人郑铁江此次未有减持。11月7日,公司发布公告:公司控股股东、实际控制人之一郑铁江,于2014年11月5日通过深圳证券交易所大宗交易方式减持公司无限售条件流通股股份6800000股,占公司总股本的2.87%,此次减持后郑铁江持有公司股份87160000股,占公司总股本的36.77%。

【"爱康科技"】 2014年2月14日,江苏爱康科技股份有限公司召开2014年第二次临时股东大会,审议通过《关于收购浙江瑞旭投资有限公司股权的议案》:同意公司全资孙公司苏州中康电力开发有限公司以自筹资金收购浙江瑞旭投资有限公司100%股权,股权收购总价为17669万元。4月11日,公司召开2013年度股东大会,审议通过《董事会工作报告》《2013年度报告及摘要》《2013年度募集资金存放与使用情况的专项报告》《2013年度利润分配方案》:鉴于2014年度公司电站的投资计划,加之营运资金需求等情况,基于对股东长远利益的考虑,同时为更好保证公司的稳定发展,公司2013年度不进行现金分红和转增股本。7月4日,公司召开2014年第六次临时股东大会,审议通过《关于投资建设金昌清能100兆瓦光伏电站及相关事项的议案》。7月22日,公司召开2014年第七次临时股东大会,审议通过《关于投资张家口40兆瓦光伏电站的议案》《关于投资新疆奇台60兆瓦光伏电站的议案》。8月14日,公司发布公告:2014年8月13日,江苏爱康科技股份有限公司收到中国证券监督管理委员会出具的《关于核准江苏爱康科技股份有限公司非公开发行股票的批复》,核准公司非公开发行不超过12500万股新股。同日,公司召开2014年第八次临时股东大会,审议通过《关于收购九州方园博州新能源有限公司100兆瓦光伏电站的议案》《关于投资九州方园博乐市新能源有限公司并进行60兆瓦光伏电站建设的议案》。9月17日,公司召开2014年第九次临时股东大会,审议通过《关于投资建设山西孝义30兆瓦光伏电站的议案》。10月10日,公司召开2014年第十次临时股东大会,审议通过《关于变更公司经营范围的议案》《关于对苏州中康增资的议案》《关于发行短期融资券的议案》《关于增加非公开发行股票募集资金投资项目的议案》。11月24日,公司召开2014年第十二次临时股东大会,审议通过《关于开展光伏电站资产证券化的议案》。

【"华宏科技"】 2014年4月21日,江苏华宏科技股份有限公司召开2013年度股东大会,审议通过《关于公司2013年度董事会工作报告的议案》《关于〈2013年度报告及其摘要〉的议案》《关于公司2013年度利润分配方案的议案》:以2013年12月31日的总股本120006000股为基数,拟按每10股派发现金股利0.8元(含税),共计9600480元;以2013年12月31日的总股本120006000股为基数,以资本公积金向全体股东每10股转增3股,合计转增股本36001800股,转增股本后公司总股本变更为156007800股;剩余未分配利润转入下一年度。

【"宝利沥青"】 2014年2月12日,江苏宝利沥青股份有限公司召开2014年第一次临时股东大会,审议通过《关于宝利控股(新加坡)私人有限公司取消对安泰瑞能源股份有限公司股权投资的议案》《关于修改公司章程的议案》。4月3日，公司召开第三届董事会第七次会议，审议通过《关于现金及发行股份购买资产并募集配套资金方案的议案》：公司拟以现金及发行股份的方式，购买赵海浩、刘玲所持有的江苏一同环保工程技术有限公司100%股权；同时发行股份募集配套资金，募集配套资金总额不超过总交易金额的25%。4月25日，公司召开第三届董事会第九次会议，审议通过《关于终止现金及发行股份购买资产并募集配套资金的议案》。5月6日，公司召开2013年度股东大会，审议通过《关于使用超募资金3241.71万元永久补充流动资金的议案》《2013年度报告及其摘要》《2013年度董事会工作报告》《2013年度利润分配预案》：公司拟以2013年12月31日总股本51200万股为基数，向全体股东每10股派发现金红利人民币0.5元(含税)，共向全体股东派发现金红利2560万元。7月19日，公司发布公告：公司控股股东及实际控制人之一周秀凤，于2014年7月14日和7月18日通过深圳证券交易所大宗交易方式减持本公司无限售条件流通股股份51200000股，占公司总股本的10%；此次减持后周秀凤持有公司股份59904000股，占公司总股本的11.7%。7月24日，公司发布公告：公司控股股东及实际控制人之一周德洪，于2014年7月23日通过深圳证券交易所大宗交易方式减持本公司无限售条件流通股股份23800000股，占公司总股本的4.65%；此次减持后周德洪持有公司股份169528960股，占公司总股本的33.11%。12月24日，公司召开第三届董事会第十三次会议，审议通过《关于注销控股子公司新疆宝利石油化工有限公司的议案》。

【“中泰桥梁”】 2014年5月12日，江苏中泰桥梁钢构股份有限公司召开2013年度股东大会，审议通过《关于公司2013年度董事会工作报告的议案》《关于公司2013年度报告及其摘要的议案》《关于使用产能扩建项目结余募集资金全部补充流动资金的议案》《关于公司2013年度利润分配预案的议案》：不进行现金分红，也不进行资本公积金转增股本。12月10日，公司召开第三届董事会第四次会议，审议通过《关于筹划重大资产重组事项的议案》。

【“海达股份”】 2014年4月16日，江阴海达橡塑股份有限公司召开2013年度股东大会，审议通过《关于公司2013年度董事会工作报告的议案》《关于公司2013年度报告及摘要的议案》《关于2013年度利润分配方案的议案》：公司拟以2013年12月31日总股本13334万股为基数，向全体股东每10股派发现金股利1.2元(含税)，共计派送现金股利16000800元；累计剩余未分配利润结转至下年度。6月17日，公司发布公告：公司于近日获得国家知识产权局颁发的发明专利证书和实用新型专利证书各1项，专利权人为海达股份，获得形式为原始取得方式。

募集资金使用

【概况】 2014年，江阴市上市公司募集资金使用情况较好。海润光伏科技股份有限公司、江苏长电科技股份有限公司、江苏爱康科技股份有限公司3个上市公司在资本市场非公开发行股票，共募集资金605206万元。募集资金主要用于上新项目、进行技改扩能和补充流动资金，培育新的经济增长点和增强企业市场竞争力。

【“海润光伏”】 2014年7月25日，海润光伏科技股份有限公司收到中国证监会《关于核准海润光伏科技股份有限公司非公开发行股票的批复》，公司此次非公开发行股票事宜取得中国证监会证监许可。根据验资报告，至2014年9月3日，公司此次非公开发行普通股(A股)49250万股，募集资金总额为380210万元，发行费用共计8535.59万元，募集资金净额为371674.41万元。募集资金主要用于罗马尼亚光伏电站项目、晶硅电池技术研发中心建设项目、年产2016吨多晶硅锭及8000万片多晶硅片扩建项目的研发建设以及偿还贷款。

【“长电科技”】 2014年8月20日，中国证监会核发《关于核准江苏长电科技股份有限公司非公开发行股票的批复》，核准“长电科技”非公开发行不超过235404896股新股，有效期6个月。根据验资报告，至2014年9月23日，公司此次非公开发行普通股(A股)131436390股，募集资金总额为1249960068.9元，扣除发行费用63627443.28元后，实际募集资金净额为1186332625.62元。募集资金主要用于投入年产9.5亿块倒装(FC)集成电路封装测试项目及补充流动资金。

【“爱康科技”】 2014年8月13日，江苏爱康科技股份有限公司收到中国证监会《关于核准江苏爱康科技股份有限公司非公开发行股票的批复》，公司此次非公开发行股票事宜取得中国证监会证监许可。根据验资报告，至2014年8月22日，公司此次非公开发行普通股(A股)6250万股，募集资金总额为1000000000元，扣除发行费用30399000元后，募集资金净额为969601000元。募集资金主要用于赣州地区10兆瓦屋顶分布式太阳能光伏发电项目、无锡地区40兆瓦屋顶分布式太阳能光伏发电项目、苏州地区30兆瓦屋顶分布式太阳能光伏发电项目的建设开发及补充流动资金。

经营业绩

【概况】 2014年，江阴市上报证监会首次公开发行股票(IPO)审核企业3个，完成股改企业14个，新增“新三板”挂牌企业10个，16个小微企业分别在上海股权托管交易中心和江苏省股权交易中心挂牌，累计拥有控股的国内上市公司23个。年报业绩统计数据显示：2014年，江阴市23个国内上市公司总资产达1061.01亿元，比上年增加245.65亿元；总股本180.32亿股，比上年增加51.59亿股；实现营业收入604.92亿元；年终市值1539.16亿元。有11个公司每股收益高于上年，12个公司净利润高于上年，但江苏霞客环保色纺股份有限公司、海润光伏科技股份有限公司两个公司亏损。

2014年江阴国内控股上市公司经营业绩一览

表27

代码	公司股票名称	每股收益(元)	每股净资产(元)	净资产收益率(%)	每股现金净流量(元)	营业收入(万元)	净利润(万元)	总资产(万元)	净资产(万元)	负债率(%)	总股本(万股)	流通股(万股)	所交税费总值(万元)	市值(亿元)
000518	四环生物	0.0058	0.6615	0.88	0.0195	24123.07	595.66	81808.25	68106.76	16.75	102956	102954	2793.44	56.52
000584	友利控股	0.2662	3.0989	8.59	0.3071	201379.19	16327.82	349083.94	190060.15	45.55	61332	61062	30594.67	40.01
000700	模塑科技	0.796	4.4989	17.69	1.2456	339539.97	24591.21	392856.21	139035.66	64.61	30904	30904	22824.55	38.60
000890	法尔胜	0.0137	2.7431	0.50	0.7714	155209.47	521.33	311054.01	104137.88	66.52	37964	37956	8106.15	28.32
000936	华西股份	0.080	2.9479	2.71	-0.2449	206622.30	5630.88	347817.28	220507.42	36.60	74801	74769	2118.74	45.70
002015	霞客环保	-4.3200	-2.7383	157.76	-1.4963	115556.70	-103684.30	47133.09	-65703.62	239.40	23994	22160	1282.07	20.18
002445	中南重工	0.2600	4.1360	6.29	-1.2091	72434.42	6560.55	251377.34	104289.02	58.51	25215	25078	3262.91	45.84
002455	百川股份	0.2300	3.4232	6.72	1.2951	290455.72	5482.28	210988.16	81150.51	61.54	23706	13253	4019.69	20.65
300135	宝利沥青	0.1240	2.2621	5.48	0.6075	176956.41	6343.52	236567.94	115820.67	51.04	51200	36358	4793.25	38.30
600074	中达股份	0.0290	0.6961	4.17	0.0758	73962.59	2642.02	100994.79	62371.38	38.24	89598	89598	3583.12	52.24
600078	澄星股份	0.0340	2.6791	1.27	0.3965	259556.13	2224.85	512132.62	177510.62	65.34	66257	66257	13760.49	45.25
600220	江苏阳光	0.0443	0.9475	4.68	0.1232	226520.19	7892.03	387731.78	168970.81	56.42	178334	178334	9634.45	69.55
600370	三房巷	0.0472	3.7263	1.27	0.4004	111374.51	1505.16	155405.29	118829.77	23.54	31890	31890	3824.40	21.14
600398	海澜之家	0.5400	1.5672	34.46	1.6466	1233844.11	237477.21	1853043.20	704084.95	62.00	449276	64660	137764.50	453.77
600401	海润光伏	-0.8013	3.0749	-26.06	-0.3318	495840.70	-94759.55	1556632.41	484295.48	68.89	157498	108248	18422.66	108.83
600481	双良节能	0.3613	2.7589	13.10	1.066	680769.69	29266.92	776136.75	223538.59	71.20	81025	81025	34178.27	88.32
600584	长电科技	0.1800	3.8228	4.71	1.065	642827.33	15666.65	1090230.47	376385.09	65.48	98457	85313	9649.06	109.58
601199	江南水务	0.7600	8.4605	8.98	1.6484	74940.21	17728.99	337424.14	197806.68	41.38	23380	23380	10147.88	44.75
601218	吉鑫科技	0.0936	2.3645	3.96	0.3231	164003.22	9285.74	386925.37	234498.94	39.39	99176	99176	4311.49	67.64
002610	爱康科技	0.2900	6.5746	4.41	-0.2208	300278.35	9201.68	842374.26	238328.92	71.71	36250	29775	4677.67	60.43
002645	华宏科技	0.0650	4.4036	1.48	-0.2979	36043.90	1014.15	83002.72	68699.19	17.23	15601	4287	2039.17	27.94
002659	中泰桥梁	0.0400	1.9347	2.07	0.2978	83278.70	1294.58	195785.99	60170.66	69.27	31100	14540	833.25	31.04
300320	海达股份	0.6150	5.3678	11.46	0.1989	83697.37	8196.92	103642.11	71574.17	30.94	13334	6921	5718.85	24.56
合计				276.55		6049214.00	211006.00	10610148.00	4144470.00	1361.55	1803248	1287898	338341.00	1539.16
平均		0.1045	2.2983	12.02	0.6001	263009.32	9174.19	461311.00	180194.00	59.20	78402	55996	14710.00	66.92

上市后备企业动态

【概况】 2014年,江阴市对全市上市后备企业及"新三板"后备企业进行滚动调整,新调入16个上市或挂牌意愿强烈、公司质地优良、发展潜力较大的企业,保持江阴上市及"新三板"后备企业队伍的良性发展。江苏广信感光新材料股份有限公司("广信感光")、江阴市神宇通信技术有限公司("神宇通信")、江苏苏利精细化工股份有限公司("苏利精细")3个企业的首次公开发行股票(IPO)申报材料被中国证监会正式受理。进一步做好全市后备企业培育态势工作。年内,完成江苏海特服饰股份有限公司、江苏华宏医药股份有限公司、江阴苏达汇诚医疗科技股份有限公司、江阴万事兴医疗器械股份有限公司、江阴市天邦涂料股份有限公司、江阴市延利汽车饰件股份有限公司、江阴康爱特包装股份有限公司、江阴市友信农村小额贷款股份有限公司、江苏孚尔姆焊业股份有限公司、无锡绿力环保科技股份有限公司、江苏振江新能源装备股份有限公司、江苏新光镭射包装材料股份有限公司、江苏昊克传动科技股份有限公司、江苏润达光伏股份有限公司14个企业股改工作;完成江阴市中迪空冷设备有限公司、江阴苏达汇诚医疗科技股份有限公司、江苏利士德化工有限公司、江阴市金国空气净化设备有限公司、江苏华宏医药股份有限公司、江阴万事兴医疗器械股份有限公司、江阴市华方机电科技有限公司、江阴市爱多光伏有限公司、江阴市万事兴汽车部件制造有限公司、无锡绿力环保科技股份有限公司、江苏华溢物流有限公司、江阴市联业生物科技有限公司、江阴市友信农村小额贷款股份有限公司、江阴康爱特包装股份有限公司、江苏通达家居用品有限公司、江苏润达光伏科技有限公司、江阴华尔胜绝缘材料有限公司、无锡舜阳新能源科技有限公司、江苏昊克传动科技股份有限公司、江苏海鹏特种车辆有限公司20个“新三板”后备企业同券商签订财务顾问协议。

【“广信感光”首发申请被受理】 2014年5月29日，中国证券监督管理委员会正式确认对江苏广信感光新材料股份有限公司提交的《首次公开发行股票》行政许可申请材料进行审查，并对该申请予以受理，受理通知书编号：140517号。

【“神宇通信”首发申请被受理】 2014年9月2日，中国证券监督管理委员会正式确认对江阴市神宇通信技术有限公司提交的《首次公开发行股票》行政许可申请材料进行审查，并对该申请予以受理，受理通知书编号：141057号。

【“苏利精细”首发申请被受理】 2014年9月15日，中国证券监督管理委员会正式确认对江苏苏利精细化工股份有限公司提交的《首次公开发行股票》行政许可申请材料进行审查，并对该申请予以受理，受理通知书编号：141125号。

政府服务

【概况】 2014年，江阴市针对国内上市企业形势，进一步对上市企业进行走访调查，建立协调机制，引导上市公司规范发展；多次组织召开企业协调会，帮助企业解决上市面临的问题；密切政府、交易所、券商、企业间的合作，在更高层次推动人才、科技、资本的融合；完善后备企业备案制度，继续滚动调整后备企业，扩容后备梯队，加强管理，优化资源配置；加强“新三板”的宣传推广，激发企业挂牌“新三板”的热情。3月，组织召开全市企业上市工作会议，总结2013年工作，全面部署2014年企业上市工作。4—5月，走访重点上市后备企业，充分了解企业上市工作进展情况和经营情况。6月，组织召开“资产重组实务操作专题讲座”，加强上市公司、拟上市公司董秘等相关从业人员的业务培训，出台《上市（“新三板”）后备企业备案和服务办法（试行）》，完善备案管理制度。7月，组织召开“新三板”挂牌推进暨中小企业融资对接会，邀请全国股转系统讲师就“新三板”情况给全市企业家作全面解读，通过交流，使企业家们对“新三板”有全方位的认识。8月，组织召开中小企业融资路演对接会，通过路演会的形式为企业与投资机构搭建一个促进双方沟通交流的平台；组织召开“新三板”挂牌专项协调会，为企业协调解决“新三板”挂牌过程中遇到的各种问题。9月，组织召开韩国证券交易所现场推荐活动，推动企业赴海外上市；与上海证券交易所联合举办利用资本市场做大做强企业及提高企业管理能力培训班，通过培训，加深上市公司、拟上市企业高管对资本市场的认识、对新出台监管政策的理解。10月，根据江苏省金融办《江苏省企业上市备案与服务办法（试行）》精神，加强对上市后备企业的规范管理，全年完成对15个后备企业的备案工作，备案率达到75%。

【江阴企业上市工作会议】 2014年3月27日，江阴市召开2014年度全市企业上市工作会议，市领导费平出席会议。根据江阴市有关上市奖励扶持政策，对2013年度上市或挂牌的2个企业，落实上市奖励金额101.99万元；对完成股改、辅导、申报材料的7个企业，落实补助资金250万元；对在光彩民营企业交易中心挂牌的8个企业，落实补助40万元；对上市后备企业完成股权融资的1个企业，落实补助资金28.29万元。

【“新三板”挂牌推进暨中小企业融资对接会】 2014年7月3日，江阴市企业上市工作部门举办“新三板”挂牌推进暨中小企业融资对接会，全市60个“新三板”后备企业、全国中小企业股份转让系统公司、江阴泛华东股权交易中心、广发证券有限责任公司、瑞华会计师事务所、大成律师事务所、江苏毅达股权投资基金等40多个机构应邀参会。全国中小企业股份转让系统公司讲师作“新三板”专题讲座，对“新三板”市场作全面解读；江阴高新区科技局、江阴钟舟电气股份有限公司、江苏标榜装饰新材料股份有限公司、国联证券股份有限公司作交流发言。与会20多个投资机构作自我介绍。此次对接会使参会企业对“新三板”市场有了全方位了解，对企业资本运作有了更深刻的认知，对企业“新三板”挂牌工作做出有力推动。

【中小企业融资路演对接会】 2014年8月8日，江阴市企业上市工作部门举办中小企业融资路演对接会。会议以路演会的形式，让投融资双方进行面对面的交流，为融资双方搭建一个促进沟通的平台，起到缓解中小企业融资难困境，进一步推动企业发展的作用。此次对接会共聚集36个市场利润收益率（PE）/风险投资（VC）机构，其中包括复兴产业投资基金、中国高新投资有限公司等。江阴市遴选了新兴产业，具有较好的成长性，且有项目支撑和融资需求的30多个企业参与对接。

【“新三板”挂牌专项协调会】 2014年8月20日，江阴市企业上市工作部门组织召开“新三板”挂牌专项协调会，为江苏怡达化学股份有限公司、江苏核新太阳能电力有限公司、江阴市液压油管有限公司、江阴新益源纺织有限公司、无锡药兴医药科技有限公司、江阴延利汽车饰件股份有限公司、江苏华宏医药股份有限公司、江苏浩博新材料股份有限公司8个企业协调解决“新三板”挂牌过程中遇到的土地、房产、契税、环保、规费等方面的问题。

【举办利用资本市场做大做强企业及提高企业管理能力培训班】 2014年9月25日，江阴市和上海证券交易所联合举办利用资本市场做大做强企业及提高企业管理能力培训班，旨在推动上市公司、拟上市企业利用资本市场进行战略性并购重组，规范上市公司运营管理，促进企业做大做强。通过“上市公司融资工具的选择与运用”“上市公司投资者关系管理”“新的监管政策、监管转型解读”“上市公司并购重组案例与信息披露”等精彩讲座，使江阴市上市公司、重点后备企业的高管加深了对资本市场的认识，对新出台的监管政策的理解，也加强了企业借助资本市场谋转型、寻突破、求发展的信心。 （赵 喆）

■类目编辑 陈学超

建筑业

综　述

【概况】　2014年，江阴市建设部门实施部门规范化建设，改革行政审批机制，强化行业监管，认真开展行业监管标准化、制度化、信息化建设；编制部门工作手册，通过“立、改、废”健全工作制度，配发执法记录仪，完善信息化管理平台，加强内控机制，严格监督考核，不断规范行业监管行为；设立行政许可服务科，职能归并、窗口充分授权、行政审批（服务）事项清理“三到位”；继续实行质监、安监、施工许可并联审批，进一步完善建设工程施工图联合会审制度，简化服务流程，规范服务行为，提升服务效能，办理施工许可、质监、安监、抗震设防等审批服务事项2990项，完成施工图审查350项、737万平方米，联合会审施工图96项、155万平方米，建设窗口在市行政服务中心双月考核中4次被评为“红旗窗口”；加强工程勘察、设计、施工、监理行为监管，不断加大质量、安全、文明施工管理和工程稽查力度，深入开展工程建设领域扬尘治理、“打非治违”（打击非法工程建设，治理违规建设行为）等突出问题专项整治活动，全面推进绿色建筑设计发展，开展工程创优活动，规范房地产市场行为，防震减灾、城建档案、工程检测等方面工作扎实开展，行业呈现良好发展势头。全年完成质监项目2646项、2275万平方米；安监检查工地2466个次，竣工验收项目558项、758万平方米；开展各类专项整治12批次，质监、安监立案行政处罚60件，稽查立案查处违法违规案件94件；完成商品房项目验收备案51项、319万平方米，接收档案项目243项、865万平方米，出具工程检测报告109060份；创建无锡市以上优质工程15项、优质结构工程22项、文明工地30个；完成初步设计、深基坑支护设计、抗震设计等审查107项，10项项目获得绿色建筑标志，敔山湾新城“省级建筑节能和绿色建筑示范区”建设高标准通过验收。

2014年江阴市建筑创优工程一览

表28

奖项	工程名称	工程造价（万元）	建筑规模（平方米）	结构	施工单位	项目经理
无锡市“太湖杯”优质工程	书香门第4号楼	3320	14320	框剪	江阴市民用建筑安装工程有限公司	王兴良
	创意创智产业用房、科技产业用房	7058	51517	框剪	江阴一建建设有限公司	秦　东
	江阴市市级机关幼儿园	3165	10221	框架	江阴一建建设有限公司	袁洪福
	江阴万达广场商业区3号办公楼	10092	24129	框剪	中国建筑第二工程局有限公司	王宏伟
	江阴高级中学新校区二期工程	4753	14997	框架	江阴南方建设集团有限公司	高　伟
	丹芙春城5号住宅楼	8505	43646	框剪	中国核工业华兴建设有限公司	李宝军
	凯悦国际金融中心	4152	41397	框剪	江苏新桥建工有限公司	陶剑岗
	阳光假日花园A地块68号楼	1415	8091	框剪	江苏省华建建设股份有限公司	魏春明
	泰和江南二期7-9号楼	6594	31948	框剪	南通四建集团有限公司	刘　军

2014年江阴市建筑装饰优质工程一览

表29

奖项	工程名称	工程造价（万元）	施工单位	项目经理
无锡市“太湖杯”建筑装饰优质工程	江阴市敔山湾实验学校装饰工程	1000	江苏新华东建筑装饰工程有限公司	夏晓明 邹建伟
	口岸单位办公楼装饰工程二标段	1601	江阴市澄星装饰工程有限公司	高路平 陈 新
	维多利亚国际酒店装修工程	1083	江阴市澄星装饰工程有限公司	高路平 周 锋
	江阴金悦银河酒店室内装饰工程	1088	江苏美讯建筑装饰工程有限公司	沈中杰 沈 健
	法尔胜研发中心大楼主楼装饰工程	1068	江苏滨联建设工程有限公司	谢伟良 刘 丰
	凯悦国际金融中心室内装饰	905	江苏新桥建工有限公司	王 刚

（徐丹琳）

建筑工程勘察设计

【概况】 2014年，江阴市勘察设计单位完成工程设计项目684项（含专项设计资质项目），工程设计总产值2.06亿元，与2013年相比略有降低。市建设行政主管部门审查大型项目初步设计49项，审查深基坑支护设计方案49项。至年末，全市拥有各类工程设计资质单位57个，其中甲级资质单位7个（包括幕墙、装饰、环保、智能化等专业设计甲级资质各1个）、乙级资质单位17个、丙级资质单位2个、设计与施工一体化资质企业31个；拥有施工图设计一类审查机构1个。（顾上杲）

【强化服务保障工程质量】 2014年，江阴市建设工程施工图审查中心围绕江阴经济发展建设，发挥中心建设服务作用，开展“一保”“二强”“三服务”工作：畅通“绿色通道”，保障重点项目和安置房建设。强化施工图审查质量，更好地服务城市各类建设项目；强化审图技术培训与交流，在交流中取得实效。在项目前期做好技术指导和解决技术难题的提前服务，在项目审查时期做好提速增效的现场服务，在工作日做好勘察设计单位、建设单位技术咨询的开放服务。全年接审项目359项、面积751万平方米，完成审查项目350项、面积737万平方米，颁发审查合格证书345份、合格面积670万平方米，完成工程项目变更140项，初步设计论证项目49项。（章莉莉）

建筑施工

【概况】 2014年，江阴市有建筑业企业238个，其中总承包企业47个（一级资质企业8个、二级17个、三级22个），专业承包企业174个（一级资质企业17个、二级46个、三级106个、不分等级5个），劳务企业17个（一级资质企业13个、二级3个、不分等级1个），平均从业人数7.19万人，全员劳动生产率人均26.9万元。全年施工面积1254.6万平方米，比2013年增长2.2%，其中新开工面积497.6万平方米，比2013年下降12.7%；竣工面积541.9万平方米，比2013年增长7.2%。加强建设工程监理，市区建设工程监理率达100%。是年，获无锡市“太湖杯”优质工程9项、“太湖杯”建筑装饰优质工程6项；获无锡市工程建设质量管理小组成果一等奖3项、二等奖6项、三等奖9项。有5个企业获“无锡市建筑业优秀企业”称号。（赵国权）

【建设工程质量监督】 2014年，江阴市建设工程质量监督部门新增质监项目1095项，建筑面积817万平方米，比2013年下降10.28%；累计在监项目2646项，建筑面积2275万平方米；竣工验收558项，建筑面积758万平方米，比2013年增长53.45%。新增保温节能建筑面积627万平方米，组织检测鉴定项目20项，建筑面积29万平方米，获得无锡市优质结构工程22项；接受并处理工程质量投诉23件，协助市开发办、稽查大队等部门处理各类投诉121件。

【完善制度建设】 2014年，江阴市建设工程质量监督部门结合质量监督模式的调整，按照“权责一致、标准明晰、执行科学、监督有力、服务高效”的原则，积极推进质量监督规范化体系建设。对现有监督流程、内容、标准和相关制度进行修订、补充、完善，实施质量监督工作的标准化，明确质量监督的工作重点、程序、内容和出现问题时的处理办法，编制完成《质量监督执法工作手册》，进一步增加质量监督工作透明度，使监督工作更加科学、规范、严谨、高效。江阴市建设工程质量监督部门制定下发《关于实施商品住宅工程交楼标准样板房制度的通知》，从2014年2月1日起在江阴市实施商品住宅工程交楼标准样板房制度，规范江阴市商品住宅参建各方在分户验收和竣工交付过程中的工作程序和质量责任，减少质量通病和交房纠纷；会同江阴市墙材革新与散装水泥办公室制定下发《江阴市发展预拌砂浆实施办法》，全面推动江阴市预拌砂浆的使用，节约资源，保护环境，减少城市噪音和粉尘污染，保证工程质量；制定下发《关于进一步加强监理平行检验的通知》，充分发挥建设监理的积极作用，严格项目监理机构工作要求，增强现场监理工作有效性，防止和减少建设工程质量通病的发生。

【强化质量监管】 2014年，江阴市建设工程质量监督部门始终坚持依法行政、突出重点、严格监管，强化日常巡查，全年实施巡查抽查954次，实体抽测102次，开具监督抽查整改通知书175份、局部停工（暂停）通知书5份；组织保障房工程、钢筋工程等质量专项检查4次，共检查工程项目122项次。全年对市级政府投资建设项目（包括拆迁安置房）实施质量集中检查10次，实体抽测3次，涉及重点工程50项（其中市政道路工程32项），建筑面积128.6万平方米（其中公共建筑6个，建筑面积25.6万平方米；拆迁安置房工程11个，建筑面积74万平方米；经济适用房1个，建筑面积29万平方米）；组织开展全市保障性住房和拆迁安置房施工质量专项检查，重点工程质量水平总体保持平稳，工程建设强制性标准执行较好，工程质量处于可控之中；突出以"行政执法为主要特征"的质量监督新模式，强化行政执法地位，共对两项商品房项目的参建方进行约谈，开具不良行为扣分通知书47份，行政处罚立案11件，结案10件，到账罚款金额32.1万元。

【建筑原材料监督管理】 2014年，江阴市建设工程质量监督部门实施建筑原材料登记办法，依据《江阴市建筑原材料登记管理办法》和《江阴市原材料登记程序》，备案登记墙体材料38种，加强现场其他原材料抽测。全年抽检原材料163组，其中钢筋83组、混凝土试块35组、水泥18组、矿粉2组、粉煤灰19组、水电聚氯乙烯（PVC）管1组、防水卷材5组。

【预拌混凝土质量管理】 2014年，江阴市建设工程质量监督部门完善预拌混凝土质量监管制度，制定《江阴市预拌混凝土质量监督管理办法》，规范和明确对预拌混凝土的质量监管；下发《关于外地预拌混凝土企业进市登记管理的通知（试行）》，进一步加强外地预拌混凝土企业管理，规范预拌混凝土市场秩序；同时加强预拌混凝土企业业务培训，组织全市预拌混凝土生产企业进行质量专项检查2次，并对预拌混凝土生产企业的原材料进行抽样检测，共抽检水泥18组、矿粉2组。6月中旬正式启用新版混凝土生产监管系统，所有搅拌楼安装"黑匣子"，实时监控预拌混凝土生产情况。

（夏　燕）

【建设工程质量检测】 2014年，江阴市建设工程质量检测中心认真贯彻落实江苏省《建设工程质量检测管理办法》，弘扬"科学、公正、热情、高效"的工作精神，不断改进完善实验室管理体系，以"完善基础设施、优化城市功能、提升城市品位、方便市民生活"为重点，在检测任务重、检测人员紧张的情况下为社会提供满意的建设工程质量检测服务。全年发放检测报告10.91万份，实现检测费收入2692万元。（张宜开）

建筑市场管理

【概况】 2014年，江阴市建设部门为提高办事和监督效率，加强制度化、规范化、信息化建设，出台《江阴市建设局工作手册》，规范监督人员的行为；出台《江阴市建设局办事指南》，简化方便建设程序的办理。全年办理江阴建筑业企业年度信用手册172份、外地建筑业企业单项信用手册175份，完成施工图审查350个、审查面积737万平方米，颁发审查合格证书345份、面积670万平方米，完成工程项目变更140项，初步设计论证项目49项；严格实施施工许可和竣工验收，全年办理施工许可证309张，施工面积765万平方米，工程项目竣工备案283份，建筑面积647万平方米，建设工程监理合同备案222份，工程规模766.70万平方米；发放工程质量检测报告18.22万份。是年，全市获无锡市"太湖杯"优质工程9项、无锡市"太湖杯"建筑装饰优质工程6项；获无锡市工程建设质量管理小组成果一等奖3项、二等奖6项、三等奖9项；有5个企业获"无锡市建筑业优秀企业"称号。（王　芳）

【施工许可与竣工备案】 2014年，江阴市建设管理部门抓好工程的开工和交付两道关，利用江苏省建设工程施工许可与竣工备案监管服务平台，实现网上申报审批，实施建筑施工许可公示牌制度；加强工程竣工验收备案管理，防止不合格工程流向社会。全年办理施工许可证309张、施工面积765万平方米，工程项目竣工备案283份、建筑面积647万平方米。（夏烨君）

【建设工程监理】 2014年，江阴市建设主管部门重新修订《江阴市外地进澄工程监理企业资质核验管理实施细则》，为江阴监理市场引进一批信誉良好、力量雄厚、管理先进的外地监理企业和优秀的监理工程师，提升江阴市工程监理水平，提供法规保障。是年，有市内监理企业12个、外地进驻江阴监理企业77个。全年办理单个监理项目资质核验118份，建设工程监理合同备案222份，工程规模766.70万平方米，工程造价200.48亿元。

【建筑企业信用管理】 2014年，江阴市建设主管部门通过无锡市建设局"数字建设"信用考评系统与《江苏省建筑业企业信用综合评价办法（试行）》相结合，实行企业和人员信用情况量化计分，形成信用综合评价并将评价结果纳入招投标环节，实现建筑市场和施工现场的"两场"联动管理。全年发出工程建设不良行为扣分单283份，办理市内建筑业企业年度信用手册172份、外地建筑业企业单项信用手册175份。

（周宇晴）

【建筑企业资质管理】 2014年，江阴市建设部门根据江苏省《关于开展2014年全省建筑业企业资质核查工作的通知》要求，对全市建筑企业资质进行核查，重点为工程结算收入、注册建造师及技经人员数量、安全生产许可证等。核查结果显示，全市有合格建筑企业222个，其中一级合格企业25个、二级64个、三级及劳务合格企业133个。加强建筑企业资质管理，全年完成27个新建筑业企业的资质申报、8个建筑业企业的资质升级。做好建造师注册管理工作，全年为601人次建造师、小型项目管理师发放注册证书、延期贴纸，其中一级建造师58人次、二级建造师518人次、小型项目管理师25人次。 （谢玉丰）

【工程建设造价管理】 2014年，江阴市建设部门持续巩固和完善建设工程造价体系，积极参与计价定额、计价规定的制定、调整及测算工作，并结合江阴实际，依据法律法规，及时调整《江阴市外地进澄工程造价咨询企业备案实施细则》《江阴市外地进澄工程建设项目招标代理机构备案实施细则》，转发省住房城乡建设厅《关于发布建设工程人工工资指导价的通知》、省住房城乡建设厅关于《建设工程工程量清单计价规范(GB50500－2013)及其9本工程量计算规范的贯彻意见》，对工程造价咨询企业实行动态管理，规范工程造价咨询市场秩序。是年，新申报工程造价咨询企业两个、招标代理机构两个，全市共有9个造价咨询企业；有15个外地进驻江阴招标代理机构登记备案。办理工程招标控制价备案252份，核定现场安全文明施工措施费86项；组织本市造价执业人员参加省造价员考试748人次，组织培训造价从业人员920人；完成造价师注册及续期注册35人次、造价员变更换证89人次、造价员续期换证换章528人次。同时，指导和帮助企业解决工程造价中遇到的问题，共排除造价纠纷120余件。 （杨建洪）

【安全生产】 2014年年初，江阴市建设工程安全监督站制定并下发建筑安全工作要点，明确建设安全工作的思路、目标和重点，提出工作措施要求，与市建设局各部门签订《安全生产工作责任状》14份，与各建筑施工、监理企业签订《安全生产工作告知承诺书》305份，为安全生产工作提供有力保障。进一步加强建设工程安全监督备案工作，全年办理安监手续项目319项、面积882.16万平方米，造价154.38亿元。年内，共培训"三类人员"(建筑施工企业负责人、项目负责人、专职生产管理人员)1371人、特种作业人员1111人；办理产权登记的塔式起重机128台、施工升降机538台，办理安装告知的塔式起重机462台、施工升降机594台，注销906件。有90项施工项目申报江阴市市级标准化文明示范工地、37项施工项目申报无锡市市级标准化文明示范工地，上半年度有9项施工项目获省级标准化文明示范工地，下半年度有6项施工项目申报省级标准化文明示范工地。

【建设工程隐患排查治理】 2014年，江阴市建设工程安全监督站突出重点，深入开展各类安全专项整治，在全市范围内组织开展安全生产督查、抽查、巡查和专项检查、隐患排查治理活动，共检查工地2466个次，查出安全隐患4940处，消除隐患4940处，整改率100%；发出《建设工程施工安全隐患整改通知书》207份、《建设工程施工局部停工整改通知书》134份，对201个单位及项目经理、总监实施不良行为扣分，立案审批44个，处罚决定50个，处罚金额106.75万元。

【建设工程"打非治违"整治】 2014年，江阴市建设工程安全监督站查处各类建筑施工非法违法行为案件154件，其中作业规程不完善，缺乏针对性和可操作性以及现场管理混乱、违章操作、违章指挥和违反劳动纪律的63件；安全生产工艺系统、技术装备、监控设施、作业环境、劳动防护用品配备不符合规定要求的17件；应急救援队伍、装备不健全，应急预案制定修订演练不及时，以及自救装备配备不足、使用培训不够的74件。

【建设工程环境综合整治】 2014年，江阴市建设工程安全监督站严格贯彻落实"931城市环境综合整治"和建筑工地扬尘集中整治"百日"行动工作要求，开展扬尘集中整治，督促企业落实扬尘控制措施；向企业宣传《江阴市建筑工地安全生产文明施工专项整治行动方案》和《江阴市建设工程环境综合整治百日行动方案》等，免费向企业发放施工标准化图集和警示光盘等资料300余份，指导施工企业开展文明施工，进一步提高文明施工意识。通过整治，全市建设工程环境得到明显改善。

【建设工程安全生产宣传教育】 2014年，江阴市建设工程安全监督站召开3次安全生产工作会议，组织安监人员参加各类培训20次；组织2700人次参加《施工企业安全生产评价标准》等规范标准的学习培训，展出宣传版面12块，下发宣传资料、法律法规汇编等1000份、培训教材光盘1000份。通过现场咨询解答、展出宣传面板、发放宣传资料和警示光盘等形式，倡导安全生产、文明施工和保护生态环境。

【建设工程安全生产信息化建设】 2014年，江阴市建设工程安全监督站全面落实企业安全生产主体责任，建立完善的视频监控及LBS无线定位系统，加强施工现场管理人员到岗考核与管理。全年对266项施工项目的建设方现场负责人、施工方项目经理、安全员、监理单位总监实施无线定位，实现建筑市场与施工市场的联动管理，提高安全监管效能；建立信息预警系统，在出现恶劣天气之前，向全市各企业安全主要负责人和有关人员统一群发紧急短讯等1000余条次，及时提醒注意防范。 （张燕莉）

【"打非治违"专项行动】 2014年，江阴市建设部门重新整合城中、澄东、澄南、澄东南、临港等5个片区稽查中队，改为6个片区稽查小组，使稽查人员深入一线，基本实现城乡建筑工程监管全覆盖。与相关部门、镇(街道)密切配合，扎实开展"打非治违"专项整治行动，对检查中发现的违法违规行为，按情节轻重分别处以通报批评、信用扣分、信用扣证、经济处罚等处罚。

【联动机制成效显著】 2014年，江阴市建设部门对发现的建设前期用地、规划手续未完备的违建工程项目，及时抄告相关部门查处43批389项；对18项拒不配合停工的违法建设项目，与市综治办联合执法强制执行；对3项调查取证困难的违法建设项目，试行外围取证办法，实施行政处罚；对7个涉及违法建设施工企业暂扣信用手册，努力实现违建项目"新的零增长、老的负增长"目标，与2013年相比压降违建率15%。全年发现违章项目432项，立案94件，结案137件(含上年

结转),接受并处理网上投诉及来信来电举报案件41件,收取罚款260万元。 (丁 弘)

【城建档案管理】 2014年,江阴市城乡建设档案管理部门不断加强自身制度建设,以"密切联系群众、主动服务民生"为工作宗旨,切实做好城建档案的指导、接收、利用等服务工作,进一步梳理明确部门规章制度,完善规范化工作手册及办事指南,对人员队伍、行政权力、工作体制、劳动纪律、廉洁廉政等方面进行全面规范,全年接收入库施工许可证核发文件、竣工备案文件1612卷;完成2013年度村庄整治照片的整理及挂接工作,形成电子案卷127卷,卷内有308条数据,挂接电子照片、视频等3500余条,总数据量达24.9G,并接收质量监督站多年的优质工程录像照片档案;全年接收243项项目档案,单体工程1113个,面积达865万平方米;签订报送责任书233份,专项验收意见书251份,出具接收证明书243份,"两书一证"签订量达727份;接待查阅档案人448人次,调阅案卷1179卷;入库项目208项,排架入库11085卷;完成数字化扫描6792卷。至年末,馆藏档案达133337卷,卷内目录达555764条。 (刘 莹)

·小资料·

强化工程质量安全管理

(一)加强勘察设计质量监管。进一步落实和强化施工图设计文件审查制度,推动勘察设计企业强化内部质量管控能力。健全勘察项目负责人对勘察全过程成果质量负责制度。推行勘察现场作业人员持证上岗制度。推动采用信息化手段加强勘察质量管理。(二)落实各方主体的工程质量责任。完善工程质量终身责任制,落实参建各方主体责任。落实工程质量抽查巡查制度,推进实施分类监管和差别化监管。完善工程质量事故质量问题查处通报制度,强化质量责任追究和处罚。健全工程质量激励机制,规范工程质量保证金管理。(三)完善工程质量检测制度。落实工程质量检测责任,提高施工企业质量检验能力。整顿规范工程质量检测市场,加大对虚假报告等违法违规行为处罚力度。(四)推进质量安全标准化建设。深入推进项目经理责任制,推行质量行为标准化和实体质量控制标准化,推动企业完善质量保证体系,落实质量员等施工现场专业人员职责,强化过程质量控制。全面推行样板引路制度,全面推进建筑施工安全生产标准化建设,落实建筑施工安全生产标准化考评制度,项目安全标准化考评结果作为企业标准化考评的主要依据。(五)推动建筑施工安全专项治理。规范起重机械安装拆卸工、架子工等特种作业人员安全考核,提高从业人员安全操作技能。持续开展建筑起重机械、模板支架安全专项治理,有效遏制群死群伤事故发生。(六)强化施工安全监督。完善企业安全生产许可制度,加强企业安全生产许可的动态管理。完善企业安全生产费用保障机制,在招标时将安全生产费用单列,不得竞价,保障安全生产投入,规范安全生产费用的提取、使用和管理。加强企业对作业人员安全生产意识和技能培训,提高施工现场安全管理水平。加大安全隐患排查力度,依法处罚事故责任单位和责任人员。完善建筑施工安全监督制度和安全监管绩效考核机制,推动建设单位对重大工程实行全过程安全风险管理,落实风险防控投入。

摘自住建部《关于推进建筑业发展和改革的若干意见》(2014年7月1日)

■类目编辑 王荣方

商贸流通业

综　述

【概况】 2014年，江阴市贯彻国务院办公厅《关于促进内贸流通健康发展的若干意见》精神，将提升发展商贸服务业列为经济工作和现代化滨江名城建设的战略重点，积极部署供销合作社综合改革，推进“主副分离”、城市经济、电子商务、市场转型和商业载体建设，商贸流通业呈快速推进、稳步发展的良好态势。年内，市商务局规范市场经济秩序，优化投资环境，简化行政审批程序，开展商务业务培训和消费市场调研，相继举办首届中国斋菜美食节、年货购物节、春季和秋季汽车节、房交会等节庆会展活动，积极推进酒类流通和再生资源回收经营者备案登记，巩固和发展蔬菜平价商店建设成果；各镇（街道）加大民生事业投入，实施新市镇建设、农贸市场商场化改造和商业街区业态调整与改造，五洲国际广场城市综合体、周庄有色金属现货电子交易市场（一期）等一批服务业重点项目竣工开业，海澜创新大厦、兴澄银座、澄星综合体、森茂汽车城综合体等项目加快建设，虹桥南路商业街区等项目开工建设。全年完成服务业增加值1178.69亿元，比上年增长9.9%，占全市地区生产总值的42.8%，比上年提高0.8个百分点；纯三产完成固定资产投资80.41亿元，比上年减少48.7%。全市商贸流通业完成商业开票销售收入4784.92亿元，增长2.8%；社会消费品零售总额643.07亿元，增长11.3%。新注册商贸企业1630个、个体商户5738个（户），完成固定资产投资17.94亿元，新增营业面积10.57万平方米。涌现出开票销售超100亿元商品市场5个，开票销售超10亿元流通公司18个。年末个人消费贷款余额达180.51亿元，增长3.3%。

2014年江阴市各镇（街道）、开发区服务业主要经济指标一览

表30　　　　单位：万元

单位＼各项指标	开票销售		上缴税金		其中：限额以上企业			
	总额	比上年增减（%）	总额	比上年增减（%）	销售总额	比上年增减（%）	零售额	比上年增减（%）
高新区	7352831	11.60	131614	11.20	4227594	15.70	228894	1.40
临港开发区	19689760	-0.60	207000	11.70	13940113	-19.70	155442	12.10
临港街道	16477492	0.70	166597	8.90	1162449	-22.30	132149	11.20
璜土镇	3212268	-6.80	40053	23.70	2315664	-3.10	23293	17.80
靖江园区	1451616	-4.70	13740	-13.20	1135471	3.10	31460	15.90
澄江街道	7504155	2.20	281169	8.20	4650739	1.30	1430399	3.90
南闸街道	786355	-9.90	16431	40.60	95113	-65.00	27157	12.80
云亭街道	338985	30.60	27452	-4.70	214002	13.60	31949	16.20
月城镇	714667	-32.50	14973	41.80	595060	-40.20	19023	25.00
青阳镇	455451	-21.60	9325	2.70	261470	-37.50	14477	11.10
徐霞客镇	471556	-6.30	15675	198.30	158367	-47.20	26951	13.20

续表 30

单位 \ 各项指标	开票销售		上缴税金		其中:限额以上企业			
	总额	比上年增减(%)	总额	比上年增减(%)	销售总额	比上年增减(%)	零售额	比上年增减(%)
华士镇	2440462	5.60	27902	-2.40	1159951	-13.20	82954	9.00
周庄镇	1505207	7.50	27569	54.30	1523726	13.30	118088	1.60
新桥镇	2739378	22.70	69556	-18.30	1890138	34.50	30872	9.00
长泾镇	481922	30.80	11398	10.40	290614	1.80	46013	-14.60
顾山镇	931353	27.10	7261	16.40	408340	-5.10	12170	55.20
祝塘镇	298103	-11.60	92476	7.90	276172	-8.30	19739	6.50

2014 年江阴市列入商务部直报商品销售额一览

表 31　　单位:万元

商品类别	销售额	比上年增减(%)	商品类别	销售额	比上年增减(%)
食品	47512	-14.73	家具	1030	-2.25
饮料	5429	-4.72	家电音像器材	42170	-8.68
烟酒	11984	-24.17	文化办公用品	3017	-33.44
其中:酒	2718	-24.52	通信器材	3617	-9.12
服装	101192	-4.12	汽车	396390	4.48
针纺织品	15100	-6.57	其中:乘用车	94536	9.24
金银珠宝	36052	-16.99	体育娱乐用品	376	23.7
化妆品	13754	-3.69	鞋帽	20313	-2.83
日用品	14155	-3.69	其他	18247	2.83

【江阴市蝉联“长三角县域商业十强”第一名】 2014 年,江阴市颁布《江阴市商业网点规划(2013—2030)》,启动虹桥南路城市中心商圈开发与建设,加快商贸流通服务业发展,以信息化带动商贸流通服务业现代化,推进商品市场转型发展,提升江阴商业集聚效应,完成社会消费品零售总额 643.07 亿元,比上年增长 11.3%,其中限额以上商业完成社会消费品零售总额 227.56 亿元,增长 5%;批发和零售业完成社会消费品零售总额 211.33 亿元,增长 5.1%;住宿和餐饮业完成社会消费品零售总额 16.23 亿元,增长 4.3%。11 月 20 日,在浙江省杭州市召开的长江三角洲城市市场信息协作网第十四次联席会议暨 2014 长三角城市商业发展报告发布会上,江阴市凭借上年度完成社会消费品零售总额 577.9 亿元、商业开票销售收入 4804.66 亿元等指标,第 7 次蝉联“长三角县域商业十强”第一名。

【《江阴市商业网点规划(2013—2030)》颁布实施】 2014 年 12 月 14 日,江阴市政府颁布施行《江阴市商业网点规划(2013—2030)》(以下简称规划),确定中心城区主副“双城”空间组织、产业布局、人口目标、用地规划、交通体系和服务设施等,在轨道交通 1 号、2 号、3 号线商业地块布局“一主两副”城市商业中心,其中城市商业主中心以虹桥路

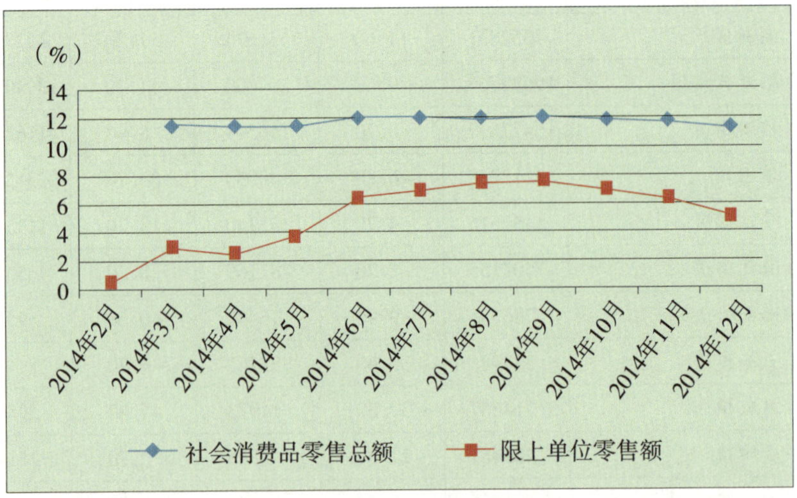

2014 年江阴市社会消费品零售总额累计增速走势图　（市商贸办提供）

商圈为主体，以城市客厅——敔山湾商圈和江阴外滩——万达广场商圈为两翼构成；城市商业副中心分别以城南站前广场商圈和周庄站前广场商圈构建。在城市居民住宅区布局7个片区商业中心和31个社区服务中心；在新长铁路江阴至月城段、高新区长山港区、临港经济开发区申港区、夏港区和石（庄）利（港）区及运河码头与主要货运通道布局“一园三区六仓”（江阴长江港口综合物流园区保税物流园，高新物流培育区、石利物流培育区、月城物流培育区，新港芙蓉货仓、周庄兴隆货仓、华西物流货仓、青阳桐岐货仓、祝塘世纪货仓和顾山锡张货仓）现代物流基地；在市域快速通道商业地块布局3类商品市场集群和9个城市配送（递送）中心，构成生产服务与生活服务设施建设并行、城乡商业协调发展的以市区商业为主体、片区商业为支撑、社区商业为基点的商业发展蓝图。

【“马蹄酥”等产品被评为“无锡市名优土特产”】 2014年5月，江阴市商贸管理办公室按照无锡市《关于“真正无锡味”无锡土特产全城征集活动实施方案》精神，会同各镇（街道）三产办对江阴地方土特产品进行全面征集，共收集推荐产品28种。9月13日，经市民投票、专家评审和网上公示，江阴长泾大众糕饼店的“长泾月饼”、江阴双华豆类食品厂的“开洋豆干”、江阴夏港三阳大酒店的“三阳羊肉”、江阴金顾山水蜜桃专业合作社的“金顾山水蜜桃”、江阴神宇果品专业合作社的“红心猕猴桃”和璜土镇葡萄种植园的“璜土葡萄”等12种产品被评为江阴土特产。9月16日，市商贸办公室组织全市28种土特产品参加“无锡市名优土特产”和“无锡市地方土特产”评选。经角逐，江阴申港三鲜养殖有限公司的“江阴河豚”、江阴市滨江酿酒有限公司的“杜园坊黑杜酒”、江阴华西食品酿造厂的“华西冰油”、江阴市苏之酥食品有限公司“苏之酥马蹄酥”和江阴市和丰食品厂的“谢禾丰马蹄酥”5种产品被评为“无锡市名优土特产”；江阴市永丰源大酒店的“螃蜞螯”、江阴市要塞新财盛大酒店的“金钱拖炉饼”、江阴市和丰食品厂的“草鞋底”、江阴市法尔胜大酒店的“中山饼”、江阴市新东方酒店的“江南水乡八大碗”、江阴市森林水产养殖专业合作社的“双泾螺蛳”、江阴申港三鲜养殖有限公司的“冰清鲥鱼”、江阴市福玛酒业科技有限公司的“金杜米系列黄酒”、江苏华伯食品发展有限公司的“华伯乡草猪肉”、邵氏食品有限公司的“邵府牛肉”和“邵府香猪肉”11种产品被评为“无锡市地方土特产”。

批零贸易业

【概况】 2014年，江阴市批零贸易业贯彻国务院办公厅《关于促进内贸流通健康发展的若干意见》，稳步推进商品市场转型升级，突出电子商务、连锁配送、“主副分离”及农产品流通工作重点，加大投入，不断提升城镇商业集聚效应。全年新注册批零贸易个私企业7321个，完成固定资产投资5.74亿元。年内，市商贸管理办公室会同江阴电视台和行业协会（商会）联合举办春季和秋季车市等节庆活动，组织城区各大商场和超市开展年货购物节、“双十一”促销等活动，服务和支持骨干流通公司开拓市场。是年，由江阴电视台创办、江阴九澄网购电子商务有限公司营运的“淘江阴”网上超市新增生鲜直投营运，在城市综合体、住宅小区和社区新开生鲜直投站23个；罗森便利店进驻江阴城区，全年开设连锁门店9个；金朝珠宝店、万舜珠宝和澳门元年服装店落户人民路步行街；璜土五洲国际综合体大宁生活中心开业；申港华平百货超市兼并青阳信特超市，开设华平百货超市青阳店；江苏吉麦隆百货超市有限公司新开吉麦隆百货超市峭岐店、顾山店、苏州唯亭店、张家港大新店，并兼并青阳新全新超市，累计门店总数达33个。全年批零贸易业完成商品销售总额4199.19亿元，比上年增长12.2%。其中，限额以上批零贸易企业完成销售额3105.79亿元，比上年下降8.1%；社会消费品零售额211.33亿元，比上年增长5%。征缴国税30.3亿元，比上年增长5.1%；入库地税5.49亿元，比上年减少28.2%。

【8项项目列入省农产品流通集中连片建设项目】 2014年，江阴市商务局贯彻国务院《关于加强鲜活农产品流通体系建设的意见》精神，制订《江阴市农产品流通集中连片建设实施方案》，并将农产品流通体系纳入全市商业网点规划，积极开展项目申报、资料审核、绩效评价和财政补贴等跟踪服务，推进以江南农副产品批发市场为龙头的农产品集散功能载体建设、城乡农贸市场标准化建设、“农超对接”和农产品流通企业冷链配送系统建设，全年落实中央财政补贴项目550万元。9月，江阴市江南农副产品批发市场安全保障工程、吉麦隆超市和大统华购物中心“农超对接”品质保障体系、先锋菜场农产品直销区和青阳

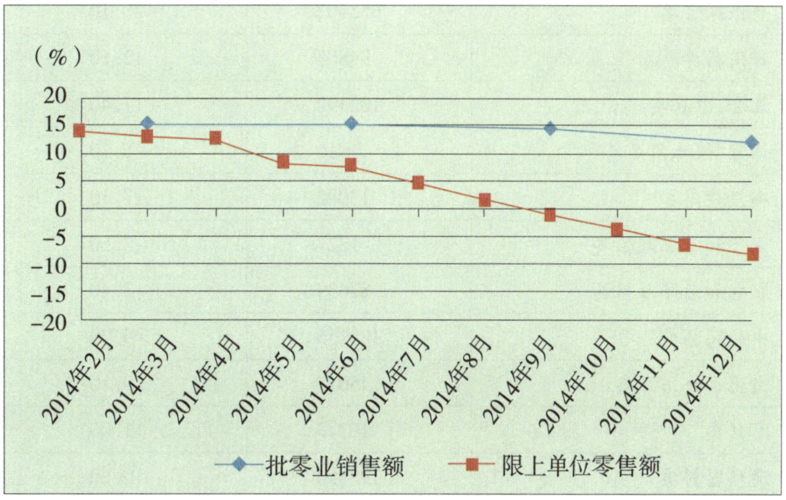

2014年江阴市批零贸易业销售额累计增速走势图 （市商贸办提供）

超辰农贸市场建设、澳华食品净菜加工及冷链配送、鹏程生鲜物流配送中心和南农蔬菜专业合作社配送中心等8项项目被列入江苏省农产品流通集中连片建设项目,并通过江苏省商务和财政联合验收工作小组的资料审核与验收,24日在江阴市商务局网站进行公示。

【江阴第三届网上车展暨万达现场团购会举行】 2014年7月12日至13日,由江阴市传媒业商会主办、江阴汽车网承办、中国农业银行江阴支行冠名的“农行杯”江阴第三届网上车展暨万达现场团购会在江阴万达广场举行,“福特”“哈弗”“雷诺”“斯柯达”“纳智捷”“一汽大众”“吉利汽车”“风行汽车”“中华汽车”“英菲尼迪”“北京现代”“上汽大通”“东风本田”“东风标致”“广汽本田”“广汽丰田”“长安马自达”等40个品牌汽车参展。此次车展,经销商联合汽车厂家推出“冲量销售”“冰点价格、冰山巨奖”等系列优惠促销举措,吸引1000多名顾客试乘试驾和订购,合同额达2亿元。是年,全市各经销商先后开展新车上市、厂家直销会、安全驾驶体验等营销活动,实现汽车零售总额98.8亿元,比上年增长6.9%。

2014年江阴市主要零售商店销售业绩一览

表32 单位:万元

单位名称	销售额	比上年增减(%)
江阴华地百货有限公司	113239	-1.00
江阴华联商厦有限公司	32324	-17.70
江阴市国际购物中心有限公司	31973	-9.90
江阴市银泰百货有限公司	10902	-2.80
万达百货江阴店	11272	-
大润发超市江阴店	33176	-9.60
麦德龙江阴商场	33734	0.50
五星电器江阴大卖场	17393	-6.20
苏宁电器江阴门店	21108	-8.10

【周庄金属合约交易中心完成交易模式改造】 江阴周庄金属合约交易中心前身为江阴周庄金属交易所,2011年3月由省工商部门批准设立,主要从事金属材料、纺织原料、化工产品(不含危险品)现货的电子交易等。2014年,江阴周庄金属合约交易中心以推行合规经营、实施金融风险控制管理为中心,进行新交易模式设计、系统升级和资源配备,设置合规稽核部和运行监测部,配备16名风险控制管理员,落实从商户注册至注销全程的业务培训、合规经营、纠纷处理、运行监测和风险预警等管理。全年交易中心完成商户(企业)交易模式改造47505个,单边成交量800542.7标准手,成交额达2997.42亿元;完成主营销售收入9752.22万元,入库地税2537.3万元。

2014年江阴市限额以上批零业商品分类销售额一览

表33 单位:万元

商品分类	销售额	比上年增减(%)	零售额	比上年增减(%)
食品饮料烟酒类	499255	15.40	294388	11.70
服装鞋帽针纺织类	3103835	22.40	197807	0.40
化妆品类	19258	3.50	19237	3.60
金银珠宝类	655402	28.10	70585	-13.20
日用品类	94886	12.10	54629	7.40
五金、电科类	102392	-17.40	7386	7.90
体育、娱乐用品类	4916	-6.70	4900	-6.40
书报杂志类	13002	17.10	7552	3.60
电子和音像制品类	1227	-2.50	1227	-2.40
家电和音像器材类	87639	-2.40	71308	-8.20
中西药品类	185255	9.20	66805	9.30
文化办公用品类	45017	9.10	27847	-3.60
家具类	10373	11.00	7176	13.50
通信器材类	123153	-10.60	12130	-0.50
煤炭及制品类	1547484	-4.80	—	—

续表 33

商品分类	销售额	比上年增减(%)	零售额	比上年增减(%)
石油及制品类	1388232	10.30	259547	-0.80
化工材料及制品类	7077096	3.70	—	—
金属材料类	13455808	-11.70	—	—
建筑及装潢材料类	534656	-69.90	18318	10.50
机电产品及设备类	402489	29.90	—	—
汽车类	1009241	7.10	988672	6.90
棉麻类	213309	39.50	—	—
其他类	595006	-62.70	3756	65.30

（沈敏能）

供销合作经济

【概况】 2014年，江阴市政府颁发《关于加强供销合作社体系建设的意见》，确立“理顺上下贯通的组织体系，恢复市总社对基层社资产监管地位”工作重点，启动供销合作社体系综合改革工作。年内，市供销合作总社进行广泛宣传，先后召开各类座谈会，广泛听取各方面意见，并组成工作组，分赴各镇（街道）基层社进行走访沟通，就历史遗留问题、人员和资产状况、改革意向等广泛征求意见，积极做好清产核资工作，在改革形式、资产重组等方面形成共识，积极争取市委、市政府及镇（街道）支持供销合作社综合改革。是年，抓好社有资产规范管理，依据社有资产投资管理“听审票决制”，加强对参控股企业监管，对基层社实行以房屋租金收入考核为杠杆的监管办法，完成澄记肉食有限公司增资扩股项目监管工作。新建农村社区服务中心12个、“网上双代店”（通过网络商务平台，为村民提供名、特、优农产品和日用品及农资等代购业务，为村民代订车、船、机票等代订业务）5个，领办、合办农民专业合作社8个，申报国家农业综合开发储备项目10项。

【农产品销售体系建设】 2014年，江阴市供销合作总社制定《农村供销合作经济联合会章程》，组织农民专业合作社、农村社区服务中心及涉社企业成立农村供销合作经济联合会，积极推进农产品销售体系建设和农业产业化进程。江阴市澄农农资有限公司发挥农资供应主渠道作用，在全市各镇（街道）设立销售点165个，完成化肥农药销售额8000万元，占全市农资销售总额的90%；利港屠宰中心屠宰生猪16万头，实现销售额2亿元；江阴澄记农产品销售有限公司开展“放心农产品”购销业务，经销的“放心豆芽”占批发市场份额70%。是年，江阴市供销合作总社利用信息化手段，提升服务“三农”*水平，与专业公司合作开发的“江阴网上供销社”平台，增设化肥、种子等农资供应服务项目，兼具农产品展销、大众农资供应等功能，全年完成业务量2.22万笔，实现销售额520万元。

（陆锡良）

粮油购销

【概况】 2014年，江阴市粮食局准确把握国家惠农政策和粮油购销政策，积极保障粮食安全和促进农民增收，市属国有粮食经营企业完成粮食经营量45万吨，比上年增长3.17万吨；粮油商品销售收入5.38亿元，比上年增加0.78亿元。全市建成江阴市放心粮油经营单位42个，放心粮油产品在学校、部队等重点单位的市场占有率达100%；新增江阴市青阳粮油购销储运有限公司和江阴市宗言粮油供应有限公司为江阴市粮油应急供应店，全市粮油应急供应店总数达17个；建成粮食安全信用企业14个，其中AA级企业9个、AAA级企业5个。全年纳入统计的36个粮油企业完成粮食经营量269.6万吨，食用植物油经营量3.59万吨，其中江苏江阴中谷国家粮食储备库发展多种经营，采取物流与营销结合、贸工结合、定向销售等方式，完成粮食销售105.1万吨，实现销售收入26.35亿元，分别增长37.21%和32.06%；江阴市华贸粮油购销有限公司发展粮食经营，采取以销定购、外购外销方式，完成粮食经营量10.4万吨，实现销售收入13942万元；江阴白屈港粮食储备库调配仓容，提高粮食出入库效率，完成粮食出入库11.1万吨；江阴市华贸粮油配送有限公司开展成品粮油经营业务，健全粮食配送渠道，完成粮食销售6.5万吨，实现销售收入9707.4万元。是年，全市各粮食购销企业采取预约收购、设点收购、下乡收购等收购方式，方便农民售粮，并与产粮区合作，先后赴苏北、浙江、安徽等地采购粮食，保障江阴市场粮食供应。市粮食局全面推进粮食流通现代化，提升基础设施、粮食物流、粮食科技、粮食经营和粮食管理水平，推广低温储粮技术、环流熏蒸技术、电子测温技术，完善空调仓房、冷谷机、远程视频监控等设施，加强粮食购销调控和市场监测，在全市建立粮油信息采集点15个，定期监测市场交易、粮食库存、粮食价格等信息，编发粮食周报52期，全市粮油

2014 年江阴市主要粮油零售价格一览

表 34　　单位:元/公斤

月份＼名称	二级粳米	特二面粉	四级菜油	一级大豆油
1 月	4.29	3.79	10.28	9.90
2 月	4.34	3.78	10.20	9.15
3 月	4.36	3.78	10.20	9.15
4 月	4.38	3.78	10.20	9.16
5 月	4.34	3.73	10.20	9.25
6 月	4.45	3.73	10.20	9.18
7 月	4.52	3.73	10.20	9.25
8 月	4.36	3.73	10.20	9.25
9 月	4.33	3.73	10.10	9.25
10 月	4.33	3.70	9.87	9.53
11 月	4.30	3.73	9.90	9.10
12 月	4.29	3.73	9.70	9.05

说明:价格为当月每周价格平均数

市场保持平稳。全年完成粮食收购 7.35 万吨,其中收购当地小麦 1.54 万吨,外购 0.90 万吨,收购均价 2.38 元/公斤;收购当地粳稻 1.32 万吨,外购 3.58 万吨,收购均价 3.14 元/公斤。

【地方储备粮管理】 2014 年,江阴市粮食局严格执行地方储备粮管理各项规章制度,采取当地收购与外地收购相结合的方式,做好地方储备粮油储备、保管和轮换工作,确保储备粮常储常新,逐步形成政府委托、部门监督、企业运作、管理科学、调控有力、高效灵活的地储粮管理模式。是年,市粮食局组织修订完善《粮食熏蒸药剂库管理制度》《磷化铝药剂安全管理制度》,采取熏蒸作业方案评估的方式,提高地方粮食储备管理水平;完善粮油储备体系,在全市建立大米、面粉、食用油等成品粮油储备体系,委托粮食生产经营企业进行粮油代储;开展粮食清仓查库工作,规范入库粮食实物数量、质量、承储条件、仓储设施条件、储粮技术水平、经营单位资质条件等,准确掌握全市粮食库存量、质量状况,调配增设粮油代储库点,增强市场应急保供能力。

【粮油市场监管】 2014 年,江阴市粮食局加强粮油市场质量监管,规范粮油市场秩序,加大粮食收购秩序、粮食库存、粮食质量安全监测检查力度,全年开展粮油质量检查 20 次,市场粮油质量合格率达 97.5%。是年,江阴市粮油质量监测站采取实地抽检方式,对全市各粮油收储企业库存的各级储备粮、政策性用粮、国有粮食企业经营的粮油产品开展专项检查,共抽检储备粮、商品粮、成品粮油等粮油样品 600 份,对不合格粮油品种进行曝光,并编发《粮油质量报告》予以公示,保障居民消费知情权。8 月 16 日,江苏省质量技术监督局实验室资质认定监督检查组对实验室计量认证和食品检测机构资质认证监督进行现场评审,江阴市粮油质量监测站顺利通过省级监督评审。

【危仓老库维修改造】 2014 年,江阴市粮食局突出功能提升,全面推动危仓老库维修改造工程。该工程总投资 743.5 万元,其中获江苏省级以上财政补助 379 万元、江阴市财政补助 364.5 万元。年内,市陆桥粮管所、市马镇粮管所、市西石桥粮管所增设环流熏蒸、电子测温、安保视频监控等设施设备,改善储粮条件;市陆桥粮管所安装空调设备,提升储备水平;江阴白屈港粮食储备库、市陆桥粮管所、市马镇粮管所、市西石桥粮管所等库点提升信息化监测能力,对危旧仓库进行翻修,增强粮食仓储能力,全市科学储粮水平得到提升。9 月 26 日至 28 日,危仓老库维修改造工程项目按照《江苏省粮库维修改造项目竣工验收实施方案》和《江苏省粮食可视化信息系统验收实施方案》,顺利通过江阴市级工程验收。

(何晓峰　李慧琳)

烟草专卖

【概况】 2014 年,江阴市烟草专卖局(无锡市烟草公司江阴分公司)强化专卖管理,突出管理创新,全年销售卷烟 6.52 万箱,比上年增长 1.97%;实现销售收入 21.19 亿元,比上年增长 2.91%。是年,捐赠 19.5 万元支持南闸街道龙运村新农村建设,出资 1.5 万元帮助天鹤社区改善科技展览馆条件,"慈善一日捐"共捐款 7.39 万元,为甘肃岩昌贫困学生捐赠冬衣 865 件、鞋子 30 双和课外书籍 50 册。市烟草专卖局(无锡市烟草公司江阴分公司)被评为全国烟草行业县级卷烟营销部标兵单位、江阴市文明单位、无锡烟草系统优秀县级局,获"江阴市百强明星企业""江阴市重点骨干企业"等称号。

【卷烟营销】 2014 年,无锡市烟草公司江阴分公司根据江苏省烟草公司卷烟销售"168"(卷烟销量增长 1% 左右、结构提升 6% 左右、税利增长 8% 以上)目标,积极开展市场分析和监测,完成重点品牌卷烟销售 5.79 万箱,低焦油品牌卷烟销售 6798.96 箱,分别占销售总量的 88.84% 和 10.43%。是年,做好"黄金叶"等 16 种新品卷烟上柜工作,发挥功能终端效用,以点带面引导市场。

【卷烟零售终端建设与服务】 2014 年,无锡市烟草公司江阴分公司运用感知平台、网上订货平台等载体向零售户及时传达货源供应计划,进一步完善零售客户分类及货源供应办法,加强对现有 1520 个功能终端的日常管理,增强管销联动、双向反馈;推行客户经理走访"331"工作法("三看":看亮证经营,看陈列摆放,看店容店貌;"三讲":讲法律政策,讲市场信息,讲经营指导;“一记录”:做好走访记录),全年围绕经营技巧、品牌推荐、盈利提升等内容,组织培训56场(次),培训客户1828人次;受理许可证4603件,其中新办573件、变更51件、延期3979件;正常供货7400户,停供577户,复供141户。

【市场监管】 2014年,江阴市烟草专卖局运用市场监管工作法(APCD),强化市场监管和联合公检法、工商、海关等部门打假协作机制,先后组织开展“冬季会战”和“闪电15号”“闪电16号”专项行动,对全市车站、码头、集贸市场无证经营户及“回收店”进行集中整治,严厉打击制售假冒卷烟、贩卖走私烟和无证运输卷烟等违法犯罪行为。7月起,组织开展零售许可证专项清理整顿,集中整治转让、出租、出借、买卖许可证等经营行为,维护和巩固卷烟市场秩序,市场净化率达97%以上。全年查处涉烟案件553件(5万元以上案件72件),其中移送公安机关处理7件;查获卷烟1646.2件,其中假烟24.25万支,上缴罚没款163万余元;对涉案人员移交公安部门刑事拘留7人,被江苏省烟草专卖局通令嘉奖5次。 （张 炜）

盐业专营

【概况】 2014年,江阴市盐务管理局(江苏省苏盐连锁有限公司江阴分公司)突出改革重点,以“转型创新、转变作风、培育渠道、培养队伍、打造核心业务”为主线,积极应对经营市场变化,切实保障盐品市场供应。全年完成盐产品销售2.87万吨,其中小包装食盐0.78万吨,小工业盐1.93万吨;纯碱元明粉等非盐产品0.72万吨。实现销售收入6970.32万元,上缴利润654.6万元。

【盐政管理与服务】 2014年,江阴市盐务管理局加强行政执法监督检查,先后与周边地区部门和单位开展联合执法检查,与政府各职能部门开展专项执法检查,对周边地区、学校、建筑工地、城乡接合部、食品加工作坊等重点区域进行食盐安全专项整治,累计出动执法人次585人次,查获各类食盐案件45件,查处盐产品9.18吨,没收盐产品9.08吨,罚没款3.41万元。是年,坚持“堵疏结合”的原则,开展“315”“515”“110”和“减盐低钠”等公益宣传活动,深入宣传盐业专营政策,碘盐真伪鉴别,引导广大市民树立安全消费食盐和少吃盐、吃好盐理念。全市碘盐覆盖率达96.67%,碘盐合格率达100%,合格碘盐食用率达96.68%。

【品种盐结构调整】 2014年,江苏省苏盐连锁有限公司江阴分公司不断优化食盐品种结构,及时调整营销策略,积极开展食盐进社区、进学校、进超市、进工厂、进餐馆“五进”活动,逐步实现螺旋藻低钠盐、清真海藻碘食用盐等多品种食盐替代250克普通绿标盐工作目标。全年销售螺旋藻低钠盐、清真海藻碘食用盐等品种盐6923吨,品种盐小包装占市场盐品销售总量的88.27%。 （张 慰）

重点市场

【概况】 2014年,江阴市拥有各类商品交易市场99个,其中生产要素市场1个,生产资料市场32个,消费品市场66个。全年商品交易市场成交额675.9亿元,比上年增长3%,有开票销售超亿元市场达20个、超10亿元市场7个、超100亿元市场5个。年内,调整优化产业结构,在君山路105号设立江阴市君山茶叶市场,填补江阴茶叶消费品专业市场空白;新设江阴市泰和二手车交易市场,全市二手车交易市场增至4个。江阴市场建设有限公司投资1200万元,完成滨江农贸市场农改商改造工程;江阴市文定农贸市场投资230万元,完成对市场老旧设施改造并重新开业;江阴市北漍农贸市场于12月搬迁至新建市场经营。受产业结构调整影响,全市部分钢材类市场交易额明显下降,部分经营户逐步转行经营。是年,市工商行政部门认真贯彻“宽进严管”政策要求,严格市场信用分类监管,狠抓市场食品安全,查处违法违规案件163起件、主办单位不履行法定义务案件9件,指导网络经营者公开电子标志网站649个,网上核查网站18729个,实地巡查网站经营户564户,删除违法商品信息16条,使用“公证云”在线平台固定相关证据79次,调查取证39件,依法查处网络案件56件,有效净化网络市场环境,维护市场正常经营秩序。 （马 新）

2014年江阴市重点市场主要经济指标一览

表35 单位:万元

指标／名称	成交额		开票销售		上缴税金	
	总额	比上年增减(%)	总额	比上年增减(%)	总额	比上年增减(%)
江阴长江港口物流园区交易中心	6339306	38.15	5464919	38.15	43134	33.72
江阴沿江石化市场有限公司	3528780	0.15	3528780	0.15	16360	-21.16
江阴市贯庄金属材料市场有限公司	3500000	-14.43	3020000	-13.71	6469	9.68
江苏华东石化物资交易市场	3360851	2.74	2872522	2.74	8273	-2.91
江苏长阳金属材料市场有限公司	1485236	1.78	1346039	2.21	4759	17.19
江阴景澄物流配送交易市场有限公司	1088387	-16.16	930246	-16.16	5768	2.48

【江阴长江港口综合物流园区交易中心】 该中心位于滨江西路2号,入驻客户2600余个,拥有各类商务、交易服务配套用房8万平方米,仓库、货场45万平方米,是一个融物流、煤炭、纺织、机械和金属材料为一体的大型综合性专业市场。2014年,中心主要经营各类金属材料、石油及制品、化工原料及产品、建筑装潢材料、纺织原材及产品、煤炭、粮油、机械等,完成开票销售收入546.49亿元,上缴税金4.31亿元,成为江阴及周边地区制造业的物流支撑基地。

【江阴市贯庄金属材料市场】 该市场位于澄山路2号,是一个融钢铁贸易、物流配送、金属加工、电子商务、金融服务于一体的综合性大型钢铁专业市场。2014年,面对钢材市场刚性需求下滑、实体企业亏损不断扩大的局面,市场改变发展战略,通过发展电子商务,从有形市场向无形市场转型,启动建设现代钢铁电子物流城,通过钢材电子网络现货交易平台,拓展钢铁生产、贸易等领域,并与长江村联合经营江阴长三角钢铁集团长江五号码头,为客户提供港口停靠、钢材仓储、装卸物流等服务,全年完成开票销售收入302亿元,上缴税金6469万元。

【江阴沿江石化市场】 该市场位于璜土镇新材料产业园,始建于2006年,拥有江海湖联运的现代化立体交通优势,主要建设目标为中国江阴产业服务基地。2014年,市场依托优越的地理环境和码头优势,大力发展石油化工产品仓储、交易,建成液体化工仓储库总容量90余万立方米,拥有石化专用码头5座,年吞吐量2000万吨,入驻企业500余个。全年完成开票销售收入352.88亿元,上缴税金1.64亿元。

【江阴景澄物流配送交易市场】 该市场位于澄江东路3号,占地面积13.4公顷,是一个融仓储、金属加工、物流配送、贸易经营于一体的综合性大型物流配送交易市场。2014年,市场重点经销沙钢系列产品及宽厚板、船板合同余材、各种头尾料利用材和淮钢各类管坯圆钢、唐山不锈钢卷板等产品,并通过二级中小经销商拓宽销售渠道,提高市场份额,年吞吐钢材量达150万吨。全年完成开票销售收入93.02亿元,上缴税金5768万元。

【红星美凯龙江阴商场】 该商场位于五星路539号,占地面积3.7万平方米,建筑面积8.6万平方米,是红星美凯龙家具品牌建设的第七代家居商场,为江阴地区档次较高、规模较大、品类齐全、配套设施齐备的首个超五星级家居商场。2014年,商场主要经销家具、建材等大类商品和家具饰品,汇聚全球家居品牌350多个,通过媒体整合、网络营销、微营销等形式,先后开展"3·8民俗节""最炫广场舞""4·27大牌钜惠世界相杯""五一让利返点"等营销活动,全年完成开票销售收入1.7亿元,上缴税金115万元,被市人社局评为江阴市创业孵化基地,获"江苏省放心消费先进单位"等称号。

【江阴新生活国际家居广场】 该家居广场位于锡澄高速、沿江高速江阴南出口处,始建于2006年9月,经营面积8万平方米,一楼为品牌建材馆,主营精品陶瓷、卫浴、厨具、五金、木门等,二楼至四楼为品牌家具馆,主营沙发、床具、餐桌、现代化板式套房家具、儿童家具和实木、红木、欧式家具及办公家具,是一个集自动化、现代化、购物休闲于一体的家居购物广场。2014年,家居广场实施"品牌化经营、现代化管理"战略,与西区国际家私城进行错位经营、优势互补,推出"一站式"购物、让利销售和"先行赔付"等诚信举措,先后被评为江苏省五星级文明诚信市场、无锡市星级文明诚信市场、江阴十佳诚信企业。全年完成开票销售收入1.2亿元,上缴税金350万元。

【江南农副产品批发市场】 该市场位于锡澄路88号,是一个集副食、粮油、蔬菜、水果、水产、冷冻制品等为一体的大型综合性农副产品批发市场。2014年,江南农副产品批发市场严格市场管理制度,会同市工商行政管理部门分批对市场经营户进行《中华人民共和国消费者权益保护法》集中培训,并与各经营户签订食品安全责任状;会同各监管检测部门对辖区内蔬菜、水发产品、淡水鱼、猪肉等进行定期检查,累计检测蔬菜42230批次、水发品3337批次、淡水鱼211批次、猪17.39万头、毛鸡49.15万只,检测出各类不合格产品45批次,销毁3513斤。年内,严格市场准入制度和食品安全制度,严禁购进和销售禁用农药蔬菜、"毒豆芽"、死鸡及用硫磺熏、烧碱泡、双氧水熬的竹笋,严禁毛鸡宰杀区使用松香,全年开展各类清理检查70余批次,查获自产自销区非法销售"毒豆芽"1例,相关人员移交公安机关立案处理。是年,市场入驻各类经营户1000多户,完成市场成交额50.13亿元,上缴税金182.66万元,农产品批发量占江阴市农产品消费总量的83%,被全国城市农贸中心联合会评为2014年度全国农产品批发市场百强(按销售额)和2014年度全国优秀农产品批发市场(按交易量)。

【江阴市纺织市场】 该市场位于澄张路558号,是一个以经营布匹为主的大型专业批发市场。2014年,市场依托良好的交通区位优势和江阴发达的纺织工业优势,不断增强集聚和辐射能力,重点发展和推广精纺面料、中高档纺织品,并增加印染、灯芯绒、纱卡、帆布、亚麻棉及全棉布匹库存,入驻商户达1120户,市场规模不断扩大,商品辐射全国、远销海外。全年完成开票销售收入15.1亿元,上缴税金1700多万元。

(单文春　丁兰芳)

·小资料·

江阴市服务业发展概况

2014年，江阴市实施“维稳定、抓转型、保增长、促消费”战略，通过政策引导、产业转型，大力发展现代服务业，服务业经济在逆境中呈稳步、健康、持续发展的良好态势。全年完成服务业增加值1178.69亿元，比上年增长9.9%（可比价），占地区生产总值比重达42.8%，比上年提升0.8个百分点；服务业总投入556.7亿元，增长17.6%，占全市固定资产投资的53.2%；服务业公共财政预算收入87.9亿元，增长10.6%，占全市公共财政预算收入的43.8%；服务业税收总额135.2亿元，增长9.6%，占全市财政总收入的23.8%、税收总额的39.1%。全市有服务业重点重大项目30项，总投资343.8亿元，当年完成投资91.6亿元，累计完成投资143.2亿元。

2014年江阴市服务业重点重大项目投资完成情况一览

表36　　　　单位：万元

项目类别	项目名称	总投资	2014年完成投资投资额	累计完成投资
文化创意	海澜创新大厦	200000	42500	172200
现代物流	江阴港申夏港区6号码头	127400	95900	148900
现代物流	江阴港申夏港区5号码头(二期)工程	75000	68200	85000
现代商贸	五洲国际广场	315000	39600	110900
现代物流	长阳码头项目	50000	25000	45000
商务服务	澄星广场综合体	230000	24700	72500
现代商贸	森茂汽车城综合体	120000	24800	87900
旅游酒店	新长江雅阁国际大酒店	80000	25000	68800
文化创意	江阴凤凰文化广场	80000	200	200
现代商贸	奥莱柏克休闲购物广场(一期)	80000	31300	60200
现代物流	海澜之家智能立体高位24号仓库	35000	31000	35000
现代物流	江阴周庄金属合约交易中心	18000	13800	17600
旅游酒店	江阴世茂旅游综合体	1000000	276644	276644
现代商贸	龙庭商业综合体	68000	23000	23000
文化创意	美国索尼影视基地	60000	3039	3039
现代物流	中石化长山油库滨江库区扩建工程	45000	25000	25000
现代商贸	滨江云巢广场	31448	12200	12200
现代物流	中能集团江阴液化天然气集散中心	220000	2000	2000
现代物流	联合物流码头项目	62874	14360	14360
现代物流	普洛斯仓储设施项目	27153	1400	1400
现代物流	丽天石化码头改扩建工程	19000	12300	12300
文化创意	金一黄金珠宝产业园	50000	25000	25000
现代商贸	中翔周庄广场	50000	9500	9500
旅游酒店	马儿岛精品酒店	200000	1000	1000
旅游酒店	威尼斯水城及配套项目	30000	9400	9400
科技服务	海澜创意培训中心	20000	13600	13600
现代物流	百衣百顺仓储工程	50000	50000	50000
现代物流	润东高级润滑油仓储	27000	3510	27010
现代商贸	江南名家	52000	7000	7000
文化创意	三房巷国信影城	15000	5000	15000

（单文春　丁兰芳）

■类目编辑　延克俭

住宿餐饮业·旅游业·居民服务业

住宿餐饮业

【概况】 2014 年，江阴市商贸管理办公室贯彻落实商务部、国家发改委联合发布的《餐饮业经营管理办法（试行）》，开展餐饮市场调研，组织编制《江阴市餐饮业发展中长期规划纲要（2014—2030）》，引导星级酒店和餐饮名店调整菜肴结构、营销定位和竞争策略，适应餐饮消费市场新常态；支持市烹饪协会承办首届江苏厨师节暨第七届全国烹饪技能竞赛江苏赛区比赛，支持青果路美食街管委会举办江鲜美食节和龙虾美食夜宵活动；开展住宿餐饮业安全大检查。市卫生监督所结合“食品添加剂使用”“地沟油和餐厨垃圾”专项行动，全面实施餐饮和住宿业分级管理。徐霞客镇等乡镇开展酒店、宾馆和旅馆安全生产专项督查。市烹饪协会召集重点餐饮企业负责人分析经济形势，到北京考察学习“北京宴”成功转型经验；赴广东珠海参加 2014 年世界中餐名厨交流协会第七届年会，考察以微营销闻名的广州市食尚国味饮食管理有限公司山东老家酒店；到山西省学习面食文化与制作技艺；举办上海创意菜高级技能研修班和 2014 年养殖（控毒）河豚烹调培训班，协助江南水乡实用菜交流组委会在祝塘镇瑰宝宾馆举行 2014 年江浙沪皖三省一市冬季实用菜交流会；协助开展厨师高技能申报和鉴定工作，新增中国烹饪大师、名师 10 人。是年，嘛喜大（韩国美食）、黄焖鸡米饭、江南好灶头、沪上阿姨现煮茶饮、上海人家等连锁餐饮进驻江阴；澄南百合花宾馆、江阴市蒋公馆餐饮管理有限公司等一批新网点建成开业，新长江雅阁国际大酒店、江苏维多利亚国际酒店有限公司等一批市级重点项目加快建设，江阴市新高升大酒店等一批新项目启动建设，湘色满园餐饮连锁江阴旗舰店重装开业，完成固定资产投资 1.38 亿元；席府记汤包、银牌自助美食中心、香港华记茶餐厅入驻青果路美食街，胖嫂美食城歇业并被大院子饭店和捞王火锅锅物料理店取代；海中天美食广场迁址百货大楼四楼，微客餐厅商务简餐、陶兴宝点心、云南过桥米线、重庆酸辣汤、秦川臊子面等 17 个门店入驻；杜哥鱼虾跳餐饮店落户澄江福地，天语雅阁咖啡店更名为紫藤燕语咖啡店；赣轩江西特色餐饮落户果园路 80 号；江阴永丰源大酒店成功探索离线商务模式（O2O）新渠道，通过冷链快递，菜品远销北京市、甘肃省和广东省等地；江阴市大华食品有限公司城市中央厨房项目获省级财政补贴 75 万元；2014 年无锡当家菜遴选活动中，江阴市邵府全牛馆厨师长李耀获得“金牌大厨”称号，江阴市邵氏食品有限公司的“香猪肉小笼包”被评为“无锡经典当家点心”。是年，全市餐饮单位（包括学校、工厂和建筑工地食堂）总数 5793 个；全市有“中国烹饪大师”和“中国烹饪名师”40 人、“中华餐饮名店”8 个、“中国名菜名点”30 只；全市住宿服务单位总数 607 个。至年末，全市住宿和餐饮企业营业收入 56.65 亿元，比上年增长 15.1%。其中限额以上企业实现营业收入 19.13 亿元，比上年增长 15.1%；限额以上企业完成社会消费品零售额 16.23 亿元，比上年增长 4.3%。

【首届中国斋菜美食节在华西新市村举办】 2014 年 5 月 18 日，由中国烹饪协会名厨专委会、江苏省烹饪协会和华西新市村主办，江阴市烹饪协会、餐饮业商会承办的首届中国斋菜美食节在华西新市村塔群广场举行。首届中国斋菜美食节由中国斋菜美食文化展、斋菜美食厨艺邀请赛、斋菜美食发展论坛和斋菜美食品鉴等 5 项活动组成。其中，斋菜美食厨艺邀请赛有来自福建省、广东省、浙江省、安徽省、江苏省和台湾地区的 14 支团队共 120 位选手参赛，向前来参加祈福活动的近万名素食爱好者和寺庙僧人展示 300 余道斋菜素肴作品。首届中国斋菜美食节得到江阴市佛教协会和市政府相关职能部门的支持，君山寺主持和融大和尚出席并在斋菜美食发展论坛上作学术报告。

【“舌尖上的璜土——百姓厨房”烹饪比赛举行】 2014 年 9 月 25 日，璜土镇政府在璜土镇慕容山庄举行“舌尖上的璜土——百姓厨房”烹饪比赛。辖区 12 个行政村各挑选 5 名村民按照“一村一特色农家菜肴”要求参赛，竞技红烧狮子头、土鸡汤等 12 道农家菜烹制厨艺。葡萄园土鸡、香草土猪、湿地龙虾、桃花河鱼等璜土生态食材通过烹饪比赛活动扩大宣传影响。是年，璜土镇以“无锡市城乡一体化先导示范区”为抓手，将培育和营造璜土美食特色纳入璜土葡萄节、乡土生态产业发展和“一园三区（新材料产业园、都市商务区、物流商贸区、生态旅游景区）、南城北园”建设，镇域住宿餐饮业实现快速发展。

【天水雅居举办全市首届韩国生蚝节】 2014年12月30日，江苏天水雅居餐饮管理有限公司联合江阴市烹饪协会、餐饮业商会，在江阴市天水雅居薇庭花园举行2014年江阴韩国生蚝节暨中国蚝友会江阴站启动仪式，向各大餐饮企业、天水雅居贵宾顾客和广大消费者推荐韩国统营生蚝。是年，江苏天水雅居餐饮管理有限公司将企业经营与餐饮消费市场新常态有机结合，不断引进新食材，激发个性化、多样化消费潜力，积极应对并化解市场下行压力，公司营业收入止跌企稳，实现稳增长目标。

【市第九届蟹黄汤包节举办】 蟹黄小汤包作为江阴的特色小吃，素以皮薄、馅嫩、汁多、味鲜、不腻而著称，于2013年6月被中国烹饪协会评为“中国名点”，其制作技艺成功入选“无锡市非物质文化遗产”名录。2014年9月25日，江阴市第九届蟹黄汤包节在江阴永丰源大酒店开幕。经过多年的挖掘，江阴的蟹黄汤包更加具有鲜明特色：个小玲珑，适合现代人猎精心理，活蟹现拆现熬，汤包现点现做，口味新鲜、健康卫生。该届蟹黄汤包节作为餐饮企业拯救传统名点的一次具体行动，广受欢迎，继续保持大众消费记录。至年末，60元一笼的蟹黄小汤包销量达9000笼。

【“非遗”传统名肴名点进社区活动】 2014年6月11日，江阴市烹饪协会迎接国家第九个“文化遗产日”（每年六月的第二个星期六），围绕全市“文化遗产日”活动中“让文化遗产活起来”和“非遗保护与城镇化同行”的主题，联合市文广新局、商务局和澄江街道办事处在江阴市新财盛大酒店开展“非物质文化遗产”传统名肴名点进社区活动。无锡市“非物质文化遗产”代表性传承人于现场操作并讲授蟛蜞螯、中山饼、红烧河豚等9道江阴传统名肴名点的制作方法，澄江街道28个社区的工作者和烹饪爱好者近百人在现场观摩学习。“非遗”传统名肴名点进社区活动，有效推动了全市名肴名点制作方法的广泛传播，创造了市民近距离接触并了解文化遗产的契机，有利于提高全市“文化遗产日”活动的影响力，营造全社会关注和参与文化遗产保护的良好氛围。至年末，全市有8项餐饮类技艺项目入选无锡市“非遗”项目，分别为蟛蜞螯烹饪技艺、刀鱼面烹饪技艺、中山饼烹饪技艺、黑杜酒酿制技艺、马蹄酥制作技艺、江阴河豚文化、顾山烧饼制作技艺和江阴永丰源大酒店仰氏蟹黄包烹饪技艺。

（沈敏能）

旅游业

【概况】 2014年，江阴市旅游业以宣传贯彻《中华人民共和国旅游法》为主导，以“稳增长、促转型、扩消费、惠民生”为发展宗旨，以建设旅游载体为手段，打造地区旅游特色，推进旅游产业发展。年内，做好景点景区、宾馆饭店、旅行社、导游等各方面的指导服务，培育优质旅游资源。加强旅游促销宣传，强化旅游行业管理，助推全市旅游产业转型升级。4月24日，市园林旅游局召开江阴市旅游发展座谈会，加快对现有旅游资源的整合，彰显徐霞客等名人文化、军事文化、滨江特色等旅游品牌。建立政府引导、企业参与、市场运作的工作机制，加大旅游招商力度，提升全市旅游行业发展水平。加强对外宣传促销，采取区域联动、营销策划、节庆活动等措施，扩大全市旅游的影响力和知名度。指导江阴市旅游协会换届；调整理事会，优化协会领导机构及各专业分会班子建设，以“沟通、协调、服务、维权、自律”为目标，充分发挥旅游协会的桥梁和纽带作用，切实履行服务职能，提升行业自律。至年末，全年接待游园人数2267.19万人次，比上年增长3.88%；旅游总收入218.57亿元，比上年增长8.94%。全市星级饭店、社会设施饭店和旅行社累计入库税金6877.06万元；旅行社年地接人数累计107.94万人次，比上年增长24.96%。

【旅游载体建设】 2014年，市园林旅游局以集聚旅游人气、壮大旅游经济为重点，整合全市旅游资源，推进旅游重点项目建设。年内，加强旅游载体建设，指导并推进海澜国际马术旅游区、长泾古镇文化旅游区、青阳礼佛休闲区创建国家级旅游景区等工作。扶持乡村旅游点提档升级，指导华士生态园、霞客耕耘园创建无锡市旅游示范点；指导夏港长江村、南闸花果村、璜土旅游小镇、顾山红豆村等开发当地特色的旅游资源，编制旅游规划，加大旅游

2014年10月，江阴市秋季菊花展在兴国公园举办 （市园林旅游局提供）

项目推介,多方吸引旅游投资商,取得良好成效。是年,华士生态园被无锡市旅游局命名为四星级乡村旅游点;长泾古镇文化旅游区被评为国家AAA级景区。

【旅游促销宣传】 2014年,市园林旅游局以拓展旅游集散功能、丰富营销手段为着力点,在开展集散品牌推广和加强门店集客能力的同时,强化旅游立体营销。以"旅游进社区"为契机,深入社区开展旅游推广活动。年内,在城中社区、天鹤社区、立新社区、澄康路社区、浮桥社区5个社区设立社区旅游咨询服务点,通过政府购买社区服务的方式,以旅游公共信息服务为切入点,以发布外出旅游提示和宣传推广江阴旅游休闲产品为工作重点,加强旅游公共服务。与此同时,市园林旅游局着手推进智慧旅游,对《江阴旅游》期刊、江阴旅游网站、官方微博、微信公众号等自有媒体进行改版升级,与市信息办合作开通"掌上江阴"手机客户端旅游版块。加强宣传推介,参加无锡市"结伴微旅行、悠闲四季游"推介团,赴浙江省绍兴市、湖州市,江苏省扬州市、泰州市、南京市等地参加各类旅游展会。主动加强与周边城市各组团社的沟通交流,与无锡市江南国旅开展深度合作,将徐霞客旅游文化博览园与青阳嘉茂国际花鸟园进行优惠捆绑销售,联合推出江阴一日学生春秋游产品,全年接待无锡市学生春秋游约6000人次。加大媒体推广,与上海电视台、无锡电视台、新浪网、腾讯网、乐途网、《中国旅游报》、《无锡日报》等媒体合作,制作独具江阴特色的旅游专辑,拍摄江阴新版旅游形象宣传片。加快旅游特产营销,市旅游集散中心运营推出"江阴好"一站式旅游购物特产店,对全市13个系列的旅游特产商品进行整合营销,打造"一站式"特产购物街铺。是年11月,市园林旅游局与张家港、常熟、太仓旅游行政管理部门合作,在常熟举行"长三角旅游友城卡"首发式,整合各城市主要景区(点),实现长三角四城市旅游跨区域合作发展。鹅鼻嘴公园、徐霞客旅游文化博览园、长泾老街、青阳嘉茂国际花鸟园等7个景点加盟"长三角旅游友城卡"。至年末,全年集散旅行社营销收入295万元,比上年增加38万元;各景区全年实现门票销售320万元,比上年增加50万元。

【旅游节庆活动】 2014年,市园林旅游局充分挖掘历史文化内涵,着力开发特色旅游,形成霞客故里游、工农业文化游、滨江要塞游、学政文化游四大旅游板块,吸引国内外游客前来休闲观光。是年5月19日,策应精简办节、朴素办节的号召,成功举办第九届中国徐霞客国际旅游节系列活动,着力打造"美丽江阴"旅游胜地,进一步弘扬游圣徐霞客精神,推动特色旅游业发展。在第九届中国徐霞客国际旅游节启动仪式上,江阴市徐霞客研究会与江阴市职业技术学院合作建设的"徐霞客进高校教学研究基地"获得授牌,对江阴手绘旅游生活地图大赛、"共抒霞客情,同圆中国梦"江阴师生书法大赛、第二届中国徐霞客游记文学奖、首届中国斋菜美食节进行颁奖,并为"足尖上的中国"采风活动授旗。在旅游节期间,市园林旅游局将徐霞客精神融入城市文脉,不断探索和谋求创新发展动力。开展江阴市第三届导游大赛、青阳嘉茂国际花鸟园上海木偶舞台剧表演、花海相亲会、叶飞园艺"亲子游园会"、2014年霞客岛露营节、云外水庄水乡美食节、上海风尚自驾游俱乐部百车走进青阳活动、江阴社区旅游嘉年华、江阴万达金街"霞客行"户外系列运动、全市旅游惠民活动等活动20多项,突出文化聚合,全力打造"百姓的节日、游者的盛会、产业的平台"。

【旅游行业管理】 2014年7月16—17日,市园林旅游局按照安全生产监管"全覆盖、零容忍、严执法、重实效"的要求,牵头市公安消防大队、质监局等部门,采取"看、听、记、问、核"等形式,对全市星级酒店、旅行社、重要景点景区开展安全生产联合检查。检查内容包括各旅游企业有无超范围经营,旅行社与旅游者有无规范签订旅游合同,各项安全措施、应急预案、员工安全教育、安全台账是否完备可操作,以及酒店、景区的安全生产运营等情况,对检查发现不符合要求的情况进行当场反馈,书面建议整改,并加强督促,持续稳固旅游行业安全生产形势。年内,组织学习《中华人民共和国旅游法》,规范旅游市场,提高市民游客满意度。做好软件和硬件的查漏补缺,结合上级指导意见、市民和游客呼声,加紧市滨江要塞旅游区、学政文化旅游区的AAAA景区整改提升工作。提高导游队伍建设,组织开展江阴市第三届导游大赛,提升全市导游综合素质和服务水平,树立行业标杆。组织江阴市星级饭店赴扬州市、镇江市、常州市考察学习生态酒店、智慧酒店、婚宴特色主题酒店和绿色饭店的经营理念,为全市旅游星级饭店转变经营理念、提升服务质量和经营效益奠定基础。依据生态文明建设的工作要求,推进"绿色饭店"创建工作,全市星级饭店100%创建为绿色饭店。加强星级旅游饭店监管,对暨阳山庄、杜康园、纺织大厦、瑰宝宾馆等停业、转行或运行质量不达标的星级饭店履行了摘牌手续。年内,充分发挥行业协会作用,健全办事机构、完善内部规章制度,助推旅游业发展。 (高振华)

居民服务业

【概况】 2014年,江阴市商务局调整内部职能分工,由市商贸管理办公室负责实施商务部颁布的美容美发业、洗染业、沐浴业、家庭服务业和家电维修服务业等行业管理办法、生活性服务业标准,指导相关行业协会开展工作,提升全市居民服务业发展水平。市公安部门会同所在镇(街道)政府结合"文明城市"创建活动,依法加强对开锁业名录管理,加强对寄卖业、旧货交易业、金银首饰加工、置换业、印刷业、汽车租赁业和机动车维修业备案管理,对浴室、娱乐、美容美发等服务行业社会治安分级管理。各镇(街道)对再生资源回收场所进行环境整治;对迪厅、网吧、美容和浴室等人员密集场所进行安全生产专项督查。市镇民政部门加大资金投入,全市家政服务与居家养老和社区服务事业快速发展；江阴市夕阳红老年康乐中心参加无锡市家庭服务行业职业技能大赛，江阴市社区服务求助中心有限公司应邀参加2014年江苏省家庭服务博览会，江阴天岸养生有限公司获2014年度无锡市生活服务业职业技能大赛优秀组织奖。全市家政、美容、理发、浴室、洗染、摄影、维修、擦鞋、洗车、婚庆等居民服务业在以设施更新和服务创新吸引消费者的同时，加快服务网点布局，不断提高行业规范化、便利化、现代化水平。江阴澄乐居养老服务中心、夏港乐善颐养中心、扬子婚庆美妆店、美特居家护理、鑫鸿足浴、聚缘足道、美丽世界泰洗SPA、鱼之吻亲亲鱼疗养生会馆、澄北鞋博士皮革养护中心等一批新店开张；乐茵孕婴童专业连锁机构在江阴寿山路府院开设产后恢复和七彩宝贝孕婴童摄影馆，新华美容和整形中心从延陵路335号迁至环城北路27号凯悦国际13楼，香港艾尔美整形美容院落户虹桥南路嘉福豪庭5楼；江阴市家庭服务行业协会成立。年内，全市注册新办家政服务企业14个、美容美发店351个、浴室54个、足道店48个、洗染店15个、摄影店32个、各类维修网点415个、擦鞋店3个、洗车店14个、婚庆服务单位63个、清洁服务企业34个；同期有11个家政服务企业、347个美容美发店、55个浴室、58个足道店、12个洗染店、30个摄影店、2个擦鞋店、393个各类维修网点、61个婚庆服务单位和29个清洁服务单位歇业或改换门庭。至年末，全市在业家政服务企业82个、美容美发店1707个、浴室236个、足道店206个、洗染店176个、摄影店188个、各类维修网点2027个、擦鞋店11个、洗车店74个、婚庆服务单位222个、清洁服务企业129个。

【市家庭服务行业协会成立】 2014年12月22日，江阴市家庭服务行业协会在江阴市社区服务求助中心大课堂召开成立大会。大会审议并通过《江阴市家庭服务行业协会章程》《江阴市家庭服务行业协会会费收取使用管理办法》和《江阴市家庭服务行业诚信自律公约》，选举产生江阴市家庭服务行业协会第一届理事会。是年，江阴市家庭服务行业协会协助市商贸办贯彻《国务院关于发展养老服务业的若干意见》、商务部《家庭服务业管理暂行办法》和《江苏省家庭服务业相关服务规范（试行）》等政策法规，引导家庭服务企业实施员工制管理、开展诚信自律建设，推动养老护小服务多元化、便利化、网络化发展。年内，重视协会阵地建设，全年发展会员单位35个；江阴市社区服务求助中心有限公司获国家财政2014年度45万元的员工社保补贴。

【澄乐居养老服务中心开业】 2014年2月24日，由无锡鼎灏企业管理服务有限公司投资的江阴澄乐居养老服务中心注册成立。该中心拥有163名员工，秉承“爱心、专业、诚实、守信”发展理念，坚持“诚信服务，温润社会”经营宗旨，为居家养老机构提供规范化管理与专业化服务。是年，施行员工制和持证上岗管理制度，开展养老护理员服务技能比赛，以专业化技能、个性化服务、人文化关怀、科学化管理为指导，参与社区托老服务外包，承接华士颐养中心、澄江街道立新社区和澄康路社区居家养老服务中心项目。年内，该中心到社区开办老年养生保健讲座，开展剪纸、书法等文娱活动和免费测血压、血糖等义工服务，为居家老年人创造安全、便利、和谐、温馨的晚年生活环境。

【市第六届发型化妆比赛举行】 2014年12月30日，由江阴市美容美发业商会、江阴市美容美发行业工会和江阴万达广场联合举办，江阴市名妆职业培训学校承办的江阴市第六届发型化妆比赛在万达广场举行。该比赛有11个单位38名选手参赛。在发型类（女子剪吹和男子剪吹）比赛中，江阴市诗情画意美发美容（连锁）店的朱兴勇获得冠军；在化妆类（晚宴妆和新娘妆）比赛中，江阴市名妆职业培训学校的林雁和江阴市时尚原色学校的刘冬梅获得并列冠军。发型化妆邀请赛的竞技有力提升了全市美容美发业发型化妆的水平，为富有创意、技术过硬的发型师和化妆师提供自我展示的平台。

【住宅装饰装修质量保证金制度启动】 2014年11月12日，江阴市装饰装修行业协会在市工商局三楼会议室举行住宅装饰装修工程质量保证金启动仪式。南国之风装饰装潢有限公司和李进装饰设计工程有限公司在启动仪式中率先交纳住宅装饰装修工程质量保证金。是年，江阴市从事家庭装饰装修服务的企业逾500个，针对一些家庭装饰装修公司偷工减料、以次充好等损害消费者利益行为和恶性竞争的情况，江阴市装饰装修行业协会为提振诚信企业市场信誉价值，在江阴市消费者委员会的支持下到各会员企业征求整治意见，广泛宣讲，继《江阴市装饰装修行业自律公约》《江阴市房屋装饰装修工程施工合同》《江阴市住宅装饰装修工程人工费指导价》和《江阴市住宅装饰设计人员聘用与行为规范》等行业自律规定出台之后，在会员企业中先行施行家装质量保证金制度，并明确各项相关规定。住宅装饰装修质量保证金额度为每个企业10万元，由企业自愿向协会进行缴纳，同时签订委托协会进行住宅装饰装修质量理赔的协议。协议明确：一旦发生由施工企业为质量问题主要责任方、且双方协商达不成一致的情况下，由协会动用保证金予以先行赔付。住宅装饰装修质量保证金制度的启动，将积极引导并推动全市装饰装修行业的健康有序发展，进一步规范装饰市场，为切实提高住宅装饰装修工程质量和管理水平、建立诚信经营的市场氛围提供支撑。

（沈敏能）

■类目编辑　胡雯雯

综 述

【概况】 2014年，江阴市金融机构紧紧围绕市委、市政府加快现代化建设的总目标，进一步细化金融服务，深化金融创新，强化金融监管，优化金融环境，取得较好的成效。至年末，全市有银行机构25个，其中新增2个，各项存款余额2942.15亿元，比年初增加216.42亿元，比上年增长7.94%；各项贷款余额2357.37亿元，比年初增加200.21亿元，比上年增长9.28%。全市拥有保险分支机构39个，其中财产险机构22个、人身险机构17个。全年保费收入44.35亿元，比上年增长5.08%；赔(给)付支出13.72亿元，比上年下降11.88%。全市小额贷款公司18个，新增2个，贷款余额35.28亿元。融资性担保公司4个，担保总余额29.65亿元。典当公司15个，其中12个典当公司典当余额2.75亿元。证券营业部17个，其中11个证券营业部开户总数186185户，托管总市值542.17亿元。期货营业部3个，开户总数399户，年交易额484.04亿元。

【加大信贷投放】 2014年2月，江阴市政府面对全年流动性资金紧缩的大背景，召开全市银行机构信贷推进会，由各个银行汇报全年信贷投放计划，推动银行机构加大信贷投放力度。在全市金融工作会议上，市政府向22个银行下发年度目标责任书，全年力争新增表内外融资585亿元。会上，40个中小企业和20个银行签订新增授信额度13.7亿元。3月，召开江阴—无锡金融工作恳谈会，向无锡市工商银行江阴支行、农业银行江阴市支行、中国银行江阴支行、建设银行江阴支行、交通银行江阴支行、江苏银行江阴支行5个银行通报江阴经济金融情况，全力争取无锡层面支持。8月，召开全市金融工作座谈会，市领导对全市金融工作作重要指示，要求全市金融机构克服年初信贷投放不足的困难，全力以赴完成全年任务。

【完善金融体系】 2014年年初，先后有江阴市兴建农村小额贷款有限公司、江阴市融汇农村小额贷款有限公司开业，注册资本2.5亿元。有东吴证券江阴营业部等6个公司开业，为全市企业和个人提供证券交易、理财咨询、市值管理等服务。推进中小企业互助资金平台建设，设立周庄、华士、祝塘3个镇中小企业互助资金平台，其中周庄为26个中小企业提供135笔转贷资金，计6.6亿元；华士为25个中小企业提供106笔转贷资金，计5.85亿元。设立江阴市企业转贷应急资金4亿元，为2个企业提供37笔转贷资金，计15.3亿元。

【加强金融监管】 2014年，江阴市政府、市金融办妥善处置江阴市丰源农村小额贷款有限公司、江苏安信典当有限公司、江阴市富民担保有限公司等金融组织风险。每季度举行银行行长例会和小额贷款公司例会，通报当前经济金融形势，剖析问题、交流心得。每月编制全市金融业内部交流的金融运行情况分析和金融工作简报，及时反映全市金融动态，促进金融业信息交流。规范整顿民间借贷市场，坚决查处金融从业人员利用职务之便参与民间高利借贷等违纪、违规和违法问题，提升金融从业人员素质，树立良好金融形象。

【处置金融风险】 2013年以来，江阴市相继出现部分中小企业的经济金融风险，这些企业不仅亏损严重、无法正常生产经营，且贷款额度较大、涉及银行较多，对职工和社会稳定、其他互保企业的信贷安全、全市经济金融环境都产生一定的影响。市委、市政府及时采取各种措施主动应对，要求相关银行同进同退，出险企业主动担当，属地政府和有关部门全力协调配合。至2014年年末，上述企业的处置按照有关工作方案实施，局面基本控制，没有发生系统性和区域性风险。 (黄凯来)

银 行

【概况】 2014年，江阴市银行业面对复杂严峻的国内外经济形势，贯彻执行稳中求进的宏观经济政策，围绕地方经济社会发展目标，加强信贷政策和产业政策的协调配合，提升金融服务质量，防范和化解金融风险，保持全市经济金融总体运行平稳。是年，银行业运行特点：存款稳步增长。全年全市各项存款余额2942.15亿元，比上年增长7.94%，其中对公存款1966.67亿元，比上年增长8.19%；储蓄存款975.48亿元，比上年增长7.45%。贷款增势好于上年。全年全市银行机构各项贷款余额2357.37亿元，比上年增长9.28%，新增贷款占无锡地区贷款的43%，贷款规模继续保持全省第一。表外业务多元化。直接融资规模再创新高，年末江阴直接债务融资余额301.9亿元，比上年增长37.85%，占无锡地区总量的44.1%；积极推进资产证券化进程，全年江阴辖区银行机构参与其总行资产证券化产品9.37亿元，入池贷款12笔，另外江阴农商银行9.9亿元资产证券化产品通过银监会审批。银行资产质量下降压力增大。年末全市不良贷款余额38亿元，不良贷款率1.61%，比上年提高0.12个百分点，有效信贷需求仍显不足，不良贷款双升压力不容忽视。

2014年江阴市银行机构存款情况一览

表37

类别 / 单位	人民币存款		其中				外币存款	
			对公存款		居民储蓄存款			
	年末余额（亿元）	比上年增减（%）	年末余额（亿元）	比上年增减（%）	年末余额（亿元）	比上年增减（%）	年末余额（亿美元）	比上年增减（%）
人民银行江阴市支行	62.56	149.94	—	—	—	—	—	—
农发银行江阴市支行	6.81	13.50	—	—	—	—	—	—
工商银行江阴支行	266.65	8.10	187.20	5.84	79.45	13.84	0.85	14.86
农业银行江阴市支行	437.74	-1.83	196.17	-7.58	241.57	3.40	3.36	-33.07
中国银行江阴支行	222.31	7.71	146.66	12.42	75.65	-0.37	2.25	5.14
建设银行江阴支行	209.25	-5.01	120.91	-9.47	88.34	1.87	8.07	32.73
交通银行江阴支行	185.77	8.01	152.42	7.57	33.35	10.07	1.06	-20.30
浦发银行江阴支行	210.44	7.30	183.90	9.99	26.54	-8.26	1.76	17.33
招商银行江阴支行	81.67	7.76	68.50	5.43	13.17	21.72	0.09	-83.93
中信银行江阴支行	47.88	17.81	41.97	21.86	5.91	-4.68	1.01	6.32
华夏银行江阴支行	35.83	41.45	32.21	46.94	3.62	6.16	0.03	50
兴业银行江阴支行	39.25	-11.20	29.85	-16.22	9.40	9.68	0.03	200
南京银行江阴支行	47.67	-9.56	41.90	-12.69	5.77	22.25	0.71	7000
光大银行江阴支行	40.11	18.32	32.09	15.68	8.02	30.19	0.40	233.33
民生银行江阴支行	93.16	20.02	80.15	19.72	13.01	21.93	—	—
浙商银行江阴支行	5.80	-24.68	5.68	-25.46	0.12	50.00	—	—
平安银行江阴支行	5.99	—	5.78	—	0.21	—	—	—
南洋银行江阴支行	3.35	77.25	2.92	74.85	0.43	95.45	0.15	275
宁波银行江阴支行	24.15	161.65	21.95	152.01	2.20	323.08	0.25	—
江苏银行江阴支行	87.96	6.13	80.70	6.86	7.26	-1.36	0.33	83.33
江苏江阴农商银行	580.07	8.66	292.95	5.20	287.12	12.44	0.72	-11.11
无锡农商银行江阴支行	6.15	20400	5.68	—	0.47	1466.67	—	—
江阴浦发村镇银行	12.54	-5.14	10.40	-7.39	2.14	7.54	—	—
汇丰银行江阴支行	2.34	—	2.34	—	—	—	—	—
邮储银行江阴市支行	71.70	11.13	4.59	106.76	67.11	7.74	—	—

2014年江阴市银行机构贷款情况一览

表38

单位 \ 类别	人民币贷款		外币贷款	
	年末余额（亿元）	比上年增减（%）	年末余额（亿美元）	比上年增减（%）
人民银行江阴市支行	—	—	—	—
农发银行江阴市支行	23.83	-12.13	—	—
工商银行江阴支行	282.73	7.81	5.19	7.68
农业银行江阴市支行	271.93	-6.01	2.74	-25.95
中国银行江阴支行	190.85	3.29	5.22	-13.72
建设银行江阴支行	227.58	14.52	6.67	-9.25
交通银行江阴支行	186.61	24.99	1.48	221.74
浦发银行江阴支行	172.60	1.36	1.79	-19.37
招商银行江阴支行	63.57	13.86	0.34	-56.96
中信银行江阴支行	26.50	-0.15	0.96	20.00
华夏银行江阴支行	22.88	23.54	0.07	-66.67
兴业银行江阴支行	26.45	12.12	0.13	85.71
南京银行江阴支行	25.94	14.07	0.12	71.43
光大银行江阴支行	49.63	26.51	0.42	200.00
民生银行江阴支行	49.92	47.08	—	—
浙商银行江阴支行	—	—	—	—
平安银行江阴支行	—	—	—	—
南洋银行江阴支行	7.63	370.99	0.01	—
宁波银行江阴支行	9.18	1312.31	0.22	—
江苏银行江阴支行	68.97	4.11	0.34	-54.05
江苏江阴农商银行	420.64	8.42	0.22	-48.84
无锡农商行江阴支行	34.07	—	—	—
江阴浦发村镇银行	12.24	4.08	—	—
汇丰银行江阴支行	1.21		0.10	—
邮储银行江阴市支行	8.51	43.75	—	—

【中国人民银行江阴市支行】 2014年，支行有职工45人，内设办公室、国库会计部、货币信贷与征信部、货币发行部、外汇管理部、纪检监察审计室6个部室。全年贯彻执行稳健货币政策，深入开展党的群众路线教育实践活动，围绕年度工作思路，创新金融服务，提升管理水平，维护金融稳定，保持全市金融平稳有序运行。

执行稳健货币政策。加强货币政策宣传，定期组织召开经济金融形势分析会、银企座谈会，组织专题调研活动，及时宣传和解读金融领域重大政策，推进经济金融协调互动。增强民生金融支持力度，创新推出“青年创业者联盟”项目，组织青年创业大赛，向获奖项目发放优惠贷款600万元，同时把80项参赛项目纳入银行的后续支持名录，有效激发青年创业热情，该项目受到江阴市政府的高度重视；优化农村青年信用示范户结构管理，引导银行机构向示范户发放贷款8.85亿元。拓宽融资渠道，做大做强直接债务融资规模，积极推进资产证券化进程；推动应收账款服务平台的应用，成功通过平台办理江苏省内首笔应收账款质押融资业务，平台业务量在无锡地区保持领先地位；推进央行票据通业务的开展，年内办理央行票据通业务18.2亿元，惠及30个中小企业，有效缓解中小微企业融资压力。增强金融支持“三农”力度，推动辖内4个涉农银行向农业龙头企业、家庭农场、农民专业合作社、种养大户共62户新增贷款3.74亿元；推动江阴浦发村镇银行成功办理专业合作社首笔期限3年、金额450万元的林权抵押贷款。

维护金融生态环境。做好重大事项报告和处置工作，密切关注企业出险后的处置进程，协助政府部门做好出险企业的处置工作；做好存款保险制度的政策传导、舆情监测和风险防控工作；推动江阴市政府出台《关于进一步加强经济金融风险防范和处置工作意见》《关于开展工业企业“健康体检”工作的意见》《江阴市企业转贷应急资金管理办法》3个政策文件，为防范和处置金融风险提供政策保障。深化平安金融创建，联合市公安部门在全市银行系统开展防范电信网络诈骗宣传月活动。加快信用体系建设，配合政府部门开通“诚信江阴”网站，使江阴成为全省首个网上公布企业失信信息的地区；对失信企业实行差别化信贷管理，人民银行江阴市支行与市政府8个部门联合出台《开展信用认定实行信贷分类管理实施细则》，将失信企业分为“黄、红、黑”三类，并按照分类对失信企业实行不予新增、压缩存量和到期收回的差别化信贷管理，引导企业诚信经营，促进银行信贷质量的提高。

严格金融监督管理。组织对商业银行2014年度执行人民银行政策情况进行综合评价，首次给予因漏报重大事项2次以上的4个银行“C”类等级，并将综合评价结果通报到其上级行，督促落实整改，有效提高各行对综合评价的重视程度。规范新设银行业机构金融管理与服务，年内办理7个新设机构的开业准入，并对2013年新设机构进行回访。提升综合执法检查力度，对辖内3个银行业金融机构开展综合执法检查，进一步规范银行机构运营秩序。开展打击虚假转口贸易专项行动，并在全省首先取得专项行动成果，查处虚假转口贸易案件2件，收缴罚款29万元，得到上级行的充分肯定。

优化金融服务功能。推进农村金融综合服务站建设，累计完成建站65个，服务站点全年发生业务3.09万笔，金额1759万元；举办讲座183次，宣传受众人数7492人次，进一步改善农村金融服务环境。深入开展金融消费权益保护工作，新建金融消费教育社区学校13所，累计30所，组织“星级宣教员”和“精品课程”评选，强化学校日常管理，有效提升宣教队伍素质和宣教效果。深化人民币流通满意工程，搭建人民银行与商业银行、商业银行与基层网点，基层网点与客户群体三级微信平台，开通零辅币兑换预约、残损人民币兑换咨询，人民币反假知识宣传等服务功能，实现快捷高效的互动新模式；增设“反假一堂课、幸福千万家”校园课堂，在全市33所学校设立宣教课堂，受教育学生2万多人，反假效应有力递增，此项活动得到人民银行总、分行的高度关注。强化国库会计基础服务，全年入库全口径预算收入569.16亿元，其中公共预算收入200.66亿元，首次突破200亿元；做好账户管理工作，办理各类核准类账户7960户，其中变更3004户，撤销2175户；组织开展支付结算宣传月活动，引导广大居民使用非现金结算工具。

推进外汇改革试点。跨国公司外汇资金集中运营试点政策先行落地，江阴扬子江船厂、海润科技股份有限公司2个民营企业获准开办此项业务，江苏省内仅有苏州市和无锡市共5个企业获批开展此项业务；2个试点企业全年境内归集资金3.96亿美元，办理对外放款业务3.95亿美元，通道业务量位居全省第一。跨国公司跨境双向人民币资金池业务试点12月获批，江阴扬子江船厂顺利办理全省首笔跨境双向人民币资金池业务50万元。外汇政策试点的成功落地，有效解决企业境外融资问题，打通企业集团境内外人民币的资金通道，降低企业财务成本。　（赵曙英）

【中国银行业监督管理委员会无锡监管分局江阴办事处】 2014年，无锡银监分局江阴监管办事处有员工4人。年内，江阴办事处全面推进案件风险防控工作，协助无锡银监分局部署辖内银行开展财政账户风险排查、员工涉及社会融资行为排查、涉及非法集资广告排查3项专项自查。配合无锡银监分局不定期开展飞行检查，检查辖内4个银行6个网点，检查中发现的问题，责成银行对相关人员进行内部处罚。开展针对新政策、新制度、新业务的“三新”知识竞赛活动，比赛全过程在无锡电视台播出，提升银行员工案防工作意识。强化普惠金融建设，根据无锡银监分局下发的《关于加强农村中小金融机构服务体系建设的通知》，指导江阴银行机构科学调整机构发展规划，构建多层次服务网络。下发《关于辖内农村商业银行转型发展的指导意见》，指导制订符合自身实际的战略转型规划。印发《关于规范村镇银行健康发展指导意见》，督促强化风险管控、严守监管底线，加强资本管理。建立健全消费者权益保护长效机制，在全省率先开发信访投诉平台系统，实现信访投诉事项受理、分办、调查、反馈等全流程的系统化控制。进一步规范信访投诉受理、调查和答复流程，完善突发投诉处理应急预案。年内，江阴监管办事处受理咨询投诉5件，均圆满解决。按照无锡银监分局出台的全国首个银行基层营业网点公共服务规范服务地方标准，江阴银监办督促辖内银行机构落实好。制定《关于小微企业金融服务工作的实施意见》，从工作目标、专营机构建设、差异化监管政策等方面提出更高要求。开展小微企业金融服务工作宣传月。辖内新设立社区银行1个、小微专业支行2个。召开小微企业金融工作座谈会和政策落地推进会，专题部署银行落实上级精神，优化转贷模式，提升服务水平。江苏三房巷集团有限公司获省内唯一新设财务公司的指标。积极引进新的银行业金融机构，汇丰银行江阴支行、平安银行江阴支行于年内开业，引导银行金融机构合理调整营业网点布局。通过监管走访、召开行长联席会议、监管例会等，及时传达监管政策要求，指导银行守住风险底线，防范各类风险，努力提升金融服务水平。维护辖内经济金融稳定，加强与市政府办、金融办等政府相关部门的联系与沟通，参与信贷企业风险协调会，及时掌握风险企业状况，推动风险处置工作较好开展，先后参加无锡市兆顺不锈中板有限公司、江苏新锦澄钢铁集团、江阴市双达钢业有限公司、江阴华诺机械法兰有限公司和江阴市西城钢铁有限公司企业信贷风险处置协调会。针对经济金融的严峻

2014 年 10 月 21 日，平安银行江阴支行开业

（平安银行江阴支行办公室提供）

形势，重点关注银行信贷风险状况和对实体经济的支持情况，通过日常监管走访，向分局反映银行的不良影响和问题，以及农业银行江阴市支行创新金融服务支持外贸企业发展等情况。同时会同江苏监管局对辖内江苏海润光伏科技有限公司等实体企业进行调研，反映光伏企业复苏回暖情况以及面临的一些困难，此调研报告被上级部门录用。推进银行业做好安全保卫工作，按照中国银监会与公安部要求精神，会同市公安局对辖内银行业金融机构进行安全大检查，对存在的问题督促其整改，确保银行运行安全无事故。及时转发文件，主动督促，推动银行业防范和打击电信诈骗活动的开展，收到良好的成效。

年末，全市银行业金融机构网点数 268 个，比年初增加 5 个；从业人员 4714 人，比年初增加 70 人，在编人员 4311 人，比年初增加 328 人；存款余额 2942.15 亿元，比年初增加 216.42 亿元，比上年增长 7.94%；贷款余额 2357.37 亿元，比年初增加 200.21 亿元，比上年增长 9.28%；不良贷款余额 38 亿元，比上年增加 6 亿元，不良贷款率 1.61%，比上年提高 0.12 个百分点；全年实现账面利润 55.17 亿元。（金仁明）

【中国农业发展银行江阴市支行】 2014 年，支行有在编员工 19 人。内设办公室、信贷部、会计出纳部 3 个部室。该行贯彻落实“稳中求进、进中求优”的经营管理方针，聚精会神抓发展，凝心合力强管理，存款、国际结算、保险代理等业务指标创历史新高，继续保持无案件、无事故、无不良贷款、无垫款、无欠息、无结算差错，保证人员和资产“两个安全”，连续第 8 年被江苏省分行评为“精品行”。

政策性业务保持稳定。全年发放县级储备粮贷款 17067 万元，支持承储企业轮入稻谷 3724.42 万公斤，小麦 1837.2 万公斤；严格执行异地库存监管要求，对 7 万吨国储棉、8.3 万吨中储粮、1.2 万吨托市粮落实专人管户和定期查库。根据上级行统一部署，于 7 月末核销粮食企业附营业务停息挂账占用贷款 2628.1 万元。

商业性业务逆势增长。对存量客户增加中期流动资金贷款 5000 万元，对营销准入的新客户发放农业科技贷款 4500 万元，实现商业性信贷业务的逆势增长。

年末，支行企事业单位存款日均余额 78572 万元，比年初增加 9590 万元，比上年增长 13.90%，时点存款 70470 万元，比年初增加 8136 万元，比上年增长 13.05%；贷款日均余额 265887 万元，比年初增加 8098 万元，比上年增长 3.14%，时点贷款 238301 万元，比年初减少 32885 万元，比上年下降 12.12%；完成国际结算业务量 5543 万美元，比上年增加 1947 万美元；实现账面利润 6188 万元，比上年增加 72 万元。

（郁聪慧）

【中国工商银行股份有限公司江阴支行】 2014 年，支行有员工 423 人，其中在编人员 360 人，劳务派遣工 40 人，代理用工 23 人。内设办公室、业务管理科、信贷管理科、公司业务科、个人金融业务科 4 科 1 室及个人贷款、国际业务 2 个营销中心。下辖 1 个营业部和 24 个二级支行、1 个储蓄所、92 台自动柜员机。是年，支行面对经济形势持续低迷，企业经济效益不断下降的情况，全体员工凝心聚力、攻坚克难，取得成效。坚持以支持地方经济发展为己任，履行工商银行的社会责任，全力支持江阴经济建设。年内，支行被评为无锡市单位内部治安保卫工作先进集体、无锡市诚信单位，江阴市重点骨干企业。

拓展业务。持续推进“村主任工程”营销活动，针对每个村委量身定制不同的营销目标，深入企业营销，现场开卡、代发工资宣传，实打实地为企业提供金融服务。营销批量攻关项目和代发工资业务。与海澜集团有限公司开展核心供应链业务，全年发放员工卡 26749 张，加盟商卡 2055 张，代发工资笔数 372291 笔，资金归集笔数 321050 笔，金额 19.15 亿元。拓展专业类市场客户，重点是商品交易市场、消费类市场和农村市场。

信贷业务发展。支行面对信贷规模趋紧，外部风险明显增多的情况，坚持市场拓展与结构调整并重，加大对信贷结构调整优化，推动信贷业务的转型发展。加强项目贷款营销和储备。主动从市经信委、上市办等渠道和企业途径捕捉企业固定资产投入信息，加强项目建设的跟踪营销。加强供应链融资市场营销。组织开展优质大型企业及其供应链上的紧密型合作企业，巩固和扩大优质中、小企业客户基础群体，积极推广新产品。成功营销江阴海澜之家供应链管理有限公司、江阴海达科技集团有限公司等核心客户。加强银政银企合作。全力拓展开发区平台及区内企业的营销。

国际业务发展。以外币现汇贷款方式承接到期产品。全年支行外币表内融资余额51891万美元，比年初增加3643万美元，在四大银行中增幅第一。大力发展跨境人民币业务。通过人民币风险参贷业务、开立跨境人民币信用证、引进跨境人民币资本金、汇兑通业务等方式，大力发展跨境人民币业务。加大创新业务力度，运用境内外汇率差，结售汇点差，境外美元与人民币贷款的利差办理结构性风险参贷业务，为客户节约成本。网银结汇业务继续保持良好的增长态势，涉及50多个企业，为结售汇业务的企业提供方便。

内控案防平稳。坚持高标定位，把"零案件，零重大事故，零重大负面舆情"作为内控案防的工作目标。结合案防形势新特点，全面开展重点领域案件和风险事件专项治理活动，遏制重大案件发生。围绕员工行为规范教育活动，组织全辖网点深入开展"三控三禁"（严控基层机构负责人履职风险、客户经理岗位风险、临柜人员操作风险，严禁员工违规代客理财、员工参与社会融资、员工采用假手续假调查假背景的虚假资料办理业务）、业务运营"屡查屡犯"风险事件专项治理活动、"无差错、无违规"活动。强化现场管理，加强业务培训，提升值班经理履职能力，全面提高基层网点的内控案防能力。抓好平安银行建设，规范日常检查制度，完善各类应急处置预案，加强营业网点，自动柜员机、金库等重点部位的安全管理，防诈骗、防抢、防盗、防火，营造平稳有序的发展环境。

年末，本外币各项存款余额271.9亿元，比年初增加20.76亿元，比上年增长8.27%；本外币各项贷款余额314.92亿元，比年初增加23.42亿元；实现中间业务收入3.99亿元，比年初减少1905.85万元；完成国际结算业务量55.84亿美元，比上年下降15.4%；实现拨备前利润8.48亿元。（杨　瑾）

【中国农业银行股份有限公司江阴市支行】 2014年，支行有在岗职工713人。内设公司业务部、国际业务部、个人金融部、信用卡与电子银行部、财会运营部、风险与信贷管理部、综合管理部、人力资源部、网点管理部9个部室，下辖营业部、要塞、周庄、华士、新桥等36个二级支行，花园路、文定、城西3个挂靠网点，73个自助银行共配备448台自助设备，设立"惠农通"服务点226个，村级农村金融综合服务站20个。是年，支行面对宏观环境复杂多变、经济下行压力较大的严峻形势，认真贯彻落实省、市分行工作会议精神，牢牢把握"稳中求进、改革创新"的工作总基调，突出打基础、利长远，加强客户、队伍两大基础建设，扎实做好"稳增长、调结构、促转型、控风险"等各项工作，保证各项业务平安、平稳发展。年内，支行被评为无锡市青年创业融资扶持工作十佳金融集体，支行财会运营部被评为总行级运营基础管理先进单位；华西支行夏晓平被评为第四届中国农业银行劳动模范。

创新业务有序推进。支行在产品的用新创新上始终先行先试，走在无锡市乃至江苏省农行系统前列。年内取得期初不交换本金的货币掉期交易、网银进口开证业务、与悉尼分行合作办理海外代付业务、美元看涨价差期权购汇组合四项业务的全国农行首单；办理应收账款池融资业务、与悉尼分行合作的跨境参融通业务、与纽约分行合作内保外贷业务、美元看涨价差期权、比率远期购汇、跨境双向人民币资金池六项业务的全省农行首单；通过中征应收账款融资服务平台，投放全省首笔中小企业应收账款质押贷款等。丰富多样的创新业务在帮助企业拓宽融资渠道，降低融资成本的同时，赢得客户的高度认可，扩大支行的品牌影响力。

服务"三农"普惠金融。为更好地解决农民"取现难、结算难、缴费难、投诉难"等问题，落实国家"强农、惠农、利农、便农"政策，支行选择20个"惠农通"服务点升级为村级农村金融综合服务站。是年，20个服务站共实现助农取款7493笔，取款金额305万元；完成水电等公用事业费缴纳笔数2205笔，金额49万元；零币兑换7607笔，金额106万元；残破币兑换3780笔，金额16万元。除此之外，支行还定期走进服务站普及金融知识，全年举办金融知识及防诈骗宣传讲座78次，为26.5万名农民群众提供便捷金融服务。

堵截诈骗严控风险。支行立足源头把控，加强检查《一级支行、营业网点诈骗案件防控工作规范》的落实情况，提高大堂、柜面一线人员识别、防控外部诈骗的能力。全年柜面堵截电信诈骗36笔，金额逾24万元，堵截假身份证办理业务8笔，堵截冒名挂失3笔，堵截使用可擦笔填写结算凭证1笔，收缴假币258115元。支行营业部大堂经理耿丽萍等5名员工被江阴市公安局、市见义勇为基金会评为阻止电信诈骗先进个人。

农业银行江阴市支行复建活动。为迎接农业银行江阴市支行复建35周年，促进支行进一步加强优质、诚信服务，支行从2014年9月起，在全市范围开展"与农行相伴的故事"征文活动。至年末共收到农行客户和员工撰写的故事43个，支行择优在《江阴日报》上发表征文35篇。

年末，支行本外币各项存款余额458.31亿元，市场份额16.01%，位列江阴同业第二，其中本外币储蓄存款余额241.87亿元，比上年增长3.4%，总量、增量市场份额分别为24.8%和11.3%；本外币各项贷款余额288.72亿元，市场份额12.24%；完成国际结算业务量86.5亿美元，比上年增长24.2%；实现中间业务收入4.4亿元，比上年增长7.9%；实现拨备前利润12.6亿元，比上年增长6.2%。（吴芝琼）

【中国银行股份有限公司江阴支行】 2014年，支行有职工522人。内设综合管理部、业务管理部、风险管理部、公司业务部、国际结算部、个人金融部、监察部、营业部8个部门，下辖16个乡镇网点、8个城区网点。是年，支行围绕"稳中求进、深化转型、创新争先"的工作定位，创新模式、优化结构、完善机制，着力提升软实力、核心竞争力、可持续发展力，重点加强风险管控，严守合规底线，业务发展基础和市场地位得到进一步夯实，全年重点工作取得持续推进。年内,支行被评为无锡市2014年度全市单位内部治安保卫工作先进集体,江阴市2014年度百强明星企业、重点骨干企业、"万人评议机关"先进单位;支行行长何晓明被评为2014年江阴市优秀企业家。

跨境业务保持优势。支行克服区域经济环境持续低迷、外部监管不断趋紧的不利因素,加强传统产品的客户覆盖率,狠抓国际结算客户拓展和产品组合创新,当地市场份额持续提升,年末外管口径国际结算市场份额33.27%,比年初提高2.53个百分点,其中出口业务市场份额比年初提高2.79个百分点。完成跨境人民币业务量203.25亿元,其中融资项下117.42亿元,转口项下55.99亿元,经常项下与直投项下29.84亿元,无锡分行贡献率38.89%,排名列分行辖内第一。

持续开展产品创新。支行在产品创新上不断取得新突破,叙做总行首笔财务支持保函,省行首笔代理同业外币通业务、"存汇宝"业务、卖出人民币期权业务、人民币汇出汇款融资业务;分行首笔票保通业务、人民币协议付款结合"存汇宝"业务,以及3亿元临港经济开发区投融通项目、扬子江外币跨境现金池项目、嘉盛新材料500万美元内存外贷项目、江苏海澜之家供应链管理有限公司3亿元并购贷款、江阴长电集团7.8亿元跨境并购,同业业务量突破100亿元,在提升支行效益的同时,也为全辖业务拓展作出表率。

清收工作取得成效。支行注重现金清收,拓宽清收渠道,尝试单户资产处置转让以及打包转让方式,对存在和潜在的不良资产及时化解,提升清收工作的针对性和有效性,最大限度提高不良资产回收率。加强不良项目分层管理和全过程督促跟踪,成立清收保全团队,提升对高风险资产的处置与执行力,加大不良资产清收力度。至年末,支行清收对公不良资产额30830万元,其中现金清收1393万元;资产打包转让17283万元;核销不良资产12154万元,完成支行存量公司类不良资产清收化解目标的100%;清收个金存量不良资产1053万元,完成存量个金不良资产清收化解目标的104.66%。

履行社会责任。支行注重企业社会责任,与社会各界一起推广国学精神,联合江阴市教育局、江阴广电集团共同主办2014年"一战到底"中小学生国学经典知识竞赛。该活动以其知识性、创新性受到市民的广泛关注,江阴电视台"江阴新闻"进行新闻报道,江阴电视台"生活百事通""第一房产报道"栏目以及大澄网、无线江阴手机客户端进行专题采访报道,并开通官方微信微博,同步发布活动报名信息及情况。活动在云亭街道、周庄镇、顾山镇、南闸街道、长泾镇、祝塘镇、华士镇、青阳镇、申港社区、澄江街道等地设置宣传点,进一步提高支行在当地的品牌认知度和影响力,更好地服务社会,履行"担当社会责任、做最好银行"的使命。

年末,支行各项存款余额236.11亿元,市场份额比上年增长0.08%;各项贷款余额222.8亿元;实现账面利润3.73亿元;完成国际结算业务量93.01亿美元;实现中间业务收入32509万元,在分行辖内贡献度为24.91%。 (钱 敏)

【中国建设银行股份有限公司江阴支行】 2014年,支行有职工455人。内设综合办公室、财务会计部、公司业务部、小企业业务部、个人金融部、风险管理部、国际业务部、住房金融与个人信贷部8个部门,下辖1个综合型支行,28个二级支行和1个分理处。是年,支行紧紧围绕"强基、化险、创新、创业"八字纲领开展工作,以建设银行战略愿景和经营理念为指导,围绕关键业绩指标和综合经营计划,以客户为中心、市场为导向,加快业务调整和转型,努力提高竞争能力、赢利能力和市场份额,为江阴经济建设做贡献。

加强对江阴经济建设扶持。通过加大项目储备工作,严格贯彻无锡分行提出的推进措施,优化和调整江阴支行的贷款结构。是年,支行积极促成江阴普惠银团贷款合拢资金10.5亿元,投放江阴高新区4.5亿元、临港经济开发区4亿元贷款,完成审批公有资产股权投资4亿元、璜土城乡一体化建设投资1.5亿元,上报省行新沟河改造4亿元固定资产贷款。全年通过国税地税代扣税、海关银关通、工商局工商验资通3个平台搭建,为支行提供基础支持,加强支行与政府机构的合作和沟通,从源头把握客户营销,使支行各项贷款业务发展迅速。全年新增贷款余额继续名列四大银行第一。

完善职能部门和网点建设。支行完善服务体系,从职能部门建设、网点布局、渠道铺设上进一步优化工作和服务网络。是年,完成对办公室、人力资源部和安全保卫部门的整合,精简后勤服务机构,将人力资源、财务资源向一线部门倾斜,推动支行发展。重新设立小企业业务部、公司业务部和风险管理部。将原业务管理部职能细化,进一步扩充业务营销人员和提高团队服务专业性。网点优化工作持续推进,新设山观支行,原兴国支行搬迁更名为陆桥支行,华士支行、申港支行、夏港支行完成网点搬迁。

严防经营风险。支行反思2013年以来的风险事件,对典型案例组织座谈会讨论,形成《关于加强风险管理的通知》,总结38条经验教训,并组织网点负责人和公司客户经理集中学习讨论。实行项目客户准入集体决定机制,对新营销的客户集体会商,客户经理、风险经理、会商小组成员充分发表意见,防止一言堂现象,对风险的把控起到积极作用。是年,支行不良贷款率0.96%,完成资产质量控制任务,较好地控制经济下行期风险的爆发。

年末,支行本外币一般性存款259.3亿元,比年初增加2.26亿元;各项贷款余额268.9亿元,比年初增加25.8亿元;实现中间业务收入2.51万元,比上年略有下降;实现账面利润6.76亿元,比上年增加2900万元。 (林 俊)

【交通银行股份有限公司江阴支行】 2014年,支行有职工213人。内设办公室、信贷部、个金部、公司部、风险管理部、国际部、会计部7个部室,下辖1个营业部和华西、临港、城东、城西、高新区、百花园、花园7个二级支行。是年,支行面对复杂的经济金融形势,紧紧围绕"改革创新、转型发展”主题和“抓存款、稳利润、控风险”主线，秉持“团结、务实、创新，做受人尊重的银行”经营理念，凝心聚智，开拓进取，主体业务更好发展，网点布局逐趋合理，队伍建设稳步推进，企业形象持续提升。年内，所辖华西支行以无锡市同业第一名的成绩获评全国千佳网点；支行被交通银行无锡分行评为先进党总支和先进集体，被江阴市政府评为文明单位和“三服务”先进单位；获2014年度江阴市金融统计考核评比一等奖。

转变盈利结构。支行面对银行传统业务发展的瓶颈，利率市场化，存贷息差收窄等现状，全年在转型发展上重视国际业务引领发展的作用，实现国际结算业务量74.12亿美元，完成外汇中间业务收入6467.77万元；在投行、托管、租赁、信托等方面寻求突破，江阴城投——太平资产管理公司30亿元的保险债权计划成功完成，实现银政双赢；加大对零售板块的拓展力度，通过厅柜营销、财富管理进社区、私人银行客户的专享体验和专家问诊、时尚生活季等活动，得到良好的效果和好评。

合理布局网点。随着江阴城市规模的不断扩大，功能的外延，支行的网点布局也随之调整。年内，原朝阳支行完成搬迁并更名为江阴高新区支行。花园支行和城东支行移址搬迁，并更名为要塞支行、周庄支行。对城南支行和紫金支行2个普惠型银行进行装修。新投入运营自助银行4个，单机网点5个。

年末，支行本外币存款年日均余额194.79亿元，比年初增加14.06亿元，比上年增长7.78%；全行表内及表外资产余额416.4亿元，比年初增加129.4亿元，比上年增长45.11%；完成中间业务收入13440万元，比上年增加204万元；实现账面利润61734万元，比年初增加6019万元，比上年增长10.87%。　（薛德兴）

【上海浦东发展银行江阴支行】 2014年，支行有职工241人。内设办公室、合规部、资金财务部、授信审查部、风险管理部、公司业务管理部、贸易与现金管理部、零售业务管理部、运营管理部、信息科技部、票据业务中心、小企业金融服务中心、公司金融一部、公司金融二部、市场开发部15个部室，下辖营业部和朝阳路、人民路、虹桥路、澄东、澄西、开发区、周庄小微支行7个支行。是年，支行加快发展步伐，抢抓转型突破，提升服务质量，实现业务规模稳定增长，转型业务快速突破，营业收入有效增加，内控管理卓有成效的良好局面。开展青年人才培养“雏鹰计划”，加大对青年骨干的培养力度，建立青年员工见习制度，聘任青年业务骨干担任见习职务。加强技能培训，在浦发银行南京分行、无锡银行业协会和人民银行江阴市支行组织的业务技能比赛中，均获团体第一的成绩。年内，支行被浦发银行总行评为20强二级分行，被南京分行评为创新优胜集体，被人民银行无锡中心支行评为平安金融示范单位，被人民银行江阴市支行评定为A类等级银行机构。

加快转型步伐。年内通过业务转型为地方经济发展融资100多亿元。投行业务取得阶段性突破，全年承销发行债务融资工具84亿元，承销额度在浦发总行二级分行和无锡金融系统中排名第一。加快同业业务发展，建立同业业务团队，与21个银行金融机构建立业务关系。办理南京分行辖内首单“跨境兑”业务，获省外汇管理局批复，成为市首批获准参与跨国公司外汇资金运营试点银行之一。

推进机构建设。成立小企业金融服务中心，加大对小微企业服务力度。成立票据业务中心，努力为企业提供票据业务支持。加大网点建设力度，在周庄镇设立江阴市第一个小微支行，建成大统华自助银行，完成对开发区支行和澄东支行自助设备的更新，全市有自助服务设备100台，形成遍布城乡的服务网络。

拓宽渠道建设。加强电子渠道建设，着力为客户打造24小时服务的金融平台，全年新增个人电子银行40590户，比上年增长45%。成功拓展浦发总行2014年加油机上终端销售机嵌入项目一号项目。积极寻求与汽车公司、房产公司、高端商户的三方合作，实现理财产品销量额308亿元，比上年增长67%。

加强文化建设。建成江阴支行党建网，搭建企业文化宣传平台；组织员工运动会、三八妇女节才艺展、青年员工拓展训练，开展青年员工座谈会、“感恩十九载，服务进百企”行庆活动等文化活动，开展冬季长跑运动会，丰富企业文化内涵，践行社会责任。

年末，支行本外币各项存款余额251亿元，比上年增加20亿元；贷款日均187亿元，比上年增加8亿元；个人金融资产额115亿，比上年增加27亿元。多项经营指标创下历史新高，稳居南京分行之首。

（王银行）

【江苏银行股份有限公司江阴支行】 2014年，支行有职工95人，其中正式员工92人，派遣用工3人。内设营业部、业务发展部、国际业务部、业务管理部、办公室、安全保卫部6个科室，下设朝阳路、科技园、周庄、临港4个经营性支行。是年，支行面对愈加复杂的宏观形势和日益困难的经营环境，倡导并践行“市场观、标杆观、效益观、周期观、团队观”的价值观，坚持“特色发展、内生增长、创新驱动”的战略转型总方针，积极调整业务结构，着力强化内部管理，不断提高发展质量和市场竞争能力，各项工作稳步推进，网点服务质量显著提升。年内，支行被评为无锡市文明单位、江苏银行无锡分行先进支行、江苏银行无锡分行员工业务技能竞赛团体第一名、江阴市服务地方先进单位、江阴市反假货币宣传先进单位；营业部被授予江苏省省部属企事业“工人先锋号”称号；朝阳路支行被评为2013年度无锡市银行业文明规范服务示范单位。

支持地方经济。支行坚持“服务中小企业、服务地方经济、服务城乡居民”的市场定位，不断优化信贷结构、合理调配资源，坚持优质、高效、快捷的服务要求和多方共赢的合作策略，使支行的中心工作与全市经济建设规划相契合，最大限度地支持地方经济建设。支行在加大对江阴地方支柱产业的信贷投入，积极配合政府推进政、银、企抱团合作的同时，对中小企业信贷规模进行政策性倾斜,为小微企业贷款审批建立绿色通道,对小微企业信贷需求优先保证。全年发放各类贷款74.56亿元,办理银票贴现242.31亿元。

强化内控管理。支行面对经济下行压力,进一步转变内控管理工作思路,组织开展多项目、多轮次的专项风险排查,将工作重心由事后处置向事前预防、主动出击前移。通过健全信贷风险管理体系,加大信贷资产结构调整,提高风险管理精细化水平;通过开展操作风险和员工行为专项排查等措施,使员工增强法制观念、树立风险意识、提高防控能力。至年末,支行资产质量保持良好水平。

推进服务转型。支行在进一步传承和发扬既有优势的基础上,深入开展新一轮服务提升工程,从强化服务意识、完善制度体系等方面持续推进服务转型。通过进一步改善服务环境,加强员工业务技能和服务技巧培训,开展各种文明优质服务创建活动等手段,大力提升服务水平。此外,支行不断延伸金融服务范围,深入社区、学校、企业,通过现场宣传、知识讲座等方式,向社会公众普及反假货币、反洗钱、防范电信诈骗等金融知识,受到社会一致好评。年内,支行在无锡分行组织的网点服务质量动态检查和客户满意度测评中获年度综合排名第一。

年末,支行各项存款余额90亿元,比年初增加6.05亿元,比上年增长7.2%;各项贷款余额75.43亿元,比年初增加4.67亿元,比上年增长6.6%;国际结算业务量19.16亿美元,比上年增长0.52%。

(石　蕾)

【招商银行股份有限公司江阴支行】 2014年,支行有职工103人。内设办公室、公司银行部、零售银行部、运营管理部4个部室,下辖虹桥南路支行1个分支机构。是年,支行面对愈加复杂的经济形势和日益困难的经营环境,积极推进总分行"一体两翼"战略方向,加快体制改革,扎实推进服务升级,努力实现向"轻型银行"战略转型。积极倡导"合规经营"理念,着力强化内部管理,不断提高业务质量和市场竞争能力,各项工作稳步推进,网点服务质量显著提升。年内,支行被评为无锡分行优质服务机构。

支持地方经济。支行在公司信贷产品策略方面,主导"轻型"的经营模式。重点发展现金管理、供应链金融、并购金融、跨境金融四大业务。积极采取措施防范、压降、转化不良资产,树立风控文化,建立风控制度,努力做好风险预判。扶持江阴农村经济建设,支持小微企业发展,全年发放高新农业、农户合作贷款20笔2.13亿元,小微贷款331笔39.61亿元。发放各类贷款49.2亿元,办理银票贴现94.5亿元。

强化风险管理。支行按期开展员工非法集资风险专项排查工作、党员干部廉洁从业警示活动、围绕"三重一大"(重大决策、重要人事任免、重大项目安排及大额度资金运作)、中央八项规定"开展全行廉洁风险排查活动。通过员工谈话、观看警示案例、撰写活动心得等形式,引导员工加强廉洁自律。结合"一把手行长讲合规"活动,进一步提高员工的合规意识和遵纪守法自觉性。严格员工异常行为管理,突出各项应急预案演练,确保全年各项业务安全运行。

年末,支行各项存款余额82.2亿元,比年初增加0.2亿元,比上年增长0.2%;各项贷款余额65.6亿元,与上年持平;实现中间业务收入2723万元,比上年增长32%;实现国际结算业务量8.8亿美元,比上年增长5.7%;实现利润1.3亿元,比上年下降43%。

(任　雁)

【江苏江阴农村商业银行股份有限公司】 2014年,江阴农商银行有正式职工1094人。内设办公室、人力资源部、公司业务部、小微业务部等20个科室。江阴辖内下设1个营业部、璜土等24个支行、47个分理处、304台自动柜员机,江阴辖外设立盱眙等7个支行和控股设立四川宣汉诚民等5个村镇银行、59台自动柜员机。该行全面深入推进转型发展,抓创新出成果,抓管理增效益,稳健经营全行业务,取得良好成绩。是年,该行入选中国服务业企业500强,在江阴市2014年度"万人评议机关"活动中荣获金融系统第一名。

存款规模突破600亿元。该行执行利率上浮、深化储品研发、创新宣传方式,全年储蓄增量35.58亿元,达到存款总增量的74.89%。围绕客户倍增计划,找客源、抢市场、试行公司理财,全年对公存款增加11.93亿元;新增客户4000户,增长10%。

小微贷平台创新搭建。该行以事业部制模式设立江银快贷中心,于2014年9月11日起正式对外营业,办理标准微贷业务253笔,全年发放贷款1.53亿元。成立"江阴农商银行小微企业信友联盟",试行"信友贷"业务和"循环贷"业务。至年末,小微企业贷款余额252.10亿元,比年初增加33.37亿元。

服务渠道扩容升级。新增网银功能,包括外汇网银业务批量转账、小额储蓄、电子回单等;完成超级网银验收测试,获得上线资质;升级手机银行,推出微信银行,构建互联网金融综合服务平台;打造"全民付"便民缴费平台、金融便民服务点、农村金融综合服务站,让农民享受到更多金融便捷服务。

董事会、监事会换届选举。2014年7月31日,该行临时股东大会票决产生第五届董事会、监事会。第五届董、监事会第一次会议票决选举孙伟任董事长,宋萍任监事长。第五届董事会聘任任素惠任行长,聘任陆建生任董事会秘书;行长任素惠提名聘任仲国良、卜新锋、金武、吴开、王峰5人任副行长,提名聘任钱雪任首席信息官。

普惠金融发展战略目标确立。该行第五届董事会提出要建设成为"经营理念先进、公司治理完善、管理体系有效、组织条块协同、运营流程科学、风险防控得力,立足江阴、覆盖江苏、辐射东部的践行普惠金融标杆银行",围绕普惠金融发展战略目标专门成立战略发展、商务转型、人力资源管理、流程银行建设等8个课题组进行专题研究。

品牌建设持续深入推进。该行完成近80个营业网点、自助服务区的标准化改造工程,对外形象基本得到统一展示。严格执行规范服务和现场管理标准,推行"亲和服务",

开展争创星级支行活动，推动品牌建设持续深入。总行营业部被中国银行业协会评为2014年度中国银行业文明规范服务千佳示范单位和中国银行业文明规范服务五星级营业网点，澄江支行营业部被江苏省银行业协会评为2014年度江苏省银行业文明规范服务百佳示范单位。

年末，江阴农商银行资产总额835.87亿元，比上年增长9.92%；各项存款余额630.83亿元，比上年增长8.14%；各项贷款余额483.92亿元，比上年增长9.41%；江阴辖内存贷款市场份额分别占江阴全市银行的20.63%和19.14%。（卢皎娜）

【中信银行股份有限公司江阴支行】 2014年，支行有员工54人。内设公司业务部、国际业务部、零售业务部、营业部、办公室、放款分中心6个部门，撤销小企业金融部。2月28日成立二级支行——周庄支行。是年，支行按照无锡分行紧密围绕“严控风险、加快发展、重点突破、全面提升”的指导方针，踊跃参与“比学赶超”竞赛活动，推进各项工作，各项业务实现平稳发展，业务结构明显优化，业务特色已然显现，并且在诸多领域取得较快进展。年内，支行被总行评为优秀区域主办支行，被分行评为零售业务优秀团队。

业务结构优化。支行沿袭多年来抓早抓好的成功做法，通过精心筹划和组织，年初实现“开门红”，年中克服业务结构调整、授信额度压缩及不良资产处置等多重困难，存款规模稳中有升。年末实现各项存款余额54.09亿元，贷款余额32.39亿元。

业务产品创新。通过加大营销力度、创新业务产品，拓展中收渠道和精细化管理等手段，转换创新产品，有效经营和拓展客户，推动支行规模和效益的稳步提升。年内，支行办理无锡分行首笔存单质押信托受益权产品，销售分行首单养老保障产品，实现分行养老金托管规模零的突破，收获江阴金一文化发展有限公司首次公开发行股票募集资金，成功办理首笔贵金属租赁业务，使支行高端零售客户群体得到多元化的服务，丰富支行金融市场业务产品线，为支行中间业务开辟新的收入来源。

网点机构建设。2014年2月28日，中信银行江阴周庄支行成立，这是中信银行在江阴地区设立的第二个分支机构，也是中信银行江阴支行下属的第一个网点。该支行继续发挥中信银行的特色服务优势，进一步提高周庄及周边区域客户的服务效率，更好地支持江阴地方经济的发展。支行的成立标志着中信品牌形象的又一次展现，建设江阴、服务江阴的发展理念进一步延伸。

年末，支行各项存款余额54.09亿元，比上年增长16.47%；各项贷款余额32.39亿元，比上年增长3.18%；完成国际结算业务量10.6亿美元，比上年增长3.92%；实现中间业务收入4775万元，比上年增长96.83%；实现账面利润440万元。

（张苏苏）

【中国邮政储蓄银行股份有限责任公司江苏省无锡市江阴市支行】 2014年，支行有员工130人。内设综合管理部、综合业务部、拓一部、拓二部4个部门，下辖8个二级支行、27个代理营业所。是年，该行上下团结一致，围绕稳健发展、降本增效、加强内控的宗旨，牢固树立“以市场为导向，以客户为中心，以服务‘三农’为主题，以效益为目标”的经营理念，服务地方经济发展。

支持地方经济。秉承“普惠金融”理念，坚持服务“三农”、服务社区、服务中小企业。力推创新，新开“农合社”“富农贷”等信贷产品，缓解农户“担保难”问题，有效拓宽农户融资渠道。加强网点服务，优化网点形象，加强员工技能训练，提高业务办理速度。深拓渠道，改善支付服务环境。实现无线网络全覆盖，推进农村电子银行的普及应用。至年末，支行发放零售小微贷款3.06亿元、住房贷款5.44亿元，小微企业贷款2.05亿元；全年贴现57.97亿元，有效降低企业融资成本，缓解企业资金需求；为全市电费收缴服务，全年归集电费资金138亿元。

拓展新业务。支行根据市场需求进行新业务开拓发展，认购相关企业短期融资券1亿元、太平保险债权计划25亿元，实现了同业国内信用证“福费廷”业务1.8亿元，人民银行江阴市支行再贴现2970万元。

加强内控管理。坚持以资金安全、内控管理、反洗钱为重点，开展关键岗位轮岗、案件防控、内控自评、合规自查工作。组织案件防控制度的学习和贯彻，开展“排风险、重操守、促合规”风险排查活动；开展防范打击非法集资宣传教育活动；组建风险联络员队伍，实现风险控制前移，加强全行风险防范。全年无一件资金、安全案件发生。

履行社会责任。支行积极配合市监管部门、银行业协会、人民银行江阴市支行，开展“金融知识万里行”“金融知识普及月”“平安金融月”等各类服务检查、比赛活动；9月组织优秀宣讲员走入月城实验小学、江阴市北大街小学宣传金融知识，开展“社区金融服务宣传点”建设，提升公众金融知识水平和风险识别能力，全年发放金融资料3.5万份。

年末，支行各项存款余额73.28亿元，比上年增长12.4%，其中居民存款余额67.1亿元，增长7.7%；各项贷款余额10.56亿元，比上年增长52.6%。（刘　璐）

【华夏银行股份有限公司江阴支行】 2014年，支行有员工35人，其中在编25人，劳务派遣工10人。内设营业部、公司客户部、个人客户部、国际业务部、办公室、风险管理部6个部室。下属乡镇网点周庄支行有员工13人，其中在编10人，劳务派遣工3人。支行秉承“质量、效益、速度、结构协调发展”的经营理念，以产品为龙头，以形象为中心，坚持资产质量第一，促进各项业务的健康发展。年内，支行被无锡分行评为先进支行一等奖。

推进各项业务发展。支行积极寻求与地方政府的合作，实现存款的稳定增长，融资14.77亿元。发放银证融通业务2笔，总金额7.8亿元，带来存款3亿元，有效缓解信贷规模不足的现象。继续推进“票据池”业务的开发，以此拓宽存款增长渠道，做大做强市场份额。全年“票据池”融资业务量26.25亿元，质押银票3080张,金额31.59亿元。向客户展示企业形象和华夏品牌,在保本理财营销过程中,支行销售10358万元,完成计划的108.46%,其中授信客户购买理财5000万元。

年末,本外币各项存款余额36.02亿元,比上年增长41.42%;本外币贷款余额23.31亿元,增长17.79%;完成国际结算业务量68443.1万美元,下降2.27%。全年资产质量保持精良,不良率为零。

(陈颐菁)

【兴业银行股份有限公司江阴支行】 2014年,支行员工56人。内设综合部、业务管理部、财务会计部、零售业务部、企业金融业务部(下设四个部门)和小企业部9个部门。是年,支行面对复杂严峻的宏观经济形势,紧紧围绕江阴市经济社会发展大局,持续推动业务转型,坚持服务实体经济和支持地方建设,坚持与开展党的群众路线活动相结合,踏实地、做实事、求实绩,各项业务平稳发展,专业经营能力稳步提升。

优化业务结构。支行面对复杂困难的经营环境,坚持重心下沉,依托链式营销、集群营销模式,通过业务与产品创新,满足不同客户业务需求。推出"票据池""结构性存款"等产品,助力大中型企业资金流通;专门成立小企业团队,推出"易速贷""连连贷""增值贷"等产品,全年新增小微企业授信68个、新发放贷款1.8亿元,帮助小微企业做大做强;坚持服务社会公众,加大个人业务产品创新整合力度。推出"安愉人生""寰宇人生""兴管家""菁英贷"等产品,为个人客户提供多样化金融服务,提升客户体验。

深化风险管理体系。强化内控管理架构,建立由客户经理、经营部门负责人、业务管理部负责人和分管行长构成的四级风险防控层。深化风险监测和预警,加强授信企业的贷后管理工作,加大风险排查力度。强化操作风险管理,加大内控检查的广度和深度。例行检查、专题检查和突击抽查相结合,强调业务检查的流程规范和痕迹管理。加强员工行为管理,持续开展常态化员工行为排查。通过民主生活会、家访、员工谈心活动等方式多渠道了解员工的异常行为,做到提前预警、提前防范。严格落实案件防控工作,做好风险应急预案,确保安全运营。全年无一件案件发生。

延伸金融服务范围。开展普及金融知识万里行活动。通过"进企业、进社区、进学校"等形式向社会公众普及金融知识和维权手段,帮助金融消费者提高自我保护意识和维权能力。探索客户服务新模式,成立迎阳路社区支行。通过"错时服务、延时服务"等方式,方便周边社区居民和商户的业务需求。提升厅堂服务水平,围绕"抓、实、严、诚"四要素,提供"零障碍、低成本、高效率"的金融服务。

年末,支行各项存款余额39.1亿元,各项贷款余额38.01亿元,银票、信用证、保函等表外融资余额25.35亿元,上缴各项税收1052万元。

(杨仲秋)

【南京银行股份有限公司江阴支行】 2014年,支行有职工35人。内设办公室、公司金融一部、公司金融二部、公司金融三部、公司金融四部、小企业业务部、个人业务部、业务管理部、营业部9个部室。是年,该行紧紧围绕总行五年规划"稳增长、调结构、控风险、抓管理"总体要求,牢固树立"存款立行"思想,实践创新业务,调整业务结构,坚持公司传统和创新业务并举,国内业务与国际业务并重,坚持本外币一体化发展,完成上级行下达的各项任务。不断扩大服务范围,提高服务水平,打造优质服务品牌,组织多场社区居民活动,进行反假币知识学习和反电信诈骗小品表演,进行金融消费者权益知识宣读,受到社会的好评。年内,支行获总行"学标杆、树新风、创建千佳网点"活动"创建鼓励奖"和省级银行业文明规范服务示范单位。

年末,该行一般性存款52.07亿元,比上年减少0.6亿元,其中对公存款46.3亿元,比上年减少1.7亿元;储蓄存款5.77亿元,比上年增加1.1亿元。贷款余额26.7亿元,比上年增加3.5亿元。实现账面利润2715万元,上缴税金1200万元。

(毛可俞)

【江阴浦发村镇银行】 2014年,该行有正式职员35人。内设综合管理部、资金财务部、风险管理部、业务管理部、营业部5个部门,下辖周庄支行1个网点。是年,该行以"管理提升年"为目标,加快对相关规章制度的完善和梳理;加强常规和专项检查,确保制度执行力;根据业务开展情况加快流程改造;逐步提升精细化管理水平,成为浦发村镇银行系统内首个信贷风险管理系统上线机构。

贷款结构优化。该行始终立足"服务'三农',支持小微"的经营理念,提高金融支农支小服务能力。加强沟通,协商推出和压缩30多个中型企业,累计腾出1.4亿元规模资金服务于小微企业;推进小微企业和农户金融服务,新增该类客户近80户,有效保障小微企业和农户贷款占比持续提高;加强与市农林局和相关行业协会组织的沟通,加大对纯农业客户的信贷支持力度,年度新增家庭农场、种养大户、农业专业合作社等类型客户近20户,新增贷款1500余万元。被江阴市委、市政府授予"2014年度服务地方先进单位"称号。

服务质量改善。该行着力完善业务手段和功能,提升服务质量和竞争力。在开办商标权和应收款质押贷款的基础上,继续提高轻资产质押类贷款占比,年末余额近5000万元,并发放江阴地区首笔林权质押贷款;增设自助设备、开通网银,新发集成电路借记卡,不断丰富服务手段,提升金融服务能力;服务下沉,对重点厂村进行蹲点式服务,不断扩大客户受益面。

年末,该行各项存款余额12.54亿元,比上年下降5.14%;各项贷款余额1224亿元,比上年增长4.08%。

(周明霞)

【中国光大银行股份有限公司江阴支行】 2014年,支行有正式员工39人。内设公司业务部、零售业务部、营业部、国际结算部4个部门。是年,支行面对严峻的市场经济环境,不断调整业务发展思路、丰富业务品种,同时强化风险控制,完成上级行下达的各项任务指标。年内,支行被总行评为先进集体。

年末，支行本外币存款余额42.56亿元，比年初增加7.95亿元，其中公司存款34.54亿元，储蓄本外币存款8.02亿元；本外币贷款余额50.28亿元，比年初增加12.15亿元；中间业务收入405万元；开设外汇账户43户，国际结算业务量7.07亿美元，比年初增加4亿美元；实现账面利润20836万元。（史　超）

【中国民生银行股份有限公司江阴支行】 2014年，支行有职工56人。内设综合管理部、公司银行部、企业金融部、零售银行部、财富管理部、营业部6个部门。是年，支行面对错综复杂的经营环境，一方面始终坚定信念、立足长远，强化内控管理，积极拓展市场，打造企业品牌；另一方面重视队伍建设，团队处处彰显正能量，赢得客户认可，提高同业竞争力，为江阴地方经济的发展做贡献。

创新公司业务。支行公司业务板块较好地贯彻执行总行及上级分行的战略政策，各项重点业务在系统内名列前茅，助力支行考核存款规模突破百亿元。多渠道投放资金余额200亿元，条线营销并上报基础客户超30户，资产质量继续保持良好，在同业中保持股份制银行前三位。

贯彻执行金融政策。支行坚决贯彻对小微企业的金融支持政策，积极创新产品，推出民生微贷、民生互助基金等创新小微金融产品，同时不断提高内部审批速度和放款效率，小微授信客户数700余户，授信总规模突破11亿元。支行财富团队多次走进社区为百姓办理金融业务，讲解金融知识，并推出起点金额低、收益高的理财产品，成功实现理财产品销售额22亿元。

内控合规管理机制。支行始终坚持将合规工作与监管同步，与业务发展同步，通过将合规经营纳入绩效管理，强化问责机制做到违规必究，坚持开展案防教育筑牢合规思想防线，落实操作风险督导检查规划、全面开展操作风险排查，确保支行全年“零案发”。

年末，支行各项存款余额93.13亿元，比上年增长20%；各项贷款余额49.92万元，比上年增长47%；表外业务余额超150亿元。（刘　诣）

保　险

【概况】 2014年，江阴市保险行业紧紧围绕“守信用、担风险、重服务、合规范”的保险行业核心价值理念，积极贯彻落实中国保险监督委员会文件精神，取得业务和效益双丰收。市保险行业协会根据江苏省保监局的文件指示精神，主动转变工作职能，积极承担社会责任，参与社会管理，积极发挥行业优势，主动与政府部门联系，沟通，充分发挥保险的社会服务功能，规范保险市场秩序，维护保险公司的利益。协会组织各个产险机构和江阴市交警大队于6月11日成立江阴市机动车辆反保险欺诈工作站，全年查获机动车保险欺诈案件56件，涉案金额269.57万元。11月，江阴市政府对全市农业保险进行重新招标，人保财险江阴支公司获2015—2017年度全市农业保险三年的承保权，农业保险在原有保险品种（水稻、小麦、油菜、蔬菜大棚、育肥猪、能繁母猪、奶牛养殖、林木火灾）的基础上增加葡萄、梨树和桃树保险3个新险种，全年农险保费收入1492.79万元，处理支付农业保险理赔691万元。江阴市政府加大对民生保险的投入，开展养老机构综合责任保险、城乡户籍居民住房财产保险，政府投入保险费376.56万元，该保险从2014年8月31日起至2015年3月1日，至2014年年末赔款支出近96.46万元。年内，协会为减少道路交通事故调解中心和各财产险机构在保险事故理赔过程中出现的各类问题，减少理赔诉讼案件的发生，联系江阴市道路交通事故调解中心、交通法庭、交警大队、各财产保险机构，建立各财产险机构和调解理赔中心联席会议制度，每个季度召开一次。针对理赔案件中涉及的医疗费、误工费、伤残费、精神抚慰金等疑难问题进行探讨、分析、协商，最后达成共识，有效减少各财产险机构的理赔矛盾、理赔诉讼和理赔支出压力。协会根据江阴寿险市场的实际情况，还组织各寿险机构负责人，对寿险的期满给付和退保情况防范化解工作进行分析、布置，全市各寿险机构圆满完成期满给付和退保工作，没有出现投诉和不稳定现象，营造良好的江阴寿险市场环境和秩序。协会坚持维护消费者权益，促进行业发展，为会员公司提供服务的宗旨，紧紧围绕“新消法、新权益、新责任”主题，做好保险消费者投诉处理工作，全年收到咨询、投诉16件，其中寿险11件，财产险5件。全市全年实现保费收入44.35亿元，比上年增长5.08%，其中财产险保费收入17.71亿元，比上年增长13.28%；人身险保费收入26.64亿元，比上年增长0.26%。财产险、人身险保费收入分别占保费收入的39.93%和60.07%。人身险首年期缴业务46420万元。全年产寿险赔（给）付13.72亿元，其中财产险9.39亿元，综合赔付率53.03%；人身险赔（给）付4.33亿元。企财险赔付4722万元，赔付率31.42%，比上年下降3.24个百分点。车险赔付76922万元，赔付率54.35%，比上年下降6.67个百分点。退保金47430万元，比上年增加8543万元。人身险一年期短险15865万元，赔付7805万元，赔付率49.2%。满期和年金给付30733万元。全市保险密度3606元，比上年增加12.2元，增长0.34%，高于全省平均水平。保险深度1.61%，比上年减少0.02个百分点，低于全省平均水平。年内新增泰山财产保险股份有限公司江阴支公司和东吴人寿保险股份有限公司江阴支公司2个机构。至年末，全市有保险机构39个，其中财产险机构22个，人身险机构17个；有专业保险中介代理机构5个。

2014 年驻江阴市各主要财产保险机构业务情况一览

表 39

机构名称	保费收入（万元）	比上年增减（%）	赔款（万元）	比上年增减（%）	赔付率（%）
人保产险江阴支公司	55295	13.90	30833	15.05	55.80
太保产险江阴中心支公司	53354	16.71	28982	2.11	54.32
平安产险江阴支公司	33628	15.20	17719	9.41	52.70
天安产险江阴支公司	1524	29.00	771	14.90	50.56
中华联合产险江阴支公司	3452	4.58	1926	-4.98	55.78
华安产险江阴支公司	1624	0.48	986	18.54	60.72
大地产险江阴支公司	408	-40.83	376	-45.27	92.19
安邦产险江阴支公司	700	-3.73	347	44.58	49.53
阳光产险江阴支公司	2258	9.79	768	-24.71	34.01
太平产险江阴支公司	4609	13.93	2159	7.81	46.84
都邦产险江阴支公司	2253	51.30	1158	31.59	51.42
永诚产险江阴支公司	547	-76.68	1368	-14.98	249.86
国寿产险江阴市支公司	13536	24.68	4498.22	-17.92	33.28
民安产险江阴支公司	259	-10.70	98	-49.48	37.65
安诚产险江阴支公司	1098	6.52	229	94.07	20.82
长安责任江阴支公司	252	-75.96	514	148.31	203.99
紫金产险江阴支公司	2074	16.47	1067	29.18	51.42
大众产险江阴支公司	258	-44.71	119	-59.39	46.26

2014 年驻江阴市各主要寿险保险机构业务情况一览

表 40

机构名称	保费收入（万元）	比上年增减（%）	赔(给)付					
			赔款（万元）	比上年增减（%）	满期给付（万元）	比上年增减（%）	年金给付（万元）	比上年增减（%）
中国人寿江阴支公司	114263	-5.18	6270	14.79	16778	-2.16	2865	16.51
太保人寿江阴支公司	63874	5.01	4029	43.69	143	98.61	4426	75.43
平安人寿江阴支公司	37752	4.01	1964	28.45	2495	-19.39	616	1.32
泰康人寿江阴支公司	587	-48.80	38	5.56	5.92	-46.18	—	—
海康人寿江阴支公司	756	31.60	18	-0.10	—	—	33	3.13
太平人寿江阴支公司	20024	13.02	—	—	—	—	—	—
友邦人寿江阴支公司	1733	45.40	114	-56.15	—	—	1.34	13.56
新华人寿江阴支公司	4353	-23.20	53	39.47	—	—	—	—
中意人寿江阴支公司	5577	18.20	32	14.29	—	—	—	—
人民人寿江阴支公司	17513	2.49	76	-31.53	—	—	—	—

（赵国明　顾　颖）

【中国人民财产保险股份有限公司江阴支公司】 2014年，支公司紧紧围绕"超越、转型、幸福"三个关键词，全面强化考核体系建设，激发各层面的内生动力，经营机构层面，侧重于紧盯市场、突出非车险发展重点，采取绩效考核管理方式，将绩效考核结果与薪酬调整挂钩；员工层面，侧重从总指标细化到重点关注指标，建立和完善以岗位价值为基础、以市场为导向、以业绩为考核评价依据的薪酬激励体系，发挥绩效导向作用，充分调动各级人员工作发展积极性。全年经过全体员工齐心协力，不畏艰难，保持了较好的盈利水平。11月29日保费规模首破5亿元，成为江阴地区首个保费突破5亿元的财险公司。年内，被评为江阴市金融业支持地方经济发展先进集体。

农村网点全面升级。支公司加快推进乡镇网点建设，对原有乡镇经营单位实施统一装修改造，有效优化网点形象，提升大众对人保品牌的认知、情感和信任，提高客户感受。同时，进一步拓展江阴城西部，成立利港营销服务部，深入延伸乡镇服务，实现西南区全覆盖，发挥中心网点作用，大大提升乡镇区域客户服务水平。

获农险独家承办权。支公司在农业保险方面，作为首席承保和具体操作实施者，积极探索实践，密切与政府合作，不断创新发展，拓展"三农"保险服务，新增桃树、梨树和葡萄3个险种，提高涉农保险保障水平。2014年11月，获江阴市2015—2017年度政策性农业保险招投标项目3年独家承保权。全年承保全市小麦11413.8公顷、水稻13776.75公顷、油菜165.79公顷、林木1769.67公顷、农业设施2011.86公顷、桃树72.57公顷、梨树111.1公顷、葡萄362.58公顷；承保奶牛1155头、能繁母猪8604头、育肥猪130206头，共承担农业风险3.54亿元。全年处理支付赔款690.86万元，从环节上消除种养殖农户的后顾之忧，落实政府扶农惠农政策。

保险责任赔偿处理。支公司高度重视保险责任赔偿处理，对发生的各种事故实施精心组织、细化运作。同时加大对事故处理率、赔案周期率的内部考核力度。全年承担社会风险5153亿元，处理各类赔案125696余件，赔款金额30833.16万元，比上年增加结案16567件，赔款金额增加7564万元，简单赔付率55.8%，比上年提高0.6个百分点，综合赔付率66.58%，比上年提高6.1个百分点。案件处理率100.86%，比上年提高1.53个百分点，为江阴地方经济建设发展和江阴人民幸福生活提供坚强的后盾和有力的保障。

创新民生保险产品。支公司积极开发创新险种，不断完善政府出资购买、保险公司介入和群众自发参与的自然灾害救助、弱势群体帮扶机制，持续抓好"慈福综合民生保险"品牌建设，形成以自然灾害公众责任险、低保老人和低保家庭人员人身意外伤害险、养老机构综合责任险、城乡户籍居民住房财产险等内容的综合保险新模式，辅助做好社会管理工作。按照"保费低廉、保障全面、服务优质"的原则，为广大居民量身定制的"和谐家园"综合保险商业产品得到广大市民的认可。全年自然灾害公众责任险承保121.73万人，城乡户籍居民住房财产险承保36.7万户家庭，"和谐家园"险承保2.12万户家庭，养老机构综合责任保险承保全市老人4223人，全年赔付各类民生类保险赔款237.86万元。

年末，支公司完成保费收入55295万元，比上年增长13.9%，其中车险完成保费收入40881万元，非车险完成保费收入14047万元，农险完成保费收入367万元，保持业务快速发展，市场份额保持第一，持续引领江阴财险市场。（卞　莉）

【中国人寿保险股份有限公司江阴支公司】 2014年，支公司全面启动"再创10年第一"的江阴国寿梦，面对严峻的市场竞争，营造团结向上的良好局面，实现保费规模再上新的台阶，业务不降反增。同时，一如既往加强队伍建设，年度人力显著增长。个险持证人力1452人，银保队伍建设中理财经理队伍67人，客户经理24人。通过为老年人提供优质的保险保障和服务来体现公司的社会责任、社会价值及社会影响力，赞助"人寿杯"老年文艺会演。

获全国优秀基层单位。2003—2012年，江阴国寿以保费规模连续10年蝉联全国系统同级公司第一。2013年，支公司党总支、经理室提出，要一鼓作气，顺势而为，再创2013—2022年第二个10年蝉联第一的业绩。是年起，支公司利用各种场合宣传，制定3年规划，各部门条分缕析，制定具体奋斗目标。每位员工克服困难，团结一心，共同拼搏，至2014年年末，年度指标超额完成，被总公司授予"全国优秀基层单位"荣誉称号。

个险10年期缴超1亿元。年内，支公司整合资源，构建个险高效运作模式，统筹协调，积极引导，自主经营创新发展，个险10年期缴超1亿元，为1.02亿元，成为全省系统乃至全国系统第一个个险10年期及以上期缴保费过亿元的县级支公司，多项关键指标连续11年名列全省县支公司首位。

销售队伍发展。支公司明确把队伍发展作为工作核心，提出"以规划晋升为核心，层级辅导为基础，以常态化运作为载体，以基本法经营为抓手，狠抓重点突破，完善制度建设、敢于创新突破"的指导思想。同时，明确建立以常态化增员为基础，基本法经营为核心，初级主管训练营为抓手，营造快速晋升文化的组织发展模式；以空白网点的突破促进中心网点做大做强；以增员助理队伍的建设，尝试队伍发展新模式；以合作商户队伍建设的突破，努力实现新型队伍的突破；加快第二收展的发展，全力发展第二支个险销售队伍的具体实施措施。年内，新增1132人，月均增员率12.59%。第二收展的建设，更是成为全省标杆。

老年保险突破800万元。江阴市"关爱老人保险"是由市民政局根据省委指示要求，联合支公司实施的针对老年人居家养老、增强抵御风险的一种特殊群体保障保险。2014年，支公司在各中心镇设有服务网点，配合老年人的实际需求，专门配备50余名保险员工为老年人提供定向服务。同时,在理赔程序上专门为老年人保险的理赔设立绿色通道,指定专人负责,真正为老人提供优质、专业、高效的服务。通过两年来的宣传推广与业务操作,更多的群众一改之前的观望态度,“关爱老年保险”在一定范围内取得良好的群众口碑和社会效应,得到大部分市民的接受和认可。全年“关爱老年保险”保费收入突破800万元,为840万元。

年末,支公司全年保费收入114263万元,比上年下降5.18%。新单保费超4.5亿元。首年期缴1.93亿元,个险10年期及以上期缴保费10240万元。完成短险保费6423万元,其中意外险占71%。

(刘　燕)

【中国太平洋财产保险股份有限公司江阴中心支公司】 2014年,江阴中心支公司有员工152人,下辖8个营销服务部,其中利港营销服务部正式改建为中国太平洋财产保险股份有限公司江阴市临港支公司,成为江阴市首个在乡镇成立的支公司,开创江阴保险业的先河。全年中心支公司秉承以人为本,关爱互信,同心同德,共铸愿景的企业和谐文化,坚持可持续价值增长的理念,深化以客户需求为导向的转型发展,诚信立业,合规经营,用心承诺,用爱负责,面对复杂严峻的国内外经济金融形势,全力服务于江阴经济发展大局,被授予“2014年度江阴市金融服务工作先进集体”称号,获太保系统2012—2014年度“创新驱动、转型发展”先进党组织;吴珊珊和程维华获2014年度无锡市保险行业“展业明星”,胡金龙获2014年度太保集团公司“集团价值贡献奖”。年末,中心支公司实现保费收入53354万元,比上年增长16.71%。全年结案64319件,增长11.29%。全年赔款28982万元,增长2.11%。(俞泽华)

【中国平安财产保险股份有限公司江阴支公司】 2014年,支公司全体员工136人继续遵循总公司以“专业创造价值”为核心文化理念,倡导以价值最大化为导向,以追求卓越为过程,形成“诚实、信任、进取、成就”的个人价值观、“团结、活力、学习、创新”的团队价值观,为地方经济建设和社会和谐提供有效保障。

推广好车主APP。2014年8月,总部推出好车主智能手机第三方应用程序,该软件是一款为车主打造的行车工具,车主通过手机即可制订车险投保方案,在线支付流程简单;准确查询全国车辆违章情况,足不出户在线代办违章处理;出险随时随地一键报案,掌握报案、查勘、核损、赔付的实时状态;实时查询附近油站的优惠情况,规划行车路线,优化驾驶员行车习惯,高效而又人性化的功能受到用户的一致好评。

开展主题活动。2014年11月,支公司积极响应无锡产险运营中心发起的“停车关怀新服务,传播查勘正能量”主题活动。针对道路出险的平安及非平安客户开展查勘增值服务工作,倡议全体查勘员在日常查勘过程中从自我做起,从小事做起,为无锡车险客户提供“主动、专业、优质”的服务。全体车险查勘人员遇到不管是否平安承保的出险客户,都主动指导出险驾驶员进行报案,对于无法行驶的出险车辆,征得出险驾驶员同意后,主动帮助联系救援车辆,发现车辆抛锚,主动帮助驾驶员提供搭铁、换胎等救援服务,多方事故现场帮助调解,节省客户现场等待时间。

年末,支公司全年保费收入首次突破3亿元,为33628万元,比2013年增长15.2%。全年赔款17719万元。(王　晨)

【中国人寿财产保险股份有限公司江阴市支公司】 2014年,支公司深入贯彻执行上级公司“持续发展、调整结构、效益经营、固本强基”的战略部署要求,全面推进创新驱动和转型升级,业务发展保持在高平台上稳步增长。年内,支公司党支部有序推进第二批党的群众路线教育实践活动,领导干部带头学习,积极撰写心得,深入基层一线,广泛听取群众意见和建议,召开专题民主生活会。参观无锡预防职务犯罪警示基地等活动,帮助党员干部筑牢拒腐防变的思想防线。组织到大别山革命老区重温党的誓言,进一步激发每一名党员的责任感、使命感。上级公司党委给予“规定动作扎实开展、自选动作体现特色”的较高评价。积极探索新形势下党建工作的新途径、新方法,根据上级公司要求,积极开展主题实践活动,充分发挥党支部的战斗堡垒作用和广大党员的先锋模范作用。支公司党支部被集团公司评为先进基层党组织;总经理陈国林被省公司评为优秀共产党员。

推进转型升级。支公司调结构提升优质业务占比,加快非车险业务发展步伐,全年实现非车险保费2300万元,非车险占比为16.96%,高于全省系统平均水平近5个百分点;加强对车险业务的品质区分,使得车险业务内部结构得到进一步优化;拓渠道实现销售渠道全面开花,有选择性在重点车行、银行、互动网点取得突破,以点带面带动公司相关渠道业务的快速发展。年内获集团公司一线销售单位业务发展奖。

推进后援管理。支公司严格执行条款费率体系,遵照行业自律公约开展核保工作。加强从业人员业务技能和服务意识的提高,建立自检自纠工作,将业务技能竞赛和服务态度评分结果纳入年终考核评定。以“一降一提”为工作主线,进一步强化责任意识,加快查勘速度、定损速度、结案速度、提高客户满意度。

年末,支公司实现保费收入13536万元,比上年增长24.68%,其中车险保费收入1.13亿元,占83.04%。业务总量位居全系统县级支公司首位,跻身总公司业务发展先进单位“四级机构一百强”。承担风险保额466.44亿元,实付赔款4498.22万元。(吴永燕)

证　券

【概况】 2014年,新成立6个证券公司。至年末,根据上报的11个证券公司的数据,全年开户数186185户,托管市值542.17亿元,年度交易额3959.66亿元,营业收入27590.64万元,上缴税金1375.05万元。

2014年驻江阴市主要证券营业部经营情况一览

表41

单位＼指标	开户数（户）	托管市值（亿元）	交易额（亿元）	营业收入（万元）	上缴税金（万元）
华泰证券江阴分公司	110479	360.03	2257.81	14869.27	592.54
国联证券江阴分公司	20569	44.83	548.61	4151.61	184.68
东北证券江阴营业部	35654	62.12	625.96	4530.05	238.45
南京证券江阴营业部	16786	47.11	403.70	3178.03	322.52
光大证券江阴营业部	492	4.33	17.75	87.80	3.22
东吴证券江阴营业部	277	6.00	52.38	494.23	21.00
海通证券江阴营业部	1291	1.57	15.46	96.07	3.00
中信证券江阴营业部	162	0.30	19.39	18.20	5.89
齐鲁证券江阴营业部	240	0.49	6.79	44.08	2.10
银泰证券江阴营业部	36	0.04	11537.66	3.05	0
西部证券江阴营业部	199	15.34	10.66	118.26	2.00

（黄凯来）

【华泰证券股份有限公司江阴分公司】 2014年，因业务发展的需要，原华泰证券股份有限公司江阴福泰路证券营业部，更名为华泰证券股份有限公司江阴分公司。是年，中国经济发展步入新常态，国企改革、土地流转、“一带一路”（丝绸之路经济带、21世纪海上丝绸之路）、自贸区发展、“沪港通”等为证券市场注入活力，降息周期的开启以及市场对改革的良好预期，中国证券市场从“结构性牛市”开始走向全面“牛市”。同时，资本市场的市场化改革发展步伐明显加快，证监会新政策加速出台，监管层放开经纪业务牌照，互联网金融快速发展，年度券商佣金率大幅下滑、市场竞争明显加剧，以通道业务为主的业务模式难以为继。移动互联的快速发展，华泰证券江阴分公司的业务办理、营销展业、客户服务的方式也由原来的传统转向互联网，地域限制的打破，引发新一轮客户资源大战，传统业务面临的不仅是价格战，更是服务战。在业务开展过程中始终坚持“一手抓业务，一手抓管理”，将规范经营、防范风险摆在分公司各项工作的首位，追求阳光利润，不管行情潮起潮落，始终坚持“高压线坚决不碰，违规事坚决不做”的原则，绝不容许以创新踩“红线”，以发展闯“禁区”的事发生。通过员工的共同努力，全年完成股票基金交易量2257.81亿元。

（刘　怡）

【国联证券股份有限公司江阴分公司】 2014年5月9日，国联证券股份有限公司江阴分公司成立，地址位于江阴市大桥北路105号4楼，下辖江阴大桥北路证券营业部、江阴申港路证券营业部、江阴华士镇新生路证券营业部。江阴分公司机构业务部是利用国联集团金融全牌照的综合平台优势，致力于服务江阴地区的上市公司和拟上市公司，完成拟上市企业上市前的相关尽职调查和材料准备工作；与江阴上市公司合作，提供股权质押融资、企业增发、并购重组等金融创新业务。江阴大桥北路证券营业部紧抓财富管理业务，提升金融服务品牌质量，为投资者提供优质的金融创新交易工具，提高投资者风险意识，扩大投资者投资理财的选择范围。在合规经营传统经纪业务的同时，努力推广新兴的融资融券、“沪港通”、中新宝、小融宝、个股期权、“新三板”等财富管理业务。着力打造专业性强、服务全面、综合素质过硬的理财顾问团队，把合适产品推荐给合适投资者的理念，服务好广大投资者。江阴申港路营业部提升江阴城西投资者的服务体验，把金融服务的重心放在贴身投资服务和理财产品的推广，公司旗下数量众多的极具市场竞争力的理财产品，为江阴城西的广大投资者提供多层次的证券投资品种。江阴华士镇新生路营业部针对城东地区是江阴上市公司及发达乡镇较多的地区，工作重心在服务好广大个人投资者的同时，努力拓展和企业深层次的接触，为企业提供全方位的金融服务。至年末，分公司及下辖营业部员工总数27人；江阴分公司及下属营业部有客户数20569户，全年完成交易额548.61亿元；实现利润2194.67万元。

（范华君）

典　当

【概况】 2014年,江阴邦融典当公司、江阴市宝晟典当有限公司、江苏安信典当有限公司停止营业。年末,全市有15个典当公司,其中3个为典当分公司。根据上报的12个典当公司经营情况:当户数1894户,典当余额2.75亿元,典当总额6.11亿元,绝当贷款余额3497万元,上缴税金160.36万元。

2014年江阴市主要典当公司经营情况一览

表42

公司名称	当户数(户)	典当余额(万元)	绝当贷款余额(万元)	上缴税金(万元)
江阴大阳典当有限公司	804	2257	593	46.50
无锡安泰典当有限公司	424	3099	2010	14
江阴泰昌典当行	173	2857.60	721.46	51.50
无锡银信典当有限公司	121	2212.63	166.50	2.18
江阴汇金典当有限公司	4	2000	0	0.29
江阴市汇丰宁典当有限公司	59	1524.09	6	5.50
江阴市元通典当有限公司	89	1977.18	0	15.80
无锡宝信典当有限公司(分公司)	7	2280.77	0	12.21
江苏天华典当有限公司(分公司)	172	351.90	0	3.43
江阴永利典当有限公司	34	4902.55	0	4.61
江苏新亿典当有限公司江阴分公司	0	0	0	1.43
江阴东兴典当有限公司	7	4010	0	3.36

(汪孙明)

【江阴市大阳典当有限公司】 2014年,江阴市大阳典当有限公司严格按照《典当行管理办法》开展各项工作,始终把风险放在第一位,坚持典当企业小、快、稳的特点,致力于为小微企业、大众百姓提供专业的典当融资服务。坚持自己的经营模式,不求做大做强只求做小做稳,坚持典当企业特色,不管是柜面传统、机动车、财产权利质押还是房地产抵押,全面开展各项业务。全年发生典当续当业务笔数为3910笔,期末典当余额为2257万元,其中柜面传统质押典当余额为718万元,财产权利质押典当余额为397万元,房地产抵押典当余额为1142万元。实现营业收入280万元,上缴税金46.5万元。 (郭向明)

担　保

【概况】 2014年,江阴市运转正常的担保公司有江阴金阳担保有限公司、江阴信联担保有限公司、江阴朝阳担保有限公司、江阴宝鼎投资有限公司4个,全年担保余额29.65亿元,注册资本8.15亿元,比上年增长1.69%,上缴税金1831万元。其中金阳担保担保余额10.72亿元,注册资本2亿元,比上年增长2.84%,上缴税金650.5万元;信联担保担保余额11.04亿元,注册资本2亿元,比上年增长1.82%,上缴税金627.7万元;朝阳担保担保余额6.03亿元,比上年下降2.83%,上缴税金516.8万元;宝鼎投资担保余额1.86亿元,比上年下降0.14%,上缴税金36万元。

(黄凯来)

类目编辑　纪晓华

港口口岸

港口口岸建设与管理

【概况】 2014年，江阴港口口岸系统以转型发展为目标，抓改革、谋创新、优服务，圆满完成各项工作任务。年内，推进基础建设，全港完成建设投资10.25亿元，申夏港区6号码头一期工程通过省级竣工验收，二期工程水工部分完工，江苏丽天石化码头改扩建工程开工建设，港口集团件杂货码头、兴澄特钢散杂货码头完成结构加固改造。加快港口转型，积极修编《无锡(江阴)港总体规划》，完成13台液体天然气(LNG)装载机、12台门座起重机改造，在国内港口中首次应用风光互补供电及3G视频监控技术，为打造低碳绿色港口注入活力。完善口岸功能，江阴电子口岸一期工程正式运行，江阴地区首个出口配送型监管仓库获批设立，江阴口岸被列入全国首批进境粮食指定口岸。提升港口口岸合力，编制完成《江阴口岸"十三五"发展规划》，三房巷化工码头通过省级开放验收，协调保障载人潜水器"蛟龙号"从江阴港启返航，开展"情系口岸，献计发展"金点子征集、行风评议等共建活动。推进依法治港，推进行政执法标准化建设，公开行政权力清单，行政权力全部网上公开运行，执法依据、程序、进度和结果完全公开。推行柔性执法方式，开展内河干线航道码头整治等活动，切实维护港口发展秩序。审批服务提速增效，设立行政许可服务科，再造审批流程，编印《便民服务指南》和《通关业务服务指南》。深入开展党的群众路线教育实践活动，建立港口建设项目跟踪督查、港口企业日常管理、机关财务后勤管理等一系列制度，开展"一对一"个性化帮扶服务，走访企业130余次，解决实际问题60多个。至年底，江阴港拥有千吨级以上码头泊位89个，其中万吨级以上泊位45个，对外开放码头38个(不含靖江园区)，全年完成港口货物吞吐量1.4亿吨，比上年增长3.71%，集装箱吞吐量52.25万标箱(外贸7.17万标箱、内贸45.08万标箱)。年内，市口岸办(港口局)被评为无锡市交通运输安全工作先进单位、江阴市"万人评议机关"先进单位等，港口口岸窗口"港湾温馨365"服务品牌获评第五届全省交通运输行业优质服务品牌。

2014年江阴港分货类吞吐量一览

表43　　　　单位:万吨

货物分类	吞吐量	其中		其中		占全港(%)	比上年增减(%)
		进港	出港	外贸	内贸		
煤炭及制品	6641.90	4433.85	2208.05	144.14	6497.76	47.42	14.39
矿建材料	745.07	660.66	84.41	10.15	734.92	5.32	-23.61
石油、天然气及制品	796.18	480.84	315.34	136.17	660.01	5.67	0.83
化工原料及制品	999.61	785.04	214.57	493.28	506.33	7.14	-3.04
金属矿石	2879.67	2000.30	879.37	335.30	2544.37	20.56	21.49
非金属矿石	9.47	—	9.47	—	9.47	0.07	-50.50
有色金属	3.57	2.08	1.49	0.56	3.01	0.03	-14.59
钢铁	975.85	586.87	388.98	202.64	773.21	6.96	-39.65

续表43

货物分类	吞吐量	其中		其中		占全港(%)	比上年增减(%)
		进港	出港	外贸	内贸		
水泥	488.36	385.33	103.03	—	488.36	3.49	45.55
木材	3.83	1.48	2.35	0.41	3.42	0.03	58.92
化肥及农药	6.37	1.54	4.83	2.24	4.13	0.05	-9.65
粮食	102.41	56.70	45.71	7.85	94.56	0.73	73.02
机械、设备、电器	62.47	16.14	46.33	26.47	36.00	0.45	37.66
轻工、医药产品	112.59	67.09	45.50	5.68	106.91	0.80	-0.51
农林牧渔业产品	51.13	21.35	29.78	3.98	47.15	0.37	6.72
其他	128.42	64.84	63.58	20.77	107.65	0.92	-54.61
总计	14006.90	9564.11	4442.79	1389.64	12617.26	100	3.71

【江阴电子口岸一期工程正式运行】 2014年1月1日，江阴电子口岸一期工程上线试运行，电子口岸门户平台和船舶管理系统、物料供应管理系统作为一期建设项目率先投入使用，3月12日正式开通。该工程采用“政府主导、海关牵头、联合共建、实体运作”模式，通过对单证流、信息流、口岸物流数据的统一采集转化，以及与省级口岸执法部门的数据交换，实现企业口岸通关的“一次申报、联合审批”，大幅度降低江阴地区企业进出口贸易成本，提升企业国际市场竞争力。其中，船舶申报、物料供应系统投用后，每艘船舶的报检、滞港时间可分别缩短30分钟和1小时，有效提高货物通关效率。年内，江阴电子口岸注册企业52个，账号281个，日均访问量415人次，初步实现各口岸查验单位之间的信息共享和执法互助；完成各类审批事项7128项，为企业节省费用近百万元。

【低碳港口建设】 近年来，江阴港加强港口资源整合，加快码头改造，提升岸线效率，积极推广新能源、新技术应用，低碳港口建设不断推进。2014年3月，江阴港列入首批江苏省绿色循环低碳港口建设试点。年内，市口岸办(港口局)以此为契机，加快建立港口节能减排统计、监测和考核体系，引导企业开展港口作业设备“油改气”“油改电”和靠港船舶岸电系统建设，沿江重点码头企业基本实现雨、污分流。是年，江苏江阴港港口集团股份有限公司投资4438万元，完成13台LNG装载机、12台门座起重机改造和风光互补供电及3G视频监控工程等项目，每年可节约2197吨标准煤、1133吨标准油，有效降低能耗，促进江阴港绿色、低碳发展。

【首次运用风光互补供电及3G视频监控技术】 江苏江阴港港口集团股份有限公司在建的通用码头为江阴港最大的等级码头工程，包括2个10万吨级海轮泊位(结构兼顾15万吨)，年设计通过能力694万吨。为确保工程建设顺利推进，2014年3月，港口集团在国内港口中首次应用风光互补供电及3G视频监控技术，在该码头安装4套风光互补路灯及无线监控系统，为码头建设工地提供照明和监控。每套系统均配置1000瓦风力发电机、600瓦太阳能电池板和80瓦发光二极管(LED)路灯以及带云台无线监控，可提供夜间10～12小时路灯照明并自动控制开关灯，带云台无线监控可通过电脑、手机等无线终端随时监控建设工地情况，并通过无线网络远程控制及远程传送数据，在极端天气情况下仍能正常使用3天。此外，该系统结合风光互补供电、LED照明和无线传输等先进技术，无供电电缆和光缆，使用无需耗电，工程完工后可迁移再利用，实现“零能耗”，4套风光互补路灯及无线监控系统每年可发电2410千瓦时，节省标准煤5吨，减少二氧化碳、二氧化硫、碳粉尘排放分别达12.4吨、0.37吨和3.4吨，节约成本1.4万元。

【完成国内内河水域最大半潜装载作业】 2014年，中船澄西船舶修造有限公司为乌拉圭船东建造的36艘南美内河无人驳船需集中装船发运，每艘驳船长60米，宽16.4米。装船之前，36艘驳船被分成9组，每4艘驳船自下而上叠加绑扎成为一组，再将9组驳船一起绑扎，成为一个牢固的钢结构体，整个驳船组长达150米，宽60米，高22米。承运该驳船组的挪威OHT(OFFSHORE HEAVY TRANSPORTER)公司是世界第二大专业重大件运输公司，承运船舶“鱼鹰”轮(M/T OSPREY)总长226.27米，船宽44.5米，全球只有5艘该类型船舶，其尺度、下潜深度、装载作业对气象条件、定位精度、通航环境控制等方面要求较高，而长江江阴段水域狭窄，通航密度大，且澄西船舶修造有限公司附近的水域不能满足装载吃水要求，交船面临难题。为确保装载作业顺利进行，江阴海事、引航等口岸部门与船东、代理商、生产厂家等积极协作配合，密切沟通联系，制定详尽周密的装载步骤、水上交通维护方案、突发事件应急预案及引航方案，确保此次装载作业顺利完成。5月7日上午11时，成功装载36艘驳船组的重大特种半潜运输船“鱼鹰”轮从江阴港出发，开往乌拉圭，创下江阴港口岸乃至国内内河水域半潜装载之最,并为澄西船舶修造有限公司赢得国内外市场信誉,促进江阴港口经济发展。

【江阴港两座码头投运】 2014 年 6 月 12 日,江阴港申夏港区件杂货码头结构加固改造工程完工,8 月 29 日通过省级竣工验收。通过结构加固改造,该码头靠泊能力由 4 万吨级增至 10 万吨级,成为江阴港第一座 10 万吨级码头。7 月 24 日,江阴兴澄特种钢铁有限公司码头结构加固改造工程完工,10 月 22 日通过省级竣工验收,码头靠泊能力由 5 万吨级提升至 10 万吨级,成为江阴港第二座 10 万吨级码头。两座 10 万吨级码头的投入运营,对有效缓解江阴港码头靠泊能力不足与船舶大型化趋势,进一步提升港口岸线利用效率,推动江阴临港物流发展具有重要意义。(参见交通·邮政·物流类目中物流分目中相关条目)

【江阴市港口重大危险源监控平台启动建设】 2014 年 11 月,由江阴市口岸办(港口局)与南京安元科技有限公司共同研发的江阴市港口重大危险源监控平台启动建设,首批纳入监控的有江阴奥德费尔嘉盛码头有限公司、江阴澄利散装化工有限公司、江阴恒阳化工储运有限公司、南荣石油化学有限公司、江阴华西化工码头有限公司、江苏丽天石化码头有限公司 6 个港口企业。该平台建设在国内港口中尚属首次,平台包含 3 个应用系统,即综合监控一体化平台和港口重大危险源监管系统、重大危险源监测预警系统和应急联动系统,预计投资 346 万元,建成后将实现对港口重大危险源的 24 小时实时动态监管,有效预防和减少安全生产突发事件发生,提高应急救援水平和应对突发事件处置能力,维护江阴沿江的平安稳定。年内,市口岸办(港口局)初步完成对上述 6 个企业的信息化调研。

【审批服务提速增效】 2014 年 1 月,市口岸办(港口局)行政许可服务科正式成立,承担该部门的行政许可、非行政许可审批及有关服务事项,实现"一个窗口"对外。年内,市口岸办(港口局)对各项行政职权运行流程进行优化、整合和再造,减少不必要的条件、步骤或程序;推行港口经营许可证受理窗口、职能科室、分管领导三方同时审核机制,港口经营许可证延续许可审批由主要领导签发改为分管领导签发,变更港口经营许可证法人代表、地址等即办件可在窗口直接办结。同时,组织力量深入港口企业调研,形成提前介入、提前研判、提前核验的工作方法,每月对需要办理港口经营许可延续的企业进行梳理,提前 1 个月告知现场勘验和检查内容,由相关科室联合到现场进行核查勘验,指导企业完善资料,并进一步压缩企业申请材料报送后的审批时间。通过再造审批流程,窗口服务再次提速,港口经营许可证延续许可、变更港口经营许可证经营范围审批时限分别从 20 个、25 个工作日压缩至 15 个工作日。是年,窗口新发港口经营许可证 36 张,其中沿江港口 5 张,内河港口 31 张,发放港口经营许可证附证 3 张。 (朱怡洁)

海　事

【概况】 2014 年,江阴海事局紧紧围绕水上安全监管中心工作,深入开展党的群众路线教育实践活动,积极转变工作作风,坚持依法行政,规范内部管理,顺利完成全年目标任务,各项工作取得新成绩。全年监管进出港船舶 70295 艘次,其中国内航行船舶 66821 艘次,国际航行船舶 3474 艘次(其中外国籍船舶 1783 艘次);监管船舶货运量 1.36 亿吨,其中国内航行船舶货运量 1.23 亿吨,国际航行船舶货运量 1325.5 万吨;安全监管船舶载运危险货物 1538.25 万吨,其中 XY 类危险货物(具有较大污染危害性货物)运输量 550.44 万吨;安检船舶 1342 艘次、滞留船舶 19 艘次,经开航前检查的船舶没有发生在国外被滞留现象;船舶交通管理中心(VTS 中心)运行 8688 小时,跟踪船舶 78498 艘次,交通组织 705 次,提供信息服务 46523 次;巡逻艇现场巡航 5637.5 小时,巡航里程 6.99 万海里,发现并纠正违章 5327 次;实施行政处罚 337 件;安全渡运人员 334.98 万人次、车辆 227.51 万辆次,组织水上搜救 103 次,救助人员 391 人次,人命救助成功率 98%。

【开展水上交通安全生产检查整改专项行动】 2014 年,江阴海事局贯彻落实省政府办公厅《关于在全省集中开展安全生产检查整改专项行动的通知》要求,以深化完善长江江阴段船舶定线制为主线,集中开展为期百日的水上交通安全生产检查整改专项行动,深入排查整治水上交通安全生产隐患,督促全面落实安全生产责任制,严厉打击水上非法违法和违规违章行为。活动期间,共发送安全短信 1.2 万余条,开展现场集中宣教 5 次,发放宣传材料 3600 余份,排查安全隐患 108 处,辖区通航秩序得到有效治理。是年,辖区发生一般以上水上交通事故 4 次,与上年持平;死亡失踪 8 人,比上年上升 100%;沉船 3 艘,比上年下降 50%;直接经济损失 68.2 万元,比上年下降 61%。未发生船舶污染事故,辖区水上交通安全形势保持稳定。

【成功处置"5·31"危化品船舶碰撞险情】 2014 年 5 月 31 日凌晨,散装危险化学品船舶"建兴 32"轮离泊江阴港利士德码头,在长江 14 号停泊区抛锚,其间先后与在长江 15 号停泊区锚泊的"顾江 9999"轮和"鹏鑫 8"轮发生碰撞,导致"建兴 32"轮右侧船体破损进水,横倾达到 15 度,右舷主甲板浸水,此时正值涨潮,船舶有倾覆危险。该船一旦倾覆,其所载货物 2200 吨苯乙烯面临泄漏,会造成水源污染和人员伤亡的巨大危险。接到报警后,江阴海事局立即启动应急预案,局领导、职能部门负责人第一时间赴现场指挥,协调附近"鼎衡 7"轮对该船实施过驳减载作业,控制涨潮倾斜危险。险情得到初步控制后,立即协调船舶靠泊辖区利士德码头,将货物卸回岸罐。抢救历时 20 小时,先后出动各类船艇 20 余艘次、200 余人次参与应急处置,布设围油栏 500 多米,经过冲滩、过驳、围控等措施,成功化解险情,避免船舶沉没可能造成的水域重大污染和人员伤亡事件。江阴海事局成功避免该起特大险情,有力保障辖区水上安全形势稳定,得到江苏省水上搜救中心和江阴市政府的肯定和表扬。

【首次开展危险货物事故区域联动应急救援演练】 面对辖区危险化学品运输日趋频繁,水上防污染形势日益严峻等情况,江阴海事局提高应对危险货物突发事件的能力。2014年12月26日,江阴海事局在辖区首次开展危险货物事故区域联动应急救援演练。14时,江阴海事局指挥中心接到紧急报警,南荣化工码头装卸作业时发生苯乙烯泄漏和火灾,情况万分危急。接到报警后,江阴海事局立即启动应急预案,调派海巡艇、消防拖轮、清污船舶迅速赶往现场搜救,并通知南荣化工码头上下游的华西、澄利码头开展区域联动应急救援。16时,综合演练圆满完成。通过演练,在积累类似危险货物事故区域联动应急救援经验的同时,江阴海事局、市港口局、安监局、公安局和相关搜救成员单位之间应急反应能力得到提升。

(高　军)

海　关

【概况】 2014年,江阴海关深入开展党的群众路线教育实践活动,创新监管机制,深化通关业务改革,支持地方重点项目建设和进出口企业发展,江阴外贸年度进出口额创历史新高。4月,首次公开销毁侵犯世界知名轴承品牌"NTN"商标专用权的出口船用轴承33个,价值1.4万美元。12月,建成海关关史荣誉室。全年征收关税和进出口环节税86.1亿元;监管进出口货运量2209.2万吨,货值111.6亿美元;监管进出境船舶3586艘次、集装箱52358标箱,进出境人员42153人次;验放报关单42312份;办理加工贸易手册1904份,备案金额45.9亿美元;减免海关税款1.1亿元;侦破铁合金出口走私犯罪案件2件,均被海关总署缉私局列为一级挂牌督办案件;查处走私违规行政案件200件,罚款42.84万元。

【江阴海关通关一体化改革启动】 2014年9月22日起,根据全国海关统一部署,长三角地区的上海、南京、杭州、宁波、合肥5个海关实行区域通关一体化模式,该模式打破传统海关通关模式和海关管理区域界限,5个海关视同一关,使用统一的申报平台、风险防控平台、专业审单平台和现场作业平台,实现海关风险参数统一、区域统一审单。在一体化区域内,进出口企业可以自主选择进出口货物的申报口岸、通关方式和查验地点,允许代理报关企业"一地注册、多地报关",简化异地加工贸易备案手续,监管证件多地通用,担保互通,执法信息互认。9月24日,由中船澄西船舶修造有限公司从上海吴淞口岸进口的39套韩国产船用航行灯具,在江阴海关成功适用区域通关一体化报关模式申报验放,该份编号为231220141124009235的进口报关单成为江阴海关首票区域通关一体化报关单。12月1日,通关一体化改革范围扩大到南昌、武汉、长沙、重庆、成都、贵阳、昆明等7个海关。至年末,江阴海关共验放一体化报关单14403票。

【关检合作"三个一"通关改革】 关检合作"三个一"通关模式是指海关、出入境检验检疫部门在不改变各自现有业务管理系统的前提下,通过搭建关检公共信息平台,整合优化双方作业流程,对进出口货物实施"一次申报、一次查验、一次放行"(以下简称"三个一"),这是海关和检验检疫部门根据国务院部署共同推动的一项通关改革举措,也是口岸大通关建设的重要内容之一。"一次申报"即"一次录入、分别申报",指企业只需一次录入申报数据,分别向海关和检验检疫部门发送;"一次查验"即"一次开箱,关检依法查验、检验检疫",指需要关检双方实施查验、检验检疫的货物,海关与检验检疫部门按照各自职责共同进行查验、检验检疫;"一次放行"即"关检联网核放",指对于运抵口岸的货物,海关和检验检疫部门分别发出核放信息,企业凭关检的核放信息办理货物提离手续。2014年9月9日,江阴海关与江阴出入境检验检疫局举行"三个一"关检合作备忘录签署仪式,启动试点工作。年内,选定江阴中远物流有限公司、江苏远东物流有限公司、江阴港联报关行有限公司3个代理报关企业,对无锡荣成纸业有限公司、宝钢资源有限公司、浙江物产国际贸易有限公司等13个试点企业进口的废纸、铁矿砂、煤炭3类产品实行"三个一"通关模式。实行该模式后,企业通过一次性录入关检申报数据,分别完成报关和报检,企业申报数据项从169项整合至92项,关检重复申报项目减少约30%,申报环节时间节省约30%。至年末,江阴口岸共实现进出口货物"一次申报"114票、"一次查验"63票、"一次放行"60票、"三个一"全流程60票,累计监管进口铁矿砂、煤炭、废纸等60余万吨。

【海关行政处罚简易程序案件查处】 为进一步提高海关对轻微违法案件的查处效率,根据南京海关统一部署,2014年起,由海关业务现场移交缉私部门处理的海关行政处罚简易程序案件,改为海关业务现场直接办理。2月24日,江阴海关监管科当场办结上海某公司申报不实影响海关统计行政处罚案件,成为江阴海关业务现场直接办理的首件行政处罚简易程序案件。至年末,江阴海关业务现场共办理行政处罚简易程序案件178件。

【江阴口岸设立免税商店】 经海关总署批复同意和南京海关实地验收,2014年12月,中免集团江苏免税品有限公司江阴分公司取得在江阴口岸开展免税品供应业务资质,国际航行船舶在江阴口岸即可享受免税品补给,供船免税商品以卷烟、酒为主。至年末,江阴海关共办理免税供船业务185票,监管供船免税卷烟25447条、免税酒405瓶。

(许金辉)

边防检查

【概况】 2014年,江阴边防检查站(以下简称"江阴边检站")以服务发展、保障民生为核心,推进服务效能化、执法规范化、管理精细化三项建设,提升党组织核心领导能力和部队管理正规化、执法规范化建设水平,圆满完成各项年度目标任务。

全年共出动警力10700余人次，检查出入境（港）中外籍船舶3318艘次、中外籍旅客员工40306人次，监护外轮2176艘次，办理各类证件20036份；开通“边检服务绿色通道”18次，救助受伤船员5人次；查处口岸违法违规案件3件6人次，到码头企业开展走访调研、提供法律法规咨询、现场办公53次，开展边检业务培训40余场次；推进党的群众路线教育实践活动和创建模范党组织活动，加强部队规范化、精细化、人性化管理；完成南京青年奥林匹克运动会（以下简称“南京青奥会”）边防检查安全保卫、“蛟龙号”载人潜水器搭乘母船“向阳红09”轮入境边防检查、江阴—靖江工业园区边防检查勤务移交等一系列重大勤务工作；推进边检法治化建设，细化勤务流程、工作步骤和执行环节，完善视频监控、安全防护和同步录像等设施装备，推行“阳光执法”，除法定不公开事项外，执法的依据、程序、进度和结果全部公开；开展业务培训，边检站业务培训中心先后举办江苏省边防总队边检教育第二协作区、青奥安保协作区、第二政治教育协作区有关边检业务，梅沙系统和海港边检勤务综合管理系统操作，伪假证件鉴别、服务礼仪等专题辅导30余场次，开展各类培训班31期1200人次。年内，江阴边检站及下属机要室被公安部边防管理局分别评为基本建设管理先进单位和公安边防部队支队级单位一级机要室，机关档案室被省档案局评定为五星级档案室。

【南京青奥会边检安保工作】 2014年，江阴边检站把南京青奥会安保工作作为一项重大政治任务，科学谋划、主动作为，全面提升口岸管控力，维护青奥会安保期间口岸安全畅通。4月起，启动青奥会安保工作，召开9次专题会议，谋划制定安保总体方案和重点工作时序推进表，设立安保指挥部，启动安保“六项战时政治工作机制”（战时政工协同机制、战时动员教育机制、战时队伍管控机制、战时服务慰问机制、战时典型激励机制、战时督导讲评机制）。规范勤务流程，依托海港边检勤务指挥系统，以指挥调度全过程、人员查控全员额、水陆巡查全天候、重点检查全方位为目标，加大对重点航线船舶、重点登轮人员的检查监管力度，累计排除安全隐患54处，查获在逃人员1人。强化信息研判，与3个口岸联检单位、20个码头企业和13艘国际远洋航行船舶签订口岸管控警地联动协议，建立船舶风险常态化预警评估机制，对重点人员进行安保背景审查，对各类船舶、码头生产作业队、码头工作人员进行背景审查及安全评估，以研判成果决定勤务部署；成立4支反恐处突应急分队，先后组织开展视频拉动演练13次，应急随机拉动演练45次，联合口岸安防力量开展打击“货郎船”等综合演练9次，联合武装巡防12次，构建应急联动网络，有力维护江阴口岸安全稳定。

【“电子口岸、数字边检”建设】 2014年，江阴边检站将实战型指挥中心、高清视频监控系统、海港边检勤务综合指挥系统三项建设有机结合，以打造“一体化、扁平化、信息化、动态化、规范化”边检勤务模式为目标，完成“电子口岸、数字边检”建设。年内，结合江阴电子口岸建设要求，升级改造20座码头37个泊位122个高清探头，开通江阴边检站机关至3个监护中队高清视频会议系统；依托政府和企业建成“预警、报警、处警、远程指挥”为一体的边检站指挥中心、3个分控中心以及20座码头一线边检专用执勤点，实现对港口码头多方位、全天候的实时监控；整合政务网、网上报检、微博微信、即时通讯等网络载体，打造一站式办理、一网通咨询、一体化流转的集群式网上边检平台。是年，通过边检站网上平台预约办理边检证件11000余份，占证件办理总量的61%；边检站执勤业务科受理船舶预检申报2900余艘次，船员签证过期等违规情况比上年减少20%，船舶平均通关速度比上年提高23%。

【边检职业文化建设】 2014年，江阴边检站着力提升边检职业文化建设层次，升级改造边检站警史馆、荣誉室，先后组织开展“青春献边防，国门展形象”演讲比赛、“迎国庆颂党恩”歌咏比赛等“中国梦”系列演讲歌咏比赛，自导自演反映警营生活的微电影《大脚在路上》，获江苏省公安边防部队文艺大赛优秀奖。开展“迎青奥、练精兵、强素质”主题登山活动、“我的青春梦”微信作品展等一系列活动，激发官兵参与工作的热情和干劲；开展“周末育才”工程，选送3名官兵参加南京政治学院的本科函授学习、2名战士到昆明指挥学校参加学历升级，与驻地学校、职业培训中心签订共建协议，组织江阴边检站各基层中队共43人参加警地两用人才各项技能培训，其中26名临退伍战士取得职业技能资格证书。

【岗位练兵活动】 2014年，江阴边检站立足岗位职责，开展全站岗位练兵活动，围绕官兵履职必需的基本知识、基本体能、基本技能，建立“日学、周练、月考、季评”的练兵机制和每周留营住宿集中授课制度；紧贴实战需求开展岗位培训、实战警务技能练兵，组织编印《海港边检站执勤哨兵培训教材》《办理行政案件培训手册》等练兵教案；坚持以赛促练，组织开展军事分类对抗、检查员业务技能竞赛、“一站到底”条令条例和政工干部岗位知识擂台赛、后勤综合保障比武竞赛。6月，江阴边检站承办公安边防部队首届军事体育运动会江苏总队选拔赛，来自全省边防部队各支队级单位的46名选手参加5项项目的角逐，4名选拔赛综合成绩优秀的选手代表江苏边防总队参加全国公安边防部队首届军事体育运动会。年内，江阴边检站在网上督察工作考核中列全省边检类第一名，边检站政治处宣传干事朱康、监护一中队指导员严鑫在省边防总队第二政治教育协作区“四会”政治教练员比武竞赛中分获第2名、第3名。

（李雨成　岳　野）

出入境检验检疫

【概况】 2014年，江阴出入境检验检疫局（以下简称“江阴国检局”）以改革创新践行国家质量监督检验检疫总局（以下简称“总局”）“十二字方针”（抓质量、保安全、促发展、强质检)为主线，立足江苏出入境检验检疫局(以下简称“省局”)“双四一提”(围绕探索新路径、提升新水平、落实新举措、适应新形势“四个新”，谋求在政策研究、优化风险管理、检验监管和通关放行模式改革、检验检测认证机构整合和事业单位分类改革取得“四个突破”，推进现代化强局再提档)工作目标，围绕“严格把关、服务发展”两个中心，圆满完成各项工作任务。年内，全面落实国务院减免检验检疫收费要求，为外贸企业减免检验检疫费1200万元；结合部门职能重组、进出口全申报、业务流程再造三项业务创新，初步构建进口散装液体化工品检验监管新模式；开展外贸大讲堂、质量管理高端论坛、发展中国家检验检疫官走进示范区等活动，提升示范区建设影响力；将无纸化模式推广到包装、原产地证、入境等领域；承担总局政府协议检验监管软件开发任务，建立输非不合格商品案例调查系统；开发进出口企业质量信用评价系统，科学评价进出口企业质量信用；首次在进境煤炭中截获滑刃线虫和垫刃线虫等有害生物；基本完成总局公益性项目《重要外来林木害虫监测技术及监测网络》课题，江阴国检局课题组开发的国家外来林木害虫监测平台获计算机软件著作权登记证书，研制的诱捕器获外观设计专利；把关成效获总局警示通报4次、省局警示通报2次，并通过总局核生化反恐现场督察。全年检验检疫出入境货物1.59万批、货值55.65亿美元，分别比上年下降69.77%、增长11.08%，其中出境7541批、6.75亿美元，分别下降83.14%和62.84%，入境8337批、48.9亿美元，分别增长6.83%和53.07%；发现不合格货物678批，货值9.35亿美元；实施船舶检疫2150艘，比上年下降14.1%，集装箱检疫查验4.46万标箱，下降2.87%，完成出入境人员检疫查验4.24万人次，下降11.2%，健康体检965人次，下降57.38%；签发各类优惠原产地证1.95万份，签证金额15.91亿美元，帮助企业减免国外关税费用4770万美元。是年，江阴国检局被评为江苏省口岸工作先进单位、江苏检验检疫系统文明单位。

【法检商品(重量)鉴定改革】 法检商品(重量)鉴定改革是检验检疫部门应用风险管理方法，确定重量鉴定工作的风险因子，对风险因子实施分类评估，根据不同风险采取相应应对措施，对风险较低的采信第三方检验鉴定结果，实现检管分离的重量鉴定改革新模式。2014年，江阴国检局通过风险管理、流程再造、管检分离实现进口散装液体化工品宏观质量管理；以风险管理为核心，对危化品开展风险识别、风险分析、风险评价、风险应对，强化对危化品的有效监管。以建立事前申报、事中监管、事后评价体系为重点，持续完善检验监管流程再造；制定对第三方机构的评价体系和规则采信第三方检验机构结果，实现工作重心由检验向监管转移，做到检管分离。

【建成全国进境粮食指定口岸】 近年来，依托得天独厚的地理条件和广阔的辐射区域，江阴港已成为长江中下游地区进口粮食的重要集散地，进境粮食包括大麦、小麦、大豆、玉米、高粱等，基本实现粮谷种类全覆盖。2014年，江阴国检局针对江阴口岸进境粮食数量大、风险高的态势，积极创建进境粮食指定口岸。年内，对口岸周边1千米范围内的植物和有害生物进行本底调查，指导企业投入资金，开展对粮食库房、视频监控、无害化处理设施、防疫设施、口岸疫情监测设施等软硬件的改造。10月，总局公布全国第一批进境粮食指定口岸名单，中粮(江阴)粮油仓储有限公司查验点、江阴苏南国际集装箱码头有限公司查验点位列其中，分别取得水运散装和水运集装箱进口粮食接卸资质，江阴港成为全国首批进境粮食指定口岸之一，进一步推动进境粮食业务快速发展。是年，江阴港进口粮食79批次、118.44万吨，货值5.32亿美元，年进口总量首次突破100万吨。

【截获重大疫情】 2014年3月，江阴国检局在对一批进口高粱的进境检测中，发现磷化氢气体残留浓度最高值为11.5ppm(百万分率)，超过作业安全值约40倍，同时高粱表层有大面积的熏蒸剂磷化铝残渣。为此，江阴国检局督促码头方对表层被污染的高粱全部抓除，并进行无害化处理。该案例入选2014年省局十大执法把关典型案例。6月，江阴国检局在检测澳大利亚进口小麦夹杂的油菜籽中，截获油菜茎基溃疡病菌，这在国内尚属首次。该病菌是一种引起油菜茎基部发病的强致病力真菌，由其引起的油菜茎溃疡病是油菜主要病害之一，能导致整个植株坏死。为此，江阴国检局及时督促企业落实接卸、运输、仓

2014年12月23日，江阴国检局检疫人员(右)在中粮麦芽码头对一批保加利亚进口玉米进行表层检疫　(江阴国检局提供)

储、加工等过程中的防疫措施，确保该批小麦在严格监管下进行处理。5月和8月，总局分别就以上两个案例在全国范围内发布警示通报。是年，江阴口岸截获有害生物376种、3698种次，比上年分别增长44.6%和133.1%。

【成功处置残损大豆】 2014年7月，江阴国检局在对一批从乌拉圭进口大豆的进境检验中，发现存在不同程度表面霉变和热损发黑现象，其中约4000吨大豆严重霉变、腐败或炭化，这是江阴港对外开放以来残损值最大的进口货物。为此，江阴国检局采取挖坑深埋加灌药的处理方式，完成3600吨残损特别严重的大豆无害化处理工作。同时，对剩余大豆流向进行严密监管，有效防止食品安全事故发生。

【首次检出不合格纸尿裤】 2014年2月，江阴国检局在对一批意大利进口的婴儿纸尿裤进境检验中，发现该批产品存在外包装上没有标明生产日期或生产批号、部分产品外包装上加贴的中文标志字迹模糊、部分产品包装塑料袋开有透气孔等问题，不符合中国强制性国家标准要求，这是江阴口岸首次检出不合格纸尿裤。为此，江阴国检局判定该批产品不合格，移交海关实施退运处理，共1000箱、1.2万包，货值2万欧元。6月，总局据此发布警示通报，要求各地加强对意大利进口的一次性卫生用品的检验监管。

【首次在废纸中截获医疗垃圾】 2014年4月，江阴国检局在对一批海运集装箱废纸进境检验中，发现夹杂疑似医疗废弃物，经掏箱拆包分拣，检出已使用过的针管、药瓶（普鲁卡因青霉素）、纱布和医用塑胶手套等，经确认为国内禁止进境的医疗废弃物，这是全省首次在废物原料中检出医疗废弃物。为此，江阴国检局对该批次集装箱全部进行退运处理，有效将疫病疫情风险堵截在国门之外。

【进境大宗商品检验】 2014年，江阴国检局加强对进境大宗散货的取制样、送样、检测、出证等关键环节的质量监控，确保取制样准确性，从源头杜绝检验风险。全年检验进口铁矿176批487.8万吨，货值4.55亿美元，检出不合格铁矿139批，批次不合格率78.9%，短重28批，不合格率15.9%，及时出具检验证书，为进口贸易企业挽回损失1035.7万美元。检验进口棉花60批1.6万吨，货值3713万美元，检出品级下降29批，短重45批，共短重122吨，短重索赔约40万美元。 （陈 涛）

长江引航

【概况】 2014年，长江引航中心坚持“阳光引航”，以服务安全为中心，以“三化”（革命化、正规化、现代化）建设为主线，不断提高服务能力和服务水平，圆满完成全年各项工作任务。全年共引领中外籍船舶54986艘次（含移泊12225艘次）、里程736万千米、总吨7.2亿、净吨3.9亿。其中，引领国际航线船舶39744艘次（含移泊10023艘次），国内航线船舶15242艘次（含移泊2202艘次），引领江阴港中外籍船舶6302艘次（含移泊1307艘次）、里程78万千米、总吨6282万、净吨3264万。年内，长江引航中心获评2014年度全国交通运输文化建设优秀单位、交通运输部海事局首批直属海事系统廉政文化示范单位，所属南通引航站姚泽炎引航班组被评为江苏省工人先锋号，所属南京引航站高级引航员匡冠生获交通运输部海事局“全国优秀船员”称号，引航中心机关办公室信息管理员郝永亮获长江海事局十大“泽炎式标兵”称号。

【公布新八项服务承诺】 2014年7月，长江引航中心在原来的八项服务承诺的基础上，出台符合长江黄金水道建设的新八项服务承诺：一是大力推进“阳光引航”，正常情况下船舶按时开航率100%，对因雾、霾、大风等恶劣天气造成压港的船舶，确保24小时内实施引航；二是在长江引航中心官网上公开引航计划、引航申请受理程序、引航收费标准；三是开辟绿色通道，对事关国计民生的重点物资船舶优先实施引领；四是引航服务能力与12.5米深水航道延伸同步适应；五是严格执行《长江引航作业辅助拖轮的配备标准和使用办法》，主动接受社会监督，给航运企业减负；六是杜绝重大及以上责任事故，确保引航责任事故率低于0.5‰；七是强化作风建设，做到人有精神、说话和气、沟通有效、操作规范；八是强化行风建设，实行“四个一律”，即对所有举报一律开展调查并将查处结果反馈举报人，对实名举报人员一律按查实金额的两倍进行奖励，对被实名举报的引航工作人员一律立即停职接受调查，对被查实存在问题的当事人一律待岗半年以上直至辞退。年内，引航中心切实兑现承诺，受到服务对象肯定和认可，年社会满意度达97.82，创历史新高。

【特殊船舶引领】 2014年，长江引航中心引领超大型船舶7257艘次，比上年增长8.2%，其中引领江阴港船舶671艘次，增长5%；引领夜航船舶29979艘次，夜航率54.5%，其中引领江阴港船舶4351艘次。5月3日，引领吃水达10.75米的“普陀海”轮安全出江，刷新江阴引航站引领出江船舶最大吃水纪录。5月7日，引领载有36艘驳船的“鱼鹰”轮安全出江，创单次装载驳船数量最多纪录。6月25日，引领载有“蛟龙”号载人潜水器的“向阳红09”轮安全出江。9月13日，引领船长260米、载重118935吨的“劳拉迪”轮靠泊江阴黄田港5号泊位，刷新江阴到港营运船舶最长和吨位最大纪录。

【遵章守纪规范操作巩固年活动】 2014年，长江引航中心在全线范围内开展以“遵章守纪强责任 规范操作防事故”为主题的遵章守纪规范操作巩固年活动，通过抓好安全责任意识教育、落实引航安全生产责任制、强化业务学习和引航技术进步、严格风险控制和隐患排查治理、强化制度管理等措施，进一步夯实引航安全基础，加强引航员对法规章纪的敬畏意识，提升引航员规范操作整体水平。是年，未发生上报引航责任等级事故，各项安全指标低位运行，引航安全形势持续稳定。

【半军事化建设成果演示获长江海事“五连冠”】 2014年，长江引航中心深入开展半军事化建设，制定

《长江引航中心2014年半军事化建设工作方案》,分3期组织引航中心领导、中层干部、引航员、管理人员、新进人员等203人参加半军事化训练,全面体验部队一日工作、学习、生活制度,职工的守纪观念、团队意识和执行意识进一步增强。同时,通过开展学习“四个规范”(纪律规范、行为规范、内务规范、集体活动规范)、公务礼仪讲座、心理行为拓展、体能训练、军民座谈、国防军事知识、军事射击、海事规章知识讲座等专题活动,将半军事化训练与大练兵活动紧密结合,半军事化建设内涵进一步深化。12月,在长江海事局半军事化建设成果演示评比会上,长江引航中心报送的《阳光引航·圆梦长江——长江引航中心2014年半军事化建设成果演示片》获第一名,创造半军事化评比“五连冠”的优异成绩。（黄 伟）

船舶检验

【概况】 2014年,中国船级社江阴办事处(以下简称“江阴办事处”)开展职业健康安全教育和安全生产月活动,贯彻落实中国船级社(以下简称“CCS”)系统工作会、安全质量工作会的各项要求,确保检验安全质量,全年江阴办事处未发生人员安全事故和安全质量责任事故。年内,完成各类船舶检验481艘次,其中入级营运检验146艘次,国内营运检验240艘次,入级建造和国内建造95艘次。完成焊工考试人员1286人,完成工艺认可35批,完成各类船用产品检验2100个工作控制号。各类检验总收入达3900余万元。4月,中国船级社总部书记江立群到江阴调研“廉政合约”实施工作,充分肯定江阴办事处取得的工作成绩。是年,江阴办事处连续第九次被评为江苏省青年文明号,所辖澄西项目组被中国船级社江苏分社评选为先进项目组。

【“利电7”轮交船】 2012年年底,江阴利电煤炭运销有限公司与中船澄西船舶修造有限公司签订3艘48500DWT系列散货船的订单,均入CCS级。该系列船的型线和结构经过全面优化,配备襟翼舵和消涡鳍,与传统散货船相比,具有低油耗、绿色环保、高操纵性等优势,“利电7”轮为该系列船项目首制船。2014年3月4日,由江阴办事处负责建造检验、江苏审图中心负责图纸审核的“利电7”轮交船暨命名典礼在中船澄西船舶修造有限公司举行,中信泰富有限公司副总裁、江苏利电能源集团董事长李亚军,江阴市委常委、组织部部长钱文琴,中船集团公司副总经理南大庆,中船澄西船舶修造有限公司董事长殷学明,江阴办事处主任周胜贤等参加典礼。

【避免船舶PSC和FSC滞留】 2014年,江阴办事处加强船舶检验管理,狠抓船舶现场检验质量,加强与辖区内各港口海事机构的联系和沟通,确保办事处检验的船舶在港口国监控(PSC)和船旗国监控(FSC)检查中不出现船舶滞留、CCS级船舶在辖区不被滞留。全年无任何安全质量事故,没有FSC和PSC滞留船舶。年内,江阴办事处通过与辖区内各港口海事机构沟通,2月25日成功避免“金达岭”(Class No. 98X2328)轮在泰州港滞留,3月4日成功避免“昱顺”(Class No. 12H002)轮在张家港滞留,3月19日成功避免“大新华”(Class No. 11A6380)轮在京唐港滞留,9月1日成功避免“丰顺68”轮在张家港滞留。办事处成功避免船舶PSC和FSC滞留,有效降低船舶航行安全以及水域污染风险,维护中国旗船舶的国际声誉。

【72条南美驳船交船】 2014年3月,由江阴办事处负责现场建造检验的南美驳船项目——希腊NAVIOS集团公司的第一批36条南美驳船全部完工。4月4日,交船仪式在中船澄西船舶修造有限公司举行。5月,36条驳船从江阴港运送至南美。6月,第二批36条驳船完工,直艏型驳船和斜艏型驳船各18条,均由中船澄西船舶修造有限公司修造。7月4日,36条南美驳船交船。其间,江阴办事处通过合理调配人力资源,完成72艘驳船的建造检验任务和检验发证工作,检验质量得到船东好评。

【安泰动力大型低速柴油机交机】 2014年7月,江苏安泰动力机械有限公司拆检制造的大型低速柴油机开始建造,该柴油机用于船舶工程号SF130301,订货方为泰州三福船舶有限公司。该柴油机由江阴办事处检验,这是CCS江苏分社检验的首台大型低速柴油机,机型为JADMAN B&W 6S50MC-C,额定功率6780千瓦,额定转速每分钟108转。其间,江阴办事处承接该机主要零部件的制造过程及完工检验,零部件装配及液压试验,柴油机台架试验以及氮氧化物(NO_x)排放认可试验。10月24日,该柴油机进行交机试验,10月25日完成台架试验,得到安泰动力和船东高度认可。

【首次进行海工产品成组橇块检验】 2014年5月,江阴办事处承接江苏瑞吉格泰油气工程有限公司的海工产品检验任务,产品包括黄岩14-1(橇位号HY14-1-WHPA-X-1310)分离器撬项目、黄岩二期分离器撬项目、平黄电加热器项目、黄岩化学药剂注入橇项目、平北一期化学注入橇项目和乙二醇(MEG)注入泵橇项目,这是江阴办事处首次进行海工产品成组撬块检验。江阴办事处与中国船级社江苏分社指导验船师组成产品检验小组,对该成组橇块产品图纸进行详细学习分析,明确其用途、检验节点,进行检验部署,检验过程按照与业主(中海石油有限公司)、生产厂家签署的检验与试验计划(ITP)进行,严格按照中国船级社规范及相关行业标准进行检验。12月,江阴办事处完成各项目的检验工作,并签发相应产品证书,得到生产厂家及业主的认可和好评。通过该次检验,表明江阴办事处拥有海工成组橇产品的检验能力,为以后相关产品的检验工作奠定基础。

（刘颖恒）

■类目编辑 承 鸿

城乡规划

【概况】 2014年，江阴市规划部门以“转作风、提效能、促发展、惠民生”为指引，坚持党的群众路线教育实践活动和城乡规划工作“两手抓、两促进”，着力提升依法行政水平。在统筹城乡发展、塑造城市特色、引领转型升级、提升城建形象上不断取得新突破，促进全市经济社会和城乡建设事业平稳健康发展。是年，以新型城镇化、城乡一体化为目标，优化沿江沿河、南门—应天河、敔山新城、绮山、花山、火车站等重点地区规划设计，完成北门岛城市设计、锡澄运河沿线桥梁及周边地区城市设计，做好定山东北组团修建性详细规划、敔山湾控制性详细规划再研究，优化高新区青阳园区规划研究，完成循环产业园规划研究，编制秦望山工业园控制性详细规划。开展市域镇村布局规划修编，完成试点镇（徐霞客镇）初步方案，编制《美丽村庄建设规划——新桥农业生态地区规划、郁桥村村庄规划》，完成长泾镇总体规划（含长泾历史文化名镇保护规划）。做好专项规划编制研究，完成公共服务设施、基础设施统筹规划研究，修编地下空间开发利用总体规划，开展市域蓝线规划、“两路一河”*沿线控制性规划、生态红线与城镇发展边界规划等研究。编制《江阴城市建设五年行动计划》，对未来五年的城市建设思路和重点重大项目进行梳理，为实现江阴新定位、提升区域竞争力提供抓手。贯彻市委、市政府“审批提速提质提效”精神，按照行政许可“三集中三到位”*要求，成立技术服务科、行政许可服务科，落实行政许可前移至规划窗口，提升技术服务和行政许可并行操作的工作效能。深化完善“大审图”机制，牵头做好联合审图工作，积极推进电子报批（审图）试运行，提升报建受理和规划服务的质量和效率。全年高效服务“两路一河”“两渡迁建”“花山互通”等重点重大建设项目和工业、服务业、社会事业及安置房等建设项目444项，受理并办结各类审批事项3101件，其中发放选址意见（书）157件，建设用地规划许可证202件（面积逾821.83万平方米），方案审查意见通知书338件，建设工程规划许可证253件（计入容积率面积逾722.85万平方米），建设工程规划核实合格证287件（计入容积率面积逾780.69万平方米）；办结市政管线审批件736件，违法建设规划影响认定21件，规划咨询意见130件；报送规划竣工验收资料168件。以城乡规划成果“一张图”、基础空间数据“一个库”、规划政务“一个平台”为抓手，高效推进规划信息化建设，做好全市域地下空间数据（地下建构筑物）普查，开展数字江阴地理空间框架和“天地图·江阴”建设，推广自然资源和空间地理基础数据库及共享平台，实现与市公安局、城管局、环保局、园林旅游局和市供电、供水、燃气等单位的共建共享。是年，江阴市规划局获得江阴城市建设先进单位等荣誉。

【火车站地区城市设计】 2014年，江阴市规划局在完成《江阴市火车站地区城市设计》方案征集的基础上，委托方案优胜单位——上海同济城市规划设计研究院编制《江阴市火车站地区城市设计深化研究》，于12月完成该项工作。火车站地区城市设计深化研究范围东至皮弄路，南至花山南侧南云路，西至徐霞客大道，北至大桥路、澄杨路，占地面积1000公顷。规划以“江阴南·入城花园”为理念，依托市域轨道交通和城际铁路场站建设，建立高效、便捷的交通网络体系，打造服务江阴、辐射长三角、集聚现代服务功能的城市副中心，将火车站地区建设成为以交通枢纽、现代商务、旅游休闲、生态居住、商贸会展为主导的复合型地区。同时显山聚水，强化“山、水、城、林”互融的空间景观特色，使火车站地区成为体现江阴对外门户和南大门形象的重要地区。

【循环产业园规划研究】 2014年，江阴市规划局委托江阴市城乡规划设计院编制《江阴市循环产业园规划研究》，于10月完成该项工作。规划研究在深入分析、合理确定江阴市循环产业园规模及选址的基础上，遵循生态安全优先、资源循环互补、立足近期兼顾远期的原则，打造“布局合理化、空间紧凑化、功能特色化、建设标准化”的循环产业园，保障环境安全，提升全市循环经济产业发展能力。在完成规划研究的基础上，市规划局委托市城乡规划设计院编制循环产业园控制性详细规划，即《江阴市秦望山工业园控制性详细规划》，于12月完成该项工作。秦望山工业园控制性详细规划进一步细化园区用地控制要求和引导性内容，明确道路、市政基础设施配置等，为后续开发建设提供依据。

【蓝线规划编制】 2014年，江阴市规划局委托江阴市城乡规划设计院编制《江阴市蓝线规划》，于12月完成该项工作。蓝线规划针对江阴市市域988平方千米范围内的河湖水系进行统筹考虑，确定全市域水系规划方案，制定蓝线划定标准，划定城市蓝线，并提出蓝线保护和控制要求等，以此加强对江阴市城市水系的规划与控制、保护与管理，保障城市供水、防洪排涝和通航安全，改善城市人居生态环境，提升城市功能，促进城市健康、协调和可持续发展。

【新锡澄运河控制规划编制】 2014年，江阴市规划局委托江阴市城乡规划设计院编制《江阴市新锡澄运河控制规划》，于12月完成该项工作。该规划主要是在分析江阴新锡澄运河区域位置、空间特征和产业布局等基础上，加强新锡澄运河两侧用地管控，深化落实港口用地布局，并结合现状桥梁及道路，整合在建桥梁，优化完善两侧路网体系，提升城市整体形象。

【江阴大道和海港大道控制规划编制】 2014年，江阴市规划局委托江阴市城乡规划设计院编制《江阴市江阴大道控制规划》和《江阴市海港大道控制规划》，于12月完成该项工作。该规划通过加强沿线各镇（街道）的衔接、协调控制性详细规划与其他专项规划，合理控制道路两侧用地的建设，完善道路交通设施，改善道路通行环境，优化景观风貌建设，使江阴大道和海港大道成为交通顺畅便捷、建设有序合理、景观风貌优美的快速交通干道和城市特色走廊。

【公共服务基础设施规划研究】 2014年，江阴市规划局委托常州市规划设计院编制《江阴市公共服务设施统筹规划研究》《江阴市基础设施统筹规划研究》，于10月完成该项工作。该规划研究在总结江阴公共服务设施、基础设施建设管理经验的同时，分析江阴公共服务设施、基础设施方面存在的不足并有针对性地指明提升方向，破解城乡二元结构中公共服务设施、基础设施方面存在的各种瓶颈，引导各种设施走向均衡发展，也为全市城乡公共政策制定提供重要依据，为江阴市建设管理部门提供相关政策参考。该规划的编制进一步推进基本公共服务均等化，有利于优化城乡协调发展，提升城乡居民生活质量。

【美丽村庄建设规划编制】 2014年，江阴市规划局委托江阴市城乡规划设计院编制《美丽村庄建设规划——新桥农业生态地区规划、郁桥村村庄规划》，于10月完成该项工作。新桥农业生态地区规划充分利用基地现状良好的苗木、水系等资源，结合当地历史文化要素，定位为“以苗圃培育为基础、以生态运动为氛围、以度假休闲为导向、以植物公园为亮点”的生态休闲区。郁桥村村庄规划以区内郁桥老街为核心，整合河流、田园资源，打造集历史文化观光、休闲度假、餐饮购物、游憩娱乐、生活居住于一体的独具水乡风韵、满足游客多元需求的郁桥老街生态旅游区。

【长泾镇总体规划编制】 2014年，长泾镇政府、江阴市规划局委托深圳市城市空间规划建筑设计有限公司编制《江阴市长泾镇总体规划（2014—2030）》（含《长泾历史文化名镇保护规划》），于12月完成该项工作。该规划总体规划范围为长泾镇行政辖区，面积为53.2平方千米。规划立足长泾镇发展实际，将历史文化名镇保护和城镇经济社会发展等多重任务相结合，明确城镇定位与发展目标。旨在优化镇村布局，完善城镇空间结构，并保护历史文化资源，建设以江南水乡为特色的文化名镇。同时针对产业布局、基础设施建设、人居环境改善等方面作出全面部署，以指导长泾镇经济、社会、文化、生态等各方面健康、稳定发展。

【规划审批】 2014年，江阴市规划局深入贯彻行政审批“三集中三到位”要求，通过精心谋划、周密准备、规范推进，确保规划项目审批的提速提质提效。以清理审批事项，理顺工作关系为目标，全面梳理规划行政审批事项，以“细化、缩减、整合、创新”为原则，完成市规划局内部审批流程再造，做好行政许可、非行政许可审批和行政服务事项的清理，建立权力清单制度，清理后的事项全部进驻行政服务中心。以撤一建一的形式调整内设机构，撤销规划管理一科、规划管理二科，建立并运作行政许可服务科、技术服务科，行政许可服务科入驻行政服务中心与规划窗口合署办公，构建层级分明、职责清晰的工作体制和机制，实现规划审批服务项目“一站式”办理。以强化一次性告知，落实有效服务为抓手，通过细化改进办事指南、开展项目报建提醒服务、项目审批网上指导服务，充分利用网络平台拉近与办事群众的距离。对项目选址、规划审批、批后管理等环节进行提前介入、超前指导、全程服务，使报建单位少走弯路、不走错路，着力做到全方位服务基层无空白。与此同时，强化监督检查，规范审批行为。完善内部管理制度，推行项目审批服务“接办分离、网络传输、限时办结、全程监控”的程式化封闭运行模式，加强工作督查，抓好全过程监管和风险点监控，严格制止违纪违规现象，及时纠正“庸、懒、散”等不良行为。

【城市规划交通影响评价办法出台】 江阴市规划局根据江苏省住房和城乡建设厅、公安厅联合下发的《关于加强城市规划交通影响评价工作的通知》，就进一步加强城市规划编制和实施管理中的交通影响评价工作展开调研。经多次讨论和多渠道公开征求意见，于2013年10月起草完成《江阴市交通影响评价管理办法》。2014年9月，该办法经江阴市政府第三十次常务会议审议通过并予以印发，自11月1日起施行。该办法旨在优化城市交通结构和组织管理，加强交通对城市土地利用的引导，改善交通环境，在规划编制和规划实施过程中都增加交通影响评价有关内容和要求。该办法实施后对城市空间布局、各项建设活动和城市交通管理起到引导与支撑作用。

【全市域地下空间设施普查】 地下空间是城市宝贵的战略性空间资源

和新型土地资源，通过地下空间数据普查，建设地上地下一体化空间数据库，编制地下空间开发利用规划，更加科学高效地开发管理利用地下空间资源，是现代化城市建设的一项重要内容和发展方向。2014年，江阴市规划局在全市域地下管线数据普查的基础上，率先在全国县级城市开展全市域地下空间设施、地下建(构)筑物普查项目工作，完成试验区30项地下空间项目，普查面积约24万平方米。同期，构建江阴市全市域地下空间设施、地下建(构)筑物管理信息系统，完善全市空间地理信息数据体系。该项工作进一步提升城市地上地下空间一体化的规划建设管理水平，为合理开发利用地下空间提供有效的技术和数据支撑，科学引导城市土地节约集约利用。（李正茂）

【市城乡规划设计院】 2014年，市城乡规划设计院充分发挥各专业协同配合的优势，提升技术水平，加强质量管理，开拓设计市场，积极参与国际化现代化滨江名城建设，完成规划设计项目20项，景观设计项目12项，市政项目50项，勘察、测量项目104项，建筑设计项目23项(面积逾168万平方米)，创合同产值4780万元。是年，《江阴市滨江公园之船厂公园》《江阴市百业房地产开发有限公司芦花沟安置房》项目分别获2014年度江苏省城乡建设系统优秀勘察设计奖二等奖、三等奖，《R的叠加》《桃源竹韵》《乡村社区便民服务中心改造》项目分别获2014年江苏省农房和村级公共服务中心优秀设计方案一等奖、二等奖、三等奖，《江阴市环城森林公园总体规划》《江阴市城西小学及幼儿园》《江阴市徐霞客镇湖塘村村庄规划》等22项项目分别获2014年度无锡市城乡建设系统优秀勘察设计奖，其中一等奖2项、二等奖5项、三等奖15项。（袁佩刚）

城市建设

【概况】 2014年，江阴市建设局以"廉洁、优质、安全、高效"为目标，在全面落实项目立项、招投标、资金、建设等管理办法基础上抓好城市建设工作，着力完善城市功能、全面优化宜居环境，提升城市品质。是年，市建设局突出城市基础配套建设，以重点工程建设带动基础设施功能提升，全力推进金三角路工程、敔山湾3号支路工程、定光路东侧地块支路工程等，推动澄江西路二期(隧道)项目，确保年内建成通车。推进花北路二期、芙蓉湖公园配套道路、广电大厦、应天河风光带一期等项目建设。以计划部署、责任落实、现场管理和协调推进为着力点，启动建设普惠路中段、中山路南延伸段、虹桥南路南延伸段一期工程，进一步完善市域干线路网体系。年内，市建设局加快建立预选承包商信息库，提高施工队伍准入门槛，吸纳更多优质市场主体参与城市建设。探索组织专业队伍和社会力量参与工程监管，建立健全工程质量、进度保证体系，落实工程质量终身追究制度，全力打造优质工程、精品工程，确保工程建设质量始终可控，为全市城乡建设生产安全、质量安全、廉政安全提供保障。

【澄江西路二期(隧道)工程竣工】 该工程呈东西走向，西起通富路(通渡北路以东)，下穿江阴一线、二线船闸下游引航道(锡澄运河)、裳岛，穿越闸河桥，过君山路后至澄江路(君山路以东)。隧道路线长1.27千米，地面接线道路及辅路路线长1.15千米。隧道规模为双向4车道，地面接线道路为双向6车道，辅路采用双向2~4车道建设规模，总投资59800万元(不含拆迁费用)。该工程由上海市政工程设计研究总院设计，上海三维工程建设咨询有限公司与江苏腾飞工程项目管理有限公司监理，上海第二市政工程有限公司施工，于2010年7月开始施工，隧道北线于2012年12月推通，南线于2013年9月推通。2014年1月全线竣工，3月试通车，6月通过验收。该工程建成后，有效缓解澄江西路这一交通枢纽拥挤的情况，彻底打破澄江西路多年"断头路"的尴尬，并在锡澄运河形成"河上架桥、河面行船、河底通隧"的立体交通，有助加强老城区与西组团的联系，改善区域交通条件，为西组团发展提供支撑，并提高滨水环境品位。

【金三角路工程通过验收】 金三角路呈南北走向，北起站西路，南至紫金路，长646米，宽24米，总投资2035万元。该道路等级为城市支路，设计车速为30千米/小时。沿线主要相交的道路由北向南依次为站西路、规划路以及紫金路。道路路面及汇水范围内的雨水通过道路两侧铺设的雨水管，流入规划河内。污水从北向南接入紫金路污水系统。该工程由江阴市城乡规划设计院设计，江苏腾飞工程项目管理有限公司监理，由江阴市新远见工程有限公司负责施工，于2013年5月开工，12月竣工，2014年7月通过验收。该道路建成通车后进一步完善城区南部的路网结构，为市民进出新建的金三角商城和南闸公交站提供便利。

【敔山湾3号支路工程通过验收】 敔山湾3号支路工程位于敔山新城，呈南北走向，北起迎瑞北路，南至敔山北路，长334.5米，宽12米，总投资555万元。该道路路面和两侧汇水范围内的雨水由北向南排入道路东侧河道内。道路两侧的生活污水由北向南接入敔山北路污水系统。该工程由江阴市城乡规划设计院设计，江阴市澄宁项目管理咨询有限公司监理，江阴市志银市政工程有限公司施工，于2013年9月开工，2014年3月竣工，2015年1月通过验收。

【定光路东侧地块支路工程通过验收】 定光路东侧地块支路工程位于敔山新城，包括A、B两条道路，其中A号道路呈东西走向，设计起点为定光路，终点为B号道路，长292.5米，宽16米。B号道路呈南北走向，设计起点为北迎瑞路，终点为定光路，长435.1米，宽16米，总投资727万元。该道路为城市支路Ⅲ级，设计车速为20千米/小时。道路路面及汇水范围内的雨水通过沿道路单侧铺设的雨水管，排入门头河内，主管采用Ⅱ级钢筋混凝土管。道路两侧的生活污水与转输其他道路的污水连同A、B号路污水主管联至B号道路终点处，经污水泵站提升至7号支路污水管。管材采用高密度聚乙烯双壁波纹管和聚乙烯管。该工程由江阴市城乡规划设计院设计，湖北建盛工程项目管理有限公司监理,江阴志银市政工程有限公司施工,于2013年6月开工,2014年5月竣工,2015年1月通过验收。

【首创路工程通过验收】 首创路工程位于敔山新城,呈东西走向,西起银桂路,东至金桂路,长292.4米,宽21米。道路等级为城市支路,设计车速为30千米/小时,路面类型为沥青混凝土路面。道路雨水收集系统分为2个排水系统:道路桩号K0+000~K0+130段的雨水由东向西接入银桂路预留雨水检查井,道路桩号K0+130~K0+292段的雨水由西向东接入金桂路预留雨水检查井。雨水主管采用Ⅱ级钢筋混凝土管。道路污水管道系统为从东向西接入银桂路的污水主管网。污水主管采用高密度聚乙烯双壁波纹管。该工程由江阴市城乡规划设计院设计,湖北建盛项目管理咨询有限公司监理,江阴市六盛建筑安装工程有限公司施工,于2013年7月开工,2014年1月竣工,2015年1月通过验收。 (吴 明)

【城裕路南延伸段工程通过验收】 城裕路南延伸段工程呈南北走向,北起五星路,南至普惠路南侧支路,长226米,宽16米,总投资436万元。该道路等级为城市支路,设计车速为20千米/小时。沿线主要相交道路由北向南依次为五星路、普惠路南侧支路。道路路面及汇水范围内的雨水通过道路雨水管道排除,在机非混合车道两侧设置雨水口,经雨水管排入五星路雨水系统,雨水管主管采用Ⅱ级钢筋混凝土管。城裕路南延伸段污水工程收集的污水接入五星路污水系统,最终接入城西污水处理厂,污水管采用高密度聚乙烯双壁波纹管。该工程由江阴市城乡规划设计院设计,江阴市澄宁项目管理咨询有限公司监理,江阴市澄祥鑫建设有限公司施工,于2013年10月开工,2014年1月竣工,11月通过验收。

【天庆路东延伸段工程通过验收】 天庆路东延伸段工程呈东西走向,西起文富路,东至名邸路,长450米,宽20米,总投资1653万元。该道路等级为城市支路,设计车速为30千米/小时。后期天庆路东延伸段原设计图纸作补充设计变更,增加天庆路与名邸路交叉口以北110米左右的名邸路延伸段。天庆路东延伸段路面雨水及道路两侧汇水范围内的雨水通过道路雨水管道排除,在机非混合车道双侧边缘设置雨水口,雨水口设置间距为30米,共2个排水系统,雨水由东往西排入文富路、天庆路雨水系统,雨水管管径800毫米~1000毫米,采用钢筋混凝土平口管。天庆路东延伸段的污水管道管径为300毫米和400毫米,采用高密度聚乙烯双壁波纹管,污水由东向西排入文富路污水系统。该工程由江阴市城乡规划设计院设计,江苏腾飞工程项目管理有限公司监理,江阴市市政建设工程有限公司施工,于2013年9月开工,2014年8月完工,11月通过验收。 (徐 娜)

【虹桥南路与许嘉路过街地道工程通过验收】 虹桥南路与许嘉路过街地道工程位于南门地区,该地道主通道为箱形断面:净高3.56米,净宽6米。通道侧壁厚0.65米、顶板厚0.65米、底板厚0.7米,地道内通过调平层调横坡为双向0.5%,坡向箱体侧壁,合同造价2085万元。地道于路中设置长4米、宽3.5米、高3.4米的控制室,并在其下设一集水井。通道内积水通过调平层表面纵横坡排入相应位置的排水沟及汇水孔,然后汇集到集水井,再通过后期安装的水泵将水排入附近道路的雨水井中。地道采用C35抗渗混凝土,抗渗等级P8。该工程由南通市市政工程设计院有限责任公司设计,江苏外建建设咨询监理有限公司监理,江阴一建建设有限公司施工,于2013年6月进场施工,2014年4月竣工,11月通过验收。该地道建成后将虹桥南路地块地下商业街与环城南路、虹桥南路交叉口南侧,许嘉路与虹桥南路交叉口南侧相沟通,为广大市民提供便利。

【通惠路工程通过验收】 通惠路工程位于城市西组团,呈东西走向,西起通渡路,东至通江路,长564米,宽16米,总投资1200万元。沿线主要相交的道路由西向东依次为通渡路、袁家埭路(规划)、通江路。该工程由江阴市城乡规划设计院设计,江苏恒泰建设工程咨询有限公司监理,江阴市市政建设工程有限公司施工,于2012年9月进场施工,2013年7月竣工,2014年11月通过验收。

【虹桥南路南延伸段一期南段工程通过验收】 虹桥南路南延伸段一期南段工程(立新路至花北路段)位于南门地区,呈南北走向,北起立新路,南至花北路,长507米,宽40米,合同造价1388万元。沿线主要相交的道路由北向南依次为立新路、世新路以及花北路(规划)。该工程雨水管双侧布置于非机动车道内,管中距非机动车道与人行道之间的侧石1米,平行于道路中心线敷设。工程收集的污水向北接入立新路预留污水检查井内,经由立新路污水系统,最终排入梅园路污水系统内。铺设直径500毫米的污水管道515米,检查井15座。该工程由江阴市城乡规划设计院设计,江苏外建建设咨询监理有限公司监理,江阴一建建设有限公司施工,于2012年10月进场施工,2014年6月竣工,11月通过验收。

【天庆路与芦花路工程通过验收】 天庆路呈东西走向,西起普惠路,东至文富路,长642米,宽20米,芦花路呈南北走向,北起人民西路,南至青山路,长587.8米,宽19米,整个项目总投资2047万元。天庆路路面雨水及道路两侧汇水范围内的雨水通过道路雨水管道排除,在机非混合车道边缘设置雨水口,雨水口设置间距为30米,经雨水管排入芦花沟,雨水主管直径为600毫米~1500毫米。天庆路收集的污水最终接入普惠路污水系统和文富路污水系统,雨水主管直径300毫米和400毫米。芦花路路面雨水及道路两侧汇水范围内的雨水通过道路雨水管道排除,在机非混合车道边缘均设置雨水口,雨水口设置间距为30米,经雨水管排入芦花沟。雨水主管直径400毫米~1000毫米,管道覆土少于3米采用Ⅱ级钢筋混凝土管,管道覆土大于3米采用Ⅲ级钢筋混凝土管;管径少于800毫米采用钢筋混凝土承插管,管径大于800毫米采用钢筋混凝土平口管。雨水口连接管采用直径225毫米的UPVC管。污水工程收集道路两侧的生活污水,最终接入天庆路道路污水系统。污水主管直径400毫米,采用高密度聚乙烯双壁波纹管。该工程由江阴市城乡规划设计院设计,江苏河海工程建设监理有限公司监理,江阴市志银市政工程有限公司施工,于2011年8月进场施工,2012年9月竣工,2014年11月通过验收。

【虹桥南路与环城南路交叉口地下通道工程竣工】 虹桥南路与环城南路交叉口地下通道工程位于南门地区,该地道为箱形断面,净高3米、净宽8米。通道侧壁厚0.65米、顶板厚0.65米、底板厚0.7米,通道总长约79.89米。地道顶设照明灯,地道内铺装横坡为双向0.5%,坡向箱体侧壁,通过调平层调坡,合同造价1238万元。地道于路中设置净长3米、宽3米、高2.87米的控制室,供电、给排水、监控等设备均布置于其中,集水井设置在控制室下。地道采用C35抗渗混凝土,抗渗等级P8。该工程由南通市市政工程设计院有限责任公司设计,江苏外建建设咨询监理有限公司监理,江阴华信建设工程有限公司施工,于2014年5月进场施工,11月竣工,2015年1月通过验收。 (刘　宏)

【第三人民医院综合病房大楼工程竣工】 第三人民医院综合病房大楼工程位于五星路999号,占地面积0.14公顷,总建筑面积12960平方米,地上九层,为框架—剪力墙结构,设计使用年限50年,抗震设防烈度6度,总投资4000万元。综合病房大楼主要包括病房、办公室、药房及手术室等,其中一层主要为住院大堂、出入院手续办理室、药房及“医院街”等辅助用房,二层至八层主要为住院病房共267床,九层主要为中央手术部、麻醉科、家属等候区等。综合病房大楼内设置内科、外科、骨科、妇科、产科和儿科等病房。室外新增机动车泊位71个。该工程由上海希艾目希建筑设计有限公司设计,江苏外建建设咨询监理有限公司监理,江阴市新德建设工程有限公司施工,于2012年10月开工,2014年2月底竣工。 (张邦宙)

【滨江法庭审判业务用房工程竣工】 江阴市法院滨江法庭审判业务用房工程位于澄张公路东、东外环路西、质监局检测中心北侧,总建筑面积约6440平方米,框架结构(地上5层、地下1层),总投资2500万元。主要由1个中法庭、4个小法庭、多个调解室构成,用于案件的审理和调解。该工程由大连建筑技术发展中心设计研究院有限公司设计,外建建设咨询监理有限公司监理,江苏华邦建设工程有限公司、江阴市滨江装饰幕墙工程有限公司、无锡市锡西建筑装潢工程有限公司及江阴市广播电视技术有限公司共同施工,于2012年11月开工,2014年3月竣工。 (朱春军)

【敔山湾公共租赁房工程竣工】 敔山湾公共租赁房工程位于敔山新城滨港路东、湖西路西、敔山路南,占地面积3.03公顷,总建筑面积98370.6平方米,总投资5.5亿元。整个项目由5栋高层住宅楼及地下室人防工程组成,共804户。该工程由江阴市城乡规划设计院设计,江苏誉达工程项目管理有限公司、江苏腾飞工程项目管理有限公司监理,江阴民用建筑安装工程有限公司、江阴一建建设有限公司、江阴市红叶园林绿化有限公司、江阴市新德建设工程有限公司共同施工,于2011年8月开工,2014年8月竣工。 (顾飞虎)

【江阴广电扩建(改造)工程竣工】 江阴广电扩建(改造)工程位于中山南路广电大院内,分为业务用房和配套用房2个单体建筑以及相应的室外场地、道路等配套改造工程,业务用房由高98.85米的21层主楼和5层裙房组成,建筑面积5.9万平方米,两层人防地下室埋深9米,结构采用框架—剪力墙形式,后张法预应力施工;配套用房5层,建筑面积约5600平方米。业务用房主要满足广电生产办公需求,楼内配备多个大、中、小型演播室、录音室、直播间、播控室、机房等用房;配套用房主要满足职工餐饮和活动需求,整个项目总投资5.87亿元。该工程由北京中广电广播影电视设计研究院、江阴市建筑设计研究院有限公司、厚石国际建筑设计(上海)有限公司设计,江苏四方建设项目管理有限公司监理,江阴一建建设有限公司、江阴南方建设集团有限公司、江阴新德建设工程有限公司等共同施工,于2011年2月开工建设,2014年9月竣工。 (朱为民)

2014年江阴市城区道路结转工程进度一览

表44

工程名称	起讫地点	长×宽(米)	施工单位	施工进度
金三角路	站西路至紫金路	646×24	江阴市新远见工程有限公司	2013年5月开工、12月竣工 2014年7月验收
敔山湾3号支路	迎瑞北路至敔山北路	334.5×12	江阴市志银市政工程有限公司	2013年9月开工 2014年3月竣工
定光路东侧地块支路	定光路至B号道路、北迎瑞路至定光路	292.5×16 435.1×16	江阴市志银市政工程有限公司	2013年6月开工 2014年5月竣工
首创路	银桂路至金桂路	292.4×21	江阴市六盛建筑安装工程有限公司	2013年7月开工 2014年1月竣工
城裕路南延伸段	五星路至普惠路南侧支路	226×16	江阴市澄祥鑫建设有限公司	2013年10月开工 2014年1月竣工
天庆路东延伸段	文富路至名邸路	450×20	江阴市市政建设工程有限公司	2013年9月开工 2014年8月竣工
虹桥南路南延伸段一期南段	立新路至花北路	507×40	江阴一建建设有限公司	2012年10月开工 2014年6月竣工

(吴　明　徐　娜)

城市管理

【概况】 2014年,市城管局围绕年度城市管理工作要点,遵循"把城市管理基础做实、把执法管治工作做好、把体制机制改革做深、把民生诉求服务做优、把江阴城乡形象做美、把城管队伍素质做强"的工作方针,以江苏省优秀管理城市、文明城市创建为抓手,以开展党的群众路线教育实践活动为载体,夯实城市管理基础,强化执法管理,着力构建运转流畅、反应快捷、监管到位、保障有力、管理高效的城市管理格局。围绕"931"(指"九整治三规范一提升",即整治城郊接合部、城中村、棚户区、老旧小区、背街小巷、城市河道、低洼易淹易涝片区、建设工地和农贸市场;规范占道经营、车辆停放和户外广告设置;提升城市长效管理水平)环境综合整治,按照有规范、有节奏、有重点的要求,对市容秩序、背街小巷、环境卫生、道板停车等方面开展反复持续整治及专项行动,解决城市管理中的薄弱问题、处理群众反映强烈的突出问题。推进城管"阳光执法"工程,明确并细化执法办案具体操作程序,实现对办案过程事前、事中、事后全方位监督,提高执法透明度,增加执法公正性。推进机制改革,落实治理机制着力点,为城市管理开辟更大空间。年内,在前期调查研究、专题讨论、学习借鉴的基础上,针对户外广告、建筑垃圾、公共停车、违法建设等管理热点难点制定一系列管理办法和措施,通过部门统筹、上下协调、多措并举,确保城市治理机制有效落实。立足"12319""12345"服务满意度考核评价体系,以群众满意度倒逼执法管理,最大限度服务市民。遵循从严管党治队新常态,开展各类活动加强城管队伍建设,提升队伍向心力和执行力。是年,全市依法查处行政处罚案件32327件,办理各类行政许可1682件;拆除违法建筑873处、72388平方米;办理特种垃圾处置证7500张,处置建筑垃圾(工程渣土)160万立方米。修订完善城管窗口服务工作手册和便民服务手册,深入推进行政许可网上审批,继续试行申请件"容缺预审"和办结件即时短信通知服务,全年办理行政审批事项1682件,综合提前办结率97%。妥善处置信访投诉2987件,办结率100%;化解信访积案8件;大桥社区、文定社区和中山北路分别创建成为省级城市管理示范社区和示范路;完成2014年中国江阴经贸合作洽谈会、国家公共文化服务体系示范区创建等各类重大活动市容保障59次。是年,市城管局获得江苏省城市管理行政执法案卷工作先进单位、无锡市2014—2016年度依法行政示范点等荣誉称号。

【市容环境整治】 2014年,市城管局按照打造精细有序市容秩序的要求,针对"门店、停车、经营、工地、环境、建设"六大秩序,开展城区市容环境秩序百日整治、工地扬尘整治、建筑垃圾专项清理整治。坚持集中整治与长效管理相结合,按照"一条路一条路整治、一间门店一间门店规范、一个节点一个节点攻坚、一类问题一类问题化解"的原则,立足于城区市容环境秩序的提升以及市容镇貌的升级,制订全市性实施方案,细化执行步骤。同时,注重把握工作节奏,按照市容管理的客观规律开展部署,加大对全市城乡范围内乱贴乱画、破坏绿化、乱倒乱扔垃圾、占道摆摊等行为的整治,城管中队确保每周开展整治一次,大队确保每月统筹集中整治,并对热点问题进行随时整治。年内,市城管局出动执法人员5000余人次,规范93个工地、26条主干道、22条次干道,签订门前"五包"责任书9732份,查纠店外经营(作业)行为2400余次、乱堆乱放1800余次、乱停车1.5万余辆、无证摊点1万余次。利用查纠并举的方式,实行渣土管控,主城区核准建筑工地建筑垃圾处置项目19项,办理门店装潢处置许可208件,办理特种垃圾处置证7500张,处置建筑垃圾(工程渣土)160余万立方米,收费331.83万元,比上年增长120%。专项整治扬尘和建筑垃圾,严管重罚抛洒滴漏、乱倒垃圾等违法行为32次,罚款16万元;处理夜间施工噪声扰民200次、违规设置户外广告1256次,清除乱张贴1.8万处,有效化解剪金街马路菜场、花园四村无证摊聚集点、青果路南门烧烤等典型问题,城市市容景观和环境秩序更趋品质化、规范化。

【推进城市管理综合整治】 2014年,市城管局以创建全国文明城市和江苏省优秀管理城市为契机,围绕江苏省、无锡市"931"城市环境综合整治工作总体要求,深入推进"九整治三规范一提升"的工作内容。在巩固环境综合整治成果的基础上,合理配置人力、财力和物力,突出整治群众反映强烈的城市环境问题。落实"月报告、季检查、年考核"的工作机制,严格执行效能问责,加大市容管理的督促检查与暗访曝光力度。发挥城管统筹作用、增强部门协同,畅通信息跟踪渠道,及时掌握市容环境的整治动态,推动城市管理的精细化、长效化发展。至年末,全面完成2014年度规划确定的2个城郊接合部、3个城中村、14个老旧小区、5条背街小巷、2条城市河道、4个低洼易淹易涝片区、12个建设工地、2个农贸市场、2个经营疏导点、3个停车场、65处违规户外广告等整治任务,提升城市管理基础设施承载能力,百姓人居环境得到有效改善。

【违法建设管控整治】 2014年,市城管局围绕"老违建负增长,新违建零增长"的目标,按照"综合统筹、市镇联动、属地为主、突出重点、整体推进"的工作原则,加强对违法建设的巡查管控,有计划、有步骤、分阶段推进违法建设管控整治工作。是年,依托全市违法建设综合治理工作领导小组办公室这一工作平台,加强住宅小区违法建设管控力度,制定详细可行的考核细则,加大督查考核的频次和力度,均衡管控压力,对新建小区投入使用前的管理及配套设施进行单项验收,实施单项验收59次。强化责任体系建设,不断完善市、镇(街道)、村(社区)、物业多级管控责任体系,突出网格化管理,在主城区依托澄江街道社区网格管理员和小区物业管理人员,按照网格划分建立清单,做到网格、巡查管理员、违建底数"三位一体"对应。在乡镇(街道),以村或村民小组为单元，落实巡查责任，建立台账底册，确保违法建筑及时发现、及时上报、及时处置。年内，组织开展全市层面的专项督查，对璜土香树湾、水岸新都等8个违建重点地区挂牌督办，开展城乡“无违建”小区创建。加大执法力度，开展违建专项整治，全年拆除违法建设873处、72388平方米。

【暨阳商城安全隐患专项整治】 2014年，暨阳商城因违法建设、电线私拉乱接、线路老化过载、消防通道堵塞等突出问题，存在重大安全隐患，被列为无锡市亟须整治的重点重大安全隐患区域。8月，市城管局按照市委、市政府统一部署，秉持“共建共享、共治共管”的工作理念，自觉依据整治方案、对照部门职责，以宣传到位、执法到位、整治到位为切入点，牵头开展暨阳商城违法建设的整顿拆除工作。市城管局发挥协调作用，强化组织领导及舆论宣传，将工作重心下移，融合社区、门店等基层基础力量，联系结对挂钩的社区，进群众家门、坐群众板凳、聊群众心声，开展“上门纳谏、集中问诊”的走访发动工作，确保安全隐患整治工作得到广大业主和商户的理解与配合。在整治过程中，市城管局与澄江街道、市公安、消防、公用事业、燃气、供电、水务和暨阳房产等部门密切协作，先后与服务对象、管理对象、联动单位代表以及行风监督员、社区代表等开展十余次座谈会，广泛征求意见建议，发挥合力、履行职责，推进隐患整治。11月中旬，市城管局顺利完成暨阳商城违章建设的拆除工作，拆除违法建设104处、3800平方米，为下一步供水、供电、燃气实施改造工作奠定基础。

【数字城管】 2014年，市城管局增强数字城管的平台功能，整合管理资源，构建协同管治合力，确保城市管理统筹发展。年内，江阴数字城管系统受理各类案件30084件，其中“12319”热线投诉案件9049件。信息采集员一般上报12669件，快捷处置上报8300件，结案率96.62%。以“集中监督、分级指挥、综合执法、网络覆盖、行业拓展、全市域管理”的管理构架为基础，发挥数字城管高位监督、高位协调作用，全年协调解决热点问题17个，联动部门现场协调37次。全年开展废弃立杆、门牌、公安设施、公交站亭、公共自行车出租点等5类专项部件排查清理工作，共清理整治无主废弃立杆93个，破旧门牌22个，交通标志牌、护栏、交接箱破损217处，道路缓冲垫遗失3处，站亭破损、锈蚀、缺字94处，自行车出租点锈蚀2处。至年末，数字城管二期软件进入试运行阶段，视频监控二期完成现场勘查和施工设计。

【城管队伍建设】 2014年，市城管局坚持问题导向，突出民生指向，强化创新取向，紧扣市委“五检查五解决”*的核心要求，以“六查六治”*为主线，深入开展党的群众路线教育实践活动。坚持领导带头，开门搞活动，做到“规定动作”不走样，“自选动作”有特色，多层次征求意见建议375条。坚持从严管党，从严治队，扎实改进队伍作风，创建江阴城管党建特色品牌。提高执法人员综合理论素养和驾驭热点难点的能力，组织全局246名执法人员分4批次开展封闭集训。以“工人先锋号”“青年文明号”“巾帼示范岗”创建为抓手，开展创先争优活动，市城管局监督指挥中心平台组被评为“江阴市工人先锋号”，处理中心获得“无锡市工人先锋号”荣誉。深入开展“寻找身边榜样·最美城管人评选”活动，经过基层发动、深度挖掘，最终从42名参评对象中评选出10名“最美城管人”和10名“最美城管人”提名人选。年内，结合城管工作实际，以服务发展、服务基层、服务群众为主线，以打造为民、务实、高效、清廉的服务型机关为目标，深入开展“转作风、提效能、促发展”、治理“中梗阻”问题的专项行动，开展窗口行业“人民满意”主题创建活动，提高城管队伍战斗力。

（陆军浩）

房屋拆迁

【概况】 2014年，江阴市征收办根据全市城市建设管理大会精神，调整思路，把握节奏，继续执行“惠民、依法、阳光、和谐”八字方针，做到依法拆迁、阳光操作、公开亮底、惠及民生。实现从过去四面开花、一气呵成向保重点、保民生转变，采取分批方式启动征收项目，加快安置房建设，实现各项工作新突破。是年，合理推进征收拆迁工作，城区重点路桥涉及的遗留户基本完成签约和拆除；加快办理国有土地上房屋征收决定和集体土地拆迁备案手续。完善各项政策规定，加强政策宣传和解释工作，推进群众矛盾梳理、调解。加强行业监管，对项目进行实时跟踪，配合澄江街道全面完成拆迁公司退出拆迁行业后的交替衔接工作。年内，城区安置房建设坚持三级管理制度，优化流程，精心组织验收工作，确保安置房如期交付分房。至年末，全市完成拆迁面积142万平方米，其中主城区完成27万平方米，乡镇完成115万平方米；全市建成安置房面积184万平方米，新建148万平方米，其中主城区安置房建成57万平方米。

【创新拆迁方式】 2014年，江阴市征收办以破解征地拆迁难题为切入点，采取拆迁与安置同步、拆迁审批与安置房审批同步、动迁协议与安置房选房协议同步的措施，创新拆迁方式，采取全面征求群众意见，经丈量同意、家家户户签署协议后组卷上报的方式，在谢园村北庄区域试点推行“自愿申请，统一签约搬迁”，在充分尊重群众意愿的基础上，坚持不与民争利的原则，让百姓得实惠。谢园村北庄在新型拆迁方式下于一个月内全部实现拆安同步，实现被拆迁户“零过渡”目标。年内，市征收办树立“拆迁一处、造福一片、稳定一方”的理念，在贯庄区域试点生产用房解决方案，解决澄江街道十多年的遗留问题，全面保障群众的住房需求。

【安置房质量管理】 2014年，江阴市征收办根据市政府《关于加强安置房建设及安置管理的意见》要求，坚持“以人为本、民生优先”的原则，明确安置房建设的标准和文明施工的要求，规范落实安置房建设管理制度，以“合理布局、优化设置、相对集中”为导向，组织专门人员检查安置房建设质量，就工程主体建设、室外配套、管线施工、园林绿化等进行跟踪。同时,组织镇(街道)人员、各涉拆村(社区)负责人、被拆迁户代表对每一套安置房进行复查,将发现的问题记录在册,提交并督促开发建设单位进行严格整改,确保安置房的小区规划、房屋品质、环境及配套设施建设达到精心设计的建设标准,切实提升安置房工程质量。

【配合街道分房】 2014年,江阴市征收办按照先易后难的原则,配合澄江街道开展分房工作。在深入调研、了解实际情况的基础上,经反复研究,制订科学的安置房分房方案,对分房工作各个流程进行细致安排。同期向安置群众详细提供分房政策、分房流程、交房办法以及配套设施服务等信息。妥善处理安置分房过程中出现的矛盾,面向群众做好政策解释和选房引导工作,及时化解各类问题,确保分房工作平稳有序开展。采取分批逐个按区域安置的措施,做到分一批成一批,确保安置分配秩序的稳定。至年末,在主城区完成外滩名门、春麓苑、贯庄小区留置用地、903分厂、芦花沟、立新留置用地、立新五期、河北街等地块的安置分房工作,累计达2865户、5342套的安置体量。(王 瑶)

公用事业

【概况】 2014年,江阴市深入推进公用事业体制机制改革,围绕“民生、均衡、精明、品质”的建设目标,按照统一规划、统一建设、统一运行、统一管理的要求,统筹配置城乡公共服务资源,加快推进环卫、供水、供气、供热、污水处理、照明等公用设施向乡镇、农村延伸,提升公用事业工程建设和行业管理水平。加强公用事业基础设施建设,实施完成城区生活污水接管维护改造工程、云顾路路灯改造工程、璜塘互通至长山大道连接线道路照明工程、峭璜路拓宽改造照明工程、镇澄路照明工程、东华路照明工程、海渡路照明工程、芙蓉大道新锡澄运河大桥照明工程、江阴大道照明工程、海港大道照明工程、城区污水泵站改造工程等项目13项。是年,江阴市市政管理部门履行职责,加强市政行业管理,推动完成鲥鱼港路、澄南桥翻建等工程,城区全年修补路面35935平方米,人行道板修复10306平方米,侧平石修复9015米,沥青灌缝23677米。开展汛前预防工作,加大雨水管网养护力度,完成雨水管网清疏547.2千米,清疏雨水箅、检查井36969座次,提高城市的抗涝能力。拓展公用产品供给网络,全年供水量25100万立方米,日均供水量67.7万立方米,全市日供水能力达106万立方米,用水普及率100%。加大基础设施建设投入,全年投资8432万元,新建燃气管网210.8千米,完成3.1万户天然气居民用户入户工作,建成区天然气主管网覆盖率100%。全年供应天然气57856万立方米,液化石油气34980吨。以科学规划、统筹配置为抓手,全年推进城区热网整合工程15.8千米。继续实施“组保洁、村收集、镇转运、市处理”的城乡全覆盖环卫收运体系,全年无害化处理生活垃圾50.5万吨,日均处理1383吨,无害化处理率和全量焚烧率均达100%。新建污水主管网50余千米,建成农村生活污水处理设施50个,处理生活污水13300万吨,支付污水处理费8630万元、污泥费880万元;城区和集镇建成区生活污水集中处理率分别为96.45%和86.18%。新增照明建设管理道路55千米、光源5379个,实施完成295个背街小巷照明设施节能改造,全市600余千米照明设施的亮灯率和设施完好率分别为99%和98%,全年公共照明节约电费1500万元。

(武传刚 金吴亚)

【市政路桥管养】 2014年,江阴市市政管理部门坚持科学化、精细化管理,强化精品意识,以细节求质量、显品质,进一步加强市政路桥养护质量。根据国家、省、市有关城市道路管理、城市道路养护、城市桥梁养护方面的条例和技术规范要求,开展市政道路设施的养护管理工作,做好定期与不定期道路养护设施的巡查与考核,发现问题及时解决,全面提升道路养护质量。至年末,全市完成城区沥青、混凝土路面修补35935平方米,人行道板修复10306平方米,侧平石修复9015米,沥青灌缝23677米;完成城区59座桥梁的常规检测及16座桥梁的结构性检测,完成城区璜塘桥改造及桥梁零星维修,确保城市道路设施完好,实现路平桥畅的目标。

【市政道路改造】 2014年,江阴市市政管理部门按照一手抓进度,一手抓管理的要求,合理规划市政道路改造,科学制定改造施工方案。在保证施工质量和安全的前提下,抢抓时间,倒排工期,加快推进重点项目建设,全年实施完成鲥鱼港路、澄南桥翻建等工程,促进路桥安全畅通运行。(金吴亚)

【城市防汛排涝应急管理】 2014年,江阴市市政管理部门立足防大汛、抗大涝、抢大险,树立“早部署、快落实,抢时间、抓先机”的工作目标,提前组织汛前预防工作,主动采取各种应对措施,提高全市抗涝能力。针对城市内涝状况,实施四期防汛改造项目,工程于6月底基本结束;开展人民路管道清淤等工作,完成城区20余处渍涝路段改造,部分路段雨水检查井安装高强度防护网,有效提高汛期道路排涝能力和事故防范水平。细化各应急队伍责任区域,优化防汛应急预案,强化应急力量架构。加强应急设备和物资配备,建立城市区块责任到人、分工包干的制度,强化应急响应的高效性。严格执行汛期值班制,将城区防汛工作控制在可控状态。7月27日暴雨后,城区部分区域发生积涝情况,市政管理部门迅速组织应急队伍投入排涝抢险工作,重点对部分道路交叉口、下穿通道等实施应急排涝,雨后3小时内基本解决积涝问题,没有对群众生产生活产生重大影响,排涝应急管理能力得到群众肯定。(陶晓华)

【环境卫生管理】 2014年,江阴市环境卫生管理处以建设“精细高效的环卫保洁网”为总体目标,以“稳中求进,精明发展”为导向,针对生活垃圾收运量居高不下的紧张局面,制订并执行控量计划,落实错峰清运、消纳积存垃圾、强化终端监管等措施,确保生活垃圾收运体系平稳运作。5月起,按照无锡地区统一标准,核定全市生活垃圾收运量,城区0.89千克/日/人、镇区0.61千克/日/人，全市总量控制在1417吨/日。年内，全市无害化处理生活垃圾50.5万吨，平均日处理量1383吨，总发电量1.68亿千瓦时，向周边电网供应绿色电能1.44亿千瓦时，无害化处理率和全量焚烧率均达100%。加大环卫设施投入力度，至年末，全市拥有压缩式中转站30座，配备压缩机60台，机械化作业车392辆，城区机械化清扫率87%，生活垃圾密闭化收运率100%。

（徐　蕾）

【餐厨垃圾就地式处理示范项目启动】 2014年9月16日，江阴市首个餐厨垃圾就地式处理示范项目在市级机关食堂正式启动。该项目占地66平方米，内设工作房、管理间、储料间和清洗间，配备操作人员2名，餐厨垃圾处理规模达500公斤/日。餐厨垃圾从食堂收集后，经预分选、粗破碎、三级脱水、油水分离、生物除臭等环节处理，最终输送为有机肥料。在生物菌种作用下，餐厨垃圾经最终处理产生1%～2%的油脂，可用于制造生物柴油和化工产品；固形物经发酵产生10%的肥料，可作为有机肥料回归农田，垃圾处理剩余的水和气则在完全达标后进行排放。餐厨垃圾经处理后，无害化、资源化达100%，减量化达90%。相对于传统的集中式处理，该项目具有资本投入少、占地面积小、运输成本省等特点，是全市尝试用国内先进技术对“地沟油”进行规范处理的首例。

【果蔬类有机垃圾分类处理项目实施】 2014年12月，江阴市首个果蔬类有机垃圾分类处理项目在西郊环卫所中转站正式投入运行。该项目作为江苏省率先实施的果蔬类有机垃圾“变废为宝”专项处理项目，设计规模为处理果蔬类有机垃圾20吨/天，采用由清华大学开发的高温好氧快速发酵一体化设备，进行高效智能化操作。在高效专性微生物菌种的作用下，可实现有机垃圾72小时快速降解，减容减量率超90%，产出的有机肥料具较高经济价值。该项目具有占地面积小、减量化程度高，且简单易行、节约成本等优势，单个项目运行每年可节约生活垃圾运行处置成本50万元以上。该项目在全市推广后，对推动生活垃圾源头减量、分类处理，有效缓解“垃圾围城”的压力有重要意义。

（于丽群）

【推进环卫市场化运作】 2014年9月起，江阴市打破城区原环卫所独家经营环卫市场的模式，通过公开招标，将夏港河以东、老城区与西城区接壤处区域，以及芙蓉大道以南部分路段的道路清扫、绿化保洁和垃圾转运任务推向市场，城区环卫作业市场化运作迈出坚实一步。坚持“企业化运营、专业化管理”原则，移交区域的环卫作业由中标企业配备作业车辆，市环境卫生管理处每月从日常运作经费中提留10%作为月考核资金，依据环卫作业质量标准及考核细则，对中标企业实行规范化监管与绩效化考核。年内，全市城区环卫服务职能移交区域的范围进一步扩大，范围包括：夏港河以东6条道路，道路清扫面积为9.8万平方米；夏港河以东8条道路绿化保洁，面积达12.2万平方米；普惠苑等7个小区以及部分村、门店厂家的垃圾收集及转运处理，作业量为35吨/日；芙蓉大道以南20条道路及绮山汽车城10条道路的清扫保洁和绿化保洁面积。环卫作业市场化运作能充分发挥市场化竞争机制的优势，推动全市环卫作业质量的有效提升。（徐　蕾）

【供水节水】 2014年，江阴市水务管理处推进供水管道新建改建工作，组织建设澄西水厂管径1400毫米、澄鹿路管径800毫米和管径1600毫米、来春桥管径1400毫米、北涧临水路和锡沙公路管径800毫米、利港倪家丹路管径600毫米、新桥镇陶新路管径600毫米等给水管道工程，累计建成管道75.3千米。加快推进二次供水改造和农村户表改造试点工程，完成老小区二次供水改造工程试点项目3项、村级户表改造试点工程1项。在全市范围开展供水节水专项检查，规范企业用水行为，全年检查自备水和中水回用企业1200个，督促指导新安装安全供水防护设施的企业498个，确保全市用水安全。完善供水应急预案，组织开展水源地污染突发事故、消防、液氯泄漏等应急演练，增强应急处置能力。7月，位于利港黄丹港东侧的地下水应急备用水源地与澄西水厂实现联网，并正式投运。推进省级供水服务标准化试点项目，新建标准化营业厅2个；优化公众微信服务平台，实行热线“962001”城乡一体化服务。提升全市供水保障能力，全年供水量2.51亿立方米，完成售水量2.32亿立方米，水质综合合格率100%。年内，加强节水创建工作，成立节水领导小组，制订创建节水型小区工作计划及目标，加强巡视和检查，杜绝小区供水可能出现的跑、冒、滴、漏水现象。采用悬挂横幅、张贴节水宣传画、加快节水器具改造等多种形式，有计划推进节水宣传，增强节水理念普及。至年末，弘建国际和普惠苑2个小区获得省级节水型小区；全市城市计划用水率91%，节约用水352万立方米，工业用水重复利用率86%，对超计划用水单位收取超计划加价水费15.09万元。

（崔红发）

【城镇生活污水处理】 2014年，江阴市公用事业管理局按照城乡污水处理设施全市域覆盖、全天候运行、一体化管理的要求，加快城镇生活污水行业监管。11月，组织修编《江阴市城镇污水专项规划（2012—2030）》，加强城镇排水与污水处理的管理，保障城镇排水与污水处理设施安全运行。通过专家论证，并经市政府第32次常务会议讨论通过，自12月13日起在全市颁行。至年末，全市新建污水主管网50余千米，建成污水主管道923千米，新建农村村庄生活污水设施50个。光大水务（江阴）有限公司全年处理污水6400万吨，日平均处理量17.5万吨，比上年增加1.33万吨，增长8.2%。支付污水处理费、污泥费分别为8630万元和880万元。18个镇级污水处理厂全年处理污水6900万吨，日均处理量18.9万吨，比上年减少1.2万吨/日。城区、集镇建成区生活污水集中处理率分别为96.45%和86.18%。（黄骁勤）

【管网养护管理】 2014年，江阴市水务管理处加强市政管网养护力度，以管道的检漏修漏、附属设施和配件的养护检修、管道的清垢防腐、管网的防污染、事故的抢修和旧管道或配件的更新为着力点,对全市东至东外环路、西至西外环路、北至长江、南到火车站区域范围内的污水管网实现规范养护、科学养护。全年清疏污水检查井34829座,疏浚污水管道584.9千米,应急疏通污水管道5.3千米,更换、修缮污水窨井盖107座,确保城市污水管网系统运行通畅和市民出行安全。年内,市市政管理部门加强城区雨水管网养护工作,对重点区域、重点路段进行多次清疏,完成雨水管网清疏547.2千米,清疏雨水箅、检查井36969座次,强化雨水窨井盖巡查和修换工作,及时消除安全隐患,累计巡视道路总里程83142千米。对养护工作进行考核,要求相关公司优化人员装备配置,注重养护作业细节,完善防汛应急作业手册。同时,加强道路雨水设施监督巡查,及时处理坠井事故隐患。

(夏　涛　陶晓华)

【燃气管理】 2014年,江阴市加强燃气管理、安全检查和保障供应,投资8432万元,新建天然气管网210.8千米。全市拥有天然气管网总长1893.5千米,其中,高压243.51千米、中压740千米、低压910千米。全年管道天然气销售量为57856万立方米,平均日供气量158.5万立方米。全市有液化石油气储配站11座,全年供应液化石油气34980吨。天然气汽车加气站8座,全年供气总量分别为压缩天然气1363.97万立方米、液化天然气169.16万立方米。是年,江阴城区热网整合工程完成管道敷设15.8千米。

【燃气安全专项整治】 2014年,江阴市进一步加强燃气行业安全生产监管工作,探索各属地政府、职能部门燃气安全生产监督管理新办法,逐步形成燃气安全生产各司其职、各负其责、齐抓共管的监管格局。深入全市487户管道燃气工业用户进行用气安全全面普查,检查中发出整改通知95份。全年受理燃气热能类"12345"公共服务热线举报投诉84件,办结率100%,满意率100%。是年,为防范燃气用户操作使用不当造成的安全事故,进一步加大燃气安全公益宣传教育,制作燃气安全公益宣传专题片在各镇(街道)巡回播出,利用广播、电台、报纸、短信提醒等媒体平台进行广泛宣传。积极开展"安全生产月""燃气安全进社区"和"燃气安全知识宣讲"等活动,发放《燃气安全知识手册》2万册、宣传画2万张,在全市营造浓厚的燃气安全宣传氛围。至年末,联合相关部门在全市查处非法液化气站点8个、查扣非法运输车3辆。

(俞　平)

【照明管理】 2014年,江阴市照明管理处全力推进照明工程建设,相继完成江阴大道、海港大道、镇澄路、峭璜路、云顾路等10条道路照明工程的新建和改造。其中,江阴大道和海港大道照明工程成为全市照明工程中工程量最大、设计最规范、节能措施最齐全的照明工程项目。10月底,完成城区295个背街小巷、居民小区3400余盏高耗能老旧路灯改造,改善群众夜间出行环境。强化照明长效管理,完善日常考核制度,全年办理"12345"公共服务热线210次、"12319"城建服务派遣热线62次、市民日常报修365次,按时办结率100%。全年完成路灯迁移、拆除、补装90余次。年内,完成全市亮化、智能化控制终端提升改造工程。全市新增照明建设管理道路55千米、光源5379个,全市600余千米照明设施的亮灯率和设施完好率分别为99%和98%。

(秦丽娟)

电力供应

【概况】 2014年,江阴市供电公司围绕争先进位的发展目标,深刻分析安全生产面临的新形势,深入开展安全管理提升活动。扎实推进各项工程,强化质量监督管理,构强安全生态系统。推进"大检修"体系卓越运营,超前筹备特高压输电线路运维管理,全面实施一流配电网建设。加强技术监督,提高设备状态管控能力,深化电力运营精益化管理,实现安全生产管理新提升。是年,完成全社会用电量、供电量和售电量分别达237.87亿千瓦时、215.23亿千瓦时和211.28亿千瓦时,分别比上年下降0.67%、增长0.4%和2.2%;供电线损率1.84%,比上年下降1.73%;供电可靠率和综合电压合格率,城区分别达99.98%和99.99%,农村分别达99.95%和99.65%;电费回收率100%。完成电网建设固定资产投资2.65亿元,新建及改造10(20)千伏线路362.03千米,新增配电变压器620台、容量达49.23万千伏安。至年末,全市拥有35千伏至110千伏变电所75座,主变容量590.5万千伏安。安全生产平稳,累计连续安全生产5130天。是年,按照全市电网建设需要,开展"十三五"电网规划编制,以新型治理模式为管理基础,取得明显成效。成立一流配网建设工作办公室,建立公司领导负总责、具体部门抓落实、上下呼应、层层联动的组织领导体系,形成职责明确、界面清晰的工作局面,高质完成全市15个配网分区规划并通过评审。试点开展行政村0.4千伏农网规划,推动配农网规划有机衔接。坚持以"省心电、省钱电、绿色电"为导向,以三年建设计划为总纲,扎实推进新桥镇、华士镇等12个分区配网网架的完善工作。深化农村安全用电示范点建设,累计建成19个标准化示范台区,完成一流配电台区建设,创建达标率34.05%。大力实施农网改造工程,改造1061个低压台区、624.25千米低压线路和接户线,有效降低农村低压电网供电半径,电压合格率大幅提升。建立全口径营销管理考核机制,有效提升营销服务水平。开展"台区低压线损管理提升攻坚行动",提前完成线损合格率90%以上的目标任务。强化投诉管理,组织"优质服务百日零投诉"竞赛活动,实现"双百"零投诉。开展"智慧苏电,幸福民生"专题活动。深化"三定"(定编、定员、定岗)服务机制,主动对接政府重点工程,完成39项安置房配套项目和镇澄路改造杆线迁移。落实缩短业扩工程周期方案,实现接电周期缩短1/3以上。强化客户服务基础信息完善提升,畅通客户服务渠道。配合政府淘汰小热电机组,积极做好光伏发电并网服务，助推绿色能源发展。切实做好保电工作，完成112次保供电任务。深化供电所同业对标，实施乡镇供电所管理提升工程，整体提升农电综合管理水平。是年，市供电公司连续七次获得全国“安康杯”竞赛活动优胜单位，获得江苏省质量管理小组活动优秀企业、省公司物资工作先进、省公司电费回收先进单位、省公司新闻宣传工作先进集体。公司囊括省公司大型县供电企业同业对标“综合标杆”“业绩标杆”“管理标杆”3项第一；获得4项“专业管理标杆”。华士供电所被国家电网公司评为2014年度同业对标供电服务标杆A类供电所。

【被评为全国“安康杯”竞赛示范单位】 2014年，江阴市供电公司在全国“安康杯”竞赛中，始终把安全生产作为企业科学发展的主题，结合安全生产实际和各阶段安全生产工作重点，以“安全日”“安全周”“安全生产月”活动，及部门、班组季度“安康杯”流动红旗竞赛等为载体，持续开展“安康杯”竞赛活动。深化“相互关爱、共保平安”理念，履行企业安全主体责任和一岗双责要求，细化日常安全管理举措，开展党员安全责任区、“安全之星、安全明星”选树培养、青年安全示范岗创建、安全合理化建议、职工代表安全巡查等活动。培育安全文化，以“反违章”和“隐患排查治理”为抓手，组织开展以“提升安全素养、杜绝违章行为”为主题的各类安全培训与警示教育活动，把职工安全教育经常化、安全管理制度化。开展风险隐患排查治理，夯实安全基础；健全从公司到班组的“安康杯”竞赛网络，制订各项活动方案与计划，通过建章立制加强竞赛绩效考核。以员工培训、安全现场和设备检查整治、安全系列活动与长效管理为着力点，将群众性安康工程落到实处，稳固安全生产工作成果。8月，市供电公司被中华全国总工会、国家安全生产监督管理总局评为全国“安康杯”竞赛示范单位，连续七年获此殊荣。

【海上测控任务电力保障】 2014年，为确保卫星发射电力保障工作万无一失，江阴市供电公司加强对海上测控基地保供电任务的组织谋划，提前落实工作部署。从电网保障和客户终端方面制定详细的保电方案与具体保障措施；帮助海上测控基地进行电气操作人员培训，协助基地制定内部应急保电预案；配合海上测控基地后勤处，对基地所属的输配电设施进行安全检查与维护。同时，采取相应配套措施，提前安排用电检查人员对配电设施进行检查消缺，对存在的问题实行书面告知，配合基地消除安全隐患，在保电前及时组织复查。加强备巡视和值班力量，推动相关线路和变电所的巡视检查和消缺工作，任务期间派专人到基地现场参与值守，按照“零差错、零闪动”保电要求最大限度提高电力保障的可靠性。8月9日，市供电公司完成“遥感卫星二十号”保供电任务；10月24日，完成“嫦娥五号”试验器保供电任务；12月11日，完成“遥感卫星二十五号”保供电任务；12月31日，完成“风云二号08星”的海上测控基地保供电工作。

【华士所获评国网供电服务标杆A类供电所】 2014年，江阴市华士供电所将优质服务工作放在首位，确立管理规范、政府放心、群众满意、服务一流、综合实力强的目标，加强配网建设、强化安全管理，率先完成农村电气化镇村创建工作。年内，组织全所员工在华士镇主要街道、公园等群众相对集中的地方开展电力服务，为辖区内用户解决各类用电问题，并开展安全用电常识讲解，赢得好评。组织党员服务队、青年志愿者队伍，与村委、镇政府、镇红十字会结对开展活动，为孤寡老人、敬老院、学校检修线路。坚持计划检修有组织、临时抢修有时效的工作方法，提高电网运行水平、在深入群众，详细听取意见建议的基础上，整理分析电网运行情况，制定相应整改措施。结合定期和不定期回访，形成闭环管理，强化服务质量。华士所班组创新服务形式，组织营业班开展创“环境优美、服务优质、班组优秀”的“三优”班组活动，抄表班开展“供电私人助理式”服务，运维组开展“多一句问候、多一点关爱、多一个回访、多一些笑容”的“四多”服务，以班组服务品牌创优提升优质服务水平，提供高效快捷的供电服务。7月，华士所被国家电网公司评为2014年度同业对标供电服务标杆A类供电所。

【江苏首个农村光伏电站并网发电】 2013年5月，江阴市供电公司成立周庄镇山泉新农村光伏产业应用示范工程供电服务小组，为项目全程提供便捷、优质、高效服务。该项目是江苏省首个新农村光伏电站示范项目，由江苏省经信委批准建设，总投资1100万元，充分利用该村农民集中居住区1万多平方米屋顶，安装4098块多晶硅光伏组件，建设容量1.024兆瓦分布式光伏电站。夏季高温期间，市供电公司连续6次组织相关技术人员深入现场，对新农村光伏产业应用示范工程4个接点容量分配、方位布置和电缆走向等情况进行排查摸底，获取可靠资料，为项目完成可研分析提供技术支撑。与无锡供电公司共同指导协助山泉村按照技术规范，完善内部相关的电气设计。2014年1月15日，山泉村新农村光伏产业应用示范工程正式并网运行，在并网接入上，打破常规分布式电站一点一接入并网的模式，从电站并网后运行更安全可靠角度出发，改为分块连接集中四个点接入并网。该项目投运后年发电量达100万千瓦时以上。

【推进热电整合步伐】 2014年，作为江苏省内首个推进县域热电整合的城市，江阴市供电公司主动走访市政府及相关部门、关停涉及企业，询问意见、建议，根据市政府对热电整合的不同要求和企业实情开展服务工作。8月，接到海澜集团有限公司用电申请后，市供电公司主动与其沟通协调，研究相关区域的电源布局和负荷平衡情况，制定电网接入方案，根据海澜集团凯诺科技热电厂整合整治进展，以110千伏姚巷变、110千伏新桥变为电源支撑点，采用双电源供电，配套建设10千伏电缆4回共10.03千米，新安装10千伏环网箱6座、分支箱4台。海澜集团自备电厂凯诺科技热电厂2台6000千瓦机组正式关停并接入电网。市供电公司在工程建设时尽量减少对新桥镇镇容和交通的影响,在电缆施工过程中减少对已有绿化的影响。在投运前应海澜集团临时要求,对停电方案进行及时变更,确保工程按期投运。年内,市供电公司综合考虑电力设备施工、选址对市容、交通、绿化的影响,持续跟踪热电整合行动,持续做好供电服务工作,为全市电力结构调整、加快淘汰落后产能、促进节能降耗和污染减排履行社会责任和服务职责。是年关停热电整合所涉及的华西老电厂和华强特钢热电厂。

【暨阳商城用电隐患整改】 2014年,针对暨阳商城存在的擅自搭建违章建筑挤占和封堵电力管线通道,4只低压分支箱被完全“包裹”,无法进行正常电力抢修和维护等情况,江阴市供电公司组织相关人员多次到现场查勘,在迎峰度夏前广泛搜集资料,形成专题信息“暨阳商城用电隐患严重危及公共安全”提请市政府关注。8月19日,市供电公司抽调专人全过程参与暨阳商城隐患专项治理,主动与市政府整改办对接,通过实地勘察和论证,制定详尽的拆违施工方案。整治期间,克服人员紧张、抢修忙等困难,在近60天的时间内确保每天有专人到场,累计拆除清理老旧线路10000多米、移装表50多只。会同相关部门全面启动暨阳商城内部电力改造施工,以规范化管理打造暨阳商城电力改造优质工程,确保暨阳商城商户安全可靠用电。

【全面开放分时电价】 自2013年1月起,江阴市供电公司贯彻落实江苏省供电公司峰谷分时电价由城市向周边农村地区扩散的原则,制定分时电价推广方案,在城区推广峰谷分时电价政策的基础上,向城郊周边的云亭街道、南闸街道、月城镇以及新桥镇4个地区推广农村地区分时电价试点工作。试点结束后,市供电公司于2014年上半年在城镇居民中继续推行峰谷分时电价的同时,开展农村居民用户的计表更换和电网改造工作,逐步从城郊向农村地区推行居民峰谷分时电价政策。下半年,市供电公司在全市所有农村地区推广分时电价。分时电价在峰电时段为8:00至21:00,电价约每度0.56元;谷电时段为21:00至次日8:00,电价为每度0.36元。在不开通分时电价的情况下,居民的用电价格为每度0.53元。农村地区分时电价政策根据用户自愿办理的原则,依据用户个人用电习惯考虑是否开通。至年末,逾39万名居民申请分时电价。

【“五星级电力用户”争创活动】 该活动是由江阴市政府主导、企业参与的一项电力平安建设工程。活动从2013年12月底正式启动,到2016年结束,为期3年,分三个阶段进行。第一阶段(2014年)的活动主要在全市35千伏及以上大用户和全市重要用户中试点开展,积累活动经验,发挥示范效应;第二阶段(2015年)将活动用户增加至10千伏高供高计用户,以各镇(街道)、开放园区为单位开展争创活动;第三阶段(2016年)将活动全面推开至全市所有高压专变用户。活动采取以点带面,以大促小,试点先行的方式进行。经过前期宣贯发动,第一批确定江苏华西集团公司、江苏三房巷集团有限公司等12个“用电安全基础较好,产业规模在省级及以上”的企业为试点单位。成立以分管副市长为组长的争创工作领导小组。对创成“星级电力用户”的企业,政府相关职能部门与市供电公司将优先提供电力保障服务、电工培训、开通一对一绿色通道、免费享受节能降损、能源替代等增值服务。至年末,全市108个35千伏及以上电力用户积极参与活动,查找问题、寻找缺陷、整改问题,有50个电力企业成为“星级电力用户”,全市安全用电管理水平得到提高。江苏华西集团公司、江苏三房巷集团有限公司等12个试点企业被市政府评为江阴市首批“五星级电力用户”。

【智能电网打造】 2014年,江阴市供电公司以科学合理为导向,全面开展“十三五”电网规划编制工作,完成2016年电网建设项目规划选址、可研评审、通道批复等工作,完成2017年电网建设项目可研编制等规划前期工作。年内,完成全市15个配网分区规划编制,并通过政府评审;试点开展0.4千伏农网规划,推动配农网规划的有机衔接。落实“一流配电网”建设三年行动计划,全力推进新桥镇、华士镇、徐霞客镇、月城镇、祝塘镇5个乡镇一流配电网建设。完善评估指标,组织电力诊断评估,编制一流配网建设评估报告。同时,总结编制具有江阴特色的典型设计图集、标准化工艺汇编、标准化物资编码、标准化建设管理流程等系列一流配网标准化建设标准,修订交接验收标准,夯实一流配网建设基础。年内,全面提升农网水平,实施农网改造工程,完成19个标准化示范台区建设,改造1061个低压台区、624.25千米低压线路和接户线,有效降低农村低压电网供电半径,提升安全运行水平。

(谢斌鑫　张优花)

房地产开发

【概况】 2014年,江阴市综合开发管理部门以民生服务为导向,以探索有效提升房地产开发管理新方法为目标,创新房地产开发管理思路和举措,着手解决房地产管理工作中存在的主要问题,推动全市房地产行业的长期、健康和稳定发展。3月,向全市房地产开发企业传达省住房和城乡建设厅《关于进一步加强商品住房交付使用管理的通知》等文件精神,制定并执行新的《江阴市商品房交付使用管理办法实施细则》,加强全市商品房项目交付使用验收备案管理,规范商品房项目交付使用验收操作程序。强化房地产开发资质和综合验收管理,完善房地产开发行业管理工作流程,规范全市新建住宅小区的建设及交付,维护商品房交易双方权益。年内,市综合开发管理部门按照验收流程,对58个房地产开发企业的竣工项目进行交付使用验收备案,建筑面积351.45万平方米。发放住宅质量保证书、住宅质量说明书22014套,非住宅商品房使用说明书、非住宅商品房质量保证书3566套。会同有关单位及时处理房产领域来信,受理房产开发类投诉498件,其中“12345”公共服务热线投诉384件,来电来访投诉114件,其中反映质量问题的占50.2%,反映配套设施问题的占5%,反映以咨询为主的其他问题占44.8%。至年末,全市成交新建商品房和二手房房屋面积265.53万平方米,比上年下降10.5%;成交套数19191套,下降18.74%;成交金额175.42亿元,下降10.34%。

【房地产企业资质管理】 2014年,江阴市综合开发管理部门依据《房地产开发企业资质管理规定》细则,开展房地产开发企业的资质核级、延期及升级等方面的审核工作。实行房地产开发企业资质的动态管理,加强项目手册、注册资金、开发业绩、技经人员等环节审核,营造房地产企业平等竞争的市场环境。年内,规范房地产企业新申报开发资质的时间及流程,利用电话和网络平台,对全市189个房地产企业的资质进行清查(一季度清查59个,二季度61个,三季度39个,四季度30个),推进申请受理、现场踏勘、资料审核、复核上报等工作流程的规范化和制度化。至年末,受理审核全市房地产开发企业资质核准、延期申报等事件195件,其中核准企业60个;办理延期及变更135个;资质发证166个。

【房地产信息管理系统建立】 2014年,江阴市综合开发管理部门投入建设市房地产企业信息管理系统,进一步规范房地产开发企业经营行为,加强行业自律。建立网上申报、审批、监管、备案等网络办公系统,提高工作效率和数字化管理水平。至年末,江阴市房地产信息管理系统完成硬件配套设施安装,基本结束软件系统调试,进入试运行阶段,房地产信息管理系统的建立为促进房地产行业持续、健康、稳定发展提供坚实的技术支撑。 (张梦莹)

房地产管理

【概况】 2014年,江阴市住房保障和房产管理部门办理房屋所有权登记72647次,其中初始登记322次;转移登记23759次;变更登记1854次;预告登记10004次;房屋他项权利登记26689次,注销登记5次,其他登记14次。累计归集维修资金27261户(套),总建筑面积488.24万平方米,总金额37376.1万元,归集保修金6456.44万元。有序推进保障性住房建设,进一步完善住房保障体系,完成江苏省政府下达的新开工1050套、基本建成1000套保障房建设的年度任务。新开工的12万平方米的第四期保障房主体工程全部竣工。全面落实市政府下达的各镇(街道)建设10万平方米外来务工人员公共租赁住房建设任务,完成第三期保障房394套公租房的室内装潢。年内,出台《江阴市物业服务企业履约保证金管理办法》,联合市物价局出台新的《江阴市物业服务收费管理办法》,向社会推出《江阴市既有住宅加装电梯暂行办法(征求意见稿)》,在虹桥五村58幢东、中2个单元进行试点加装。是年,推进物业资质升级,2个物业企业暂三级资质顺利晋升为三级资质,1个物业企业获暂三级资质。全年完成38项项目的前期物业招投标开标定标。完成房屋安全鉴定102次,出具房屋安全鉴定报告52份,总计鉴定面积62103平方米。完成13个镇(街道)的50户农村特困家庭的危旧房改造任务,投入改造资金100万元。

【实施廉租住房保障梯度退出机制】 2014年,市住保房管局完善"三审两公示"(申请人向所在社区提出申请,再由社区受理、公示,递交街道初审,后经民政局、住保房管局审核,最后公示)审核制度,全面保障廉租住房公平公正,将财产收入和汽车等纳入低收入家庭认定范围,对保障房源实施归口管理,入住房源进行标志记号,订制保障房明示门牌。在租金收缴上,落实包含电话提醒、上门催缴和发放行政警示书"追缴租金三步法",有效提高租金收缴率。实行保障家庭年审制度,对不符合年审相关政策的实物配租户实行梯度退出政策。针对实际情况,采取对应措施,对不符合低保廉租住房保障条件但符合低收入廉租住房保障条件的家庭,通过缴纳低收入家庭租金标准退出;对不符合低保和低收入廉租住房保障条件但符合中等偏下收入公租房保障条件的家庭,通过缴纳中等偏下收入家庭租金标准退出。对于不符合中等偏下收入公租房保障条件的家庭,采取腾退住房的措施。廉租住房保障的梯度退出机制的制定,对解决中低收入者的住房问题发挥重要作用。

【第二期经济适用房上市交易政策出台】 2014年12月,市住保房管局联合市物价局、财政局、国土资源局、建设局出台《关于公布江阴市经济适用住房上市交易收益差价的通知》,对颐新华都、颐安雅苑经济适用住房上市交易收益差价及阁楼差价等制定明确标准。颐新华都经济适用住房上市交易收益差价基准价由每平方米4510元调整为每平方米4388元,阁楼收益差价调整为每平方米2194元;颐安雅苑多层经济适用住房上市交易收益差价基准价为每平方米3888元,阁楼收益差价为每平方米1944元。不同楼层住房收益差价按照原购买时的楼层系数计算,按照一楼系数为1,二楼和四楼系数为1.05,三楼系数为1.1,五楼系数为0.8的规定进行调整。颐安雅苑小高层经济适用住房上市交易收益差价基准价为每平方米3685元,阁楼收益差价为每平方米1842元。不同楼层住房收益差价按照原购买时的楼层系数计算,总楼层10层的楼层差价以5层和6层为基准,5层以下每降一层减每平方米50元,6层以上每升一层加每平方米50元;总楼层11层的楼层差价以6层和7层为基准,6层以下每降一层减每平方米50元,7层以上每升一层加每平方米50元。至年末,32户家庭提出交易申请。

【廉租住房保障政策调整】 2014年4月,市住保房管局贯彻《江苏省廉租住房保障办法》《江苏省经济适用住房管理办法》《江苏省公共租赁住房管理办法》以及《江阴市政府关于调整2013年度住房保障标准的通知》等文件精神,遵循"货币补贴为主、实物配租为辅"原则,更好解决城镇中低收入家庭住房困难,降低廉租住房保障门槛,将享受廉租住房租金补贴的住房困难家庭由原先的人均月可支配收入1400元以下调整至1600元以下,且人均住房面积在18平方米以下的低收入家庭。申请廉租住房实物配租保障的标准为享受低保(特困)、家庭人均建筑面积在12平方米以下的城镇住房困难家庭。至年末,全市进一步拓宽廉租住房受益面,累计实施廉租住房保障861户,扩大住房保障覆盖面。

【物业属地管理机制建立】 2014年3月10日,市住保房管局指导澄江街道深化属地管理机制,创新建立物业管理机制。实施法官进社区的举措,畅通物业服务矛盾纠纷解决渠道,建立矛盾快速调处机制,化解物业管理矛盾。建立应急维修机制,由市、镇(街道)两级共同出资,妥善解决城区于2000年前建成但维修资金补建尚未到位的住宅的应急维修问题。完善督查考核机制,以街道(社区)为考核主体,将住宅小区物业服务考核纳入社区日常工作之中,强化对辖区物业服务质量考核,考核结果与物业专项补贴直接挂钩。在澄江街道物业属地管理机制取得初步成效的基础上,以点带面向各镇(街道)辐射延伸。2014年6月11日,高新区、临港开发区、云亭街道、南闸街道、新桥镇、月城镇、徐霞客镇等成立专门的物管机构,明确分管领导,配备专职工作人员,具体负责辖区内各项物业管理工作。其他镇(街道)由建管所或社事办代管,配备专职工作人员,具体负责辖区内各项物业管理工作。顾山镇下发《关于建立小区调解室的实施意见》,明确人员配置、经费来源及工作职责,开创集法治宣传、纠纷调解、法律服务多位一体的司法服务新格局。至年末,物业属地管理新机制取得成效。

【老小区改造】 2014年2月14日,市住保房管局将老小区改造作为关乎百姓居住质量、直接惠及民生的大事,牵头澄江街道,制订具体可行的老小区改造实施方案,从整修路面、外立面出新、停车位改造等方面对米兰花苑、虹桥七村、千禧苑、普惠苑三期、通渡花苑、东方明珠小区、城富花苑、文富二区等14个建造年代较早、基础设施较差的老小区进行改造。是年12月底,老小区改造工程全部竣工,增加车位4200个,在缓解老小区停车难问题的同时,小区环境得到显著改善。 (邱　敏)

村镇建设

【概况】 2014年,江阴市建设局以科学规划为前提,扎实推进新型城镇化和城乡发展一体化工作。在强化村镇建设管理、注重整治质量的同时,优化城镇化布局和形态,提高城镇建设水平。落实无锡市下达的60个村庄环境长效管理示范点工作,提升星级康居乡村环境质量,开展美丽乡村及宜居村庄、宜居小区创建工作,完善自查考核与台账资料的收集整理,完成年度农民集中居住任务。推进以人为核心的城镇化进程,将生态理念融入城镇化工作,对传统街区、传统村落、历史建筑进行挖掘保护,保存城镇文化内涵。同时,促进镇(街道)基础公共服务均等化,巩固全市村庄环境整治成果,使村庄环境长效管理呈现常态化。在全市15个镇(街道)和2个经济开发区,建立全国农村人居环境信息系统。至年末,全市15个镇(街道)下辖行政村233个,自然村3114个。镇区现状用地面积0.8万公顷,人口23.3万人;农村现状用地面积1.03万公顷,人口43.58万人。长江自来水覆盖率100%,日供水能力52.2万立方米,供水管道1600千米。绿地面积0.21万公顷。

【新型城镇化和城乡发展一体化建设】 2014年,江阴市建设局落实中央城镇化工作会议、江苏省新型城镇化和城乡发展一体化工作会议精神,以人的城镇化为核心,以城乡发展一体化为导向,以提高城镇化质量为关键,探索符合全市发展实际的新型城镇化和城乡发展一体化道路。年内,在新桥镇、华士镇、周庄镇、璜土镇等镇推进城乡一体化先导示范区建设。推动新桥镇、周庄镇山泉村、璜土镇花港苑小区等开展宜居镇、村、小区的创建工作。8月19日,临港街道球庄村村庄建设被省住建厅确立为"美丽乡村"示范村庄建设项目;12月1日,顾山镇红豆村被省住建厅、旅游局评为2014年特色景观旅游创建示范村。至年末,全市有41个省级三星级康居示范村,其中29个通过江苏省验收,12个创建完毕,等待省级验收。

【村庄环境长效管理】 2014年,江阴市成立全市村庄环境长效管理工作领导小组,对全市15个镇(街道)村庄环境长效管理工作进行督查考核,从"着力构建长效管理机制、科学引导村庄规划建设、合理制定科学考核指标、扎实有效做好当前工作"四个方面部署相关工作。制定《江阴市村庄环境长效管理工作考核办法》,明确对组织管理、垃圾清理、道路保洁、河沟清洁、院落整洁、绿化种植养护、公共设施配套、村容村貌、田园风貌等内容进行考核。编写《江阴建设——村庄环境长效管理专刊》,为村庄环境管理提供科学指导。召开全市村庄环境长效管理工作推进会2次,组织季度考核3次,市政协专门举办"推进长效管理,建设美丽村镇"委员论坛。迎接无锡市考核2次,年终考核成绩名列第一,全市60个村庄环境长效管理示范点全部通过无锡市验收。

【农民集中居住】 2014年,江阴市建设局加快农民居住小区和保障房建设,以项目建设推进农民居住集中,完善多位一体的住房供给和保障体系。加快推动农民集中居住的工作进程,统筹城乡一体化发展。是年,全市完成撤并35个自然村,涉及1640户、5946人,拆除建筑面积42.35万平方米,撤并费用10.6亿元,超额完成无锡市下达的工作任务,促进全市土地集约利用。

【农村人居环境信息系统】 2014年,市建设局根据住建部《关于建立全国农村人居环境信息系统的通知》要求,着力改善农村人居环境,下达相应工作任务。年内成立专门工作小组,明确时间节点,对全市15个镇(街道)、233个行政村、3114个自然村按一村一表的方式采集信息。依据现场拍摄有关照片等要求,对地址信息、基本情况、基础设施、公共环境、建设管理,以及照片信息等6类41项指标进行调查统计录入,全面把握并评估全市农村人居环境状况。至年末,此项工作基本完成。 (孙　兴)

■类目编辑　胡雯雯

生态建设

综 述

【概况】 2014年，市环保局围绕科学发展主题，以保护环境、优化发展、维护权益为方针，以生态文明制度建设为保证，转变经济社会发展方式，推进节能减排、环境突出问题综合整治等工程，从更高层次助推全市科学发展、率先发展、创新发展，开创生态文明建设新局面。注重培育总量减排亮点，健全考核机制，深入落实节能减排。以污染防治为重点，严格燃煤锅炉环保准入，落实大气污染防治“国十条”措施，督促企业采取严控煤质、停产限产、工地停工等大气保障措施，优化大气质量。深化“河长制”管理，加强“河长制”断面考核，落实奖补资金，全面推进太湖治理任务的151项重点工程。以绿色发展为标杆，加强化工园区整治，督促园区企业提升改造设施。深化印染行业专项整治，制定“一厂一策”的整治方案，推进环保技术、设备升级改造。开展民生环保、污水处理厂、秸秆禁烧等专项整治行动，完成全市电镀企业、铝型材企业和铅蓄电池等行业整治。年内，与政法部门和相关职能部门建立联动工作机制，成立协作共建领导小组，解决环境执法难点问题。与周边县市开展跨界环境联控联防机制，改善张家港河、桃花港河区域河流水质以及化工园区大气环境质量。以解决突出问题为目标，攻克环境信访难题，优化服务质量，实现环保发展新跨越。稳步推进生态创建工作，徐霞客镇新街村、祝塘镇河湘村、云亭街道佘城村、祝塘镇永平村、顾山镇东岐村建成江苏省生态村，建成长泾镇、新桥镇郁桥村、澄江街道梅园社区等“两型社会”*示范单位3个，梅园社区建成江苏省绿色社区，澄西中学建成江苏省绿色学校。全年审批各类项目657项，缩短办事时间9883个工作日，综合当场办结率10.06%，群众满意率100%。淘汰燃煤锅炉155台，完成二氧化硫、氮氧化物和粉尘提标改造项目52项，完成挥发性有机物治理项目16项，关停发电机组容量4.8万千瓦、锅炉580吨/小时，削减原煤30.6万吨。划定全市生态红线面积占全市国土面积的20%以上。对318个企业征收污染物排放有偿使用费，完成排污权交易项目3项，征收排污指标有偿使用费近2900万元，完成300余个企业集成电路卡联网工作。全年出动环境执法人员16624人次，检查6524厂次，在节假日检查1041厂次；受理环境信访案件5917件，限期整改企业970厂次，对7个企业进行停产整顿，2个问题企业进行挂牌督办，应对并妥善处理突发环境应急响应21件。全年四项主要污染物化学需氧量、二氧化硫、氨氮和氮氧化物排放量分别为12246吨、995吨、41710吨和69716吨，提前完成四项主要污染物“十二五”减排任务。

【环保宣传】 2014年，市环保局立足环保新常态，以新《中华人民共和国环境保护法》的出台为契机，深化环保宣传平台打造，全面宣传环境保护新观念，为全市生态文明建设营造良好氛围。围绕“6·5”世界环境日、市“环境月”等宣传主题，组织开展江阴市第三届环境文化宣传周、环保公益广告设计大赛、网络环保知识竞赛等宣传活动，扩大生态文明宣传效果，强化舆论导向。培养绿色创建精品，打造长泾中心幼儿园和徐霞客中学2个生态文明教育示范点，通过现场观摩等形式，面向全市教育系统展示环境教育的理念和成果。全面宣传新《中华人民共和国环境保护法》，编辑印制宣传读本15000册，向企业、社区和群众进行发放。发挥传统媒体优势，拓展新媒体阵地，录制并播出《聚焦环保》电视节目6期、《环保之窗》电台专栏26期，创新开办手机报8期，发布环保政务微博累计2300余条，吸引粉丝近1500人。年内改版环保网站，新设“关注环保，从我做起”宣传专栏，强化公众参与环保的理念，全年在《中国环境报》发表文章8篇，《江苏环境》杂志发表11篇，《无锡日报》发表3篇，《江阴日报》发表23篇，扩大环保宣传效应。

【环保审批】 2014年，市环保局以服务新兴产业发展为指导，建立危险废物转移“一站式”审批、环评机构“一事一评”、评级与退出制度，进一步压缩环保审批环节。充分利用移动审批办公系统涵盖的企业查询、审批查询、审批流程提醒等多项功能，突破环保审批固定时间和地点的限制，推进审批提速增效。开通建设项目环境影响评价审批短信提醒功能，优化审批流程，加快推进项目建设。是年，市环保局累计审批各类项目657项，审批登记表156份，报告表471份，报告书30份，预审核与辐射类建设项目33项。办理危废转移项目审批1257项，其中市外转移项目157项，核准转移危废量3.8万吨、包装桶40万只；市内转移项目1100项，核准转移危废量19.7万吨、包装桶48.3万只。办理核与辐射延续项目审批18项，核与辐射申领项目审批15项。缩短办事时间9517个工作日，综合当场办结率15.3%，群众满意率100%。

【绿色创建活动】 2014年，市环保局以生态文化为导向，深度拓展绿色宣传，在全市范围开展绿色系列创建活动，推动全市生态文明建设。年内，编制完成绿色创建实施方案，依据绿色规划指导创建活动，逐项定分工、定责任、定进度、定奖惩，细化创建步骤。抽调技术骨干、组织人员培训，采取实地走访的形式，到绿色创建单位开展创建材料编制指导，帮助创建单位理思路、攻难点，提高绿色创建质量和水平。加强绿色创建工程建设，围绕城乡环境基础设施建设、农村环境综合整治、规模畜禽养殖综合防治等难点问题，完善农村生活垃圾收集系统建设，为绿色创建活动提供支撑。坚持污染治理和生态建设并重，强化部门包干，实地对村容村貌、生活污水收集处理、垃圾收集、河塘整治、秸秆处置、生态建设、村庄整治、企业污染等方面进行检查和详细了解，在积极跟进、重点跟踪基础上，落实相关措施，促进绿色创建活动落实到位。是年，徐霞客镇新街村、祝塘镇河湘村、云亭街道余城村、祝塘镇永平村、顾山镇东岐村建成江苏省生态村，长泾镇、新桥镇郁桥村、澄江街道梅园社区建成“两型社会”示范单位，梅园社区建成江苏省绿色社区，澄西中学建成江苏省绿色学校。

生态环境治理

【概况】 2014年，江阴市紧扣生态文明建设主线，加强环境保护与保增长、调结构、惠民生的有机结合，进一步开展生态环境治理工作，保障环境安全。针对全市产业结构偏重、层次偏低、减排压力较大的现状，强化源头治理力度，对高耗能、高污染项目实行严格限制，对超环境总量排放的镇街园区实施区域限批。开展大气污染源清单调查，深入实施“蓝天工程”，加强大气污染防治。开展化工园区、燃煤锅炉淘汰、铝型材企业、重金属四项环境专项整治，强化全市机动车尾气污染监管，改善全市大气环境质量。深化“河长制”管理，强化“河长”责任，定时发布断面水质监测结果，加强“河长制”断面考核，推动黑臭河道治理，提升水环境综合整治成效。贯彻减量化、资源化、无害化原则，开展固体废物整治，完善危险废物监管体系，以市场化与专业化标准推动固体废物处置行业的良性发展。以“全市覆盖、拉网整治，政府主导、社会参与，突出重点、统筹规划，注重衔接、协调推进，以农为本、因地制宜”为基本原则，编制完成《江阴覆盖拉网式农村环境综合整治试点工作规划(2014—2017)》，将全市38个行政村列入4年整治计划，将农村生活污水的收集处理、生活垃圾、畜禽粪便综合利用等内容列为重点，推进覆盖拉网式农村环境综合整治试点工作。年内，划定全市生态红线，将生态红线规划与城市发展总体规划、土地利用规划、空间发展与产业布局等规划无缝对接，增强生态红线刚性，保护全市国土空间。至年末，全市城市环境噪声功能区达标率100%；集中式饮用水源地水质达标率100%，三类以上水体占全市水体比例逐步提高；市区空气优良率进一步提升；全年四项主要污染物化学需氧量、二氧化硫、氨氮和氮氧化物排放量分别为12246吨、995吨、41710吨和69716吨，提前完成四项主要污染物“十二五”减排任务。

【划定生态红线】 2014年，市环保局按照“保护优先、合理布局、控管结合、分级保护、相对稳定”的原则，会同市发改委、规划局等部门深入调研，在江苏省级生态红线划定基础上，结合江阴市城市发展总体规划、绿地系统等，委托环保部南京环境科学研究所划定生态红线保护区域，同步制定《江阴市生态红线区域保护监督管理暂行办法》，推进全市生态红线保护。生态红线区域的划定旨在保护全市国土空间，对于维护自然生态系统持续稳定发挥、保障市域生态安全具有关键作用。依据生态系统保护完整性、连通性的需求，以自然生态服务功能、环境质量安全、自然资源利用等为着力点，实行生态红线区域空间边界与管理限值的严格保护，确保区域生态安全。是年，划定市域生态红线面积占全市国土面积的20%以上。

【水环境整治】 2014年，市环保局以民生为落脚点，继续推进“河长制”、区域补偿、分级管理等环境保护水环境保护工作机制。结合全市水系规划，推进河道整治，加强重点水域生态修复，深化工业废水治理，保证水污染控制工作的连续性。是年，深化“河长制”管理，完成每月水质通报，深入分析水质变化情况；完善“河长制”工作考核细则、监测评价办法，定期公布断面水质监测结果；加强“河长制”断面考核，落实奖补资金，确保交界断面水质稳定达标。针对张家港河氨氮污染情况，协调流域上下游关系，完善环境用水方案，加强工业污染减排、农业和生活面源污染控制。针对锡澄运河总磷污染情况，重点加大排磷企业的治理与监控，加强工业点源污染防治，着手恢复水生态系统的结构和功能，提高水体自净能力。建立联动、推进和协调的工作机制，按照时间节点和既定方案，加强化工、印染、电镀等行业的污染防治，实行重污染行业工艺废水的深度处理与回用，推进环境管理从排污口向环保设施、生产设施延伸。年内，优化全市管网规划、城区河道整治计划，以“截、清、疏、调、管”的综合手段，统筹推进控源截污、清淤疏浚、调水引流、监督管理等工作，进行黑臭河道整治。年内，继续实行市级层面生态补偿，开展生态补偿相关数据的收集、汇总、计算、通报工作。开展地下水基础环境状况调查，完成花山垃圾填埋场和高新区地下水调查评估。至年末，完成太湖治理任务的151项重点工程；完成全市15个镇(街道)21条河流的河道整治及水质监测工作，其中，东横河综合整治通过江苏省级评估。全市集中式饮用水源地达标率100%。

【大气污染防治】 2014年，市环保局加强大气污染防治工作，全面落实大气污染防治“国十条”措施，制定《江阴市大气污染防治行动计划实施细则》《江阴市重污染天气应急预案》《江阴市保障青奥会环境质量临时管控方案》《江阴市2014年10—12月空气质量改善方案》，督促企业落实严控煤质、停产限产、工地停工等大气保障措施，圆满完成第二届夏季青年奥林匹克运动会和南京大屠杀死难者国家公祭日空气质量保障工作。严格大气污染物环境准入机制，按照“增一减二”“增一减一点五”的要求控制颗粒物、挥发性有机污染物总量平衡，组织开展三批次458个企业大气污染源清单调查，逐步建立大气污染物总量数据库。继续推进新一轮“蓝天工程”，开展热电企业综合整治，加快滨江热电厂、红柳热电厂等5个热电企业的整合步伐，确保不达标企业关停到位。结合产业发展实际和空气质量状况，制定范围更宽、标准更高的落后产能淘汰政策，完善淘汰落后产能公告制度和目标责任制，建立提前淘汰落后产能的激励机制，鼓励企业加快生产技术装备的更新换代。是年，全市淘汰燃煤锅炉155台，完成二氧化硫、氮氧化物和粉尘提标改造项目52项，完成挥发性有机物治理项目16项，完成江阴苏龙热电有限公司的3号、4号、5号机组超低排放改造工程；完成澄东地区热电企业整合“四合一”工程，即整合关停华西老电厂、凯诺科技热电厂、华强特钢热电厂，由华西热电公司建设11.5千米主管网实施集中供热。全面加强机动车排气污染防治工作，每月对4个机动车尾气检测机构进行现场检查，规范全市机动车排气污染环保检测机构运行管理及环保标志发放管理工作。建设化工园区智能化实时大气预防预警监控点，建成集污染源监控、环境质量监控和图像监控于一体的园区数字化环境在线监控平台，从源头遏制大气污染。至2014年年末，全市关停发电机组容量4.8万千瓦，关停锅炉580吨/小时，削减原煤30.6万吨，实施机动车环保检测124472辆，发放环保标志171301张，其中绿标162633张、黄标8668张，市区空气优良率得到提升。

【固体废物整治】 2014年，市环保局紧扣固体废物规范管理的要求，开展工业固体废物填埋和焚烧项目建设，推进固体废物处置终端建设，提高各类固体废物的无害化处理和资源化利用水平。完善固体废物管理信息平台，对全市固废产生单位进行普查，建立危险废物产生、利用、处置单位档案库，实现固体废物信息获取、传输、处理和共享功能。着重展开危险废物、进口固体废物等相关企业的规范化管理工作，加强危险废物现场管理。制定下发《关于开展全市危险废物经营单位集中整治工作的通知》，对全市16个危废经营单位进行全面检查。开展规范化管理抽查打分185厂次，对危废产生单位和经营单位下发督查通知书32厂次、下发整改通知书16厂次。落实危险废物产生项目防治措施评价管理，开展进口固体废物加工利用企业的分类分级工作，对全市涉及进口限制类固体废物的48个企业进行评分。启动垃圾焚烧扩能项目建设，优化垃圾收集、焚烧、填埋处理设施布局。强化危险废物管理，高度关注土壤污染、持久性有机污染物等新型环境污染，加大查处和打击危险废物非法处置行为。至年末，全市有548个企业开展危险废物管理计划申报，申报产生危险废物64.54万吨，需焚烧处置的危险废物约8200吨，其中填埋处置的危险废物2700吨，委外转移33.47万吨。

【突出环境问题综合整治】 2014年，市环保局制定下发《关于深入开展民生环保专项行动的意见》，有序开展化工园区、铝型材企业、重金属和印染行业治理等各项民生环保专项整治活动，集中排查突出环境问题22个，督促相关企业落实整改方案，推动整改进度。开展化工园区整治，重点对高新区化工园区、临港经济开发区石庄化工园区和利港化工园区内的46个化工生产及仓储企业开展整治，改造园区化工设施，跟踪园区企业的设备整治情况。强化重金属行业整治，编制江阴市《2014年度重金属污染防治实施方案》，分解年度重点工作任务，确立重金属排放总量削减目标，开展重点重金属污染物削减工程、重点防控企业综合整治、污染源综合治理等工程，并通过国家重金属减排考核。开展新一轮铅蓄电池及再生铅行业综合整治，对全市已关停的23个铅蓄电池企业及1个再生铅企业整治情况进行后督察，防止已关停企业“死灰复燃”，提升再生铅行业的污染防治水平。深化印染行业整治，对全市255个印染企业进行全面摸底调查，制定“一厂一策”的整治方案，关停22个企业、25个车间，完成21个企业的环保设备技术改造。提升电镀、铝型材企业整治，对全市79个电镀企业关停项目15项。年内，全市60个电镀企业通过验收，4个企业长期停产，对52个铝型材企业开展环境整治。是年，扎实开展民生环保、污水处理厂、秸秆禁烧等专项整治行动，全市突出环境问题综合整治取得实效。

【节能减排】 2014年，市环保局坚持将污染减排作为提升经济发展质量、拓展经济发展空间的根本举措。年内，强化行政引导和考核，加强减排工作的考核督查，实施工程、结构和管理节能减排。以经济调控手段倒逼节能减排，利用经济杠杆调动企业污染减排的积极性；完善污染物排放许可制，实行区域和企事业单位污染物排放总量控制制度，构建总量监管服务平台。加强数字环保平台建设，强化污染源在线平台数据监控，将11633个企业纳入数字环保系统管理，构建一厂一档电子档案，每日发布污染源在线监控平台异常数据日报。年内，对318个企业征收污染物排放有偿使用费，完成项目排污权交易3项，征收排污指标有偿使用费近2900万元，完成企业集成电路卡联网300余个。至年末，全市四项主要污染物化学需氧量、二氧化硫、氨氮和氮氧化物排放量分别为12246吨、995吨、41710吨和69716吨，提前完成四项主要污染物“十二五”减排任务。 （姚京君 李玉芳）

生态环境优化

【概况】 2014年,市园林旅游局按照“大力提升生态环境质量,努力建设环境优美、蓝天碧水、绿色宜居的美丽江阴”的目标要求,在区域规划设计品位、施工招标、工程建设等环节实行严格把关,扎实开展全民造绿活动,提升城乡绿化种植和管养水平。依据《江阴市城市绿地系统规划(2013—2030)》,坚持园林绿化系统完整性、布局均衡性、功能多样性等原则,加强具体规划和管控,细化绿化方案。推进各项重点绿化工程,加强绿化保护,以生态基础设施型绿地的保护建设为前提和保障,构筑非建设用地绿色生态开放空间体系;以城市绿地系统中结构性绿地建设为基础,结合有效的城市片区绿地建设控制引导,建设多中心、网络化的生态园林城市格局。6月16日,市园林旅游局召开全市镇(街道)绿化工作座谈会,部署具体措施,注重规划融合,指导各镇(街道)绿化规划编制与城市绿化总体规划相互促进。注重品种多样性,尝试种植落叶、针叶、阔叶等各种品种,丰富绿化林相、季相。倡导科学种植,对树种选择实行优胜劣汰,控制种植密度、开展当季种植。推进优质绿化工程,强化绿色空间布局;开展精细养护,保障乡镇干道绿化养护质量,提升景观效果。年内,市园林旅游局注重刚性执法,实施部门、乡镇联动,对企业毁绿、居民占绿、违章改绿、违法盗绿、践踏伤绿等行为从严治理,保障绿化成果,推进城乡绿化面貌的整体提升。至年末,全市建成区绿化覆盖率45.3%,绿地率40.8%,人均公园绿地面积15.93平方米。

【全面造绿工程】 2014年,市园林旅游局旨在打造“乔木为主、四季常青、三季有花、乔灌花草搭配、高低错落有致、组团式布局”的园林式景观,形成以城市林荫路为绿网框架,以公园、广场、游园为亮点,以小区和单位庭院绿化为依托,点、线、面有机结合,富有特色的城市园林绿化体系。3月11日,市园林旅游局在应天河公园举行春季全民义务植树活动启动仪式,掀起全民造绿的热潮。开展“绿化广场咨询”“送绿进社区”等系列活动,向城区24个小区赠送花草,提供绿化技术服务;发放宣传册1000多册,号召市民开展阳台绿化,美化社区环境。6月,市园林旅游局召开全市绿化工作座谈会,对全市城乡绿化建设和管护情况进行部署,广泛发动各企事业单位投入绿化建管工作,增加全市绿化总量、优化生态环境、强化绿化管养。至年末,全市新增金域天下、水岸新都、水岸华府、阳光威尼斯花园、锦湖苑小区、天新嘉苑6个无锡市园林式居住区。

【绿化工程建设】 2014年,市园林旅游局优化全市绿化布局设计,以提升品质内涵为指导,加快打造各类公园绿地、滨河绿化、重要道路等绿化工程。在公园景点美化提升方面,合理布局各类绿地分布,提升公园(小游园)服务半径覆盖率,均衡城市公园和绿地分布,提升绿化质量和水平。年内投资7851.56万元,推进2014年市委、市政府为民办十件实事之一的芙蓉湖公园建设,工程占地33万平方米,为市民打造绿色休闲新空间。全年投资3280万元,整治滨河绿地,完成芦花沟、西横河滨河绿地景观带工程,绿化面积13.61万平方米,打造绿色亲水亮点。配合交通干线建设,加快推进江阴大道、海港大道绿化工程,投资3449万元,完成中侧分带绿化面积14.08万平方米,打造全市生态绿廊。推进道路绿化,完成澄江西路隧道两侧、立新中学西侧道路、普惠路、通惠路、天庆路东延段、首创路、金三角路、敔山湾定光路东侧等绿化工程,绿化面积27347平方米,工程投资640万元;投资862万元,完成东华路(环东路至长新大道)绿化面积6.14万平方米;建设峭璜路改扩建绿化配套工程,面积92828平方米,工程投资664万元;完成锡澄高速道口与长山大道连接线绿化工程,面积45884平方米,工程投资775万元。年内,与市交通局、建设局等部门配套实施乡镇重点绿化工程。至年末,全市新增绿化面积约84万平方米,工程投资1.7亿元。

【绿化改造提升】 2014年,市园林旅游局秉承“生态、自然”的绿化理念,坚持“增绿提质、建管并重”的原则,在全市开展园林绿化改造提升行动。年内,对五星公园、黄山湖公园、徐霞客大道牌坊、北潮河公园、鹅鼻嘴公园等开展维修、改造、提升工作。执行建设精品公园的标准,坚持“文化点题、生态造园、打造精品、服务民生”的原则,推进全市绿化的提档升级。年内投资600万元,完成黄山湖公园、五星公园入口改造工作,提高公园的观赏性和生态性,增强休闲服务功能,提升内涵和品位。推进北潮河公园、南北立交、通渡路、滨江路等绿地的景观提升工作,对全市公园绿地进行梳理整治,实现绿地质量的全面提升,优化景观效果。4月,市园林旅游局被评为江苏省城市环境综合整治先进单位。

【城乡绿化管护】 2014年,市园林旅游局完成2015—2017年度公园绿地养护新一轮招投标,加强对20个绿化养护单位、31个养护标段的考核。严格园林绿化养护管理的市场准入和淘汰机制,加强资质审批,对园林施工资质企业的生产经营、技术装备等方面进行监督,为城乡园林绿化建设水平的提升奠定基础。制定下发《江阴市园林绿地管护等级划分标准》,实施精细化、规范化绿地管护,对城区香樟树进行复壮,探索绿化病虫害生物物理防治,推进徐霞客镇南苑苗圃建设管理。加大集镇绿化推进力度,督促各镇明确集镇绿化建设和养护分管负责人,做到人员、队伍双落实,确保建管不分离,切实履行集镇绿化职能。组织绿化突击队,完成市区行道树的各项养护管理工作,在全市各类重要活动、极端天气的应急抢险救灾等突发事件中发挥团队服务意识,利用绿化管护的专业技能,提高工作效率和应急能力,确保绿化管护质量。年内,与市城管、公安等部门配合,加强执法巡查,做到日常巡查不间断、发现情况不拖延、查处案情不耽搁,有效遏制损绿毁绿事件的发生。是年,开展绿化便民服务,针对违章改绿、违法盗绿等现象,进行专项整治,重点整治广大市民关心、严重影响市容形象的绿化问题。至年末,市园林旅游局完成110绿化联动接警140次,“12345”公共服务呼叫热线关于绿化咨询投诉处理502件,“12319”城管信息联动件办理975项。全年累计投入设施设备维护经费约200万元,及时完成绿地提升改造工程、补植工程的代建工作。

【绿化行业管理】 2014年,市园林旅游局加强依法护绿,健全绿色图章、绿线管控制度,依法对临时占用城市绿地,以及修剪、砍伐、移植城市树木和古树名木迁移等行为加以制止。引导绿化行业优化发展,指导绿化企业提档升级,年内新申报绿化三级资质企业3个,三级升二级资质企业2个,二级升一级资质企业1个。健全绿化工程建设制度,制定出台《江阴市园林绿化工程设计变更管理办法(试行)》《江阴市园林绿化工程合同外签证管理办法(试行)》,规范工程变更及合同外签证行为。结合市场调研和论证,制定科学规范的苗木定价,完成《江阴市绿化苗木指导价》定额标准,由市建设定额站编制发行,为规范绿化市场提供依据。2月,指导市风景园林协会,在中山公园妙高阁举办首届春季兰花展活动;10—11月,在兴国园举办2014年度秋季菊花展,受到市民广泛好评。年内,建设苗圃与废弃物处理站,完成园艺废弃物处理站的筹建工作,全年处理粉碎物2573.3立方米。加强绿化配套验收,完成全市附属绿化方案审批项目55项,绿化验收项目46项。

(高振华)

生态基础设施建设

【概况】 2014年,江阴市以建设生态城市为核心,以优化发展为主线,以持续改善环境质量为重点,深化环境基础设施建设和环境污染防治。年内,加大生态基础设施建设力度,完善城区截污管网体系,实施城区部分区域生活污水接管维护改造工程并投入使用,进一步提升城区生活污水接管比例。持续推进中小河道综合整治工程,白屈港西港堤除险加固、长泾圩区防洪排涝等工程按期完工。召开热网工程管线协调会、清障协调会和专家评审,推进城区热网工程建设,加快推动主城区热源点整合步伐。采用新技术、新工艺、新思路开展餐厨废弃物分散式处理、果蔬有机垃圾处理等项目试点,在市级机关食堂、市人民医院建成餐厨废弃物分散式处理项目2项,在西郊环卫所中转站建成果蔬有机垃圾处理项目1项,启动生活垃圾多元化处置模式。按期开展照明工程建设,相继完成锡澄高速璜塘互通至长山大道连接线工程、镇澄路(扬子江路至辽河路)照明工程、江阴大道、海港大道、新锡澄运河大桥、东华路、峭璜路拓宽等照明工程等项目7项,初步形成全市“北依长江、中环群山、南涵湿地”的照明新格局。

(周品磊)

【城区生活污水接管维护改造工程】 江阴市城区部分区域生活污水接管维护改造工程项目批准概算为867万元。建设内容包含8个分项工程,具体内容包括二弄泵站改造、黄龙富邸排水管网改造、一中排水管网改造、截流干管清淤(绿园桥至黄龙桥段)、阳光路排水口改造、东海花园排水管网改造、中山路泵站改造、中山北路排水口封堵等。项目同期开展城区创新河、黄山港河、澄塞河、西横河、应天河等区域生活污水接管设计等前期工作,项目概算为4500万元。该工程由信息产业电子第十一设计研究科技工程股份有限公司设计,无锡市海洋工程有限公司中标承建,江苏四方建设项目管理有限公司监理。于2013年7月开工,12月主体完工,2014年4月开始试运行。该工程对城区原有截流系统工程进行改造和完善,竣工投运后,极大消减平时流入东横河水体的污染物质,有效改善城区河道水环境。

【璜塘互通至长山大道连接线道路照明工程】 江阴市锡澄高速璜塘互通至长山大道连接线照明工程位于原璜塘外环北路,西起外环西路,东至长山大道,全长4020米,工程共安装路灯169套,投资额250万元。该工程由南京路灯工程建设有限责任公司设计,江阴一路建设工程有限公司中标承建,无锡市市政建设咨询监理有限公司监理。工程于2013年7月开工,12月完工试运行,2014年6月通过验收。该工程的建设有助于完善道路的照明功能,给群众夜间出行提供便利。

【扬子江路至辽河路段道路照明工程】 扬子江路至辽河路段照明工程西起辽河路,东至扬子江路,全长约3800米,安装单臂功能灯197套,路灯采用单灯控制系统,与市照明控制平台进行无线连接,实现网内单灯控制,投资额340万元。该工程由南京路灯工程建设有限责任公司设计,江阴市艾迪电器科技有限公司中标承建,无锡市市政建设咨询监理有限公司监理。该工程于2013年9月开工,2014年6月完工试运行,8月通过验收。 (刘嗣峻)

生态环境监管

【概况】 2014年,市环保局将环保服务作为落实民生需求、优化经济社会发展的载体,将保障生态环境安全、维护社会和谐稳定作为首要职责,强化市域环境监管执法,着力解决突出环境问题,为百姓宜居乐业筑牢生态环境安全屏障。制订《2014年度环境监察计划》,以加强环境监察队伍管理、提高环境执法能力为主线,对全市815个污染源实施分类管理。构建生态保护“大信访”格局,明确环境信访职责分工;按照“属地管理”和“谁主管、谁负责”原则,明确信访处理责任主体。运用多部门参与的联动机制、高效快捷的配合机制和协助执行的网络机制,以上下互补、多方协作为指导,合力解决群众反响强烈的环境问题。与周边县市开展跨界环境联控联防机制,强化环境执法“零容忍”。加强数字环保平台建设,将11633个企业单位纳入数字环保系统管理,构建电子档案,发布污染源在线监控平台异常数据日报,将企业超标、数据离线等异常情况实时通知现场监管部门。开展环境监测技能大比武,组织各类培训58次、外聘专家授课12次,提升监测人员业务水平。年内,加强污染源环境监督检查,采取不定期抽查、巡查、联查等方式,每月组织开展节假日、夜间检查,全年出动16624人次,检查6524厂次,节假日检查853厂次;受理环境信访5917件,限期整改企业970厂次,对7个企业停产整顿、2个问题企业挂牌督办,妥善处置突发环境事件21件。规范排污收费,全年累计征收6894.3万元。推行绿色信贷,完成非国控企业的环境信用评价955个。全年立案查处环境违法行为221件,罚款金额1240万元,办理环境刑事案件3件。巩固全面预防、快速反应、妥善解决的监测机制和能力。

【环境事故应急处置】 2014年,市环保局落实"防范环境风险,保障环境安全"的工作目标,有序推进环境应急能力达标建设、镇级应急物资库建设、化工园区及企业环境风险评估与环境安全达标建设、饮用水源地环境安全保障等工作。制定下发《江阴市2014年度环境风险企业管理名单》及环境应急演练、应急物资库建设规范等相关文件,加强环境应急管理预警预防工作,对全市88个重点化工企业、用氯企业、危废经营单位等重点环境风险企业开展检查工作,排查环境安全隐患。督促企业重视应急管理,完善环境应急设施,全年检查企业200厂次。针对突发环境事故,第一时间开展应急响应及处置工作,确保环境安全。是年,市环保局接报处置环境应急事件21件,其中安全事故引发事件15件,违法倾倒危废引发事件1件,交通事故引发事件4件,靖江供水危机引发的长江水质应急监测事件1件。年内,进一步完善全市环境应急管理平台数据库,完成6个涉重金属企业、23个国家重点监控企业、5个重点工程省级应急备案工作,备有各类突发环境事件应急预案593份。至年末,市环保局通过江苏省环境应急能力标准化建设验收,成为全省首个符合环境应急能力达标建设要求的县级环保部门。

【环境监测】 2014年,市环保局坚持监测为民的理念,提升监测实验室分析能力,加强自动监测预警体系建设。优化监测资源配置,完善有机分析和重金属监测能力体系,增强环境监测的专业化水平。开展监测科研课题工作,完成省环境监测基金课题《利用指示物种群对江阴市河流进行快速生态评价》和《江阴小城镇污染河道治理的生态监测与健康评价》的课题验收。制订《江阴市环境监测工作计划》,以深化环境质量监测、推进污染源监督性监测为主线,以验收环评及委托监测两大环节为着力点,配套实施全市各项专项重点监测,全面开展地表水、环境空气、交通噪声、区域噪声、功能区噪声、土壤、底泥等环境质量例行监测。编制完成《2014年江阴市农村环境质量监测报告》《2014年江阴市小湾饮用水源地周边土壤环境质量监测报告》《2014年江阴市地下水基础环境状况调查报告》等专项调查报告,通过理念创新和方法创新,推动环保工作迈上新台阶。是年,全市获得手工监测分析数据9万余个,自动监测数据65.3万个,完成信访监测110余次,发送应急快报30余期,完成验收监测任务151个,完成环评本底监测623项,委托监测任务56项,受理委托送样332个,开展室内环境空气监测服务88批次,全面完成自动监测及预警任务。

【核与辐射安全监管】 2014年,市环保局从培养监管力量、依托科技监管、落实管理制度三方面入手,实施核与辐射安全日常监管工作。年内,对全市核与辐射相关单位进行全面清查,健全基础动态数据库,并定期对监管情况实施动态跟踪,为核技术利用单位的规范化管理奠定基础。分解核与辐射监管工作任务,明确目标和完成时限,强化责任考核。以联动机制为依托,全方位开展核与辐射安全专项检查。推进辐射安全许可证办理,落实许可制度,对涉源单位开展科学管理,提高核与辐射监管水平。至年末,共检查全市放射源99个、γ放射源移动探伤企业6个、射线装置使用单位126个、废旧金属熔炼企业12个;督促7个涉源单位对63枚闲置源进行及时收贮;开展31个辐射安全许可证延续工作。进一步规范放射源传感网的运行管理,完成65个相关辐射单位的考核验收,完成15个核技术利用单位的辐射安全环保验收。

【环境信访问题处理】 2014年,市环保局以"不等、不靠、不拖、不推"为原则,落实环境信访问题处理,强化信访综合管理。深入分析环境信访形势,加强苗头性信访排查,完善信访调处运行机制,落实首办责任制。健全协调会办机制,办理有关环境保护的疑难复杂信访事项;对重点信访、难点信访采用领导包案或带案下访的方式,落实领导来信签批制度与信访属地管理制,增强信访就地化解能力。树立执法为民思想,鼓励开展与信访人见面的工作制度;按照信访调处"六个一"(一声问候、关心群众,一张笑脸、贴近群众,一杯热茶、尊重群众,一片热心、沟通群众,一份记载、帮助群众,一句祝福、温暖群众)制度,做好信访的接访、交办、调处、答复工作。同时,畅通环境信访投诉渠道,开通"80612369"热线电话,24小时接转各类信访投诉;设立环境信访接待窗口,设立局长信箱、网上投诉、暨阳论坛生态环保等栏目,适应网络投诉新动向,引导信访群众逐级反映诉求,减少重复信访。落实信访稽查通报制度,每月编制一期环境信访简报,报送市领导、抄送各镇(街道),提高各级环境信访工作的重视程度。是年,全市调解处理各类环境信访事件5917件,其中省级以上信访205件,大气污染投诉3224件,信访接报率、办结率均为100%。 (姚京君 李玉芳)

■类目编辑 胡雯雯

信息化建设

综　述

【概况】 2014 年，江阴市信息化建设稳步推进，以坚持资源共享的理念，打造新平台、优化老平台，建设“智慧城市”。顺应移动互联网的发展趋势，重点打造“掌上江阴”民生版手机综合服务平台。以统一的政府机房解决财政、人社等重点部门对保密性、稳定性的要求，并为运维不便的小型系统提供硬件支撑。优化门户网站平台，提升党政网站集群功能。在全市信息化建设基本完成数字化、网络化的基础上，及时调整规划重点，联合专家进行《“智慧江阴”“十三五”规划》预研究。组织强化信息安全，提升系统运行可靠度。年内，江阴市入选第四届中国城市信息化 50 强，“中国江阴”党政网站集群荣获 2013 年度中国政务网站领先奖，中芯国际与长电科技联合打造中国集成电路制造产业链，江阴建成全国首个智慧水利信息化技术推广基地。

【江阴市连续四届入选中国城市信息化 50 强】 江阴市自 2012 年荣获第三届城市信息化 50 强以后，全市信息化建设始终坚持创新创业，与时俱进，相继建设“掌上江阴”民生版与政务版、区域卫生平台、自主学习教育云平台、公交出行导乘系统等重点工程，对行政服务进行了大数据分析，4G 信号和光纤宽带覆盖了大部分区域，有效提升城市运行水平和生活便利程度。2014 年 12 月 27 日，由亚太地区城市信息化合作办公室、中国计算机用户协会共同主办，2014 中国智慧城市推进大会暨第四届中国城市信息化 50 强发布会在四川省崇州市举行。会议主题是“智慧城市，惠民为本”，会议旨在探索城市信息化建设的规律，总结和交流城市信息化的经验，开创一条具有中国特色，符合中国实际的智慧城市建设之路。中国城市信息化 50 强的入围名单，是由国内信息化权威专家严格按照信息基础设施、信息资源开发利用、信息化环境、信息化应用水平等 4 个方面的 27 项具体指标体系进行评审后确定的，该指标体系可以综合反映一个城市信息化发展水平。江阴市在会上再一次荣获中国城市信息化 50 强。该奖项自 2008 年设立以来，每两年评选一次，江阴市连续四届获得该殊荣。（秦光华）

【中芯国际落户江阴高新区】 2014 年 8 月 8 日，中芯国际集成电路制造有限公司（简称“中芯国际”）与江苏长电科技股份有限公司（简称“长电科技”）签约合作，成立具有 12 英寸凸块加工及配套晶圆芯片测试能力的合资公司，正式落户江阴高新区，江阴市市长沈建主持签约仪式。中芯国际公司董事长、原电子工业部副部长张文义，江阴市领导周铁根、赵国权、薛良、计军、冯爱东、费平出席签约仪式。无锡市委常委、江阴市委书记周铁根表示，中芯国际是国内规模最大、技术水准最高的晶片制造企业。中芯国际 12 英寸凸块合作项目落户江阴，将推动江阴微电子产业的发展，促进江阴进一步做大做强以芯片设计、制造、封装为主体的微电子产业。中芯国际总部设在上海，是世界领先的集成电路芯片制造企业之一，也是中国规模最大、技术水准最高、世界排名第四的晶片制造企业。此次与长电科技成立合资公司，设计建成月产 5 万片的 12 英寸中段硅片加工生产线以及相应的芯片测试能力，打造国内首条完整的 12 英寸先进集成电路制造本土产业链，加快建设成为世界一流的集成电路生产基地。

【全国首个智慧水利信息化技术推广示范基地建成】 2013 年 5 月，江阴市智慧水利信息化项目遵循《江苏省水利信息化十二五规划》要求，以“一个平台、一张网络、一张地图、一个中心、一套保障机制”的设计思路，采用国内外现代先进实用信息技术，建成信息采集与控制等六大系统，形成全市智慧水利信息化综合管理一体化大平台。同时在全市 43 个引排水闸站中安装了水位、闸位和视频采集设备，每隔 5 分钟更新一次水情数据，并通过网络实时传递，实现应用效能便捷、实时。为防汛、闸泵站、水资源、河道、圩区、农水、水利工程、气象及办公自动化等提供或获取各类水利水文信息要素，摆脱了依赖人工具体监测、管理的诸多弊端，降低水利运行成本和管理成本，水利管理工作的规范性、科学性、高效性及安全性得到提升。除了防汛抗灾外，该平台还与江苏省、无锡市、周边县（市）水利部门以及江阴环保、气象等相关单位进行数据交换与共享，并能提供水资源管理、河道管理和工程管理等方面信息，实现资源共享与地理信息

2014年5月15日,水利部科技推广中心专家组对江阴智慧水利信息化技术推广示范基地进行现场审查会。图为审查会现场　　　(薛丁辉 摄)

服务、信息业务管理与信息智能预警等水利业务的全面整合。7月,江阴市被江苏省水利厅列为全省水利地理信息系统典型应用示范县市。2014年5月15日,水利部科技推广中心主任武文相、省水利厅副厅长陶长生等专家组对江阴智慧水利信息化技术推广示范基地进行现场审查。专家组实地察看了江阴市霞客水利站、市江港堤闸管理处、市水利数据中心等现场,审阅并听取申报材料和汇报,观看了软件系统的各项功能等。专家组对示范基地信息化技术给予充分肯定,认为江阴智慧水利信息化综合管理一体化大平台作为推广示范基地,具备较好的基础设施,并有较强的科学研究和技术应用条件,可为基地的建设提供保证。6月,该系统同时被水利部科技推广中心和江苏省水利厅列入"全国智慧水利信息化科技示范推广基地"和"全省智慧水利信息化科技示范推广基地"。　(邹明忠)

【市中小学生网络自主学习系统上线】 2014年,江阴市加快中小学生网络自主学习系统工程建设,该系统作为市委、市政府为民办实事项目之一,其建设的主要目标是:建成中小学生网络自主学习系统,提供各学科共500小时在线学习的优质资源,供全市约15万中小学生自主免费学习及家长查阅,实现学生学习的个性化、自主化和即时化。该工程经过前期功能需求调研、制定开发方案、公开招标、系统开发、资源建设等,系统平台于12月10日正式上线运行。该系统设置"视频课堂""在线测试""互动交流""名师专栏"4个主要栏目,系统收录优质学习视频资源1659个、同步练习785套、视频时长达564小时,系统用户数超16万户。　(刘　开)

信息基础设施建设

【概况】 2014年,江阴市信息化基础设施主要以第四代移动通讯技术(4G)建设和光网城市建设为主要方向,进一步提升基础网络对全市信息化建设的支撑作用。年内,实现城区、镇区光纤全覆盖,覆盖率100%,农村光纤覆盖率98%。4G信号覆盖基本覆盖全市域。在人流集中区共有311个免费无线热点,在31条公交线路的350辆公交车上安装免费无线热点。

【江阴人民广播电台制播网建设】 2014年,江阴人民广播电台投入600万元搭建数字化制播网,以技术的先进性能位列全国县(市)级电台一流水平。在音频制作方面,实现了制播分离,使播出素材服务器与节目制作原素材服务器分离,数据存储更为安全高效;应用了最新的制作编辑软件和播出软件,功能更强大,使用更灵活;新的系统应用安全网闸技术更加成熟可靠,真正实现内外网互通;在外网电脑上可以实现选择观览。在播出总控方面,实现所有信号源、信号流向图都具有监视监测功能;在发生故障时,实现声光报警;播出信号实现双路矩阵通道、智能四选一设备,确保播出信号不间断;应用矩阵控制信号,定时定点切换,灵活自如,安全可靠,提高广播节目的安全性和录制效率。

【江阴电视台全媒体制作网系统建设】 2014年,江阴电视台投入1700万元,新建江阴电视台全媒体制作网系统,该系统是江阴电视台最核心的业务生产系统,按照全高清标准进行设计建设,实现素材采集、节目制作、存储、传输及节目播出等各环节顺畅流通和互联互通的数字化、网络化生产。该系统采用先进的面向服务的体系结构,以企业服务总线+媒体总线的双总线结构为模型的业务支撑平台具备良好的开放性,便于以后新业务系统的接入。该系统包含新闻制作网、综合制作网、媒资管理系统、主干平台、收录系统等子系统,其中新闻制作网有工作站53个,可用存储空间33.2TB(万亿字节),综合制作网有工作站45个,可用存储空间23TB(万亿字节),媒资管理系统带库的近线容量达到2040TB(万亿字节),满足高清电视大容量制作存储的需求。　(夏晓峰)

【中国电信江阴分公司】 2014年,中国电信股份有限公司江阴分公司聚焦客户谋发展,创新创优促转型,信息化建设水平不断提高,服务支撑能力显著加强。不断丰富智慧城市建设内涵。扎实推进城市"农村、乡镇、城区三级技防体系"建设。承接江阴市水利农机局水利信息化项目,市公安局智能交通安全设施及智能卡口项目的建设工作。承接江阴电子口岸有限公司云托管服务项目。完成市质监局公务车定位系统建设。持续开展"数字企业"创建活动,加快信息技术在中小企业的普及推广和深化应用。加强江阴市数据中心运营管理,全力接应政企重大项目入驻。加快完善信息通信基础设施。大力推进光网城市建设,加快自然村、商务楼宇、沿街店面、集宿区光纤到户(FTTH)改造和建设,全面提升互联网接入能力,全市城、镇、乡村等区域20M光纤覆盖能力超90%。加快推进无线网络建设,精心组织网络优化工作,无线网络质量不断提升,新建4G基站219个,滴灌点215个,热点180个。着力构建安全健康的网络环境。做好江阴信息港网络及其合作频道的信息发布审核工作,净化网络环境。加强网站备案管理工作,总计完成388个接入网站的备案工作。加强信息安全监管,要求互联网服务提供商(ISP)、内容分发网络服务商(CDN)客户建立完善信息安全管理平台,做到关键词过滤功能,防止非法信息的传播。开展垃圾短信治理工作,加大处理问责力度。强化服务质量提升工作。全面规范门店服务行为,促进服务提速增效。做好行风评议,创建群众满意示范点。积极参与文明城市创建活动。2014年,公司先后荣获江阴市重点骨干企业、江阴市百强明星企业和江苏省价格诚信单位、江苏省诚信单位等荣誉称号。（焦文华）

【中国移动江阴分公司】 2014年,中国移动通信集团公司江苏有限公司江阴分公司以"聚焦4G发展,深化流量经营"为主线,在地域经济发展不容乐观、市场竞争日益复杂的形势下,坚定信心、直面挑战,围绕客户需求,加强新技术、新领域、新模式的研究,依托先进技术和业务、服务优势致力于江阴地区移动通信事业的发展,手机上网、手机游戏、手机阅读、手机视频、手机导航、手机动漫、歌曲下载等一系列新业务,引领移动生活新时尚。年内,120应急指挥调度中心项目、环保局污染源视频监控项目、社区生鲜直投站数据传输及监控项目等信息化项目的签约和成功运行,为智慧江阴建设助力添彩。推广六项服务承诺,营造出诚信、便捷的消费环境。是年6月,公司对江阴城区尚未安装4G终端设备的31条公交线路、300余辆公交车安装设备,7月底投入使用。通过采用维护人员对全网细致测试、基站扩容、增派应急通信保障车、加大光缆巡检、24小时网管监控的运用等一系列手段圆满完成了陈奕迅巡回演唱会等大型活动应急保障任务。至12月底,客户总数超150万户,运营收入超12亿元,上缴地税、国税税收超4500万元,全年固定资产投入累计1.2亿元。顺利完成4G第二阶段建设任务,4G基站规模超过1000个,全区域96%实现4G信号覆盖。是年公司先后开展"阳光助学""爱心图书·2014慧爱行动"、慰问敬老院孤寡老人、无偿献血等志愿者活动,被总公司评为先进基层党组织、2013年度江阴市百强明星企业等荣誉。（汪海欧）

【中国联通江阴分公司】 2014年,中国联合网络通信有限公司江阴分公司秉承"开放、务实、共赢"的经营理念,以客户满意为宗旨,不断完善网络覆盖、健全服务功能、提升技术水平,实现跨越式发展。年内,在中国联通"沃"品牌引领下,充分发挥3GWCDMA网络成熟、应用广泛、终端丰富的技术优势,致力打造"宽带通信和信息服务新形象",全面满足广大用户的综合通信服务需求。配合政府完成道路施工线路优化迁移19处,新建基站53个,基站总数达到594个。新建4G基站146个,完成核心城区和重点乡镇基本覆盖。秉承诚信守法经营理念,敢于正视纠纷与投诉,配合消协妥善处理,被江阴市消费者协会授予"2013—2014年度江阴市诚信单位"称号。做好行风评议,创建群众满意示范点。配合江阴市安监局做好全市企业安全生产试频监控项目的推进工作。（陈国芳）

信息产业

【概况】 2014年,江阴市信息产业持续优化,全市物联网产业实现年产值123亿元。年内新增工信部"两化"(信息化和工业化)融合管理体系贯标试点企业3个、江苏省"两化"融合转型升级试点企业10个。江苏长电科技股份有限公司收购新加坡上市公司星科金朋有限公司,完成全球封测业最大并购案,奠定了公司在半导体封测业的国内龙头老大地位,在全球名列第六。市电子商务协会成立,市商务局为该协会主管单位,海澜之家股份有限公司、江阴职业技术学院、江苏邮政速递物流有限公司江阴分公司、江阴市暨阳在线科技发展有限公司及无锡博棠电子商务有限公司为发起单位,至年底,协会拥有百余个会员单位。（秦光华）

【长电科技居国内封测企业首位】 2014年3月14日,中国半导体市场年会在无锡召开,会上公布数据显示:江苏新潮科技集团有限公司(江苏长电科技股份有限公司母公司)以上年77.2亿元的营业收入,跃居国内封测企业首位。是月16—17日,由半导体设备和材料协会举办的中国半导体国际技术大会,在上海国际会议中心召开。新潮集团子公司长电科技股份有限公司(简称"长电科技")的微小型集成系统基板工艺技术(MIS)在本届大会上荣获了产业奖(Industry Award)。组委会高度评价了MIS技术,称拥有全球自主知识产权的MIS封装技术,具有小尺寸,优异的电性、散热性、可靠性,以及低成本等综合优点,实现了集成电路封装的高性价比。4月,根据国际权威调研机构Gatner发布的数据,长电科技在全球封测业排名位列第6位,是国内唯一进入世界前十位的半导体封测企业。年内,长电科技以7.8亿美元收购新加坡上市公司星科金朋有限公司,完成全球封测业最大并购案,此举也进一步巩固公司在国内封测业的龙头老大地位。

【新增"两化"融合示范试点企业13个】 2014年,江阴市通过政策激励、典型示范、项目培育、人才支撑等工作举措,不断推动"两化"融合走向深入。工业化与信息化融合是提升企业综合竞争力、促进转型升级的重要手段。5月,国家工业和信息化部公布2014年全国"两化"融合管理体系贯标试点企业名单,江阴兴澄特种钢铁有限公司、远景能源(江苏)有限公司、江阴中达软塑新材料有限公司3个企业成功入围。同月,江苏省经信委公布2014年首批江苏省"两化"融合转型升级示范试点企业,江阴市天邦涂料化工有限公司和江阴市华方新能源高科设备有限公司2企业被评为试点企业;7月,江苏百舸有色金属工业科技有限公司和江阴市蓓烨纺织有限公司2企业入围第二批试点企业;9月,江阴市长龄机械有限公司等6个企业入选第三批试点企业。至年末,江阴市累计有4个国家级、64个省级"两化"融合示范(试点企业)。（陆苏静）

【远望神州入围省规划布局内重点软件企业】 2014年6月,江苏省远望神州软件有限公司的产品"城市危机应急管理决策支援兵棋推演系统”被省科学技术厅认定为省高新技术产品。8月，该公司顺利通过江苏省经信委的评审验收，被认定为2014—2015年江苏省规划布局内重点软件企业和江苏省高新技术企业，标志着该公司拥有核心自主知识产权、具备自主创新的科技研发实力，也是对该公司多年来坚持自主研发、技术创新、坚持走高新技术发展道路的有力肯定。该公司是江阴市软件行业的领军企业之一，建有江苏省企业院士工作站，始终坚持自主创新，其产品在船舶、电力等行业以及在军队得到较多应用。　（秦光华）

【首届电商大会暨“双十一”淘宝嘉年华】　2014年10月26日，由江阴市电子商务协会举办的“2014江阴首届电商大会暨‘双十一’淘宝嘉年华”在江阴软件园举行。该届电子商务大会，以“双十一”淘宝嘉年华为主题，围绕电商经营环境分析、电商融资、“双十一”活动预热、老客户营销方案以及各大卖家实例分享等内容，通过专题讲座进行深入分析，并与全市300余名电商代表开展互动交流，进一步拓宽电商发展思路，力争实现互利共赢。会上，还为江阴市电子商务产业园和江阴市电子商务应用人才培训基地揭牌。中共市委常委、临港经济开发区管委会主任徐冬青在会上讲话。（秦光华）

信息化应用

【概况】　2014年，江阴市信息化应用不断丰富，顺应移动互联网的发展，“掌上江阴”和“无线江阴”两大手机客户端正式上线，江阴电子口岸一期工程正式开通，安全生产一体化平台完成建设，区域影像系统建成投运，异地安置人员异地就医实现无锡大市联网结算。建成7个农业物联网示范试验基地。　（秦光华）

【“掌上江阴”和“无线江阴”上线】　2014年，江阴市为了顺应移动互联网的发展，以丰富各类基于移动客户端的惠民应用。5月16日，江阴本地综合信息服务平台——“无线江阴”手机客户端正式上线。首期“无线江阴”以江阴广电全媒体新闻资源整合发布为主，涵盖直播、点播、报料、打的、公交、客运、天气等10余个功能模块。10月，“无线江阴”与“无线苏州”正式确立“智慧城市”联盟合作。升级后的“无线江阴”共有16个功能模块，新增活动、查违章、电影票、水务和牌类手机游戏等功能，致力打造“全媒体新闻即时发布”和“本地化便民服务广覆盖”两大功能特色。12月，“掌上江阴”政务服务移动客户端正式上线，该客户端以政务信息资源充分整合，政务服务一站式接入为目标，包含政务资讯、便民查询、掌上市民卡、掌上公交、市民邮箱等八大功能，力争为市民提供政务服务的一站式接入。至年底，“无线江阴”手机客户端下载用户近15000多人，平均每天活跃用户5000余人。

（夏晓峰）

【江阴电子口岸（一期）开通】　2014年3月12日，江阴电子口岸（一期）正式开通，标志着江阴口岸从传统管理操作模式向信息化、无纸化方式转变。江阴电子口岸（一期）包括一平台四系统，即门户平台和船舶管理系统、物料供应管理系统、一站式通关协作系统、通关状态查询系统，通过对单证流、信息流、口岸物流数据的统一采集转化，以及与省级口岸执法部门的数据交换，实现企业口岸通关的“一次申报、联合审批”，大幅减少江阴地区广大企业进出口贸易申报手续、等待时间和降低成本等，提升

图为“掌上江阴”宣传海报　（市信息办提供）

企业的国际市场竞争力。（赵冠兰）

【招标网上保证金支付系统】 2013年，江阴市公共资源交易服务中心在全省推进电子化招投标工作中，率先建成保证金网上支付系统，实现投标保证金网银缴纳、未中标企业投标保证金实时网银退付的保证金收退全流程电子化。该系统经过两个月的试运行后，于2014年1月1日正式上线。通过该系统，江阴市所有建设工程投标保证金实现网上收退，使保证金收退周期明显缩短，极大地方便了投标人，最大幅度提升了投标人的资金使用效率，同时也提高了交易服务效率。与传统的投标保证金收退方式相比，运用网上支付系统，不仅具有操作方便的特点，更重要的是安全可靠、保密性强，可以有效防止投标人信息的外泄，从而保证招投标工作公平、公正开展。同时，通过系统可以自动完成投标企业保证金入账账户与诚信信息库中企业基本账户的比对，对来自非基本账户的投标保证金，系统会发出提醒，并阻止进入开评标程序，为遏制借资质投标提供了技术支撑，规范了投标人的行为。通过运用信息化手段，真正实现《中华人民共和国招投标法实施条例》中关于"招标人最迟应当在书面合同签订后5日内向中标人和未中标人退还保证金及银行同期存款利息"的规定，更好地维护了投标人的合法权益。（叶秋红）

【数字城管二期视频监控平台建成】 2014年5月，江阴市数字城管二期视频监控平台顺利建成，系统与公安视频监控实现平台共用共享，体现了政府部门间资源共享的优势，为提升城市管理工作实效，辅助科学决策管理，推动数字城管深入发展，建设"智慧城管"提供了有力支撑。数字化城管监控系统能够实时、快捷地监控城市主要地段的市容市貌，实现全天候、24小时全覆盖，摄像头对现场监控拍摄，实时监控录像客观、公正的还原了城管队员的执法过程，保证城管队员的合法、合理、和谐执法的公信力。同时也为公安部门实现社会治安管理提供有力依托，成为案件破获的突破点。建立两个部门共享机制，不仅便利正常工作开展，也加强了城管与公安的联动性，相互促进，相互督促，更好地激发了数字城管快捷、高效的特点，同时也给创建大城管的格局提供基础平台。（王　春）

【"两个责任"信息管理考核系统】 2014年，江阴市纪委加大研发设计投入，初步建成集"目标管理、过程留痕、监督考核"于一体，覆盖全市各级党组织落实党风廉政建设"两个责任"信息化管理考核（监督检查）系统，该系统分设市级、镇街园和委办局3个层级管理平台，各单位工作动态、落实进程、完成质效等责任制落实情况全部入网，并实时公开、全程留痕，接受监管考核。（参见《纪检·监察》类目党风廉政建设分目中相关条目）（诸宇星）

【全市区域影像系统建成投运】 2014年12月，江阴市在全市各医疗卫生单位以集中部署模式，统一建设的集放射、内镜、超声、心电为一体的区域影像系统投入运行。通过该系统，市级医院可实时调阅各乡镇医院、卫生院任何一张影像片子并可以完成远程影像会诊和片子审核，实现优质医疗资源向基层流动并实现影像检查同城互认。该系统的建设，既解决了各单位有设备无系统的困境，也为全市影像会诊中心建设提供了坚实的基础。（戴晓军）

【安全生产综合监管智能一体化平台】 2014年，江阴市安监局自主研发了市安全生产综合监管智能一体化平台。该平台主要包括协同办公、安全隐患排查治理分类分级、自查自报及跟踪督查、移动执法检查、绩效考核管理、应急救援管理等系统功能。其中，移动终端跟踪督查系统的主要功能，督促企业安全员定时扫描重点隐患部位二维码，并实时监控隐患排查情况。移动执法系统的主要功能，执法时只需带上移动终端和蓝牙打印机，即可实现现场打印文书和上传执法检查结果等。至年底，全市先后有9377个生产经营单位上线，共自查隐患5万余处，排查隐患22万余处，发现近2万处一般隐患；331个试点企业1000台移动终端设备，巡查近2万次，巡查区域22万余个，发现隐患2321处，均及时整改到位。（潘黎宾）

【定点药店实施远程实时监控】 2014年10月，江阴市人社局对全市所有定点零售药店安装远程实时监控系统，至年底，136个定点零售药店全部安装覆盖到位。通过该系统的"无盲区"实时在线监控，实现购药过程"全透明"，有利于监管部门第一时间发现违规骗保行为和锁定证据。此举将更加有利于规范医保服务行为，提升监管效能，建立公平、公正、健康的市场秩序，进一步确保医疗保险基金安全，为江阴市民群众营造安全、健康的购药环境。

【江阴无锡异地就医联网结算】 2014年5月起，江阴市人社局与无锡市社保中心、无锡市人社局信息中心等多部门联动配合，对无锡市、江阴市所有三级、二级医院进行多次联调及试运行，以解决异地安置人员异地就医，因各统筹区医保政策、药品诊疗目录、社保及各医院信息管理系统不一致，给异地结算带来的诸多不便。10月1日，无锡、江阴两地异地安置人员异地就医"一卡通"结算正式上线运行，无锡有21个定点医疗机构、江阴有39个定点医疗机构首批实施异地联网实时结算。在无锡异地安置的退休人员以及在无锡学习、工作6个月以上的参保人员，在市人社局社会保险基金管理中心办理异地就医手续后，可以使用江阴市社会保障卡在无锡联网医院门诊、住院就诊，发生的医疗费用刷卡实时结算，享受就医地医疗机构服务，按参保地医保待遇结算，减少了以往异地就医现金垫付、来回报销环节，进一步方便了异地就医群众。

【生育保险医疗费用结算实现"一站通"】 2014年，江阴市社会保障生育保险基金管理中心实现与市计生委联网，共享计生信息。通过与参保信息比对，基金管理中心自动开通生育住院社会保障。参保人员生育时，不再需要专门办理生育住院开通手续，只要凭社会保障卡、生育证在医院直接结算生育住院费用，结算后医院将生育人员信息上传至市社会保险基金管理中心，自动计算女职工生育津贴、营养费、产前检查费等其他生育待遇费用等。至年末，全市有5784人享受这一便捷服务。

（邹　军）

信息化环境建设

【概况】 2014年,江阴市信息化发展环境持续优化,规划"一张图"与国土"一张图"为相关业务流程整合提供了基础信息支撑,市规划局率先在全国县级城市开展全市域地下空间设施(地下建构筑物)普查工作,形成地上地下一体化的空间数据库,为城市管理和土地管理的各类业务流程整合提供基础信息支撑。年内,基于江阴市区域卫生平台建设的江阴居民健康服务平台投运。全市110、"12345"公共服务呼叫热线、"12369"环保热线完成整合,呼叫热线联动效率更高。利用社会化模式推进公安技防城建设有突破性进展,市环境监控与预警中心综合业务软件三期项目通过验收。(秦光华)

【开展全市域地下空间设施普查】 2014年,江阴市规划局在全市域地下管线数据普查的基础上,率先在全国县级城市开展全市域地下空间设施(地下建构筑物)普查工作。地下空间是城市宝贵的战略性空间资源和新型土地资源,通过地下空间数据普查、建设地上地下一体化空间数据库,编制地下空间开发利用规划,科学高效开发、管理、利用地下空间资源,是现代化城市建设的一项重要内容和发展方向。年内,完成试验区30项地下空间项目,普查面积约24万平方米。同期,还构建全市域地下空间设施(地下建构筑物)管理信息系统,完善江阴空间地理信息数据体系。该项工作将进一步提升城市地上地下空间一体化的规划建设管理水平,为合理开发利用地下空间,制定切实可行、技术先进和经济合理的规划建设方案提供有效的技术和数据支撑,科学引领城市土地节约集约利用。(戴俊杰)

【江阴市民健康服务平台投运】 2014年12月,江阴健康网、江阴健康微信公众号上线运行。市民可通过网络实现全市各大医院的统一预约挂号并及时点评医生服务,通过互联网技术,简化市民看病就医难度,并对医生及医院服务提供公众参与渠道。实名注册用户在确保信息安全的前提下,可以实时调阅个人健康档案,查询本人历次就医诊疗信息,并可调阅相关公共卫生服务内容,由市民被动管理健康档案,逐步转变为主动管理健康档案。(戴晓军)

【国土"一张图"服务平台建设】 2013年8月,江阴市国土资源"一张图"工程项目开工建设。2014年12月,按照计划初步完成"一张图"工程建设项目。该项目先后新建、整合数据库18个,开发业务子系统16个。此外,按照江苏省国土资源厅统一部署,围绕"全流程优化审批、全区域便民服务、全业务网上办理、全节点效能监管"的"四全"服务要求,初步建成江阴市国土资源"四全"服务平台。该项目基于ArcGis地理信息系统平台和Oracle数据库进行二次开发,实现江阴市国土资源基础和业务数据在统一坐标系下的一体化管理和"批、供、用、补、查"一体化的综合监管功能,为全市国土资源科学管控和可持续发展提供决策分析的重要技术支撑。同时"一张图""四全"服务平台支撑的四全服务模式,为江阴市民提供异地接办件业务,便利了群众,缩短办件时间。(张　斌)

【规划"一张图"信息化应用】 2014年,江阴市规划信息化结合全市域控规全覆盖修编成果入库工作,以"一库、一平台、一张图"为主线,建设规划"一张图"信息应用平台。市规划局通过将海量数据重新梳理、提取、整合,对规划空间信息数据库结构进行优化提升,将各类基础地理信息数据和规划业务数据结合应用于城乡规划编制、审批、实施、评价和监督等各环节,实现了信息系统从地上到地下、从单一到集成的一体化的综合集成与辅助决策,为城乡规划管理提供了一个科学决策的综合辅助信息平台。(戴俊杰)

【社会化运作模式推进技防城建设】 2014年,江阴市采用社会化租赁模式,推进公安技防监控建设,共签订建设合同34份,合同建设监控点数5681个,总投资4100万余元。至12月底,有27份合同通过验收,5535个监控点完成建设并投入运行。全市技防监控建设逐步向村一级推进、向社会单位拓展,呈现出井喷式扩张发展的良好态势。全年探头建设数量超过前十年的建设总和。新建技防监控在各级公安机关日常警务工作及南京青奥会安保、新看守所搬迁等大型安保活动中发挥重要作用,收到良好的应用效果。(凌贵军)

【全市呼叫热线整合】 2014年,江阴市启动"12345"公共服务呼叫热线与市公安、环保热线的整合工作。8月,"12369"环保热线完成与"12345"热线整合;"110"热线与"12345"热线整合的子项目——江阴市应急指挥和社会联动系统项目正式启动建设,该项目旨在打通110报警平台与政府"12345"公共服务平台的对接通道。至12月,江阴市应急指挥和社会联动系统正式开始试运行。整合完成后,市公安、环保热线收到的诉求,均按照"12345"热线的规范进行流转,接受外部的效能监督,从而进一步整合社会资源、健全工作制度、规范工作流程,实现应急处置高效、联动服务顺畅和非警务求助服务事项有序分流,全面提升应对处置突发事件、服务群众的能力和水平。(吴冰巍)

【环境监控与预警中心三期通过验收】 2014年11月20日,江阴市环境监控与预警中心综合业务软件三期项目通过验收,标志着数字环保系统历经6年基本建成。该系统集综合办公、业务协同、移动执法、自动监控、应急管理、地理信息、科学决策、公众服务、权力网上运行、内部监督控制等环境信息于一体。至年底,有11633个企业纳入数字环保系统管理,将构建完善的一厂一档电子档案。该电子档案内容包括污染源基本信息(主要产品、生产设备、主要原辅材料、排污口情况、治理设施等)、项目审批、"三同时"项目验收、排污许可证、信访投诉、行政处罚、排污申报、排污收费、执法管理、放射源及射线装置管理、危废监管、环境质量监控(水、气、声)、污染源在线监控、机动车尾气检测监控等信息。以一厂一档为基础,建立企业环保信用评价体系,实现从点源管理入手,全面提升环境管理效能和公众服务能力。(王德文)

■类目编辑　赵修平

交通·邮政·物流

交 通

【概况】 2014年,江阴全年完成交通建设投资25.5亿元。江阴大道、海港大道、暨南大道(西延段)、新郁路、科技大道与滨江东路澄张连接线道口建成通车。江阴申港—靖江上五圩渡口南岸工程基本完工,具备通航条件。锡澄运河航道整治工程累计完成投资40亿元,占总投资的90%。锡澄高速花山互通完成投资2.2亿元,占总投资的50%。南国大桥改建工程完成投资55%。世纪大道(改建)、新长路张家港河及接线工程、滨江西路新锡澄运河大桥开工建设。紫金路、光明路、长新大道(二期)等项目加快推进。农村公路新改建15千米,公路危桥改造10座。沿江城际铁路项目进展顺利,被列入江苏省2015年度开工项目;泰锡宜城际铁路项目通过国家规划研究审查,各前期项目准备工作有序推进。进一步发展现代交通运输业,推进城镇公交一体化,落实城市公共交通优先发展战略。积极开展客运服务品质提升年活动,道路运输服务保障能力不断提升,民生服务效能迈上新台阶。年内,敔山湾公交首末站建成投运,文富公交首末站开工建设。新建公交候车亭30座,新增城市公交车65辆,新辟公交线路9条,优化调整线路42条。扩容投放出租车50辆,到期更新230辆。毗邻地区公交化改造客运班线4条。自然村公交通达率92%。新增维修信誉等级企业4个,万达驾校通过江苏省AA级评定,环宇驾校“诚信乐驾”新模式正式运行。交通运输行业依法监管彰显新成效。全年受理行政许可666件、受理行政服务项目14172项,行政权力网上运行率和按时办结率均达100%;实施行政处罚35980件,无一件行政复议被变更、撤销和行政诉讼败诉案件。设立滨江路过境车辆配客服务站。全年完成客运量7490万人次,比上年下降36.6%;完成货运量3874万吨,比上年下降19.1%。开展公路路域环境、运输市场秩序、水上交通安全专项治理整顿,重拳打“黑”治“超”,强力打“非”治“违”,全年查处违法超限运输车辆243辆次、运营“黑车”82辆次、其他违章运输车辆1006辆次。江阴船闸累计通航船舶19.8万艘,总载重5.5万吨,征收过闸费4700余万元,地方海事征收规费约5400万元。创新交通企业发展体制,建立健全《公共财政购买公交服务的考核机制》《交通工程项目建设招投标实施细则》《交通重点工程建设项目监督管理制度》《行政处罚查出分离制度》等管理制度。年内,江阴市公路隧道管理中心与江阴市出租车智能化管理平台建成投运,“公交一点通”智能查询系统优化升级,执法路面监控系统进一步完善。

【江阴大道竣工通车】 2012年7月18日,江阴大道开工。该大道是江阴东西向快速干道,起于海港大道月城镇北段,穿越月城镇北部(秦望山南),与月山路交叉,跨越锡澄运河、锡澄高速公路后穿越新长铁路,后跨越应天河,终点与周庄镇世纪大道相接,路线长18.7千米,总投资38.6亿元。江阴大道全线为新建道路,一级公路标准并兼顾快速化功能建设,全线主线双向六车道、辅路双向四车道,设计速度为主线100千米/小时、辅路40千米/小时,路基标准宽度47.5米。沿线设置互通式立交2处、上跨简易菱形立交8处、大型跨河桥梁6座,设置新长铁路下穿分离式立交通道1处。2014年10月28日,江阴大道竣工。大道的建成,有效缓解了城区东西方向交通日益增长带来的压力,对加快城市外环快速绕越系统的形成,对江阴市南部地区的经济发展起到积极的带动作用。

【海港大道竣工通车】 2012年7月18日,海港大道开工。该大道是江阴市中西部地区重要的南北向疏港通道,起于滨江路南侧,由北向南跨越港城大道、镇澄路,与芙蓉大道交叉,向南以隧道形式穿越凤凰山、秦望山,跨越环山河,与江阴大道交叉,向南上跨沿江高速公路,终于暨南大道,路线全长19.5千米,总投资36.9亿元。道路沿线经过申港、南闸、月城、青阳4个镇(街道)。海港大道全线按一级公路标准并兼顾快速化功能建设,全线主线双向六车道、辅路双向四车道,设计速度为主线100千米/小时、辅路40公里/小时,路基标准宽度47.5米。沿线设置互通式立交4处及上跨简易菱形立交4处,设置分离式立交1处、大型跨河桥梁2座。沿线设置

2014 年 10 月 28 日,海港大道建成通车,沿线所设秦望山隧道(示意图)
(市交通运输局提供)

凤凰山、秦望山隧道 2 处。2014 年 10 月 28 日,海港大道竣工。海港大道的建成,对全面加快江阴港口集疏运体系建设,扩大港口腹地、提升港口功能起到积极作用。(袁静菊)

【338 与 340 省道江阴段中修工程竣工】 338 省道江阴段与 340 省道江阴段分别是连接张家港地区和常州地区的重要通道,随着交通流量的增大和重型车辆的不断碾压,两条道路的沥青路面出现坑槽、网裂、车辙等公路病害,给道路维护带来不便,也加大了道路行车安全隐患。2014 年 10 月 6 日,江阴市公路管理处下属暨阳道路养护工程处对两条道路进行养护中修,其中,338 省道起点桩号为 120K + 000,终点桩号为 162K + 460,含 20 个交叉路口的进口道改造及 250 米水泥混凝土路面改造,施工总面积 47000 平方米,投入改造资金 912 万元。340 省道中修工程起点桩号为 20K + 000,终点桩号为 57K + 600,含 15 个交叉路口的进口道改造及寿山立交和食品城立交两个立交桥的匝道改造,施工总面积 45564 平方米,投入改造资金 800 万元。12 月 30 日,338、340 省道江阴段中修工程竣工。两条省道中修工程的竣工,有效改善了道路的通行质量,对进一步提高道路的通行能力及安全性能有着重要意义。

【公路隧道管理中心建成】 2014 年,江阴市根据秦望山隧道、凤凰山隧道工程项目的建设需要建立江阴市公路隧道管理中心。该中心位于海港大道旁、秦望山北。中心地上两层,配电间 3 个,占地面积 2968 平方米。12 月 31 日,中心建成。该中心集隧道管理、全市道路监控、路政治超管理、公路养护及全市公路应急保障等功能于一体,中心监控大厅实行专职人员 24 小时值班制度,路政、养护、路网调度、清扫保洁、应急人员设点办公。隧道管理中心的建成,进一步提升了全市公路突发事件的处置能力,对保障全市公路的安全畅通起到积极作用。(蒋炳兴)

【敔山湾公交首末站建成】 2014 年 5 月 19 日,敔山湾公交首末站开工建设。该公交首末站位于长山大道西、芙蓉大道南、长安路北侧,总投资 2623 万元,占地面积 13000 平方米,总建筑面积 1609 平方米,地上 3 层,高度 12.35 米。配套建设有调度办公、乘客服务、应急维修、停车场地等功能用房和设施。12 月 30 日,敔山湾公交首末站竣工。该公交首末站的建成,成为江阴市城东区域一个重要的公交换乘枢纽,填补了敔山湾地区无公交出行的空白,更为周边广大市民提供了更加便利的出行服务。(赵 菁)

【江阴滨江过境车辆配客服务站成立】 2014 年 1 月 14 日,江阴公路客运有限公司在锡澄高速江阴北出口滨江路上设立流动服务车。为进一步完善流动服务车的功能,更加方便民众的需求,6 月,江阴公路客运有限公司在流动服务车的基础上成立过境车辆配客服务站,地点设在滨江中路体育馆北门天桥下。经过不断完善设施,该站配客服务功能进一步加强。该站能对所有往北过江车辆实施进站配载、二次签证,同时对滨江过境车辆核发进站证。至 12 月底,成功引进 23 条班线 40 辆车,进一步规范了江阴客运市场秩序,有效遏制了客运班车违规现象的发生。

【江阴石庄至常州客运站城际公交开通】 2014 年 8 月 20 日,由璜土石庄开往常州的城际公交客运班线开通。该线由江阴公路客运有限公司与常州公路运输集团有限公司合作开通,全程运行约 70 分钟,票价为石庄境内 1 元、常州境内 1 元。石庄客运站首班车时间为 5:50,末班车时间为 19:50,间隔时间 10—20 分钟。线路走向为石庄客运站—新颜东路—桃花港路—滨江西路—嘉盛南路—新颜西路—璜石路—黄金南路—镇澄路—融城路—姬山东路—扬子江路—大岸路—小湖路—镇澄路—龙业路—黄河东路—晋陵北路—飞龙东路—永宁路—竹林西路—常州客运站。沿线区设 50 个停靠站点。此班线的开通,开创了无锡地区乡镇直接开往常州的跨市城际公交先河,实现了璜土镇至常州公交的无缝对接。

【率先实施出租车 3G 视频监控系统】 2014 年 7 月 1 日起,江阴市在全省率先安装出租车 3G 视频监控系统。该系统采用 3G 视频无线传输技术,辅以固态硬盘式车载硬盘录像机(DVR)的录像保存,并在出租车驾驶室、中间与后备箱安装 4 个高清摄像头,实施车厢内无死角实时监控,视频实时回传出租车的即时状态和情况。出租车安装 3G 视频监控,是出租车管理由路面管理转向实时操控管理的转变,对提升出租车驾驶员的服务质量,保障司机、乘客的权益和人身财产安全等有着重要意义。至年底,全市拥有安装 3G 视频监控系统的运营出租车 330 辆。(许雪华)

邮　政

【概况】 2014 年,市邮政局以经营发展为中心,以效益发展为导向,以管理创新、经营创新、科技创新，流程优化“三创一优”为抓手，真抓实干，江阴邮政在全省的位置，在公众中的形象，单位职工的幸福指数均有了新的提升。精心设计制作邮政直邮通，助推江阴市第三次全国经济普查宣传工作。1 月 10 日，市邮政局充分发挥寄递平台优势，与政府部门精诚协作，成功策划江阴市第三次全国经济普查有奖知识竞赛活动，以邮政直邮通的形式，对全市 2. 8 万余个法人单位、产业活动单位、个体经营户等普查对象进行直邮通的寄发宣传。3 月 1 日，中国邮政正式发行《浴马图》特种邮票，该特种邮票在江阴共发行 100 套，为扩大影响，江阴集邮分局举办首发活动，发行首发纪念封及特供邮折。进一步推动集邮文化深入乡镇活动，积极举办迎国庆 65 周年主题集邮联展活动，起到良好社会效应。全年市邮政局实现业务总收入 2. 14 亿元。收入规模继续保持全省领先，位列全省县（市）局第二。其中函件广告分局、集邮分局、报刊发行分局三个专业局业务收入位列全省县（市）局第一。是年，市邮政局投诉站被江阴市消费者委员会评为 2014 年度维权先进集体，华士支局函件集邮联合党支部在全省“一创两争”（创建先进基层党组织，争做优秀共产党员，争当敬业奉献好青年）活动中，被江苏省邮政公司党组评为先进基层党组织。

【集邮文化礼品乡镇巡展】 2014 年 8 月，为进一步推动集邮文化深入乡镇，丰富市民精神文化生活，市邮政局在全市范围内举行“乐享集藏、真爱你我”集邮文化礼品乡镇巡展活动。活动时间为 8—10 月，分别在青阳邮政支局、桐岐邮政支局、月城邮政支局等全市 29 个邮政网点依次进行邮品巡展、客户品鉴及现场订货等活动。现场展出的集邮品主要有生肖系列、钱币系列、沉香系列、企业定制、新邮预定、个性化私人定制系列、贵金属系列，包括《十二生肖邮票珍藏册》《编号票》《文革大全》等百余种珍贵邮品，较好满足了广大集邮爱好者的品鉴及收藏需求。

【优化流程助推邮政投递转型】 2014 年，市邮政局对全市邮政投递网络资源进行调研，进一步优化邮政投递流程，整合投递资源。2 月 12 日，对城区 5 个投递分部与 1 个大宗分部进行撤并，组建普邮投递网和商务投递网。通过优化流程，整合投递资源，两网同时运转，既体现邮政的普遍服务理念，又满足社会个性化服务需求。通过对普邮投递网整合后，城区由原来的 64 个投递段道减至 47 个，减少了段道接转点和一般客户的投递。投递车辆根据需求，重点保障党政机关、重要客户和接转点。普邮段道投递频次根据段道需求以一频次为主，二频次为辅，主要以投递报刊、函件为主。通过流程优化，将原有的 6 辆汽车、3 条早班邮路和 5 条机动车邮路优化为 3 条综合邮路。通过组建商务投递，解决混合投递带来的矛盾，使普邮投递服务更安全更可靠。商务投递的运行，显著提升了个性化投递的时限，即投递的不定时、不定频次。推行电话预约、短信通知等投递服务新举措，以满足客户需求为目标的投递方式进行投递，提高了投递效率和服务质量。

2014 年 8 月 30 日，市邮政局“么么闪印”个性化明信片亮相华西村婚博会 （市邮政局提供）

【开发专题邮册】 2014 年 4 月 3 日，市邮政局与海澜集团有限公司签订《马年看马、吉祥顺利》海澜国际马术俱乐部专题邮册开发协议。该专题邮册由市邮政局进行开发设计，开发金额 30 万元，于 4 月 15 日正式发行，共发行 2500 册。邮册以“以马会友”“盛装舞步、华丽呈现”“世界名马、顶级品鉴”“亲近自然、身心和谐”“飞马精神、荣耀传承”这五个部分为主线，进一步突出海澜集团“马”文化的内涵。同时结合甲午年马年生肖、浴马图等邮票，以精细、精美、精巧的包装设计，集中展示了海澜国际马术俱乐部“以马会友”的文化品位，极具观赏价值和收藏价值。融企业文化、集邮文化于一身的《马年看马、吉祥顺利》个性化邮票专题邮册，已成为海澜集团对外宣传、馈赠来宾的主要文化礼品，进一步提升了集团的知名度和美誉度。

【建成“邮乐江阴”微信平台】 2014 年 4 月 5 日，市邮政局建成并运营“邮乐江阴”微信公众平台。该微信平台包含邮乐功能、邮乐活动、便民邮乐三大自定义功能。通过不断完善，还增加微店功能，在邮乐微店中上线各专业中低型产品，开设漫邮全澄、土特产店、集邮臻品三个特色微店。采取在全市各邮政网点张贴二维码的方式提示客户扫描下载和关注“邮乐江阴”微信公众平台。“邮乐江阴”正式上线后，通过发布邮政产品、有奖活动资讯、企业文化及全方位的生活资讯等信息，吸引

2014 年9 月20 日,市邮政局开展“我是卖报的小行家”学生职业角色体验活动 (市邮政局提供)

广大用户关注。结合宣传邮政产品的形式举办“挂挂卡”抽奖、“八月半免费月饼准点抢”“双十一土特产店销售活动”“我是卖报的小行家”、每日一刊、《畅游长三角》景点介绍文章等一系列活动进一步吸引用户关注。至年底,累计吸引7100余位关注用户,其中发展邮乐会员4000余人,各项活动资讯浏览及转发次数达9万余次。

【邮政为民服务】 2014 年,市邮政局主动融入地方建设,突出邮政亲民、助民、惠民服务主题。通过打造普惠金融、苏邮惠民和发放福农卡等综合服务平台,努力解决服务群众“最后一公里”问题。累计建成苏邮惠民加盟店18个。推进便民服务进社区和村邮站建设,年内新增村邮站49个。持续打响江阴邮政志愿者品牌,巩固“助老邮路”活动成果,健全成员注册、管理培训、活动指导、激励表彰等机制,“助老邮路”广受市民群众好评。积极响应中国扶贫基金会发起的“爱心包裹”全民公益行动,利用邮政网点优势受理爱心包裹、爱心图书捐赠,全年累计受理爱心包裹4189只。通过捐赠活动,向贫困地区的中、小学校和学生送去关爱。发挥百年邮政的品牌优势,积极参与江阴地方关乎民生公共服务设施建设,通过创造一流的服务环境,提升邮政服务整体形象。8月22日,市邮政局副局长沈军一行4人作为嘉宾,作客江阴“12345”民生热线网上直播室,就“履行邮政社会责任,服务广大市民群众”为主题与广大市民进行热线交流,现场讨论交流同步在网上进行了直播。直播期间,市邮政局几位嘉宾还就市民群众关心的邮政新业务、报刊投送时限、邮政代理业务等邮政热点问题,为市民群众进行解答。

【举办迎国庆65周年主题集邮联展活动】 2014 年,为庆祝中华人民共和国成立65周年,市邮政局、市集邮协会和太仓市邮政局、太仓市集邮协会于9月20—25日,在江阴市博物馆联合举办迎国庆主题邮展暨《中国梦——民族振兴》特种邮票首发活动。此次为期6天的江阴、太仓集邮联展,共展出65年来两市邮政历史、邮政用品、专题、航天、极限和一框类集邮37部,计100框,同时还展出在世界、全国、全省邮展中获奖的部分作品。此次较大规模的集邮联展,充分展现了新中国成立以来翻天覆地的社会变化。对于回顾历史、珍爱和平、坚定爱党爱国理想信念,实现“中国梦”奋斗目标,有一定的现实意义。活动的开展亦进一步增进了江阴、太仓两地集邮界人士的友谊,较好满足了两地集邮爱好者的鉴赏需求,为提高两地的集邮文化水平打下了基础。 (洪志云)

物　流

【概况】 2014 年,江阴市充分依托工业基础、交通枢纽等优势和条件,继续推动以港口码头、物流园区、专业市场和重点物流企业为载体的现代物流业发展,先进制造业与现代服务业有机融合、互动发展,形成机械装备、包装材料、金属制品、汽车零部件等销售超百亿元的产业集群。以石化、煤炭、钢材、粮油等生产资料为主要特色的港口物流进一步发展,江阴成为长江中下游地区重要的仓储物流、集散配送中心及华东地区最大的液体化工品运输、生产、中转、贸易基地。继续发挥区位优势和经济优势,吸引市内外投资者投资现代物流产业和项目,其中无锡(江阴)港申夏港区6号码头港口集团通用码头工程项目、无锡(江阴)港申夏港区5号码头二期工程项目、海澜之家智能立体高位24号仓库项目和江阴周庄金属合约交易中心工程项目等5项项目建设收尾,中国石化长山油库滨江库区扩建工程项目、丽天石化码头改扩建工程项目、丽天石化品电子交易平台工程项目和百衣百顺仓储工程项目等项目进展顺利。全年完成物流营业收入3100亿元;港口货物吞吐量14006万吨,比上年增长3.7%;集装箱运量52.25万标箱;外贸航行船舶3474艘次。年内,江阴保税物流中心、中信码头完成申报省物流示范基地。江阴港航线覆盖近洋航线、沿海内贸航线、长江内支线及内河支线,航班密度每周达109个班次。开通有海口、丹东、中国台湾和韩国、日本等外贸近洋航线,外贸内支线对接上海外高桥和洋山港等地,拥有航线51条,其中内贸航线33条,外贸内支线18条。至年末,江阴长江沿线建有千吨级以上泊位89个,其中万吨级泊位45个,开放泊位46个,最大靠泊能力10万吨级。

【重点物流园区】 2014 年,江阴市有江阴长江港口综合物流园区、城东物流园区、城西物流园区、金三角物流园区、江阴—靖江物流园区5

个重点物流园区，规划面积10.8平方千米。年内，江阴长江港口综合物流园区发挥交通、区位和经济优势，大力发展以港口货运、装卸、仓储、商贸、物流信息处理等为重点的现代物流产业和软件及服务外包产业，实现现代物流业规模发展和服务外包产业提升发展，园区产业规模、企业集聚和品牌建设取得明显成效，园区成为集综合运输、货物仓储、货运配载、装卸搬运、信息服务、流通加工、检验检疫、咨询设计、招商引资等功能于一身，融商流、物流、信息流、资金流于一体的长江中下游地区重要的综合性货运枢纽物流中心，全年开票销售845亿元，上缴税金5.89亿元。城东物流园区依靠便捷的高速公路道口交通区位优势，通过整合市场资源，不断拓展发展空间，形成了以金属材料交易、物流配送、家居建材、汽车交易为主的物流园区，全年开票销售347.57亿元。城西物流园区利用交通便捷优势，整合周边市场资源，形成农副产品、五金机电等以生活资料市场为主的物流园区，全年开票销售90.59亿元。金三角物流园区是建材、木材、建筑卫生陶瓷、有色金属、废旧金属等大类产品集聚的经营型物流园区和华东地区规模较大的建材商品集散地，经营国内外知名品牌商品1万余种。江阴—靖江物流园区发挥江海联运优势，加快形成钢铁、煤炭、油品等物流配载和仓储体系，园区内有经营黑色金属、机电产品和五金材料交易的长阳金属材料市场，江苏中燃油品储运有限公司、江苏东方能源有限公司、中国石化长江燃料有限公司江阴分公司等油品加工仓储销售企业，全年开票销售147.89亿元，上缴税金2.3亿元。

【物流企业认定】 2014年，江苏省经信委依据《江苏省重点物流基地和重点物流企业认定办法》，对第一批至第七批省重点物流基地和省重点物流企业2012—2013年度经营状况进行复核。江阴长江港口综合物流园区、江阴保税物流中心和江苏江阴—靖江物流园区3个省重点物流基地和江苏江阴港港口集团股份有限公司、江阴市长江钢管有限公司、江阴市贯庄金属材料市场有限公司和江阴华西化工码头有限公司4个省重点物流企业顺利通过复核。年内，根据《江苏省重点物流基地和重点物流企业认定办法》，经企业申请、专家评审、现场考察、征求全省现代物流工作联席会议各成员单位意见和向社会公示等程序，江苏丽天石化码头有限公司和海澜之家服饰股份有限公司分别被认定为第八批、第九批省重点物流企业。按照《无锡市生产性服务业有关领域重点企业认定办法》，根据物流企业的经营规模和经营质量，江苏申通国际货运有限公司和江阴新西港物流有限公司被认定为无锡市重点物流企业。

【江阴港成为全国首批进境粮食指定口岸】 近年来，为提高口岸安全把关能力，优化口岸资源配置，推动口岸检验检疫管理规范化、科学化、精细化，国家对进境粮食实施指定口岸制度。2014年，江阴市依托得天独厚地理条件和广阔的辐射区域，江阴港已成为长江中下游地区进口粮食重要集散地，年进口粮食位居全省前列。进境粮食包括大麦、小麦、大豆、玉米、高粱等，基本实现了粮谷种类全覆盖。区内粮油加工、仓储企业也同步规模化成长，形成江阴特色的产业链。年内，江阴口岸进境粮食100万余吨，货值4亿余美元，分别比上年增长86.16%和93.3%。为有效防范与降低进口粮食传带外来有害生物等潜在风险，在江阴出入境检验检疫局的指导下，中粮（江阴）粮油仓储有限公司查验点和江阴苏南国际集装箱码头有限公司查验点2个参评单位制定完善进口粮食防疫措施，加大对设备设施改造升级投入力度，严格按照核查验收标准抓好落实，顺利通过国家质检总局验收。10月27日，国家质检总局公布全国第一批进境粮食指定口岸名单，在首批获得进境粮食指定口岸资质的58个口岸、96个查验点中，中粮（江阴）粮油仓储有限公司查验点和江阴苏南国际集装箱码头有限公司查验点，分别取得水运散装和水运集装箱进口粮食接卸资质。江阴港成为全国首批进境粮食指定口岸之一，此次指定将进一步助力江阴建设现代航运物流强市，同时促进地区油脂、饲料等粮食加工产业的发展。

【两座10万吨级码头投入使用】 2009年10月，为集约使用港口岸线资源，提升码头靠泊能力，保障港口运营安全，江苏省交通运输厅按照交通运输部有关通告精神，启动开展码头结构加固改造工作。2014年，江阴市两座10万吨级码头先后加固改造完成，通过验收后投入运营。其中，4万吨级的无锡（江阴）港申夏港区件杂货码头通过结构加固改造为10万吨级。该加固改造工程于2013年12月12日开工，2014年6月12日完工并通过交工验收，7月4日通过江苏省交通厅通航安全核查，标志着江阴港第一座10万吨级码头正式投入运营。5万吨级码头的无锡（江阴）港长山港区兴澄特种钢铁有限公司码头通过结构加固改造为10万吨级，该工程于2014年1月2日开工，7月24日完工，8月通过交工验收，9月2日通过江苏省交通厅通航安全核查并投入运营。该码头是以装卸矿砂、煤炭等货物为主的散杂货码头。两个码头投入运营后，将进一步有效缓解江阴港码头靠泊能力不足与船舶日趋大型化的矛盾，提升江阴亿吨大港在航运市场的竞争力，促进江阴港口经济持续、健康、稳步发展。

（谢励涛）

■类目编辑 陈学超

财政·税务

财　政

【概况】 2014 年，江阴市财政部门积极应对经济减速换挡和全面深化改革的双重考验，主动适应新常态，继续实施积极财政政策，统筹推进稳增长、调结构、惠民生、促改革、防风险、转作风等各项工作，实现财政运行总体平稳、收入增长稳中有进、财政改革成效明显的目标。年内，全市各级财政部门千方百计抓收入，明确目标任务、做好预测分析、强化收入征管、深入协税护税、加强考核奖惩，促进财政增收。全市完成公共财政预算收入 200.66 亿元，其中，公共财政税收收入 164.88 亿元。实施政策引导、加大资金扶持、落实结构性减税，促进经济转型。支持引进重大项目，支持现代服务业发展，促进外贸增长；综合运用协税护税、“营改增”（将以前缴纳营业税的应税项目改成缴纳增值税）和考核奖励等有关政策，鼓励企业发展，激励板块增收。全年安排经济转型发展专项资金 1.5 亿元，对上争取扶持资金 10 亿元，财政股权投资基金总盘子扩大到 8600 万元。同时，全面落实结构性减税，积极培育地方财源。市财政重点保障民生支出，支持社会事业发展，提升社会保障水平，推进基本公共服务均等化，促进国际化现代化滨江名城建设。认真落实中央、江苏省和无锡市的各项有关规定，从严控制“三公经费”* 支出，全市“三公经费”比上年下降 37% 以上。是年，继续推进改革，调整完善市、镇（街道）、园区财政管理体制，预算绩效管理逐步深化，实现部门专项资金和政府专项资金绩效评价全覆盖，加快完善国有资产管理体制机制，完善国库集中支付制度，公务卡改革在全市全面推开，“营改增”税制改革深入推进，政府购买服务不断扩围，非税收入收缴管理不断深化，法治财政建设取得新的进展。

2014 年江阴市公共财政预算收入情况一览

表 45　　　　单位：万元

项目	财政收入							
	合计		国税		地税		财政	
	完成实绩	比上年增长（%）	完成实绩	比上年增长（%）	完成实绩	比上年增长（%）	完成实绩	比上年增长（%）
市本级	455017	5.79	12437	-17.82	156844	-12.24	285736	20.95
高新区	268695	9.01	100432	9.57	157515	8.34	10748	13.92
临港经济开发区	409821	11.31	170220	13.62	228557	10.00	11044	4.14
靖江园区	51900	-34.99	29722	-37.48	19746	-28.14	2432	-49.47
澄江街道	252590	13.80	67298	11.91	158578	14.22	26714	16.26
镇（街道）合计	1299011	10.96	547367	11.59	706292	11.11	45352	1.83
全市合计	2006618	10.09	627102	10.84	1021714	7.18	357802	17.79

说明：镇（街道）收入合计数中含有临港经济开发区范围内的临港街道、璜土镇的收入合计数

2014 年江阴市财政预算支出情况一览

表 46 单位:万元

项目	当年度预算数	当年度完成情况		与上年相比	
		完成数	完成年初预算(%)	增减额	增减(%)
一、公共财政预算支出合计	1668000	1872766	112.28	160839	9.40
(一)一般公共服务	150515	131364	87.28	-6564	-4.76
(二)国防	3280	6155	187.66	-1076	-14.88
(三)公共安全	103100	101257	98.21	4397	4.54
(四)教育	318950	283570	88.91	-28423	-9.11
(五)科学技术	43350	53157	122.62	7030	15.24
(六)文化体育与传媒	20250	21724	107.28	767	3.66
(七)社会保障和就业	138200	166980	120.83	17241	11.51
(八)医疗卫生	75385	90225	119.69	7847	9.53
(九)节能环保	60930	85417	140.19	10879	14.60
(十)城乡社区事务	334500	412279	123.25	73600	21.73
(十一)农林水事务	75955	98041	129.08	8523	9.52
(十二)交通运输	60150	77430	128.73	5754	8.03
(十三)资源勘探电力信息等事务	106100	161992	152.68	52707	48.23
(十四)商业服务业等事务	38450	52412	136.31	3765	7.74
(十五)金融监管等事务	1080	1069	98.96	-185	-14.77
(十七)援助其他地区	9112	9111	99.99	674	7.99
(十八)国土资源气象等事务	12560	13903	110.69	323	2.38
(十九)住房保障	78200	81898	104.73	1681	2.10
(二十)粮油物资管理事务	2210	3583	162.14	446	14.21
(二十一)债务还本付息	1831	1852	101.13	493	36.28
(二十二)其他	33892	19347	57.08	960	5.22
二、基金预算支出合计	862108	1735353	201.29	818575	89.29
预算支出合计	2530108	3608119	142.61	979414	37.26

【落实财政稳增长措施】 2014 年,江阴市财政部门注重应收尽收、挖潜增收。支持引进重大项目,支持现代服务业发展,促进外贸增长;综合运用协税护税、"营改增"和考核奖励等有关政策,鼓励企业发展,激励板块增收;建立完善税收征管保障体系,出台《江阴市税收征管保障办法》,建立部门协作机制推进协税护税,有力地稳定了财政收入增长水平。市财政局按照"以月保季、以季保年、以块保面"和稳中求进的方针,根据全年收入目标和无锡市下达的任务要求,测算下达各镇(街道)、开放园区和各征收部门收入任务,将考核奖励与收入贡献、征管质量相挂钩,形成全市相关部门上下齐抓共管促增收的合力。全市全年完成公共财政预算收入 200.66 亿元,比上年增长 10.09%,总量首次突破 200 亿元大关,增幅超过无锡市和苏南 5 市的平均水平,其中,公共财政税收收入完成 164.88 亿元,比上年增长 8.54%,税收占比 82.17%。

【地方税源培育】 2014 年,江阴市财政部门充分发挥积极财政政策和财政专项资金的双轮驱动作用,不断加强财源培育和建设,全力促进经济平稳健康发展。注重政策引导。调整完善市、镇(街道)、园区财政管理体制,调动各级加快推进转型发展积极性。年内,落实交通运输业"营改增"政策,支持现代服务业发展,全年兑现奖励 2.55 亿元。加大资金扶持,安排经济转型发展专项资金 1.5 亿元,对上争取扶持资金 10 亿元,财政股权投资基金总盘子扩大到 8600 万元。落实结构性减税。继续落实好提高增值税起征点、所得税优惠、行政事业性收费减免等结构性减税政策,减轻企业负担。

【保障民生支出】 2014 年,江阴市财政部门遵循保运转、保民生和保重点原则,切实优化支出结构,重点保障民生支出。全市教育、社保、医疗卫生、环保、住房、"三农"、公共安全、社区事务等城乡公共服务支出超 130 亿元,占公共财政预算支出的比重超过 70%。支持教育优先发展,完善教育经费保障机制;落实全市学校教师绩效工资政策，全市财政部门共安排4.76亿元，用于以前年度教师奖励性绩效工资、公积金和提租补贴调整补缴；落实中等职业教育免学费政策，完善中等职业教育国家助学金制度，调整中小学家庭经济困难学生减免和补助政策，从是年秋季学期开始，将标准提高到每生每年小学1500元、初中2000元。保障民生支出需求。保障水平进一步提升，居民养老保险待遇由每人每月的180元调增至210元，被征地农民养老补助金由每人每月400元调增至500元，新农合人均筹资标准由580元调增至660元，居民最低生活保障标准由每人每月的530元提高至600元。继续推进基本公共服务均等化。建立基本公共服务支出转移支付制度，对不能满足基本公共服务支出需要的7个镇(街道)进行一般转移支付，确保镇(街道)的保运转、保民生等刚性支出的需求；将普通高中、职业高中经费支出调整为市级统筹支付，减轻相关镇(街道)的负担。

【"三公经费"支出管理】 2014年，江阴市财政部门严格落实中央"八项规定"*和江苏省、无锡市"十项规定"*以及《党政机关厉行节约反对浪费条例》等各类制度规定，全面加强"三公经费"管理制度建设，制定出台江阴市因公出国经费、公务接待费以及会议费、差旅费、培训费等管理办法，实行党政机关会议定点饭店管理。继续压缩预算，全年部门预算中公用经费在上年的标准上压减10%。严格执行监督，要求各级各部门按月报送"三公经费"支出情况表，严格把控、及时了解全市"三公经费"的实际支出情况。是年，全市"三公经费"比上年下降37.11%。

【预算绩效管理】 2014年，江阴市财政部门在上年全面推行政府专项资金绩效评价的基础上，对单位专项资金也实行绩效评价，实现专项资金绩效管理的全覆盖。全年评价资金量近45亿元，其中政府专项资金额37.4亿元、单位专项资金额7.4亿元。年内，选取社会关注度高、与经济社会密切相关的50项政府专项和459项单位专项开展重点评价，重点评价资金量近20亿元，其中政府专项重点项目评价金额为12.4亿元、单位专项重点评价项目7亿元；财政再评价项目资金8.2亿元。同时，加强评价结果运用，将所有重点项目绩效评价结果及时反馈单位，并实施上报市委、人大及政府，同时与年终考核以及下年度专项资金预算安排相挂钩的机制，形成"用钱必问效"的预算执行约束力，增强部门的责任意识，切实提高了财政资金的使用效益。

(陈新文)

国家税务

【概况】 2014年，江阴市国家税务部门深入开展抓税源，促发展、促增收，提升征管质效、提升服务水平、提升干部能力的"一抓二促三提升"深化年活动，实现国税收入与宏观经济持续稳定协调发展目标。全年组织国税收入211.49亿元，实现国税公共财政预算收入62.71亿元。全面启动新一轮税收管理改革，推动税收管理理念的革新和管理方式的转变。市国税局以开展第二批党的群众路线教育实践活动为契机，多措并举提升干部能力素质，推动干部队伍建设持续稳定发展。主动深入基层和群众，征集意见和建议75条；对中央八项规定*落实情况开展5次明察暗访，开展全系统办公用房清理和廉政执行情况自查；探索推广基层税务干部网上"勤廉双述双评"新模式，评议覆盖率达100%。年内，市国税局在全市税务系统继续开展政治教育培训，开展业务学习和专项竞赛，组织干部职工参加会计持证人员继续教育培训；加强网站建设和舆情管理，参加"空中热线"、文明城市创建、党风廉政和服务型党组织建设等活动。是年，市国税局获全市"万人评议机关"活动垂直条线部门及社会事业服务单位类别第一名；国税一分局被共青团江苏省委授予"青年文明号"称号。

【组织收入】 2014年，市国税局全年组织国税收入211.49亿元，增长4.76%；实现国税公共财政预算收入62.71亿元，增长10.84%。全力抓好月度申报、纳税评估、税收检查等组织收入手段，力保税款全额准期入库。促进"营改增"企业持续规范发展，强化货运行业、重点税源主辅分离管理，全年累计入库"营改增"税款7.21亿元，比上年增长130.76%。年内，加强企业所得税汇缴、个体征管等基础管理，加强重点优惠政策专项管理，加强大企业审计、对外支付管理，对大额留抵税金企业、一般增值税连续负增长重点户及销售与应纳增值税不匹配企业，实施跟踪管理，强化税收遵从。从稽查整顿规范税收秩序中找增量，全年完成稽查收入7307.44万元。

【依法行政】 2014年，市国税局加强法治宣传长效化建设，开展全员法律测试，举办法律知识竞赛；以《江阴日报·国税专版》定期开展税法宣传，以税收主题公益广告打造延陵路法治建设宣传"国税大道"，拍摄制作江阴市国税历史上首部法治微电影。加强法治工作信息化建设，自行设计依法行政工作辅助软件，并完成升级改造，功能涵盖面涉及依法工作各常规项目，对各类信息的收集利用程度得到大幅度提高。加强执法内控规范化建设，依法简化行政审批，简政放权，全文废止或部分条款废止文件187件；加大行政执法透明度，强化行政处罚裁量权监督，完善各级重大事项审议制度、决策制度，对重点依法行政行为开展执法督察和行政监察；推广行政指导工作，在稽查案件行政处罚方面全力推行内容统一规范的"说理式执法"文书，提高税收执法质量。

【税收优惠】 2014年，市国税局全面落实各项减负措施，充分发挥税收杠杆在调结构、促改革、惠民生方面的积极作用，并将小微企业增值税免税政策作为年度实事工程。完成铁路运输、邮政电信等行业的"营改增"扩围工作。至2014年底，全市共有"营改增"企业4342个，九成以上纳税人税负下降，有效释放"营改增"红利。年内，着力落实好小微企业减免税、扶持外贸企业发展，加快发展战略性新兴产业、现代化服务，发挥结构性减税政策的重要作用。全年共办理出口退税 91.5 亿元，比上年增长 18.7%，创江阴出口退税规模历史新高；为全市 1800 余个小微企业兑现税收优惠 1300 余万元；兑现各类所得税税基式优惠 45.9 亿元，减免税款 7.49 亿元。同时，密切关注税收与经济协调发展，做好高新技术企业税收风险管理等专项调查，积极服务地方经济发展，工作成效显著。

【税收管理改革】 2014 年，市国税局围绕“2018 年率先基本实现税收管理现代化”目标，全面启动新一轮税收管理改革。以纳税服务一体化、科室实体化、应对专业化和执法规范化为重点，外资企业全部属地管理，增设纳税服务专职机构，增加纳税服务渠道，按区域和风险类型设立风险应对分局、重点应对分局，明晰征纳双方法定权利义务。严格落实改革举措，推动税收管理理念的革新和管理方式的转变。年内，落实《税收检查任务管理办法》，加强任务整合，提高下发任务的科学性和针对性，切实减少多头、重复下户，减轻纳税人和基层税务机关负担。落实《纳税服务任务管理办法》，贯彻“以纳税人需求为导向，无需求不打扰”原则，科学划分税务管理事项。组织税收职责清单实施及系统优化上线工作，严格对照清单实施流程系统调整改造，使流程管理系统与“清单”相配套。

【风险管理】 2014 年，市国税局制定并落实《江阴市国税局风险管理工作流程》，把风险管理各环节工作职能优化整合于各个部门，形成一般风险应对和专业风险应对相结合的格局，实现链式流程管理。基层一线直接从事风险应对人员由改革前的 67 人增加到 108 人。加强风险应对质量管理工作，成立税收风险管理工作领导小组、风险应对质量管理团队，坚持风险管理工作例会制度，开展全过程指导、各环节监控，税源管理不断深入推进。学习应用《风险管理工作模板》和《纳税评估法律适用指引》，开展跟踪质疑、风险应对和还原验证工作。全年完成各类风险应对成果 3.78 亿元，占无锡市总数的 27.94%。

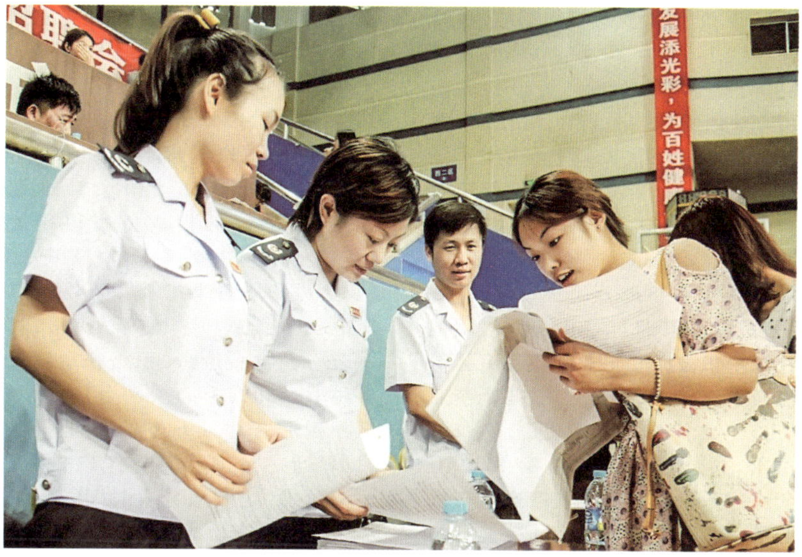

2014 年 7 月，市国税局税务人员走进江阴市高校毕业生大型招聘会，现场提供创业就业税收优惠政策宣传服务 （市国税局提供）

【纳税服务】 2014 年，市国税局全面落实《全国县级税务机关纳税服务规范》，切实推进纳税服务一体化，设置专门纳税服务科，统一业务流程，统一服务标准，统筹管理全局纳税服务工作。严格执行税务行政审批事项清单制管理，完善税收宣传辅导网络，倡导非接触式服务，不断增强税收宣传的针对性和实用性。深化纳税信用体系建设，完善纳税信用社会监督制度，助力全社会信用体系建设。充分发挥权益保护站的权益保障功能，畅通纳税人申诉投诉渠道。是年，首次通过邮寄送达方式向纳税人规范催报催缴工作，率先在无锡地区启用“语信通”进行纳税提醒服务，取得良好成效。组织开展办税服务厅“服务明星”评比活动，受理“12345”民生热线等有效诉求，及时反馈率和诉求人满意率均为 100%。 （周华军）

地方税务

【概况】 2014 年，江阴市地方税务系统积极适应经济新常态，进一步深化税源专业化管理改革，努力抓好组织收入工作，实现税收收入平稳增长年度目标。全年组织地税收入总量突破 230 亿元，达 230.46 亿元，比上年增长 9.42%。其中，完成公共财政预算收入 102.17 亿元，增长 7.18%。征缴社保费、残疾人就业保障金等非税收入 88.51 亿元，增长 11.38%。全面实施“双百精品管理工程”，建立优质税源联络员制度，深度介入优质税源的精细化管理，对年纳税额超 100 万元的重点税源纳税人监控面达 100%。充分利用第三方信息堵塞征管漏洞，推动江阴市征管保障体系建设，累计采集国土、房管、发改、民政 4 个部门的涉税信息 5 万余条，仅通过 2014 年企业纳税人存量房交易信息一项，就新增房产税计税基础 8858.89 万元。健全纳税人维权网络建设，全面建立“12366”后援团快速联系制度，全年累计开展纳税人之家活动 9 场，受理“12345”转办件 210 件、“12366”转办件 67 件，办结率均达 100%。年内，市地税局积极开展文明创建活动，“来自星星的你”大型公益活动、“我与雷锋共成长”军民学雷锋志愿活动、“弘扬博爱精神，践行群众路线”红十字募捐活动相继展开，地税“暖心联盟”活动得到社会各界的普遍认可和广泛赞誉。是年，江阴地税局获江苏省按比例安排残疾人就业工作优秀单位，无锡市规范执法示范点，江阴市“万人评议机关”优胜奖、依法行政工作先进集体、城市建设管理服务先进单位等荣誉。

【强化风险管理】 2014 年，江阴地税系统全面健全“周提醒、月通报、季反馈”的风险应对工作制度，系统构建依托应对结果、稽查联动、复查复审、督察内审开展监控分析的四位一体风险监控分析体系。全年累计实现应对绩效8.47亿元，应对贡献率达6.39%。其中中等风险应对户数3023户，应对有效率达99.63%；高等风险应对户数38户，应对绩效达9300万元。

【规范税种管理】 2014年，江阴地税系统积极抓好企业所得税汇算清缴及后续管理，累计对7348个企业实施汇算清缴，审核减免税事项884项次，共计调减备案金额7530万元；抓好土地增值税清算，通过市局统筹、团队清算、中介评估、督导检查等方式规范清算管理，累计清算房地产项目36项，清算补缴税款1550万元；推进房地产税收“一体化”管理，实现房、土两税明细申报，累计征收房产税1.31亿元、土地使用税1.54亿元；完善车船税征收链式管理，继委托保险公司、地方海事局后，又与国家海事局签订船舶车船税委托代征协议，全年新增代征车船税超100万元。

【打击涉税违法】 2014年，江阴地税系统一着不让打击涉税违法行为，全面规范境外上市公司税收管理，依托专业化团队主动提供纳税服务，引导企业通过主动自查消除涉税风险，首批企业补缴入库税款2054.56万元；严格实施税收行政处罚，累计实施日常处罚753次，罚款4.49万元；充分发挥稽查威慑作用，突出抓好重大疑难案件和历史遗留案件集中清理，累计自查企业213个，入库各项收入6300.68万元；全面规范税收执法行为，开展税收专项执法督察2次，自查复审企业550个，排查风险疑点382个，并根据规定对3人进行执法责任调查，对1人实施执法责任过错追究。

【落实税收优惠】 2014年，江阴地税系统全面落实税收优惠政策，落实小型微利企业所得税优惠政策，累计为全市1673个小型微利企业减免税款622.94万元；落实困难企业房产税、土地使用税两税税收优惠政策，对13个困难企业和重点扶持企业减免土地使用税1096.78万元，对27个困难企业和廉租房用户减免房产税956万元；落实企业所得税相关税收优惠政策，累计为108个企业实施加计扣除2.13亿元，为815个企业减免所得税额1.74亿元。

【探索办税服务举措】 2014年，江阴地税系统进一步完善“一站式”“一窗式”办税服务，积极拓展自助办税平台和线上办税平台建设，城区办税服务厅实现对全市业务的“同城通办”；创新推出“CTV”纳税服务模式（定制服务、团队服务、志愿服务），全方位满足纳税人多样化办税需求；全面推广缴款MISPOS机（具有管理信息系统的刷卡机）安装，纳税人缴税更加便捷高效；开展“金点子”征集活动，以征求到的154条纳税人个性化需求为导向，推出“私人定制”式便民服务；开展“暖心助微”活动，依托点对点现场咨询和开展小微企业专项培训等方式，实实在在地帮助小微企业用好用足税收优惠；创新推出国内首个O2O模式（Online To Offline，离线商务模式）纳税服务体系，让纳税人在享受线上便利服务的同时，又可享受线下的贴身服务。

【创新税收宣传】 2014年，江阴地税系统借力江阴市图书馆启动税收宣传文化工程，先后举行“悦读税收全天候”“税收润童心　悦读共成长”等系列主题宣传活动，积极营造全民读税氛围；借力文化传承提升税收文化宣传感染力，组织开展“税收走进艺术剪纸”活动，为非物质文化遗产的传承与发扬注入税收力量；借力无锡市地方税务局阿福税收宣传品牌推广，阿福税收小站成功进驻江阴主要商圈和重点税源企业。年内，全面提升税收宣传层次，IPO（首次公开募股）税援团服务江阴上市企业的经验做法被《经济日报》要闻版刊登，实现了无锡市地税系统在高层次媒体要闻版宣传报道的新突破。年内，市地税局全面开展“大学习、大教育、大讨论、大对照、大提升”活动，依托江阴人民广播电台“空中热线”、江阴市纪委政风热线、“12366”服务热线、行政权力网上公开透明运行系统和特邀监察员情况反馈，及时了解社会各界关注的政风行风热点问题和相关投诉建议；通过组织拍摄“白莲花”摄影作品、创作“清莲”水墨画、制作廉政警句十字绣等形式，扎实推进地税系统廉政文化建设。

（吴晗冰　陆永国）

2014年4月，市地税局税务人员深入企业，向企业管理人员征集税务服务“金点子”　（市地税局提供）

■类目编辑　俞也平

经济综合管理

发展计划管理

【概况】 2014年，市发改委围绕市委、市政府重大决策部署，科学应对宏观形势新变化新挑战，开拓创新，认真履行全市经济综合部门职能，全力确保全市经济社会稳健有序发展。根据上级工作部署，制定《关于贯彻落实〈苏南现代化建设示范区规划〉的实施意见暨三年行动计划》，启动《江阴市“十三五”国民经济和社会发展规划》等中长期规划编制工作。根据市委、市政府工作要求，制定出台《关于加快推进新型城镇化和城乡发展一体化的意见》和《关于加快推进产业转型升级的指导意见》等推进全市经济转型发展的指导性文件。制定下发《2014年全市国民经济和社会发展计划和重点管理目标》和《2014年市委、市政府为民办十件实事》，确保全市各项年度目标任务分解到位、责任到位、落实到位。围绕“项目建设深化年”部署要求，根据全市重点重大项目入选标准，科学编制《2014年全市重点重大项目计划》，明确项目投入重点，坚持落实集中会办机制，加强项目协调服务，组织召开全市重大项目推进会，抓好项目跟踪督查，全力推进各板块项目投入建设。全年全市完成地区生产总值2753.95亿元，比上年增长7.8%；第三产业增加值占地区生产总值比重42.8%，比上年提升0.8个百分点；全社会固定资产投资完成1045.97亿元，比上年增长10.2%；社会消费品零售总额643.07亿元，比上年增长11.3%；进出口总额223.04亿元，比上年增长11.5%；全口径财政收入569.15亿元，比上年增长16.9%；城乡居民人均储蓄存款余额76560元，城镇居民人均可支配收入、农村居民人均可支配收入分别比上年增长8.6%、10.2%。

【国民经济与社会发展目标管理】 2014年，市发改委根据全市国民经济和社会发展计划，制定出台《2014年江阴市国民经济和社会发展管理目标》，按照“月报、季督、年总结”推进机制，每季度形成《国民经济和社会发展重点工作目标执行情况报告》，做好全市重点工作完成情况的跟踪监测。全年全市经济运行稳中提质，农业现代化扎实推动，农业适度规模经营比例达85%，农业综合机械化率达91%。工业经济平稳发展，传统产业改造提升，新兴产业加快培育，实现规模以上工业产值6021.3亿元；信息化与工业化“两化融合”加速，省级以上企业技术中心新增8个，入选“中国企业500强”企业10个。现代服务业质量不断提升，服务业增加值占地区生产总值比重42.8%，比上年提高0.8个百分点。城乡建设持续推进，城市功能布局持续优化，江阴大道、海港大道、暨南大道西延伸段等建成通车。环境质量有效改善，减排降耗成效明显，万元地区生产总值能耗比上年下降5%，提前完成主要污染物“十二五”减排任务，关停“三高两低”企业80个，淘汰燃煤锅炉110台，完成热电企业脱硫脱硝除尘改造，关停热电企业3个、提标改造15个，城市建成区绿化覆盖率达42.5%，人均公园绿地面积15.93平方米。社会事业协调发展，民生保障不断增强，就业创业服务机制持续完善，再就业扶持政策实现城乡并轨，解决本地劳动力就业2.5万人，居民养老保险基础养老金、被征地农民第四年龄段人员保养金分别提高至每人每月210元和500元，城乡居民最低生活保障标准提高至每月人均600元。

【工作目标绩效考核】 2014年，市发改委按照共性与个性目标相结合的原则，科学制定《2014年度市级机关工作目标绩效考核实施方案》《2014年度开放园区工作目标绩效考核实施方案》和《2014年度市级机关工作目标绩效考核实施细则》，按照定期监测和专项督查相结合的原则，认真做好工作目标的考核推进，确保全市各项年度重点工作得到有效落实。全市开放园区工作目标绩效考核中，强化经济建设发展、增加有效投入、扩大开放程度等方面考核，充分体现考核工作的导向性作用，确保绩效考核更加科学全面。年内，机关工作目标绩效考核突出作风效能、行政审批效能、民生诉求办理效能以及严格政府采购、国库集中支付管理、政府专项资金绩效管理和单位专项资金绩效管理等方面的考核，在修订完善原共性目标基础上，新增行政效能和行政成本2个综合性考核指标，并加大对个性目标的充实完善，确保全市各项重点工作得到逐一分解。

【经济运行分析调研】 2014年,市发改委围绕市重点目标任务,主动前瞻经济运行态势,强化经济运行监测分析和预警预测,积极开展政策性课题研究,注重历史对比、趋势分析和地区比较,重点分析研究江阴经济社会发展中的难点和热点问题,通过"月调研、季座谈、年总结"运行机制,加强对全市经济进行跟踪监测。组织召开经济运行分析会,开展经济形势专项调研,撰写经济分析报告和理论文章,剖析全市经济运行情况、发展结构和矛盾问题,判断展望经济发展趋势,提出经济转型发展对策建议。年内,先后形成《稳中向好"新常态"下实现新跨越》和《关于江阴市产业转型升级的实践与思考》等经济分析报告和理论文章,为市委、市政府决策提供参考。

【"十三五"规划前期课题研究】 2014年,市发改委针对全市经济、社会、文化、生态、民生、改革、发展环境等领域,面向全社会广泛征集"十三五"规划前期研究重大课题选题。在"十三五"前期研究课题推进过程中,市发改委积极发挥牵头协调作用,搭建课题组和研究领域专家交流平台,先后组织召开专题咨询会、成果汇报评审交流会,全力推动研究课题工作开展。注重发挥宏观经济研究职能,主动承担《江阴市"十三五"经济社会发展战略和发展思路研究》等两项课题任务,通过实地调研、召开专题座谈会等形式,深入了解江阴市发展历史及发展现状,确保课题研究源于江阴实际,服务江阴发展。年内,市发改委确定《江阴市"十三五"经济社会发展战略和发展思路研究》《"十三五"时期江阴产业转型升级思路研究》等重大课题13项,确定《重点开展形势研判与发展方向》《产业发展与转型升级》《社会管理》《城镇化建设与城乡统筹》《社会事业发展》《生态文明与可持续发展》等课题研究14项。

【生产要素争取】 2014年,市发改委坚持主动服务、靠前服务,积极加强对上项目、资金和政策争取,全力服务企业发展。先后为企业争取中央进口棉花加工贸易配额16900吨,一般贸易配额12347吨。组织申报资源节约和环境保护中央预算内投资备选项目2项;组织申报省级太湖水等各类专项资金项目17项,争取资金5041万元。协调跟踪汉邦(江阴)石化有限公司精对苯二甲酸(PTA)二期项目、江阴兴澄特种钢铁有限公司高强度钢材(SSAB)合资项目、华泰汽车集团有限公司自动变速箱项目落户江阴等项目的对上报批工作。年内,完成为江阴公用电厂争取到背压机组替代电量扶持政策工作。

【固定资产投资管理】 2014年,市发改委认真落实"项目建设深化年"活动各项部署,进一步优化要素配置,扩大有效投入,全社会固定资产投资实现高位稳步增长。全年全市完成固定资产投资1045.97亿元,比上年增长10.2%,其中一产投入完成10.7亿元,比上年下降17.2%;二产投入完成478.6亿元,比上年增长3.5%;三产投入完成556.7亿元,比上年增长17.6%。全市固定资产投资在规模不断扩大的同时,质量同步提升,结构日益优化。工业投入超服务业,全年工业投入478.55亿元,服务业投入409.44亿元,成为拉动全市投资强有力引擎。高新技术投资快速增长,全年高新技术完成投入96.65亿元,比上年增长71.8%,高于全市平均增幅。纯三产投入减缓,全年完成投资80.41亿元,比上年减少48.7%,但其中信息技术投资增势迅猛,达110.4%。

【重点重大项目管理】 2014年,全市重点重大项目计划安排100项,计划总投资1177.3亿元。其中:基础设施、社会事业项目20项,总投资268.8亿元;服务业项目30项,总投资495.9亿元;工业项目50项,总投资412.6亿元。为加快重点重大项目实施步伐,市发改委进一步加强投资和经济转型的引领促进作用。年内,全市100项重点重大项目完成投资315亿元,超上年同期水平,其中:50项工业项目均开工建设,完成投资103.2亿元;30项服务业项目全部开工建设,完成投资90.8亿元;20项社会事业和基础设施重点项目按序时进度推进,完成投资121亿元。100项重点重大项目中27项列入无锡市重大项目计划的项目全部开工建设,项目开工率100%,完成投资约217.1亿元,投资完成率达101.5%,超时序进度1.5个百分点。

【热电能源管理】 2014年,市发改委围绕全市生态保护刚性指标,不断优化全市能源结构,努力解决燃煤总量消耗大、大气污染影响大等突出问题。按照全市热电行业整合整治计划,坚持市场化运作,借力市场经济、环保法规,加强协调运作,推进全市热源点整合及配套热网工程建设。年内,完成江阴市华西热电有限公司、江阴华强特钢铸锻热电有限公司和海澜集团凯诺科技热电厂三个热电厂的整合工作,关停发电机组容量4.8万千瓦、锅炉580吨/小时。积极抢抓国家分布式光伏发电项目发展机遇,编制《江阴市分布式光伏发电应用实施方案》,推动全市分布式光伏发电项目建设。根据屋顶资源、建设资金、电力消纳、电网接入等优选条件,全年全市备案光伏发电项目22项、82.2兆瓦。 (耿海建)

审 计

【概况】 2014年,市审计部门紧紧围绕市委、市政府工作中心,加大对重点领域、重大资金和重要单位的审计力度,为推进江阴市经济社会健康运行发挥积极作用。进一步健全完善审计部门内部控制管理体系,防控廉政风险和审计风险。全面梳理审计机关内部管理制度,废止不合理制度10项,制定出台《审计项目绩效考核办法》《审计组廉政责任规定》《综合考评办法》《主审竞争上岗办法》等制度4项,修订完善《党风廉政建设责任制执行情况监督检查办法》《审计项目质量责任追究办法》《审计结论跟踪检查制度》《出勤和请销假制度》《车辆使用管理规定》《公务接待管理规定》《保密管理制度》等制度31项。全年完成审计项目64项,提交审计报告86篇,发出审计移送处理书2份,查出各类违规资金9058.87万元、管理不规范资金17.34亿元。年内,编发《江阴审计信息》92期,相关审计信息、宣传稿件被《中国审计报》采用2篇、审计署网站采用1篇、江苏省审计厅采用36篇、《无锡党政信息》采用2篇、无锡市审计局采用61篇。是年,市审计局被江苏省审计局评为江苏省审计系统先进集体,被无锡市审计局评为"无锡市审计机关审计信息宣传工作先进集体"。

【财政预算执行审计】 2014年,市审计局财政预算执行审计围绕财政预算管理、国资运营管理、政府债务管控、税费征管质量、部门预算执行、专项资金绩效、政府重点建设项目七个主题,加强对全口径预决算的审计监督。扩大审计对象范围,首次将高新区、临港经济开发区和靖江园区纳入审计范围。拓展审计内容,新增财政存量资金审计,摸清财政存量资金规模和结构,掌握存量资金的管理情况,促进盘活、用好闲置财政资金;新增国资管理情况审计,检查国资公司运营的规范性和行政事业脱钩单位资产处置情况。突出人大重点监督项目审计,加强对近年来列入人大监督的政府投资重点项目审计情况的分析提炼,为提高投资绩效建言献策。6月,形成《2013年度本级预算执行和其他财政收支的审计工作报告》,市十六届人大常委会第十八次会议听取并审议通过该报告。10月,财政预算执行审计项目整改工作取得明显成效,收缴违规资金入库1502.52万元,调整指标资金220.04万元,整改不规范资金4580.84万元,促使市政府及相关部门建章立制,制定出台规范性文件4份。

【部门预算执行审计】 2014年,市审计局部门预算执行审计利用财政联网审计系统,通过搭建数据分析平台,运用总体分析、系统研究、发现疑点、分散核实、精确定位的数字化审计方式加强监督。审计内容新增检查中央八项规定* 和省市十项规定* 的贯彻落实情况,重点关注"三公"经费及会议费、考察培训费、政府采购制度执行等情况。年内形成审计报告,审计出在预算编制方面存在已结束项目仍编报预算,在上年项目未执行或执行率较低的情况下当年继续编报预算又未执行,政府采购预算编制依据不足等问题;在预算执行方面存在无预算支出,在项目经费中列支培训费、招待费等,多列支出,提前列支费用,收入未实行"收支两条线"管理,违规发放奖金补贴等问题;在政府采购执行方面存在无预算采购,自行采购应当集中采购项目,未严格执行公务用车定点维修和定点公务印刷等问题;在财务管理方面存在公务卡使用范围较小、部分单位库存现金过大以及部分单位未严格执行中央八项规定和省市十项规定等问题。并提出"进一步提高预算编制的科学性,增强预算约束力;严格专项资金支出管理,提高财政资金绩效;进一步加强政府采购宣传力度,强化政府采购执行力;强化公务卡使用管理制度执行,提升预算单位财务管理水平"的审计建议。是年,市审计部门对全市农林水利板块17个部门、39个二级、三级预算单位完成部门预算执行审计。

【经济责任审计】 2014年,市审计局紧扣经济决策、履职绩效、"三公"消费、津补贴发放等重点内容,对全市党政领导干部、学校领导和国资公司负责人开展任期经济责任审计。在财政财务收支审计的基础上,加强重大事项决策审计和履职绩效审计,突出任中审计对权力运行的制约作用;依托"五方联审"制度(组织部牵头,会同纪检、编办、农办、审计4个部门开展联合审计制度)平台,试行镇街党政领导干部经济责任审计延伸至村级"三资"管理,加大对村级财务的审计监督力度。进一步加强经济责任审计知识宣传,启动市管领导干部"四个提升"* 专题轮训,将经济责任审计知识列为必修课程,9月2日,市审计局为第一期培训班97名市管领导干部作经济责任审计知识的专题辅导,收到良好效果。年内,对16位党政领导干部、学校领导和国资公司负责人开展任期经济责任审计。

【民生资金与生态环保项目审计】 2014年,市审计局扎实开展重点民生资金与生态环保项目审计。积极关注民生资金使用管理情况,采用数据对比分析、档案卷宗抽查、实地延伸走访、电话询问等多种审计手段,检查民生资金征缴范围覆盖情况、征缴标准及口径合用情况、征缴程序合规情况等内容,推进民生资金征缴规范化管理和信息化建设,确保民生资金管理规范、运行安全、使用合理。进一步扎实开展生态环保项目审计,采取账簿审查和实地查看双管齐下的方法,科学评价生态环保项目专项资金的经济性、效

2014年6月11日,市审计局审计人员在顾山镇进行任期经济责任审计

(市审计局提供)

率性和效果性,揭示生态环保项目在安全管理体系在协调机制、管理体制、资金使用等方面存在的问题,客观评价综合生态环保项目整治专项资金绩效。年内,完成市残疾人就业保障金征缴管理情况和新农合基金筹集、使用、管理情况2项民生资金审计;完成路灯日常运行管理和使用情况、校车管理运行状况和地下水应急备用水源地、应天河风光带、中小河流综合整治、城西污水处理厂扩建等重点环境工程3大项生态环保审计。审计结果显示,各项民生资金使用执行情况良好,生态环保项目专项资金安排、管理、使用较为规范。

【政策执行审计】 2014年,市审计局围绕中央关于转变作风等部署,对中央八项规定和省市十项规定落实情况进行审计,加强"三公"经费和会议费管理使用情况监督,促进厉行勤俭节约。围绕政府机构改革,对撤并部门单位资产和资金管理情况进行跟踪审计,保障改革顺利推进。围绕村级"三资"*管理情况,随机抽取5个镇(街道)9个行政村,与市委农工办联合开展村级"三资"管理专项审计调查,摸清村级集体经济组织的资金、资产、资源管理状况,以及对相关政策措施的贯彻落实情况,防止村级集体资产流失,推动健全完善相关制度。围绕环境保护和污水处理相关法规政策,开展污水处理费征收情况审计,揭示污水处理费征收管理及政策执行等方面存在的问题和不足,提出合理审计建议,帮助理顺污水处理费征管体制,规范污水处理费征收管理。年内,上缴财政滞留的污水处理费213万余元。

【政府投资审计】 2014年,市审计局进一步规范政府投资项目审计行为,加强对政府投资重点项目招投标、合同签订、建设资金使用情况、施工变更、隐蔽工程、现场签证等关键环节和重点事项的实时跟踪监督。先后两次赴新疆维吾尔自治区伊犁哈萨克自治州霍城县开展援疆资金和项目现场跟踪审计,重点关注援疆发展资金管理制度建设、使用、效果,以及援疆项目实施和管理情况,帮助前方工作组完善项目管理体系,规范前期基本建设程序。对市重点重大项目和市级土地收储项目涉及的拆迁地块开展征收(拆迁)审计,全程跟踪拆迁政策落实,严格把关拆迁补偿审核,完成拆迁资金审核14.92亿元,减少财政支出2.32亿元,提出审计意见和建议329条。全年市审计局组织开展政府投资重点项目跟踪和竣工结算审计100项,完成政府投资额审计25.85亿元,核减4.37亿元。

【信息系统审计】 2014年,市审计局对江苏江南水务股份有限公司供水营销信息系统进行审计。通过检查和测试供水营销信息系统的安全性、可靠性和经济性,对该系统是否能够保护资产的安全、维护数据的完整、使被审计单位的目标得以有效地实现、使组织的资源得到高效地使用等方面作出判断和评价。年底形成《江苏江南水务股份有限公司供水营销信息系统审计报告》,报告指出该系统在制度执行、系统功能等6个方面的风险和漏洞,并从岗位划分、系统可靠性、制度执行和性能优化等方面提出审计建议,帮助完善供水营销系统。 (顾 敏)

统计管理

【概况】 2014年,市统计部门以建设现代化服务型统计为目标、以适应改革创新为举措、以数据质量管控为主线、以统计规范化建设为抓手,服务决策、服务基层、服务民生,充分履行信息咨询和监督职能。认真组织实施第三次全国经济普查,对普查后的各项数据进行处理研究,以分析和课题研究为平台,提出有预见性、前瞻性的对策建议,为市委、市政府提供高质量的参考依据,着力提升普查数据的使用价值和社会效益。继续开展固定资产投资统计第二次改革试点工作。5月27日,组织召开由各镇(街道、开放园区)及相关部门参加的固定资产投资统计制度方法改革试点动员暨业务培训会议,形成各专业各司其职,投资专业审核把关、全面负责的工作制度;对全市2800多个"四上"企业(规模以上工业企业、资质等级建筑企业、限额以上批零住餐企业、规模以上服务企业)开展分片、分专业、分类别的拉网式培训,将培训专业细分为工业、批零住餐、服务业、房地产、建筑、政府部门、新建企业、小微企业8个类别,分别办班。加强城乡住户调查一体化管理工作,严格控制好200余户记账户家庭的源头数据质量,确保数据客观反映江阴市居民生活水平。是年,市统计局被江苏省统计局、调查总队评为全省住户工作示范点。

【第三次全国经济普查】 江阴市第三次全国经济普查于2013年12月31日全面展开,普查标准时点为2013年12月31日,普查时期资料

2014年1月1日,江阴市启动第三次全国经济普查 (市统计局提供)

为2013年度资料。普查对象为在全市范围内从事第二产业和第三产业的全部法人单位、产业活动单位和个体经营户;普查的主要内容为单位基本属性、从业人员、财务状况、生产经营情况、生产能力、原材料及主要资源消耗、科技活动情况等;普查的具体范围为采矿业,制造业,电力、热力、燃气及水生产和供应业,建筑业,批发和零售业,交通运输、仓储和邮政业,住宿和餐饮业,信息传输、软件和信息技术服务业,金融业,房地产业,租赁和商务服务业,科学研究和技术服务业,水利、环境和公共设施管理业,居民服务、修理和其他服务业,教育,卫生和社会工作,文化、体育和娱乐业,以及公共管理、社会保障和社会组织等。2014年,市统计局在上年度实施第三次全国经济普查的基础上,进一步做好经济普查登记、数据汇总等主体工作。在具体普查过程中,普查工作人员采用手执数据采集终端设备对企业进行GPS(全球定位系统)定位,拍摄企业建筑物、营业执照、税务登记证、组织机构代码等相关内容,同时与企业工作人员仔细核对企业各项信息与经济发展各项数据,并将数据保存后再传输到相关服务器上。10月,市经普办根据第三次全国经济普查初步汇总结果,编印出版《江阴市第三次全国经济普查简编资料(2013)》。普查简编资料采用图表结合的形式,通过25张汇总表,全面涵盖综合、工业、建筑业、服务业、批发零售业、住宿餐饮业、房地产开发业等多方面内容;主要经济指标分别按经济类型、产业、行业与地区进行分组,并与历次经普相关数据进行对比,方便概览全市经济发展成果。此次普查全面查清了全市11万多个法人单位、产业活动单位和个体户的规模、布局等情况,从总量、结构和趋势上客观反映全市的经济发展情况。这次普查是江阴市统计史上应用现代信息技术最为广泛的一次重大统计实践,是一次科学普查、创新普查的成功范例,也为以后开展好各类大型普查积累了新的经验。

【推行网上直报统计审批制度】 2014年,市统计局大力推行网报单位月度审批制度,将原网上直报单位审批由季度审批转变为月度审批。市统计局各专业科室各自承担分工行业单位的审批工作,对符合网上直报条件企业的资料进行审核上网。全年对全市48个符合条件的企业资料进行了审核上网,并获得国家统计局的审核验收。年内,顺利完成两批年度调查单位增减变动审核确认工作,涉及网报和非网报单位431个。组织开展900多个"四上"企业统计规范化建设省级申报工作并全部通过省级验收。至年底,全市联网直报企业统计规范化省级达标率达72%。

【统计信息服务】 2014年,市统计局积极拓展统计职能,有效提高服务质量。进一步强化监测功能,构建以苏南现代化建设示范区和八项工程为内容的重点监测;完善以经济社会运行指标为内容的常规监测;开展以社情民意调查为内容的专项监测;多层面、立体化、服务型的监测体系。努力提升信息手段,将宏观数据库建设成为专业年报、年鉴数据、普查资料三位一体的全数据仓库。以"维邦统计数据处理系统平台"实现国家统计局联网直报的"四上"企业基础数据回流。通过马克威分析软件实现数据挖掘和分析、宏观经济的实时预警和预测。年内,市统计局将网络带宽从10兆升级到100兆,提高了网络系统和硬件的安全、监控和维护的能力。改版统计月讯,提高时效性,增加图解效果;编发《信息速递》,及时推送国内外宏观信息及统计动态要事;首推电子年鉴,方便数据查询;在市委宣传部主办的《党员之友》杂志开设《数字江阴》专栏,强化数据解读。全年撰写统计分析65篇,统计信息326篇。

【统计基础工作】 2014年,市统计局狠抓基层基础建设,增强统计工作公信力。加强法制宣传,利用全国第三次经济普查契机,市统计部门各个业务平台加大有关统计法律知识普及,契合"12·4"法制宣传日在《江阴日报》以专版形式对统计法律义务责任和地方性条款进行解读。严格统计执法检查,以自查、抽查的方式,完成对300余个联网直报企业的统计监审。强化统计规范化建设,以周庄镇统计站为规范化建设示范点,积极出谋划策,对其"统计之家"建设进行帮扶。实施全市镇级统计站"一站一特色"工程,突出每个镇级统计站工作特点、亮点。开展专题培训、业务技能培训、法制培训,提高统计干部综合能力。全年组织485名人员报名参加统计从业资格考试,267人通过考试;组织4322人参加继续教育考试,成绩及格和良好率达80%。 (薛宇锋)

工商行政管理

【概况】 2014年,江阴工商局围绕地方经济社会发展中心工作加强市场监管。紧扣体制改革、工商职能转变时期抓好干部职工队伍的稳定工作。市工商部门领导班子成员深入基层、深入干部职工进行走访谈心,及时掌握思想动态,有针对性地开展政治思想工作,畅通诉求渠道,化解矛盾纠纷,引导干部职工正确对待机构调整,正确对待职权整合,增强了队伍的责任感和执行力,确保各项目标任务的圆满完成。年内,率先实施工商登记制度改革,领先全国取消实收资本登记,对9类行业放宽住所登记,全面推开网上登记。新增各类市场主体1.7万个,比上年翻番,并助企融资94亿元。开展护航品牌回头看活动,商标注册高位增长。年内,新注册商标2100余件,新增中国驰名商标5件,"三名"商标(中国驰名商标、江苏省著名商标、无锡市知名商标)数居全国县级市前列。开展年度报告公示工作,组织打假治劣、商业贿赂、商业秘密等专项行动,查办各类工商违法违规案件973件。深化食品安全示范街创建,引导提升市场软环境,平抑菜价,把好关口,查办食品案件449件。以新《中华人民共和国消费者权益保护法》(以下简称"新消法")实施为契机,全年开展宣传活动41次,接受消费者咨询近4.5万人次,受理调解投诉案件1370余件,为消费者挽回经济损失391.5万元。

【推进注册登记制度改革】 2014年1月,江阴市同步无锡地区率先实施工商登记制度改革，领先全国取消实收资本登记，新设公司可自由选择认缴登记制和实缴登记制。3月1日起，域内所有公司制企业均放宽登记条件，实行注册资本认缴登记制，实收资本退出历史舞台。3月10日，依据《无锡市放宽企业住所经营场所登记规定》，对数据处理、动漫游戏开发、文化创意、工业设计、软件和信息服务、网络技术、翻译服务、电子商务、股权投资9类无污染、不扰民、无安全隐患的企业放宽住所登记条件，降低新兴产业准入门槛，即此9类行业可以依法将住宅作为企业住所或者经营场所登记。5月，内外资企业登记全面推行网上登记，促进工商登记便利化。9月起，按照国务院和江苏省政府改革精神，先后将147项经营项目的前置审批改为后置审批，并借助行政服务中心行权网，进行抄告衔接。

【窗口登记服务】 2014年，江阴工商部门进一步强化窗口登记服务意识，工商窗口登记服务亮点纷呈。认真落实“个转企”（也称“个升企”，指个体工商户利用现有的生产经营条件，依法重新登记有限公司包括一人公司、个人独资企业、合伙企业等各类企业）和“住改商”（将住房改成商用房）等优惠政策，全年完成“个转企”登记145个，为76个市场主体办理“住改商”登记，前置审批改为后置审批的工商登记用户795个。稳步推进全市3万多户企业的新版营业执照免费换发工作，先后为4个连锁机构集中办理换照。高新区工商分局推出就近受理、通核通办举措，为中石化和金融系统一揽子解决难题；徐霞客工商分局帮助因交通事故致残瘫痪的江阴市炜仁铝业有限公司股东办理特殊的病床前股权转让手续。行政服务中心工商窗口共受理各类注册登记3万余件，全市新增内外资企业5200个（内资168个、私营4952个、外资80个）、个体工商户11706个、农民专业合作社80个。私营企业增幅明显，新增户数和资金分别比上年增长62.68%和151%。全市实有各类市场主体99835个，注册资金总额2600亿余元。是年，无锡地区首个中外合资保理公司——江苏兴业商业保理有限公司落户江阴。

【企业信用年报建设】 2014年，江阴工商局以守合同重信用企业、诚信文明市场、平安市场创建活动和“霸王条款”整治等为依托，加大工商企业诚信体系建设。以江阴市作为全省年报公示制度率先试点先行地区之一的契机，深入开展对企业进行信用年报业务培训工作，为企业年检、验照改年报平稳过渡做好充分准备。为提高社会知晓度和认知度，多次组织开展企业法人培训，召开基层分局、企业及行业协会代表座谈会，并通过各大媒体加大法律法规和政策宣传，通过挂号信的形式向全市3万余个申报企业发放《2013年度企业年报须知》。年内，完成年度报告的2013年度企业、个体工商户共67407个（户），年报率为80.2%。

【强化消费维权职能】 2014年，江阴工商部门围绕中消协“新消法、新权益、新责任”年主题，以宣传落实新消法为主线，深入开展现场咨询、社区共建、青少年维权基地实践、老年维权指引等一系列活动，组织行业消费座谈和媒体消费直播活动，在无锡地区率先推行住宅装修质量保证金制度，消委组织的社会监督功能进一步加强。同时，规范监测程序，创新电子化监管手段，开展专项执法行动，加强后处理商品的规范化运行及跟踪管理。进一步加强对虚假促销、误导消费、强制消费、格式合同等严重侵权消费者权益行为的重点治理。全年开展流通领域商品质量监测抽样261批次，查办案件27件；接待消费者来访和咨询4.5万人次，受理消费者投诉案件1370件（其中调解万元以上投诉案件114件），群体投诉2件，为消费者挽回经济损失391.5万元，较好地化解了商家与消费者之间的矛盾。

【推进品牌战略】 2014年，江阴工商部门通过行政指导，鼓励企业创立自主品牌，全市商标注册申请量继续高位增长。全年新注册商标2100多件，新增“虎跑”“江特”“圣凯诺”“伍仕”和“双竹”中国驰名商标5件。转变商标发展理念，以“马蹄酥”集体商标、“颐乐居”居家养老概念商标的成功培育和“米其林”商标使用权200万元高额转让的成功案例为突破口，给商标培育发展和闲置商标盘活工作予以良好导向。转变驰名商标宣传理念，实施驰名商标禁宣，使驰名商标作用回归理性和本真，把对企业和产品评价的主导权还给市场和消费者，使政府公权力逐渐退出各类市场。转变商标保护工作理念，在全市开展“甘露”青鱼商标专用权行动，并先后三次为海澜集团有限公司外出打假，11月，与该企业联合举行政企品牌维权协作联动保护网仪式，搭建政企合作平台，创新打假维权新模式。至年末，全市累计拥有中国驰名商标44件、江苏省著名商标127件、无锡市知名商标277件。

【助企融资解困】 2014年，江阴工商部门为缓解企业融资困难，改善企业融资环境，与江阴市金融办、中国人民银行江阴支行等单位联合推出新举措，帮助企业拓宽融资渠道。试点推行股权出资出质设立网上登记渠道，方便企业通过快速通道进行融资。积极盘活商标使用，祝塘、周庄等工商分局积极促成商标使用权质押贷款3件，融资1.25亿元。全年江阴工商局办理动产抵押382件，担保主债权93.8亿元；内外资窗口免费办理125件股权出资出质登记，担保标的额达159.8亿元。全系统累计帮助企业融资254.9亿元，有力增强了企业发展后劲。

【执法整治】 2014年，江阴工商部门进一步加大执法整治力度，在行政执法过程中，与刑事司法进一步紧密衔接，充分发挥行政执法与司法的整体优势，实现执法信息互通、案件线索互移、执法办案联动。实行每季度召开执法工作，开展案件研讨分析例会制度，通过个案分析、疑案研讨、新案交流、难案答辩等形式，拓宽办案思路，拓展办案领域。年内，先后组织开展商业贿赂、房地产市场、直销市场、传销、商标侵权行为、商业秘密、互联网不正当竞争、有奖销售等专项执法。澄北工商分局组织开展打击传销行动、华士工商分局成功查办特大虚标产地案、青阳工商分局成功查处“双打”（打击侵犯知识产权和制售假冒伪劣商品）案件，有效地规范了市场经济秩序。全年，江阴工商全系统查办各类案件973件。

【证照日常管理】 2014年，江阴工商部门加大证照日常管理力度，深入推广无证无照经营联动监管综合应用平台试点工作，在无证无照处置管理方面形成部门和乡镇监管合力。继续以无证无照处置工作为重点，对全市各镇区进行证照管理大检查。加强对中小学校周边互联网上网服务营业场所、娱乐场所和商业网点的监管，取缔黑网吧10个。年内，共取缔各类无照经营户458个次，向相关前置许可审批部门抄告无证经营户656次，疏导及新办个体工商户2432个（户）。

【食品安全监管】 2014年，江阴工商部门加大食品安全示范街创建力度，建成标准较高的14条食品安全示范街（区）。积极探索运用信息化移动监管平台，利用平台对超市、乳制品经销商、食品批发单位等进行百分百定位监管。开展专项整治，全年针对不合格食品、肉类、食用油、含铝食品等展开14次清查，对重点食品进行抽样检验，法定检测和自行检测1800多批次。严格执行与食品经营者约谈制度，规范经营行为，对新设立食品经营户从业人员进行安全卫生知识培训，经测试合格后再上岗，从业人员培训率100%。年内，新办理食品流通许可证2380份，检查食品经营户9397个次，查办各类食品安全违法案件449件，移交公安部门处理案件5件，没收不合格食品2862.2公斤。

【农贸市场监管】 2014年，江阴工商部门对农贸市场主办单位全面实行信用分类监管制度，对入场经营者实行信用等级认定并予以公示。依托信用分类监管和星级市场创建等载体，加快"农改商"建设，全力培育发展壮大商品交易市场，引导滨江、文定农贸市场投入1300万元进行改造。加大农贸市场内食品安全质量监控，对21个加入无锡市食品安全监控网平台的农贸市场进行抽检10.6万批次，对未加入监控网络平台的农贸市场，快速抽检5.7万批次，并严格落实禽流感防控措施，保障市民餐桌安全。 （沈纯雅）

质量技术监督管理

【概况】 2014年，江阴质监局扎实履职，全力保障全市产品质量安全。严密防范产品质量隐患，认真开展自愿性体系认证企业、能源效率标志企业、有机产品认证市场等领域的专项检查，以及对强制性产品、儿童服装、液化石油气、加油站加油机和食品等产品专项检查。突出抓好农资、建材以及保护知识产权等专项行动，整顿和规范市场经济秩序。全年检查企业（场所）1200多个，立案129件，涉案标值468万元，其中涉及食品的立案35件，涉及特种设备的立案24件。强化食品质量监督，全年对食品生产企业开展巡查180个次，对食品相关产品企业监督检查93个次，继续落实纯生产加工类食品小作坊监管，有30个纯生产加工类食品小作坊取得核准登记证。严格日常食品生产加工环节质量安全监管，开展8类食品、食品标签标志问题、农村食品"四打击四规范"（打击无证无照，规范主体资格；打击不合法来源，规范采购活动；打击假冒伪劣和无生产厂家、生产日期、保质期、食品生产许可、食品标签产品，规范标签标志管理；打击超范围、超限量使用食品添加剂和非法添加非食用物质违法行为，规范生产经营过程）、食品生产通用卫生规范四个专项整治工作，突出对食用油脂、乳制品、酒类、肉及肉制品等产品的风险隐患排查，共排查208个食品及相关生产企业。全面启动中小学质量教育社会实践基地建设，活动围绕"数字解密塑料包装密码"和"关注身边的计量"两大主题，组织两批中学生共100人次开展质量教育实践活动，通过现场观摩、图文讲解、动手实践、互动交流等多种形式，激发学生对质量安全知识的学习兴趣。民生计量工作得到进一步加强，持续开展"两免费"检定（集贸市场及镇村医疗机构计量器具免费检定）工作，对全市169个村级卫生室、计生站、福利院等的1900台血压计和50个集贸市场的3631台电子计价秤进行免费检定。进一步做好计量监管工作，开展金银珠宝饰品、餐饮业和超市、农用物资类定量包装商品计量监督专项检查，维护市场公平秩序。积极推进能源计量工作，将能源计量纳入《江阴市2014年节能工作实施意见》下发执行，组织13个企业35人参加测量管理体系内审员培训。进一步强化企业对测量管理体系认证的认识，年内，在无锡地区开展并完成55个重点能耗企业现场审查工作。年底，在国务院对江苏省政府质量工作考核中，江阴市作为江苏省唯一被抽查的县级市接受了质量考核，获得国务院考核组的好评。

【完善名牌培育体系】 2014年，江阴质监局在各级名牌创建的基础上，继续加强名牌培育工作，不断完善名牌培育从单体增长到集约发展的培育模式。对江阴市集聚优势区域产业积极开展调研走访，确定各级区域品牌申报对象，对已获的江苏区域名牌做到认定管理同推进。年内，对与"江苏特钢及制品区域名牌"相关的9个企业进行区域名牌标志使用权认定，对与"江苏化纤区域名牌"相关的7个企业进行抽样检查，保证了区域名牌的质量生命力。江阴精纺呢绒产业集群获"江苏省优质产品生产示范区"称号，无锡首个制造业"全国高性能特钢及制品产业知名品牌示范区（江阴高新区）"各项争创工作稳步推进。全年全市新增江苏省名牌产品7种。

【卓越绩效管理】 2014年，江阴质监局积极组织企业开展创建质量奖、示范教育、特色培训等系列活动，使质量创新管理在全市企业得到加速推广。继续引导具有较强影响力和带动力的优势龙头企业开展各类质量奖项的申报工作。海澜集团有限公司、江苏阳光集团有限公司2个企业荣获"江苏省质量奖"，获奖企业数居全省县级市第一。江苏双良节能系统股份有限公司、江阴中南重工股份有限公司获2014年度"江阴市市长质量奖"。继续开展卓越绩效示范基地活动，组织江苏兴澄集团有限公司开展以贯彻卓越理念，调整研发思路，坚持走品种、质量、效益之路为主题的交流活动，成功吸引市内18个企业38名质量高管参与。开展免费培训活动,组织对30多个优秀企业的近百名管理团队进行顾客满意度调查,效果良好。继续在新申报的名牌企业中推动首席质量官制度,至年末,江阴持证首席质量官有43人。

【技术标准工作】 2014年,江阴质监局认真做好技术标准以点带面工作,通过组织开展国际标准化交流座谈会、邀请江苏阳光集团有限公司等企业的标准化专家指导国际标准化工作等形式,充分发挥江苏阳光集团有限公司、法尔胜泓昇集团有限公司等企业承担国际标准化组织的积极作用和影响,引导鼓励江阴市黄山船舶配件有限公司、三房巷集团有限公司等一批企业开展国际标准化工作。在标准化试点项目上,完成17项省级标准化项目申报工作,法尔胜泓昇集团有限公司《金属线材制品高新技术标准化试点》通过江苏省质监局验收,1项省级高新技术自主创新标准化被江苏省质监局批准试点、5项省级新兴产业标准化专项项目被江苏省质监局立项。年内,全市新增1个国际标准化工作组、3个国内标准化工作组,1项国际标准、32项国家标准与行业标准项目立项,发布实施国际标准项目4项,采用国际标准和国外先进标准项目50项。

【行政服务提质增效】 2014年,江阴质监局将进一步提升企业质量管理水平作为重要工作来抓,全年举办各类免费培训班18班次,培训食品生产加工人员和工业产品生产许可企业人员、特种设备管理员等1700余人。各业务部门采用下发《行政提示书》《特种设备监察指令书》以及寄信函、打电话、发短信等方式及时提醒许可证有效期即将届满的80余个企业进行换证。代码窗口对下岗失业和残疾等18个困难群体实行优惠收费和代办服务,为全市所有小型、微型企业减免证书工本费。年内,江阴质监局下设机构研究所、质检所、纤检所、计量所等各技术机构对其业务软件进行全面升级,有效缩短了各项业务办理时间,为更快更好服务企业打下了基础。

【检测科研能力提升】 2014年,江阴市产品质量监督检验所依托筹建的国家船舶材料质量监督检验(江阴)中心扎实推进各项工作,完成中心的设备安装调试验收、人才引进和人员培训等工作以及完成实验室"三合一"现场评审(根据国家认证认可监督管理委员会的委托,中国合格评定国家认可委员会专家评审组,对江阴市产品质量监督检验所进行实验室复评审+扩项评审,对国家船舶材料质量监督检验中心(江阴)进行审查认可/计量认证现场评审),中心顺利进入验收阶段。年内,江阴质监局下属各技术机构均通过实验室资质认定复评审,进一步扩大了检验检测能力范围,其中,江阴质检所检测产品参数1417个,江阴纤检所检测产品参数419个,江阴计量所校准项目达113项、检测项目3项,计量器具检定量、产品质量检验检测量均比上年显著增长,技术机构检测能力水平迈上新高度。国家纺织产品质量监督检验(江阴)中心和国家船舶材料质量监督检验(江阴)中心在标准研制、科技研发方面取得突破,有2项国际标准项目立项,2项国家标准项目、3项行业标准完成制定;2项江苏省质监局科研项目立项,1项国家质检总局科研项目、1项江苏省质监局科研项目通过验收;8项实用新型专利获国家知识产权局授权。是年,全国钢标准化技术委员会金属和合金的腐蚀分技术委员会海洋环境腐蚀性能试验方法工作组落户江阴质检所,标志着江阴质检所标准研发能力有了质的飞跃。

【特种设备监察】 2014年,江阴质监局进一步落实企业主体安全责任,特种设备监管范围从各行政村(社区)延伸到特种设备使用单位。年内,持证上岗的特种设备安全管理人员有4292人。电梯安全专项整治工作强化联动,出台《江阴市电梯安全工作联席会议制度》,联合各相关部门全面开展电梯安全专项整治,重点检查住宅小区、公共场所电梯使用单位66个,发现治理隐患18处。开展特种设备安全检查整改专项行动,监督检查企业、事业单位和有关场所156个,发现并治理隐患53处,确保了南京青奥会期间和节假日全市特种设备安全。(李志钰)

价格管理

【概况】 2014年,市物价局加大市场价格监管,规范价费行为力度,进一步提升价格服务质量品质,努力服务社会经济发展和民生改善。加强对平价商店的管理和考核,将全市平价商店全部纳入价格监测系统,每月对农贸市场价格进行对比分析,每半年对平价商店进行考核,全年全市平价商店平价蔬菜销量为2682.02万公斤,销售价格平均比农贸市场价格低38.44%;粮油肉蛋类农产品销量为700.48万公斤,销售价格平均比农贸市场价格低14.01%。平价商品为市民减轻"菜篮子"负担6839.8万元。大力推进价格诚信建设,积极申报创建江苏省价格诚信单位,对13个申报企业进行实地走访、重点培育,对明码标价、诚信建设、组织制度、价格管理、消费者评价等内容进行逐项考核,年内,有4个企业先后通过江苏省物价局考核验收并公示。关注民生价格,做好教育收费公示和监督管理,修订《江阴市物业服务收费管理办法》。重新明确养老机构服务收费标准,会同相关部门核定市经济适用房阁楼上市交易的收益差价,对多个停车场收费标准、物业公司前期物业服务收费、汽修企业工时费、材料进销差价等进行备案。推进公立医院医药价格改革,对全市公立医院的护理、手术治疗类项目指导价格与医疗机构费用控制等指标实施考核。开展规范卫生行业收费专项治理活动,对全市社区卫生服务中心、计生服务中心(站)收费政策执行情况进行督查。认真做好价格认证工作,在巩固涉案价格鉴证和车损价格鉴定的基础上,扩大非涉案财产价格鉴证,全年价格认证中心共完成各类物品价格鉴定2566件,鉴定认证金额31亿元。

【价格监测分析】 2014年,市物价局加强对各镇(街道)主副食品、农资、服务价格等常规主要商品价格的监测,加大重大节日价格监测力度,调整监测频率,密切关注市场价格动态,注重价格动态预警,将全市

31个农贸市场价格数据与周边市县进行横向对比，了解市场情况，做到有异动早发现、早预警。运用价格监测系统，定期分析全市农贸市场肉蛋水产蔬菜等价格，与周边市县相对应的主副食品零售价格进行对比，并进行汇总分析，形成价格监测报表和分析材料，全年汇总上报各类价格监测报表709期，编发《江阴价格监测》128期。

【清费减负】 2014年，市物价局启用“全国收费监管动态系统”开展收费年审工作，全年全市发证注册收费单位186个，核发收费许可证正本141本、副本186本，年审率100%。通过年审清理，至年末，全市有行政事业性收费项目83个大项。全市行政事业性收费总额为12.28亿元，比上年减少1493万元，占一般预算收入的6.75%，比上年下降0.68百分点。全面贯彻落实各级出台的清费减负政策，对照全市的行政事业性收费项目，全年免征行政事业性收费项目9项、涉及金额1468.79万元，降低3项、涉及金额69.31万元，取消6项、涉及金额1376.53万元，减轻企业和群众负担2914.63万元。

【价格调整】 2013年，根据国家、江苏省统一部署，江阴市全面实施公立医院医药价格综合改革，破除“以药养医”，建立新型医疗服务定价机制和价格管理机制，缓解医疗服务价格结构性矛盾，至2013年12月31日，全市16个公立医院，医疗服务价格数据库全部调整到位，于2014年1月1日起医药价格综合改革正式实行。2014年，市物价局认真做好燃煤、天然气及其他有关价格的调整工作。完善煤热联动机制，按照煤炭蒸汽价格联动机制，密切关注煤炭价格行情，做好动态监测，组织开展成本监审，细致规范做好基础工作，适时稳妥调整热电厂供汽指导价格。推动阶梯气价实施，多方案开展相关基数测算工作，密切关注上级工作指示及周边动态，制定居民天然气阶梯价格实施方案。适时调整非居民用天然气价格，从11月24日起，域内非居民用天然气价格从原每立方米3.78元调整为4.09元。

【市场价格监管】 2014年，市物价局针对商业银行收费及汽车销售维修行业价格行为、涉车收费、教育收费、宾馆收费、涉企收费、医疗收费等开展专项检查，制定《江阴市市场价格行为规范年活动实施方案》，加大对不正当价格行为的监管力度，稳步推进明码实价，严厉打击各类价格违法行为，着力营造良好的价费环境，维护消费者合法权益。全年查处各类价格违法案件33件，实施经济制裁3.87万元，退还消费者2.51万元；协助江苏省物价局查纠清退学校违规收费179万元。打造“12358”价格服务品牌，严格按照规定程序和时限，积极稳妥地处理好专业维权举报和疑难举报，全年受理价格咨询投诉案件634件，其中立案查处63件，退还消费者7.5万元。

【拓展价格宣传】 2014年，市物价局充分利用江阴价格门户网站、江阴信息港、大澄网、江阴网、微博等网络，以及利用电视、报纸等多种宣传载体，围绕市场价费热点，结合季节性消费特点，适时发布各类与群众生活密切相关的民生价格信息。在《江阴日报》上累计刊登4个专版进行价格宣传。开发并调试运行价费信息查询系统，及时录入价格信息数据，与相关网站链接向全社会发布价费政策。开通“掌上物价”手机客户端，发布政策及价格信息，进一步扩大价格宣传覆盖面，真正发挥便民利民的效能。同时，把价格宣传向镇（街）社区拓展，通过利用各村、社区政务公开触摸屏、镇（街）自办报刊，发布价格法规政策、价费管理、平价商店、农贸市场、季节性商品价格等信息，方便群众查询。全年发布农贸市场价格信息246期、超市重要民生商品价格信息48期、《江阴日报》发布一周平均价格信息94期，江阴信息港发布各类民生价格信息332期，微博发布信息190期。 （聂立友）

国土资源管理

【概况】 2014年，市国土资源管理部门以尽职尽责保护国土资源，节约集约利用国土资源，尽心尽力维护群众权益为定位，以打造人民满意国土为目标，全面履职，整体工作取得新进展。全年报省审批各类建设用地项目160项，总面积413.82公顷，其中农用地263.03公顷，保障了全市项目用地需求。出让经营性土地68宗，面积272.4公顷，成交款66.6亿元，为城市发展集聚资金。全市供应各类用地212宗，面积673.99公顷，其中存量土地占总供地量的57.9%，保障了重大、重点项目顺利落地。完成土地复垦整治项目，面积达120.67公顷。年内参与江苏省国土资源厅占补平衡交易平台竞得土地指标161.97公顷。出台《关于补充耕地指标调剂使用实行资源补偿的意见》，全市土地复垦价向省补充耕地竞拍价靠拢，实行差额补偿，充分调动地方复垦工作的积极性。严格保护基本农田，完成基本农田划定工作，签订基本农田保护责任书，健全纵向到底的三级防护网，确保全市2.81万公顷基本农田数量不少、质量有升。完成顾山、长泾两镇2726.67公顷高标准基本农田建设。严格规范执法监管，健全三级执法巡查网，与公安、检察、法院等五部门紧密协作，违法用地查处力度进一步加大，年内顺利通过2013年度卫片执法检查验收。7月25日，市法院公开审判临港经济开发区一例非法占用农用地案，成为江苏省首例土地损害刑事附带民事诉讼案件，在全国引起较好反响。实施差别化配置新增指标，做到重点开发区域适度增加新增建设用地，限制开发区域从严控制新增建设用地，近三年中，全市新增建设用地规模得到有效控制，使用比例逐年下降，节地水平和产出效益大幅提升。健全政府收回、合作开发、限期利用、带地招商等工作举措，分类处置存量土地，年内盘活存量土地140公顷，有效缓解计划指标收紧形势下新增用地需求压力。全力保障合法权益，严格落实新出台的《江阴市征地补偿和被征地农民社会保障办法》和《江阴市征地补偿和被征地农民社会保障实施细则》，规范征地程序，有效化解矛盾，完成12个村组撤组的办理手续，有1598名被征地农民享受基本生活保障。是年,江阴市被国土资源部表彰为地质灾害防治高标准“十有县”,江阴市国土资源局被江苏省国土资源厅表彰为2012—2013年度全省国土资源系统推进依法行政工作先进单位。

【建立红区指标模拟库】 2014年3月,为解决全市红区指标供给与需求相脱节结构性矛盾问题,江阴市出台《关于统一管理统筹使用全市预留区(红区)指标的实施意见》,建立全市红区指标模拟库,将江阴市现有规划剩余的2266.67公顷红区指标统一回收、统一管理、统筹使用,充分发挥红区指标效益。9月,为配合项目红区调整实施,又出台《关于统筹使用全市建设用地预留区(红区)收取补偿调节金的意见》,对调出红区指标地区给予每亩1万元的生态补偿,推动项目顺利实施。全年江阴市报江苏省各类新增项目用地227宗,需红区指标1166.27公顷,其中608.8公顷进行红区调整,有效保障了高新区、临港经济开发区等重点区域重大项目落地。通过建立红区指标模拟库,有效提高了红区指标使用效率和全市集约用地水平,实现市场配置资源和政府调控资源“双赢”。

【创建“4+1”服务模式】 2014年,市国土局为响应国土资源部、江苏省国土资源厅深化改革、简政放权、便民利民的号召,紧扣“为民、务实、清廉”主题,深挖无锡市国土资源局“四全”服务内涵,结合江阴实际,创建“全流程优化审批、全区域便民服务、全业务网上办理、全节点效能监管和一站式房地联办”的“4+1”服务模式。6月13日,撤销澄江分局、高新区分局、土地交易和市行政服务中心4个窗口,成立国土资源服务中心,并整建制进驻江阴市行政服务中心,负责办理国土各项业务。全市15个国土资源服务大厅(窗口)规范统一名称、标志、硬件、制度等,改革传统的属地接办件模式,摒除行政界线,实现全市业务通接通办,“一站式房地联办”便民利民。同时,依据法无授权不可为原则,市国土局削权去利,将大部分行政权力整体下移至国土分局、所,进一步压缩事权和减少报件材料,优化整合串联独立短流程,整体压缩审批时间,时间压缩比达60%。6月23日,“4+1”服务平台正式上线运行,月平均办理业务2850件,当场办结件85%以上,其中异地件占总办件量的13%。

【妥善解决历史遗留问题】 2013年3月起,市国土局为维护群众合法权益,规范国土管理秩序,以“素质、绩效、形象”三大提升工程为抓手,部署开展历史遗留问题专项清理行动。此项行动重点排查解决涉土权属纠纷、批而未供、供而未用、用而未尽、涉土重复上访、违法用地等方面的历史遗留问题。在工作中,市国土局先后探索建立部门联动、集体会商、跟踪督办、定期通报等工作机制,有效推动该项活动的深入开展。至2013年底,全市排查梳理涉土历史遗留问题253宗,解决132宗,解决率52.17%。2014年,再解决86宗。2013年、2014年共解决218宗,解决率86.17%,受到广泛好评。 (卫志友)

安全生产监督管理

【概况】 2014年,市安监局围绕“以人为本、安全发展”主线,牢固树立红线意识、底线思维理念,强化安全生产责任的落实,夯实安全生产基础,狠抓执法检查、专项整治、“六打六治”*专项行动、标准化创建等工作。突出危险化学品、油气管道、交通运输、建筑施工、消防、特种设备、燃气等重点领域,以“全覆盖、零容忍、严执法、重实效”为总要求,严格实行停产整顿、关闭取缔、上限处罚和严厉追责的“四个一律”*执法措施,集中打击、整治一批当前表现突出的非法违法、违规违章行动,进一步规范安全生产法治秩序,大幅减少因非法违法行动造成的事故,促进全市安全生产形势持续稳定好转,实现事故起数、死亡人数“双下降”,各项指标均控制在年度目标之内,全市安全生产形势总体稳定。积极做好安全生产监督服务反馈工作,年内,市安监局发放相关安全生产监督服务征求意见函500余份,向15000余名市民发布活动信息40余条;召开座谈交流7次,有效调查问卷480余份,收集5个方面23条建议或意见,形成12份整改任务书,机关监督服务意识进一步提升。是年,市安监局被国务院安委办表彰为全国“安全生产月”优秀活动单位,新桥镇成功创建国家安全社区。

【健全安全生产责任体系】 2014年,江阴市高度重视安全生产工作,市委常委会、市政府常务会议多次专题研究安全生产工作,把安全生产作为重要工作来抓。3月,调整市人民政府安全生产委员会成员。6月,全市启动第21个“安全生产月”和“安全生产暨阳行”活动,开展《中华人民共和国安全生产法》执行情况执法检查,并进行民主评议全市安全生产工作情况。出台《江阴市安全生产“党政同责、一岗双责”暂行规定》,进一步完善和落实安全生产责任体系和机制,明确各级党委、政府及其工作部门、班子成员的安全生产工作职责,进一步形成齐抓共管安全生产工作的格局。市长分别与各分管副市长、85个市级安全生产责任单位签订安全生产责任状,各开放园区、镇(街道)第一安全责任人与部门、行政村、属地企业分别签订安全生产责任状,同时下发安全告知承诺书。年内,全市共签订安全生产责任状和告知承诺书30742份。

【规范安全生产法治秩序】 2014年,市安监局进一步规范安全生产法治秩序,按照三级检查二级执法原则,对全市相关企业进行检查。全年市镇两级共执法检查企业5104个,排查整改安全隐患13221处,开出现场检查记录3513份,发出整改指令书329份、复查意见书329份,立案处罚59个违法违规企业,共处罚金73万余元。开展工贸行业有限空间作业和液氨使用、危化品企业安全生产、职业病危害等专项整治活动,对51个涉及“两重点一重大”(重点监管的危险化工工艺、重点监管的危险化学品和重大危险源的监管)危化企业完善和改造自动化控制系统、42个未经专业设计单位正规设计企业完成安全设计诊断方案备案、148个有限空间作业、10个液氨使用(带储罐)、46个煤气使用、62个高温液态金属吊运企业进行专项治理。继续高压"打非治违",全年有9件行政处罚申报法院裁定准予强制执行,3人被追究刑事责任,2个企业被列入安全诚信企业"黑名单",5个企业被列入"黄名单",关闭不符合安全生产条件的企业8个。

【隐患排查治理】 2014年,市安监局进一步推进隐患排查治理工作,按照市政府下发《关于开展全市"一节两会"期间安全生产大检查的通知》要求,突出对危险化学品、冶金、重大危险源等重点领域进行安全大检查,共检查冶金生产企业5个、高温液态金属生产企业8个、煤气发生炉生产销售企业14个以及有重大危险源的企业7个、危险化学品生产、使用、储存的企业51个,排查隐患400余处,发出整改指令书44份、现场处理决定书14份,现场整改隐患300余处。6—9月采取不发通知、不打招呼、不听汇报、不用陪同和接待,直奔基层、直插现场"四不两直"的方式进行明察暗访,排查事故隐患,共检查督查企业96个,排查出各类事故隐患和问题489条,立案查处7件。年内,全市有336个生产经营单位进入跟踪督查系统,市重大危险源预警监测与应急救援指挥中心对全市83个重大危险源企业179个重大危险点进行24小时实时跟踪预警监测;有近9700个企业基本信息被录入综合监管智能一体化平台,并全部进入自查自报系统。全年通过自查自报系统上报各类隐患和问题27444条,完成整改24702条,整改率90%。

【安全生产基础工作】 2014年,市安监局进一步夯实安全生产基础防线。认真做好安全生产标准化创建工作,努力提升企业安全生产管理水平,全市有1290个规模以上工贸企业和108个危化品使用、经营企业通过三级标准化考评,8个工贸企业、4个危化品生产企业通过二级标准化考评。加强职业健康安全监管,全年对1095个用人单位告知职业卫生事项,完成职业病危害申报入库企业3100个,职业健康体检企业数1205个,职业病危害检测企业业650个。设立安全生产行政许可(服务)科,落实一个领导分管、一个科室负责、一个窗口对外的服务管理制度,进一步提高行政审批服务效能,全年共受理各类行政许可服务事项808项,办结率均100%。充分发挥电视台、网络等媒体作用,采取开设专版专栏、公益广告、微博微信、手机报等多种形式,全领域全方位开展安全生产宣传。做好安全生产培训工作,年内,先后组织10期安监论坛业务讲座、5期行政村安全专管员封闭式培训班,分别有1200余人、290余人参加;培训企业负责人、安全管理员10368人,比上年增长12%;组织安全巡讲团走村入企免费为企业职工安全培训76次,参与听课人数10700人。至年末,全年累计参加全员培训职工人数51万人次。 (潘黎宾)

食品药品监督管理

【概况】 2014年,市食品药品监管局以保障群众饮食用药安全为中心,积极探索加强食品药品安全监管体系建设的有效途径和方法,强化组织领导,落实监管责任。大力推进行政执法标准化建设,修订完善食品药品行政执法程序,建立行政执法与刑事司法衔接工作制度,规范行政执法工作,全年未发生行政复议或行政诉讼案件。优化全市食品安全检测资源配置,组建市食品安全检测中心,为保障全市人民食品安全提供技术支持。健全行政执法监察网络系统,加强食品药品监督执法事前、事中、事后监督。年内,全市食品药品行政执法120次回访反馈率、满意率均为100%,26件"12345"网络系统投诉件及时签收率、反馈率、满意率均为100%。是年,无锡市对江阴的食品检测合格率达96.92%,食品实验室检测6批次/千人,全市未发生等级以上食品药品安全事故,食品药品安全应急管理工作受到国务院应急办充分肯定。

【食品安全监管】 2014年,市食品药品监管局认真履行监督职能,进一步加强食品安全监管督办。4月,组织召开全市食品药品安全委员会成员(扩大)会议,层层签订食品药品安全工作目标责任书。下达督办通知书10份、信访函4份,取缔无证无照食品加工小作坊28个。加强食品检验检测。统筹年度全市食品安全检测计划,对蔬菜、肉制品、豆制品等重点品种开展评价性抽检。整合市农林管理部门农产品质量检测中心、质监部门产品质量监督检验所、粮食部门粮油质量监测站、卫生部门疾病预防控制中心食品安全检测的职能,组建市食品安全检测中心,实现统一设备配置、统一检测计划、统一检验标准、统一检验检测、统一共享结果、统一信息发布"六统一"的检测模式,全年完成实验室检测8311批次,快检116484批次。开展安全专项整治。加强中秋、国庆等重大节日期间食品安全监管,对"魔爽烟"类食品、病死动物及其产品、清真食品、豆芽菜、鲜肉和肉制品等进行"四打击四规范"专项整治活动,对涉及"上海福喜"问题食品开展拉网式检查。年内,完成国务院应急办食品药品安全应急体系建设调研;办理市政协委员提案答复2份。完成查处食品安全案件469件,受理举报投诉案件579件,其中调查处理"干劲酒""人之宝药酒"等举报投诉案件6件。

【药品安全许可认证】 2014年,市食品药品监管局继续严格执行药品安全许可制度。全年共核发零售药店药品经营许可证225份、换发52份、变更136份、注销167份,核发医疗器械经营许可证26份、换发4份、变更7份、注销8份,核发医疗器械备案凭证65份。认真组织药械体系、注册证等考核活动。全年完成无菌、植入类生产企业《药品生产质量管理规范》(GMP)体系考核15个次,完成一般企业生产许可证、注册证体系考核13个次。年内,江阴市大众医药批发有限公司等4个药品批发企业及144个药品零售企业通过新版《药品经营质量管理规范》(GSP)认证。

【药品及医疗器械监管】 2014年,市食品药品监管局进一步加大药品、医疗器械安全监管力度。严格依法行政,加强对药品零售企业、基药配送企业的监管,对药源性兴奋剂、医疗器械开展专项治理。全年共检查药品零售企业和基药配送企业540个次,发出行政提示书170份,当场行政处罚存在违法违规企业14个。严格执行药品不良反应报告和监测制度,全年上报药品不良反应(ADR)报告1201例,其中新的或严重的662例,医疗器械不良事件971例,药物滥用监测136例。推进药品零售集约化、连锁化经营,全市"个转企"119个、"个转连"59个。严厉打击互联网制假售假等违法行为,深入开展定制式义齿专项检查、零售药店专项整治。检查涉药、涉械单位750个次,抽样检测药品300批次,快速检测药品750批次,检测医疗器械及药包材13批次,发出协查函74份;处理药品、医疗器械举报投诉案件44件,移交违法药品广告案件5件,当场进行处罚53件、立案37件、移送司法机关1件,取缔无证经营药械案件8件、办理案件48件(含2013年结转11件),涉案金额53.67万元,罚没款到账130万元。

【医疗器械"五整治"专项行动】 2014年,为加强医疗器械监管,切实维护广大消费者利益,有效解决社会关注度高、群众反映强烈的医疗器械热点、难点问题,进一步规范市场秩序,严厉打击违法违规行为,江阴市认真贯彻国家食品药品监督管理总局在全国集中开展的医疗器械"五整治"专项行动。此次专项行动于3月15日开始,8月15日结束,为期5个月。专项行动总体分为准备、启动、整治和规范四个阶段,各个阶段的工作任务互为衔接,有机结合,四个阶段相互叠加进行。重点整治虚假注册申报、违规生产、非法经营、夸大宣传、使用无证产品等五种行为。市食品药品监管局制订出台《江阴市医疗器械"五整治"专项行动实施方案》,明确职责分工,实施督促检查。在实施专项行动过程中,以重点产品、重点企业、重点案件线索为突破口,按照排查、整治、规范相结合的工作模式,采取暗访调查、集中排查、突击检查相结合的检查方式,突出以点带面、全程监管,实行边整边建、整治与规范并重,并注重专项行动与日常监管相结合,专项行动与医疗器械质量万里行活动相结合,专项行动与医疗器械安全宣传月活动相结合,专项行动与营造社会共治氛围相结合"四个结合",形成了各方参与、公众受益、行业发展的监管新格局。此次专项行动共出动执法人员1092人次,检查医疗器械生产、经营、使用等单位415个次,发出协查函5份,立案14件,发出责令改正或行政提示书、行政警示书138份,发出警告通知书5份。

【食品药品安全宣传】 2014年,市食品药品监管局进一步加强食品药品安全宣传教育力度,采取在江阴电视台开设宣传专栏、在《江阴日报》开设《食品药品科普之窗》和《科普专版》、制作普法宣传微电影、发放食品药品安全科普读本及有奖调查函等宣传形式,并充分利用网络、邮政报刊亭、公交站台广告亭、城区主要道口电子屏幕、科普文化长廊、落地灯箱等平台,普及食品药品安全知识,发布安全工作动态,回应百姓关注和需求。深入开展食品药品安全在行动等专项宣传教育活动,举办"理性选购、正确使用"全国医疗器械安全知识竞赛和食品药品安全公益演出,开展"尚德守法,提升食品药品安全治理能力安全宣传月"和"江阴市第二十六届科普宣传周"广场宣传活动,让食品药品安全宣传进学校、进社区、进企业。年内,市食品药品监管局发放食品药品安全科普读本及有奖调查函各10万份,对全市小学四年级、五年级学生开展科普培训3万余人。

(武运来)

资产经营管理

【概况】 2014年,市国资监管部门和国资公司积极应对经济发展新常态,持续深化国有资产监督管理体制机制改革,不断提高国有资产的管理经营水平和保值增值能力。优化整合,提升国有资产竞争力。国有资本向公共服务类、公益事业类、投资管理及金融服务类、城市建设开发类、政府性融资平台五大领域集聚。新国联投资发展有限公司加快推进热网整合。江阴苏龙热电有限公司启动城区热电整合"一拖四"工程(借助在长距离蒸汽输送方面取得的技术突破,苏龙热电将铺设总长度26千米的蒸汽管道,替代城区红柳热电、花山热电、滨江热电以及徐霞客镇凯育热电4个热源点,实现这4个小热电企业的关停),江阴热电有限公司整合江苏阳光云亭热电有限公司,新国联投资发展有限公司持有的江阴滨江(澄东)热电公司股权进入市场进行公开出让程序,江苏江南水务股份有限公司深化资本经营,取得阶段性成果。拓宽思路,提升国有资产经营效益。新国联投资发展有限公司参股建设海上风电项目,拓展热力市场,电力投资收益再创新高;江苏江南水务股份有限公司稳步推进科技创新,企业集成门户、全面预算、供应链、内部审计、项目管理、生产运营管理平台、智能调度等系统全面投入运行;广电集团有限公司拓宽新兴业务,互联网业务、影视演艺和广告直投等新兴业务集群成长迅速;江阴市国风文化艺术有限公司积极打造培训品牌,加快市场化运作,拓展演出市场。年内,列入考核的6个一级国资公司,审计经营性净资产总额达57.41亿元,比上年增长12.21%,审计归属于母公司利润总额5.13亿元,与上年基本持平。按照"公开、公平、公正"原则,全年共举行7次国有经营房屋拍租会,成交标的109个,拍租成交租金总额2003.07万元,成交年租金557.02万元,比上年租金542.63万元增长2.65%。规范管理,提升公司治理水平。各国资公司严格落实国资管理制度,执行"三重一大"(企业的重大决策、重要人事任免、重要项目安排和大额度资金的使用)决策制度,进一步扎紧制度笼子。加强资金管理,实施资金费用、资产管理、采购付款等内部专项审计。加强成本控制,合理控制应收账款水平,降低财务风险。加强考核激励,制订下发绩效考核实施办法。深化可移动资产的"动态"管理,提升管理效能。修订完善日常运营管理工作机制,管理效益进一步提升。深化改革,推进经济实体脱钩工作,年内,根据市委办、市政府办《关于全面清理整顿全市行政事业单位经济实体的实施意见》精神，全面完成全市103个经济实体与行政事业单位的脱钩工作。（陈新文）

【新国联投资发展有限公司】 2014年，公司按照市委、市政府重大决策和市国资办工作部署，全面加强公司治理，各项工作有新突破，经营效益再创历史新高，主要指标有新提升，圆满完成全年任务目标。做强电力产业，投资收益再创新高。继续强化对各控股热电企业的管理，及时掌握企业经营管理、财务状况、发展动态，加快推进节能减排和热网整合工作，做好协调服务工作。年内，3个主要热电企业累计发电量77.76亿千瓦时，完成供热量554.63万吨。江阴滨江热电公司的整合工作顺利推进。优化物业管理，提升物业管理水平。推行精细化管理，以增效降耗为目标，严格落实岗位责任，加强物业资产的巡查，实施裳岛消防隐患整改工程，做好设备维护工作，确保公司所属物业正常运营，房产租赁收入稳步增长。顺利完成裳岛2号楼消防隐患整改工程。年末，新国联公司总资产110.53亿元，净资产57.47亿元，超额完成了市政府下达的目标任务。（陈浩）

【江阴广播电视集团】 2014年，集团采取积极措施，主动应对挑战，优化经营创收结构，努力确保市场份额，取得显著成效，经营收入和利润保持基本稳定，完成市国资办下达的任务指标。广告创收基本稳定。凭借特色鲜明的自办节目和专业精准的营销服务，广播电视广告创收再创新成绩，有效化解外部压力，保持既有市场地位。广播以服务为先导，努力培植传统广告新客户，以节目资源为依托，全面深化品牌活动影响力，创收总额稳中有升，全年广播广告收入比上年增长9.67%。电视广告通过细分市场、深挖房地产、金融保险等潜力行业，加强会展活动营销，拓展新的创收版图，积极应对广告流失。全年电视广告收入有所下降，降幅在可控范围内。积极开展活动营销品牌活动。江阴电视台于4月25—28日在江阴市体育中心举办江阴市第11届汽车购车节暨春季住博会，有42个主流汽车品牌共200多款畅销车型参展，参展品牌数为历届最多。现场观展人次超过4万人次，现场成交汽车970辆，成交金额2.03亿元，意向集客6250人，成交总金额首次突破2亿元。9月19—22日，在江阴市体育中心再次举办江阴市第12届汽车购车节暨秋季住博会，有40多个主流汽车品牌共300多款畅销车型参展，现场成交汽车1076辆，成交总金额达2.2亿元，销售业绩再创新高，意向集客8099人。同期举办的住博会，共吸引江阴市15个开发商近30个楼盘参展。10月17—20日在江阴市体育中心举办江阴市第12届房产交易会，14个开发商20个在建在售楼盘参展，展出房源1万余套。拓展新兴业务。广电电子商务交易平台“淘江阴”、无线江阴综合信息发布手机客户端均于年内上线运行，江阴大澄新媒体发展有限公司旗下大澄网逐步打开市场，江阴大道影视文化传播有限公司全年影视演艺活动和影视片制作业务进一步开拓，经营总量增长迅速。江阴市广播电视广告有限公司继上年底停办《江阴广播电视报》后，于年内创办半月刊直邮广告（DM）杂志《江阴广电 全澄关注》，全年营业收入保持稳定。大力开拓广电网络。广电数字电视和宽带业务多措并举调整营销思路，精耕细作开拓市场，高清互动电视和宽带业务市场份额不断扩大，取得较好经营业绩。至年末，全市高清互动电视用户总数为99753户，个人宽带用户总数为40781户。全年广电网络经营总收入2.4亿元。（朱蓉）

【江苏江南水务股份有限公司】 2014年，公司围绕年度各项目标任务，真抓实干，全年完成供水量为25101.67万立方米，比上年增长3.03%；完成售水量23182.39万立方米，比上年增长4.39%；水质综合合格率为100%。深化安全保供，持续提升保障能力。修编完善全市域管网规划布局，优化城乡供用水环境，新建改建澄西水厂直径1400毫米、澄鹿路直径800毫米/直径1600毫米、来春桥直径1400毫米、北澗临水路和锡沙公路直径800毫米、利港倪家丹路直径600毫米、新桥镇陶新路直径600毫米等给水管道工程，共计长度75.3千米。完成创智家园、佳兆业广场、时代名邸、世新家园、澄南花苑等85个新建小区给水工程，共34421户；完成1个老小区二次供水改造工程和1个村级户表改造试点工程。年内，46项二次供水新项目通过验收，至年末，全市有154个二次供水小区纳入公司的运行管理范围。公司水质检测中心实验室通过国家认可复评审及扩项评审，综合检测能力达173项，全覆盖106项国家生活饮用水卫生标准，提升了对水源水、出厂水、管网水水质的常规、全分析及管网监测的能力，全面掌控全市域供水水质。建立市级工程研究中心，成立科学技术协会，加入国家智慧城市产业技术创新战略联盟，深度应用智能水务项目系统，加快水务信息化步伐。年内，企业集成门户、全面预算、供应链、项目管理、生产运营管理平台、智能调度等系统全面投入运行。对全市自备水和中水回用企业进行专项检查，对498个相关企业安装统一设计，统一标准的安全供水防护设施，规范企业用水行为，确保城乡居民用水安全。7月，位于利港镇黄丹港东侧的地下水应急备用水源地与澄西水厂实现联网，并正式投入运营，该水源地可连续为全市供水7天，供水规模为12万立方米/日。推进省级供水服务标准化试点项目，在原有6个银行的基础上，新增邮政储蓄、交通银行的居民水费代扣业务；实行短信、贴单催缴方式；提供水量异常提醒和上门协助查漏服务；完成前期调研和水表普查工作，为实行阶梯水价奠定基础；实行热线“962001”城乡一体化服务；优化公众微信服务平台；年内，新建2个标准化营业厅，至年末，全市有7个标准化营业厅。开展各类排水管网、泵站的养护工作，共更换和修缮雨水箅、窨井盖1401处，清疏雨水箅、检查井71363座，养护管网1267千米，疏浚排水管道1098千米；利用排水专业管理的优势，成功承接江阴敔山湾开发公司和澄江西路隧道排水设施的管护业务。积极推行污水管网建设标准化

工作，共完成佳兆业1号公馆、盈嘉翰庭等10个居民小区污水管网项目。（骆才良）

【江阴市旅游文化产业发展有限公司】 2014年，公司根据创新国有企业机制体制工作要求，不断提升绿化管理水平，加强公园景区管理，发挥绿化养护管理突击队优势。建成园艺废弃物处理站，全年处理粉碎物累计2573.3立方米。管理维护3200万平方米绿地，日常管养1万余棵行道树。对通渡路、滨江路、黄山路等全市道路及君山北坡花镜等12处道路绿化进行改造提升，改造面积达66000平方米。妥善处理市民求助及“12345”公共服务热线等投诉案件542件，解决“110”联动及数字化城管案件453件。完成主要绿化移植任务60余项、各类审批开挖任务332项。下属子公司江阴城市集散旅行社不断拓展旅游经营活动，在人民东路新设江阴特产经营门店，打造一站式特产购物街铺，对其“澄粹”品牌进行商标注册。加强国有资产经营管理，做好经营网点租赁与管理工作，启动长江饭店及周边地块改造项目实施工作，10月，长江饭店对外停止营业。是年公司实现创收4294万元，利润总额463万元，全面完成市政府下达的年度经济指标任务。（吕 琴）

【江阴市国风文化艺术有限公司】 2014年，公司围绕中心工作和服务人民群众的文化需求，按照文化事业求提高，文化产业求突破，国风公司促转型的目标，进一步强化制度管理、服务指导、资源利用、产业发展等措施，适应市场变化，推出丰富多彩的文艺演出，举办精彩纷呈的文化活动，多方位引领、共建共享文化成果。先后策划组织江阴市首届“浏阳河杯”歌手大奖赛、2014年度全市老干部春节慰问文艺演出、江阴市“劳动托起梦想 · 发展铸就辉煌”职工文艺演出、2014长三角江南丝竹展演及顾冠仁新江南丝竹作品音乐会、杨元旦琵琶独奏音乐会、“江阴人唱江阴”演唱会、台湾高雄市国乐团两岸巡演音乐会、大型锡剧《江姐》等经典剧目，受到广泛好评。公司全年共举办各类演出活动1745场次，观众86万人次。以加快文化产业发展为己任，积极探索，充分整合利用现有的文化资源，通过打造精品培训、市场化运作各类场地资源、文企联姻等方式，多渠道拓展业务，拓展盈利空间。全年公司经营性创收收入2010.13万元；实现净资产收益率15.78%；实现利润总额439.18万元，高于期成指标2.13个百分点，超额完成市政府下达的年度经济指标任务。（杜颖波）

【江阴暨阳体育产业发展有限公司】 2014年，公司以打造人民满意的全民健身主阵地为重点，着力转变作风、提升服务水平，解决人民群众反映强烈的突出问题，进一步完善机制制度，强化规范管理，大力推进全民健身运动，取得明显成效。先后成功承办2014年“万达广场”全国女子足球联赛（江阴赛区）、2014年361°全国女子排球大奖赛等国家级比赛4项26场次，承办2014年洲际青年男篮巅峰争霸赛等国际赛事2项7场次，接待各类运动员600余人次。组织举办“浦发杯”羽毛球比赛、“中恒杯”足球赛、“体彩杯”优秀苗子游泳选拔赛、乒乓球团体积分赛、中小学生游泳比赛、第28届中小学生田径运动会、2014年江阴市首届“澄星杯”中小学生阳光校园足球联赛及广场舞比赛共8项市级群众体育赛事150余场次，参赛运动员4000人次。承办大型综艺演出1场次。体育培训工作突出市场拓展，先后与市人民医院、市公安局达成业务合作协议，特别是针对公安一线民警开设5期游泳技能培训班，成功培训330余名公安干警，受到广泛好评。全年公司累计培训各类体育学员4349人次，累计接待观众及健身休闲市民超120万人次。年内，江阴赛区获得全国最佳赛区称号2项，市体育中心旅游馆被评为全国群众旅游健身活动模范池馆。全年公司完成开票销售金额3108.92万元，实现净利润342.78万元，分别完成市政府下达年度经济指标的115%和104%，上缴国资金额200万元。（陆 澄）

【江阴市国信市民卡有限公司】 2014年，公司继续以创造便捷、服务市民为宗旨，加快推进市民卡发展步伐。5月，公司与南京市民卡有限公司签署合作协议，实现两地商业、公交领域的互联互通，并实现资源优势互补，带动各行各业的发展。8月，公司由市信息办整体划归市人社局管理。10月，市国资办下发《关于调整市国信市民卡有限公司出资人的通知》，将市属集体资产管理办公室对市民卡公司的100%股权无偿划转江阴国源资产经营有限公司持有。做好优化服务工作，公司领导班子广开言路，听取市民的意见与建议，进一步完善服务流程。一是降低小额钱包起充值，年内，市民卡及其衍生卡的小额钱包起充值由30元下调至15元；二是完善线上服务，完成市民卡官方微信上线和掌上江阴——掌上市民卡上线工作；三是调整网点营业时间，11月起，公司健康路网点营业时间调整为周一至周日营业（法定节假日除外），砂山路网点前台停止营业，搬迁至市行政服务中心人力资源和社会保障（市民）卡窗口。便民应用进一步加强。年内，住建部“全国城市一卡通互联互通”大平台新增15个城市，至年末，江阴与全国50个城市实现公交领域的互联互通。做好卡片发放工作，全年发放市民卡全功能卡10万余张，年末累计达145万余张，发放暨阳通卡1万余张，年末累计达16万余张。（袁 园）

■类目编辑 陈学超

综　述

【概况】　2014年，江阴市科技工作紧紧围绕创建国家知识产权示范城市和全省首批创新型示范城市的战略目标，坚定不移实施创新驱动战略，深化拓展科技创新工程，加快推进科技体制改革，不断提升区域创新能力和企业自主创新能力。年内，成功举办第二十四届科技节，帮助企业承担实施无锡市级以上各类科技计划项目345项，实施重点产学研项目60项，新建企业院士工作站11个，获批省级以上各类科技创新载体（园区）12个、省级以上各类科技型企业270个，获江阴市级及以上各类科技进步奖项116项。利用科技手段，气象预报准确率92.9%，高于省定指标17.9个百分点，加强地震灾害防御和监测预报。是年，江阴市顺利通过国家知识产权示范城市评定，江阴高新区跻身苏南国家自主创新示范区行列。市知识产权局被评为江苏省知识产权工作先进集体和江苏省知识产权宣传培训工作先进单位。市科技局被市委、市政府评为人民满意机关。

【第二十四届科技节】　2014年10月17日，市委、市政府在市机关综合楼举办第二十四届科技节暨科技创新大会。市领导、"科技镇长团"全体成员、市有关部门、镇（街道）、园区负责人以及51名全市科技创新创业先进代表和100多名省高新技术企业、科技"小巨人"培育企业代表参加。其间，表彰市十佳研发机构、市十佳科协组织、市十佳企业科技工作者、市十佳职工科技创新标兵和市科技进步奖79项。举行江苏省金属循环应用装备产业技术创新战略联盟揭牌、市高新技术创业投资有限公司与科技型中小企业股权投资合作项目签约、江阴市11个新建院士工作站授牌3个仪式。市长沈建为中国科学院院士王立鼎，中国工程院院士张齐生、刘秀梵颁发江阴"人才国际化、企业国际化、城市国际化"咨询委员会委员聘书，王立鼎作为院士代表发言，省科技厅副巡视员蒋洪作重要讲话。

科技管理和服务

【概况】　2014年，市科技局在全市科技系统组织开展"改革创新年"建设活动，改进工作作风，提升工作效能，不断增强科技管理服务能力。继续深入开展科技"三服务"（服务基层、服务企业、服务人才）及"基层服务月""企业服务周"和"走进企业、服务企业"现场办公等活动，全年走访服务企业1500多个次，指导、帮助企业争取各级各类科技项目资助和政策扶持，为企业开展技术创新活动保驾护航。全年帮助企业承担实施无锡市级以上各类科技计划项目345项，争取科技扶持资金2.35亿元。　（周红芬）

【承担科技计划项目345项】　2014年，市科技局在全市组织申报实施科技项目和培育科技创新型企业中，继续做好组织、协调和向上争取工作，全市共获批实施国家、省、无锡市级各类科技计划项目345项，其中获批国家级、省级创新载体项目12项、无锡市级以上各类研发机构项目31项。国家级科技计划项目29项，其中国家科技重大专项项目3项、科技支撑计划项目1项、中小企业发展资金项目10项（科技创新项目3项、科技服务项目2项、引导基金项目5项）、"火炬"计划项目11项、重点新产品项目4项。江苏省级项目265项，其中国家科技重大专项省级配套资金项目1项、重大科技成果转化项目3项、科技支撑计划项目9项（工业5项、社会发展3项、农业1项）、科技企业技术创新资金项目1项、中小科技企业创业投资引导资金项目1项、科技公共服务平台及工程技术研究中心绩效评优后补助项目2项、企业知识产权战略推进计划1项、百件优质发明专利项目1项、百件优秀发明专利申请文件项目2项、国际（专利合作条约）专利专项资助资金项目4项、企业知识产权管理标准化示范先进单位项目6项、高新技术产品项目234项。无锡市级各类科技计划项目8项。全年获各级各类扶持资金2.35亿元，其中国家级项目获资助18186万元，江苏省级项目获资助5103万元，无锡市级项目获资助202万元。

（杨婉倩　曹志洁）

【科技中介服务】　2014年，全市科技中介服务机构继续做好企业科技创新"助推器"，提供各类科技项目申报及管理、科技项目咨询、科技查新、科技文献资源查询、知识产权保护等服务，举办科技培训活动。是年，市生产力促进中心组织、辅导和申报省高新技术企业25个。推进省中小企业备案工作，辅导申报省科技型中小企业，获批178个。辅导申报省高新技术产品269种，获批234种。开展科技项目查新225项。与江苏省科技条件管理服务中心合作，吸纳各类检测机构400多个，为企业提供机电产品、机械产品、建筑建材、纺织产品、机动车辆、理化检测等系列检测服务，全年为江苏鼎祥达光电科技有限公司等11个企业提供服务。在174个企业中开展技术创新方法培训，推广技术创新手段。市科技创新服务中心全年收集企业产学研需求信息项目58项，向企业推送项目成果200多项。认定技术合同122份，辅导1200多个市内大中型、规模以上工业企业做好科研统计工作。为105个企业提供科技文献信息代查代检、翻译服务，开展科技文献利用培训6期，科技项目申报培训4期，组织46个企业参加技术合同备案培训会、无锡第四届工业设计博览会现场对接等各类科技创新培训与交流。市知识产权服务中心围绕知识产权创造、管理、运用和保护，为企事业单位及个人提供全方位专业服务，全年辅导30余个企业完成知识产权贯标验收，辅导5个企业获得江苏省知识产权战略推进计划项目。提供各类培训、讲座30余场，其中知识产权工程师培训合格率100%。完成专利检索分析报告14篇，行业专利分析报告6篇。为70余个企业和个人提供知识产权侵权纠纷咨询服务。

（梅士强　叶李斐　卞锋炜）

2014年江阴市获国家级科技计划项目一览

表47

类　　别	项　目　名　称	承　担　单　位
重大科技专项项目	通讯与多媒体芯片封装测试设备与材料应用工程	江苏长电科技股份有限公司
	国产集成电路封测关键设备与材料量产应用工程	
	基于Low－K芯片的BOT－FC等高密度键合技术的系统集成封装开发与产业化	
科技支撑项目	城镇重大灾害和事故应急处置关键技术研发及示范	江阴市政府
中小企业发展专项资金项目	基于梯级筛分和分级干燥技术的节能环保煤调湿装备成套	无锡亿恩科技股份有限公司
	PCB用高精度感光线路湿膜	无锡德贝尔光电材料有限公司
	液压四立柱式双模轮胎定型硫化机	江苏晟林科技有限公司
	面向纺织类中小企业的公共检验检测及技术支持服务平台	必维申优质量技术服务江苏有限公司
	中小企业金属材料检验检测公共服务平台	江苏法尔胜材料分析测试有限公司
	风险补助	海得汇金创业投资江阴有限公司
	投资保障	江阴弘扬传感探测技术有限公司
	投资保障	江阴泽成生物技术有限公司
	投资保障	江阴市向阳高分子材料有限公司
	投资保障	江阴市长亚科技有限公司
“火炬”计划项目	胀断连杆用钢C70S6	江阴兴澄特种钢铁有限公司
	智能耐高温冶金输送系统装备产业化	江阴市鼎力起重机械有限公司
	AMI智能供配电管理平台及关键技术研发	江苏斯菲尔电气股份有限公司
	免染混纤混色毛衫的产业化	江阴芗菲服饰有限公司
	SZS29全自动燃油(气)整装水管锅炉	江苏双良锅炉有限公司
	高弹舒适性精毛纺面料研发及产业化	江苏阳光股份有限公司
	蒸发器内壁用铝合金箔材的产业化	江阴新仁科技有限公司
	7兆瓦海上风电特大型低温球铁关键零部件	江苏吉鑫风能科技股份有限公司
	裸眼式3D显示光学膜	江阴通利光电科技有限公司
	高级丝维呢	凯诺科技股份有限公司
	江阴创业园中小企业创新环境及服务平台建设	江阴高新技术创业园管理委员会

续表47

类　别	项　目　名　称	承　担　单　位
重点新产品项目	超超临界火电机组高压锅炉管用SA-335 P91连铸圆坯	江阴兴澄特种钢铁有限公司
	1.5兆瓦低风速高效风力发电机组	远景能源(江苏)有限公司
	生物增塑剂环氧脂肪酸甲酯	江阴市向阳科技有限公司
	锌铝合金镀层钢丝拉索	江苏法尔胜缆索有限公司

2014年江阴市获江苏省级科技计划项目一览

表48

类　别	项　目　名　称	承　担　单　位
重大科技成果转化项目	面向航空航天和军工武器用高精度传感保偏光纤及其装备研发及产业化	江苏法尔胜泓昇集团有限公司
	轻质高强异型管材内高压成形近净成形技术研发与产业化	江苏界达特异新材料股份有限公司
	废旧汽车拆解回收处理成套装备研发及产业化	江苏华宏科技股份有限公司
科技支撑计划项目(工业)	Power Multi-Chip-μModule(微型多芯片功率模块)的3D-MIS系统级封装技术	江苏长电科技股份有限公司
	黄磷尾气自动化全回收系统开发	江苏一同环保工程技术有限公司
	UV固化型触摸屏保护胶关键技术研发	江苏广信感光新材料股份有限公司
	第四代移动基站、智能终端专用特种同轴电缆关键技术研发	神宇通信科技股份公司
	微胶囊和纳米改性技术在精毛纺节能清洁生产中的应用研发	海澜之家股份有限公司
科技支撑计划项目(社会发展)	高强度海参黏合剂的研发	江阴市本特塞缪森生命科学研究院有限公司
	屋顶光伏发电系统在小城镇建设中的集成应用与示范	江阴市周庄镇资产经营有限公司
	天鹤社区低碳减排绿色社区示范性建设与研究	江阴市澄江街道天鹤社区
科技支撑计划项目(农业)	生猪规模养殖的节能减排与优质肉生产技术示范应用	江阴市定山养猪专业合作社
科技型企业技术创新资金项目	智能公交信息公众服务系统	江苏晟翔云数据信息技术有限公司
高新技术产品项目	油溶性茶多酚	江苏德和生物科技有限公司
	一次性腔镜用切口牵开保护器	江苏风和医疗器材有限公司
	风雷基于网络的互动投影多机扩展软件	江苏风雷文化传媒有限公司
	新型高效海底管线挖沟机	江苏华西村海洋工程服务有限公司
	基于Hadoop技术的智能建筑能耗集群管理平台的研究和应用	江苏斯菲尔电气股份有限公司
	通信用高密度球栅阵列集成电路封装	江苏长电科技股份有限公司
	矿用钢绳芯输送带X射线探伤装置	江苏中科百易矿业科技有限公司
	高承载力模块化工业齿轮箱	江阴齿轮箱制造有限公司
	GRT1800微机保护测控装置	江阴高雷德电力自动化设备有限公司
	紧凑式智能化箱式变电站	江阴华明电气设备有限公司
	工业用无血清无蛋白化学培养基	江阴剑桥生物技术有限公司
	轻型高精度轿车门饰板检具	江阴精力汽车装备有限公司
	SOP8,8R系列高精度集成电路引线框架	江阴康强电子有限公司

续表 48

类　　别	项　目　名　称	承　担　单　位
高新技术产品项目	BWS 开关柜智能综合指示操控装置	江阴市利得电气有限公司
	超深井用 AISI4145H(M)钻铤用钢	江阴兴澄特种钢铁有限公司
	Q345R(HIC)压力容器用钢板	
	阀体用钢 AISI4130 连铸圆坯	
	重型变速箱齿轮用 ETN－22 钢	
	L415MB 高韧性管线钢板	
	中科今朝智能物流管理系统 V1.0	江阴中科今朝科技有限公司
	智能化建筑能耗分析管理系统	江阴钟舟电气股份有限公司
	和易性高粘高弹桥面专用沥青	中石油江苏燃料沥青有限责任公司
	风电螺栓用 CrMo 调质钢	江苏泰富兴澄特殊钢有限公司
	小规格高品质高碳铬轴承钢	
	高性能汽车齿轮用钢	
	SAE、SUP 高性能弹簧钢	
	高品质合金及碳素结构钢	
	方坯热修磨机	江阴东辰机械制造股份有限公司
	喷淋式水冷炉壳	
	低溶剂残留茶黄素	江苏德和生物科技有限公司
	高频放大双极型晶体管芯片	江阴新顺微电子有限公司
	高 ESD 肖特基二极管芯片	
	YTD－M 磁感应大功率串联叠加型高压脉冲电源	江苏一同环保工程技术有限公司
	奥邦骨修复材料	江苏阳生生物工程有限公司
	高精度多功能电力测控仪表	江阴东瑞电气有限公司
	超薄双层屏蔽阻燃 RF 同轴电缆	江阴凯博通信科技有限公司
	“蓝眼睛”系列 一次性腔镜用切口牵开保护器	江苏风和医疗器材有限公司
	电气火灾监控探测器 ESSL902	无锡爱森思电气科技有限公司
	高温高压无飞边锻制弯头、三通管件及管接头	江阴金童石化装备有限公司
	以太网 WiFi 适配器	江阴丰菱电子科技有限公司
	高强度、耐腐蚀、轻量化铝合金法兰	江阴普洋法兰有限公司
	超薄高保温真空模板	江苏兰宇保温科技有限公司
	低成本高性能易维护可拆板式热交换器	江苏宝得换热设备有限公司
	高效节能钎焊板式热交换器	
	智能微电脑直流屏	江苏方程电力科技有限公司
	配网智能电缆分线箱	
	生物酶抑菌乳化油污制剂	江苏雪豹日化有限公司
	环境友好型超灵便最大型 64000 载重吨散货船	江苏扬子江船厂有限公司
	高效推进、环保型 1100 20 英尺标准集装箱船	
	沿海、内河型 49500 载重吨散货船	

续表48

类　别	项　目　名　称	承　担　单　位
高新技术产品项目	具有易撕性能的栓剂铝塑复合包装膜	江阴宝柏包装有限公司
	钳口成型拉刀	江阴塞特精密工具有限公司
	撬装式液化天然气(LNG)汽车加气装置	江阴市富仁高科股份有限公司
	高精度剑杆织机横梁	江阴市惠尔信机械有限公司
	高精度低倍径弯管	
	三曲线机翼整流型风量测量装置	江阴市节流装置厂有限公司
	公称周长17英寸圆筒浆点镍铁复合网	江阴市镍网厂有限公司
	单向远程费控系列智能电能表	江阴长仪集团有限公司
	ZH200汽轮机数字调节器	江阴众和电力仪表有限公司
	紫外线检测仪用棱镜	江阴香江光电仪器有限公司
	超大型PTFE分散级糊膏挤出管	江阴市江南氟塑有限公司
	涤棉防静电功能防护面料及防护服	江苏圣华盾服饰有限公司
	钛-铝-钛金属层叠膜用蚀刻液	江阴江化微电子材料股份有限公司
	节能遮阳型单银Low-E中空玻璃	江阴沐祥节能装饰工程有限公司
	Sorona/精梳棉纤维混纺针织面料	江阴芗菲服饰有限公司
	牛绒/玉米纤维混纺针织面料	
	ProModal柔软舒适功能面料	
	超仿棉针织面料	
	天丝/铜氨混纺针织面料	
	WFQ型电脑控制高速分切机	江阴市北澴包装设备有限公司
	GZ型电脑控制高速制袋机	
	高效长袋低压脉冲袋式除尘器	江苏亿金环保科技股份有限公司
	低功率LED驱动器	江阴旺达电子有限公司
	节能高效大规格电机铁芯	江阴华新电器有限公司
	全棉三防(防水、防油、防污)复合功能面料及防护服	圣华盾服饰有限公司
	罗布麻纤维/长绒棉混纺针织抗菌面料	江苏云蝠服饰股份有限公司
	赛络纺牦牛绒/莫代尔纤维双面针织面料	
	基于可调节式双预混电子炉头的节能炉灶	无锡利邦厨具有限公司
	高效湿法脱硫装置	江苏亿金环保科技股份有限公司
	低透水率太阳能组件	江苏润达光伏科技有限公司
	溢胶太阳能组件	
	内置热梯级筛分EN-CMC煤调湿装备	无锡亿恩科技股份有限公司
	双层防爆轮胎用高扭转回火胎圈钢丝	江苏胜达科技有限公司
	轿车发动机冷却系统用低渗透耐腐蚀快速接头	江阴标榜汽车部件有限公司
	环保皮革纹面铝塑板	江阴华泓建材工业有限公司
	多彩漆花岗岩铝塑板	

续表 48

类　　别	项　目　名　称	承　担　单　位
高新技术产品项目	HL 型耐磨高效复合带锯	江阴金缘锯业有限公司
	1.25 兆瓦耐腐抗冲击风力发电机传动主轴	江阴市燎原锻压有限公司
	基于 PDFN 封装的大电流 VDMOS 功率器件	江阴苏阳电子股份有限公司
	集成电路 MCM－3D 封装产品	
	防紫外线、防渗透湿功能性 SFS 无纺布	江阴金凤特种纺织品有限公司
	中空纤维纳滤膜	江阴市向阳科技有限公司
	S06 三垦高性能矢量控制多功能变频器	三垦力达电气(江阴)有限公司
	胎压铝胶(TP－AL /RU)类多功能部件	江阴市创新气门嘴有限公司
	远红外辐射焊接电子卷烟包装箱	江阴道勃尔塑胶有限公司
	便装卸式冰箱门把手	江阴市泰博电子科技股份有限公司
	汽轮机发电机组用高承压铸钢件	江苏朗锐茂达铸造有限公司
	高性能高速动车组铸钢件	江苏朗锐茂达铸造有限公司
	具有优良浸润性和稳定作业窗口的阻燃电子级环氧树脂	建滔(江苏)化工有限公司
	轨道交通用无卤素超低发烟阻燃不饱和聚酯树脂	江苏富菱化工有限公司
	光纤用二次被覆材料改性聚丙烯(PP)	江阴爱科森通信材料有限公司
	高效低阻耐用空气滤清器	江苏奥斯特滤清器制造有限公司
	户外融雪电缆	江阴神辉电工材料有限公司
	新一代绿色环保经济型 10000 20 英尺标准集装箱船	江苏新扬子造船有限公司
	超大吨位主梁滑移装船机	江苏华澄重工有限公司
	汽车免维护传动轴总成	江苏格尔顿传动有限公司
	低地板有轨电车专用运输车	江苏海鹏特种车辆有限公司
	快速接线信号灯	江苏爱可信电气有限公司
	开关柜实时在线测温装置	
	760 兆帕斯卡高强钢配套药芯焊丝	江苏孚尔姆焊业科技有限公司
	燃气热水锅炉常温排烟节能系统	江苏双良新能源装备有限公司
	城市危机应急管理决策支援兵棋推演系统	江苏远望神州软件有限公司
	高钢级深层开窗侧钻专用钻杆	江阴德玛斯特钻具有限公司
	超高纯氧化铽	江阴加华新材料资源有限公司
	大粒度高 Gd 氧化钇铕钆	
	汽车发动机水泵用叶轮	江阴联华铸造有限公司
	汽车双离合器球铁压盘	
	低成本、耐热耐腐蚀对苯型不饱和聚酯树脂	江阴明大化工有限公司
	光伏发电系统专业支架	江阴市振江钢结构有限公司
	低 PID 效应高效单晶硅太阳能电池	中建材浚鑫科技股份有限公司
	选择性发射极高效多晶硅太阳能电池	
	SZS58－1.6/130/70－Y.Q 全自动模块组装燃油(气)水管热水锅炉	江苏双良锅炉有限公司

续表48

类　别	项 目 名 称	承 担 单 位
高新技术产品项目	高硬度、高耐磨支撑辊	江苏国光重型机械有限公司
	抗疲劳耐腐蚀海洋钻井用钻杆	江阴德玛斯特钻具有限公司
	超细特高密色织棉碳磨格布	福斯特纺织有限公司
	WC1E(A)防爆柴油机无轨胶轮车	江阴市卡利格机械有限公司
	高疲劳扁丝索芯	江阴泰阳成索业有限公司
	抗脉冲耐腐蚀工程机械用钢制高压油管	江阴市液压油管有限公司
	不锈钢油口防静电高速排污油箱	
	氨纶连续聚合第二反应器	江阴中绿化纤工艺技术有限公司
	磁液制动式回转驱动装置	江阴凯迈机械有限公司
	嘧菌酯水分散粒剂	江阴苏利化学股份有限公司
	大波音流行手风琴	江阴金杯安琪乐器有限公司
	溴化锂换热机组	双良节能系统股份有限公司
	电厂乏汽冷凝热直接回收大型第一类溴化锂吸收式热泵机组	
	二级高温型第二类溴化锂吸收式热泵机组	
	丙二醇丁醚	江苏怡达化学股份有限公司
	高效节能型覆膜胶塞	江苏华兰药用新材料股份有限公司
	在线高温金属倒棱机	江苏乐基重工机械有限公司
	高延展、高柔性双零铝箔	江苏中基复合材料有限公司
	夸微半导体行业加工贸易管理系统软件 V1.0.2	无锡夸微科技有限公司
	碳素行业烟气余热锅炉	江苏力沃新能源科技股份有限公司
	再生气加热炉	
	节能环保型自动化清梳联设备	江苏金汇自动化技术有限公司
	蓄热式大型台车式燃气加热炉	江阴市蓝天工业炉窑制造有限公司
	船用环保型高隔声抗震复合板	江苏海陆科技股份有限公司
	船用环保型无障碍高隔声防火门	
	新型高强度耐高温耐腐蚀合金钢锻件	江阴南工锻造有限公司
	智能有源电力滤波装置	江苏安科瑞电器制造有限公司
	环保仿金属拉丝纹转移包装材料	江苏新光镭射包装材料股份有限公司
	高效节能型膜式换热壁	江阴德耐特重工科技有限公司
	煤气层捕集管	江阴市星宇塑胶有限公司
	连续多通道管材	
	高分辨率阻焊油墨	江苏广信感光新材料股份有限公司
	汽车导静电橡胶拖地带	江阴市南天电子电器配件厂
	双面功能精纺毛织物	江苏阳光股份有限公司
	抗PID效应高效高透光光伏组件	江阴鑫辉太阳能有限公司
	高强度钢结构太阳能支架	江阴建禾钢品有限公司

续表 48

类　　别	项　目　名　称	承　担　单　位
高新技术产品项目	安全耐热型锦纶 66 帘子布	江苏百利达股份有限公司
	超级电容器电池 XRDR1 铝合金正极箔	江阴新仁科技有限公司
	短流程蒸发器内壁铝合金箔材	
	三色砖纹彩色涂层钢板	江阴市中江彩板有限公司
	高效节能自诊断沥青混合料搅拌设备	江阴市鑫海公路机械材料有限公司
	多功能可倒置喷雾泵	无锡圣马科技有限公司
	高效长寿命多功能钎焊金刚石锯片	江苏锋菱超硬工具有限公司
	晶体硅电池片切割专用绿碳化硅微粉	江苏大阳光辅股份有限公司
	低电阻、高转换率、高流平性晶体太阳能电池正面银浆	江苏泓源光电科技股份有限公司
	高效环保自诊断耐磨沥青乳化设备	江阴市鑫海公路机械材料有限公司
	同步整流高频开关电源	江阴市天马电源制造有限公司
	高精密高强度钨钢车针	江阴高峰工具有限公司
	汽车用液化天然气燃料系统	江苏秋林重工股份有限公司
	便捷式深冷液体贮罐	
	水煤浆湿式棒磨机	
	自由降落式救生艇	江阴市北海救生设备有限公司
	开敞式救助艇	
	重力连杆式救生艇降放装置	
	救助艇降放装置	
	液压驱动式起重机	
	玻纤增强聚氨酯/纸蜂窝夹芯复合车用卧铺板	江阴协统汽车附件有限公司
	玻纤增强聚氨酯/PP 蜂窝夹芯复合车用地板	
	钽保护层电极	江阴安凯特电化学设备有限公司
	克拉玛依环烷基高稳定复合改性沥青	江苏宝利沥青股份有限公司
	大型及超大型工程机械用缸体外置式履带张紧装置	江阴市长龄机械制造有限公司
	大型挖掘机大流量、耐腐蚀中央回转接头	
	平地机内孔衍磨、高精度中央回转接头	
	中型挖掘机 PTFE 镀层、半自动装配张紧装置	
	CLG6120 机械驱动单钢轮振动压路机	柳工无锡路面机械有限公司
	CLG6611E 全液压单钢轮振动压路机	
	可满足大变形成型细晶不锈钢紧固件用线材	江阴祥瑞不锈钢精线有限公司
	高性能多色喷毛纱	江苏海特服饰股份有限公司
	DG4 系列高效无刷交流同步发电机	无锡顶一电机有限公司
	裸眼式 3D 显示光学膜	江阴通利光电科技有限公司
	整体硬质合金锯片铣刀	江阴市标达工具电器有限公司
	防霉包装内衬纸板	江阴比图特种纸板有限公司

续表48

类　别	项　目　名　称	承　担　单　位
高新技术产品项目	超柔耐水解阻燃环保型再生牛皮	江阴骏华植绒制品有限公司
	粗纺可机洗纯羊毛环保面料	江阴兴吴呢绒科技有限公司
	抗疲劳防拉脱长寿命精确定位制动拉索	中臻工业有限公司
	汽车(底盘)手制动拉索总成	江阴市康乾车业有限公司
	无铅环保太阳能电池铝导体浆料	江苏瑞德新能源科技有限公司
	亚麻棉印花特种整理高档休闲面料	江苏三房巷实业股份有限公司
	YPR涤纶短纤维	江阴博伦化纤有限公司
	节能型超宽门幅自发光高强度灯箱布	江阴东恒新材料科技有限公司
	高亮度增益珠光投影幕布	
	热力盾构隧道管片防水硅橡胶密封垫	江阴海达橡塑股份有限公司
	超高纯高效太阳能电池片抛光液	江阴江化微电子材料股份有限公司
	环保型可回收太阳能硅片切割液	
	硬态镀锡铜包钢线	江阴六环合金线有限公司
	镀镍高碳钢线	
	新型酸性钼铝钼蚀刻液	江阴润玛电子材料股份有限公司
	新型超净高纯氢氟酸	
	超净高纯盐酸	
	高速铁路用高强度铜锡合金接触线	江阴市电工合金有限公司
	HF系列紧密纺纱机	江阴市华方新技术科研有限公司
	组合式蜗轮减速装置	江阴市华方新能源高科设备有限公司
	汽车专用洗涤管路总成	江阴市万事兴汽车部件制造有限公司
	无接缝低延伸率耐疲劳航空钢丝绳	江阴市新天金属制品有限公司
	带新型主轴系统的废钢破碎线	江苏华宏科技股份有限公司
	高耐电痕黑色阻燃增强型PBT	江阴市龙山合成材料有限公司
	环境友好型地板用膜	江苏名阳高分子新材料有限公司
	承压设备用大型奥氏体不锈钢锻件	江阴市恒业锻造有限公司
	低温承压设备用大型低合金钢锻件	
	承压设备用大型合金钢锻件	
	人工草坪专用纤维	江苏恒泽复合材料科技有限公司
	88英寸平移蒸锅式单模轮胎定型硫化机	江苏晟林科技有限公司
	105英寸平移蒸锅式单模轮胎定型硫化机	
	基于高能球磨分散的纳米TiO_2陶瓷改性涤纶短纤维及制备方法	江阴市江河化纤有限公司
	有色扁平抗菌聚酯纤维	
	高效率全液压智能化农用翻抛机	江阴市联业生物科技有限公司
	生物有机无机“全元”复合微生物肥料	
	新型肥料自动包装机	

续表48

类别	项目名称	承担单位
高新技术产品项目	高效隔温抗紫外面料	江阴市协和针织有限公司
	高效新型保温救生服	无锡兴泰船舶装备有限公司
	新型高性能气胀式救生衣	
	移动式破胎机	江阴市金科粉碎机械有限公司

(杨婉倩　曹志洁)

产学研合作

【概况】 2014年,江阴市产学研工作继续发挥江阴区域产学研战略联盟和省"科技镇长团"桥梁纽带作用,引导企业与国内外知名高校院所开展产学研协同创新。年内,市科技局组织企业与东南大学、同济大学、哈尔滨工程大学、西安交通大学、湖南大学、南京理工大学等国内高校院所开展点对点、行业小分队式的产学研对接交流活动20多批次,与高校院所签订产学研合作意向项目296项,实施重点产学研项目60项,新建企业院士工作站11个,获批省产业技术创新联盟1个,培育建设现代农业科技示范基地5个。全市大中型和规模以上工业企业研发机构覆盖率分别为96%和70%。(周红芬)

【省金属循环应用装备产业技术创新战略联盟在江阴成立】 为推动全省金属循环应用装备产业发展,2014年10月13日,省科技厅批准成立江苏省金属循环应用装备产业技术创新战略联盟。该联盟由江苏华宏科技股份有限公司、江苏万事达液压机械有限公司等30多个省内金属循环应用装备产业骨干企业,南京航空航天大学、东南大学、常熟理工学院、江苏省机电产品循环利用技术重点实验室等高校及科研机构联合组建,秘书处设在江阴市科技创新服务中心。联盟将围绕产业发展过程中遭遇的瓶颈问题,组织开展产业发展战略研究、行业重大共性关键技术攻关、新产品与新工艺开发和关键装备研制,建立行业创新服务平台,开展技术交流和技术培训、标准化活动、行业自律活动等工作,全面提升江苏省金属循环应用装备产业自主创新能力和持续发展能力,进一步增强金属循环应用装备产业在国际上的话语权。至此,江阴市拥有省级以上产业技术创新战略联盟4个。

(薛　良　毛燕军)

【企业院士工作站累计35个】 2014年,江阴市为加快建立以企业为主体、市场为导向、产学研相结合的技术创新体系,着力提升企业自主创新能力,根据省科技厅《江苏省企业院士工作站管理办法(试行)》、市科技和人才工作领导小组《江阴市关于实施"高层次人才集聚计划"的意见》等精神,市科技和人才工作领导小组又制定出台《江阴市院士工作站管理办法》,全面推进"院士集聚计划",着力在战略性新兴产业和传统优势产业等领域集聚院士专家,突破技术瓶颈,抢占技术高端,提升产业核心竞争力。年内,引进中国科学院院士和中国工程院院士"两院院士"11人。批准建立江苏阳光股份有限公司、江苏大江石油科技有限公司、江阴延利汽车饰件股份有限公司、江苏南农高科技股份有限公司、江阴众和电力仪表有限公司、江苏秋林重工股份有限公司、江阴市塞特精密工具有限公司、江苏旌凯中科超导高技术有限公司、江阴贝瑞森生化技术有限公司、江阴司特易生物技术有限公司和江阴市人民医院11个江阴市级院士工作站。至此,全市拥有省级院士工作站10个,无锡市级院士工作站14个,江阴市级院士工作站11个;引进"两院院士"32人。(李海春)

知识产权工作

【概况】 2014年,江阴市知识产权工作稳步推进,形成纵向市、镇(街道、园区)、企业三级联动机制和横向以知识产权联席会议成员单位为主体的协调机制。制定《关于印发2014年江阴市专利资助办法的通知》文件,明确2014年度专利资助办法,发挥专利申请资助资金激励作用。"4·26"知识产权宣传周期间,针对流通领域知识产权保护现状,联合市知识产权联席会议成员单位,举办流通领域知识产权保护专题培训。7月,邀请国家知识产权局专利管理司专家,举办专利布局初级实战班培训。是年,组织第四期知识产权工程师培训班,合格率100%。6个企业被评为省知识产权贯标优秀,9个企业参加企业知识产权管理标准化示范创建,4个企业参加省知识产权贯标验收。海澜集团有限公司获省知识产权战略推进计划重点项目支持,市诺科科技有限公司被评为无锡市知识产权优势企业。市知识产权局被评为江苏省知识产权工作先进集体和江苏省知识产权宣传培训工作先进单位。

【知识产权示范城市创建】 2013年4月,江阴市顺利通过国家知识产权试点城市验收,进入国家知识产权示范城市创建阶段。7月,市政府印发《江阴市国家知识产权示范城市培育方案》,明确工作目标、内容和措施,全面实施知识产权强市、强企战略,着力推进知识产权与经济深度融合,切实加强知识产权保护和运用。2014年7月,申请参加国家知识产权示范城市评定,11月15日顺利通过评定,跻身国家知识产权示范城市行列。同时,江阴各板块知识产权试点示范创建工作进展良好,是年,临港经济开发区通过江苏省知识产权试点园区评定。至此,江阴高新区、临港经济开发区、江阴—靖江工业园区均列入省知识产权试点园区建设。顾山镇、云亭街道被评为无锡市知识产权示范镇(街道)。

【每万人拥有有效发明专利 11.12 件】 2014 年,江阴市共组织专利申请 15790 件,其中发明专利申请 5579 件,比上年增加 967 件,每万人拥有有效发明专利 11.12 件;《专利合作条约》国际专利申请(PCT)10 件。专利授权 6607 件。江阴高新区、临港经济开发区发明专利申请数均超 1000 件,周庄镇超 500 件。是年,江阴兴澄特种钢铁有限公司的“在直形连铸机上生产直径大于等于 800 毫米圆坯的连铸方法”、江苏法尔胜股份有限公司的“一种光纤预制棒的制备方法”获第十六届中国专利奖优秀奖,江苏双良锅炉有限公司的“带外置独立节能器和冷凝器卧式燃油燃气冷凝式蒸汽锅炉”获第七届无锡市专利奖金奖,江苏法尔胜股份有限公司的“不锈钢碳钢复合结构的钢丝绳”、江阴中南重工股份有限公司的“一种不锈钢复合板焊制钢管与管件的生产方法”获第七届无锡市专利奖优秀奖。组织江阴市第二届专利奖评选活动,江苏法尔胜材料分析测试有限公司的“爬索机器人”、江阴华东装饰材料有限公司的“仿铝塑板高分子硬质卷材的制备方法”2 件专利获金奖,江苏双良锅炉有限公司的“大型模块组装水管锅炉”、江苏华宏科技股份有限公司的“液压式报废轿车多功能拆解平台”等 10 件专利获优秀奖。 (徐竹君)

科技创新载体

【概况】 2014 年,江阴市获批省级以上各类科技创新载体(园区)12 个,其中江阴高新区被认定的有国家示范型国际科技合作基地、国家“火炬”计划特钢新材料特色产业基地、国家创新型产业集群(试点)、国家现代服务业产业化基地,省级生物医药科技产业园、省首批孵化链条建设示范园区 6 个科技创新载体;临港经济开发区被认定的有国家级科技企业孵化器、省级知识产权试点园区 2 个科技创新载体;华士镇、顾山镇、祝塘镇被认定为省创新型试点镇;省金属循环应用装备产业技术创新战略联盟批准成立。是年,江苏普莱医药生物技术有限公司牵手诺贝尔化学奖得主米歇尔合作建立的“哈特穆特·米歇尔生物医药(江阴)研究院”正式成立,落户扬子江生物医药加速器;苏南中关村科技成果转化促进中心落户江阴;江阴中德国际技术转移中心成立;国家可持续发展先进示范区发展稳定。至此,全市拥有省创新型试点镇 6 个,省级以上产业技术创新战略联盟 4 个,诺贝尔奖得主研究院 3 个。

【新增国家级科技企业孵化器 1 个】 2014 年 12 月,江苏江阴软件和文化创意产业发展有限公司按照科技部《科技企业孵化器认定和管理办法》,被认定为国家级科技企业孵化器。至此,江阴市有国家级科技企业孵化器 3 个。该公司申报成功国家级科技企业孵化器,将极大推动孵化器在物理空间、基础设施和服务质量等方面的完善和提升,进一步降低创业者创业风险和创业成本,提高创业成功率,促进科技成果转化,为加快江阴高新技术产业发展,完善区域创新体系、繁荣经济等发挥重要作用。 (周红芬)

【国家特色产业基地】 2014 年 12 月,江阴高新区特钢新材料及其制品产业基地被认定为国家“火炬”特色产业基地。该基地拥有江阴兴澄特种钢铁有限公司、江苏法尔胜泓昇集团有限公司、贝卡尔特集团等为龙头代表的一批具有特色和竞争力的企业群体,建有国家金属线材制品工程技术研究中心、江苏省特钢工程技术研究中心、贝卡尔特亚洲研发中心和兴澄特钢研究院等研发机构。至此,江阴市拥有江阴国家新材料高新技术产业化基地、国家“火炬”计划高性能合金材料及制品产业基地、江阴国家风电装备特色产业基地、国家“火炬”计划物联网产业基地和国家“火炬”江阴高新区特钢新材料及制品特色产业基地 5 个国家特色产业基地。是年,江阴国家特色产业化基地实施各类科技计划项目 130 余项。新材料产业继续在全市高新技术产业中占主导地位,全年实现销售收入 1380 亿元,保持平稳发展。国家“火炬”计划高性能合金材料及制品产业基地,完成销售收入 490 亿元。江阴国家风电装备特色产业基地,远见风能(江阴)有限公司等骨干企业高速发展,全年申请专利 350 余件,实现销售收入 236 亿元。国家“火炬”计划物联网产业基地实现销售收入 120 亿元。 (薛 良 毛燕军)

【大中型企业研发机构覆盖率 96% 以上】 2014 年,市科技局继续实施研发机构全覆盖计划,按照有科研装备与场地、有持续增长的科技投入、有科研人才队伍、有与高校科研机构长期稳定合作关系、有一批科技成果转化项目的要求,推进规模以上企业研发机构建设及登记备案工作。全年新增江苏省级工程技术研究中心 7 个,省级研究生工作站 12 个,无锡市级工程技术研究中心 12 个,江阴市级工程技术研究中心 75 个。至年末,全市拥有国家级工程技术研究中心 2 个、企业技术中心 6 个,博士后工作站 15 个;江苏省级工程技术研究中心 119 个、企业技术中心 61 个;无锡市级工程技术研究中心 223 个;江阴市级厂办研究所及工程技术研究中心 537 个。全市大中型企业研发机构覆盖率 96% 以上,规模以上工业企业研发机构覆盖率 70%。 (李海春)

【国家可持续发展先进示范区】 2014 年,江阴市国家可持续发展先进示范区继续实施《江阴市国家可持续发展先进示范区建设规划》,参与科技部《国家可持续发展实验区应对气候统计体系的研究与示范》课题研究与实施。8 月,科技部评估中心专家组对江阴市国家可持续发展先进示范区建设进行实地调研并给予充分肯定。与清华大学、中国矿业大学(北京)参与合作国家科技支撑计划项目《城镇重大灾害和事故快速风险评估与预警的技术装备研发及应用示范》课题研究与实施。参与建设完成“三新”(新知识普及、新技术示范、新产品应用)科技社区 1 个,即澄江街道天鹤社区。实施江苏省社会发展科技支撑计划项目 2 项,即周庄镇资产经营有限公司承担的“屋顶光伏发电系统在小城镇建设中的集成应用与示范”和江阴市本特塞缪森生命科学研究院有限公司承担的“高强度海参黏合剂的研发”，获资金支持160万元。

（周凤兴　杨忠民）

科技创新型企业

【概况】 2014年，江阴市继续以提升企业自主创新能力和核心竞争力为宗旨，培植科技创新型企业，加快构建以创新型领军企业、科技上市企业、高新技术企业、民营科技企业为骨干的创新型企业集群。全年获批省级以上各类科技型企业270个，其中被认定国家“火炬”计划重点高新技术企业3个，省高新技术企业58个、高新技术后备企业45个、民营科技企业157个、科技型企业上市培育计划后备库入库企业5个、省农村科技服务超市2个。

【“专精特新”科技“小巨人”企业培育】 2014年，江阴市为鼓励和引导企业加快自主创新，开发“专精特新”产品，应用“专精特新”技术，提高产品档次和市场竞争力，促进全市工业经济转型升级。6月，市科技局与市经信委、财政局联合出台《江阴市“专精特新”科技“小巨人”企业三年培育计划》，加强对培育企业的指导和服务，集成各类资源扶持培育企业快速裂变发展，进一步促进全市“专精特新”中小微企业发展，加快成长为科技“小巨人”。“专”指拥有自主知识产权的专利技术；“精”指按照精益求精的理念，通过精细化管理，精心设计生产精良产品；“特”指采用独特或独有的工艺、技术、配方研制生产的产品，拥有专有技术；“新”指依靠自主创新、转化科技成果、联合创新或引进消化吸收再创新方式研制生产的，具有自主知识产权的高新技术产品。10月，对符合条件的“专精特新”中小微企业经过自愿申报、初审与推荐上报、组织专家评审、评定与公示公布程序，江苏斯菲尔电气股份有限公司、江阴全华丰精锻有限公司等101个企业被评定为2014年江阴市“专精特新”科技“小巨人”培育企业，其中，34个企业在年终获得政策支持。

（薛　良　毛燕军）

【高新技术产值占市规模以上工业总产值40.2%】 2014年，江阴兴澄特种钢铁有限公司等3个企业被科技部认定为国家“火炬”计划重点高新技术企业，累计22个，在全国同级县(市)中名列前茅。江苏双良锅炉有限公司、江阴市四方游泳设备有限公司等58个企业被省科技厅、财政厅、国税局、地税局认定为高新技术企业，累计293个。江阴万讯自控设备有限公司、江苏海特服饰股份有限公司等45个企业被省科技厅认定为省高新技术后备企业，累计100个。全市省级高新技术企业(含高新技术后备企业)累计393个。江阴林格科技有限公司、江阴精力汽车装备有限公司等23个企业通过江苏省级高新技术企业复审。远景能源(江苏)有限公司的“1.5兆瓦低风速高效风力发电机组”等4种产品被科技部认定为国家重点新产品，江苏方程电力科技有限公司的“智能微电脑直流屏”等234种产品被认定为省高新技术产品。是年，全市高新技术产业产值(七分类)2423亿元，占全市规模以上工业总产值的40.2%。

（薛　良）

2014年江阴市新增国家“火炬”计划重点高新技术企业一览

表49

序号	企业名称	行业领域	主导产品	企业类型	所在园区、街道、镇
1	江阴兴澄特种钢铁有限公司	新材料技术	高标准轴承钢、高级齿轮钢、合金弹簧钢、合金管坯钢	港商合资经营企业	高新区
2	江苏华宏科技股份有限公司	高新技术改造传统产业	液压机械	股份有限公司	周庄镇
3	江苏吉鑫风能科技股份有限公司	新能源及节能技术	风电铸件	股份有限公司	云亭街道

2014年江阴市新增江苏省级高新技术企业一览

表50

序号	企业名称	行业领域	主导产品	企业类型	所在园区、街道、镇
1	江阴德尔热能机械有限公司	高新技术改造传统产业	生物工程发酵罐及搅拌装置	有限公司	高新区
2	江苏帕艾尼尔科技有限公司	新材料技术	汽车高性能三元催化器	有限公司	
3	江阴兴澄特种钢铁有限公司	新材料技术	高标准轴承钢、高级齿轮钢、合金弹簧钢、合金管坯钢	港商合资经营企业	
4	江苏风和医疗器材有限公司	生物与新医药技术	微创手术器械	有限公司	
5	江阴新晟电子有限公司	电子信息技术	电子摄像头	中外合资企业	
6	江苏长电科技股份有限公司	电子信息技术	超大规模集成电路封测产品	股份有限公司	

续表50

序号	企业名称	行业领域	主导产品	企业类型	所在园区、街道、镇
7	江苏斯菲尔电气股份有限公司	电子信息技术	智能仪器仪表	私营股份有限公司	高新区
8	江苏圣富利环境工程有限公司	新能源及节能技术	污水处理服务	有限公司	
9	江阴市立信智能设备有限公司	电子信息技术	智能传感水表	有限公司	
10	江阴高雷德电力自动化设备有限公司	电子信息技术	智能仪器仪表	有限公司	
11	江阴万康医疗科技有限公司	生物与新医药技术	核磁共振成像线圈	有限公司	
12	江苏紫米电子技术有限公司	电子信息技术	智能路由器、充电器	有限公司	
13	江苏华西村海洋工程服务有限公司	高新技术改造传统产业	海洋工程服务	有限公司	
14	江苏泽成生物技术有限公司	生物与新医药技术	全自动化学发光体外诊断试剂及仪器	有限公司	
15	江苏双良锅炉有限公司	新能源及节能技术	燃油、燃气锅炉	中外合资经营企业	临港经济开发区
16	双良节能系统股份有限公司	新能源及节能技术	溴化锂制冷机、大型电站空冷凝汽器、余热利用装备	股份有限公司	
17	江苏中煤矿山设备有限公司	高新技术改造传统产业	煤矿机械、煤矿用钻、装、锚、喷等系列产品	其他有限责任公司	
18	江苏怡达化学股份有限公司	新材料技术	有机化学品	股份有限公司	
19	江阴中达软塑新材料有限公司	新材料技术	轻型包装材料	股份有限公司	
20	江苏华兰药用新材料股份有限公司	新材料技术	丁基药用胶塞	股份有限公司	
21	江苏远望神州软件有限公司	电子信息技术	软件开发	私营有限责任公司	
22	江苏乐基重工机械有限公司	高新技术改造传统产业	冶金机械	其他有限责任公司	
23	江阴福斯特纺织有限公司	新材料技术	衬衫面料及服装	港商独资经营企业	
24	江阴加华新材料资源有限公司	新材料技术	高纯稀土	外商投资股份有限公司	
25	江阴博风特种电机有限公司	高新技术改造传统产业	高低压电机、油田钻井电机、牵引电机	其他有限责任公司	
26	江阴宝柏包装有限公司	新材料技术	医药、食品等包装材料	港商独资经营企业	澄江街道
27	江阴市江南氟塑有限公司	新材料技术	氟材料	私营有限责任公司	
28	江苏界达特异新材料股份有限公司	新材料技术	异型钢管、汽车用轻型钢	股份有限公司	
29	江苏海陆科技股份有限公司	新材料技术	船舶防火材料	股份有限公司	
30	江苏华丽网络工程有限公司	电子信息技术	网络应用产品	股份有限公司	
31	江苏方程电力科技有限公司	电子信息技术	电力节能仪器装备	其他有限责任公司	
32	江阴市四方游泳设备有限公司	资源与环境技术	移动游泳装置	私营有限责任公司	
33	江阴市江凌科技有限公司	高新技术改造传统产业	电力电器仪表	私营有限责任公司	云亭街道
34	江苏吉鑫风能科技股份有限公司	新能源及节能技术	风电铸件	股份有限公司	
35	江苏宝利沥青股份有限公司	新材料技术	各类改性沥青、特种沥青、沥青添加剂(料)	股份有限公司	

续表50

序号	企业名称	行业领域	主导产品	企业类型	所在园区、街道、镇
36	江苏大东钢板有限公司	新材料技术	彩色涂色钢板、彩色印刷钢板	私营有限责任公司	璜土镇
37	江阴市泰博电子科技股份有限公司	新材料技术	电子设备铝合金配件	股份有限公司	
38	江苏法尔胜缆索有限公司	新材料技术	大桥缆索	外资企业	
39	江阴市荣新塑化有限公司	新材料技术	塑料涂料、镀铬/镀铝涂料、树脂	私营有限责任公司	
40	无锡德贝尔光电材料有限公司	新材料技术	感光线路油墨	其他有限责任公司	青阳镇
41	江苏宝得换热设备有限公司	新能源及节能技术	换热设备	私营有限责任公司	南闸街道
42	江阴苏阳电子股份有限公司	电子信息技术	芯片封装	股份有限公司	华士镇
43	江苏胜达科技有限公司	新材料技术	轮胎钢帘线	私营有限责任公司	
44	江阴海陆冶金设备制造有限公司	新能源及节能技术	工业余热利用设备	其他有限责任公司	
45	江阴金缘锯业有限公司	新材料技术	工业锯条	私营合伙企业	
46	江苏华宏科技股份有限公司	高新技术改造传统产业	液压设备	股份有限公司	周庄镇
47	江阴市江顺模具有限公司	新材料技术	铝合金模具	私营有限责任公司	
48	江阴市新天金属制品有限公司	新材料技术	金属制品	私营有限责任公司	
49	江苏名阳高分子新材料有限公司	新材料技术	PVC 多功能薄膜	私营有限责任公司	
50	江阴市华方新技术科研有限公司	高新技术改造传统产业	纺织机械	私营合伙企业	
51	江阴江顺铝型材成套设备制造有限公司	高新技术改造传统产业	铝合金型材的专用设备、铝材厂配套辅助设备	私营有限责任公司	
52	江苏兴业塑化股份有限公司	新材料技术	瓶级切片工程塑料	外商投资股份有限公司	
53	江阴市万事兴汽车部件制造有限公司	高新技术改造传统产业	汽车仪表及配件	私营有限责任公司	
54	江阴市康乾车业有限公司	新材料技术	车辆、船、艇操纵拉索	私营有限责任公司	长泾镇
55	江苏恒泽复合材料科技有限公司	新材料技术	化纤	私营有限责任公司	祝塘镇
56	无锡亿恩科技股份有限公司	资源与环境技术	余热利用装备	股份有限公司	顾山镇
57	江苏澄工机械制造有限公司	高新技术改造传统产业	轻工机械	私营合伙企业	
58	江阴沐祥节能装饰工程有限公司	新能源及节能技术	节能玻璃	港商合资经营企业	

（薛　良　周　洁）

【推进重点成长型企业股权投资】 2014年，江阴市继续按照省财政厅《关于区域重点成长型企业发展扶持资金实行股权投资等使用方式的意见》精神，利用股权投资进一步促进区域重点成长型科技企业发展。年内，市财政出资1300万元，与省财政厅1000万元扶持资金共同组成江阴市扶持重点成长型企业发展股权投资资金，对全市符合条件的重点成长型科技企业进行股权投资。是年，该股权投资资金先后对江阴市四方游泳设备有限公司、江阴高峰工具有限公司、江阴鼎顺针织品有限公司、江阴市江南氟塑有限公司、无锡德贝尔光电材料有限公司、江阴普洋法兰有限公司6个科技型企业投资2300万元。同时，市高新技术创业投资有限公司自筹资金，先后对江苏瀚阳新材料科技有限公司、江阴市蓝天工业炉窑制造有限公司、江阴塞特精密工具有限公司3个科技型企业投资1300万元。（薛　良　毛燕军）

科技成果

【概况】 2014年,江阴市有5项项目获江苏省科技进步奖,其中一等奖1项、二等奖1项、三等奖3项。全市有2项项目获得无锡市腾飞奖,有13项项目获得无锡市科技进步奖,其中江苏中煤矿山设备有限公司完成的“煤矿瓦斯治理底抽巷九十度全方位液压钻车”项目获一等奖。有79项项目获江阴市科技进步奖,其中特等奖1项、一等奖10项、二等奖18项、三等奖50项。

【5项项目获江苏省科技进步奖】 2014年,江阴市有5项项目获江苏省科技进步奖,分别是:江苏兴业塑化股份有限公司参与的“红外吸收微粒的表面改性及在节能树脂中的应用”项目获一等奖,该项目通过将导电高分子微粒均匀分散于节能树脂中,制得外观无色的导电高分子微粒——节能树脂复合物,复合物对红外具有良好的吸收作用,在节能树脂后续加工时提高生产效率,降低加工能耗,材料满足美国FDA(美国食品和药物管理局)认证要求,能广泛应用到食品包装领域。江阴市向阳科技有限公司参与的“生物质替代石油原料制备环保增塑剂关键技术及产业化应用”项目获二等奖,该项目提出通过生物质资源替代石油原料开发环保增塑剂,破解增塑剂行业难题,实现油脂高值化新思路,开发高效催化体系和清洁生产技术,为促进生物质资源高值化、增塑剂行业环保化提供关键技术支撑,引领国家增塑剂行业的产业升级和跨越式发展。江苏法尔胜股份有限公司与江苏法尔胜泓昇集团有限公司共同完成的“电气化高速铁路接触网用高疲劳性能钢丝绳研发与产业化”项目获三等奖,该项目从钢丝绳结构选型和原辅材料上进行创新,开发出具有高疲劳寿命、高破断拉力、高耐腐蚀性能、不旋转及高捻制质量的新型的电气化铁路接触网用钢丝绳,提高国家金属制品行业为高速铁路的配套能力,打破国外产品在该领域的垄断,逐步替代进口。江苏常隆客车有限公司与江苏大学共同完成的“纯电动客车关键技术研究及整车开发与应用”项目获三等奖,该项目针对国内城市公共交通特点,研究开发一种以锂离子电池与超级电容组合能源系统作为动力源驱动三相异步电机的纯电动城市公交客车,集成“单一电池型电动客车”与“单一超级电容型电动客车”各自技术优点,实现车辆起步加速电容供电、匀速行驶共同供电、制动能量由超级电容回收的全工况过程,技术达国内领先水平。双良节能系统股份有限公司完成的“电站冷凝热回收大型第一类溴化锂吸收式热泵机组”项目获三等奖,该项目以汽轮机的抽汽为驱动热源,采用吸收式热泵技术,回收汽轮机发电后的低品位冷凝热,加热供热热水,可以节省40%以上的中压蒸汽消耗,在不进行热源投入的前提下,增大电厂供热能力70%。在冬季采暖、城市集中供热、生产工艺集中供热等领域,节能减排效益显著,主要技术性能指标处于国际领先水平。

【2项项目获无锡市腾飞奖】 周庄镇山泉村党委书记李全兴带领全村人民,全面实现“口粮有保证、老人有保障、学生有奖励、困难有帮扶、活动有场所”,村域生态环境、经济发展条件、集体资产经营,农民生活状况、收入结构、政治生态,农村社会风气、党群干群关系,均得到极大改善。该村于2011年被评为“江阴十大美丽村庄”和江苏省管理民主示范村。李全兴于2013年荣获全国十大最美“村官”称号。江苏法尔胜泓昇集团有限公司的国家金属线材制品工程技术研究中心是国内行业唯一的国家级工程技术研究中心,国家工程中心的成功建成,使法尔胜泓昇集团掌握了国际标准制(修)定这一行业竞争最高话语权,建立了国际上技术最先进、规模最大的桥梁缆索生产基地,在苏通大桥、香港昂船洲大桥等工程中创造缆索技术与规格的世界纪录,国际同行排名第三位。公司生产的“法尔胜”牌输送带用钢丝绳于2013年成为全国同行唯一的国家出口免验产品。2014年,江苏法尔胜泓昇集团有限公司的“国家工程中心,引领产业创新发展”和周庄镇山泉村村民委员会的“民意为舵民心为浆让山泉村幸福流淌的现代村官——李全兴”2项项目获无锡市腾飞奖。

【1项项目获无锡市科技进步一等奖】 2014年,江苏中煤矿山设备有限公司完成的“煤矿瓦斯治理底抽巷九十度全方位液压钻车”项目获无锡市科技进步一等奖。该项目是自主创新设计的新一代履带行走的探水、探瓦斯、探断层、放顶、注水等钻孔设备,主要用于掘进工作面有防突措施要求的在软岩或煤层中实施密集型钻孔,设备能实现360°垂直回转,并可实现垂直升降640毫米,还可实现-90°~+90°俯仰角的全方位钻孔作业等功能,各项性能指标达国内外同类产品先进水平。 (刘国安)

气象预报预警

【概况】 2014年,市气象局深入推进气象现代化建设,深化县级气象综合改革,加强汛期、气象为农等服务。全年24小时晴雨预报准确率92.9%、最高气温预报准确率86.0%、最低气温预报准确率91.8%,分别高于省定指标17.9个百分点、16个百分点、21.8个百分点;灾害性天气预报准确率高于省定指标。6月,成立市气象志愿者团队。是年,围绕世界气象日、安全生产月、防灾减灾日、科普宣传周主题,切实向社会公众宣传气象科普和气象灾害防御知识,市气象台共接受媒体采访164次,完成讲课活动5次,接待科普参观170人次。市气象局被评为无锡市气象系统2013年度目标考核优秀达标单位;获江阴市级荣誉2项。

气象装备设施 市气象局分别在陆桥和长寿新建五要素(风速、风向、气温、湿度、雨量)和四要素(气温、湿度、风速、风向)自动气象站各1座,市机关大院二要素(气温、雨量)温雨站升级为四要素自动气象站,迁移璜塘四要素站。至此,全市有四要素及以上的加密自动站22座,能全方位监测全市降水、气温、风速和风向变化。是年,在城区和新桥、峭岐、璜土分别安装大气电场仪各1套。

气象服务　市气象局通过市人民广播电台、江阴电视台、《江阴日报》、“96121”声讯电话、“江阴气象”网站、“江阴气象”微博、“江阴气象”微信、“直通式为农气象服务”QQ群等传媒向社会公众及时发布气象信息，为护林防火、春运、长江捕捞、节能保供、海事救援、安全监督、农业种养殖、“110”治安管理、交巡警道路管理、教育系统、卫生系统、节假日出行、社会重大活动等，在暴雨、寒潮、台风、连阴雨、大雾等灾害性天气到来时，发布预报、预警信息和预防建议。7月17日出梅日，召开新闻发布会，总结当年梅雨特点，提醒出梅后气象灾害防御尚未结束，要切实防范高温、强降雨、雷雨大风、台风等不利天气影响。是年，共发布《重要天气公报》27期、《天气旬报》36期、《春运专题气象服务材料》40期、《农业专题气象服务材料》30期、《护林防火专题气象服务材料》6期，各类预警信号25次，气象应急短信33条约16.6万人次，开具气象资料证明64份。

【气象为农服务】　2014年，市气象局按照中国气象局《关于组织做好2014年“三农”*服务专项工作的通知》精神，更新农村气象信息员、镇协理员信息，完善乡镇防灾减灾分管负责人。在县(市)级气象灾害应急预案的基础上，制定全市乡镇应急预案。修订镇(街道)绩效考核指标，组织镇(街道)科普和防灾减灾培训，全年培训农村气象信息员5次。开展气象信息员、志愿者辅助观测，开通直通式服务QQ群、微信、微博，为农民合作社、种植养殖大户提供直通式气象服务。是年，开展农村气象灾害防御体系建设，组织需求调研，完成为农服务调研报告。

【环境气象服务】　2014年，市气象局签署《江阴市2014年度生态文明建设目标任务书》，承担大气污染预警及信息发布、完善预警应急工作方案、为生态文明建设提供气象保障3项工作任务。是年，与市环保局签署大气污染气象条件研究和资料共享合作协议，建立大气环境监测和信息共享机制、大气环境污染预报预警联合会商和服务产品联合发布机制、重大大气环境污染事件联合调查和评估机制，科研开发和业务交流、培训合作机制，双方联络和协调机制。

【气象防雷减灾】　2014年，市气象局依法组织和管理防灾减灾工作，审查建筑物防雷装置，开展建筑物施工监督和机关、企事业单位防雷年度检测。模拟审批市政府重点重大项目以及与民生相关的保障性住房、安置房项目，与市建设局联合审核防雷项目图纸。配合市行政服务中心推进工业项目联合验收，继续参与多部门联合安全执法。是年，审查新建建筑物防雷项目228项，审核防雷项目图纸面积913.9万平方米，核准防雷装置设计项目225项。开展施工监督641次，监督面积115万平方米。对309个单位建筑物进行竣工检测，验收面积72.3万平方米，发放防雷装置合格证251份。全年检测1666个机关、企事业单位防雷装置，发现防雷安全隐患单位164个，及时督促整改，使雷电安全隐患消灭在萌芽状态，受检单位满意率98%以上。

(李　珠　沈　浩)

防震减灾

【概况】　2014年，江阴市防震减灾工作紧紧围绕全市社会经济发展目标，全面实施《江阴市“十二五”防震减灾规划》，加强地震灾害防御，规范建设工程抗震设防管理，开展防震减灾科普宣传，提高抗御地震灾害的能力。加强地震监测预报，维护地震监测台站，切实有效保护地震观测环境和设施。进一步加强地震应急管理工作，指导镇(街道)及园区修订《地震灾害应急预案》。指导公园、绿地管理部门，充分利用公园、广场、社区绿地建设地震应急避难场所，增强应对地震等突发灾害能力。

【地震灾害防御】　2014年，江阴市防震减灾工作按照“预防为主、防御与救助相结合”方针，将建设工程抗震设防要求审批纳入全市基本建设程序，严格按照法律、法规要求，规范行政审批程序，严把建设工程抗震设防要求审批关，10月，完全纳入市行政审批建设窗口管理。开展防震减灾科普宣传活动，在市要塞中学科普馆布置防震减灾科普宣传橱窗，参加市科协组织的科普宣传，发放防震减灾相关资料，进行现场咨询，提高学生、群众防震减灾意识和自救互救能力。是年，审批建设工程抗震设防要求项目213项，审核建设工程项目开工审批传递单项目250项。

【地震监测】　2014年，江阴市地震办公室加强地震监测设备维护和数据管理工作，确保监测数据的连续性和完整性，为地震速报和地震预测提供数据保障。指导月城镇云外水庄赛鸽中心地震前兆宏观观测站管理。制止影响地震观测环境和设施的违法行为，开展环境和设施的维护。11月，维修白石山地震遥测台，更新设备仪器，有效保障白石山地震遥测台、君山强震台正常运转。

(张　杰)

■类目编辑　成甦萍

教 育

综 述

【概况】 2014 年,江阴市教育部门以建设人民满意的教育名市为目标,积极开展党的群众路线教育实践活动,深化教育领域综合改革,圆满完成全年目标任务。年内,制定新一轮布局规划,根据国务院、江苏省有关要求和市政府统一部署,编制《江阴市域教育设施布局规划(2013—2030)》,以缩小城乡差别、校际差别,实现教育优质均衡发展为目标,重点对城区的幼儿园、小学、初中、高中,以及职业学校、高等学校的布局进行规划。进一步推进教育现代化水平,市政府出台《关于加快推进教育现代化建设的实施意见》,实施市实验小学北校区新建、江阴中等专业学校改造等重点工程;建成中小学生 500 小时网络自主学习系统,新增徐霞客、南闸、璜土、周庄、长泾 5 个无锡市学前教育现代化镇(街道),南菁高中、江阴高中、江阴一中、青阳中学成为省高中课程基地学校,周庄实验幼儿园华宏分园、山泉分园和华士中心幼儿园曙光分园创建为江苏省优质幼儿园,江阴职业技术学院成为全国高校现代远程教育优秀校外学习中心,江阴中等专业学校实施中职与本科"3 +4"分段培养模式。加快提升内涵建设水平,建立江阴市义务教育、高中、中等职业学校教育质量考核评估体系,监测评估全市教育质量情况;实施学校内涵发展三年规划建设,推进学校自主内涵发展;组建 53 个优质学校发展共同体,促进学校优质均衡发展。加强家长学校建设,市教育局出台《江阴市中小学、幼儿园家长学校标准化建设实施意见(试行)》,各级各类学校的家长学校建设率达 100%,重点建设家校互动实验学校 18 所;开展"十万家长进课堂"活动,江阴教育大讲堂提供家教专题讲座 10 场,听众 5300 多人次。至年末,全市有高等学校 1 所,普通高中 12 所,初中 35 所(含 6 所九年一贯制学校、天华艺校、体育中学),中等职业学校 7 所,公办小学 40 所,幼儿园(办班点)95 所(个),特殊教育学校 1 所。各类学校在校学生 206285 人,教职员工 16827 人,其中专任教师 14320 人。是年,江阴市获"江苏省首批学前教育改革发展示范区"称号,通过新一轮江苏省县(区)政府教育工作督导评估,成为全国首个"足球 · 啦啦操进校园"实验区。 (顾金锋)

【教育经费投入】 2014 年,江阴市教育经费总支出 35.24 亿元,其中预算内教育经费支出 28.36 亿元。全年列入市政府投资计划项目 10 项,总投资额 14.73 亿元(含续建),总建筑面积 16.7 万平方米(含续建),竣工项目 2 项。义务教育阶段财政预算内生均公用经费小学每生每年 800 元,初中每生每年 1000 元,全市义务教育阶段公用经费拨款总额 11099.36 万元(含免除义务教育阶段学生学杂费 3224.19 万元),新市民学生经费由市财政保障。适龄残疾儿童全员接受义务教育,实施残疾儿童 15 年免费教育。继续实行家庭经济困难学生减免和补助政策,对义务教育阶段按小学每生每年 1000 元、初中每生每年 1250 元标准发放生活补贴,发放补助 102.5 万元,受助学生 1558 人次。对家庭经济困难的高中阶段学生按每生每年 2000 元标准发放教育费用补助,发放补助 42.9 万元,受助学生 429 人次。根据《江苏省关于扩大中等职业教育免学费政策范围进一步完善国家助学金制度的实施办法(试行)》等文件精神,免除中等职业学校学生学费 2436.7 万元,涉及学生 22304 人,发放中等职业学校学生国家助学金 115.05 万元,涉及学生 1534 人。

【学校基本建设】 2014 年,江阴市有序推进市实验小学北校区新建、江阴中等专业学校改造等政府投资项目建设进度,江阴职业技术学院实验楼竣工验收,南菁初中体育馆、实验楼加固改造基本完成,启动市第一初中易地新建和市二中整体改造建设工程,立新中学、新澄江中心小学等重点工程的前期准备工作取得较大进展。加快推进乡镇学校建设,实施山观实验小学金童分校易地新建工程,总建筑面积约 1.6 万平方米,总投资 5500 万元;完成璜土中学食堂重建工程,建筑面积 2100 平方米,总投资 800 万元;完成长山中心小学老教学楼重建工程,建筑面积 2700 平方米,总投资约 1000 万元。

【继续推进中小学校舍安全工程】 2014 年,江阴市教育局根据《江阴市 2013—2015 年中小学校舍安全工程实施规划》,继续推进中小学校舍安全工程建设。年内,2个镇(街道)的4所学校和4所市直属学校继续实施校舍抗震加固和重建工程。全市中小学校舍安全工程开工26幢、建筑面积11.5万平方米;竣工校舍17幢、建筑面积63727平方米;总投资约3.67亿元。（姚　斌）

【校园安全】 2014年,江阴市学校安全工作围绕"全面提升绿色质量,确保安全稳定"方针,在规范安全教育与管理、加强应急队伍和机制建设、完善消除安全隐患长效机制、开展校园安全专项整治活动等方面采取一系列措施,取得明显成效。年内,市教育局在全市开展安全隐患排查治理、食堂随机督查、"四不两直"(不发通知、不打招呼、不听汇报、不用陪同接待,直奔基层、直插现场)随机暗访、防灾减灾主题宣传、暑期安全家访、校园安全冬训教育等专项治理行动。开展第二届"禁毒杯"中小学生书法比赛、"争当文明交通小卫士"暨"我心中的好司机"绘画比赛,提高学生安全责任和防范意识。动员全市近160所学校纳入江阴市安全生产综合监管智能一体化平台,实现网上隐患自查自报。市政府出资62万元,为全市618个校车停靠站点安装指示标牌,市财政对44辆新购置的国标校车给予504万元专项补贴。全市各学校按照教育部《学校岗位安全工作指导手册》要求,层层签订安全责任状;根据《中小学幼儿园应急疏散演练指南》要求,全力保障学校应急疏散演练规范化、常态化运行,杜绝校园安全责任事故发生,有25所学校被评为无锡市平安校园示范园。8月,市教育局建立校车监控室,对全市校车运行情况实现远程实时监控。至年末,全市有11个镇(街道)开通校车接送,校车总数193辆,接送学生2万余人,其中新国标校车128辆,占校车总数的66%。（徐建刚）

【中小学生网络自主学习系统建设】 为进一步促进教育均衡发展,构建利用信息化手段扩大优质教育资源覆盖面的有效机制,逐步缩小区域、城乡、校际差距,为每一名学生提供个性化学习与终身学习所需的信息化环境和服务,2014年,江阴市启动中小学生网络自主学习系统建设,该系统被列为市委、市政府为民办实事项目之一,总投资100万元。年内,经过功能需求调研、制定开发方案、公开招标、系统开发、资源建设等工作,该系统于12月10日上线运行,设《视频课堂》《在线测试》《互动交流》《名师专栏》4个主要栏目,提供各学科在线学习优质资源,供全市15万名中小学生自主免费学习及家长查阅,实现学生学习的个性化、自主化和即时化。至年底,系统收录优质学习视频资源1659个、同步练习785套、时长564小时,系统用户数超16万,访问数量达80万人次。（刘　开）

【教育国际交流与合作】 2014年,江阴市贯彻国家和江苏省有关部门要求,加强中小学生境外修学旅行活动管理工作,强化活动主题,加强资质审核,推动全市中小学生境外修学旅行活动规范有序、健康安全开展。全市18所学校、幼儿园接收71名外籍及中国香港、澳门、台湾学生就读。全市学校先后接待120余名境外师生、友人到访。江阴职业技术学院、江阴中等专业学校、山观中学等学校先后与中国台湾的世新大学和南开科技大学、韩国的蔚山药泗高等学校结成友好学校。南菁高中、峭岐实验小学等学校积极开展友好学校交流活动,先后接待日本石川县、静冈县牧之原市访中团到江阴访问。南菁高中、江阴高中、江阴一中3所学校共65名国际课程班学生赴美国、英国等国的著名高校留学,全市有230多名学生参加境外修学旅行活动。组织60余名名骨干教师赴美国、英国、加拿大、德国等国家研修学习。年内,天华艺校被增设为第二批江苏省华文教育基地。至年末,全市有16所学校与国外39所学校建立友好学校关系,定期开展师生互派、互访活动和教育文化交流活动。（沈　杰）

基础教育

【概况】 2014年,江阴市基础教育按照"转变观念、提高质量、内涵发展、打造特色"方针,以全面提升教育质量为核心,引导学校自主管理,促进学校优质发展、特色发展。1月起,市教育局与教育部校长培训中心、华东师范大学合作推动区域推进优质学校工程,确立南菁高中等14所学校为实验学校。5月,市教育局出台《关于加强中小学学生俱乐部建设的实施意见》,在全市范围内组织开展书法、绘画、乒乓球、篮球、足球、学科竞赛等俱乐部比赛,进一步发展学生兴趣特长。年内,市教育局先后出台《关于制订第一轮学校内涵发展三年规划的指导意见》《关于进一步加强中小学学校文化建设的指导意见》,促进学校自主发展、内涵发展,提升办学品位。全市组建53个优质学校发展共同体,举办市级成果展示活动30余次,提升整体办学水平。是年,江阴市第一初中、南闸实验学校被确定为无锡市优质学校,山观高中接受江苏省四星级高中评估验收。江阴一中和青阳中学分别被命名为江苏省生涯发展指导课程基地、江苏省物理拓展性实验课程基地。

学前教育　全市年末有幼儿园(办班点)95所(个),3~6岁在园幼儿39548人,比上年增加439人,其中新市民子女13962人,江阴户籍适龄幼儿入园率达100%。年内,进一步健全政府主导、社会参与、公办民办并举的办园体制,大力发展公办幼儿园,扶持规范民办幼儿园,高质量普及学前教育。新建周庄镇永新幼儿园(民办),3所幼儿园通过江苏省优质幼儿园评估验收,无锡市学前教育现代化乡镇、省市(无锡市)优质幼儿园比例分别达67%和90%,至年末全市江苏省优质幼儿园达59所,占全市幼儿园总数的62.1%。

小学教育　全市年末有公办小学40所,有特殊教育学校和民办学校各1所。在校学生91002人,其中新市民学生39613人。小学入学率、巩固率、毕业率均保持100%。至年末全市有35所省义务教育现代化学校。

中学教育　全市年末有普通中学45所,其中公办普通高中12所(7所四星级高中,5所三星级高中)，初中35所(含6所九年一贯制学校、天华艺校、体育中学)；在校初中生38251人(含新市民学生11456人)，高中生16415人(含新市民学生1658人)。初中生入学率、巩固率、毕业率分别为100%、100%、99.8%。参加江苏省2014年学业水平测试必修科目考试学生5975人，有5974人参加高考，录取5804人，录取率97.15%，其中本科录取4892人，录取率81.89%。

【学生思想品德教育】 2014年，江阴市教育部门结合文明城市创建，突出社会主义核心价值观教育，以"践行核心价值，展现文明风采"为主题，发放宣传品2500份，广泛开展主题班会宣教活动。以"五小行动"(光盘、尊长、守序、遵时、整理)和江苏省文明委提出的"四仪八礼"(入学仪式、成长仪式、青春仪式、成人仪式，仪表之礼、餐饮之礼、言谈之礼、待人之礼、行走之礼、观赏之礼、游览之礼、仪式之礼)教育为内容，通过交流观摩评选表彰第三批学生行规教育示范学校20所。举办首届中小学班主任风采节，评出10名十佳班主任和20名最具风采班主任。举办十佳小公民和优秀小公民评选、首届中等职业学校学生文明风采大赛以及"江阴小市长"评选等活动，树立一批先进典型。新增第二批中国青少年防治艾滋病教育工程实验学校30所。举办首届中小学心理健康教育月活动，举办两期班主任心理教育专项培训班，开展一班一心理团辅课活动。实施"一校一咨询师"工程，147名教师参加三级咨询师考级班。11月，市教育局出台《关于深化中华优秀传统文化教育活动的意见》，确定15所中小学为优秀传统文化教育实验学校，明确弘扬优秀传统文化的特色项目，通过学习研究、交流观摩加大工作推进力度。继续推进家长学校建设，完善家校互动机制，全市各校均成立家长学校，建立家长课堂。全市各级各类学校举办家庭教育讲座270余场，家长听讲人数超12万人。　(杨建兴)

【体艺教育成果】 2014年，江阴市举办首届"澄星杯"阳光校园足球联赛，开展"一校一球一操"活动，全市有76所中小学101支男女足球队报名参加，参赛运动员1642人。组织开展小学生艺术展演、中学生文艺会演、小锡剧进校园等活动，提高学生艺术素养。年内，江阴一中男足、江阴二中女足分获江苏省第十八届运动会足球(甲组)比赛男女组冠军，花园实验小学情景剧《夏令营之歌》获江苏省第十一届五星工程奖金奖(小品类第一名)和第12届华东六省一市戏剧小品大赛金奖，山观实验小学故事《书包里的秘密》获江苏省第十一届五星工程奖金奖，峭岐实验小学舞蹈《放花灯》获江苏省第六届少儿舞蹈比赛创作金奖和表演银奖。5月，在无锡市百灵鸟文艺会演等比赛中，江阴市中小学生获21个金奖，获奖数在无锡各市(区)名列前茅。是年，江阴市被教育部、国家体育总局命名为全国首个"足球·啦啦操进校园"实验区，中央电视台五套对该活动作连续报道，新华社、中新社、《中国教育报》等200多个媒体进行报道；江阴一中被国家体育总局评为全国啦啦操示范学校。

【江阴市特殊教育指导中心成立】 2014年，全市有特殊教育学校1所，即江阴市特殊教育中心校，在校就读特殊学生291人，全市残疾儿童入学率100%。为进一步建立健全随班就读支持保障体系，12月，江阴市特殊教育指导中心成立，办公地址设在江阴市特殊教育中心校。指导中心负责统筹全市随班就读工作，管理、指导、研究、培训与服务全市学校的特殊教育工作。至年末，指导中心核实完善全市各中小学、幼儿园随班就读学生及特殊学校学生的基础数据，对全市分管特殊教育的领导和资源教师进行业务培训，并分片进行巡回辅导。

(华　猛)

职业教育

【概况】 2014年，江阴市职业教育以提升教师队伍、基础能力、服务能力为核心，推进现代职教体系建设。全市职业学校招生3638人，外地高职和部省属中专招生866人，对外培训27937人次。毕业学生3410人，94.7%拥有学历毕业证书和中级技能等级证书，一次性就业率达97.1%，专业对口就业率达84.1%。有495人参加对口单独招生考试，录取率100%，其中本科进线240人，进线率48.5%，比上年增加11个百分点。江阴商业中等专业学校有173人参加考试，本科进线141人，进线率达81.5%，在无锡地区的同类学校中位居第一。新建无锡市重点专业群3个、无锡市精品课程资源5个，江阴中等专业学校被评

2014年7月4日，在教育部体育教育学会举办的全国青少年校园青春健身操大赛(无锡赛区)中，江阴一中"青春无敌"啦啦操获啦啦操提高套路一等奖。图为获奖现场　(市教育局提供)

为无锡市职业教育信息化示范院校。至年末,全市有中等职业学校7所,专任教师1074人,其中高级及以上职业资格证书教师461人,在校学生14284人。全市职业学校新增实验实训设备价值875万元,实验实训设备总值达8760万元。中等职业教育有江苏省级示范(品牌、特色)专业13个,无锡市级重点建设(示范)专业21个,无锡市精品(优秀)课程25门,有计算机应用与软件技术、数控技术2个国家级紧缺型人才培训基地,有省级实训基地4个、校外实训基地239个。

【现代职教体系建设】 2014年,江阴中等专业学校继续开展"3+3"中高职分段培养,分别与南京信息工程大学和常州工学院合作,设置计算机应用、电子与信息技术2个专业,招生109人。2个专业的学生将在江阴中专校经过3年的理论和技能学习,毕业考试合格后,直接进入大学对口专业学习3年。年内,该校扩大与江阴职业技术学院的"3+3"中高职分段培养规模,年招生由70人增加至140人。至年末,学校中职与高职、中职与普通本科分段培养在校生人数达356人,实现人才培养规模和层次的同步提升。

【参加各类比赛】 2014年,江阴市各职业学校组织师生积极参加各类比赛,获得多项荣誉。3月,在江苏省职业学校技能大赛中,江阴有54名师生参加18项项目比赛,获一等奖6个、二等奖11个,三等奖18个,奖牌数再创新高。江阴中等专业学校学生朱柯佳参加全国职业院校技能大赛中职组户式中央空调安装与调试项目比赛,获得金牌。年内,先后组织师生参加无锡职业院校技能大赛、无锡市信息化教学大赛和无锡市职业学校班主任基本功大赛,获一等奖19个、二等奖50个、三等奖78个。参加全省"两课"(职业学校文化课和专业技能课)评比,有3门课被评为省示范课、12门课被评为省研究课。

【规范学校管理】 2014年,江阴市教育局围绕"确保成人、追求成才"的职业教育培养目标,开展学生管理工作中心组活动,推进学生管理工作理论研究。6月,制定下发《江阴市中等职业学校学生管理六项规范》和《江阴市中等职业学校班主任工作管理规范》,对日常行为、活动、生活、安全、顶岗实习、档案等管理工作进行规范。10月,出台《关于进一步加强中等职业学校学生管理工作的意见》。年内,市教育局指导江阴中等专业学校等6所学校完成专业人才培养方案修订工作,组织开展江苏省中等职业教育、五年制高等职业教育指导性人才培养方案研讨;指导全市6所职业学校完成2013级各专业人才培养方案的滚动修订和2014级各专业人才培养方案的制定完善工作。

(王金海)

社会教育

【概况】 2014年,江阴市社会教育进一步完善社区教育三级网络,社区居民全年参加各类教育培训活动的总人次达到常住人口的60%以上。开展多层次、多形式培训活动,全年培训1092356人次,其中下岗失业人员培训20413人次,全市现代农民培训达261627人次,新市民教育达309072人次,青少年校外素质教育148191人次,老年教育培训207334人次,其他闲暇教育153803人次。年内,南闸街道社区教育中心高标准通过省级标准化社区教育中心验收和复评。

【江阴终身学习网建设】 2014年,江阴市教育局启动终身学习网建设,年内完成网站上线及推广工作,完善15个二级分平台建设,创新多元互动的学习模式,成为功能完备、资源丰富、服务高效、指导有力的全市终身教育服务学习中心、资源中心、信息中心和交流中心,为全市市民提供资源丰富、使用方便、信息通畅的学习和交流网络平台。至年末,终身学习网开设课程2567门,内容涉及政策法规、职场技能、家庭教育、百科知识、养生保健、旅游摄影、休闲娱乐和文艺赏析等,全市实际登录学习网人数达28289人,访问人数68728人次,观看视频并获得学分6887人,获取总学分129012分。

【特色品牌项目建设课程开发】 2014年,江阴市教育局继续组织学校开发特色课程,城东成人教育中心校的《"与法同行,走好青春路"——江阴市东发未成年人观护帮教工作站》、周庄镇社区教育中心的《"中国梦·我的梦"七彩夏令营》、南闸街道成人教育中心校的《青少年桥牌培训》3门课程获全国青少年校外教育示范项目三等奖。全市各成人教育中心校有9项项目申报全国农村成人(社区)教育优秀品牌活动项目评选,其中临港街道成人教育中心校的《〈长江三鲜养殖技术〉特色课程的开发与应用》获一等奖,璜土镇成人教育中心校的《新型农民培训助璜土葡萄产业腾飞》、祝塘镇成人教育中心校的《社区教育志愿者队伍建设》、徐霞客镇成人教育中心校的《农村老年教育》3项项目获二等奖,南闸街道成人教育中心校的《老年教育》、周庄镇成人教育中心校的《乡镇企业农民工职业道德教育》2项项目获三等奖,澄江街道成人教育中心校的《走进"民俗文化"课程之——二十四节气》、青阳镇成人教育中心校的《社区数字化学习模式在行动》2项项目获优秀奖。组织8门乡土课程(读本)报送省社会教育指导中心参评全省社区教育优秀乡土课程(读本),其中祝塘镇成人教育中心校的《毛衣编织》获一等奖,青阳镇社区教育中心的《运河古镇·青阳》、澄江街道成人教育中心校的《书韵飘香》2门课程获三等奖,周庄镇社区教育中心的《助人为乐,让幸福和美丽在周庄传递》、青阳镇社区教育中心的《园林绿化养护手册》、南闸街道成人教育中心校的《广场舞教学》、长泾镇成人教育中心校的《让"美丽"在社会上绽放》、城东街道社区教育中心的《轻松掌握CAD绘图》等5门课程获优秀奖,市教育局获江苏省社区教育优秀乡土课程组织奖。

【民办教育】 2014年,江阴市教育局审批设立周庄镇永新幼儿园1所民办幼儿园和江阴沃尔得教育培训中心、江阴玛宝斯坦教育培训中心、江阴利玛窦教育培训中心3所民办非学历教育培训机构。至年末,全市有民办教育和社会培训机构100所,其中民办中小学1所,民办幼儿

园18所，民办非学历教育机构43所，民办非学历教育培训备案单位38个。（陆文勤）

高等教育

【概况】 2014年，江阴市有普通高校1所，即江阴职业技术学院，全年招收全日制大专生1462人，其中江苏省招生1348人，跨省招生114人；招收成人教育学历学生2264人，其中电大94人，远程教育694人，业余大专700人，联办本科694人，自考专接本38人，工程硕士学历班44人。学院有成人高等学历教育在校生7670人；继续开办江苏大学工程硕士班，招收学员52人，另有16人获工程硕士学位；举办各类培训36批次，培训中高级职业技能学员679人、企事业单位员工2355人，年培训量达2.2万人次，累计12.4万学时，承接16788人的各级各类社会化考试；继续开展非学历培训，为江阴兴澄特种钢铁有限公司、海澜集团有限公司、63680部队、江苏阳光集团有限公司等16个单位的8521人次举办各类职业培训，为市人社局举办第六轮公修课1200人次的培训工作。年内，经无锡市机构编制委员会批准，江阴职业技术学院调整为副处（县）级建制；11月，学院通过江苏省高等职业院校人才培养工作评估。继续做好专业群建设工作，在江苏省教育厅开展的“十二五”高等学校重点专业建设情况中期检查中，学院2012年立项的机械制造与自动化技术、软件与服务外包两个专业群被认定为良好，新材料应用技术、商贸服务两个专业群被立项为无锡市重点建设专业群。继续深化“项目导入、任务驱动”教学改革，加强精品课程资源和教材建设，由教师包芳编写、清华大学出版的《C#项目开发实用教程》被评选为2013年高等学校重点立项建设教材，教师孙移主持的《机电综合技能训练》课程资源被评为无锡市精品课程资源。探索现代职业教育体系建设，电气自动化和数控技术两个中高职衔接项目被评为2014年江苏省现代职业教育体系建设试点项目，课题《培养现代班组长型人才的课程体系研究与实践——以中高职衔接的电气自动化技术专业为例》被立项为江苏省中高职衔接课程体系建设项目，获50万项目资金支持。学院“务实合作、三方共赢”校企合作项目（与升辉集团合作）被认定为2014年无锡市职业教育校企合作示范项目，国际准则化的会计人才培养项目被认定为2014年无锡市职业教育国际化重点项目。由学院教务处、计算机系、机电系合作完成的《基于虚拟机技术的虚拟模型素材库》在第十四届全国多媒体课件大赛中获高职理科组二等奖，教师周箭的《户外超现实主义人物摄影》在第二届全国高校（高职高专）微课教学比赛江苏赛区微课评审中获三等奖，实现在省级信息化教学比赛中“零”的突破。年内，学生在各级各类技能大赛中，获国家级技能竞赛奖项11项，其中1个特等奖、1个团队一等奖、3个二等奖；省级奖项63项，其中1个一等奖、6个二等奖；市级奖项38项，其中2个一等奖、16个二等奖。加大师资培训力度，培训教师359人次，其中出国培训8人，高职院校教师国家级培训项目和江苏省高职院校教师培训项目培训37人，清华大学骨干教师培训107人，新教师培训13人，教师屠莉入选江苏省青蓝工程中青年学术带头人培养对象，许洪龙、曹宝飞、沈灿钢入选省青蓝工程优秀青年骨干教师培养对象。至年末，学院设7个系33个专业，有全日制在校生6117人；教职员工485人，其中副高级以上职称教师165人、正高级职称教师9人、博士3人。

【科研开发和产学研合作】 2014年，学院积极申报各项纵向课题，教师方雪梅的《江苏历代女性诗歌研究》、季贤的《城乡一体社区教育体系研究》被立为2014年度江苏省教育厅高校哲社课题，谭震皖的《县域经济发达地区体育产业发展情况研究》和沈震的《产业转型背景下苏南马术产业发展研究》被立为2014年度江苏省体育局课题，张庆堂的《江阴率先基本实现人民满意现代化的实践研究》被立为2014年度江阴市科协软科学研究项目。许洪龙的《用于废钢回收利用的高效大型剪切机研发》被立为2014年度江阴市科技计划项目，作为江阴市科技局“三项经费项目”（包含工业科技支撑计划项目、产学研合作计划项目、国际科技合作计划项目、农业发展科技计划项目、社会发展科技计划项目）的工业科技支撑计划项目立项，获市财政局10万元经费资助，同时作为校企合作项目获江苏华宏实业集团有限公司4.5万元拨款支持。院长钱红的《江阴地税创新文化的实践与研究》被评为江阴市优秀厂会协作项目。大力发展横向课题，推进产学研合作，全年立项横向课题60项，签约经费98.78万元，到账97.18万元。年内，江阴职业技术学院作为唯一的高职院校代表，加入江苏省金属循环应用装备产业技术创新战略联盟，学院成为该联盟的技术支持委员会成员。继续做好江南大学数字媒体学院江阴职业技术学院研究生工作站工作，江苏省现代服务业信息融合软件工程技术研究开发中心通过省教育厅验收。是年，学院申报各项专利17项，3项发明专利获授权。至年末，学院有专利64项，其中发明专利13项。

【江阴职业技术学院成为全国高校现代远程教育优秀校外学习中心】 2006年，江阴职业技术学院（无锡广播电视大学江阴分校）远程教育学习中心经中央广播电视大学奥鹏远程教育中心授权和江苏省教育厅备案后，在秋季学期开始招生。自2007年起，远程教育学习中心着重引进合作高校优质教学资源到江阴各行各业，行业、企业招生占中心生源比例近40%，较好完成“服务地方经济建设、促进企业转型发展”总体要求目标。在奥鹏远程教育中心推出的学习中心教学支持服务积分考核中，中心的积分排名一直名列全国前20名、江苏省前茅。2014年初，江阴职业技术学院被全国高校远程教育协作组评为全国高校现代远程教育优秀校外学习中心。至2014年末，江阴职业技术学院远程教育学习中心总计招生量超3000人，在校生近1700人。（张新华）

■类目编辑　承　鸿

文化建设

文化事业

·公共文化服务·

【概况】 2014年，江阴市认真贯彻落实党的十八大和十八届三中、四中全会精神，聚焦市委、市政府重点工作部署，紧紧围绕文化强市建设，突出文化民生，发展文化产业，优化文化环境，取得较好效果。积极开展国家公共文化服务体系示范区创建，顺利通过文化部中期督查验收及“国家文化先进县”复查。江阴市和月城镇通过更严格的审核，再次被文化部命名为中国民间文化艺术之乡。全市文化阵地不断拓展，首座自助图书馆、市少儿图书馆和市展览馆一楼新展厅投入使用。强化文化队伍建设，举办5期基层文化人才培训班，培训基层文化工作者145人次。各镇（街道）配齐文化专职干部，并建立村级文化辅导员队伍。市博物馆、图书馆、文化馆等部门招募6000余名社会志愿者，充实文化志愿者队伍。“传递文明·共享阅读”文明志愿者活动被文化部评为“文化志愿服务推进年”基层文化服务示范项目。惠民活动走近百姓，开展送文化下乡活动，全年送小戏演出85场、评弹255场、电影3190场、展览90场、书刊2.31万册。市影剧公司电影队获评第四届江苏省服务农民、服务基层文化建设先进集体。组织公益性文艺演出500场，开设市民文化课堂60余期、“暨阳大讲坛”30余场。深化“书香江阴”建设，建成“三味书咖”城市阅读联盟。市图书馆的儿童绘本馆获评全国“十佳”绘本馆。市图书馆为推介好书创办的馆刊《读读书》，在2014年中国图书馆阅读推广类内刊内报评选中，获“十佳”内刊内报奖。市图书馆增设禁毒图书等专柜，通过改善服务，全年接待读者193万人次，比上年增长22%；图书流通76.1万册次，比上年增长44%。举办葡萄牙交响乐团演奏会、台湾高雄市国乐团巡演音乐会等高雅文艺演出，并创作上演《老书记》等一批精品节目。

【“暨阳大讲坛”项目被省文化厅评为公共图书馆优秀服务成果奖】 2014年，市图书馆“暨阳大讲坛”共举办讲座19场，先后邀请央视“百家讲坛”讲师莫砺锋、鲍鹏山、葛剑雄、胡阿祥和著名美学专家潘知常作演讲，听众累计9000余人次。为满足听众需求，市图书馆开创“市民讲坛”，由志愿者作本土文化、家庭教育和时政方面的讲座共5场。还加强讲座延伸服务，送讲座到学校和社区。7月16日，《新华日报》全文转载“暨阳大讲坛”题为《阅读，让孩子插上飞翔的翅膀》的讲座内容。是年9月，“暨阳大讲坛”项目被江苏省文化厅评为第六届公共图书馆优秀服务成果三等奖。

【徐中玉赠书专柜设立】 徐中玉，1915年生于江阴县华墅镇，曾任华东师范大学中文系教授、《文艺理论研究》《古典文学理论研究》杂志主编等职。2014年，他在百岁寿辰时捐赠100万元，成立华东师范大学徐中玉基金会，扶助贫困学生，并把他的《徐中玉文集》等30多种著作以及珍藏的书籍分赠给华东师范大学图书馆和江阴市图书馆。是年7

2014年12月22日，纪念中国近代图书馆鼻祖缪荃孙诞辰170周年暨《缪荃孙全集》首发式在市图书馆举行（市图书馆提供）

月24日,市图书馆馆长宫昌俊等赴上海,接受徐中玉教授捐赠的个人专著和各种珍贵图书1600余册。随后,即在市图书馆设专柜陈列。

【省移动数字图书馆学术研讨会召开】 2014年8月28日,由江苏省图书馆学会和江阴市文广新局主办,江苏省图书馆学会数字图书馆专业委员会和江阴市图书馆承办,北京超星数图信息技术有限公司协办的2014年江苏省移动数字图书馆学术研讨会,在江阴市图书馆召开,来自江苏省各地区图书馆领导及部分代表共100人参加。会议由江苏省图书馆学会副理事长、金陵图书馆原馆长严峰主持。江阴市文广新局党委书记、局长蒋青,江苏省图书馆学会副理事长、南京图书馆副馆长全勤出席会议并在开幕式上致辞。与会代表围绕"移动数字阅读与图书馆服务创新"这一主题进行讨论,听取了国家图书馆研究院副院长申晓娟题为《我国公共图书馆事业发展及热点领域》的报告。通过研讨,启发了工作思路,扩展了创新视野。会议期间,江阴市移动图书馆正式开通。与会代表参观了市图书馆和华士分馆。

【缪荃孙诞辰170周年纪念活动】 2014年9月2日,由国家图书馆主办、南京图书馆和江阴市图书馆协办的缪荃孙诞辰170周年纪念会暨学术研讨会,在北京图书馆召开。全国图书馆界、学术界的40余位专家学者,围绕"缪荃孙与近代中国图书馆事业发展"和"缪荃孙的生平、学术活动及贡献"两项主题进行研讨。江阴市图书馆馆长宫昌俊作题为《一代宗师 江阴夫子——近代大学者缪荃孙》的报告。12月22日,纪念中国近代图书馆鼻祖缪荃孙诞辰170周年暨《缪荃孙全集》首发式在市图书馆举行。这项活动由江阴市文广新局、北京大学中国古代史研究中心、国家图书馆《文献》编辑部和凤凰出版社联合主办,江阴市图书馆承办。会上,江阴市副市长龚振东和凤凰出版社社长姜小青向国家图书馆和南京图书馆分别赠送《缪荃孙全集》。会议期间,与会者参观了缪荃孙纪念馆和刘氏兄弟故居。

【24小时自助图书馆亮相步行街】 2014年1月28日,坐落在市中心步行街西侧的市图书馆城市街区24小时自助图书馆对外开放。该馆有供市民借阅的图书402册,集自助办证、自助借书、自助还书、自助查询、自助缴纳逾期费等功能为一体,实现一卡通用、免费借阅、通借通还,为广大读者提供24小时全天候自助服务。至年末,共有3000多人次借阅图书4000多册次。

【少儿图书馆揭牌开放】 2014年4月26日,江阴市少儿图书馆揭牌开放。这座专为少儿阅读服务的图书馆位于市图书馆一楼南面,面积1500平方米,由绘本馆、少儿借阅区、电子阅览区、数字创意工坊4个功能区域组成,藏书5万余册。为了让小读者借还图书更为便捷,馆内引进了形状可爱的卡通自动借还机。绘本馆分借阅区和活动区,活动区的小舞台装饰成故事城堡的形态,让绘本馆的故事讲演活动演绎得更加生动。电子阅览区有崭新的电子读物,让小朋友享受视听乐趣。数字创意工坊有"点点博创"电子书制作设备,小朋友可以在此制作一本属于自己的电子书,并收藏于少儿图书馆。开馆第一天,少儿图书馆接待读者3000余人,图书借阅量达2000余册。至年底,共接待读者5万人次,图书借阅量7.5万册次。

【"三味书咖"——城市阅读联盟试点】 将图书馆搬进咖啡馆,开展"三味书咖"——城市阅读联盟项目是市图书馆探索社会力量参与全民阅读工程的一次创新。图书馆根据咖啡馆的实际情况,提供一定数量的图书资源,并负责定期流转和阅读服务工作的统一管理;咖啡馆提供合适的场地,投入设备,配备服务人员,负责日常运营。经过公开申报、综合评审等环节,2014年11月20日,桥南小茶咖啡馆成为首个试点单位。在这个咖啡馆,不仅能喝咖啡、免费阅览图书,还能和在图书馆一样办借书证、借书还书。此举不仅推进了全民阅读,更创造了阅读的新空间、新模式、新体验。《新华日报》《文化日报》《扬子晚报》和江苏电视台等主流媒体相继对此作了报道。《中国文化报》以《当咖啡馆遇见图书馆——江苏江阴探索社会力量参与阅读建设》为题,大篇幅介绍江阴"图书+咖啡"的新创举。

(邵振良)

·江阴日报·

【概况】 2014年,江阴日报社(以下简称"报社")认真贯彻党的十八大和十八届三中、四中全会精神,准确把握市委、市政府中心工作中的重点和各个阶段性工作节点,正面准确地积极引导舆论,为江阴率先发展鼓劲加油。落实"以报业为核心、同心多元延伸"的发展理念,逐步深化体制机制改革,舆论引导水平又有新提升,队伍建设呈现新气象,新闻传播、产业发展载体进一步丰富,为报社转型发展、打造传统纸媒升级版打下了坚实的基础。在党的群众路线教育实践活动中,通过集中深入检查整改"四风"*问题,大力弘扬整风精神,报社党内政治生活更加严格规范,党群干群关系更加密切,制约发展的问题得到切实有效的排查整治,有力促进了报社转型发展。报社宣传质量进一步提升,11月下旬刊登关于《"炎黄"在江阴》的系列报道和言论,引起省和国家级主流媒体的高度重视,纷纷聚焦江阴报道"炎黄"。年内,《江阴日报》共有52篇次作品获各级优秀新闻奖,分别为:获江苏省级报纸优秀作品三等奖的有4件;获无锡市报纸优秀作品奖的有18件,其中1件获一等奖,7件获二等奖;获江苏省县市报新闻奖的有13件,其中1件获一等奖,3件获二等奖;获中国县市区域报新闻摄影奖的有4件,其中1件获二等奖。此外,报社获无锡日报报业集团新闻论文奖的论文有14篇,其中2篇获一等奖。报社在对外宣传报道上抓紧抓早,年内发表各类外宣稿84篇。报社通过采编经营互动,拓展文化市场,全年经营总收入按文资办考核口径实现3469万元。为加快转型,开拓新的发展项目,报社通过深入调研,制定了三年产业发展规划。是年,报社被授予江苏省县市报先进单位称号。

【强化舆论导向】 2014年,报社坚持新闻宣传正面导向的原则,严守新闻宣传纪律,在头版打好新闻报道“组合拳”,于第一时间做好市委、市政府一系列重大时政活动的宣传报道。如在头版开设“五检查五解决——深入开展群众路线教育实践活动”“一把手系列访谈”“群众身边的好书记、好干部、好党员”等专栏专题,充分反映全市群众路线教育实践活动的工作部署、进展动态和实际成效。加大评论言论刊发的力度,在头版推出“深入开展党的群众路线教育实践活动系列述评”。在市委全委会结束后,报社刊登一组系列述评和一组系列解读,促使全会精神成为推动全市工作的强大动力。报社始终将经济报道作为要闻报道的重要板块,瞄准全市转型发展的热点亮点,在头版推出《江阴命名首批10家“海外工程师工作室”》《江阴启动高层次人才集聚计划》《江阴积极化解水质型缺水制约,“三条红线”锁牢节水“阀门”》等典型报道,推出新闻视点《电子商务,为传统产业开拓市场打开“另一扇窗”》,营造一种快发展、快转型的浓烈氛围。民生报道关注社会热点,积极传播正能量,如及时采写《企业退休人员基本养老金“十连增”》《“五项援助”为困境儿童撑起“保护伞”》《无锡市首张“单独二孩生育证”在澄诞生》等报道。民生“夏令热线”继续做好百姓和政府部门之间的“连心桥”。肖帮服务版块大力弘扬扶贫帮困的社会正能量,全年为各类遭遇困难报道对象募捐善款近百万元。人文版组织深挖本土乡贤的报道,组织采写了“古今江阴女婿中的名人”系列报道和“民国时期的江阴报人系列”报道,在社会上引起了较好反响。

【制定三年产业发展规划】 2014年,面对纸质媒体广告经营全面下滑的严峻形势,报社积极调整经营思路,拓展创收渠道。2月底至3月初,报社的江阴网、广告部、澄闻速递公司分别制定了“江阴网三年产业发展规划”“江阴日报社广告及相关延伸产业三年发展规划”“江阴日报社物流和网络整合联动三年发展规划”,为报社今后的产业发展进一步明确了方向。

【“寻宝江阴”活动】 2014年,报社开拓文化市场新路子,先后与杭州西泠印社拍卖有限公司、上海驰翰拍卖公司、上海大众拍卖公司建立合作关系,利用报社名家集藏俱乐部的藏家资源,代为征集拍品。报社和无锡博物院合作,自3月起至年底启动“寻宝江阴”大型公益活动,多次举办公益性的民间鉴宝活动,发掘出一大批民间藏家的珍品、孤品,为艺术品拍卖奠定了良好基础。为提高鉴定的权威性,还邀请国家文物鉴定委员会委员等赴澄定评。全年征集拍品参与了西泠印社和上海大众拍卖公司春、秋拍卖会,成交180余万元。

【“爱你一世”相亲大会】 2014年5月18日下午,由报社和金三角广场家居村、澄江街道总工会主办,江阴报业澄闻传媒发展有限公司协办的“爱你一世”相亲大会,在金三角广场家居村举行,近500名单身男女报名参加了这次活动。“相亲墙”前贴满了参会男女青年的姓名、年龄、收入、联系方式等信息,观看者络绎不绝。会上开展了丰富多彩的活动和互动节目,8分钟约会、“来自星星的你”场景再现、“仙女下凡”相亲等活动让在场的许多单身男女青年激情四溢。其中一对男女青年当年即喜结良缘。

【第六届小记者夏令营】 报社自2009年起,每年举办一届小记者夏令营,2014年的小记者夏令营是第六届,由报社与江南水务股份有限公司联合举办。7月2—3日,来自全市城乡的近200名中小学生参加“江南水务杯”《江阴日报》小记者夏令营活动。小记者们参观了报社,聆听资深记者授课,到澄西水厂参观水处理流程,到江南水务供水调度中心及检测中心感受水的变化,还到霞客亲子岛学习野外急救知识。夏令营结束后,小记者们又参加了“关注江阴水资源”有奖征文竞赛。

【“名扬搏击杯”首届国际拳王争霸赛】 2014年7月19日晚,由报社和市体育总会联合主办的“名扬搏击杯”首届国际拳王争霸赛(江阴站)在江阴体育馆举行。参加此次比赛的有获得全国武术散打擂台争霸赛冠军的卢冬强等国内高手和来自泰国、法国、英国等国的高手,其中几位外国拳手获得过不同等级的拳王金腰带。经过激烈的比赛,中国拳手发挥出色,以凌厉的进攻、稳固的防守击败各国好手,一场未败,取得争霸赛的全面胜利。江阴市副市长龚振东观看了比赛并为获胜选手颁奖。

【江苏省县市报年会在江阴召开】 2014年12月26—27日,江苏省县市报2014年度年会在江阴举行。全省12个县市报社和部分新闻中心负责人出席会议。江苏省新闻工作者协会主席周世康在会上作专题讲座,结合新闻实例,阐述了当前新闻报道中的新经验、新做法,为县市报做好新闻报道、进一步扩大影响力、赢得新的发展空间提供了指导。与会人员围绕媒体发展方向、新闻业务提升、增加经营创收等方面展开交流和讨论,以期不断增强报业发展竞争力、品牌影响力和经营创收能力。

【“欢乐祥和中国年”音乐会】 2014年12月27日晚,由报社主办、江阴报业澄闻传媒发展有限公司承办的“欢乐祥和中国年”音乐会在江阴大剧院举行。报社邀请上海民族乐团到江阴登台献演。是日晚上,登台演奏的80多人的乐队,拥有拉弦、弹拨、吹管及打击乐4个声部全编制。由乐团艺术总监王甫建指挥,一曲热情澎湃的《春节序曲》拉开音乐会序幕。在近2个小时的演出中,著名演奏家段皑皑,优秀青年演奏家汤晓风、唐一雯、金锴、李宛慈、王音睿等一一登台亮相。他们不仅给观众带来气势磅礴的民族管弦乐曲,还献上了韵味隽永的江南丝竹、民族室内乐及弹拨乐合奏等富有特色的节目。 (张东平)

·广播电视·

【概况】 2014年,面对新常态下宏观经济“换挡降速”和新媒体爆炸式增长的多重挑战,江阴广播电视集团(以下简称“集团”)牢牢把握稳中求进的工作总基调,理性应对、积极作为,攻坚克难、埋头实干,扎实推进各项工作,新闻宣传和内容生产呈现新气象,经营创收保持基本稳定,技术事业跨入新阶段,内部运营质量再上新台阶,组织和队伍建设焕发新活力，深化改革开启发展新愿景，圆满完成市委、市政府下达的宣传、经营各项指标任务，为建设“经济强、百姓富、环境美、社会文明程度高”的新江阴提供了坚强的舆论支持和产业驱动力。全年新闻宣传和节目生产获得各级各类奖项近40项，技术事业建设获得各级各类奖项30多项，安全生产工作获得各级各类奖项3项，党建群团工作获得各级各类奖项3项；出台完善近30项规章制度。

【强化新闻宣传导向】 2014年，集团的主流新闻栏目围绕市委、市政府中心工作，推出各类主题专栏、主题报道和系列报道70多个，圆满完成全国和江阴两会、全市总结表彰大会、经洽会等重大活动报道任务，制作《中国江阴》等全市性主题宣传片近10部，为江阴经济社会全面发展提供了强大的舆论支持。对外宣传突出重点，提升形象，外宣发稿总量继续保持全省县级广电系统领先位置。广播在中央台发稿20条，其中主要栏目15条；在省台发稿253条。电视在中央台发稿31条，其中主要栏目8条；在省台发稿329条。其中关于匿名捐款行善27年的“炎黄”的报道在全国、全省引起广泛影响。是年11月24日，中央人民广播电台“新闻与报纸摘要”和“新闻纵横”相继播出根据集团提供线索编辑的报道“炎黄”的消息，得到中宣部新闻局领导的高度肯定，并在内部刊物上对报道予以表扬。12月3日，中央电视台《新闻联播》播出“炎黄”事迹的报道长达5分钟。“炎黄”还入选央视“感动中国2014年度人物”。“炎黄”的报道实现了21世纪以来江阴广电新闻外宣工作的重大突破，对展示江阴精神和江阴人的风格境界，提升江阴的知名度和美誉度，起到了极大的促进作用。

【节目生产创新】 2014年，江阴广播电视的民生报道创新节目形式，传播手法更加灵活，本土影响力进一步扩大。广播加强整体编排，强化品牌建设，“阿强有话说”栏目注重问题落实赢得群众信赖，“吃香喝辣”栏目重点打造美食节目黄金60分钟，5月试播的广播旅游节目以高端定制打开局面，“开心二人转”和“财经早班车”栏目以快乐生活为主导。广播节目形成多种节目“互为补充、共同发展”的良好局面。电视坚持民本理念不动摇，形成本土民生品牌节目集群优势，“第1现场”栏目以民俗活动和热点民生事件报道赢得良好口碑，“帮女郎”栏目坚持以“节目活动化，活动节目化”方式提升品牌影响力，“非常道”栏目选题更加贴近实际，产生良好社会反响，第1房产频道新闻报道和实用资讯并重，专业水平获得业界和广大市民的普遍认可。电视台还新开“欢乐大牌档”和“我们相亲吧”栏目，电视节目体系更加完善。全年广播自办节目达到16档，日播总时长达27.5小时；电视自办节目达到11档，日播总时长达4.5小时。自办节目量继续保持全国同级广电领先水平，收听收视率和收听收视份额继续保持本地排名领先位置。

【新媒体建设】 2014年5月16日，江阴综合信息发布手机客户端“无线江阴”正式上线。各节目微信微博运用广泛，取得成效。电台“吃香喝辣”栏目组以微信平台的功能升级为抓手，重新定位节目，呈现方式更丰富，发布渠道更多元，互动手段更多样，有效促进了节目与新媒体的融合。电视“鲜橙多”栏目组突出个性色彩，微博推出“阿黑开讲”“橙之荐”“嘻嘻睡吧”等特色板块；微信推出下拉菜单并突出杂志型内容定位，彰显“鲜橙多”权威、新鲜、本土的特点，“江阴电视鲜橙多”位列无锡市媒体微博影响力总排行第一，活跃度、传播度、覆盖度三项指标在江阴各大官方微博中保持领先。至年末，“鲜橙多”微信微粉数近1.5万人；大澄网微博用户超2万户，排江苏网络媒体微博影响力第六；“吃香喝辣”微粉数2万人；无线江阴下载近1.5万人次，微信微粉数近1万人。

【广电重点设施建设】 2014年9月28日，江阴广电大厦全面建成并投入使用，为集团推进媒体融合发展战略、打造新的生产经营格局提供了重要支撑。广电站建设有序推进，年内重点落实新桥广电站易地新建工作，于12月完成。广电网络持续优化，着重推进新一代智能机顶盒开发测试、苏南九县市互联网缓存二期项目扩容工程、骨干路由扩容升级等工程，切实加强系统平台建设，全年网络优化及双向化改造新覆盖用户5.7万户。

【大型活动举办】 2014年1月2日，由集团主办、江阴大道影视文化传播有限公司承办的“广电高清·优电视”新年交响音乐会在江阴大剧院举行。德国斯图加特交响乐团为1000多名江阴市民演奏了《蓝色多瑙河圆舞曲》《卡门幻想曲》《皇帝圆舞曲》等12首世界名曲。4月25—28日、9月19—22日，电视台先后在江阴体育中心举办江阴市第十一届、第十二届汽车购车节，两届购车节现场成交汽车2046辆，成交金额4.23亿元。10月17—20日在江阴体育中心举办江阴市第十二届房产交易会，有14家开发商的20个在建楼盘参展，共展出房源1万多套。

【江阴广电集团改革启动】 2014年8月，集团公布《江阴广播电视集团关于全面深化改革的意见》，提出全面深化改革的指导思想、发展定位和基本原则，描绘了全面深化改革、建设融媒体时代新广电的新蓝图、新愿景、新目标，合理布局了深化改革的战略重点、工作顺序、主攻方向、时间表、路线图，形成对全面深化改革工作的系统指导。集团所属各部门按照深化改革的总体要求，有序推进内容生产体系、组织管理体系、人力资源管理体系等三方面的改革工作。至年底，初步完成推动媒体融合发展的新的组织架构设计，特别是在新媒体业务架构设计上有了全新突破；人力资源管理和干部管理相关方案也在酝酿之中，全面深化改革各项工作启动。

（朱　蓉）

·文艺创作成果·

【概况】 2014年，江阴市全体文艺工作者紧跟时代步伐，围绕建设经济强、百姓富、环境美、社会文明程度高的新江阴，创作了一大批反映时代主旋律、展示江阴全面建设成果的精品力作。市作家协会的作家们创作出版了传记文学《五四新文化运动先驱——刘半农》、长篇小说《情殇》等11部著作,创作的《绍兴十二年》在《钟山》杂志发表,《数行诗》获江苏省第五届紫金山文学奖诗歌奖,《在徐霞客墓前》获第二届中国徐霞客游记文学奖二等奖。市民间文艺家协会会员创作的故事《书包里的秘密》获江苏省“五星”工程奖金奖,两位会员获“全国讲故事能手”称号,两位文艺工作者获江苏省艺术贡献奖。市戏剧曲艺家协会会员创作的小锡剧《今天老师来家访》获江苏省“五星工程奖”金奖,小品《婚戒》获江苏省“五星工程奖”银奖,评话《华容道》获第八届中国牡丹奖全国曲艺大赛表演奖,评话《三国》获大运河流域地方曲艺学术邀请赛银奖,小品《距离》获第八届“江苏戏剧奖·小戏小品奖”优秀剧目一等奖、优秀编剧奖、优秀导演奖、两个优秀演员奖共5个奖项,《评弹印象》获选入编中央音乐学院琵琶教材。市音乐舞蹈家协会会员创作的歌曲《民工小调》获江苏省“五个一工程奖”,男声小合唱《水乡渔歌》获江苏省“五星工程奖”金奖,舞蹈《放花灯》获江苏省社会舞蹈大赛少儿专场创作金奖、表演银奖。市美术家协会会员创作的水彩画《致无尽岁月》首次入选全国美展,实现了历史性突破;创作的国画《平安年年》入选全国中国画展,油画《心语》获江苏省“江南如画”油画展优秀奖,油画《大山深处》和《汉柏》均获江苏省美术作品展优秀奖,水彩画《亲爱的远方》获江苏省“五星工程奖”铜奖。市书法家协会的书法作品入选第五届书法兰亭奖佳作奖、首届江苏书法奖,入围首届中国书法院奖30强,1幅草书作品获江苏省“五星工程奖”金奖。市摄影家协会共有24幅作品获国家级奖项,30余幅作品入选国家级展览或获省级奖项。

2014年江阴市文学创作主要成果一览

表51

类别	著作(作品)名称	作者	出版社或发表刊物	体裁	篇幅(万字)	发表时间或期刊号
文学著作	《五四新文化运动的先驱——刘半农》	邬丽雅	文汇出版社	传记文学	25	1月
	《情殇》	卞文达	江苏人民出版社	长篇小说	25	
	《锦绣江南》	刘湘和	上海军医大学出版社	诗	10	2月
	《百草翁故事》			故事	30	3月
	《青春的歧路》	市老作家协会	文汇出版社	故事	32	4月
	《徐霞客传奇》	肖卫琴	五洲传播出版社	剧本	42	
	《笔耕路上》	谈荣春	中国文联出版社	散文	55	
	《穿过风雨的季节》	纪仲英	中国文史出版社	散文、小说	40	
文学作品	《绍兴十二年》	夏坚勇	《钟山》	历史散文	20	3月
	《到香山书屋去》		《新民晚报》	报告文学	0.7	4月
	《沧海月》		《人民日报》	散文	0.3	8月
	《会开枪的绳子》	卞文达	《太湖》	中篇小说	3.5	第4期
	《最后一棵大树》		《天津文学》		2.5	第10期
	《鸟巢总会有的》	缪文宗	《佛山文艺》	短篇小说	1.66	第2期
	《只要个说法》				0.97	第3期
	《纤羽之痛》				1.25	第6期
	《让我牵住你的手》		《阳光》	中篇小说	3.27	第5期
	《饭客老费》		《飞天》	短篇小说	0.86	第6期
	《捡到三十万》		《佛山文艺》		0.91	第8期
	《爱的路上没有不散的“硝烟”》	吴正毅	《出版人》	文学评论	0.3	1月
	《侦探小说和都市文化》		《作家》		0.5	

续表51

类别	著作(作品)名称	作者	出版社或发表刊物	体裁	篇幅(万字)	发表时间或期刊号
文学作品	《盛放在花园里的爱情》	吴正毅	《散文百家》	散文	0.4	4月
	《向日葵女生》		《儿童文学》	儿童小说	0.3	
	《天天天蓝》		《读友少年文学》	校园小说	0.5	5月
	《汪老师的健忘攻略》		《金色少年》	儿童小说	0.3	6月
	《那些年一起走过》		《意林少年版》	校园小说	0.2	7月
	《有一种亲情比血还浓》		《中华读书报》	文学评论	0.3	12月
	《山山老虎要吃人》	张　翔	《诗刊》	诗歌	0.1	9月

2014年江阴市民间文艺作品参赛(参演)情况一览

表52

作品名称	作者	门类	参赛(参演)名称	时间	获奖情况
《砸彩蛋》	肖卫琴创作 顾江萍辅导 余知谚演讲	故事	江苏省第五届少儿曲艺大赛	7月	金奖
《和尚吃饼》	刘玉龙演讲				银奖
《感冒来袭》	王翠萍辅导 张京烁演讲				铜奖
《今天我当班长》	顾江萍辅导 余知谚演讲		深圳“龙岗杯”第十三届全国少年儿童故事大王选拔展示	8月	“全国讲故事能手”称号
《小懒熊写信》	蔡晓英辅导 廖星煜演讲				
《书包里的秘密》	陆虹羽创作 陈洁锦辅导 洪　锐表演		江苏省第十一届“五星工程奖”决赛	11月	金奖

2014年江阴市戏剧曲艺作品参赛(参演)情况一览

表53

作品名称	作者	门类	参赛(参演)名称	时间	获奖情况
《夏令营之歌》	蔡晓英	情景剧	江苏省第十一届“五星工程奖”	11月	金奖
《今天老师来家访》		小戏		12月	
《非小事》	徐秀芬	小品	长江三角洲预防高血压小品大赛	11月	银奖
《婚戒》	高玉红		江苏省第十一届“五星工程奖”	12月	
《村长家的狗》	孙福兴			9月	铜奖
《人间真情》	单建东(导演)		无锡市残疾人小品比赛		一等奖
《火锅吃出的故事》	赵爱萍、赵雪莲(表演)	故事	无锡市第二届“群芳奖”	7月	金奖

2014 年江阴市音乐舞蹈作品参赛(参演)情况一览

表 54

<table>
<tr><th>作品名称</th><th>作者</th><th>门类</th><th>参赛(参演)名称</th><th>时间</th><th>获奖情况</th></tr>
<tr><td rowspan="2">《水乡渔歌》</td><td rowspan="2">周建水(词)
顾黎强(曲)</td><td rowspan="2">男声
小合唱</td><td>江苏省第十一届“五星工程奖”</td><td>11 月</td><td>金奖</td></tr>
<tr><td>江苏音乐茉莉花奖</td><td>7 月</td><td>三等奖</td></tr>
<tr><td>《民工小调》</td><td>周林海(词)
顾黎强(曲)</td><td>歌曲</td><td>江苏省第九届精神文明建设“五个一工程奖”</td><td>10 月</td><td>入选</td></tr>
<tr><td>《渔家乐》</td><td>刘　冰
谭旭仰</td><td>广场舞</td><td>江苏省十一届“五星工程奖”</td><td>11 月</td><td>金奖</td></tr>
<tr><td>《放花灯》</td><td>刘　冰</td><td rowspan="2">舞蹈</td><td>江苏省社会舞蹈大赛少儿专场</td><td>10 月</td><td>创作金奖</td></tr>
<tr><td>《今天我值日》</td><td>朱冬妮</td><td>江苏省十一届“五星工程奖”</td><td>11 月</td><td>铜奖</td></tr>
</table>

2014 年江阴市美术作品参赛(参展)情况一览

表 55

<table>
<tr><th>作品名称</th><th>作者</th><th>门类</th><th>参赛(参展)名称</th><th>时间</th><th>获奖情况</th></tr>
<tr><td rowspan="2">《致无尽岁月》</td><td rowspan="4">夏晓云</td><td rowspan="4">水彩画</td><td>第十二届全国美术作品展</td><td>9 月</td><td>入选</td></tr>
<tr><td>庆祝中华人民共和国成立 65 周年江苏省美术作品展</td><td>8 月</td><td>优秀奖</td></tr>
<tr><td>《亲爱的远方》</td><td>江苏省“五星工程奖”作品展</td><td>7 月</td><td>铜奖</td></tr>
<tr><td>《底层》</td><td>追梦历程——庆祝江苏省文联成立 60 周年美术作品展</td><td>12 月</td><td rowspan="7">入选</td></tr>
<tr><td>《平安年年》</td><td rowspan="4">陈　亮</td><td rowspan="6">国画</td><td>万年浦江全国中国画展</td><td>11 月</td></tr>
<tr><td>《春雪满空来》</td><td>庆祝中华人民共和国成立 65 周年江苏省美术作品展</td><td>8 月</td></tr>
<tr><td>《阳春嫩青淡淡风》</td><td>追梦历程——庆祝江苏省文联成立 60 周年美术作品展</td><td>12 月</td></tr>
<tr><td>《细雨如酥》</td><td>同绘中国梦——江苏省中青年美术作品展</td><td>6 月</td></tr>
<tr><td>《花》</td><td rowspan="2">许　琰</td><td>追梦历程——庆祝江苏省文联成立 60 周年美术作品展</td><td>12 月</td></tr>
<tr><td>《人物》</td><td>同绘中国梦——江苏省中青年美术作品展</td><td rowspan="2">6 月</td></tr>
<tr><td>《五月风》</td><td>陆　敏</td><td rowspan="5">油画</td><td>第三届全省乡镇(街道)文化站站长技能书画赛展</td><td>银奖</td></tr>
<tr><td>《汉柏》</td><td rowspan="3">夏　静</td><td>庆祝中华人民共和国成立 65 周年江苏省美术作品展</td><td>8 月</td><td>优秀奖</td></tr>
<tr><td>《搁浅》</td><td>中国油画院挖掘发现新人展</td><td>9 月</td><td rowspan="2">入选</td></tr>
<tr><td>《飘摇》</td><td>江苏省“江南如画”油画展</td><td>1 月</td></tr>
<tr><td>《人-仁-家》</td><td>曹亚明</td><td>南京国际美术展</td><td rowspan="2">6 月</td><td>入围</td></tr>
<tr><td>《觅·谧》</td><td rowspan="2">王晓露</td><td rowspan="4">国画</td><td>同绘中国梦——江苏省中青年美术作品展</td><td>入选</td></tr>
<tr><td>《团结就是力量》</td><td>江苏省第二届中小学教师书画大赛</td><td>9 月</td><td>一等奖</td></tr>
<tr><td>《紫气东来》</td><td>朱　定</td><td rowspan="2">同绘中国梦——江苏省中青年美术作品展</td><td rowspan="2">6 月</td><td rowspan="2">入选</td></tr>
<tr><td>《盛装》</td><td>王银明</td></tr>
<tr><td>《大山深处》</td><td rowspan="2">陶建荣</td><td rowspan="4">油画</td><td>庆祝中华人民共和国成立 65 周年江苏省美术作品展</td><td>8 月</td><td>优秀奖</td></tr>
<tr><td>《夏日的早晨》</td><td rowspan="3">江苏省“江南如画”油画展</td><td rowspan="3">1 月</td><td rowspan="2">入选</td></tr>
<tr><td>《隐去的乡景》</td><td>徐　薇</td></tr>
<tr><td>《心语》</td><td>王　俭</td><td>优秀奖</td></tr>
<tr><td>《大海之歌》《苗寨人家》</td><td>兰宁生</td><td>钢笔画</td><td>中国首届钢笔画学术展</td><td>6 月</td><td>入选</td></tr>
</table>

2014年江阴市书法作品参赛(参展)情况一览

表56

作品名称	作者	门类	参赛(参展)名称	时间	获奖情况
条幅	蒋君慧	行草	首届中国书法院奖	11月	入围
	许　达		第五届中国书法兰亭奖佳作奖	12月	入展
			首届中国书法院奖	11月	入围
			金山岭“长城杯”全国书法展	8月	入展
			“刘禹锡杯”全国书法展	10月	
			“大爱妈祖”第二届全国书法展	12月	
			江苏省第十一届“五星工程奖”	11月	金奖
	武宝民	篆书	首届江苏书法奖	9月	入展
	蒋瑾琦				

2014年江阴市摄影作品参赛(参展)情况一览

表57

作品名称	作者	参赛(参展)名称	主办单位	时间	获奖情况
《路口》	杨震东	第十二届上海国际摄影艺术展	上海摄影协会	10月	入选
《钢之舞》					
《喜上眉梢》	高济良	“中国西藏珠穆朗玛”全国摄影大展	中国摄影家协会	8月	优秀奖
《魅影》	庞志健	震泽全国摄影大展		9月	
《粉条妹》	周湘基	“中国瑶乡明珠”广西富川全国摄影大展		12月	
《龙湾海滨日出》	卢小海	“千年古城、更忆临海”全国摄影大展			
《野柳疯狗浪》	庄东威	“中华情、两岸美”海峡职工摄影大展			
《船台序曲》	刘惠娟	“亨通杯”江苏工业摄影大展	中国摄影报社	4月	铜奖
《比翼齐飞》	周湘基	“太湖湿地水韵泗洪”全国摄影大展		10月	
《鱼鹰和老人》	张　胜	青春之歌——第三届“锦溪杯”全国新人新作大展		11月	最佳表现奖
《饼香有酥》					入选
《锦溪新居》	马新民				
《色达夜色》	卢小海	第二届“鑫吉海杯”我的医院我的家全国摄影大展		12月	
《春到荡口》	张　胜	“荡口古镇”全国摄影大展	大众摄影杂志社	9月	三级佳作奖
《拍荡口》	卢小海				
《酒厂做曲》	张　胜	“包商银行杯”全国第五届“小企业贷款”摄影大展		12月	
《沙雅拉面亚克西》	周湘基	“胡杨魂、沙雅情”全国摄影大展		1月	优秀奖
《红红火火站炉台》		“亨通杯”江苏工业摄影大展	中国摄影报社	4月	铜奖
《香山秀水》	蔡意同	“靓丽保税区、幸福大金港”全国摄影大展		1月	优秀奖
《起》					
《佛光》	缪　培	“中国人·中国梦”摄影艺术展	中国摄影家协会	8月	

(龚　翼)

文化产业

【概况】 2014年,江阴市文化产业以重点企业引领发展。金一文化发展有限公司在深圳上市。江阴中南重工集团有限责任公司斥资10亿元,全额收购电视剧制作公司大唐辉煌股份有限公司100%的股权,进军文化领域推进产业发展。《神秘世界历险记2》等两部原创动漫电影上映。江阴凤凰书城、橙天嘉禾影城、海澜马文化旅游区等在建重大项目继续推进。组织6项项目参加江苏省文化产业引导资金、两项项目参加中央文化产业发展专项资金的竞争,其中金一文化、金杯安琪两项项目获得160万元省文化产业引导资金,金一文化1项项目获得320万元中央文化产业发展专项资金;4项项目申报省文化产业融资,1项项目申报文化部文化产业融资。组织江阴文化企业参加江苏省民营企业30强、省文化创意设计大赛、无锡市文化产业示范企业等评审。组织重点企业参展第七届中国南京文化创意产业交易会,其中江苏风雷文化传媒有限公司展示的“720°全景式虚拟展示系统”在展区特别引人瞩目。各文化经营单位加强资产运作管理,积极开拓市场,取得较好经营业绩。是年,全市文化产业增加值77.83亿元,占地区生产总值的2.9%,比2013年增长0.3%。市文艺集团全年实现经营性收入1720万元,完成计划任务的107.5%。市新华书店实现销售1.68亿元,比2013年增长11%,实现利润1018万元,完成基础指标的121.9%。市影剧公司完成综合性经营收入1500万元。

【新华书店营销模式创新】 2014年,市新华书店创新经营模式,拓展新渠道,加大与图书馆、学校的合作力度,新增新书速递吧、江阴高中校园书店、华士高中校园书店3个小型书店,进一步提高了市场覆盖率。特别是与图书馆合作经营的新书速递吧,采取“阅、借、购”一体化的创新手段,开辟了图书新的经营模式,满足不同层次读者的需求,自4月26日开业后,至年底实现图书销售43万元。

【电影放映稳步推进】 2014年,江阴市根据电影放映许可证审批程序完成4个电影院的审批,完成1个外资影院和1个流动电影放映队的备案,还完成1个电影院的现场勘察及公示。到年底,全市加入城市主流院线的电影院达9个,银幕总数50块,座位6814个。年内票房收入超过7000万元。在深入农村流动放映中,观影群众达154.2万人次。为学生放映爱国主义题材教育影片2234场次,观影学生达38.5万人次。是年,江阴达到江苏省文明城市考核关于城区每5万人拥有一块银幕的要求。

【两部电影新作上映】 2014年,江阴国动文化传媒有限公司的原创动漫电影《神秘世界历险记2》7月起在全国上映。这部电影讲述了雨果、啦啦和熊大叔三个好朋友与鼠族军队斗智斗勇的童话故事,上映一周,票房超过5000万元。江苏隆天文化产业有限公司制作的电影《大女侠与小郎中》5月2日晚在中央电视台电影频道黄金时段播出。这部讲述“八卦掌”传人女侠易水寒与中医小郎中钱成用正义战胜邪恶、用真诚孕育爱情、用美德诠释和谐的感人故事,受到广大观众点赞。

群众文化

【概况】 2014年,江阴市群众性创作和演出活动频繁开展,各镇(街道)积极举办形式多样、内容丰富的文化惠民活动,活跃群众文化生活。群众性书画创作展出活动、歌舞活动和江南丝竹团队演出频繁,艺术水平明显提高。一批精品力作获得国家级、省级奖项。举办首届江阴市“芙蓉花奖”评奖活动,精选20余个节目开展巡演。积极组织参加无锡市“群芳奖”和江苏省“五星工程奖”比赛。举行锡剧传承演出活动和以“书香飘扬·全澄接力”为主题的阅读知识比赛。城东街道的季丰家庭和祝塘镇的李中林家庭被新闻出版广电总局评为全国“书香之家”。市文化馆馆长蔡晓英因组织群众文化活动扎实有效,被文化部评为首届中国文化馆榜样人物。

【市第十八届“书香江阴”读书节】 2014年4月下旬至6月,江阴市举办第十八届“书香江阴”读书节。4月26日在市图书馆开幕式。市领导为全民阅读优秀志愿者团队、首批“最美阅读驿站”授旗、授牌,表彰全市“十佳书香家庭”“十佳书香企业”“十佳书香校园”等先进典型。市图书馆新辟的少儿图书馆揭牌开放。集借、阅、购功能为一体的新书速递吧也正式开放。读书节围绕“爱读书·爱生活·爱江阴”主题,于开幕当天邀请“百家讲坛”讲师鲍鹏山作《论语》讲座,并举办本土作家签名赠书活动。5月28日,读书节活动

2014年4月26日,市委常委、宣传部部长袁秋中(右),副市长龚振东(左)在第十八届“书香江阴”读书节开幕式上为市少儿图书馆揭牌 (市图书馆提供)

"绘声绘色·童心童梦"——江阴市第四届儿童绘本剧表演大赛总决赛在市文化馆小剧场举行,共有12个作品进入决赛。花园中心幼儿园的《我等待》和辅延中心小学的《永远永远爱你》获一等奖。6月8日,读书节活动"春天与经典诗文相遇"——江阴市第三届诗歌朗诵比赛决赛在市图书馆报告厅举行,来自各镇(街道)、机关、学校及企事业单位的90名选手参加初赛,18组选手进入决赛。澄江街道的徐方、城中社区诗歌协会和周庄镇的张菁同获一等奖,澄江街道文化服务中心和月城镇文化服务中心获优秀组织奖。

【市首届"芙蓉花奖"群文会演】 2014年,江阴市群文会演改为江阴市"芙蓉花奖"群文会演,"芙蓉花奖"是在群众性的文艺会演比赛中产生的。首届会演由市文广新局主办,市文化馆、各镇(街道)文化服务中心承办。5月5日,戏剧曲艺专场比赛在市文化馆小剧场举行,有表演唱、故事、相声、小品、小锡剧和快板等14个节目;6日下午,音乐舞蹈专场比赛在市文化馆小剧场举行,有15个节目参演;9日下午,广场文艺比赛专场在天华文化中心下沉式广场举行,有15个节目参演。经评委们评选,三场比赛各评出创作一、二、三等奖和演出一、二、三等奖。获奖节目在全市城乡进行5场集中巡演。9月26日,首场巡演在云亭街道便民服务中心广场举行。随后,分赴南闸街道、顾山镇、祝塘镇及璜土镇演出。

【书法美术现场比赛】 2014年2月,第三届江阴市群众写春联书法大赛在市文化馆举行,有数百名成人和少年儿童书法爱好者参赛。评出成人组一等奖1名,二等奖3名,三等奖5名,优秀奖10名;少儿组一等奖1名,二等奖2名,三等奖3名,优秀奖5名。赛后在市文化馆举行"翰墨书情·美丽江阴"群众写春联现场比赛优秀作品展。5月,举行以"江阴好"为主题的市第十二届少儿书画比赛。初赛征稿启事发出后,共收到参赛作品1300余幅,评选出184件优秀作品,其中美术144幅,书法40幅。5月15日下午在文化馆二楼综艺厅举行现场比赛,有150位小选手参赛。最终评出幼儿美术组金奖5名,银奖10名,铜奖15名;少年美术组金奖4名,银奖7名,铜奖14名;儿童书法组金奖1名,银奖3名,铜奖5名;少年书法组金奖1名,银奖3名,铜奖5名。

【第十四届少儿故事演讲比赛】 2014年6月6日下午,由市委宣传部、市文广新局、市教育局、市文联主办,市文化馆、市民间文艺家协会承办的第十四届少儿故事演讲比赛在市文化馆小剧场举行。在各镇(街道)文化服务中心的大力支持下,全市各小学和幼儿园积极组织学生和幼儿参加比赛。演讲比赛分儿童组和少年组,最终儿童组评出一等奖1名,二等奖2名,三等奖2名,其中璜塘实验小学的薛佳玥获一等奖;少儿组评出一等奖2名,二等奖4名,三等奖4名,优秀奖38名,最佳创意奖、最佳风采奖、最佳情感奖、最佳人气奖各1名,其中要塞实验小学的余知谚、华士实验小学的张京烁获一等奖。获最佳辅导奖的有璜塘实验小学老师孔咪、要塞实验小学老师顾江萍、华士实验小学老师王翠萍,还有17名小学老师获优秀辅导奖。创作奖分成人组和少儿组,最终成人组评出一等奖2个,二等奖3个,三等奖5个,其中陆桥实验小学老师宋春娣、朱婷霞创作的故事《冒牌货》和徐霞客研究会会员肖卫琴创作的故事《美丽的蝴蝶》获一等奖;少儿组评出一等奖1个,二等奖2个,三等奖4个,其中敔山湾实验学校张熠凡创作的故事《两位天才》获一等奖。澄江街道文化服务中心等4个单位获优秀组织奖。

【公益性群众文化培训班】 为了方便广大文艺爱好者学习书画、舞蹈、电脑等知识,促进社区文化发展,市文化馆从2014年3月起,陆续举办多种类型的公益性群众文化培训班,有锡剧班、中老年计算机扫盲班、广场舞班、快乐合唱班、书法班和市级机关干部文体培训班等。报名入学接受培训者有2000余人。

【参加无锡市第二届"群芳奖"比赛】 2014年5月28日,市文化馆组队参加无锡市第二届"群芳奖"曲艺专场比赛。江阴市选送3个故事参赛。经过评比,由卞光绪创作,赵爱萍、赵雪莲演讲的《火锅吃出的故事》和陆虹羽创作、洪锐演讲的《书包里的秘密》获金奖;由梅玉珍创作、赵琼演讲的《唱响阳光》获银奖。29日组队参加"群芳奖"音乐舞蹈专场比赛,少儿舞蹈《今天我值日》和成人舞蹈《水乡情缘》分别获金奖和银奖;男声小合唱《水乡渔歌》获金奖,男声独唱《中国字》《叹楼兰》,二胡独奏《云南民歌畅想曲》均获银奖。30日组队参加"群芳奖"广场文艺专场比赛,新桥镇的《渔家乐》、云亭街道的《晒谷场上》和长泾镇的《悠悠泾水情》参加比赛,其中《渔家乐》获金奖。7月2日,"群芳奖"小戏和小品决赛在江阴大剧院举行。

2014年5月5日,市首届"芙蓉花奖"群众文艺会演在市文化馆小剧场举行 (市文广新局提供)

江阴市有1个小戏、6个小品参加决赛。其中小锡剧《今天老师来家访》获金奖;小品《村长家的狗》《婚戒的故事》《夏令营之歌》获金奖,《王小妹醉酒》《拍摄以后》《婚姻进行曲》获银奖。3日,“魅力无锡·群芳争艳”群文精品节目在无锡大剧院演出,江阴市选送的男声小合唱《水乡渔歌》、男声独唱《中国字》、小品《婚戒的故事》、小锡剧《今天老师来家访》等节目入选参演。

【参加省第十一届“五星工程奖”决赛】 2014年11月4—7日,第十一届江苏省“五星工程奖”表演艺术类作品现场决赛在无锡市举行。江阴市选送小戏《今天老师来家访》等8个节目参加决赛。经过评选,小戏《今天老师来家访》、小品《夏令营之歌》、故事《书包里的秘密》、男声小合唱《水乡渔歌》和广场舞《渔家乐》5个作品获金奖,小品《婚戒的故事》获银奖,少儿舞蹈《今天我值日》、小品《村长家的狗》获铜奖。

【锡剧传承演出活动】 2014年4月起,江阴市文化馆发动包括学生在内的社会各界锡剧爱好者,参加锡剧传承演出活动。各镇(街道)进行初赛选拔,有46个节目参加全市的复赛,表演形式为对手戏、折子戏,其中成年组25个节目、少年组21个节目。经过复赛,10个成人组、10个少年组节目参加决赛。决赛还增加演员才艺展示。经评委现场评分,成年组、少年组分别评出一、二、三等奖及优秀演员奖。11月30日起,由市文化馆邀请的中央电视台戏曲频道《过把瘾》栏目组在江阴大剧院录制《少儿戏曲欢乐季——唱响锡剧》节目。这次拍摄为期5天,全市有月城中心小学等19所学校的近300名学生参加节目录制。

【市首届阅读知识比赛】 2014年10月,“书香飘扬·全澄接力”——江阴市首届阅读知识比赛在市图书馆举行。这次比赛由市文广新局、市教育局主办。比赛设小学组(高年级)、初中组及高中组3个组别,每年度选择其中一组进行比赛。2014年为“初中组”竞赛年,共有36所初中的144名学生报名参赛。比赛分初赛、个人决赛、团体决赛3个阶段。10月18日举行现场书面答题比赛,评出个人一等奖3名,二等奖6名,三等奖9名。10月25日,南菁实验中学、江阴第一初中、江阴初级中学、徐霞客中学、青阳二中和璜土中学6所团体总分居前的学校的24名选手参加现场决赛,最终江阴初级中学夺魁。

企业文化

【概况】 2014年,江阴市为提升企业综合实力,进一步推进企业文化建设。市总工会举行以“劳动托起梦想,发展铸就辉煌”为主题的全市职工文艺会演和职工摄影大赛,展示全市工人为实现新跨越、再创新辉煌而努力奋斗的良好形象。市委统战部、市工商联、总工会联合召开全市非公企业文化建设“百千万工程”(在10000个非公企业中建成1000个企业文化示范创建先进单位和100个企业文化建设示范单位)推进会,组织部分企业代表参观天华博物馆、传澄袜子博物馆和江阴鑫辉太阳能有限公司的职工之家等企业文化建设成果,听取江苏圣华盾服饰有限公司等一批先进典型企业的经验介绍,以点带面,推进深化企业文化建设。是年,江南模塑科技股份有限公司等20个企业被评为无锡市非公企业文化建设“百千万工程”示范单位,江苏富仁集团有限公司等60个企业被评为示范创建先进单位。

【全市职工文艺会演】 2014年春,市总工会为迎接“五一”国际劳动节,组织以“劳动托起梦想,发展铸就辉煌”为主题的全市职工文艺会演。各级工会精心组织、广泛动员,由企业职工自编、自导、自演了49个反映一线职工火热生活的文艺节目,展示江阴工人敬业奉献的时代风貌。会演分声乐类、舞蹈类、曲艺类3个专场。根据评委对会演的节目内容、表演质量、舞美服装、演出效果等方面的现场综合打分,市总工会对优秀节目进行了表彰。会演结束后,总工会还挑选其中的精品组合成一台精彩节目,于是年4月29日在江阴大剧院举行全市职工庆五一文艺会演专场演出,并在江阴电视台播放演出实况。

【全市职工摄影大赛】 2014年3月,市总工会组织发动全市企业职工举行“劳动托起梦想,发展铸就辉煌”为主题的摄影大赛。有近300个企业的300多名摄影爱好者踊跃参赛。截至4月15日,共收到2000余幅摄影作品。这是江阴历年来规模最大、参赛面最广、收到作品最多的摄影比赛。这些作品从多角度记录江阴工人为实现中国梦江阴篇章而奋斗的精彩瞬间,记录江阴工人在寻梦、追梦、圆梦中的动人情节。大赛评委会从中评出118幅获奖作

2014年4月29日,江南水务有限公司工人在全市职工文艺会演中表演歌舞《芦花》 (夏伟刚 摄)

品。4月底至5月，获奖摄影作品分别在市文化画廊、市摄影家协会网站、暨阳网展出。

【“传澄杯”新闻及摄影竞赛】 2014年5月25日至9月底，江阴市企事业报刊联谊会和江阴市传澄制袜有限公司联合举办“传澄杯”新闻及摄影竞赛。江苏法尔胜泓昇集团有限公司、江苏新潮科技集团有限公司、江阴澄星实业集团有限公司、江阴兴澄特种钢铁有限公司等40多个企业的内报内刊主编参加竞赛。参赛者参观市传澄制袜有限公司创办的传澄袜子博物馆，采写40余篇反映传承制袜有限公司企业文化建设方面的经验报道，拍摄50余幅新闻照片，并将其中的优秀作品在各自主编的企业内刊的《经验交流》专栏发表。 （聂小琴）

【澄星集团建厂30周年庆祝活动】 2014年春，江阴澄星实业集团有限公司开始举行建厂30周年系列活动。厂报《澄星人》编发两期纪念特刊，编辑出版反映澄星人30年来创业、创新、创优经历的书籍《奔走万山》《澄星轨迹》，举办“我与澄星同成长”征文竞赛，举行拔河、乒乓球、羽毛球、厨艺、摄影比赛。是年11月8日，举行打造千亿级产业启动大会和千亿元级产业启航——澄星30年答谢会。澄星实业集团有限公司的职工和国内外客户代表及有关领导一起参加大会。会上提出“打造千亿产业，铸梦百年澄星”的口号。 （李宝根）

【第十届“海鹏”职工读书节】 江苏海鹏投资集团有限公司（前身为江阴全顺汽车有限公司，以下简称“集团”）为打造学习型企业，提高职工素质，从2005年起，每年举办一届职工读书节，2014年是第十届。3月25日，集团培训部向1350名职工每人发一本《服务制胜》，作为2014年集团全员阅读书籍。4—9月，集团所属各公司、各部门在发动职工读书的同时，组织职工联系实验开展讨论，并鼓励职工撰写读书体会。11月上旬，集团收到职工读书体会征文1000余篇。11月下旬举行第十届海鹏职工读书节演讲比赛初赛。12月下旬举行复赛。决赛延至2015年1月。10年来，集团已向全体职工发放10部全员阅读书籍，其中有《在岗位上成长》《行动力——让自己成为最有潜力的人》《阳光心态》《成为企业最有价值的员工》《为你自己工作》《没有任何借口》等。每届读书节都举行读书演讲比赛，并将征集的读后感择优在企业内刊《海鹏风采》上发表。读书节引领海鹏职工读书、用书蔚然成风。一大批参加过读书演讲比赛的普通职工，已成长为企业的骨干力量。

（张　宇）

附：

2014年获评的无锡市非公企业文化建设“百千万工程”示范单位名单（江阴市）

江南模塑科技股份有限公司
江苏焱鑫科技集团有限公司
江苏宝利沥青股份有限公司
江阴南泰家纺用品有限公司
江苏云蝠服饰股份有限公司
无锡圣马科技有限公司
江阴友利特金属制品有限公司
江苏方程电力科技有限公司
江阴长仪集团有限公司
江阴市华方新技术科研有限公司
江阴市申澄集团有限公司
江苏金一文化发展有限公司
江阴市虹桥机械制造有限公司
江阴市飞达出租汽车有限公司
江苏海达科技集团有限公司
江阴市传澄制袜有限公司
江阴汉和制衣有限公司
江苏苏青水处理工程集团有限公司
江阴圆方机械制造有限公司
江阴市洪腾机械有限公司

2014年获评的无锡市非公企业文化建设“百千万工程”示范创建先进单位名单（江阴市）

江苏富仁集团有限公司
江苏雪豹日化有限公司
江阴南方建设集团有限公司
江苏金宇幕墙装饰工程有限公司
江阴市第三轻工机械厂有限公司
江阴市恒通电器有限公司
江阴市恒源涂料有限公司
江阴市永欣印染机械有限公司
江阴市科安传动机械有限公司
江阴祥瑞不锈钢精线有限公司
江阴康瑞不锈钢制品有限公司
无锡百川化工股份有限公司
江阴市宏泰纺织有限公司
江阴市南方管件集团有限公司
江阴市振江钢结构有限公司
江阴朗博特钻杆制造有限公司
江苏国光重型机械有限公司
江苏江阴港港口集团股份有限公司
江阴江燕塑料有限公司
江阴市金利达化工有限公司
江阴市华骏机械有限公司
江阴市恒阳石油机械有限公司
江阴市东亚包装有限公司
江阴天广科技有限公司
江阴泰富沥青有限公司
江苏佼燕船舶设备有限公司
江苏秋林重工股份有限公司
无锡澄昌座椅有限公司
无锡华澄线缆有限公司
江苏广信感光新材料股份有限公司
江阴市友邦家居用品有限公司
江阴金燕化纤有限公司
江阴市南阳彩色纤维母粒有限公司
江阴康丽服装有限公司
江阴市向阳特种化纤有限公司
江阴爱涛针织有限公司

2014年11月8日，江阴澄星实业集团有限公司职工在庆祝建厂30周年活动中表演大合唱《澄星之歌》 （澄星集团提供）

江苏向阳集团有限公司
江阴美纶纱业有限公司
江阴市万事兴汽车部件制造有限公司
江阴延利汽车饰件有限公司
江阴市天工纺织有限公司
江阴市恒业锻造有限公司
江阴东方阀门有限公司
江阴鑫宝利金属制品有限公司
江阴市永阳毛纺有限公司
江阴市石油化工设备有限公司
江阴兴吴呢绒科技有限公司
江阴骏华植绒制品有限公司
江阴市驰峰毛纺织染有限公司
无锡海江印染有限公司
江阴裕华铝业有限公司
江阴市农业药械厂
无锡林科服饰有限公司
江阴市恒润环锻有限公司
江阴市友佳珠光云母有限公司
江阴市南华汽车维修有限公司
江苏新思维设计工程有限公司
江苏鲁班建筑装饰工程有限公司江阴分公司
江苏大唐物业管理有限公司
江苏大经集团有限公司

文化交流

【概况】 2014年,江阴市采取"请进来,走出去"的方式,进一步加强文化对外交流。市博物馆将馆藏的宋元明金银器文物送到杭州南宋官窑博物馆展出。引进"笠泽林泉——吴江博物馆馆藏历代吴江籍画家山水画展"等12期展览。接待日本十町市市长关口芳史、藤冈市副市长大岛孝夫,美国阿拉梅达市友好城市协会主席李翠英一行,新西兰瓦卡塔尼高中校长等客人参观江阴市图书馆和博物馆。徐霞客故居全年接待各地学者专家、海外人士、青少年学生近5万人次,并接受英国bbc公司采访拍摄。是年2月,江阴市天华艺术学校被江苏省侨联命名为江苏省华侨华人文化交流基地。7月,"亲情中华·汉语桥"夏令营在江阴市天华艺校举行,近30位来自美国、德国、加拿大、日本、韩国等10个国家和地区的华裔青少年到江阴进行为期10天的文化之旅。

【江阴宋元明时期金银器藏品到杭州展出】 2014年2月26日—5月3日,"奢华之色——江阴博物馆馆藏宋元明金银器特展"在杭州南宋官窑博物馆展出,共展出110件金银器。杭州新闻媒体对此特别关注,杭州电视台、《钱江晚报》《都市快报》《青年时报》等先后对展览进行11次报道。

【引进外地文物藏品展览】 2014年,江阴市博物馆从外地引进了多期展览,其中有:"常熟望山轩藏文玩展""笠泽林泉——吴江博物馆馆藏历代吴江籍画家山水画展""古韵太湖——无锡篆隶书八人作品展""陕西宋国琦书画展""好玩之物——苏州博物馆馆藏文玩展""广州西汉南越王博物馆藏枕展""衣冠明道——泰州明墓出土服饰展""饰美人生——贵州民族博物馆苗族银饰展"等。此举不仅扩大了博物馆的影响力和吸引力,而且最大限度地满足了广大观众的精神文化需求。

【引进外地书画摄影作品展】 为加强江阴与兄弟县市的书画摄影艺术交流,丰富江阴文化展览的内容,2014年,江阴市文化馆从外地引进多期展览,其中有"上林清韵——张筱膺中国画展""见素抱朴——朱友舟书法展""朝鲜绘画精品展""艺术名家董希源作品展""江海名家谢骏书法作品展""宫卫国书法作品展""中法艺术家交流展""李啸书法展"等。

【日本牧之原市代表团访问天华艺校】 2014年3月5日,日本静冈县牧之原市代表团访问天华艺校。是日,代表团成员观看了天华艺校民族乐团的表演,对天华艺校小乐手的演奏赞不绝口。该代表团此行是实地观摩天华民族乐团的演奏,为邀请天华民族乐团赴日演出作前期考察。在演出之后的座谈会上,天华艺校校长史影向代表团介绍了天华艺校的发展情况。该校民族乐团的累累成果引起了日本客人们一阵又一阵赞叹,当场表示邀请天华小乐手赴日表演。是年5月14日,牧之原市教育长坪池洋一行又访问天华艺校,与天华艺校校长史影就赴日演出的具体事宜进行了商榷。

【美国纽约之友会考察天华艺校】 2014年4月21日,欧美同学会美国纽约之友会创会会长王世耀,中美文化交流艺术音乐节执行总监、钢琴家李璐冬晨等一行,到江阴市天华艺校参观考察。他们就天华艺校民乐团赴美、欧演出,传播中华民乐和传统文化,促进对外文化交流等事宜与天华艺校校长史影进行商榷。客人们重点了解了该校的建设

2014年3月5日,日本牧之原市代表团观看天华艺校民乐团演出后与天华艺校师生合影 (史晓晔 摄)

2014年7月25日，参加“亲情中华·汉语桥”夏令营的华裔少年在江阴学习书法 （史晓晔 摄）

情况，对该校以传承中华民乐和中华传统文化艺术为治学特色有了更深入的了解，希望能够与之加强合作，并为中华传统艺术走向世界提供更好的条件。 （史晓晔）

文化管理

【概况】 2014年，江阴市依法行政，进一步加强文化管理，注重简政放权，取消行政许可事项3项。加强文化市场监管，开展“扫黄打非”集中行动4次。组织开展卫星接收设施专项整治，拆除4889只非法地面卫星接收设备。加强广播电视行业监管，增加公益广告播出数量，7种公益广告每天轮流播出13次。加大对广播电视节目技术质量的监管和督促，使广播电视节目的技术质量有了明显提高，4个节目获江苏省电视节目技术质量金帆奖、金鹿奖。

【地面卫星接收设施管理】 2014年5月10日，市文广新局和市综治办联合向各镇（街道）综治办、广电站及有关单位发出《关于在全市开展专项治理非法卫星电视接收设施工作的通知》。江阴电视台从5月15日开始每天3次播放整治工作宣传片。5月21日，市广电集团专门召开全市广电站长会议，具体布置专项整治工作。通过各镇（街道）综治办以及工商、公安、广电等部门的通力合作，年内共拆除4889只非法安装使用的地面卫星接收设备。

【电视购物专项整治】 2014年上半年，市文广新局和商务局等部门联合调查，加大监管电视、电台广告力度。经对江阴电台、电视台广告业务部进行实地检查，没有发现不符合有关规定的电视购物频道。同时按照国家广电总局61号令和国家工商总局等部门联合发布的相关规定，以及《关于在全省广泛开展“讲文明树新风”公益广告宣传的实施意见》要求，进一步加强江阴电台、电视台对广告的自查审核，由专人负责实行内控机制管理，严把广告审核关，并增加公益广告制作和投入，增加公益广告播出数量，是年，“讲文明树新风”等7种公益广告每天轮番播出13次。

文化遗产保护

·物质文化遗产保护·

【概况】 2014年，江阴市对文物工作者和业余监管员进行文物保护专业培训。市博物馆完成博物馆网站建设并启用，在微信上推出各类活动预告、文物知识等，进行线上线下互动，无线网络全面覆盖。全年举办各类展览18场。加强和民间藏家联系，借助社会收藏力量，创新展览形式，组织“色彩绚烂——江阴收藏家收藏艺术系列展”，年内举办3场。对原佛教馆进行改造，探索陈列展览新手段，突出了专题化、数字化、艺术化等布展特点。6月14日，整改一新的佛教馆对外开放。建立文物巡查制度，并开展了全面巡查。组织可移动文物普查，完成17个国有收藏单位信息采集和登录工作，上报可移动文物1132件（套）。航拍34处重要文物点，制作7个全国重点文物保护单位宣传片。整饬修缮安乐唐桥等一批文保单位，并对佘城遗址南城墙进行抢救性保护。

【聘请文物征集专家组顾问】 2014年1月2日，江阴市博物馆馆长陈蓉等到常熟博物馆颁发聘书，聘请常熟博物馆原馆长、研究员周公太为江阴市博物馆文物征集专家组顾问。周公太为常熟理工学院教授、江苏省文物鉴定专家组成员、江苏高级人民法院司法文物鉴定专家。5月28日，周公太到江阴对市博物馆考古部征集的文物进行鉴定及价格评估，并为全体馆员作题为《中国古陶瓷鉴定与辨伪》的讲座。

【重要文物遗存航拍】 2014年1月9—21日，江阴市博物馆配合市文管办对徐霞客故居等重要文物保护单位，高城墩遗址、莫城遗址、陶城遗址、祁头山遗址等重要遗址，以及长泾、顾山、青阳、徐霞客镇的老街和古村落等34处重要文物点进行无人机航拍，为文物保护提供翔实的资料。

【“博物馆志愿者之家”成立】 2014年上半年，江阴市博物馆经过招募、面试、培训和考核，建立一支高素质的志愿者讲解员队伍。5月18日（国际博物馆日，全国助残日），“博物馆志愿者之家”正式成立。是日，20名志愿者和市残联的工作人员联合开展“国际博物馆日文化助残公益行动”。“志愿者之家”为更好地服务社会公众，建立了志愿者讲解排班制度、考核制度、学习制度和培训制度。12月，首期江阴市博物馆志愿者年刊出版。

【“全家玩转博物馆”系列活动】 2014年，江阴市博物馆为普及文物知识，以“全家玩转博物馆”为主题，发动中小学生及其家长到市博物馆参加活动，并向各中小学发放“玩转博物馆通行证”600余份。市博物馆先后开设“巧手扎花灯”“我的风筝我做主”“童心绘彩瓷”“传统拓片新体验”“创意麦秸秆画”5堂传统文化体验课。还在馆内二楼艺术体验区举办“文物零距离”讲座6次：3月30日讲座主题为“借你一双慧

2014 年 9 月 20 日，江阴市博物馆的部分志愿者赴常州博物馆学习时合影

（江阴市博物馆提供）

眼——馆藏书画鉴赏”；4 月 27 日讲座主题为“我的风筝我做主”；6 月 14 日讲座主题为“江阴市博物馆馆藏青铜编钟暨中国古代青铜乐器”；8 月 23 日讲座主题为“明代出土折扇赏析”；10 月 12 日讲座主题为“天地之灵——良渚文化的陶器”；12 月 13 日讲座主题为“天地之灵——良渚文化的玉器”。至年末，有 1644 人参加了此项活动。

【接受南京博物院资料和赠品】 2014 年 7 月 1 日，江阴市博物馆考古部工作人员赴南京博物院，接收该院考古队移交的祁头山、南楼、高城墩遗址的文字、照片资料。这些资料包括以上三个遗址发掘时的原始探方记录、器物线图和现场照片等，是研究三大遗址的重要资料。10 月 28 日，市博物馆馆长陈蓉等赴南京博物院，接收美籍华人 Sandy Moffett 捐赠的清代禹之鼎款人物画一件。

【可移动文物普查】 2014 年 10 月始，江阴市博物馆开展可移动文物普查工作，全馆召开动员会，组织 4 个文物普查小组。10 月 10 日，全体普查人员参加培训。市文管会邀请无锡博物院保管部副主任黄梅讲授全国可移动文物普查培训课程。随后，各普查小组对所有文物进行基本数据的采集，包括文物定名、年代、质地、尺寸、重量、来源、等级、完残情况、入藏时间等，并对完成基本信息采集的文物进行拍照，再按要求在相应的软件中进行上传提交。至年底，完成全市可移动文物的普查，并完成全市 17 个可移动文物国有收藏单位的信息采集和登录。全市上报可移动文物 1132 件（套）。还完成全国重点文物保护单位专题资料片的拍摄制作。

· 非物质文化遗产保护 ·

【概况】 2014 年，江阴市立足民乐之乡、小戏之乡、中医之乡的传统文化特色，抓好“非遗”项目典型培养工作，做大做强本土特色的“非遗”品牌。是年，全市有天华民乐团、周少梅国乐社等 50 支民乐队伍。继续加大对膏滋药、精细木作、黑杜酒、马蹄酥等重点“非遗”项目的鼓励和扶持。成功申报江阴市大众医药连锁有限公司、江阴市滨江酿酒有限公司、江阴市华西食品酿造厂等非物质文化遗产保护单位为无锡市第一批生产性保护示范基地。加大对江南丝竹、二胡艺术、锡剧的启蒙、普及和人才培养，开办 2 期中小学音乐老师锡剧培训班和 1 期乡镇青年锡剧演员培训班，在全市 19 所中心小学成立“小锡班”，连续 3 年举行全市范围的锡剧艺术会演，还举办第二届“澄星杯”锡剧票友大赛、江南丝竹展演等一系列活动。成功申报市文化馆的二胡艺术、江阴锡剧、周少梅国乐社的江南丝竹、临港街道的九狮舞为第一批省级、无锡市级非物质文化遗产传承示范基地。摄制江阴传统手工艺项目专题资料片《江阴好手艺》。举办江阴市传统名肴、名点进社区活动。

【“文化遗产日”系列活动】 2014 年 6 月 12 日，江阴市举办“文化遗产日”系列活动，有演出、讲座、展览等。其间，邀请复旦大学教授葛剑雄在市图书馆作题为《中国需要怎样的文化遗产》的讲座。在江阴文庙开展做糖塑、画脸谱、踩高跷、滚铁环、抖空竹、敲状元锣等多项民俗活动。整理 10 名“江阴非物质文化遗产项目代表性传承人”的宣传资料，在江阴电视台“非遗”栏目中播出。开展“舌尖上的江阴”江阴饮食类“非遗”项目进社区活动，向居民群众展示过桥鳝、刀鱼馄饨、中山饼等名肴、名点的制作技艺。举办江阴传统美术和民间知识类的“非遗”图片展，展期为半个月，展出内容有灰塑、麦秆画、砖刻和致和堂膏滋药、直接灸、中医专科等 20 项项目。

【《江阴好手艺》专题纪录片拍摄完成】 2014 年 6 月，以《江阴好手艺》为主题的非物质文化遗产民间工艺类项目揽萃纪录片开拍，到 12 月底完成。纪录片拍摄青砖雕刻、麦秆画、灰塑、纸马、百寿图、木雕、圆作、面塑、灶花、珠绣 10 项手工技艺，每项项目展示 10 分钟，共 100 分钟。拍摄完成后在江阴电视台播放。

【江阴“非遗”项目到无锡展示】 2014 年 4 月 2 日，由无锡市民间文艺家学会和无锡市玉祁街道联合举办的民间艺术展示活动在玉祁街道举行。江阴市组织珠绣、带响风筝、糖塑 3 项“非遗”项目参加，还将此 3 项项目的传承人郭雅娟、姚仲虞和顾德昌送到活动现场展示技艺，受到了观众的好评。

（邵振良　张晓琳）

■类目编辑　李缉宁

卫 生

综 述

【概况】 2014年，江阴市有医疗卫生机构538个，其中医院、卫生院43家，社区卫生服务中心7个；编制床位5784张，实际开放床位7605张；卫生技术人员8435人。全市卫生事业经费4.02亿元，占全市财政支出的2.14%。全市医疗服务门急诊96.15万人次，比上年增长7%；收治住院29.26万人次，与上年持平。实施2014年度新型农村合作医疗保险工作，人均保费660元，参合群众56.8万人，参合率100%，近193.9万余人次得到结报补偿，受益面100%，其中住院结报补偿9.5万人次，结报总金额3.26亿元，政策性补偿率80%，实际补偿率50%，门诊结报183.3万人次，结报总金额4192万元。全市192个社区卫生服务站通过无锡市规范化建设验收，建成率96%。石庄卫生院被确定为江苏省乡镇卫生院示范中医科建设单位，璜土镇高城墩村卫生室、祝塘镇文林村卫生室、顾山镇李家桥村卫生室被评为江苏省示范村卫生室。江阴市中医骨伤医院（江阴谢氏正骨疗法）、江阴市青阳医院（江阴朱氏针灸疗法）列入无锡市级非物质文化遗产扩展项目。江阴市人民医院肿瘤科被评为第三批江苏省癌痛规范化治疗示范病房。是年，江阴市通过国家慢性病综合防控示范区达标验收，被评为江苏省病媒生物防制单项控制达标先进城市。

【通过国家慢性病综合防控示范区验收】 2014年10月15—16日，由中国疾控中心党委书记梁东明、国家卫生计生委办公厅副处长刘俊丽等7名专家组成的国家慢性病综合防控示范区调研组对江阴市建设国家慢性病综合防控示范区工作进行现场调研，江阴市副市长龚振东陪同调研。调研组专家听取江阴市慢性病综合防控示范区建设工作汇报，查阅了相关工作台账。同时分三组现场调研慢性病示范区支持性环境，进一步了解江阴市慢性病示范区建设工作的开展情况。通过两天的调研，调研组对江阴市国家慢性病综合防控示范区建设工作予以充分肯定，认为江阴市委、市政府高度重视民生工作，以“让群众看得好病、让群众看得起病、让群众少生病、让群众舒适看病、让群众办事更方便”为服务理念，强化投入保障，积极探索中医疗法，通过信息化建设和完善的防控网络，使慢性病防控触角延伸到了千家万户，覆盖城乡，为城乡居民营造了健康的环境。全民免费健康体检、健康场所建设、社区高血压患者家庭远程血压监测、慢性病监测报告信息化、以社区（村）为单元的慢性病自我管理小组等慢性病防治工作新模式成为江阴市慢性病综合防控的新亮点。经调研组专家认定：江阴市成功通过国家慢性病综合防控示范区达标验收。

【江阴市120急救中心挂牌成立】 2014年1月15日，江阴市政府按照边建设边服务的原则，在城中社区卫生服务中心绮山路规划免疫接种点挂牌成立120急救中心。该中心是市委、市政府为民办实事工程之一，主要承担全市突发公共卫生事件的统一调度指挥和院前急救、转院治疗运送病员等工作。至中心成立，全市形成以中心、分站、急救站点为架构的卫生急救应急网络体系，使用全市范围内统一的“120”卫生应急服务号码，并与“110”“119”联动，实施紧急救援行动。同时，120急救中心还将实现院前与院内急救无缝衔接，为患者搭建一条快速、安全、高效的生命绿色通道。120急救中心有51名工作人员、17辆急救车。

【乡村医生签约服务工作启动】 2014年5月23日，江阴市乡村医生签约服务工作在城东街道石牌社区卫生服务站启动。江阴市作为全省乡村医生签约服务工作16个试点县（市）之一，通过开展乡村（社区）医生签约服务，引导卫生院（社区卫生服务中心）、村卫生室（社区卫生服务站）转变服务观念，充分发挥乡村医生的作用，建立乡村医生与农村（社区）居民间的契约式服务关系，使社区医疗服务从坐诊模式转向坐诊和走访门诊相结合，推动社区卫生服务从“有病看病”转向“没病防病”。签约居民可享受国家规定的基本医疗和公共卫生服务，有条件的机构可将其他个性化服务纳入签约服务范围。通过签约服务，将为村级（社区）首诊、双向转诊、分级诊疗奠定基础。至12月31日，全市居民完成签约10.5万余户，履约率90%以上。

【元林慈善基金会白内障复明工程启动】 2014年9月1日,江苏元林慈善基金会"光明行——白内障复明工程"启动。该工程旨在使白内障患者得到社保补贴和政府补助的同时,还能额外享受该基金会提供的定额补助。补助对象为江阴市户籍并参加市城镇职工医疗保险或新型农村合作医疗,在全市指定医院(市人民医院、市中医院)进行白内障复明手术的患者。具体标准为参加城镇职工医疗保险白内障患者1000元/例(每例:单只眼睛),参加新型农村合作医疗白内障患者3000元/例。该活动期限为两年,至2016年8月31日结束,每期将惠及全市约2000余名白内障患者。

【提高新农合筹资和保障水平】 2014年,江阴市提高新农合筹资标准,人均筹资660元,较2013年增长14%,基金总盘子3.7亿元。其中市级财政人均补贴260元,较2013年增长18%;镇(街道)财政人均补贴250元,较2013年增长19%。新农合保障内涵覆盖门诊、住院、康复、老年护理和体检等诸多方面,建立并逐步完善以新农合为主、医疗救助和补充保险为辅的三位一体多层次医疗保障体系。年内,市新农合继续深化支付方式改革,进一步完善以总额付费为主,按病种付费、按床日付费和按项目付费为辅的综合支付方式。全年补偿1938871人次,补偿总金额4.2亿元,受益面100%。其中门诊补偿1832662人次,补偿总金额4192万元,门诊实际补偿比达40%。住院补偿95020人次,补偿总金额3.26亿元,其中大病救助20136人次,救助总金额达5221万元,住院实际补偿比达53%。筹资水平的提高,有效地提高了保障水平,缓解了广大参合群众"因病致贫、因病返贫"问题,切实提高了广大参合群众的医疗保障水平。

【首轮优质服务品牌建设完成】 为努力打通联系服务群众的"最后一公里",围绕"理念最新、服务最好、效率最高"的要求,积极培育具有"时代特征、行业特点、窗口特色、群众认可"的优质服务品牌项目,全面提升卫生行业优质服务意识,江阴市卫生系统从2012年起,每年组织一次优质服务品牌项目申报,3年为一轮。2014年是首轮最后一年。12月26日,市卫生系统举办第三期优质服务品牌发布会,其中13项入围2014年度江阴市卫生行业服务品牌项目进行集中展示。青阳医院"小小银针有大爱",用温暖的语言,精湛的技术,赢得了患者的口碑,人民的评价。中医骨伤医院"真情不'欠费'服务不'关机'",用真情和诚挚的行动赢得了广大患者的心,用微笑服务温暖患者。市中医院心内科"'心'中有人",将病人利益放在首位,将病人需求想到首位,将病人满意度提升到首位。市人民医院乳腺甲状腺外科"用心服务、用爱护航",重视日常医疗工作,引进国内外先进的特色技术,开展个性化特色服务,更好地满足患者健康需求。利港医院胃病专科"因'胃'有你,开启健康之旅",以高超的医术,高尚的医德,先进的设备,严格的管理,切实为周边老百姓提供了多元化的健康服务。璜土医院糖尿病学校"守护生命　托付健康",在普及疾病防治知识的同时,践行以人为本、以健康为中心服务理念。市疾病预防控制中心卫生应急团队"点亮危急时刻'生命之灯'",每天用能力和实力创造着佳绩,用爱心和信心照亮着危急时刻江阴百姓的生命之灯。城中社区卫生服务中心"上门送健康　共筑爱心屋",努力强化"主动服务",有效凸显中心的公益性,同时满足社区居民多元化的健康服务需求。申港社区卫生服务中心"家庭医生工作室　百姓自家的医苑",依托健康小屋、慢性病自我管理活动运行,百姓的互助互动性得到较大发挥,自我参与健康管理的模式在区域内具一定反响。江阴市社区卫生管理中心"建采购纽带　筑结算桥梁",确保全市基本药物的及时供应,卓有成效地降低了药费支出,减轻了群众负担,切实地保障了群众利益,使群众得到了实惠。市妇幼保健所"以人为本关怀　温馨服务送子",为不孕症患者带来福音,为不孕症家庭送去温暖和喜悦。市健康促进中心"树'江阴健康'品牌　创服务百姓佳绩",积极整合资源,突破传统观念,推行创新之路,大力倡导民众养成科学、文明、健康的生活方式。市红十字血站"365天流动的爱",捐出的是汩汩热血,传递的是人间的真爱,演绎的是生命的感动。首轮活动,全市各医疗卫生单位申报优质服务品牌项目78项,有31项获奖。 (潘　燕)

爱国卫生

【概况】 2014年,江阴市爱国卫生工作以贯彻《江苏省爱国卫生条例》为契机,深化爱国卫生工作内涵,围绕建设健康城市,大力开展健康教育与健康促进、"江阴健康"品牌系列、健康"五进"(进机关、社区、企业、学校、家庭)系列活动、烟草烟雾危害控制、城乡环境卫生整洁行动、病媒生物防制等活动。以卫生创建为抓手,强化农村环境卫生长效管理;以贯彻省健康教育宣传月等活动为契机,重点围绕健康教育、健康场所建设、除"四害"工作、传染病防治等开展活动。年内,顺利通过病媒生物防制单项控制达标先进城市达标评审,获省爱卫会重新确认先进城市称号。完成江苏省健康素养监测点现场抽调工作。临港街道、南闸街道、徐霞客镇、祝塘镇顺利通过国家卫生镇复审评估,月城镇顺利通过省卫生镇复审评估;全年建成华士镇、月城镇、祝塘镇和云亭街道4个健康小屋,新建成顾山镇、祝塘镇、璜土镇和南闸街道4条健康步道,青阳健康主题公园进入施工阶段。

【获评省病媒生物防制单项控制达标先进城市】 2014年,江阴市坚持经常性开展环境整治与药物消杀相结合的原则,加强对"四害"(蚊子、苍蝇、老鼠和蟑螂)孳生地改造和治理,有组织、有计划地开展除"四害"活动,掌握科学除"四害"方法,使"四害"密度得以有效控制。全市共清理"四害"孳生场所900多处,投放灭鼠药物160000包、灭蟑药物40000包、灭蝇药物50000包,增设毒饵站14500个、灭蝇笼300余个,通过有效防制,"四害"密度始终控制在国家标准范围内。11

月27—28日，无锡市病媒生物防制工作复查组受省爱卫办委托，按照中华人民共和国《病媒生物密度控制水平》GB/T27770～27773-2011〔鼠类、蚊虫、蝇类和蜚蠊(蟑螂)〕、《病媒生物预防控制管理规定》以及《江苏省病媒生物防制工作督导评估办法》规定的抽样原则和评价标准，对江阴市病媒生物防制工作情况进行考核。复查组通过听汇报、查资料、实地察看等形式进行检查。复查组一致认为，江阴市的病媒生物防制巩固工作，领导重视，网络健全，制度完善，经费落实，资料齐全，综合防制方法有效。现场检查的相关指标达到了《病媒生物密度控制水平》中鼠类为A级、蜚蠊为B级、蚊虫为A级、蝇类为B级的控制水平，通过病媒生物防制工作达标考核。同时指出在农贸市场等场所发现的一些薄弱环节，希望认真做好下一步"补课"工作。结果表明，全市各项"灭鼠、灭蟑螂、灭蝇、灭蚊"指标达到全国爱卫会规定的标准，顺利通过"灭鼠、灭蟑螂、灭蝇、灭蚊先进城市"达标评审。12月29日，省爱卫会发文重新确认江阴市为病媒生物防制单项控制达标先进城市。

【省级健康素养试点监测调查】 2014年9月，江阴市健康促进中心按照《江苏省健康素养调查监测方案》和《无锡市健康素养调查监测方案》的要求，制定《江阴市健康素养监测方案》，对调查前绘图与列表和调查时的《KISH(社会调查中的一种随机抽样方法)表》使用与调查对象的确定等重点内容，现场调查的各个细节与注意事项等进行反复论证。同时选择顾山、新桥、周庄3个镇的绿园社区、南曹庄村等6个村(社区)为调查对象，并从中随机抽调24名社区卫生服务中心专业人员和24名村(社区)工作人员，配对成6个调查小组，进行现场调查各环节的培训，掌握调查业务和调查表、注意事项以及规范填写等要点。对所调查的6个村(社区)，根据其实际地形地貌，绘制住户的居住及居民情况等专业图纸和居住户列表等。省疾控中心随机抽出600户分给6个调查小组，每组配备一名村(社区)居民小组长带路。市爱卫办、健康促进中心分管领导和健康教育专业人员轮流到各小组跟踪调查质量，对每天的调查问卷从家庭成员的登记表填写、KISH表代码的使用、被调查者的确定到被调查者的知情同意签字、答案代码的填写、相关表格及答题卡填写的正确率等所有环节进行逐项审核解决问题，以保证调查质量。10月20日，江苏省健康素养监测点的450份有效调查问卷顺利完成。

【城乡卫生环境整治】 2014年，江阴市卫生局继续抓紧做好城乡卫生环境整治工作，城乡卫生创建进一步深入。4月，在全市城区范围进行集中排查和专项整治活动，进一步完善环境卫生长效管理机制，国家卫生城市和国家卫生镇创建成果得到巩固提升。城区整治卫生死角159处，清运垃圾3450吨；全市整改户外广告设施654块，拆除路灯杆旗28条路段、862杆，拆除其他户外广告设施1548块。落实省卫生村长效管理机制，完善卫生基础设施，14个2009年建成省卫生村及2009年通过复审的省卫生村顺利通过复审。同时为努力掌握辖区内农村环境卫生健康危害因素水平及动态变化情况，客观评价农村环境卫生状况，在璜土镇、南闸街道、青阳镇、周庄镇、顾山镇挑选20个行政村进行农村环境卫生状况调查，进行环境卫生监测工作。"池改厕"工作有序推进，全市建造农村水冲式公厕86座，78座通过验收；完成生态户厕改造7136户，超额完成目标任务。通过组织开展爱国卫生月活动，发动干部群众和志愿者近8000人次参与环境治理活动，全市清理卫生死角1300余处，清运垃圾2000余吨(不含日常垃圾)，清理乱张贴4万余处，补植绿化面积6.6万平方米，新增垃圾箱(筒)1500余个，妥善处理群众有关环境卫生投诉问题30余件。全市城乡环境卫生明显改善，群众满意度得到提升。

【健康城市建设】 2014年，江阴市加快推进建设健康城市工作。对照《江阴市建设健康城市行动计划(2011—2015)》(以下简称"行动计划")，落实行动部署。市健康办在充分征求各成员单位意见的基础上，制定下发23个成员部门目标任务书，明确了2014年的工作要求和时间节点。加强对各成员单位目标任务的中期督导，先后开展3次病媒生物防制专项消杀活动，并获省爱卫会病媒生物防制单项控制达标先进城市称号。大力推进健康场所建设，健康小屋、健康步道加快建设，新建健康主题公园1个，新建健康步道5条。狠抓烟草烟雾控制工作，协调市委办、市政府办联合下发《关于领导干部带头在公共场所禁烟的实施意见》，通过领导干部的表

2014年6月10日，江阴市卫生进社区·健康伴我行大型义诊咨询活动暨"健康直通车"网络直播互动节目在周庄镇山泉村山泉花苑小区广场举行。图为活动现场

(吴　亦　摄)

率作用及机关、窗口单位“无烟单位”的创建,先后有江阴国际大酒店有限公司等10个单位建成“无烟单位”;农村饮用水水质监测覆盖率100%。年内,还先后开展健康教育宣传月、打造“江阴健康”品牌、健康“五进”(进机关、进社区、进企业、进学校、进家庭)等活动,有序推进健康城市建设工作。

【健康教育宣传月活动】 2014年4月,江阴市卫生局贯彻省爱卫办开展健康教育宣传月活动要求,具体围绕健康教育、健康场所建设、除“四害”工作、传染病防治等重点,精心组织专家学者进行健康教育专项宣传、义诊等活动,确保活动取得实效。在宣传月活动中,累计开展健康教育专项宣传、义诊活动71场次,发放各类宣传资料10万余份,制作各类健康知识展板450块,张贴宣传画1000余份,受益群众20万人次。大力开展《江苏省爱国卫生条例》宣传普及活动,全市开展《条例》专项宣传贯彻活动25场次,受教群众万余人次。

【“江阴健康”品牌系列活动】 2014年2月,江阴市卫生局编印发放《江阴健康》赠刊,举办每周一期《健康驿站》防病宣传节,开辟每月一期《健康你我她》科普栏目,推出《江阴健康》微信公众平台订阅号,先后组织开展健康“五进”系列活动,认真贯彻江苏省健康教育宣传月活动,开展“健康直通车”等健康教育与健康促进活动,全力打造“江阴健康”品牌。全年微信平台发布健康信息33期99条,《江阴健康》赠刊4期共计发放24000余册,发送健康小贴士16万条等;通过网络、电视媒体等开展健康教育宣传40次。

【健康“五进”系列活动】 2014年,江阴市卫生局组织开展健康进机关、进社区、进企业、进学校、进家庭“五进”活动,组织百名专家讲师团为机关干部、社区居民、在校学生进行健康讲座,通过“健康直通车”等形式,提升居民健康素养水平,建立良好的健康生活方式和生活习惯。全市城乡累计印发健康教育宣传资料280余万份,其中市级印发10种10万份(册);播放音像资料2.1万余次;开展公众健康咨询活动470次,其中市级活动14次;举办健康教育讲座1613次,其中市级健康讲座75场;每月更新健康教育宣传栏565个。 (陶卓芬)

卫生监督

【概况】 2014年,江阴市依法把好卫生许可关,共审核发放、注册、变更各类许可证、资格证5349份,其中医疗机构新办、变更77个。开展各类专项检查32次,立案处罚361件,到账罚没款119.66万元。各行业监管继续实行量化分级管理,集中式供水单位、医疗机构、餐饮服务食品安全监督的监督覆盖率均达到100%。发证3个月以上的4811个餐饮单位年度量化分级等级评定率100%,其中优秀等级127个,良好等级4183个,一般等级501个。新增报无锡市餐饮行业守信示范企业2个。完成江阴两会、中央领导到江阴视察、中高考、女足超级联赛等重大活动卫生监督保障工作16次,开展现场快速检测506项次,合格率100%,有效保障9.4万余人次的食宿卫生安全。加大公共场所经营单位监管力度,推行实施住宿场所“五常法”(常组织、常整顿、常清洁、常规范、常自律)管理新模式,7个住宿场所通过无锡市行业协会评估小组的评估。继续开展公共场所禁控烟专项检查,2198个公共场所单位的禁控烟管理制度、组织网络、劝阻措施得到进一步落实。完成辖区内3个集中式供水、1个农村供水、26个二次供水单位监督检查,完成水质检测任务180项次,合格率100%,与市疾控中心联合开展抽检出厂水、末梢水22次,合格率100%。拉网式检查74个涉水产品生产企业,监督覆盖率100%,立案处罚29个次。全市学校卫生专项监督检查暨学校卫生综合评价工作覆盖率100%。完成综合评价学校38个,其中A级18个,B级20个。开展保健食品安全风险隐患专项整治,一是打击无证无照,规范主体资格;二是打击不合法来源,规范采购活动;三是打击假冒伪劣和无生产厂家、生产日期、保质期、食品生产许可、食品标签产品,规范标签标识管理;四是打击超范围、超限量使用食品添加剂和非法添加非食用物质违法行为,规范生产经营过程的“四打击四规范”整治,检查保健食品、化妆品生产经营单位2217个次,立案处罚10件。全面覆盖医疗机构服务监督,进一步规范医疗机构诊疗行为和采供血机构及医疗机构临床用血行为,检查各类医疗机构472个,监督覆盖率达100%,实施行政处罚9件,并予以不良执业行为记分。全程参与医疗机构校验248个。医疗机构量化分级管理评审结果为A级139个,B级299个,C级18个。A、B级占比均较去年有所提升。全市医疗机构放射卫生检查情况总体良好。14个职业健康检查机构、2个职业病诊断机构进行监督检查全覆盖。全市中小学校传染病防控监督覆盖率100%。对全市中小学医务室人员资质全面梳理,并列入年度校验的必要条件。开展为期3个月的消毒产品专项整治工作。检查消毒产品生产企业和流通市场284个,协助省级部门抽查消毒剂、消毒器械、卫生用品共425件,合格率99.76%。开展餐饮具集中消毒单位专项整治和量化分级管理,评出A级单位2个,B级单位8个,对消毒效果进行集中抽检4次,合格率为90.48%。抽检食品合格率98%;餐具合格率91%;游泳池水样合格率94%,浸脚池水样合格率100%;公共用品用具合格率95%;商场(超市)、影剧院等的空气细菌数、一氧化碳、二氧化碳、甲醛样品合格率100%。规范信息化建设,国家平台公共场所、医疗机构、饮用水等条线监督覆盖率98%以上。全年培训从业人员并发放卫生知识培训证39360张,食品安全管理员证634张,放射防护知识合格培训证266张。集中开展各类培训班10期,开展“法律六进”(进机关、进乡村、进社区、进学校、进企业、进单位)宣传活动30次,展出各类宣传展板50块次,接受现场咨询2000余人次,印发宣传资料和“文明用餐”系列纸牌、贴纸2万余份;300余个餐饮单位参与食品安全周宣传活动,滚动电子字幕220块次,张贴、悬挂宣传标语85幅次。对外媒体宣传162篇次。受理群众各种投诉举报案件348件，回复结报率100%。

【做好应急防范支持南京青奥会】 2014年，第二届夏季青年奥林匹克运动会在南京举行。江阴市作为无锡地区旅游辐射城市，围绕"健康江苏"卫监系列执法行动部署五项举措，加强餐饮服务、饮用水、医疗等各条线卫生安全工作监管，有效防范公共卫生事故的发生。全体卫生监督员青奥会期间暂停休假，24小时通讯畅通。组成督查组加强对重点单位的抽查，着力强化对重点区域、重点单位、重点环节、重点品种的风险隐患排查。利用短信提醒、QQ平台等即时通信工具，及时向餐饮服务单位，尤其是旅游景区及周边餐饮单位发布食品安全预警。告知食品安全及防控食物中毒知识，按要求做好大型宴席申报以及食物中毒报告工作。组织突发公共卫生事件模拟应急演练一次，事先不通知、不准备，全体分所监督员反应迅速，交出满意答卷。

【推行住宿场所"五常法"管理】 2014年，江阴市卫生监督部门在住宿场所卫生监督量化分级管理的基础上，推行实施常组织、常整顿、常清洁、常规范、常自律的"五常法"管理模式（也称5S管理）。通过历时半年的调研、培训、整改，6月下旬，首批215个住宿场所的卫生管理员获得专职卫生管理员培训证。10月，有7个住宿场所通过无锡市行业协会评估小组的评估。11月14日，无锡市卫生监督所、无锡市行业协会召集无锡市20余个大型宾馆管理人员到江阴召开住宿业"五常法"管理现场观摩交流会，江阴住宿业"五常法"管理模式得到高度评价。

【农村食品和保健品市场整治】 2014年9月至12月上旬，江阴卫生监督部门集中开展农村食品、保健品市场"四打击四规范"专项整治行动。累计出动卫生监督员3140人次，检查餐饮服务相关单位3531个次，食品生产小作坊265个次，保健食品生产、经营企业363个次，查处违法案件39件。通过整治，促使餐饮单位食品安全意识、法律责任意识、诚信自律意识进一步增强，餐饮单位食品安全相关制度进一步健全并有效落实，索证索票和食品添加剂管理得到进一步规范，检查未发现侵权仿冒和"五无"（无生产厂家、生产日期、保质期、食品生产许可、食品标签产品）食品违法行为，也未发现生产经营"两超一非"（超范围、超限量使用食品添加剂和非法添加非食用物质）等劣质食品行为。开展食品和餐饮具的监督抽检工作，共抽检熟肉制品和面包糕点98件，合格率99%，抽检餐饮具1000件，合格率93%。

2014年江阴市卫生系统加强餐饮服务场所卫生督导检查工作。图为11月11日，市卫生监督所卫生监督员在河北街某茶餐厅进行现场检查

（徐　洁摄）

【开展文明城市测评迎检】 2014年，是新一轮全国文明城市及其提名城市和江苏省文明城市评选之年，江阴市作为全国县级文明城市提名城市参加测评。11月至12月上旬，江阴卫生监督部门集中开展对市区所有宾馆（饭店）、餐饮店、食品店、经营性公共场所、医院等经营单位全面梳理和文明行为宣传贯彻工作，全面完成2000余个经营单位的又一轮监督覆盖。卫生监督员沿街逐巷，挨门挨户，对所辖单位一一督查登记。对照创建标准督促被监管单位进一步补全"文明餐桌""文明用餐""不剩菜不剩饭""公共场所请不要大声喧哗""公共场所请不要随地吐痰"等遵德守礼的温馨提示牌。检查落实并提高许可证、健康证、培训合格证三证持证率。督查期间制作张贴各类纸牌、贴纸2万余张，指导完善六病（痢疾、伤寒、病毒性肝炎、活动期肺结核、化脓性或渗出性皮肤病，以及其他有碍公共卫生的疾病）调离和消毒记录公示牌550张。充分利用被监管单位的宣传栏、电子屏、横幅标语等宣传载体，进行社会主义核心价值观、文明创建宣传语宣传500余条次，利用电视、电台、报刊等媒体开展文明创建宣传4次，全面营造文明创建氛围，努力引导全民参与。

【联合打击非法行医】 2014年初，江阴市卫生局、公安局、食品药品监督管理局、人口计生委等部门联合召开整顿医疗秩序打击非法行医联席会议，形成监管合力，全年开展联合行动14次。江阴卫生监督部门组织开展打击"两非"专项行动、打击美容养生场所无证行医专项整治行动、夜间突击打非行动等专项行动5次。全年检查无证行医185户次，取缔无证行医59件，实施行政处罚59件，罚款金额19.21万元，没收非法所得2.51万元，没收药械310箱。向公安书面移交受过二次以上行政处罚的非法行医名单12人次，移送涉嫌犯罪案件5件，向工商发送非法行医案件线索通报函30份。

【微电影宣传片拍摄】 2014年,江阴市卫生局卫生监督所和江阴市电视台合作完成一部微电影的拍摄。电影以打击非法行医为主要题材,讲述某赤脚医生在外地打工的城市无证行医致人死亡的短故事。其中的演员来自多个渠道:既有专业演员,也有本地卫生监督员、公安民警,取景也充分还原卫生监督执法工作的真实场景。影片有较强的警示教育作用,开创了卫生监督防范宣传的先河。 (徐 洁)

疾病预防控制

【概况】 2014年,江阴市累计报告甲乙类传染病9种1287例,发病率77.71/十万,较上年下降9.24%,继续呈现平稳下降的趋势,未发生甲乙类传染病暴发流行。报告死亡病例8例,未发生法定传染病漏报现象,网络直报率100%,及时率100%,卡片完整率100%,信息准确率99.4%、传报卡及网络直报信息一致率100%。全市报告预防接种疑似异常接种反应277例,均得到及时调查处理,未发生重大预防接种异常反应事件。全市儿童的接种率和及时率稳步提高,一类疫苗报告接种率基本达95%,适龄儿童建卡、建证率100%。累计发现活动性肺结核病人578例,其中涂阳病人209例,严格按要求开展结核病人的报告、转诊、追踪、家属筛查和系统管理,结防"五率"指标全部达到目标要求。继续为结核病病人实行"六免"(免诊疗金、免痰检费、免肝功能检查费、免摄片费、免胸透费和免费抗结核治疗费)政策,全年为病人减免各类费用36万余元。完成血防查螺面积122.4万平方米,未发现活钉螺,完成血防查病3144人,未发现阳性患者。开展疟疾血检6167人,未发现阳性病人。开展土源性线虫病、蛲虫病等肠道寄生虫病监测,共调查1603人,未发现病人。开展地方病监测,报告甲状腺肿大病人1429例,监测碘盐882份,全年开展职业健康监护19567人次,发现职业禁忌证188人。检测14个存在职业性危害因素的生产企业,检测样品数598件。对45个医疗机构进行CT机房和普通X射线机房进行检测,共计检测样品1101件,开展个人剂量检测1475人次,完成各类医疗机构放射机房建设项目职业病危害预评价和控制效果评价37项。全年受理职业病诊断要求137人,诊断职业病75例。开展食品安全风险监测,检测各类食品262份。开展食源性疾病主动监测,入户调查1200户次,6个哨点医院共采集各类粪便样本514份,通过分析监测数据,掌握本地食源性疾病的发生和菌谱等情况。重点开展居民营养调查工作,完成450个调查户,调查1369人,体检1057人,全面掌握江阴市居民目前的膳食、营养和生活方式的情况。监测公共场所150个,检测各类公共场所样品1962份。科学开展江苏省农村环境卫生状况调查,共调查5个乡镇20个行政村100户家庭,对数据采集真实性进行严格把关,并进行分析和汇总,及时上报江苏省疾病预防控制中心。全面监控生活饮用水各个环节,检测生活饮用水样品286件6708项次。完成市区食品从业人员和公共场所从业人员健康体检34228人次,城乡发放健康证明72110份。 (陆红达)

【市疾控中心通过国家实验室认可】 2014年10月18—19日,江阴市疾控中心顺利通过中国合格评定国家认可委员会(CNAS)和省质量技术监督局组织的实验室能力认可、实验室资质认定和食品检验机构资质认定的复评审和扩项评审,为市疾控中心建立质量管理体系以来的首次"三合一"联合评审。评审组根据实验室认可准则(CNAS-CL01:2006)及准则在微生物、化学检测领域应用说明、实验室资质和食品检验机构认定评审准则等要求,围绕评审报告的相关内容和涉及项目,通过听取汇报、查阅资料、现场试验、盲样考核等方式,对市疾控中心的实验室建设、质量管理体系、体系文件受控、设施设备管理、人员结构与培训、实验记录、检测能力、检测质量控制与安全管理等方面进行全面考核。并对疾病控制、工作场所、食品、水质、化妆品等9大类493项细分项目进行评审确认,在2013年468项的基础上新增25项项目。此举标志着江阴市疾控中心实验室检测能力得到进一步提升。(周菊静)

【农村生活饮用水卫生监测】 2014年,江阴市卫生系统为及时掌握全市农村饮用水卫生状况,保证市民喝到洁净、卫生、安全的饮用水,有效预防介水传染病的发生,根据国家卫计委2014年全国饮用水水质卫生监测工作方案,市疾控中心进一步加强全市农村生活饮用水卫生监测工作。年内根据供水人口的分布,调整农村生活饮用水的监测点,各镇(街道)由1个监测点增加到不少于4个监测点;水样监测也由2份

2014年5月,江阴市卫生监督员检查市小湾水厂取水口现场(徐 洁 摄)

增加到不少于8份，并对取水点进行重新布点；还对出厂水和末梢水分别在枯水期和丰水期各进行1次检测，旨在更全面、及时的反映全市农村生活饮用水的水质情况，同时也及时将水质分析数据反馈给制水单位，为水厂进一步把好水质质量关提供更好的依据。（章　剑）

【通过省级职业卫生技术服务资质复评】 2014年6月19日，江苏省安监局组织的职业卫生技术服务资质复评组一行5人，专程对江阴市疾控中心的职业卫生技术服务资质进行现场复核评审。资质复评确认范围为经省卫生厅批准的建设项目职业病危害评价、职业病危害因素检测与评价、放射卫生防护检测与评价等职业卫生技术服务机构资质。现场考核分设人员构成及组织机构复核组、仪器设备及检测检验复核组、质量管理体系复核3个小组进行。专家组在认真听取该中心开展工作的情况汇报后，通过查看工作场所、查验仪器设备、查阅技术档案、抽查原始记录以及盲样考核等方式，对组织机构、人员构成、仪器设备、工作场所、检验检测、评价能力和质量管理体系等七个方面进行深入检查和认真考核。经过专家组认真审核，一致认为：江阴市疾控中心在上述七个方面均符合资质条件，复核评审认定合格。（石　远）

【通过省级消除疟疾达标考核】 2014年10月17日，江苏省寄生虫病防治研究所所长羊海涛一行7人，对江阴市进行消除疟疾现场考核评估。考核组听取江阴市消除疟疾工作汇报，对江阴市历年疟疾防治资料特别是消除疟疾阶段的防治资料进行了检查核实，并随机抽取医院、社区卫生服务中心和疾控中心的临床医生及镜检员，进行疟疾诊治知识和疟疾血片的镜检考核。同时派出现场走访组，对江阴市人民医院、南闸医院、中医肝胆医院3家医院的病人诊治、发热病人血检情况进行现场考评。考核结果显示，江阴市疟防历史资料齐全，整理规范；2010年以来未发生本地感染疟疾病例、临床医生疟疾诊治知识及镜检员技能考核合格率均为100%；各级各类医院的疟疾病人诊治流程通畅、有序，发热病人血检工作开展的规范、合理，各项工作均达到消除疟疾省级考核各项标准要求，顺利通过省消除疟疾的达标考核。考核评估组建议，鉴于疟疾的传播风险依然存在，要进一步完善多部门协调机制，保持消除疟疾后的监测体系，巩固消除疟疾成果。

（苏国平）

【社区高血压家庭远程监管试点项目启动】 2014年7月31日，江阴市卫生局在新桥社区卫生服务中心、临港街道申港社区卫生服务中心试点开展“社区高血压家庭远程监测管理”项目。该项目以在社区确诊并建档管理的高血压患者为对象，免费为高血压患者发放家庭远程血压计，通过采用基于物联网技术的传输型电子血压计，建立血压监测与健康管理平台，居民在家中测量血压，社区医生远程就能实时掌握血压动态变化，智能预警，提早干预，跟踪治疗。通过家庭远程血压监测技术，还可以增加医患沟通和健康教育渠道，提高社区居民自我管理血压意识和能力，从而实现对患者血压进行有效管理，以提高社区医疗卫生人员管理效率和效能，提高高血压患者早发现、早诊断、早干预、早治疗的意识，降低心脑血管病发病率、致残率，减轻患者由此带来的经济负担。该项目试点成功后，将逐步在全市各社区卫生服务中心全面推广。（洪　淇）

【开展埃博拉出血热防控】 2014年，埃博拉疫情在西非暴发并呈蔓延趋势，引起世界性关注。尽管世界卫生组织风险评估在西非以外地区出现埃博拉疫情的可能性不大，但埃博拉出血热由境外输入国内的风险依然存在。根据国家、江苏省、无锡市相关防控要求，江阴市疾控中心积极应对，组建专业应急队伍，做好埃博拉出血热疫情防范和准备，确保一旦发生疫情能科学、规范、有效地开展防控工作。同时参加省卫生计生委召开的埃博拉出血热疫情防控工作视频培训会议，开展《江苏省埃博拉出血热防控技术方案》培训，及时掌握埃博拉出血热的传播特点和防控要点，并开展应急演练，做好技术储备。该中心还实行24小时疫情值班制度，随时处于应急待命状态。按照国家防控方案和省技术方案（第二版），根据应急准备的实际需要及时更新和补充了应对疫情的防护用品、消杀药械、采样用品等应急物资。通过国家、省卫计委网站等多个渠道每日收集埃博拉疫情最新信息，密切关注医疗机构网络报告情况，开展症状监测，各医疗机构在接诊有高热、出血等症状的患者时，常规询问流行病学史，对门诊发现的可疑对象和观察病例立即报告。与出入境检验检疫部门合作，互通信息、联防联控。宣传埃博拉出血热的防治知识，开展埃博拉出血热咨询，提高公众自我防护意识，正确认识埃博拉出血热，不恐慌也不漠视。

（顾敏华）

【猪流感病毒国际合作调研】 2014年9月6日上午，中国军事医学科学院教授曹务春、美国杜克大学教授Gregory Gray等一行4人，在江阴实地调研江阴猪群饲养场情况，并洽谈项目合作，无锡市疾控中心党委书记杨健和江阴市疾控中心主任陈献文等陪同接待。该项调研是无锡市与美国杜克大学以及中国军事医学科学院的国际合作项目：“中国大陆地区猪群饲养场猪流感病毒传播规律的研究”（美国NIH项目）的重要组成部分。猪流感普遍改名为“甲型H1N1”，是由甲型流感病毒引起的一种生猪急性呼吸道传染病，因该病毒具有人畜共患的特性，对人群的健康造成潜在威胁，研究猪流感病毒传播规律，有助于有效防控猪流感疫情，保障民众的健康权益。调研中，中美专家对云亭养猪场的养殖环境、产品质量和采样可行性等进行现场考察和指导，随后参观市疾控中心，听取中心主任陈献文《关于江阴市传染性疾病监测工作开展情况》的工作报告。最后双方就合作项目的研究目的、研究内容及江阴市猪群饲养场样本量的采集问题等进行了具体洽谈。该项调研洽谈，加深了中美专家对江阴市猪群饲养场情况的了解，为无锡市国际合作项目——美国NIH项目的顺利开展作基础准备。

（黄　丁）

2014 年 11 月 25 日,江阴市疾病预防控制中心在市澄西中学,举办“12 · 1”世界艾滋病日主题宣教活动。图为学生观看展板内容　（市疾控中心提供）

【举办“青爱工程”江阴基地工作推进会】 2014 年 11 月 25 日,江阴市卫生局、市教育局在市澄西中学联合举办“12 · 1”世界艾滋病日主题宣教活动暨“青爱工程”江阴基地工作推进会,市疾控中心、市健康促进中心、全市中小学主要领导、德育老师和校医等近 200 人参加。艾滋病日宣传活动围绕“青爱工程”展开,“青爱工程”是对青少年进行爱的教育的工程。活动形式包括组织全体高一新生观看青春心理教育及防艾教育知识展,在校内开展防艾教育课堂“爱在阳光下”和青春期心理教育课堂“run,阿甘们”“遇见未知的自己”,组织全市中小学代表参观澄西中学青少年身心健康宣传基地“青爱小屋”,邀请省疾控专家开展《大中学生艾滋病防治教育》专题讲座等。帮助青少年理性认识艾滋病、关爱艾滋病人,并向全市中小学传递“青爱工程”的精神,呼吁更多的中小学校加入到青少年“爱”的教育队伍中,更好地开展青少年健康教育。此举有助于帮助青少年树立健康的交友观、引导青少年养成健康的生活方式,帮助青少年解决生理和心理上的困惑,从教育入手、关注青少年成长、预防青少年艾滋病的发生。　（黄　丁　蒋建华）

【与克拉玛依区疾控中心签订对口支援协议】 2014 年,江阴市为推动新疆克拉玛依区疾控中心工作向更高层次发展,经双方协商,江阴市疾控中心与克拉玛依区疾控中心签订对口支援协议。自 2014 年 4 月至 2019 年 4 月止,在 5 年时间内,市疾控中心将在行政管理、业务培训、科室科研和项目合作以及疾控信息化建设等方面进行对口支援。通过对口支援,进一步提升新疆克拉玛依区疾控中心的管理水平、业务素质及工作能力,同时增进双方友谊,共同促进疾病预防控制事业的发展。

（周菊静）

妇幼保健

【概况】 2014 年,江阴市妇幼卫生工作坚持“以保健为中心,以保障生殖健康为目的,面向基层,面向群体”的方针,以实施妇幼健康优质服务示范工程为契机,全面推进基本和重大妇幼公共卫生服务项目的实施,进一步提高服务质量。全年孕产妇死亡率为零,婴儿死亡率为 2.44‰,五岁以下儿童死亡率为 4.48‰,新生儿出生缺陷发生率 3.9‰,孕产妇系统管理率 95.07%,7 岁以下儿童保健管理率 99.29%,免费婚检率 97.94%,母婴保健技术服务机构和人员持证上岗率,妇幼卫生工作绩效考核完成率,省、市重大妇幼卫生项目目标完成率分别为 100%。

【科学推进基本和重大妇幼卫生项目】 2014 年,江阴市妇幼卫生工作全面实行信息化管理模式,对项目工作数量和质量实时监控,动态管理,做到网上即时申报补助,简化服务流程,提高项目实施效果。同时建立项目督查定期通报制度,重点对项目的组织管理、资金管理、制度建设以及信息报表进行监管,确保项目质量。确定服务和补助的对象严格审核,做到专款专用、规范使用。全年妇幼公共卫生项目省市财政预算资金 1535.3 万元,全额拨付各项目实施单位。是年,全市重大妇幼卫生项目超额完成省定任务指标,住院分娩补助 4993 例,目标完成率 223%;免费发放叶酸 12504 例,目标完成率 284.89%;宫颈癌筛查 74522 人,筛查率 58.95%;乳腺癌筛查 78863 人,筛查率 62.38%;艾滋病抗体检测 21475 例,检测率 99.76%;梅毒抗体检测 21475 例,检测率 99.76%;乙肝表面抗原检测 21473 例,检测率 99.75%;阳性孕产妇 985 例,阳性儿童乙肝免疫球蛋白注射率 99.80%。

【优化妇幼信息管理系统】 2013 年,江阴市打造“智慧卫生”,全面提升基本与重大妇幼公共卫生信息化服务能力。对全市“两癌筛查”信息系统等重大公共卫生项目工程进行全面升级,新系统与区域卫生体检平台无缝对接,信息共享;与相关检验检测系统实行即时数据传输、反馈;转接诊实现了点对点衔接,使数据更准确,流程更科学。2014 年年初,组织相关人员参观昆山妇幼保健信息管理系统,通过考察、论证,提出从顶层设计开始,构建公共卫生信息大框架、大流程,打造智能、便民、便捷、高效的卫生信息系统的新思路。将昆山臻鼎系统与 2011 版国家基本公共卫生服务规范及江阴市现行模式进行比对对接,将基本公共卫生服务和重大公共卫生项目进行整合、儿童保健系统与计划免疫系统进行对接,与托幼机构信息系统进行联网,全市重大公共卫生、围产保健、儿童保健、婚前检查、妇女病普查、计划生育技术服务、出生证管理、三网监测(指对出生缺陷、孕产妇死亡和 5 岁以下儿童死亡进行监测）等全部纳入新的臻鼎妇幼保健管理系统，并与医院信息系统（His系统）对接，打通了与医院管理信息系统之间的壁垒。

【完善各级医院产儿科建设】 2014年，江阴市、镇两级财政加大各级医院基础设施建设经费投入，应对"单独二孩"政策的启动实施。市人民医院的产科和新生儿科、市三院产科病房均搬迁至新建病房大楼；第四人民医院、第二人民医院、顾山卫生院、临港街道西石桥社区卫生服务中心即将建设完成。同时积极开展规范化妇儿保门诊建设，妇儿保门诊用房面积由平均30平方米增加到190平方米，实现房屋设置、人员配备、装备标准、制度建设、宣传板块、流程示意"六个统一"。全市17个社区卫生服务中心、34个妇儿保门诊，通过无锡卫生局现场评审的有15个社区儿保门诊、14个社区妇保门诊。

【妇幼保健行业监管】 2014年，江阴市卫生局严格执行资格准入制度，对全市具有母婴保健技术执业许可的医疗机构，实行年度校验和爱婴医院复核评估，确保人员持证上岗率100%。全市24个从事助产技术服务的医疗机构，19个通过年度校验，5个整改通过。33个从事计划生育技术服务的医疗机构，31个通过年度校验，2个整改通过。加强出生医学证明管理，做到管理制度健全，发放流程规范，质控便捷科学，监管措施到位，办证无差错，资料完整、规范、归档及时。每季度进行质控和通报，做到出生医学证明首次签发率大于95%、废证率小于1%。加强"两禁止"（禁止任何机构和个人进行非医学需要的选择性别的人工终止妊娠，禁止组织、介绍妊娠妇女进行非医学需要的胎儿性别鉴定或者非医学需要的选择性别的人工终止妊娠）专项治理，明确责任，以人为本，简化服务流程，严把医学需要终止妊娠鉴定关；定期开展专项督查，依法打击违法违规行为。年内，全市有42例符合医学需要的孕妇终止妊娠。

（张华梅）

医政管理

【概况】 2014年，江阴市卫生局医政工作紧紧围绕全市卫生重点工作目标，以"强基层、促内涵、创特色"为主题，加强行业监管，持续改进医疗服务质量。完善《江阴市医疗卫生设施布局规划（2013—2030）》，明确区域内医院的数量、类别、规模、布局，构建多元化办医格局。积极推进区域化消毒供应中心等六大中心的建设和运行，分批纳入区域化消毒供应集中管理的单位有20个，临床检验中心覆盖全部基层医院，影像会诊中心基本实现与全部基层医院联网，病理诊断中心承担全市近80%病理诊断工作。全市所有二级以上医院实现与省集约式预约诊疗服务平台直连上线。完善大型检查同城同级互认制度，减少重复检查3.1万人次，为患者节省医疗费用700万元。各医疗机构病历甲级率90%，处方合格率98%，质控参与率100%，质控合格率93%、病案首页规范管理率100%。澄江康复医院被确认为全市首家康复二级专科医院，市中医肝胆医院通过二级中医专科医院定级初评；新桥等5家卫生院（社区卫生服务中心）获无锡市首批基层卫生服务机构特色科室建设项目。市中医院皮肤科成为全市首个国家级中医重点专科建设单位，全市有全国农村中医特色专科3个、省级重点专科5个、无锡市重点专科11个。制定下发《江阴市120急救站点规范化建设实施方案》，全市建成以中心、分站、急救站点为架构的卫生急救应急网络。组织人员对医院感染重点部门及医疗废弃物管理等进行全面的督查，同时给予相应的指导，进一步提升了医院感染管理质量。组织人员对血液透析技术的准入进行了专业化指导，市第五人民医院顺利通过血液透析技术的验收。年内，全市获国家自然基金青年项目1项；获省级科研立项2项、无锡市级科研立项7项、江阴市级科研立项37项；获省级新技术引进奖2项，有4项技术入选无锡市卫生局基层适宜卫生技术项目推广项目。全面推进"人才强卫"战略，新增无锡市级"三名战略"（名院、名科、名医）重点学科带头人3人、优秀青年人才1人；全市6人通过无锡市名中医初评。全市医疗机构开展医学继续教育，覆盖率100%，继续医学教育学分达标率99%，年批准的继续医学项目完成率100%。全年举办学习班、培训班等学术活动59期次，参加医务人员7000余人，其中国家级继续教育项目3项、省级7项、无锡级19项。完成第三期13名全科医师转岗培训，并启动江阴市住院医师（全科医生）规范化培训工作；组织98名基层定向培养毕业生在市级医院完成3个月的岗前培训；选派10名基层医务人员参加江苏省乡镇卫生"务实进修"项目。全市有24个服务站率先通过无锡市规范化验收，璜土镇高城墩村卫生室、顾山镇李家桥村卫生室已接受省示范村卫生室验收，顾山卫生院、马镇卫生院顺利通过省示范乡镇卫生院复核评审。制定下发《江阴市"建设群众满意的乡镇卫生院"活动实施方案》，全面开展"群众满意的乡镇卫生院"创建活动。制定下发《江阴市乡村医生签约服务考核细则》和《江阴市乡村医生实用技能进修工作实施方案》，启动乡村医生实用技能进修工作，乡村医生签约服务工作根据计划有序推进，全市签约105217户家庭。

（李正刚）

【市人民医院开设腹膜透析门诊】 腹膜透析是利用人体自身的腹膜作为透析膜的一种透析方式。通过灌入腹腔的透析液与腹膜另一侧的毛细血管内的血浆成分进行溶质和水分的交换，清除体内潴留的代谢产物和过多的水分，同时通过透析液补充机体所必需的物质。通过不断更新腹透液，达到肾脏替代或支持治疗的目的，国家卫生计生委也在全国推广该项治疗手段。江阴市人民医院于2010年起开展腹膜透析治疗尿毒症工作，到2013年年底该院被江苏省卫生厅列为全省首批《终末期肾病患者腹膜透析治疗可及性及其基层管理模式探索项目》试点单位，有在治腹膜透析患者110余人。2014年4月15日，市首家腹膜透析门诊在市人民医院正式开诊,每周二、周六上午,门诊将为腹膜透析治疗的随诊病人提供咨询、培训以及治疗指导等服务。腹膜透析门诊由专业医务人员为患者提供全面的腹膜透析咨询、培训以及治疗指导等服务。内容包括:评估腹膜透析效果;制定和调整腹膜透析方案;指导营养膳食、血压控制、感染防治以及了解病人的心理状况等。此外,医护人员对在册的腹膜透析患者建立个人档案,详细记录每月评估情况,并根据患者存在问题开出健康护理处方,纠正日常起居误区;腹透医生根据评估结果及实验室报告,调整透析处方等。

(宣　轲　余堂宏)

【霍城县7名医护人员到市人民医院进修】 新疆霍城县作为江阴市的对口帮扶县市,江阴市人民医院曾多次选派作风优良、技术过硬的业务骨干,到新疆霍城县江苏医院为当地群众服务,并将医学知识、医疗技术、医德医风言传身教给当地医生,以帮助他们更好地提高医疗技术水平。同时,市人民医院也多次接受霍城县卫生系统的医护人员到该院进修学习。2014年4月21日,2014—2016年江阴·霍城人才结对培养计划启动暨春季班开班仪式在中共江阴市委党校举行,江阴市卫生局局长严军明出席启动仪式并代表培训单位作了表态发言,市人民医院杨惠光代表医院与结对培养单位——新疆霍城县江苏医院进行现场签约。江苏医院首批7名医护人员在市人民医院妇产科、儿科、普外科、ICU、手术室、心电图室等部门进行为期1—3个月的组团式进修学习。

【市护理操作技能大赛】 2014年8月9日,由江阴市卫生局承办的2014年江阴市护理操作技能大赛在市人民医院落幕。无锡市护理学会教育委员会主任邵阿末、无锡市人民医院护理部副主任朱亭立等护理专家9人担任该次比赛评委。该次比赛涵盖单人心肺复苏操作(成人)、静脉输液两项内容,均是临床常用的操作项目,全市医疗卫生单位选手36人参加比赛。比赛根据选手精神状态、仪表举止、操作规范、娴熟程度和技术精准进行评判。经过激烈角逐,市人民医院包秋芳、王敏两位护士分别以总分187.82分和185.99分的成绩包揽冠、亚军。

(宣　轲)

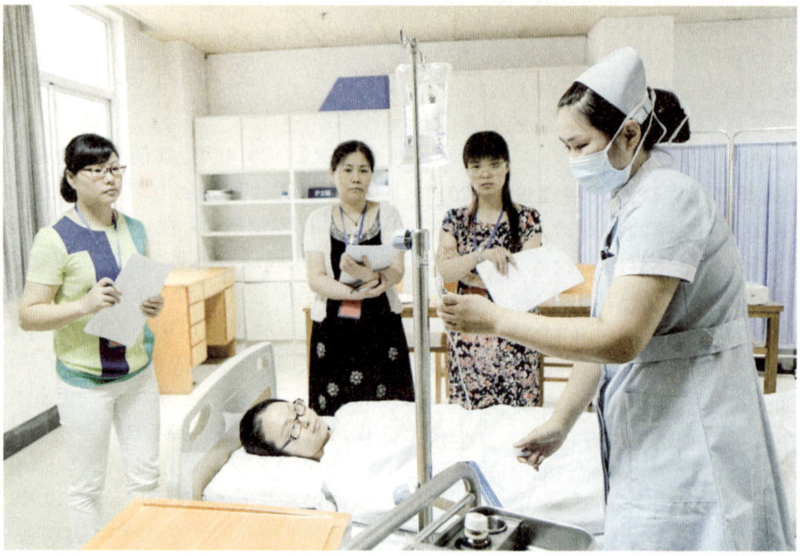

2014年8月9日,江阴市护理操作技能大赛在市人民医院举行。图为静脉输液比赛现场　(市人民医院提供)

【市人民医院开设江阴首家记忆门诊】 2014年5月,市人民医院新设记忆门诊,给记忆障碍患者,尤其是痴呆患者提供规范化的筛查、诊断与治疗,并为照料者提供实际的支持。老年性痴呆症又叫阿尔茨海默病,是引起老年人痴呆的最主要的疾病。老年性痴呆症患者大脑神经元数量的锐减会导致智力衰退、情感和性格变化,最终严重影响日常生活能力。市人民医院于年初申报全国"阿尔茨海默病"(又称老年性痴呆)治疗中心的指定治疗医院。至年底,记忆门诊共门诊接待150余人次。

(邵　荣)

【市人民医院院士工作站成立】 2014年10月17日,在江阴市第24届科技节暨科技创新大会上,市人民医院院士工作站授牌成立,为市卫生系统首个院士工作站,市人民医院副院长高恒参加大会并代表医院接受江阴市院士工作站牌匾。该院士工作站由市人民医院与中国医学科学院副院长、分子肿瘤学国家重点实验室主任詹启敏院士合作成立,詹启敏院士长期致力于肿瘤分子生物学研究,在细胞周期调控、基因组稳定性和细胞癌变机制研究中取得原创性和系统性成果。该院士工作站由詹启敏及其团队入驻,围绕市人民医院学科发展急需解决的医疗技术难题、高层次科研立项、科技成果培育等方面,展开战略咨询、技术指导及联合攻关,为市人民医院科技研发能力的提升拓宽更大的发展空间,同时市人民医院也将引进院士团队的技术成果,将其转化并应用于临床,推动江阴医疗卫生事业的发展。

【刘志利主持项目获国家自然青年基金项目资助】 2014年8月,江阴市人民医院急诊科青年医师刘志利主持申报的"Lnc-RP11-554D14.7在肺慢性炎症癌性转化中的作用与机制研究"获国家自然科学基金青年科学基金项目资助,项目批准号为81402554,资助金额23万元,拟定2017年底结题,历时3年完成。该项目是继该院2013年获国家自然科学基金项目后,再次获得的国家级科研课题,显示市人民医院科研学术水平的不断提升及学术科研方面的良好发展前景。国家自然科学基金作为国内级别最高、资助力度最大的基金项目之一,以其学术水平高、评审严格、竞争激烈而备受关注。青年基金项目支持青年科学技术人员在国家自然科学基金资助范围内自主选题,开展基础研究工作,以培养青年科学技术人员独立主持科研项目、进行创新研究的能力。

(刘　览)

【首例腹腔镜下保胆取石术获得成功】 2014年7月9日，江阴市人民医院成功完成首例腹腔镜下保胆取石术，该技术的开展在全市尚属首例。腹腔镜保胆取石手术是经过腹腔镜与胆道镜联合应用，通过吸引器吸出胆囊胆汁，应用胆道镜，取石网篮直视下套取结石，取净胆囊结石后，再次用胆道镜将胆囊内(特别是胆囊壶腹部及胆囊管)仔细检查排除残余结石，并能观察到有胆汁从胆总管经胆囊管进入胆囊内，以保证术后胆囊具有正常功能。该手术既消除了结石引起的临床症状，又保留了胆囊，使胆囊贮存及排泄胆汁的功能得以保存，较好地保护了患者的消化功能。该手术对于年纪较轻，胆囊壁无增厚，胆囊壁不粗糙，胆囊功能正常的患者，可以采用。　(贾竞超)

【成功切除一罕见中枢神经外胚层细胞瘤】 2014年8月27日，江阴市人民医院神经外科成功切除一罕见中枢神经外胚层细胞瘤。女患者朱某某，27岁，刚生完孩子2月，因莫名头痛，恶心呕吐夜间来院急诊，行头颅核磁共振(MRI)检查发现为脑内占位性病变，且肿瘤占位效应明显导致颅内压增高，予以急诊开颅手术治疗，术后约3周康复出院，并建议其进一步放、化疗。术后病理报告为罕见的中枢神经外胚层细胞瘤，经华山医院神经病理科会诊，再次确诊该诊断。中枢神经外胚层细胞瘤多见于10岁前儿童，成人发病罕见，病灶一般位于小脑居多，幕上发病更罕见，是起源于原始神经管胚层细胞的未分化高度恶性小圆性细胞肿瘤，具有多向分化能力。据文献报道，一般可能与基因突变有关，高度恶性，易复发及沿蛛网膜下隙转移，治疗包括手术切除、放疗和化疗，以及近年来发展迅速的基因治疗。　(徐向东)

【首例胸椎肿瘤后路全椎节整块切除术】 2014年10月19日，江阴市人民医院骨外科二科(脊柱外科)采用国际上最先进的en-bloc肿瘤切除技术，成功为患者实施胸10椎体及附件的肿瘤完全整块切除术，并稳固定位了混合自体骨的钛网及椎弓根钉棒系统。该手术风险很大，手术技巧要求也很高，术后辅以化疗，对于患者可获得较好的远期疗效。患者术后经病理诊断，为何杰金淋巴瘤，胸椎何杰金淋巴瘤文献报道很少，非常罕见。术后患者恢复情况良好，下肢活动恢复满意，并逐渐带着支具下床活动。该手术的成功实施，标志着市人民医院脊柱外科在脊柱肿瘤方面的诊疗水平取得长足的进步。(朱云荣　张云庆)

【医护养结合养老新模式】 2014年6月19日，江阴市城东养老服务中心正式启用。城东养老服务中心开放床位400余张，入住养老人员百余人。该中心通过政府购买卫生服务项目的模式，由江阴市山观医院与养老服务中心实行医、护、养合作。通过医院指派医生、护理、康复和公共卫生等人员，为入住的养老人员，分别建立健康档案，进行健康宣教，定期医疗查房，开设医疗、康复、慢性病管理、健康指导及转诊等卫生服务，为养老人员提供及时便捷优质的医疗健康服务。(顾秋英)

中医工作

【概况】 2014年，江阴市积极扎实推进中医药事业改革、创新与发展，进一步发挥中医药在建设现代化医疗卫生体系和深化医改中的重要作用，持续提升中医药服务能力和水平，繁荣发展中医药文化，促进中医药事业健康发展，中医药服务能力建设持续提升。年内，先后制定下发《江阴市中医经方推广应用项目实施方案》等3个中医方案，建立专项基金推进中医经方教育，并与南京黄煌经方医学研究中心建立合作关系，邀请省名中医、教授黄煌为全市广大医务工作讲解经方，并选拔出经方传承人员9人，营造有利于中医药人才脱颖而出的良好环境。全市有4名中医师入选第二批省农村优秀中医临床人才培养工程；积极推进医疗机构一体化诊疗中心及中医综合治疗区建设，制定下发《中医一体化诊疗服务区及中医综合治疗区建设实施方案》，全市有7个医疗机构完成中医综合治疗区建设工作；制定下发《江阴市基层中医药适宜技术推广项目实施方案》，公布11项江阴基层中医药适宜技术项目，并在江阴市中医肝胆医院举办开展“西学中”培训班，提高中医药服务能力和使用率，全市95%的社区卫生服务中心(乡镇卫生院)至少能够开展10项中医药适宜技术，90%的社区卫生服务站(村卫生室)至少能够开展4项中医药适宜技术。同时，结合《健康直通车》暨“卫生进社区”活动，全面推进中医药“三进”(进农村、进社区、进家庭)工程、中医药文化惠民工程，组织开展“中医药就在你身边”第四届中医药文化

2014年4月20日，江阴市中医经方应用推广工程启动仪式在市中医院举行　(市卫生局提供)

科普巡讲活动,加大中医药文化宣传力度,搭建传播中医药文化和普及中医药知识平台,营造中医药发展的良好氛围。　(李正刚)

【市中医院获评首批省中医药文化建设示范单位】 2013年11月底,江阴市中医院被江苏省中医药局评为首批省中医药文化建设示范单位。自此,市中医院全面构建中医药文化传播体系,将中医药核心价值理念融入各项工作,常年开展中医药适宜技术惠及百姓。成立"江阴青年中医论坛""中医药文化传承俱乐部",开展"青苗培养工程"、省农村优秀人才培养、省名老中医经验继承人培养,组织一支中医药文化科普人才队伍,采取授课、义诊、咨询等形式,让中医药走进老百姓身边,宣教中医药防治疾病。常年运用电视、广播、报纸、网络等渠道开设中医药科普专栏、专题等,扩大社会影响力,获得良好的宣传效果,多次受到各级各部门的表彰。通过中医药文化建设示范单位创建,促进医院科学管理、专科建设、技术服务、学术研究、人才培养等各项工作水平的不断提高,让老百姓从诊疗环境、就诊方式、服务态度等方面切实感受到中医药文化的独特魅力,医院社会美誉度得到提升。

【市中医院皮肤科被列为国家中医重点专科建设单位】 江阴市中医院皮肤科创建于20世纪50年代,经过几十年的积淀和发展,享誉大江南北。1993年成为无锡市首批重点中医专科,2002年被江苏省中医药管理局确定为省中医重点专科。2012年成为国家中医药管理局确定的农村医疗机构中医特色专科。同年,又成为江苏省中医重点示范专科。2013年成为江苏省中医重点学科建设单位。该科以高超的专业诊断、分析处理能力、中西医结合优势和可持续发展态势,引领本地区皮肤疾病诊治的方向。该科的特色是中西医结合治疗皮肤病,有专科制剂50余种。是年门诊量达15.4万人次。2014年2月,江阴市中医院院皮肤科成为国家中医药管理局重点专科建设单位,为全省唯一上榜的中医皮肤科专科。将开启新的发展历程,对拓展皮肤病领域综合诊疗功能,进一步突出中医药特色,创新服务模式,提高临床疗效,发展科研和中医药学术,全面提升综合服务能力起到引领作用。

【市中医院3科室入国家中医药管理局协作组】 江阴市中医院突出中医药特色,不断加大投入,加强中医重点专科建设与管理。坚持医、教、研三位一体,继承与创新相结合的原则,采取综合措施,外树形象,内强素质,充分发挥中医药特色优势。根据建设现代化中医院的目标,制订实施计划,积极扶持特色专科,抓好示范作用的重点中医专科(专病)学科建设,对各重点专科进行分类指导,在人、财、物方面给予倾斜,先后制定《重点专科建设规划》《重点专科奖励办法》,推进"重点中医专科""中医特色专科"建设,先后培育出5个有特色的市级以上重点专科。2014年,该院皮肤科、针灸康复科、中医临床药学3个重点科室,成功加入国家中医药管理局协作组,这为进一步提高中医临床疗效和中医药学术水平,全面提升综合服务能力,起到了促进和推动作用。　(顾国龙)

【首个全国中医药高等教学临床研究课题结题】 由江阴市中医院顾国龙主持的科研课题《毕业实习生心理健康问题的干预》,于2013年5月被列入全国高等中医药学会临床教育研究会计划课题,成为全省入选的两项项目之一,为该院首次获得高层次医学临床教学研究课题。该项目目标是针对医学专业大学学生在毕业实习阶段存在不容乐观的心理健康等的社会问题,在毕业实习期间对心理问题进行评估、干预和效果观测。通过大学生心理健康调查问卷评分,统计前后对照比较。有效的心理干预后,能够使其心理状态总体得到好转,改善率达96.8%。医学生毕业实习阶段心理健康问题干预方案在实际临床中可操作,具有实用性和推广使用价值,思路、方法、效果上有所创新。2014年8月,从全国中医药高等教育学会临床教育研究会第十三次学术研讨会暨九届一次理事会议传来消息,该科研课题通过专家组的结题验收。该课题的推进和完成,再次提升该院在医学科研和医学教学教育领域的层次,将对附属医院的建设和发展产生积极影响。

(顾国龙　周凤云)

【龙砂医学特色诊疗技艺培训班举行】 龙砂医学流派源于江苏江阴,此流派由宋末元初的大学者陆文圭奠定了文化基础,经过明代清代众多医学家的不断积累,逐步并不断向周边地区传播,形成在苏南区有较大影响的学术流派。龙砂医学流派以太极河洛思想与五运六气为宋代两大显学,且重视张仲景《伤寒》六经理论等北宋时期医家经典,在宋代这些学术特色经陆文圭的传承阐扬,深刻影响了龙砂地区的医家,形成了以龙砂医学流派的学术思想核心,体现在诊疗技术方面凸显出独到的流派特色,堪称独树一帜。主要具体在重视《黄帝内经》的五运六气理论;强调用《伤寒》经方于伤寒六经理论辨治各种外感病;依据命门学说和冬藏精等理论为指导的龙砂膏方治未病,使之成为江浙膏方的源头和杰出代表之一;重视对子午流注针法的传承应用等方面。龙砂医学流派为2012年国家中医药管理局公布的64项学术流派传承工作室建设项目之一。2014年10月10—13日,由国家中医药管理局中医学术流派传承推广基地主办,江阴市中医院和国家中医药管理局龙砂医学流派传承工作室共同承办的龙砂医学特色诊疗技艺培训班暨第三届龙砂医学国际论坛在江阴法尔胜大酒店举行。10日,来自葡萄牙、美国、马来西亚、日本以及全国12个省市的海内外专家、学者、嘉宾120余人参加培训班和国际论坛开幕式,论坛由江阴市中医院院长龚伟主持,国家中医药管理局中医学术流派传承推广基地办公室副主任刁远明专程与会祝贺,江阴市卫生局局长严军明致辞。中国中医科学教授院陶广正,国家中医药管理局龙砂医学流派代表性传承人、安徽中医药大学教授顾植山,以及国家中医药管理局龙砂医学流派代表性传承人、南京中医药大学教授黄煌先后作交流发言。　(顾国龙)

【朱氏针灸疗法入选无锡市非物质文化遗产】 朱氏七世业医，金针源远流长。据《蓉湖朱氏宗谱》记载，朱熹后裔第二十世在澄江西门业医，朱光卿自乾隆年间即在江阴西门悬壶应诊。此后光卿传子明方，明方传子大彰，大彰传子邦正，邦正传子家梓，家梓传子树德，树德传子晓华。朱氏针灸临症时辨证仔细，理法方穴认真把关，取穴准确，强调骨性标志取穴。注重辨证论治，认为经络辨证是以经络学说为理论基础来概括经络病变的临床表现以及经络、脏腑病变时的相互影响。以病归经，以经知脏，准确诊断。循经取穴，强调“宁失其穴，不失其经”“经络所通，病候所在，主治所及”，各经脉病候与经脉循行特点密切相关。重视指功，注重“得气”，强调锻炼指力，动作要轻快利落，迅速准确，减少患者的疼痛感。以“蜻蜓点水”式的无痛进针法著称。“朱氏金针”的诊疗特色：朱氏金针通过“通经络，调气血”来解除疼痛。在痛症的治疗，针刺穴位，可以作用于心，阻断和转移心对疼痛性病理变化的感知，使疼痛消失。朱氏金针在治疗咽喉病（喉痹）方面素负盛名，认为临床疾病错综复杂，非一法一方一术可愈，结合针灸、刺络放血、药物等综合治疗。治疗喉科以利用吹口药为专长，并施以针灸，从整体出发，又注重局部处理，内治外治并重，按辨证施治原则处理。第五代传人朱雅芬，原青阳医院针灸科主治中医师，学参中西，技术精湛，医德淳厚，病家赞佩。临床上善以西医辨病与中医辨证相结合，博采众长，对卒中后遗症，脑炎后遗症，多发性神经炎等颇有研究。第七代传人朱晓华，现青阳医院中医科科长，针灸疼痛科主任。朱晓华传承“朱氏金针”，并博采众长，运用理法方穴和辨证施治的原则，以针法、灸法、拔罐等疗法为主，同时综合运用电针、头皮针、腕针、穴位注射、埋线疗法，艾灸（发泡灸），小针刀，正骨整脊等多种方法以适应各种病情，提高疗效。“朱氏针灸”经过7代中医世家的传承和发展，传承人在继承“人中掐穴”“金针喉科”等家学特色的基础上，不断吸收和创新，至今已形成治疗腰椎间盘突出症、颈椎病以及其他颈肩腰腿痛、喉科疾病、卒中后遗症等病症为中心的独特针灸诊疗体系。继2013年朱氏针灸疗法入选江阴市非物质文化遗产项目后，2014年8月11日，入选无锡市非物质文化遗产项目。 （刘　明）

【谢氏正骨入选无锡市非物质文化遗产】 中医正骨是中医治疗骨折、关节脱位等运动系统疾病的一种治疗方法，通过拔伸、复位、对正、按摩等手法，最后用小夹板外固定，治疗病人的骨伤疾病。正骨疗法以“不开刀、不吃药、康复快、花钱少”的特色，治疗骨折、关节脱臼等骨伤疾病，深受广大患者的欢迎，是中国传统医学的重要组成部分，已有3000余年的历史。江阴云亭谢氏流派，源于清末，自谢氏骨伤祖师谢裕明始，代代相传至八代传人，约160余年的历史。谢氏流派骨伤科有其鲜明的特征，他秉承了中医外科“凡病处，当予局部治之，以药敷之，则血脉和，筋骨生，病祛之”的优点，灵活运用“四味散”“金黄散”“丁桂散”等中药制剂，以膏贴之，切实快速有效的消除骨折肿胀、疼痛；又秉承了中医骨伤科“骨折异动，以静制之”的治则，就地取材，运用江南盛产的竹板，依人体骨关节的特性进行矫形，巧妙地固定骨折部位。自祖师谢裕明起，独特的治疗方法，自成一家，形成一套独特的理论体系和完整的治疗原则及方法，积累了非常丰富的经验，并在实践中不断改良，成为谢氏流派。切实的疗效也被患者奔走相告，名扬江左。1964年，谢金朝进入云亭医院联合诊所，后又与其堂侄谢正熙一起成立骨伤科，并尝试把谢氏骨伤科与现代医学相结合，在以往谢氏流派中，引入了现代工业的产物——硬纸板，其特有方法在周边县市骨伤科界别具一格。20世纪80年代末，谢氏第七代传人谢永明、谢春祥加入伤科队伍，2000年后，谢氏第八代传人，谢彦、谢澄铖加入，使得谢氏流派的骨伤科队伍不断壮大。历经数代人，近60年的不懈努力，在保留原有中医正骨术精华的基础上，大胆改革，逐渐形成独树一帜的治疗手法。特别是治疗手段多样化，治疗药物系列化、专用化等特点，既有利推动了中医正骨术的发扬壮大，又独成一家的流派，为提高中医正骨技术水平做出了贡献，传播中华民族医学遗产，填补了中医正骨的科研空白。2014年8月11日，江阴中医谢氏正骨入选无锡市非物质文化遗产。 （缪樱姿）

【江阴市中医院第五届膏方节开幕】 江阴市中医院作为全国十大膏方高级人才培训基地，为进一步推进中医药文化惠民工程，弘扬中医药传统文化，普及和传播中医药养生知识，倡导健康的生活方式。2014年11月5日起，举办第五届膏方节，该院冬令膏方正式开炉。为充分体现公立医院的公益性，改善服务流程，保障群众健康，市中医院特在名医堂开设膏方门诊，在原有名医专家的基础上，遴选部分经验丰富的资深专家坐诊，为患者提供方便、优质的膏方服务。同时继续推出“健康天使”中药配送服务。凡是在该院选择膏方和代煎中药的患者均可享受到中药免费送到家的便捷服务。至2015年1月20日结束，先后制成膏方3600余份。 （顾国龙）

■类目编辑　赵修平

体育

综述

【概况】 2014年，江阴市体育工作坚持“打基础惠民生”，立足民生实事，全力唱响“为城市发展添光彩，为百姓健康谋福利”主旋律。年内，聚焦民生实事工程，健全完善健身设施管护体系、扎实推进“10分钟体育健身圈”提档升级和全力推进学校体育设施向社会开放，着力提升全民健身设施建管水平；注重组织载体建设，加强组织网络建设、壮大社会体育指导员队伍和深化市民科学健身指导，全力推进全民健身运动深入开展；强化基础基层管理，创新业余训练“体教结合”模式、率先推进青少年阳光体育、持续打造精品赛事和大力抓好教练员裁判员队伍建设，业余训练层次提高参赛办赛屡获佳绩；主动服务培育体育市场，建设好国家级体育产业基地，“全国游泳之乡”创建成效显著，申报省级资助再获佳绩，市级体育场馆运营成效显著，体彩销售继续保持在全国的领先地位。是年，“镇镇游泳池”建设、校园足球联赛等经验做法在全国范围进行试点推广，获教育部授予全国首个“足球·啦啦操”进校园实验区。江阴籍主教练陆亿良率领中国U15女足国少队，夺取第二届春季青年奥林匹克运动会女足冠军。江阴市组队参加江苏省第十八届运动会，获17.25枚金牌，创历届之最。市体育工作在市政协评议中获一致好评。

【江阴市被命名为“全国游泳之乡”】 2014年12月12日，由中国游泳协会、中国救生协会开展的2009—2013年度“全国游泳之乡”和“全国群众游泳健身活动模范池馆”评审活动揭晓。江阴市荣获“全国游泳之乡”，江阴体育中心游泳馆获“全国群众游泳健身活动模范池馆”命名。（参见《江阴概况》2014年江阴市全国性荣誉中相关条目）

【江阴市成为全国首个“足球·啦啦操进校园”实验区】 2014年，江阴市全面贯彻落实国家和省市级关于加强青少年体育运动、增强青少年体质的有关指示精神，成功举办江阴市首届“澄星杯”中小学生阳光校园足球联赛，有77所中小学、101支男女足球队参赛，运动员1782人，活动开展取得了显著成效。教育部专程组织调研，并命名江阴市为全国首个“足球、啦啦操进校园”实验区。在普及校园阳光足球的同时，努力建立小学、初中、高中层层递进的人才培养“塔状结构”。实施“育苗工程”，建立了8个女足基地学校和3个男足基地学校；实施“一条龙”衔接，建立小学与初中，初中与高中的衔接机制，通过招生政策的改革，让优秀的足球毕业生能够进入高一级基地学校；建立优秀队员升高校“绿色通道”，与江南大学等高校合作，签订了优秀女足队员升入高校的“绿色通道”合作协议。10月11日，由教育部体卫艺司和国家体育总局体操运动管理中心牵头实施的全国首个“足球·啦啦操进校园”实验区活动授牌揭牌仪式在江阴市举行。教育部体卫艺司司长、中国足协副主席王登峰在江阴市调研时表示，要把培养足球人才的“江阴模式”向全国推广。

【推进学校体育设施向社会开放】 2014年，江阴市积极做好学校体育设施向社会开放的宣传、发动工作，进一步推动学校体育设施向社会开放工作的规范化、制度化和长效化。制定《关于全面推进学校体育设施向社会开放工作的实施意见》过程中，市体育局曾先后两次向全市14个镇（街道）和89所拟开放学校进行意见征询，得到普遍的认可，为开放工作的顺利推进提供了基础保障。3月，市政府办公室印发实施意见。同时，市体育局与市财政局、市教育局联合制定并下发《江阴市学校体育设施向社会开放工作考核评估办法》，进一步强化督促落实，加快开放工作推进，完善学校体育设施向社会开放的长效机制。至年末，全市新增30所开放学校，总数82所，开放比例为92.13%，比上年增长28.72%。

【江阴籍运动员教练员受表彰】 2014年10月27日，江阴市委、市政府举行江阴籍运动员、教练员庆功座谈会，表彰奖励一批在国内外赛事中获得佳绩的运动员和教练员。无锡市委常委、江阴市委书记周铁根在座谈会上强调，江阴市体育工作要紧紧围绕“打造体育事业新格局、勇攀体育发展新高峰”的总目标，抓住群众体育、竞技体育、体育产业三大内容，努力实现体育事业的新跨越。江阴市市长沈建为获奖运动员、教练员颁奖，市委常委、宣传部部长袁秋中宣读表彰决定，副

2014年10月27日，江阴市委、市政府举行江阴籍运动员、教练员庆功座谈会。图为运动员教练员代表上台领奖　（市体育局提供）

市长龚振东主持会议，市政协副主席陈兴初出席会议。座谈会上，表彰奖励运动员57人、教练员7人。

群众体育

【概况】 2014年，江阴市群众体育工作注重组织载体建设，全力推进全民健身运动深入开展。全民健身活动丰富多彩，组织开展市级以上比赛、活动32项次。以庆元旦迎新春、8月8日全民健身日系列活动为引领，市级羽毛球和乒乓球积分排名赛、游泳和足球俱乐部联赛、基于国际篮球联合会框架的（FJBA）男子篮球联赛等相继开展，全年举办各级各类比赛活动500余项次，直接参与活动者30万余人次。扎实推进"10分钟体育健身圈"提档升级。捐赠健身路径1375件、篮球架60套、乒乓球台50张；有效整合可利用空间，在体育中心投资建设5片笼式足球场；指导规划新建4条健身步道。制定完善全市公共体育健身器材配置、管理和更新办法，建立市镇村三级管护网络，通过QQ群等信息化手段强化动态实时跟踪管理，全年接报出勤维修300余次。不断壮大社会体育指导员队伍，为一线指导员办理社会保险1052人，培训社会体育指导员500余人。全市拥有社会体育指导员4500人。

【庆元旦全民健身活动】 2013年12月30日至2014年1月1日，江阴市第三届冬季游泳比赛在市民水上活动中心举办，参与比赛的运动员有196人，根据年龄分为男子学生组、男子青年组、男子中老年组、女子学生组、女子青年组、女子中老年组、男子800米自由泳、女子400米自由泳等个人项目，同时还设有4×50米自由泳接力项目以及4×50米混合泳接力表演赛等项目。元旦期间，江阴市全面开展以"我运动、我健康、我快乐"为主题的迎新年全民健身系列活动。1月1日下午在黄山湖公园举行庆祝全国冬泳日活动，80余名冬泳爱好者畅游黄山湖；城区各健身站点开展全民健身展示教学活动；各镇（街道）在元旦期间也根据各自实际情况，开展长跑、登山、健步行等形式多样的全民健身活动。1月1—3日，全市城乡还举行各类比赛及健身表演，全面展示广大市民良好的精神风貌。

【2014年全民健身节系列活动】 2014年8月7日晚，在第六个全国"全民健身日"来临之际，江阴市为进一步贯彻落实《全民健身条例》、《全民健身实施计划（2011—2015）》，丰富城乡群众体育生活，广泛、深入开展全民健身活动，掀起全民健身热潮，在江阴体育中心主体育场南广场举行了2014年江阴市全民健身日活动，活动以"全民健身促健康　同心共筑中国梦"为主题。晚上7点，活动正式拉开序幕，来自全市各协会和多家健身俱乐部体育爱好者500余人表演了丰富多彩的节目，分别有太极拳、广场舞、腰鼓、木兰扇、柔力球、跆拳道、空竹等健身项目展示，各显其能，各展风采，同时在现场全市25个市级单项体育协会设点摆摊进行义务健身咨询和国民体质测试志愿服务，共同庆祝全国第六个全民健身日的到来，现场观众达数千人。8月8日"全民健身日"，全市部分体育场馆和国民体质监测中心免费开放。在8月—11月期间陆续组织开展丰富多彩的体育健身活动，推进体育活动进农村、进社区、进机关、进校园、进企业。各镇（街道）举行全民健身节启动仪式，开展社区运动会、职工运动会、机关运动会等具有当地特色、深受广大群众喜爱的健身比赛活动。各体育社团组织举办全民健身比赛、展示、培训等活动，丰富群众体育生活，满足群众健身需求。

【江阴市第二届全民广场舞大赛】 2014年10月23日开始，由江阴市体育局和江阴日报社联合主办的2014年"龟龄集杯"江阴市第二届全民广场舞大赛开幕，大赛以"倡导健康文明的生活理念，丰富群众广场文化活动"为主题，有45支队伍，近千人参加比赛，参赛队伍分别在南闸街道、乐天玛特广场和华士镇进行了预赛，最终有17支队伍进入了决赛。决赛于11月2日晚在市体育馆广场进行，17支进入决赛的队伍为在场的观众们带来一场场精彩纷呈的视觉盛宴，使大家充分感受到广场舞运动的快乐和魅力。最终，芳草地舞蹈队征服了在场的裁判和观众，一举摘得决赛桂冠。广场舞比赛自启动以来，广大市民热情参与，参赛队员年龄最小的20余岁，年龄最大的超过70岁，很多参赛队伍都进行了专业排练。决赛前六名的队伍于11月8日，参加了由全国排舞推广中心举办的《舞动中国》三万人同跳一支舞，成功挑战排舞吉尼斯世界纪录。

竞技体育

【概况】 2014年，江阴市竞技体育不断强化基础基层管理，业余训练层次提高参赛办赛屡获佳绩。创新业余训练"体教结合"模式，积极推进市业余体校建设，促进联办项目深入开展,与南京体育学院签订合作协议并明确成为其实习基地,与城中实验小学联办乒乓球队。“省队市办”项目再添新成果,江苏省1999—2000年龄组男子足球队落户江阴。率先推进青少年阳光体育,创新开展的首届中小学阳光校园足球联赛,在全国县级市尚属首创,教育部专门为江阴授牌,作为全国首个“足球·啦啦操”进校园实验区,央视媒体也进行连续跟踪报道。全年组织中小学体育竞赛10项13次,参赛学校450所,运动员6103人。持续打造精品赛事,先后承办万达广场全国女子足球超级联赛、全国女子排球大奖赛、洲际青年男子篮球争霸赛、“蓝宇杯”第六届全国水中健身操比赛、“名扬搏击杯”首届国际拳王争霸赛等五项7次全国以上体育竞赛以及“省长杯”江苏省高中组女子足球比赛、江苏省国际跳棋锦标赛等两项省级比赛等。江阴籍主教练陆亿良率队夺第二届春季青年奥林匹克运动会女足金牌,陈佳获第十七届仁川亚运会女子垒球季军,实现江阴亚运会奖牌零的突破。在江苏省第十八届运动会上,江阴运动健儿再创辉煌,共获得金牌17.25枚,创历届之最,在无锡县市区遥遥领先。18届省运会周期内组建的“市队校办”江阴市华士实验小学击剑队勇夺省运动会少年乙组、儿童组男子花剑团体冠、亚军。少年男、女足球队双双夺冠,创造了县级市男女足球队在同一届省运会上双获冠军的历史。江苏省“省长杯”青少年校园足球阳光联赛总决赛中,高中女子组获冠军、高中男子组获亚军。在省级县组田径赛上取得总分144分,位列团体总分第8名。年内有9人晋升国家一级裁判员,有150名体育教师参加裁判员培训并获三级裁判员证书;举办全国青少年校园足球初级指导员培训班,全市有123名体育教师参加了足球指导员培训,并获得了国家足球初级指导员证书;市二中成为江南大学“女足优质生源基地”。全年向省优秀运动队输送4名队员。

2014年12月22日,江苏省男足(1999—2000年龄组)运动队“省队校办”签约仪式在江阴高级中学举行。图为签约仪式现场　　(市体育局提供)

【江苏男足(1999—2000年龄组)运动队入驻江阴高中】 江阴高级中学作为江苏省培养足球后备人才重点学校,从2011年始,尝试“省队校办,教体融合”的全新模式。江苏男足(1997—1998年龄组)入驻该校学习生活训练,开创足球运动“省队校办”的先河,该运动队先后取得全国联赛冠军、足协杯季军、冠军杯亚军、中学生运动会亚军等成绩,创造了一系列“江苏足球纪录”,先后有多人次入选不同年龄段的国家集训队。2014年12月22日,江苏省体育局、江阴高级中学、江苏国信舜天俱乐部、无锡市体育场馆和训练管理中心、江阴市体育局五方联办江苏男足(1999—2000年龄组)运动队签约仪式在江阴高级中学举行,江苏男足(1999—2000年龄组)运动队顺利入驻江阴高级中学。市领导龚振东、陈兴初出席签约仪式。江苏男足(1999—2000年龄组)运动队既是全省优秀运动队,也是校园足球的精英队伍,同时也是职业体育的后备力量。江苏国信舜天俱乐部将充分发挥职业俱乐部优势,向队伍提供技术支持,为优秀运动员提供职业生涯规划。无锡市体育场馆和训练中心、江阴体育局将发挥属地优势,按照省市县联办优秀运动队的模式,为这支队伍提供坚实有力的保障。此次运动队落户江阴高级中学,联办各方将在保证正常的训练参赛的基础上,共同探索建设青少年优秀运动队,突破原有管理制度和学训模式,提高运动员文化学习水平和综合素质。

【江阴体校与南京体院举行合作签约仪式】 2014年3月14日,江阴体校与南京体院合作签约暨教学实习点授牌仪式在江阴体校举行,南京体育学院副院长史国生、运动系主任袁野,江阴市体育局局长顾洪伟、副局长张健参加签约、授牌仪式。南京体院与县市级体校签约合作,全省仅有两所。江阴体校50年的历史,培养出了大批体育后备人才,取得了一些成绩,体校的硬件设施逐步得到改善,在软件上也同样需要提升。此次签约合作必将进一步推动体校在训练实习、教学科研等方面的全面提升和发展。

【江阴市男足、女足同获省运会冠军】 2014年5月31日,在江苏省第十八届运动会女子足球(甲组)决赛中,代表无锡参赛的江阴二中澄星女子足球队,以2:0力克南京队夺得冠军。这是江阴二中澄星女足时隔12年后获得的又一个省运会冠军。继江阴二中女足获第十八届省运会冠军后,7月5日下午,第十八届省运会青少年部男子甲组足球赛决赛阶段的比赛在徐州市睢宁体育中心进行,江阴市男子足球队力克实力强劲的常州市队夺冠,这也创造了县级市男女足球队在同届省运会上双获冠军的历史。

2014 年江阴市承办重大赛事一览

表 58

比赛名称	比赛时间	参赛队	人数(人)	比赛地点
2014 年万达广场全国女子足球联赛(江阴赛区)	3 月 23—27 日 6 月 17—21 日 10 月 26—30 日	8 支	413	江阴体育中心
2014 年全国女子排球大奖赛(江阴赛区)	5 月 29 日—6 月 1 日	4 支	86	江阴体育馆
2014 年洲际青年男子篮球巅峰争霸赛	6 月 17—19 日	4 支	56	江阴体育馆
“篮宇杯”第六届全国水中健身操比赛	12 月 6—7 日	9 支	129	江阴市民水上活动中心

2014 年江阴市参加上级体育比赛成绩一览

表 59

参赛人员	运动名称	参赛时间	比赛地点	比赛成绩
黄　涛	江苏省第十八届运动会举重比赛	5 月 6—14 日	徐州体育中心综合训练馆	男子举重 85 千克级亚军
何　森				男子举重 77 千克级季军
张海杰				男子举重 77 千克级冠军
朱　静	江苏省第十八届运动会自行车比赛	5 月 18—23 日	苏州市国际自行车赛场	女子自行车场地亚军 女子自行车公路冠军
缪敏莉				女子自行车 10 千米亚军 女子自行车公路大组季军 女子自行车场地团体季军
刘铖烨				女子自行车场地竞速季军 女子自行车场地团体季军
谢梦媛	2014 年全国青年田径锦标赛	6 月 20—22 日	浙江省丽水市	女子 100 米栏亚军
许美玲	2014 年全国田径大奖赛总决赛	7 月 11—13 日	山东省济南市	女子 100 米亚军 女子 4×100 米冠军
吴　凡 滕　超 朱嘉豪	2014 年全国中运会足球比赛	7 月 23—8 月 1 日	上海市杨浦区	男子组亚军
张雨电	2014 年全国少年拳击比赛	7 月 28—8 月 5 日	辽宁省朝阳市	男子柔道冠军
蒋森海	江苏省第十八届运动会柔道比赛	9 月 20—25 日	徐州九州职业技术学院	男子柔道 64 千克级亚军
胡晓辉				男子柔道亚军
曹海峰				男子柔道 59 千克级季军
周吉成				男子柔道 69 千克级季军
陈小峰				男子柔道季军
朱韦林				男子柔道季军
张雨电				男子柔道 74 千克级冠军
周艳兵	江苏省第十八届运动会田径比赛	9 月 21—26 日	徐州市奥体中心	女子田径 200 米亚军 女子田径 100 米亚军 女子田径 4×100 米亚军

续表 59

参赛人员	运动名称	参赛时间	比赛地点	比赛成绩
杨鑫隆	江苏省第十八届运动会田径比赛	9月21—26日	徐州市奥体中心	男子田径3000米障碍亚军
张嘉豪				男子田径4×100米接力季军
汪　丽				女子田径4×100米接力季军
周艳兵				女子田径4×400米接力季军
蒋松江				女子田径跳高季军
李宇杰				男子田径4×100米接力季军
王盛尧				男子田径4×100米接力季军
陈　佳	韩国釜山亚运会垒球比赛	9月30—10月6日	韩国釜山九德棒球场	女子季军
许美玲	2014年全国田径锦标赛	10月9—12日	苏州市	女子4×100米季军
周江徽	2014年江苏省青少年举重冠军赛	10月18—22日	射阳县少年体育学校	男子亚军
梁雨航				男子季军

体育产业

【概况】 2014年,江阴市主动服务培育体育市场,建设好国家级体育产业基地。"全国游泳之乡"创建成效显著。江阴市"镇镇游泳池"建设获国家体育总局肯定,并受邀参加全国游泳工作交流会,经验做法在全国进行试点推广。江苏海澜国际马术俱乐部有限公司、江苏金一文化发展有限公司、江苏法尔胜泓昇集团有限公司、江阴四方游泳设备有限公司、江阴兴澄特种钢铁股份有限公司、江苏天华纱业集团6个单位获省级引导资金380万元,江阴市连续4年保持全省县级市第一。市级体育场馆运营成效显著。江阴体育中心继续加大便民惠民力度,年内开设各类培训班35个,培训学员3300余人次。先后成功承办四国男篮巅峰争霸赛等国家级以上赛事5项33场次,承办全市性群众体育赛事14项150余场次,接待观众及健身休闲市民超过120万人次,完成开票销售收入3000余万元。体彩销售坚持转变理念强基础,强化服务提质量,紧抓世界杯契机,保障健康有序发展,全面销量突破6亿元,筹集体彩公益金4000万余元,继续保持全国领先。

【"镇镇游泳池"建设经验在全国推广】 2014年6月16日,在北京召开的全国游泳工作交流会上,江阴市以拆装式泳池为载体积极推进"镇镇游泳池"建设经验参加了该次大会交流,这也是全国游泳工作交流会议有史以来第一次特邀县市级单位参加。会上,江阴市体育局局长顾洪伟做了题为"顺全民之意,建设镇镇游泳池馆;举全市之力,争创全国游泳之乡"的经验交流。国家体育总局副局长蔡振华出席会议,并代表总局对与会单位为促进中国游泳事业发展做出的贡献表示感谢。他在讲话中强调了群众游泳工作开展的努力方向,对江阴市利用拆装式泳池推进镇街游泳池馆建设举措和积极推进"全国游泳之乡"创建工作成效给予高度肯定。推进拆装式泳池进社区(乡镇)工作已被列为中国游泳协会"十三五"规划方案的重要内容。

【第六次全国体育场地普查完成】 2014年1月,根据国家体育总局、省体育局关于开展第六次全国体育场地普查(简称"六普")的有关要求,江阴市体育场地普查工作全面展开。全市196名普查员,历时10个月,普查范围覆盖15个镇(街道),666个行政村、社区和企业事业单位等,高质量完成数据登记工作,"六普"各项目标任务顺利达成,各项指标差错率均小于1%。经过逐层审核,最终确认全市有35类体育场地4723个,其中全民健身路径1124件,室内外乒乓球场地496个,室内外篮球场724片。此外,门球场、登山步道,健康步道、室内外羽毛球场、健身广场、开放学校的田径场等多种场地类型正逐步成为江阴市广大居民体育生活的重要场所,全市体育场地面积397.14万平方米,人均体育场地面积3.3平方米。

【规范游泳场所运行管理】 2014年,江阴市以创建全国游泳之乡为契机,加大对全市游泳场馆的安全监管,全市办理高危项目经营许可证并向社会开放的游泳池馆达32个,在建和正在办理审核手续的池馆达8个。江阴市采用统一培训、统一制作、统一考核的方式,同步制定一系列游泳场所规范化管理制度,强化各池馆的标准化管理。严把从业关,按照岗位职责,着重做好培训和资格审查,全年培训教练员、救生员50人次,水质处理员30人次,为江阴市游泳之乡建设、全市游泳场馆规范运营提供技术支撑。以日常监管、执法检查等手段有效规范池馆运营,全市开放游泳池馆百分百购买公共责任险,为市民游泳健身提供安全保障,实现所有池馆全年安全运营无事故。　(周　玲)

■类目编辑　赵修平

社会工作

社会保障

【概况】 2014年，市人社局坚持"全覆盖、保基本、多层次、可持续"方针，以增强公平性，适应流动性，保证可持续性为重点，统筹推进城乡社会保障体系建设。年内，完成城保扩面新增5.4万人，净增2.01万人；调整江阴最低工资标准，月最低工资标准由1480元调整至1630元，非全日制用工小时最低工资标准由13元调整至14.5元；连续第10次调整企业退休人员养老金标准，人均月基本养老金调整为1779元；调整居民养老保险基础养老金、被征地农民第四年龄段人员保养金标准，分别提高至210元/月、500元/月；调整伤残职工的伤残津贴、生活护理费、供养亲属抚恤金待遇，在原标准基础上每人每月均增加10%；调整生育保险一次性营养补助费，由1138元增加至1212元。是年，医保和养老待遇发放与农村商业银行实现实时联网支付，累计支付6806笔1.6亿元。无锡、江阴两地异地安置人员异地就医"一卡通"结算正式上线运行。全市养老、医疗、工伤、生育、失业参保人数分别达53.5万人、67.4万人、42万人、39.2万人、42万人。

【被征地农民保障制度完善】 2014年7月8日，江阴市政府根据《江苏省征地补偿和被征地农民社会保障办法》，结合实际进行深入调研和试点，印发《江阴市征地补偿和被征地农民社会保障办法》，办法规定被征地农民社会保障应当遵循即征即保、应保尽保、分类施保、逐步提高的原则，全面接轨现行养老保险制度。被征地农民按3个年龄段进行保障安置，第一年龄段为16周岁以下，按安置补助费标准一次性领取生活补助费；第二年龄段为女性16周岁至55周岁、男性16周岁至60周岁，纳入企业职工基本养老保险，并按规定折算缴费年限；第三年龄段为女性55周岁以上、男性60周岁以上，从批准次月起，按照不低于江阴市农村最低生活保障测算标准的1.1倍按月领取养老补助金。

【定点零售药店远程监控系统建立】 2014年，市人社局建立医疗机构现场监管、医疗审核智能监控和定点药店远程实时监控等为主体的医疗保险多元化智能监管平台，对136个定点药店实施实时远程监控，并通过结算数据分析预警，实现定点零售药店医疗费用"无盲区"、购药行为"全透明"，杜绝以药换药、以药换物等违规行为。监控系统运行后，刷卡人次下降15.7%，刷卡金额下降15%，违规现象大幅减少，同时在取证方面也提供有力证据，建立公平、公正、健康的市场秩序，进一步确保医疗保险基金安全，营造安全健康的购药环境。

【医疗救助】 2014年，市人社局对《江阴市城镇职工基本医疗保险参保人员医疗救助办法》进行廉洁性评价，接受公众监督，规范救助程

2014年12月8日，江阴市副市长虞卫才(右三)视察年度医疗救助发放工作

(市人社局提供)

序,提高医疗救助透明度。针对低保、特困、残疾等困难参保人员进行实时医疗救助,门诊医疗费用个人自负部分累计1500元以内给予100%全额救助;住院起付线费用全额救助,其余自负部分医疗费给予70%医疗救助。针对重病大病及困难参保人员分类进行年度医疗救助,对2013医保年度尿毒症血液透析(腹膜透析)、重性精神病、恶性肿瘤人员进行门诊年度救助;对住院个人自负费用累计在1万元以上重病人员和符合城镇职工基本医疗保险实时救助条件、个人自负费用(除实时救助部分)累计在2000元以上的困难人员进行住院年度救助。年内,开展实时医疗救助4247人,提供救助金470万元;开展年度医疗救助9080人,提供救助金1934万元。通过实施医疗救助,困难人员门诊住院医疗费用综合报销率提高20%,重病大病人员门诊住院医疗费用综合报销率提高17%。

【医疗费用结算管理改革推进】 2014年,市人社局按照《江阴市城镇职工基本医疗保险医疗费用结算管理改革试行办法》文件精神,实行住院费用以总量控制为主,结合按病种付费、按床日付费等多种付费方式相结合的混合型付费方式。建立付费预警机制,按月向定点医疗机构出具总量预警、病种预警、科室预警等数据,并及时与定点医疗机构沟通联系,引导其建立自我约束、自我管理的良性运行机制。全市2013医保年度即时结算医疗费用增幅比上年同期下降5.2%,通过付费方式改革,使基金支出增幅比上年同期下降7.5%,确保医保基金当期略有结余。在统计分析、深入沟通基础上,制定2014医保年度预结算指标,合理调整部分手术病种分类及定额标准,创新推出6个日间手术病种,总病种数由2013医保年度的33个增加至43个,付费制度日趋规范完善。

【社保经办便捷高效】 2014年,江阴市外指定医院增加9个,市外就医非指定医疗机构范围扩大至就医地人社部门公布的定点医疗机构。参保灵活就业人员生育医疗费用纳入职工基本医疗保险基金支付范围,全年450人享受待遇,同时生育保险医疗费用报销实现"一站通"实时结报,惠及5784人。无锡江阴两地异地安置人员实现异地就医"一卡通"结算,无锡21个定点医疗机构、江阴39个定点医疗机构首批实施异地联网实时结算。是年,江阴市异地安置人员在无锡就诊422人次,结算医疗总费用34.8万元;无锡异地安置人员在江阴就诊246人次,结算医疗总费用13.8万元。

就业创业

【概况】 2014年,市人社局坚持就业创业城乡一体,狠抓各项政策和关键措施落实,城乡就业创业工作全面加强。实施劳动年龄段人员全员实名管理,推进全市城乡人力资源数据库专项调查,入库劳动年龄段人数达65.57万人。全年新增就业岗位5.8万个,解决本地劳动力就业2.5万人,城镇登记失业率2.38%,高校毕业生就业率92.5%,困难家庭高校毕业生就业率100%,扶持创业2175人,实现带动就业12993人。年内,为420名大学生发放房租补贴200万元,发放各类创业补贴202万元,小额担保贷款3250万元。

【再就业扶持政策"城乡并轨"】 2014年1月,市人社局出台《关于进一步加大再就业扶持力度促进社会充分就业的意见》,打破城乡二元结构,将再就业扶持政策覆盖到具有本市户籍的城乡居民连续失业1年以上并登记的就业困难人员,实现再就业扶持政策城乡并轨。再就业扶持政策包括实施社会保险补贴,实施岗位补贴政策,扶持就业困难人员自主创业三方面,促进全社会实现充分就业。年内,共发放各类补贴1.26亿元,惠及5.12万人。

【大学生创业园建设】 2014年9月11日,江阴市政府办出台《关于加快推进大学生创业园建设更大力度促进大学生创业的意见》,进一步贯彻落实大学生创业引领计划,拟在3年内建成1~2个具有一定规模的大学生创业园;3年内力争吸引和培养500名大学生进入大学生创业园成功创业,并带动就业4000人。年内,市人社局与高新区达成合作共建综合性大学生创业孵化基地意向,经过实地考察、场租商讨、政策完善等前期准备,全市首个大学生创业园落地高新区天安数码城。

【就业服务】 2014年,市人社局开展多场高校毕业生就业创业服务进校园、进社区活动,宣传各项就业政策;登记调查维护9957名高校毕业生数据库,并实施动态跟踪,帮扶引

2014年2月9日,江阴市2014春季城乡联动大型招聘会在江阴体育馆举行。图为招聘会现场 (市人社局提供)

导就业；印发《致全市高校毕业生的一封公开信》1.2万份，组织企业人力资源经理、专业职业指导师等多领域专业人士开展高校毕业生就业指导会；组织相关企业赴安徽亳州、阜阳等地开展劳务对接活动；"一对一"推荐指导就业困难对象，共帮扶就业困难人员1182人；开通"江阴人社"微信服务平台，为就业者提供个性化职场信息服务；加大再就业培训工作力度，新增汽车维修、育婴师等4个新培训工种，开展"订单式""委托式"培训，共组织各类职业技能培训4.99万人。是年，共举办春季城乡联动大型招聘会、"三八春风送岗位"女性专场招聘等各类招聘活动120余场。

【创业扶持】 2014年，市人社局积极优化创业环境，拓宽富民渠道。优化"六补一贷"（指开业、租金、创业带动就业、社会保险、创业培训和水电费6个方面补贴及小额担保贷款）创业扶持政策体系，出台《江阴市小额担保贷款管理实施暂行办法》，创业小额担保贷款担保基金规模由200万元增至1000万元，贷款担保总额扩大至5000万元，切实放大信贷促进创业政策效应。同时，完善第三方信用担保方式，提供多渠道资金支持，着重为无固定资产、无法提供合适担保对象的创业大学生提供创业贷款，全年为99名大学生发放小额贷款1480万元。

劳动维权

【概况】 2014年，市人社局积极维护劳资双方合法权益，坚持惩防并举，妥善化解劳资矛盾纠纷，维护社会和谐稳定。启动第二轮全市50人以上企业人力资源经理和小微企业法人人社政策法规培训，举办培训班37期，培训企业6500个，培训人数7200余人；组织开展仲裁庭审观摩活动；高效运行劳动关系分色预警系统，全市劳动监察举报投诉比上年下降21.4%，重大突发事件和集体举报投诉案件分别减少85件和101件，分别下降51.2%和41.74%；组织专项执法检查6次，共检查用人单位2685个，涉及职工21.26万人；督促企业补缴社会保险费319.3万元；清退用工单位童工16人。年内，受理劳动人事争议仲裁案件2690件，结案2632件，结案率97.84%；全年劳动合同签订率和工资集体合同签订率分别为99.31%和99.50%。

【劳动保障书面审查】 2014年，市人社局利用劳动保障监察网格化管理有利条件，将书面审查与劳动关系分色预警监控指挥系统的信息采集和数据维护相结合。年内，共书面审查用人单位10049个，涉及职工50.04万人，涉及企业数为历年之最，评定A级单位3418个、B级单位6124个、C级单位507个，下达限期改正指令书29份、监察建议书63份，督促用人单位支付拖欠的职工工资441.82万元。通过书面审查，全市劳动合同签订率99.31%，职工月平均工资3012.61元。

图为2014年5月12日，江阴市劳动人事争议巡回仲裁庭庭审现场

（市人社局提供）

【劳动人事争议仲裁】 2014年，江阴市各级劳动人事争议调解组织共调处各类劳动人事争议案件7003件。市劳动人事争议仲裁院立案受理2690件，其中工伤待遇743件、劳动报酬争议1141件、确认劳动关系128件、经济补偿金赔偿金及其他争议678件，涉案总金额2.18亿元。结案2632件，结案率97.84%，其中裁决结案568件、调撤结案2056件，调撤率78.11%。年内，处理群体性劳动争议案件28件，涉及职工1194人。

【规范基层劳动人事争议调解组织】 2014年，江阴市规范基层劳动人事争议调解组织，将全市各镇（街道）劳动人事争议调解室统一更名为调解中心，并明确调解中心工作职责、工作程序、调解员行为规范，统一调解员培训聘任发证，加强基层调解场所、人员队伍建设。在征得当事人同意基础上，将未经过基层调解组织处理的案件先行移送镇（街道）调解中心调解处理，充分发挥基层劳动人事争议调解组织第一道防线作用，同时开展劳动人事争议基层调解和案前调解。年内，各类调解组织调处争议占争议总量的61%。

【工伤认定和劳动能力鉴定】 2014年，市人社局坚持工伤认定按时办结、劳动能力鉴定按章操作，累计受理工伤申请4491份，认定工伤4044份；受理伤残鉴定人数2486人，评定伤残等级人数2334人；受理病退鉴定人数536人，符合病退条件人数360人；完成工伤康复人数18人。

（辛　磊）

民政工作

【概况】 2014年，市民政局积极践行"以民为本、为民解困、为民服务"工作理念，围绕民生大局抓重点，创新社区治理破难点，优化品牌形象扣热点,推动现代民政事业深入发展。加大民生保障力度,低保标准提高至月人均600元,全年发放保障金5192万元;加快慈善福利事业步伐,城镇“三无”(无劳动能力、无生活来源、无赡养人或抚养人)、农村“五保”供养标准提高至月人均880元,全年发放供养金1300余万元;推进慈善组织建设,全年募集慈善基金6313万元,支出救助金5537万元;提高养老服务水平,新增养老床位1063张,建设老年人日间照料中心12个,安装“幸福一点通”*用户1191户;优化社区治理机制,开展“政社互动”试点,实施社区减负增效专项行动,建设社区综合信息管理平台;培育发展社会组织,全市社会组织总数954个;继续推进和谐社区创建工作,澄江街道普惠苑社区、新桥镇绿园社区被评为全国和谐社区建设示范单位;率先在全国县级市中开设“中福在线”第三销售厅,全年销售福利彩票4.58亿元,在全省县级市中位列第2名。是年,江阴市被江苏省委、省政府、省军区表彰为江苏省第十届双拥模范城,江阴市连续第三次被中民慈善捐助信息中心评为“慈善七星城市”,市慈善总会被中民慈善捐助信息中心授予“慈善透明榜样奖”称号。

【社会救助制度完善】 2014年,江阴市贯彻落实国务院《社会救助暂行办法》,进一步提升社会救助工作水平,建立政府领导、民政牵头、部门参与的社会救助联席会议制度,通过完善社会救助政策、制度和体制、机制,促进各项社会救助有效衔接,实现救助申请家庭经济状况核对跨部门信息共享,推动社会救助由碎片化向体系化转变。同时,积极督导全市各镇(街道)建立社会救助“一门受理、协同办理”工作平台,切实打通社会救助政策执行“最后一公里”,确保群众求助不走弯路,政府部门救助及时到位。

【专项救助】 2014年,江阴市深入开展“心系百姓、温暖万家”春节慰问活动,走访困难对象7万余户,发放慰问金7668.3万元;启动物价上涨动态补贴机制1次,发放补贴81.4万元,惠及低保、“五保”等困难对象1.7万余人;积极做好临时生活救助,全年救助困难群众5374人次,发放救助金415.8万元;向277名原市属破产企业精减退职职工发放定期生活补助278.9万元;为全市户籍家庭购买自然灾害公众责任保险和居民住房财产保险;完成“和谐家园”(家庭自费购买)保险2.38万份,居无锡地区首位,民生系列保险累计赔付110万元。7月1日起,江阴市低保标准由月人均530元提高至600元,至年末,全市有低保对象7139户12413人,共发放低保金5192万元。

【救助管理】 2014年,市民政局为贯彻落实上级关于做好救助管理工作有关精神,进一步做好以未成年人为重点的流浪乞讨人员救助保护工作,出台《江阴市健全完善三级救助管理网络工作方案》,推进建立以市救助管理站为龙头,镇(街道)临时救助点为依托,村(居)委救助咨询引导点为补充,社会志愿服务队伍为参与的救助管理服务网络,积极引导和支持社会力量参与救助管理工作,全面提升救助管理工作水平。年内,救助各类流浪乞讨人员435人,其中未成年人10人,老年人20人,精神疾病患者34人,无民事行为能力人员发现救助率为100%。

【孤残儿童供养】 2014年,江阴市继续落实孤儿供养标准自然增长机制,集中供养和散居孤儿最低养育标准分别提高至每人每月1600元和1100元,全年向147名登记在册孤儿发放养育金221万元;规范弃婴移交、接收流程,为103名家庭私自收养儿童办理送养手续。市儿童福利院共接收公安部门移交的弃婴儿童103人,办理国内家庭送养109人,国外家庭送养5人,返弃婴1人,因病死亡4人,托管非正常上访家庭儿童2人和公安部门涉案特殊家庭儿童2人。至年末,市儿童福利院集中供养儿童53人,家庭寄养23人,璜土敬老院寄养大龄弃儿6人,福澄颐养院托管“三无”人员1人,江阴市第三人民医院治疗精神病弃儿1人。

【“五保”供养】 2014年,江阴市“五保”供养工作实行村(社区)—镇(街道)—市三级网上审批制度,全程公开,入户调查,做到应保尽保,严格按照规定办理。年内,全市有“五保”对象1118人,其中集中供养500人,分散供养618人;有城镇“三无”人员60人,其中集中供养37人,分散供养23人,集中供养标准和分散供养标准均为每月880元。“五保”对象免费参加新型农村合作医疗保险,并被列入大病救助对象。

【慈善事业】 2014年,市慈善总会出台《关于加强村级慈善组织建设的实施意见》,推动慈善组织向基层延伸,建立健全以市慈善总会为依托、镇(街道)分会为骨干、村慈善工作站为基础的三级慈善工作网络。全年募集慈善基金6313万元,其中冠名基金2467万元、定向捐赠款1443万元、“慈善一日捐”活动捐款1267万元、其他捐款1136万元。切实做好“帮困千户”“‘爱心成就梦想’慈善助学”“援助单身贫困母亲”等慈善项目,支出救助金5537万元。深化义工服务,开展温暖“星星的孩子”、爱心义卖,钱老师爱心英语课堂、点点爱心港“爱心牵夕阳、踏春迎新颜”等公益活动,组织180名义工参加服务技能培训。至年末,全市有义工联合会1个,义工站17个,义工总队15个,注册义工18667人。

【优待抚恤】 2014年,江阴市向1079名义务兵和现役军人发放优待金和立功奖励金2520万元。关心涉军困难群体生活,向4317名农村籍退役士兵发放生活补助382.42万元,向90名老年烈士子女发放生活补助23.49万元,向企业退休的97名抗美援朝老战士、98名参战退伍军人发放慰问金48.52万元。为412名残疾军人换发新版残疾证,为173名烈士家庭换发新版烈士证明书。按照“选好一块场地,挂好一个牌子,配齐一班人马,建立一套制度,开展好一系列活动”要求,年内建设“优抚之家”16个,累计建成20个,搭建起政府与优抚对象之间感情沟通平台,更好地为优抚对象提供快捷、便利的服务。全年向1625名各类重点优抚对象发放优抚补助金2544万元。

【退役士兵安置】 2014年,江阴市共接收2013年度退役士兵542人,退役士兵自谋职业和自主就业一次性经济补助标准由 4.75 万元提高至 5.35 万元，共发放补助金 2557 万元，退役士兵安置率 100%。改进退役士兵职业教育和技能培训工作，提高退役士兵就业竞争能力，272 名退役士兵参加创业培训、营销技术、计算机、维修电工等短期技能培训，123 名退役士兵参加江阴职业技术学院成教院中、长期职业技能培训，14 名退役士兵复学。

【双拥共建】 2014 年 4 月，市民政局参加由无锡市双拥办组织的“遥遥万里边关行、殷殷深情看新兵”活动，前往陕西、甘肃、宁夏等地驻军部队走访慰问江阴籍新战士，巩固江阴子弟兵爱国戍边思想根基。“八一”建军节期间，市领导带领相关部门分组走访慰问驻地各部队、江苏省军区、无锡军分区和无锡预备役高炮团；各镇（街道）主要领导到共建单位走访慰问，共赠送慰问金 230 万元。开展双拥品牌建设活动，建成华西双拥示范基地。

【社区治理创新】 2014 年，市民政局配合市建设局综合验收领导小组审核办理新建商住小区属地管理验收手续，确保所有新建小区及时纳入社区服务管理范围。开展“政社互动”试点，并推广覆盖全市所有镇（街道），出台《关于加快推进城乡社区治理创新的实施意见》，依法梳理《村（居）民委员会依法履行职责事项》和《村（居）民委员会依法协助工作事项》两份清单，理清政府和社区权责关系。开展社区减负增效专项行动，取消社区（村）市级台账目录 124 项，创建评比目录 55 项，组织机构、挂牌目录 74 项。建成社区综合信息管理平台，整合各职能部门数据信息及社会、市场等多种资源，实现各类信息资源的互联、互通、共建、共享，增强社区服务管理效能。

【殡葬服务】 2014 年，江阴市深入贯彻落实中共中央办公厅、国务院办公厅《关于党员干部带头推动殡葬改革的意见》精神，推进全市殡葬事业深入发展。向申请参加海葬活动的 5 户家庭免除海葬费用，并奖励每户家庭 1500 元。开展“清明树新风”主题宣传月活动，与市文明办联合发出“弘扬文明祭祀新风、营造平安清明环境”倡议书，宣传倡导文明低碳祭扫和鼓励节地生态安葬。加快推动乡镇安息堂整合提升，新建城东街道安息堂，改建华士镇和长泾镇安息堂，全市 11 个安息堂符合达标条件，完成镇（街道）公益性骨灰堂达标建设任务的 70% 以上。全年火化遗体 12107 具，出售墓穴 1765 个，落实殡葬基本服务普惠政策，共免除基本丧葬服务费 749.7 万元，惠及对象 8246 户。

【区划调整】 2014 年，市民政局指导云亭街道进行村居优化调整，新成立迎瑞、金云、定山、云东 4 个社区居委会，至年末，全市有村民委员会 201 个，社区居民委员会 56 个，村（居）合一社区 42 个。理顺敔山湾地区管理体制，明确由云亭街道负责管理，为落实网格化管理奠定基础。推进平安边界建设，制定《江阴市平安边界创建应急预案》，健全界线界桩管护网络，加强界线界桩日常巡查，配合做好无锡苏州界线联检工作，有效维护边界地区和谐稳定。

【地名管理】 2014 年，市民政局组织开展江阴市第二次地名普查，加强地名管理服务工作，共命名各类地名 127 个，出版《江阴市区划地名图册》。委托江阴名贤研究院，组成历史地名保护名录专家小组，组织开展历史地名调查、评审、意见征集和论证工作，公布江阴市历史地名保护目录（第一批）115 条。

【婚姻登记】 2014 年，市民政局婚姻登记处坚持“情系新人、为爱护航”服务理念，以推进行风建设为抓手，不断提升为民服务水平。是年 8 月 1 日起，婚姻登记处恢复周四下午正常办理婚姻登记，登记员学习和整理档案时间从周四下午调整至周六下午，以满足婚姻当事人的登记需求。年内，办理结婚登记 11540 对，离婚登记 2611 对，补办婚姻登记证 1294 份，出具婚姻登记记录证明 8138 份，婚姻登记率和登记合格率均为 100%。继续配合市婚姻家庭指导中心做好离婚调解工作，接待离婚当事人 2028 对，劝返 760 对，劝返率 37.5%。

【社会组织建设】 2014 年，江阴市有序推进社会组织登记制度改革，对行业协会商会类、科技类、公益慈善类和城乡社区服务类社会组织实施直接登记，新增社会组织 139 个，其中直接登记社会组织 70 个。至年末，全市社会组织总数 954 个，每万人拥有社会组织数 7.9 个，较上年增加 1.15 个。推进社会组织等级评估，619 个社会组织获得评估等级，占应评总数的 74%，其中 AAA 级社会组织 46 个。继续实施福彩公益创投，安排福彩公益金 200 万元，26 项项目落地社区服务民生，项目主要涵盖助老、救孤、济困等方面，惠及群众 6 万余人。提升社会工作水平，年内新增注册登记社工 183 人，增长率位列无锡地区首位，每万人拥有持证社工 3.2 人。 （尤凯锋）

退管工作

【概况】 2014 年，市退管办深入贯彻党的群众路线教育实践活动，切实改进工作作风，提高服务质量，以服务促管理、促作风、促效率，社会化管理服务水平不断提高。年内，接收企业退休人员人事档案 1.9 万份，及时采集信息、统一归档、纳入社区管理，档案收缴率 99%，社区管理服务率 100%；完成养老金领取资格异地网上协助认证 3770 人，其中省内其他地区 1034 人、外省 2736 人，现场办理书面认证 358 人次，协助认证率 94.6%；出版 4 期《江阴退管》（季刊），内容涵盖邻里间尊老爱老先进事迹、退管办和各镇（街道）开展各类文体活动、养老金调整及医保相关政策、中老年人养生保健常识等；组织 13 万名退休人员开展第五轮免费健康体检，此次体检首次依托江阴市区域公共体检平台，以信息化手段，与江阴其他各类体检实行资源整合、信息共享、项目优化；为 1783 名居住外地并办理异地就医安置的退休人员发放体检费 21.4 万元。

【走访慰问活动】 2014 年，市退管办共走访慰问 7892 人，发放慰问金及慰问品价值 187 万余元，其中春节期间慰问特困退休人员 870 人，发放慰问金和慰问品价值 88 万余元;高温期间慰问企业退休人员1308人,发放夏令用品价值13万余元。对全市4677名70周岁、75周岁、80周岁、85周岁及以上老人进行生日慰问,发放生日蛋糕价值46.7万余元;对1037名去世退休人员进行吊唁并协助家属料理后事,发放慰问费39.4万余元。

【文体活动】 2014年,市退管办围绕"我运动、我健康、我出彩"主题,成功举办江阴市首届退休人员"文体节"系列活动,全市15个镇(街道)近百支参赛队1000余人参加。3月,开设手杖操培训班,各镇(街道)精心挑选30名文体骨干参加培训,通过以点带面、互帮互学、以演促练、以赛促练等方式,营造良好的锻炼氛围。4月,举办为期两个月的抖空竹培训班,使抖空竹运动在江阴得到广泛推广。6月,举办江阴市第四届退休人员"人社杯"乒乓球比赛和象、围棋比赛。9月,在江阴学院场举办"夕阳无限美,人社情更浓"退休人员文艺会演。10月,在江阴市第一中学体艺馆举行"文体节"闭幕式压轴项目木兰拳比赛。

(张 萍)

老龄工作

【概况】 2014年,江阴市加强养老机构规范化建设,继续推进居家养老服务工作和"幸福一点通"助老工程,实施"安康关怀行动",开展丰富多彩的老年人文体活动,认真搞好敬老月系列活动,不断提升全市老龄工作水平。年内,发放尊老金2330万元;新增养老床位1186张,全市共有福利床位数10152张,每千名老人拥有养老床位数3.65张;安装"幸福一点通"助老系统1191户,累计安装7733户。是年,市民政局老龄科被民政部评为全国农村五保供养工作先进单位;市老年体协被评为2014年度江苏省老年人体协信息工作先进单位,获江苏省百万老年人健步走向北京迎国庆活动优秀组织奖,被省民政厅评为江苏省AAAAA级社会团体。

【江阴元林老年大学建成揭牌】 2014年6月25日,由江苏元林慈善基金会出资1亿元捐建的江阴元林老年大学建成揭牌,并正式移交市民政局。市领导周铁根、沈建、赵国权、薛良、龚振东、虞卫才,老领导翟怀新、吴振法,扬子江船业集团董事长任元林,江苏元林慈善基金会理事长刘建国等出席揭牌移交仪式。江阴元林老年大学工程建筑面积12507平方米,有34个教室、4个老年活动室,阅览室、报告厅、作品展示室、医务室配备俱全,区域环境优美,成为全国示范性现代化老年大学。至年末,学校设6个系部,33门学科,107个班级,拥有学员2381人,各科就读学员达4096人次。

【"幸福一点通"助老系统建设】 2014年,江阴市共安装"幸福一点通"助老系统1191户,其中澄江街道1000户,云亭街道91户,南闸街道100户,全市累计安装7733户。年内,共接收老人求助呼叫14998次,主要以居家服务及各类咨询为主,其中紧急求救与"120"联动17次,维修类求助1536次、家政服务护理类求助583次、管道疏通类求助152次、其他各类求助咨询近12800次。

【养老服务】 2014年6月,市民政局召开社区居家养老服务推进会,明确2014年社区居家养老服务站建设任务及标准。8月,市民政局组建由专业人员构成的评估小组对全市养老机构中失能、半失能老年人进行评定,共评定失能老人890人,半失能老人434人,市、镇财政对全市养老机构护理失能老人的床位每张每月补贴300元,对护理半失能老人的床位每张每月补贴200元,通过补贴,提升了养老机构收住失能、半失能老人的积极性。年内,联合消防、卫生、安监等部门对24个养老机构安全管理工作进行检查,其中18个取得消防验收合格证,针对问题下发行政指导意见书34份,提出整改意见22条,落实整改项目16项;举办养老机构管理人员和初级护理员培训班,全年共培训管理人员53人,养老护理员84人,全市持证养老护理员累计339人,持证上岗率提升至91.3%。至年末,全市新建社区居家养老服务站12个,新建老年人日间照料中心12个,累计建成社区居家养老服务站231个,完成城乡社区居家养老服务覆盖率90%的目标。全市新增床位1063张,总床位数10152张,每千名老人床位数36.5张,其中社会力量和公建民营养老机构9个,拥有床位4489张。璜土、夏港等5个养老机构参与无锡市第三批养老机构规范化建设达标评定,全部达标。

【安康关爱行动】 2014年,江阴市以政府引领、企业担当和百姓受益为运行模式,大力实施老年人意外伤害综合保险为主要内容的"安康关爱行动",取得阶段性进展,初步建立老年人意外伤害综合保险制度,得到老年人普遍欢迎,赢得社会各界广泛赞誉。至年末,承保老年人16万人,承保率67%,保费847万元,累计为332名意外死、伤、残老年人赔付470余万元,为老年人提供电话咨询及上门服务11097人次。

【老年体育】 2014年2月,市政府召开全市老年人体育工作会议,对全年工作进行周密部署。3月起,市老年体协组织开展江阴市十万老年人健步走向北京迎国庆活动,全市14.5万名老年人参加,6个月内人均行程1200余千米,胜利完成江阴至北京全部行程。年内,创办《江阴乐天》简报,全年出版9期;文稿、照片被江苏省、无锡老年体协网站和刊物录用210余篇次、300余幅;老年体协成为市体育局网站协办单位;累计有9名老年人成为国家级社会体育指导员。

【敬老月宣传庆祝活动】 2014年9月29日,市领导周铁根、沈建、赵国权、薛良、袁秋中、虞卫才等分组到养老机构和社区(农村)看望老年人。敬老月期间,江阴市举行庆祝老年节暨老年人体育健身项目展示大会,15个镇(街道)近400名老年人参加展示;举行老年人口腔保健讲座,提高老年人防治口腔疾病能力,增强及时修复失牙意识;开展老年法律咨询活动,增强老年人维权意识;举行"爱在金秋、情暖夕阳"及"迎国庆、贺重阳"大型经典越剧等敬老月慰问演出;组织江苏省老年春晚海选，4个选送节目入围戏曲类、综艺类全省会演；组织老年文艺特色团队进社区、进敬老院开展公益性慰问演出，丰富老年人精神文化生活。据市老龄部门不完全统计，敬老月期间，全市各镇（街道）、村（社区）召开敬老座谈会、茶话会366场，参加人数12705人次；开展文艺演出153场，参加人数42951人次；举办老年健康讲座341场，参加人数19207人次；为老年人进行健康体检182055人次；为老年人提供法律咨询1733人次；发放慰问金总额2366.85万元，其中镇级慰问8892人，发放慰问金305.4万元，村（社区）级慰问167768人，发放慰问金2061.45万元；镇有线电视台报道173次，在市级以上报刊发表文章、报道116篇次；参与老年健身展示活动9185人次，参加镇级庆祝表彰会5522人次；4496名志愿者为27561人次老年人提供服务。

（秦建国）

民族宗教工作

【概况】 2014年，江阴市民族宗教工作紧紧围绕全市经济社会发展大局，全面贯彻落实党的民族宗教政策和国务院《宗教事务条例》，依法管理民族宗教事务，积极引导宗教与社会主义社会相适应，不断促进民族关系、宗教关系和谐稳定。年内，市民宗局为76名符合条件的少数民族中考考生、28名高考考生办理考试加分证明，为47名符合条件的人员办理民族成分更改手续；向51户少数民族贫困家庭发放补助金7.65万元，向8名少数民族贫困优秀学生发放助学金1.6万元；新批准登记江阴市楞严寺、东林寺2处寺庙为佛教活动场所；加强安全管理，全市99处宗教活动场所举办82场百人以上大型宗教活动，均未发生安全事故。是年，江苏省宗教事务局在江阴举办全省民族宗教政法工作会议和全省民族宗教依法行政骨干培训班；市佛教协会承办全省佛教协会办公室主任会议；市道教协会承办江苏省道教协会四届二次理事会议，市道教协会会长瞿剑华被增补为江苏省道教协会副会长；君山寺在市反邪教协会指导下建立反邪教示范基地；君山寺等5处佛教寺院、场所通过江苏省三星级档案室验收；顾山镇等8个镇（街道）成立民族团结促进会分会。海澜集团有限公司被国务院表彰为全国民族团结进步模范集体，被江苏省民族事务委员会表彰为首批江苏省民族工作示范企业；市基督教堂被江苏省宗教事务局评为江苏省四星级宗教活动场所，大华西基督教堂等5处基督教活动场所被评为江苏省三星级宗教活动场所；市民宗局选送的民族歌伴舞节目《荷塘月色》获江苏省第二届少数民族文艺调演“音乐编创金奖”。

【纪念巨赞法师圆寂30周年追思会】 2014年4月9日，市佛教协会在赞园举办纪念巨赞法师圆寂30周年追思会，副市长唐仲贤出席追思会。中国佛教协会咨议委员会副主席、江苏省佛教协会名誉会长明学长老、松纯长老和无相长老，大德法师代表、巨赞法师家乡代表、老领导代表、相关学者代表等27人应邀参加追思座谈会。与会人员追忆巨赞法师生平事迹及对中国佛教事业的突出贡献，缅怀巨赞法师爱国爱教的崇高精神。

【民族宗教政策法规宣传月活动】 2014年7—9月，市民族宗教工作领导小组办公室以国务院《宗教事务条例》颁布10周年为契机，在全市范围开展民族宗教政策法规宣传月活动。编写《民族宗教知识读本》，向市民发放3000余册；制作23块普法宣传展板，在全市各镇（街道）巡回展出；举办江阴市民族宗教政策法规培训班，全市民宗干部、各宗教活动场所负责人、全体教职人员等280余名学员参训。

【第四届“君山论道”】 2014年11月8—9日，由老子道学文化研究会主办，江阴市道教协会承办的第四届“君山论道”在江阴举行，市领导薛良、黄耀清、唐仲贤等出席开幕式。中国社科院研究员胡孚琛等52名全国道学文化领域知名学者共同探讨道学文化的现代意义。其间，召开世界《道藏》研究的拓荒者——陈国符教授百年诞辰纪念座谈会，举行《道藏源流考》（新编修）首发式。

【市天主教爱国会第七次代表会议召开】 2014年12月19日，江阴市天主教爱国会召开第七次代表会议，全市天主教界91名代表参加会议，市政府副市长唐仲贤出席开幕式。与会代表听取和审议市天主教爱国会第六届委员会工作报告，修订市天主教爱国会章程。会议选举产生市天主教爱国会第七届委员会领导班子，吴洪法当选为主任，刘全德、孙国成当选为副主任，刘全德兼任秘书长，姚兴帆、陈国庆、钱国军当选为副秘书长。

【宗教界慈善公益活动】 2014年3月12日，宗教界和信教群众代表100余人在花山开展植树造林活动。8月25日，君山寺以“扶贫助学，关注未来”为主题举行爱心助学仪式，向澄江街道20名贫困学子发放助学金2万元。9月14—21日，全市宗教界在国家宗教事务局提倡的全国第3个“宗教慈善周”活动期间捐款捐物13.3万元，佛教界为无锡市仁济佛教慈善基金会募集资金9.8万元，基督教界为云南鲁甸地震灾区捐款58423元，江南弥陀村将自种葡萄义卖所得的8.5万元全部用于捐助贫困学生。全年市民族宗教界累计为慈善公益事业捐款147.95万元。

（周　翀）

2014年江阴市少数民族(户籍)分布情况一览

表60　　　　单位:人

族类 区域	蒙古族	苗族	回族	土家族	满族	朝鲜族	壮族	维吾尔族	侗族	彝族	畲族	黎族	布依族	藏族	傣族	白族	水族	羌族	瑶族	傈僳族	土族	仫佬族	仡佬族	哈尼族	布朗族	景颇族	穿青族	达斡尔族	高山族	锡伯族	纳西族	毛南族	佤族	鄂温克族	德昂族	总计 族数	总计 人数
澄江街道	33	69	127	60	173	21	51	1	19	5	2	—	9	5	—	4	2	7	8	—	5	3	—	1	—	—	1	2	—	1	—	—	—	—	—	23	609
南闸街道	8	25	12	51	4	3	28	1	10	7	—	—	7	2	—	1	—	5	1	—	—	—	—	—	—	—	—	—	—	—	—	—	—	—	—	15	165
云亭街道	8	39	4	40	7	—	7	—	26	11	6	—	8	—	—	—	—	—	1	—	—	—	—	—	—	1	—	—	—	—	—	—	—	—	—	12	158
城东街道	22	53	20	82	27	5	17	—	16	13	2	—	49	—	—	—	1	4	8	—	—	—	—	4	—	—	—	1	—	—	—	—	—	—	—	16	324
临港街道	12	24	13	31	26	11	295	2	12	13	2	4	2	—	2	—	3	3	3	1	—	—	2	5	1	—	2	—	—	3	1	—	1	1	—	26	475
璜土镇	7	14	6	29	8	6	65	3	14	3	—	—	—	2	—	—	1	—	1	—	1	—	1	—	—	—	2	—	—	—	—	—	—	—	—	16	163
月城镇	—	13	2	10	—	—	2	—	1	—	—	—	2	—	—	1	—	—	—	—	—	—	—	—	—	—	—	—	—	—	—	—	—	—	—	7	31
青阳镇	3	173	6	171	11	—	4	—	51	1	—	4	3	1	—	—	—	—	2	—	4	—	—	—	—	—	—	—	—	—	—	—	—	—	—	13	434
徐霞客镇	2	309	14	294	7	2	30	—	157	4	2	6	12	45	1	4	—	7	3	—	2	—	6	—	—	—	—	—	1	1	—	—	—	—	—	21	909
华士镇	6	40	23	47	7	3	10	—	30	7	—	1	38	—	—	6	1	3	2	—	—	1	5	—	—	—	2	1	—	—	—	—	—	—	1	20	234
周庄镇	7	78	10	102	4	1	12	—	35	3	—	—	32	—	—	—	—	—	—	—	—	—	5	—	—	—	5	1	—	—	—	—	—	—	—	13	295
新桥镇	2	12	9	5	8	2	7	—	9	3	—	—	7	—	—	—	—	2	—	—	—	—	4	—	—	—	1	—	—	—	—	—	—	—	—	13	71
长泾镇	2	21	5	15	2	1	18	—	8	2	—	—	29	2	—	—	—	1	—	—	—	—	1	—	—	—	—	—	—	—	—	1	—	—	—	14	108
顾山镇	3	26	7	26	4	—	20	—	1	8	—	1	48	—	—	2	—	1	2	—	—	—	2	—	—	2	—	—	—	—	—	—	—	—	—	15	153
祝塘镇	2	87	8	124	4	3	33	—	32	3	—	—	52	1	—	1	—	1	1	—	2	—	2	—	—	—	1	—	—	—	—	—	—	—	—	17	357

■类目编辑　谢　诚

人口管理

【概况】 2014年，市公安局围绕“服务质效大提升、基层根基更牢固、人民群众得实惠、警民关系更和谐”总目标，着力深化社区警务、户籍管理和外来人口服务管理，有力助推全市公安基层基础工作提档升级。是年，社区警务建设经验分别在江苏省公安厅和无锡市公安局进行推广。市公安局出入境管理部门受理审核公民因私出国31471人次，批准赴港澳76062人次，赴台湾10292人次；受理审核境外人员过境停留签证828份，签证延期及换发210份，居留许可735份，台湾居民大陆签注67份，居留签注146份，补换发台胞证42份。至年末，全市户籍人口1232106人，总户数369174户，其中男性613970人、女性618136人；外来暂住人口990833人，其中务工733842人、务农30563人、投资经商36597人。

【户籍新政施行】 2014年，市公安局严格贯彻落实《无锡市“大市”范围户口迁移管理规定》及《无锡市户籍准入登记规定》，统一户籍窗口业务告知程序，通过在新浪微博举行“无锡户籍新政解读”微访谈活动等多种方式，开展社会宣传，与群众互动交流、答疑解惑，让市民了解新政具体规定和办理流程。同时，与市人社局、住保房管局、教育局等新政施行涉及部门沟通协调、统筹衔接，特别针对学生户口迁移问题，针对不同情形专门设计联系单，与市人才服务中心就办理流程、落户材料等进行无缝对接，确保全方位精确实施。是年，累计办理无锡“大市”户口迁移2916人次，江阴市外户籍准入9192人次，

【户口登记管理专项清理】 2014年3月起，市公安局根据上级公安机关统一部署，全面开展户口登记管理专项清理整顿工作，力争3年内彻底解决户口登记管理中存在的“错、重、假”问题，实现公民户口和身份号码准确性、唯一性和权威性目标。各派出所以常住人口信息管理系统基础数据清理为重点，逐户分析检查，着力清查逻辑关系错误数据和可疑问题数据，专人专门入户核实纠正可能存在的项目登记差错。至年末，共核查户籍资料72万余份，排查重点户口12412户，解决无户人员176人，纠正错误信息125条，注销重户人员9人。

【社区警务室功能提升】 2014年，江阴市先后投入资金2200余万元，按“小派出所”标准完成177个社区警务室翻新及改扩建，增配社区民警298人、专职辅警1780人，同时坚持权力下放、服务前移，授予社区民警更多权限和更大自由，保证警务室24小时开门运作。年内，全市警务室共受理（办理）户口1000余份、办理暂住证60万余张，采集人口信息178.6万余项，调解各类纠纷4.6万余件，解决群众实际困难5000余件，提供破案线索700余条。

【户籍管理窗口服务优化】 2014年，市公安局建立派出所“一把手”负总责、政工领导直接分管责任机制。狠抓窗口形象，全面推行服务承诺制、首问负责制和限时办结制，公开承诺“不轻易说‘不’”和群众“零距离”接触，户政窗口配备民警AB角，办证大厅设立服务引导员，加强硬件设置，注重礼仪形象；最大限度简化户籍业务办理程序，明确“一次告知、当场办理”，切实解决服务群众“最后一米”问题。年内，共审核各类户口11537人次，办理二代身份证45792份，主动为群众提供上门办证服务53人次、跨省办证2人次，办理临时身份证8183张，为新建楼房预编门牌编号45份，编制84份，制作各类门牌37223块。

【流动人口服务管理】 2014年，市公安局整合各方资源，联合相关部门成立外来务工人员管理小组，以更加完备的组织领导体系确保各负其责、各尽其职，形成社会化管理工作格局。严密流动人口落脚点阵地控制，按照“谁出租、谁负责，谁使用、谁负责”原则，对房屋出租户、用工单位和行业场所等全覆盖摸排，及时详细掌握人员情况。年内，新登记外来人口417920人，注销294257人，变动1051893人次；登记落脚点181946个；核查问题数据141545条。通过外来人口管理，提供各类线索1521条，破获各类刑事治安案件3746件，抓获各类违法犯罪人员4943人，其中通过人口管理直接抓获网上逃犯98人，处罚用工单位53个。

【出入境服务工作】 2014年，市公安局推出出入境证件网上预约办理

服务、设立绿色通道、进一步缩短办理时限、简化申请表格、一年内可重复使用出入境证件照片信息等一系列便民服务举措。同时,受理签发居民赴台个人旅游、电子往来港澳通行证工作正式启动,全年受理赴台申请10292人次,比上年增长50%以上。对首次申请证件的申请人,开展到证短信提醒及满意度回访10万余人次;对护照有效期不满六个月的申请人,开展及时办理护照换发手续短信提醒6000余人次;电话提醒外国人、台胞办理证件延期手续300余人次;通过绿色通道受理非工作时间申请办证300余人;受理特殊情况急办证件200余人。 (商修涛 胡 娟)

人口和计划生育工作

【概况】 2014年,市人口计生委认真贯彻落实《中共中央、国务院关于调整完善生育政策的意见》精神,紧紧围绕全市中心工作,明确工作目标,创新工作思路,优化服务流程,落实各项举措,以实施"单独二孩"政策为契机,以做好计划生育民生实事为重点,全面提升整体工作水平。全市共出生人口12015人,户籍人口出生率为9.8‰,户籍人口出生政策符合率为99.8%,圆满完成各项目标任务。12月,市人口和计划生育服务中心被国家卫生计生委表彰为全国妇幼健康服务工作先进集体。

【"单独二孩"政策实施】 2014年初,市人口计生委做好政策梳理、出生测算和工作预案,开展人口动态监测、综合分析和监测预警。完善人口信息系统,加强"单独二孩"夫妇信息核查工作,共核查核对江阴籍育龄妇女及其丈夫是否独生子女等信息31.62万条。3月底,江苏省正式启动实施"单独二孩"政策后,市人口计生委及时组织市镇村三级计生干部培训班,对"单独二孩"政策进行详细解读和培训;利用电视、电台、网络、报纸等媒体,制作13期专题节目,编印发放《"单独二孩"生育政策我知晓》和《科学生育·助您好孕》宣传手册5万余份,第一时间公布"单独二孩"政策和再生育办理流程;市行政服务中心计生窗口实行"一站式"服务,即来即办、按时办结,有效压缩审批时间19天。4月14日,审批并发放无锡市第一张"单独二孩"准生证。是年,共办理再生育申请3998份,比上年增长49.8%,其中"单独二孩"申请2771份。

【计划生育依法行政】 2014年,市人口计生委坚持计划生育基本国策,优化部门协作,加强综合治理,不断提升依法行政水平。坚持"一票否决制",全年对12批次771个单位1250名个人进行计划生育情况审核,对审核未通过的4名个人评比各类先进资格进行否决。根据常住户口登记管理规定,加强与市公安、卫生等部门协作,完善出生人口实名登记制、出生人口信息通报制和查处违法生育行为的协助制。集中开展违法生育专项清理工作,排查疏漏对象,依法查处,文明执法。继续推动计划生育行政指导工作,开展行政指导487人次,指导率95%。联合市相关部门开展打击"两非"(非医学需要的胎儿性别鉴定、非医学需要的人工终止妊娠行为)专项行动,年内,查办涉嫌"两非"案件4件,查处个私诊所2个。

【生育服务进万家活动】 2014年,市人口计生委以服务内容优化整合、服务方式贴近群众为重点,形成按需导向的人口计生公共服务新模式,提高群众满意度。以计划生育"4+2"人群("4",指准备怀孕夫妇家庭、已怀孕夫妇家庭、当年生育对象家庭、计划生育困难家庭;"2",指特定年龄段对象、流动人口集中居住点对象)为重点,开展进村入户生育服务进万家活动。年内,市镇村三级计生干部进村入户服务5.3万户,开展各类生育关怀服务22.3万人次;开展免费孕前优生健康检查13016人,目标人群覆盖率96.5%;开展免费婚检8466对,免费婚检率97.5%;开展孕前风险评估与指导对象13609人,评估率91%;免费发放避孕药具14.2万份,新安装自助避孕套刷卡机238台,实现村、社区全覆盖。是年,加强对计生特殊困难家庭的帮扶力度,给10436名独生子女父母为企业退休人员发放一次性奖励金3755万,给17735户农村计生家庭发放奖扶金1702.56万元,给1196户农村计生家庭发放特扶金653万元,走访计生困难家庭605户,发放慰问金138万元。

【流动人口计划生育服务管理】 2014年,市人口计生委承担全国流动人口动态监测工作任务,完成12个镇(街道)30个样本点的流动人口抽样问卷调查和网上信息填报工作。不断完善流入地流出地计生部门长效管理协作机制。与湖北罗田县、安徽舒城县等12个县(市)签订

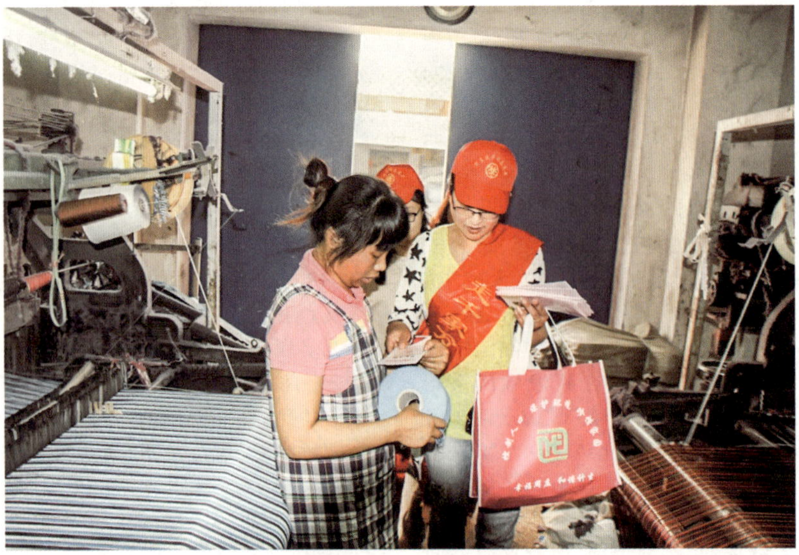

2014年5月28日,江阴市计生干部深入企业车间发放宣传资料

(市人口计生委提供)

计划生育区域协作协议；成立周庄镇和安徽霍山县与儿街镇联合党支部及计生协会，开展两地牵手送真情服务活动；在新桥镇设立湖北黄冈市驻无锡流动人口计划生育服务管理联络站。建立流动人口生育行为通报和跟踪管理制度，全年向流出地人口计生部门通报出生和怀孕信息13308条。组织开展“五清楚（摸清楚本辖区流动育龄妇女的底数；摸清楚流动育龄妇女婚育证明的持证和验证情况；摸清楚流动育龄妇女避孕节育措施落实和孕环情检测情况；摸清楚流动人口目前孕情，是否符合政策；摸清楚流动人口有无违法生育情况，是否已予以查处）五服务（集中开展一次政策宣传服务，一次免费技术服务，一次需求调查服务，一次依法维权服务，一次向流动人口计划生育困难家庭送温暖活动）”关怀关爱服务活动，各镇（街道）人口计生人员进企业、进村组、进集中居住点，为流动人口家庭提供计划生育、优生优育、生殖健康、政策普及等服务，努力促使流动人口计生基本公共服务均等化工作落到实处。是年，为流入的已婚育龄夫妇办理一孩生育服务登记385例，协同市人社局审核流动人口生育服务登记658例，提供免费孕环情监测服务119509人次，配合市教育部门完成流动人口子女入园入学查验12736人次。

【幸福家庭建设】 2014年，市人口计生委承担国家卫生计生委全国青少年健康发展试点市工作任务，组建青春健康教育志愿辅导团，与市教育局联合召开青春健康家长教育工作研讨会，在江阴职大试点开展“同伴教育”。是年，实施人口素质提升、家庭健康促进、家庭发展扶助、和谐家园推进、家庭文化建设5大行动，指导镇（街道）开展各具特色的幸福家庭建设活动。璜土镇开展以创建幸福家庭为主题的节目会演，展示幸福家庭创建新成就；新桥镇举办“青春美丽、花开有时”健康教育讲座，深受青少年及家长欢迎；周庄镇开展“缘定今生、牵手幸福”未婚青年公益主题活动，得到未婚男女追捧；华士镇为26户失独家庭人员进行免费体检，获得一致好评。

【0～3岁婴幼儿早期教养】 2014年，市人口计生委履行江阴市0～3岁婴幼儿早期教养协调委员会办公室职能，重点加强0～3岁婴幼儿早教机构安全管理，积极为婴幼儿家庭提供服务。年内，0～12个月婴幼儿接受上门服务与指导率达97%，开办各类公益育儿讲座84场次，听课家长及看护人员达2.28万人次。

（陈文广）

人民生活

【概况】 2014年，市统计局城乡典型户家庭抽样调查资料显示，全市人民收入持续增长，生活水平继续提升。全体居民人均可支配收入39506元，比上年增长8.9%。其中城镇居民人均年可支配收入46880元，增长8.6%；农民人均年可支配收入23965元，增长10.2%。城乡居民消费水平继续提高，消费结构日趋优化，消费领域不断延伸。城镇居民人均年生活消费支出24976元，农民人均年生活消费支出15304元，分别增长7.2%和9.7%。

【食品】 2014年，江阴市城镇居民人均年食品消费支出7318元，农民人均年食品消费支出4637元，分别比上年增长5.2%和9.0%。居民家庭食品消费支出占家庭生活消费支出的比重（即“恩格尔系数”），城镇与农村分别为29.3%和30.3%，比上年分别下降0.6个百分点和0.2个百分点。

【衣着】 2014年，江阴市城镇居民人均年衣着消费支出2273元，农民人均年衣着消费支出1218元，分别比上年增长5.9%和11%。城乡居民衣着消费以购买为主，服饰购置向品牌化、当季化和高端化发展。

【家庭设备用品】 2014年，江阴市城镇居民人均年家庭设备、用品消费支出1235元，农民人均年家庭设备、用品消费支出902元，分别比上年增长6%和8.9%。家庭设备档次提升，日趋现代化。每百户城镇居民家庭主要耐用物品年末拥有量：电冰箱114台、洗衣机112台、彩色电视机205台、空调机246台；每百户农村居民家庭主要耐用物品年末拥有量：电冰箱89台、洗衣机88台、彩色电视机167台、空调机183台。

【居住】 2014年，江阴市城镇居民人均年居住消费支出3310元，农民人均年居住消费支出2210元，分别比上年增长9.7%和10.3%。居住条件进一步改善，城镇居民人均住房面积为59.3平方米，农民人均住房面积为50.3平方米。

【交通和通信】 2014年，江阴市城镇居民人均年交通和通信消费支出4121元，农民人均年交通和通信消费支出2225元，分别比上年增长7.1%和9.4%。私家车的不断增加和移动电话功能的多样化带动城乡居民交通和通信消费支出的增长。调查资料显示，至年末，每百户城镇居民家庭拥有私家车71辆、移动电话255部、计算机95台，每百户农民家庭拥有私家车37辆、移动电话202部、计算机104台。

【医疗保健】 2014年，江阴市城镇居民人均年医疗保健消费支出974元，农民人均年医疗保健消费支出632元，分别比上年增长8.3%和11.3%。社会医疗保障体系不断完善，居民保健意识加强。

【文教娱乐】 2014年，江阴市城镇居民人均年文教娱乐消费支出4621元，农民人均年文教娱乐消费支出2770元，分别比上年增长9.4%和10.4%，占年生活消费支出比重分别为18.5%和18.4%。城乡居民生活消费正由物质消费为主向精神领域消费为主转变，教育消费是文教娱乐消费的重点，旅游消费、假日休闲消费则是促进文教娱乐消费的新热点。

（刘　潇）

精神文明建设

【概况】 2014年，江阴市精神文明创建工作以党的十八大及十八届三中、四中全会和习近平总书记系列重要讲话精神为引领，深入贯彻落实市委有关会议精神，以培育和践行社会主义核心价值观为主线，着力推进文明城市创建，深化公民思想道德建设，开展学雷锋志愿服务活动，全面提升市民文明素质和城

2014年4月23日，江阴市举办首届“十佳江阴好人”颁奖典礼

（市文明委提供）

市文明程度。年内，建成志愿者服务站点315个、道德讲堂380个，注册志愿者人数超13万人。深入开展“百城万店无假货”等各类诚信单位创建活动，营造人人参与建设、个个珍惜信用、共同维护诚信的社会氛围。继续开展“寻找江阴好人”和评选江苏最美人物、时代楷模等活动，全市推荐各类身边好人118人，评选表彰首届“十佳江阴好人”，新获评“中国好人”1人、“江苏好人”1人、“无锡好人”9人，其中“中国好人”“炎黄”张纪清入选“感动中国2014年度人物”。

【首届“十佳江阴好人”评选】 2014年，市文明委继续在全市广泛开展“寻找江阴好人”主题活动，各地各部门各单位积极推荐报送身边好人，经资格审查、群众评议、评审委员会评审，评选出吴仁宝、任元林、袁梅芬、左国强、沈洁、戈建忠、费龙顺、吴正德、颜国庆及香山书屋义工团队为首届“十佳江阴好人”。4月23日，市领导周铁根、袁秋中、龚振东出席首届“十佳江阴好人”颁奖典礼并为获奖者颁奖。市新闻媒体设立专题专栏，全面生动宣传“十佳江阴好人”感人事迹，制作“江阴好人”系列电视公益广告，激励市民大力践行社会主义核心价值观。

【学雷锋志愿服务活动】 2014年，市文明委突出活动常态化，在“3·5”学雷锋纪念日等重要节点，组织开展集中志愿服务活动；以“邻里守望”等为主题，通过媒体网络招募志愿服务组织和志愿者认领参与公益项目，着力推进各镇（街道）、村（社区）志愿者团队常态化开展社区睦邻互助等学雷锋志愿服务活动；推动学雷锋志愿服务制度化建设，创办江阴志愿者网，规范志愿者招募、注册，加强日常管理，完善志愿服务活动记录，探索建立志愿者星级认定、嘉许制度和志愿服务回馈制度；宣传推广祝塘镇“炎黄”特色品牌，香山书屋“阅读与文明推广”志愿服务项目，海澜集团有限公司“志愿服务时长换取免费小剧场门票”等特色志愿服务模式，推动全市志愿服务团队服务专业化、品牌特色化。是年，香山书屋“阅读与文明推广”志愿服务项目和“澄之尘”团队负责人朱海平分别入选2013年度全省50个优秀志愿服务项目和百名优秀志愿者工作案例。

【深入开展“五大文明行动”】 2014年，市文明委以“文明江阴　从我做起”系列活动为抓手，在全市城乡深入开展文明停车、文明出行、文明用餐、文明上网、文明环境“五大文明行动”，通过志愿劝导、宣传教育、专项整治等多项举措，推动文明行为进机关、进企业、进学校、进门店、进社区，并运用“江阴发布”“文明江阴”等官方微信、微博信息平台曝光不文明行为、弘扬文明善举，引导市民抵制不文明行为，鼓励和吸引更多市民参与、支持，并受益于文明创建。

【未成年人思想道德建设】 2014年，市文明委在全市中小学校广泛开展“一日行规”等文明礼仪养成教育，举办“献策江阴——大市长对话小市长”等活动，评选“江阴小市长”“优秀小公民”，引导全市青少年形成积极向上、崇尚文明的精神风貌。办好市未成年人成长指导中心，推进各类家长学校、校外教育辅导站、乡村学校少年宫等教育实践阵地建设，完善学校、社会、家庭“三位一体”教育体系。开展“缤纷的冬日”“七彩的夏日”等丰富多彩寒暑假活动，丰富未成年人课外活动。进一步净化校园周边环境、文化网络荧屏等，营造有利于青少年健康快乐成长的良好氛围。

【“讲文明树新风”公益广告宣传】 2014年，市文明委按照在城区、镇区步行5分钟就能看到公益广告的标准，统筹推进全市社会宣传和公益广告布设工作。江阴日报社设计20余幅公益广告，每月刊登7个整版；江阴电视台、江阴电台推出“中国梦·江阴人”等专栏，每月播出时长分别不少于400分钟和600分钟；公交车车载电视播放公益视频逾10万次；城区新增9个工地围挡，刊登公益广告1000余平方米。

（曹玲洁）

■类目编辑　谢　诚

改 革

综　述

【概况】　2014年，江阴市完成企业综合规费改革，启动工商注册制度改革，全面推行企业网上登记。健全国有资本经营预算制度，国有资本经营收益按规定上缴。全市各行政事业单位对未脱钩经济实体按照清股权、清资产、清人员工作要求，全面完成脱钩工作。完善农业经营体系，创新工商资本及财政扶持资金投资农业新机制，建立融资平台，开设园艺作物新险种，新增葡萄、梨、桃3个险种。深化公共资源交易改革，推行电子招投标，政府投资建设工程实行预选承包商制度。深化给排水管理一体化改革，申港、璜塘、长山3个水厂启动资产评估工作。优化城区社区设置，新设4个社区居民委员会，调整新敔山、云亭2个社区区域范围。推进澄江街道小区物业、绿化属地化管理机制，配套确立考核机制。深化村级集体经济股份合作制改革，完善土地出让机制，建立实施征地补偿标准动态调整机制，开通被征地农民保障向城镇企业职工养老保险并轨通道。完善群众体育发展机制，优化基层体育组织网络，成立镇（街道）体育总会。完善现代公共文化服务体系，推进服务社会化，建成数字资源数据库、数字图书馆、数字博物馆，在城区繁华地段开放自助图书馆。深化社区卫生服务管理体制改革和新型农村合作医疗支付制度改革，探索多元化办医改革。率先在全省试点乡村医生签约服务。医保结算实施门诊及住院总量预算指标、结算质量指标及单病种结算指标的新结报体系，启动异地安置人员就医实时联网结算，无锡、江阴两地异地安置人员异地就医"一卡通"结算上线运行。创新就业创业机制，城乡再就业扶持政策全面并轨，再就业扶持对象扩展至具有江阴市户籍、连续失业1年以上的城乡居民；创新推进创业就业载体建设，成立首个大学生创业园，启动建设市高技能人才公共实训基地，建成8项实训项目。优化平安法治建设机制，开展社区扁平化管理，城乡社区全部落实"分片包干、责任到人"工作制度，村（社区）级网格化管理实现全覆盖；深化完善市、镇（街道）、村（社区）三级社会治理服务平台建设，市级社会治理服务中心选址改建，镇（街道）、村（社区）社会治理服务平台全部建成。深化生态环境保护管理改革，规范危险废物管理，提高排放标准。试点环保审批改革，探索环保审批备案制度；实行严格的总量控制制度，建成环境总量监管服务平台。强化用水总量控制，搭建排污权交易平台，完善排污交易体系。完善生态源头保护机制，在划定省级生态红线的基础上，编制《江阴市生态红线区域保护规划》，划定市级生态红线区域，面积约占全市国土面积的20.59%。

（贡志强）

行政管理体制改革

【概况】　2014年，江阴市推进临港街道实体化运作，调整临港经济开发区管委会内设机构及职能，设立江阴临港经济开发区金属新材料产业园、新能源产业园、机械装备产业园、石化新材料产业园等特色产业园区。理顺敔山湾行政管理体制，以芙蓉大道为界由云亭街道和城东街道分别进行管理，设立金云社区和迎瑞社区，明确相关公用事业管理。启动涉法涉诉信访体制改革，开展政法机关集中治理执法突出问题专项行动，改善信访整体环境。推动审判去行政化改革，实施法官职业化发展。完善市、镇（街道）、村（社区）三级社会治理服务平台建设，加快推进网格化服务管理工作机制建设。推进公调、访调对接实体化运作，全市24个派出所调解室建设全部达标，配备52名专职调解员开展调解工作。推进审判权运行机制改革试点工作，相继出台司法人员分类管理、落实主审法官办案责任制等9项配套制度规定。建立主任检察官办案责任制，率先在刑事检察部门开展试点，确定首批9名主任检察官，刑事案件办案效率有较大提升。推行案件集中审核机制，改革公安执法审核模式，建立一体化办案运作机制，所有刑事、行政案件均由法制部门扎口管理、监督审核。年内，未发生行政复议被撤销或行政败诉案件。推进刑事执法标准精细化机制,完善各项制度规范,制订初查初侦、现场勘查、法医检验等多个工作规定,细化部分重大复杂案件的办案标准。

【行政管理体制调整】 2014 年,江阴市工商、质监部门由省级以下垂直管理调整为江阴市政府管理,制定完成组建江阴市市场监督管理局工作方案。进一步理顺青阳工业园区管理体制,组建中共江阴高新区青阳工业园区委员会、江阴高新区青阳工业园区管理委员会,为中共江阴高新技术产业开发区工作委员会、江阴高新技术产业开发区管理委员会下属事业单位,完成青阳工业园区"三定"(定职能,定机构,定人员编制)工作。深化徐霞客镇行政体制改革试点工作,进一步加强徐霞客镇综合执法局和便民服务中心规范化建设,推进徐霞客镇行政许可、非行政许可审批等与行政执法衔接。3 次集中梳理《赋予行政管理体制改革试点镇部分县级经济社会管理权限基本目录》(以下简称"基本目录")中的 724 项权力事项,编制汇总《江阴市第二批下放徐霞客行政权限目录》,确认基本可下放事项 714 项(不含第一批下放事项 36 项),其中基本目录内事项 487 项。出台《关于进一步深化行政审批"三集中三到位"工作实施意见》,推进市级部门行政审批职能归并工作,8 个部门完成行政许可服务科的单独设置,2 个部门挂牌设立行政许可服务科。

【事业单位改革】 2014 年,江阴市机构编制部门按照科学规划、适度超前、分段实施、逐步完善原则,整合卫生、质监、食品药品监管、农林和粮食等部门的检验检测资源,筹建江阴市食品安全监测中心,构建统一、权威、高效的食品安全检验检测体系和运行机制,实现全市食品安全检测"六统一"(统一设备配置、检测计划、检测标准、检验检测、数据共享、信息发布)模式。推进事业单位分类改革,市委、市政府出台《关于分类推进事业单位改革的实施意见》,开展事业单位分类工作,将全市事业单位划分为承担行政职能、从事生产经营活动和从事公益服务 3 个类别。年内,拟定完成市食品安全监测中心的机构设置、主要职责、内设机构、人员调配、人员编制及领导职数,建设方案在政府常务会通过。 (赵蓓蓓)

【信访工作制度改革】 2014 年,江阴市加强涉访部门联合接访工作,市人民来访接待中心全面推行联合接访,提供"一条龙"服务、"一单式"办理,提高接访工作质量。完善网上受理信访机制,深化"12345"公共服务热线建设,以"12345"热线网络平台为依托,综合运用电话语音、传真应答、电子邮件、短信服务、"掌上 12345"等方式受理群众诉求。落实依法逐级走访制度,逐步推进诉访分离工作。年内,涉访部门联合接访的群众诉求当场解决率超 40%,"12345"热线共受理诉求 8 万余件,群众对市公共服务呼叫中心工作满意率达 98% 以上。

(李宏斌)

教育改革

【概况】 2014 年,江阴市改革理顺教育管理体制,在全市中小学组建教育发展共同体 53 个,其中幼儿园 22 个,中小学 17 个,市教育局与教育部中学校长培训中心合作推进学校优质工程共同体 14 个,各共同体均制订三年(2014—2016 年)工作规划,开展市级层面成果展示活动 30 余次。探索义务教育"双师型"(教两门学科)教师培养机制,组织开展两期小学体育"双师型"教师和一期跨学段初中、小学语文"双师型"教师培训,培训 108 人,弥补小学体育和语文教师缺口。试点医校共建机制,采用"医校共建、资源共享"的办法配备学校校医,12 个卫生医疗机构与 19 所寄宿制学校达成校医派驻协议。 (顾金锋)

【敔山湾实验学校义务教育创新实验班建设】 2014 年,江阴市推进敔山湾实验学校设立创新实验班,试验九年一贯制学科模块化教学体系和分层教学模式。市教育局出台《关于在江阴市敔山湾实验学校设立"五四制创新实验班"的实施方案》,创新实验班采用整合后的模块式课程,实行寄宿制管理和小班化教学,模式为"五·四"式,即小学 5 年,初中 4 年,更优化中学学习效果,在初中第四年可介入高中知识学习,增强初高中衔接性,提高学生进入高中后的适应性,为高中阶段培养优秀人才奠定基础。年内,市教育局对涉及的实验目标、实验内容、课程设置、管理模式、师资配备、升学保障等开展论证,完成 1~5 年级、6~7 年级、8~9 年级的学科整合规划。9 月,创新实验班开班,招收学生 30 人。 (华　猛)

【高中阶段学校管理体制调整】 2014 年 3 月,江阴市委、市政府出台《关于调整财政管理体制的通知》,按照财权与事权相结合的原则,合理划分镇(街道)、园区财政支出范围。6 月,市机构编制委员会办公室、财政局、教育局联合下发《关于乡镇(街道)高中教育经费财政体制调整的实施意见》,各镇(街道)辖区内的普通高中、职业高中所有教育经费支出(含人员经费、公用经费、设备购置费、校舍维修费、基本建设支出等)从是年 1 月 1 日起全部由市财政承担,乡镇(街道)财政不再承担辖区内高中(普高、职高)的教育经费。年内,澄西中学、祝塘中学实施初、高中分设,分别新建西石桥中学、祝塘第二中学 2 所初级中学;华姿中等专业学校、商业中等专业学校、徐霞客综合高级中学、周庄职业高级中学实施成职教分设,分别新建青阳镇成人教育中心校、城东街道成人教育中心校、徐霞客镇成人教育中心校、周庄镇成人教育中心校 4 所成人教育中心校。分设后新建的 2 所初中和 4 所成教中心校的经费仍由所在辖区的镇(街道)承担。青阳中学、长泾中学、华士高级中学、成化高级中学、山观高级中学、祝塘中学、澄西中学 7 所普通高中,以及南华中等专业学校、商业中等专业学校、华姿中等专业学校、徐霞客综合高级中学、周庄职业高级中学 5 所中等职业学校划归市教育局直属管理,经费划归市级财政管理,实现高中阶段学校人权、财权和事权一体化管理。

(周素炯　金中南)

卫生改革

【概况】 2014年，江阴市推进社区卫生一体化改革，市人民医院、中医院通过创建特色科室、下派科技院长等方式落实三级医院支援基层医疗卫生机构责任，推进新桥社区卫生服务中心内分泌科、顾山社区卫生服务中心中医针伤科、徐霞客社区卫生服务中心中医肛肠科等5个特色科室建设。改革医保基金管理方式，各医院的医保基金均由专门机构（医保办）或专人负责，有效提高制度执行效果，公立医疗机构年度医疗总费用增幅首次低于10%。建立签约医师制度，动态实时监控1311名签约医师诊疗行为。有序放开医疗机构设置审批，吸收社会资本参与各级各类医疗机构建设，新批设个体诊所、门诊部32个。完成长泾医院国有股份退出和徐霞客医院改制重组，启动璜土医院改制重组。年内，全市社区卫生服务机构门急诊量231.6万人次，比上年上升9%。

【公立医院综合改革】 2014年1月1日起，全市16家公立医院实施以破除“以药补医”为核心的公立医院综合改革政策，调整医疗服务收费价格，改革医疗保险结算和支付方式，加大财政投入，强化医疗服务行为监管，完善医院内部运行管理。是年，全市公立医院门急诊人次、出院人次、业务总收入分别比上年增长9.9%、6%、7.41%，门诊均次药品费用、住院均次药品费用、药占比、门诊均次检查费用、住院均次检查费用分别比上年下降4.66%、9.61%、5%、1%、5.42%，直接惠利群众约6000万元。

【在无锡地区率先组建医疗联合体】 2014年，江阴市以医院辐射能力和诊疗特色为主要划分标准，采用“(3+2+1)+N”（即以三级医院为龙头，联合二级医院、一级医院和社区卫生服务中心）模式，在无锡地区率先组建分别由16家和14家医疗卫生机构组成的市人民医院和市中医院两大医疗联合体，旨在通过发挥市人民医院和中医院龙头示范作用，整合优化全市医疗资源，促进优质医疗资源纵向延伸、下沉，加强镇（街道）以下基层医疗机构力量，带动全市医疗服务水平整体提升。医疗联合体突出政府主导，有序联合，兼顾区域特点，尊重原有合作关系，各成员按分级诊疗等要求分工履职，初步构建以市医改领导小组领导下的总院长负责制为特征的现代法人治理结构。年内，医疗联合体探索干部人事制度改革，对理事会成员（总院长、副总院长、财务总监、执行院长）全部实行聘用制，进一步深化社区卫生服务一体化管理。市人民医院与市第二人民医院、第四人民医院，市中医院与青阳医院开展试点工作，在专科扶持、专家下派、人员培养、双向转诊、管理输出等方面取得初步成效。　（潘　燕）

城市建设和管理体制改革

【概况】 2014年，江阴市探索公用事业投资、建设、运行市场化运作模式，推行环卫作业市场化改革试点。在城市道路、绿化清扫保洁等方面引入竞争机制，将西郊环卫所夏港河以东约22万平方米作业面积和要塞环卫所芙蓉大道以南30条道路约53.6万平方米作业面积的卫生保洁推向市场，通过公开招投标选择保洁队伍。推进污水处理厂网整合改革，引进高端市场主体参与污水处理厂网建设、经营、管理，深化污水处理厂（网）一体化运营管理改革，编制完成全市域污水处理专项规划。推动物业、小区绿化工作属地化管理改革，落实物业属地管理，高新区、临港开发区成立物业管理机构，南闸街道成立社区物业科，负责辖区内各项物业管理工作，其他镇（街道）由建管所（社事办）代管，配备专职工作人员，建立对物业公司和小区的季度考核制度。加强绿地养护考核督查，推进实施城区小区绿化属地化管理，城区居住小区绿化养护职能由市旅游文化产业发展公司移交至澄江街道属地管理。加强户外广告资源管理，修改完善城区8条主干道户外广告详细规划，启动城乡12条主要干道沿线户外广告详规编制工作，为户外广告设置管理提供依据。

【创新建筑垃圾管理】 2014年，江阴市改革建筑垃圾收费体系，收缴主体由运输公司变为建设施工单位，全年处置建筑垃圾（工程渣土）160余万立方米。实施工地扬尘整治“回头看”活动，查处违规运输、随意处置、沿路抛撒建筑垃圾等行为176余次，进一步落实扬尘控制责任制度。制定出台《江阴市城市建筑垃圾专项整治实施方案》，对涉及扬尘污染和建筑垃圾的违法违规行为进行查处，共召开座谈会4次，突击检查10次，常规检查70余次，检查运输车辆156辆，处罚违法违规行为32次。　（陆军浩）

【城区生活垃圾分类试点】 2014年，江阴市深化城区生活垃圾分类试点工作，完善生活垃圾分类收运体系，推进终端处置建设。年内，进一步细化完善全市生活垃圾分类试点实施方案，在城区江南华都、锦江花园小区开展垃圾分类试点工程。加快垃圾处理终端建设，提升垃圾焚烧处置能力，推进光大垃圾发电厂三期（800吨/日）扩建项目。推动生活垃圾源头减量和分类处理，参照北京模式和上海模式，分别开展餐厨垃圾分散式就地处理和果蔬类有机垃圾分类处理项目试点。9月，江阴市首个餐厨垃圾分散式就地处理示范项目在市级机关食堂运行，日处理规模500公斤，餐厨垃圾经处理后，无害化、资源化达100%，减量化达90%。12月，果蔬类有机垃圾分类处理示范项目在西郊环卫所中转站运行，项目投资300多万元，日处理规模20吨，果蔬类垃圾从菜场收集并经人工分拣、破碎处理、挤压脱水、好氧发酵后，产生的废水经处理后接入市政污水管网，发酵后的混合物变为有机肥料供园林绿化使用。　（徐　蕾）

【经营性土地网上交易系统建成】 为完善国有建设用地使用权招标拍卖挂牌公开出让制度，建立健全“公开、公平、公正”的竞争机制，2013年8月起，江阴市国土局开发土地网上交易系统，运用科技信息手段提高土地市场监督管理水平，创新土地交易模式，完善网上交易机制。

2014年3月27日,江阴市经营性土地网上交易系统启动,该系统是江苏省县级市中第一个独立开发建设的网上交易平台。11月18日,网上交易软件系统通过专家验收组验收。至年末,全市经营性土地全部实行网上交易,网上成交面积85.33公顷,成交价24.39亿元,实现土地交易的风险管理和全程监控,有效杜绝土地交易过程中可能出现的串标、围标情况,提高土地交易安全性。 (卫志友)

财政管理改革

【概况】 2014年,江阴市财政部门深化财税管理体制改革,加快推进财政科学化、精细化管理,按照建立现代公共财政制度、事权与支出责任相适应等原则,对镇(街道)、园区财政管理体制进行优化调整,合理划分市与镇(街道)、园区的收支范围,建立基本公共服务支出转移支付制度。完善电子招投标制度、预选承包商制度,建成包括5大类192个企业组成的预选承包商库。运用电子化招投标平台,在全省率先建成保证金网上支付系统。加强基层财政收支和债务管理,推进基本公共服务均等化。深化预算编制改革,实施全口径预算编制,把公共财政预算收入、政府性基金收入、社保基金收入和国有资本经营收入全部纳入预算编制范围。

【推进预决算信息公开】 按照中央和江苏省预决算信息公开要求,2014年,江阴市财政部门启动部门预决算和"三公"经费*预决算公开试点工作,将市教育局、科技局、司法局、财政局、人社局、国土局、环保局、水利局、卫生局9个单位纳入部门预决算和"三公"经费预决算公开试点,公开内容包括2014年主要工作目标与任务及收支预算,编制预算的基本思路、原则及"三公"经费预算说明等。年内,市财政局完善"三公"经费公示制度,根据政府信息公开"谁主管、谁公开、谁负责"要求,推进试点单位部门预决算和"三公"经费公开,9个试点单位按照要求全部公开到位。

【深化政府采购制度改革】 2014年,江阴市财政部门深化政府采购制度改革,扩大政府购买公共服务范围,逐步将由财政安排资金,用于社会公益事业并符合政府购买服务要求的项目纳入政府采购。全年政府采购接受委托预算6.81亿元(不含工程建设),节约资金1.09亿元,资金节约率16%,货物和服务类采购金额比上年增加1亿元。市级行政事业单位、各镇(街道)及下属事业单位、医疗卫生机构、国资公司等纳入政府采购范围。建立政府采购专管员制度,每个行政事业单位确定1~2名专管员负责日常采购业务,全程参与单位的政府采购项目运作,构建政府采购项目信息反馈、供应商评价和采购成效评价体系,提高各单位政府采购的执行力和规范性。进一步扩大批量集中采购范围,将台式计算机、便携式计算机、空调纳入批量集中采购,组织2次台式计算机、1次便携式计算机和1次空调批量集中采购,完成采购预算1779万元,有效节约财政资金。

【深化国有资产监管体制改革】 2014年,江阴市财政、国资部门深化国资监管体制机制改革,提高国资公司经营管理水平,提升国有资产保值增值能力。年内,按照清股权、清资产、清人员工作要求,完成行政事业单位未脱钩经济实体的脱钩工作,全市103个经济实体与行政事业单位(包括下属协会、学会、工会等)在人、财、物等方面脱钩,歇业清算单位资金上缴2171.64万元,国有股转让收入10570万元,固定资产移交公物仓。根据中央规范党政领导干部在企业兼职(任职)行为有关要求,完成市级国资一级、二级及以下公司党政领导干部兼职清理工作。加强行政事业单位资产管理,审核272项行政事业单位资产处置申请,核销14332.91万元、调拨987.22万元。公物仓入库1870.52万元,设备借用3项、调剂11项,变现收入183.68万元。调优国有股权,完成长泾医院50%国有股权退出和徐霞客医院改制工作,回收资金5184万元。加强国有资产财务收支管理,收缴国资公司上年度国有收益27629万元,公用经费比上年减少10%。是年,列入考核的6个一级国资公司审计经营性净资产总额57.41亿元,比上年增长12.21%,审计归属于母公司的利润总额5.13亿元。 (陈新文)

镇村经济体制和管理改革

【概况】 2014年,江阴市按照"确权、赋能、搞活"原则,开启新一轮农村改革,实施农村土地确权、集体资产确股、农村资源上市交易3项改革,试点探索农村产权交易市场,稳定和完善农村基本经营制度,维护农民财产权益。贯彻落实《江苏省征地补偿和被征地农民社会保障办法》精神,根据"即征即保、应保尽保、分类施保、逐步提高"原则,对全市征地补偿标准、被征地农民产生办法、被征地农民保障标准和历史遗留问题处理等方面制定相关解决办法,7月出台《江阴市征地补偿和被征地农民社会保障办法》和《江阴市征地补偿和被征地农民社会保障实施细则》,明确被征地农民保障标准与全市现行标准接轨,统一为500元/月,被征地农民参加社会保障可选择企业职工养老保险(简称"城保")等,切实保障维护被征地农民和农村集体经济组织的合法权益。深化实施农村土地承包经营权流转机制,制定出台《关于进一步加强农村土地承包经营权流转管理的意见》,对流转的基本原则、流转方式、流转用途、流转期限、流转管理和服务作出明确规定。年内,全市土地承包经营权流转面积1.79万公顷,签订流转合同8.38万份,涉及农户13.9万户。累计组建各类农民合作经济组织972个,其中,村级集体经济股份合作社累计组建164个,土地股份合作社115个,富民合作社34个,农民专业合作社659个,参加各类农民合作经济组织的农户总数达19.2万户,各类合作社分红达4.3亿元。

【推进农村土地承包经营权确权登记试点】 2014年6月,中共江阴市委办公室出台《关于开展农村土地承包经营权确权登记颁证工作的工作方案》,采取"确权确地"和"确权确利”两种模式，逐步扩大试点范围，确定新桥镇整体推进、徐霞客镇6个村，其余11个镇和涉农街道（澄江街道和城东街道除外）各选择1个村进行土地确权试点工作，共确权1个镇、24个村、609个村民小组。年内，确权登记颁证试点工作累计培训人员1067人次，发放宣传资料19515份，经过档案清查、回收原土地承包经营权证、入户调查、录入信息、测量绘图、制定方案、公示审核和登记颁证等工作，完成测绘农用地5666.7公顷，确权承包地3333.3公顷，确权农户1.93万户、6.79万人，按时序进度完成确权登记颁证工作。同时，建立确权登记信息系统，实现基础档案、权属调查、审核公示、登记发证、查询统计等信息化管理。是年，回收1998年颁发的土地承包经营权证15163本，签订遗失声明1542份，完成测量制图24个村、590个村民小组、18393户、3215.7公顷承包地，完成公示审核24个村、576个村民小组、17916户、3157.8公顷承包地，签订合同17916份，从法律和制度上进一步稳定完善农村土地承包关系，依法赋予农民更加充分而有保障的土地承包经营权。

【江阴市农村产权（徐霞客）交易服务中心成立】 2014年，江阴市按照“明晰所有权、放活经营权、落实处置权、保障收益权”思路，成立江阴市农村产权（徐霞客）交易服务中心，这是全市第一个综合性农村产权交易服务中心，主要开展农村土地承包经营权流转，镇村两级集体经济组织的资产发包、资产转让、资金出借，农业生产性设施使用权交易、农村集体经济股份合作社股权抵押和流转、农村闲置房屋和宅基地的流转交易和其他依法属于镇村集体经济组织的农村产权交易等，对进场交易的农民和农村集体经济组织无偿提供交易服务。该交易中心的建立，为农户、农民合作社、农村集体经济组织等主体流转交易产权提供便利和制度保障，在推动农村生产要素市场化交易、促进农村资源资本化和农村生产要素合理配置、实现农村资源效益最大化等方面发挥积极作用。

【持续深化村级集体经济产权制度改革】 作为江苏省农村产权制度改革试点县（市）之一，2014年，江阴市继续推进村级集体经济产权制度改革。年内，市委农工办对全市村级集体经济产权制度改革情况进行全面摸底调查，遴选临港街道仁和社区、璜土镇篁村村、祝塘镇金庄村和永平村、徐霞客镇北渚村5个村（社区），对其村级集体经济股份合作社组建工作进行重点推进，做好清产核资、人员界定、股份量化工作，共量化净资产1.3亿元，界定集体经济组织成员约3万人，是年，全市新建村级集体经济股份合作社5个，累计164个。

（陈光普　吴　双）

行政审批制度改革

【概况】 2014年，江阴市开展清理行政审批事项编制权力清单工作，确认保留全市47个单位行政审批事项487项（含省级及以上垂直管理部门行政审批事项163项），行政服务事项205项（含省级及以上垂直管理部门行政服务事项7项），市级行政审批事项涉及的行政事业性收费49项，取消行政审批事项37项。进一步推进市级部门行政审批职能归并工作。推进“网上政务大厅”建设，全市各镇（街道）启动网上申报工作，全年办理网上申报260件。完成“网上政务大厅”改版工作，增强服务事项分类查询和网上申报功能，实现全市行政审批统一入口。各镇（街道）企业投资项目备案实现网上备案，全市网上审批实现统一入口。

【行政审批服务提速提质提效】 2014年，江阴市全力推动行政审批服务提速提质提效，编制行政审批事项目录，向社会公开权力清单和收费清单。实行行政审批事项动态化管理，各行政职能部门不得未经批准擅自设立审批事项及相应收费项目。完善基本建设项目审批网上动态管理系统，所有与基本建设项目相关的行政审批和技术服务事项全部纳入网上动态管理系统。推进行政审批标准化建设，统一政策口径，优化跨层级、跨部门办理流程，最大限度减少预审和前置审批环节。优化建设项目行政审批和技术服务大并联操作，完善规划设计方案、施工图规划和建设审查等并联审批机制。深化行政权力网上公开透明运行，实现市镇两级行政机关、所有行政权力事项、电子监察监控的网上“三个全覆盖”。是年，市行政服务中心承诺件实际办结时间在法定时限压缩50%基础上再提速20%。

【优化行政服务】 2014年，江阴市行政服务中心加快审批速度，将进驻项目与《江阴市行政审批和行政服务事项目录》对接，进驻行政服务中心的行政审批事项共567项，授权391项，授权率68.96%，即办件137项，即办率24.17%。全面启动工商登记前置审批改为后置审批工作，把“先证后照”改为“先照后证”，147项经营项目的工商登记可先办理营业执照，再办理相关经营许可证。在服务大厅设立专窗，通过优化整合企业办理营业执照、税务登记的基础数据和业务流程，快速完成营业执照、组织机构代码证、税务登记证、公章备案等办理工作，实现“一窗（行政服务中心综合窗口）受理、一表（并联审批综合信息登记表）登记、三证（营业执照、组织机构代码证、税务登记证）同发”，审批时限由原15个工作日缩为5个工作日。

（袁　骏）

■类目编辑　承　鸿

街道·镇概况

澄江街道

【概况】 澄江街道地处江阴市中心城区，是江阴市委、市政府所在地及全市政治、经济、文化中心，孕育“刘氏三杰”（刘半农、刘天华、刘北茂）、教育家吴研因、爱国高僧巨赞、中国中药化学研究先驱赵承嘏、“中国机器人之父”蒋新松等一批优秀儿女。区域面积 82.71 平方千米，下辖 28 个社区、12 个行政村。2014 年年末，有户籍人口 262156 人，其中男性 129443 人、女性 132713 人；有少数民族 23 个 609 人。有外来暂住人口 187734 人，其中男性 106111 人、女性 81623 人。是年，街道被评为全国和谐社区建设示范街道。

政治建设 以开展党的群众路线教育实践活动为统领，扎实推进党的各项建设，为澄江改革发展提供强大的组织保障和精神支持。教育实践活动深入开展。突出“五个重点围绕、五个排查解决”* 主抓手，深刻开展批评与自我批评，动真碰硬纠正“四风”*，扎实开展整改落实、建章立制“445”（党的群众路线教育实践活动，需要整改落实 4 大类 45 项重点任务）专项行动，累计征求意见、查找问题 86 条，制定整改方案 24 条，开展 11 项专项整治，完善 21 项作风建设规范制度，取得明显的阶段性成效，收到良好的社会反响，受到江苏省、无锡市督导组的高度肯定。思想政治建设扎实推进。紧紧扭住理想信念这一“总开关”，以“学深学透、学以致用”为导向，认真学习贯彻习近平总书记系列重要讲话精神，组织开展“近学吴仁宝、远学焦裕禄”的学教活动，在全街道掀起“我是谁、为了谁、依靠谁”的思想大讨论热潮，广大党员干部得到精神洗礼，“三个自信”* 不断增强。干部队伍建设规范有序。全面清理领导干部企业兼职、“在编不在岗”和“超职数配备”等突出问题，实施机关在编干部信息电子化管理，完成事业单位分类改革。积极开展“三个一线”（发展一线、民生一线、维稳一线）干部挂职锻炼和大学生村干部岗位培养，让年轻干部在基层一线锤炼本领、成长成才。严格选人用人标准、程序，推行干部选拔任用全纪实，全年提拔选用干部 43 人，调整干部 62 人。基层组织建设整体提升。以“基层组织建设深化年”为契机，深入推进基层党组织创先争优，江锋社区党总支被评为市“五先五好”* 服务型党组织。农村、社区和非公经济党建协调推进，不断完善基层书记教育培训、激励保障和管理监督机制，实施在职党员进社区“三个一”工程（结对一户家庭、解决一个问题、做成一件实事），推进立新、文定、贯庄、环城东路等社区党建示范点建设，拓展非公企业党建阵地，新建非公企业党组织 5 个。党风廉政建设全面加强。贯彻落实党风廉政建设“两个责任”*，出台澄江街道党风廉政建设责任清单，深入推进街道廉政教育标准化建设，“333”（打实 3 项基础、重抓 3 项特色、深化 3 项机制）党务公开阳光示范工程在全市率先启动。强化廉政监督制约机制，加大巡查办案力度，全年查办党员干部违纪案件 29 件，处理党员干部 29 人，营造风清气正的发展环境。

经济建设 全面实施动员企业转变发展方式、创新发展模式、实施要素协调保障、资产存量盘活、项目现场推进、金融风险防控、经济逐月分析等一系列有效举措，街道经济呈现出健康平稳发展的良好态势。经济指标稳中有升。全年完成地区生产总值 388.28 亿元，比上年增长 8.4%；公共财政预算收入 25.3 亿元，增长 13.8%；全社会固定资产投资 117.2 亿元，增长 22.85%；工商业开票销售收入 1050.5 亿元，增长 3.37%，其中工业开票销售收入 300 亿元，增长 6.51%，商业开票销售收入 750.5 亿元，增长 2.17%；限额以上社会消费品零售总额 143 亿元，增长 3.85%；自营出口总额 10.1 亿美元，主要经济指标增幅高于全市平均增幅，经济发展总量和质量继续位居全市镇街前列。转型升级步伐加快。大力实施创新驱动战略，加快产业结构转型提升，努力构筑城市经济持续增长的新动力、新优势。全年完成服务业增加值 238.58 亿元，增长 10%，占地区生产总值的 67.3%；完成高新技术产值 160.5 亿元，占规模以上企业产值的 51.3%。发展后劲持续增强。把项目建设作为支撑发展、积蓄后劲的主抓手，全力以赴引项目、抓投入、快建设，10 项投资超亿元的重大服务业项目顺利推进，九方城、华瑞商业中心等一

批重点项目签约落地，澄星广场、扬子江总部加快建设，森茂汽车城主体竣工，雅阁大酒店主楼封顶，形成建成一批、开工一批、储备一批的项目推进良性机制，为城市经济稳增长、快转型增添活力。

社会建设　科技创新成果显著，全年申报国家专利985件，其中发明专利270件，获批省重大科技成果转化项目1项、省高新技术企业7个、江阴市院士工作站2个。社会事业更加协调。加大教育基础设施投入，市实验小学北校区加快建设，更新添置学校课桌椅5000套、“班班通”设备174套，推进教育资源均衡配置，14所小学结对互动，80名教师轮岗交流。群众文化精彩纷呈，组织广场演出15场、送影送戏下乡382场，小品《婚戒的故事》获省五星工程奖银奖，少儿故事《砸金蛋》获省少儿曲艺比赛金奖。以创建全国文明城市为龙头，广泛开展“文明在澄江”系列文明创建活动，全年组织志愿者服务活动49项，涌现出“身边好人”“优秀志愿者”“文明楼道”等一大批先进典型，窦正满被评为“江苏最美人物”。卫生服务拓展功能，新建改造澄康路等3个社区卫生服务站，开展新农合免费健康体检，受益群众3万余人。全民健身蓬勃开展，文定一村等5个小区体育健身场地建成投运。坚持民生投入力度不减、标准不降，努力让市民群众得到更多实惠。保障体系更加健全。全年城镇居民人均可支配收入和农民人均纯收入分别为4.69万元和3.39万元，分别比上年增长8.6%和10.66%。多措并举促进重点人群就业创业，全年实现本地劳动力就业3300人，职业技能培训2177人。基本养老、城乡低保、新农合、被征地农民保障等社会保障标准整体提高，全年完成城保扩面7127人，发放镇办企业退休金1276万元、各类困难补助2061万元，企业慈善冠名基金连续5年突破1亿元。公共服务更加优化。街道市民中心全年办理各类事项9.6万件，“12345”公共服务中心热线受理督办市民诉求3178件，群众满意率明显提升。搭建老年人服务新平台，建成城中等3个社区日间照料中心，培育吸收社会组织参与养老事业，推广老年人家政服务35项，新增“幸福一点通”用户1027户。人口生育服务管理加强，稳妥推行“单独二孩”政策。

2014年澄江街道主要经济社会指标一览

表61

指　　标	单　位	数　量	比上年增减(%)	指　　标	单　位	数　量	比上年增减(%)
地区生产总值	亿元	388.28	8.40	到位注册外资	万美元	2107	1316.88
人均地区生产总值	万元	14.81	6.30	工业企业	个	461	85.14
财政收入	亿元	53.68	6.04	服务业增加值	亿元	238.58	10
第二、第三产业增加值占地区生产总值比重	%	99.81	0.05	限额以上批发零售业销售总额	亿元	465.07	1.30
农业总产值	亿元	1.90	-4.90	限额以上批发零售业零售额	亿元	143.04	3.85
粮食总产量	万公斤	151.40	14.09	小学学校数	所	14	7.69
工业总产值	亿元	334.77	0.97	小学在校学生数	人	22274	0.39
其中：规模以上工业总产值	亿元	313.03	2.04	数字电视入户率	%	99	0
工业利税总额	亿元	50.85	19.32	农村居民人均可支配收入	元	33907.58	10.66
其中：规模以上工业利税总额	亿元	46.51	12.61	社保参保率	%	98.40	0.10
工业用电量(规模以上)	亿千瓦时	5.50	7.80	劳动合同签订率	%	94.40	-1.80
全社会固定资产投资	亿元	117.20	22.85	月薪制实施率	%	93.20	-1.90
其中：工业投资	亿元	2.40	5.18	新型农村合作医疗参保率	%	100	0
服务业投资	亿元	114.80	23.28				

说明：澄江街道辖区内中学均为市属学校，故只统计小学学校、小学在校学生数

2014年澄江街道开票销售收入前10名企业一览

表62

名次	企业名称	销售收入(亿元)	法人代表	名次	企业名称	销售收入(亿元)	法人代表
1	江阴市贯庄金属材料市场	308.93	王国安	6	江阴市全顺汽车有限公司	16.27	胡鹏飞
2	江阴澄星实业集团有限公司	201.72	李　兴	7	江阴华地百货有限公司	14.99	朱　涛
3	江苏红柳床单有限公司	30.06	黄建均	8	江苏富仁集团有限公司	14.25	袁仁伟
4	江苏扬子江船业集团公司	28.51	任元林	9	江阴新浩再循环纸业有限公司	12.17	张浩荣
5	江阴天力燃气有限公司	18.57	黄丽泰	10	江阴宝柏包装有限公司	9.00	张瑞霖

2014年澄江街道各村(社区)基本情况一览

表63

村(社区)名称	户数(户)	人口(人)	村(社区)党支部(党总支、党委)书记	村(社区)主任	村(社区)开票销售收入(亿元)	人均可支配收入(元)
绮山村	1035	2812	王明章	黄全洪	2.32	33658
花北村	780	2338	张士强	徐国强	1.37	31448
皮弄村	1050	4075	朱雪芬	徐　刚	3.79	35000
谢园村	430	2200	张　敏	徐苏英	2.54	33161
谢北村	856	2895	顾德松	陆惠军	3.16	34300
斜泾村	600	2898	夏惠文	周　健	4.83	35970
工农村	692	2365	王丹锋	邢　伟	0.13	36085
红光村	810	3280	沈建明	景　茵	0.62	31711
通运村	746	2265	林　毅	黄华良	3.16	35680
璜塘上村	798	3102	杜叶清	沈　洪	4.10	34914
葫桥村	879	3079	李君成	蒋建秋	1.27	24152
黄田港村	601	2260	金满兴	—	—	—
蒲桥社区(蒲桥村)	5947	17800	陆惠明	陈亚娟	3.84	—
立新社区(立新村)	7240	19400	徐毛法	沈　刚	0.78	—
大桥社区(要塞村)	3506	12085	丁士福	马荷华	4.85	—
澄南社区(澄南村)	7150	20020	徐中兴	孙维君	3.02	—
先锋社区(先锋村)	7811	23430	高建平	顾建刚	2.67	—
革新社区(革新村)	4267	13350	黄惠兴	冯洪清	1.68	—
贯庄社区(贯庄村)	4611	16120	徐建卫	徐　伟	5.71	—
文富社区(文富村)	6337	16743	黄和洪	胡兴发	17.02	—
新华社区(新华村)	5660	18327	刘建钢	徐国耀	2.69	—
浮桥社区(浮桥村)	7168	17032	蒋星卫	夏建忠	1.92	—
梅园社区(梅园村)	2764	6204	彭正平	凌荣亚	—	—

续表 63

村(社区)名称	户数(户)	人口(人)	村(社区)党支部(党总支、党委)书记	村(社区)主任	村(社区)开票销售收入(亿元)	人均可支配收入(元)
黄山社区(黄山村)	6180	21773	孙兴焕	盛达生	9.74	—
江锋社区(江锋村)	7172	20000	许登明	许登明	—	—
普惠社区(普惠村)	3600	11000	王俊华	王俊华	2.61	—
夏东社区(夏东村)	8000	24000	夏建锋	夏建锋	0.83	—
城中社区	6287	20425	范春燕	黄晓峰	—	—
环城东路社区	5135	12876	吕桂芬	眭菊萍	—	—
文定社区	7027	20300	张 静	承 育	—	—
芙蓉社区	5068	12681	施菊英	杜海华	—	—
塔南社区	5050	15401	夏 菁	卞荷娟	—	—
西大街社区	2518	6913	李联峰	杜慧菁	—	—
君山社区	4800	14300	王利民	陈玉琴	—	—
北大街社区	3208	11057	吴 敏	季波娜	—	—
澄康路社区	6912	19883	周怡科	浦 嵘	—	—
澄江路社区	6131	20300	吴 海	徐丽君	—	—
花园社区	6705	21018	蒋建娣	吴胜男	—	—
天鹤社区	5192	15580	赵丽君	吴 钢	—	—
普惠苑社区	5140	14718	蔡国明	蔡国明	—	—

说明:黄田港村及各社区无开票收入,故无数据,村居合一社区仅有村经济数据

【获评全国和谐社区建设示范街道】 自 2009 年以来,澄江街道积极申报全国和谐社区建设示范街道,把服务居民、服务发展作为社区的重要职能,不断提高社区服务质量,满足广大居民群众的需要。通过完善培训机制提高社区工作者综合素质,抓好特色创建提升服务质量,依靠社会力量共同参与和兴办社区服务项目,拓展服务领域,抓好居民自治深化社区管理,以新建街道便民服务中心为社区服务主阵地,为社区居民搭建一个广阔的互动平台。以和谐社区为引领,加强社区建设,积极进行体制机制创新,通过构建科学合理的社区管理体制、全力推进社区扁平化管理和网格化建设,夯实管理城市、服务市民的载体基础。同时强化社区基础设施,改善硬件服务平台,突出民生服务,满足各类居民的生活需求。建设澄江街道公益坊、社会组织孵化基地、义工之家等,孵化培育社会组织,对接交流社会资源。通过党组织结对、辖区单位结对等方式形成管理有序、资源融合、服务一体的社区共建服务体系。2014 年 11 月,澄江街道被评为全国和谐社区建设示范街道,普惠苑社区被评为全国和谐社区建设示范社区,城中、文定、浮桥 3 个社区被评为省级和谐示范社区。

【社区管理体制调整】 2014 年,澄江街道深化社区管理体制调整,撤销夏东苑小区协调管理办公室和蓝天豪庭小区协调管理办公室,规范与提升社区管理与服务,原小区协调管理办公室相关人员纳入街道社区统一管理。实施村居合一,江锋村、原望江社区和原通江路社区滨江西路以北区域合并,夏东村和原澄西新村社区合并。建立江锋社区、夏东社区、普惠社区,实行一套班子、两块牌子,合署办公。社区和社区合并,原通江路社区滨江西路以南区域合并至浮桥社区。通过调整,社区管理和服务效率得到进一步提高。

【拆迁安置】 2014 年,澄江街道巩固征收拆迁新体制,建立和谐有序的安置分房工作机制。全年完成拆迁总面积 53.03 万平方米,拆除民房 950 户、搬迁企业 34 个。新澄江中心小学、西郊生产区、先锋杨岸里 3 项遗留项目全部收尾。红柳周边、谢园北庄、皮弄潘家、璜塘上村 4 项新开项目全面结束。夏东污水处理厂、夏东路延伸段地块征收拆迁接近尾声。完成黄山名门公寓、文富 903 地块、贯庄留置用地、立新五期等 9 大区域 27 项项目的安置工作,安置房屋 5371 套,面积 51.5 万平方米,2800 户在外过渡多年的被拆迁群众得到安置。

【老城区改造】 2014年,澄江街道老城区城中村改造按时序进展,河北街地块安置结束,周家场地块得到安置,刘家村地块加快建设,贯群地块完成清障。投入7000万元,完成红卫三村、米兰花苑、虹桥七村、普惠苑三期、通渡花苑等14个老小区的综合改造,改造内容包括整修路面、外立面出新、停车位改造等,改造面积81.3万平方米。对南园路18号等14个区块背街小巷实施改造。通过实施改造,城市面貌得到有效改观。 (钱 莎)

城东街道

【概况】 城东街道是中国著名作家、出版家、教育家胡山源的故乡,位于江阴市城区东部,东临张家港市,东南毗邻周庄镇、云亭街道,西连澄江街道,北枕长江。街道前身为新城东办事处(由山观镇和长山办事处撤并),于2009年12月18日成立。2012年3月,江阴高新区和城东街道实施一体化管理。区域面积53平方千米,下辖9个行政村、9个社区居委会。2014年年末,辖区总人口164462人,有户籍人口73055人,其中男性36592人、女性36463人;有少数民族16个324人。有外来暂住人口91407人,其中男性56322人、女性35085人。

政治建设 城东街道党工委、办事处紧紧围绕“服务发展、服务民生”两大中心工作,突出“固本强基提升年”主题,继续弘扬“传递正能量,提升精气神”主旋律,坚定信心,迎难而上,主动作为,勇于担当,圆满完成全年工作目标任务,为高新区“二次创业”、转型发展提供坚强组织保证。继续推进村居合一模式,平稳有序将6个行政村优化整合到3个社区,街道被评为江苏省和谐示范社区建设示范街道。扎实开展党的群众路线教育实践活动,共收集意见建议64条,查摆问题17条,制定专项整治方案7条,做出整改承诺6条。形成一季度一讨论一主题一交流的村(社区)书记大讨论长效机制,召开季度两级干部交流提升会、半年度后备干部和妇联、团委干部座谈会,切实提升基层干部自身修养和管理能力。全面落实党风廉政建设“两个责任”*,制定责任清单47份,排查主要风险源点11项。落实党员干部个人重大事项报告制度,集体签订廉政承诺书。组织开展作风建设专项督查,积极推进机关作风效能建设。培训入党积极分子81人,发展新党员33人。长山社区党总支与辖区内的共建单位共同探讨,探索“1+7”工作模式,即以社区党建为龙头,确定“帮困解难、改善民生”之关注社区民生项目、“幸福和‘你’一起”之关怀社区妇女项目、“手拉手、一起向前走”之关爱社区青少年项目、“携手同行、互助同乐”之关爱社区弱势群体项目、“运动成就健康”之全民健身项目、“安全人人抓、幸福千万家”之关注社区安全项目、“情浓社区、味满人生”厨艺秀送温暖项目,这7大项目活动,由社区党总支书记带领“两委”干部“一人带一项项目”,负责承担活动的策划、准备、举办和总结等各个环节,以更好的效果惠泽居民,打造“社区公益服务综合体”,形成党建带社建的服务特色品牌。石牌社区党总支部创建“三代(主动下访征民意,担当社区居民诉求的代言人;主动上门办民事,担当社区居民事务的代办人;主动服务解民忧,担当社区居民利益的代理人)二室(党组织书记工作室和党代表工作室)一中心(党群服务中心)”服务品牌。心经村党总支书记秦国民被评为江阴市“十佳”群众身边的好书记。加强党务、政务、村务“三务直通车”专项检查和街道、村集体资产管理,确保无风险运行。严格落实办公用房、公务接待、公车管理等各项规定,“三公”经费*支出继续大幅压降。

社会建设 街道把共建共享作为全年工作的出发点和落脚点,统筹各项社会事业建设,全力推动群众生活持续改善,幸福指数得到提高。山观实验小学金童校区、长山中心小学校舍改造工程相继竣工投用,第二实验小学、山观二中改扩建工程前期手续有序推进。山观高中顺利通过省四星级高中验收。完成江阴商校成职教分离。山观二中被全国体育管理中心评为全国啦啦操实验学校。外来务工人员子女入学管理得到进一步规范。实行“543”(全年提供就业岗位5000个,组织开展大型就业招聘会4场,解决本地劳动力就业3000人)就业帮困工程,全年提供就业岗位5732个,解决本地劳动力就业3275人,完成市政府下达任务的504%。实行实名制动态登记管理,建立本地待业人员档案1005人。扶持自主创业116人,完成职业技能培训1070人,高技能人才培训250人,创业培训47人。新增城保扩面2300人,企业劳动保障书面审查435个,签订工资专项集体合同205份,企业劳动合同签订率99%以上。街道养老服务中心、文化服务中心、老干部活动中心投入使用。土地山墓区景观、双牌社区景观河疏浚、社区天然气管道工程有序推进。新增改造社区停车位1425个,垃圾收集房106座。完成山观临时菜场搬迁和交巡警山观中队、山观交管所、石牌社区警务室、锦隆社区服务大厅等改造工程。启动乡村医生签约服务工作,为重点人群提供随访和疾病管理,全年完成签约42260户。组织居民参加免费体检25628人。完成山观安息堂搬迁,迁移骨灰1385穴。发放慈善、低保、残疾人等各类补助金1194万元,完成“慈善一日捐”捐款39.8万元。企业职工基本养老保险新增4748人,居民养老保险续保率100%。企业退休人员免费健康体检6855人,建立农保参合人员健康档案25035份。做好“单独二孩”服务工作,户籍人口计划生育率99.63%,流动人口管理服务率95.5%以上。重阳节老年健身展示活动受到欢迎,社区文化活动精彩纷呈,全民健身活动成效明显。全市社区网格化管理现场会在街道召开,会上推广石牌社区网格化管理经验,石牌社区被评为江苏省和谐社区。长山、锦隆、山观3个社区被评为江苏省民主法治示范村(社区)。全年接待来访群众77批423人,及时受理“12345”公共服务中心热线1057件,满意度99.24%以上,办理群众来信18封,按时办结率100%。

2014年城东街道各村(社区)基本情况一览

表64

村(社区)名称	户数(户)	人口(人)	村(社区)党支部(党总支、党委)书记	村(社区)主任	人均可支配收入(元)
金童村	890	2898	金建清	金建清	26100
许姚村	1815	6382	蒋国忠	蒋国忠	23380
团结村	420	1996	王士忠	王士忠	21300
寿山村	810	3170	黄　华	黄　华	23926
心经村	480	1673	秦国民	秦国兴	22550
朝阳村	655	2546	李洪章	李惠兴	23050
洪流村	624	2243	葛建华	任德明	22850
山源村	1533	5380	顾耀平	—	23670
香山村	1265	4485	胡铭兴	胡铭兴	23800
山观社区	9232	17364	刘　学	刘　学	—
金山社区	4868	13559	刘奇云	刘奇云	—
双牌社区	4920	9700	梅国荣	梅国荣	—
锦隆社区	1690	4820	郭建龙	郭建龙	—
杨市社区	3340	7750	何永良	何永良	—
滨江社区	2766	6975	何成伟	何成伟	—
长山社区	3220	9500	刘卫江	刘卫江	—
石牌社区	6136	9761	黄炜冬	黄耀兴	—
金童社区	955	2968	钱建校	—	—

说明:①根据江阴高新区统计要求,从2013年起不再统计村(社区)开票销售收入

②村(居委)人口与社区人口为交叉统计

【拆迁安置】 2014年,街道签约农户1009户、企业35个,拆除农户1113户、企业42个,拆除面积37万平方米,腾出成片净地200万平方米,为江阴高新区重特大项目的落地建设提供土地保障,超额完成市委、市政府下达的年度任务。全年安置农户1313户、2190套,安置面积21.4万平方米,其中货币安置581户。年内,街道动迁部门健全完善多项拆迁工作机制,谨慎细致处理拆迁历史遗留问题和引发的各类上访事件23件。

【街道社会综合治理】 2014年,街道深入推进社会稳定风险评估,建立矛盾纠纷网格化排查机制,切实做到"小事不出村(社区)、大事不出街道"。是年,辖区接处警27900件,侦破刑事犯罪案件79件、治安案件645件,抓获公安部网上逃犯16人,有力维护辖区社会稳定。接待来访群众77批423人,及时受理"12345"公共服务中心热线1057件,满意度99.24%以上,办理群众来信18封,按时办结率100%。全市社区网格化管理现场会在街道召开,会上推广石牌社区网格化管理经验。年末,石牌社区被评为江苏省和谐社区。长山、锦隆、山观3个社区被评为省民主法治示范村(社区)。开展安全隐患排查治理,检查食品卫生安全,落实护林防火、秸秆禁烧责任。全年辖区安全无事故。

(缪海龙)

南闸街道

【概况】 南闸街道位于江阴市城区南部,东接云亭街道,东南与徐霞客镇相连,南与月城镇隔河相望,西邻常州市焦溪镇,西北与临港街道接壤,东北紧挨中心城区澄江街道。区域面积45平方千米,耕地面积1570公顷,集镇建成区面积4.5平方千米,下辖11个村(其中2个村居合一)。2014年年末,有户籍人口47731人,其中男性24379人、女性23352人;有少数民族15个165人。有外来暂住人口25013人,其中男性14715人、女性10298人。

政治建设　街道党工委紧紧围绕党的群众路线教育实践活动,扎实推进理论武装工作,以习近平总书记系列重要讲话精神、群众路线相关理论要求和党的十八届四中全会精神为重点,全年利用周六半天开展党委中心组学习日24次;在街道范围内开展机关干部学习交流会,每季度有6名干部上台讲授自

己工作学习生活的所思、所想、所感,全员评判推荐每季"学习之星"。以百场理论送基层、千名书记讲党课、万名党员争先锋"百千万工程"为引领继续深入学习型党组织创建,街道党工委书记带头讲课,基层党组织书记上党课全面落实,全体班子党员到所蹲点的村(社区)讲党课,宣讲十八届四中全会精神,全面督促落实学习、宣讲到位。以党工委中心组理论学习、干部学习会和党员轮训为载体,通过学习典型、专家讲座、专题培训、学习交流等形式,使学习广度深度得到覆盖,有效推进理论武装工程。赴华西开展学华西主题教育活动,组织"我是谁、依靠谁、为了谁"大讨论活动,使学习教育形式更多样,成效更明显。扎实推进群众性精神文明创建工作,突出社会主义核心价值观宣传主线,处处弘扬向上向善的社会正能量。拓展阵地覆盖面。以社会主义核心价值观、文明礼仪和中华传统美德为宣传内容的施元路文化墙,全长600米,营造全新的教育载体和平台,形成公益宣传一条街,设计和绘制均由街道志愿者队伍完成,吸纳热心市民参与,充分体现"我参与、我创建、我受益"的精神。由街道志愿者队伍打造的党校道德讲堂顺利开讲,全部节目和讲师均为街道志愿者承担,收到良好效果。开展未成年人思想教育活动,组织寒暑期活动,做优成长助力营活动品牌。继续开展"江阴好人"申报、推荐评比活动,南新社区居民何雪华荣登"无锡好人榜"。全面开展"我心中的美丽家园""中国梦"等主题群众文化活动,深入开展"江阴百景"征集评选,街道4处景点景观入围百景名录。切实加强组织建设。坚持强基固本,新发展党员16人,积极开展软弱涣散党组织督促整改,规范清理干部在企业兼职情况,街道无机关干部在企业中兼职。干部队伍结构不断优化。严格执行《江阴市干部选拔任用事前报告和全程纪实办法》,通过动议、民主推荐、组织考察、党工委决议,交流调整19名中层干部,3名大学生村官到街道见习中层岗位,新任2名村书记,4名村书记进行岗位调整。高度重视后备干部培养,推荐1名年轻女干部参加市中青年女干部培训班。切实加强作风建设。严格执行中央八项规定*和省市十项规定*。坚持聚焦"四风"*、问题导向、群众参与,扎实开展党的群众路线教育实践活动,整改各类意见建议264条。12名新进机关工作人员到村(社区)挂职服务半年。不断完善内控机制,成立督查办,开展督查196项重点工作。始终对违纪违规保持高压态势,不断加大查办力度、深化"一案四访"工作*制度,做到及早发现,及时查处,全年街道自办渎职案件1件,完成交办案件4件;办结信访案件4件,处理党员干部5人。扎实提升群团建设。服务青年就业创业,成立创业先锋之家,搭建青年创业交流互助平台。在金三角建材市场成立行业工会联合会,完成街道科协选举工作,统战、群团、人武、双拥、老干部等各项工作取得新成效。

经济建设 全年完成地区生产总值58.3亿元,比上年增长2%;公共财政预算收入2.9亿元,增长17.41%;全社会固定资产投资13.75亿元,下降45.4%;到位注册外资251万美元,万元地区生产总值能耗下降3.5%。农业发展有效率。加快发展现代、高效、生态农业,年内调整面积20公顷,街道农业面积累计973.99公顷,其中蔬菜490.53公顷(其中大棚蔬菜251.33公顷),林果苗木373.33公顷,茶叶、水产、实用菌110.13公顷等;有各类专业大户882户。全年农林水利投资3500万元,移建排灌站15座,改建、翻建排涝站2座。333.33公顷蔬菜基地、龙运食用菌产业园建设质量进一步提升,南农蔬菜专业合作社配送中心服务范围不断扩大,服务城区、面向全市的城市"菜篮子"品牌逐步确立。工业发展有韧劲。江阴市锦明玻璃技术有限公司、江阴安科瑞电器制造有限公司等一批企业通过技术创新、改造,逐步实现转型提升。江阴市锦明玻璃技术有限公司全年实现开票销售收入9275万元,增长50.58%。江阴安科瑞电器制造有限公司完成开票销售1.13亿元,增长20%。以生物制药为代表的新兴产业平稳发展,江苏南农高科技股份有限公司全年完成开票销售收入9628万元,增长1.1%。大力开展节能减排,加快淘汰落后产能。全年关停"三高两低"*企业9个,其中化工企业6个;淘汰燃煤锅炉7台(套)。新建污水管网8千米,清淤河道15条。开展龙运村废旧回收场专项整治工作,搬离养猪户、收旧及废旧加工户64户,清除困扰街道多年的环境顽疾。服务业发展有亮点。注重以金三角·家居村为引领,进一步集聚人气,加快市场开拓。金三角·家居村市场整体招租率95%,有商户500多户;经营的国内一线品牌120种,国际品牌5种。举办台湾士林美食嘉年华等系列活动,街道休闲消费环境得到改善。借助网络平台,江阴嘉鑫贸易有限公司新建"淘江阴"电子商务平台,全年实现销售收入6800万元。

社会建设 就业创业根基不断稳固。完成本地农村劳动力技能培训鉴定794人,培养高技能人才61人,提供就业岗位2228个,解决本地劳动力就业940人,本地大学毕业生就业率97.68%以上,困难家庭大学毕业生就业率100%。社会保障体系不断完善。新增企业职工基本养老保险1640人,发放低保补助金261万元,完成低保家庭危房改造5户,企业劳动合同签订率98%以上。社会服务体系不断健全。统筹教育、文化、体育、卫生、计生、残联、便民等社会公共事业发展。全面完成党工委办事处为民办八件实事,成功创建无锡市学前教育示范街道,街道社区教育中心被评为省级社区教育中心。完成社区卫生服务站年度改造计划,顺利通过国家卫生镇复查。创建1个五星级村便民服务中心,自然村便民服务点全面铺开。实施市民素质提升工程,开展"相约百姓舞台、共享欢乐夜晚"等文化惠民活动、全年组织公益性群众文化活动160余场、送电影进村入企145场。全面完成如意滩南侧道路、丰收路、开泰路西延工程、工农路南半幅改造工程、开运路西延工程、东盟园区道路建设。称心阁二期工程、2.9万平方米的经济适用房、教师新村小区改造顺利完工,称心阁三期全面封顶,施元路北段路灯工程加快推进,东区小学体艺馆完成建设,南新社区停车场竣工投用。注重城市环境绿化建设和管养,完成6000平方米的丰收路南侧绿地和老锡澄路道路两侧绿化工程,对集镇区和工业园区11万平方米的绿化实施管护。严肃处理各种违法建设行为,全年查处违法行为818件,拆除违法建筑81处,面积2087平方米,违法、违章得到有效遏制。全年完成拆迁1.63万平方米,全面完成汤天村拆迁和王庄村、施元场两个地块的拆迁扫尾工作,腾出10.67公顷工业用地以及23.33公顷商业净地。不断完善维稳机制。重点加强"三项排查"*制度、重要敏感时期值班制度、大巡防机制等制度建设,扎实开展好第二届夏季青年奥林匹克运动会、党的十八届四中全会、亚太经济合作组织峰会、南京大屠杀死难者国家公祭日活动等敏感时期的信访稳定工作,推动24小时值班制度常态化,强化信息预警。对5项项目开展社会稳定风险评估,成效明显。切实深化平安创建。深化"平安南闸"建设,持续开展拉网式安全生产隐患排查,未发生重大安全生产事故。积极开展"六五"普法宣传,在南闸中心小学建成禁毒教育基地,完成省民主法制示范村创建工作。积极化解矛盾。坚持预防优先,关口前移,确定每周四为机关中层干部进村接访日,每月第一个周四上午为领导班子进村接访日,信访部门全年接待人民群众来信来访63批次,11件信访件全部得到有效化解。受理各类矛盾纠纷118件,调解成功率100%。

2014年南闸街道主要经济社会指标一览

表65

指标	单位	数量	比上年增减(%)	指标	单位	数量	比上年增减(%)
地区生产总值	亿元	58.30	2	到位注册外资	万美元	251	-10.99
人均地区生产总值	万元	12.21	-5	工业企业	个	505	5
财政收入	亿元	5.20	15.20	服务业增加值	亿元	33.46	-11
第二、第三产业增加值占地区生产总值比重	%	98	0.05	限额以上批发零售业销售总额	亿元	9.51	-65
农业总产值	亿元	3.50	1.40	限额以上批发零售业零售额	亿元	2.70	12.80
粮食总产量	万公斤	818.72	-15.83	中小学校数	所	2	0
工业总产值	亿元	105	4	中小学校在校学生数	人	4283	5.80
其中:规模以上工业总产值	亿元	89.50	5	数字电视入户率	%	100	0
工业利税总额	亿元	8.21	5.60	农村居民人均可支配收入	元	30077	9.60
其中:规模以上工业利税总额	亿元	6.24	5.80	社保参保率	%	98	1
工业用电量	亿千瓦时	2.95	6.10	劳动合同签订率	%	98	-1
全社会固定资产投资	亿元	13.75	-45.40	月薪制实施率	%	95	-4
其中:工业投资	亿元	5.02	-37.30	新型农村合作医疗参保率	%	100	0
服务业投资	亿元	8.07	-50.76				

2014年南闸街道开票销售收入前10名企业一览

表66

名次	企业名称	销售收入(亿元)	法人代表	名次	企业名称	销售收入(亿元)	法人代表
1	江苏双宇电工材料有限公司	21.77	符明君	6	江阴市东泽铝业科技有限公司	1.81	孙宇东
2	江阴南工锻造有限公司	4.93	高　欣	7	江阴九铖电器有限公司	1.72	黄　飞
3	江阴联通实业有限公司	4.79	六以方	8	江苏日新印染机械有限公司	1.62	姜东日
4	江阴市三鑫精密钢管有限公司	3.40	王佩芬	9	江阴市恒通电器有限公司	1.46	吴士全
5	江阴市德耐特重工科技有限公司	2.29	张晓钟	10	江阴宇杰制衣有限公司	1.40	缪　鹏

2014 年南闸街道各村(社区)基本情况一览

表 67

村(社区)名称	户数(户)	人口(人)	村(社区)党支部(党总支、党委)书记	村(社区)主任	村(社区)开票销售收入(亿元)	人均可支配收入(元)
观山村	911	3066	吴克平	袁娅华	34.71	26938
蔡泾村	1841	6279	薛建忠	王　瑛	5.71	23487
谢南村(紫金社区)	1320	4495	谢兴福	张　徽	5.41	26981
龙运村	1747	5796	蒋中平	徐洪福	2.67	23889
涂镇村	887	3134	谢小刚	袁达成	5.28	26734
曙光村	1106	4038	金顺才	徐国刚	2.03	25913
南新村(社区)	264	838	花雷成	何　刚	0.75	26635
花果村	943	3370	邓耀官	谭兴成	0.23	27147
南闸村	1062	3565	任阿成	陆惠忠	1.41	23711
观西村	1511	5056	—	徐　锋	1.33	26849
泗河村	1235	4263	金锡强	金锡强	0.49	23600

【李学勇到曙光村调研】 2014 年 6 月 18 日,江苏省省长李学勇到南闸街道曙光村实地调研考察,详细了解该村的村庄环境整治和经济发展情况。李学勇对曙光村和街道在村庄环境整治和城乡一体化发展中取得的成绩表示充分肯定,希望南闸街道能够抢抓机遇,把推进城乡一体化发展作为经济发展的重要抓手,狠抓关键环节,明确目标定位,充分运用先进理念,创新政策机制,为更好地推动现代化建设和城乡发展一体化贡献力量。

【拆迁安置房建设】 2010 年以来,南闸街道大力推动新市镇建设,拆迁民房 1585 户。为妥善安置被拆迁户住房,街道形成白玉一村、称心阁一期、称心阁二期、经济适用房 4 个拆迁住宅小区,建成安置房 2218 套,建筑面积 23.9 万平方米。2012 年启动建设称心阁三期安置房,于 2014 年完成建设。该安置房占地面积 4 公顷,总建筑面积 14.93 万平方米,计 6 幢,994 户房源,其中住宅面积 112887.27 平方米,底层架空层面积 3777.75 平方米,公共服务设施用房 6096.89 平方米,地下车库面积 9019 平方米。

【龙运村废旧回收场专项整治】 龙运村废旧回收场,起源于 20 世纪 80 年代,由三五户外地船户在工农河聚集。2004 年工农河环境整治过程中,曾对一批兴化籍收旧船进行清理,在部分船户上岸到龙运村后再次形成聚集,从事废旧回收工作,此后规模不断蔓延扩大,且存在严重安全隐患,脏乱的环境卫生影响了附近村民的生活。2014 年 7 月 11 日,街道召开龙运村废旧回收场专项整治动员会,专门成立整治小组,下设专项执法组、社会稳定组等 5 个工作小组。整治工作历时 4 个多月,搬离收旧、废旧加工户及养猪户 64 户,困扰街道多年的环境顽疾得到清除。

【青少年禁毒教育馆开馆】 2014 年 6 月 25 日,南闸街道依托南闸实验学校建立的青少年禁毒教育馆开馆。该馆总投资 55 万元,占地面积 0.02 公顷。综合运用影视播映、互动演示、漫画表现等方法,寓严肃的禁毒主题于生动的展览之中,让广大青少年充分认识到毒品对个人、家庭、社会的危害。该馆建成后免费对外开放,对深化街道禁毒宣传教育,增强广大群众尤其是青少年防毒、禁毒意识,具有十分重要的意义。至年末,该馆免费接待参观的青少年 1000 人次。

【获评无锡市学前教育示范街道】 从 2008 年起,南闸街道把发展学前教育、提升学前教育现代化保障水平作为全面落实教育优先发展,率先实现教育现代化的重点工程来抓,对辖区学前教育资源进行调整,分别建设南闸中心幼儿园、南闸中心幼儿园西区分园,于 2012 年形成"一园两区"格局,两区均创建成江苏省优质幼儿园。2014 年 11 月,街道在无锡市学前教育示范街道创建工作中,成功创建成无锡市学前教育示范街道。

【许达书法展在南京举行】 2014 年 3 月 19 日,许达书法作品展在江苏省美术馆开幕。许达,系南闸街道人,中国书法家协会会员。此次书法展由江苏省中华文化促进会、省书法家协会等主办,展出许达多年来精心创作的书法作品 90 余件。作品有精巧玲珑的小字行草、收放自如的大字草书,通过条屏、手卷册页等不同形式将传统书法与诗文巧妙结合,展现许达充满灵气的艺术才情。作为江阴青年书法家的杰出代表,许达书法作品 30 多次入选全国性大展。(参见《群众团体》类目江阴市文学艺术界联合会分目中相关条目)　（蒋　峰）

云亭街道

【概况】 云亭街道位于江阴城区东南部,距市区 6 千米,是佘城遗址所在地，东邻周庄镇，南临徐霞客镇，西与澄江街道接壤，北与城东街道毗连，长山大道、云顾公路贯穿南北，澄杨公路、江阴大道横亘东西，南有毗山、花山互为犄角，北有定山、绮山遥遥相望。区域面积40.17平方千米，耕地面积1107公顷，下辖7个行政村和1个社区居委会。2014年年末，有户籍人口45128人，其中男性22507人、女性22621人；有少数民族12个158人。有外来暂住人口33227人，其中男性20329人、女性12898人。

政治建设　街道党工委根据2014年全市党委中心组学习计划要求，制订下发街道党工委中心组学习计划，全年组织学习12次，其中江阴市委常委、常务副市长孙小虎旁听1次，江阴市委宣讲团成员王建新到街道宣讲党的十八届三中全会精神1次。中组部领导到街道视察指导1次，无锡市委组织部领导到街道视察检查工作1次。下发《关于认真组织2013—2014年度全街道党员干部冬训工作的意见》，在195个直属基层党组织、2367名党员中开展冬训集中学习教育活动，党员轮训率95%以上。对老党员发放党内关爱基金56.72万元。有序推进党的群众路线教育实践活动，结合云亭实际，坚持分类指导，大力实施学教活动“653”工程（6大类53项工作）。开展党的群众路线教育实践活动知识竞赛1次，8个团队40余人参加竞赛。下发全年党建工作意见，基层党组织考核细则，各党总支、支部常年坚持党员大会、支部委员会、党小组会和按时上好党课的“三会一课”制度。全街道开展选择树立10个服务群众先进党组织，10名服务群众先进党员“双十佳”活动，精心打造“一园一企一村一社区”四大党建精品工程。对软弱涣散的基层党组织建立“一对一”帮扶机制。顺利完成村（社区）两委换届选举，逐步选优配强基层党组织班子，调整社区书记2人，实行机关干部轮岗7人，村干部轮岗4人。党工委班子查摆出15条“四风”*问题并认真解决。打造眼界宽、思路宽、胸襟宽，有信念、有本领、有担当、有正气的“三宽四有”干部队伍，对街道2名拟提拔中层干部进行全程纪实，按章清理停薪留职人员3人，其中退岗2人，辞退1人，公开招录云亭骨伤医院工作人员5人。加强党风廉政建设，成立街道廉政建设领导小组，建立党代表工作站2个、村（社区）纪律监督委员会8个，下发《2014年度纪检监察意见》《2014街道党风廉政建设工作责任分解》，与基层党组织、机关各部门签订160份党风廉政建设责任书。明确一把手职责，梳理出班子领导成员廉政职责39项，主要风险源点33项，制订整治防控措施26项。下发《关于加强2014年春节期间党风廉政建设的通知》，中秋国庆期间转发省纪委《关于加强中秋国庆期间作风建设的通知》，完善《关于进一步规范建设工程管理的实施细则》《关于进一步规范村级资金、资产、资源“三资”管理的实施意见》《关于进一步规范拆迁安置监督管理办法》。严格执行中央八项规定*，街道机关严控“三公”经费*支出，比上年下降67.5%，各村（社区）严格执行“村账街道代理”制度，倡导节约，招待、会议等经费支出比上年下降56%；深化廉政风险防控工作，做到排查到位，公开到位，执行到位，动态监控到位。构建街道—村（社区）—企业三级廉洁风险防控体系，梳理并确定重点职权23项，62个岗位、95人参加廉政风险排查，排查重点岗位职权24项，一般岗位职权38项，确定街道廉政风险点72个，绘制45个业务流程图，建立完善相关工作制度80余项。全年新建“两新”组织*共青团组织12个，申报共青团创新创优项目2项，云亭街道“希望来吧”被评为江阴市优秀建设示范点。8月，开展“美丽云亭·感动你我·身边好人好事”寻访实践活动，通过基层推荐、报纸、网站等多种渠道，收到选票3000余张，选出道德模范10人、云亭好人30人。开展对行政村主要领导人的审计工作，街道每季度对下属单位和村委会的财务进行审核，并对财务情况进行公示。配合上级工作组查处毗山村相关违纪案件，查办其他违纪案件5件，群众信访调查2件，中央巡视组下转信访案件1件，处理1名因上班时间看网络视频的工作人员。

经济建设　全年完成地区生产总值79.7亿元，比上年增长11.3%；全口径财政收入12.91亿元，增长36.39%，公共财政预算收入6.68亿元，增长33.07%；全社会固定资产投资35.72亿元，增长11.77%，其中第一产业2000万元，下降55.56%，第二产业12.71亿元，增长5.02%，第三产业22.81亿元，增长17.55%；工商业开票销售收入194.16亿元，增长1.46%；完成自营业出口总额4.48亿美元，占年度计划的82.26%，下降10.38%。完成高新技术产业产值70亿元，新上技能扩能项目20项。有主板上市企业3个，确保上市梯队动态保持在10个以上。7月7日，江阴市新昶虹电力科技有限公司在“新三板”*挂牌。7月28日，美国卡特彼勒公司副总裁皮特一行专程到江阴市长龄机械制造有限公司，为该公司董事长夏继发颁发铂金奖奖牌，该奖牌属卡特彼勒公司最高奖项，以表彰长龄公司在产品质量、社会信誉、科技发展等方面做出的杰出贡献。8月13日，江阴天田真空设备织造有限公司在上海股权托管交易中心Q板成功挂牌。11月13日，江阴海特服饰有限公司在“新三板”挂牌。江苏和时利新材料股份有限公司申报上市，江阴市长龄机械制造有限公司着手股改，江苏华溢物流有限公司、江阴市博帆机械制造有限公司双双与券商签约，启动“新三板”上市工作。江阴市江凌科技有限公司、江阴市云峰机械有限公司、江阴市科强工业胶带有限公司、江阴市华伯食品有限公司等一批科技含量高、经营业绩好的企业联手券商推进“新三板”上市工作，进入上市后备资源库。江阴市长龄机械制造有限公司、柳工无锡机械有限公司成功申报为2014年第三批江苏省信息化和工业化“两化融合”试点企业。工业园区全年投资总额14亿元，其中入区建设工业项目11项，土地建设投资3.1亿元，设备投资7.9亿元；技改扩能项目20项，投资3亿元。新建厂房面积252.01万平方米，改造路面1.44万平方米。新入园区企业8个，新增工业项目

28项,淘汰小化工、小冶炼、小铸造、化纤、不锈钢拉丝、织布纺纱6项项目的落后设备,引进国外先进生产设备,增强企业核心竞争力。工业园区被无锡市政府办认定为无锡市机械制造特色产业集聚区。园区内有污水处理厂1个,年污水处理能力720万吨。农业生产稳步发展,新增5个农业生产合作社,累计26个。种植水稻318.67公顷,单产620公斤;种植三麦169.33公顷,单产320公斤。机耕面积293.13公顷,新增高速插秧机2台,秸秆返田机5台。畜牧养殖规模不断扩大,年内存栏奶牛280头,年产肉猪21788头,年末存栏肉猪16358头,饲养母猪777头,年内产仔猪12413头;出栏山羊380只,年产羊肉2850公斤;饲养鸽子5万余羽,鸽蛋产量3000多公斤;鱼塘面积47公顷,年产量110吨。有林地面积1058.93公顷,新增2公顷,其中用材林地522.53公顷、防护林地116.67公顷、其他林材415.73公顷、花卉面积4公顷;水果产量930吨,年内种植蔬菜106.67公顷,新增蔬菜钢架大棚6.67余公顷,有竹架大棚42.33公顷,其中新增23.33公顷。

社会建设　继续开展科技兴街道行动,街道与江苏大学合作成立卓越工程师培训基地,江阴市江凌科技有限公司与南京航空航天大学建立的研究生工作站揭牌,江阴市云峰机械有限公司、江阴市祥瑞不锈钢精线有限公司双双与江苏大学新建研究生工作站,确定产学研合作项目10余项,全年申请专利800件以上。完成科技专利申请742件,其中发明专利申报274件,完成年计划的137%。申报省民营科技型企业8个,省高新技术后备企业2个,高新企业复审2个。江苏宝利沥青股份有限公司、江阴市长龄机械制造有限公司、柳工无锡路面机械有限公司共申报省高新产品5种,规模以上企业研发机构备案100%。新建江阴市工程技术中心5个。培育江阴市"专精特新"科技"小巨人"企业10个。完成全社会研发投入4.1亿元,高新产品产值65亿元。柳工无锡路面机械有限公司、江苏宝利沥青股份有限公司、江阴市长龄机械制造有限公司和江苏华伯食品有限公司4个企业申报江阴市科技三项费。无锡百川化工股份有限公司、江苏宝利沥青股份有限公司分别通过无锡工业支撑项目验收,百川化工成功获省"双创"*人才奖。定山养猪专业合作社成功申报江苏省农业科技支撑项目,获奖30万元。确定"山水绿城·活力云亭"总体目标,着力提升城镇建设水平。东区绿城东苑一期8.8万平方米拆迁商品房建成交付使用,二期10.3万平方米拆迁房完成建设;绿城馨苑10.3万平方米拆迁商品房完成主体封顶。云亭社区卫生服务中心建成投运,与云亭卫生院分离。推进农村污水管网全覆盖,花山村的东南村、后姚家村、张家村3个自然村生活污水处理项目完成招标。绮山石宕复绿复垦16.67公顷。完成长山大道西侧景观绿化带工程。全面落实河长制,对2条市级河道、6条镇级河道和14条村级河道实施长效管理。全年改造泵站5座,完成池改厕12处,建造垃圾房34只,新增环卫清扫车1辆。完成ISO 14000企业认证4个,重点企业清洁生产审核2个,关停"三高两低"*企业5个,全年削减化学需氧量48吨,氨氮4.8吨。花山村创建省科普示范村。街道举行第五届科协换届。全年组织各类科普及专业技术培训1500余人次。组织会员企业参加江阴职业技术学院2015届纺织类顶岗实践学生招聘会,举办"毅行徽杭路,重塑云商人"徽杭古道徒步拓展活动。首次设立街道涉侨领导小组,侨联接待海外侨胞9批次33人次,协助引进3项意向项目和1个侨资侨属企业。江阴和创弹性体新材料科技有限公司成功落户云亭,台湾工业研究院化工中心主任研究员黄淑惠亲自担任该公司主要技术负责人。海外侨胞、港澳同胞为云亭捐款30余万元。街道为海外侨胞寄出新春贺年卡100多张。云亭青商会捐资200万元,支持湖北省恩施市芭蕉侗族乡朱砂溪小学建设,为13名会员领取亚太经济合作组织商务旅行卡。便民服务中心根据云亭实际进驻17个部门大项,76个部门小项。其中整体进驻部门5个,常办项目30项。全年各窗口受理各类事项23786项,按时办结率100%。云亭村、花山村、云新村3个村级便民服务中心启用。6个村、1个社区的便民服务中心完成标准化建设。街道签订工资集体协商企业300个,其中100人以上企业65个,区域性合同7个,覆盖企业173个。街道调委会接待来信来访325件,涉及400多人次,涉及金额300多万元全部得到落实。街道总工会举办春季、夏季企业用工大型招聘会,提供就业岗位1000余个。元旦、春节、"五一"期间走访慰问困难企业25个,困难职工130人,慰问困难农民工50人,困难劳模3人,发放慰问金10余万元。深化青年文明号创建活动,重新确认合格青年文明号单位8个,新申报市青年文明号单位1个,积极推进青年志愿者行动,新增注册志愿者50人。联合驻地部队官兵进社区、进敬老院开展志愿服务20余场。促进妇女创新创业,举办餐饮服务、家政服务、保洁保绿、种植养殖培训班8期,累计培训1000余人次。开展"万户家庭创五好"活动,参评率98%以上,共评选出"和谐好夫妻""孝敬好儿女""教子好父母""和谐好婆媳""友爱好邻居"40户。向江阴市妇联推荐5户优秀家庭获市级媒体宣传,为8000多名妇女进行免费健康体检。组织完成377名红十字救护培训,30名初级救护员培训,3月中旬2天时间有299人参加义务献血90550毫升。报名参军适龄青年134人,体检合格25人,光荣入伍23人,其中本科生3人,大专生10人;基层民兵组织238人,预备役官兵5人,参加在江阴民兵基地进行为期两个月的省军区"打得准"军事训练。史志档案成果显著,创刊《云亭报》,佘城村委完成《佘城村志》编写,定山朱氏宗祠设立朱松寿烈士事迹展示馆。收集整理文书档案835件,其中永久性档案142件,长期性档案358件,收集图片档案78张。文化艺术亮点纷呈,在江阴天华文化中心展览馆举办"水墨云亭·群芳吐艳"——庆祝建党93周年书画展。出版《邬士金书法作品集》。自行创作编排的小剧《晒谷场上》获市群众会演"芙蓉花奖"表演一等奖和创作一等奖,无锡市第二届"群英奖"铜奖。舞蹈《车间协奏曲》获市总工会迎"五一"职工会演一等奖。举办云亭街道原创诗歌培训,学员金彪原创诗歌《火种》获中国第二届火种诗歌节优秀奖。诗歌《曲院风荷》在"相约西湖"国际诗歌大赛中获三等奖。

2014年云亭街道主要经济社会指标一览

表68

指　　标	单　位	数　量	比上年增减(%)	指　　标	单　位	数　量	比上年增减(%)
地区生产总值	亿元	79.70	11.30	到位注册外资	万美元	402	402
人均地区生产总值	万元	17.62	11	工业企业	个	745	24.76
财政收入	亿元	12.91	36.39	服务业增加值	亿元	35.60	12.70
第二、第三产业增加值占地区生产总值比重	%	99.10	0	限额以上批发零售业销售总额	亿元	19.92	12.40
农业总产值	亿元	2.21	2.80	限额以上批发零售业零售额	亿元	3.19	16.20
粮食总产值	万公斤	436	-6.40	中小学校数	所	4	0
工业总产值	亿元	211.95	8.04	中小学校在校学生数	人	4400	-0.02
其中:规模以上工业总产值	亿元	164.06	7.67	数字电视入户率	%	98	0
工业利税总额	亿元	17.42	16.60	农村居民人均可支配收入	元	29928	11.60
其中:规模以上工业利税总额	亿元	15.93	33.60	社保参保率	%	100	0
工业用电量	亿千瓦时	8.39	0.54	劳动合同签订率	%	99	1
全社会固定资产投资	亿元	35.72	11.77	月薪制实施率	%	100	0
其中:工业投资	亿元	12.71	5.02	新型农村合作医疗参保率	%	100	0
服务业投资	亿元	22.81	17.55				

2014年云亭街道开票销售收入前10名企业一览

表69

名次	企　业　名　称	销售收入(亿元)	法人代表	名次	企　业　名　称	销售收入(亿元)	法人代表
1	江阴吉鑫风能科技股份有限公司	20.27	包振华	6	江阴市科茂金属制品有限公司	5.14	陈传度
2	江苏宝利沥青股份有限公司	16.89	周德洪	7	江阴祥瑞不锈钢精线有限公司	4.55	胡建祥
3	无锡百川化工股份有限公司	10.00	郑铁江	8	柳工无锡路面机械有限公司	3.37	吴小丰
4	江阴绮星水泥有限公司	7.19	刘德旗	9	江阴市万祥铝业有限公司	3.34	高张度
5	江阴康瑞不锈钢制品有限公司	5.23	朱　卫	10	江阴市九夭科技有限公司	3.17	李国忠

2014年云亭街道各村(社区)基本情况一览

表70

村(社区)名称	户数(户)	人口(人)	村(社区)党支部(党总支、党委)书记	村(社区)主任	村(社区)开票销售收入(亿元)	人均可支配收入(元)
定山村	1988	7357	殷开誉	朱华忠	12.81	31680
云新村	1261	4568	曹经纬	陈　强	4.90	32220
毗山村	2293	8793	薛卓强	杨忠裕	16.34	29465
云亭村	1389	5264	蒋建云	李金虎	16.75	31250

续表70

村(社区)名称	户数(户)	人口(人)	村(社区)党支部(党总支、党委)书记	村(社区)主任	村(社区)开票销售收入(亿元)	人均可支配收入(元)
佘城村	1449	5253	邓凤江	钱　江	5.26	27950
花山村	1398	5082	朱雪春	谭瑞刚	6.48	31960
敔山村	892	2977	李　强	李　春	—	29158
云亭社区	1843	5947	—	刘敏虎	—	—

【街道非公企业党建工作获好评】 2014年6月18日,中组部组织二局副局长石君一行到街道工业园园区党员人才服务中心调研非公企业党建工作。石君一行参观党员人才服务中心一站式服务大厅、党建阵地、健身场所和会议中心,认真听取街道关于非公企业党建工作的情况汇报,并就非公企业党建工作和党建指导员等特色工作进行深入研讨。调研组对园区依托党员人才服务中心打造非公企业党建工作平台和公共服务载体所取得的成绩给予充分肯定,认为街道非公企业党建指导员"12345"(一个工作核心、两项主要职能、三年工作计划、四个工作节点、五项考核重点)工作法、联系群众的"一网一通"和"一站一室"沟通渠道、园区五大企业打造"五朵廉花"非公企业党建品牌等方面工作有亮点有特色,很多做法值得总结和推广。同时,调研组希望园区党委进一步完善体制机制,规范党建工作,提升扩大组织覆盖、扩大工作覆盖的"两个覆盖",建好非公企业党组织书记和党建工作指导员的"两支队伍",进一步拓宽非公企业党组织在企业职工群众中发挥政治核心作用,在企业发展中发挥政治引领作用的"两个作用"工作渠道。

【街道人口计生服务站工作受省调研】 2013年年末,街道人口计生服务站拥有工作人员5人,其中卫技人员3人,业务用房300平方米,设置B超室、咨询室、妇检室、随访服务室优生、中老年健康保健室、宣教室6个功能室。主要开展避孕和节育医学检查、生殖保健服务、孕前优生检查、避孕药具发放、有关计生证件办理、政策宣传咨询六大免费技术服务项目。该服务站先后被评为无锡市人民满意站所、江阴市人口计生工作先进集体。2014年6月18日,江苏省卫计委主任王咏红一行到街道调研云亭人口计生服务站工作,首先观看街道制作的人口计生宣传展板,听取街道关于服务站日常活动的相关介绍,随后深入服务站,实地查看人口计生站的手术室、化验室,计生办的资料室等,仔细了解设备使用、人员配备情况,存在的困难和问题。调研组一行对街道人口计生服务站的工作给予充分肯定,认为把宣传教育同计划生育管理与服务有机结合起来,使宣传、管理、服务寓于计划生育工作的每个环节之中,让育龄群众了解自身的权利、义务和实行计划生育的益处,能够切实提升村民的人口计生意识。

【新昶虹电力科技"新三板"挂牌】 2010年,江阴新昶虹电力科技公司成立智能三箱配电工程技术研究中心,吸取外资企业产品生产的长处,结合用户的需求,开发出系列新昶虹特色附件。在向国家专利局申请几十件专利的基础上,开发出系列新昶虹特色的三箱产品,在全国发电行业中生产二次屏柜、电度表屏、变送器屏、试验电源屏、同期屏等。2013年成立股份有限公司,实现主营收入4484.58万元。2014年1—4月,完成主营收入1653.83万元,增长25%以上。7月7日,经过6年准备,成为"新三板"*挂牌上市企业。上市后,公司将完善建设十大销售中心,扩大销售能力,扩大内部配套产品比例及品种,实现技术创新,服务和产品质量精益求精。

【华伯食品揭牌】 2014年5月2日,江苏华伯食品有限公司在云亭街道揭牌开业。该公司是由云亭国清养殖场与江阴市信联养猪专业合作社共同创建的一个民营企业,集生猪研发,母猪繁育,生猪饲养,猪肉销售于一体的大型养殖企业,拥有3000多平方米的生产基地,年母猪存栏450头,年肥猪存栏4700头,是农业部生猪养殖标准化示范场、江苏省畜牧生态健康养殖示范基地、省动物防疫达标示范场。至年末,公司有180个成员单位,带动1100个生猪养殖户开展养殖,年出栏商品猪6万余头,在江阴及无锡地区开有6个门店。

【街道与江苏大学共建卓越工程师培养基地】 2014年4月28日,云亭街道与江苏大学共建卓越工程师培养基地在街道园区党员人才服务中心正式签约揭牌。签约仪式上,江苏大学与街道办事处签署共建卓越工程师培养基地合作协议。江阴市祥瑞不锈钢精线有限公司等6个企业与江苏大学签订卓越基地企业合作协议。江苏大学副校长梅强和街道办事处主任程建明共同为"江苏大学卓越工程师联合培养基地"揭牌。是年8月1日,首届卓越工程师联合开班仪式举办,有16名学生参加为期十个月的卓越工程师培养计划。培训期间云亭街道为实习生设立专项建设基金和奖学金,量身订制卓越计划实施手册并系统做好联合培养工作流程,通过规范的制度、优良的引才育才环境,吸引优秀大学生到云亭就业。

【云亭社区卫生服务中心投运】 2014年10月31日,云亭社区卫生服务中心竣工投运。该中心投资2500余万元,建筑面积4300平方米,是集预防、保健、医疗、教育、康复、计生指导"六位一体"的综合性社会服务设施,下辖10个社区卫生服务站。建成投运后,社区卫生覆盖率100%,基本实现"一刻钟卫生服务圈"的建设要求。

【《邬士金书法作品集》出版】 2014年12月18日,《邬士金书法作品集》由江阴市老龄协委主编出版。邬士金，系云亭街道人，为江苏省书法家协会会员。该书法作品集收录其不同风格、不同书体的60多件书法作品，是一本艺术性较强的书法作品集。该书的出版为云亭街道书画艺术又增添一个新的亮点。

（邬士金）

临港街道

【概况】 临港街道位于江阴市主城区西部，东临主城区，西与璜土镇相连，南与南闸街道和常州市相邻，北枕长江。区域面积143.41平方千米，其中长江水域面积18.84平方千米，下辖35个行政村（社区）和管理1个城市社区，辖区总人口209137人。2014年年末，有户籍人口128491人，其中男性64463人、女性64028人；有少数民族26个475人。有外来暂住人口80646人，其中男性50038人、女性30608人。

政治建设 临港街道深入学习贯彻落实党的十八大，十八届三中、四中全会精神，坚持把群众路线教育实践活动作为一项重大政治任务，实现辖区402个党组织、7937名党员全覆盖，各级领导班子、广大党员干部深入查摆问题，认真撰写和反复修改对照检查材料；辖区135个参学单位530多名班子成员相互指出问题1100余条。各类会议全面压缩，便民服务承诺件审批提速62%，调整清理办公用房1855平方米，压缩“三公”经费*63.7万元，减少因公临时出国（境）4批15人次。严厉查处吃拿卡要、庸懒散拖等突出“四风”*问题，重点健全和完善厉行节约、联系群众、民主集中制建设等制度。加强出国（境）证件管理，清理超职数配备领导干部8人、党政领导干部在企业兼职25人。不断深化服务企业、服务基层“双服务”活动，深入基层虚心听取群众意见建议，有效化解信访事项40余件、矛盾纠纷450余件，一大批老大难问题得到整改，机关部门和窗口单位的服务效率得到明显提升。实施干部队伍“活力工程”，组织70名科级、53名中层干部赴中国人民大学苏州校区脱产学习；组织村书记、村主任、新进村（社区）村党支部（党总支、党委）村委会“两委”班子成员和“两新”*组织党支部书记赴华西新市村培训；组织40名专武干部和民兵营长赴无锡民兵训练基地开展“精兵习武”集训；组织130名党务干部和120名入党积极分子集训；组织两批次190余名工会干部开展业务培训，思维创新和综合素质得到提升。年内对22名干部进行考察提拔，对41名干部职务进行调整，招录12名工作人员。加强干部考核，完善工作目标绩效考核和机关工作人员考勤考核办法，在招商条线开展项目经理制试点，把部门业绩与个人实绩统一起来。拓展档案管理面，实现机关所有人员和村管理人员全覆盖。大力推进“党建示范点”培育和创建，积极开展向李良宝学习活动，涌现出46个先进党组织、200名各类先进个人。以同心实践工程为指引，积极发挥辖区民盟、民进、民建等民主党派作用，积极建言献策，撰写提案议案14件，收集整理社情民意30余件。筹建成立临港商会、青商会、女企业家协会等组织，引导工商界人士投身光彩事业，鼓励企业开展冠名基金和捐助善款518万元；在苍山古寺举办4期禅修班，860余名各界人士参加，成立苍山书院，开办国学讲座，举办书法文艺笔会等。圆满完成627名民兵整组和102名地方专技人员潜力调查等工作，在省军区、无锡军分区检查验收中全部达标；完成年度征兵工作，超额输送合格兵员66人。加强民兵战斗力建设，年内省军区、东海舰队组织的2次抽点检验全部达标，选送2名民兵参加市代表队，在全省大比武竞赛中获团体第一名。新建工会组织115个，成功创建6个思想教育课堂、维护权益阵地、帮扶服务平台、技能提升基地、文体活动中心“五位一体”的职工之家，开展首届十大杰出青年评选活动，多角度、多视野宣传身边青年典型，弘扬港城正能量。团工委通过区域组织“网络图”穿线、“分布图”搭桥、“作战图”倒逼，实现团内“一站式”互联、各类资源“菜单式”共享、品牌工作“伙伴式”多赢“三图三式工作法”构筑临港区域化团建新格局，成为团中央基层工作经验范本，在全国街道示范点中排名第一，选送创业项目获得江阴市青年创业大赛三等奖。关爱农村妇女，培训农村妇女3期42人次；组织女性专场招聘会2场次，成功推荐妇女就业176人次。受资助困难家庭300余户、困难个人1500余人，送去各类爱心善款200余万元。加大查信办案力度，坚决惩治和预防腐败，全年查办各类违纪案件21件，其中市纪委交办15件，办结15件；自办案件6件，办结3件，有18人受到党政纪处分，责令上缴、退还、追缴各类资金597.5万元。

经济建设 完成地区生产总值486.92亿元；公共财政预算收入27.47亿元；全社会固定资产投资238亿元；工商业开票销售收入2767.2亿元；到位注册外资2.71亿美元。完成工业投入140.27亿元，引进总投资26亿元的神通—常隆新能源客车项目等在建项目29项，总投资7.1亿美元的江苏利电能源集团四期扩能项目等在批项目37项，总投资50亿元的中建材CIGS薄膜太阳能项目等在谈项目61项。江苏怡达化学股份有限公司、江阴市天邦涂料股份有限公司2个企业在“新三板”挂牌，无锡夸微科技有限公司、江苏思迈斯电子商务有限公司等4个企业在上海股权托管交易中心Q板挂牌。完成江苏利港电力有限公司8个机组、江苏苏龙热电有限公司6个机组的脱硫、脱硝及除尘设施提标改造工程，关停5个小燃煤锅炉，削减化学需氧量176吨。临港金属新材料、新能源、机械装备、石化新材料、现代物流、文化创意和电商六大支柱产业发展迅猛，江阴港本港重箱比上年增长8%，新增江阴至汕头、厦门集装箱航线2条，加密航班4班，累计航线达51条，航班密度每周109班。新增城市建成区面积超100万平方米。保税物流中心完成报关单量26194票，监管货值24.58亿美元。高新技术产业产值389亿元。

社会建设 街道修订《关于促进经济优化发展、产业转型升级的若干奖励政策》,兑现2013年扶持资金1645万元。全年新增国家“火炬”计划1项、国家小企业发展专项资金项目1项、国家重点新产品1种,省重大科技成果转化项目1项,省科技企业技术创新资金1项,省级以上工业化和信息化“两化融合”试点企业6个。新增高新技术企业18个,开展高新产品申报及新产品鉴定53种,培育江阴市“专精特新”科技“小巨人”企业12个,新增中船澄西国家级企业技术中心1个,省级工程技术研究中心(企业技术中心)2个,推进规模以上企业新建研发机构59个。申报各项专利4671件,授权1839件,其中发明专利申请1207件,累计有效发明专利287件。开展核新太阳能与中国矿业大学合作太阳能发电系统技术中心、德玛斯特钻具与高校合作研发超高强度高疲劳性能深海钻杆等产学研项目21项,新增制订国家标准1项,行业标准6项,获批省名牌产品1种,省著名商标4种。江苏双良集团有限公司申报江阴市市长质量奖。是年,新引进院士2人、外国专家和海外工程师11人,引育国家“千人计划”*专家1人,新增各类高层次人才96人、江苏省“双创”人才*1人,培养高技能人才590人。新申报省级博士后创新实践基地4个、国外技术管理和人才项目8项。新增江苏国光重型机械有限公司、江阴泰阳成索业有限公司等博士后创新实践基地4个。坚持民生投入力度不减、标准不降,完成民生投入17.95亿元。本地劳动力实现就业9515人,就业率96%以上,新型农村合作医疗保险、被征地农民基本生活保障覆盖率均为100%,社会养老保险、医疗保险、失业保险、被征地农民基本社会保障、最低生活保障为主的“五道保障线”水平超过全市平均水平。新增城保扩面7519人,完成目标任务的121%。启动第二人民医院、西石桥社区卫生服务中心建设,开展送演出、送评弹、送展览、送电影、送图书“五送”活动500场次,新增新能源公交车22辆,增设及优化公交线路15条。大力实施环境综合整治和道路绿化、河道绿化、小区绿化、公园绿化、街头绿化、村庄绿化“六大绿化工程”,创建无锡市村庄环境长效管理示范村9个,并对利港化工园区进行专项整治,投资200余万元建设化工园区监控中心、大气自动化监测站,关停“五小”企业*6个,超额完成年度化学需氧量、氨氮削减任务。全面推进“法制临港、平安临港”建设,化解各类矛盾纠纷881件,为辖区民众提供法律援助90件次。成功创建省和谐示范社区2个、无锡市和谐示范社区4个。编制完成辖区安全应急预案,辖区安全伤亡事故和死亡人数实现双下降。便民服务中心入驻窗口28个,服务项目68项、服务子项目125项,受理各类办理事件73473件,全部按时办结,办结率100%,群众满意率95%以上;受理“12345”公共服务中心热线诉求事件2554件,答复满意率99%;中心进驻服务项目提速率65%。

2014年临港街道主要经济社会指标一览

表71

指　　标	单　位	数　量	比上年增减(%)	指　　标	单　位	数　量	比上年增减(%)
地区生产总值	亿元	486.92	6.40	到位注册外资	万美元	27128	-21.80
人均地区生产总值	万元	37.90	4.30	工业企业	个	1837	2.50
财政收入	亿元	49.52	7.30	服务业增加值	亿元	205.93	4.00
第二、第三产业增加值占地区生产总值比重	%	98.97	0.45	限额以上批发零售业销售总额	亿元	1162.44	-22.30
农业总产值	亿元	5.02	5.58	限额以上批发零售业零售额	亿元	13.21	11.20
粮食总产值	万公斤	3234	-0.57	中小学校数	所	7	0
工业总产值	亿元	1516.31	-3.20	中小学校在校学生数	人	10744	0.70
其中:规模以上工业总产值	亿元	1219.23	-3.10	数字电视入户率	%	90	7.35
工业利税总额	亿元	105.06	-18.20	农村居民人均可支配收入	元	28295	10.30
其中:规模以上工业利税总额	亿元	96.93	-23.60	社保参保率	%	92	2
工业用电量	亿千瓦时	—	—	劳动合同签订率	%	98	0
全社会固定资产投资	亿元	238.00	10.40	月薪制实施率	%	93	1
其中:工业投资	亿元	140.27	10.10	新型农村合作医疗参保率	%	100	0
服务业投资	亿元	94.28	10.10				

2014年临港街道开票销售收入前10名企业一览

表72

名次	企业名称	销售收入（亿元）	法人代表	名次	企业名称	销售收入（亿元）	法人代表
1	江苏西城三联控股集团有限公司	319.28	恽相才	6	远景能源（江苏）有限公司	110.58	张　雷
2	江苏新华发集团有限公司	238.14	孙志华	7	江苏恒业凯达科技有限公司	101.80	赵国祥
3	双良集团有限公司	192.14	缪双大	8	江苏海伦石化有限公司	92.70	卞平刚
4	江苏新长江实业集团有限公司	180.70	李洪耀	9	江阴市金桥化工有限公司	62.91	孙　芳
5	江苏利电能源集团	151.54	孙　峰	10	江苏金一文化发展有限公司	56.37	钟　葱

2014年临港街道各村（社区）基本情况一览

表73

村（社区）名称	户数（户）	人口（人）	村（社区）党支部（党支部、党委）书记	村（社区）主任	村（社区）开票销售收入（亿元）	人均可支配收入（元）
长江村	935	3738	李洪耀	范兴龙	177.82	41400
三元村	583	2157	徐君才	袁剑华	10.18	28110
李沟头村	200	744	张　平	石建林	5.19	28053
新沟村	226	738	蔡国明	曹洪良	2.27	28597
三联村	1212	4407	恽裕兴	刘宇平	342.46	27483
景贤村	573	2124	蒋惠军	柳泽华	3.17	23727
夏南村	1217	4582	黄惠忠	冯明飞	1.83	24283
于门村	758	2871	李秋珍	曹甫生	9.01	31128
申南村	1835	6976	何惠忠	何国平	10.15	30237
夏港社区	1101	3087	夏宏武	夏　勇	6.37	29810
东刘村	670	2502	缪剑农	虞国裕	39.16	31510
滨江村	1795	6729	华　一	华　一	100.93	25300
创新村	1083	4053	徐夏芳	郑银良	125.83	31688
申西村	1199	4374	高　明	符林章	27.41	31851
申浦村	970	3498	时建明	时建明	4.16	31210
申港村	1383	4916	胡建军	殷振迅	2.43	32861
横塘村	1288	4867	黄明华	黄明华	1.96	26813
申兴村	1733	6440	殷宜俊	殷宜俊	5.31	25520
维常村	814	2821	钟　渊	徐立军	0.61	24572
东支社区	713	2486	常国和	薛　强	4.27	23967
苏港路社区	139	332	许芳华	许芳华	—	—
黄丹村	1194	4442	任金华	王永忠	1.08	25868
巨轮村	1117	4179	叶国庆	缪逸香	3.34	27592
西奚墅村	826	3070	谢国平	陈华中	9.09	26866
西安社区	630	2268	魏国瑜	刘跃生	1.37	26040
兴利社区	728	2886	周伯清	董德章	2.51	27500

续表73

村(社区)名称	户数(户)	人口(人)	村(社区)党支部(党支部、党委)书记	村(社区)主任	村(社区)开票销售收入(亿元)	人均可支配收入(元)
利港社区	1763	6031	姚建军	姚建军	11.61	31300
陈墅社区	1033	3560	江建洪	张　波	194.91	31600
仁和社区	732	2891	黄　平	黄　平	2.29	25900
龙港社区	623	2111	蒋章林	蒋章林	0.31	25840
兴港社区	903	2935	奚华良	黄鞋娣	1.51	27832
苍山村	1072	3498	戚国兴	顾叙才	2.48	25480
江市社区	1173	4105	汤春明	汤春明	12.02	27733
北郭庄村	1491	4758	蔡建伟	黄国兴	2.13	25337
后梅社区	810	2601	盛南华	盛南华	1.95	25200
西石桥社区	1521	4765	吴助国	年学军	4.41	26500

【长江村成功入选“中国十佳小康村”】 长江村地处江阴市西城郊接合部。北滨长江，滨江西路沿江5千米自东向西穿村而过。村面积6.5平方千米。2013年年末，全村人口3311人，户数764户，开票销售收入224.72亿元，农民人均可支配收入40800元。2014年11月27日，中国小康村走进陕西活动在陕西省咸阳市杨凌区举行，会上揭晓第八届“中国十佳小康村”名单，江苏江阴长江村是江苏省唯一入选村。通过参加此次活动，长江村获得《农民日报》等多个主流媒体的肯定和支持，对该村文化、民生、环境等各个方面进行了宣传报道，使长江村在全国范围内的知名度得到进一步提升。

【临港老年人健康教育全覆盖】 从2013年起，江阴市第二人民医院和临港社区卫生服务中心针对原申港区域10个村的老年人，开展“相约5号行”老年人健康知识讲座和健康义诊。每月5日，医院和中心组织医疗专家和公卫人员走进村老年活动场所，定期送上菜单式的健康专题讲座。2014年2月27日，临港街道全面启动老年人健康教育，有一个老年人自己的健康教育场所、有一支老年人贴心的健康教育队伍、有一组老年人认可的健康教育模式的“三有”服务活动，市二院和申港、利港2个中心充分发挥社区卫生一体化优势，借力临港街道老龄办和各村老年协会，多部门联动，整合资源，通过组织8个健康讲师团，把老年人健康教育工作辐射到辖区36个村(社区)，率先在全市实现优质医疗健康全覆盖。

【临港街道残疾人联合会成立】 2014年4月18日，临港街道残疾人联合会第一次代表大会在临港街道召开。会议选举庞祥芬为残联主席，并选举产生29名残联主席团委员。残联各主席团成员按照章程牢固树立为残疾人服务的思想，发挥代表服务管理的职能，落实残疾人的各项工作，从政治、经济、文化等各个方面维护好残疾人合法权益，把党和政府对残疾人的关怀落到实处，努力建设一支思想素质高、业务能力强、工作作风实、服务质量好的残联工作者队伍，使残联真正成为残疾人之家，使残联工作者真正成为残疾人的亲人。 (华柳霞)

璜土镇

【概况】 璜土镇是江阴市的黄金西大门，北枕长江，西、南与常州市无缝相融。璜土历史悠久，是5000多年前良渚文化发祥地之一。生态环境优美，是中国优质葡萄生产基地，具有江苏葡萄第一镇的美誉。区域面积64.49平方千米，耕地面积1492公顷，下辖12个行政村和1个社区居委会。2014年年末，有户籍人口57191人，其中男性28668人、女性28523人。有少数民族16个163人。有外来暂住人口45576人，其中男性26643人、女性18933人。

政治建设　全年组织开展党的十八届三中、四中全会精神专题辅导、法制讲座、群众路线教育实践活动专题报告等学习10次，党委中心组集中学习15次。出台《关于进一步推进学习型党组织建设的意见》。以镇党校为主阵地，开展基层党员轮训，基层书记讲党课62次、2880名党员参加。开展村党员活动室星级评定和“十佳”党务工作者评选活动，进一步完善“以奖代补”为核心的村党支部(党总支、党委)、村委会“两委”绩效考核制度。创建璜土医院和璜土敬老院两个党建示范点，并通过江阴市级验收。以高层次人才队伍建设为目标，引进海归6人、外国专家3人，新申报引进国外技术项目1项。全年考察发展新党员35人，其中来自生产、工作一线的党员32人。重视抓好非公企业党员发展，全年在非公企业发展党员23人。

经济建设　全年实现地区生产总值90.34亿元，比上年增长9.4%；完成公共财政预算收入7.3亿元，增长14.9%；全社会固定资产投资82.74亿元，增长11.19%；工商业开票销售收入697.3亿元，与上年持平；完成自营出口5.1亿美元，增长15.8%；完成限额以上批发零售业零售额2.33亿元，增长17.68%。出台《璜土镇中小企业互助基金管理办法》《关于加快推进璜土产业发展及扶持小微企业的有关规定》等文件，召开8次、150多个企业参加的专题座谈会，促成项目转产21项，单位工业增加值能耗下降4%。加强重污染高耗能行业整治，关停化工污染企业3个；盘活存量土地21公顷，收储未充分利用土地33.2公顷，宅基地复垦7.8公顷，发展空间进一步拓展。项目建设进展顺利，金一黄金、博大数控、鼎力胜赛、马可波罗汽车零部件等13项项目竣工投产；汉邦精对苯二甲酸、晨唐二期等5项项目正在建设；澄高涤纶树脂、阿尔法扩建、广豫感光材料、中基物流、大江石油科技等7项项目在批待建。全镇工业经济形成主要指标稳中有进、骨干企业提速企稳、工业投资高位增长、发展潜力后劲十足的良好态势。

社会建设　全年获得国家中小企业创新基金项目、国家重点新产品项目各1项，新增省级高新技术产品10种，获批高新技术企业4个。新材料、高端装备等高新技术产业开票销售占全部工业的70%，比上年提高2个百分点。投入650万元翻扩建璜土中学和璜土中心幼儿园食堂，投入140万元更新全镇学校教技装备和技防设施，投入150万元对石庄中学、璜土实验小学、石庄幼儿园部分校舍进行维修维护，年内通过无锡市学前教育示范镇验收。投入565万元，实现常州—江阴璜土城际班车公交化，常州215路、216路城市公交环通璜土，璜土和石庄两街区、新材料产业园和澄常工业园两园区与常州主城区实现无缝对接。加大生态治理力度。成立环境义务监督员队伍，建立政府测评、企业互评、群众评议的“三评议”机制，与常州新北区春江镇共同建立跨区域化工环境整治联防联控机制，开展沿江8市环境应急演练。投入94万元，完成陆正沟整治工程和启港路污水管网工程。出台《2014年璜土镇环境卫生长效管理实施办法》，引入市场化管理手段，优化标准，提升水平。不断完善社会保障体系，提供就业岗位5312个，实现本地劳动力就业4218人，新增城保参保3378人，居民养老保险续保率99%。发放被征地农民保障资金1470万元、低保金332.1万元、社保补助金9.3万元、尊老金114.1万元，发放临时救助资金39万元、慈善补助金85.1万元。全年完成征兵任务29人，接收安置退伍军人34人，发放有偿安置费、生活补助费158万元。完成22户紧房户的预安置工作，完成融城苑270套小高层和小湖六期160套多层安置房的分房工作，495户被拆迁户入住新房。

2014年璜土镇主要经济社会指标一览

表74

指　标	单　位	数　量	比上年增减(%)	指　标	单　位	数　量	比上年增减(%)
地区生产总值	亿元	90.34	9.40	到位注册外资	万美元	4756	-39.38
人均地区生产总值	万元	15.76	8.02	工业企业	个	1080	3.35
财政收入	亿元	12.83	6.12	服务业增加值	亿元	46.69	11.75
第二、第三产业增加值占地区生产总值比重	%	95.91	0.22	限额以上批发零售业销售总额	亿元	231.57	-3.11
农业总产值	亿元	6.60	6.97	限额以上批发零售业零售额	亿元	2.33	17.68
粮食总产量	万公斤	1295.60	1.86	中小学校数	所	7	0
工业总产值	亿元	350.53	12.37	中小学校在校学生数	人	6192	-0.02
其中：规模以上工业总产值	亿元	250.29	9.94	数字电视入户率	%	100	0
工业利税总额	亿元	11.12	-16.08	农村居民人均可支配收入	元	27322	10.46
其中：规模以上工业利税总额	亿元	9.04	-26.02	社保参保率	%	99	0
工业用电量	亿千瓦时	5.69	15.18	劳动合同签订率	%	100	0
全社会固定资产投资	亿元	82.74	11.19	月薪制实施率	%	99	0
其中：工业投资	亿元	54.65	5.60	新型农村合作医疗参保率	%	100	0
服务业投资	亿元	26.89	25.13				

2014 年璜土镇开票销售收入前 10 名企业一览

表 75

名次	企业名称	销售收入（亿元）	法人代表	名次	企业名称	销售收入（亿元）	法人代表
1	汉邦(江阴)石化有限公司	68.54	李　兴	6	江阴南泰家纺用品有限公司	17.68	陈利民
2	阿尔法(江阴)沥青有限公司	54.44	周剑峰	7	江苏大江金属材料有限公司	9.76	陶国庆
3	江苏嘉盛新材料有限公司	52.77	胡学山	8	江苏富菱化工有限公司	8.10	方文龙
4	江阴赛胜新材料有限公司	34.20	孙　芳	9	中联重科股份有限公司江阴分公司	7.60	柳建峰
5	建滔电子材料(江阴)有限公司	18.04	谢舒源	10	江阴法尔胜钢铁制品有限公司	7.30	刘　翔

2014 年璜土镇各村(社区)基本情况一览

表 76

村(社区)名称	户数(户)	人口(人)	村(社区)党支部(党总支、党委)书记	村(社区)主任	村(社区)开票销售收入(亿元)	人均可支配收入(元)
利城村	1117	3732	臧建平	臧建平	2.19	27000
北湖西村	875	2880	刘建维(主持工作)	刘建维	1.90	22367
高栗村	1542	5245	许建明	许建明	4.44	26726
璜土村	1229	4066	钱俊贤	钱俊贤	6.63	21706
小湖村	2270	7068	周国伟	周国伟	23.43	30874
篁村村	1879	6118	高旭伟	高旭伟	1.27	25247
常泽桥村	1115	3650	张建清	张建清	0.70	23660
汇南村	1007	3238	丁　成	丁　成	2.05	22456
芦墩村	1005	3531	江伟良	江伟良	1.33	27295
石庄村	1120	3572	彭　辉	彭　辉	10.00	33000
花港苑村	2838	10184	彭文峰	彭文峰	14.60	24536
启港苑村	862	2899	金小平	金岳彪	6.10	21840
璜土居委	490	1124	曹　洁	—	—	25817

【璜土镇文化站获评国家一级文化站】 2013 年，文化部办公厅发文，首次在全国范围内开展乡镇(街道)综合文化站评估定级工作，站舍建筑面积、公共电子阅览室达标、经费保障、活动开展、编制名称、人员配备等内容是评估定级的必备条件，是获得评定资格和等级级别的决定性因素。江苏省根据实际，采取组织专家实地调研、分片试点等方法，制定高于国家东部地区并具有江苏特点的江苏省乡镇(街道)综合文化站评估定级标准，苏南、苏中、苏北不同地域采用不同标准。璜土镇文化服务中心对照省定标准，认真组织参加评定，各项主要考核指标总体水准位于全省前列。2014 年 6 月 9 日，璜土镇文化站被评为国家一级文化站。

【特色城镇化项目落户璜土镇】 中交建设集团公司是一个拥有总资产超 3000 亿元的上市公司，在世界 500 强企业中排行 211 位，中国 500 强企业位居 19 位，在 120 个央企中，营业收入列 16 位，利润总额 18 位。2014 年 4 月 21 日，该公司与璜土镇举行项目合作签约仪式，投资 100 亿元建设璜土镇特色城镇化项目，其中一期投资 12 亿元，占地 143 公顷。项目位于璜土镇南部地区，东至桃花港、南至芙蓉大道、西至扬子江路、北至生态公园，规划建设一个由 1000 人入住的乡村安置小区，2000 人入居的高端颐养水乡田园社区和 10 公顷仿宋风格建筑，拥有主题客栈、创意酒店、地方风味餐馆、异域美食、特色商铺的特色古镇商街。同时利用现有农业资源优势，建设一个占地 100 公顷的有机农业体系。项目拟打造成为全国新型城镇化建设的示范项目。至年末，一期已办理公司注册。

【璜石湖公园建成】 2014 年 12 月，璜土镇璜石湖公园建成。该公园位于该镇高铁高端生活区璜石大道以东、扬子江路以西、姬山路以南、芙蓉大道以北。公园设计以“新江南水乡特质景观”为核心,通过城市休闲、文化娱乐、旅游服务、湿地体验、环保展示、科普教育等多元功能的开发,优先打造江阴市和常州市独一无二的集城市休闲与生态旅游相结合,具有江南水乡特色的中央湿地公园。公园总占地面积100公顷,建设面积42.67公顷,其中总水域面积15.33公顷,建筑占地面积2.27公顷,绿化景观面积约17万平方米,园区行车道路全长1.5千米(金公堤南路758米,金公堤北路705米),自行车道全长2千米,广场面积7800平方米,建成区总投资1.2亿元。

【常州—璜土城市公交开通】 2014年8月20日,常州—璜土城市公交在黄金南路路口举行通车仪式。该公交线路由江阴和常州客运公司投入8辆客车,实行常州客运总站与璜土石庄公交总站对开,覆盖璜土镇区、产业园区44个站点和常州城区4个站点,贯通沪宁高铁、高速的交通道口。通车时间为早晨6:00至晚上7:50,早晚高峰时段班次间隔为15分钟左右,其余为20分钟到25分钟一班。至此,常州城市公交与璜土全境实现无缝对接。常州市交通局、公交公司领导,江阴市交通局领导,璜土镇全体党政领导,机关、村干部参加了通车仪式。(参见《交通·邮政·物流》类目交通分目中相关条目)

【《璜土镇志(续)》出版发行】 2014年4月《璜土镇志(续)》由方志出版社出版。8月27日,璜土镇政府举行《璜土镇志(续)》发行仪式。该志分上下两篇,上篇为1996出版的《璜土镇志》续志,上限为1992年,下限为2011年12月,其中2001年6月至2011年12月包括原石庄镇的五市、芦墩、西湖、大坎4个行政村;下篇为《石庄简志》,上限至可溯之年,下限断至2008年12月,因石庄镇合并到璜土镇,故合集出版。94.8万字的《璜土镇志(续)》,记录了璜土人民祖祖辈辈敢于拼搏,不断创新,奋斗不息的不朽贡献,也启示当代人要更加努力去奋斗,具有历史的传承意义。该志是一部重要的地情文献专著,也是一部生动的乡土教材。

【陈毅学堂成立】 2014年11月18日,江阴璜土镇举行陈毅学堂揭牌暨开讲仪式,全体机关、村(社区)党员干部参加了此次活动。首讲由市委党校校长俞伟人作党的十八届四中全会精神专题讲座。陈毅学堂的成立,富有创新性,具有时代特色,是该镇贯彻落实十八届四中全会精神,加快推进璜土新一轮改革发展凝聚力的重要平台。老一辈无产阶级革命家陈毅曾在前栗山澄西中学演讲,播撒革命理想,点燃抗日烽火,当下在实现中华民族伟大复兴中国梦的新时代,重启陈毅学堂的革命传统,重建党员干部政治学校,有重要的现实意义。陈毅学堂将成为唱响璜土发展好声音的学堂。

【镇乡土文化活动举办】 2014年11月20日,璜土镇文化中心举办“传承传统文化、弘扬乡土文化”活动,开展制酿甜白酒、做棉鞋等比赛,吸引市镇两级新闻媒体和前来观赛的大批群众。参加这次比赛的能工巧媳和酿酒师傅均来自全镇各村选派的高手。参赛酿甜白酒比赛的选手有22人,做棉鞋选手有23人,比赛采取5人打分评比,以从高到低平均分取前6名获奖。由市专家和镇群众评委组成评分团,各组评选出选手一等奖1人,二等奖2人,三等奖3人,并对选手进行奖励。经过评选,石庄村李兰英获酿甜白酒比赛一等奖,利城村高春妹、花港苑村胡婉琴获二等奖,利城村束琴芳、芦墩村江祥珍和李琴娣获三等奖。石庄村彭志琴获做棉鞋比赛一等奖,汇南村许梅琴、花港苑村吕纪珍获二等奖,芦墩村金珍华、北湖西村杨彩英和启港苑村许月娟获三等奖。通过开展此活动,挖掘了镇非物质文化遗产,搜寻了民间高手,展示了乡土绝活,让更多的人记住乡愁、品到历史滋味。

(许蓦艳)

月城镇

【概况】 月城镇是中国民间文化艺术之乡,位于江阴市西南,东与徐霞客镇毗邻,南连青阳镇,西接常州市武进区,北以秦望山为界与南闸街道接壤;紧靠沪宁、常合(沿江)高速公路,锡澄公路、锡澄运河、海港大道和江阴大道纵贯全镇,镇东设有新长铁路货运站。镇域总面积38平方千米,耕地面积1740公顷,下辖9个行政村和1个社区。2014年年末,有户籍人口43283人,其中男性21579人、女性21704人;有少数民族7个31人。有外来暂住人口13433人,其中男性7530人、女性5903人。

政治建设 扎实开展群众路线教育实践活动,全镇开展以为民务实清廉为主题,以“照镜子、正衣冠、洗洗澡、治治病”为总要求的党的群众路线教育实践活动。在党员干部中开展学习党章、学习中国特色社会主义理论体系、学习习近平总书记系列重要讲话精神、学习党史、学习先进典型的“五学”工程。组织开展“为了谁、依靠谁、我是谁”讨论交流会、“近学吴仁宝、远学焦裕禄”、“学先烈、温誓词、强党性”等系列活动。对照严以修身、严以用权、严于律己、谋事要实、创业要实、做人要实“三严三实”要求,认真撰写对照检查材料。镇党委召开专题民主生活会,各级基层党组织召开专题组织生活会,开展党员民主测评。对照中央八项规定*、省市十项规定*,清理办公用房196平方米、“三公”经费*使用15万元,对公务用车等进行集中整改,清理党政领导干部在企业兼职2人。结合月城特点,开展化解信访积案和隐患苗头排查,镇村环境卫生长效管理,工业集中区(服务集聚区)生态环境整治,违规公款吃请、接待和公款送礼专项治理,提高镇村(社区)便民服务水平专项治理,“转作风、提效能、促发展”专项治理,镇村建设资金投资管理和清理超职数配备、在编不在岗和违规发放各类补贴专项治理等8项专项行动。分批分类开展“四听”(深入基层听普通干部群众的意见,听服务对象的意见,听老同志的意见,听党外人士的意见)、“四问”(问效,了解各阶层对自身作风情况的看法和评价;问怨,了解社会各界对干部作风的怨言和怨气;问症,了解党员干部作风方面的问题和症结;问策,了解改进作风的对策和措施)、“四征求”(开展个别征求、座谈征求、上门征求和书面征求)和“一对一”谈心谈话等活动,共征集到220多条基层意见建议,梳理汇总出班子和成员的145条“四风”*方面的问题。各级干部广泛开展“走村入户”“访贫问苦”“挂钩联系服务村企”等活动,深入基层虚心听取群众意见建议,其中镇党委班子成员走访群众520多户,企业50余个,办理实事76件,化解信访积案22件。重视后备队伍建设,创新思路开展选派优秀年轻机关干部到村(社区)挂职锻炼,选派村(社区)干部赴先进镇街、镇机关挂职锻炼干部“双向双挂”活动。选派23名年轻机关、村(社区)干部赴先进镇街、镇机关和村(社区)挂职锻炼;组织49名机关干部、大学生村官、村干部、“创二代”等优秀青年赴浙江大学开展第二期专题培训。实施基层干部科学发展能力培训工程,举办各类业务培训班和讲座6期,培训1235人次。全年发展党员31人,其中基层一线党员26人。在全镇深入开展“质量效能建设年”活动,在村(企业)开展以比规模总量、比税费贡献、比有效投入、比增长速度、比亩均效益、比节能减排和争排名、争地位、争口碑的“六比三争”为内容的科学发展竞赛;在社区和机关部门以服务创新、管理创新“双创”为重点,开展“比群众满意度、比条线影响力、比专业技能掌握”的比赛活动;在条线服务单位开展“满意在窗口”活动,每月组织“质量效能流动红旗”竞赛,建立和完善双泾村富民合作社联合支部、月城社区和江阴友利特家居用品有限公司3个服务型党组织党建示范点,以点带面,带动党组织服务水平的整体提高。强化党风廉政建设党委负主体责任,纪委负监督责任“两个责任”的落实,将党风廉政内容列入行政村及村主要干部绩效考核,实行一票否决。加强学习型党组织建设,深入开展百名书记讲党课、月城大讲堂、道德讲堂等活动,月城镇被命名为无锡市首批马克思主义大众化教育示范基地,镇党校被评为无锡市“十佳”基层党校。

经济建设 全年实现地区生产总值53.41亿元,比上年增长0.5%;全口径财政收入5.94亿元,增长3.34%,公共财政预算收入2.89亿元,增长14.44%;工商业开票销售收入212.89亿元,下降17.7%;全社会固定资产投资26.67亿元,增长3.6%。全镇新开工项目38项,总投资超35亿元,其中超亿元项目7项,企业技改项目26项,政府民生项目6项。传统钢铁行业占全镇产业比重由2013年的46%下降至41%,玻璃钢车船制造和彩印包装行业则分别比2013年增长4%和3%,机械装备制造业入库税金增长44%,产业结构得到进一步优化。全镇电子商务成交量突破1.6亿元,江阴友利特金属制品有限公司等企业在内销保持稳定的基础上,分别借助淘宝网和阿里巴巴国际站等电子平台,新增销售额1500万美元。新增高效农业面积55.33公顷,全镇累计高效农业面积788.67公顷。推广喷滴灌设施农业面积83.33公顷,全镇累计喷滴灌面积210公顷,列全市第一。创建省农产品质量安全监管示范镇,推进农产品质量安全体系建设。通过认定无公害产品、绿色食品、有机农产品“三品”无公害农产品单位7个,绿色食品单位1个,基地面积800公顷;认定“三品”品牌31种,其中无公害农产品27种、绿色食品4种。

社会建设 深入实施“科技兴镇”战略,以增强自主创新能力,建设科技强镇和创新型乡镇为目标,着力提升以企业为主体的自主创新能力。全年申请国家发明专利200件,通过省高新技术企业复审3个,新批省高新技术企业3个、省中小型科技企业1个、省科技“小巨人”企业4个、省科普惠农服务站1个、省科普示范社区1个、省科普示范基地1个、省教授(博士)柔性进企业项目6项、省高新产品3种;获批无锡市科普进步奖2项、高新产品6种、工业设计中心1个,江阴市院士工作站2个、工程技术中心2个、“科技三费项目”6项、“三创”(创新、创业、创意)人才2人,成立江阴市企业科协1个。重视教育投入,制定出台《月城镇骨干教师奖励办法》,完成幼儿园扩班改造,成立“启秀家长学校”。加强校园、校车安全管理,新建候车风雨亭22座。实施文化惠民工程,全年送戏下乡160场,送电影下乡120场,送书下乡3000册;开辟月城大剧院“周末免费剧场”,放映30场,观众1.5万人次。《江阴“月城小戏”》在央视11频道“快乐戏园”栏目播出2集,12件原创作品获江苏省、无锡市级奖项。成功创建为2014—2016年中国民间文化艺术之乡、江苏省公共文化服务体系示范区。投入资金360万元,实施卫生保洁社会化运作。加强社区卫生基本医疗和公共卫生考核管理,月城卫生院发挥特色做强中医肝胆专科。切实加强人口计生工作,户籍人口出生政策符合率99.42%。完善全民健身服务体系,成功承办市级以上象棋、篮球比赛,完成全国第六次体育场地普查工作,下塘村被列为国家定点国民体质测试单位。全力做好“两路一河”*工程建设的有关协调工作,保证江阴大道、海港大道的顺利通车,月城大桥重建复通。27万平方米的水华苑、水芝苑安置房建设进入验收阶段。敬老院二期建设竣工,月城实验小学综合楼建设加快推进。配合江阴高新区青阳园区建设,推进黄桥区域的拆迁,完成716户的丈量工作,签约671户,630户交钥匙,拆除房屋面积15.75万平方米,完成黄桥范围拆迁安置房项目方案设计。完成新镇区社区服务用房设计,开展建设前期工作。启动胥林路(红旗路至卧龙大街段)改建工程、红旗路(水芝路至水秀路段)新建工程,完成工业园区二、三支路改造提升工程,进一步完善镇村道路交通安全和照明等设施。加快推进沿山大桥改建项目涉及的污水管网迁移工程。完善集镇消防用水设施,在重点防火区域增设消防栓4只,团结河、红旗河新建消防取水口15个。坚持集中整治和长效治理相结合,开展镇区、永丰桥、学校等重点区域的环境整治,在学校和菜场周边新建3个停车场,新建、改建公厕7座,实施双泾村3个自然村生活污水集中处理工程。出台环境卫生长效管理考核办法。全面落实“河长制”,建立全镇市、镇、村三级

106条引排河道的“一河一策”“一河一档”管理制度。推进中小河流整治工作,投资3000多万元,对新丰河、新胜河、黄港河等镇区内河道进行清淤和护岸整治,清淤河道21.66千米,整修护岸(坡)34.6千米,生态修复河道0.65公顷。做好“两路一河”等省市重点重大工程沿线水利设施恢复工作,改建农村桥梁6座,建成灌排泵站6座。全镇新增污水管网1.2千米,削减化学需氧量38吨、氨氮3.8吨。扎实推进大气污染防治,整治企业4个,落实大气污染治理项目,关停重污染企业3个(其中化工企业1个),拆除重污染小作坊2处,淘汰燃煤锅炉3台。农作物秸秆综合利用率有新提升,区域内秸秆焚烧污染现象日益减少。推进江阴市级生态工业示范区创建,完成工业集中区规划环评编制和报批。完成文化路南段、水秀路、水华路、月冯路等道路的绿化工作,全年完成绿化面积27公顷,创建江苏省村庄绿化示范村1个。全镇林木覆盖率26.8%。建立完善护林防火责任制,加强护林防火日常监管和宣传,确保山区全年无火灾。双泾水利风景区顺利通过省水利厅、省河道管理局验收,成为市首个省级水利风景区。大力扶持就业创业,全年提供就业岗位1544个,解决本地劳动力就业1660人,开展“一对一”帮扶创业活动,扶持自主创业人数103人,创业带动就业620人;应届大学毕业生完成就业199人,就业率94%,困难大学生就业率100%。广泛开展宣传社会保险法以推进城保扩面,发放被征地农民基本生活保障金989万元。新增企业职工基本养老保险1800人,办理居民养老保险转接城镇职工养老保险238人,收缴保费1226万元。完善退休镇管干部和原镇属企业退休退养职工工资待遇保障机制,新增保障资金147万元。关注社会弱势群体,开展结对帮扶低保家庭、困难家庭活动,结对319户,为各类困难对象发放救助金442万元。基本医疗保险覆盖范围继续扩大,新农合参合人数22815人,开展重点人群免费健康体检1.2万人次。建立镇村联动接待接访工作机制,进一步畅通群众诉求渠道。依托信访接待室、矛盾调解中心、“12345”公共服务中心等平台,受理各类信访、咨询、投诉535件,及时处置和解决各类矛盾纠纷382件,满意率98%。全面构建视频监控、警务室驻点、联防队巡逻“三位一体”综治平安建设体系,扎实开展技防镇规范化建设,主要街面路面、治安卡口、警务查报站技防建设达标率100%。推进社区矫正和安置帮教工作,严厉打击违法犯罪行为,确保全镇社会大局和谐稳定。

2014年月城镇主要经济社会指标一览

表77

指　标	单　位	数　量	比上年增减(%)	指　标	单　位	数　量	比上年增减(%)
地区生产总值	亿元	53.41	0.50	到位注册外资	万美元	779	-61.60
人均地区生产总值	万元	12.34	-10.05	工业企业	个	590	11.15
财政收入	亿元	5.94	3.34	服务业增加值	亿元	21.79	5.50
第二、第三产业增加值占地区生产总值比重	%	96.80	0	限额以上批发零售业销售总额	亿元	59.51	-40.20
农业总产值	亿元	4.50	9.99	限额以上批发零售业零售额	亿元	1.90	25
粮食总产量	万公斤	4722	-9.33	中小学校数	所	2	0
工业总产值	亿元	141.83	-8.59	中小学校在校学生数	人	2881	-1.84
其中:规模以上工业总产值	亿元	109.84	-15.48	数字电视入户率	%	100	100
工业利税总额	亿元	9.12	-13.39	农村居民人均可支配收入	元	26820	9.77
其中:规模以上工业利税总额	亿元	5.47	-46.84	社保参保率	%	100	0
工业用电量	亿千瓦时	7.72	-5.04	劳动合同签订率	%	100	0
全社会固定资产投资	亿元	26.67	3.60	月薪制实施率	%	100	0
其中:工业投资	亿元	15.18	1.90	新型农村合作医疗参保率	%	100	0
服务业投资	亿元	10.95	11.40				

2014年月城镇开票销售收入前10名企业一览

表78

名次	企业名称	销售收入(亿元)	法人代表	名次	企业名称	销售收入(亿元)	法人代表
1	江阴锦澄钢铁有限公司	26.87	吴丁荣	6	江阴泰富沥青有限公司	6.18	丁爱民
2	江阴华润制钢有限公司	23.01	姜树森	7	江苏金峰月城水泥有限公司	4.47	丁建庆
3	江阴市荣达经贸有限公司	15.21	吴丁荣	8	江阴晟扬纺织原料有限公司	3.91	承　林
4	江阴市月山再生资源有限公司	10.40	顾栋华	9	江苏华权有色炉料有限公司	3.69	包玉明
5	江苏协腾油气专用管销售有限公司	8.18	朱建平	10	江苏省宏晟重工集团有限公司	3.46	偶洪元

2014年月城镇各村(社区)基本情况一览

表79

村(社区)名称	户数(户)	人口(人)	村(社区)党支部(党总支、党委)书记	村(社区)主任	村(社区)开票销售收入(亿元)	人均可支配收入(元)
戴庄村	1147	4289	钱秋林	吴伯骏	5.39	25000
月城村	1527	5381	秦中华	殷建伟	25.42	27600
下塘村	878	3121	—	薛金方	4.72	23300
秦皇村	890	3321	苏冬青	葛建清	1.46	26800
沿山村	1204	4417	梁林宝	顾栋华	78.88	21300
卧龙村	1178	4310	吴国华	司建荣	2.10	26503
蔡庄村	710	2520	严伟明	沈建新	3.36	26848
黄桥村	1226	4492	刘登峰	翟　民	1.01	23693
双泾村	2724	9342	钱德洪	钱国尧	13.62	21000
月城社区	753	2100	赵伟忠	赵伟忠	—	—

【市内首个省级水利风景区建成】 2012年以来,月城镇按照景区水清景美、水工程特色鲜明、景区分布合理、交通条件便捷、服务设施齐全等省级水利风景区创建标准,加快提升双泾水利风景区建设水平,在开发利用过程中实现水环境的保护、水生态的修复、水文化的传播。2014年6月10日,江苏省水利厅、省河道管理局验收组成员乘船对风景区总入口、农渔馆、中华龙舟赛道、采摘园等主要景点进行实地考察后,一致认为双泾水利风景区充分利用当地水利工程特点,深入挖掘地方水文化特色,展现了浓郁的江南水乡风土人情,真正做到山水合一、自然景观与人文景观合一,秀丽风景与地方美食的共存。双泾水利风景区顺利通过省级验收,成为江阴市首个省级水利风景区。

【《江阴"月城小戏"》央视开播】 2014年6月,央视戏曲频道对中国民间文化艺术(戏曲)之乡——月城镇进行戏曲专题摄制。《江阴"月城小戏"》分2集共2小时,涵盖20多部优秀经典剧目片段,35名颇具影响力的月城籍戏曲演员汇聚一堂,为家乡进行回馈性演出,全面总结月城50多年来的小戏特色文化发展成果。该戏上下集于9月14日、21日在中央电视台11频道"快乐戏园"栏目开播。该节目的播出宣传了月城小戏文化,介绍了月城的地方特色、特产以及风土人情、自然景色,展现了月城整体的形象。

【镇科技型小企业崛起】 "钢铁丝绸之路"的兰新高铁于2014年12月23日开始试运行,这是中国首条在高原高海拔地区修建的世界上一次性建设里程最长高速铁路,其电缆保护和通风系统,出自江阴市必得科技发展有限公司。这个位于月城的企业,规模不大,但其生产的电缆保护系统在整列高铁中发挥着"神经"中枢的作用。该公司经过无数次试验,最终形成成熟的产品,赢得中国南车、北车股份有限公司的青睐,成为一级供应商。年内该公司完成配套动车组300列,产值比2013年增长15%。同时,月城镇一大批像必得科技这样的科技型中小企业快速崛起，为月城镇经济“稳”中见“优”打下坚实基础。江阴泰富沥青有限公司投资近2亿元建设的锅炉用换热器项目投产。同时继续深化与同济大学、东南大学产学研合作，提高主打产品沥青市场的竞争力，中标高芜高速、常溧高速项目。投资9500万元的华尔法包装机械、7930万元的江苏佼燕船舶设备总装车间项目、8000万元的西城纸业等项目按时序推进。

【月城镇举办首届职工技能大赛】 2014年5月30日，月城镇成功举办首届职工技能大赛，103名由全镇各企业、行政村推选出来的技术能手在职工技术技能的舞台上展示他们的风采。对照市职工技能大赛的比赛项目和月城镇企业特点，首届技能大赛设置数控车工、电焊工、维修电工和叉车工4项比赛项目，叉车工技能比赛在月城明园广场进行，数控车工、电焊工、维修电工3项技能比赛在江阴澄西船舶技术学校进行。对在各项比赛中取得前三名的选手，给予“月城镇技术能手”荣誉称号，并按比赛名次，享受镇政府技术人才补贴，所在单位按照1∶1的比例给予配套补贴，享受补贴时限为2年。通过职业技能培训和技术竞赛的结合，在全镇营造尊重劳动、崇尚技能、鼓励创造的社会氛围，以此推动镇技能人才队伍的建设与发展。

【环卫长效考核办法推出】 2014年，月城镇政府加强农村环境卫生长效管理工作，出台《环境卫生长效管理考核办法》，按照村庄整治和生态文明建设内容，重点对村容村貌、路容路貌、河容河貌、厂容厂貌、基础设施等进行百分考核。同时，根据农村环境卫生长效保洁要求，建立镇村联动巡查考核机制，采取周检查、月考核、年考评相结合的方式，进一步督促推进农村环卫长效管理，逐步实现环卫保洁常态化，环卫服务精细化和环卫管理规范化，使农村呈现天蓝、地绿、路洁、水清的新面貌。

【22只救生艇式样候车亭投用】 2014年，新建校车候车亭是月城镇政府民生工程之一，首批投建的22只候车亭，总投资约60万元，所有的候车亭在11月安装完毕，并投入使用。这些候车亭拥有亮橘色的外表，像倒扣的救生艇，造型独特。候车亭采用玻璃钢材质，坚固耐用，且融入月城救生艇之乡的特色，由镇生产玻璃钢救生艇的企业专门设计打造。为确保学生候车安全，还配备一名老师和一名协管员。该候车亭的投用，既为学生们遮风挡雨，又能为学生们的安全提供保障。

【全国象棋锦标赛再创佳绩】 月城实验学校自20世纪80年代起就把象棋列为学校特色主打项目持续建设，在被中国象棋协会命名为全国象棋后备人才培训基地后，更是在普及和提高上下功夫，低年级每周安排一节象棋课，按照校本课程授课，中高年级利用学生社团活动让学生对弈，并每学期都在各年级开展象棋赛。经过学校的多年努力，先后培养了无锡地区唯一的女子象棋大师黄芳等优秀象棋人才。2014年7月16日，在全国中小学象棋锦标赛暨全国中小学生中国象棋夏令营中，月城实验小学学生任柔匀以六胜一和的战绩勇夺女子D组冠军。该次比赛由中国中学生体育协会棋类分会主办，月城实验小学派出5位小选手参赛，均获得优异的成绩。 （戴翊婷）

青阳镇

【概况】 青阳镇位于江阴市南端，东与徐霞客镇接壤，南与无锡市惠山区堰桥街道、前洲街道相邻，西与常州武进区芙蓉镇隔河相望，北与月城镇毗邻。中心镇区距江阴市区18千米，区域面积67.56平方千米，下辖15个行政村和4个社区居委会。2014年年末，有户籍人口69661人，其中男性34966人、女性34695人；有少数民族13个434人。有外来暂住人口35317人，其中男性19778人、女性15539人。

政治建设 坚持以贯彻落实党的十八大和十八届三中、四中全会及习近平总书记系列重要讲话精神为主线，严格执行中央八项规定*和省市十项规定*，严格执行党的政治纪律，切实增强道路自信、理论自信、制度自信，从严治党取得新成效。围绕崛起振兴的总目标，汇聚加快发展的正能量，形成了“自信自强、开放大气、务实进取、勇创一流”的新时期青阳精神。镇党委中心组采取成员自学与集中学习相结合的制度，集中学习每月不少于1次，共组织中心组学习20余次，形成体会文章20篇；机关干部形成“每月一法”、“每周一课”、月末大讲坛等学习制度，充分利用镇党校和各村分党校培训阵地，邀请专家、党校老师作专题讲座15次，组织观看《吴仁宝》《焦裕禄》《第一书记》等专题教育片，发放学习辅导资料2000余册。按照“干啥学啥、缺啥补啥”的原则，将优秀党支部书记、村镇业务能手、民营企业家纳入“微型党课”“周末讲坛”和“廉政课堂”的导师团队，以研读经典、现身说法、探讨案例、实地走访等方式，开设“菜单式”学习课程72场次150多课时，有效提升年轻干部的党性修养和理论水平。扎实开展党的群众路线教育实践活动，突出“五检查五解决”*主抓手，深刻开展批评与自我批评，动真碰硬纠正“四风”*，扎实开展整治改革、建章立制专项行动，以做好“必答题”、做实“客观题”、做亮“思考题”的扎实举措，达到作风大改进、效能大提升、发展真受益、群众真欢迎的预期目的。深入推进“基层组织建设深化年”活动，深入开展农村以“政治强、发展强，带领群众、带头致富”为内容的“双强双带”、以“基层组织强、服务管理强，创和谐社区、创美丽家园”为内容的“双强双创”、以“党建强经济强，班子好发展好”为内容的“双强双好”活动，积极推广农村党组织“亲民、爱民、利民、便民、为民”为主要内容的“五民”服务模式、窗口单位党组织“‘耐心’赢得‘舒心’、‘细心’赢得‘放心’、‘真心’赢得‘暖心’”为主要内容的“六心”服务模式和社区党组织“组织建设到户、政策宣传到户、平安稳定到户、技能培训到户、扶贫帮困到户、公益服务到户、美化环境到户”为主要内容的“七到户”服务模式，突出强化服务功能这条主线，以服务型党组织建设引领基层党建工作，使服务成为基层党组织建设的鲜明主题，推动基层党组织加快工作重心转移、工作方式转变、治理方

式转型。坚持以“六到位”(党小组做到党员思想波动工作到位,组织志愿服务人员到位,党员困难病重服务到位,辖区突发事件协助到位,邻里矛盾纠纷调解到位,邻里守望互帮互助到位)、“七访问”(党支部做到每月访问一次困难群众,每月访问一次独居老人,每月访问一次残疾家庭,每月访问一次流动党员,每月访问一次失业人员,每月访问一次共建单位,每月访问一次其他重点帮扶人员)、“八反馈”(普通党员做到公共设施损坏反馈,背街小巷不洁反馈,发现新增孕妇反馈,外来人员流入反馈,居民病重住院反馈,居民房屋出租反馈,有安全隐患反馈,有不稳定因素反馈)、“九协助”(组建党员卫生监督队、党员助老帮困队、党员爱心援助队、党员文化体育队、党员宣传教育队、党员治安防范队、党员民情收集队、党员就业指导队、党员事务代办队等九支队伍,协助社区、街道做好各项日常工作)和“七到户”工作法为切入点,重点突出普照村的“阳光普照暖民心”的党群互动模式和旌秀社区的“线上访民意、线下解民忧”的“零距离”新型干群关系两大特色,深入推进服务型党组织建设,着力解决联系服务群众“最后一公里”问题。全面完成基层“两委”换届工作,进一步规范干部选拔任用,多层次完善后备干部培养工作,严格党员发展工作标准,全年发展新党员55人。认真落实党风廉政建设责任制,严格执行党风廉政建设党委主体责任和纪委监督责任,扎实开展廉政风险防控机制建设,以改进工作作风、密切联系群众为重点推进作风建设,以“把权力关进制度的笼子里”为要求推进制度建设,以完善惩防体系为抓手推进党风廉政建设,完善财务审计、党风巡查、明察暗访和党务、政务、村务“三务”公开以及“群众意见反馈”等党风廉政建设责任制考核细则,组织干部参观市基层干部预防职务犯罪警示教育基地,村级监督经验获得无锡市纪委肯定并在全市推广,开展工作纪律、工作任务、工作作风等专项检查5次,办理党纪案件5件,全年公开各类信息1000余条,营造风清气正干事业的良好氛围。

经济建设　面对复杂严峻的宏观经济形势,积极主动采取措施,全力防控金融风险,全镇经济保持平稳健康发展。全年完成地区生产总值59.86亿元,比上年下降1.6%;公共财政预算收入2.66亿元,增长11.6%;全社会固定资产投资26.77亿元,下降13.8%,其中超亿元项目15项。高效农业扎实推进。农业完成投资8230万元,全面完成摆渡口、对洞桥、九顷圩排涝站等水利设施建设。市农业重点项目邓阳高标准蔬菜基地建设规模日益壮大,新成立2个专业合作社,落实惠农补贴资金400多万元,粮食生产连续11年实现丰收。工业经济发展平稳。新上技改扩能项目37项,到位注册外资59万美元。全年完成进出口总额2.13亿美元,其中自营出口1.61亿美元,增长12.8%。两个骨干企业调整重组工作稳步推进,传统产业改造提升进程加快,一批骨干企业利税实现较大幅度增长,全年税金超千万元的企业有江苏广信感光新材料股份有限公司、无锡早川电子有限公司、江苏森森水族用品有限公司、江苏星源航天材料股份有限公司、江阴市洪腾机械有限公司5个,全年销售超亿元的企业有江阴市澄润石油化工有限公司、江阴市方强铜业有限公司、江苏星源航天材料股份有限公司、江苏广大钢板加工有限公司、江苏森森水族用品有限公司、江阴市万润印染有限公司等21个。广信感光深圳创业板上市已上报国家证监会,药兴医药“新三板”*挂牌工作稳步推进。华恒仪表竣工投产,中凯热模锻、丽宝第帝彩新材料项目在设备安装。服务业稳步提升。完成限额以上社会消费品零售总额1.45亿元,完成主辅分离企业1个,实现服务业增加值28.27亿元。欧特福广场、世纪阳光综合广场顺利开业,引进澄南地区第一个数字影院,镇区商贸业态不断完善。以嘉茂花鸟园、悟空寺为代表的旅游业全年接待游客47万人次。服务业完成投资10.23亿元,珑庭名邸顺利开盘,恒和地产开工建设。园区开发加快推进。江阴高新区青阳工业园区党委、管委会正式成立,以招商引资、基础设施建设和拆迁安置为重点的园区各项工作有序推进,土地流转基本完成,园区开发取得了积极进展。

社会建设　科技创新步伐加快。大力实施“创新提升、品牌拉升、资本跃升”三大计划,获得国家级创新基金1个,新认定省高新技术企业2个、工程技术研究中心1个、企业技术中心1个、信用管理贯标企业6个,获准省高新技术产品4种、工业支撑计划项目1项。“江特”商标被评为中国驰名商标,专利申报稳步推进,其中发明专利200余件。拓宽人才引育平台,新引进高层次人才15人、海外留学人才4人、外国专家2人。积极推进新一轮教育改革,办学特色逐步凸显。广泛开展第五季“旌阳之春”惠民锡剧周等多项文化惠民活动,全年向基层送演出68场次,送电影268场、送图书3000册,青阳医院朱氏针灸入选无锡市非物质文化遗产名录。加大公共卫生投入力度,新添价值430万元的电子计算机断层扫描设备,全镇所有社区卫生服务站通过无锡市规范化建设验收,镇财政补助新型农村合作医疗保障850余万元,为全镇3.3万名群众开展免费体检,新增抗美援朝老兵戴清波等遗体器官捐献志愿者3人。“10分钟体育健身圈”*工程进展顺利,全民健身氛围浓厚。落实《江阴市青阳镇总体规划(2012—2030)》,完善城镇功能配套,城镇品质实现新提升。全年拆迁面积10万平方米,朱家坝安置小区交付使用,累计分配安置房650套,青东二期、南村头安置房主体工程全部封顶,毓秀园安置小区启动建设。锡澄路沿线改造工程顺利完工,新建各类供水、雨水管道和停车场,实施建筑立面改造,建成现代中式的风格。高园路改造升级全线完工,推进北环路、远望路工程建设,全面完成农贸市场改造,工业集中区“三路两桥”(谢庄路、大船桥路、停塘路,小塘桥、老大船桥)竣工通行,新建给水管网3.3千米。深入开展镇区环境综合整治,清理暴露垃圾近1000吨,依法处理乱倒、偷倒建筑垃圾行为16件,开展店外摊经营集中整治,户外广告管理得到规范,占道经营现象得到有效遏制,镇区停车难问题得到缓解。

深入开展民生环保行动，强化节能减排工作，巩固国家卫生镇创建成效，完善环境卫生长效管理机制，农贸市场、“五小”（小餐饮店、小浴室、小网吧、小歌舞厅、小旅馆）行业管理不断加强，开展废气处置装置故障环保应急演练，完成重点河道整治6条，清理河道垃圾250吨，积极开展“打非治违”专项行动，取缔、关停非法小作坊23个，严格实施污染物总量控制，全长11.5千米蒸汽管道工程主干线建成通汽，深入开展大气环境污染防治和废品回收、印染行业专项整治等行动，关闭淘汰“三高两低”*企业9个，淘汰燃煤锅炉20台，全年完成化学需氧量减排21吨。新增绿化面积66.67公顷，海港大道、锡澄运河沿线绿化工程加快推进，芦塘、桐岐、建义村创建为省级村庄绿化示范村，普照、树家、桐岐、赵宕村创建为无锡市幸福村，悟空、普照、建义村通过省卫生村复查。全年举办劳动用工招聘会2期，提供就业岗位2000个，实现本地劳动力就业800人，扶持自主创业125人，高校毕业生就业率96%以上，困难大学生就业率100%。举办各类职业技能培训班11期，完成培训鉴定取证人数463人。城保扩面新增参保2163人，全面完成养老保险、低保调标工作，全年发放居民养老保险基础养老金2561万元，为历保人员、民政撤组人员发放待遇金1475万元，发放退休职工生活待遇金1434万元，为镇办企业退休职工发放待遇金565万元。全年发放低保金和五保补助金463万元，发放各类补、救助资金500余万元。新建居家养老服务中心1个和居家养老服务站1个，实现居家养老服务全覆盖。积极保障群众安居乐业，努力构筑和谐稳定的社会环境。组织“社会治理创新实践年”活动，突出抓好全国两会、第二届夏季青年奥林匹克运动会等敏感时期社会稳定工作，一批涉及群众利益的敏感问题和信访积案得到妥善解决。开展“政社互动”试点，实施社区减负增效专项行动，基层治理水平得到提升。坚持信访首接、首问和督查回访制度，全年接待群众来信来访86件次，全部得到有效处理。社区矫正、安置帮教和戒毒康复工作得到强化，深化行业性专业性人民调解组织建设，全年调处各类矛盾纠纷3188件，成功率100%。深入实施法律进单位、进机关、进农村、进社区、进学校、进企业“六进”活动，法治文化阵地建设卓有成效，“远离毒品危害青少年警示教育基地”和“普照村法治乡村俱乐部”2项创新项目进展顺利。集中开展“六打六治”*打非治违专项行动，农村食品市场坚持“四打击四规范”，即严厉打击无证无照行为，规范食品生产经营者的主体资格；严厉打击销售、使用无合法来源食品和原料的违法行为，规范食品生产经营者的采购活动；严厉打击生产经营侵权仿冒和无生产厂家、无生产日期、无保质期、无食品生产许可、无食品标签“五无”食品违法行为，规范食品包装标签标志管理；严厉打击生产经营超范围、超限量使用食品添加剂和非法添加非食用物质违法行为“两超一非”等劣质食品行为，规范食品生产经营过程。严格落实重点领域安全监管措施，深入开展隐患排查治理工作，有效遏制安全生产事故多发的趋势。加大劳资矛盾协调，全年调处劳资和工伤纠纷279件，调解处理经济补偿1025万元。

2014年青阳镇主要经济社会指标一览

表80

指　标	单　位	数　量	比上年增减(%)	指　标	单　位	数　量	比上年增减(%)
地区生产总值	亿元	59.86	-1.60	到位注册外资	万美元	59	-93.47
人均地区生产总值	万元	8.57	-3.12	工业企业	个	705	0.57
财政收入	亿元	5.42	7.35	服务业增加值	亿元	28.27	-2.50
第二、第三产业增加值占地区生产总值比重	%	94.78	-0.76	限额以上批发零售业销售总额	亿元	25.68	-37.50
农业总产值	亿元	10.27	6.07	限额以上批发零售业零售额	亿元	1.45	11.10
粮食总产量	万公斤	2552.80	4.03	中小学校数	所	9	0
工业总产值	亿元	130.45	-15.26	中小学校在校学生数	人	11850	-0.34
其中：规模以上工业总产值	亿元	79.66	-37.91	数字电视入户率	%	99	0.89
工业利税总额	亿元	6.99	-14.79	农村居民人均可支配收入	元	23462	10.03
其中：规模以上工业利税总额	亿元	3.70	-12.06	社保参保率	%	96	0.30
工业用电量	亿千瓦时	5.82	-0.96	劳动合同签订率	%	95	5.26
全社会固定资产投资	亿元	26.77	-13.80	月薪制实施率	%	96	5.68
其中：工业投资	亿元	15.73	10.11	新型农村合作医疗参保率	%	100	1.20
服务业投资	亿元	10.23	-34.69				

2014 年青阳镇开票销售收入前 10 名企业一览

表 81

名次	企 业 名 称	销售收入(亿元)	法人代表	名次	企 业 名 称	销售收入(亿元)	法人代表
1	江阴市澄润石油化工有限公司	14.04	赵玲娣	6	江苏森森水族用品有限公司	2.80	林坚定
2	无锡市金涛铜业有限公司	11.99	金 唐	7	无锡市玮焱进出口有限公司	2.63	谢炜玮
3	江阴市方强铜业有限公司	5.45	王美林	8	江阴市万润印染有限公司	2.51	陆继生
4	江苏星源航天材料股份有限公司	4.87	张新明	9	江苏广信感光新材料股份有限公司	2.44	李有明
5	江苏广大钢板加工有限公司	3.94	王 伟	10	江苏巴赛尔聚烯烃新材料有限公司	2.43	谭冬春

2014 年青阳镇各村(社区)基本情况一览

表 82

村(社区)名称	户数(户)	人口(人)	村(社区)党支部(党总支、党委)书记	村(社区)主任	村(社区)开票销售收入(亿元)	人均可支配收入(元)
街西村	581	1787	郑 云	胡志龙	2.99	26190
青联村	910	3008	沈国清	陈国兴	20.50	26500
小桥村	1329	4823	李忠德	袁兴才	14.45	29500
建义村	938	3300	张国清	庄晓平	27.38	24200
里旺里村	1436	5120	朱伟清	吴耀兴	17.81	25000
悟空村	1471	5372	黄永庆	吴上飞	6.45	26500
普照村	1354	4947	王林仁	顾彰荣	3.76	24150
芦塘村	1333	4899	薛 俊	李伟良	7.89	21800
邓阳村	714	2619	王建峰	薛荣伟	3.67	22520
塘头桥村	1148	3849	陈林芳	薛思新	6.19	26100
新安村	990	3464	吴伟祥	奚甫清	2.09	27500
桐岐村	1027	3452	马兴洪	顾敏刚	6.11	24150
赵宕村	1101	4096	俞建国	李立新	5.81	24500
泗河口村	1133	4204	曹文江	冯海光	5.55	21604
树家村	1423	4946	江 海	王建峰	5.30	25100
旌阳社区	1305	3512	薛 葵	薛 葵	—	23462
迎秀社区	1909	4905	孙 鸣	顾玉才	—	23462
桐岐社区	96	332	朱仁良	朱仁良	—	23462
旌秀社区	200	511	姜 桦	姜 桦	—	23462

【江阴高新区青阳工业园区成立】 自 2013 年启动建设江阴高新区青阳园区以来,青阳园区紧紧围绕“完善规划布局、完善管理体制、完善开发机制、提高开发成效”和“区镇融合、产城融合、一体管理、捆绑考核、加快发展”的总体原则,坚持边规划、边拆迁、边招商、边建设,加快推进一期启动区建设,全面完成园区总体规划、产业发展规划、防洪排涝规划的深化完善工作,抢抓以道路、水电气和水利设施为重点的基础设施建设,大力度开展招商引项工作,金属制品、航空零部件等 4 项超亿元项目陆续签约,各项工作稳步有序推进,园区建设取得积极的进展。2014 年 6 月 11 日,中共江阴高新区青阳工业园区委员会、江阴高新区

青阳工业园区管理委员会成立大会在青阳镇举行。青阳工业园区的开发建设是增强发展后劲、提升区域竞争实力的重要途径，也是高新区拓展发展空间、加快“二次创业”的必然选择。（参见《沿江开发》类目综述分目中相关条目）

【青阳镇安置房建设】 自2012年以来，青阳镇先后建成迎秀花园、远望家园、旌阳花园、青东花苑、朱家坝等精品安置小区，总面积50万平方米，有3000多户农户入住。2014年，青阳镇继续把安置房建设作为改善民生的重点工作，加强组织领导，落实资金保障，完善规划设计，加快建设速度，确保工程质量。11月，11.2万平方米的朱家坝安置小区交付使用，分配安置房700余套，安置涉及芦塘、青联、里旺里、街西、悟空、赵宕、普照、青阳街道办事处8个行政村（社区）的300多户被拆迁户。总建筑面积9.7万平方米的青东二期、南村头安置房主体工程全部封顶，24.4万平方米毓秀园安置房开工建设，进一步拉大了集镇框架，集聚了集镇人气，为推动新型城镇化、城乡一体化提供坚强支撑。

【青阳镇工人文化宫建成】 2014年7月10日，青阳镇工人文化宫建成开放。该文化宫占地面积0.3公顷，总投资500多万元，按照“运作商业化，功能齐全化，活动普惠化，作用最大化”的创办宗旨，设有工会办公室、图书阅览室、歌舞厅、乒乓球室、台球会馆、棋类俱乐部、健身房等文化活动场所，开设舞蹈、钢琴、声乐等职工文化艺术培训以及跆拳道、乒乓球、美术等青少年素质教育培训项目。文化宫的建成开放，成为镇对外宣传的窗口和阵地。

【青阳医院朱氏针灸入选无锡市“非遗”名录】 朱氏针灸历经七代传承和发扬，在学术上求古训、尊师传、采众长、取精华，通过家传、师带徒以及融入现代的院校教育，紧密联系当代医疗实践，勇于创新，治愈无数重症顽症，形成独特的诊疗理论及方法，为广大患者带来福音，取得卓越的医学成就，造福了一方百姓，是青阳镇独特而宝贵的文化遗产。2014年1月，以青阳医院针灸科门诊部主任朱晓华为传承人的朱氏针灸正式授牌成立，成为无锡市非物质文化遗产，被列入无锡市第四批市级非物质文化遗产扩展项目名录，编号为WXⅧ－11，项目保护单位是青阳医院。（参见《卫生》类目中医工作分目中相关条目） （吴金伟）

徐霞客镇

【概况】 徐霞客镇是明代杰出地理学家、旅行家、探险家徐霞客的故乡，是国家卫生镇、全国环境优美乡镇、全国旅游特色景观名镇、中国最受欢迎的旅游文化名镇和江苏省全国经济发达镇行政管理体制改革试点镇。该镇位于江阴市南部，东与祝塘镇、周庄镇接壤，南和无锡市惠山区堰桥镇隔马镇河相望，西同青阳镇、月城镇和南闸街道毗邻，北连云亭街道。区域面积110.17平方千米，下辖21个行政村（其中7个村居合一）。2014年年末，有户籍人口109590人，其中男性54869人、女性54721人；有少数民族21个909人。有外来暂住人口53066人，其中男性29613人、女性23453人。

政治建设 以党的群众路线教育实践活动为统领，以“为民务实清廉”为总要求，深入开展党的群众路线教育实践活动，参加对象涉及各级、各类党组织278个，党员5800余人。镇党委成立8个督导组，对全镇82个直属党组织教育实践活动全程进行监督和指导。16名领导班子成员分别联系1个至2个村（社区），对教育实践活动加强指导。教育实践活动中发放征求意见表1500余份，开展各类学习活动15次，征求各类意见建议75条，班子领导开展谈心谈话300余次。全年按照现实情况和实际需要，新建立党总支1个、一级党支部5个、二级党支部10个；撤销一级党支部2个、二级党支部11个。全镇培训入党积极分子187人，发展党员49人，转正104人，各级党组织培训1.5万人次。开展以党的群众路线教育实践活动为载体的“岗位责任强化年”活动，增强党员干部的使命意识和责任意识。镇党委先后研究制定《党风廉政建设“一岗双责”责任制》《重点领域责任追究办法》《镇、村工程建设管理办法》《村级招待费管理的实施方案》等规章制度，重点加强村级工程项目的监管，对村级工程进入招投标的金额额度进一步严格，明确工程项目预算金额5万元的必须进入镇级招投标平台。通过工程招标、购买中介服务和落实政府物品采购，全年节约经费1050余万元。全镇“三公”经费*支出比2013年下降29.4%。出台《徐霞客镇关于重点领域违纪违规行为责任追究办法》，处理党员干部22人，办理案件25件，结案17件。组织开展第二届“霞客好人”和“五好文明家庭五佳”评选活动，“美化居住环境，建设美丽家园”志愿者活动，凝聚发展正能量。创新“百场讲座进基层”“千名书记讲党课”和“万名党员争先锋”活动内容和形式，结合党的群众路线教育实践活动，组织开展宣讲活动8场，大力宣传身边好党员、“江阴好人”、“霞客好人”，受众5万余人。“七一”期间，表彰优秀共产党员193人、先进基层党组织20个、优秀党务工作者20人，推荐获评江阴市优秀共产党员16人、江阴市群众身边的好党员1人。向部队输送新兵55人，完成国防潜力调查，对1650名适编人员、515名退伍军人、89名专业对口人员每人建立1份档案。

经济建设 全年完成地区生产总值107.32亿元；全社会固定资产投资40.37亿元；全口径财政收入11.67亿元，公共财政预算收入5.3亿元；到账外资4065万美元。完成农业总产值9.58亿元，新增设施农业90公顷，全镇农业规模经济比例占70%。新增造林绿化面积88公顷，全镇森林覆盖率24.3%。配合市园林旅游局完成峭璜路、外环北路沿线绿化，新街村通过省级生态村验收。完成徐霞客镇阳庄蔬菜五期农业园区管委会管理平台和农业物联网、阳庄蔬菜育苗基地等农业项目3项。建立农技信息服务村7个，农业公共服务体系健全率98%以上；引进农业新品种5种，示范农业新技术3项，培育科技示范户200户，拓展物联网技术在蔬菜、果品生产上的使用，完成LED（发光二极管）在果品、蔬菜育苗上的应用试

点;资金、资产、资源“三资”投农0.65亿元;经工商登记注册专业合作社88个,经工商注册家庭农场15个;创新农业融资模式,秋良农林开发有限公司利用林权抵押方式,贷款250万元,探索出农业融资新模式。完成高新技术产值122.9亿元,占全镇工业产值比例的48.2%;机械、电子、电器、医药包装等新兴产业快速发展,比重不断增加。工业投资22.62亿元,完成工业项目、政府工程项目备案、核准39项。技改扩能项目61项,其中投资500万元以上的项目10项,千万元以上的项目16项。全年竣工项目34项,其中超亿元项目6项。成功举办2014年徐霞客镇金秋经贸合作洽谈会,成功签约11项项目,总投资31亿元。海润科技38亿元定向增发成功,泓源光电、浩博科技在“新三板”*成功上市。关停“三高两低”*企业10个,淘汰燃煤锅炉9台,削减化学需氧量78吨。单位地区生产总值能耗下降4.3%,万元规模工业增加值能耗下降4.2%,重点用能企业万元产值能耗下降4.4%,完成清洁生产审核企业2个,完成能源管理体系认证企业2个,完成改造或淘汰落后设备20多台套。严把项目准入关,检查“三同时”项目*60项,拒批项目15项。2个企业完成ISO 14000论证。完成青祝运河治理工程,疏浚河道6.26千米,翻建桥梁2座,电灌站5座,实施青祝河沿线水系配套,铺设管道2000余米,修复水泥场地1881平方米。翻建兴业桥、青禾桥、芦青桥、东方桥等桥梁4座。疏浚富庙浜、景观河等大小引排河道10条,长度5.8千米,清淤土方11.6万立方米,整治家河31条;防汛工程实施落实到位,完成圩堤修复加固1000余米,完成白屈港皋岸梅树巷段涵闸及驳岸的修复工程、界河无锡城北驾校段出现的管涌修复,翻建防洪涵闸2座,建设进排涵闸9座。修建各类渠道10000米。在2013年摸底清查的基础上,按照市经普办各阶段工作的统一部署,对全镇4790户个体户、198个联网直报单位、1663个非联网直报法人单位和非法人单位、165个产业活动单位全面开展入户宣传、上门登记、图数上传、数据处理、错误修正、检查验收等工作,圆满完成第三次全国经济普查工作。

社会建设　推动产学研紧密合作求实效,促进高新技术产业产新能,全年专利申请和授权分别为210件和120件,全镇科研经费支出3.1亿元,规模以上工业企业新建研发机构4个,申报各级各类科技计划项目15项;组织实施重点产学研项目2项,申报高新技术企业2个,认定省民营科技企业12个,获批省工程技术中心1个。新增各类人才710人,专业技术人才290人,高层次人才26人,外国专家1人,海外留学人才6人。新建峭岐实验小学停车场,完成校园电子监控设备提标改造,校园技防达到无锡市三级标准。璜塘综合高中对口单招本科进线率49%,有45名学生升入南菁中学和江阴高中就读。移地改建完善2000多平方米的徐霞客镇文化服务中心,图书馆、棋类活动室、少儿辅导室、器乐活动室等活动设施全部免费开放,实现“零障碍进馆”。认真做好“幸福进万家,文化欢乐行”系列活动,全年送戏85场,电影252场,评弹15场,图书5000册,直接受惠群众近20万人次。创作精品不断涌现,文艺作品获市级以上奖项12项。通过国家卫生镇复查,推进食品安全专项整治,查处各类食品违法案件6件。群众体育蓬勃发展,承办华东地区少儿棒球赛、无锡市第二届国际象棋等级赛等体育赛事。组织10名选手参加江阴市残疾人游泳3个大项12个小项的比赛,获团体总分54分,获第一,同时还被市残联授予大赛的优秀组织奖。镇老将刘梅芬夺得冠军,朱娜获亚军。在男子下肢三、四级50米仰泳的比赛中,吴峥、薛利江、许爱军包揽该项目的前三名。签订拆迁安置协议194户,拆除103户,拆迁面积2.65万平方米。完成朝阳二村和马镇社区遗留汽车库的分配。加速安置房建设,建成凤栖苑一期、方园一村六期,计10.23万平方米,推进冯溪花园四期、方园一村七期、霞栖苑五期等建设,计21.44万平方米。新建道路1.05千米,修补道路3000平方米。做好国家卫生镇复查配套服务工程,完成马镇、璜塘农贸市场改造,镇区公厕修缮改造。完成环卫所综合楼、徐霞客残疾人托养中心、峭岐西菜场翻建等工程。深入开展镇区环境综合整治,对违章建筑、占道经营、乱停乱靠等行为进行集中整治。全年开展拆违执法78次,拆除违法建设3757平方米。创新社区管理模式,安置小区首次引入物业管理。新增企业职工养老保险3152人,举办就业招聘会3场,提供就业岗位3585个,劳动保障书面审查和社会保险登记验证886个。职工技能培训鉴定取证人数1162人,认定就业再就业困难人员3410人,发放社保补贴金1721万元。完成9个组878名被征地农民并轨城保。发放各类困难救助1127万元。开展第二次全民体检,参检率92%。积极开展江苏省三星宗教活动场所创建活动。建立志愿者服务管理平台,在社会公益、社会服务、环境保护、公益事业等方面开展群众性的志愿服务活动,创建一批服务品牌。深入开展“六五”普法教育,开展镇级矛盾排查24次,调处各类纠纷案件456件,接待法律咨询970余人,办理法律援助案件106件。镇有7个村被评为省民主法治村,全镇覆盖率33.3%。村级法援联系点覆盖率100%。开展平安技防村建设,新增监控探头266只。全年破获刑事案件211件,破获治安案件699件,刑事案件发案率比2013年下降10%。登记受理群众来访224批次、1692人次,化解信访积案8件,处理和答复“12345”公共服务呼叫中心热线投诉2161件,签收率100%,反馈率100%,群众满意率99.5%。完成全镇36个消失自然村文稿及原貌平面图的绘制,形成文字2.5余万字。

2014年徐霞客镇主要经济社会指标一览

表83

指　　标	单　位	数　量	比上年增减(%)	指　　标	单　位	数　量	比上年增减(%)
地区生产总值	亿元	107.32	-6.00	到位注册外资	万美元	4065	82.40
人均地区生产总值	万元	9.78	-6.70	工业企业	个	1830	4.80
财政收入	亿元	11.67	15.40	服务业增加值	亿元	36.70	0.90
第二、第三产业增加值占地区生产总值比重	%	95.54	-0.50	限额以上批发零售业销售总额	亿元	15.84	-47.20
农业总产值	亿元	9.58	6.40	限额以上批发零售业零售额	亿元	2.70	13.20
粮食总产量	万公斤	2698.30	-1.70	中小学校数	所	5	0
工业总产值	亿元	315.28	-13.90	中小学校在校学生数	人	9015	1.30
其中:规模以上工业总产值	亿元	255.21	-17.40	数字电视入户率	%	100	0
工业利税总额	亿元	19.58	-10.70	农村居民人均可支配收入	元	22373	9.60
其中:规模以上工业利税总额	亿元	14.40	-16.90	社保参保率	%	100	0
工业用电量	亿千瓦时	11.73	2.90	劳动合同签订率	%	100	0
全社会固定资产投资	亿元	40.37	12.00	月薪制实施率	%	100	0
其中:工业投资	亿元	22.62	10.30	新型农村合作医疗参保率	%	100	0
服务业投资	亿元	17.08	18.30				

2014年徐霞客镇开票销售收入前10名企业一览

表84

名次	企　业　名　称	销售收入(亿元)	法人代表	名次	企　业　名　称	销售收入(亿元)	法人代表
1	海润光伏科技股份有限公司	81.04	杨怀进	6	无锡圣马科技有限公司	5.72	孙秉忠
2	江阴新仁科技有限公司	14.66	曾明柳	7	江阴市南阳彩色纤维母粒有限公司	5.31	朱涵晓
3	阿法拉伐(江阴)设备制造有限公司	11.14	约兰·马蒂	8	江苏万翔集团有限公司	4.88	金　伟
4	江阴市中润化工有限公司	8.69	王网忠	9	江阴月月潮钢管制造有限公司	4.35	殷月潮
5	江苏霞客环保色纺股份有限公司	6.01	汪瑞敏	10	江阴金燕化纤有限公司	4.03	王新标

2014年徐霞客镇各村(社区)基本情况一览

表85

村(社区)名称	户数(户)	人口(人)	村(社区)党支部(党总支、党委)书记	村(社区)主任	村(社区)开票销售收入(亿元)	人均可支配收入(元)
金凤村	1585	5334	张国兴	许　栋	7.88	24000
任九房村(社区)	1513	4362	任巍峰	任建平	93.70	28022
方园村(社区)	2001	6863	潘岳明	施文革	10.73	25813
新须毛村	991	3651	张亚良	孔忠平	9.31	30000
璜东村	1063	3952	王　斌	朱国华	10.93	28088
上东村	1756	6230	陈召良	张荣兴	6.46	25618
璜塘村(社区)	1409	4092	张银初	张振华	18.58	28226
北渚村(社区)	2028	6524	徐　虎	曾雷军	15.40	25278

续表85

村(社区)名称	户数(户)	人口(人)	村(社区)党支部(党总支、党委)书记	村(社区)主任	村(社区)开票销售收入(亿元)	人均可支配收入(元)
徐霞客村(社区)	1281	4058	沈玉娟	沈贤斌	6.63	21950
马镇村	1128	3774	俞立华	张静德	9.74	23550
湖塘村	1043	3457	范云飞	张　坚	2.18	18195
红星村	1404	4961	王玉萍	顾建彬	12.16	22880
阳庄村	1260	4403	金　平	郭　峰	2.22	22060
皋岸村	1789	6313	孔维章	李金华	5.42	22244
东宏村	1775	6294	吴东晓	蒋洪清	6.45	19371
黎明村(社区)	1272	4486	陆　振	封晓忠	14.49	19060
峭岐村(社区)	2369	6189	陈加平	徐　锋	4.17	24124
钓岐村	1571	5395	吴雪英	林文兴	7.30	22000
宏岐村	1749	6177	胡震军	吴余清	6.13	23912
新街村	974	3573	胡建国	王林平	4.61	21068
南苑村	2764	9614	胡君良	王其海	3.71	17000

【国家卫生镇复查通过】 2014年年初,徐霞客镇召开全镇动员大会,部署迎接国家卫生镇复查。全年先后投入70余万元对璜塘农贸市场进行改造,投入15万元对镇区13座公厕进行维修改造,投入120万元对镇区道路、绿化、路筑石进行维修和立面出新。对镇区重点地段、涉及行业、涉及村庄开展为期3个月的专项整治,重点整治镇区乱张贴、乱停车、占道经营、广告牌破损、经营户占道经营等现象。迎检期间,在主要路口设置横幅24条,设置大型宣传牌6块,健康宣传栏12块,播放滚动宣传语200余次,印制1万份宣传材料,发放到镇区居民和学校。年末,徐霞客镇通过国家卫生镇的复审检查。

【青祝运河治理工程】 青祝运河开挖于1958年,经过50多年的风雨侵蚀,堤防功能薄弱,河道内部淤积严重,特别是遇到连续阴雨天气及汛期,河道沿线不设防地段经常发生受淹情况,严重影响了周边居民的生产生活。2013年,青祝运河治理工程被列为省中小河道重点治理工程。该工程于是年12月10日动工,在徐霞客镇境内全长6.26千米,东至公益桥、西至徐霞客大道,总投资3000多万元。整个工程涉及河道、堤防、护岸、电灌站、桥梁五大工程。治理过程中,一改传统的钢筋、混凝土驳岸建设模式,首次采用更加生态环保的生态网箱挡墙进行建设。于2014年4月30日全面建成,并开坝放水。

【两个公司在“新三板”挂牌】 江苏浩博新材料股份有限公司成立于2007年8月,是一个专业从事太阳能晶硅片、半导体切割刃料研发、制造和销售的省高新技术企业,也是一个致力于太阳能线切割砂浆回收再生利用的资源循环综合利用企业。在江苏扬州、河南洛阳、辽宁锦州等地组建4个分公司,年总产值保持在3亿元~4亿元。江苏泓源光电科技股份有限公司成立于2010年6月,是省级高新技术企业,承担国家“火炬”计划项目。泓源光电和浩博新材料分别于2014年4月24日、6月26日在“新三板”挂牌,成为全市第二个、第三个在“新三板”上市的高新技术企业。

【海润光伏再融资完成】 海润科技股份有限公司成立于2004年,是一个集光伏产业链产品研发、生产以及下游电站开发运营为一体的综合性企业集团。2010年,海润光伏完成光伏全产业链布局并进入世界产销第一梯队。2011年起业务转型,保持制造端适度规模,启动海外电站开发业务。2012年在上海证券交易所挂牌上市,同年启动国内电站开发业务。2013年海润光伏的电站业务进入快速增长期,从单一的光伏制造产品收入逐步拓展为以电站开发、发电收入和发动机电子稳定系统收入为主。2014年9月16日,海润光伏科技股份有限公司顺利完成非公开发行49250万股新股,募集资金总额380210万元,增发规模居江苏省第五位,是无锡、江阴史上最大规模上市公司再融资。该笔融资除了偿还银行贷款外,主要用于罗马尼亚光伏电站项目、晶硅电池技术研发中心建设项目和年产2016吨多晶硅锭项目及年产8000万片多晶硅片扩产项目建设。

【徐霞客镇2014年金秋经贸洽谈会召开】 2014年10月18日,徐霞客镇举行2014年金秋经贸洽谈会。会上有包括总投资4000万美元的新仁科技二期铝制品深加工项目、总投资2200万美元的中立工业技术有限公司项目、总投资2000万美元的澳星公司与日本近江度量衡株式会社合作橡胶机械制造项目等11项项目成功签约,总投资额26.92亿元。项目投产后,可实现年销售收入10亿元,利税3000万元。会上还举行商标品牌许可授权仪式,为江阴鹿鼎园农庄等6个单位颁发"徐霞客"系列商标品牌授权证书。

【"江加杯"电焊工技能操作比赛举办】 2014年8月29日,"江加杯"电焊工技能操作比赛在无锡江加建设机械有限公司举行,来自无锡江加建设机械有限公司、江阴开益特种压缩机有限公司、江阴天龙重工机械有限公司、江阴双马重工装备有限公司等企业的14名选手参加比赛。选手们按照比赛规则,熟练地操起手中的焊枪,在两块30厘米长的铁板上认真的焊接,弧光四溢,现场一派热闹的景象。通过紧张角逐,比赛决出一等奖1人、二等奖2人、三等奖3人。

【江南水务徐霞客客服中心投用】 2014年12月11日,江南水务徐霞客客服中心投入运营,是澄南地区第二个标准化营业窗口。地址位于峭岐人民路461-3号,为辖区内1.9万多用户提供水费缴纳、用户报装、用水咨询等涉水服务。该中心按照标准化窗口建设的总体要求,设有业务受理区、形象展示区等功能区域,配备监控系统、液晶电视、发光二极管展示屏等设施。按照公司视觉识别系统的标准,统一标志。采取集中发布信息、影像资料等措施,为用户提供了一个现代、舒适、便捷、整洁的服务环境。

【"平安技防建设工程"竣工】 徐霞客镇在2013年度完成296只集镇区域平安技防摄像头安装、全面构建成功集镇区域平安技防科技网络的基础上,于2014年年初启动"平安技防建设工程"二期工程——"平安技防村"建设,作为年度为民办实事项目。至年末,在全镇354个自然村主要出入口安装高清摄像头,镇农村区域全部纳入技防安保监控网络,有效地提升乡区的安全保障水平。该工程的建成,标志着该镇完成集镇区域和农村区域整合的"平安技防"网络。

【友谊长存纪念碑揭碑】 2009年,江阴市和美国阿拉米达市共结友好城市,拉开两市文化、教育、商贸等方面交流合作的序幕。五年期间,两市开展多次交流活动,加强了合作,加深了友谊,实现了双赢。为纪念两市结为友好城市五周年,双方决定在徐霞客中学建立象征着两市友谊长存的纪念碑,来表达城市双方的友好关系,以此勉励广大学生为发展中美友好关系而努力。2014年10月23日,纪念碑揭碑仪式在徐霞客中学举行,阿拉米达市友城会代表,江阴市、镇相关领导及学校部分师生参加揭碑仪式。市委常委、副市长计军和两市友好协会主席李翠英作为城市双方代表为纪念碑揭碑。是日,阿拉米达市友城会还在徐霞客中学成立奖学基金会。揭碑仪式结束后,举行了奖学金发放仪式,徐霞客中学15名品学兼优、家庭贫困学生获得嘉奖和资助。

【镇残疾人托养中心建成投用】 2014年11月20日,位于峭岐敬老院内的镇残疾人托养康复中心建成投用。该中心为独立的综合服务楼,项目总投资为600余万元,总建筑面积2401.5平方米,可托管60人。设残疾人康复室、劳动技能训练室、文体娱乐室和残疾人托管托养等硬件。该中心的建成,很大程度满足了镇残疾人康复托管需求,并逐步把他们纳入康复托养之中,实行监护人、政府职能部门和社会共同监护的办法,使残疾人权益得到维护、生活得到照顾,真正成为残疾人的幸福家园。

【第二届健身气功展示赛举行】 健身气功是中华文化的瑰宝,是群众喜闻乐见的传统体育项目。自2006年,徐霞客镇建立第一个健身气功站点以来,成功推广6套健身气功,组建镇健身气功协会。2013年8月,镇健身气功代表队代表地区参加江苏省健身气功站点联赛,并以团体总分34分,成为苏南八强之一。至年末,该镇21个行政村村村都组建健身气功队伍,形成7个站点,25个健身气功习练点,习练人员800多人。2014年10月12日,镇举办第二届健身气功展示赛,来自全镇各行政村的20支队伍200多人参加比赛。比赛中,队员们身着统一服装,集体和个人项目展示"六字诀""八段锦""马王堆导引术""导引养生功十二法"。该届展示赛的举办,是展示镇多年来发展健身气功活动取得重大成果的有力举措。通过成功举办比赛,进一步在全镇营造健身气功的良好氛围,增强广大群众对健身气功的了解和认识,让更多的群众参与健身气功,促进群众的身心健康。 (卢淑琴)

华士镇

【概况】 华士,原名华墅、华市,又称龙砂,素为江南名镇,有5000年的考证史,3200年的文字记载史。宋元时,华士地区已成为江南棉花交易集散中心,有"日出万匹,衣披天下"之美誉。华士钟灵毓秀,曾有"小小华士赛苏州"之誉。华士人文荟萃,南宋至清末,出进士50人,举人62人。华士名医辈出,有"大江南北延医者,都于华墅"之说。华士镇位于江阴市东部,东与张家港接壤,常合(沿江)高速公路、340省道横贯该镇,地理位置优越,水陆交通便捷。华士镇是全国文明镇,下辖27个行政村和2个社区居委会,是"天下第一村"华西新市村的所在镇。区域面积74.58平方千米,耕地面积1910公顷。2014年年末,有户籍人口92262人,其中男性45943人、女性46319人;有少数民族20个234人。有外来暂住人口117223人,其中男性64350人、女性52873人。

政治建设 深入学习贯彻党的十八大和十八届三中、四中全会精神。3月,启动第二批党的群众路线教育实践活动,至10月底结束。活动期间,全镇75个直属基层党组织、242个党支部、5700多名党员干部踊跃参与,广大群众热烈响应、热情支持,整个活动有力有序、步步深入,达到预期目的。围绕"为民、务实、清廉"要求,全镇先后深入开展学习习近平总书记系列重要讲话精神、吴仁宝先进事迹实境课堂教育、预防职务犯罪警示教育、"面对面"征求意见、"我是谁,依靠谁,为了谁"大讨论、"三解三促"[*]等活动35

项,近万人次参与。清理规范各类文件92份,下降70%。调整清理办公用房1279平方米。同时,扎实开展"会所中的歪风"、"三公"经费*、"机关作风和效能"等专项整治行动,有效查处吃拿卡要、庸懒散拖等问题。始终坚持走进群众、服务群众,广泛开展"三走进三服务"*"党员结对帮扶低保户"等活动,深入基层虚心听取群众意见建议,228名党员干部走访群众613户。征求到各类问题意见建议162条,梳理汇总成54条,分解到相关责任部门予以整改落实。镇党政班子和班子成员民主生活会上共提出批评和自我批评意见441条,每位班子成员至少20多条,切实达到"红红脸、出出汗、排排毒"的效果。制定华士镇党的群众路线教育实践活动整改方案、专项整治方案及制度建设计划,确定18项具体工作目标。以"基层组织建设深化年"活动为引领,狠抓基层党建示范点创建工作,申报华中村、红苗村、陆桥村、华士广电站和江苏巡天网络科技有限公司5个江阴市级党建示范点。举办入党积极分子培训班两期,培训人员97人次,按期转正预备党员133人,发展新党员79人。开展干部选拔"一报告两评议",即地方党委常委会向全委会报告工作时,要专题报告年度干部选拔任用工作情况,并在全委会委员中对干部选拔任用工作进行民主评议,评议结果报上级党委组织部门;探索开展全委会委员对本级党委新提拔的党政主要领导干部进行民主测评的工作。严格按照干部选拔条例及全程纪实要求选拔任用干部。对镇机关干部的年龄、党龄、工龄和学历学位"三龄一历"、任免材料进行补充完善。紧扣"传承弘扬吴仁宝精神、争当'四个提升'(提升产业发展水平、提升城市品质能级、提升生态环境质量、提升百姓民生福祉)排头兵"主题,组织开展参观吴仁宝原居纪念屋、吴仁宝先进事迹展,观看音乐舞蹈剧《吴仁宝》,邀请党的十八大代表、华西新市村党委书记吴协恩作辅导报告等活动,进一步学习、传承和弘扬吴仁宝精神。传澄袜子博物馆被江阴市委党校列为现场教学基地。开设镇党校"道德讲堂",大力开展身边人讲身边事,身边事教身边人活动。广泛开展各类志愿服务活动,成立"美丽说爱心团"志愿者服务团队,传澄志愿者协会成为全市志愿服务品牌,并获无锡市五星级青年社会组织奖。大力培育和践行社会主义核心价值观,举办"华士好人"暨图说我们的价值观主题展示,集中展示华士的16位道德模范、"身边好人"和20幅形象生动的核心价值观图片,布置三条公益广告示范路,制作850张遵德守礼台签,拍摄"首善之地、大爱华士"公益宣传片,开展春节前道德模范、"身边好人"走访慰问活动,向江阴市文明办推荐"身边好人"7人,吴仁宝、袁梅芬获评首届"十佳江阴好人"。开展非公企业文化建设"百千万"工程*,创建无锡市示范企业5个,先进企业10个。成立江阴市侨联华士分会,华士社区创建成全国社区侨务工作示范单位。泰清寺、大华西基督教堂、华士基督教新恩堂3个场所开展江阴市宗教场所星级档案室创建活动,并通过验收。创建鹏程农业女农民田间学校,培训女农民500多人次。新组建独立工会10个,工会小组70个,创建江苏巡天网络科技有限公司、江苏东鋆光伏科技有限公司、江苏百通塑业发展有限公司3个企业"职工之家",工资专项集体合同签订企业617个。完成年度夏秋季新兵征集47人。严格执行中央八项规定*和省市十项规定*,严控各类会议规模和数量,机关办公用房、公务用车管理日趋规范,"三公"经费*下降29.8%。组织开展镇机关作风和效能测评活动及警示教育活动。深化党务、政务、村务"三务"公开。立案查处党员违纪案件26件,办结26件,处分违纪党员26人。自觉接受镇人大、政协和群众监督,全年开展考察评议7次,办理人大代表、政协委员各类提案和建议21件。开展无锡市城乡发展一体化先导示范区创建,制订三年行动计划,大力推进产业、城市、社会转型优化发展,经济社会各项改革有力有序。

经济建设　全年完成地区生产总值252.18亿元,比上年增长1.48%;完成公共财政预算收入7.97亿元,增长13.2%;完成全社会固定资产投资42.25亿元;实现工商业开票销售收入995亿元,增长0.8%;完成进出口总额12亿美元,增长5.8%;完成自营出口9.3亿美元,增长3%。大力推动农业现代化,积极放大特色农业优势,完成13.33公顷陆南蔬菜基地二期和海达生态园8000平方米智能大棚建设,新增现代高效农业66.67公顷,规模经营比重为85%。粮食生产连续11年实现增产增收,水稻平均每公顷产量9250.5公斤,总产量613.62万公斤;小麦平均每公顷产量4839公斤,总产量305.44万公斤;油菜平均每公顷产量2100公斤,总产量14.13万公斤。制订《华士镇2014年重大动物疫病免疫计划》,对全镇的畜禽按计划进行免疫和消毒。严把叶菜类蔬菜进入市场关,每天抽样检测15份样本,合格率98%以上。继续加强新式农机具推广,机插秧面积140公顷,麦秸秆还田613.33公顷。全年实现工业总产值810.81亿元,工业利税51.66亿元。华士镇工业园被江苏省经信委命名为第三批江苏省中小企业集聚示范区(铝材加工)。有序推进陆新村农村土地承包经营确权登记试点,涉及农户734户2471人,确权面积101.16公顷。全面推进传统产业改造升级,大力发展新兴产业和高新技术产业,全年技改投入占工业总投入的85%,实现新兴产业产值135亿元,比上年增长10%,新兴产业产值占规模以上产值的20.2%,高新技术产业产值占规模以上工业产值的18.5%。新增"新三板"*上市企业1个,"美纶"荣获中国驰名商标,"鼎威"申报中国驰名商标,"爱康""华东"被评为省名牌产品,东鋆光伏被列为省工业化和信息化"两化融合"试点企业,13个企业通过信用贯标,13个企业入围江阴市"专精特新"科技"小巨人"计划。新增自营出口获权企业8个,完成86个外资企业年检工作,组织30余个企业参加广交会、东盟博览会、美国新能源展等14个国内外知名展会。海达集团6.8万吨型材、创新公司轮胎压力监测系统通信技术及终端设备等一批重点项目进展顺利。实现服务业增加值82.85亿元,增长7.7%,服务业开票销售244.05亿元,增长5.55%,服务业应征税金1.21亿元,完成服务业投入20.56亿元。海澜之家智能仓储物流项目进展有序。加快淘汰落后产能,完成对20个酸洗、电镀、涂层、废塑料加工类高污染企业的达标整治,关停“三高两低”*企业12个,全年完成化学需氧量削减84.7吨,万元地区生产总值能耗下降0.7%。加快实施热电行业整合整治,推进热电企业脱硫脱硝除尘改造,关停热电厂2个,淘汰燃煤锅炉5台,提标改造7个。积极推进绿色低碳发展,完成清洁生产审核1个,通过ISO 14001环境管理体系、环境标志产品认证企业3个。

社会建设　深化产学研合作,重点推动与哈尔滨工业大学、上海交通大学等一批科研机构的深度合作,加速重点项目产业化进程,积极做好华西海工等一批优质项目的申报工作。科技支撑作用明显,全镇拥有规模以上工业企业研发机构84个,覆盖率79.25%。新增省高新技术企业4个、省市级工程技术研究中心5个、省高新技术产品10种、国家“火炬”计划1项、引进省创新创业“双创”人才1人。向阳科技获批国家中小企业创新基金项目,牵头制定国家行业标准1项。创建成江苏省创新型乡镇。优化教育资源配置,不断加大教育投入,投入3500余万元易地新建曙光幼儿园,投入700余万元原地新建陆桥中学综合楼,投入近500万元用于改善校舍设施和添置教学设备。继续加大学生接送车运行投入,更新12辆国标校车。大力繁荣发展农村文化,创建成江苏省公共文化服务体系示范区,镇文化中心被评为全国一级文化站,镇老年文体中心基本建成。大力实施文化惠民工程,全年举办各类文化活动1079场,其中千人以上活动29场,送戏下乡36场,放映电影334场次,送评弹270场,开展艺术培训60期,培训各类文艺骨干2000人次,举办艺术展览20期,市级以上获奖项目50余项。组织开展“江阴百景”征集评选活动,5个景点入选“江阴百景”。启动消失自然村图志征编工作,组建征编领导小组,建立一支由专业辅导员和各村联络员组成的专业征编队伍,负责对消失自然村的摸底走访、资料采集和后期整理。整个征编工作历时六个月,召开各类培训会、座谈会等30余次,走访群众1000余人,查阅《华士镇志》等各种资料20余部,拍摄图照100余幅,绘制村庄平面图40多张,完成消失和濒临消失自然村电子、纸质文稿及原貌、现状照片收集和原貌平面图的绘制。详细记录消失自然村的区域方位、历史沿革、村名由来、村庄规模、民间传说、手工艺传承、地方特产、民间习俗等,以及消亡时间、消亡原因,居民去向、原址建成何物等要素。农村医疗卫生体系不断完善,江阴市第四人民医院基本建成,全面完成乡村医生签约服务。完成“池改厕”工作,新建水冲式厕所37座,垃圾收集房81座。积极开展红十字救护培训,培训60名初级救护员和610名普救员,在村(社区)开展健康卫生知识讲座50余场次。组织开展无偿献血活动,517人共献血16.21万毫升。群众体育蓬勃开展,建成华士公园、文化中心广场等健身站点70多个,“10分钟体育健身圈”*工程建设成效显著。完成全国第六次体育场地普查,人均体育用地面积3.28平方米。在全市率先成立镇级体育总会,下设50多个会员单位。天华纱业集团自筹资金3500多万元投资兴建综合体育馆。凝秀公园、天华体艺广场申报为江苏省优秀健身站点。全年提供就业岗位5000个,实现本地劳动力就业1896人,其中自主创业162人,推荐就业159人,创业培训68人。本地高校毕业生就业率92%以上,困难家庭毕业生就业率100%。城保新增参保人员4563人,居民养老保险续保率96%以上。发放各类保障金和社保补贴7661余万元。开展社保年检和企业书面审查,年检审查企业852个。调处各类案件485余件,其中劳资纠纷案件103件,工伤事故案件382件,涉及金额3115万元,调解成功率80%以上。慈善事业进一步发展,共救济慰问贫困群体4563人次,计498万元。新增慈善冠名企业2个,37个企业上缴冠名基金535万元。低保标准月人均提高至600元,全年发放低保金186.6万元。健全居家养老服务体系建设,完成村级居家养老设施改造8个,举办华士镇第五届老年文化节。推行“政社互动”,建立华士社区和陆桥社区示范点,全面清理基层职责事项和协助政府工作事项,为村(社区)“定责、还权、赋能”。接收退役士兵43人,华西新市村成为江阴市“双拥”工作示范基地。残疾人救助体系进一步完善,25名残疾人实现就业再就业,培训残疾人30人,发放各类残疾人保障救助金55余万元。558个企业完成保障金年审,收缴残保金300余万元。完成1083名就业年龄段残疾人就业失业情况入户调查。高度关注人口安全,加大“单独二孩”政策宣传服务,全面落实流动人口服务均等化。深入开展“六五”普法教育活动,新增无锡市民主法治村2个。建立健全三级矛盾纠纷网格化排查机制,全年排查化解各类矛盾纠纷案件200件,信访积案化解率100%。加强技防设施由镇向村延伸,新增治安监控探头790只。便民服务实现村村覆盖,全年办结各类事项12120件,办结时间平均缩短3天以上。完成塘浜综合整治,疏浚治理河道38条,清淤13万立方米。大力推进道路绿化、河道绿化及城市景观绿化,完成华士河西段以及东华路延伸段等沿线绿化工程,完成绿化面积13.33公顷。

2014 年华士镇主要经济社会指标一览

表 86

指　　标	单　位	数　量	比上年增减(%)	指　　标	单　位	数　量	比上年增减(%)
地区生产总值	亿元	252.18	1.48	到位注册外资	万美元	2000	0
人均地区生产总值	万元	27.48	0.89	工业企业	个	990	16.33
财政收入	亿元	19.76	10.50	服务业增加值	亿元	82.85	7.70
第二、第三产业增加值占地区生产总值比重	%	99.42	-0.04	限额以上批发零售业销售总额	亿元	115.99	35.30
农业总产值	亿元	2.63	5.20	限额以上批发零售业零售额	亿元	8.29	43.42
粮食总产量	万公斤	919.06	1.45	中小学校数	所	6	0
工业总产值	亿元	810.81	-5.32	中小学校在校学生数	人	13487	0.39
其中:规模以上工业总产值	亿元	729.73	-5.21	数字电视入户率	%	95	1.06
工业利税总额	亿元	51.66	4.96	农村居民人均可支配收入	元	32977	12.10
其中:规模以上工业利税总额	亿元	43.92	7.94	社保参保率	%	98	0
工业用电量	亿千瓦时	30.11	-4.29	劳动合同签订率	%	98	0
全社会固定资产投资	亿元	42.25	-14.25	月薪制实施率	%	99	0
其中:工业投资	亿元	21.73	-9.08	新型农村合作医疗参保率	%	100	0
服务业投资	亿元	20.56	-19.12				

2014 年华士镇开票销售收入前 10 名企业一览

表 87

名次	企　业　名　称	销售收入(亿元)	法人代表	名次	企　业　名　称	销售收入(亿元)	法人代表
1	江苏华西集团公司	480.50	吴协恩	6	江阴市天达针纺织有限公司	22.30	李　旦
2	江苏海达科技集团有限公司	124.30	徐友才	7	江阴市宏茂纺织有限公司	22.30	杨寿宝
3	江苏福尔泰铜铝集团	46.20	胡银福	8	江苏向阳集团有限公司	18.60	李国良
4	海澜之家服饰有限公司	33.70	周建平	9	江苏鼎威科技集团有限公司	17.80	邵仲达
5	江苏蝙蝠塑料集团有限公司	26.30	孟永华	10	江苏爱康科技股份有限公司	15.50	邹承慧

2014 年华士镇各村(社区)基本情况一览

表 88

村(社区)名称	户数(户)	人口(人)	村(社区)党支部(党总支、党委)书记	村(社区)主任	村(社区)开票销售收入(亿元)	人均可支配收入(元)
华西新市村	472	1948	吴协恩	吴协恩	480.90	88000
华西一村	1232	4502	曹江涛	曹江涛	2.32	31000
华西二村	1050	3711	朱文明	朱文明	3.50	31000
华西三村	863	3172	张忠善	张忠善	3.58	30612
华西四村	521	1826	谢士兴	谢士兴	—	20200
华西五村	729	2734	朱惠洪	朱惠洪	1.84	28000
华西六村	658	2355	周建国	周建国	2.36	25300

续表88

村(社区)名称	户数(户)	人口(人)	村(社区)党支部(党总支、党委)书记	村(社区)主任	村(社区)开票销售收入(亿元)	人均可支配收入(元)
华西七村	628	2318	杨惠英	杨惠英	0.14	26018
华西八村	802	2869	季惠忠	季惠忠	0.38	24300
华西九村	515	1905	吴金福	吴金福	7.33	24500
华西十村	675	2516	唐玉兴	唐玉兴	1.40	26800
华西十一村	845	3022	唐龙彪	唐龙彪	4.55	29728
华西十二村	575	2118	陆林仁	陆林仁	3.78	25700
华西十三村	973	3473	费仁德	费仁德	5.19	25300
华士村	1166	3702	徐长江	徐华江	15.69	38500
向阳村	707	2795	李国良	李江勇	23.80	45600
陆南村	753	2651	费　澄	费文洪	3.60	29642
陆桥村	881	3066	张忠敏	张忠敏	0.86	32400
陆新村	934	3156	孙政刚	夏　斌	2.25	27500
红苗村	721	2473	顾建军	王　勤	26.50	32100
陆丰村	1039	3775	周爱明	沈菊良	56.96	33470
勤丰村	978	3729	赵卫东	蔡瑞兴	21.56	31100
华中村	1367	4704	徐泽峰	赵正华	34.51	33860
华益村	1114	4160	吴国忠	吴元章	4.52	32700
龙河村	1336	4828	胡剑飞	胡剑飞	24.72	33300
曙新村	987	3541	赵正洪	徐惠高	43.90	34492
龙砂村	827	3121	汪少清	王　棋	55.69	43790
华士社区	2551	6593	般浩泉	李　哲	—	—
陆桥社区	560	1499	陈东升	徐勤弟	—	—

【华士社区获评全国社区侨务工作示范单位】 华士社区有侨胞(含眷属)65户、152人,社区始终把侨务工作作为社区建设的重要抓手,致力于了解侨情、凝聚侨心、发挥侨力,积极做好社区为侨服务、侨为社区做贡献的“双向服务”,开展一系列有益的探索,构筑一个较为完善的为侨服务网络。2014年,华士社区搭建侨务工作平台,投资30万元新建“华士侨情苑”展览室、“侨联之家”,开辟侨眷图书角、谈心室、海外视频聊天室等活动室场所,着力打造“和美之侨、联谊之侨、悦动之侨、雅韵之侨、关爱之侨”,为全镇侨胞侨眷提供活动场所和服务。是年11月13日,华士社区顺利通过创建验收,被评为全国社区侨务工作示范单位,成为无锡市首批获得该称号的两个社区之一。

【华士镇文化中心获评国家一级文化站】 华士镇文化中心于2010年2月3日落成启用,拥有文化中心大楼、群众文艺团队活动中心、老年文体中心等场馆设施,总建筑面积13450平方米,其中文化中心大楼8450平方米,室外文体广场11000平方米。投用以来,文化中心一手抓公共文化服务体系建设,基本在全镇形成“10分钟”文化服务圈;一手抓群众文化繁荣发展,有效整合社会资源,发挥50多支群众文艺团队作用,广泛开展文化惠民活动,每年让10万群众共享文化大餐,有效提升全镇文化软实力、影响力和渗透力。2013年,文化部办公厅发文,在全国范围内开展首次乡镇(街道)综合文化站评估定级工作。江苏省根据实际,制定高于国家东部地区并且具有江苏特点的江苏省乡镇(街道)综合文化站评估定级标准,对照标准,华士镇文化中心认真组织参加评定,各项主要考核指标总体水准位于全省前列。2014年6月9日,华士镇文化中心获评国家一级文化站。

【省长李学勇考察华西】 2014年2月27日,江苏省省长李学勇到华西考察党的群众路线教育实践活动开展情况。李学勇一行参观吴仁宝原居纪念屋。李学勇说:“老书记虽然离开我们了,但他的精神一直鼓励着我们,还是我们学习的榜样。华西是新农村建设的一面旗帜,也是基层党组织建设等各方面工作的先进典型。在开展的群众路线教育实践活动中,要发扬好党密切联系群众的传统,学习好老书记精神,做到"为民、务实、清廉"。华西的经济发展、社会和谐、班子团结等各方面工作,不仅继承了过去的传统,而且还有新的发展。在当前经济比较困难的情况下,还是稳定增长,确实是推动了转型升级的步伐,我们也很高兴!"同时,他希望华西村深入学习贯彻党的十八大、十八届三中全会精神,继承优良传统,不断改革创新,在经济转型升级、精神文明建设、社会事业发展、基层党组织建设上取得新成绩,在率先全面建成小康社会,率先基本实现现代化"两个率先"上迈出新步伐,为谱写"中国梦"的江苏篇章做出新贡献。

【创建省公共文化服务体系示范区】 2012 年 8 月,江苏省文化厅、财政厅联合部署开展第二批江苏省公共文化服务体系示范区创建工作。自此,华士镇将创建工作提上重要议程,加强组织领导,落实目标责任,完善公共文化服务的管理机制,严格按照《江苏省公共文化服务体系示范区创建工作方案》《江苏省公共文化服务体系示范区创建标准》等文件要求,制定创建规划,加快完善公共文化服务设施,广泛开展文化惠民活动,壮大公共文化服务队伍,取得显著成效。2014 年 7 月,经省创建领导小组办公室组织专家进行中期督导和终期实地验收,华士镇最终获批成为第二批江苏省公共文化服务体系示范区。

【城镇建设】 2014 年,华士镇对接江阴市新一轮总体规划,重新修编完成华士镇总体规划,结合华士现代产业和城乡发展一体化要求,进一步完善"一中心、三组团"的镇域总体布局。开展编制华士镇道路近期建设规划、镇区主干道及主要节点绿化规划。大力推进"一河两岸"商业街区建设,完成矿机路南段道路建设,并完善了交通标志标线,新世界商业广场建成投运,绿城帝景三期主体封顶。完成龙河、华益拆迁安置小区方案设计,完成环西路二期、环南路三期、东华路安置房前期规划和建设手续,建成 1 万平方米的公共租赁住房。丽景花园、东苑华都等一批商住开发项目基本建成。完成人民路道路路灯更换和连新路路灯安装。完成矿机路广场改造和荷花路立面改造,陆桥集镇区域背街小巷改造方案设计完成,实施环南路管线入地。开展集镇管理专项整治百日行动,对市容市貌、建筑施工、交通秩序、违法建设、社会治安开展综合整治,建立集镇管理长效机制。全年动迁居民 240 户,动迁面积 6.25 万平方米。

【博尔汽配商标使用权有偿转让】 江阴博尔汽配工业有限公司主营汽车配件制造。2005 年,公司申请到"PREMIER"商标包括气门嘴、轮胎等多个门类。但申请至今,轮胎的商标使用权一直被闲置着。法国的名轮胎制造公司米其林在北美销售一款名为"PREMIER"的品牌轮胎准备进入中国市场,为取得中国"PREMIER"商标的轮胎生产制造和使用权限,近两年双方展开议价和协商。于 2014 年 6 月 19 日,在江阴工商局华士分局和无锡天阳商标事务所的见证下,米其林公司与博尔汽配工业有限公司正式签订合约,米其林公司以 200 万元的价格,购买博尔汽配"PREMIER"商标的轮胎类别的使用权,2 个公司因此形成对商标不同类别的共同使用协议。至 2014 年年底,这是江阴历史上商标转让的最高成交价。

【承办 DOTA2 国际邀请赛中国区预选赛】 DOTA2("刀塔"游戏)国际邀请赛创立于 2011 年,是一个全球性的电子竞技赛事,该赛事由 DOTA2 的开发商美国 Valve Corporation(维尔福软件公司)主办,是近年来世界电子竞技行业内参赛范围最广、在线观众人数最多、奖金数额最高的年度重磅级赛事。2014 年 4 月 28 日华西集团与完美世界(北京)网络技术公司签署战略合作协议,双方在 2014DOTA2 国际邀请赛中国区预选赛、MDL"华西杯"国际精英邀请赛及华西村动漫游戏嘉年华等项目上携手合作。5 月 20—25 日,2014DOTA2 国际邀请赛中国区预选赛暨 MDL 华西杯国际精英邀请赛在华西新市村举办,10 支参赛队齐聚华西村奋力拼杀,每天中午 12 点开打,最终 LGD 和 CIS 两支战队胜出,与另外 4 支直接受邀队伍一起,代表中国赴美国西雅图参加总决赛。比赛期间,每天都有 1500 余人现场观看,40 余万网友在线上观看。中央电视台、中央人民广播电台、新华社和《人民日报》《经济日报》《新华日报》等主流媒体进行报道。 (钱东昕)

周庄镇

【概况】 周庄镇是具有 6000 多年历史的文明古镇,地理位置优越,经济发达,人口众多,宋、元时期就有"江南布码头"盛誉。该镇西距江阴市区 17 千米,常合(沿江)高速公路、云顾公路、江阴大道穿镇而过,省道澄鹿公路、芙蓉大道东西横亘,国家 3 级航道张家港河、世纪大道纵贯南北;东与华士镇毗连,南与祝塘镇、徐霞客镇为邻,西与云亭街道、城东街道接壤,北以东横河为界与张家港市相望。区域面积 78.9 平方千米,耕地面积 2470 公顷,下辖 15 个行政村和 1 个街道办事处(含 3 个社区居民委员会)。2014 年年末,该镇有户籍人口 104200 人,其中男性 52426 人、女性 51774 人;少数民族 13 个 295 人。有外来暂住人口 107220 人,其中男性 59627 人、女性 47593 人。

政治建设　党的群众路线教育实践活动卓有成效。召开周庄镇第十七届人民代表大会第五次会议,何玉林当选为镇人大主席,张学春、王春平当选为副镇长。召开周庄镇总工会第二届委员会第三次会议,选举王寅为镇总工会主席。深入推进"六五"普法工作,加强法治政府和诚信政府建设,推进政务公开。完善重大决策公开公示制度,规范重大建设项目招投标管理。健全财政预算编制、执行机制,完善政府投资管理体制,加强项目和资金管理。自觉接受人大的法律监督、工作监督和政协工委的民主监督,认真办理人大代表建议 11 件。加强行政执法规范化建设,出台规范性文件 12 件。创建无锡市 2014—2016 年度依法行政示范点。坚决执行中央八项规定*和省市十项规定*。严控“三公”经费*支出,切实规范党政机关办公用房、公务用车管理。进一步健全工作机制,全面规范工程建设、土地出让、拆迁安置、政府采购等重点领域、重点环节的工作程序,加强风险防控。进一步拓宽审计覆盖面,提高财政资金的使用效益和管理水平。

经济建设　全年实现地区生产总值276.17亿元,比上年增长10.1%;工商业开票销售收入1039.68亿元,增长1.91%;全口径财政收入19.6亿元,公共财政预算收入8.2亿元,分别增长7.1%和12.96%;全社会固定资产投资57.63亿元,增长12.1%;完成自营出口19.84亿美元,增长11.92%;新增工商登记注册外资8288.77万美元,到位注册外资3102.77万美元;实现新兴产业产值383亿元,占工业总产值的41%,比上年提高1个百分点。农业适度规模经营面积占95%,良种覆盖率和农业机械化率均在95%以上,全镇成立35个农民专业合作社和3个家庭农场,长南现代农业产业园获评无锡市级农业园区。利税总额77亿元,增长0.4%,入库税收超5000万元企业8个。江苏三房巷集团有限公司、江苏华宏实业集团有限公司入选中国企业500强。周庄金属合约交易中心全年双向交易额突破6000亿元。完成服务业增加值74.1亿元,增长11.98%,服务业占地区生产总值比重提高1.2个百分点。服务业投入26.88亿元,增长17.72%。市超亿元重点项目江苏三房巷集团有限公司30万吨功能性薄膜项目、江阴海达橡胶股份有限公司年产1万吨车辆及建筑密封件募投项目竣工投产,江苏三房巷集团有限公司年产60万吨涤纶长丝项目完成总投资的90%。三房巷金陵大酒店、国信·三房巷影城建成投运,工业材料市场、中翔生活广场等重大项目按序推进。镇中小企业资金互助担保平台帮助23个企业转贷资金3.43亿元,切实缓解中小企业融资难问题。顺利完成第三次全国经济普查工作。

社会建设　建立镇领导与高层次人才结对联系工作制度,新增1个企业与国家“千人计划”*专家开展项目合作。镇财政全年发放经济转型升级专项扶持资金1000余万元。获批省高新技术企业8个、民营科技企业22个、科技型中小企业16个;获省科技成果转化项目1项、支撑项目1项,无锡市科技项目1项;新增江阴市院士工作站1个、市级以上工程(技术)中心6个;认定省高新产品25种、新产品暨技术成果鉴定9种;获评省、无锡、江阴市科技进步奖15项;申请专利1438件。10个企业与院校签订产学研合作协议。2个企业“新三板”*挂牌。1个企业获江苏省工业和信息化“两化融合”试点企业。11个企业申报省信用管理贯标企业,5个企业被评为无锡市信用管理示范企业。新增中国驰名商标1件、省著名商标2件。完成长寿实验小学、倪家巷小学等学校改扩建工程,推进周庄实验小学(幼儿园)周南分部建设前期工作。通过无锡市学前教育现代化镇验收。新国标校车累计26辆。创建省级健康促进金牌学校2所、银牌学校3所。实施计划生育“单独二孩”新政,稳定适度低生育水平。全面实施药品零差率销售。健全残疾人帮扶体系,提升残疾人康复服务水平。举办乐群艺术团进村巡演等大型公益群众文化活动20场,三房巷文化广场建成投运。学校体育设施向社会有序安全开放,全民健身活动蓬勃开展。创建为省农村信息化应用示范基地。配合市相关部门推进江阴大道通车和世纪大道拓宽改造工程建设。光定路、光辉路南段基本建成,完成龙西路部分路段渠化、兴隆南路南延伸段路口改造,实施长寿永新花苑改造,改造农村桥梁3座。完成拆迁面积6.54万平方米,新建安置房面积8.85万平方米,华宏世纪南苑安置小区基本竣工,港东安置小区建设前期工作基本完成。组织实施节能改造项目17项,淘汰14个燃煤锅炉,12个企业完成“煤改气”工程,12个企业通过ISO 14001环境管理体系认证,关停“三高两低”*企业12个,淘汰落后设备178台套,万元地区生产总值能耗下降4.02%,年削减化学需氧量110吨。疏浚整治农村河道5条,铺设改造污水管网5.06千米。新增造林绿化面积20公顷。完成5处农村集中居住点生活污水治理工程。全年新增就业岗位4100个,安置本地劳动力1100人,职业技能培训鉴定取证1020人,扶持自主创业166个,本地籍大学生就业率95.2%。落实工资集体协商和工资支付月薪制度,劳动争议调解成功率90%以上。完成城保扩面5500人,居保参保续保率97.3%,新农合参保率100%,完成免费健康体检3.2万余人。被征地农民保障金按时足额发放到位,城保并轨后续工作落实到位。发放各类补助、救济金3000余万元。村集体可支配收入5.13亿元,村均超3400万元。稳妥推进稷山村农村土地承包经营权确权登记颁证试点工作。公共服务支出占财政支出的50%。深入推进平安建设,加强社会治安综合治理,着力提升技防体系建设,依法打击各类违法犯罪活动。开展无证无照经营等专项整治,加强流动人口动态服务管理。强化社会稳定风险评估,全力预防、化解各类社会矛盾和信访积案。扎实推进生产、消防、建筑、交通、三产、食品安全等专委会建设,加强道路交通、建筑施工、企业生产、消防安全等领域的安全生产专项整治和重大隐患挂牌整改。提高突发事件的预防预警、应急处置能力。通过“全国百县千乡万村无邪教创建示范工程”考核验收。行政服务中心接件93290件,办结率100%,创建为无锡市基层满意便民服务中心。全年办理“12345”公共服务呼叫中心热线诉求咨询910件,群众满意率98%以上。完成84个消失自然村的资料征集工作。

2014 年周庄镇主要经济社会指标一览

表 89

指　　标	单　位	数　量	比上年增减(%)	指　　标	单　位	数　量	比上年增减(%)
地区生产总值	亿元	276.17	10.10	到位注册外资	万美元	3102.77	310.96
人均地区生产总值	万元	26.45	7.30	工业企业	个	1329	3.75
财政收入	亿元	19.60	7.10	服务业增加值	亿元	74.10	11.98
第二、第三产业增加值占地区生产总值比重	%	99.25	0.03	限额以上批发零售业销售总额	亿元	152.37	13.26
农业总产值	亿元	4.20	2.40	限额以上批发零售业零售额	亿元	11.81	1.58
粮食总产量	万公斤	1.25	0.08	中小学校数	所	6	0
工业总产值	亿元	936.46	2.76	中小学校在校学生数	人	15517	4.49
其中:规模以上工业总产值	亿元	849.24	2.41	数字电视入户率	%	100	0
工业利税总额	亿元	80.43	5.11	农村居民人均可支配收入	元	33538	14.60
其中:规模以上工业利税总额	亿元	73.40	5.51	社保参保率	%	100	0
工业用电量	亿千瓦时	32.60	8.30	劳动合同签订率	%	100	0
全社会固定资产投资	亿元	57.63	12.10	月薪制实施率	%	100	0
其中:工业投资	亿元	29.98	10.18	新型农村合作医疗参保率	%	100	0
服务业投资	亿元	26.88	17.72				

2014 年周庄镇开票销售收入前 10 名企业一览

表 90

名次	企　业　名　称	销售收入(亿元)	法人代表	名次	企　业　名　称	销售收入(亿元)	法人代表
1	江苏三房巷集团有限公司	471.25	卞平刚	6	江阴市长乐新科技电源有限公司	33.69	李生虎
2	江苏华宏实业集团有限公司	158.10	胡士勇	7	江阴市电工合金有限公司	23.50	陈力皎
3	江阴江东集团有限公司	82.76	赵纪法	8	江阴鑫裕装潢材料有限公司	12.81	陈继忠
4	江苏倪家巷集团有限公司	51.97	吴岳忠	9	江阴海达橡塑股份有限公司	9.50	钱振宇
5	江阴模塑集团有限公司	45.01	曹明芳	10	江苏海豹集团	9.19	胡德良

2014 年周庄镇各村(街道)基本情况一览

表 91

村(街道)名称	户数(户)	人口(人)	村(街道)党支部(党总支、党委)书记	村(街道)主任	村(街道)开票销售收入(亿元)	人均可支配收入(元)
周庄村	3815	13189	赵　峰	徐惠庆	88.80	38850
金湾村	1355	5135	周国民	周国民	28.95	40530
三房巷村	2883	10646	卞平刚	卞平刚	383.07	38496

续表91

村(街道)名称	户数(户)	人口(人)	村(街道)党支部(党总支、党委)书记	村(街道)主任	村(街道)开票销售收入(亿元)	人均可支配收入(元)
鸡龙山村	740	2777	余文兴	余文兴	28.12	39510
山泉村	807	3126	李全兴	高富兴	17.76	40850
华宏村	2216	8512	胡士勇	陈决平	158.49	34976
陶城村	1922	7067	袁晓华	袁晓华	13.61	28970
东林村	1109	4069	章洪良	章洪良	12.40	29888
稷山村	832	2997	蒋中华	蒋中华	2.49	31055
宗言村	2158	8267	殷良忠	殷良忠	57.59	38380
倪家巷村	1463	5753	徐明岳	杨忠庆	54.15	39855
周西村	962	3775	葛珠良	郜国龙	40.57	39490
长乐村	1161	4193	李浩庆	赵小兴	40.40	35707
长寿村	2952	10414	—	蔡永兴	22.72	34747
长南村	2468	8684	孙长福	李文希	15.11	31681
街道办事处	2603	5794	许　青	许　青	—	—

【江阴中德国际技术转移中心成立】 2014年7月14日,江阴中德国际技术转移中心揭牌成立,中德双方技术合作协议、投资项目、技术转移合作等7项项目在仪式上签约。该中心位于高新技术创业园,是一个由江阴高新区提供政策和场地支持、德国亥姆霍兹联合会于利希国家研究中心提供技术支持、江阴万事兴技术有限公司投资创办的国际技术转移机构。该中心的成立将重点推动中国企业与德国科研机构、知名高校、跨国公司的合作关系,协助其引进德国先进技术,促进当地企业的国际化。

【村级电影城启用】 2014年8月18日,总投资1亿元,设有5个3D(三维)影厅,可同时容纳588人观影的国信·三房巷影城在三房巷村正式启用,其中最大的巨幕数字电影厅可容纳288人观看,是国内首个配备中国巨幕13.1全景声数字影院且院线同步上映的村级电影院。该影城由江苏三房巷集团有限公司和江苏国信集团全资子公司江苏省电影发行放映公司合资成立,建筑面积1.67万平方米,是周庄镇首个集影院、餐饮、娱乐休闲于一体的文化娱乐综合体。影院开业以来,日均客流量超2000人次,除当地居民,还吸引了华士、云亭等周边地区的居民前来观影。

【山泉村光伏项目并网发电】 周庄镇山泉村分布式屋顶光伏电站的并网接入,打破常规的分布式屋顶电站一家一户接入并网的模式。整个分布式屋顶光伏电站采取多点低压并网发电系统,其并网发电运行更安全可靠。由于该技术在全省尚属首例,从2013年8月投入建设以来,无现成案例和经验可参考,江阴市供电部门多次带领项目服务小组深入现场帮助解决技术难题,保证项目于12月底顺利实现并网调试。2014年1月15日,山泉村新农村光伏产业应用示范项目并网发电。作为江苏省内首个居民屋顶大规模集中建设分布式光伏电站,山泉村新农村光伏产业应用示范项目总投资1100万元,总装机容量1.02兆瓦,共安装4098块多晶硅光伏组件,年发电量约为100万千瓦时。实现并网发电后,一年可节约发电标煤328.7吨左右,减少二氧化碳排放808吨。(参见《城乡建设与管理》类目电力供应分目中相关条目)

(王　寅　李益强)

新桥镇

【概况】 新桥镇位于江阴市政府驻地向东25千米,镇政府驻新郁中路128号。境内常合(沿江)高速公路横穿镇域东西,在新桥设有服务区兼互通。东北与张家港市毗邻,东南与顾山镇连接,西与华士镇接壤,西南与长泾镇隔泰清河相望。区域面积19.6平方千米,耕地面积528公顷,下辖10个行政村(其中1个村居合一)和4个社区居委会。2014年年末,有户籍人口25347人,其中男性12478人、女性12869人;有少数民族13个71人。有外来暂住人口38220人,其中男性20736人、女性17484人。

政治建设　落实党委中心组学习制度,以"文明大讲堂、道德讲堂、社区学堂”为载体，认真学习贯彻党的十八届三中、四中全会精神和社会主义核心价值观。组织开展“落实中央八项规定*、展示优良党风”承诺签名活动。举办“一名党员、一面旗帜”演讲比赛、红歌赛、书记讲党课等活动，弘扬主旋律，唱响正能量。召开中国共产党建党93周年纪念大会，表彰以镇“十佳优秀党员”为代表的优秀党员，广泛开展“为了谁、依靠谁、我是谁”讨论交流会，树立文明创建党员先行，党员示范的鲜明导向。扎实开展党的群众路线教育实践活动，突出“五查五看五解决”(要查思想，看宗旨意识强不强，着力解决“信念淡化”问题；要查作风，看干部形象好不好，着力解决“作风不实”问题；要查责任，看精神干劲足不足，着力解决“能力不足”问题；要查工作，看履职绩效高不高，着力解决“执行不力”问题；要查廉洁，看自律要求严不严，着力解决“廉洁不守”问题)主抓手，深刻开展批评与自我批评，动真碰硬纠正“四风”*，扎实开展整改落实、建章立制“333”(整改落实3个方面33个问题)专项行动，创新实施民情观察员、政务监督员等社会监督机制，督促做好165条意见建议整改落实工作。加强基层党建工作，江苏焱鑫科技集团有限公司成立党委，园区党员人才服务中心建成投运。高度重视人大代表建议意见办理工作，23件人大建议、意见全部按期办结。加强对违法生育、违法用地、违章建筑等方面的执法力度，规范土地征用、工程建设项目等手续办理，依法履职切实加强。推进制度廉洁性评价专家评审制度，吸收17条专家意见。实施政务监督制度，建立重大事项公开机制和社情民意联系机制，保障群众的知情权、参与权、监督权，决策科学化、民主化水平不断提高。落实党风廉政建设党委负主体责任、纪委负监督责任“两个责任”，突出问题风险点和薄弱环节治理，强化制度体系建设。修订《政府性投资项目建设管理办法》，规范工程招投标、竣工验收、决算审计等环节，管理制度更加规范。完善村(组)账镇代理机制，优化村干部考核细则，严格村级资金、资产、资源“三资”监管，村务、财务更加透明。严格执行中央八项规定*和省市十项规定*，“三公”经费*下降26%。开展“企业服务月”活动，帮助企业解决转型发展难题22个。深入推进“阳光一百”(100个村务组务公开)、“结对双百”(百名企业家结对百家贫困家庭)和“惠民三百”(百名机关干部联系百幢楼道做百件好事)等活动，及时答复并有效解决200多位群众意见、建议。强化督查考核，加大对28项年度重点工作的督查，确保民生实事工程有序推进。加强机关绩效管理，出台《新桥镇机关作风效能责任追究办法》，强化首问负责制、限时办结制、责任追究制，机关作风效能进一步提升。在省、国家级媒体上报道新桥经济社会发展稿件达百件，外宣稿件总数超300件。在小区楼道、商业街、重点道路等，建好一批图文并茂的核心价值观公益广告和善行义举榜，潜移默化地感染群众，教育群众。镇工会以“四个延伸”(从镇级工会单层服务延伸到企业、村(社区)多层次的联手服务；帮扶对象从服务职工延伸到职工家庭、职工子女；帮扶时间从服务八小时以内延伸到服务八小时以外的全天候服务；帮扶内容从职工生活困难服务延伸到职工各类需求服务)推进关爱工程，这一创新案例被《中国工会》杂志录用。镇妇联探索“心理专家+心理志愿者+社工志愿者”工作模式，为家庭提供情感交流、妇女维权等服务。镇团委“微信互联微阵地”项目入选全国基层团建创新项目。江苏阳光集团有限公司、海澜集团有限公司两个企业积极为全镇老党员、退休教师等订阅党报党刊，江苏精亚集团有限公司新成立职工关爱基金。新桥中学居李良家庭被评为江苏省“五好家庭”。海澜卫士志愿服务队荣登“无锡好人榜”。江苏精亚集团有限公司空调环境除尘研究所巡回组被授予无锡市“工人先锋号”称号。江苏阳光集团“劳模创新工作室”被授予全国“工人先锋号”称号。

经济建设　着力做大做强总部、品牌、标准、资本、生态“五大经济”，全年完成地区生产总值140亿元，比上年增长11.4%；工商业开票销售收入540亿元，增长10.5%；公共财政预算收入10.4亿元，增长27.6%；全社会固定资产投入35.2亿元；到位注册外资1亿美元。现代农业加快发展，阳光生态推进高科技生态农林示范基地建设，全镇高效农业占93%。新增绿化面积8.4公顷，完成苏市桥省三星级康居乡村创建。焱鑫低碳节能装备、百利达锦纶新材料等11项产业项目顺利投运。海澜创意培训中心、威尼斯水城、马文化博物馆等17项服务业项目完成投入22.2亿元，服务业投入增幅高于全社会投入增幅38个百分点。海澜集团瞄准千亿目标，加快发展品牌连锁经营和城市商业综合体，投资近40亿元的张家港曼巴特购物广场盛大开业。海澜之家、爱居兔、百衣百顺“三合一”门店深化细分市场，加快分类营销，品牌美誉度不断提高。海澜之家销售增幅超45%，成为国内A股服装第一股。阳光时尚门店及定制业务稳健发展，江阴市新星房地产有限公司、江苏新桥建工有限公司、江苏精亚集团有限公司、江苏省振新实业有限公司等企业总部经济持续放大，全镇服务业增加值占比提升至42%。节能减排措施扎实，关停海澜热电厂及“三高两低”*“五小”企业*21个，完成阳光热电厂脱硫脱硝及除尘改造，关停3个养殖场。推进新杨路污水管网工程建设，西线污水管网投入使用，园区2个企业完成雨污分流改造，全年削减化学需氧量37.5吨、氨氮3吨，单位万元地区生产总值能耗下降5.5%，万元规模工业产值能耗下降5%。启动建设庄桥水系二期，清淤疏浚郁桥小桥浜等河道2千米，强化镇村河道长效管理，河道水质不断提升。推进防洪圩区建设，完成郁家桥节制闸、江泾桥和民主排涝站、苏市桥灌溉站改造等工程。经济普查工作全面完成。

社会建设　发放节能、技改等政策扶持资金987.9万元，申报各类科技项目20项，新增专利授权500件，水洗仿羊绒柔软花呢等10种新产品通过省级鉴定。江苏阳光集团有限公司和圣凯诺服饰有限公司获评中国职业装领军企业，阳光

（服饰）、圣凯诺品牌荣获中国驰名商标。阳光集团以百亿品牌价值荣登中国品牌价值榜纺织行业第一位，“威尼帝”（私人）高级定制品牌正式发布，开启转型发展新路径。江苏阳光集团有限公司和海澜集团有限公司荣获省长质量奖，海澜集团有限公司和江苏精亚集团有限公司获评省重点研发机构，产业创新持续深入。江苏阳光集团有限公司新增院士工作站1个，制定国际标准1个、行业标准2个。全镇新增各类人才1381人，其中新增院士2人、高层次人才37人，国家海创汇·“千人计划”培训班及省第34期高层次人才创新创业研修班在海澜集团有限公司举办。扎实推进“名师工程”，新桥中学中考质量继续提升。汇编《新桥镇住宅图志》一书，留下了珍贵的历史记录。青少年活动中心建成投用，暑期完成1200余名学生培训辅导。举办“书香新桥”“社区学堂”“送戏进社区”“文化惠民周”“社区文化体育节”等活动68场次，广场舞《渔家乐》获十一届江苏省“五星工程奖”，体育秧歌舞获省三等奖，小太阳锡剧班参加央视戏曲频道《过把瘾》栏目演出，3人获“五星宝贝奖”，综合表演《双珠凤》获“四星宝贝奖”。海澜集团有限公司承办首届“中国书画院奖”颁奖典礼，承办由著名指挥家滕矢初领衔的海澜之声音乐会3场次。围绕群众基本医疗需求，投入401万元添置数字化X线检查、B超、糖尿病专用医疗检测仪等设备，建立内分泌糖尿病专科。每周开展“江阴名医进社区”活动，名医144人次到新桥坐诊，惠民2000余人次。创新流动人口计生管理服务工作，设立黄冈市驻锡计生服务管理联络站，康定社区获评全国计生基层自治示范社区。学校体育设施全年对社会开放，接待群众参加体育健身近4万人次，完成第六次全国体育普查。加快安置小区、威尼斯水城、江苏师范大学科文学院等重点区块拆迁，全年签约民房214户、小企业29个，拆除民房4.7万平方米、厂房6.5万平方米，解决历史遗留问题235户。疏港高速（新桥段）、康宁小区、圩里小区二期、新郁西路拓宽等项目拆迁清障全面完成。启动建设黄河一村四期、新都苑一村、新都苑二村五期、康宁小区、圩里小区二期等安置房10万平方米，竣工交付东方花苑一期、新都苑一村、新都苑二村等安置房11万平方米。有序推进欧若亚小镇建设，景秀路、芳华路建设进展顺利，欧若亚城市花园、中科蓝郡房产项目顺利开盘。加快威尼斯水城建设，完成民乐路、庄园路改造和运河驳岸3.5千米，新建桃花岛酒店。实施新郁西路拓宽、新长大道二期（新桥段）工程，推进陶新南路向南延伸，全镇交通骨架不断优化。启动六保小区、东方花苑安置房两证办理试点工作。深化城镇规划，完成阳光生态休闲公园总体规划，优化新桥社区睦邻中心、孝仪服务中心等设计方案。建成新桥广电中心、园区管理服务中心。完成省供电配网改造示范镇二期工程，绿园路、东环路、文化路等6条道路管线全部入地，河西路提升改造顺利完成。新铺设康宁花园、新都苑二村、黄河一村、黄河二村、雷下一村等老小区天然气管网13千米，受益居民2626户。完成黄河一村、新桥花园、雷下一村等部分老小区车位改造和环境提升工程，新增停车位568个。全年农民人均可支配收入33905元，增长11.6%。社保扩面新增参保3656人，养老金调增4235人，全年发放保障资金4352万元。募集“慈善一日捐”资金81万元、慈善冠名基金208万元，发放尊老、慰问、慈善救助等各类经费440万元。建成村级慈善工作站10个，形成市镇村三级联动慈善工作网络。在全市率先完成土地确权试点工作。强化镇区主干道路“路长制”管理，实施主干道沿线、村庄环境、小区环境等“六位一体”（道路、河道、镇区、小区、社区、村庄）整治，城镇环境不断提升，在全市环境卫生综合考核中名列前茅。狠抓重大动物疫病防疫消毒工作，开展蔬菜检测、肉品检验检疫等专项整治行动，确保农产品质量安全。启动何巷村“村居合一”试点工作。绿园社区获评全国和谐示范社区。加强社会治安重点区域整治，新增高清技防探头67只。严格社区矫正监管，社会服刑人员无重新犯罪。深化“六五”普法教育，全面实施法律“六进”（进机关、进乡村、进社区、进学校、进企业、进单位）活动，获评省社会综合治理先进集体，郁桥村获评省民主法治示范村。优化矛盾纠纷排查化解机制，推行网格化管理，严格落实领导接访和包案制度，努力化解各类矛盾。进一步做好信访调解工作，受理和处理“12345”公共服务中心投诉299件，镇村调处纠纷71件。积极开展劳动保障专项检查和日常监察，劳资关系和谐稳定。开展“政社互动”试点，实施社区减负增效专项行动，推进社工队伍建设，基层治理水平得到提升，东方花苑小区争创法制平安社区。强化隐患排查、跟踪督查，采用包片包干、每月巡查、专项检查的方式，组织镇村两级干部及聘请专家，对全镇200余个生产经营单位开展安全生产检查整改专项行动，整改各类安全生产隐患640处。深入推进安全生产宣传“三进”（进工区、进社区、进现场）活动，开展安全培训、消防演练等26场次。镇财政所、社保所建成省三星级档案室。江苏阳光集团有限公司、江苏精亚集团有限公司和江苏淼鑫科技集团有限公司成功申报“金桥工程”项目。镇红十字会组织338人成功献血，献血量10.48万毫升，超额完成年度献血任务。海澜集团有限公司免费为千余名市民观赏北京小百花越剧团创作的精品剧《黄道婆》。新桥镇新型社区建设项目获2013年中国人居环境范例奖，入选第二批建设宜居小镇示范名单。

2014年新桥镇主要经济社会指标一览

表92

指标	单位	数量	比上年增减(%)	指标	单位	数量	比上年增减(%)
地区生产总值	亿元	140	11.40	到位注册外资	万美元	10000	92.50
人均地区生产总值	万元	55.25	10.30	工业企业	个	235	13.53
财政收入	亿元	25	32.10	服务业增加值	亿元	59	13.30
第二、第三产业增加值占地区生产总值比重	%	99.16	0.04	限额以上批发零售业销售总额	亿元	187.60	26.29
农业总产值	亿元	2.30	6	限额以上批发零售业零售额	亿元	3.10	52.34
粮食总产量	万公斤	120	-30.21	中小学校数	所	2	0
工业总产值	亿元	531	7.80	中小学校在校学生数	人	3761	5.20
其中:规模以上工业总产值	亿元	524	7.70	数字电视入户率	%	100	0
工业利税总额	亿元	72.40	44.80	农村居民人均可支配收入	元	33905	11.60
其中:规模以上工业利税总额	亿元	72.10	44.80	社保参保率	%	100	0
工业用电量	亿千瓦时	6.27	0.60	劳动合同签订率	%	99	0
全社会固定资产投资	亿元	35.20	2	月薪制实施率	%	95	0
其中:工业投资	亿元	12.90	-31	新型农村合作医疗参保率	%	100	0
服务业投资	亿元	22.20	41.60				

2014年新桥镇开票销售收入前10名企业一览

表93

名次	企业名称	销售收入(亿元)	法人代表	名次	企业名称	销售收入(亿元)	法人代表
1	海澜集团有限公司	245.62	周建平	6	江苏省振新实业有限公司	6.73	张建锋
2	江苏阳光集团有限公司	203.22	陈丽芬	7	江苏精亚集团有限公司	6.19	陶永生
3	江阴市强力化纤有限公司	24.15	倪利锋	8	江苏宝力重工科技有限公司	3.59	陈建国
4	江苏焱鑫科技集团有限公司	16.56	周国华	9	江阴市旺发科技有限公司	2.98	汪　东
5	江苏新桥建工有限公司	8.00	徐东英	10	江阴鑫联金属制品有限公司	2.98	刘惠丰

2014年新桥镇各村(社区)基本情况一览

表94

村(社区)名称	户数(户)	人口(人)	村(社区)党支部(党总支部、党委)书记	村(社区)主任	村(社区)开票销售收入(亿元)	人均可支配收入(元)
郁桥村	741	2603	钱　刚	姚利丰	3.61	35202
黄河村	759	2630	郁叙法	谢福祥	8.56	35660
圩里村	835	3129	尤惠清	徐川宝	1.29	35015
新桥村(社区)	993	3373	张建锋	张海明	7.98	36230
雷下村	523	1835	许柏新	张国龙	1.65	35280
六保村	346	1232	周国华	薛丽娜	16.90	35476

续表94

村(社区)名称	户数(户)	人口(人)	村(社区)党支部(党总支部、党委)书记	村(社区)主任	村(社区)开票销售收入(亿元)	人均可支配收入(元)
马嘶村	864	3143	陶永明	周建斌	25.26	34580
何巷村	592	2017	陈建国	强晓荣	4.58	35454
苏市村	639	2314	朱建平	陶　平	4.61	34350
苏圩村	413	1490	冯雄彪	周雪琴	0.67	35378
绿园社区	10	29	叶永毅	王永忠	—	—
镇中社区	406	1511	郁建明	郁建明	—	—
黄河社区	2	6			—	—
康定社区	14	32	钱正英	钱正英	—	—

【新型社区建设项目获中国人居奖】 中国人居环境范例奖是2001年建设部参照联合国人居环境奖新设立的一个政府奖项，旨在鼓励和推动城市高度重视人居环境的改造与建设，在环保、生态、大气、水质、绿化、交通等方面为居民提供良好的生活和工作环境。该奖项每年评选一次，主要表彰在创建良好的人居环境方面做出突出成绩的城市、村镇和单位。从是年起，新桥镇开始实施"工业向园区集中、居民向镇区集中、农田向规模经营集中"的现代化新型小城镇建设，先后新建新桥花园、蕾下花园、新都苑一村二村、黄河一村二村、康宁小区、府前锦苑等10多个现代化安置小区，100%实施物业管理。通过新型社区建设，至2013年年末，该镇城镇化率85%，让农民享受到与城市同质同水平的公共服务和社会保障待遇，形成产业经济转型发展、生态环境适宜人居、市政形象独具魅力、百姓生活富足安康的发展特色。2014年4月经江苏省住建厅推荐、专家考查评审和社会公示，并报中国人居环境奖工作领导小组批准，新桥镇新型社区建设项目荣获2013年中国人居环境范例奖。获奖后，该镇将继续围绕推进新型城镇化的重大战略部署，科学研究、统筹规划，提升城市基础设施建设和管理水平，不断推动人居生态环境改善，推进花园城镇升级版建设。

【新桥镇入选全国第二批建设宜居小镇】 2012年以来，新桥镇围绕"花园城镇、美好新桥"主题，坚持软硬并举，抓城镇建设，抓精神文明建设，在加快城镇基础建设的同时，更加注重城镇管理，全镇10个村中建成省级生态村7个，荣获无锡市森林镇。工业污水集中处理率100%，镇区生活污水处理率97%以上，全镇绿化覆盖率45%，风景宜居、街区宜居、功能宜居、生态宜居和生活宜居成为宜居新桥的显著特色。同时，该镇还制订并实施《市民素质提升三年行动计划》，深入开展以"读书——让生活更美好""我与文明同行、读书伴我成长""美好新桥、文明先行"为主题的全镇性文明创建系列活动，积极弘扬社会主义核心价值观，重点打造青少年活动中心、社区广场等一批文化惠民工程，在丰富市民文化生活的同时提升市民文明素质。经过择优推荐、专家组审查遴选，2015年1月，住建部公布第二批建设宜居小镇、宜居村庄示范名单，新桥镇成为无锡市唯一上榜乡镇，获评全国宜居小镇。

【两个公司获评中国职业装领军企业】 江苏阳光集团有限公司从1997年开始成立职业装专用面料设计小组，为职业装量身定制开发专业的适用型面料，开发出可机洗免烫、抗静电、三防、抗菌、吸湿排汗等各种功能性面料。2013年7月，阳光集团推出全新羊毛职业装面料品牌"SUNDIVO"，致力于为高端职业装提供一系列轻薄、柔软、弹性佳、功能全的顶级面料。另一职业装品牌"庞贝"成为中国职业装开发、设计、生产领域"行业涉及最广、业务合作最多、设计开发能力先进、服务完善周全"的知名品牌，得到民航、邮政、电信、移动、海关、国检、远洋、金融、保险、证券、电力、银行等20多个行业机构的充分肯定，先后为6000多个知名企业定制行业装，曾被评为中国职业装十大领衔品牌。圣凯诺服饰有限公司专注于高端商务装定制，经过18年的发展，服务网络已覆盖全国，公司连续多年为国内4大国有商业银行及香港中国银行、交通银行、浦发银行、招商银行、中信银行、广发银行等众多超大型企业客户设计行业制服，客户群涉及金融、保险、电力、法院、检察院、工商、税务、水政等20多个行业近20万个单位，更为达沃斯论坛、国庆阅兵、上海世博会等一系列大型盛会制作正装。2011年网易评选中国十大职业装品牌，由广大网民投票，"圣凯诺"品牌得票最高。2014年9月28日，在由中国服装协会主办、中服协职业装研究中心举行的2014中国职业装优势企业推介评价活动新闻发布会暨颁奖典礼上，江苏阳光集团有限公司、圣凯诺服饰有限公司获评中国职业装领军企业。

【"劳模创新工作室"获评全国"工人先锋号"】 江苏阳光集团以2000年全国纺织劳模陈丽芬、2006年全国纺织行业劳模、2010年无锡市劳模赵先丽和2011年江苏省劳模曹秀明为核心，于2011年3月成立"劳模创新工作室"。该工作室是以技术中心劳模团队为骨干带头人、以技术创新和管理创新为手段，围绕公司的生产、经营、管理等活动开展技术创新的群众性工作团队。通过以劳模创新工作室为载体,弘扬劳模精神,扩充劳模品牌效应,更好的发挥劳动模范在经济技术创新工作中的示范表率作用和引领作用,为劳模和职工群众开展技术创新、技术攻关、技术改造、技术协作、技术发明构筑平台;培养并壮大爱岗敬业、业务精通、创新钻研的知识型、技术型人才,提高企业自主创新的能力,促进科学技术向现实生产力转化,推动公司快速健康和谐发展。至2013年末,公司承担25种国家级重点新产品、50多种省级高新产品的科研攻关项目,其中18种产品分别被列入国家重点技术创新项目计划、国家“863”计划、国家级“火炬”计划项目,申报712件国家专利,获授权专利480件,并承担国家“十一五”科技支撑计划项目。2014年5月,该工作室被授予全国“工人先锋号”称号。

【绿园社区获全国和谐社区建设示范社区】 2012年以来,绿园社区按照党的十八大精神,紧紧围绕构建社会主义和谐社会总体要求,始终坚持以和谐社区建设为各项工作着力点,认真落实好让居民群众得实惠的各项举措,本着以人为本原则,把解决居民群众切身利益的问题放在首位,坚持做到一切工作的出发点为了居民,一切工作的开展符合居民的需求,一切工作的成果由居民群众共享,通过和谐社区建设促进社区各项工作上新台阶,广泛地赢得了居民群众的信任和社会各界的好评。2014年11月3日,民政部网站公布全国和谐社区建设示范单位名单,江阴市新桥镇绿园社区位列其中。

【新桥广电中心竣工投运】 2014年12月,位于新桥镇新郁中路的新桥广电中心竣工投运。该中心占地面积0.33公顷,建筑总面积约2200平方米,总投资1000万元。中心造型新颖、美观大方、结构合理,功能完备。设有营业大厅、节目制作室、虚拟数字演播室、数字化机房、多功能活动室,实现全数字化、全硬盘化、全网络化和全天候不间断播出,可满足数字新桥、平安新桥网络化建设的发展需要。

【苏市桥自然村庄整治】 苏市桥自然村是新桥镇保留较为完整的自然村之一,苏市桥老街历史悠久,苏墅桥是江阴市十大古桥之一。2014年初,苏市桥村启动村庄整治,全年新(改)建公共厕所2座,新建休闲广场720平方米,设停车位20个,铺设污水管道1200米、雨水管道1800米、强电弱电管道6700米,出新墙面4.12万平方米,新增绿化面积2.2万平方米,改造老街地面520平方米,摊铺沥青路面1200平方米,修整新建驳岸350米,景观栏杆180米和中式景观墙265米。通过整治,该村成了一个“干净、整洁、优美、宜居”的三星级康居乡村。

【《新桥镇住宅图志》汇编完成】 2001年7月,新桥镇启动“土地向规模经营集中,工业企业向园区集中,农民住宅向镇区集中”的“三集中”建设,经过十多年的城镇化进程,85%的居民集中居住到了镇区现代化小区,改变了农村的社会结构和生存空间状况。至2013年8月,镇域内完全消失的自然村有50余个,为留下记忆,反映消失自然村的历史与现状。2014年2—8月,镇组织人员对镇域内消失自然村、现存自然村进行全面调查,由专人绘制平面图,拍摄村庄住宅风貌图,对新建的安置房、商品房和单位自建房的相关信息和数据进行全面采集,12月汇编完成《新桥镇住宅图志》一书。该志分行政村、安置房、商品房、单位宿舍4块,细分为174个条目,每个条目后附照片1~2张,以志为主,以图为辅,全志彩印,文图并茂,让曾经的小桥流水以另外一种方式延续,也作为地情文化建设成果与新桥居民共享。

(赵彩宝)

长泾镇

【概况】 长泾镇北依长江,南临太湖,古名“东舜城”,是吴文化的发祥地之一,也是中国著名电影表演艺术家上官云珠和著名化学家、催化学科奠基人之一张大煜的故乡;地处江阴市东南,介于沪宁高速公路与常合(沿江)高速公路之间,东与顾山镇毗邻,南与无锡市锡山区接壤,西与祝塘镇交界,北连华士、新桥两镇。区域面积54平方千米,耕地面积2056公顷,下辖12个行政村(其中2个村居合一)。2014年年末,该镇有户籍人口56437人,其中男性27689人、女性28748人;有少数民族14个108人。有外来暂住人口33000人,其中男性20538人、女性12462人。

政治建设 深入开展党的群众路线教育实践活动,全面推进党的政治思想、基层组织、干部队伍和党风廉政建设,以加强党的建设为全镇现代化建设提供坚强有力的保障。以市委“五检查、五解决”* 和镇党委“五对照五增强”(对照党的章程,补足精神之钙,增强宗旨意识;对照廉政准则,去除行为之垢,增强清廉意识;对照整风要求,扫除作风之弊,增强勤政意识;对照群众期盼,落实惠民之举,增强民本意识;对照先进典型,大兴实干之风,增强创优意识)为工作主线,以为民务实清廉为目标要求,有力有序深入开展党的群众路线教育实践活动,坚决纠正“四风”*,深入排查问题,狠抓整改落实,确保规定动作不打折、自选动作有特色。认真落实党委中心组学习制度,坚持机关干部每月一课理论学习,及时组织全镇基层党组织和广大党员干部认真学习习近平总书记系列重要讲话精神,专题学习党的十八届三中、四中全会精神。创新党员教育方法,开展“千名书记讲党课”活动。全镇轮训党员2898人,占全镇党员的97.5%。推进基层党组织建设,加强村级规范化建设。精心打造合作社党建示范点,新建江阴市南涸花木专业合作社党建阵地,布置个私经济党总支的党建阵地。严格按照和认真执行中层干部选拔任用的相关要求,树立良好的用人导向。组织村(社区)书记、主任、新进村(社区)“两委”班子成员赴华西集中轮训,提升农村服务水平;加强村干部考核管理,以完善的制度保障推动村级工作;进一步加强村级后备干部队伍建设。重视企业人才队伍建设,为经济发展、产业升级增添活力后劲。始终坚持党要管党、从严治党,贯彻落实党委主体责任、纪委监管责任，认真履行“一岗双责”职责，教育引导全镇党员干部严格遵守党的政治纪律，坚决贯彻中央八项规定*、省市十项规定*，自觉遵守党纪党规，高标准、严要求抓好党风廉政建设责任制的贯彻落实，大力开展制度廉评工作，确保权力在阳光下运行。开展反腐倡廉警示教育，筑牢拒腐防变的思想防线，营造风清气正的良好环境。全年镇政府按规定网上公开文件31件，发布政务动态信息182条。扎实推进年度6件政府实事工程，答复办理人大代表意见建议24条。

经济建设　全年完成地区生产总值56.19亿元，比上年增长8.06%；全年完成工商业开票销售收入152.21亿元，增长12.33%；全口径财政收入5.45亿元，增长6.05%，公共财政预算收入2.59亿元，增长11.83%；全社会固定资产投资22.33亿元，增长0.54%。全镇经济运行总体平稳，经济质量和效益逐步提高。现代农业加快发展。注重农业基础地位，加大农业投入，推广农林科技，推进水利建设，加强土地管理，发展高效农业，增加农民收入。完成农业总产值3.21亿元，农业投入9400万元；粮食总产持续增收，全年水稻、小麦播种面积0.24万公顷，总产量1.77万吨，水稻单产625公斤、小麦单产336公斤；新增高效农业种植面积46.67公顷，永恒农业合作社106.67公顷稻麦种植基地实施标准化作业；瓜果蔬菜、食用菌等经济类作物持续发展，完成澄东南防洪一期工程李元圩区建设。推进农村工作改革创新，实施蔡桥村农村土地承包经营权确权登记试点工作。加强全镇村级管理，做好薄弱村结对帮扶和和平村、刁礼村2个“幸福村”创建工作。发展各类农村经济合作组织，促进农民增收致富。工业经济平稳发展。主要经济指标稳步增长，完成工业开票销售收入104.02亿元，增长5.39%；工业总产值120.03亿元，增长5.31%，工业应征税金2.4亿元，增长8.58%；工业利税总额10.25亿元，增长2.5%；自营出口1.93亿美元，增长4.6%；工业投资11.24亿元；工业用电6.49亿千瓦时；到位注册外资1264万美元。投资项目有序推进，年内超千万元工业投资项目23项，计划总投资13.95亿元，其中超亿元项目4项，主要有升辉包装共挤薄膜、翰鸿服饰羽绒服、通利光电光学膜、明康电子覆铜板等重点项目，全镇31项工业技改项目有27项竣工投产。规模企业平稳运行，全镇17个超亿元骨干企业中有12个销售有不同程度增长，89个规模以上企业中开票销售58个保持增长，江苏通利光电科技有限公司、江阴市明康电子科技有限公司、江阴瀚鸿服饰有限公司、江阴花园毛纺织有限公司等企业开票销售增幅超40%。江苏苏青水处理工程集团有限公司、江阴兴吴呢绒科技有限公司、江阴市利丰制版有限公司、江阴通利光电科技有限公司、无锡顶一电机有限公司等企业入库税金净增200万元以上。产业结构逐步优化，纺织、服装、印染、金属制品等行业比重逐年下降，新型包装材料、轻工电子等行业比重逐步提高。服务业经济健康发展。东舜商贸物流园注册企业累计107个，开票企业有73个，全年园区实现商业开票销售32.5亿元，增长39%。江阴市康友铝业有限公司、江阴富恒贸易有限公司等重点商贸企业经营平稳。东舜公馆、长隆广场、四季花城、金水园等房地产开发项目顺利推进。完成服务业投入10.05亿元，增长11.4%；服务业增加值26.63亿元，增长9.91%；商业开票销售收入48.19亿元，增长30.76%；限额以上企业零售额4.69亿元。

社会建设　科技创新不断加强，申请专利382件，其中发明专利268件，批准省高新技术企业4个、民营科技企业6个、高新产品10种，列入江阴市“专精特新”科技“小巨人”培育企业6个，继江苏苏青水处理工程集团有限公司“苏青牌”之后，江阴兴吴呢绒科技有限公司“兴吴牌”创建成第2个中国驰名商标；通利光电3D显示光学膜列入国家“火炬”计划。镇被命名为2014年度无锡市科普示范镇。坚持教育优先，持续教育投入，建设教育强镇。创建成为无锡市学前教育现代化乡镇，完成河塘小学校园环境改造优化工程，成功举办第30个教师节庆祝活动，加强师资队伍建设，提升教学质量，高考、中考成绩继续位于全市前列，成教职工技能人才培训工作获市表彰。发展文化事业，加强文艺队伍和文化阵地建设，开展形式多样的群众文化活动，群众文艺团队全年演出300余场次，镇文化站获评国家一级文化站，“长泾古镇”等4个景点入选“江阴百景”，长泾历史文化街区被评为国家AAA级景区。提高镇村社区卫生服务管理水平，做好全镇新农合医保、健康体检、健康知识普及、红十字志愿服务、无偿献血、食品药品安全监管等工作。倡导全民健身，增强全民体质，举办“活力舜城、快乐运动”全民健身运动会，抓好“10分钟健身圈”工程，广泛开展各类体育比赛。做好人口与计生管理工作。泾南社区创建成国家级防灾减灾示范社区。完成长泾安息堂扩建规划及一期工程。认真落实促进就业、扶持创业、提高社会保障水平的各项政策，全年提供就业岗位3115个，实现本地劳动力就业612人，应届高校毕业生就业率96.3%，举办创业培训班，扶持自主创业120人，完成城保扩面2308人，调处各类劳动争议168件。提高城镇居民基本医疗保险和低保户等保障水平，做好慈善救助、困难帮扶工作，全年向低保户、五保老人、贫困学生、优抚对象等发放各类资金1050万元。切实加强安全生产，全力防范并减少安全事故的发生。扎实推进节能减排，加强重点领域节能改造，推广节能和清洁生产新技术，落实升辉热能、珊珊铝塑等节能项目5项；淘汰落后产能，关停“三高二低”*企业6个。开展印染行业整治，制订“一厂一策”目标措施，拆除染缸50台，完善油烟净化机20台。全面实施IC卡管理，严格控制企业废水排放总量；江阴南晨毛纺染织有限公司新建2000吨/日中水回用工程；江阴市升辉热能有限公司、江阴市康顺热电有限公司全面完成脱硫、脱硝改造。全镇较好完成市下达污染物总量减排任务。持续推进绿化造林，新增造林绿化面积13.33公顷，加强绿化长效管理。重视农村环境治理,关闭规模畜禽养殖场8个;抓好夏秋两季农田秸秆禁烧工作。完成供运新村、黎明小区等4个居民小区生活污水集中收集处理工程。创建成无锡市环境友好型、资源节约型"两型"社会示范镇。推进法治和平安建设,加强社会治安综合治理,严厉打击各类违法犯罪活动,认真做好司法、信访工作,完善矛盾调解机制,深入排查并化解工资支付、征地拆迁、环境保护等引发的各类社会矛盾纠纷,严密防控群体性突发事件,全力维护社会稳定大局,促进社会和谐。办理各类审批服务事项1.3万余件,受理办结"12345"公共服务呼叫中心咨询诉求497件,群众满意率99%以上。

2014年长泾镇主要经济社会指标一览

表95

指　　标	单　位	数　量	比上年增减(%)	指　　标	单　位	数　量	比上年增减(%)
地区生产总值	亿元	56.19	8.06	到位注册外资	万美元	1264	1.85
人均地区生产总值	万元	9.95	7.10	工业企业	个	580	3
财政收入	亿元	5.45	6.05	服务业增加值	亿元	26.63	9.91
第二、第三产业增加值占地区生产总值比重	%	96.30	0.16	限额以上批发零售业销售总额	亿元	29.06	1.80
农业总产值	亿元	3.21	3.55	限额以上批发零售业零售额	亿元	4.69	-14.60
粮食总产量	万公斤	1800.80	10.94	中小学校数	所	4	0
工业总产值	亿元	120.03	5.31	中小学校在校学生数	人	5382	0.86
其中:规模以上工业总产值	亿元	87.04	4.80	数字电视入户率	%	99	0
工业利税总额	亿元	10.29	2.90	农村居民人均可支配收入	元	24210	12.70
其中:规模以上工业利税总额	亿元	5.66	10.70	社保参保率	%	99	0
工业用电量	亿千瓦时	6.49	-0.20	劳动合同签订率	%	98	0
全社会固定资产投资	亿元	22.33	0.54	月薪制实施率	%	90	0
其中:工业投资	亿元	11.24	-8.10	新型农村合作医疗参保率	%	100	0
服务业投资	亿元	10.05	11.40				

2014年长泾镇开票销售收入前10名企业一览

表96

名次	企　业　名　称	销售收入(亿元)	法人代表	名次	企　业　名　称	销售收入(亿元)	法人代表
1	江阴市康源印染有限公司	8.67	夏国庆	6	江阴市明康电子科技有限公司	3.93	颜明康
2	江阴通利光电科技有限公司	8.22	周永南	7	江阴市金泰纸业有限公司	3.46	裴金坤
3	江苏苏青水处理工程集团有限公司	6.45	蒋惠平	8	江阴比图特种纸板有限公司	2.31	仰午正
4	江苏升辉投资集团有限公司	5.33	宋建新	9	无锡共成交通器材有限公司	1.94	李文义
5	江阴兴吴呢绒科技有限公司	4.14	吴栋标	10	江阴韩鸿服饰有限公司	1.91	包晓丰

2014年长泾镇各村(社区)基本情况一览

表97

村(社区)名称	户数(户)	人口(人)	村(社区)党支部(党总支、党委)书记	村(社区)主任	村(社区)开票销售收入(亿元)	人均可支配收入(元)
泾南村(社区)	1058	4205	吴宪宏	金国新	162133	24500
和平村	892	3263	吴文勇	程永建	172307	24900
习礼村	1154	4010	王伟民	陈伟南	15468	27700

续表 97

村(社区)名称	户数(户)	人口(人)	村(社区)党支部(党总支、党委)书记	村(社区)主任	村(社区)开票销售收入(亿元)	人均可支配收入(元)
泾东村(社区)	2172	6073	夏均宾	夏春雷	49442	25570
长东村	1083	3924	吴栋标	吴建刚	204546	26500
南泗村	1951	6664	徐中勤	李明法	105426	27000
花园村	1438	4739	宋建新	袁政忠	339338	32000
刘桥村	1447	4964	刘　达	刘　荣	47997	26600
蒲市村	1527	5640	周东明	蔡宪星	27555	25585
河塘村	1585	5687	王永芳	周新峰	77334	28782
王家村	1326	4837	顾明香	华晓平	39926	26583
蔡桥村	637	2428	蒋海滨	何诞华	16767	23487

【长泾镇文化服务中心获评国家一级文化站】 2013年,文化部办公厅发文,在全国范围内开展首次乡镇(街道)综合文化站评估定级工作。对照标准,长泾镇文化服务中心认真组织参加评定,各项主要考核指标总体水准位于全省前列。此次江苏省1250个乡镇(街道)文化站全部参加评估定级,经省组织考察与评定,报文化部备案与批准,其中884个乡镇(街道)综合文化站被评为等级文化站。江阴市15个文化服务中心参评,其中长泾镇与璜土镇、华士镇、澄江街道4个文化服务中心,于2014年6月9日被评为国家一级文化站。

【泾南社区被评为全国综合减灾示范社区】 泾南社区辖区总面积2.5平方千米,有32个居民小组,常住人口8350人。2013年以来,在推进社区综合减灾工作中,泾南社区按照国家减灾委员会关于全国综合减灾示范社区的创建标准,加强舆论宣传、加大设施投入、强化技能培训、建立应急机制、进行实战演练等着力点,提升社区应急管理和居民自我防范的水平,有效提高社区居民防灾减灾意识和应对突发事件的能力。2014年12月,长泾镇泾南社区被国家减灾委员会、民政部评为2014年全国综合减灾示范社区。

【长泾镇总工会经审委获评全国先进】 2014年,长泾镇总工会经费审查委员会,以党的十八大、全国总工会十六大精神为指导,严格执行中央八项规定,规范经费使用,监督服务基层工会,坚持“抓基层、建机制、抓实务、上水平”的经审工作方针,加强经审组织建设,完善经审工作机制,充分发挥经审监督职能,为扎实工会工作提供经济基础和经费保障。12月,长泾镇总工会经费审查委员会被中华全国总工会经费审查委员会评为全国工会经审工作先进集体。

【长泾镇第17届人代会召开】 2014年7月8日,长泾镇召开第17届人民代表大会第4次会议,来自全镇各条战线的81名代表参加了会议。会议通过六扬、张伟、吴新、陶郁峻、钱秋平、余江分别辞去长泾镇人大主席、镇长、副镇长、人大副主席、代表职务的报告,补选季峰为镇人大主席,江国虔为镇长,余江、刘国兴为副镇长。新当选的镇长江国虔发表了讲话,他表示要在新的工作岗位上认真履行人民赋予的权力,紧紧围绕镇党委、镇政府的中心工作,狠抓工作落实,以实际的行动取信于民,以勇于担当的责任意识来履行工作职责和践行历史使命,共同推动长泾经济社会的全面、健康、可持续发展,不辜负各位代表和长泾人民的热切期望。

【新市镇建设】 2014年,长泾镇按照江阴市总体规划要求,修编全镇总体规划和中国历史文化名镇保护规划,并报省政府审批,为城镇建设发展提供科学发展依据。年内,完成泾东花苑拆迁安置小区建设规划方案设计,河塘锦河街安置房建设推进,小区配套设施建设基本完成,河塘公园扩建工程实施,集镇区道路、农贸市场、公园等基础设施得到完善,协调推进环南路东延工程。加强东舜公馆、四季花城、金水园等商住小区开发建设的管理服务,保障房产项目顺利建设。坚持建管并重,完善管理体制,加大管理力度,制定全镇环境卫生长效管理实施意见,发放环境卫生手册,开展门前三包、废旧物品回收站点、工业垃圾、集镇停车秩序、集镇区范围畜禽养殖、违章建筑、农贸市场、夜宵摊点等专项整治。河塘范钱路西段沿线19个老违章建筑拆除和废旧回收点整治。

【第30个教师节庆祝大会举办】 2014年9月10日,长泾镇在长泾实验小学操场上举办第30个教师节庆祝大会。电视汇报片《教育追梦》拉开庆祝大会的序幕。汇报片从教育优先,长泾人的共识和行动;锐意进取,长泾教育人的情怀和奋斗;塑造品牌,长泾人的光荣和梦想三个方面全面回顾长泾教育的风雨历程和丰硕成果,畅想长泾教育的目标蓝图和美好未来。庆祝大会上,花园村老书记包文辉为长泾中学捐设“文辉教育基金”,专项奖励教育教学业绩优秀的教师,并为“文辉教育基金”揭牌。长泾中学校长钱志刚向包文辉老书记赠送写有"文华辉耀"的牌匾。最后,举行由学校师生自编自导的文艺会演《教育点亮梦想》。通过举办该活动,该镇重视教育、尊重教师的理念得到体现。

【全民健身运动会举办】 2014年5月30日,长泾镇在长泾中学举行"活力舜城、快乐运动"全民健身运动会。开幕式上,来自学校、村(社区)、镇机关、公安等部门的8个方队进行文体表演。开幕式结束后,举行拔河、跳长绳、挑粮食、一分钟投篮和协力布道等喜闻乐见、趣味性强、易于练习掌握的比赛项目,全镇500多名运动员参加该次运动会的比赛项目。通过举办全民健身运动,推动了全镇群众性体育运动的发展。

【市民族团结进步促进会长泾分会成立】 2014年12月29日,江阴市民族团结进步促进会长泾分会成立,并举行第一次会议,会议选举产生第一届理事会成员和领导班子。该会是由致力于长泾镇民族团结进步事业的单位和各族各界人士自愿组成的联合性、非营利性的社会团体,成员分布于镇党政机关、群团组织、科技、教育、文化、商贸等各行业,是党和政府联系各族群众的桥梁和纽带。会议审议通过《长泾镇民族团结进步促进会章程》,选举产生长泾镇民族团结进步促进会首届领导班子,江苏省江阴长泾中学老师白珊珊被推选为会长,会议选出副会长3人,镇统战委员龚正巍通报镇近期的民族工作,镇党委副书记陶郁峻对市民族团结进步促进会长泾分会以后工作提出希望与要求。 (徐 卓)

顾山镇

【概况】 顾山,新石器时期末就有先民聚居,禹治震泽称龟山,春秋时期是吴楚通衢,南梁时定名顾山,宋元时成集设镇至今。该镇位于江阴市东南边缘,距江阴市区41千米,东南以顾山山为界,和常熟市尚湖镇、无锡市锡山区东港镇相接,西紧连长泾镇,北隔新沙河,与张家港市杨舍镇塘市社区毗邻。省道云顾公路、暨南大道横越该镇东西,锡张高速、锡张公路纵贯该镇南北,并直达沪宁高速公路、常合(沿江)高速公路两道口。申张航道、十一圩航道在境域内相交畅流。区域东西长12.6千米,南北宽10.4千米,面积49.51平方千米,耕地面积1863公顷,下辖12个行政村和2个社区居委会。2014年年末,该镇有户籍人口55778人,其中男性27246人、女性28532人;有少数民族15个153人。有外来暂住人口46354人,其中男性23370人、女性22984人。

政治建设 镇党委中心组学习常态化,把党的十八大,十八届三中、四中全会,习近平总书记系列重要讲话精神、社会主义核心价值观作为党委中心组学习的主要内容,全年集中学习12次,形成13个课题的调研报告,确定"完成调研文章,参加教育培训,学习交流"的学习制度。继续深化学习型班子、机关、村(社区)、企业和家族五大类学习型创建活动。党员教育规范化,在机关开展"每月一学"的学习活动,助力学习型机关建设与机关作风效能建设深化年的有机结合,充分利用"金顾山大讲坛"、道德讲堂、远程教育网、电视党校等有效载体,开展各类讲座6期。丰富基层党课内容,落实"千名书记讲党课"活动,结合群众路线教育实践活动,书记上党课40余次,基层党组织专门特邀市委党校老师上课5次。开展2轮党员干部教育培训,党员参训率98%。扎实开展教育实践活动,全镇3209名党员、48个党组织,按"照镜子、正衣冠、洗洗澡、治治病"的总要求,开展"为民、务实、清廉"的主题活动,聚焦"四风"* 突出问题,听取意见,查摆问题,开展批评,整改落实,建章立制,达到预期目标。开展创新服务型党组织建设,开展"五卡三联一通"(联系卡、承诺卡、积分卡、评议卡、提醒卡、组织联建、结对联户、党群联心、畅通联系服务群众"最后一公里")活动。镇人大本着"为民办实事、办好事"的宗旨,组织人大代表集中视察现代农业发展情况,山林防火工作,并提出中肯意见和建设。以"人大代表活动周"为契机,围绕"生态文明建设、水环境整治",以"看、听、议、提"形式,积极履行代表职责,并取得一定实效,针对代表们在镇人大第四次会议上提出的15条建设意见,认真分类、梳理并专门召开建议交办会,在4月底答复到位,满意率100%。镇人大年内接受群众来信2件,接待来访10余人次,及时化解社会矛盾。镇统战工作加强民族团结,成立江阴市民族团结进步促进会顾山分会。加强宗教管理,签订安全责任状,同时,服务商会工作,成功举办"红豆情·七夕夜"第二届青年商会联谊会。完善招投标管理,邀请人大代表、政协委员、老干部、群众代表参与镇、村两级工程建设项目招投标,年内镇公共资源交易中心完成进场项目84项,实现交易额2379.38万元,畅通联系服务群众渠道,政府效能得到提升。公开政务信息158条,坚决执行中央八项规定* 和省市十项规定*,"三公"经费* 下降。

经济建设 经济运行稳中向好。全年完成工商业开票销售收入230.4亿元,比上年增长3.1%,工业开票销售收入131.9亿元,实现规模以上工业产值106.07亿元,工业经济达到稳健发展,江苏亿金环保科技股份有限公司实现重组上市;公共财政预算收入3.8亿元,增长13.7%。完成到位注册外资142万美元,自营出口4.2亿美元。年内防控经济金融,开展规模以上企业"健康体检"。高效农业持续攀升。粮食生产实现"十一"连丰。完成农业投入7550万元,"金顾山"水蜜桃基地新增种植面积73.33公顷,土地复垦17.6公顷,"金顾山"系列农产品热销市场。新增农业专业合作社5个,创建无锡市幸福村3个。狠抓经济林建设、生态林营造,新增造林绿化面积123.33公顷。服务业规模不断扩大,完成服务业开票销售98.5亿元,增长13.8%,完成限额以上零售额1.22亿元,增长55.17%。服务业投资11.67亿元,全力推进招商引资。"金顾山"物流平台新引物流企业126个,实现开票销售2.4亿元,入库税金2143万元,平台集聚效应初显,森源溪岸、正大丹桂园等一批商住楼小区快速推进,完成顾山西街改造,北涸农贸市场新建搬迁。百衣百顺物流仓储、亿恩科技、源顺铝业等项目进展顺利。

社会建设　科技创新成效明显，实施重点产学研合作项目6项，申报省博士后工作站1个，获批国家中小企业发展专项资金1个、省高新企业3个、省民营科技企业11个，新增省高新技术产品13种，成立省研究生工作站1个，申报国家专利610件。发放科技奖励资金128万元，建立红豆科普馆，创建省科技创新型乡镇，成功申报无锡市科普示范镇。公共服务持续优化，科学制定学校内涵发展三年规划，投资255万元完成顾山实验小学、北涸幼儿园食堂改造等校安工程，提升办学环境。着力打造顾山红豆文化，主办顾冠仁江南丝竹作品音乐会、研讨会。出版《东林英烈李应昇》一书，参评“江阴百景”，顾山有六景入围，举办文化“五送”（送机关、送社区、送学校、送企业、送乡村）下乡活动220场，公益性文化演出6场。成功举办顾山镇首届少儿风采才艺大赛。全民健身活动蓬勃发展，新建健身场所2处，学校体育设施向社会开放。进一步优化公共卫生服务，顾山卫生院中医特色门诊建设顺利推进，全面实施社区医生签约，建成李家桥村（花园雅居）卫生室，全民免费体检30050人。实施“单独二孩”政策，办理再生育申请134件。开展博爱和无偿献血等志愿服务活动，有450人参加无偿献血，总量13.5万毫升，进入工厂、学校开展应急救护普及培训，积极开展募捐救助活动，募捐3万元至市红十字会。坚持为民办实事、解难事，健全民生保障。实现农民人均可支配收入25705元，增长10.16%。解决本地劳动力就业2682人，新增城保扩面2799人，居民养老保险提高到每人每月210元，新农合人均提高到660元，年慰问困难家庭406户（次），发放各类帮扶济困经费327万元，农村低保标准月人均600元。综合治理扎实推进，平安顾山、法制顾山深入推进，成立镇公共法律服务中心，建成省民主法治村4个，建成小区调解工作室6个，全年镇村受理各类矛盾纠纷638件，调处成功率98%。开展各类安全生产专项整治8次，生产安全培训579人次。开展联合执法行动8次，整改企业22个，排查食品加工小作坊46个，取缔无证餐饮经营户4个。新增高清监控探头166只。积极推进绿色低碳发展，新建污水主管网2.3千米，控源截污区块4个，实施道路硬化1.55万平方米，疏浚河道21条，清淤7.5万立方米，治理乱堆放140多处，新增垃圾箱251只。开展“平安企业、平安校园、平安家庭”等系列创建活动。受理“12345”公共服务呼叫中心投诉581件，满意率98.8%。

2014年顾山镇主要经济社会指标一览

表98

指　　标	单　位	数　量	比上年增减（%）	指　　标	单　位	数　量	比上年增减（%）
地区生产总值	亿元	68.19	5.26	到位注册外资	万美元	142	-59.20
人均地区生产总值	万元	12.19	4.19	工业企业	个	813	2.78
财政收入	亿元	8.66	5.75	服务业增加值	亿元	33.20	7.82
第二、第三产业增加值占地区生产总值比重	%	97.65	0.05	限额以上批发零售业销售总额	亿元	63.94	15.30
农业总产值	亿元	4.04	6.04	限额以上批发零售业零售额	亿元	1.22	55.17
粮食总产量	万公斤	1323.60	-8.39	中小学校数	所	3	0
工业总产值	亿元	145.76	0.11	中小学校在校学生数	人	5986	-1.07
其中：规模以上工业总产值	亿元	106.07	-0.68	数字电视入户率	%	98	1.03
工业利税总额	亿元	8.24	5.22	农村居民人均可支配收入	元	25705	10.16
其中：规模以上工业利税总额	亿元	6.21	10.99	社保参保率	%	93	1
工业用电量	亿千瓦时	6.17	0.87	劳动合同签订率	%	97	2
全社会固定资产投资	亿元	25.3	2.08	月薪制实施率	%	98	0
其中：工业投资	亿元	12.88	-6.67	新型农村合作医疗参保率	%	100	0
服务业投资	亿元	11.67	18.23				

2014 年顾山镇开票销售收入前 10 名企业一览

表 99

名次	企业名称	销售收入(亿元)	法人代表	名次	企业名称	销售收入(亿元)	法人代表
1	云蝠投资控股有限公司	9.35	郭　健	6	江阴爱居兔服装有限公司	3.39	高　膺
2	江阴市江洲铜业有限公司	7.30	刘　江	7	江阴德诚钢铁有限公司	3.38	林小强
3	江阴裕华铝业有限公司	4.77	徐建刚	8	江阴市民达投资有限公司	3.27	郭新民
4	江苏澄阳投资集团	4.22	杨　亮	9	江阴日毛纺纱有限公司	3.22	井田启
5	江阴建邦铝业有限公司	3.89	郭亚霓	10	江阴华新电器有限公司	2.78	郭正平

2014 年顾山镇各村(社区)基本情况一览

表 100

村(社区)名称	户数(户)	人口(人)	村(社区)党支部(党总支、党委)书记	村(社区)主任	村(社区)开票销售收入(亿元)	人均可支配收入(元)
新龚村	1945	7154	郭正平	项建良	23.62	32120
涸东村	901	3111	杨　亮	俞　晓	32.91	31800
南曹庄村	1134	4254	毛二度	周　斌	20.19	31500
顾北村	725	2539	赵玉龙	周旦平	25.99	33120
红豆村	1752	6241	吴敏东	夏飞龙	11.87	30100
解放村	808	2721	潘立新	许敏达	6.06	28630
涸南村	919	3193	唐伯恩	徐健荣	2.16	27200
万兴村	976	3170	王洪兴	王永标	4.23	24500
东岐村	1130	3881	吴红一	刘文广	4.62	28800
鉴青村	663	2114	陆海新	凌　慧	3.18	25400
赤岸村	1291	4379	吴晓东	李子红	6.95	29120
李家桥村	801	2839	钱为民	徐　敏	4.66	25680
顾山社区	2065	5857	王仁忠	周　昶	8.23	30520
北涸社区	1552	4487	金建瑜	徐　波	2.62	24720

【芗菲服饰公司成为省博士后基地】 2012 年以来，随着江阴芗菲服饰公司产业平台的逐步完善，激烈的产业竞争也要求企业的技术创新能力不断升级。为加快公司产业链以及新兴产业的迅速发展，培养更多适应公司发展需要的高层次专业技术人才，提高芗菲服饰自主创新能力，推进企业产业结构和产品品类技术的升级，为公司的发展提供顶尖技术、管理人才，公司积极申请江苏省博士后创新实践基地。2014 年底，经省人社厅批准，公司成为江苏省博士后创新实践基地。该基地的成立，意味着公司科研项目的研究迈上一个全新的台阶，有利于吸引更多高层次的人才加入芗菲这个大集体，从而全方位提升公司的科研水平，以产、学、研相结合的方式促进技术开发，提高技术创新能力，加快科技成果转化。

【省企业研究生工作站揭牌】 2014 年 11 月 14 日，经江苏省教育厅批准，由南京农业大学与顾山镇红豆村农业专业合作社共建的省企业研究生工作站签约揭牌仪式在红豆村专业合作社举行。该工作站由双方出资建设，并引入高校研究生团队，组成共同开展技术研发机构，是省规模企业与高效产学研合作的重要平台。在红豆村建立研究生工作站，即契合合作社与高校共同培养高层次人才，又实现校企双方优势互补，是真正的双赢之举，达到充分发挥校内外导师、技术人员理论、实践的优势，让研究生在理论基础、科研能力、农业实践诸方面得到充分锻炼和发展。该工作站在顾山镇红豆村建成，是顾山农业发展的大事，能全面提高顾山镇农业合作社、农业产业建设技术的支撑水平，工作站第一期有 6 名硕士研究生进站工作。

【省“九三学社专家工作站”助桃农增收】 自 2010 年江苏省“九三学社专家工作站”落户顾山镇以来，各类高层次专家开始出现在该镇的各行各业中，他们结合顾山镇的地区特色和优势，充分发挥智力优势和人脉优势，成为拉动顾山经济社会建设全面发展的生力军。针对红豆村有 5000

亩(333.33公顷)桃园,曾因急功近利连年生产,造成土壤元素流失,水蜜桃品质退化,产量和有效质量明显降低的情况。2014年年初,中科院南京土壤研究室主任、九三学社社员董元华多次采样研究,开发出个性化的土壤改良方案,指导桃农科学用肥,并调整土壤中微量元素,让土壤重新有机化,“金顾山”水蜜桃质量有效提升,销量翻倍。“九三学社”发挥科技巨大能量,为顾山农村致富增收带来聚宝之源泉。

【李应昇与东林风骨研讨会召开】 2014年3月27日,李应昇与东林风骨研讨座谈会在顾山镇召开。此次活动由江阴市档案局、无锡市东林文化研究会、东林书院、中共顾山镇委员会主办,顾山镇赤岸村党总支承办。会上无锡的东林专家一致认为名闻遐迩的东林书院,名震史坛的东林风云,名留青史的东林志士,是反映无锡、江阴地区人文精神的标志,东林杰出的人士与顾山密切相关,发掘研究东林文化是顾山的一项重要文化项目。会上《东林英烈李应昇》一书首发,该书由赤岸李应昇后人游振芳编著,全书近20万字,以翔实的史实记录李应昇的家世、官宦生涯、遭害前后。全书收录珍贵的史述、诗稿及李应昇的文章、遗稿,存史价值极高,是研究东林文化的重要著作。

【顾冠仁新江南丝竹作品展演】 2014年10月4日,由江阴市文广新局、江阴市文联、江阴市文艺集团、顾山镇政府主办,周少梅国乐社、江阴市音协、江阴市锡剧团、江阴大剧院承办,长三角江南丝竹音乐联谊会协办的顾冠仁新江南丝竹作品音乐会,在江阴大剧院举办。中国著名作曲家、指挥家顾冠仁特地为顾山周少梅国乐社创作一首新江南丝竹《顾山春》,由周少梅国乐社在音乐会上作演奏。10月5日,在周少梅故里顾山镇举办顾冠仁新江南丝竹作品发布研讨会暨《江南雅韵》杂志首发式。此次活动由长三角江南丝竹联谊会主办,参加者为来自北京、上海、江苏、浙江等地的著名音乐家,有40余人,其中有小提琴协奏曲《梁祝》的著名作曲家何占豪等。周少梅国乐社在全国性的民乐比赛中屡有建树,继承发扬传承周少梅的顾山丝竹在江南有一定影响,且是长三角江南丝竹联谊会中重要的一员,在这次全国性的民乐研讨活动中起了担纲作用。

【刘德海到顾山采风】 2014年4月10日,中国琵琶演奏家、教育家刘德海及其学生一行数人,到顾山开展“回归江南文化摇篮故乡行”活动。其宗旨向民间学习,到民间采风,寻找江南丝竹文化之根源,为《民族民间音乐库》采集提供珍贵的一手资料。是月12日,顾山镇为此召开回归江南文化摇篮——刘德海携弟子故乡行座谈会。会上,当刘德海听到周少梅艺术传承情况以及江阴琵琶艺术现状后感慨:国乐先辈周少梅是为中国民族音乐艺术而活着,发掘、抢救周少梅的顾山丝竹及二胡、琵琶艺术还是迟了三十年,希望后人重视此类抢救工作,主打周少梅品牌,多方位开展民乐相聚。他称赞顾山地灵人杰,是一块民乐热土,表示很乐意常来顾山,朝拜先辈,并把顾山之行,作为故乡之行。活动中,刘德海一行还参观了周少梅故居,游览了红豆树坞自然村庄。在周少梅纪念馆,刘德海与周少梅国乐社的演奏爱好者一起进行合乐演奏《虞舜薰风曲》《三六》及现场演奏他新创曲目《江南雪雨情丝》。

【“群众文化实践基地”授牌】 2012年8月,顾山镇政府主编的《国乐先辈周少梅》一书出版后,在中国民乐界产生深远的影响,南京大学艺术系和苏州铁道师范学院艺术系把该书作为中国民乐史教材。刘天华的老师——周少梅在中国民乐界的地位更得到广泛的认可和推崇。周少梅国乐社作为顾山丝竹品牌的代表,曾在2013年海内外江南丝竹邀请赛上荣获银奖。2014年1月4日,常熟理工学院音乐系在顾山周少梅纪念馆举行“群众文化实践基地”授牌仪式。该学院音乐系2013级70多名师生,参观周少梅纪念馆后,举行授牌仪式,还与周少梅国乐社成员举行座谈,探讨研究周少梅的二胡、琵琶艺术,并现场交流演奏《欢乐歌》《熏风曲》《行街》等江南丝竹名曲。 (毛德彦)

祝塘镇

【概况】 祝塘镇是徐霞客的祖居地,位于江阴市东南,南北分别与无锡市区、江阴市区相距20千米,云顾、祝陆、祝璜、祝文公路在镇区交汇,暨南大道和长山大道分别在镇域内过境4.9千米和3.3千米,锡华大河贯穿全境,是澄东地区重要的交通枢纽。区域面积59.59平方千米,耕地面积2476公顷,下辖12个行政村(其中2个村居合一)。2014年年末,该镇有户籍人口60705人,其中男性30217人、女性30488人;有少数民族17个357人,其中男性22人、女性335人。有外来人口85045人,其中男性41070人、女性43975人。

政治建设 全年以党的群众路线教育实践活动为主线,以“基层组织建设深化年”为契机,坚持改革创新,狠抓工作落实,提高服务水平,切实加强领导班子、干部人才队伍、基层党组织和党员队伍建设,不断提高党建科学化水平。3月6日,根据中央、省委、无锡市委和江阴市委的统一部署,启动镇党的群众路线教育实践活动,覆盖全镇55个基层党组织,涉及党员3460人。镇党委自始至终把解决“四风”*问题作为活动着力点,全镇压缩会议11个,调整清理办公用房17间计300平方米,压缩“三公”经费*99万元,清理党政领导干部在企业兼职6人。同时,把解决群众所急所需所盼作为活动出发点和落脚点,制定《祝塘镇整改落实、建章立制“324”专项行动方案》,将梳理到的重点难点问题分成专项整治类、专项整改类和长效建设类3大类24个,在全镇范围开展包括纺织服装企业工资定期发放、行政村经费使用及村干部报酬发放、违规聘用村干部、食品安全卫生等4项专项检查,以及包括农村违章建筑、环境卫生长效管理、农村桥梁安全、化解信访积案等8项专项整治行动。先后出台包括环境卫生长效管理、干部队伍建设、政府投资工程项目建设管理、基层服务型党组织建设、规范公务接待等12项

长效制度。至10月底全部结束,整个活动期间,各级党员干部广泛开展“三走进三服务”*“企业服务月”等活动,深入基层虚心听取群众意见、建议,先后召开15场意见征求会、发放2500余份意见征求表,多层次、多渠道征集到涉及党的建设、经济发展、集镇建设、民生改善等方面的意见和建议151条,16名班子成员先后与427人次开展谈心谈话活动。中央八项规定*、省市十项规定*等党风廉政建设各项规定得到贯彻落实,勤廉作风进一步改进。认真组织开展“学习吴仁宝,走好群众路”主题教育活动,使全体党员干部补足精神之钙、强化信仰之基;精心组织学习“江阴好人”先进事迹,选择树立并表彰“我身边的好书记”8人和“我身边的好党员”42人,营造学先进、比先进的浓厚氛围。严把入党积极分子培训关,严格党员发展标准和程序,全年培养入党积极分子45人,发展党员39人,转正61人。

经济建设　全年实现地区生产总值79.52亿元,比上年增长7.81%;实现财政收入9.15亿元,增长13.37%,完成公共财政预算收入3.48亿元,增长15.14%;实现工商业开票销售收入202.33亿元,增长4.42%,新增工业开票销售超亿元企业3个;完成自营出口4.2亿美元,增长14.65%。稳定粮食生产,夏熟小麦平均每公顷产量4885.5公斤,秋熟水稻平均每公顷产量9475.5公斤,稻麦全年总产量2019万公斤。全年实现农业总产值5.3亿元,农业适度规模经营占85%;新增设施农业面积53.33公顷,高效农业占67%。全年落实农业项目8项,其中省级扶持项目6项,无锡市级扶持项目和江阴市级重点项目各1项。新增农业园区面积366.67公顷,完成农业投资7000万元。加大工业项目建设力度,全年工业项目94项,总投资32.62亿元,其中开工项目91项,总投资28.52亿元,完成工业投资16.72亿元,增长10%。在工业开工项目中,有技改扩能项目31项、新上项目60项,其中超亿元项目7项。大力提升服务业,全年服务业项目32项,完成服务业投资11.56亿元,增长15.1%,其中超亿元项目4项。严格环境监督,对重点排污企业实施高频率、常态化监管。坚持源头控制,着力推进印染企业、铝型材企业和小片印花企业专项整治工作,加大落后产能淘汰力度,全年实现削减化学需氧量77.4吨、氨氮6.82吨,超额完成减排任务。全年关停“三高两低”企业*和“五小”企业*3个,淘汰燃煤小锅炉11个。水利工程获得新提升。总投资3000万元的青祝河三期整治工程全面竣工,整治河道5730米,清淤土方9.5万立方米,新建护岸6470米,加固老挡墙470米,新建桥梁1座,拆建泵站2座。全面完成总投资1000多万元的西阳桥大联圩工程,新建堤防1416米、排涝闸站3座,铺设涵管150米,建成小圩区3个。启动总投资1500万元的文林社区防洪工程。完成总投资近900万元的中央财政小型农田水利设施重点县建设项目,改造灌溉泵站18座,建设地下渠道11140米、三级沟9360米。完成5座农村危桥改造。成功创建为第四批省创新型试点乡镇。圆满完成全国第三次经济普查工作。

社会建设　全年完成专利申报406件,其中发明专利199件。新增国家中小企业创新基金1项、省高新技术企业1个、省工程技术研究中心1个、省民营科技企业6个、省高新技术产品11种、产学研合作项目3项;新建省企业研究生工作站2个、江阴市工程技术中心4个,8个企业被列入市“专精特新”科技“小巨人”培育企业。积极搭建企业融资平台,有力助推“新三板”*挂牌,康爱特包装、友信小贷挂牌申请获受理。无锡兴泰船舶装备有限公司等3个企业参与修订国家标准、行业标准。进一步规范新市民子女入学,新建文林中心小学教学楼并改造塑胶操场。狠抓食品卫生和校车安全管理,努力建设平安学校。完善文体设施,新增农家书屋2个、企业文化活动中心3个,新建“10分钟体育健身圈”*9个。全年举办、协办各类文体活动超200场次,受惠群众10多万人次。文林芳草地健身队获市全民健身广场舞比赛第一名,章晓鹏在省残运会上创佳绩。召开全镇消失自然村图志采编人员培训会议,着手组建采编队伍,构建工作网络,并落实4名采编人员具体负责对各行政村资料征集工作的培训和指导。通过查阅镇志,查询村镇办(拆迁办)档案、户籍档案及宗谱等相关历史资料的方式,对1987年以来全镇消失自然村庄进行摸底。完成涉及8个行政村共21个消失自然村的资料搜集工作。编印期刊《筑塘》2期,《祝塘镇志》正式出版发行。安乐唐古桥完成修缮。“炎黄”感人事迹引发央视等各大媒体广泛关注。李中林家庭被评为首届全国“书香之家”,陆氏风科入选无锡市级“非遗”名录。顺利通过国家卫生镇复审,着力巩固国家卫生镇创建成果。加快推进社区卫生服务管理一体化,市五院门诊大楼扩建工程建成投用。做好“单独二孩”政策宣传,适度稳定低生育水平。新建日间照料中心2个,文林社区“健康小屋”建成投用。优化新镇区2.36平方千米的城市设计,引领新市镇建设;加强规划管理,完成控制性详细规划局部优化。投资1200万元的镇北路延伸段工程建成通车,文马线西旸桥段改造工程完工,完成梁家基浜、祝璜路、金茂路、环北路污水管网工程,完成镇区东街、西街道路改造,启动社区大鱼池头整治和金昌路延伸段工程。全年完成拆迁面积2.5万平方米,完成安置分房88户。强化安置小区物业考核,进一步提升物业管理水平。进一步加强镇容镇貌、交通秩序和环境卫生管理,完善农村环境长效管理机制,镇村面貌得到改善。加大镇区垃圾、渣土倾倒和破坏绿化等行为的查处力度,强化农贸市场周边环境治理,镇区社区形象得到提升。深入推进违建专项整治,私搭乱建现象得到有效遏制,拆除违章建筑3500多平方米。完善道路交通标志标线,积极开展交通违法整治行动,重要时段、重要节点的交通压力得到缓解。扎实开展非法黑作坊专项整治和取缔行动,强化对辖区内放射源及射线装置的监管,完成2个重点企业的环境应急物资库建设。新铺生活污水管网3390米,生活污水提升泵站累计建成23

座,进一步提升生活污水集中处理率。扎实做好夏秋两季秸秆禁烧和综合利用工作。电镀中心污水处理站改造工程和水务公司恶臭气体治理、污泥资源化综合利用工程先后建成投用。梁家基、后坞墩和河北庄3个自然村完成农村生活污水处理工程。全年新增绿化造林面积63.33公顷,其中生态林13.33公顷、经济林36.67公顷、"四旁"(路旁、沟旁、渠旁和宅旁)植树13.33公顷;获评省村庄绿化示范村2个、省生态村2个、无锡市森林村3个。加强河道环境综合整治,落实"河长制"管理,水环境质量进一步提升。全年实现新增就业岗位6596个,扶持自主创业128人,本地大中专毕业生就业率97%以上,困难家庭毕业生就业率100%。完成职业技能鉴定538人,组织各类职业技能培训班12期。新增城镇职工养老保险2739人,居民养老保险参保4268人,"居保"转"城保"346人。高度关注社会弱势群体,低保标准由月人均530元提高到600元;全年发放低保金268.5万元、残疾人救助金251万元;发放优抚补助金299.35万元、尊老金121.53万元、慈善救助款65.2万元。完成群众免费健康体检14844人,新农合参保33954人。积极推进"法治祝塘""平安祝塘"建设,"六五"普法教育持续深入,首创"邻里学法之家"普法平台。文林社区新建法治文化广场。大力推进技防镇建设,新增监控探头151只。完善矛盾纠纷网格化排查和动态排查机制,健全突发事件应急处置机制,全力化解各类矛盾纠纷。加强安全生产监管,落实安全生产"一岗双责",积极开展隐患排查和治理,全镇安全形势持续平稳。扎实推进无证无照企业取缔,全面开展工业企业"健康体检",严厉打击拖欠工资、拖欠工程款、业主弃企逃债"两欠一逃",全镇经济金融秩序稳定。

2014年祝塘镇主要经济社会指标一览

表101

指　　标	单　位	数　量	比上年增减(%)	指　　标	单　位	数　量	比上年增减(%)
地区生产总值	亿元	79.52	7.81	到位注册外资	万美元	1736	45.15
人均地区生产总值	万元	13.10	6.90	工业企业	个	970	2.30
财政收入	亿元	9.15	13.37	服务业增加值	亿元	24.63	6.26
第二、第三产业增加值占地区生产总值比重	%	96.30	0	限额以上批发零售业销售总额	亿元	27.62	-8.30
农业总产值	亿元	5.30	8.8	限额以上批发零售业零售额	亿元	1.97	6.50
粮食总产量	万公斤	2073	-2.40	中小学校数	所	7	0
工业总产值	亿元	248.36	7.44	中小学校在校学生数	人	8692	-1.87
其中:规模以上工业总产值	亿元	156.10	8	数字电视入户率	%	99	0
工业利税总额	亿元	18.05	9.70	农村居民人均可支配收入	元	26719	12.20
其中:规模以上工业利税总额	亿元	11.58	22.20	社保参保率	%	100	0
工业用电量	亿千瓦时	5.91	3.31	劳动合同签订率	%	97	1
全社会固定资产投资	亿元	28.98	9.10	月薪制实施率	%	98	0
其中:工业投资	亿元	16.72	10	新型农村合作医疗参保率	%	100	0
服务业投资	亿元	11.56	15.10				

2014年祝塘镇开票销售收入前10名企业一览

表102

名次	企　业　名　称	销售收入(亿元)	法人代表	名次	企　业　名　称	销售收入(亿元)	法人代表
1	江阴市百舸有色金属材料有限公司	30.32	徐宇清	6	江阴市茂达棉纺厂有限公司	3.26	郁广益
2	江苏贝德时装有限公司	5.68	蒋忠伟	7	江阴迪新金属工业有限公司	3.08	丁建明
3	江阴市江河化纤有限公司	4.92	戴泽新	8	江阴市春达铝业有限公司	3.00	朱忠良
4	江阴市飞燕实业有限公司	4.48	蒋云南	9	江苏瑰宝集团有限公司	2.42	周云龙
5	江阴市恒润环锻有限公司	4.16	承立新	10	江阴市文林利达布厂	2.29	包贤明

2014年祝塘镇各村(社区)基本情况一览

表103

村(社区)名称	户数(户)	人口(人)	村(社区)党支部(党总支、党委)书记	村(社区)主任	村(社区)开票销售收入(亿元)	人均可支配收入(元)
永昌村	1245	4923	王　华	王　征	39.63	22800
建南村	1604	6151	王　良	俞荣彪	27.72	25000
文林村(社区)	2044	6908	张荣庆	王力军	23.38	28500
金庄村	1927	7245	孔令福	何德兴	19.70	25000
永平村	1262	4916	蒋云南	华　兴	15.03	16280
景阳村(社区)	1646	5204	戴汉兴	沈岳虎	12.28	21200
北湾村	959	3263	王军伟	潘学红	12.24	24500
河湘村	1288	4564	龚　军	朱建飞	10.61	24100
茂龙村	912	3508	顾叙兴	华国洪	4.14	24000
富顺村	1607	5489	潘浩德	孙建刚	4.06	20050
五福村	1451	4901	张星伟	季　刚	3.11	18000
石堰村	1065	3633	包盘兴	徐立新	1.61	17780

【国家卫生镇通过复审】 祝塘镇自2006年被评为国家卫生镇和2010年通过复审之后,2014年又迎来国家卫生镇再次复审。是年4月,祝塘镇召开国家卫生镇复审迎检动员会,对国家卫生镇复审工作进行全面动员和部署,成立由镇长任组长,各分管副镇长任副组长的国家卫生镇复审迎检工作领导小组,下设办公室与宣传志愿、环境保护、生态美化和应急指挥等7个小组,制订迎检工作计划,召开迎检工作部署会。通过广泛宣传发动,形成全社会关心支持国家卫生镇复审的浓郁氛围。5月,全镇召开国家卫生镇复审迎检工作推进会,进一步统一思想,明确责任,就道路环境、城镇管理、镇村结合部环境卫生等方面开展专项整治。同时完善基础设施,投入60万元改建公厕、改造垃圾打包站,投入15万元添置不锈钢垃圾筒、果壳箱,投入15万元完成围墙、桥栏和路侧石出新,投入10万元完成绿化补植补栽、新建33个健康宣传栏。7月,再次召开复审迎检工作推进会,就省相关部门在全镇暗访过程中发现的各类问题落实各项整改措施。10月中旬,接受国家爱卫办的抽查,成功通过国家卫生镇复审。

【李中林家庭获评"全国书香之家"】 李中林是祝塘中学的退休教师,一生酷爱读书、喜欢藏书,家中先后收藏2万多册文、史、哲方面的书籍(包括各类期刊),其中收藏的历代笔记尤为丰富,有1000余种,期刊如《新华文摘》《文史知识》等从创刊号一直收集至今。1996年李中林家庭被评为江阴市"十佳藏书家庭",1998年被评为无锡市"十佳藏书示范户",2003年李中林被评为"书缘杯""江苏十大藏书家"。2007年和2010年李中林家庭被评为无锡市"十大书香家庭"。2013年3月,由国家新闻出版广电总局主办的首届"全国书香之家"评选启动,历经一年精心评选。2014年4月,祝塘镇李中林家庭被授予首届"全国书香之家"称号。

【"农民之家"科普惠农显实效】 2010年,祝塘镇农村科普工作者孔维新把250平方米的自家楼房整修后,建成兼具科普惠农服务站和农家书屋功能的"农民之家",并用自己的专长发挥余热,按照"种给农民看,讲给农民听,带着农民干,帮助农民富"的理念,致力于农村科普工作。至2013年底,该"农民之家"拥有农业科技书籍和图书3000余册,《江苏科技报》《江苏农业科技报》等符合农民阅读口味的报刊12种,定时免费向农民开放。自开办以来,有4500余人次前来学习和借阅各类科普图书。在农家书屋里,举办农业科技培训班28期,培训800余人次,推广特色农业新品种、新技术12项,当地得益农民1.3万余户,并辐射6省市12个市22个县49个乡镇361户种植大户。2014年,孔维新被授予首届"江苏省十佳全民阅读推广使者"荣誉称号。

【镇北路延伸段建成】 2013年10月,总投资1100万元的镇北路延伸段工程开工建设。该延伸段西起镇北路,东至环东路,全长640米,沿线主要相交道路为规划之中的纵二路和纵三路。镇北路为双向四车道,宽35米,主车道宽15米,并设置两条3米宽的非机动车道,两侧道板基础各7米,分别为5米停车位和2米人行道。该工程由江阴市城乡规划设计院负责设计,江苏大自然环境建设集团有限公司组织施工,于2014年6月建成通车。该路延伸段的建成进一步打开新镇区发展空间,大大缓解集镇的交通压力。

【尚东壹号住宅小区开工建设】 2014年10月18日,祝塘镇新镇区尚东壹号住宅小区举行破土动工仪式,这一项目的启动标志着该镇在打造高品质人居环境上又向前迈进一步。该小区东至规划纵三路,南至镇北路,西至规划纵二路,北至环北路,占地面积4公顷,总建筑面积75567.39平方米,建设14幢三层联排别墅和5幢小高层公寓式住宅,其中配套7000多平方米的商业用房,总投资3亿元,工程预计于2016年1月竣工。该项目由中国建筑上海设计研究院有限公司设计,江阴市民用建筑安装工程有限公司组织施工,江阴市东盛湖房地产有限公司实施开发。

【颜家桥伏击战纪念碑奠立】 颜家桥伏击战遗址位于祝塘镇石堰行政村和建南行政村交界处的颜家桥自然村,沿直塘河(祝塘河)一线分布,是抗日战争历史事件重要纪念地。1938年7月15日8时左右,下乡扫荡的侵华日军150余人,乘坐4艘铁壳船,从集结地祝塘回无锡驻地。时任国民党“忠救军”五支队司令的朱松寿,获悉敌情,率地方抗日武装会同国民党独立45旅旅长贾广文部,在直塘河颜家桥段伏击。3艘日军铁壳船进入伏击区,立遭痛击。日军猝不及防,纷纷弃船跳河,伤亡惨重。因机器故障掉队的第4艘船上的日军,闻前方枪声,弃船上岸还击。朱部边打边撤,贾部掩护撤退。是役共歼灭日军96人,为苏南抗战史上的辉煌一页。为不忘历史,教育后人,同时也为了祭奠英烈,居安思危,更加珍惜今天和平幸福的生活,2014年10月,祝塘镇斥资20余万元整葺颜家桥伏击战遗址,并奠立纪念碑。

【安乐唐古桥重修】 安乐唐桥,又名安乐桥、安乐塘桥,为青石拱形结构桥,桥跨文林与马镇接壤的五房白荡窄口处,始建于明洪武十年(1377年),由金凤乡安乐里唐子荣得文林桥头村朱氏资助修建。该桥的建成,免除了两岸乡民绕行之苦。其后曾几度坍圮,几经修复。明崇祯五年(1632年)唐喜教倡修,得尼姑常广募缘于崇祯十六年(1643年)修竣。清乾隆五年(1740年)唐舜哲继修。20世纪50年代唐宝铭再修。由于年久失修,前后路径荒废,安乐唐桥逐渐成为一座孤立的危桥。该桥虽失去实用功能,作为文化遗产却是一处不可多得的文物古迹。2014年初,祝塘镇党委政府贯彻“保护为主,抢救第一”的方针,决定对其进行修缮,并获市文广新局30余万元的资助。该工程由常熟古建园林建设集团有限公司负责施工,历时半年加固桥基,增补拱桥,修复桥面。6月,古桥面貌焕然一新。

2014年6月,祝塘镇安乐唐古桥重修完成。图为该桥新姿 (刘继夏 摄)

【文林小学教学楼改扩建工程】 2014年,文林中心小学教学楼改扩建工程被列为祝塘镇政府为民办实事工程之一,于1月开工建设,9月建成投用,总投资600万元。工程总建筑面积2861平方米,整幢教学楼为5层,设24个教室。该教学楼的完工进一步提升学校的办学要求,为学校更好地开展日常教学管理工作提供良好的基础设施保障。

【市五院门诊楼改扩建工程】 江阴市第五人民医院门诊楼改扩建工程,是市政府为民办实事工程之一,总投资1100万元。工程于2013年11月开工建设,2014年8月主体竣工,10月投用。扩建后的新门诊大楼总建筑面积3300平方米,集急诊接诊室、门诊输液室、标准化验室和预防保健科以及各门诊科室为一体。与之前相比,新门诊大楼就医条件更加充实,内部各科(室)更加集中,就医流程也更加合理,应急救援处置能力得到提升,更好地满足周边居民的就医需求。

【《祝塘镇志》出版发行】 《祝塘镇志》于2008年春启动编纂,于2012年4月完成征求意见稿,下发各机关部门、企事业单位征求意见,10月完成初稿,交由市史志办审稿。2013年2月起,根据市史志办初审意见,进行内容充实、结构调整、史实核对,并广泛征求镇领导、镇老干部、文史专家、知情人士及社会各界人士意见。5月底,完成送审稿交市史志办复审。9月底通过市史志办审核验收,送方志出版社审定。全书设24编、88章、283节,共168万余字,图照115幅。该志书上限至事物发端,下限至2010年,是反映祝塘镇古今史实的第一部通志,内容上涵盖自然、政治、经济、文化、社会等方面的基本内容,形式上采用述、记、志、传、图、表、录等体裁,较为客观地展示了祝塘地区发展的历史轨迹。2014年2月,《祝塘镇志》由方志出版社出版发行。5月,祝塘镇向机关部门、村(社区)、企事业单位和参与镇志编纂的社会各界人士赠送志书。

【陆建秋夫妇向文林中心小学捐赠100万元】 2014年6月21日,陆建秋、王辉夫妇向文林中心小学捐赠塑胶操场和录播教室的签约仪式,在文林中心小学三楼会议室举行。陆建秋、王辉夫妇以个人名义向文林中心小学捐赠100万元,这是该校历史上接收的单笔金额最大的私人捐款。陆建秋系无锡鹰普公司董事长,二十多年前就在文林创办企业,他与文林结下不解之缘,文林是他的第二故乡,一直关心和支持文林的教育事业。文林中心小学校长高东霞代表全体教职员工和学生对陆建秋、王辉夫妇热心教育的义举,表示最衷心的感谢和最崇高的敬意。 (何国荣)

■类目编辑 纪晓华

组织机构和领导人员名录

市级机构

中共江阴市委

书　　记　周铁根
副 书 记　沈　建
　　　　　王进健（至1月）
　　　　　蔡叶明
　　　　　崔荣国（赴新疆工作）
常　　委　孙小虎
　　　　　徐冬青
　　　　　计　军
　　　　　孙　英（女）
　　　　　钱文琴（女）
　　　　　冯爱东
　　　　　吴　芳（女）
　　　　　袁秋中
　　　　　戴旭东

江阴市人大常委会（党组）

主　　任　赵国权
副 主 任　倪颖伟
　　　　　郑　元
　　　　　朱　敏
　　　　　黄耀清
党组书记　赵国权

江阴市人民政府（党组）

市　　长　沈　建
副 市 长　孙小虎
　　　　　计　军
　　　　　吴　芳（女）
　　　　　费　平
　　　　　龚振东
　　　　　封晓春
　　　　　唐仲贤
　　　　　程　政（2月任）
　　　　　虞卫才
　　　　　韩　民
　　　　　张继文（挂职）
党组书记　沈　建
副 书 记　孙小虎

政协江阴市委员会（党组）

主　　席　薛　良
副 主 席　须振宇
　　　　　黄丽泰（女，兼）
　　　　　张英毅
　　　　　喻伟力
　　　　　陈兴初
党组书记　薛　良
副 书 记　须振宇

中共江阴市纪律检查委员会

书　　记　孙　英（女）
副 书 记　郁李达
　　　　　陈明波
常　　委　缪明球
　　　　　陆永祥
　　　　　陆　欣
　　　　　沈　斌

市委办公室

主　　任　张韶峰
副 主 任　许忠新（至4月）
　　　　　郭　诚
　　　　　唐晓峰
　　　　　何忆芳（女，至4月）
　　　　　刘明波（至4月）
　　　　　汤建影
　　　　　谢映军（3月任）
市委政策研究室
主　　任　郭　诚（12月任）

市委组织部

部　　长　钱文琴（女）
副 部 长　俞烈彪（至5月）
　　　　　叶雪琴（女，至5月）
　　　　　张志浩
　　　　　王建新
部务委员　徐　飞
　　　　　冯明刚
市委组织员办公室
主　　任　张志浩
市新经济社会组织党工委
书　　记　王建新
副 书 记　范　荣

市委宣传部

部　　长　袁秋中
副 部 长　刘　锋
　　　　　杨建忠
　　　　　缪剑波（至4月）
　　　　　王　敏（女，至4月）
　　　　　薛建国
文明办主任　刘　锋
副 主 任　曹　琰（女）

市委统战部

部　　长　缪　红(3月任)
副部长　方　政
　　　　陈建龙(至6月)
　　　　卞　宏(6月任)
　　　　高文展
　　　　陈雪源
部务委员　潘少峰(12月任)

民族宗教事务局

局　　长　陈建龙(至6月)
　　　　卞　宏(6月任)
副局长　冯正兴

市人民政府侨务办公室

主　　任　高文展
副主任　叶　敏(女)

市委台湾工作办公室

主　　任　江　城
副主任　赵　笛(女)
　　　　吴树坚

市委政法委员会

书　　记　蔡叶明
副书记　韩　民
　　　　刘国兴
　　　　顾培植(12月任)
　　　　顾永成(派挂,至4月)
　　　　陶金虎
　　　　包春其(派挂,4月任,至10月)
　　　　梅　强(派挂,12月任)

社会治安综合治理委员会办公室

主　　任　刘国兴
　　　　顾培植(12月任)
副主任　潘　麒
　　　　许海英(女)

市机构编制委员会办公室

主　　任　俞烈彪
副主任　夏宏伟
　　　　张　华(12月任)

市委农村工作办公室

主　　任　许忠新
副主任　龚菊平(至3月)
　　　　李湘阳
　　　　孔玉兰(女,4月任)

防范和处理邪教问题办公室

主　　任　孙瑞元
副主任　黄　磊

市委市级机关工作委员会(纪工委)

书　　记　屠湘如
副书记　徐益民
　　　　周雯虹(女)
纪工委书记　徐益民

市委老干部局

局　　长　叶雪琴(女)
副局长　周玉芳(女)
　　　　薛　卫
　　　　孙　渊(12月任)

市委机要保密局

局　　长　郭　诚
副局长　俞　良

信访局

局　　长　顾培植
　　　　印国兴(12月任)
副局长　印国兴
　　　　朱小卫
　　　　袁春霞(女)

史志办公室

主　　任　吴海英(女)
副主任　王萍芳(女)
　　　　李孜渊

档案局、档案馆

局长、馆长　卞　宏(至4月)
　　　　张　伟(4月任)
副局长、副馆长　吴红敏(女)
　　　　缪红珍(女)
　　　　蔡智峰

接待办公室

主　　任　何忆芳(女)
副主任　秋初阳(至4月)
　　　　宦雪忠
　　　　朱学民(女)
　　　　林贤青(女)

市人大办公室

主　　任　梅海荣
副主任　赵　东
　　　　唐　微(女,4月任)

市人大研究室

主　　任　袁金英(女)
副主任　赵勇兵(至6月)

市人大工作委员会

内务司法工委
主　　任　徐　斌
副主任　龚楚华
财政经济工委
主　　任　夏伟忠
副主任　黄立新(女)
环境资源城乡建设工委
主　　任　张伯庆
副主任　徐志伟
教科文卫工委
主　　任　高小乒(女)
副主任　袁忠良
人事代表联络工委
主　　任　李志浩
副主任　赵勇兵(6月任)

市政府办公室(党组)

主　　任　张　忠
副主任　顾　平
　　　　顾培植(至6月)
　　　　薛洪都(至6月)
　　　　魏　锋(至6月)
　　　　蒋万春(至6月)
　　　　金啸峰
　　　　万小溪
　　　　吴家湘
　　　　许　伟
　　　　林　琪
党组书记　张　忠
人民政府研究室
主　　任　蒋万春
副主任　朱新开

市外事办公室

主　　任　赵茹珊(女)
副主任　吴芸芸(女,至4月)

市金融工作办公室

主　　任　顾　平
副 主 任　李　琦(女,至6月)
　　　　　黄建祥(3月任)

市级机关事务管理局(党组)

局　　长　薛洪都(至6月)
　　　　　陈建龙(6月任)
副 局 长　陆桂兴
　　　　　刘晓军
党组书记　薛洪都(至4月)
　　　　　陈建龙(4月任)

发展和改革委员会(党组)

主　　任　陆礼平
副 主 任　王　凯
　　　　　李建国(至6月)
　　　　　王玉雷(至6月)
　　　　　郝周光
　　　　　李进仪
　　　　　薛　健(6月任)
党组书记　陆礼平
副 书 记　王　凯

经济和信息化委员会(党委、纪委)

主　　任　沈伟旗
副 主 任　那叶青
　　　　　翁国琪
　　　　　薛德网
　　　　　陶　宏
　　　　　陆正宇
党委书记　沈伟旗
副 书 记　肖朱东
纪委书记　肖朱东(至4月)
　　　　　毛　亚(女,4月任)

市信息化办公室

主　　任　翁国琪
副 主 任　舒建华(至6月)

教育局(党委、纪委)

局　　长　陈兴初
副 局 长　何香娟(女,至1月)
　　　　　王　健
　　　　　陈　华
　　　　　单红霞(女,6月任)
党委书记　过建春
副 书 记　陈兴初
　　　　　徐前锋
纪委书记　付良洲

人民政府教育督导室

主　　任　过建春

科学技术局(党组)

局　　长　赵志军
副 局 长　王　凯(至1月)
　　　　　吴自强
　　　　　俞均彦
党组书记　赵志军

人力资源和社会保障局(党委、纪委)

局　　长　季相云
副 局 长　吴福庆(至1月)
　　　　　施晔新(女)
　　　　　袁　飞
　　　　　缪　勤(女)
　　　　　华　江
党委书记　季相云
副 书 记　吴建农
纪委书记　刘小微
　　　　　夏　晓(12月任)

财政局(党组、纪检组)

局　　长　包锡龙
副 局 长　王维秧
　　　　　盛良斌
　　　　　李　琦(女)
　　　　　黄海华
　　　　　周　琛(至6月)
　　　　　张海红
　　　　　陈正华(3月任)
党组书记　包锡龙
纪检组长　张　虎

市人民政府国有资产监督管理办公室

主　　任　包锡龙
副 主 任　陈正华(至3月)

公安局(党委、纪委)

局　　长　韩　民
副 局 长　严会东
　　　　　张德根
　　　　　孙瑞元
　　　　　赵　敏
　　　　　卢　刚
　　　　　杨　勇(1月任)
党委书记　韩　民
政　　委　李　宏
副 书 记　李　宏
　　　　　严会东
政治处主任　朱福顺
纪委书记　符加良

维护稳定工作领导小组办公室

主　　任　张德根
副 主 任　梅学兴
　　　　　李国忠(至4月)

监察局

局　　长　郁李达
副 局 长　缪明球
　　　　　陆永祥
　　　　　周美华(女,至6月)
　　　　　周正洪(至6月)

民政局(党委、纪委)

局　　长　陆　钢(至6月)
　　　　　钱华光(6月任)
副 局 长　钱华光(至6月)
　　　　　朱永蕾(女)
　　　　　徐　强(女)
　　　　　赵国平
　　　　　殷文华
党委书记　钱华光
副 书 记　华　青(12月任)
纪委书记　徐国军

司法局(党组、纪检组)

局　　长　陈建国
副 局 长　陈卫宏
　　　　　徐国良
　　　　　洪向宇(女)
党组书记　陈建国
纪检组长　陈　开

国土资源局(党委、纪委)

局　　长　蒋和兴
副 局 长　赵晓敏(女)
　　　　　胡伟峰
　　　　　张国兴

吴　勇
唐文忆
党委书记　蒋和兴
副 书 记　赵晓敏(女)
纪委书记　周安伯

建设局(党委、纪委)

局　　长　蔡　欣
副 局 长　陈　强(至6月)
洪朝晖
陈　林
华　锋
陈君平
党委书记　蔡　欣
副 书 记　陈　强(至4月)
华　锋(12月任)
纪委书记　张　悦(女)

公用事业管理局(党委、纪委)

局　　长　陈国君
副 局 长　屠汉玉
黄勇锋(4月任)
党委书记　陈国君(4月任)
副 书 记　吴群力(4月任)
纪委书记　李国忠(4月任)

交通运输局(党委、纪委)

局　　长　张光伟
副 局 长　华勇清
钦沉浮
傅士才
邱明玉
党委书记　张光伟
副 书 记　王玉龙
纪委书记　王玉龙
俞卫东(12月任)

水利农机局(党委、纪委)

局　　长　卢建法
副 局 长　张伟龙
梅少华
陈转兰(女)
党委书记　卢建法
副 书 记　席卫平
纪委书记　单国民

农林局(党委、纪委)

局　　长　胡品洪
副 局 长　夏源秋
孔秋海
曹亚成
臧存龙
龚荣进
党委书记　胡品洪
副 书 记　张耀忠
纪委书记　张耀忠
张金龙(12月任)

商务局(党委、纪委)

局　　长　查建标
副 局 长　濮益民(至6月)
樊　蓉(女)
钱　标(至6月)
陈　鑫
徐立刚
党委书记　查建标
副 书 记　钱　标(4月任)
纪委书记　吴　灏(女)

招商局(★)

局　　长　王建强(6月任)
副 局 长　吴芸芸(女,6月任)
杨军颜(6月任)

文化广电新闻出版局(党委、纪委)

局　　长　蒋　青(女)
副 局 长　钱　晴(女)
孔维度
严文华(6月任)
党委书记　蒋　青
副 书 记　陆建兴
纪委书记　陆建兴
周　钧(12月任)

卫生局(党委、纪委)

局　　长　严军明
副 局 长　蒋尧严
钱大雁
鄢宏云
党委书记　严军明
副 书 记　耿晨新
纪委书记　张成慧(女)

食品药品监督管理局(党组、纪检组)

局　　长　薛　炯
副 局 长　鄂　青
杨益生
仲崇前
党组书记　薛　炯
纪检组长　鄂　青(至4月)
赵晓新(4月任)

人口和计划生育委员会(党组)

主　　任　胡莹洁(女)
副 主 任　俞勤龙
许　晨(女)
沈利兴(至6月)
党组书记　胡莹洁(女)

审计局(党组、纪检组)

局　　长　汤龙生
副 局 长　顾国平
周　铁
李　焱(女)
党组书记　汤龙生
纪检组长　韩映红(女)

环境保护局(党委、纪委)

局　　长　王利峰
副 局 长　浦　强
沈天星
金丹菁(女)
张明军
党委书记　王利峰
副 书 记　孙　龙
浦　强(12月任)
纪委书记　张荣保

规划局(党组、纪检组)

局　　长　缪　敏
副 局 长　计慧红(女)
刘建军(至6月,赴新疆工作)
曹建峰
张　旻(4月任)
总工程师　汪运志
党组书记　缪　敏
纪检组长　蒋宇正

统计局(党组)

局　　长　陈　泓(女)
副 局 长　陈　华
季克军
党组书记　陈　泓(女)

国家统计局江阴调查队

队　　长　江兆成

安全生产监督管理局（党组、纪检组）

局　　长　严建定
副 局 长　孙益民
　　　　　唐建荣
党组书记　严建定
党组副书记　孙益民
纪检组长　顾敏华（女）

粮食局（党委、纪委）

局　　长　徐文侠
副 局 长　曹焕平
　　　　　薛华君
党委书记　徐文侠
副 书 记　陈　骏
纪委书记　任天佑

体育局（党组）

局　　长　顾洪伟
副 局 长　张　海（女）
　　　　　张　健
党组书记　顾洪伟

物价局（党组、纪检组）

局　　长　卢　忠（至4月）
　　　　　张建明（4月任）
副 局 长　张国生
　　　　　李　蓉（女）
党组书记　卢　忠（至3月）
　　　　　张建明（3月任）
纪检组长　姚剑波

人民政府法制办公室

主　　任　蔡　澄（至4月）
　　　　　张晓东（4月任）
副 主 任　张宪伟
　　　　　郭　盛

城市管理局（党委、纪委）

局　　长　顾志强
副 局 长　姚剑刚
　　　　　吴子东
　　　　　吴　新（6月任）
党委书记　顾志强
副 书 记　华　青
　　　　　姚剑刚（12月任）
纪委书记　葛文华

住房保障和房产管理局（党组、纪检组）

局　　长　何建华
副 局 长　陆　雁（女）
　　　　　陈　斌
　　　　　朱念东
党组书记　何建华
纪检组长　濮益飞

园林旅游管理局（党组、纪检组）

局　　长　顾金辉
副 局 长　吴有成
　　　　　李俊泉
　　　　　楚海芹（女）
党组书记　顾金辉
纪检组长　吴　敏（女）

民防局

局　　长　施迪庆
副 局 长　任静云（至1月）
　　　　　陈　江（女）

江阴高新技术产业开发区党工委、管委会

党工委书记　周铁根
副 书 记　沈　建
　　　　　冯爱东（主持工作）
主　　任　沈　建
纪工委书记　孙　英（女）
副 主 任　冯爱东
　　　　　符跃进
　　　　　陈耀才
　　　　　陶正贤
　　　　　郁秋皓
党工委委员　李　平
主任助理　孟胡坤（至6月）
　　　　　刘纳新
纪工委
副 书 记　顾爱芬（女）
监察审计局
副 局 长　徐琴芳（女）
党政办公室
主　　任　徐岳明
副 主 任　陈勇奇
　　　　　刘明波（4月任）
　　　　　夏天华（12月任）
党群工作部
部　　长　朱亚平
　　　　　徐岳明（12月任）
副 部 长　柳　蔚（女）
人大常委会高新区工作委员会
主　　任　庞忠德
招商局
局　　长　严倪芳
副 局 长　孙企华
　　　　　葛燕峰（至6月）
　　　　　周建峰（12月任）
经济发展局
局　　长　黄　健
副 局 长　王建强（至6月）
　　　　　张士洪（至1月）
　　　　　朱学泽
　　　　　钱建青（3月任）
　　　　　张晓华（12月任）
财政局
局　　长　刘纳新
副 局 长　张剑峰（至6月）
　　　　　黄志锋
规划建设局
局　　长　陈　炜
副 局 长　方建良（至1月）
　　　　　吕道锋
　　　　　陈　斌（至6月）
科学技术局
局　　长　王　彪
副 局 长　张云霞（女）

城东街道党工委、纪工委

党工委书记　冯爱东
副 书 记　陈耀仁
　　　　　张丽君（女）
纪工委书记　俞晓峰（12月任）
人大工委
主　　任　庞忠德
办事处主任　陈耀仁
副 主 任　沈　强
　　　　　马忠洪（至6月）
　　　　　刘平华（至6月）
　　　　　邱　奕
　　　　　李克雨（女，4月任）
　　　　　王文忠（6月任）

江阴高新技术创业园管委会

主　　任　王　彪
副 主 任　米建华

江阴高新区青阳工业园区（★）

党委书记　郁秋皓（6月任）
副 书 记　张晓新（6月任）

主　　任　孟胡坤(6月任)
副 主 任　张剑峰(6月任)
　　　　　陈　斌(6月任)
　　　　　葛燕峰(6月任)
财政和资产管理局
局　　长　张剑峰(6月任)
经济发展局
局　　长　李国建(6月任)
规划建设局
局　　长　丁正方(6月任)

江阴临港经济开发区党工委、纪工委

主　　任　徐冬青
书　　记　钱文琴(女)
副 书 记　徐冬青
　　　　　张　勇
副 主 任　赵巧新
　　　　　王益新
　　　　　方枫云
纪工委书记　卢澄晓(女)
主任助理　童金良
　　　　　孙展峰
党政办公室
主　　任　仇　丰(至4月)
副 主 任　邱晓东
　　　　　邹鹏辉
　　　　　赵海鹰(女,4月任)
监察审计局
副 局 长　戴佳廉(主持工作)
　　　　　刘丽华(女)
　　　　　曹　鸣
党群工作部
部　　长　王文平
副 部 长　韩　俊
　　　　　吴春华(女)
　　　　　吴国平
　　　　　吴玉兰(女)
人大常委会临港经济开发区工作委员会
主　　任　顾少农
副 主 任　陈　峰
　　　　　华云岐
政协临港经济开发区工作委员会
主　　任　金　星
副 主 任　缪肖锋
财政局
局　　长　方枫云
副 局 长　吕中立
　　　　　方忠耀
　　　　　侯骥菁
经济发展局
局　　长　陈海峰(至4月)
副 局 长　赵海鹰(女,至4月)
　　　　　徐科新
　　　　　吴建兵
　　　　　吕　涛(至4月)
　　　　　陆志云(至4月)
　　　　　孟　峰
　　　　　朱华英(女,至4月)
　　　　　朱节文(4月任)
　　　　　俞卓人(4月任,至6月)
招商局
局　　长　徐洪伟
副 局 长　陈益军(至4月)
　　　　　邵红良
　　　　　谢　挺
　　　　　薛　健(至4月)
　　　　　徐建锋
　　　　　杨种峰(至4月)
　　　　　徐建栋
　　　　　陈　奕(女,至4月)
　　　　　姜　浩(至4月)
规划建设局
局　　长　时　新(至4月)
　　　　　朱进华(4月任)
副 局 长　虞　初
　　　　　缪建伟
　　　　　潘国龙(至4月)
　　　　　蒋玉军
社会事业局
局　　长　庞祥芬(女)
副 局 长　朱节文(至4月)
　　　　　钱　锋
　　　　　徐剑锋
　　　　　孙惠峰
港口发展局
局　　长　陶建国
副 局 长　仰炯豪
　　　　　李罗娜(女)
　　　　　黄　海
　　　　　王顺元(至4月)
　　　　　高建钢(至4月)
农村工作局
局　　长　朱进华(至4月)
　　　　　陈海峰(4月任)
副 局 长　吴志强
　　　　　俞卓人(至4月)
　　　　　缪敏华
便民服务中心
主　　任　何建国
副 主 任　俞　晖
　　　　　李富国(至4月)

江阴临港经济开发区下属事业单位

国际商务中心
主　　任　陈益军
副 主 任　杨种峰
　　　　　徐建栋(至4月)
　　　　　陈　奕(女)
　　　　　姜　浩
长江港口综合物流园区管委会
主　　任　陶建国(至4月)
副 主 任　许登明
　　　　　刘　军
　　　　　谢小明(至4月)
　　　　　高建钢
江阴市保税物流中心
主　　任　吕　涛
副 主 任　陆志云
　　　　　孟　峰(至4月)
　　　　　朱华英(女)

靖江园区党委、管委会

书　　记　唐仲贤(至3月)
　　　　　程　政(3月任)
主　　任　梁英航
副 书 记　梁英航
　　　　　吴群力(至4月)
副 主 任　吴群力(至6月)
　　　　　孙明江
　　　　　章　军
办公室主任　梁金华
招商局局长　陈　华(女)
经济发展局
局　　长　章　军
财政局局长　刘　铭
规划建设局
局　　长　沈宏伟
港口事务局
局　　长　马建民

行政服务中心(党委、纪委)

主　　任　陆　军
副 主 任　余　华
　　　　　殷永华
党委书记　陆　军
副 书 记　龚定娟(女)

纪委书记　吴燕萍(女)

口岸办公室
(党组,挂市港口管理局牌子)

主　　任　傅建荣
副 主 任　钱满清
　　　　　沈　平
　　　　　严伟荣(至3月)
　　　　　华　明(4月任)
党组书记　傅建荣

市政协办公室

主　　任　黄林法
副 主 任　蔡玉梅(女)
　　　　　黄卫良
政协研究室
主　　任　瞿江烨(女)

市政协专门委员会

学习文史委员会
主　　任　胥洪才
副 主 任　杨静燕(女)
提案委员会
主　　任　郁志刚
副 主 任　徐　伟
经济科技委员会
主　　任　孔菊伟
副 主 任　陈亚蕾(女,至7月)
社会法制与海外联络委员会
主　　任　高　晟(女)
　　　　　刘国兴(12月任)
教文卫体委员会
主　　任　张建平
副 主 任　翁新月(女)
　　　　　卞　宏(至7月)
城镇建设与环境保护委员会
主　　任　朱　健
副 主 任　杨健荣

法院(党组、纪检组)

院　　长　王立新
副 院 长　夏明丰
　　　　　王新达
　　　　　陈忠宇
　　　　　章见良
党组书记　王立新
党组副书记　夏明丰
政治处主任　朱行军
纪检组长　黄　东(女)

检察院(党组、纪检组)

检 察 长　胡洪平
副检察长　吴海平
　　　　　张晓东(至4月)
　　　　　赵建新
　　　　　朱彩娟(女,6月任)
党组书记　胡洪平
党组副书记　吴海平
政治处主任　朱彩娟(女,至7月)
　　　　　缪红雄(12月任)
纪检组长　缪红雄
　　　　　沙智刚(12月任)
反贪污贿赂局
局　　长　沙智刚
　　　　　丁宏斌(12月任)
反渎职侵权局
局　　长　丁宏斌
　　　　　诸梦莺(女,12月任)

工商联(党组)

主　　席　黄丽泰(女,兼)
副 主 席　方　政
　　　　　朱顺清
　　　　　金锡妹(女)
党组书记　方　政
　　　　　陶建国(12月任)

总工会(党组)

主　　席　刘文红(女)
副 主 席　余　玲(女)
　　　　　胡荣华
党组书记　刘文红(女)

团市委

书　　记　谈海平
副 书 记　谈海平(至1月)
　　　　　叶海舟
　　　　　居　琳(女)

妇女联合会

主　　席　周晓虹(女)
副 主 席　施丽娟(女)
　　　　　孔晓燕(女)

科学技术协会(党组)

主　　席　吴　钢
副 主 席　吴　彪
　　　　　杨红波(女)
党组书记　吴　钢

归侨侨眷联合会

副 主 席　刘　政
　　　　　曹　健(兼)
　　　　　黄立新(女,兼)

文学艺术界联合会

主　　席　王　敏(女)
副 主 席　周林海

残疾人联合会

主　　席　虞卫才(兼)
副 主 席　沈　军
　　　　　万小溪
理 事 长　沈　军
副理事长　江　良
　　　　　沈小狮

红十字会

会　　长　龚振东(兼)
副 会 长　陈兴初(兼)
　　　　　刘永红(女)
　　　　　陆　钢(兼)
　　　　　严军明(兼)
　　　　　刘　锋(兼)
　　　　　屠湘如(兼)
　　　　　包锡龙(兼)
　　　　　万小溪(兼)

市委党校

校　　长　周铁根
副 校 长　俞伟人(主持工作)
　　　　　杨　赟(女)
　　　　　陈建华

江阴日报社

社　　长　张再兴
总 编 辑　李　春(女)
副总编辑　单　旭
　　　　　陈　曦
　　　　　陈　忠
　　　　　夏新炯(12月任)

供销合作总社(党委、纪委)

主　　任　濮益民
副 主 任　范小龙(至1月)
　　　　　包云丹
党委书记　濮益民
副 书 记　包云丹(12月任)

纪委书记 胡振芳(12月任)

江阴广播电视集团(党委、纪委)

董 事 长 缪剑波
总 经 理 缪剑波
副总经理 刘志刚
杨 明
许 坚
党委书记 缪剑波
总 编 辑 刘志刚
副 书 记 朱琳琳(女)
纪委书记 朱琳琳(女)

市文化艺术集团

董 事 长 蒋 青(女)
总 经 理 蒋 青(女)
副总经理 董录科(至6月)
徐富康

土地储备中心

主 任 王玉雷(至5月)
薛洪都(5月任)
副 主 任 黄建华
何志强
纪检组长 许 玲(女,12月任)

市公共资源交易管理办公室

主 任 魏 锋
副 主 任 周正洪
花国权(至6月)

职业技术学院(党委、纪委)

院 长 钱 红
副 院 长 沈春英(女)
张庆堂
刘文君
党委书记 钱 红
副 书 记 董泽民
纪委书记 董泽民(4月任)

南菁高级中学(党委)

校 长 杨培明
副 校 长 赵长缨
夏建新
陈 颖(女)
戴加成
党委书记 杨培明
副 书 记 周 源

江阴高级中学(党委)

校 长 郁洪千
副 校 长 陈 康
陆振华
单红霞(女,至6月)
张国英(女)
顾晓峰(女)
党委书记 郁洪千
副 书 记 陈 康

教师进修学校

校 长 徐前锋
副 校 长 糜冠兴
王华平
刘国平

江阴中等专业学校(党委)

校 长 潘永惠
副 校 长 邵鹏飞
杭 强
浦建平
常 征
党委书记 潘永惠

街道、镇级机构

澄江街道党工委、纪工委

党工委书记 张国兴
副 书 记 谢洪兴
毛 勇
刘建国
纪工委书记 卢 芳(女)
人大工委主任 王华明
副 主 任 谭海鸣
办事处主任 谢洪兴
副 主 任 唐雪江
黄岳君
邵 骥
陈祖平
沈彦峰
何 冰

南闸街道党工委、纪工委

党工委书记 缪 慧
副 书 记 周建荣
朱富强
纪工委书记 陈丽华(女,至1月)
陈 熙(4月任)
人大工委主任 缪 慧
副 主 任 吴志裕
主 任 周建荣
副 主 任 曹其龙
钱昇贤
顾丰良
许铁军(6月任)
孔玉兰(女,至6月)

云亭街道党工委、纪工委

党工委书记 陈卫东
副 书 记 程建明
朱佳虎
郐闽澄(12月任)
纪工委书记 朱 伟
人大工委主任 陈卫东
副 主 任 殷建华
主 任 程建明
副 主 任 茅卫兵
朱学明
郐闽澄
严文华(至6月)
沈利兴(6月任)

璜土镇

党委书记 陈福良
副 书 记 曹乐平
张 荣
纪委书记 戴士良
臧 新(12月任)
人大主席 陈福良
副 主 席 时怀龙
曹伟平
镇 长 曹乐平
副 镇 长 曹建峰(至2月)
占纪平
顾正飞
黄伟庆
周 青
李 昀

月城镇

党委书记 杭 成
副 书 记 陈 峰
徐志华
纪委书记 陈建国
人大主席 杭 成
副 主 席 刘文光
镇 长 陈 峰
副 镇 长 陈国新

吴卓平
顾　健
杨　峰

青阳镇

党委书记　郁秋皓
副书记　李满刚(至4月)
　　邹星洪
　　张晓新
纪委书记　李玉虎(至1月)
　　葛　艳(女,6月任)
人大主席　郁秋皓
副主席　薛　坚(至2月)
　　李玉虎(2月任)
镇长　邹星洪
副镇长　张晓华
　　薛建国(至2月)
　　陈　开(至2月)
　　毛　亚(女)
　　邱振海
　　赵　华(2月任)

徐霞客镇

党委书记　叶韩清
副书记　王光华
　　赵惠千
　　范晓君
纪委书记　邬海江
　　陈中华(12月任)
人大主席　叶韩清
副主席　陶杏全
镇长　王光华
副镇长　范晓君(至1月)
　　黄建祥
　　张浩伟
　　张　平
　　陆峥嵘
　　胡品贤(女)
　　刘忠明(1月任)

华士镇

党委书记　缪　红(至4月)
　　翟　菁(4月任)
副书记　翟　菁(至4月)
　　黄　伟(4月任)
　　孙　健
　　江国虔(至4月)
　　门开阳(4月任)
纪委书记　杨伟兵(至4月)
　　李富国(4月任)
人大主席　缪　红(至6月)
副主席　殷忠祥(至2月)
　　赵建春(2月任)
镇长　翟　菁(至6月)
　　黄　伟(6月任)
副镇长　朱正锋(至6月)
　　赵建春(至2月)
　　陈　献
　　张光明
　　龚　英(女)
　　杨伟兵(6月任)

周庄镇

党委书记　吴国忠
副书记　顾文浩
　　刘汉秋
　　严伟荣(3月任)
　　钱丽英(女,12月任)
纪委书记　朱军安
人大主席　吴国忠
副主席　卞春兴(至1月)
　　王春平
镇长　傅建荣(至1月)
　　顾文浩
副镇长　何玉林
　　钱丽英(女)
　　潘　江
　　徐韶润
　　王旭东

新桥镇

党委书记　赵　强
副书记　吴　广
　　黄　伟(至4月)
　　陈剑雄(4月任)
纪委书记　赵晓新(至4月)
　　张　萍(12月任)
人大主席　赵　强
副主席　周明方
镇长　胡莹洁(女,至1月)
　　吴　广
副镇长　张国江
　　陈剑雄
　　季德鸿
　　顾春宇

长泾镇

党委书记　六　扬(女)
副书记　张　伟(至4月)
　　季　峰(至4月)
　　江国虔(4月任)
　　陶郁峻(4月任)
纪委书记　钱　浩
　　周逸岗(12月任)
人大主席　六　扬(女,至7月)
　　季　峰(7月任)
副主席　钱秋平(至7月)
镇长　张　伟(至7月)
　　江国虔(7月任)
副镇长　吴　新(至7月)
　　陶郁峻(至7月)
　　张红霞(女)
　　张金龙
　　孙仲英
　　余　江(7月任)
　　刘国兴(7月任)

顾山镇

党委书记　张建明(至4月)
　　顾文瑜(4月任)
副书记　顾文瑜(至4月)
　　仇　丰(4月任)
　　陈晓东
　　季　震(12月任)
纪委书记　刘志伟
人大主席　张建明(至6月)
副主席　马惠忠(至2月)
　　陈建明(至2月)
　　费锦菊(女,2月任)
镇长　顾文瑜(至6月)
　　仇　丰(6月任)
副镇长　俞卫东
　　王　强
　　季　震
　　冯　健
　　俞新钢

祝塘镇

党委书记　张少波
副书记　赵　炯
　　汪汉明
纪委书记　倪涛峰
人大主席　包嘉铭
副主席　邱瑞忠
镇长　赵　炯
副镇长　华协刚
　　夏建辉
　　徐　铭
　　周　钧
　　马　军

(*为机构撤销或更名,★为新成立机构或机构整合)　(市委组织部供稿)

驻江阴机构

江阴市人民武装部

部　　长　戴旭东
政　　委　尹　平
副 部 长　陈爱民(至3月)
　　　　　江　涛(4月任)

江阴市国家税务局

局　　长　万庆涛
副 局 长　闵三红
　　　　　陆晓东
　　　　　孙惠民
　　　　　杨潮阳
纪检组长　陈盘林(10月任)

无锡市江阴地方税务局

局　　长　蒋永成(至10月)
　　　　　任东飚(10月任)
副 局 长　顾敏明
　　　　　陈增伟
　　　　　钱敏郁
纪检组长　张农高
党组成员　顾　恩
　　　　　徐　益

无锡市江阴工商行政管理局

局　　长　陈俊虎
副 局 长　冯学锋
　　　　　郁　敏
　　　　　徐银芬(女)
　　　　　潘文伟
纪检组长　陈国强

无锡市江阴工商行政管理局高新技术产业开发区分局

局　　长　郑力强

无锡市江阴质量技术监督局

局　　长　陆成法
副 局 长　严国琴(女)
　　　　　易海红(女)
　　　　　黄新栋
纪检组长　缪志东

江阴市气象局

局　　长　阮蔚琳(女)
副 局 长　周章洪

江阴市邮政局(党委、纪委)

局　　长　袁　兵
副 局 长　沈　军
党委书记　袁　兵
纪委书记　沈　军

江阴市电信局(党委、纪委)

局　　长　冯卫钊(至6月)
　　　　　洪　伟(7月任)
副 局 长　徐宏良
　　　　　吉建忠(至6月)
　　　　　陈建东(9月任)
党委书记　冯卫钊(至6月)
　　　　　洪　伟(7月任)
纪委书记　吉建忠(至6月)
　　　　　徐宏良(6月任)

江阴市供电公司(党委)

总 经 理　储政伟(至9月)
　　　　　潘　勇(9月任)
副总经理　沈汉章(至9月)
　　　　　储政伟(9—10月)
　　　　　许立新
　　　　　徐国平
　　　　　吴卫东
党委书记　沈汉章(至9月)
党委书记　储政伟(9—10月)
党委副书记　潘　勇(9月任)
纪委书记　顾文献

江阴市盐务管理局

局　　长　李茂林(至7月)
　　　　　许文军(7月任)
副 局 长　杨建伟
　　　　　邵菊琴

江阴烟草专卖局

局长(经理)　吴建良
副局长(副经理)　于　进
　　　　　万国锋
党组书记　吴建良

中国人民银行江阴市支行

行　　长　胡焰刚(至4月)
　　　　　黄亚伟(4月任)
副 行 长　周　蓉(女)
　　　　　王黎明

中国银行业监督管理委员会无锡监管分局江阴办事处

主　　任　朱立新

中国工商银行股份有限公司江阴支行

行　　长　朱伊民
副 行 长　桂卫萍(女)
　　　　　徐　园
　　　　　单盛康(至8月)
　　　　　陈　新(3月任)
　　　　　童远熠(3月任)
行长助理　徐　鸣(8月任)

中国农业银行股份有限公司江阴市支行

行　　长　黄　庆(至4月)
　　　　　胡　兵(4月任)
副 行 长　宋雪平
　　　　　黄　慧(至11月)
　　　　　张建强(11月任)
　　　　　宋　健
　　　　　严益群
纪委书记　胡兴洪
行长助理　俞平帝

中国农业发展银行江阴市支行

行　　长　高晓东
副 行 长　季以红
　　　　　陶　翔

中国建设银行股份有限公司江阴支行

行　　长　朱　勤
副 行 长　王永清
　　　　　孙　伟
　　　　　季　志
　　　　　陈洁樱(女)
　　　　　贡震宇
　　　　　徐　力

中国银行股份有限公司江阴支行

行　　长　何晓明
副 行 长　黄凤和
　　　　　潘　亮
　　　　　王振君(2月任)
　　　　　朱晓鸣
纪委书记　陆进飞(至5月)
　　　　　黄伟敏(5月任)

交通银行股份有限公司江阴支行

行　　长　陆红娟(女)

副行长　陈文蓉(女)
　　　　尤臻荣
行长助理　陈世勇
　　　　耿东霞(女,7月任)

江苏江阴农村商业银行股份有限公司

董事长　李仁法(至8月)
　　　　孙　伟(8月任)
行　长　孙　伟(至8月)
　　　　任素惠(女,8月任)
监事长　任素惠(女,至8月)
　　　　宋　萍(女,8月任)
副行长　宋　萍(女,至8月)
　　　　仲国良
　　　　卜新锋
　　　　金　武
　　　　吴　开(8月任)
　　　　王　峰(8月任)

上海浦东发展银行股份有限公司江阴支行

行　长　黄汉进(至8月)
　　　　陈　晨(8月任)
副行长　李　明
　　　　王新颜
行长助理　黄　莉(女)

江苏银行股份有限公司江阴支行

行　长　陈　虹(女)
副行长　张慧芸
行长助理　赵国健
　　　　殷　飞

招商银行股份有限公司江阴支行

行　长　韩　英
副行长　顾　军
　　　　卞希力

中国邮政储蓄银行有限责任公司江苏省无锡市江阴市支行

行　长　俞　彪
副行长　顾敏军
　　　　高　亮
　　　　朱　健

中信银行股份有限公司江阴支行

行　长　黄建峰
副行长　沈卿芸(女)
　　　　缪红光

中国人民财产保险股份有限公司江阴支公司

总经理　朱　勇
副总经理　谢惠芳(女,至4月)
　　　　赵国明(至1月)
　　　　顾　军
总经理助理　顾志峰(4月任)
　　　　王　盛(4月任)
　　　　何尧军(4月任)

中国人寿保险股份有限公司江阴支公司

总经理　顾立新
总经理助理　潘　骏(7月任)
　　　　顾晓静(7月任)
　　　　张　芳(7月任)

中国太平洋财产保险股份有限公司江阴中心支公司

总经理　顾　新
副总经理　张小英(女)
总经理助理　詹　洁
高级经理　李敏跃
　　　　徐　烨

江阴海事局(党委)

局　长　张士元
党组书记　张士元
政　委　韦庆才
党组副书记　韦庆才
副局长　王益鸣
　　　　徐勇义
　　　　祝忠武
纪检组长　韦庆才

江阴海关(党组)

关　长　薛晓星
党组书记　薛晓星
副关长　张　阳(兼江阴海关缉私分局局长)
　　　　陈书新
　　　　缪建军
驻江阴海关纪检监察
特派员　丁江华(11月任)

江阴海关缉私分局

局　长　张　阳(兼江阴海关副关长)
副局长　倪冠平(至11月)
　　　　韩云川

江阴边防检查站(党委)

站　长　赵　虎(至4月)
　　　　陈智敏(4月任)
政　委　卢忠茂
副站长　沙雪松
　　　　唐志军
　　　　薛　锋
副政委　岳　政(至3月)
　　　　张　建(3月任)
参谋长　朱宇翔
政治处主任　张　建(至3月)
　　　　周　伟(3月任)
后勤处长　蒋迎东(至3月)
　　　　崔恒宽(3月任)

江阴出入境检验检疫局(党组)

局　长　戴云徽
党组书记　戴云徽
副局长　何松涛
　　　　李　浩
　　　　姚　武(1月任)
纪检组长　任龙平

中国船级社江阴办事处

经　理　周胜贤(至10月)
副经理　蔡　高(10月主持工作)
　　　　郭劲东

长江引航中心(党委)

主　任　汪吉发
党委书记　沈祥法
纪委书记　孙琪琳
副主任　许崇标
　　　　程学仁

■类目编辑　杨佳杰

人 物

江苏省级以上先进个人

夏德琴

女，1968年5月生，周庄镇人，中共党员，本科学历，中学高级教师职称，江阴市周庄实验小学教师。夏德琴从教28年来，长期担任班主任和中队辅导员工作。她密切关注关心学生健康成长，业余时间坚持对班内每位学生登门家访，自费为家长购买家教书籍，促进家庭、学校教育合力；坚持每周给每位学生家长写一封信，推进建立良好家庭读书氛围；自考国家二级心理咨询师，平均每年有350余人次接受其专业心理疏导；成立“夏德琴班主任工作室”，指导年轻教师开展育人工作；撰写的23万字班主任日记《幸福的足音》获全国“班主任心灵写诗”金笔奖。先后获评全国中小学优秀班主任、江苏省师德先进个人、“奠基未来·感动无锡”2010教育年度人物、无锡市班主任能手、江阴市优秀班主任、江阴市师德高尚好园丁等。2014年9月，夏德琴被人力资源和社会保障部、教育部评为全国模范教师。（卞黎霞）

马 莉

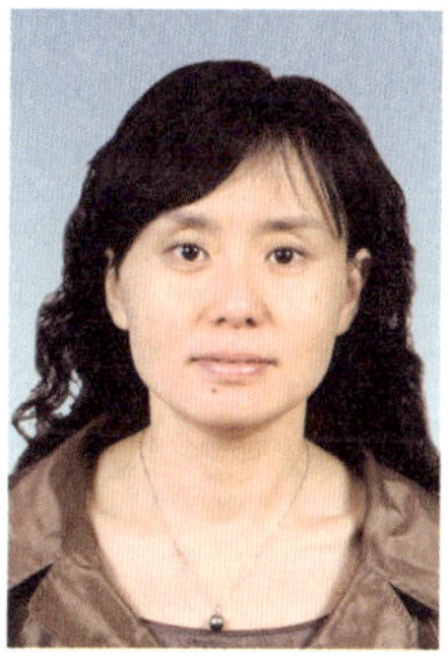

女，1967年4月生，澄江街道人，民盟会员，本科学历，中学高级教师职称，江苏省南菁高级中学高三语文老师、班主任。马莉1988年参加工作，26年教学生涯，15年高三语文教学、17年班主任经历。其间，其任教毕业班涌现出1999届江苏省文科状元1人、2008届无锡市高考状元2人（并列）、2012届第52届国际数学奥林匹克金牌获得者1人。任班主任的2012届高三（1）班有3人进国家冬令营，10人次获清华大学、北京大学、上海交通大学、南京大学等高校保送资格，32人次获江苏省数学、物理竞赛一等奖，26人次获二等奖，7人次获三等奖。2012年高考中，任教班级毕业生100%达江苏省本一控制线，均分384分，最高分436分，列全省第九，全班44人均被本一名校录取。其教育教学理念“用快乐激发快乐，用尊重换来尊重，用真情感染真情”为学生、学校、家长、社会认可，其任班主任的班级多次被评为江苏省、无锡市优秀班集体。马莉先后获评无锡市优秀教育工作者、无锡市优秀班主任、江苏省优秀教师。2014年9月，马莉被教育部评为全国优秀教师。（徐海龙）

朱正虎

1962年6月生，新桥镇人，大专学历，新桥镇农业服务中心气象信息服务站农村气象信息员。2012年以后，在建设气象防灾减灾标准化乡镇过程中，朱正虎根据“三农”气象服务专项建设目标要求，积极协调镇政府各职能部门，协助气象部门开展各项工作；选取并配合建设农村防雷示范点，认真做好试点区域气象探测环境保护和气象设施维护工作；组织开展防灾减灾知识讲座，安排放映防御气象灾害、地质灾害、自然灾害教育专题片；在绿园社区等村（社区）建立气象防灾减灾宣传室；在各安置小区建设防灾减灾安全岛，设置宣传栏、宣传牌、指导牌；在各小区电子屏及时发布气象信息，宣传气象防灾减灾科普知识；配合开展气象服务效益评估和气象灾情调查上报工作；组建重点企业、学校和农业等领域气象应急服务队伍；积极参加气象信息员培训和各类气象防灾减灾活动，从农村工作角度出发提出气象服务建议，促进全镇气象服务

"三农"工作深入开展。在他和同事们共同努力下,新桥镇气象信息服务站被评为2013年江阴市农村气象灾害防御工作先进集体,其被评为2013年江阴市农村气象灾害防御工作先进个人。2013年12月,朱正虎获中国气象局颁发的2013年度全国百名优秀气象信息员奖。

(赵彩宝)

居红宇

1972年8月生,澄江街道人,中共党员,大专学历,海澜集团有限公司服装制版师、海澜之家商品中心产品技术部副部长。居红宇精通各种服装结构设计和制作工艺,专业理论知识扎实,工作认真负责,对服装制版技术有独特见解,擅长高档西服、夹克、休闲装以及大衣的工业制版,制版速度快,结构线条优美流畅,服装细节把握精确,操作技术在全国同行业处于领先水平;他将国际先进制版技术与国内人体结构特点有机结合,综合立裁与平面优点,创造出全新的制版理念与方法,并以高超的技术服务赢得客户赞许;他团结同志,乐于助人,充分发挥传、帮、带作用,为公司培养一批技术人才,为公司产品按期交货提供强有力技术支持,为公司服装业生产做出积极贡献。多次参加江苏省级、国家级比赛并获大奖,先后获评江苏省技术能手、江苏省五一创新能手、全国纺织行业技术能手、全国纺织行业职业技能竞赛服装制作工大赛第三名、全国纺织工业劳动模范等。2014年4月,居红宇被中华全国总工会授予全国五一劳动奖章。

刘文红

女,1966年12月生,澄江街道人,中共党员,本科学历。刘文红2012年任市总工会主席后,积极推动工会组织体制、工作机制和活动方式改革创新。在镇(街道)工会开展"一化五基"工作,即工会工作品牌化,基层组织健全、基本设施到位、基层活动经常、基金保障有力、基础工作规范。在局(系统)工会开展"一局一品"建设,即各局(系统)工会要因地制宜打造体现"鲜明的工会元素、醒目的行业特点、明显的社会效益"的服务职工活动品牌。在企业工会开展"五位一体"(职工思想教育的课堂、维护职工合法权益的阵地、帮扶服务职工的平台、职工技能提升的基地、职工文体活动的中心)职工之家创建活动。她积极组织开展"百万工人大竞赛,建功立业促发展"劳动竞赛和职工科技创新活动,引导广大职工在全面深化改革、经济转型升级中积极作为,贡献力量;积极推进企业民主管理、工资集体协商、劳动争议调解、劳动法律监督等工作,维护职工合法权益,构建和谐稳定劳动关系;全面实施"3N·身边的关爱工程",切实解决职工实际问题,保障职工共享发展成果。因工会工作成绩突出,江阴市总工会先后获全国五一劳动奖状、全国工会基层组织建设创新成果奖、全国"安康杯"竞赛优秀组织单位等荣誉。2014年4月,刘文红被中华全国总工会评为全国工会落实建会三年规划先进个人。

吴卫东

1967年11月生,顾山镇人,中共党员,本科学历,江苏省电力公司江阴市供电公司副总经理。吴卫东任市供电公司"安康杯"劳动保护竞赛活动领导小组副组长后,积极开拓创新,不断奋发进取,按照上级工会总体部署和工作要求,紧密联系企业生产经营实际,站在增强全员安全意识、推进安全文化建设高度,立足职工安全健康,着眼企业发展稳定,紧密依靠广大职工,深入组织开展"安康杯"劳动保护竞赛活动;切实认真贯彻执行安全生产法律法规,强化企业安全生产责任制,努力构建安全生产长效机制,充分发挥"安康杯"劳动保护竞赛活动在安全生产中的积极推动作用。因成绩突出,市供电公司于2013年被评为全国"安康杯"竞赛活动示范单位,其先后被评为无锡供电公司先进工作者、优秀工会工作者。2014年5月,吴卫东被中华全国总工会、国家安全生产监督管理局评为全国"安康杯"竞赛组织工作优秀个人。

(夏伟刚)

张纪清

1941年6月生,祝塘镇人,中共党员,隐姓埋名行善27年的普通退休市民。张纪清出身贫苦,改革开放早期从事养殖业勤劳致富,曾做过企业供销员,后在镇工业公司任会计,属民办性质,退休收入微薄。他年轻时就以助人为乐事,遇人有急难,爱"搭把手"帮忙和资助,在坊间是出名的行善好人。1987年6月28日,他首次化名"炎黄"以无锡市汉昌路1439号假址汇款1000元资助建祝塘幸福院(敬老院),其后每年化名变址给当地敬老院、学校和外地受灾地区及贫困学生等捐款捐物,还多次交纳特别党费,数十载行善义捐,数额之巨,令人敬仰。其背后也有着家人精神和财力的默默支持,家人只知道他行

善做好事，可也不知道他就是“炎黄”。“炎黄”不求名利的慈行善举一直感动着社会、市民和媒体，江阴人曾一度大规模寻找“炎黄”无果，而“炎黄”则通过公用电话向《江阴日报》表示，他只是普通人做应该做的事，希望大家不要找寻他，他会继续行善。1998 年，祝塘镇建“炎黄”陈列馆，并被命名为无锡市和江阴市爱国主义教育基地。27 年中，“炎黄”事迹被不少媒体聚焦，被人们广为传颂。2006 年 4 月，中央电视台四套《走遍中国》栏目组曾专程赴祝塘拍摄《谁是“炎黄”》专题片。受“炎黄”精神感召和影响，江阴乐善好施不留姓名的新“炎黄”层出不穷，“炎黄”精神蔚然成风，成为江阴、祝塘精神文明的一个闪亮品牌。2014 年 11 月 20 日下午，他在张家港市邮政储蓄银行营业大厅里向云南鲁甸灾区汇去 1000 元善款后突然晕倒，人们将他送到医院抢救时在他随身携带的汇款单据上发现了“炎黄”署名，行善 27 年的好人“炎黄”终被曝光找到。由此，全社会为之轰动，各媒体争相报道。2014 年末，张纪清入围“2014 感动中国候选人”名单，成为中央电视台“感动中国”年度人物评选举办 13 届以来首位入围候选的江阴人。2015 年 2 月，“感动中国 2014 年度人物颁奖盛典”在中央电视台一套综合频道播出，张纪清被评为“感动中国 2014 年度人物”，并亲临现场受奖。

（何国荣）

戴旭东

1969 年 11 月生，浙江金华人，中共党员，大学学历，正团职，上校军衔，江阴市委常委、市人武部部长。2009 年，戴旭东任市人武部部长以来，团结带领人武部全体人员开拓奋进，努力开创全市人武工作科学发展新局面。在兵役征集工作中，千方百计落实和完成上级兵役机关下达的征兵工作任务，取得较好成绩；在岗位练兵活动中，加强组织领导，以身作则、模范带头，圆满完成各项军事训练任务。他针对适龄青年数量急剧减少、高中生大学录取率高、独生子女怕吃苦等兵役征集现状，加强调查研究，以确保新兵质量为核心，在征兵工作前期做好大量工作；征兵工作过程中，通过集体研究，严格把关，确保登记预征、体检政审、走访调查、审批定兵和部队退兵“五个环节”不出纰漏。在现役军人优待金标准和补助标准等重大问题上，多次协调市政府召开专题会议，适时调整解决。作为军事主官，他带领官兵积极投身强军实践，在军事训练中摔打锻炼，每年除完成上级下达的常规训练任务外，还不断增加训练数量和难度，切实提高军事训练实战化水平。他多次带队参加南京军区和江苏省军区组织的军事演练、国防动员研练和比武活动并屡获表彰。2011 年，他被南京军区表彰为“郭兴福”式优秀“四会”（会说、会做、会示范、会做思想工作）教练员。2013 年，他带领民兵导弹连获省实弹射击考核“命中靶机奖”。2014 年，他带队参加全省民兵应急分队“打得准”比武竞赛，获团体总分第一。2013 年、2014 年，市征兵办连续两年被江苏省军区通报表彰为无责任退兵第一名。2014 年 12 月，戴旭东被江苏省政府、省军区评为征兵工作先进个人；同月，被江苏省军区评为军事训练先进个人。

李卓敏

1977 年 4 月生，湖南湘阴人，中共党员，大学学历，少校军衔，江阴市人武部政工科科长。李卓敏尚学求真、勤奋进取，有强烈的忧患意识和竞争意识，长期保持勤读书、多读书、善读书、读好书的优良习惯；他务实创新、敬业笃行，在政工科科长任上，先后组织完成市人武部全面建设录像片编摄、图册编撰和部史馆建设工作；在第二批党的群众路线教育实践活动中，他具体策划实施的市人武部教育实践活动相关经验做法被省军区教育实践简报转发，南京军区督导组给予肯定评价；配合军事训练开展政治工作，他主导制作 4 期《训练快报》和《砥砺尖兵铸军魂》比武竞赛录像片，激发参训人员热情，为江阴市民兵应急连获取全省民兵“打得准”比武竞赛团体总分第一的成绩做出贡献；他严于律己，严格落实条令条例和部队各项规章制度，遵守纪律，服从命令，听从指挥；他正确对待名利得失，保持一颗平常心，比素质不比名利，比干劲不比安逸，把主要精力放在工作和事业上。2014 年 12 月，李卓敏被江苏省军区评为优秀基层干部；同月，获江苏省军区“2014 年度新闻报道质量奖”。

（符银芬）

吴协恩

1964 年 4 月生，华士镇人，中共党员，高中学历，华西新市村党委书记、村民委员会主任，华西集团公司董事长，中共十八大代表，江苏省人大常务委员会委员，中国村社发展促进会会长。吴协恩始终保持共产党员先进性本色，带领华西新市村全体干群在共同富裕道路上奋勇前进，不断创造出新的发展奇迹，把华西的各项事业推向更高平台，使华西成为全国社会主义现代化新农村建设的典范；他处处严格要求自己，带头执行好党的路线、方针、政策，办事认真、处事公正、经营廉政，在他的模范影响下，华西的干部吃苦在前、奉献在

前、为民在前，好传统、好作风、好经验不断发扬光大；他坚持以“体力转脑力、数量转质量”为举措，与团队一起成功拓展旅游服务、金融投资、仓储物流、远洋海工、农产品批发市场及矿产资源等一大批新兴产业，扩大对国内外交流，大力发展有机农业，进一步打响华西村品牌。他先后被评为全国劳动模范、全国优秀复员退伍军人、中国十大杰出村官、中国农村新闻人物、中国乡镇企业十大新闻人物、全国农村基层干部十大新闻人物、全国农村时代新闻人物、全国精神文明建设先进工作者、全国农业科教兴村带头人等。2015年1月17日，在中国改革报社和中国经济导报社共同主办的2014中国改革与发展论坛暨第十三届中国改革人物颁奖典礼上，吴协恩获“2014中国改革十大创新人物”称号。（张学军）

吴 彪

1965年12月生，南闸街道人，中共党员，大学学历。吴彪2008年任市科协副主席后，积极推进企业科协工作建设，推动企业科协创新发展，努力发挥企业科协在服务创新驱动、推动技术进步、提升科学素质、举荐科技人才、激发创造活力等方面的重要作用；他重视企业科协组织建设，连续三年开展“基层组织建设年”“基层组织建设提升年”和“基层组织建设深化年”活动，增强企业科协服务能力，扩大企业科协工作覆盖面；他组织开展“讲理想、比贡献”活动，引导广大科技工作者立足企业和岗位实际，投身科技创新具体实践；他扎实推进企业科协创新发展，组织开展多项科技创新交流合作活动；他坚持以科技工作者为本，积极推进企业“科技工作者之家”建设，切实增强科协系统凝聚力和科协会员归属感。2014年12月，吴彪被中国科协、国家发改委、科技部、国务院国资委、全国总工会联合评为2013—2014年度全国“讲理想、比贡献”活动优秀组织者。

常建强

1962年9月生，陕西省扶风县人，中共党员，大学学历，江苏省特级教师，高级教师，江阴市华士实验中学科学教育专职教师。常建强长期从事青少年科技创新教育工作，在他辅导下，先后有621项学生发明获市、省、国家和国际青少年发明创新大赛大奖，500余项学生发明获国家专利；在他和全校师生共同努力下，华士实验中学先后获评江苏省青少年发明家摇篮奖、江苏省科普教育基地、江苏省科学教育特色学校、江苏省优秀少年科学院、全国中学生创造力培养示范学校、全国宋庆龄青少年科技发明示范基地、中国少年科学院科普教育示范基地、全国NOC(全国中小学信息技术创新与实践活动)信息化教育实验学校、全国科技教育示范单位等；他组织开展的“数学发明法”探索与实践活动，获评第三届全国教育改革创新典型案例，他先后被评为无锡市十佳青年科技工作者、江苏省十佳科技辅导员、全国优秀科技工作者，是无锡市中小学教育名家工程首批培养对象，著有个人专著《数学发明法》《物联网技术》，并兼任无锡市创造学会理事、江苏省发明协会理事、全国宋庆龄青少年发明奖评审组专家、高雄KIE国际发明展评委、澳门国际创新发明展评委。2014年12月，常建强被中国科协评为全国优秀科技工作者。

任 强

1969年11月生，徐霞客镇人，船舶海洋工程硕士，中共党员，研究员级高级工程师，中船澄西船舶修造有限公司总经理助理、技术中心主任、产品研发部部长。任强是中船澄西船舶修造有限公司资深技术与管理复合型人才，先后在公司设计工艺所、研发部、技术中心、总师室任职，长期从事修、造船产品的设计研发、建造技术管理、市场开发技术支撑等工作，有着丰富的市场开拓、技术管理和产品研发经验，多年来主持并参加多项国家、集团级科研项目，是公司战略发展规划、产品转型升级、结构调整布局的项目组主要成员。在船舶研发设计和建造技术方面，他先后主持了内外贸、节能环保型散货船等10余型产品研发，形成了一批具有澄西船舶特色和品牌影响力的产品，为澄西船舶在船市低迷、市场险恶的不利环境下抢得了市场。近年来，他主持《53000DWT双底双壳散货船工艺建造设计研发》《超大型环形总段建造、吊装及浮船坞内合拢技术研究》等课题的研发，负责1600吨大型起重船等船舶的自主设计和建造，并分别获解放军总装备部“921工程”重点项目集体嘉奖、中国船舶工业集团公司科技进步一等奖和江苏省机械工业科技进步二等奖，拥有个人专利3项，参加2项船舶行业标准编制，发表科技论文4篇，被公司推荐为享受国务院政府特殊津贴候选人。2013—2014年，他带领他的团队完成了64000吨节能环保型船舶研发、53000吨运营船节能优化设计研究及应用、大型自卸船关键技术研发等多项产品研发和市场推广，为澄西船舶经营接单、科技创新、技术攻关做出了重要贡献。2014年12月，任强被中国科协、国家发改委、科技部、国务院国资委、全国总工会联合评为2013—2014年度全国“讲理想、比贡献”活动创新标兵。（焦亚平）

龚　彬

女，1981年2月生，华士镇人，中共党员，江阴市华士镇敬老院职工。2002年3月，龚彬由华士镇和江阴市残联推荐，入选无锡市坐式排球队，集训期间，她勤奋刻苦、不怕困难，以顽强毅力经受了严酷的体育技能训练，熟练掌握了坐式排球的全面比赛技术。2003年5月，她与队友们在江苏省残运会上为无锡市摘得金牌。同年9月又代表江苏队出征全国残运会并获得冠军。在2004年第12届世界残疾人奥运会上，作为国家队二传主力，她与队友们配合默契，顽强拼搏，以6战全胜的战绩夺冠，实现了江阴市残奥金牌"零突破"。2010年，她再次出征，为江苏省队夺得了全国坐式排球锦标赛金牌。由于成绩突出，龚彬先后获全国三八红旗手、全国五一劳动奖章、全国五四杰出贡献奖章、江苏省新长征突击手标兵、江苏省三八红旗手标兵、江苏省劳动模范、江阴市"时代先锋"等荣誉和称号。2014年5月、6月间，龚彬和队员们分别参加在伊朗举行的女子坐式排球亚锦赛和世锦赛，均获冠军。2014年10月，在韩国仁川亚洲残疾人运动会女子坐式排球决赛中，龚彬和队友们默契配合，在决赛中3:0击败伊朗队，获得冠军。　（钱东昕）

江苏省条线系统、无锡市、江阴市先进个人

【江苏省条线系统先进个人】

姓　名	工作单位	荣誉称号	授予单位
2013年度：			
盛　达	市委组织部	信息工作先进个人	江苏省委组织部
齐　新	市粮食局	江苏省粮食流通监督检查工作先进个人	江苏省粮食局
赵掾超	市城市管理局	江苏省城市环境综合整治先进个人	江苏省城市环境综合整治工作推进小组
任建军	青阳镇建管所	江苏省村庄环境整治工作先进个人	江苏省村庄环境整治推进工作领导小组
胡惠芳	市建设局	江苏省住房城乡建设系统五一巾帼标兵	江苏省建设工会工作委员会
谭　逸	中国人民财产保险股份有限公司江阴支公司	江苏省系统劳动竞赛销售先进	中国人民财产保险股份有限公司江苏省分公司
虞桂平	市人民医院	江苏省第四期"333高层次人才培养工程"第三层次培养对象	江苏省人才工作领导小组
田　杰	市司法局	江苏省司法行政系统信息工作先进个人	江苏省司法厅
丁道昌	祝塘中心小学	央视"感动中国"江苏十大感动人物	江苏现代快报传媒有限公司
2013—2014年度：			
徐　伟	市建设工程安全监督站	江苏省建筑行业管理先进工作者	江苏省住房和城乡建设厅
赵　霞	江苏法尔胜光电科技有限公司	江苏省十大青年科技之星	江苏省科协
2014年度：			
吴家湘	市政府办	江苏省第三次全国经济普查先进个人	江苏省第三次全国经济普查领导小组
陆云峰	市政府办	江苏省第三次全国经济普查先进个人	江苏省第三次全国经济普查领导小组
曹静丽	市政府办	江苏省政务信息工作先进个人	江苏省政府办公厅
任　强	中船澄西船舶修造有限公司	江苏省"讲理想、比贡献，奋力实现中国梦"活动创新标兵	江苏省科协
薛海君	双良节能系统股份有限公司	江苏省"讲理想、比贡献，奋力实现中国梦"活动创新标兵	江苏省科协

吴　彪	市科协	江苏省“讲理想、比贡献，奋力实现中国梦”活动优秀组织者	江苏省科协
叶　飞	长泾镇南涸花木专业合作社	江苏省科普惠农兴村先进单位和带头人农村科普带头人	江苏省科协
		青年农民“创业之星”	江苏省关心下一代工作委员会、省农林系统关心下一代工作委员会
邓禹尧	华士实验小学	江苏省青少年科技创新标兵	江苏省科协
江栋珏	江阴中等专业学校	江苏省青少年科技创新标兵	江苏省科协
杨建国	要塞实验小学	江苏省优秀中小学科技辅导员	江苏省科协
邹冠男	利港中学	江苏省优秀中小学科技辅导员	江苏省科协
徐美娟	祝塘中心小学	江苏省优秀教育工作者	江苏省教育厅
吴艳玉	顾山镇实验小学	最美乡村教师	江苏省教育基金会、江苏教育报刊总社
张荣国	江阴市第二中学	江苏省中小学校优秀党务工作者	中共江苏省委教育工作委员会
陈一君	华姿中等专业学校	江苏省职业教育先进个人	江苏省教育厅、省人力资源和社会保障厅等单位
廖　嵘	江阴职业技术学院	江苏省高校优秀党务工作者	中共江苏省委教育工作委员会
刘建龙	江阴职业技术学院	江苏省高校优秀党务工作者	中共江苏省委教育工作委员会
王丽娟	江苏省江阴中等专业学校	江苏省优秀教育工作者	江苏省教育厅
李　朋	江苏省江阴中等专业学校	江苏省职业教育先进个人	江苏省教育厅、省人力资源和社会保障厅等单位
李江红	江阴市第二中学	江苏省第十八届运动会青少部足球比赛(女子甲组)第一名	江苏省体育局
谢亚萍	江阴福玛生态种植专业合作社	江苏省“双学双比”竞赛活动女能手	江苏省妇女“双学双比”竞赛活动领导小组
		江苏省“十大女农民”	江苏省妇女“双学双比”竞赛活动领导小组
张旦芬	市田怡农业专业合作社	江苏省“双学双比”竞赛活动女能手	江苏省妇女“双学双比”竞赛活动领导小组
包秀金	江阴恒欣种植专业合作社	江苏省“双学双比”竞赛活动女能手	江苏省妇女“双学双比”竞赛活动领导小组
叶民庆	市妇联	江苏省“双学双比”竞赛活动先进工作者	江苏省妇女“双学双比”竞赛活动领导小组
李　亚	市妇联	江苏省“平安家庭”创建活动先进个人	江苏省维护妇女儿童合法权益联席会议暨“平安家庭创建活动领导小组”
袁　兵	市邮政局	江苏省邮政“一创两争”优秀共产党员	江苏省邮政公司党组
包琪红	市邮政局	江苏省邮政“一创两争”优秀共产党员	江苏省邮政公司党组
陈燕萍	市邮政局	江苏省邮政“一创两争”敬业奉献好青年	江苏省邮政公司党组
钱晓瑜	市级机关事务管理局	江苏省机关事务管理系统宣传和信息工作优秀通讯员	江苏省机关事务管理局
徐文侠	市粮食局	江苏省粮食系统先进工作者	江苏省人力资源和社会保障厅、省粮食局、省公务员局
韩　民	市公安局	二等功	省公安厅
陆林东	市公安局祝塘派出所	二等功	省公安厅
王　峰	市公安局华西派出所	二等功	省公安厅

		"江苏最美警察"提名奖	省公安厅
倪海英	市公安局周庄派出所	江苏省公安系统"巾帼建功标兵"	省公安厅、省妇女联合会
吉顺平	市公安局人民警察培训学校	江苏省公安机关优秀教师教官	省公安厅
柳建锋	市公安局监所管理大队	江苏省公安监管部门法治文明窗口建设年活动先进个人	省公安厅监所管理总队
金宇星	市疾病预防控制中心	江苏职业病信息报告先进个人	江苏省疾病预防控制中心
宋桂萍	市中医院	江苏省优秀中医药人物奖	江苏省中医药学会
戴云徽	江阴出入境检验检疫局	十佳勤政廉政干部	江苏出入境检验检疫局
周秋红	江阴出入境检验检疫局	十佳职业道德模范	江苏出入境检验检疫局
李锡东	江阴出入境检验检疫局	江苏省级青年岗位能手	江苏出入境检验检疫局、共青团江苏省委
魏宏溥	市检察院	江苏省预防青少年违法犯罪工作先进个人	江苏省综治委预防青少年违法犯罪工作领导小组
		个人二等功	江苏省人民检察院
		江苏省检察机关先进工作者	江苏省人民检察院、省人力资源和社会保障厅
唐俊杰	市检察院	江苏省十佳反渎侦查员	江苏省人民检察院
盛月育	市检察院	江苏省民行检察优秀办案人	江苏省人民检察院
高　斌	市司法局	"六五"普法中期先进个人	江苏省法制宣传教育领导小组
孙汉才	市司法局月城镇司法所	"六五"普法中期先进个人	江苏省法制宣传教育领导小组
高　斌	市司法局	个人二等功	江苏省司法厅
郁明东	江苏焱鑫科技集团有限公司	江苏省青年岗位能手	共青团江苏省委、江苏省人力资源和保障厅
陈　健	江阴临港经济开发区党群工作部	江苏省团属报刊宣传工作先进个人	共青团江苏省委
任留秀	江阴福斯特纺织有限公司	江苏省五一劳动奖章	江苏省总工会
李亚杰	江阴新型农村医疗合作管理中心	江苏省五一劳动奖章	江苏省总工会
蒋永成	市地税局	江苏省五一劳动奖章	江苏省总工会
徐才平	市总工会	江苏省工会新闻宣传工作优秀工作者	江苏省总工会
陈　敏	江阴海关	南京海关青年业务能手	南京海关政治部
薛晓星	江阴海关	中国海关学会上海分会学会之友	中国海关学会上海分会
王　伟	江阴海关	南京关区先进个人	南京海关
郭同佺	江阴海关	南京关区先进个人	南京海关
许金辉	江阴海关	江苏海关学会先进工作者	江苏海关学会
张昊军	江阴海关	江苏海关学会优秀会员	江苏海关学会
孔维新	祝塘镇	江苏省十佳全民阅读推广使者	江苏省全民阅读活动领导小组

【2014 年度无锡市条线系统先进个人】

一、无锡市优秀共产党员标兵(无锡市委表彰)

黄永庆(青阳镇悟空村党支部)　　吴协恩(华士镇华西村党委)

李全兴(周庄镇山泉村党委)　　张富刚(祝塘卫生院)

缪双大(江苏双良集团有限公司)　　陆桂兴(市级机关事务管理局)

邓国平(市公安局)　王　峰(市公安局)
赵　霞(江苏法尔胜光电科技有限公司)

二、无锡市腾飞奖(无锡市政府表彰)

李全兴(周庄镇山泉村党委)

三、基层人武工作先进工作者(无锡军分区表彰)

孙宝利(澄江街道武装部)
王　勇(青阳镇武装部)
钱斌海(周庄镇武装部)
冯耕宇(新桥镇武装部)

四、三等功(无锡军分区表彰)

葛振华(市民兵应急连)

五、民兵应急分队"打得准"比武竞赛先进个人(无锡军分区表彰)

柴道国(市民兵应急连总教练)　周　承(市民兵应急连)
董　伟(市民兵应急连)　王　勇(青阳镇人武部)
钱斌海(周庄镇人武部)　冯耕宇(新桥镇人武部)
葛振华(市民兵应急连)　王晓东(市民兵应急连)
许宗艳(市民兵应急连)　刘　新(市民兵应急连)
孙　霏(市民兵应急连)　华　超(市民兵应急连)
王建华(市民兵应急连)

【2014年度江阴市条线系统先进个人】(江阴市委、市政府表彰)

一、优秀企业家

(一)工业

吴协恩　周建平　孙　峰　任元林　陈丽芬　周　江　缪双大　金亚洪　李洪耀
黄丽泰　赵纪法　张　雷　周嘉琳　徐友才　马致远　王新潮　张胜军　袁仁伟
包振华　何　平　胡士勇　袁　勇　李　兴　王永良　马　坚　曹明芳　廖振铎
龚国贤

(二)服务业

潘　勇　卢鸿鹤　顾东升　孙　伟　陶　园　朱永方　吴协东　夏太平　吴建良
许丽芳　吴吉锋　华　江　郭顺华　黄翠娥　张宏飞　黄　坚　杭国荣　顾亚平
刘柏生　何晓明　李悦文　胡德良

二、优秀总经理

(一)市属

工　业:郭立忠　夏国平　金和良　郭良清　陈国范　姚伟欣　吴海峰　耿昌伟
服务业:洪　伟　胡　兵　陈　晨　周剑明　朱伊民　朱　勤　缪舒炎

(二)高新区

工　业:陈其忠　马建忠　黄珑琳　陈少忠　董顺钢　尹鹏均　陈　灏　陈　辉
海姆·威斯曼　姚　君　陆正洪　张满刚　刘成龙　唐瑞刚　张士泉
吴世明　冯建明
服务业:王　勇　王　萍　包丽君　叶奇良　张建清　黄惠祥　汤　新　王　东
柳伟清　仲其安　张　历　陈敬新

（三）临港经济开发区

工　业：孙志华　奚英军　单志才　郑银良　张国平　郑洙焕　高建华　华国平　杨国锋　孙　杰　任锦华　缪金凤　刘　准　胡　震　谢文庆　顾晋南　徐耀明　盐本弘一

服务业：霍钧平　黄长城　韩　杰　叶卫春　王礼曼

（四）靖江园区

工　业：欧阳超　刘禧德

服务业：袁荣法　钱小飞

（五）澄江街道

工　业：蔡晓洪　黄　磊　刘志恺　徐士官　张　衡　殷海锋　李征清　谢桃根　李秋雁　陈国贤　张浩荣　张建春　刘燕明　汤晓楠　吴何兴　张静华

服务业：解红光　胡鹏飞　黄建伟　叶寿泉　曹国华　王国安

（六）南闸街道

工　业：六以方　徐雅芬　高　欣　周　成

服务业：郭　靖　李廷飞

（七）云亭街道

工　业：周德洪　夏继发　殷菊珍　郑铁江　瞿建华

（八）璜土镇

工　业：周剑峰　陈利民　刘帝芳　胡学山　黄再德　丁　伟　孙俊翼　成润圭

服务业：张新江　林昌仁　赵祥龙

（九）月城镇

工　业：钱德洪　偶洪元　程海滨　钱秋林　严树珊　华世正　王坚群　严伟明　陈　龙　顾中达　丁爱民　徐文新　华汉守

（十）青阳镇

工　业：李有明　松本利之　林坚定　薛洪权　刘海军

（十一）徐霞客镇

工　业：曾明柳　孙秉忠　任海涛　广濑次郎　夏婉珍　曾森炎　黄坤大　任进福　沈国祥　施建清

（十二）华士镇

工　业：周爱明　李国良　喻祥富　杨寿宝　孟永华　胡银福　赵建明　徐进良　费庆和　邹承慧　赵正洪　徐长江　赵建新　章坤良　赵林华　赵卫东

服务业：许瑞龙　赵智杰　杨红玉

（十三）周庄镇

工　业：吴岳忠　钱振宇　陈力皎　殷福华　吴奕宏　卞良法　李生虎　承良元　李全兴　徐　泓　赵浩良　朱金法　张理罡　邬国祥　曹甫全

服务业：周　军　沈　阳　薛进良　吴惠法　盛龙才

（十四）新桥镇

工　业：周国华　陶永生　张建锋　徐东英　陈建国　于万旭

（十五）长泾镇

工　业：蒋惠平　宋建新　夏国庆　李文义　吴栋标　仰午正

服务业：苏瑞鹏　吉祖军　周云飞

（十六）顾山镇

工　业：郭　健　杨　亮　徐建刚　蒋国峰　宋正兴　岡田啓　毛二度　黄耀洪　郭正平　李一新　郭亚霓　郭新民

服务业：吴锦明

（十七）祝塘镇

工　业：郁广益　徐　晔　戴泽新　蒋忠伟　承立新　王　东　包建新　徐宇清　唐良君　朱　斌　周和兴　顾　军　颜柏松

服务业：戴玉珍

三、先进工作者

(一)高新区

倪幼美　赵春风　朱进兴　顾炯炯　张　黎　王建明　黄　芳　刘丽雯　孙国建
梅国海　周其中　陈　洁　张晓东　黄　磊　姚啸宇　马利中　陆良洪　刘　玲
陈玉平　陈　朗　孙　瑜　秦国民　胡铭兴　刘奇云　黄炜冬　何永良　黄　华
陈晓萍　郑力强　王　农　展　翔　李　萍　黄　玮

(二)临港经济开发区

张晨燕　刘丽华　吕中立　徐　雁　徐洪伟　堵　希　吴华峰　吕　涛　周林华
戴　峡　王生荣　沈耀忠　杨卫忠　曹　敏　毛建新　陈　刚　何雄伟　范兴龙
夏　勇　恽裕兴　袁耿骅　柳泽华　刘　平　汤春明　盛南华　吴助国　殷宜俊
殷孟伟　徐夏芳　张文华　茅荣建　黄　平　杜美萍　缪彩旗　赵勇洪　沈静波
张建忠　贾同春　王俊华　展　平　吴天龙　刘跃生　吕刚华　李耀明　徐小才
夏卫兵　余宗勋　吴银芝

(三)靖江园区

蒋华锋　陆　静　丁林海　曹辉发　印秋红　耿　亚　杨万祥　商　俊　张国武
黄文娟　陆　泳　余莎莎

(四)澄江街道

徐中兴　徐毛法　蒋星卫　孙兴焕　吴　敏　蔡国明　杜叶清　夏建锋　徐建卫
顾德松　朱叶峰　李洪兴　薛　兵　时　敏　朱　琬　张建兴　沈云彪　徐惠民
杜永卫　张惠国　陈建章　王国平　丁士福　王明章

(五)南闸街道

吴满元　冯易易　张永全　高政委　周　中　王晓龙　张　英　吴士全　符明君
张益民　缪建新　郑先明

(六)云亭街道

朱雪春　谢纪锋　蒋敏娟　陈明华　胡云平　吴小丰　李国忠　周　明　卞宏伟
黄奇平　朱宇洪　孙亚平

(七)璜土镇

俞建新　汤明才　周伯荣　黄小明　朴致雄　臧晨东　李慧红　张华兴　张浩明
朱东俭　周国伟　彭　辉　查国龙　杨　平　姚天龙

(八)月城镇

梁林宝　钦建华　汪正华　邹建军　薛生亮　蒋玉芬　诸卫国　陈　铭　吴新意
张开明　陈秀娟　周友良

(九)青阳镇

闵海华　秦安君　华　刚　谢　放　马仕兴　谭冬华　张海江　钱国良　江　海
沈国清　李忠德　曹文刚　李伟良　陈锡虎　胡　可

(十)徐霞客镇

任向东　孔祥明　郁松宝　潘岳明　赵一兵　朱秋芬　张亚良　张国清　朱伟峰
朱涵晓　王建伟　王网忠　计跃金　滕国俊　俞立华　陈召良　吴雪英　李云华

(十一)华士镇

吴协德　吴凤英　李满良　何建南　缪洪达　邵仲达　姜建军　朱彦群　赵亦初
顾维明　丁晓斌　李　旦　赵　鸣　胡剑飞　徐泽峰　汪少清　张忠敏　孙政刚

(十二)周庄镇

周国民　葛珠良　顾根兴　赵元忠　薛纪良　卞惠良　胡士清　杨毅方　胡汉全
胡品龙　赵平宝　黄东升　戈士勇　庄　鸣　葛征坪　袁　庆　顾长法　沈建洪

(十三)新桥镇

陈　磊　徐栋芳　郁正达　刘　梁　莫志红　周永平　朱建平　许柏新　陶永明
冯雄彪　姚利丰　张海明

(十四)长泾镇

徐中勤　吴宪宏　顾明香　包理丰　周永南　蔡一民　夏明芳　钱　平　钱志刚
李明法　陈伟南　周新峰　郁新华　黄明龙　黄生荣

(十五)顾山镇

吴敏东　钱为民　吴红一　赵玉龙　徐多宝　吴卫江　陈太球　王爱东　张　肇

赵方伟　刘富镭　王德春　周振国　顾　伟　侯海雄

(十六)祝塘镇

包贤明　赵　舵　颜正兴　戴加龙　张　洁　潘涌江　周佩秀　江宜宾　赵进英

蒋云南　朱忠良　丁建明　龚　军　姚正兴　杜栋梁

(十七)工业市属

张　平　沙建新

(十八)服务业市属

陆红娟　韩　英　陈　虹　刘　杰

逝世人物

李隆学

1918年11月生，江苏泗阳人，中共党员，离休干部，原政协江阴县委员会副主席、中共江阴县委组织部副部长，享受地级市政治生活待遇。1942年4月，李隆学参加革命，同月加入中国共产党。1942年4月至1949年3月，任泗阳县张家圩乡副乡长、副书记。1949年4月至1956年3月，任江阴县长泾区治安股长、副区长、区长，要塞区委书记。1956年4月至1960年2月，任县委政法部部长、生产合作部部长，长泾区委第一书记、巡视组长。1960年3月至1969年7月，任江阴县委常委、组织部部长、统战部部长，县政协副主席。1969年8月至1972年9月，任县五七干校革委会副主任。1972年10月至1974年10月，任青阳镇党委书记。1974年10月任县委组织部副部长。1981年7月，任县政协副主席、县委组织部副部长。在江阴任职期间，他坚持党性原则，服从组织安排，经常深入基层开展调查研究，密切联系群众，组织发展生产。他扎根基层，关心群众疾苦，经受住各种风浪的考验，不计较个人名利得失，在干部群众中留下了深刻印象。他在各个工作岗位恪尽职守，积极开展工作，待人宽厚，为政清廉，为江阴的发展倾注了大量心血。1982年12月，李隆学离休。2014年11月25日，李隆学因病医治无效在江阴逝世，享年96岁。

（盛　达）

顾士明

1936年5月生，徐霞客镇峭岐人，中共党员，南京师范大学教授。1957年，顾士明从江苏省南菁中学毕业，因成绩优异被保送到南京师范学院教育系，大学三年级起还在江苏省高校马列主义师资班学习。1961年9月大学毕业留校任教师，在南京师范学院(1984年改办成南京师范大学)政治教育系和经济法政学院任教40年，历任助教、讲师、副教授、教授，曾任政教系副主任、经济研究所所长，并任中国经济发展研究会副会长、全国马克思主义经济学会副会长、全国高师院校《资本论》研究会常务副会长兼秘书长、江苏省企业家学术研究会副会长、江苏省《资本论》研究会会长。他长期从事经济学学科的教学与研究工作，倾注毕生心血研究《资本论》，主编的《政治经济学》《〈资本论〉选读》等教材和著作被列为全国高等师范院校通用教材，先后承担部省级科研项目20余项，在《经济研究》《内部参阅》《人民日报》《经济管理》等学术报刊发表学术论文150余篇，获省级社会科学优秀成果二等奖、三等奖5项，培养研究生数十名。1996年至2004年，他先后赴日本、俄罗斯等国家和地区进行学术交流和参加国际学术会议，并在日本一桥大学等海外大学讲学，在国际上有很大影响力。2014年12月，顾士明因病医治无效在南京逝世，享年78岁。

（刘　波）

■类目编辑　邢　盈

附　录

重要文件目录

2014 年中共江阴市委重要文件目录

一、1 月 9 日，江阴市委、市政府联合发《关于分类推进事业单位改革的实施意见》（澄委发〔2014〕1 号）。

二、2 月 18 日，江阴市委发《关于深入开展党的群众路线教育实践活动的实施意见》（澄委发〔2014〕3 号）。

三、3 月 7 日，江阴市委、市政府联合发《关于印发〈2014 年全市农村工作要点〉的通知》（澄委发〔2014〕5 号）。

四、3 月 10 日，江阴市委办公室、市政府办公室联合发《关于开展“社会治理创新实践年”活动的实施意见》（澄委办〔2014〕15 号）。

五、3 月 18 日，江阴市委、市政府联合发《关于贯彻落实中共中央〈建立健全惩治和预防腐败体系 2013—2017 年工作规划〉的实施办法》（澄委发〔2014〕6 号）。

六、3 月 24 日，江阴市委办公室发《关于开展“基层组织建设深化年”活动的实施意见》（澄委办〔2014〕18 号）。

七、3 月 24 日，江阴市委办公室发《关于开展“作风建设深化年”活动的实施意见》（澄委办〔2014〕19 号）。

八、4 月 1 日，江阴市委发《关于印发〈2014 年全市政治文明、精神文明建设 38 项目标任务〉的通知》（澄委发〔2014〕9 号）。

九、4 月 10 日，江阴市委办公室发《关于加强全市保密工作规范化建设的通知》（澄委办〔2014〕23 号）。

十、4 月 21 日，江阴市委发《关于全面深化改革的意见》（澄委发〔2014〕10 号）。

十一、4 月 21 日，江阴市委、市政府联合发《关于印发〈江阴市 2014 年深化改革重点工作〉的通知》（澄委发〔2014〕12 号）。

十二、4 月 21 日，江阴市委、市政府联合发《关于印发〈江阴苏南现代化建设示范区实施意见暨三年行动计划（2013—2015）〉的通知》（澄委发〔2014〕13 号）。

十三、6 月 10 日，江阴市委发《关于落实党风廉政建设党委主体责任、纪委监督责任的实施意见》（澄委发〔2014〕18 号）。

十四、8 月 4 日，江阴市委、市政府联合发《关于进一步深化行政审批“三集中三到位”工作的实施意见》（澄委发〔2014〕23 号）。

十五、8 月 4 日，江阴市委办公室、市政府办公室联合发《关于江阴市深化行政审批制度改革推进项目审批提速提质提效的实施意见》（澄委办〔2014〕50 号）。

十六、9 月 3 日，江阴市委发《关于向李良宝同志学习的决定》（澄委发〔2014〕24 号）。

十七、9 月 25 日，江阴市委发《关于加强基层服务型党组织建设的实施意见》（澄委发〔2014〕27 号）。

十八、9 月 26 日，江阴市委、市政府联合发《关于进一步促进红十字事业发展的意见》（澄委发〔2014〕28 号）。

十九、9 月 28 日，江阴市委、市政府联合发《关于深化财税体制改革加快建立现代财政制度的实施意见》（澄委发〔2014〕29 号）。

二十、9 月 29 日，江阴市委发《关于加强“三重一大”事项决策和监管的意见》（澄委发〔2014〕30 号）。

二十一、9 月 29 日，江阴市委办公室、市政府办公室联合发《关于健全大督查机制强化执行力建设的意见》（澄委办〔2014〕73 号）。

二十二、10 月 8 日，江阴市委、市政府联合发《关于加快推进新型城镇化和城乡发展一体化的意见》（澄委发〔2014〕31 号）。

二十三、10 月 27 日，江阴市委发《印发〈关于健全干部选拔任用科学机制的意见〉的通知》（澄委发〔2014〕32 号）。

二十四、11 月 16 日，江阴市委办公室发《关于在全市深入推进培育和践行社会主义核心价值观的实施意见》（澄委办〔2014〕82 号）。

二十五、12 月 19 日，江阴市委、市政府联合发《关于印发〈江阴市安全生产“党政同责、一岗双责”暂行规定〉的通知》（澄委发〔2014〕35 号）。

二十六、12 月 18 日，江阴市委、市政府联合发《关于进一步简政放权，加快转变政府职能的实施意见》（澄委发〔2014〕36 号）。

二十七、12月23日，江阴市委发《关于坚持和完善人民代表大会制度推动人大工作与时俱进的意见》（澄委发〔2014〕37号）。

二十八、12月23日，江阴市委发《印发〈关于进一步严格执行民主集中制的规定〉的通知》（澄委发〔2014〕38号）。

（市委办）

2014年江阴市人大常委会重要文件目录

一、1月16日，江阴市人大常委会发《关于表彰2011—2013年度市人大先进代表小组、代表活动积极分子和优秀联络员的决定》（澄人发〔2014〕5号）。

二、2月19日，江阴市人大常委会发《2014年江阴市人大常委会工作要点》（澄人发〔2014〕7号）。

三、2月24日，江阴市人大常委会发《关于2014年基层人大工作的指导意见》（澄人发〔2014〕9号）。

四、2月24日，江阴市人大常委会发《关于2014年市人大代表小组活动的意见》（澄人发〔2014〕10号）。

五、3月18日，江阴市人大常委会发《2014年江阴市人大常委会调研工作意见》（澄人发〔2014〕12号）。

六、6月18日，江阴市人大常委会发《关于印发〈江阴市人大常委会开展安全生产法执法检查方案〉的通知》（澄人发〔2014〕19号）。

七、6月30日，江阴市人大常委会发《关于批准江阴市2013年度财政决算的决议》（澄人发〔2014〕25号）。

八、8月1日，江阴市人大常委会发《关于评议道路交通畅通工作情况的实施意见》（澄人发〔2014〕27号）。

九、8月12日，江阴市人大常委会发《关于实施全口径预算决算审查监督的意见》（澄人发〔2014〕28号）。

十、9月1日，江阴市人大常委会发《关于市人大代表建议、批评和意见办理办法》（澄人发〔2014〕31号）。

十一、9月2日，江阴市人大常委会发《关于组织开展2014年度“市人大代表活动周”专题活动的意见》（澄人发〔2014〕32号）。

十二、10月31日，江阴市人大常委会发《关于召开江阴市第十六届人民代表大会第四次会议的决定》（澄人发〔2014〕34号）。

十三、11月3日，江阴市人大常委会发《关于开展述职评议工作的办法》（澄人发〔2014〕36号）。

十四、11月4日，江阴市人大常委会发《关于进一步提高常委会会议审议质量的意见》（澄人发〔2014〕37号）。

十五、11月19日，江阴市人大常委会发《关于财政预决算专家审查操作办法（暂行）》（澄人发〔2014〕38号）。

（市人大办）

2014年江阴市政府重要文件目录

一、1月15日，江阴市政府办公室发《关于做好2014年春节运输工作的通知》（澄政办发〔2014〕1号）。

二、2月21日，江阴市政府办公室发《关于加强全市老年人体育工作意见的通知》（澄政办发〔2014〕3号）。

三、3月4日，江阴市政府发《江阴市突发重大动物疫情应急预案》（澄政发〔2014〕5号）。

四、3月4日，江阴市政府发《江阴市粮食应急预案》（澄政发〔2014〕6号）。

五、3月4日，江阴市政府发《江阴市地震灾害应急预案》（澄政发〔2014〕8号）。

六、3月4日，江阴市政府发《江阴市突发供水事故应急预案》（澄政发〔2014〕9号）。

七、3月4日，江阴市政府发《江阴市冰雪灾害应急预案》（澄政发〔2014〕11号）。

八、3月17日，江阴市政府发《关于公布江阴市2014年度重点重大项目的通知》（澄政发〔2014〕17号）。

九、3月18日，江阴市政府发《关于调整市政府领导分工的通知》（澄政发〔2014〕20号）。

十、3月21日，江阴市政府办公室发《关于调整市政府办公室领导分工的通知》（澄政办发〔2014〕11号）。

十一、3月27日，江阴市政府办公室发《关于印发全面推进学校体育设施向社会开放工作实施意见的通知》（澄政办发〔2014〕13号）。

十二、3月27日，江阴市政府办公室发《江阴市教育信息化三年行动计划（2013—2015年）的通知》（澄政办发〔2014〕14号）。

十三、3月31日，江阴市政府发《关于印发江阴市2014年生态文明建设实施意见的通知》（澄政发〔2014〕30号）。

十四、3月31日，江阴市政府发《关于印发江阴市大气污染防治行动计划实施细则的通知》（澄政发〔2014〕31号）。

十五、4月2日，江阴市政府发《关于调整全市“工业百强企业”、“创新型百佳中小企业”名单的通知》（澄政发〔2014〕32号）。

十六、4月4日，江阴市政府办公室发《关于印发江阴市2014年推进社会信用体系建设工作意见的通知》（澄政办发〔2014〕15号）。

十七、4月11日，江阴市政府发《关于印发2014年继续深入开展淘汰落后产能工作的意见的通知》（澄政发〔2014〕34号）。

十八、4月17日，江阴市政府发《关于进一步促进中小微企业发展的实施意见》（澄政发〔2014〕36号）。

十九、4月17日，江阴市政府发《关于加强企业技术改造工作的意见的通知》（澄政发〔2014〕38号）。

二十、4月28日，江阴市政府发《关于加快发展现代服务业工作的实施意见》(澄政发〔2014〕41 号)。

二十一、4 月 28 日,江阴市政府发《关于加快推进全市工业企业分离服务业三年行动计划的工作意见》(澄政发〔2014〕42 号)。

二十二、4 月 29 日,江阴市政府发《关于调整 2013 年度住房保障标准的通知》(澄政发〔2014〕43 号)。

二十三、5 月 6 日,江阴市政府发《关于促进房地产市场健康稳定发展的若干意见》(澄政发〔2014〕45 号)。

二十四、5 月 20 日,江阴市政府办公室发《关于印发江阴市危旧房屋安全大排查工作方案的通知》(澄政办发〔2014〕23 号)。

二十五、5 月 28 日,江阴市政府办公室发《关于切实做好夏熟秸秆综合利用和禁烧工作的通知》(澄政办发〔2014〕24 号)。

二十六、6 月 5 日,江阴市政府办公室发《关于进一步加强见义勇为人员权益保护的实施意见》(澄政办发〔2014〕26 号)。

二十七、6 月 24 日,江阴市政府发《江阴市突发工矿企业安全生产事故应急预案》(澄政发〔2014〕56 号)。

二十八、6 月 24 日,江阴市政府发《江阴市突发危险化学品安全生产事故应急救援预案》(澄政发〔2014〕57 号)。

二十九、6 月 24 日,江阴市政府发《江阴市 2014 年有序用电预案》(澄政发〔2014〕58 号)。

三十、6 月 27 日,江阴市政府办公室发《关于在全市集中开展安全生产检查整改专项行动的通知》(澄政办发〔2014〕29 号)。

三十一、7 月 8 日,江阴市政府发《关于印发江阴市医疗联合体建设指导意见(试行)的通知》(澄政发〔2014〕62 号)。

三十二、8 月 12 日,江阴市政府办公室发《关于进一步加强公共文化服务体系建设的实施意见的通知》(澄政办〔2014〕36 号)。

三十三、8 月 15 日,江阴市政府办公室发《全市居民住宅二次供水设施改造实施方案》(澄政办发〔2014〕39 号)。

三十四、8 月 16 日,江阴市政府发《江阴市市级政府投资项目储备实施办法》(澄政发〔2014〕73 号)。

三十五、8 月 27 日,江阴市政府办公室发《关于进一步明确城区工业企业退城搬迁有关政策的通知》(澄政办发〔2014〕56 号)。

三十六、9 月 17 日,江阴市政府发《关于统筹使用全市建设用地预留区(红区)收取补偿调节金的意见》(澄政发〔2014〕81 号)。

三十七、9 月 17 日,江阴市政府发《关于补充耕地指标调剂使用实行资源补偿的意见》(澄政发〔2014〕82 号)。

三十八、9 月 28 日,江阴市政府发《关于加快服务型政府建设的实施意见》(澄政发〔2014〕84 号)。

三十九、9 月 30 日,江阴市政府发《关于改进加强政府性投资项目建设资金投资管理的意见》(澄政发〔2014〕85 号)。

四十、10 月 17 日,江阴市政府发《关于印发〈江阴市市级行政审批事项目录〉〈江阴市市级行政服务事项目录〉〈江阴市市级行政审批事项涉及的行政事业性收费目录〉〈江阴市取消的行政审批事项目录〉的通知》(澄政发〔2014〕88 号)。

四十一、10 月 20 日,江阴市政府办公室发《关于印发进一步加强建筑垃圾管理实施意见的通知》(澄政办发〔2014〕59 号)。

四十二、10 月 29 日,江阴市政府办公室发《关于认真开展"119"消防宣传月暨冬季防火工作的通知》(澄政办发〔2014〕60 号)。

四十三、11 月 27 日,江阴市政府发《江阴市第二批下放徐霞客镇行政权限目录》(澄政发〔2014〕98 号)。

四十四、12 月 17 日,江阴市政府发《江阴市支持外贸稳定增长实施意见》(澄政发〔2014〕99 号)。

四十五、12 月 17 日,江阴市政府办公室发《关于进一步加强国有土地使用权出让收支管理的通知》(澄政办发〔2014〕69 号)。 (市政府办)

先进集体

(以时间为序)

全国条线表彰的先进集体一览

表 104

时间(年.月.日)	单 位	荣 誉 称 号	授予机关(部门)
2014.1	新桥镇	中国人居环境范例奖	住房和城乡建设部
2014.2.19	市公安局刑事警察大队刑事科学技术室	全国示范刑事科学技术室	公安部
	中国人民财产保险股份有限公司江阴支公司	中国人民保险集团 2013 年交叉互动业务竞赛"法人客户联合开发奖"	中国人民保险集团股份有限公司
2014.3	市行政中心	全国第一批节约型公共机构示范单位	国家机关事务管理局、国家发改委、财政部

续表 104

时间（年.月.日）	单位	荣誉称号	授予机关（部门）
2014.3	中国人民财产保险股份有限公司江阴支公司	2013 年度标杆县区支公司	中国人民财产保险股份有限公司
	华士镇文化中心	全国一级文化站	文化部
2014.4	市公安局城中派出所	“210 工程”建设“五十百千”示范单位	公安部装备财物局
	江苏阳光集团有限公司“劳模创新工作室”	工人先锋号	全国总工会
2014.5.1	市公共交通公司	2014 年度全国交通运输企业诚信建设先进单位	中国交通企业管理协会
2014.6.9	澄江街道文化服务中心	全国一级文化站	文化部
2014.6.23	市公安局车辆管理服务中心	全国优秀县级车辆管理所	公安部
2014.7.28	市公安局经济犯罪侦查大队	全国县级公安机关一级经侦大队	
2014.8	中国人民财产保险股份有限公司江阴支公司	责任保险重点行业业务标杆团队	中国人民财产保险股份有限公司
	市妇联	全国妇女宣传舆论阵地建设先进单位	全国妇联宣传部、中国妇女报社
	市检察院	2014 年度全国检察宣传选进单位	最高人民检察院、检察日报社
2014.10.30	市公安局	全国公安机关执法示范单位	公安部
2014.10.31	澄江街道	全国和谐社区建设示范单位	民政部
2014.10	新桥镇绿园社区	全国和谐社区建设示范社区	
2014.12.19	江阴市	全国游泳之乡	国家体育总局游泳运动管理中心
	江阴体育中心游泳馆	全国群众游泳健身活动模范池馆	
2014.12.23	江苏江阴农村商业银行股份有限公司营业部	2014 年度中国银行业文明规范服务千佳示范单位	中国银行业协会
		中国银行业文明规范服务五星级营业网点	
2014.12.26	江阴市	第三批国家慢性病综合防控示范区	国家卫生和计划生育委员会办公厅
	市体育局	2014 年“第六届全国水中健身操比赛最佳赛区”	国家体育总局游泳运动管理中心
2014.12.31	祝塘镇	国家卫生镇	全国爱国卫生运动委员会
2014.12	市法院少年审判庭	全国法院少年法庭工作先进集体	最高人民法院
	市利港实验小学	全国中小学信息技术创新与实践活动教育创新学校	中央电化教育馆 教育部关心下一代工作委员会
	江阴市	创建地质灾害防治高标准十有县	国土资源部
	市城市节约用水办公室	2014 年度城市节水工作先进集体	中国城镇供水排水协会节水工作委员会
2014	华士镇华士社区	全国社区侨务工作示范单位	国务院侨务办公室
	江苏法尔胜泓昇集团有限公司、江苏长电科技股份有限公司梁兴夫团队	全国“讲理想、比贡献”活动先进集体	中国科学技术协会
2015.1.14	中国人寿保险股份有限公司江阴支公司	一线销售单位业务发展奖	中国人寿保险（集团）公司
2015.1.16		全国优秀基层单位	中国人寿保险股份有限公司
2015.1	新桥镇	宜居小镇示范	住房和城乡建设部

江苏省条线表彰的先进集体一览

表105

时间（年.月.日）	单　位	荣　誉　称　号	授予机关(部门)
2013.10	江阴市青阳实验小学	江苏省优秀少先队集体	江苏省教育厅、江苏省少工委、共青团江苏省委
2013.11	市检察院	江苏省公正司法示范点	中共江苏省委政法委员会、江苏省依法治省领导小组办公室
2013.12	徐霞客镇经济发展和改革局	乡镇统计规范化建设合格单位	江苏省统计局
	江苏银行股份有限公司江阴支行营业部	江苏省省部属企事业"工人先锋号"	江苏省省部属企事业工会工作委员会
	江阴市实验小学	江苏省教学成果特等奖	江苏省人民政府
2014.1.2	青阳镇	2013年度省级充分转移就业乡镇名单	江苏省人力资源和社会保障厅
2014.1.7	江阴市璜土镇花港苑村卫生室、江阴市新桥镇苏市村卫生室	第一批江苏省示范村卫生室	江苏省卫生厅
2014.1.17	市卫生局卫生监督所	基层卫生监督综合业务先进单位	江苏省卫生监督所
2014.1.22	市法律援助中心	第三批"江苏省法律援助机构合格窗口"	江苏省司法厅
2014.1.28	市人武部	军事志年鉴工作先进团级单位	江苏省军区
2014.1	新桥镇	妇女儿童工作先进集体	江苏省妇女儿童工作委员会
	江阴出入境检验检疫局	江苏检验检疫系统文明单位	江苏出入境检验检疫局
	市供销合作总社	二十强县级供销合作社	江苏省供销合作总社
2014.2	市委台办	全省台办系统先进集体	中共江苏省委台湾工作办公室、江苏省人民政府台湾事务办公室、江苏省人力资源和社会保障厅、江苏省公务员局
2014.3.6	市农林局	江苏省"双学双比"竞赛活动先进集体	江苏省妇女"双学双比"竞赛活动领导小组
2014.3.17	市建设局	先进产业(局)工会	江苏省建设工会工作委员会
	市新德建设工程有限公司	先进基层工会	
	市民用建筑安装工程有限公司	和谐劳动关系模范企业	
	市建设局	"安康杯"竞赛组织工作优秀单位	江苏省住房和城乡建设系统安康杯竞赛领导小组
2014.3.31	市委组织部	2013年度信息工作先进单位一等奖	江苏省委组织部
	江苏江阴农村商业银行股份有限公司	2013年度江苏省农村合作金融机构AAAAA级农村商业银行	江苏省农村信用社联合社
2014.3	市粮食局	2013年度全省粮食质量安全监管先进单位	江苏省粮食局
2014.4.11	中国人民财产保险股份有限公司江阴支公司	2013年度全省系统劳动竞赛活动"标杆团队"	中国人民财产保险股份有限公司江苏省分公司
	市劳动人事争议仲裁院	全省人力资源社会保障系统2011—2013年度优质服务示范窗口	江苏省人力资源和社会保障厅
2014.4.21	澄江街道、市园林旅游局	2013年度全省城市环境综合整治先进集体	江苏省城市环境综合整治工作推进小组
2014.4.25	江阴海关	2013年度省文明口岸先进单位	江苏省口岸办公室
2014.4.28	市人民医院肿瘤科	第三批"江苏省癌痛规范化治疗示范病房"	江苏省卫生厅办公室

续表105

时间（年.月.日）	单　位	荣　誉　称　号	授予机关（部门）
2014.4	江阴出入境检验检疫局	江苏省文明口岸先进单位	江苏省口岸办公室
2014.5.23	江苏江阴农村商业银行股份有限公司	2011—2013年江苏省平安金融示范单位	江苏省平安金融创建活动领导小组
	市天华艺术学校	江苏省华文教育基地	江苏省人民政府侨务办公室、江苏省教育厅
2014.5	市公安局警务保障室	全省公安机关“210工程”建设示范单位	江苏省公安厅
	江苏省江阴中等专业学校	江苏省五四红旗团委	共青团江苏省委
	江阴出入境检验检疫局	优秀青年文明号活动组织单位	江苏出入境检验检疫局
2014.6.26	市消防大队江阴中队	先进基层党支部	中共武警江苏省消防总队委员会
2014.6.27	澄江街道	2013年度全省无邪教创建示范街道	江苏省委员会“610”办公室
2014.6	市公安局刑事警察大队刑事科学技术室	全省刑事科学技术工作成绩突出集体	江苏省公安厅
	江阴职业技术学院	江苏省先进基层党组织	中共江苏省委教育工作委员会
2014.7.9	市公安局交警大队	2013年度交通安全宣传先进单位	江苏省公安厅交警总队
2014.7.22	市疾病预防控制中心	省职业病信息报告先进单位	江苏省疾病预防控制中心
2014.7.24	市法院	集体一等功	江苏省高级人民法院
2014.7.30	市公安局交警大队周庄中队	集体三等功	江苏省公安厅
2014.7	华士镇	江苏省公共文化服务体系示范区	江苏省文化厅、江苏省财政厅
2014.8.1	市疾病预防控制中心	省重点职业病哨点监测工作先进单位	江苏省疾病预防控制中心
2014.8.11	江阴海关监控科	2012—2013年度省级青年文明号	南京海关共青团江苏省委
2014.8.18	江苏江阴农村商业银行股份有限公司	2014中国服务业企业500强	中国企业联合会、中国企业家协会
	澄江街道	2010—2013年度全省群众体育先进单位	江苏省体育局
2014.8	市国土局	2012—2013年度全省国土资源系统推进依法行政工作先进单位	江苏省国土资源厅
2014.9.2	市司法局	“六五”普法中期先进单位	江苏省法制宣传教育领导小组
	江阴市	“六五”普法中期先进县（市、区）	
		江苏省纺织行业千亿基地	江苏省经信委、江苏省纺织工业协会
2014.9.5	市经信委	2013推动江苏纺织服装产业集群发展先进单位	江苏省纺织工业协会
2014.9.18	市石庄卫生院	江苏省乡镇卫生院示范中医建设单位	江苏省卫生和计划生育委员会、江苏省中医药局
2014.9	华士镇华士社区	江苏省“平安家庭”示范村	江苏省维护妇女儿童合法权益领导小组
2014.10.11	市公安局“2·3”特大制售伪劣假羊肉案专案组	集体二等功	江苏省公安厅
2014.10.22	市健康促进中心	全省社区医生高血压防治知识小品比赛获一等奖	江苏省疾病预防控制中心、江苏省健康教育协会、江苏省预防医学会
2014.10.24	市婚姻家庭指导中心	江苏省“维护妇女权益示范岗”	江苏省妇女联合会

续表105

时间 (年.月.日)	单　位	荣　誉　称　号	授予机关(部门)
2014.10	市公安局	全省公安机关集中开展解决信访突出问题专项行动成绩突出集体	江苏省公安厅
	市商业中等专业学校	全省职业教育先进单位	江苏省教育厅、江苏省人力资源和社会保障厅、江苏省财政厅、江苏省扶贫工作领导小组办公室、江苏省发展和改革委员会、江苏省农业委员会
	江苏省江阴长泾中学	江苏省学生军训工作先进单位	江苏省教育厅
2014.11.18	市妇联(和谐婚姻家庭指导项目)	江苏省巾帼志愿服务优秀项目	江苏省妇女联合会
2014.11.27	市法院临港经济开发区法庭	2012—2013年度优秀人民法庭	江苏省高级人民法院
2014.11	市公安局、新桥镇	2011—2014年度全省社会治安综合治理先进集体	江苏省委、江苏省人民政府
2014.12.7	市民兵应急连	全省民兵应急分队“打得准”比武竞赛团体总分第1名	江苏省军区
2014.12.9	市公安局视频信息结构化处理实战应用研究、市公安局指挥中心高危车辆积分模型	“2014年度科技强警技术开发类二等奖”	江苏省公安厅
2014.12.11	祝塘镇	第四批江苏省创新型试点乡镇	江苏省科学技术厅
	江阴市	达到消除疟疾标准	江苏省卫生和计划生育委员会、江苏省中医药局
2014.12.15	市周庄镇妇女儿童活动中心	省级示范妇女儿童活动中心	江苏省妇女儿童工作委员会办公室
	澄江街道科协	江苏省科普示范街道	江苏省科学技术协会
2014.12.16	青阳镇旌秀社区	全省社区侨务工作示范单位	江苏省侨办
2014.12.22	市司法局	全省刑释解教人员安置帮教工作先进集体	江苏省综治委特殊人群服务管理工作领导小组
2014.12.23	璜土镇高城墩村卫生室、祝塘镇文林村卫生室、顾山镇李家桥村卫生室	江苏省示范村卫生室	江苏省卫生和计划生育委员会
2014.12.29	月城镇、长泾镇蒲市村、顾山镇红豆村红豆树坞自然村、青阳镇普照村、南闸街道泗河村、临港街道申兴村、徐霞客镇阳庄村王庄上自然村、华士镇陆新村赵庄自然村、璜土镇璜土村、新桥镇郁桥村庄桥自然村、周庄镇山泉村、祝塘镇建南村、云亭街道花山村薛家自然村	2014年度江苏省水美乡镇建设名单	江苏省水利厅
	江阴市	病媒生物防制单项控制达标先进城市	江苏省爱国卫生运动委员会
2014.12	市人武部	先进旅团单位 安全管理先进单位 新闻宣传先进单位	江苏省军区
	华士镇	2014年度禁粘试点合格乡镇	江苏省经济和信息化委员会
	新桥镇	江苏省科普示范乡镇	江苏省科学技术协会

续表 105

时间（年.月.日）	单　位	荣　誉　称　号	授予机关（部门）
2014	市人民医院	江苏省公共机构节能示范单位	江苏省机关事务管理局、江苏省经济和信息化委员会
	澄江街道文定社区	全省社区侨务工作示范单位	江苏省人民政府侨务办公室
	市科学技术协会	江苏省"县级科协创新发展能力提升计划"创新发展综合示范县级科协	江苏省科学技术协会
	市科学技术协会《发挥企业科协作用，助推创新驱动发展》	江苏省"三服务一加强"单项工作创新案例	
	江苏法尔胜泓昇集团有限公司、海澜集团有限公司、江苏华宏实业集团有限公司、江苏长电科技股份有限公司梁新夫团队、江苏怡达化学股份有限公司刘准团队	江苏省"讲理想、比贡献，奋力实现中国梦"活动先进集体	
	新桥镇、澄江街道、顾山镇红豆村、华士镇向阳村、云亭街道花山村、新桥镇绿园社区、月城镇月城社区	江苏省科普示范镇、街道	
	青阳镇旌秀社区	全省社区侨务工作示范单位	江苏省人民政府侨务办公室
	市华士试验中学	江苏省科普教育基地（2014—2018）	江苏省科学技术协会
	市公安消防大队消防教育馆		
	市科学技术协会	2014 年江苏省全国科普日活动优秀组织单位	
	江阴市城南新兴农业示范区专业合作社（月城镇）	2014 年江苏省科普惠农服务站	
	江阴市金顾山水蜜桃科普惠农服务站（顾山镇）		
	江阴市华峰葡萄专业合作社（月城镇）	江苏省科普惠农兴村先进单位和带头人农村科普示范基地	
2015.1.6	江阴市	江苏省首批省级创业型示范城市	江苏省人民政府侨务办公室
2015.1.12	市审计局	全省审计系统先进集体	江苏省人力资源和社会保障厅、江苏省审计厅、江苏省公务员局
2015.1.16	市消防大队	宣传工作先进基层单位	武警江苏省消防总队
2015.1.21	市人力资源和社会保障局	江苏省人力资源社会保障系统先进集体	江苏省人力资源和社会保障厅
2015.1.27	江阴海关学会中心组	2014 年度江苏海关学会学会工作先进集体	江苏海关学会
2015.1.29	市公安局监所管理大队	"五化建设"工作验收合格单位	江苏省公安厅监管总队
2015.2.3	江阴海关情报技术科、江阴海关监控科	2014 年南京关区"四好"达标先进基层科室	南京海关
2015.2.4	市建设工程质量监督站市建设工程造价管理处	2013—2014 年度全省建筑行业管理先进单位	江苏省住房和城乡建设厅
2015.2.9	市经信委	2014 年度全省中小企业运行监测工作优秀单位	江苏省经信委
2015.2	市知识产权局	江苏省知识产权工作先进集体	江苏省科技厅、江苏省知识产权局
		江苏省知识产权宣传培训工作先进单位	江苏省知识产权局
	市政府办公室	2014 年度全省政务信息工作先进单位	江苏省人民政府办公厅
2015.3	市政府	2014 年度江苏省土地执法模范县（市、区）	江苏省国土资源厅

无锡市级先进集体

一、无锡市委、市政府表彰的2013年度法治镇(街道)创建工作示范单位(2014年4月)

新桥镇

二、无锡市军分区表彰的2014年度全面建设先进团级单位(2014年12月)

市人武部

三、无锡市军分区表彰的2014年度基层人武工作先进单位(2014年12月)

徐霞客镇人武部　顾山镇人武部　祝塘镇人武部　城东街道人武部

四、无锡军分区表彰的全面建设先进团级单位(2014年12月)

市人武部

五、无锡军分区表彰的政工研究先进单位(2014年12月)

市人武部

六、无锡市政府表彰的2014年度全市安全生产基层基础建设先进单位(2014年)

江阴高新区管委会　江阴临港经济开发区管委会　澄江街道办事处　长泾镇政府　祝塘镇政府　发改委

七、无锡市政府表彰的2014年度安全生产工作先进单位(2015年1月)

祝塘镇

八、无锡市政府表彰的2014年度开放型经济工作先进单位(2015年4月)

江阴市政府

江阴市2014年度
先进集体和先进个人名单

一、2014年镇街园区发展考核

(一)2014年绩效考核综合优胜单位

一等奖:新桥镇

二等奖:云亭街道　徐霞客镇

三等奖:澄江街道　祝塘镇　周庄镇

园区奖:高新区

(二)2014年度绩效考核综合保障优胜单位

一等奖:澄江街道

二等奖:新桥镇　周庄镇

三等奖:华士镇　云亭街道　南闸街道

(三)2014年度绩效考核财政收入优胜单位

一等奖:新桥镇

二等奖:云亭街道　徐霞客镇

三等奖:澄江街道　璜土镇

(四)2014年度绩效考核产业投入优胜单位

一等奖:澄江街道

二等奖:高新区　徐霞客镇

三等奖:周庄镇　临港开发区

(五)2014年度绩效考核招商引资优胜单位

一等奖:高新区

二等奖:临港开发区　新桥镇

三等奖:徐霞客镇　周庄镇

(六)2014年度绩效考核拆迁安置优胜单位

一等奖:高新区(城东街道)

二等奖:澄江街道　临港开发区(临港街道)

三等奖:青阳镇　靖江园区　云亭街道

(七)2014年度科技与人才工作先进单位

高新区　新桥镇　周庄镇　顾山镇

云亭街道　华士镇

二、2014年先进集体

(一)市级机关、垂直部门和金融单位

1. 2014年度人民满意机关

组织部　宣传部　纪委(监察局)　政法委

民政局　科技局　公安局　财政局　人社局

行政服务中心

2. 2014年度绩效考核优胜机关

机关党工委　总工会　妇联　农工办　残联

团市委　信访局　史志办　法院　经信委

国土局　体育局　商务局　安监局　司法局

审计局　人口计生委　文广新局　统计局　农林局

3. 2014年度服务地方先进单位

工商局　国税局　供电公司　气象局

地税局　海关　人民银行江阴市支行

江阴农商银行　建设银行江阴支行

交通银行江阴支行　民生银行江阴支行

江苏银行江阴支行　江阴浦发村镇银行

中国财产保险江阴支行　江阴友信小贷

(二)企业

4. 2014年度百强明星企业

(1)工业和建筑业

江苏华西集团公司(华士镇)

海澜集团有限公司(新桥镇)

江苏利电能源集团(临港开发区)

江苏扬子江船业集团公司(靖江园区、澄江街道)

江苏阳光集团有限公司(新桥镇)

江苏法尔胜泓昇集团有限公司(高新区)

双良集团有限公司(临港开发区)

江阴苏龙热电有限公司(临港开发区)

江苏新长江实业集团有限公司(临港开发区、靖江园区)

江苏利安达集团有限公司(高新区)

江阴江东集团公司(周庄镇)

远景能源(江苏)有限公司(临港开发区)

江阴天江药业有限公司(高新区)

江苏三房巷集团有限公司(周庄镇)

江苏海达科技集团有限公司(华士镇)

阿法拉伐(江阴)设备制造有限公司(徐霞客镇)

江苏新潮科技集团有限公司(高新区)
中石油江苏燃料沥青有限责任公司(高新区)
江苏富仁集团有限公司(澄江街道)
江苏吉鑫风能科技股份有限公司(云亭街道)
江阴福汇纺织有限公司(高新区)
江苏华宏实业集团有限公司(周庄镇)
帝斯曼工程塑料(江苏)有限公司(高新区)
江阴澄星实业集团有限公司(澄江街道)
中船澄西船舶修造有限公司(临港开发区)
江阴热电有限公司(周庄镇)
江阴模塑集团有限公司(周庄镇)
江阴新和桥化工有限公司(高新区)
江苏江南水务股份有限公司(市属)
云蝠投资控股有限公司(顾山镇)
江阴信邦电子有限公司(高新区)
江苏倪家巷集团有限公司(周庄镇)
江苏中印印务集团有限公司(澄江街道)
江苏红柳床单有限公司(澄江街道)
江阴宝柏包装有限公司(澄江街道)
阿尔法(江阴)沥青有限公司(璜土镇)
江苏新华发集团有限公司(临港开发区)
江苏焱鑫科技集团有限公司(新桥镇)
江阴联通实业有限公司(南闸街道)
江阴市申澄集团有限公司(高新区)
江阴协统汽车附件有限公司(月城镇)
江阴海达橡塑股份有限公司(周庄镇)
江阴市电工合金有限公司(周庄镇)
江阴新仁科技有限公司(徐霞客镇)
江苏向阳集团有限公司(华士镇)
江阴江化微电子材料股份有限公司(周庄镇)
威茨曼金属制品(江阴)有限公司(临港开发区)
江苏精亚集团有限公司(新桥镇)
江阴凯澄起重机械有限公司(高新区)
江苏省振新实业有限公司(新桥镇)
江阴中南重工集团有限公司(高新区)
中粮麦芽(江阴)有限公司(高新区)
江阴南方建设集团有限公司(澄江街道)
中联重科股份有限公司江阴分公司(璜土镇)
江苏海豹集团(周庄镇)
江阴加华新材料资源有限公司(临港开发区)
江阴德玛斯特钻具有限公司(临港开发区)
江阴市华厦建设工程有限公司(市属)
江阴市华方新技术科研有限公司(周庄镇)
江苏康妮集团公司(华士镇)
江阴杜奥尔科技有限公司(高新区)
江苏宝利沥青股份有限公司(云亭街道)
江苏省宏晟重工集团有限公司(月城镇)
江阴市茂达棉纺厂有限公司(祝塘镇)
江阴市宏茂纺织有限公司(华士镇)
申达集团有限公司(临港开发区)
江苏蝙蝠塑料集团有限公司(华士镇)
江苏嘉盛新材料有限公司(璜土镇)
江苏澄阳投资有限公司(顾山镇)
联合铁钢(中国)有限公司(临港开发区)
(2)服务业
江苏省电力公司江阴市供电公司(市属)
江阴天力燃气有限公司(澄江街道)
江阴海澜之家供应链管理有限公司(新桥镇)
江苏江阴农村商业银行股份有限公司(市属)
江苏阳光置业发展有限公司(新桥镇)
江阴市长江房地产开发公司(临港开发区)
江苏华西房地产开发有限公司(华士镇)
江阴华地百货有限公司(澄江街道)
无锡市烟草公司江阴分公司(市属)
见龙国际贸易有限公司(高新区)
江阴金科置业发展有限公司(云亭街道)
江苏江阴港港口集团股份有限公司(临港开发区)
江苏长博集团有限公司(澄江街道)
江苏金一文化发展有限公司(临港开发区)
江苏江阴经济开发区靖江园区扬子劳务工程有限公司(靖江园区)
中国移动通信集团江苏有限公司江阴分公司(市属)
江阴市暨阳房地产开发有限公司(澄江街道)
中国石油化工股份有限公司江苏江阴石油分公司(高新区)
江苏大众医药集团(澄江街道)
中国银行股份有限公司江阴支行(市属)
江阴市晨泰置业有限公司(高新区)
江阴市鼎阳置业有限公司(高新区)
江苏金一黄金珠宝有限公司(璜土镇)
江阴利泰能源材料有限公司(临港开发区)
江阴市长江钢管有限公司(临港开发区)
中国电信股份有限公司江阴分公司(市属)
中国农业银行股份有限公司江阴市支行(市属)
江阴奔跃汽车有限公司(周庄镇)
江阴利源煤炭有限公司(临港开发区)
江阴华联商厦有限公司(澄江街道)

5. 2014 年度工商销售(营业)收入首次超百亿元企业

远景能源(江苏)有限公司(临港开发区)

6. 2014 年度上缴税金净增超亿元企业

海澜集团有限公司(新桥镇)
江阴天力燃气有限公司(澄江街道)
江苏利电能源集团(临港开发区)
远景能源(江苏)有限公司(临港开发区)

7. 2014 年度税金超亿元企业

(1)工业
江苏华西集团公司(华士镇)
海澜集团有限公司(新桥镇)
江苏利电能源集团(临港开发区)
江阴兴澄特种钢铁有限公司(高新区)
江苏扬子江船业集团公司(靖江园区、澄江街道)
江苏阳光集团有限公司(新桥镇)
江苏法尔胜泓昇集团有限公司(高新区)
双良集团有限公司(临港开发区)
江阴苏龙热电有限公司(临港开发区)
江苏新长江实业集团有限公司(临港开发区、靖江园区)
江苏利安达集团有限公司(高新区)
江阴江东集团公司(周庄镇)
远景能源(江苏)有限公司(临港开发区)
江阴天江药业有限公司(高新区)
江苏三房巷集团有限公司(周庄镇)

瀚宇博德科技(江阴)有限公司(高新区)
江苏海达科技集团有限公司(华士镇)
阿法拉伐(江阴)设备制造有限公司(徐霞客镇)
江苏新潮科技集团有限公司(高新区)
中石油江苏燃料沥青有限责任公司(高新区)
江苏富仁集团有限公司(澄江街道)
江苏吉鑫风能科技股份有限公司(云亭街道)
江阴福汇纺织有限公司(高新区)
江苏华宏实业集团有限公司(周庄镇)
帝斯曼工程塑料(江苏)有限公司(高新区)
江阴澄星实业集团有限公司(澄江街道)
中船澄西船舶修造有限公司(临港开发区)
江阴热电有限公司(周庄镇)
江阴模塑集团有限公司(周庄镇)
江阴新和桥化工有限公司(高新区)
江苏江南水务股份有限公司(市属)
(2)服务业
江苏省电力公司江阴市供电公司(市属)
江阴天力燃气有限公司(澄江街道)
江阴海澜之家供应链管理有限公司(新桥镇)
江苏江阴农村商业银行股份有限公司(市属)
江苏阳光置业发展有限公司(新桥镇)
江阴市长江房地产开发公司(临港开发区)
8.2014 年度先进市场
江阴长江港口物流园区交易中心(临港开发区)
江阴沿江石化市场(璜土镇)
江苏华东石化交易市场(临港开发区)
江阴市贯庄金属材料市场(澄江街道)
江阴景澄物流配送交易市场(高新区)
江苏长阳金属材料市场(靖江园区)
9.2014 年度十佳科技创新型企业
江阴兴澄特种钢铁有限公司(高新区)
江苏法尔胜泓昇集团有限公司(高新区)
海澜之家股份有限公司(新桥镇)
双良节能系统股份有限公司(临港开发区)
江苏长电科技股份有限公司(高新区)
远景能源(江苏)有限公司(临港开发区)
江苏南农高科技股份有限公司(南闸街道)
江阴芗菲服饰有限公司(顾山镇)
江阴江化微电子材料股份有限公司(周庄镇)
江苏泽成生物技术有限公司(高新区)
10.2014 年度十佳节能减排先进企业
江苏华西集团公司(华士镇)
海澜集团有限公司(新桥镇)
江苏利电能源集团(临港开发区)
江阴兴澄特种钢铁有限公司(高新区)
江苏法尔胜泓昇集团有限公司(高新区)
江阴苏龙热电有限公司(临港开发区)
江阴天江药业有限公司(高新区)
远景能源(江苏)有限公司(临港开发区)
江苏鼎阳电力投资有限公司(周庄镇)
光大水务(江阴)有限公司澄西污水处理厂(临港开发区)
11.2014 年度十佳诚信企业
江苏华西集团公司(华士镇)
江苏扬子江船厂有限公司(靖江园区、澄江街道)
海澜集团有限公司(新桥镇)
江苏法尔胜泓昇集团有限公司(高新区)
江阴兴澄特种钢铁有限公司(高新区)
江苏阳光集团有限公司(新桥镇)
江苏长电科技股份有限公司(高新区)
中国移动通信集团江苏有限公司江阴分公司(市属)
江阴华联商厦有限公司(澄江街道)
江阴市邮政局(市属)
12.2014 年度十佳热心慈善企业
江苏华西集团公司(华士镇)
江阴澄星实业集团有限公司(澄江街道)
江苏新长江实业集团有限公司(临港开发区、靖江园区)
江苏三房巷集团有限公司(周庄镇)
江苏法尔胜泓昇集团有限公司(高新区)
江苏阳光股份有限公司(新桥镇)
江阴兴澄特种钢铁有限公司(高新区)
江苏华宏实业集团有限公司(周庄镇)
海澜集团有限公司(新桥镇)
江苏扬子江船厂有限公司(靖江园区、澄江街道)
13.2014 年度十佳外贸企业
江苏三房巷集团有限公司(周庄镇)
江苏扬子江船业集团有限公司(靖江园区、澄江街道)
江苏新潮科技集团有限公司(高新区)
江阴兴澄特种钢铁有限公司(高新区)
江阴新和桥化工有限公司(高新区)
中船澄西船舶修造有限公司(临港开发区)
江苏法尔胜泓昇集团有限公司(高新区)
江苏新华发集团有限公司(临港开发区)
江苏阳光集团有限公司(新桥镇)
江苏红柳床单有限公司(澄江街道)
14.2014 年度十佳外商投资企业
江阴兴澄特种钢铁有限公司(高新区)
江苏扬子江船厂有限公司(澄江街道)
远景能源(江苏)有限公司(临港开发区)
双良节能系统股份有限公司(临港开发区)
江阴利港发电股份有限公司(临港开发区)
阿法拉伐(江阴)设备制造有限公司(徐霞客镇)
帝斯曼工程塑料(江苏)有限公司(高新区)
见龙国际贸易有限公司(高新区)
中国贝卡尔特钢帘线有限公司(高新区)
江阴苏龙热电有限公司(临港开发区)
(三)社区
15.2014 年度十佳和谐示范社区

普惠苑社区(澄江街道)	绿园社区(新桥镇)
华士社区(华士镇)	石牌社区(城东街道)
立新社区(澄江街道)	锦湖苑社区(临港街道)
文定社区(澄江街道)	泾南社区(长泾镇)
君山社区(澄江街道)	金山社区(城东街道)

经济社会发展统计资料

一、综合

2014年江阴市社会经济主要指标一览

表106

指　标	单位	2014年	比上年增减(%)	指　标	单位	2014年	比上年增减(%)
户籍人口	万人	123.21	1.2	银行机构年末存款余额	亿元	2942.15	7.9
全社会从业人数	万人	99.61	0.1	其中:居民储蓄存款余额		943.29	7.6
地区生产总值	亿元	2753.95	7.8(可比价)	银行机构年末贷款余额	亿元	2357.37	9.3
全社会粮食总产量	吨	197835	-0.9	保费收入	亿元	44.35	1.2
油料作物总产量	吨	2876	38.1	赔款支出	亿元	10.65	7.9
水产品总产量	吨	26811	3.1	证券交易量	亿元	3956.66	82.8
生猪全年出栏数	万头	30.8	-3.8	各类学校在校学生数	人	166394	-0.5
货物运输量	万吨	3874	-18.9	各类学校专任教师数	人	14426	1.5
旅客发送量	万人	7490	-36.6	各类卫生机构医疗床位数	张	7605	2.7
邮电业务总收入	亿元	24.8	-1.8	卫生技术人员人数	人	8435	7.4
全社会用电量	万千瓦时	2378734	-0.7	公共图书藏书量	万册	253.5	34.1
江南水务股份有限公司供水量	万立方米	25102	3.0	城镇非私营单位在岗职工平均人数	万人	25.16	-8.1
固定资产投资额	亿元	1045.97	10.2	城镇非私营单位在岗职工工资总额	亿元	175.67	-0.4
其中:工业投资		478.55	3.5	城镇非私营单位在岗职工年平均工资	元	69823	8.3
社会消费品零售总额	亿元	643.07	11.3	城镇居民人均可支配收入	元	46880	8.6
进出口总额	亿美元	223.04	11.5	农村居民人均可支配收入	元	23965	10.2
其中:自营出口额		130.23	20.2	城乡居民人均储蓄存款余额	元	76560	6.1
预算内财政收入	亿元	569.15	16.9	人均地区生产总值(按户籍人口)	元	224849	3.6
其中:公共财政预算收入		200.66	10.1	人均财政收入(按户籍人口)	元	46469	15.9
预算内财政支出	亿元	383.40	23.5	人均社会消费品零售额(按户籍人口)	元	52504	10.4

2014年苏、浙、粤、沪10县(市、区)社会经济主要指标一览

表107

指　标	江阴	武进	常熟	张家港	昆山	萧山	顺德	南海	嘉定	青浦
年末户籍总人口(万人)	123.21	104.00	106.88	91.98	76.97	125.54	127.10	126.52	58.83	46.94
区域面积(平方千米)	986.97	1245.80	1094.00	986.73	931.51	1420.22	806.57	1073.82	463.16	668.52
地区生产总值(现行价、亿元)	2753.95	1905.33	2009.36	2180.25	3001.02	1728.32	2764.98	2373.08	1630.16	827.43
其中:第一产业	54.36	49.04	43.27	32.06	28.76	61.35	43.92	48.97	4.56	9.33
第二产业	1520.90	1047.46	1061.55	1186.63	1687.75	934.04	1453.44	1222.69	1137.45	442.64
其中:工业	1453.57	995.42	1011.19	1131.02	1592.57	861.66	1402.96	1173.77	1098.01	422.71
第三产业	1178.69	808.83	904.54	961.56	1284.51	732.93	1267.62	1101.43	488.14	375.45
粮食总产量(万吨)	19.78	16.24	31.09	25.62	11.37	21.13	—	0.70	5.70	9.33
农林牧渔业总产值(现行价、亿元)	88.61	84.98	72.28	56.18	49.16	100.40	84.75	85.16	12.21	23.75

续表107

指　标	江阴	武进	常熟	张家港	昆山	萧山	顺德	南海	嘉定	青浦
规模以上工业企业产值	6021.31	4268.41	3628.73	4961.82	8041.76	4151.56	5968.62	4986.90	5163.38	1579.66
规模以上工业企业单位个数(个)	1459	1911	1413	1172	1843	1846	1709	2273	1287	906
规模以上工业企业主营业务收入(亿元)	5763.83	4402.38	3642.64	5040.34	7951.38	4096.61	5390.80	—	5324.62	1594.82
规模以上工业企业利润总额(亿元)	353.71	208.90	172.77	119.71	393.4	223.51	354.81	—	629.80	89.26
全社会固定资产投资(亿元)	1045.97	1003.14	650.44	780.02	850.05	850.85	550.38	792.04	485.08	409.33
其中:工业投资	478.55	580.34	344.30	434.83	271.16	288.75	131.83	177.49	99.52	52.99
社会消费品零售总额(亿元)	643.07	449.09	615.63	455.08	640.40	471.62	826.31	831.51	714.08	474.38
进出口总额(亿美元)	223.04	100.00	201.80	300.97	847.91	138.48	265.10	218.90	216.09	134.32
其中:出口总额	130.23	70.00	125.53	136.04	535.77	99.93	206.40	121.60	99.48	76.08
工商登记协议注册外资(亿美元)	22.44	13.91	8.66	13.72	13.51	19.10	10.82	9.54	15.80	5.02
实际到账外资(亿美元)	8.55	9.05	10.51	7.15	12.8	12.58	8.12	8.07	4.74	5.21
财政收入(亿元)	569.15	382.84	380.89	409.83	661.11	243.21	552.73	375.69	745.71	308.43
其中:公共财政预算收入	200.66	129.63	147.40	162.66	263.66	133.85	173.93	166.59	167.78	104.14
金融机构年末存款余额(亿元)	2942.15	2050.29	2265.93	2418.91	3210.79	3106.86	3155.83	4062.77	2068.55	1206.13
其中:居民储蓄存款余额	943.29	947.63	1021.99	881.92	976.8	1209.26	1952.90	2081.22	1011.23	558.14
金融机构年末贷款余额(亿元)	2357.37	1476.99	1816.30	2015.23	2257.18	2849.58	2651.97	2317.44	1031.42	707.97
城镇非私营单位在岗职工年平均工资(元)	69823	67363	63675	66466	59868	—	56198	53525	—	61119
农村居民人均可支配收入(元)	23965	21777	23767	23722	23921	26758	24537	23655	23831	20530
城镇居民人均可支配收入(元)	46880	41363	46571	46852	46920	47195	38767	36886	40042	37624

2014年江阴市地区生产总值及构成一览

表108　　单位:亿元

指　标	2014年	比上年增减(%)	指　标	2014年	比上年增减(%)
地区生产总值	2753.95	7.8	科学研究、技术服务和地质勘查业	9.03	8.7
第一产业	54.36	3.4	水利、环境和公共设施管理业	7.87	8.1
第二产业	1520.90	6.4	居民服务和其他服务业	70.83	10.3
工业	1453.57	6.3	教育	15.35	4.6
建筑业	67.33	9.3	卫生和社会工作	11.14	10.8
第三产业	1178.69	9.9	文化、体育和娱乐业	37.30	11.6
交通运输、仓储和邮政业	67.09	11.3	公共管理、社会保障和社会组织	98.49	11.0
信息传输、软件和信息技术服务业	15.24	5.8	总值中:		
批发和零售业	493.44	11.3	劳动者报酬	987.13	—
住宿和餐饮业	61.38	6.7	生产税净额	496.39	—
金融业	115.00	7.8	固定资产折旧	299.34	—
房地产业	114.51	4.1	营业盈余	971.08	—
租赁和商务服务业	62.01	15.0			

2014年与2013年江阴市总户数和总人口数比较一览

表109　　单位:万人

年份	户籍总户数（万户）	户籍总人口	按性别分		按农业、非农业分		人口密度（人/平方千米）
			男	女	农业人口	非农业人口	
2014	36.92	123.21	61.40	61.81	67.59	55.62	1248
2013	36.66	121.73	60.89	60.84	67.59	54.14	1233

2014年与2013年江阴市人口变动情况比较一览

表110　　单位:人

年份	年户籍平均人口	自然变动						机械变动	
		出生人数	出生率(‰)	死亡人数	死亡率(‰)	自然增长人数	自然增长率(‰)	迁入人数	迁出人数
2014	1224722	13544	11.06	8373	6.84	—	4.22	12085	2667
2013	1214955	11412	9.39	8058	6.63	—	2.76	5555	3321

2014年与2013年江阴市计划生育情况比较一览

表111

年份	晚婚率(%)	节育措施落实率(%)	计划生育率(%)	一孩率(%)	独生子女领证率(%)
2014	74.20	99.41	99.75	75.02	24.90
2013	67.74	99.65	99.85	81.83	28.80

二、农村和农业

2014年江阴市农村基本情况一览

表112

指　标	单　位	年末实有数	指　标	单　位	年末实有数
(一)农村组织情况			油料	千公顷	1.15
镇	个	10	其他农作物	千公顷	18.45
街道办事处	个	5	(三)农业机械总动力	千瓦	251317
村民委员会	个	243	1. 柴油机	千瓦	108605
居民委员会	个	98	2. 汽油机	千瓦	20520
(二)农作物总播种面积	千公顷	47.41	3. 电动机	千瓦	122192
粮食作物	千公顷	27.81			

2014年江阴市主要农副业产品产量一览

表113

产品名称	单　位	产　量	产品名称	单　位	产　量
粮食总产量	吨	197835	牛肉	吨	330
其中:稻谷	吨	131535	羊肉	吨	135
小麦	吨	57909	牛奶	吨	24355
油料	吨	2876	禽蛋	吨	9850
茶叶	吨	11	蜂蜜	吨	51
水果	吨	79280	羊毛	吨	2.2
食用菌	吨	6204	兔毛	吨	3.6
生猪全年出栏	头	308000	水产品	吨	26811
家禽全年出栏	万羽	837	其中:淡水产品	吨	26811
猪肉	吨	27000	珍珠	公斤	1000

2014 年江阴市农村集体经济收益分配一览

表 114　　单位:万元

指　标	2014	2013	比 2013 年增减(%)	指　标	2014	2013	比 2013 年增减(%)
一、总收入	324624	312486	3.9	3. 其他支出	125528	125752	-0.2
1. 经营收入	97050	89288	8.7	三、本年收益	124542	113599	9.6
2. 发包及上交收入	107450	106242	1.1	四、年初未分配收益	110261	73527	50.0
3. 投资收益	3999	3906	2.4	五、其他转入	2751	1423	93.4
4. 补助收入	50364	32687	54.1	六、可分配收益	237554	188549	26.0
5. 其他收入	65760	80360	-18.2	1. 提取公积金、公益金	104113	34253	204.0
二、总支出	200082	198883	0.6	2. 提取应付福利费	3964	3414	16.1
1. 经营支出	12919	12775	1.1	3. 外来投资分利	10500	10500	0.0
2. 管理费用	61635	60356	2.1	4. 农户分配	40268	37636	7.0
其中:(1)干部报酬	20639	19649	5.0	5. 其他分配	14944	6634	125.3
(2)报刊费	709	908	-21.9	七、年末未分配收益	63766	96112	-33.7

三、工业和固定资产投资

2014 年江阴市规模以上工业企业单位数及从业人员平均人数一览

表 115

指　标	工业企业单位数(个)		2014 年从事工业生产活动平均人数(万人)
	2014 年	比上年增减(%)	
合计	1459	1.4	45.10
按轻重工业分			
其中:轻工业	595	-1.5	17.78
重工业	864	3.5	27.32
按规模类型分			
其中:大型企业	54	1.9	21.75
中型企业	192	-4.0	9.11
小微企业	1213	2.3	14.24
按经济类型分			
1. 国有企业	1	-50.0	0.18
2. 集体企业	12	-33.3	2.95
3. 股份合作企业	4	-20.0	0.05
4. 股份有限公司	1137	6.1	32.16
5. 外商和港澳台商投资企业	287	-2.7	9.56
6. 私营企业	1070	2.4	26.30

2014年江阴市规模以上工业生产主要产品产量一览

表116

产品名称	单位	产量	产品名称	单位	产量
发电量	万千瓦时	2991010	合成纤维	吨	2897560
粗钢	吨	13601730	印染布	万米	46580
成品钢材	吨	22371344	化学纤维	吨	2893157
生铁	吨	6924173	机制纸及纸板	吨	272779
化学农药	吨	22121	塑料制品	吨	864939
集成电路	万块	1890245	服装	万件	38008
半导体分立器材	万只	7309352	皮鞋	万双	13
水泥	吨	4859783	工业锅炉	蒸吨	1195
纱	吨	506979	铜材	吨	97497
布	万米	65242	石油沥青	吨	1267433

2014年江阴市固定资产投资完成情况一览

表117　　单位:万元

指标	金额	指标	金额
全社会固定资产投资总额	10459732	(四)按国民经济行业分(不含房地产开发投资)	
其中:民营投资	8068691	1. 农林牧渔业	107460
其中:私个投资	3598953	2. 制造业	4146178
(一)按产业分		3. 电力、燃气及水的生产和供应业	639339
1. 第一产业	107460	4. 交通运输、仓储和邮政业	401317
2. 第二产业	4785517	5. 批发和零售业	57442
其中:工业	4785517	6. 住宿和餐饮业	13800
3. 第三产业	5566755	7. 信息传输、软件和信息技术服务业	10100
(二)按报表种类分		8. 金融业	—
1. 项目投资	7170609	9. 房地产业	792475
其中:城镇投资	5327110	10. 租赁和商务服务业	46290
农村投资	1843499	11. 科学研究和技术服务业	64605
2. 房地产开发投资	3289123	12. 水利、环境和公共设施管理业	720366
(三)按性质分(不含房地产开发投资)		13. 居民服务和其他服务业	60161
1. 新建	2483019	14. 教育	22419
2. 扩建	2350389	15. 卫生和社会工作	39050
3. 改建和技术改造	1795038	16. 文化、体育与娱乐业	41785
4. 迁建	134254	17. 公共管理、社会保障和社会组织	7822
5. 单纯购置	407909		

四、商贸、外经

2014 年与 2013 年江阴市社会消费品零售总额比较一览

表 118　　单位:万元

指　标	2014 年	2013 年	比 2013 年增减(%)	指　标	2014 年	2013 年	比 2013 年增减(%)
社会消费品零售总额	6430659	5779340	11.3	1. 批发和零售业	6069430	5445743	11.5
(一)按销售地区分				2. 住宿和餐饮业	361229	333597	8.3
1. 城镇	4653666	4150459	12.1	(三)按规模分			
2. 农村	1776993	1628881	9.1	1. 限额以上	2275588	2178228	4.5
(二)按行业分				2. 限额以下和个体	4155071	3601112	15.4

2014 年与 2013 年江阴市外向型经济综合指标比较一览

表 119

指　标	单　位	2014 年	2013 年	比 2013 年增减(%)
(一)进出口总额	万美元	2230352	1999913	11.5
(二)自营出口总额	万美元	1302303	1083367	20.2
1. 外贸专业企业	万美元	275608	170470	61.7
2. 自营生产企业	万美元	414939	352707	17.6
3. 外商投资企业	万美元	611756	560190	9.2
(三)进口总额	万美元	928049	916546	1.3
(四)新批外资项目	项	49	50	-2.0
其中:超千万美元项目	项	24	29	-17.2
(五)工商登记协议注册外资	万美元	224386	120076	86.9
(六)到位注册外资	万美元	85509	80784	5.9
(七)服务外包业务合同总额	万美元	121900	—	35.2
(八)服务外包业务执行总额	万美元	101100	—	36.1
(九)新批境外投资项目	项	28	24	16.7
(十)新批境外投资项目中方投资额	万美元	53309	47725	11.7

五、财政、银行、保险

2014 年江阴市财政、银行、保险一览

表 120　　单位:万元

指　标	金　额	指　标	金　额
(一)财政(预算内)		债务付息支出	1852
1. 财政收入合计	5691569	其他支出	19347
其中:中央	1700586	基金支出	1735353
2. 财政支出合计	3833968	社会保险基金支出	225849
其中:一般公共服务	131364		

续表 120

指　标	金　额	指　标	金　额
国防	6155	(二)银行	
公共安全	101257	1. 银行机构人民币存款余额	28130344
教育	283570	其中:城乡居民储蓄存款余额	9708709
科学技术	53157	(1)城镇居民储蓄	6568423
文化体育与传媒	21724	(2)农村居民储蓄	3140286
社会保障和就业	166980	2. 银行机构人民币贷款余额	21981579
医疗卫生	90225	其中:短期贷款	12923709
节能环保	85417	中长期贷款	7231337
城乡社区事务	412279	3. 银行机构外币存款余额(万美元)	211008
农林水事务	98041	其中:城乡居民储蓄存款余额(万美元)	7533
交通运输	77430	4. 银行机构外币贷款余额(万美元)	260199
资源勘探、电力、信息等事务	161992	(三)保险	
商业、服务业等事务	52412	1. 保费收入	443542
金融监管支出	1069	其中:财产险收入	177110
援助其他地区支出	9111	人寿险收入	266433
国土资源、气象等事务	13903	2. 赔款支出	106511
保障住房支出	81898	其中:财产险赔款支出	93917
粮油物资管理事务	3583	人寿险赔款支出	12594

六、交通、邮电、电力、城建

2014 年与 2013 年江阴市交通、邮电情况比较一览

表 121

指　标	单　位	2014 年	2013 年	指　标	单　位	2014 年	2013 年
(一)交通				邮路总长度	千米	506	506
公路通车里程	千米	2363.5	2363.5	特快专递	万件	15.94	19.95
公路桥梁	座	906	918	集邮业务	万枚	272.47	291.91
内河航道通航里程	千米	394.55	394.55	邮政储蓄年平均余额	万元	546512	510701
公路客运量	万人	—	3333	邮政储蓄点	个	27	27
公路客运周转量	万人千米	52793	120320	本地电话交换设备容量	万门	85	84.3
公路货运量	万吨	3874	4778	全市固定电话用户合计	户	451847	487649
公路货运周转量	万吨千米	1860420	858198	其中:住宅电话	户	275056	315187
水路货运量	万吨	1003	238	1. 城市固定电话用户	户	133223	120766
水路货运周转量	万吨千米	1556180	408766	其中:住宅电话	户	89422	84646
港口货物吞吐量	万吨	14006	13506	2. 农村固定电话用户	户	311717	366883
港口集装箱运量	标箱	522482	1203618	其中:住宅电话	户	185634	230541
长江轮渡车辆通过量	万辆	296.92	283.03	3. 公用电话用户	户	6907	27490
(二)邮电				4. 移动式固定电话用户	户	—	—
邮政局、所合计	个	33	33	互联网用户	户	453051	386038
其中:设在农村	个	28	28	其中:宽带网用户	户	453051	386038

2014年江阴市供电用电情况一览

表122　　单位:万千瓦时

指　标	2014年	比上年增减(%)	指　标	2014年	比上年增减(%)
(一)发购电量总计	2389066	-0.7	黑色金属冶炼及压延加工业	467024	-1.3
其中:发电量	330522	-6.3	非金属矿物制品业	40300	11.2
(二)全社会用电量	2378734	-0.7	金属制品业	277631	0.4
1. 农林牧渔业	4384	-5.6	通用及专用设备制造业	118619	3.3
其中:排灌	1051	-16.7	3. 建筑业	11425	-6.8
2. 工业	2120875	0.2	4. 交通运输、仓储和邮政业	11930	16.2
其中:轻工业	712326	1.8	5. 商业、住宿和餐饮业	44773	-3.0
重工业	1408549	-0.6	6. 其他行业	65969	1.5
其中:纺织业	429444	19.8	7. 城乡居民生活用电	119378	-14.8
化学原料及化学制品制造业	78908	6.0	其中:农村	87999	-15.1

2014年江阴市城市建设情况一览

表123

指　标	单　位	数　量	指　标	单　位	数　量
城市面积	平方千米	198	天然气供气总量	万立方米	57856
城市建成区面积	平方千米	122	其中:家庭用	万立方米	3249
城市户籍人口	万人	36.32	用气户数	户	120356
城市人口密度	人/平方千米	1834	燃气普及率	%	100
污水处理率	%	96.51	公共交通运营车辆	辆	627
城市建成区绿地率	%	39.05	每万人拥有公共车辆	标台	20.1
城市建成区绿化覆盖率	%	42.53	市政道路长度	千米	425
城市自来水年供水总量	万立方米	7074	市政道路面积	万平方米	962
城市自来水年售水总量	万立方米	6286	人均市政道路面积	平方米	26.49
用水户数	户	143672	市政桥梁	座	87
人均日生活用水量	升	144.60	防洪堤长度	千米	4
用水普及率	%	100	绿化覆盖面积(城区)	公顷	5189
城市液化气供气总量	万吨	0.42	绿地面积(城区)	公顷	4764.1
其中:家庭用	万吨	0.10	公园面积	公顷	277
用气户数	户	14916	人均公园绿地面积	平方米	15.9

七、科、教、文、卫

2014 年江阴市各类科技机构、科技人员情况一览

表 124

指　标	单　位	数　量	指　标	单　位	数　量
(一)科技团体、机构总计	个	700	其中:高级	人	6312
1. 市级学会、协会	个	34	中级	人	25902
2. 科技服务中心	个	6	初级(助、员)	人	41000
3. 企业科协	个	89	未评	人	56654
4. 镇(街道)科协	个	15	2. 乡镇科技人员	人	18825
5. 农村专业技术研究会	个	19	其中:高级	人	225
6. 厂办科技开发机构	个	537	中级	人	2649
(二)科技人员总计	人	151483	初级(助、员)	人	15921
1. 国家科技人员(在职)	人	129868	(三)政工专业职称人员	人	2790

2014—2015 学年江阴市各级各类学校基本情况一览

表 125

指　标	学校数(所)	在校学生数(人)	教职员工数(人)	指　标	学校数(所)	在校学生数(人)	教职员工数(人)
(一)中小学				(三)普通高校	1	9034	484
1. 普通中学	47	54751	6061	1. 职业技术学院	1	6145	484
其中:初中	35	38192	3683(专任教师)	2. 五年制高职和大专班	—	2889	—
高中	12	16559	1963(专任教师)	(四)技工学校	2	3139	151
2. 职业学校	2	4913	149	(五)成人中专	1	113	52
3. 小学	40	91002	4820	(六)成人教育	80	204155	773
4. 特殊教育	1	159	58	成人技术培训学校	80	204155	773
(二)中等专业学校	4	3283	890	(七)幼儿园	55	39891	4313

2014 年江阴市文化、广播、电视基本情况一览

表 126

指　标	单　位	数　量	指　标	单　位	数　量
(一)影剧管理机构	个	1	(九)市图书馆、文化馆	个	2
(二)影剧院	个	10	(十)工人文化宫、少年宫	个	2
(三)电影放映单位	个	10	(十一)市博物馆	个	1
放映场次	场	71415	(十二)镇级文化服务中心	个	15
观众人数	万人	190.45	(十三)藏书合计	万册	253.5
放映收入	万元	6887.17	(十四)纪念馆	个	14
发行收入	万元	73.18	(十五)文物保护单位	个	97
(四)接待剧团演出	场	46	国家级	个	7
演出收入	万元	200	省级	个	7
(五)市锡剧团演出	场	195	市级	个	83

续表126

指　标	单　位	数　量	指　标	单　位	数　量
观众人数	万人	48.7	(十六)江阴报社	个	1
演出收入	万元	346.3	(十七)市电视台	个	1
(六)市评弹团演出	场	1750	(十八)市广播电台	个	1
观众人数	万人	24	(十九)调频广播立体声发射机	部/千瓦	4
演出收入	万元	30	(二十)电视发射机	部/千瓦	5
(七)营业性舞厅、歌厅	个	157	(二十一)电视发射塔	座	2
(八)营业性书场	个	3	(二十二)全市有线电视用户	万户	40.19

2014年江阴市卫生事业基本情况一览

表127

指　标	机构数(个)	床位数(张)	年末人员数(人)	卫生技术人员	执业(助理)医师	注册护士	监督员	管理人员
全市总计	538	7605	10570	8435	3199	3444	77	358
(一)医院合计	33	7180	7197	6051	2101	2827		227
1.综合医院	23	5432	5568	4757	1612	2284		154
2.中医院	4	1088	1254	1065	439	426		51
3.专科医院	4	260	263	185	41	90		17
口腔医院	1	15	37	21	6	11		1
眼科医院	1	65	50	19	2	16		10
妇产(科)医院	1	30	70	53	15	33		6
康复医院	1	150	106	92	18	30		
4.护理院	2	400	112	44	9	27		5
(二)社区卫生服务中心(站)	87	95	648	546	153	110		9
1. 社区卫生服务中心	7	95	337	274	103	92		9
2. 社区卫生服务站	80		311	272	50	18		
(三)卫生院	10	310	580	485	214	148		14
(四)村卫生室	120		513	157	140	17		
(五)门诊部	28		438	287	130	105		
(六)诊所、卫生所、医务室	236		645	569	337	171		
1.诊所	169		545	475	280	151		
2. 卫生所、医务室	67		100	94	57	20		
(七)采供血机构	1		58	43	9	16		3
(八)妇幼保健所(院)	2	20	100	73	36	19		1
(九)疾病预防控制中心	1		131	105	65	15		
(十)卫生监督所	1		80	80			77	
(十一)健康教育所	1		33	7		4		6
(十二)专科疾病防治所	1		23	20	9	6		1
(十三)计划生育技术服务机构	15		97	12	5	6		79
(十四)其他卫生机构	2		27					18

八、人民生活

2014 年江阴市人民生活一览

表 128　　单位:万元

指　标	单　位	数　量	指　标	单　位	数　量
(一)农村住户家庭基本情况			(二)城镇居民家庭基本情况		
1. 调查户数	户	82	1. 调查户数	户	119
2. 平均每户常住人口	人	2.91	2. 平均每户常住人口	人	3.24
3. 平均每户整半劳动力	人	2.29	3. 平均每户就业人口	人	2.54
4. 负担系数	人	1.27	4. 负担系数	人	1.28
5. 人均住房面积	平方米	50.34	5. 人均住房面积	平方米	59.30
6. 农村居民人均可支配收入	元	23965	6. 人均年可支配收入	元	46880
7. 农村居民人均生活消费支出	元	15304	7. 人均年生活消费支出	元	24976
8. 每百户耐用消费品拥有量			8. 每百户耐用消费品拥有量		
微波炉	台	72	微波炉	台	94
组合音响	台	16	热水器	台	102
热水器	台	84	组合音响	台	21
洗衣机	台	88	洗衣机	台	112
电冰箱	台	89	电冰箱	台	114
彩色电视机	台	167	彩色电视机	台	205
照相机/摄像机	架	35	照相机/摄像机	架	50
摩托车	辆	34	摩托车	辆	39
空调器	台	183	空调器	台	246
电话机	部	84	电话机	部	88
移动电话	部	202	移动电话	部	255
家用计算机	台	85	家用计算机	台	95
助力车	辆	107	助力车	辆	107
家用汽车	辆	37	家用汽车	辆	71

九、经济发展排行榜

2014 年江阴市开票销售收入前 30 名村(社区)一览

表 129　　单位:万元

名　次	单　位　名　称	实　绩	名　次	单　位　名　称	实　绩
1	华士镇华西新市村	4805026	7	璜土镇花港苑村	1305859
2	周庄镇三房巷村	4712538	8	临港街道创新村	1258286
3	临港街道三联村	3424598	9	临港街道滨江村	1009291
4	临港街道长江村	2121332	10	城东街道金童村	1008042
5	临港街道陈墅社区	1949194	11	徐霞客镇任九房村	919270
6	周庄镇华宏村	1584875	12	周庄镇周庄村	888004

续表 129

名　次	单　位　名　称	实　绩	名　次	单　位　名　称	实　绩
13	月城镇沿山村	789552	22	南闸街道观山村	405928
14	城东街道东新村	714588	23	周庄镇周西村	405701
15	周庄镇宗言村	575852	24	周庄镇长乐村	403958
16	华士镇龙砂村	570254	25	祝塘镇永昌村	396311
17	华士镇陆丰村	554775	26	临港街道东刘村	391646
18	周庄镇倪家巷村	541475	27	顾山镇泅东村	329050
19	璜土镇小湖村	508731	28	周庄镇金湾村	289456
20	华士镇曙新村	506386	29	华士镇华中村	288845
21	华士镇龙河村	471569	30	周庄镇鸡笼山村	281178

2014 年江阴市开票销售收入前 50 名工业企业一览

表 130

名次	单　位　名　称	名次	单　位　名　称
1	江苏三房巷集团有限公司	26	江阴苏龙热电有限公司
2	江阴兴澄特种钢铁有限公司	27	江苏福尔泰铜铝集团
3	江苏华西集团公司	28	江阴模塑集团有限公司
4	江苏西城三联控股集团有限公司	29	中船澄西船舶修造有限公司
5	海澜集团有限公司	30	瀚宇博德科技(江阴)有限公司
6	江阴澄星实业集团有限公司	31	江阴市长乐新科技电源有限公司
7	江苏新华发集团有限公司	32	帝斯曼工程塑料(江苏)有限公司
8	江苏新长江实业集团有限公司	33	江阴市百舸有色金属材料有限公司
9	江阴新和桥化工有限公司	34	江苏红柳床单有限公司
10	江苏扬子江船业集团公司	35	江苏蝙蝠塑料集团有限公司
11	江苏阳光集团有限公司	36	江阴市电工合金有限公司
12	双良集团有限公司	37	江苏利安达集团有限公司
13	江苏华宏实业集团有限公司	38	建滔电子材料(江阴)有限公司
14	江苏法尔胜泓昇集团有限公司	39	江阴市强力化纤有限公司
15	江苏利电能源集团	40	江阴长江投资集团有限公司
16	中石油江苏燃料沥青有限责任公司	41	江阴市华诺新型材料有限公司
17	江苏海达科技集团有限公司	42	江苏向阳集团有限公司
18	远景能源(江苏)有限公司	43	江阴宗承钢铁有限公司
19	海润光伏科技股份有限公司	44	江阴市天达针纺织有限公司
20	江阴江东集团公司	45	江阴市宏茂纺织有限公司
21	江苏新潮科技集团有限公司	46	中建材浚鑫科技股份有限公司
22	江阴中南重工集团有限公司	47	江阴市申澄集团有限公司
23	阿尔法(江阴)沥青有限公司	48	江阴福汇纺织有限公司
24	江苏嘉盛新材料有限公司	49	江苏吉鑫风能科技股份有限公司
25	江苏倪家巷集团有限公司	50	云蝠投资控股有限公司

说明:上述企业开票销售收入均在 19 亿元以上

2014年江阴市工业投入前50名工业企业一览

表131

名次	单位名称	名次	单位名称
1	江苏新潮科技集团有限公司	26	江阴热电有限公司
2	江苏利电能源集团	27	江苏晨唐重工机械有限公司
3	江苏西城三联控股集团有限公司	28	江阴海丰电梯导轨有限公司
4	江苏三房巷集团有限公司	29	江阴意诺机械科技有限公司
5	双良集团有限公司	30	江苏新锦澄钢铁集团
6	海澜集团有限公司	31	江苏中矿立兴能源科技有限公司
7	江苏中德电子材料科技有限公司	32	江阴中新传动技术有限公司
8	海润光伏科技股份有限公司	33	江阴市博鸿钢管有限公司
9	江阴兴澄特种钢铁有限公司	34	江苏采纳医疗科技有限公司
10	江苏福勤软塑材料有限公司	35	江阴市龙和重型机械有限公司
11	江阴澄星实业集团有限公司	36	江苏博大数控成套设备有限公司
12	远景能源(江苏)有限公司	37	江阴市中凯热模锻有限公司
13	大明重工有限公司	38	江苏顺发重工科技有限公司
14	江苏海达科技集团有限公司	39	江阴市广豫感光材料有限公司
15	江苏阳光集团有限公司	40	江阴市民建建筑设备维保检测有限公司
16	江阴苏龙热电有限公司	41	法尔胜泓昇集团有限公司
17	江苏金邦利汽车部件有限公司	42	江阴久八机械有限公司
18	江阴尚仪光伏科技有限公司	43	江苏扬子江船厂有限公司
19	江阴市华天工程机械有限公司	44	江阴市万祥铝业有限公司
20	江阴东辰机械制造股份有限公司	45	江阴泰坦高压电气有限公司
21	江苏中能电气有限公司	46	江苏天任建设装备有限公司
22	江苏泓海能源有限公司	47	常州丽宝第帝彩新材料有限公司
23	江阴市恒润环锻有限公司	48	建滔电子材料(江阴)有限公司
24	江阴市华德幕墙有限公司	49	江苏常隆客车有限公司
25	江苏华西集团公司	50	江阴澄华投资发展有限公司

说明:上述企业工业投入均在1.6亿元以上

2014年江阴市入库税金前30名服务业企业一览

表132

名次	单位名称	名次	单位名称
1	江苏省电力公司江阴市供电公司	7	江苏华西房地产开发有限公司
2	江阴天力燃气有限公司	8	江阴华地百货有限公司
3	江阴海澜之家供应链管理有限公司	9	无锡市烟草公司江阴分公司
4	江苏江阴农村商业银行股份有限公司	10	见龙国际贸易有限公司
5	江苏阳光置业发展有限公司	11	江阴金科置业发展有限公司
6	江阴市长江房地产开发公司	12	江苏江阴港港口集团股份有限公司

续表132

名次	单 位 名 称	名次	单 位 名 称
13	江苏长博集团有限公司	22	江阴市鼎阳置业有限公司
14	江苏金一文化发展有限公司	23	江苏金一黄金珠宝有限公司
15	江苏江阴经济开发区靖江园区扬子劳务工程有限公司	24	江阴利泰能源材料有限公司
16	中国移动通信集团江苏有限公司江阴分公司	25	江阴市长江钢管有限公司
17	江阴市暨阳房地产开发有限公司	26	中国电信股份有限公司江阴分公司
18	中国石油化工股份有限公司江苏江阴石油分公司	27	中国农业银行股份有限公司江阴市支行
19	江苏大众医药集团	28	江阴奔跃汽车有限公司
20	中国银行股份有限公司江阴支行	29	江阴利源煤炭有限公司
21	江阴市晨泰置业有限公司	30	江阴华联商厦有限公司

说明:上述企业入库税金均在2500万元以上

2014年江阴市自营出口前30名企业一览

表133 单位:万美元

名次	单 位 名 称	名次	单 位 名 称
1	江苏扬子江船业集团有限公司	16	江苏爱康科技股份有限公司
2	江苏三房巷集团有限公司	17	江苏新长江实业集团有限公司
3	江阴兴澄特种钢铁有限公司	18	江阴联通实业有限公司
4	江苏新潮科技集团有限公司	19	江苏华西集团公司
5	中船澄西船舶修造有限公司	20	海润光伏科技股份有限公司
6	江苏西城三联控股集团有限公司	21	帝斯曼工程塑料(江苏)有限公司
7	法尔胜泓昇集团有限公司	22	江苏申利实业股份有限公司
8	江阴宗承钢铁有限公司	23	联合铁钢(中国)有限公司
9	江苏海达科技集团有限公司	24	瀚宇博德科技(江阴)有限公司
10	江苏红柳床单有限公司	25	江阴江东集团公司
11	江苏华宏实业集团有限公司	26	江阴新和桥化工有限公司
12	江苏阳光集团有限公司	27	阿法拉伐(江阴)设备制造有限公司
13	江阴福汇纺织有限公司	28	江苏双良集团有限公司
14	江阴澄星实业集团有限公司	29	江阴南泰家纺用品有限公司
15	云蝠投资控股有限公司	30	中建材浚鑫科技股份有限公司

说明:上述企业自营出口额均在8000万美元以上 (市统计局)

■类目编辑 谢 诚 杨佳杰

索 引

该索引是以正文部分(不包括宣传画页)为主要内容的综合性主题索引。标目一般采用主题词、中心词,并按汉语拼音字母顺序排列。其右侧数字表示页码,字母a为左栏,b为中栏,c为右栏。

D

E

F

H

J

K

L

T

W

X

■类目编辑 纪晓华

编者按：

2014年，江阴市围绕“江阴记忆——我心中的美丽家园”主题，以江阴丰厚的历史文化底蕴和现代文明成果为主线，从9月起至12月底，对全市具有标志性、历史性、文化性的景点进行征集评选，进一步激发广大市民爱祖国爱家乡的热情，全面展示江阴丰厚的历史文化底蕴和现代文明成果，凸显江阴文化气息，提升城市品质能级，彰显城市文化特色。评选范围主要包括江阴历史人文景点、自然生态景点、现代城乡景点等，要求旧时景点依然鲜活、历史古迹文脉厚重、新建景点富有特色、自然风光奇绝靓丽。对征集到的“江阴百景”候选景点，采取专家提名、群众投票、组委会评审的方式依次进行。通过广泛宣传发动、各镇（街道）组织推荐、评审组初步评选，共评选出“江阴百景”候选景点122处。在此基础上，还通过江阴网、《江阴日报》，让市民进行投票。至2014年12月3日，经全市社会各界推荐，公众投票，评出“江阴百景”。本卷年鉴特予刊载，既以飨读者，又作为重要年度史料予以保存。

（以下图片由市园林旅游局提供）

①祁头山遗址（澄江街道）

祁头山遗址位于市芙蓉大道与东外环路交界处。遗址距今已有7000多年历史，是目前江阴境内发现最早的古文化遗址，为马家浜文化树立了年代标尺，同时开创了以直筒平底腰沿釜为代表器物的全新文化类型，被列为2001年中国25项重要考古发现之一。

②佘城遗址（云亭街道）

佘城遗址位于云亭街道花山村。城址呈圆角长方形，南北长800米，东西宽400米，城内面积达32万平方米。城东、南、北有人工堆筑的城墙，南城墙保存完整。城墙外有护城河遗迹，东城墙中部有木质水门设施，被誉为“夏商青铜时代长江下游第一城”，与《史记》记载的“泰伯奔吴”史实相吻合，为研究长江下游青铜时代和吴文化起源提供了有力的考古证据。

③高城墩良渚文化遗址（璜土镇）

高城墩良渚文化遗址位于璜土镇高城墩村，是良渚时期一处规模宏大、有严谨布局规划和严格建筑方法的高台墓地。1999年进行抢救性发掘，发现14座大、中型良渚中晚期墓葬，出土器物238件（组），遗址入选1999年全国十大考古新发现。

④梁武堰遗址（长泾镇）

梁武堰遗址位于长泾镇实验小学内，俗称龙集嘴。该堰坝东西走向，长16米，高6米，落差4米，为南朝梁武帝萧衍敕筑，以调长江、太湖之涨落潮流，拱卫太湖北外万顷粮亩桑田。东首设下船坊，呈葫芦形，池底有青石板，以利流水不腐、航运通达、田畴常熟，堪称古代江南水利基础设施建设之典范。

⑤ 江苏学政衙署遗址（澄江街道）

江苏学政衙署遗址位于市区人民中路步行街区。学政衙署规模宏大，于明万历四十二年（1614年）建立，至科举制度废除，历时292年，先后有124任学政，辖八府三州考生，号称“江南官署之冠”。现有仪门、天开文运牌坊、学政组群雕塑、放榜墙等景点。

⑥ 舜过古井（澄江街道）

舜过井位于市区青果路。相传舜曾到此地而得名，故名舜过井。井口直径0.62米，有八棱形青石井圈。井形上窄下宽，架石7层，深8米，广逾丈，甃石为底。

⑦ 江阴文庙（澄江街道）

文庙位于市区人民中路，是江南保存较为完整的文庙古建筑群，始建于北宋景祐三年(1036年)。总体布局采用中轴对称的宫殿式，仿照山东曲阜孔庙的风格建造。现存有大成门、大成殿、明伦堂、月台、东西庑房及泮池三桥等。

⑧ 忠义老街（澄江街道）

忠义街，明代称南门街，清代名河西街，民国后改称南外大街，抗战胜利后定名为忠义路，解放后称忠义街。该街北起平冠桥，南至八字桥，全长680米，是江阴城通往南外的主要道路，历史上是江阴繁华区域，也是江阴人民抗倭、抗清、抗日的历史见证。

⑨ 广济古泉（四眼井，澄江街道）

广济古泉位于市区人民路步行街北侧澄江福地，为宋嘉祐六年（1061年）广福寺僧宗寿所凿，一井四眼，俗称四眼井。南、北、西井圈为宋时原物，青石质地，西井圈上刻有“关勇义泉”四字。江阴义士抗清守城81天，城破之日义士投此井殉难，故又名义井。

⑩ 黄山古炮台（澄江街道）

古炮台位于市区黄山。现存三合土构筑的明清古炮台（堤）遗址2处；清末两江总督张之洞督建的混凝土炮台3座；民国时期炮台12座、机枪工事3处、观察所1座、弹药库3间。黄山炮台历经明、清、民国三个时期400余年沧桑，其延续时间之长、规模之大、保存之完好，凸显了江阴江海锁钥、军事要塞的重要地位。

⑪ 赞园（澄江街道）

赞园位于澄江街道贯庄村。是当代佛教高僧、爱国活动家、开国大典中伫立天安门城楼上唯一的一位爱国宗师巨赞法师故居。赞园原为三间二进，前后有园。1998年翻建，正厅三间进深七架，二侧厢进深二架，晴辉阁前，纪念堂下，昔时人已去，佛音永缭绕。

⑫ 兴国宝塔（澄江街道）

兴国塔位于市区兴国公园内。为楼阁式砖木结构密檐式宝塔，是江阴市内仅存的宋塔。始建于北宋太平兴国年间，原为太平兴国教寺的7级浮图，明代增为9级，距今已有千余年历史。现塔身共存8层，高42.22米，塔底层直径10.70米，每边宽4.54米，6层以下仍为宋时原物。以兴国古塔为中心，借用原西横街的局部面貌恢复的良宵民俗艺术街坊展现了明清商业街景。

⑬

⑭

⑬ 国民党江阴要塞司令部旧址（澄江街道）

国民党江阴要塞司令部旧址位于市区人民中路与高巷路的交界处，砖木结构，中西合璧，系江阴民族工商业家、爱国民主人士吴汀鹭于1917年建造的古典民居，堪称中西合璧的完美之作。1947年，国民党江阴要塞司令部设在此处。2004年，进行“江阴要塞战事陈列展览”设计和布展。2007年，此处增辟“江阴名人馆”展出域内232位明贤事迹。

⑭ 南菁书院（澄江街道）

南菁书院位于市区人民中路，现为南菁中学。始建于清光绪八年（1882年），由江苏学政黄体芳于原长江水师京口营游击署故址处创办，得两江总督左宗棠资助建成，以“南方之学，得其菁华”之意，命名为南菁书院。书院崇尚朴学，邀请博览群书、学艺精深的学者为掌教。学生平时以自习为主，注重学业专精。存有古井2口、碑刻6块，1916年改建的南大门上“南菁学校”四字为张謇手书。

⑯

⑰

⑱

⑮ 适园（澄江街道）

适园位于市区南街，为邑内山水画师陈式金于清咸丰四年（1854年）就宅旁隙地所建，俗称陈家花园。园内凿湖垒山，双峰叠翠，有水流云在之轩，过香廊、曲桥、秋声舫、适安斋，廊壁间存有晋王羲之换鹅碑，元倪瓒山水石刻，以及明梁同书、董其昌等手迹石刻。此园古朴雅致，富有江南园林特色，被列为中国现存百座著名私家园林之一。

⑯ 唐公祠（澄江街道）

唐公祠位于市区高巷路新华公寓内。系清光绪帝为爱国将领唐定奎敕建的功臣专祠，附祭狼山镇总兵张景春。硬山式砖木结构，现存正殿三间，进深八架。前有卷轩，二次间，西侧有次间，保存至今。

⑰ 十方庵（澄江街道）

十方庵位于江阴南门外吴家桥东首，始建于明万历年间。本名“十方云水禅院”，咸丰十年毁于兵燹，仅存颓屋数椽，清同治年间陆续修复，光绪四年（1878年）建毗卢殿，规制宽敞，为邑中诸庵之冠，号称“蓉城首刹”。庵内供有抗倭英雄戚继光，治水功臣洞山大帝张渤。现仅存前殿五间。二月初八庙会始于此。

⑱ 苍山帝陵（梁敬帝墓，临港街道）

苍山帝陵位于临港街道西石桥苍墩村，为南朝梁敬帝萧方智墓地，俗称皇陵。墓墩高20米，墩围225米，占地6665平方米，存有部分护陵河。现存苍山寺砖额和《苍山寺田碑记》碑及古银杏树一棵。

⑲ 烟雨万安桥（临港街道）

万安桥坐落于临港街道老夏港河上，是江阴仅存的一座三孔石拱桥，长45.88米，82级石阶，24根花岗石柱。桥堍以青石与花岗石混砌而成，台阶踏步均为花岗石。拱券上刻有云纹、麒麟和莲瓣长生禄位。始建于明代的吴孝子牌坊位于万安桥东堍。

⑳

㉑

㉒

⑳ 萧梁遗踪（香山寺、文选楼，顾山镇）

香山寺位于顾山北麓，全称香山观音禅寺，南北朝时已建有庵。寺院左侧有文选楼，楼下有山茶树一株，相传为昭明太子手植，枝繁叶茂。据史载，南梁普通四年（523年），在萧统22岁时，投入了相当的人力、物力、财力建楼选文，引刘孝威、庾肩吾等讨论文章典籍。有楼十间，梁代宫楼，掩映在绿树翠竹丛中。香山寺旁，树木高大，盘曲交错，微风轻吹，如碧波万顷，婆娑摇曳。

㉑ 悟空佛光（悟空寺，青阳镇）

悟空寺位于青阳镇悟空村。原名招隐院，始建于梁，规模甚宏，太平兴国五年（980年）宋太宗赵炅赐额，改名悟空寺。2003年11月28日，僧伽舍利在悟空塔基下出土。悟空寺规模空前，重新焕发青春。

㉒ 泰清寺（华士镇）

泰清寺位于华士镇砂山西部南麓，始建于三国赤乌年间，距今有1700多年的历史。它与南坡香樟竹海、省级示范园、龙山花园、鸡龙山度假村、向阳阁、华西龙西湖等景观互相辉映，是观光、旅游的好去处。

㉓ 九莲禅寺（南闸街道）

九莲禅寺又叫九莲庵，位于南闸街道花山南麓。始建于宋代，有“十方九莲”之说。寺中存有山门石槛一副（现仍作为新山门的石槛），有600余年的两口古井。西面是明代大学士张衮的陵墓，东面则是江阴望族葛氏的祖茔。出寺后院门拾级而上50米，现存古时《花山八景》之一的“冷泉涵月”遗址。

㉓

㉔ 崇圣寺（璜土镇）

崇圣寺位于璜土镇前栗山南麓，建于南宋，历经战火。1939年11月，陈毅曾经过江阴并在此为当时的澄西中学学生演讲，向师生宣传抗日。如今这里立有陈毅元帅演讲纪念碑。

㉔

㉕ 江阴基督教堂（澄江街道）

江阴基督教堂位于市区河北街。始建于清光绪二十一年（1895年），教堂称“澄东耶稣教堂”，为西洋式结构，白墙砖贴面，有房屋10间，钟楼顶端红色十字架，高达33.8米。

㉖ 南门天主教堂（澄江街道）

天主教堂位于市区南门外。清道光三年（1823年），法国籍惠济良神父来到江阴。在南门购得土地，并于南门外石子街外建屋传教。2001年，江阴天主教堂拆旧建新，新建钟楼高58.5米，颇为壮观。

㉗ 青阳天主堂（青阳镇）

青阳天主堂位于青阳镇圣杨路与旌阳南路交界处，始建于1902年。哥特式钟楼高达36.6米，顶置圣母玛利亚铜像，次层置黄钟3只，声播数十里，有可供3000人做“弥撒”的圣母大教堂是江南教区规模最大的天主教堂之一。

㉘ 青阳古镇

青阳，土地肥沃、物产丰富，“东晋时始导”的锡澄古运河穿镇而过，至明代，青阳“市大而形胜会焉”，“烟火千家、舟车辐辏”，为江南大镇。而今站在南北双桥俯瞰明清古街，葛氏宗祠、沈氏宗祠散布其间，吴韵楚风遗韵萦绕于今，放眼远眺，圣母堂、茧行耸立其间，其建筑典雅精致，给古镇平添朴素、宁静、祥和之气。

㉙ 长泾古镇

长泾镇，古名东舜城，历史悠久、人文彬盛、环境优美、商贸繁荣，是中国历史文化名镇。坐落于镇区北部的长泾老街，古老而清澈的泾水河绵延穿越，现存有上官云珠故居、张大烈故居、石牌坊、蚕种场、廉珉轩图书馆等数处明清古建筑及文保单位，犹如一颗颗璀璨明珠撒落于泾水河两岸。老街粉墙黛瓦，古色古香，小桥流水，宛如一幅现实中的江南水乡“清明上河图”。

㉚ 顾山古镇

清康熙三年（1664年），顾山称镇，“金顾山”从此美名江南。昭明在这里种下泪洒相思的红豆，成为千年追寻的梦缘。顾山的血脉里，岁月沧桑和古镇故事都遗留在青石板间，傲骨峥嵘和不屈信念都镌刻在烈士碑上。犀带桥上远眺香山，依稀能听见松涛阵阵，萧梁遗风滋润出红豆更深更远的情怀。在顾山的风韵里，周少梅大师轻柔的丝竹，如天籁之音，梦幻痴迷。在顾山的清新空气里，弥漫着光影木雕珍品的幽香，紫檀工艺盛开丰硕之花。

㉛ 北大街历史文化街区（澄江街道）

北大街历史文化街区，东起同兴里、西至后街、北至君山巷，历史上是江阴北门地区的商贸中心，其旁的黄田港，在宋代就设有市舶司，为长江下游重要商品集散地和对外贸易港口，是江阴古城不可分割的重要组成部分，昔日的北大街商号、客栈鳞次栉比，盛极一时。今北大街地区，建筑、街巷仍保持原有格局，历史风貌依然。区域内还有楚春申君黄歇墓、宋代松风亭和清代武庙等文物保护单位。

㉜ 湖塘老街（徐霞客镇）

湖塘老街坐落在徐霞客镇东南，界河、湖塘河、马镇桥、驿站，共同构成了湖塘老街。老街始于宋元，昌盛于明清，民国到达极盛时期，是不可多得的历史文化遗产。

㉝ 五云桥（澄江街道）

五云桥位于江阴南门外。始建于明万历年间，单孔石拱桥，跨度长35.7米，高7米，桥墩里侧有纤路，航船不需脱纤即可过桥。

㉞ 月城双桥（月城镇）

月城双桥位于月城镇双桥村。始建于明天顺七年（1463年），又名秦望桥。该桥造型逸美，拱券薄，拱券石上刻有莲台图及捐资者姓名，为江阴现存明桥之首。

㉟ 苏墅古桥（新桥镇）

苏墅桥横跨于新桥镇蔡港河上，历尽360余年沧桑。传北宋元丰年间，大文豪苏东坡卸任官职留住常州后，常来到这里，见这里有白龙山，风景秀丽，就购置田园，建造庄宅，村民称庄宅为“苏墅”，所建桥梁亦称“苏墅桥”。

36

37

38

㊱ 梧塍大宅（大宅里，祝塘镇）

大宅里位于祝塘镇，是徐霞客的祖居所在地。自元初至明朝末年，梧塍大宅几经战火摧残，文物古迹遭受严重破坏，但还存有《梧塍徐氏宗谱》1箱，计52册59卷，其中记载着88位名人的96篇诗文，徐霞客故居“晴山堂”石刻，就录自《梧塍徐氏宗谱》。宅内古银杏树已有600多年的树龄，见证了当年梧塍大宅徐氏的辉煌。

㊲ 伞墩春秋（伞墩，周庄镇）

伞墩位于周庄镇区北，墩上松柏苍劲，形状酷似伞盖，故得名“伞墩”，又名繖墩。春秋战国时期，吴王阖闾第八子薨后葬于此，就地取土垒墩，低洼处即成繖湖。伞墩以吴王八子墓、梅坞小筑、曹氏宗祠、寺庙区等区域为主，串联整个繖湖旅游文化景点。

㊳ 徐霞客故居（徐霞客镇）

徐霞客故居位于徐霞客镇南阳岐村，始建于明代，占地面积0.12公顷，建筑面积500平方米，现有房屋三进两侧厢。花厅布展介绍徐霞客的生平事略及其对岩溶地貌、水道地理的研究成果；正厅名“崇礼堂”；天井有徐霞客手植罗汉松一株。故居东南有始建于明代的胜水桥，相传徐霞客每次乘船出游，徐母都会在此送行。故居西南的晴山堂建于明万历四十八年（1620年），壁间嵌砌石刻76块，其中有倪瓒、宋濂、董其昌、文征明、祝允明、黄道周等大家手迹。晴山堂后园有徐霞客墓。

㊴ 刘氏兄弟故居（澄江街道）

刘氏兄弟故居位于市区西横街，是江阴“刘氏三杰”——“五四”新文化运动的先驱者、文学家、语言学家刘半农；民族音乐家、现代二胡学派奠基人刘天华；民族音乐大师、作曲家、教育家刘北茂三兄弟青少年时代的生活处所。该建筑由刘氏兄弟曾祖建于清末，距今已有150余年。故居为典型的江南晚清民居，硬山式砖木结构，由三开间两进两侧厢，三个院落和三个天井组成，至今仍保留着红天竺、水井、石鼓墩、晒酱台等遗迹。

㊵ 柳宝诒故居（周庄镇）

柳宝诒故居位于周庄镇东街。为清代光绪年间江阴名医柳宝诒居住、行医、著书之地。其主张辨症施治，选药精，制药严。对贫苦求医者，开方给药，分文不取。晚年致力于著作，在此写下了《惜余医话》《温热逢源》《疟疾逢源》《柳宝诒医案》等10余部医学著作。

㊶ 曹颖甫故居（澄江街道）

曹颖甫故居位于市区司马街。该故居为清初仿明建筑，原为五进，1990年移建，存中厅及两侧厢。中厅面阔三间，进深七架，前为船篷式，后有轩；两侧厢各面阔一间，进深三架。

41

㊷ 张大烈故居（长泾镇）

张大烈故居位于长泾镇区，始建于清咸丰末年（1860年）。张大烈为抗日民主爱国人士，其园内植有花草树木，樟榆成阴，花开明艳，时有暗香浮动，一片闲适幽雅。整个故居体现了水乡民居温馨祥和、安宁恬淡而又清丽“养眼”的艺术氛围。

㊸ 赵宗藻旧居（周庄镇）

赵宗藻旧居位于周庄镇东街，是中国著名版画家、中国美院副院长赵宗藻童年生活的宅院，为民国时期建筑，单开间二进平房。该旧居具有典型的民国建筑风格。2011年12月修复对外开放。

42

43

㊹ 苏光华故居（周庄镇）

苏光华故居位于周庄镇东街，为民国建筑，是苏光华幼年居所，保留完好有五进三开间。苏光华于1937年编入中国空军轰炸部队十四队参加“淞沪会战”，1938年驾驶飞机远征日本，在日本本土散发传单，是中国空军远征日本本土的战斗英雄。

㊺ 朱杏南故居（临港街道）

朱杏南故居位于临港街道夏港中街。朱杏南多次参与领导江阴农民暴动，曾任苏州县委书记，1931年被国民党杀害。故居为二层楼房，现存的正屋面阔三间，进深七架，二侧厢进深三架。

㊻ 吴文藻故居（澄江街道）

吴文藻故居位于澄江街道。中国著名社会学家和民族学家吴文藻在此度过童年、少年时代。曾与妻子——现代著名女作家、儿童文学家冰心在此居住。该故居始建于清光绪二十七年（1901年），硬山式砖木结构，原有三进两侧厢一天井，2007年修复三间正厅，总面积357.6平方米。

江阴市文物保护单位
中共江阴县
第一次党代会会址
时代 一九二八年
江阴县人民政府一九八五年十月公布
中共江阴一大会址纪念馆
ZHONG GONG JIANG YIN YI DA HUI ZHI JI NIAN GUAN

47

48

49

㊼ 中共江阴一大会址纪念馆（周庄镇）

中共江阴一大会址纪念馆位于周庄镇何家庄。1928年1月，中共江阴县第一次代表会议在此召开，选举产生了新的江阴县委领导机构。2007年，进行全面修缮，并建成中共江阴一大会址纪念馆，展出图片85幅、实物9件、影印文件21件、文字说明1.15万字，内容涉及中共江阴一大会议的基本情况以及新民主主义革命时期中共江阴县领导机构的演变。纪念馆还通过实物和油画再现中共江阴一大会议召开时的场景。

㊽ 渡江战役纪念馆（澄江街道）

渡江战役纪念馆位于市区黄山脚下，依傍山势，坐北朝南，是一座融合古今，庄重古朴，气势雄伟而肃穆的建筑群。馆内陈列展出727名烈士的生前照片，遗物和反映渡江战役的200幅图片、部分珍贵详实的实物，运用声光电现代手段，生动形象地再现了江阴革命斗争的情景和百万雄师横渡长江的壮阔场面。

㊾ 周水平烈士纪念馆（顾山镇）

周水平烈士纪念馆位于顾山镇南曹庄村。周水平，1925年3月参加中国共产党，“五卅”惨案发生后，曾主持川沙国民外交后援大会，是年10月，发起组织佃户合作自救会，11月在顾山庙会上发表演说。1926年1月17日被害于江阴。1926年11月25日，毛泽东在《向导》上发表的《江浙农民的痛苦及其反抗运动》中提及了为农运而牺牲的周水平。

㊿ 缪荃孙纪念馆（临港街道）

缪荃孙纪念馆位于临港街道申港缪荃孙图书馆内，是中国第一座图书馆界名人纪念馆。纪念馆展示了中国近代著名学者、藏书家、目录学家、方志学家、金石学家，中国近代图书馆之父——缪荃孙的生平事迹。该馆由馆前走廊、正馆和两个书画储藏间组成，古朴而又不失现代风格。

51 凌统墓（青阳镇）

凌统墓位于青阳镇悟空村，为三国时东吴名将凌统的墓地，距今已有1700多年历史。存有华表金山石柱2根，抱鼓石1对。封土已平，墓址犹存，修缮一新的凌统墓，帮助后人传承凌统大将忠勇之家、仁义之士的遗志和精神。

⑤② 红色蒲墅（蒲市村蒲墅里，长泾镇）

长泾镇蒲市村蒲墅里曾为新四军六师师部驻地。蒲墅里依托新四军司令部旧址打造红色文化主题区，将蕴含红色记忆的珍贵文物一一呈现，村子里新四军六师师部纪念馆、谭震林夫妇雕像、江渭清题词纪念碑等为村庄增加了红色文化元素。

⑤③ 江阴军事文化博物馆（澄江街道）

江阴军事文化博物馆位于鹅鼻嘴公园东侧，馆门前有百万雄师横渡长江的“渡江第一船”。博物馆分上下6个展厅，把与江阴有关的军事文化通过图片和实物一一展现。院内陈列着清军的11门大炮，四周还保存着修筑于清康熙年间、分列于大小石湾一带的12座黄山炮台，隧道、藏兵室、弹药库等军事遗迹，是一部军事历史教育的形象化教材。

⑤④ 传澄袜子博物馆（华士镇）

传澄袜子博物馆位于华士镇，2013年4月12日建成开放。该馆是一座以袜子历史为主题，集收藏、展览、研究、旅游、娱乐、公共教育、文化交流于一体的综合性民间非物质文化博物馆。整个馆分为五大主题二个板块，陈列了珍贵藏品超千件，系统全面地阐述了袜子发展的历史文化。

54

55 丰硕紫檀（丰硕紫檀博物馆，顾山镇）

丰硕紫檀博物馆位于顾山镇锡张路旁。2011年3月26日建成开馆，一期展馆面积2000平方米，按紫檀家具风格分为明清精品紫檀家具展区、民间精品紫檀家具收藏展示区、檀雕艺术精品挂屏区三个展区，共展出紫檀家具及饰品300余件。其中“光影木雕”是它独创的全新木雕门类，被誉为“木雕王国里的一朵奇葩”。

56 徐霞客博览园（徐霞客镇）

徐霞客博览园位于徐霞客镇马镇，三面临水，呈半岛状。博览园以徐霞客旅游文化的精髓为脉络，以徐霞客的成长经历、旅游足迹、历史成就与后人评述等为主题，通过碑刻艺术等主要形式来体现徐霞客精神和徐霞客旅游文化的内涵。

55

56

57

58

㊼ 天下第一村——华西村（华士镇）

华西自1961年建村以来，始终坚持党的领导不动摇，坚持走共同富裕道路不动摇，开创了一条具有自身特色的“华西之路”，被国内外各界人士赞誉为“天下第一村”。华西在发展经济过程中，努力营造美丽、幸福的生活环境，致力打造一个健康、长寿、美丽、幸福的“百年华西”。村内塔群、幸福园、世界公园、龙希大楼、农业示范园、华西村博物馆等旅游景点集乡土特色、异域风情于一体，适合于不同人群的观光、休闲。

㊽ 长江村（临港街道）

长江村位于临港街道。该村经济实力雄厚，村民生活富足安康，村庄整洁美丽，是江阴新农村建设的典型之一。长江村建设的长江之星生态公园、中央公园、观光码头等，已成为旅游休闲小憩的好去处。

㊾ 三房巷（周庄镇）

位于周庄镇的三房巷村，将“乡村”和“都市”这两种迥然不同的“身份”完美地融合在一起。农民别墅区、三房巷书场、独具江南古典特色的茶楼、三房巷影城等一个个或古朴、或现代的亮丽景象汇集于一身。建成的三房巷影院文化综合体，丰富的建筑色彩、大气的个性街面、完善的配套设施，尽显乡村商业文化气息，不断满足村民商业文化需求。

㊿ 醉美山泉（山泉村，周庄镇）

山泉村位于周庄镇。蜿蜒的山泉河横贯村庄，古色古香的居民住宅楼，青砖黛瓦，错落有致地分布在山泉河两岸。村内有老年活动中心、行政服务中心、社会管理综合治理办公室、农民会所、会议中心、幼儿园等。

59

60

61

62

⑥① 河豚渔村（临港街道）

“河豚渔村”位于临港街道创新村。以繁育长江三鲜——刀鱼、鲥鱼、河豚为主，是集休闲观光、水产科普介绍、餐饮等休闲活动于一体的生态园区。

⑥② 阳庄菜园（徐霞客镇）

阳庄菜园紧邻徐霞客大道，是江阴市首批“510”工程蔬菜基地、江阴市三星级农业生态休闲旅游点。园内设有开心菜地、蔬菜采摘、农家乐、野外烧烤、休闲垂钓等旅游项目。这里既是蔬菜种植与种子研发相结合的先导区，又是农耕文化和生态园林相结合的体验区，更是旅游农业与高效农业和新农村建设相结合的示范区。

63

64

63 云外水庄（月城镇）

云外水庄地处月城镇双泾村。园内河路阡陌，地域广袤，清风徐徐，碧波粼粼，杨柳依岸，呈现出一派水乡福地之景象，让游客感受“鱼儿水下肥，芦苇岸边摇”的水乡风情，领略“橹槁一摇，小船咿呀”的水乡韵味，体验远离都市的生态美景。

64 人文贤庄（贤庄村，璜土镇）

贤庄村位于璜土镇。贤庄，历史底蕴深厚，有金逸亭故居（曾国藩赠予金逸亭的府邸），金家跑马场、瞿秋白幼时假寓贤庄金宅东楼等人文遗迹。贤庄青壁白墙的民国建筑，石雕木刻的人文景观，历经百年风雨、历史沧桑，其美丽的传说故事深深地印在记忆中。

65 鱼水灰罗圩（灰罗圩，南闸街道）

灰罗圩村位于南闸街道。该村体现渔家文化、田园风光等特色。村民以渔为业，以渔养生，以渔起家，江南水乡渔村远近闻名。走进灰罗圩，牌楼、村徽、粉墙黛瓦的建筑、鱼形指路牌、“渔光曲”景观墙，处处都折射出渔文化的传承。

66

66 千年红豆（红豆院，顾山镇）

红豆院位于顾山镇红豆村。村因红豆树得名，一长就达千年。此树是中国纬度最北的一棵红豆树，在植物学上是独科分支，被世界植物大辞典命名为“戴氏红豆树”，又称“顾山红豆树”。顾山红豆既圆且红，晶莹明澈，几如宝石，被称为世界孤木，是“江阴三奇”之一。

67 桃坞春早（顾山镇）

金顾山水蜜桃为江南名特果品。顾山镇红豆村有333.33公顷的种植基地，每年桃花盛开之际，桃花盛开，中无杂树，芳草鲜美，土地平旷，屋舍俨然，有良田美池桑竹之属，仿佛进入桃花源。

68 嘉茂国际花鸟园（青阳镇）

嘉茂国际花鸟园位于青阳镇。以“花、鸟、鱼、禽”的现代化生产、培育、养殖为主，置身花海中，闻着扑鼻的花香，“百花齐放”“百鸟齐鸣”“百鱼同游”“百禽同嬉”的和谐自然景象成为一大亮点。

69 璜土葡萄园（璜土镇）

璜土镇是中国优质葡萄生产基地。种植于上个世纪80年代初，如今万亩农业生态园已由原来的单一品种发展为现在的多元化品种配置格局。一个以万亩葡萄为主题，集葡萄、梨、大棚蔬菜、禽类水产、花卉苗木与休闲观光旅游为一体的万亩农业生态园已基本建成。

⑦⓪ 天华生态园（华士镇）

天华生态园位于华士镇。园区建有天华博物馆、天华文艺广场、垂钓中心、滨江景观带及天华体育中心等，是集生态农业、科普教育、旅游观光、度假娱乐、休闲健身相结合的绝佳之地，为江苏省四星级乡村旅游点。天华博物馆展馆面积达3000多平方米，藏品数量超20000件，共分为藏品区、江南水乡古街道、江阴中医药史博物馆、紫砂馆等4个区域。

⑦① 阳光生态园（新桥镇）

阳光生态园位于新桥镇。万亩生态林，郁郁苍苍。这里有婀娜多姿的草书盆景，有获国家金奖的树桩月季，有古树名木园、杨梅园、橄榄园、桂花园、石蒜园等。季季都有精彩风景，是一个集绿化工程、苗木培养、旅游观光三位一体的农业生态景点。

⑥⑦

⑥⑧

⑥⑨

⑦⓪

⑦①

⑦② 神龙牡丹园（新桥镇）

神龙牡丹园位于新桥镇圩里村。牡丹园碧水环绕，每到春季谷雨前后，五彩斑斓的牡丹竞相开放，姚黄魏紫，白的圣洁，红的娇艳，粉的如霞，吸引着众多写生、摄影爱好者和游客。

⑦②

73 朝阳山庄（城东街道）

朝阳山庄位于城东街道朝阳村，地处江阴第一高峰定山之麓，是一个集餐饮、农事、娱乐的综合型农庄。园内环境优美，设施齐全，可提供烧烤、垂钓、休闲品茶、商务宴会等活动项目，游客在寄情山水、放歌园林的同时，尽情享受山庄的自然风光。

74 中山公园（澄江街道）

中山公园位于市区人民中路。宋首创万春园，明僻江苏学政衙署。1912年孙中山视察江阴炮台，并在桐梓堂发表演说，号召江阴人修路，改善江阴交通闭塞的局面，并慷慨陈词“叫全国的文明从江阴发起”。1925年10月孙中山逝世，南菁、励实两所学校的师生万分悲痛，为了纪念他，师生们集资在园内建立了孙中山纪念塔。因此寿山公园改为中山公园，院内有中山纪念塔、忠邦亭、六角船亭、雪浪湖、墨华榭长廊，观音殿（心经碑殿）、宋植千年紫藤和江苏学政衙署遗址等。

75 君山公园（澄江街道）

君山公园位于市区君山路，为宗教历史文化公园。该园与鹅山、黄山遥相呼应的君山，因战国四君子之一的春申君的衣冠冢而命名。公园由君山寺、东岳庙组成，有春申君黄歇墓、五百罗汉壁等几十处文化景点，彰显着这个融佛、道于一体的宗教圣地的浓厚文化氛围。

76 文明广场（澄江街道）

文明广场位于市区澄江中路，以甲骨文“文明”字样为基体的雕塑，高16.8米，古朴典雅，三处喷泉池成鼎立之势，夜晚在彩灯照耀下随着音乐而喷发出千姿百态的图案。中区东侧有下沉式广场，其间由35幅徐霞客游记画组成的画壁，彰显了江阴独特的文化历史底蕴。

⑺ 黄山森林公园（澄江街道）

黄山森林公园依山傍水，一边枕着黄山，一边依着长江。这里风景“险、奇、雄、妙”。“险”是指这里的山水地形险要，大家可以看到长江下游地区少有的险峻之势；“奇”是指这里的山石奇、人文景观奇；“雄”是指这里连绵不断的群山，松涛阵阵，让人有“雄浑浩荡”的感慨；“妙”是指这里十步一景，四季分明，景色互相映衬，来此游玩，可以吟诗作画，有身心皆妙的感受。

⑻ 鹅鼻嘴公园（澄江街道）

鹅鼻嘴公园透迤临江，蜿蜒多姿，以形如天鹅引颈伸鼻江中而得名。公园以山体为主，森林茂密，野趣浓郁。园内鹅州揽胜、江尾海头、江滨晓步、澄江古渡、寒江独钓、鹅鼻积雪、辛侯亭等景点各具风貌。

76

77

78

⑲ 黄山湖公园（澄江街道）

黄山湖公园位于江阴黄山南麓。园内湖光山色，四季各异；阴晴雨雪，气象万千。樟林大道、圣堤、涵春坞、秋水潭、烟雨廊桥、金沙湾、云月桥、澄观桥、东方之舟广场、云帆塔、云帆阁、银珠港和大观台等众多景点，引人入胜，自然景观与现代生活完美结合。

⑳ 芙蓉湖公园（澄江街道）

芙蓉湖公园背靠黄山森林公园，南连城市客厅天华轴线人行步道，西接黄山湖公园及滨江地区，是黄山森林公园引入城市中心的重要节点，该公园充分利用现有的山体和水系等自然景观引导人们通过滨水步道到达绿色森林公园，满足人们健身休闲与亲近自然的需要。

79

80

82

83

㉛ 大桥公园（澄江街道）

大桥公园以长江大桥南侧高架路为中轴线，北起澄江中路，跨越文化中路、长江路、东横河、延陵路。公园以植物造景为主，体现植物的多样性特征，创造了城市与自然相融合的健康环境。

㉜ 江阴外滩（澄江街道）

江阴外滩北靠鹅鼻嘴公园，南望君山，东临黄山及黄山湖公园。外滩分为滨江景观区、城市功能区、城市生活区三个功能片区，成为了居住、商务和观光休闲为主体的城市“窗口”地区。已建成的船厂遗址公园，为市民提供了多元化的生活休闲场所。

㉝ 临港中央公园（临港街道）

中央公园位于临港街道，总用地面积约25.33公顷，其中面积约7.33公顷的人工湖，贯穿公园东西，充分发挥水系优势，塑造灵活多变、表情丰富的滨水环境和亲水体验。它已成为临港核心区最具自然魅力和生命活力的城市中央公园。

㉞ 季子文化公园（临港街道）

季子文化公园位于临港街道，坐落在古老的申浦河畔季子陵园原址。整个公园突出以季子礼让诚信为主题，彰显吴地文化神韵。公园采用中国古典传统陵园式布局、建筑格调和等级规制，结合吴地传统建筑的特色，充分还原传统文化的真实面目，体现其独特魅力。

㉛

㉞

⑧⑤ 敔山胜景（敔山湾，云亭街道）

敔山湾东起定山，西至白屈港，北至芙蓉大道，南至名豪山庄，区域内原生态山体资源丰富，山水自然环境非常优越。该区域由敔山（耙齿山）、定山、羊头山三山合围而成，山体面积470公顷，距市中心仅6000米。

⑧⑥ 绿韵绮山（绮山森林公园，云亭街道）

云亭街道绮山森林公园，有着得天独厚的自然条件，青山、山村、杨柳、绿景倒映在人工湖的湖面上，水榭栈桥，若隐若现，整体布局既富有江南水乡特色，又富有城市风光。

⑧⑦ 徐霞客湿地公园（徐霞客镇）

徐霞客湿地公园位于徐霞客镇马镇。公园充分利用原有的湿地资源和原生态的“野趣”氛围，揉入江南水乡小桥流水的韵味，营造出朴实的湿地景观，包括“世博余韵”“香影无忧”“芦花飞雪”“荷风四面”“梅林春晓”五大景区，较好地保留了原生态的湿地风貌。

88

⑧⑧ 月城民生公园（月城镇）

民生公园位于月城镇。公园围绕“水韵江南，月洒清辉”的主题，融合月城的戏曲文化传统和水生态优势，充分展现了江南水乡风貌。登上公园东逸的水韵大桥向北远眺，水宽山远烟岚迴，柳岸萦廻在碧流，黛色连天，澄河柳堤，炊烟袅袅一派和谐宁静。

⑧⑨ 凝秀湖公园（青阳镇）

凝秀湖公园位于青阳镇府前路。公园由市民广场、汇演广场、中心湖岛景观、自然生态滨水区、生态湿地等组成，各具特色、交相辉映，市民可欣赏到水天一色的美景。

89

90 龙砂八景（华士公园，华士镇）

龙砂八景位于华士镇华士公园。景点通过山水景观、雕塑小品等手法，再现“五岭寒涛”“承恩泻月”“鸥亭听雨”“护龙晚钟”“牧牛朝梵”等“龙砂八景”的独特魅力。

91 古镇记忆公园（祝塘镇）

古镇记忆公园位于祝塘镇环东路与青祝河交汇处。该园以文化艺术、手工技艺、民间医药等非物质文化遗产为主线，通过才荟、能荟、技荟三个庭院和一个山歌台，以图文碑刻、场景雕塑和现场演示贯穿于水景湿地、绿地碧草丛中，生动阐释了祝塘非物质文化遗产的精髓和魅力，成为江阴首座非物质文化遗产公园。公园旁边泽枯古寺、“毅魄同归”牌坊等景点与公园融为一体，绘就了古镇祝塘历史与现代交融的一幅风景。

92 秦望晓烟（秦望山，南闸街道）

秦望山是江阴境内最西端的一座山脉，界于南闸、月城之间。昔秦始皇登山四顾，故号秦望山。“黛色连天际，苍苍秦望山。”漫山遍野的茶林竹海又有四时常开的花卉，更是景色万千。在出土的明代文物上记载的《云林八景》中，就有一景为“秦望晓烟”。历史上秦望山曾是道教、佛教圣地。

93

94

95

⑨③ 狮山映像（狮子山，南闸街道）

狮子山坐落于南闸街道观西村。曾是南闸的宕口之一，常年开山产石，犹如“精雕细琢”成的一只巨狮俯卧中间，故得名狮子山。因地制宜种植经济植被，发展特色种养殖业和休闲观光旅游业，逐步打造成“世外桃源”。

⑨④ 天华文化中心（澄江街道）

天华文化中心既是一座具有现代综合文化功能的大型文化建筑群，又是江阴城市客厅的重要组成部分。整座建筑在以江阴文化名人“刘天华”命名的同时，追求中国民族音乐与建筑的完美融合。从外形上看，大剧院平面宛如最大众化的乐器——鼓，380米长的五馆体形，舒展如流淌的旋律从这里飘向城市的每一个角落，给古老的江阴城以文化的浸染。

⑨⑤ 大江飞虹（长江大桥，澄江街道）

巍巍江阴长江公路大桥，跨越天堑，贯通南北，两端桥塔高耸入云。大桥主跨1385米，全长3071米，桥宽36.9米，双向六车道；桥下通航净高50米，可满足5万吨级轮船通航。该桥于1999年9月建成通车，是国家公路主骨架中同三和京沪高速公路的连接点，也是中国首座跨径超千米的特大型钢箱梁悬索桥梁。

⑯ 体育中心（澄江街道）

体育中心位于市区澄江中路，2009年10月正式落成。2011年1月江阴市芙蓉花体育中心获得世界膜工业协会IFAI2010年度IAA国际杰出成就奖，建成后曾举办过“日出江花”文艺晚会、中德足球对抗赛等重要活动赛事，现已成为江阴市民体育健身的好去处。

⑰ 步行街区（澄江街道）

位于市区人民中路步行街，东起青果路，西至虹桥路，北接澄江福地、中山公园，全长450米。该街为大型情景体验式时尚购物街区，是江阴独具特色的集商贸、旅游、休闲三位一体的商业街，也是江阴人流最集中的商业核心地带。

⑨⑧ 裳岛（澄江街道）

裳岛位于北门岛，总面积16.67公顷。原为江阴利用棉纺厂厂址，该厂创办于1901年，见证了江阴民族纺织工业时代的兴衰变迁。

⑨⑨ 欧韵海澜（海澜工业园，新桥镇）

欧韵海澜位于新桥镇海澜工业园，是首批国家工业旅游示范点推荐单位。欧韵海澜内有海澜会展中心、高科技生产大楼、圣凯诺广场、海澜凯旋门等一大批具有浓郁欧陆风情的建筑群，开辟了马文化博物馆、海澜厂史馆、海澜图书馆、海澜服饰文化展览馆等十余处景点，更能欣赏到经典的马术表演。

⑩⓪ 万达广场（澄江街道）

万达广场位于市区人民西路。广场包罗购物、休闲、娱乐、办公、商务活动等一站式生活元素，建有超市、影院、百货、运动城、电子数码、主题餐饮等十大主力商业组合，满足了消费者购物、休闲、娱乐等多方面需求。

文
章
司
命